KARL MARX · FRIEDRICH ENGELS

WERKE · BAND 26 · ZWEITER TEIL

KARL MARX
FRIEDRICH ENGELS

WERKE

KARL DIETZ VERLAG BERLIN

KARL MARX
FRIEDRICH ENGELS

BAND 26

ZWEITER TEIL

KARL DIETZ VERLAG BERLIN

Herausgegeben von der Rosa-Luxemburg-Stiftung
Gesellschaftsanalyse und Politische Bildung e.V.

Leitung der Editionsarbeiten:
Rolf Dlubek · Erich Kundel · Richard Sperl
Editorische Bearbeitung (Text, Anhang, Register):
Horst Merbach · Artur Schnickmann
Verantwortlich für die Redaktion:
Walter Schulz

Marx, Karl: Werke / Karl Marx; Friedrich Engels. –
Berlin : K. Dietz Verl.
[Sammlung].
Bd. 26.2 – 6. Aufl.. – 2000 – 705 S. : 2 Abb.

Marx/Engels: Werke ISBN 3-320-00611-8
Band 26.2: ISBN 3-320-00229-5

6. Auflage 2000
Unveränderter Nachdruck der 1. Auflage 1967

Satz: Offizin Andersen Nexö, Leipzig
Druck und Bindearbeit: Wiener Verlag GmbH
Printed in Austria

KARL MARX

Theorien über den Mehrwert

(Vierter Band des „Kapitals“)

Zweiter Teil

Achtes bis achtzehntes Kapitel

[ACHTES KAPITEL]

Herr Rodbertus. Abschweifung. Neue Theorie der Grundrente[1]

[*1. Surplusmehrwert in der Landwirtschaft. Langsamere Entwicklung der Landwirtschaft im Vergleich zur Industrie unter den Bedingungen des Kapitalismus*]

‖X-445| *Herr Rodbertus. Dritter Brief an von Kirchmann von Rodbertus. Widerlegung der Ric[ardoschen] Lehre von der Grundrente und Begründung einer neuen Rententheorie, Berlin 1851.*

Es ist zu merken vorher: Sagen wir, der notwendige Arbeitslohn = 10 Std., so dies am einfachsten so klar zu machen. Wenn die Arbeit von 10 Std. den Landtaglöhner befähigte (also Summe Geld = 10 Std.), alle nötigen Lebensmittel, Agrikultur-, Industrieprodukte etc. zu kaufen, durchschnittlich, so ist dies der Durchschnittsarbeitslohn für unskilled labour[1]. Es handelt sich hier also vom *Wert* seines täglichen Produkts, der ihm zufallen muß. Dieser Wert existiert zuerst in der Form der *Ware*, die er produziert, also [in] einem bestimmten *Quantum dieser Ware*, gegen welches Quantum er sich, nach Abzug dessen, was er von dieser Ware selbst verzehrt, (if[2]) er sich die nötigen Lebensmittel schaffen kann. Hier geht also in die Schätzung seines notwendigen „Einkommens" Manufaktur, Agrikultur etc. ein, nicht nur der *Gebrauchswert*, den er selbst produziert. Aber dies liegt im Begriff der *Ware*. Er produziert Ware, nicht Produkt schlechthin. Hierüber braucht also kein Wort verloren zu werden.

Herr Rodbertus untersucht erst, wie es in einem Lande aussieht, wo Grund- und Kapitalbesitz *nicht* geschieden sind, und kommt da zum wichtigen Resultat, daß die Rente (worunter er den ganzen *Mehrwert* versteht) bloß gleich der unbezahlten Arbeit oder dem Quantum von Produkten ist, worin sie sich darstellt.

---

[1] einfache Arbeit – [2] wenn

Zunächst ist zu bemerken, daß R[odbertus] bloß das Wachsen des *relativen* Mehrwerts auffaßt, also das Wachsen des Mehrwerts, soweit es aus der wachsenden Produktivität der Arbeit entsteht, nicht das Wachsen des Mehrwerts, soweit es aus der Verlängerung des Arbeitstags selbst entspringt. Jeder absolute Mehrwert ist natürlich nach einer Seite hin relativ. Die Arbeit muß produktiv genug sein, damit der Arbeiter nicht seine ganze Zeit braucht, um sich selbst am Leben zu erhalten. Von da an aber beginnt der Unterschied. Übrigens, wenn ursprünglich die Arbeit wenig produktiv, so sind die Bedürfnisse auch höchst einfach (wie beim Sklaven), und die Herren selbst leben nicht viel besser wie die Knechte. Die relative Produktivität der Arbeit, die nötig ist, damit ein Profitmonger entsteht, ein Parasit, ist sehr gering. Finden wir hohe Profitrate da, wo die Arbeit noch sehr unproduktiv, keine Maschinerie, Teilung der Arbeit etc. angewandt wird, so nur, entweder wie in Indien teilweis, weil die Bedürfnisse des Arbeiters absolut klein sind, und er selbst noch unter diese geringe Bedürftigkeit herabgedrückt wird, teilweise aber, weil Unproduktivität der Arbeit identisch ist mit kleinem Verhältnis des capital fixe zu dem in Arbeitslohn ausgelegten Teil des Kapitals oder was dasselbe, großes Verhältnis des in Arbeit ausgelegten Kapitalteils zum Gesamtkapital, oder endlich, weil die Arbeitszeit außerordentlich verlängert wird. Letztres der Fall in den Ländern (wie Östreich etc.), wo schon kapitalistische Produktionsweise existiert, diese Länder aber zu konkurrieren haben mit viel weiter entwickelten Ländern. Der Arbeitslohn kann hier gering sein, teils weil die Bedürfnisse des Arbeiters weniger entwickelt, teils die Agrikulturprodukte wohlfeiler sind oder, was für den Kapitalisten dasselbe, geringren Geldwert haben. Danach ist die Quantität des Produkts gering, die z.B. in 10 Stunden als notwendig für das Salair des Arbeiters weggeht. Arbeitet er aber 17 Stunden statt 12, so kann dies eingebracht werden. Überhaupt muß sich nicht vorgestellt werden, daß, weil in einem gegebnen Land der relative Wert der Arbeit fällt im Verhältnis zur Produktivität der Arbeit[1], nun der Arbeitslohn hoch ist in den verschiednen Ländern im umgekehrten Verhältnis zur Produktivität der Arbeit. Grade das Umgekehrte ist der Fall. Je produktiver ein Land gegen das andre auf dem Weltmarkt, um so höher sind die Arbeitslöhne in ihm, verglichen mit den andren Ländern. Nicht nur der nominelle, sondern der reelle Arbeitslohn in England ist höher als auf dem Kontinent. Der Arbeiter ißt mehr Fleisch, befriedigt mehr Bedürfnisse. Jedoch gilt dies nicht vom Ackerbauarbeiter, sondern nur vom Manufaktur-

[1] In der Handschrift: Länder

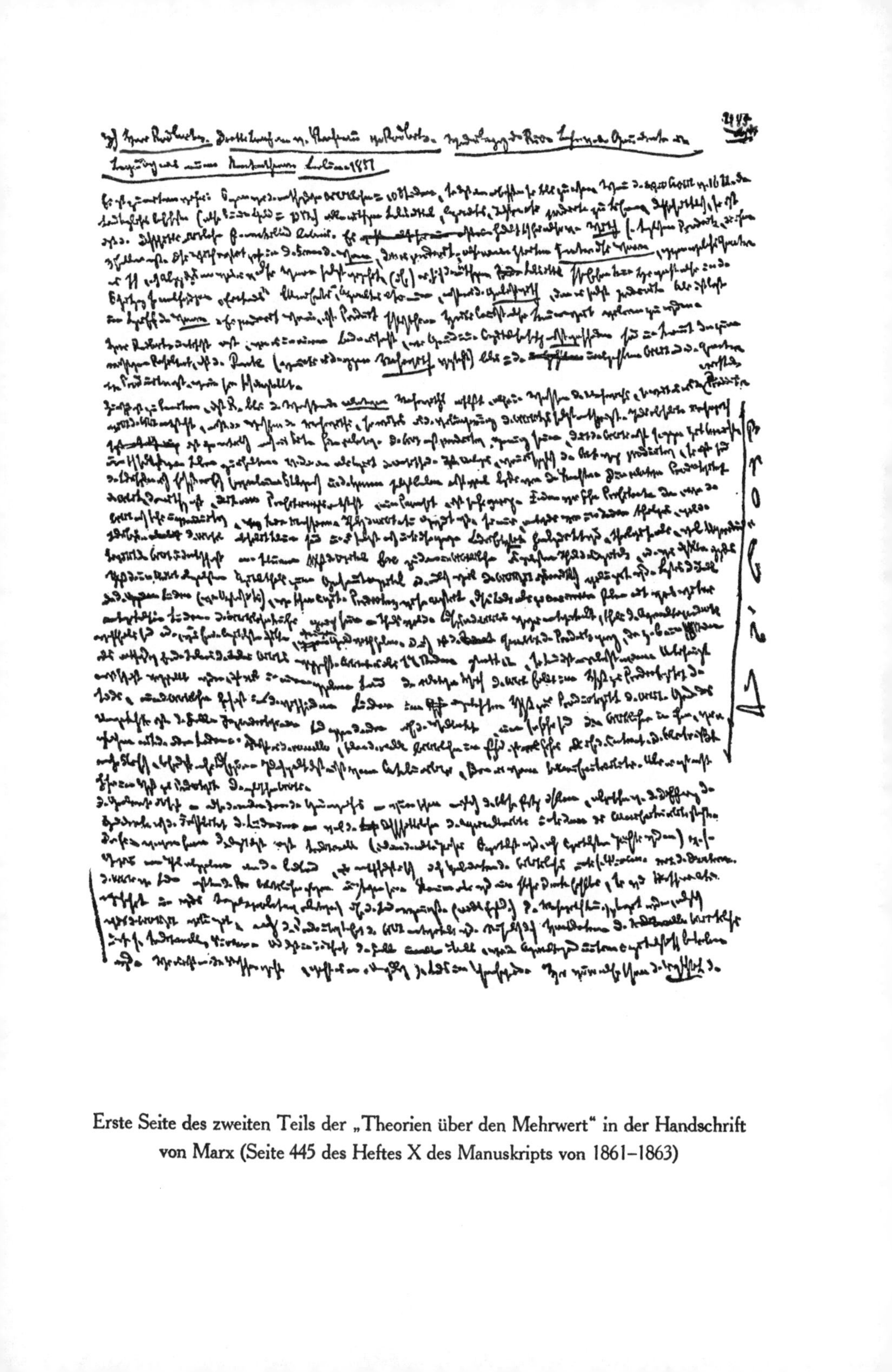

Erste Seite des zweiten Teils der „Theorien über den Mehrwert" in der Handschrift von Marx (Seite 445 des Heftes X des Manuskripts von 1861–1863)

arbeiter. Aber er ist nicht höher im Verhältnis zur Produktivität der englischen Arbeiter.[1]

Die Grundrente überhaupt – also die moderne Form des Grundeigentums – wäre schon möglich, die bloße Existenz derselben, abgesehn von der Differenz der Grundrente nach der Fruchtbarkeit der Ländereien, weil der Durchschnittslohn der Agrikulturarbeiter unter dem der Manufakturarbeiter steht. Da hier von vornherein der Kapitalist erst traditionell (indem der alte Pächter Kapitalist wird, eh Kapitalisten Pächter werden) von seinem Gewinn einen Teil abgegeben an den landlord, entschädigt er sich durch Herabdrücken des Arbeitslohns unter sein Niveau. Mit der Desertion der Arbeiter vom Lande müßten die Arbeitslöhne steigen und stiegen sie. Kaum aber wird ein solcher Druck fühlbar, so wird Maschinerie etc. eingeführt und wieder Surpluspopulation (relative) auf dem Land erzeugt. (Vide[2] England.) Der Mehrwert kann gesteigert werden, obgleich weder die Arbeitszeit verlängert, noch die Produktivkraft der Arbeit entwickelt wird, nämlich durch Herabdrücken des Arbeitslohns unter sein traditionelles Niveau. Und dies in der Tat der Fall überall, wo die Agrikulturproduktion kapitalistisch betrieben wird. Wo es nicht mit der Maschine geht, geht es mit Umwandlung des Landes in Schafweide. Hier wäre also schon die *Möglichkeit* der ||446| Grundrente, weil *faktisch* der Lohn der Agrikulturarbeiter nicht gleich dem Durchschnittslohn. Diese Möglichkeit der Grundrente wäre ganz unabhängig vom *Preis* des Produkts, der gleich seinem Wert.

Das zweite Steigen der Grundrente, weil sie auf mehr Produkt zum selben Preis erhoben wird, kennt Ricardo auch, rechnet es[3] aber nicht, da er auf das qr. die Grundrente mißt, nicht auf den acre. Er würde nicht sagen, daß die Grundrente gestiegen (und *in dieser Art* kann die Grundrente steigen mit Fallen des Preises), weil 20 qrs. × 2 sh. mehr ist als 10 × 2 oder 10 qrs. × 3 sh.

Übrigens, wie immer die Grundrente selbst erklärt wird, bleibt *der bedeutende Unterschied* mit der Industrie, daß hier ein Übermehrwert, surplus value, durch wohlfeilre, dort durch mehr teure Produktion entsteht. Ist der Durchschnittspreis eines lb. Twist = 2 sh., und kann ich es zu 1 sh. produzieren, so verkaufe ich notwendig, um Markt zu gewinnen, zu $1^1/_2$ sh., wenigstens unter 2 sh. Dies ist sogar absolut notwendig. Denn die wohlfeilre Produktion setzt Produktion auf größrer Stufenleiter

[1] In der Handschrift rechts neben diesen Abschnitt buchstabenweise untereinandergeschrieben: Profit – [2] Siehe – [3] in der Handschrift: sie

voraus. Ich überfülle also den Markt relativ gegen früher. Ich muß *mehr* verkaufen als früher. Obgleich ein lb. Twist nur 1 sh. kostet, so dies nur der Fall, wenn ich etwa 10 000 lbs. produziere, wo früher 8000. Die Wohlfeilheit kommt nur heraus, weil das capital fixe sich über 10 000 lbs. verteilt. Verkaufte ich nur 8000, so würde das déchet[1] der Maschinerie schon um $^1/_5$ = 20 p.c. den Preis des einzelnen lb. erhöhen. Ich verkaufe also unter 2 sh., um 10 000 lbs. verkaufen zu können. Ich nehme dabei immer noch einen Surplusprofit von 6 d., also von 50 p.c. auf den Wert meines Produkts = 1 sh., der schon den gewöhnlichen Profit einschließt. Jedenfalls forciere ich dadurch den Marktpreis herab, und das Resultat ist, daß der Konsument überhaupt das Produkt wohlfeiler erhält. Aber in der Agrikultur verkaufe ich zu 2 sh., da, wenn mein fruchtbarer Boden genügte, der minder fruchtbare nicht bebaut würde. Vermehrte sich natürlich der fruchtbare Boden so, oder die Fruchtbarkeit armen Bodens, daß ich der Nachfrage genügen könnte, so hörte der Witz auf. Das leugnet Ricardo nicht nur nicht, sondern hebt es ausdrücklich hervor.

Also zugegeben, daß die Grundrente selbst nicht – sondern nur die Differenz in den Grundrenten – sich aus der verschiednen Fruchtbarkeit des Bodens erklärt, so bleibt das Gesetz, daß, während im Durchschnitt in der Industrie der Surplusprofit in Verwohlfeilerung des Produkts, in der Agrikultur die relative Größe der Rente nicht nur aus relativer Verteurung (Erhöhung des Preises des Produkts des fruchtbaren Bodens über seinen Wert), sondern aus Verkauf des wohlfeilen Produkts zu den Kosten des teureren entsteht. Dies ist aber, wie ich schon gezeigt (Proudhon)[2], bloßes Gesetz der Konkurrenz, was nicht aus der „Erde", sondern aus der „kapitalistischen Produktion" selbst stammt.

Ferner behielte Ricardo in einem andren Punkt recht, nur daß er ein historisches Phänomen in Weise der Ökonomen in ein ewiges Gesetz verwandelt. Dies historische Phänomen ist die relativ raschre Entwicklung der Manufaktur (des eigentlich bürgerlichen Industriezweigs) im Gegensatz zur Agrikultur. Letztre ist produktiver geworden, aber nicht im Verhältnis wie die Industrie produktiver geworden ist. Wo jene um 10, hat sich ihre Produktivität vielleicht um 2 vergrößert. Sie ist also *relativ* unproduktiver geworden, obgleich positiv produktiver. Dies beweist bloß die höchst queere[2] Entwicklung der bürgerlichen Produktion und die ihr inhärenten Widersprüche, verhindert aber nicht die Richtigkeit des Satzes, daß die Agrikultur relativ unproduktiver wird, also verhältnismäßig zum Industrie-

[1] der Verschleiß – [2] eigentümliche

produkt der Wert des Agrikulturprodukts steigt und damit die Grundrente. Daß die Agrikulturarbeit in dem Entwicklungsgrade der kapitalistischen Produktion relativ unproduktiver geworden ist als die Industriearbeit, heißt nur, daß sich auch die Produktivität der Agrikultur nicht in derselben Geschwindigkeit und in demselben Maße entwickelt hat.

Das Verhältnis von Industrie A zu Industrie B sei wie 1 : 1. Und ursprünglich die Agrikultur produktiver, weil hier eine von Natur eingerichtete Maschine, nicht *nur* Naturkräfte, mitwirken; der einzelne Arbeiter sofort mit einer Maschine arbeitet. In der antiken Zeit und [im] Mittelalter daher die Agrikulturprodukte relativ viel wohlfeiler als die Industrieprodukte, was schon daraus hervorgeht (sieh *Wade*), welches Verhältnis beide im Durchschnittsarbeitslohn einnehmen.

1° : 1° zeige zugleich die Fruchtbarkeit beider [Industrien] an. Wird nun Industrie A = 10°, verzehnfacht sich ihre Fruchtbarkeit, dagegen Industrie B verdreifacht sich nur, = 3°, so verhalten sich beide Industrien, früher = 1 : 1, jetzt = 10 : 3 oder wie 1 : $^3/_{10}$. Relativ hat die Fruchtbarkeit von Industrie B um $^7/_{10}$ abgenommen, obgleich sie um das 3fache absolut gestiegen ist. Für die höchste Rente dasselbe – relativ zur Industrie –, als wäre sie dadurch gewachsen, daß der schlechteste Grund und Boden um $^7/_{10}$ unfruchtbarer geworden.

Es folgt daher nun zwar keineswegs, wie Ricard[o] meint, daß die Profitrate gefallen, weil der Arbeitslohn infolge der relativen Verteurung der Agrikulturprodukte ||447| gestiegen, denn der Durchschnittsarbeitslohn ist bestimmt nicht durch den relativen, sondern durch den absoluten Wert der Produkte, die in ihn eingehn. Aber es folgt daraus allerdings, daß die Profitrate (eigentlich die Rate des Mehrwerts) nicht in dem Verhältnis gestiegen ist, worin die Produktivkraft der Manufakturindustrie stieg, und zwar infolge der relativ größren Unfruchtbarkeit der Agrikultur (nicht des Bodens). Und dies ist absolut gewiß. Das Herabsetzen der notwendigen Arbeitszeit erscheint gering im Vergleich mit dem Fortschritt der Industrie. Es zeigt sich dies darin, daß Länder wie Rußland etc. England in den Agrikulturprodukten schlagen können. Der geringere Wert des Geldes in reichren Ländern (d.h. die geringen relativen Produktionskosten des Geldes für reichre Länder) fällt hier gar nicht in die Waagschale. Denn es fragt sich eben, warum er die Industrieprodukte nicht in ihrer Konkurrenz mit ärmren Ländern affiziert, wohl aber ihre Agrikulturprodukte. (Übrigens beweist dies nicht, daß arme Länder wohlfeiler produzieren, daß ihre Agrikulturarbeit produktiver ist. Selbst in den U[nited] St[ates], wie kürzlich durch statistische Nachweisungen bewiesen, hat zwar die Masse des

Weizens zu einem gegebnen Preis zugenommen, aber nicht weil ein acre mehr geliefert, sondern weil mehr acres bebaut worden sind. Wo viel Land en masse ist und große Strecken, oberflächlich bebaut, mit derselben Arbeit ein absolut größres Produkt geben, als viel kleinre Strecken in dem fortgeschrittnern Land, kann man nicht sagen, daß der Boden produktiver[1] ist.)

Das Fortschreiten zu *unproduktivrem* Boden beweist nicht notwendig, daß die Agrikultur unproduktiver geworden ist. Umgekehrt kann es beweisen, daß sie produktiver geworden ist, daß der unfruchtbare Boden nicht [nur] bebaut wird, weil die Preise des Agrikulturprodukts hoch genug gestiegen, um die Kapitalanlage zu ersetzen, sondern auch umgekehrt, daß die Produktionsmittel sich so weit entwickelt haben, daß der unproduktive Boden „produktiv" geworden ist und fähig, nicht nur den gewöhnlichen Profit, sondern auch die Grundrente zu zahlen. Was fruchtbar für eine [gegebene] Entwicklung der Produktivkraft, ist unfruchtbar für eine niedrigre.

In der Agrikultur ist die absolute Verlängerung der Arbeitszeit – also die Vergrößrung des absoluten Mehrwerts – nur in geringem Grad zulässig. In der Agrikultur kann nicht bei Gasbeleuchtung gearbeitet werden etc. Allerdings kann im Sommer und Frühling früh aufgestanden werden. Dies aber kompensiert sich durch die kürzern Tage des Winters, wo überhaupt nur eine relativ geringe Masse Arbeit vollzogen werden kann. In dieser Hinsicht ist also der *absolute Mehrwert größer in der Industrie*, wenn nicht der Normalarbeitstag durch gesetzlichen Zwang reguliert wird. Die lange Periode, worin das Produkt im Produktionsprozeß verharrt, ohne daß Arbeit auf es angewandt wird, ist ein zweiter Grund der geringern Masse *des Mehrwerts*, der in der Agrikultur geschaffen wird. Mit Ausnahme einiger Zweige in der Agrikultur, wie Viehzucht, Schafweide usw., wo die Bevölkerung absolut verdrängt wird, ist dagegen – selbst in der fortgeschrittensten großen Agrikultur – das Verhältnis der angewandten Menschenmasse im Verhältnis zum angewandten konstanten Kapital immer noch größer, bei weitem, als in der Industrie, wenigstens in den herrschenden Industriezweigen. Daher nach dieser Seite, selbst wenn aus den angegebnen Gründen die Masse des Mehrwerts relativ kleiner ist, als sie bei Anwendung *derselben* Menschenzahl in der Industrie – welch letzterer Umstand zum Teil wieder paralysiert wird durch das Sinken des Arbeitslohns unter sein Durchschnittsniveau –, kann die Profitrate größer sein als

[1] In der Handschrift: unproduktiver

in der Industrie. Sind aber in der Agrikultur irgendwelche Gründe vorhanden (wir deuten das Obige nur an), die Profitrate zu erhöhn (nicht temporär, sondern durchschnittlich im Vergleich zur Industrie), so brächte es die bloße Existenz der landlords mit sich, daß dieser Surplusprofit – statt in die Ausgleichung der allgemeinen Profitrate einzugehn – sich konsolidierte und dem landlord zufiele.

[2. *Die Profitrate in ihrem Verhältnis zur Mehrwertrate. Der Wert des landwirtschaftlichen Rohmaterials als Element des konstanten Kapitals in der Landwirtschaft*]

Allgemein gestellt ist die Frage, die bei R[odbertus] zu beantworten, die: Die allgemeine Form des vorgeschoßnen Kapitals ist:

capital constant	*capital variable*
Maschinerie – Rohmaterial	*Arbeitslohn*[1].

Die zwei Elemente des konstanten[2] Kapitals allgemein gleich Arbeitsmittel und Arbeitsgegenstand. Der letztre braucht nicht Ware, nicht Produkt der Arbeit zu sein. Er kann also als *Element des Kapitals* nicht existieren, obgleich er als *Element des Arbeitsprozesses* stets existiert. Die Erde ist das Rohmaterial des Ackerbauers, die Mine das des Kohlenmanns, das Wasser das des Fischers und der Wald selbst das des Jägers[3]. Die vollständigste Form des Kapitals ist aber, wenn jene 3 Elemente des Arbeitsprozesses auch als 3 Elemente des Kapitals existieren, d.h., wenn sie alle 3 Ware sind, Gebrauchswerte, die einen Tauschwert haben und Produkt der Arbeit sind. In diesem Fall gehn auch alle 3 Elemente in den Verwertungsprozeß ein, obgleich die Maschinerie nicht in dem Umfang, worin sie in den Arbeitsprozeß eingeht, sondern nur in dem Maß, worin sie von ihm konsumiert wird.

Die Frage ist nun die: Kann das Wegfallen eines dieser Elemente die *Profitrate* (nicht die Mehrwertsrate) in dem Industriezweig vermehren, worin es wegfällt? Allgemein antwortet darauf die Formel selbst:

Profitrate ist gleich dem Verhältnis des Mehrwerts zur Gesamtsumme des vorgeschoßnen Kapitals.

Die ganze Untersuchung wird gemacht unter der Voraussetzung, daß

[1] In der Handschrift mit Bleistift geändert in: *Arbeitskraft* – [2] in der Handschrift: variablen

die *Rate des Mehrwerts* unverändert bleibt, i.e. die Teilung des Werts des Produkts zwischen Kapitalist und Lohnarbeiter.

‖448| Die Rate des Mehrwerts $= \frac{m}{v}$; die Rate des Profits $= \frac{m}{c + v}$.

Da m', die Rate des Mehrwerts, gegeben ist, ist v gegeben und $\frac{m}{v}$ als konstante Größe vorausgesetzt. Also kann $\frac{m}{c + v}$ nur die Größe wechseln, wenn c + v sich ändert, und da v gegeben ist, kann diese nur wachsen oder abnehmen, weil c abnimmt oder wächst. Und zwar wird $\frac{m}{c + v}$ wachsen oder abnehmen, nicht im Verhältnis von c : v, sondern im Verhältnis wie c sich zur Summe von c + v verhält. Wäre c = 0, so $\frac{m}{c + v} = \frac{m}{v}$. Oder die Profitrate in diesem Falle gleich der Rate des Mehrwerts, und dies ist ihr höchstmöglicher Ausdruck, da durch keine Form der *Berechnung* m und v ihre Größe verändern können. Wenn v = 100 und m = 50, so $\frac{m}{v} = \frac{50}{100} = \frac{1}{2} = 50$ p.c. Käme nun ein capital constant von 100 hinzu, so die Profitrate $= \frac{50}{100 + 100} = \frac{50}{200} = \frac{1}{4} = 25$ p.c. Die Profitrate hätte um die Hälfte abgenommen. Kämen 150[c] zu 100[v] hinzu, so die Profitrate $= \frac{50}{150 + 100} = \frac{50}{250} = \frac{1}{5} = 20$ p.c. Im ersten Fall ist das Gesamtkapital = v, = dem variablen Kapital, daher die Profitrate = der Rate des Mehrwerts. Im zweiten Fall ist das Gesamtkapital = 2 × v, daher die Profitrate nur mehr halb so groß als die Rate des Mehrwerts. Im dritten Fall ist das Gesamtkapital = $2^1/_2 \times 100 = 2^1/_2 \times v = {}^5/_2 \times v$. v ist nur noch $^2/_5$ des Gesamtkapitals. Der Mehrwert[1] ist = $^1/_2$ von v, $^1/_2$ von 100, ist daher nur $^1/_2$ von $^2/_5$ des Gesamtkapitals = $^2/_{10}$ des Gesamtkapitals. $^{250}/_{10} = 25$ und $^2/_{10}$ von 250 = 50. $^2/_{10}$ sind aber = 20 p.c.[2]

Soviel steht also von vornherein fest. Bleibt v unverändert und $\frac{m}{v}$, so ist es ganz gleichgültig, wie die Größe von c gebildet wird. Ist c von bestimmter Größe, z.B. = 100, so ist es ganz gleichgültig, ob es sich zerlegt in 50 Rohmaterial und 50 Maschinerie oder in 10 Rohmaterial und

[1] In der Handschrift: Die Rate des Mehrwerts – [2] in der Handschrift links auf den Rand buchstabenweise untereinandergeschrieben: Profit

90 Maschinerie oder in 0 Rohmaterial und 100 Maschinerie oder umgekehrt, denn es ist das Verhältnis von $\frac{m}{c+v}$, welches die Profitrate bestimmt[1]; wie sich die Produktionselemente, aus denen c besteht, als Wertteile zu ganz c verhalten, ist hierbei gleichgültig. Z. B. in der Kohlenproduktion mag man das Rohmaterial (mit Abzug der Kohle, die selbst wieder als matière instrumentale[2] dient) = 0 setzen und annehmen, daß das ganze konstante Kapital aus Maschinerie (Baulichkeiten, Arbeitsinstrumente eingeschlossen) besteht. Andrerseits mag bei einem Schneider die Maschinerie = 0 gesetzt werden (namentlich, wo die großen Schneider noch keine Nähmaschine anwenden und andrerseits, wie jetzt zum Teil in London, selbst die Gebäulichkeit sparen, indem sie ihre Arbeiter als outdoor labourers[3] arbeiten lassen. Es ist dies *ein Neues*, worin die zweite *Teilung der Arbeit in der Form* der ersten wieder erscheint[4]) und das ganze konstante Kapital in Rohmaterial aufgelöst werden. Wendet der Kohlenmann 1000 in Maschinerie und 1000 in Lohnarbeit an, ditto der Schneider 1000 in Rohmaterial und 1000 in Lohnarbeit, so ist, bei gleicher Rate des Mehrwerts, die Rate des Profits in beiden Fällen gleich. Nehmen [wir] an, der Mehrwert sei = 20 p.c., so wäre die Profitrate = 10 p.c. in beiden Fällen, nämlich = $^{200}/_{2000}$ = $^{2}/_{20}$ = $^{1}/_{10}$ = 10 p.c. Wenn also das Verhältnis der Bestandteile von c, Rohmaterial und Maschinerie, einen Einfluß auf die Profitrate ausüben soll, so ist dies nur in 2 Fällen möglich: 1. wenn durch den Wechsel in diesem Verhältnis die absolute Größe von c modifiziert wird; 2. wenn durch dies Verhältnis der Bestandteil von c die Größe von v modifiziert wird. Es müßten hier organische changes[4] in der Produktion selbst herauskommen, nicht der bloß identische Satz, daß, wenn ein bestimmter Teil von c einen kleinren, der andre einen größren Teil der ganzen Summe ausmachen muß.

In der real bill[5] eines english farmers *wages*[6] = 1690 *l.*, *manure*[7] = 686, *seed*[8] = 150, *grains for cows*[9] = 100. Also 936 *l.* für „Rohmaterial", mehr als die Hälfte der wages. (Sieh *Newman, F.W. „Lectures on Pol. Ec.*", Lond. 1851, p. 166.)

„In *Flandern*" *(belgischen)* „werden in diese Gegenden *Dung* und Heu von Holland eingeführt" (für den Flachsbau etc. Dagegen führen sie aus Flachs, *linseed*[10] etc.). „Der Kehricht in den holländischen Städten ist ein Gegenstand des Handels und wird regelmäßig zu hohen Preisen nach Belgien verkauft. Ungefähr 20 Meilen von Antwerpen, die Schelde aufwärts, kann man Behälter für den Dünger sehen, der von Holland

[1] In der Handschrift: besteht – [2] Hilfsstoff – [3] Heimarbeiter – [4] Veränderungen – [5] wirklichen Bilanz – [6] *Löhne* – [7] *Dünger* – [8] *Saatgut* – [9] *Futtergetreide* – [10] *Leinsamen*

gebracht wird. Der Handel wird von einer Kapitalistengesellschaft auf holländischen Booten betrieben" usw. *(Banfield)*[5].

So ist selbst der Dünger, der ordinäre Mist, Handelsartikel geworden, und nun gar Knochenmehl, Guano, Pottasche etc. Es ist nicht nur der formelle Wechsel in der Produktion, daß das Element der Produktion *geschätzt wird* in Geld. Es werden dem Boden neue Stoffe zugeführt und seine alten verkauft aus *produktiven* Gründen. Es ist auch hier kein bloß formeller Unterschied zwischen der kapitalistischen und der frühren Produktionsweise. Der Samenhandel selbst ist wichtiger geworden in dem Maße, wie man Einsicht erhielt in die Wichtigkeit des Samenwechsels. Es wäre also von der eigentlichen Agrikultur lächerlich zu sagen, daß kein „Rohstoff" – und zwar Rohstoff als Ware – in sie eingeht, sei es nun, daß sie denselben selbst reproduziert oder als Ware einkauft, von außen bezieht. Es wäre ebenso lächerlich zu sagen, daß für den maschinenbauenden Maschinisten ||449| die Maschine, die er selbst braucht, nicht als Wertelement in sein Kapital eingeht.

Ein deutscher Bauer, der jahraus, jahrein seine Produktionselemente selbst erzeugt, Samen, Düngmittel etc., und einen Teil seines Getreides selbst mit seiner Familie aufißt, hat Geldausgaben (für die Produktion selbst) nur für seine paar Ackerwerkzeuge und Arbeitslohn. Gesetzt, der Wert aller seiner Auslagen sei = 100 [, davon sei die Hälfte mit Geld zu bezahlen]. Er konsumiert die Hälfte [des Produkts] in natura (Produktionskosten). Die andre Hälfte verkauft er und löst, sage 100. Sein Bruttoeinkommen dann = 100. Und wenn er dies auf das Kapital von 50 berechnet, sind das 100 p.c. [Profit]. Geht nun $^1/_3$ von den 50 für Rente ab und $^1/_3$ für Steuern (zusammen $33^1/_3$), so blieben ihm $16^2/_3$, was auf 50 = $33^1/_3$ p.c. ist. In der Tat hatte er aber nur $16^2/_3$ p.c. [von den ausgelegten 100]. Der Bauer hatte einfach falsch gerechnet und sich selbst geprellt. Dergleichen Rechnungsfehler kommen bei einem kapitalistischen farmer nicht vor.

In dem Metairievertrag (in [der Provinz] Berry z.B.), sagt *Mathieu de Dombasle*, *„Annales agricoles"* etc., *Paris 1828*, (4te livraison):

„Der Grundeigentümer liefert den Boden, die Baulichkeiten und gewöhnlich ganz oder zum Teil Vieh und die zum Betrieb notwendigen Geräte; der Pächter seinerseits liefert seine Arbeit und nichts oder fast nichts anderes. Die Produkte des Bodens werden zu gleichen Teilen geteilt." (p.301.) „Die Teilpächter sind in der Regel im Elend versunkene Leute." (p.302.) „Wenn der Halbpächter durch eine Auslage von 1000 frs. einen Zuwachs des Bruttoprodukts von 1500 frs. erhielt" (also 500 frs. Bruttogewinn), „muß er zur Hälfte teilen mit dem Grundeigentümer, zieht also 750, verliert also 250 frs.

von seinen Auslagen." (p.304.) „Unter dem früheren Anbausystem wurden die Ausgaben oder die Kosten der Produktion fast ausschließlich aus den Produkten selbst in natura gezogen für den Konsum des Viehs, des Bodenbebauers und seiner Familie; es wurde fast gar kein Bargeld ausgegeben. Nur dieser Umstand konnte zu dem Glauben Veranlassung geben, der Grundeigentümer und der Pächter könnten den ganzen Ertrag der Ernte, der nicht während der Produktion konsumiert wurde, unter sich teilen; aber dieser Prozeß nur anwendbar auf diese Art der Landwirtschaft, d.h. der *kümmerlichen Landwirtschaft;* aber sobald man eine Verbesserung der Agrikultur anbringen will, merkt man, daß dies nur möglich durch irgendwelche Vorschüsse, deren Betrag man vom Bruttoprodukt abziehen muß, um sie für die Produktion des folgenden Jahres anwenden zu können. Jede Teilung wird daher zu einem unüberwindlichen Hemmnis jeder Verbesserung." (l.c. p.307.)

[*3. Wert und Durchschnittspreis*[6] *in der Landwirtschaft. Absolute Rente*]

[*a) Ausgleichung der Profitrate in der Industrie*]

Herr R[odbertus] scheint sich überhaupt die Regulierung eines Normalprofits oder Durchschnittsprofits oder allgemeiner Profitrate durch die Konkurrenz so zu denken, daß die Konkurrenz die Waren auf ihre *wirklichen Werte* reduziert, d.h. also ihre Preisverhältnisse so reguliert, daß sich in Geld, oder welches sonst der Maßstab des Werts, die korrelativen Quantitäten Arbeitszeit darstellen, die in den verschiednen Waren realisiert sind. Es geschieht dies natürlich nicht dadurch, daß der Preis einer Ware jemals in irgendeinem gegebnen Moment gleich ihrem Wert ist oder ihm gleich zu sein braucht. [Nach Rodbertus geht das so vor sich:] Z.B. der Preis der Ware A steigt über ihren Wert, und zwar so, daß er für eine Zeitlang sich befestigt auf diesem Höhepunkt oder auch fortwährend steigt. Der Profit von A erhebt sich damit über den Durchschnittsprofit, indem er nicht nur seine eigne „unbezahlte" Arbeitszeit aneignet, sondern sich auch einen Teil der unbezahlten Arbeitszeit aneignet, die andre Kapitalisten „produziert" haben. Es muß dies als Sinken des Profits – bei gleichbleibendem Geldpreis der andren Waren – in einer oder der andren Produktionssphäre sich ergänzen. Geht die Ware ein als allgemeines Lebensmittel in den Konsum der Arbeiter, so würde sie die Profitrate in allen andren Branchen sinken machen; geht sie als Teil des capital constant ein, so macht sie die Profitrate in den Produktionssphären sinken, wo sie ein Element des capital constant bildet.

Der letzte mögliche Fall wäre, daß sie weder als Element in irgendein konstantes Kapital eingeht, noch *notwendiges* Lebensmittel der Arbeiter bildet (denn die Waren, die der Arbeiter kaufen kann oder nicht, nach seiner Willkür, verzehrt er als Konsument überhaupt, nicht als Arbeiter), sondern Konsumtionsartikel, Gegenstand der individuellen Konsumtion überhaupt. Geht die Ware als Konsumtionsartikel in den Konsum des industriellen Kapitalisten selbst ein, so würde ihre Preiserhöhung in keiner Weise die Summe des Mehrwerts oder die Rate des Mehrwerts berühren. Wollte der Kapitalist aber seinen alten standard of Konsumtion beibehalten, so würde der Teil des Profits (Mehrwerts), den er auf individuelle Konsumtion verwendet, steigen im Verhältnis zu dem, den er auf industrielle Reproduktion verwendet. Der letztere würde also fallen. So würde die Profitmasse in einem bestimmten Zeitraum (als auch durch die Reproduktion bestimmt) fallen in B, C etc. infolge des Steigens der Preise in A oder des Steigens des Profits in A über seine Durchschnittsrate. Ginge der Artikel A ausschließlich in die Konsumtion nicht industrieller Kapitalisten ein, so würden sie mehr in Ware A, als in den Waren B, C etc. – verglichen mit früher – konsumieren. Die Nachfrage für die Waren B, C etc. nähme ab; ihr Preis würde fallen, und in diesem case[1] hätte das Steigen des Preises von A oder die Hebung des Profits A über die Durchschnittsrate, ein Fallen des Profits unter die Durchschnittsrate in B, C etc. dadurch bewirkt (im Unterschied von den bisherigen Fällen, wo die Geldpreise von B, C etc. ||450| unverändert blieben), daß es die Geldpreise von B, C herabgedrückt hätte. Kapitalien aus B, C etc., wo die Profitrate unter das Niveau gesunken, würden aus ihrer eignen Produktionssphäre aus- und in die Produktionssphäre A einwandern; namentlich wäre das aber mit einem Teil des beständig neu auf dem Markt erscheinenden capital der Fall, das sich natürlich besonders nach der profitlichren Sphäre A drängen würde. Infolge hiervon würde Preis von Artikel A nach einiger Zeit unter seinen Wert fallen und für längre oder kürzre Zeit fortfahren, darunter zu sinken, bis die entgegengesetzte Bewegung wieder einträte. In den Sphären B, C etc. fände das umgekehrte Phänomen statt, teils infolge der verringerten Zufuhr der Artikel B, C etc., infolge des ausgewanderten Kapitals, also teils infolge der in diesen Sphären selbst vorgehenden organischen changes, teils aber infolge der Veränderungen, die in A vorgegangen sind und die nun in der entgegengesetzten Richtung auf B, C etc. einwirken.

Nebenbei bemerkt: Es ist möglich, daß bei der eben geschilderten Bewegung die Geldpreise von B, C etc. (der Wert des Geldes als konstant vorausgesetzt) nie mehr ihre alte Höhe erreichen, obgleich die Geldpreise von

[1] Fall

B, C etc. über den Wert der Waren B, C etc., folglich auch die Profitrate in B, C etc. über die allgemeine Profitrate steigt. Es ist nicht in Zeiten, wo die Preise über ihr Durchschnittsniveau steigen, sondern unter ihr Durchschnittsniveau fallen, also der Profit unter seine gewöhnliche Rate fällt, daß Verbesserungen, Erfindungen, größre Ökonomie in den Produktionsmitteln etc. angewandt werden. Während der Periode des Fallens der Preise von B, C etc. kann also ihr *wirklicher Wert* fallen oder das Minimum der zur Produktion dieser Waren nötigen Arbeitszeit sinken. In diesem Fall kann die Ware nur ihren alten Geldpreis wieder erhalten, wenn das Steigen ihres Preises über ihren Wert gleich dem margin, der Differenz zwischen dem Preis, der ihren neuen Wert ausdrückt, und dem Preis, der ihren höhern alten Wert ausdrückte. In diesem Fall hätte der *Preis* der Ware ihren Wert verändert durch Wirkung auf die Zufuhr – die Produktionskosten.

Das Resultat aber der obigen Bewegung: Den Durchschnitt genommen von den Erhöhungen und den Senkungen des Preises der Ware über oder unter ihren Wert oder die Periode der Ausgleichung der Höhungen und Senkungen genommen – Perioden, die sich beständig wiederholen –, ist der *Durchschnittspreis* gleich dem *Wert*, also auch der Durchschnittsprofit einer bestimmten Sphäre = der allgemeinen Profitrate; denn obgleich in dieser Sphäre mit dem Steigen oder Fallen der Preise – oder auch mit der Vermehrung oder Verminderung der Produktionskosten bei gleichbleibendem Preis – der Profit stieg oder fiel über oder unter seine alte Rate, ist die Ware im Durchschnitt der Periode zu ihrem *Wert* verkauft worden, *also* der gemachte Profit = der allgemeinen Profitrate. Dies ist die Vorstellung A. Smiths, noch mehr *Ricardos*, da dieser bestimmter am wirklichen Begriff des Werts festhält. Von ihnen nimmt sie auch Herr Rodbertus. Dennoch ist aber diese Vorstellung falsch.

Was bewirkt die Konkurrenz der Kapitalien? Der *Durchschnittspreis* der Waren während einer der Perioden der Ausgleichung ist ein solcher, daß diese Preise in jeder Sphäre den Warenproduzenten dieselbe Profitrate, z.B. 10 p.c. abwerfen. Was heißt das weiter? Daß der Preis jeder Ware $^1/_{10}$ über dem Preis der Produktionskosten steht, die sie dem capitalist gekostet, die er verausgabt, um sie zu produzieren. Es heißt dies allgemein ausgedrückt nur, daß Kapitalien von gleicher Größe gleiche Profite liefern, daß der Preis jeder Ware ein Zehntel höher ist als der Preis des in ihr vorgeschoßnen, konsumierten oder dargestellten Kapitals. Nun ist es aber ganz falsch, daß Kapitalien im Verhältnis zu ihrer Größe in den verschiednen Sphären denselben Mehrwert produzieren {hier ganz abgesehn davon, ob ein Kapitalist länger arbeiten läßt als der andre, sondern der *absolute*

Arbeitstag gleichgesetzt für alle Sphären. Zum Teil ist der Unterschied in den absoluten Arbeitstagen in den verschiednen Tagen ausgeglichen durch die Intensität der Arbeit etc., zum Teil stellen die Unterschiede bloß willkürliche Surplusprofite vor, Ausnahmen etc.}, selbst wenn vorausgesetzt wird, daß der absolute Arbeitstag in allen Sphären gleichgesetzt, d.h. die Rate des Mehrwerts als gegeben vorausgesetzt wird.

Bei *gleicher* Größe der Kapitalien ist – unter der gemachten Voraussetzung – die Masse des Mehrwerts, die sie produzieren, verschieden *erstens* nach dem Verhältnis ihrer organischen Bestandteile, d.h. des variablen und konstanten Kapitals, *zweitens* nach ihrer Umlaufszeit, soweit sie bestimmt ist durch das Verhältnis von fixem und zirkulierendem Kapital und wieder [durch] die verschiednen Reproduktionsperioden der verschiednen Sorten von capital fixe, *drittens* von dem Verhältnis der Dauer der eigentlichen Produktionsperiode im Unterschied zur Dauer der Arbeitszeit selbst[7], was auch eine wesentliche Differenz in dem Verhältnis von Produktions- und Zirkulationsperiode setzt. (Das erstgenannte Verhältnis selbst, das zwischen konstantem und variablem Kapital, kann von sehr verschiednen Ursachen herrühren, z.B. nur formell sein, so daß das in der einen Sphäre bearbeitete Rohmaterial teurer ist als das in der andren bearbeitete, oder es kann aus der verschiednen Produktivität der Arbeit herrühren etc.)

Würden also die Waren zu ihren Werten verkauft oder wären die *Durchschnittspreise* der Waren gleich ihren Werten, so müßte die Profitrate in den verschiednen Sphären durchaus verschieden sein; sie würde im einen Fall 50, in andren 40, 30, 20, 10 usw. betragen. Die Gesamtmasse der Waren einer Sphäre A z.B., genommen während eines Jahres, wäre ihr Wert = dem in ihr vorgeschoßnen Kapital + der in ihr enthaltnen unbezahlten Arbeit. In der Sphäre B, C ditto. Aber da in A, B, C die enthaltne Masse der unbezahlten Arbeit verschieden ist, z.B. in A größer als in B, in B größer als in C, würden die Waren A ihren Produzenten vielleicht 3 M (= Mehrwert) liefern, B = 2 M, C = M. Und da die Profitrate bestimmt ist durch das Verhältnis des Mehrwerts zum vorgeschoßnen Kapital, da dies aber nach der Voraussetzung gleich in A, B, C usw., so ||451| wären, wenn C das vorgeschoßne Kapital, die verschiednen Profitraten $= \overset{A}{\frac{3M}{C}}, \overset{B}{\frac{2M}{C}}, \overset{C}{\frac{M}{C}}$.

Die Konkurrenz der Kapitalien kann also nur die Profitraten ausgleichen, indem sie z.B. in dem angeführten Falle die Profitraten $= \frac{2M}{C}, \frac{2M}{C}, \frac{2M}{C}$

setzt in den Sphären A, B, C. A würde seine Ware um 1 M wohlfeiler und C um 1 M teurer verkaufen, als ihr Wert ist. Der Durchschnittspreis stünde in A unter und in C über dem Wert der Waren A, C.

Wie der Fall B zeigt, *kann* es sich allerdings ereignen, daß der Durchschnittspreis und der Wert einer Ware zusammenfallen. Dies ist dann der Fall, wenn der in der Sphäre B selbst erzeugte Mehrwert gleich dem Durchschnittsprofit ist, sich also in dieser Sphäre die verschiednen Teile des Kapitals so zueinander verhalten, wie sie sich verhalten, wenn wir uns die Gesamtsumme der Kapitalien, das Kapital der Kapitalistenklassen, als eine *Größe* denken, worauf der gesamte Mehrwert berechnet, gleichgültig dagegen, in welcher Sphäre des Gesamtkapitals er erzeugt worden ist. In diesem Gesamtkapital gleichen sich die Umlaufszeiten etc. aus; dies ganze Kapital wird z.B. als in einem Jahr umgelaufen berechnet etc. Dann würde in der Tat von diesem *Gesamtkapital* jedes Stück im Verhältnis zu seiner Größe am Gesamtmehrwert partizipieren, einen aliquoten Teil desselben beziehn. Und da jedes einzelne Kapital als shareholder[1] an diesem Gesamtkapital zu betrachten wäre, so wäre es richtig, daß *erstens die Profitrate* für ihn dieselbe wie für jeden andren, [weil] gleich große Kapitalien gleich große Profite liefern, und *zweitens*, was aus dem ersten von selbst folgt, daß die Masse des Profits von der Größe des Kapitals abhängt, von der Zahl der shares in that general capital which are owned by the capitalist[2]. Die Konkurrenz der Kapitalien sucht so jedes Kapital als Stück des Gesamtkapitals zu behandeln und danach seine Partizipation am Mehrwert und daher auch Profit zu regulieren. Plus ou moins[3] gelingt das der Konkurrenz durch ihre Ausgleichungen. (Die Ursachen, warum sie in einzelnen Sphären auf besondre Hindernisse stößt, hier nicht zu untersuchen.) Es heißt dies aber zu deutsch nichts, als daß die Kapitalisten das Quantum unbezahlter Arbeit, das sie der Arbeiterklasse auspressen – oder die Produkte dieses Quantums Arbeit –, bestrebt sind (dies Streben ist aber die Konkurrenz), untereinander zu verteilen, nicht in dem Verhältnis, worin ein *besondres* Kapital unmittelbar Surplusarbeit produziert, sondern im Verhältnis, *erstens*, worin dies besondre Kapital einen aliquoten Teil des Gesamtkapitals bildet, *zweitens*, im Verhältnis, worin das Gesamtkapital selbst Surplusarbeit produziert. Die Kapitalisten teilen sich brüderlich-feindlich in die Beute der angeeigneten fremden Arbeit, so daß im Durchschnitt der eine soviel unbezahlte Arbeit aneignet wie der andre[8].

---

[1] Teilhaber – [2] Anteile an diesem Gesamtkapital, die dem Kapitalisten gehören – [3] Mehr oder weniger

Diese Ausgleichung vollbringt die Konkurrenz durch die Regulierung der Durchschnittspreise. In diesen Durchschnittspreisen selbst aber wird die Ware über [ihren Wert hinauf-] oder unter ihren Wert herabgesetzt, so daß sie keine größre Profitrate liefert als eine andre Ware. Es ist also falsch, daß die Konkurrenz der Kapitalien dadurch eine allgemeine Profitrate hervorbringt, daß sie die Preise der Waren zu ihren Werten ausgleicht. Sie bringt sie umgekehrt dadurch hervor, *daß sie die Werte der Waren in Durchschnittspreise verwandelt, in welchen ein Teil des Mehrwerts einer Ware auf eine andre übertragen ist*[1] etc. Der *Wert* einer Ware ist = dem Quantum in ihr *enthaltner* Arbeit, bezahlter + unbezahlter. Der *Durchschnittspreis* einer Ware ist = dem Quantum in ihr *enthaltner* bezahlter Arbeit (vergegenständlichter oder lebendiger) + einer Durchschnittsquote unbezahlter Arbeit, die nicht davon abhängt, ob sie in diesem Umfang in der Ware selbst enthalten war oder nicht oder ob mehr oder weniger davon in dem Wert der Ware enthalten war.

[*b) Formulierung des Problems der Grundrente*]

Es ist möglich – ich überlasse das einer spätren Untersuchung, die nicht in den Gegenstand dieses Buchs gehört –, daß gewisse Produktionssphären unter Umständen arbeiten, die sich der Reduktion ihrer Werte auf Durchschnittspreise im *obigen* Sinn widersetzen, die der Konkurrenz diesen Sieg nicht gestatten! Wäre dies z. B. bei der Ackerbaurente der Fall oder Minenrente (es gibt Renten, die absolut nur aus Monopol zu erklären sind, z. B. Wasserrente in der Lombardei, [in] Teilen von Asien, auch die Hausrente, soweit sie Grundeigentumsrente), so folgte daraus, daß, während das Produkt aller industriellen Kapitalien auf den Durchschnittspreis erhoben oder gesenkt wird, das der Agrikultur = ihrem Wert, der über dem Durchschnittspreis stünde. Wären hier Hindernisse vorhanden, wodurch mehr von dem in dieser Produktionssphäre *erzeugten Mehrwert* als Eigentum der Sphäre selbst appropriiert würde, als den Gesetzen der Konkurrenz nach der Fall sein sollte, als verhältnismäßig zu der Quote des in diesem Industriezweig ausgelegten Kapitals der Fall sein soll?

Wenn industrielle Kapitalien, die nicht temporär, sondern nach der Natur *ihrer* Produktionssphären im Vergleich zu andren 10 oder 20 oder 30 p.c. Mehrwert mehr produzieren ||452| als industrielle Kapitalien von gleicher Größe in andren Produktionssphären, wenn sie, sage ich, fähig

[1] In der Handschrift ist die hier kursiv gegebene Textstelle mit Bleistift unterstrichen

wären, der Konkurrenz gegenüber diesen Surplusmehrwert festzuhalten und zu verhüten, daß er in die allgemeine Rechnung (Verteilung) einginge, die die general rate of profit[1] bestimmt, in diesem Fall würden sich in den Produktionssphären dieser Kapitalien 2 Einnehmer scheiden lassen, the one who would get the general rate of profit, and the other who would get the surplus exclusively inherent to this sphere[2]. Es könnte jeder Kapitalist diesem Bevorzugten dies Surplus zahlen, abgeben, um sein Kapital hier anzulegen, und er würde für sich selbst zurückhalten the general rate of profit, like every other capitalist, and dependent upon the same chances[3]. Wäre dies der Fall in der Agrikultur etc., so würde das Zerfallen des *Mehrwerts* in *Profit* und *Rente* hier durchaus nicht anzeigen, daß Arbeit hier an und für sich „produktiver" ([im Sinne der Produktion] of surplus value[4]) ist als in der Manufaktur; also der Erde keine Wunderkraft beizuschreiben, was übrigens an und für sich lächerlich, da *Wert = Arbeit, also Surpluswert unmöglich = Erde*[5] sein kann (obgleich relativer Surpluswert geschuldet sein kann der natürlichen Fruchtbarkeit des Bodens, aber auf keinen Fall könnte hieraus *höherer Preis* der Erdprodukte folgen. Vielmehr das Umgekehrte). Es würde auch nicht zu Ricardos Theorie die Zuflucht genommen werden müssen, die an und für sich unangenehm mit dem Malthusschen Dreck verknüpft, ökliche Konsequenzen hat und spezieller meiner Lehre von dem relativen Surpluswert, wenn auch nicht theoretisch gegenübersteht, ihr doch praktisch einen großen Teil ihrer Bedeutung nimmt.

Der Witz bei Ricardo der: Die Grundrente (also z.B. beim Ackerbau) kann da, wo – wie er voraussetzt – die Agrikultur kapitalistisch betrieben wird, [ein] *farmer* [da] ist, nichts sein als un excédant[6] über den general profit[7]. Es ist ganz gleichgültig, ob das, was der landlord erhält, wirklich gleich dieser Rente im ökonomisch-bürgerlichen Sinn ist. Es kann bloßer Abzug am Arbeitslohn sein (vide[8] Irland) oder auch zum Teil bestehn aus Herunterdrücken des Profits des Pächters unter das Durchschnittsniveau des Profits. Alle diese Möglichkeiten absolut gleichgültig. Eine besondre, charakteristische Form des Mehrwerts bildet die *Rente* im bürgerlichen System nur, soweit sie Überschuß über den Profit (general[9]).

Wie ist das aber möglich? Die Ware Weizen gleich jeder andren wird zu ihrem *Wert* verkauft, i.e. sie tauscht sich um gegen andre Waren im

[1] allgemeine Profitrate – [2] einer, der die allgemeine Profitrate, und ein anderer, der den ausschließlich dieser Sphäre angehörenden Überschuß erhalten würde – [3] die allgemeine Profitrate wie jeder andere Kapitalist und angewiesen sein auf die gleichen Chancen – [4] von Mehrwert – [5] in der Handschrift ist die hier kursiv gegebene Textstelle mit Bleistift unterstrichen – [6] ein Überschuß – [7] allgemeinen Profit – [8] siehe – [9] allgemeinen

Verhältnis zu der in ihr enthaltnen Arbeitszeit. {Dies ist die erste falsche Voraussetzung, die das Problem schon schwieriger macht, künstlich. Die Waren tauschen sich nur ausnahmsweise aus zu ihren Werten. Ihre *Durchschnittspreise* sind anders bestimmt. Vide supra.[1]} Der Pächter, der Weizen baut, macht denselben Profit wie alle andren Kapitalisten. Dies beweist, daß er, wie alle andren, die seinen Arbeitern nicht bezahlte Arbeitszeit sich aneignet. Woher also noch die Rente? Sie muß Arbeitszeit darstellen. Warum sollte die Surplusarbeit in der Agrikultur in Profit und Rente zerfallen, während sie[2] in der Industrie nur gleich Profit? Und wie dies überhaupt möglich, wenn der Profit in der Agrikultur = dem Profit in jeder andren Produktionssphäre? {Die schlechten Vorstellungen Ric[ardo]s von Profit und das unmittelbare Zusammenwerfen davon mit Mehrwert hier auch schädlich. Erschweren ihm die Sache.}

Ric[ardo] löst die *Schwierigkeit*, indem er sie *in principle*[3] [als] nicht vorhanden unterstellt {und dies ist in der Tat *die einzige Art*, eine Schwierigkeit prinzipiell zu lösen. Nur kann es doppelt geschehn. Entweder daß man zeigt, daß der Widerspruch gegen das principle ein *Schein* ist, ein Schein, der aus der Entwicklung der Sache selbst hervorgeht. Oder indem man die Schwierigkeit, wie R[icardo] tut, *an einem Punkt wegleugnet*, dies dann als Ausgangspunkt nimmt, von wo aus man ihr Dasein an einem andern Punkt erklären kann}.

Er nimmt einen Punkt an, wo das Kapital {stelle sich dies nun als nicht Grundrente zahlende oder einzelne Pacht dar oder als Teil des Grund und Bodens einer Pacht, der keine Rente zahlt, also überhaupt allgemein in Grund und Bodenkultur angelegtes Kapital, das keine Rente zahlt} des Pächters gleich dem jedes andren nur Profit zahlt. Dies ist sogar der Ausgangspunkt und kann auch so ausgedrückt werden: Ursprünglich zahlt das Kapital des Pächters nur Profit {obgleich diese *falsch-historische* Form unwesentlich und in andren „Gesetzen" allen bürgerlichen Ökonomen gemein}, keine Grundrente. Es unterscheidet sich nicht von jedem andren industriellen Kapital. Die Rente kommt erst herein, weil die Nachfrage nach Korn steigt und nun im Unterschied zu andren Industriezweigen zu „minder" fruchtbarem Boden geflüchtet werden muß. Durch das Steigen der Lebensmittel leidet der farmer (der supposed[4] Urfarmer) wie jeder andre industrielle Kapitalist, insofern er seinen Arbeitern auch mehr zahlen muß. Er gewinnt aber durch das Steigen des Preises seiner Ware über ihren Wert, soweit erstens andre Waren, die in sein capital constant

[1] Siehe oben. – [2] in der Handschrift: es – [3] *im Prinzip* – [4] vorausgesetzte

eingehn, im relativen Wert gegen seine Ware fallen, er sie also wohlfeiler kauft, zweitens, soweit er seinen Surpluswert in der teureren Ware besitzt. Also der Profit dieses Pächters steigt über die Durchschnittsrate des Profits, die aber gefallen ist. Hence[1] geht ein andrer Kapitalist auf den schlechtren Boden Nr. II, der bei dieser geringren Profitrate Produkt zu dem Preis von I liefern kann oder vielleicht noch etwas billiger. Wie dem auch sei, jetzt haben wir wieder auf ||453| II das normale Verhältnis, daß der Mehrwert sich bloß in Profit auflöst; aber wir haben die Rente erklärt für I und zwar dadurch, daß ein doppelter Produktionspreis besteht, der Produktionspreis von II, [der] aber zugleich der Marktpreis von I ist. Ganz wie bei der Fabrikware, die unter günstigren Umständen produziert wird, ein temporärer surplus gain[2]. Der Weizenpreis, der außer dem Profit noch Rente einschließt, besteht zwar auch nur aus vergegenständlichter Arbeit, ist gleich seinem Wert, aber nicht gleich dem in ihm selbst enthaltnen Wert, sondern gleich dem Wert von II. Zwei Marktpreise unmöglich. {Während Ricardo den Pächter II damit einführt, daß die Profitrate gefallen, läßt Stirling ihn eintreten, weil der Arbeitslohn *gefallen*, nicht gestiegen infolge der Kornpreise. Dieser gefallne Arbeitslohn erlaubt dem II einen [Boden] Nr. II mit der alten Profitrate zu bearbeiten, obgleich der Boden unfruchtbarer.[9] Einmal die Existenz der Grundrente so gewonnen, ergibt sich das andre mit Leichtigkeit. Die *Differenz der Grundrenten* im Verhältnis zur verschiednen Fruchtbarkeit etc. bleibt natürlich richtig. Das letztre schließt an sich nicht ein, daß zu immer schlechterem Boden fortgegangen werden muß.

Dies also Ricardos Theorie. Da der gestiegne Preis des Weizens, der dem I einen Surplusprofit liefert, dem II nicht einmal dieselbe Profitrate wie früher liefert, sondern eine geringre, ist es klar, daß das Produkt Nr. II mehr Wert enthält als Produkt Nr. I, oder daß es Produkt größrer Arbeitszeit ist, mehr Arbeitsquantum in ihm enthalten ist, also mehr Arbeitszeit geliefert werden muß, um dasselbe Produkt zu fabrizieren, z.B. einen qr. Weizen. Und das Steigen der Rente wird im Verhältnis stehn zu dieser steigenden Unfruchtbarkeit der Erde oder dem Wachstum der Arbeitsquanta, die angewandt werden müssen, um z.B. 1 qr. of Weizen zu produzieren. Ric[ardo] würde natürlich nicht von „Steigen" der Rente reden, wenn bloß die Quarterzahl, wovon Rente gezahlt wird, steigt, sondern wenn dasselbe *eine* qr. z.B. von 30 sh. auf 60 sh. steigt. Er vergißt allerdings manchmal, daß *die absolute Größe der Rente wachsen kann bei gesunkner Rate der Rente, wie der absolute amount of profit*[3] *wachsen kann with a decreasing rate of profit*[4].

[1] Daher – [2] Übergewinn – [3] *die absolute Masse des Profits* – [4] *bei einer sinkenden Profitrate* (in der Handschrift ist die hier kursiv gegebene Textstelle mit Bleistift unterstrichen)

Andre suchen die Schwierigkeit zu umgehn (*Carey* f.i.[1]), indem sie direkt in andrer Art die Schwierigkeit wegleugnen. Die Grundrente ist bloß Zins für das der Erde früher einverleibte Kapital[2]. Also auch nur a form of profit[3]. Hier wird also die *Existenz der Grundrente* geleugnet, womit sie in der Tat *wegerklärt* ist.

Andre, z.B. *Buchanan*, betrachten sie als bloße Folge des Monopols[4]. Sieh auch *Hopkins*[5]. Hier ist sie bloße *surcharge*[6] über *den Wert* hinaus.

Bei Herrn *Opdyke*[10], charakteristisch for a Yankee[7], wird das Grundeigentum oder Grundrente „the legalized reflexion of the value of capital"[8].*

Bei Ricardo die Untersuchung erschwert durch die zwei falschen Annahmen. Ricardo zwar nicht der Erfinder der Renttheorie. West und Malthus hatten sie vor ihm drucken lassen. Aber source[10]: *Anderson*. Aber was Ricardo auszeichnet (obgleich auch bei West nicht ganz ohne richtigen Zusammenhang) ist der Zusammenhang der Rente bei ihm mit seiner Werttheorie. Malthus, wie seine spätre Polemik mit Ric[ardo] über die Rente zeigt, hatte die von ihm adoptierte Andersonsche Theorie selbst nicht verstanden.} Geht man von dem richtigen Prinzip aus, daß der Wert der Waren durch die zu ihrer Produktion nötige Arbeitszeit bestimmt ist (und daß Wert überhaupt nichts ist als realisierte gesellschaftliche Arbeitszeit), so folgt daraus, daß der *Durchschnittspreis* der Waren durch die zu ihrer Produktion nötige Arbeitszeit bestimmt ist. Dieser Schluß wäre richtig, wenn bewiesen wäre, daß *Durchschnittspreis* = *Wert*. Nun zeige ich aber nach, daß grade, *weil* der Wert der Ware durch die *Arbeitszeit* bestimmt ist, der Durchschnittspreis der Waren (den *einzigen* Fall ausgenommen, wo die sozusagen individuelle *Profitrate* in einer bes. Produktionssphäre, i.e. der durch den in dieser Produktionssphäre selbst erzeugten Mehrwert bestimmte Profit, wo diese individuelle Profitrate = der Durchschnittsprofitrate des Gesamtkapitals) *nie* gleich ihrem Wert sein *kann*, obgleich diese Bestimmung des Durchschnittspreises nur abgeleitet ist aus dem auf der Bestimmung durch die Arbeitszeit basierten Wert.

Hieraus folgt d'abord[11], daß auch Waren, deren Durchschnittspreis (if[12]

---

*||486| Wie Opdyke das Grundeigentum „the legalized reflexion of the value of capital" nennt, so ist „*capital the legalized reflexion to others people labour*"[9]. |486||

---

[1] z.B. – [2] vgl. vorl. Band, S. 160 sowie Band 25 unserer Ausgabe, S. 609 und 635 – [3] eine Form des Profits – [4] siehe vorl. Band, S. 159 und 389/390 – [5] siehe vorl. Band, S. 129–135 – [6] bloßer *Aufschlag* – [7] für einen Yankee – [8] „der legalisierte Reflex des Kapitalwerts" – [9] „*Kapital der legalisierte Reflex der Arbeit anderer Leute*" – [10] Quelle – [11] zunächst – [12] wenn

abgesehn von dem Wert des capital constant) sich nur in Arbeitslohn und Profit auflöst, so daß sowohl der Arbeitslohn als der Profit auf ihrer normalen Rate stehn, Durchschnittsarbeitslohn und Durchschnittsprofit sind, über oder unter ihrem eignen Wert verkauft sein können. So wenig der Umstand daher, daß der Mehrwert einer Ware bloß in der Rubrik des normalen Profits sich ausdrückt, beweist, daß die Ware zu ihrem Wert verkauft ist, so wenig beweist der Umstand, daß die Ware außer dem Profit noch ||454| eine Grundrente abwirft, daß die Ware *über* ihrem immanenten Wert verkauft ist. Wenn die *Durchschnittsprofitrate* oder *allgemeine Profitrate des Kapitals*, die eine Ware realisiert, *unter* ihrer eignen durch ihren wirklichen Mehrwert bestimmten Profitrate stehn kann, so folgt daraus, daß, wenn Waren einer *besondren Produktionssphäre* außer dieser Durchschnittsrate des Profits noch ein zweites Quantum Mehrwert abwerfen, das einen besondren Namen führt, also etwa *Grundrente*, der Profit + die Grundrente, die Summe von Profit + Grundrente nicht größer zu sein braucht, als der in der Ware selbst enthaltne *Mehrwert* ist. Da der Profit < sein kann als der der Ware immanente Mehrwert oder das Quantum unbezahlter Arbeit, das in ihr enthalten ist, brauchen Profit + Grundrente nicht > zu sein als der immanente Mehrwert der Ware.

Es bliebe allerdings das Phänomen zu erklären, warum solches in einer *besondren* Produktionssphäre im Unterschied von andren Produktionssphären stattfindet. Aber das Problem wäre schon sehr erleichtert. Diese Ware unterscheide sich von den andren dadurch: In einem Teil dieser andren Waren steht ihr Durchschnittspreis *über* ihrem immanenten Wert, aber nur, um ihre Profitrate zur allgemeinen Profitrate zu *erheben;* in einem andren Teil der andren Waren steht ihr Durchschnittspreis *unter* ihrem immanenten Wert, aber nur so weit als nötig, um ihre Profitrate zur allgemeinen Profitrate zu *senken;* endlich in einem dritten Teil dieser Waren ist ihr Durchschnittspreis = ihrem immanenten Wert, aber nur, *weil* sie die allgemeine Profitrate abwerfen, wenn sie zu ihrem *immanenten* Wert verkauft werden. Die Ware, die Grundrente abwirft, unterscheidet sich von allen diesen 3 Fällen. Unter allen Umständen ist der Preis, zu dem sie verkauft wird, ein solcher, daß sie *mehr als den Durchschnittsprofit* – durch die allgemeine Profitrate des Kapitals bestimmt – abwirft.

Nun fragt es sich, welcher von den 3 Fällen oder wie viele von den 3 Fällen können stattfinden? Wird in ihrem Preis der *ganze in ihr enthaltne Mehrwert realisiert?* In diesem Fall schließt dies den Fall 3 der Waren aus, deren ganzer Mehrwert in ihrem Durchschnittspreis realisiert wird, weil sie nur so den gewöhnlichen Profit abwerfen. Dieser Fall kommt also nicht in

Betracht. Ebensowenig, unter *dieser* Voraussetzung der 1. Fall, daß der im Preis der Ware realisierte Mehrwert *über* ihrem immanenten Mehrwert steht. Denn es ist ja grade unterstellt, daß in ihrem Preis „der in ihr enthaltne Mehrwert realisiert wird". Also der Fall analog dem Fall 2 der Waren, in denen ihr immanenter Mehrwert höher ist als der in ihrem Durchschnittspreis realisierte Mehrwert. Wie bei diesen Waren bildet der Profit Form dieses Mehrwerts – der durch Senkung der allgemeinen Profitrate gleichgesetzt ist –, hier den Profit des angelegten Kapitals. Der *Überschuß des der Ware immanenten Mehrwerts jedoch über* diesen Profit ist im Unterschied von *Ware 2* auch in diesen exzeptionellen Waren realisiert, fällt aber einem andren Besitzer zu als dem des Kapitals, nämlich dem der Erde, des natural agent[1], Mine etc.

Oder wird ihr Preis so weit heraufgeschraubt, daß er mehr als die *Durchschnittsprofitrate* abwirft? Dies ist z. B. der case[2] bei eigentlichen Monopolpreisen. *Diese Annahme* – bei jeder Produktionssphäre, wo Kapital und Arbeit freely[3] angewandt werden können, deren Produktion, was die Masse des angewandten Kapitals angeht, den allgemeinen Gesetzen unterworfen ist – wäre nicht nur eine *petitio principii*[4], sondern *widerspräche direkt* den Grundlagen der Wissenschaft und der kapitalistischen Produktion, wovon sie nur der theoretische Ausdruck ist. Denn eine solche Annahme unterstellte, was eben erklärt werden soll, daß in einer besondren Produktionssphäre der Preis der Ware mehr als die allgemeine Profitrate, mehr als den Durchschnittsprofit abwerfen *muß* und zu diesem Behuf *über* ihrem Wert *verkauft werden muß*. Sie unterstellte also, daß die Agrikulturprodukte den allgemeinen Gesetzen des Warenwerts und der kapitalistischen Produktion *entzogen* sind. Und zwar unterstellte sie dies, weil das besondre Vorkommen der Rente neben dem Profit *prima facie*[5] einen solchen Schein hervorbringt. Also dies absurd.

Es bleibt also nichts übrig als die Annahme, daß in dieser besondren Produktionssphäre besondre Umstände existieren, Einflüsse, wodurch die Preise der Waren den [ganzen] ihnen immanenten Mehrwert in ihrem Preise realisieren, statt wie bei [Fall] 2 der andren Waren, nur so viel von ihrem Mehrwert in ihrem Preise zu realisieren, als die allgemeine Profitrate abwirft, statt daß ihre Durchschnittspreise so tief unter ihren Mehrwert gesenkt werden, daß sie nur die allgemeine Profitrate abwerfen oder ihr Durchschnittsprofit nicht größer ist als in allen andren Produktionssphären des Kapitals.

---

[1] natürlichen Faktors – [2] Fall – [3] frei – [4] ein *Trugschluß* – [5] *auf den ersten Blick*

Dadurch hat sich das Problem schon sehr vereinfacht. Es handelt sich nicht mehr darum zu erklären, wie es kömmt, daß der Preis einer Ware außer Profit auch noch Rente abwirft, also *scheinbar* das allgemeine Gesetz der Werte verletzt und durch Erheben ihres Preises über ihren *immanenten Mehrwert mehr als die allgemeine Profitrate* für ein Kapital von gegebner Größe abwirft, sondern vielmehr wie es kömmt, daß diese Ware, in der Ausgleichung der Waren zu Durchschnittspreisen, nicht so viel von ihrem *immanenten Mehrwert* an andre Waren abzugeben hat, daß sie nur den *Durchschnittsprofit* abwirft, sondern auch noch einen Teil ihres eignen Mehrwerts realisiert, der ein Surplus *über* dem Durchschnittsprofit bildet, so daß es daher möglich, daß ein farmer, der Kapital in dieser Produktionssphäre anlegt, die Ware zu solchen Preisen verkauft, daß sie ihm den gewöhnlichen Profit abwirft und zugleich ihn befähigt, den realisierten Überschuß des Mehrwerts der Ware *über* diesen Profit hinaus an eine dritte Person, den Landlord, zu zahlen.

||455| In dieser Form führt die bloße Formulierung des Problems schon seine eigne Lösung mit sich.

[c) *Privateigentum an Grund und Boden als notwendige Bedingung für die Existenz der absoluten Rente. Zerfallen des Mehrwerts in der Landwirtschaft in Profit und Rente*]

Es ist ganz einfach das *Privateigentum* bestimmter Personen an Grund und Boden, Minen, Wasser usw., das sie befähigt, den in den Waren dieser besondren Produktionssphäre, dieser besondren Kapitalanlagen enthaltnen *Überschuß des Mehrwerts über den Profit* (Durchschnittsprofit, durch die allgemeine Rate des Profits bestimmte Profitrate) aufzufangen, abzufangen, einzufangen und zu verhindern, einzugehn in den allgemeinen Prozeß, wodurch die allgemeine Profitrate gebildet wird. Ein Teil dieses Mehrwerts wird sogar in jedem industriellen Geschäft aufgefangen, da überall für die benutzte Bodenfläche (des Fabrikgebäudes etc., Arbeitshauses etc.) eine Rente eingeht, indem selbst da, wo der Boden ganz frei zu haben ist, keine Fabriken gebaut werden, außer in den schon mehr oder minder bevölkerten und verkehrsreichen Gegenden[1].

Wären die Waren, die auf dem schlechtesten bebauten[2] Boden gebaut werden, gehörig zu Kategorie 3 der Waren, deren Durchschnittspreis =

[1] In der Handschrift: Fabriken – [2] in der Handschrift: schlechtbebautesten

ihrem Wert, d.h. die ihren ganzen immanenten Mehrwert in ihrem Preis realisieren, weil sie nur so den gewöhnlichen Profit abwerfen, so würde dieser Grund und Boden keine Rente zahlen, und das Grundeigentum wäre hier nur nominell. Würde hier eine *Pacht* bezahlt, so bewiese das nur, daß kleine Kapitalisten, wie dies in England (siehe Newman)[11] zum Teil der Fall, zufrieden sind, einen Profit *unter* dem Durchschnittsprofit zu nehmen. Dasselbe ist stets der Fall, wenn die Rate der Rente größer ist als die Differenz zwischen dem *immanenten* Mehrwert der Ware und dem *Durchschnittsprofit*. Es gibt sogar Boden, dessen Bebauung höchstens hinreicht, den Arbeitslohn zu zahlen, denn obgleich der Arbeiter hier seinen ganzen Arbeitstag für sich selbst arbeitet, steht seine Arbeitszeit über der sozial *notwendigen* Arbeitszeit. Sie ist so unproduktiv – relativ zu der herrschenden Produktivität *dieses* Arbeitszweigs –, daß, obgleich der Mann 12 Stunden für sich arbeitet, er kaum so viel Produkt [erzielt] als der Arbeiter unter günstigren Produktionsbedingungen in 8 Stunden. Es ist dies dasselbe Verhältnis wie bei dem Handweber, der mit dem power-loom[1] konkurrierte. Allerdings war das Produkt dieses Handwebers = 12 Arbeitsstunden, aber es war nur gleich 8 oder weniger sozial *notwendigen* Arbeitsstunden, und sein Produkt daher nur den Wert von 8 notwendigen Arbeitsstunden. Zahlt in einem solchen Fall ein cottier[2] Pacht, so ist sie bloßer Abzug an seinem *notwendigen* Arbeitslohn und repräsentiert keinen Mehrwert, noch weniger Überschuß über den Durchschnittsprofit.

Nimm an, in einem Lande wie den U[nited] S[tates] sei die Anzahl der konkurrierenden Farmer noch so gering[3] und die Aneignung des Grund und Bodens noch so formell, daß jeder Raum findet, ohne Erlaubnis der bisherigen bodenbebauenden Eigentümer oder Pächter, sein Kapital in Grund und Bodenkultur anzulegen[4]. Unter solchen Umständen ist es für längre Zeit möglich – mit Ausnahme der Ländereien, deren Situation in volkreichen Gegenden ihnen ein Monopol gibt –, daß der Mehrwert, den der Pächter produziert über den Durchschnittsprofit hinaus, nicht im Preis seines Produkts sich realisiert, sondern, wie der Mehrwert aller Waren, der, wenn er sich in ihrem Preise realisierte, ihnen einen Surplusprofit gäbe, ihre Profitrate über die allgemeine erhöbe –, daß er ihn verteilen muß unter die Brüder Kapitalisten. In diesem Falle würde die allgemeine Profitrate steigen, weil der Weizen etc. gleich andren Manufakturwaren *unter* seinem Wert verkauft würde. Dies Verkaufen *unter* dem Wert würde keine Aus-

[1] Maschinenwebstuhl – [2] Häusler – [3] in der Handschrift: groß – [4] in der Handschrift: anzunehmen

nahme bilden, sondern würde vielmehr den Weizen verhindern, eine Ausnahme von andren Waren derselben Kategorie zu bilden.

Nimm zweitens an, in einem Land sei Boden von einer einzigen Qualität, aber so, daß, wenn der ganze Mehrwert der Ware in ihrem Preise realisiert würde, sie den gewöhnlichen Profit dem Kapital abwerfe. In diesem Falle würde keine Grundrente gezahlt. Dies Wegfallen der Grundrente würde um keinen Deut die allgemeine Profitrate affizieren, sie weder erhöhn noch erniedrigen, so wenig es sie affiziert, daß andre nicht agriculture Produkte sich in derselben Kategorie befinden. Diese Waren befinden sich ja grade in dieser Kategorie, weil ihr *immanenter Mehrwert* gleich dem *Durchschnittsprofit* ist, können also die Höhe dieses Profits nicht alterieren, dem sie vielmehr konform sind und auf den sie gar nicht einwirken, obgleich er auf sie einwirkt.

Nimm drittens an, das Land bestehe nur aus einer Bodensorte, aber so unfruchtbar, daß das darauf verwandte Kapital so unproduktiv, daß sein Produkt zu der Sorte Waren gehörte, daß ihr Mehrwert unter dem Durchschnittsprofit. Der Mehrwert könnte hier natürlich (da überall der Arbeitslohn stiege infolge der Unproduktivität der Agrikultur) nur da höher stehn, wo die absolute Arbeitszeit verlängert werden könnte, ferner das Rohmaterial, wie Eisen etc., nicht Produkt des Ackerbodens oder auch wie Baumwolle, Seide etc. Importartikel und Produkt eines fruchtbarern Bodens. In diesem Fall würde der Preis der [landwirtschaftlichen] Ware einen höhren Mehrwert als den ihr immanenten einschließen, um den gewöhnlichen Profit abzuwerfen. Die allgemeine Profitrate würde dadurch fallen, obgleich keine Rente existierte. Oder nimm in *case 2* an, daß der Boden sehr unproduktiv. Dann zeigte der Mehrwert dieses Agrikulturprodukts durch seine Gleichheit mit dem Durchschnittsprofit, daß dieser überhaupt niedrig, da in der Agrikultur vielleicht von den 12 Arbeitsstunden 11 nötig, um den Arbeitslohn allein zu erzeugen, der Mehrwert nur = 1 Stunde oder weniger.

||456| Diese verschiednen Fälle illustrieren das:

In dem ersten Fall ist das *Wegfallen oder Fehlen der Grundrente* verbunden, zusammen existierend mit einer – verglichen mit andren Ländern, wo Grundrente entwickelt ist – *gestiegnen Profitrate.*

Im zweiten Fall affiziert das Wegfallen oder Fehlen der Grundrente die Profitrate gar nicht.

Im dritten Fall ist es, verglichen mit andren Ländern, wo Grundrente existiert, verbunden mit und indikatorisch von einer *niedrigen, relativ niedrigren* allgemeinen Profitrate.

Daraus geht also hervor, daß an und für sich die Entwicklung einer besondren Grundrente absolut nichts mit der *Produktivität der Agrikulturarbeit* zu tun hat, da ihr Fehlen oder Wegfallen mit einer steigenden Profitrate, einer gleichbleibenden und einer sinkenden verbunden sein kann.

Die Frage hier nicht: Warum in der Agrikultur etc. der *Überschuß des Mehrwerts über den Durchschnittsprofit* eingefangen wird; die Frage wäre vielmehr umgekehrt, aus welchen Gründen sollte hier das Gegenteil stattfinden?

Mehrwert ist nichts als unbezahlte Arbeit; der Durchschnittsprofit oder der normale Profit ist nichts als das Quantum unbezahlter Arbeit which each capital of a given value magnitude, is supposed to realise[1]; wenn es heißt, der Durchschnittsprofit ist 10 p.c., so heißt das nichts als, auf ein Kapital von 100 kommt 10 unbezahlte Arbeit; oder vergegenständlichte Arbeit = 100 kommandiert $^1/_{10}$ von ihrem eignen Betrag *unbezahlte* Arbeit. *Überschuß des Mehrwerts über den Durchschnittsprofit* heißt also, daß in einer Ware (ihrem Preise oder dem Teil ihres Preises, der aus Mehrwert besteht) ein Quantum unbezahlter Arbeit steckt > als das Quantum unbezahlter Arbeit, das den Durchschnittsprofit bildet, welcher also im Durchschnittspreis der Waren den *Überschuß ihres Preises über den Preis ihrer Produktionskosten bildet.* Die Produktionskosten stellen in jeder einzelnen Ware das vorgeschoßne Kapital und der Überschuß über diese Produktionskosten die *unbezahlte Arbeit* [dar], die das vorgeschoßne Kapital kommandiert, also auch das Verhältnis dieses Preisüberschusses über den Preis der Produktionskosten, die *Rate*, worin Kapital von gegebner Größe – das im Produktionsprozeß von Waren angewandt wird – unbezahlte Arbeit kommandiert, gleichgültig, ob die in der Ware der *besondren* Produktionssphäre enthaltne unbezahlte Arbeit gleich oder nicht gleich ist dieser *Rate*.

Was ist es nun, das den einzelnen Kapitalisten zwingt, z.B. seine Ware zu einem Durchschnittspreis zu verkaufen – daß dieser Durchschnittspreis herauskommt, wird ihm *angetan*, ist durchaus nicht seine freie Tat. Er würde vorziehn, die Ware *über* ihrem Wert zu verkaufen –, der ihm nur den Durchschnittsprofit abwirft und ihm weniger unbezahlte Arbeit zu realisieren erlaubt, als faktisch in seiner eignen Ware aufgearbeitet ist? Der durch die Konkurrenz ausgeübte Zwang der andren Kapitalien. Jedes Kapital von derselben Größe könnte sich ja auch in den Produktionszweig A werfen, worin das Verhältnis der unbezahlten Arbeit zum vorgeschoßnen Kapital, z.B. zu 100 *l.* größer als in den Produktionssphären B, C etc., deren

[1] das jedes Kapital von einer gegebenen Wertgröße vermutlich realisieren wird

Produkte aber ebenfalls in ihrem Gebrauchswert ein soziales Bedürfnis befriedigen, ganz so gut wie die Ware der Produktionssphäre A.

Gibt es also Produktionssphären, worin gewisse natürliche Produktionsbedingungen, wie z.B. Ackererde, Kohlenbett, Eisenminen, Wasserfall usw., ohne welche der Produktionsprozeß nicht ausgeübt, ohne welche die Ware dieser Sphäre nicht produziert werden kann, sich in andren Händen befinden, als denen der Eigentümer oder Besitzer von vergegenständlichter Arbeit, der Kapitalisten, so sagt diese zweite Sorte von *Eigentümer der Produktionsbedingungen:*

Wenn ich dir diese Produktionsbedingung zum Gebrauch überlasse, so wirst du deinen Durchschnittsprofit machen, das normale Quantum unbezahlter Arbeit dir aneignen. Aber deine Produktion gibt einen Überschuß von Mehrwert, von unbezahlter Arbeit über die Profitrate. Diesen Überschuß wirfst du nicht, wie es unter euch Kapitalisten gewöhnlich ist, in eine gemeinsame Rechnung, sondern den eigne ich mir an, der gehört mir. Der Handel kann dir recht sein, denn dein Kapital wirft dir in dieser Produktionssphäre soviel ab wie in jeder andren, und außerdem ist dies ein sehr solider Produktionszweig. Dein Kapital wirft dir hier außer den 10 p.c. unbezahlter Arbeit, die den Durchschnittsprofit bildet, noch 20 p.c. *überschüssiger* unbezahlter Arbeit ab. Diese zahlst du mir, und um das zu können, schlägst du in dem Preis der Ware die 20 p.c. unbezahlter Arbeit hinzu und verrechnest nur dieselbe nicht mit den andren Kapitalisten. Wie dein Eigentum an einer Arbeitsbedingung – Kapital, vergegenständlichter Arbeit – dich befähigt, dir von den Arbeitern ein bestimmtes Quantum unbezahlter Arbeit anzueignen, so befähigt mich mein Eigentum an der andren Produktionsbedingung, der Erde etc., dir und der ganzen Kapitalistenklasse den Teil unbezahlter Arbeit abzufangen, der überschüssig ist über deinen Durchschnittsprofit. Euer Gesetz will, daß unter normalen Umständen gleiches Kapital gleich viel unbezahlte Arbeit aneignet, und dazu könnt ihr Kapitalisten euch ||457| untereinander durch die Konkurrenz zwingen. Well! Ich appliziere das Gesetz eben an dir. Du sollst dir von der unbezahlten Arbeit deiner Arbeiter nicht mehr aneignen, als du mit demselben Kapital in jeder andren Produktionssphäre dir aneignen könntest. Aber das Gesetz hat nichts zu tun mit dem Überschuß der unbezahlten Arbeit, die du „produziertest" über die Normalquote derselben. Wer will mich hindern, diesen „Überschuß" mir anzueignen? Warum sollte ich, wie es unter euch Mode ist, ihn zur Verteilung unter die Kapitalistenklasse in den gemeinschaftlichen pot[1] des Kapitals werfen, damit jeder einen aliquoten

[1] Topf

Teil davon herausziehe, entsprechend der share[1], die er am Gesamtkapital besitzt? Ich bin nicht Kapitalist. Die Produktionsbedingung, deren Benutzung ich dir überlasse, ist nicht vergegenständlichte Arbeit, sondern ein Naturale. Könnt ihr Erde fabrizieren oder Wasser oder Minen oder Kohlengruben? Quod non[2]. Mir gegenüber existiert also nicht das Zwangsmittel, was dir gegenüber angewandt werden kann, um dich einen Teil der von dir selbst ergatterten Surplusarbeit wieder ausspeien zu machen! Also her damit! Das einzige, was deine Brüder Kapitalisten tun können, ist, nicht mir, sondern dir Konkurrenz zu machen. Wenn du mir weniger Surplusprofit zahlst als die Differenz zwischen der von dir gemachten *Surpluszeit* und der dir nach dem rule[3] des Kapitals zukommenden Quote von Surplusarbeit, so werden deine Brüder Kapitalisten sich einfinden und durch ihre Konkurrenz dich zwingen, mir fairly[4] zu zahlen to the *full amount* I am empowered to squeeze from you[5].

Es wäre nun zu entwickeln: 1. der Übergang aus feudalem Grundeigentum in andre, kommerzielle, durch die kapitalistische Produktion regulierte Grundrente oder anderseits der Übergang dieses feudalen Grundeigentums in freies bäuerliches Grundeigentum; 2. wie die Grundrente entsteht in Ländern, wie den U[nited] S[tates], wo der Boden ursprünglich nicht angeeignet und wenigstens formell von vornherein bürgerliche Produktionsweise herrscht; 3. die asiatischen Formen des Grundeigentums, die noch existieren. Dies alles gehört nicht hierher.

Nach dieser Theorie also ist das Privateigentum an Naturobjekten, wie Erde, Wasser, Mine etc., das Eigentum dieser Produktionsbedingungen, dieser Naturbedingung der Produktion, nicht eine Quelle, woraus Wert fließt, da Wert nur gleich vergegenständlichter Arbeitszeit; auch nicht die Quelle, woraus Surplusmehrwert[6] fließt, d.h. ein Überschuß unbezahlter Arbeit über die in dem Profit enthaltne unbezahlte Arbeit. Dies Eigentum ist aber eine Quelle von Revenue. Es ist ein Titel, ein Mittel, das den Eigentümer der Produktionsbedingung befähigt, in der Produktionssphäre, worin der Gegenstand seines Eigentums als Produktionsbedingung eingeht, den Teil der vom Kapitalisten erpreßten unbezahlten Arbeit sich anzueignen, der sonst als Überschuß über den gewöhnlichen Profit in die Kapitalkasse geworfen würde. Dies Eigentum ist ein Mittel, diesen Prozeß, der in den übrigen kapitalistischen Produktionssphären stattfindet, zu verhindern und den in dieser besondren Produktionssphäre erzeugten Mehrwert in ihr

[1] dem Anteil – [2] Keineswegs – [3] Gesetz – [4] ehrlich – [5] den *vollen Betrag*, den ich aus dir herauszupressen vermag – [6] in der Handschrift: Mehrwert

selbst festzuhalten, so daß er sich jetzt teilt zwischen dem Kapitalisten und dem Grundeigentümer. Dadurch wird Grundeigentum eine Anweisung auf unbezahlte Arbeit, Gratisarbeit, wie Kapital es ist. Und wie im Kapital die vergegenständlichte Arbeit des Arbeiters als Macht über ihn erscheint, so erscheint im Grundeigentum der Umstand, daß es seinen Eigentümer befähigt, einen Teil der unbezahlten Arbeit dem Kapitalisten abzunehmen, so, daß das Grundeigentum eine Quelle von Wert ist.

Das erklärt die moderne Grundrente, ihre Existenz. Die verschiedne Größe der Grundrente, *bei gleicher Kapitalanlage,* ist nur aus der verschiednen Fruchtbarkeit der Ländereien zu erklären. Die verschiedne Größe derselben, *bei gleicher Fruchtbarkeit,* kann sich nur erklären aus der *verschiednen Größe der Kapitalanlage.* Im ersten Fall wächst die Grundrente, weil ihre Rate mit Bezug auf das ausgelegte Kapital (auch auf den Umfang des Bodens) steigt. Im zweiten Fall wächst sie, weil bei gleicher oder selbst in sich diverser Rate (im Falle die zweite Dose Kapital nicht gleich produktiv) die Masse derselben wächst.

Es ist bei dieser Theorie weder nötig, daß der schlechteste Boden keine Grundrente zahlt, noch daß er sie zahlt. Es ist ferner durchaus nicht nötig, daß die Fruchtbarkeit der Agrikultur abnimmt, obgleich die Differenz in der Produktivität, wenn nicht künstlich beseitigt (was möglich), viel größer ist als in gleichen industriellen Produktionssphären. Wird von größrer oder geringrer Fruchtbarkeit gesprochen, so handelt es sich um *dasselbe* Produkt. Wie sich die verschiednen Produkte zueinander verhalten, ist andre Frage.

Die Grundrente auf den Boden selbst berechnet ist das Rental, der amount of rent[1]. Sie kann steigen, ohne daß die Rate der Rente wächst. Bleibt der Geldwert unverändert, so können die Agrikulturprodukte steigen im relativen Wert, nicht weil die Agrikultur unfruchtbarer wird, sondern obgleich sie fruchtbarer wird, aber nicht in demselben Verhältnis wie die Industrie. Dagegen ist Steigen der Geldpreise der Agrikulturprodukte, bei gleichbleibendem Wert des Geldes, nur möglich, wenn ihr Wert selbst steigt, also die Agrikultur unfruchtbar wird (wenn nicht augenblickliche pressure of demand upon supply[2] wie bei den andren Waren).

In der Baumwollindustrie ist das Rohmaterial fortwährend gefallen im Preis mit der Entwicklung der Industrie selbst, ditto im Eisen etc., Kohlen usw. Das Wachsen der Rente hier nur möglich, nicht weil ihre Rate stieg, sondern weil mehr Kapital angewandt.

[1] die Masse der Rente – [2] augenblicklicher Druck der Nachfrage auf die Zufuhr

Ricardo meint: Die Naturmächte, wie Luft, Licht, Elektrizität, Dampf, Wasser sind gratis, die Erde wegen ihrer Beschränkung nicht. Also ist die Agrikultur schon deshalb unproduktiver wie andre Industrien. Wäre Boden ebenso common unappropriated[1] in jedem beliebigen Quantum zu haben, wie die andren Elemente und Naturmächte, so wäre die Produktion viel fruchtbarer.

||458| D'abord[2] wäre die Erde so elementarisch zur freien Verfügung eines jeden, so fehlte ein Hauptelement *zur Bildung des Kapitals.* Eine wesentlichste Produktionsbedingung und – außer dem Menschen und seiner Arbeit selbst – die einzig originelle Produktionsbedingung könnte nicht entäußert, nicht angeeignet werden und so dem Arbeiter nicht als fremdes Eigentum gegenübertreten und ihn so zum Lohnarbeiter machen. Die Produktivität der Arbeit im Ricardoschen Sinn, d.h. im kapitalistischen, das „Produzieren" fremder unbezahlter Arbeit wäre damit unmöglich. Damit hätte die kapitalistische Produktion überhaupt ein Ende.

Was die von Ricardo angeführten Naturkräfte betrifft, so sind sie allerdings zum Teil gratis zu haben und kosten sie dem Kapitalisten nichts. Die Kohle kostet ihm, aber der Dampf kostet ihm nichts, wenn er das Wasser gratis hat. Nun nehme man aber z.B. den Dampf. Die Eigenschaften des Dampfes existieren immer. Seine industrielle Nutzbarkeit ist eine neue wissenschaftliche Entdeckung, die der Kapitalist sich angeeignet hat. Infolge derselben stieg die Produktivität der Arbeit und damit der relative Surpluswert. D.h., das Quantum unbezahlter Arbeit, das sich der Kapitalist von einem Arbeitstag aneignete, wuchs vermittelst des Dampfes. Der Unterschied zwischen der Produktivkraft des Dampfes und des Grunds und Bodens also nur der, daß die eine ihm unbezahlte Arbeit einbringt und die andre dem Grundeigentümer, [der] sie nicht dem Arbeiter, sondern dem Kapitalisten wegnimmt. Daher sein Schwärmen für die „Eigentumslosigkeit" in diesem Element.

Das richtige an der Sache nur das: Die kapitalistische Produktionsweise vorausgesetzt, ist der Kapitalist nicht nur ein notwendiger Funktionär, sondern der herrschende Funktionär der Produktion. Dagegen ist der Grundeigentümer in dieser Produktionsweise ganz überflüssig. Alles was für sie nötig ist, ist, daß der Grund und Boden *nicht* common property[3] ist, daß er der Arbeiterklasse als ihr *nicht gehörige* Produktionsbedingung gegenübersteht, und dieser Zweck wird vollständig erreicht, wenn er Staatseigentum wird, der Staat also die Grundrente bezieht. Der Grund-

[1] allgemein herrenlos – [2] Zunächst – [3] Gemeineigentum

eigentümer, ein so wesentlicher Funktionär der Produktion in der antiken und mittelaltrigen Welt, ist in der industriellen a useless superfetation[1]. Der radikale Bourgeois (besides with an eye to the suppression of all other taxes[2]) geht daher theoretisch zur Leugnung des privaten Grundeigentums fort, das er in der Form des Staatseigentums zum common property der Bourgeoisklasse, des Kapitals, machen möchte. In der Praxis fehlt jedoch die Courage, da der Angriff auf eine Eigentumsform – eine Form des Privateigentums an Arbeitsbedingungen – sehr bedenklich für die andre Form würde. Außerdem hat der Bourgeois sich selbst territorialisiert.

[*4. Rodbertus' These vom Nichteingehen des Werts des Rohmaterials in die landwirtschaftlichen Produktionskosten*]

Nun zu Herrn R[odbertus].

Nach R[odbertus] geht in der Agrikultur kein Rohmaterial in die Rechnung ein, weil der deutsche Bauer, wie R[odbertus] versichert, Samen, Futter etc. sich selbst nicht als Auslage berechnet, diese Produktionskosten nicht in Rechnung bringt, also *falsch* rechnet. In England, wo der farmer schon seit mehr als 150 Jahren richtig rechnet, müßte danach *keine* Grundrente existieren. Der Schluß wäre also nicht, wie R[odbertus] ihn zieht, daß der Pächter eine Rente zahlt, weil seine Profitrate höher als in der Manufaktur, sondern weil er, infolge einer falschen Rechnung, mit einer *niedrigern* Profitrate zufrieden ist. Dem Dr. Quesnay, selbst der Sohn eines Pächters und genau mit dem französischen Pachtwesen [bekannt], wäre er übel damit gekommen. Der berechnet in den avances annuelles[3] für 1000 Mill. das „Rohmaterial", das der Pächter braucht, obgleich er es in natura reproduziert, unter den „avances"[4].

Wenn in einem Teil der Manufaktur fast kein capital fixe oder Maschinerie vorkommt, so im andren Teil – der ganzen Transportindustrie, Industrie, die Ortsveränderung erzeugt, Wagen, Eisenbahnen, Schiffe etc. – gar kein Rohmaterial, sondern nur Produktionswerkzeuge. Werfen diese Industriezweige eine Grundrente ab außer dem Profit? Wodurch unterscheidet sich dieser Industriezweig etwa von der Minenindustrie? In beiden kommt nur Maschinerie vor und matière instrumentale[5], also Kohlen für

[1] ein nutzloser Auswuchs – [2] der außerdem mit einem Auge nach der Abschaffung aller anderen Steuern schielt – [3] jährlichen Vorschüssen – [4] „Vorschüssen" – [5] Hilfsstoff

Dampfschiffe und Lokomotiven und Minen, Futter für Pferde etc. Warum sollte die Profitrate in der einen Form anders berechnet sein als in der andren? Wären die avances, die der Bauer der Produktion *in natura* macht, $= {}^1/_5$ des gesamt von ihm vorgeschoßnen Kapitals, wozu dann $^4/_5$ in gekauften avances für Maschinerie und Arbeitslohn hinzukämen, und wäre diese Auslage = 150 qrs. Macht er dann 10 p.c. Profit, so = 15 qrs. Wäre also das Bruttoprodukt = 165 qrs. Rechnete er nun $^1/_5$ ab, = 30 qrs., und berechnete die 15 qrs. nur auf 120, so hätte er einen Profit gemacht von $12^1/_2$ [p.c.].

Oder wir könnten auch so sagen: Der Wert seines Produkts oder sein Produkt = 165 qrs. (= 330 *l.*)[1]. Er berechnet sich avances 120 qrs. (= 240 *l.*). Darauf 10 p.c. = 12 qrs. (= 24 *l.*). Aber sein Bruttoprodukt = 165 qrs., wovon also abgehn 132 qrs., bleiben 33 qrs. Von diesen gehn aber 30 qrs. in natura ab. Es bleibt also Extraprofit von 3 qrs. (= 6 *l.*). Sein Gesamtprofit = 15 qrs. (= 30 *l.*) statt = 12 (= 24 *l.*). Er kann also 3 qrs. oder 6 *l.* Rente zahlen und *sich einbilden*, 10 p.c. Profit wie jeder andre Kapitalist gemacht zu haben. Aber diese 10 p.c. existieren nur in der Einbildung. In fact[2] hat er avances nicht von 120 qrs., sondern von 150 qrs., und darauf betragen 10 p.c. 15 qrs. oder 30 *l.* In fact erhielt er 3 qrs. zu wenig, $^1/_4$ von den 12 qrs., die er erhielt ||459| oder $^1/_5$ von dem Gesamtprofit, den er erhalten sollte, weil er nämlich $^1/_5$ der avances nicht als avances gerechnet hat. Sobald er daher kapitalistisch rechnen lernte, würde er aufhören, Grundrente zu zahlen, die nur gleich wäre der Differenz *seiner* Profitrate mit der gewöhnlichen Profitrate.

In andren Worten, das in den 165 qrs. steckende Produkt der unbezahlten Arbeit = 15 qrs. = 30 *l.* = 30 Arbeitswochen. Würden diese 30 Arbeitswochen oder 15 qrs. oder 30 *l.* nun auf die Gesamtavancen von 150 qrs. gerechnet, so bildeten sie nur 10 p.c.; werden sie nur auf die 120 qrs. berechnet, so bilden sie mehr. Denn 10 p.c. auf 120 qrs. wären 12 qrs. Und 15 qrs. bilden nicht 10 p.c. auf 120 qrs., sondern $12^1/_2$ p.c. In andren Worten: Da der Bauer einen Teil seiner avancen zwar machte, aber nicht als Kapitalist berechnete, würde er die von ihm ersparte Surplusarbeit berechnen auf einen zu geringen Teil seiner avancen, und daher stellte sie eine größre Profitrate vor als in den andren Industriezweigen, könnte daher eine Rente abwerfen, die daher nur auf einem Rechnungsfehler beruhte. Wenn der Bauer wüßte, daß, um seine avance in Geld zu schätzen und sie daher als Ware zu betrachten, es durchaus nicht nötig ist, daß er sie vorher in *wirkliches Geld* verwandelt, also *verkauft* hat, hörte der Witz auf.

[1] In der Handschrift: 150 qrs. (= 300 *l.*) – [2] Tatsächlich

Ohne diesen Rechnungsfehler (den eine Masse deutscher Bauern begehn mögen, aber kein kapitalistischer farmer) wäre die Rodbertussche Rente unmöglich. Sie ist nur da möglich, *wo* Rohmaterial in die Produktionskosten eingeht, aber nicht da, wo es *nicht eingeht*. Sie ist nur da möglich, wo das Rohmaterial eingeht, *ohne* berechnet zu werden. Aber sie ist da unmöglich, *wo* es nicht eingeht, obgleich Herr Rodbertus sie *nicht* aus einem *Rechnungsfehler*, sondern aus dem *Fehlen* eines wirklichen Item in den avances ableiten will.

Nimm die Minenindustrie oder den Fischfang. Hier geht Rohmaterial nicht ein außer als matière instrumentale, was wir weglassen können, da Anwendung von Maschinerie immer zugleich (mit sehr wenigen Ausnahmen) Konsumtion von matières instrumentales – den Lebensmitteln der Maschine – voraussetzt. Gesetzt 10 p. c. sei die allgemeine Profitrate. 100 *l.* sind ausgelegt in Maschinerie und Arbeitslohn. Warum sollte der Profit auf 100 mehr als 10 betragen, weil nicht etwa 100 in Rohmaterial, Maschinerie und Arbeitslohn ausgelegt sind? Oder 100 in Rohmaterial und Arbeitslohn? Wenn irgendein Unterschied stattfinden soll, könnte er nur daher kommen, daß in den *verschiednen Fällen* das Verhältnis der Werte von konstantem Kapital und variablem Kapital sich überhaupt *verschieden gestaltet*. Dies verschiedne Verhältnis würde verschiednen Mehrwert geben, selbst wenn die *Rate* des Mehrwerts als konstant unterstellt ist. Und das Verhältnis verschiednen Mehrwerts zu *gleich großen* Kapitalien müßte natürlich ungleiche Profite geben. Aber andrerseits heißt die allgemeine Profitrate ja nichts als Ausgleichung dieser Ungleichheiten, Abstraktion von den organischen Bestandteilen des Kapitals und Reduktion des Mehrwerts, so, daß gleich große Kapitalien gleiche Profite geben.

Daß die Masse des Mehrwerts *von der Größe des angewandten Kapitals* abhängt, ergibt sich – den allgemeinen Gesetzen des Mehrwerts nach – durchaus nicht für Kapitalien in *verschiednen* Produktionssphären, sondern für *verschiedne Kapitalien* in *derselben* Produktionssphäre, worin dieselben Verhältnisse in den *organischen* Bestandteilen des Kapitals vorausgesetzt sind. Sage ich z. B.: Die Masse des Profits entspricht, in der *Spinnerei* z. B., der Größe der angewandten Kapitalien (was auch nicht ganz richtig ist, außer wenn hinzugesetzt wird: die Produktivität als *konstant* vorausgesetzt), so sage ich in der Tat nur, daß, die Rate der Exploitation der Spinner vorausgesetzt, die Summe der Exploitation von der Anzahl der exploitierten Spinner abhängt. Sage ich dagegen, die Masse des Profits in verschiednen Produktionszweigen entspricht der Größe der angewandten Kapitalien, so heißt dies, daß die Rate des Profits für jedes Kapital von gegebner Größe dieselbe ist, also die Masse des Profits nur mit der Größe dieses Kapitals changieren kann, was in andren Worten wieder heißt, daß die Rate des Profits unabhängig ist von dem organischen Verhältnis der Bestandteile eines Kapitals in einer besondren Produktionssphäre, daß sie überhaupt unabhängig ist von der Größe des Mehrwerts, wie er in diesen besondren Produktionssphären realisiert wird.

Die Minenproduktion müßte von vornherein zur Industrie gezählt werden, nicht zum Ackerbau. Aus welchem Grund? Weil kein Produkt der Mine wieder in natura als Produktionselement eingeht, in natura, wie es aus der Mine herauskommt, in das konstante Kapital der Minenexploitation eingeht (ebenso bei Fischfang, Jagd, wo noch in viel höherem Grad die Auslage sich nur auf Arbeitsmittel und Arbeitslohn oder Arbeit selbst ||460| reduziert). Also in andren Worten: Weil jedes Produktionselement der Mine, selbst wenn sein Rohmaterial aus der Mine geschöpft ist, vorher nicht nur die Form ändern, sondern Ware wird, *gekauft* werden muß, bevor es als Element wieder in die Minenproduktion eingehn kann. Die einzige Ausnahme bildet die Kohle. Die aber erscheint erst als Produktionsmittel in einem Stadium der Entwicklung, wo der Exploiteur der Mine ausgebildeter Kapitalist ist, der italienische Buchrechnung führt, in der er nicht nur sich selbst seine Avancen schuldet, nicht nur er Debitor gegen seine eigne Kasse, sondern seine eigne Kasse Debitor gegen sich selbst ist. Grade hier also, wo in der Tat kein Rohmaterial in die Auslagen eingeht, muß von vornherein die kapitalistische Rechnung vorwiegen, also die Täuschung des Bauers unmöglich sein.

Nehmen wir nun die Manufaktur selbst und zwar den Teil, wo alle Elemente des Arbeitsprozesses auch als Elemente des Verwertungsprozesses vorhanden sind, also alle Produktionselemente zugleich als Auslagen, als Gebrauchswerte, die einen Wert haben, als *Waren* in die Produktion der neuen Ware eingehn. Hier existiert wesentliche Differenz zwischen dem manufacturer, der das erste Halbfabrikat produziert, und dem zweiten und allen spätren in der Stufenfolge, deren Rohmaterial nicht nur als Ware eingeht, sondern schon Ware auf der zweiten Potenz ist, d.h. von der ersten Ware, dem Rohprodukt, schon eine von seiner Naturalform verschiedne Form erhalten hat, schon durch eine zweite Phase des Produktionsprozesses durchgegangen ist. Z.B. der Spinner. Sein Rohmaterial ist Baumwolle, Rohprodukt (auch schon Ware), aber das Rohprodukt als Ware. Dagegen das Rohmaterial des Webers ist Garn, Produkt des Spinners; das des Druckers oder Färbers das Gewebe, das Produkt des Webers; und alle diese Produkte, die in einer weitren Phase des Prozesses wieder als Rohmaterial erscheinen, [sind] zugleich Waren[12]. |460||

||461| Wir sind hier offenbar zurück bei der Frage, die uns schon zweimal beschäftigt hat, einmal bei John St. Mill[1], dann bei der allgemeinen Betrachtung des Verhältnisses von capital constant und Revenue[2]. Das beständige Rekurrieren der Frage zeigt, daß die Sache noch einen Haken hat. Eigentlich gehört [das] in ch. III über den Profit[13]. Besser aber hier.

⟨Also bei dem Beispiel:

4000 lbs. Baumwolle = 100 *l.*; 4000 lbs. Twist = 200 *l.*; 4000 Yards Kaliko = 400 *l.*

Nach dieser Voraussetzung 1 lb. Baumwolle = 6 d., 1 lb. Twist = 1 sh., 1 Yard [Kaliko] = 2 sh.

Vorausgesetzt, die Rate des Profits sei 10 p. c., dann ist

in 100 *l.* die Auslage = $90^{10}/_{11}$ und der Profit = $9^{1}/_{11}$ (A) *Cotton.* B (Bauer) I
in 200 *l.* die Auslage = $181^{9}/_{11}$ und der Profit = $18^{2}/_{11}$ (B) *Twist.* S (Spinner) II
in 400 *l.* die Auslage = $363^{7}/_{11}$ und der Profit = $36^{4}/_{11}$ (C) *Gewebe.* W (Weber) III

Unter dieser Voraussetzung ist es ganz gleichgültig, ob die $90^{10}/_{11}$ des A selbst einen Profit einschließen oder nicht. Letztres tun sie nicht, wenn sie sich selbst ersetzendes capital constant sind. Es ist ebenso gleichgültig für B, ob in den 100 *l.* [des Wertes vom Produkt A] Profit enthalten oder nicht, und ditto mit C in bezug auf B.

Das Verhältnis des B (cotton-growers[3]) oder I, S (Spinners) oder II und [W] (Webers) oder III stellt sich so dar:

I) *Auslage* = $90^{10}/_{11}$, *Profit* = $9^{1}/_{11}$, *Summe* = *100.*
II) *Auslage* = 100 (I) + $81^{9}/_{11}$, *Profit* = $18^{2}/_{11}$, *Summe* = *200.*
III) *Auslage* = 200 (II) + $163^{7}/_{11}$, *Profit* = $36^{4}/_{11}$, *Summe* = *400.*

Ganze Summe = 700.

Profit = $9^{1}/_{11}$ + $18^{2}/_{11}$ + $36^{4}/_{11}$ [= $63^{7}/_{11}$].

Vorgeschoßnes Kapital in allen 3 Fächern: $90^{10}/_{11}$ + $181^{9}/_{11}$ + $363^{7}/_{11}$ = $636^{4}/_{11}$.

Überschuß von 700 über $636^{4}/_{11}$ = $63^{7}/_{11}$. Aber $63^{7}/_{11}$: $636^{4}/_{11}$ = 10:100.

Analysieren wir weiter diesen Dreck, so erhalten wir:

I) *Auslage* = $90^{10}/_{11}$, *Profit* $9^{1}/_{11}$, *Summe* = *100.*
II) *Auslage* = 100 (I) + $81^{9}/_{11}$, *Profit* 10 + $8^{2}/_{11}$, *Summe* = *200.*
III) *Auslage* = 200 (II) + $163^{7}/_{11}$, *Profit* 20 + $16^{4}/_{11}$, *Summe* = *400.*

---

[1] Siehe 3. Teil dieses Bandes, S. 210–214 – [2] siehe 1. Teil dieses Bandes, S. 110, 111, 190, 191 und 202–222 – [3] Baumwollpflanzers

I hat keinen Profit zurückzuzahlen, weil angenommen ist, daß sein capital constant = $90^{10}/_{11}$ keinen Profit einschließt, sondern bloßes capital constant darstellt. In die Auslage von II geht das ganze Produkt von I als capital constant ein. Der Teil [des] capital constant, der = 100, ersetzt $9^{1}/_{11}$ Profit an I. In die Auslage von III geht das ganze Produkt II = 200 ein; ersetzt also Profit von $18^{2}/_{11}$. Dies hindert jedoch nicht, daß der Profit von I keinen Deut größer als der von II und III, denn das Kapital, das er zu ersetzen hat, ist in demselben Verhältnis kleiner, und der Profit ist Verhältnis zur Größe des Kapitals, ganz gleichgültig wie das Kapital komponiert ist.

Gesetzt nun, III produziere alles selbst. So *scheint* sich die Sache zu ändern, denn seine Auslagen scheinen nun:

$90^{10}/_{11}$ in der Produktion des cotton; $181^{9}/_{11}$ in der Produktion des Twist und $363^{7}/_{11}$ in der Produktion der Gewebe. Er kauft alle 3 Produktionszweige, muß also immer in allen 3 das bestimmte capital constant engagiert haben. Nehmen wir nun diese Summe zusammen, so = $90^{10}/_{11} + 181^{9}/_{11} + 363^{7}/_{11} = 636^{4}/_{11}$. Darauf 10 percent gibt exakt $63^{7}/_{11}$, wie oben, nur daß einer dies ganz in die Tasche steckt, während sich die $63^{7}/_{11}$ früher verteilten zwischen I, II und III.

||462| Woher kam nun vorhin der falsche Schein heraus?

Noch vorher eine andre Bemerkung.

Ziehn wir von den 400, wovon $36^{4}/_{11}$ den Profit des Webers bilden, diesen Profit ab, so behalten wir $400 - 36^{4}/_{11} = 363^{7}/_{11}$, seine Auslage. In dieser Auslage sind 200 gezahlt für Garn. Von diesen 200 bilden $18^{2}/_{11}$ den Profit des Spinners. Ziehn wir diese $18^{2}/_{11}$ von der Auslage von $363^{7}/_{11}$ ab, so behalten wir $345^{5}/_{11}$. In den 200, die dem Spinner ersetzt sind, stecken aber außerdem $9^{1}/_{11}$ Profit für den cotton-grower. Ziehn wir diese ab von den $345^{5}/_{11}$, so behalten wir $336^{4}/_{11}$. Und ziehn wir diese $336^{4}/_{11}$ ab von den 400 – dem Totalwert des Gewebes –, so zeigt sich, daß ein Profit von $63^{7}/_{11}$ drinsteckt.

Ein Profit von $63^{7}/_{11}$ auf $336^{4}/_{11}$ ist aber = $18^{34}/_{37}$ p.c.

Vorhin waren diese $63^{7}/_{11}$ berechnet auf $636^{4}/_{11}$, und das machte einen Profit von 10 p.c. Der Überschuß des Gesamtwerts von 700 über $636^{4}/_{11}$ war nämlich $63^{7}/_{11}$.

Nach dieser Rechnung also würden auf 100 von demselben Kapital $18^{34}/_{37}$ p.c. gemacht, während nach der vorigen nur 10.

Wie hängt das zusammen?

Nehmen wir an, I, II und III sei dieselbe Person, wende aber nicht 3 Kapitalien gleichzeitig an, eines in Cottonbau, eines in Twist und eines in

Weberei. Sondern sobald er aufhört zu bauen, fängt er an zu spinnen, und sobald er gesponnen hat, hört er damit auf und fängt an zu weben.

Die Rechnung würde sich dann so machen:

$90^{10}/_{11}$ *l.* legt er aus in Cottonbau. Davon erhält er 4000 lbs. cotton. Um diese zu verspinnen, braucht er weitere Auslage in Maschinerie, matière instrumentale und Arbeitslohn von $81^{9}/_{11}$ *l.* Damit macht er die 4000 lbs. Twist. Endlich verwebt er diese in 4000 Yards, was ihm eine weitre Auslage von $163^{7}/_{11}$ *l.* kostet. Rechnet er nun seine Auslagen zusammen, so beträgt sein vorgeschoßnes Kapital = $90^{10}/_{11} + 81^{9}/_{11} + 163^{7}/_{11}$ *l.*, also $336^{4}/_{11}$ *l.* Darauf 10 p.c. wären $33^{7}/_{11}$, denn $336^{4}/_{11}:33^{7}/_{11} = 100:10$. Aber $336^{4}/_{11} + 33^{7}/_{11} = 370$ *l.* Er würde also die 4000 Yards statt zu 400 *l.* zu 370 *l.* verkaufen, um 30 *l.* wohlfeiler, d.h. um $7^{1}/_{2}$ p.c. wohlfeiler als früher. Wäre also der Wert indeed[1] = 400, so könnte er zum usual profit[2] von 10 p.c. verkaufen und noch eine Rente von 30 *l.* zahlen, denn seine Profitrate wäre statt $33^{7}/_{11}$ vielmehr $63^{7}/_{11}$ auf $336^{4}/_{11}$ avances, also $18^{34}/_{37}$ p.c., wie vorhin gesehn. Und dies scheint in fact die Manier zu sein, wie Herr Rodbertus sich die Grundrente herausrechnet.⟩

Worin besteht nun die fallacy[3]? Zunächst zeigt sich, daß, wenn Spinnerei und Weberei vereinigt werden, sie [nach Rodbertus] ebensogut eine Grundrente abwerfen müßten, wie wenn Spinnerei mit Ackerbau vereinigt ist oder der Ackerbau sich selbst treibt.

Es sind hier offenbar zweierlei Geschichten.

Erstens berechnen wir hier nur die $63^{7}/_{11}$ *l.* auf ein Kapital von $336^{4}/_{11}$ *l.*, während wir sie zu berechnen haben auf 3 Kapitalien vom Gesamtwert von $636^{4}/_{11}$ *l.*

Zweitens in dem letzten Kapital von III rechnen wir ihm Auslage zu $336^{4}/_{11}$ *l.*, statt zu $363^{7}/_{11}$.

Diese beiden Punkte gesondert zu erörtern.

Erstens: Wenn der III, der II und I in einer Person in sich vereinigt, das ganze Produkt seiner Baumwollernte verspinnt, so verwendet er absolut keinen Teil dieser Ernte, um sein Agrikulturkapital zu ersetzen. Er wendet nicht einen Teil seines Kapitals in ||463| Cottonbau an – in den Ausgaben für den Cottonbau, Samen, Arbeitslohn, Maschinerie – und einen andren Teil für Spinnen, sondern erst steckt er einen Teil seines Kapitals in den Cottonbau, dann diesen Teil + einen zweiten in das Spinnen, dann die ganzen in Twist nun existierenden 2 ersten Teile + den dritten Teil in Weberei. Wenn nun das Gewebe fertig, die 4000 Yards, wie soll er ihre

[1] wirklich – [2] üblichen Profit – [3] der Trugschluß

Elemente ersetzen? Während er webte, spann er nicht und hatte auch keinen Stoff zum Spinnen, und während er spann, baute er kein cotton. Seine Produktionselemente sind also nicht *ersetzbar*. Helfen wir uns und sagen: Ja, der Bursche verkauft die 4000 Yards, und dann „kauft" er von den 400 *l.* Twist und die Elemente des cotton. Worauf kömmt das hinaus? Daß wir in der Tat 3 Kapitalien annehmen, die gleichzeitig beschäftigt sind und engagiert sind und der Produktion vorgeschossen sind. Um Twist zu kaufen, muß er da sein, und um cotton zu kaufen, muß es ditto da sein, und damit sie da sind, also den verwebten Twist und das gesponnene cotton ersetzen können, müssen Kapitalien gleichzeitig mit dem in der Weberei engagierten Kapital engagiert sein, die sich simultaneously[1] in cotton und Twist verwandeln, während der Twist sich in Gewebe verwandelt.

Ob III also alle 3 Produktionszweige vereinigt oder ob 3 Produzenten sie teilen, 3 Kapitalien müssen gleichzeitig da sein. Er kann nicht mit demselben Kapital, womit er die Weberei trieb, Spinnerei und Cottonbau treiben, wenn er auf *derselben* Stufenleiter produzieren will. Jedes dieser Kapitalien ist engagiert, und ihr wechselseitiges Ersetzen hat mit der Sache nichts zu tun. Die Ersatzkapitalien sind das konstante Kapital, was in jedem der 3 Zweige gleichzeitig angelegt sein muß und wirken muß. Steckt in den 400 ein Profit von $63^{7}/_{11}$, so dies bloß, weil wir den III, außer seinen eignen $36^{4}/_{11}$ Profit, auch den Profit einziehn lassen, den er an II und I zu zahlen und die sich in seiner Ware nach der Voraussetzung realisieren. Diesen Profit haben sie aber nicht auf seine $363^{7}/_{11}$ *l.* gemacht, sondern der Bauer auf seine extra $90^{10}/_{11}$ *l.* und der Spinner auf seine $181^{9}/_{11}$. Zieht er das Ganze ein, so hat er sie ebenfalls nicht gemacht auf die $363^{7}/_{11}$ *l.*, die er in der Weberei stecken hat, sondern auf dies Kapital und die 2 andren Kapitalien, die ihm in Spinnerei und Cottonbau stecken.

Zweitens: Wenn wir dem III $336^{4}/_{11}$ *l.* Auslage rechnen, statt $363^{7}/_{11}$, so kömmt dies daher:

Wir rechnen ihm Auslage für den Cottonbau nur $90^{10}/_{11}$, statt 100. Aber er braucht ja sein ganzes Produkt, und dies ist = 100 und nicht = $90^{10}/_{11}$. Der Profit von $9^{1}/_{11}$ steckt drin. Oder er würde ein Kapital von $90^{10}/_{11}$ anwenden, das ihm *keinen Profit* bringt. Seine Cottonbauerei[2] würfe ihm keinen Profit ab. Ersetzte rein die Auslagen von $90^{10}/_{11}$. Ditto würde ihm die Spinnerei keinen Profit bringen, sondern das ganze Produkt würde nur die Auslagen ersetzen.

[1] gleichzeitig – [2] in der Handschrift: Flachsbauerei

In diesem Fall in der Tat reduzieren sich seine Auslagen auf $90^{10}/_{11}$ + $81^{9}/_{11}$ + $163^{7}/_{11}$ = $336^{4}/_{11}$. Dies wäre dann sein vorgeschoßnes Kapital. Darauf 10% wäre $33^{7}/_{11}$ *l.* Und der Wert des Produkts = 370. Der Wert wäre keinen Deut höher, denn nach der Voraussetzung haben die beiden Portionen I und II keinen Profit gebracht. Danach hätte III viel besser getan, die Finger von I und II wegzulassen und bei der alten Produktionsmethode zu bleiben. Denn statt der $63^{7}/_{11}$, die sonst I, II und III zu veressen hatten, hat III jetzt bloß $33^{7}/_{11}$ *l.* allein zu veressen, während er früher, wo seine cofratres[1] mitaßen, $36^{4}/_{11}$ *l.* zu veressen hatte. Er wäre in der Tat ein sehr schlechter Geschäftsverderber. Er hätte bloß Auslage von $9^{1}/_{11}$ *l.* in II gespart, weil er in I keinen Profit gemacht hätte, und er hätte Auslage von $18^{2}/_{11}$ in III gespart, weil er in II keinen Profit gemacht hätte. Die $90^{10}/_{11}$ *l.* in dem Cottonbau und die $81^{9}/_{11}$ + $90^{10}/_{11}$ im Spinnen hätten beide nur sich selbst ersetzt. Erst das dritte in der Weberei angelegte Kapital von $90^{10}/_{11}$ + $81^{9}/_{11}$ + $163^{7}/_{11}$ hätte einen Profit von 10 p.c. gebracht. Dies hieße also, daß 100 [*l.*] 10 Prozent Profit in der Weberei abwerfen, aber keinen Deut in der Spinnerei und dem Cottonbau. Dies wäre nun zwar für III sehr angenehm, soweit I und II von ihm verschiedne Personen, keineswegs aber, soweit er, um *diese Ersparung von Profitchen sich selbst anzueignen,* die 3 Geschäftszweige in seiner werten Person vereinigte. Das Ersparen von Vorschuß auf Profit (oder den Bestandteil des einen ||464| konstanten Kapitals, das Profit für die andern ist) rührte also daher, daß in der Tat keine Profite in I und II enthalten wären und I und II keine Surplusarbeit gearbeitet, sondern sich selbst als bloße Lohnarbeiter behandelt, sich nur *ihre Produktionskosten* ersetzt hätten, d.h. Auslage in capital constant und Arbeitslohn. In diesen Fällen also – wenn I und II nicht etwa für III arbeiten wollten, dann aber ginge der Profit in *seine* Rechnung ein – wäre aber überhaupt weniger gearbeitet worden, und es wäre für III ganz dasselbe, ob die Arbeit, die er zu zahlen hat, bloß in Salair oder in Salair und Profit ausgelegt. Dies für ihn dasselbe, soweit er das Produkt, die *Ware*, kauft und zahlt.

Ob das konstante Kapital ganz oder teilweise *in natura* ersetzt wird, d.h. durch die Produzenten der Ware, für die es als capital constant dient, ist ganz gleichgültig. D'abord muß alles konstante Kapital *in natura* finaliter ersetzt werden, Maschine durch Maschine, Rohmaterial durch Rohmaterial, matière instrumentale durch matière instrumentale. In der Agrikultur kann das konstante Kapital auch als *Ware* eingehn, d.h. durch Kauf und Verkauf

[1] Mitbrüder

direkt vermittelt sein. Es muß natürlich, soweit organische Stoffe in die Reproduktion eingehn, durch Produkte derselben Produktionssphäre ersetzt werden. Aber es braucht nicht ersetzt zu werden durch die einzelnen Produzenten innerhalb dieser Produktionssphäre. Je mehr sich der Ackerbau entwickelt, um so mehr gehn alle seine Elemente, nicht nur formell, sondern reell als Waren ein; d.h., sie kommen von außen, sind Produkte andrer Produzenten, Samen, Dünger, Vieh, animalische Substanzen etc. In der Industrie ist z.B. der fortwährende Hin- und Hermarsch des Eisens in den Maschinenshop und der Maschine in die Eisenminen ebenso konstant wie der des Weizens vom Speicher in die Erde und von der Erde auf den Speicher des farmers. Es sind in der Agrikultur die Produkte, die sich unmittelbar ersetzen. Eisen kann keine Maschinen ersetzen. Aber Eisen zum Wert der Maschine ersetzt dem einen die Maschine und dem andren das Eisen, soweit seine Maschine selbst dem Wert nach ersetzt wird durch Eisen.

Es ist nicht abzusehn, welchen Unterschied es an der Profitrate machen soll, ob der Bauer die $90^{10}/_{11}$, die er in 100 *l.* Produkt auslegt, etwa so berechnet, daß er 20 *l.* auslegt in Samen etc., 20 in Maschinerie etc. und $50^{10}/_{11}$ in Arbeitslohn. Worauf er Profit von 10 p.c. verlangt, ist die Gesamtsumme. Die 20 *l.* des Produkts, die er dem Samen gleichsetzt, schließen keinen Profit [ein]. Nichtsdestoweniger sind es ebensogut 20 *l.* wie die 20 *l.* in Maschinerie, in denen etwa ein Profit von 10 p.c. steckt, obgleich dies nur formell sein mag. Die 20 *l.* Maschinerie mögen in der Tat ebensowenig einen farthing Profit vorstellen wie die 20 *l.* Samen. Z.B., wenn diese 20 *l.* bloßer Ersatz sind für Bestandteile des konstanten Kapitals des Maschinenbauers, Bestandteile, die er zieht aus der Agrikultur f.i.

So wenig es wahr ist, daß sämtliche Maschinerie in der Agrikultur als konstantes Kapital derselben eingeht, ebenso falsch ist es, daß alles Rohmaterial in die Manufaktur eingeht. Ein sehr großer Teil desselben bleibt in der Agrikultur stecken, ist nur Reproduktion von konstantem Kapital. Ein andrer Teil geht in die Revenue direkt als Lebensmittel ein und macht z.T. wie Früchte, Fische, Vieh etc. keinen „Manufakturprozeß" durch. Es wäre also unrichtig, die Industrie zu belasten mit der Rechnung für das ganze von der Agrikultur „fabrizierte" Rohmaterial. Natürlich in den Zweigen der Manufaktur, worin das Rohmaterial als Avance eingeht neben Arbeitslohn und Maschinerie, muß das vorgeschoßne Kapital größer sein als in *den* Zweigen der Agrikultur, die dies so eingehende Rohmaterial liefern. Es wäre auch anzunehmen, wenn diese Zweige der Manufaktur *eigne* Profitrate (von der allgemeinen verschieden) hätten, daß hier die Profitrate kleiner wäre als in der Agrikultur, und zwar des Umstands wegen, weil weniger Arbeit angewandt wird. Also größres konstantes Kapital und weniger variables Kapital, bei gleicher Rate des Mehrwerts, setzt notwendig geringere Profitrate. Dies gilt aber ebenso von bestimmten Zweigen der Manufaktur gegen andre und von bestimmten Zweigen der Agrikultur (im ökonomischen Sinn) gegen andre. Am wenigsten fände es grade in der eigentlichen Agrikultur statt, weil diese zwar der Industrie Rohmaterial liefert, aber in sich selbst Rohmaterial, Maschinerie und Arbeitslohn in ihren Auslagen unterscheidet, die Industrie aber ihr keineswegs das *Rohmaterial* zahlt, den Teil des konstanten Kapitals, den sie aus sich selbst und nicht durch Austausch mit Industrieprodukten ersetzt.

[5. *Rodbertus' falsche Voraussetzungen der Rententheorie*]

||465| Also kurzes Resümee des Herrn R[odbertus].

Erst schildert er den Zustand, wie er ihn sich denkt, wo der Grundeigentümer (selbst supporting[1]) zugleich der Kapitalist und Sklavenhalter. Dann tritt Trennung ein. Der den Arbeitern entzogne Teil des „Arbeitsprodukts" – die „eine naturale Rente" – teilt sich nun „als Grundrente und Kapitalgewinn". (p.81, 82.) (Herr *Hopkins* – sieh das Heft[14] – erklärt dies noch viel einfach-brutaler.) Herr R[odbertus] läßt dann „Rohprodukt" und „Fabrikationsprodukt" (p.89) teilen zwischen Grundeigentümer und Kapitalist – petitio principii[2]. Der eine Kapitalist fabriziert Rohprodukte und der andre Fabrikationsprodukte. Der landlord fabriziert *nichts*, ist auch nicht „Besitzer der Rohprodukte". Es ist dies die Vorstellung eines deutschen „Gutsbesitzers", wie Herr R[odbertus] ist. Die kapitalistische Produktion hat in England gleichzeitig in der Manufaktur und Agrikultur begonnen.

Die Art, wie sich ein „Kapitalgewinnsatz" (Profitrate) ergibt, entwickelt Herr R[odbertus] bloß daraus, daß man jetzt am Geld einen „Maßstab" des Gewinns hat, um „das Verhältnis des Gewinns zum Kapital auszudrücken" (p.94), womit „ein Richtmaß zur Gleichstellung der Kapitalgewinne abgegeben" ist. (p.94.) Keine Ahnung davon, wie diese *Gleichheit des Profits* der Gleichheit der Rente mit unbezahlter Arbeit in jedem Produktionszweig *widerspricht*, Werte der Waren und Durchschnittspreise daher auseinanderfallen müssen. Diese Profitrate wird auch normal für die Agrikultur, weil „der *Vermögensertrag* auf nichts andres als Kapital

[1] sich erhaltend – [2] Trugschluß

berechnet werden kann" (p. 95) und in der Fabrikation der bei weitem „größre Teil des Nationalkapitals angewandt wird". (p. 95.) Nichts davon, daß mit der kapitalistischen Produktion die Agrikultur selbst nicht nur formell, sondern materiell umgewälzt wird und der Grundeigentümer zum bloßen receptacle[1] herabgesetzt wird, aufhört Funktionär der Produktion zu sein. Nach R[odbertus] figuriert

„bei der Fabrikation noch der *Wert der sämtlichen Produkte der Landwirtschaft als Material* mit im Kapital, während dies in der Rohproduktion nicht vorkommen kann". (p. 95.)

Der sämtliche Teil *falsch.*

Rodbertus fragt sich nun, ob noch außer dem industriellen Profit, dem Profit des Kapitals „ein Rententeil für das Rohprodukt übrig" und „aus welchen Gründen". (p. 96.)

Ja, unterstellt,

„daß sich das Rohprodukt wie das Fabrikationsprodukt nach der Kostenarbeit vertauschen, daß der Wert des Rohprodukts nur äqual seiner Kostenarbeit ist". (p. 96.)

Allerdings nimmt dies Ricardo auch an, wie R[odbertus] sagt. Aber es ist falsch, *prima facie*[2] wenigstens, da sich die Waren nicht nach ihren Werten, sondern davon unterschiednen Durchschnittspreisen vertauschen, und zwar geht dies aus der Bestimmung des Werts der Waren durch die „Arbeitszeit" hervor, diesem scheinbar widersprechenden Gesetz. Trägt das Rohprodukt außer dem Durchschnittsprofit noch eine davon unterschiedne Grundrente, so wäre dies nur möglich, wenn das Rohprodukt sich *nicht* zu dem Durchschnittspreis verkauft und das Warum wäre grade zu entwickeln. Aber sehn wir, wie R[odbertus] operiert.

„Ich habe *angenommen*, daß sich die Rente" (der *Mehrwert*, die unbezahlte Arbeitszeit) „im *Verhältnis des Werts des Rohprodukts und des Fabrikationsprodukts verteilt*, und daß dieser Wert durch die *Kostenarbeit*" (Arbeitszeit) „bestimmt wird." (p. 96, 97.)

Diese erste *Annahme* zuerst zu prüfen. Dies heißt in andren Worten nichts, als die in den Waren enthaltnen *Mehrwerte* verhalten sich wie ihre *Werte*, oder in andren Worten, die in den Waren *enthaltne unbezahlte* Arbeit verhält sich wie die Quanta der in ihnen überhaupt *enthaltnen Arbeit*. Verhalten sich die in Ware A und B enthaltnen Arbeitsquanta = 3 : 1, so verhält sich die in ihnen unbezahlte Arbeit – oder verhalten sich die Mehrwerte – = 3 : 1. Nichts kann falscher sein. Die notwendige Arbeitszeit gegeben, z.B. = 10 Stunden, mag die eine Ware das Produkt von 30 Arbeitern

[1] Geldsack – [2] *auf den ersten Blick*

sein, die andre das von 10. Arbeiten die 30 Arbeiter nur 12 Stunden, so der von ihnen geschaffne Mehrwert = 60 Std. = 5 Tage (5 × 12), und arbeiten die 10 [anderen] 16 Stunden täglich, so der von ihnen geschaffne Mehrwert ditto = 60 Std. Danach wäre der Wert der Ware A = 30 × 12 = 120 × 3 = 360 = 30 Arbeitstagen {12 Std. = Arbeitstag} und der Wert der Ware B = 160 Arbeitsstunden, = $13^1/_3$ Arbeitstage. Die *Werte* der Waren A und B = 360:160 = 36:16 = 9:4 = 3:$1^1/_3$. Die in den Waren enthaltnen Mehrwerte dagegen verhalten sich = 60:60 = 1:1. Sie wären gleich, obgleich sich die Werte = 3:$1^1/_3$ verhalten.

||466| Also verhalten sich die Mehrwerte der Waren nicht wie ihre Werte, d'abord[1], wenn die absoluten Mehrwerte, die Verlängerung der Arbeitszeit über die notwendige Arbeit, also die *Raten des Mehrwerts* verschieden sind.

Zweitens, vorausgesetzt, die Raten des Mehrwerts seien dieselben, so hängen die Mehrwerte, von andren mit der Zirkulation und dem Reproduktionsprozeß zusammenhängenden Umständen abgesehn, ab nicht von den relativen Quantitäten Arbeit, die in zwei Waren enthalten sind, sondern von dem Verhältnis des in Arbeitslohn ausgelegten Teils des Kapitals zu dem in konstantem Kapital, Rohmaterial und Maschinerie ausgelegten Teil, und dieses Verhältnis kann bei Waren von gleichen Werten durchaus verschieden sein, seien diese Waren „Agrikulturprodukte" oder „Fabrikationsprodukte", was überhaupt gar nichts bei der Sache zu tun hat, wenigstens nicht prima facie.

Die erste Annahme des Herrn R[odbertus], daß, wenn die Werte der Waren durch Arbeitszeit bestimmt sind, daraus folgt, daß die in den verschiednen Waren *enthaltnen* unbezahlten Arbeitsquanta – oder ihre Mehrwerte – im direkten Verhältnisse der Werte stehn, ist daher grundfalsch. Es ist also auch falsch, daß

„sich die *Rente* im Verhältnis des *Werts* des Rohprodukts und des Fabrikationsprodukts verteilt", wenn „dieser Wert durch die *Kostenarbeit* bestimmt wird". (p. 96, 97.)

„Damit ist natürlich auch gesagt, daß die Größe dieser Rententeile nicht durch die *Größe des Kapitals, auf das der Gewinn berechnet wird,* sondern durch die *unmittelbare Arbeit,* sie sei landwirtschaftliche oder Fabrikationsarbeit + derjenigen Arbeit, die wegen der vernutzten Werkzeuge und Maschinen mit aufzurechnen ist, bestimmt wird." (p. 97.)

Wieder falsch. Die Größe des Mehrwerts (und dies ist hier der *Rententeil,* da die Rente als das Allgemeine im Unterschied von Profit und Grundrente aufgefaßt wird) hängt nur von der unmittelbaren Arbeit ab, nicht

[1] vor allem

vom déchet[1] des capital fixe, so wenig wie vom Wert des Rohmaterials, überhaupt von keinem Teil des konstanten Kapitals.

Dies déchet bestimmt allerdings das Verhältnis, worin das capital fixe reproduziert werden muß. (Seine Produktion hängt zugleich ab von der Neubildung, Akkumulation des Kapitals.) Aber die Surplusarbeit, die in der Produktion des capital fixe erzeugt wird, geht ebensowenig die Produktionssphäre an, worin dies capital fixe als solches eingeht, wie etwa die Surplusarbeit, die in die Produktion des Rohmaterials eingeht. Vielmehr gilt für alle gleich, Agrikultur, Maschinenfabrikation und Manufaktur, daß in allen der Mehrwert nur bestimmt ist durch die Masse der angewandten Arbeit, wenn die Rate des Mehrwerts, und durch die Rate des Mehrwerts, wenn die Masse der angewandten Arbeit gegeben ist. Herr R[odbertus] sucht das déchet „hereinzubugsieren", um das „Rohmaterial" herauszubugsieren.

Dagegen, meint Herr R[odbertus], kann [niemals] „derjenige Kapitalteil, der in dem Materialwert besteht", Einfluß auf die Größe der Rententeile haben, da „z.B. die Kostenarbeit des besonderen Produkts, das Gespinst oder Gewebe ist, nicht durch die Kostenarbeit mitbestimmt werden kann, die der Wolle als Rohprodukt zu berechnen ist". (p.97.)

Die Arbeitszeit, die erheischt ist, um zu spinnen und zu weben, hängt von der Arbeitszeit – i.e. dem *Wert* der Maschine – gradesoviel oder vielmehr gradesowenig ab wie von der Arbeitszeit, die das Rohmaterial kostet. Beide, Maschine und Rohmaterial, gehn in den Arbeitsprozeß ein; keins von beiden in den Verwertungsprozeß.

„Dagegen figuriert doch der Wert des Rohprodukts oder der Materialwert als *Kapitalauslage* mit in dem Kapitalvermögen, auf das der Besitzer den auf das Fabrikationsprodukt fallenden Rentenanteil als Gewinn zu berechnen hat. In dem *landwirtschaftlichen Kapital fehlt aber dieser Kapitalteil.* Die Landwirtschaft *bedarf nicht Produkt einer ihr vorangehenden Produktion zu Material, sondern beginnt überhaupt erst die Produktion,* und der dem Material analoge Vermögensteil in der Landwirtschaft würde der Boden selbst sein, der aber kostenlos vorausgesetzt wird." (p.97, 98.)

Dies ist deutsche Bauernvorstellung. In der Landwirtschaft (mit Ausschluß der Minen, Fischfang, Jagd, aber *nicht einmal Viehzucht*) bilden Samen, Futter, Vieh, mineralische Dünger usw. das Material, ||467| woraus fabriziert wird, und dies Material ist Produkt der *Arbeit.* Im Verhältnis, wie sich die industrielle Agrikultur entwickelt, entwickeln sich diese „*Auslagen*". Jede Produktion – sobald nicht mehr von bloßem Ergreifen und Aneignen

[1] Verschleiß

die Rede – ist Reproduktion und bedarf daher „des Produkts einer ihr vorangehenden Produktion zu Material". Alles, was in der Produktion Resultat, ist zugleich Voraussetzung. Und je mehr sich die große Agrikultur entwickelt, um so mehr kauft sie Produkte „einer ihr vorangehenden Produktion" und verkauft ihre eignen. Formell als Waren – durch Rechengeld in Ware verwandelt – gehn diese Auslagen in die Agrikultur ein, sobald der farmer überhaupt vom Verkauf seines Produkts abhängig wird, die Preise der verschiednen Agrikulturprodukte (wie Heu z.B.), da auch in der Agrikultur Teilung der Produktionssphären eintritt, sich fixiert haben[1]. Sonderbar müßte es sogar in dem Kopf des Bauers zugehn, der das qr. Weizen, das er verkauft, als *Einnahme*, das qr. Weizen, das er dem Boden anvertraut, nicht als „*Auslage*" berechnete. Übrigens soll Herr R[odbertus] die „Produktion", z.B. von Flachs oder Seide, irgendwo ohne „Produkte einer vorangehenden Produktion" überhaupt „beginnen". Es ist dies reiner Blödsinn.

Also auch die ganze weitere Schlußfolgerung Rodberti:

„Die Landwirtschaft hat also mit der Fabrikation zwar die beiden Kapitalteile gemein, die auf die Bestimmung der *Größe* der Rententeile von Einfluß sind, aber nicht denjenigen, der hierzu nicht beiträgt, auf den aber der durch jene Kapitalteile bestimmte Rententeil mit als Gewinn berechnet wird; dieser findet sich in dem Fabrikationskapital allein. Wenn also, auch nach der Annahme, daß sich der Wert des Rohprodukts wie des Fabrikationsprodukts nach der Kostenarbeit richtet, und da die Rente sich im Verhältnis dieses Werts an die Besitzer des Rohprodukts und Fabrikationsprodukts verteilt, *wenn* deshalb auch *die in der Rohproduktion und Fabrikation abfallenden Rententeile im Verhältnis zu den Arbeitsquantitäten stehen, welche das resp. Produkt gekostet hat, so stehn doch die in der Landwirtschaft und Fabrikation angewandten Kapitalien, auf welche die Rententeile als Gewinn repartiert werden* – und zwar in der Fabrikation ganz, in der Landwirtschaft nach dem *dort* resultierenden Gewinnsatz –, nicht in demselben Verhältnis wie jene Arbeitsquantitäten und die durch diese bestimmten Rententeile. Vielmehr ist *bei gleicher Größe der auf das Rohprodukt und das Fabrikationsprodukt fallenden Rententeile* das Fabrikationskapital um den ganzen darin enthaltenen Materialwert größer als das landwirtschaftliche Kapital, und da dieser Materialwert zwar das *Fabrikationskapital, auf das der abfallende Rententeil als Gewinn berechnet wird, aber nicht auch diesen Gewinn selbst vergrößert*, und also auch zugleich noch dazu dient, *den Kapitalgewinnsatz*, der auch in der *Landwirtschaft* normiert, zu *erniedrigen*, so muß notwendig auch von dem in der Landwirtschaft abfallenden Rententeil ein Teil übrigbleiben, der nicht von der *Gewinnberechnung nach diesem Gewinnsatz* absorbiert wird." (p.98, 99.)

Erste falsche Voraussetzung: Wenn sich Industrieprodukt und Agrikulturprodukt nach ihren *Werten* (i.e. im Verhältnis der zu ihrer Produktion

[1] In der Handschrift: hat

erheischten Arbeitszeit) austauschen, werfen sie ihren Besitzern gleich große *Mehrwerte* oder Quanta unbezahlter Arbeit ab. Die Mehrwerte verhalten sich *nicht* wie die Werte.

Zweite falsche Voraussetzung: Da R[odbertus] schon *Profitrate* unterstellt (was er Kapitalgewinnsatz benamst), ist die Voraussetzung falsch, daß sich die Waren *im Verhältnis ihrer Werte austauschen.* Die eine Voraussetzung schließt die andre aus. Die *Werte* der Waren müssen schon zu *Durchschnittspreisen modifiziert* sein oder im beständigen Fluß dieser Modifikation sein, damit eine *Profitrate* (allgemein) vorhanden. In dieser allgemeinen Rate gleichen sich die *besondren Profitraten* aus, die in jeder Produktionssphäre durch das Verhältnis des *Mehrwerts zum vorgeschoßnen Kapital* gebildet werden. Also warum nicht in der Agrikultur? Dies ist eben die questio[1]. Aber R[odbertus] stellt sie nicht einmal richtig, weil er *erstens* voraussetzt, daß eine allgemeine *Profitrate* vorhanden, und zweitens voraussetzt, daß die *besondren* Profitraten (also auch ihre Differenzen) *nicht* ausgeglichen sind, also die Waren zu ihren *Werten* sich austauschen.

Dritte falsche Voraussetzung: Der *Wert des Rohmaterials geht nicht in die Agrikultur ein.* Die Avancen, hier von Samen etc., sind vielmehr Bestandteile des konstanten Kapitals und werden vom farmer *als solche* berechnet. Im selben Maß, wie die Agrikultur ein bloßer Industriezweig wird – die kapitalistische Produktion ihren Sitz auf dem Land aufschlägt –, ||468| im selben Maß, wie die Agrikultur für den Markt produziert, *Waren* produziert, Artikel für den Verkauf und nicht die eigne Konsumtion produziert –, im selben Maß berechnet sie ihre Auslagen und betrachtet jedes Item derselben als Ware, ob sie es nun von sich selbst (i.e. *der Produktion*) oder einem Dritten kauft. Im selben Maße, wie die *Produkte*, werden natürlich auch die *Elemente der Produktion* Waren, da diese Elemente ja dieselben identischen Produkte sind. Da also Weizen, Heu, Vieh, Samen aller Art usw. als Waren *verkauft* werden – und zwar dieser Verkauf das Wesentliche ist, nicht die Subsistenz upon them[2] –, gehn sie auch als *Waren* in die Produktion ein, und der farmer müßte a real blockhead[3] sein, der das Geld nicht als Rechengeld brauchen könnte. Dies jedoch ist d'abord das Formelle der Berechnung. Im selben Maß aber *entwickelt* sich, daß der eine farmer seine *Auslagen* kauft, Samen, fremdes Vieh, Dünger, mineralische Substanzen usw., während er seine *Einnahmen* verkauft, daß also für den einzelnen farmer diese Avancen auch formell als Avancen eingehn, indem sie *gekaufte Waren* sind. (Waren sind sie schon für ihn immer, Bestandteile

[1] Frage – [2] durch sie – [3] ein wirklicher Dummkopf

seines Kapitals. Und er berechnet sie als an sich qua[1] Produzent *verkauft*, wenn er sie in naturali der Produktion zurückgibt.) Und zwar findet dies statt im Verhältnis wie sich die Agrikultur entwickelt und das Endprodukt mehr und mehr fabrikmäßig und der Weise der kapitalistischen Produktion gemäß hervorgebracht wird.

Also ist es falsch, daß hier ein Kapitalteil in der Industrie eingeht, der *nicht* in der Agrikultur einginge.

Wenn also nach *Rod[bertu]s' (falscher) Voraussetzung* die „Rententeile" (d.h. die Anteile am Mehrwert), welche Agrikulturprodukt und Industrieprodukt abwerfen, gegeben sind, proportioniert sind den *Werten* von Agrikulturprodukt und Industrieprodukt, wenn in andren Worten Industrieprodukt und Agrikulturprodukt von *gleich großen Werten* ihren Besitzern gleich großen *Mehrwert* abwerfen, i.e. *gleiche Quanta unbezahlter Arbeit* enthalten, so tritt durchaus kein Mißverhältnis dadurch ein, daß in der Industrie ein Kapitalteil eingeht (für das Rohmaterial), das in der Agrikultur nicht einginge, so daß also z.B. derselbe Mehrwert in der Industrie auf ein durch diesen Bestandteil *vergrößertes* Kapital vermindert würde. Denn dasselbe Kapital-*Item* geht in der Agrikultur ein. Bliebe also nichts als die Frage, ob *in demselben Verhältnis*? Aber hier geraten wir ja auf *bloß quantitative Unterschiede*, während Herr R[odbertus] einen *„qualitativen"* Unterschied will. Dieselben *quantitativen Unterschiede* differenzieren sich in den verschiednen *industriellen* Produktionssphären. Sie gleichen sich aus in der allgemeinen Profitrate. Warum nicht zwischen Industrie und Agrikultur (if there are such differences[2])? Da Herr R[odbertus] die Agrikultur an der *allgemeinen Profitrate* partizipieren läßt, warum läßt er sie nicht an ihrer Bildung partizipieren? Womit er natürlich am Ende seines Lateins wäre.

Vierte falsche Voraussetzung: Es ist eine falsche und willkürliche Voraussetzung, daß R[odbertus] das *déchet der Maschinerie* etc., diesen einen Teil des *capital constant*, eingehn läßt in das *capital variable*, d.h. den Teil des Kapitals, der den Mehrwert schafft und speziell die Rate des Mehrwerts bestimmt und das Rohmaterial *nicht* eingehn läßt. Dieser *Rechnungsfehler* wird gemacht, um das von Anfang an gewünschte Rechnungsfazit herauszubringen.

Fünfte falsche Voraussetzung: Will Herr R[odbertus] einmal unterscheiden zwischen Agrikultur und Industrie, so gehört das *Element des Kapitals*, das in Maschinerie, Werkzeugen, capital fixe besteht, ganz *der*

[1] in seiner Eigenschaft als – [2] wenn es solche Unterschiede gibt

Industrie. Jenes Kapitalelement, soweit es als Element in ein Kapital eingeht, geht immer nur in das *konstante Kapital,* kann den *Mehrwert* nie um einen Deut erhöhn. Anderseits ist es als *Produkt der Industrie* Resultat einer bestimmten Produktionssphäre. Sein Preis oder der Wertteil, den es im ganzen Kapital der Gesellschaft bildet, stellt also zugleich dar ein *bestimmtes Quantum Mehrwert* (ganz wie dies beim Rohmaterial der Fall). Nun geht es zwar ein in das Agrikulturprodukt; aber es kömmt von der Industrie her. Rechnet Herr R[odbertus] das Rohmaterial als von außen kommendes Kapitalelement in der Industrie, so muß er die Maschinen, Werkzeuge, Gefäße, Baulichkeiten etc. als von außen kommendes Kapitalelement der Agrikultur anrechnen. Und so sagen, in der Industrie geht nur ein Arbeitslohn und Rohmaterial (denn das capital fixe, soweit es nicht Rohmaterial, ist Produkt der Industrie, ihr eignes Produkt); in der Agrikultur dagegen geht nur ein Arbeitslohn ||469| und Maschinerie etc., capital fixe, denn das *Rohmaterial,* soweit es nicht im Werkzeug etc., ist Produkt der Agrikultur. Dann wäre zu untersuchen, wie durch den Wegfall des einen „Items" in der Industrie die Rechnung sich stellte.

Sechstens: Es ist ganz richtig, daß in Minenindustrie, Fischfang, Jagd, Holzung (soweit der Holzwuchs natürlich), etc., kurz in der *extraktiven Industrie* (extraktiven Rohproduktion, die keine *Reproduktion* in naturali hat) *kein Rohmaterial* eingeht; except[1] für die *matières instrumentales*[2]. Dies gilt *nicht* von der Agrikultur.

Aber es ist nicht minder [richtig], daß *dasselbe* statthat in einem sehr großen Teil der *Industrie,* der *Transportindustrie.* Hier bestehn die *Auslagen* nur aus Maschinerie, matières instrumentales und Arbeitslohn.

Es ist endlich sicher, daß in andren *Industriezweigen,* relativement parlant[3], nur Rohmaterial und Arbeitslohn eingeht, aber keine Maschinerie, capital fixe etc., wie in der Schneiderei etc.

In allen diesen Fällen würde die Größe des *Profits,* d.h. das *Verhältnis des Mehrwerts* zum *vorgeschoßnen Kapital,* abhängen nicht davon, ob das vorgeschoßne Kapital – nach Abzug des *variablen oder in Arbeitslohn ausgelegten Teils des Kapitals* – aus Maschinerie oder Rohmaterial oder beiden besteht, sondern wie groß es ist im Verhältnis zu dem in Arbeitslohn ausgelegten Teil des Kapitals. Dadurch würden (abgesehn von den durch die Zirkulation hervorgebrachten Modifikationen) in den verschiednen Produktionssphären verschiedne Profitraten existieren, deren Ausgleichung eben die allgemeine Profitrate bildet.

[1] ausgenommen – [2] *Hilfsstoffe* – [3] relativ gesprochen

Was Herr Rodbertus ahnt, ist der Unterschied des Mehrwerts von seinen speziellen Formen, besonders von Profit. Aber er schießt vorbei am Richtigen, weil es [sich bei] ihm von vornherein um Deutung *eines bestimmten* Phänomens (der Grundrente), nicht [um] Auffindung des allgemeinen Gesetzes handelt.

In allen Produktionszweigen findet *Reproduktion* statt; aber diese industrielle Reproduktion fällt nur in der Agrikultur zugleich mit der natürlichen zusammen, nicht aber in der *extraktiven Industrie*. Daher wird in der letzten das Produkt {ausgenommen in der Form von matière instrumentale} in seiner Naturalform nicht wieder Element seiner eignen Reproduktion.

Was die Agrikultur, Viehzucht etc. von den andren Industrien unterscheidet, ist *erstens nicht*, daß ein Produkt Produktionsmittel wird, denn dies findet mit allen Industrieprodukten statt, die nicht die definitive Form von individuellen Lebensmitteln besitzen, und auch als solche werden sie Produktionsmittel des *Produzenten*, der sich durch ihren Konsum reproduziert oder sein Arbeitsvermögen erhält; *zweitens nicht*, daß sie als *Waren*, also als Kapitalbestandteile in die Produktion eingehn; sie gehn in die Produktion ein, wie sie aus ihr herauskommen; sie kommen aus ihr als Waren heraus und gehn als Ware wieder in sie ein; die Ware ist sowohl die Voraussetzung als das Resultat der kapitalistischen Produktion; *drittens* [bleibt] *also nur*, daß sie als ihre eignen Produktionsmittel in den Produktionsprozeß, dessen Produkte sie sind, eingehn. Dies findet auch mit der Maschinerie statt. Maschine baut Maschine. Kohle hilft Kohle aus dem Schacht heben, Kohle transportiert Kohle etc. Bei der Agrikultur erscheint dies als Naturprozeß, den der Mensch leitet, obgleich er ihn auch „ein bißchen" macht, bei den andren Industrien direkt als Wirkung der Industrie.

Aber, wenn Herr R[odbertus] deswegen die *Agrikulturprodukte* glaubt nicht als „*Waren*" in die Reproduktion eingehn zu lassen, wegen der eigentümlichen Form, worin sie als „Gebrauchswerte" (technologisch) in dieselbe eingehn, so ist er total auf dem Holzweg und basiert offenbar auf der Erinnerung, wo die agriculture noch kein trade[1] war, nur der *Überschuß* ihres Produkts über die Konsumtion des Produzenten *Ware* wurde und ihr auch diese Produkte, soweit sie in die Produktion eingingen, nicht als *Waren* erschienen. Es ist dies ein Grundmißverständnis über die Anwendung der kapitalistischen Produktionsweise auf die Industrie. Für letztre ist alles Produkt, das Wert hat – also an sich *Ware* ist –, auch Ware in der Rechnung.

[1] Geschäft

[6. *Rodbertus' Unverständnis des Verhältnisses von Durchschnittspreis und Wert in der Industrie und in der Landwirtschaft. Das Gesetz des Durchschnittspreises*]

Vorausgesetzt, daß z.B. in der Minenindustrie das bloß aus Maschinerie bestehende capital constant = 500 *l.* und das in Arbeitslohn ausgelegte ditto = 500 *l.*, so, wenn der Mehrwert = 40 p.c. = 200 *l.*, wäre der Profit = 20 p.c. Es wäre:

capital constant Maschinerie	variables Kapital	Mehrwert
500	500	200

In den Manufakturzweigen (oder auch Agrikulturzweigen), wo Rohmaterial eingeht, wenn dasselbe variable Kapital ausgelegt wäre, ferner die Anwendung desselben (also die Beschäftigung dieser bestimmten Arbeiterzahl) Maschinerie etc. für 500 *l.* erheischte, so würde in der Tat als drittes Element hinzukommen der Materialwert, sage 500 *l.* ditto. In diesem Falle also:

capital constant					capital variable	Mehrwert
Maschinerie		Rohmaterial				
500	+	500	=	1000	500	200

Diese 200 wären nun zu berechnen auf 1500, und dies wäre nur $13^1/_3$ p.c. Dies selbe Beispiel richtig, wenn der erste Fall ein Beispiel der Transportindustrie. Wäre dagegen im zweiten das Verhältnis, daß 100 Maschinerie und 400 Rohmaterial, so bliebe sich die Profitrate gleich.

||470| Was also Herr Rodbertus sich einbildet, ist, daß, wo in der Agrikultur 100 für Arbeitslohn + 100 für Maschinerie ausgelegt werden, in der Industrie 100 für Maschinerie, 100 für Arbeitslohn und x für Rohmaterial ausgelegt werden. Das Schema wäre dies:

I. Agrikultur

konstantes Kapital Maschinerie	variables Kapital	Mehrwert	Profitrate
100	100	50	$\frac{50}{200} = \frac{1}{4}$

II. Industrie

konstantes Kapital Rohmaterial	Maschinerie	variables Kapital	Mehrwert	Profitrate
x	100	100	50	$\frac{50}{200 + x}$,

also jedenfalls weniger als $^1/_4$. Daher die Grundrente in I.

Erstens also ist dieser Unterschied *imaginär*, non existant[1] zwischen Agrikultur und Manufaktur; also ohne *every bearing* for that form of landrent which determines all others[2].

Zweitens könnte Herr R[odbertus] diese Differenz zwischen den Profitraten in any two peculiar branches of industry[3] finden, eine Differenz, die von dem *Verhältnis der Größe des konstanten und variablen Kapitals* abhängt, ein Verhältnis, das seinerseits wieder durch das Hereinkommen von Rohmaterial bestimmt werden mag oder nicht. In den Industriezweigen, wo Rohmaterial eingeht und zugleich Maschinerie, ist der Wert des Rohmaterials, also die relative Größe, die er vom Gesamtkapital bildet, natürlich sehr wichtig, wie ich früher gezeigt[4]. Dies hat nichts zu tun mit der Grundrente.

„Nur wenn der Wert des Rohprodukts *unter* die Kostenarbeit fällt, ist es möglich, daß auch in der Landwirtschaft der ganze auf *das Rohprodukt fallende Rententeil von der Kapitalgewinnberechnung absorbiert wird*, denn dann ist es möglich, daß dieser Rententeil so verringert wird, daß dadurch zwischen ihm und dem landwirtschaftlichen Kapital, obwohl drin ein Materialwert fehlt, doch ein gleiches Verhältnis erzeugt wird, wie es zwischen dem auf das Fabrikationsprodukt fallenden Rententeil und dem Fabrikationskapital besteht, obwohl in diesem letztren ein Materialwert enthalten ist; nur dann ist es also möglich, daß auch in der Landwirtschaft keine Rente außer Kapitalgewinn übrigbleibt. Insofern aber im wirklichen Verkehr wenigstens die Gravitation nach jenem Gesetz, daß der Wert der Kostenarbeit äqual ist, die Regel bildet, bildet auch die Grundrente die Regel, und es ist nicht, wie Ricardo meint, der ursprüngliche Zustand, sondern nur eine Abnormität, wenn keine Grundrente, sondern nur Kapitalgewinn abfällt." (p. 100.)

Also. Vorstellung die [gleiche], um beim obigen Beispiel zu bleiben; doch wollen wir das Rohmaterial = 100 *l.* setzen, um etwas Handgreifliches zu haben.

---

[1] nicht vorhanden – [2] *jeden Einfluß* auf jene Form der Grundrente, die alle anderen bestimmt – [3] in irgendwelchen zwei besonderen Industriezweigen – [4] siehe 3. Teil dieses Bandes, S. 214ff.

I. Agrikultur

konstantes Kapital Maschinerie	variables Kapital	Mehrwert	Wert	Preis	Profit
100	100	50	250	$233^1/_3$	[$33^1/_3$ =] $16^2/_3$ p.c.

II. Industrie

konstantes Kapital Rohmaterial	Maschinerie	variables Kapital	Mehrwert	Wert	Preis	Profit
100	100	100	50	350	350	50 = $16^2/_3$ p.c.

Hier würde sich Profitrate in Agrikultur und Industrie ausgleichen, also nichts übrigbleiben für Rente, weil das Agrikulturprodukt für $16^2/_3$ *l. unter* seinem *Wert* verkauft. Wäre selbst das Beispiel ebenso richtig, als es falsch ist *für die Agrikultur*, so wäre der Umstand, daß der Wert des Rohprodukts „*unter* die Kostenarbeit[1]" fällt, durchaus nur entsprechend dem Gesetz der *Durchschnittspreise*. Es ist vielmehr zu erklären, *warum* dies „*ausnahmsweise*" in der Agrikultur zum Teil *nicht* der Fall ist und warum hier der gesamte Mehrwert (oder wenigstens mehr als in den andren Industriezweigen ein *Surplus* über die Durchschnittsprofitrate) im Preis des Produkts dieses besondren Produktionszweigs *belassen* wird, statt verrechnet zu werden in der Bildung der general rate of profit[2]. Hier sieht man, daß R[odbertus] nicht weiß, was Profitrate (allgemein) und Durchschnittspreis ist.

Um, was viel wichtiger als R[odbertus], dies *Gesetz* klarzumachen, wollen wir 5 Beispiele nehmen. Wir nehmen die Rate des Mehrwerts überall als gleich an.

Es wäre durchaus nicht nötig, Waren von *gleich großem* Wert zu vergleichen; sie sind nur zu *ihrem Wert* zu vergleichen. Der Vereinfachung wegen werden hier Waren von gleich großem Kapital[3] verglichen.

||471|

	konstantes Kapital Maschinerie	Rohmaterial	variables Kapital Arbeitslohn	Mehrwert	Rate des Mehrwerts	Profit	Profitrate	Wert des Produkts
I	100	700	200	100	50 p.c.	100	10 p.c.	1100
II	500	100	400	200	50 p.c.	200	20 p.c.	1200
III	50	350	600	300	50 p.c.	300	30 p.c.	1300
IV	700	vacat	300	150	50 p.c.	150	15 p.c.	1150
V	vacat	500	500	250	50 p.c.	250	25 p.c.	1250

[1] In der Handschrift: *unter* den Kostenpreis – [2] allgemeinen Profitrate – [3] in der Handschrift: Wert

Hier haben wir in den Kategorien I, II, III, IV und V (fünferlei Produktionssphären) Waren, deren respektiven *Werte* 1100, 1200, 1300, 1150 und 1250 *l.* sind. Dies wären die Geldpreise, wozu diese Waren sich austauschen würden, wenn sie sich nach ihren *Werten* austauschten. In allen das vorgeschoßne Kapital von *derselben* Größe, = 1000 *l.* Würden diese Waren zu ihren Werten ausgetauscht, so wäre die Profitrate in I nur 10 p.c., in II doppelt so groß, 20 p.c., in III 30 p.c., in IV 15 p.c., in V 25 p.c. Nehmen wir diese besondren Profitraten, so ist ihre Summe gleich 10 p.c. + 20 p.c. + 30 p.c. + 15 p.c. + 25 p.c., also gleich 100 p.c.

Betrachten wir das ganze vorgeschoßne Kapital in allen 5 Produktionssphären, so gibt 1 Portion desselben (I) 10 p.c., eine andre (II) 20 p.c. usw. Der Durchschnitt, den das ganze Kapital gibt, ist gleich dem Durchschnitt, den die 5 Portionen geben. Und dies ist

$$\frac{\text{100 (die Gesamtsumme der Profit[raten])}}{\text{5 (die Anzahl der verschiedenen Profitraten),}}$$

i.e. 20 p.c.

In der Tat finden wir, daß die 5000 in den 5 Sphären vorgeschoßnes Kapital geben Profit = 100 + 200 + 300 + 150 + 250 = 1000. Also 1000 auf 5000 = $^1/_5$ = 20 p.c. Ebenso: Rechnen wir den *Wert* des *Gesamtprodukts*, so ist er 6000, und der Überschuß für die 5000 vorgeschoßnes Kapital = 1000 = 20 p.c., in Bezug *auf* das *vorgeschoßne Kapital* = $^1/_6$ oder $16^2/_3$ p.c. *vom ganzen Produkt*. (Dies wieder eine andre Rechnung.) Damit aber nun in der Tat jedes der vorgeschoßnen Kapitale I, II, III etc. - oder, was dasselbe, *gleich große Kapitale* oder *Kapitalien bloß im Verhältnisse ihrer Größe, also nur in dem Verhältnis, worin sie Teile des vorgeschoßnen Gesamtkapitals* an dem auf das Gesamtkapital fallenden Mehrwert partizipieren, darf auf jedes derselben nur 20 p.c. Profit fallen; muß aber soviel ||472| darauf fallen. Damit dies aber möglich, müssen die Produkte der verschiednen Sphären bald *über* ihrem Wert, bald mehr oder minder *unter* ihrem Wert verkauft werden. Oder der gesamte Mehrwert muß sich auf sie verteilen, nicht in dem Verhältnis, worin er in den *besondren* Produktionssphären gemacht wird, sondern im Verhältnis der *Größe* der vorgeschoßnen Kapitalien. Alle müssen zu 1200 *l.* ihr Produkt verkaufen, so daß der Überschuß des Werts des Produkts über das vorgeschoßne Kapital = $^1/_5$ des letztren, = 20 Prozent.

Durch diese Verteilung:

	Wert des Produkts	Mehrwert	Durchschnittspreis	[Verhältnis zwischen Durchschnittspreis und Wert]	[Verhältnis zwischen Profit und Mehrwert in Prozenten]	Berechneter Profit
				Überschuß des Durchschnittspreises über den Wert	*Überschuß des Profits über den Mehrwert*	
I	1100	100	1200	100	100 p.c.	200
				Wert = dem Preis		
II	1200	200	1200	0	0	200
				Sinken des Durchschnittspreises unter den Wert	*Fall des Profits unter den Mehrwert*	
III	1300	300	1200	100	$33^1/_3$ p.c.	200
				Überschuß des Preises über den Wert	*Überschuß des Profits über den Mehrwert*	
IV	1150	150	1200	50	$33^1/_3$ p.c.	200
				Überschuß des Werts über den Preis	*Überschuß des Mehrwerts über den Profit*	
V	1250	250	1200	50	25 p.c.	200
					Fall des Profits unter den Mehrwert 20 p.c.	

Hier sehn wir, daß nur in einem Fall (II) der Durchschnittspreis = dem Wert der Ware, weil zufällig der *Mehrwert* hier gleich dem *normalen Durchschnittsprofit von 200* ist. In allen andren Fällen wird bald mehr, bald weniger von dem Mehrwert der einen [Sphäre] genommen und der andren gegeben etc.

Wenn Herr R[odbertus] irgend etwas zu zeigen hat, war es, warum in der *Agrikultur* dies *nicht* der Fall sein [kann], sondern [warum] in ihr die Ware zu ihrem *Wert* und nicht zum *Durchschnittspreis* verkauft werden soll.

Was die Konkurrenz bewirkt, ist die Equalisierung der Profite, also die Reduktion der *Werte* der Waren zu *Durchschnittspreisen*. Wie der einzelne

Kapitalist, wie Herr Malthus sagt, von jedem Teil *seines* Kapitals gleichmäßig Profit erwartet[15] – was in andren Worten nichts heißt, als daß er jeden Teil des Kapitals (abgesehn von seiner *organischen* Funktion) als selbständige Quelle des Profits betrachtet, daß er ihm so *erscheint* –, so betrachtet jeder Kapitalist der Klasse der Kapitalisten gegenüber sein *Kapital* als Quelle eines gleich großen Profits, wie ihn jedes andre Kapital von *gleicher Größe* macht; d.h., jedes Kapital in einer besondren Produktionssphäre wird nur betrachtet als *Teil des Gesamtkapitals*, das der *Gesamtproduktion vorgeschossen* ist, und verlangt seinen share[1] am Gesamtmehrwert, an der Gesamtheit der unbezahlten Arbeit oder Arbeitsprodukte – im Verhältnis seiner Größe, seiner Aktie – im Verhältnis, wie es ein aliquoter Teil des Gesamtkapitals. Dieser *Schein* bestätigt dem Kapitalisten – dem überhaupt alles in der Konkurrenz umgekehrt *erscheint* – wie es ist und bestätigt nicht nur ihm, sondern einigen seiner devotsten Pharisäer und Schriftgelehrten, daß das Kapital eine von der Arbeit *unabhängige* Einkommenquelle sei, indem in der Tat der Profit des Kapitals in jeder besondren Produktionssphäre keineswegs allein bestimmt ist durch das Quantum unbezahlter Arbeit, das es selbst *„produziert"*, in den Topf der Gewinnmasse wirft[2], aus der die einzelnen Kapitalisten Raten ziehn im Verhältnis zu ihren shares am Gesamtkapital.

Also [sind die Ausführungen von] Rodb[ertus] Blödsinn. Nebenbei noch zu bemerken, daß in einigen Zweigen der Agrikultur – wie in der selbständigen Viehzucht – das variable Kapital, d.h. das in Arbeitslohn ausgelegte, außerordentlich klein ist, verglichen mit dem konstanten Teil des Kapitals.

„Die *Pacht* ist ihrer Natur nach immer *Grundrente.*" (S. 113.)

Falsch. Die Pacht wird immer dem landlord gezahlt; voilà tout[3]. Ist sie aber, wie dies in der Praxis sehr oft vorkömmt, zum Teil oder ganz ein Abzug vom normalen Profit oder ein Abzug vom normalen Arbeitslohn {der wirkliche Mehrwert, also Profit + Rente, sind nie *Abzug vom* Arbeitslohn, sondern jenes Teils des Produkts des Arbeiters, der *nach Abzug* des Arbeitslohns *von* diesem Produkt übrigbleibt}, so ist sie, ökonomisch betrachtet, nicht Grundrente und wird dies auch sofort praktisch bewiesen, sobald ||473| die Konkurrenzverhältnisse den normalen Arbeitslohn und den normalen Profit retablieren.

Bei den *Durchschnittspreisen*, wozu die Konkurrenz die *Werte* der Waren

[1] Anteil – [2] in der Handschrift: zieht – [3] das ist alles

beständig zu reduzieren strebt, findet also – mit der Ausnahme II in der obigen Tabelle – beständiger *Wertzuschlag* zu dem Produkt der einen Produktionssphäre und *Wertabschlag* vom Produkt der andren statt, damit die *allgemeine Profitrate* herauskomme. Bei den Waren der besondren Produktionssphäre, wo das Verhältnis des variablen Kapitals zur Gesamtsumme des vorgeschoßnen Kapitals {die Rate der Surplusarbeit als gegeben, gleich vorausgesetzt} dem Durchschnittsverhältnis des gesellschaftlichen Kapitals entspricht, ist der Wert = dem Durchschnittspreis, findet also weder *Wertzuschlag* noch *Wertabschlag* statt. Sollte aber infolge von besondren Umständen, die hier nicht zu erörtern, nicht vorübergehend, sondern durchschnittlich, innerhalb bestimmter Produktionssphären der Wert der Waren – obgleich er *über* dem Durchschnittspreis steht – keinen *Abschlag* erhalten, so ist dies Festhalten des *ganzen Mehrwerts* in einer besondren Produktionssphäre – obgleich es den *Wert* der Ware über den *Durchschnittspreis* erhöht und daher eine größre als die Durchschnittsprofitrate abwirft – als ein Privilegium sŏlcher Produktionssphären zu betrachten. Es ist als *Eigentümlichkeit, Ausnahme* hier zu behandeln und zu erklären, nicht daß ihr *Durchschnittspreis unter* ihren Wert gesenkt wird – was ein allgemeines Phänomen und eine notwendige Voraussetzung der Ausgleichung –, sondern warum sie grade *zu* ihrem Wert über den Durchschnittspreis verkauft werden im Unterschied von den andren Waren.

Der Durchschnittspreis einer Ware ist gleich ihren *Produktionskosten* (dem in ihr vorgeschoßnen Kapital, sei es in Arbeitslohn, Rohmaterial, Maschinerie oder was immer) + dem Durchschnittsprofit. Also wenn, wie im obigen Fall, der Durchschnittsprofit = 20 p.c., = $^{1}/_{5}$, so ist der Durchschnittspreis jeder Ware = C (dem vorgeschoßnen Kapital) + $\frac{P}{C}$ (der Durchschnittsprofitrate). Ist $C + \frac{P}{C}$ gleich dem *Wert* dieser Ware, also der in dieser Produktionssphäre erzeugte Mehrwert $M = P$, so ist der Wert der Ware gleich ihrem Durchschnittspreis. Ist $C + \frac{P}{C} <$ als der *Wert* der Ware, also der in dieser Sphäre erzeugte Mehrwert $M > P$, so wird der Wert der Ware *herabgesenkt* zu ihrem Durchschnittspreis und ein Teil ihres Mehrwerts dem Wert andrer Waren zugeschlagen. Ist endlich $C + \frac{P}{C} >$ als der *Wert* der Ware, also $M < P$, so wird der *Wert* der Ware zu ihrem Durchschnittspreis gesteigert und in andren Produktionssphären erzeugter Mehrwert ihr zugeschlagen.

Finden sich endlich Waren, die zu ihrem Wert verkauft werden, obgleich ihr Wert $> C + \frac{P}{C}$, oder deren Wert wenigstens nicht so weit herabgesenkt wird, um ihn zu nivellieren zu ihrem normalen Durchschnittspreis $C + \frac{P}{C}$, so müssen Umstände wirken, die diesen Waren eine Ausnahmestellung geben. In diesem Fall steht der in diesen Produktionssphären realisierte Profit *über* der allgemeinen Profitrate. Empfängt hier der Kapitalist die allgemeine Profitrate, so kann der *Landlord* den Surplusprofit in der Form der Grundrente erhalten.

[7. *Rodbertus' falsche Auffassung von den Faktoren, die die Profitrate und die Rate der Grundrente bestimmen*]

Was ich Profitrate und Zinsrate oder Rate der Grundrente nenne, nennt R[odbertus]

„*Höhe des Kapitalgewinns und Zinsen*". (p. 113.) Sie „ergibt sich aus deren Proportion zum Kapital... Bei allen zivilisierten Nationen ist die Kapitalsumme von 100 als Einheit angenommen, die den Maßstab für die zu berechnende Höhe abgibt. Je größer also die Verhältniszahl ist, die der auf das Kapital fallende Gewinn- oder Zinsenbetrag zu 100 gibt, mit andern Worten, je ‚mehr Prozente' ein Kapital abwirft, desto *höher* stehen Gewinn und Zins." (p. 113, 114.)

„Die Höhe *der Grundrente und der Pacht* ergibt sich aus deren Proportion zu einem bestimmten Grundstück." (p. 114.)

Dies ist schlecht. Die Rate der Grundrente ist zunächst zu berechnen auf das Kapital, also als der *Überschuß*[1] des *Preises einer Ware* über den *Preis ihrer Produktionskosten* und über den Teil des *Preises*, der den *Profit* bildet. Herr R[odbertus] nimmt die Rechnung mit acre oder Morgen, worin der innre Zusammenhang wegfällt, ||474| die *erscheinende* Form der Sache, weil sie ihm gewisse Phänomene erklärt. Die Rente, die ein acre abwirft, ist das rental; the absolute amount of rent. *It may rise if the rate of rent remains the same or is even lowered.*[2]

„Die *Höhe des Bodenwerts* ergibt sich aus der Kapitalisation der Grundrente eines bestimmten Grundstücks. Je größer die Kapitalsumme ist, welche die Kapitalisation

[1] In der Handschrift: auf das Kapital, also auf den Teil des *Überschusses* – [2] die absolute Masse der Rente. *Sie kann steigen, wenn die Rate der Rente dieselbe bleibt oder sogar sinkt.* (In der Handschrift ist die hier kursiv gegebene Textstelle mit Bleistift unterstrichen.)

der Grundrente eines Grundstücks von einem bestimmten Flächenmaß gibt, desto *höher* steht der Bodenwert." (p. 114.)

Das Wort „Höhe" hier Blödsinn. Denn wozu drückt es ein Verhältnis aus? Daß [die Kapitalisation bei einem Zinsfuß von] 10 p.c. mehr gibt als [bei] 20, ist klar; aber hier ist die Maßeinheit 100. Die ganze *„Höhe des Bodenwerts"* ist dieselbe allgemeine Phrase als *Höhe* oder *Niedrigkeit* der Warenpreise überhaupt.

Herr R[odbertus] will nun untersuchen:

„Was *entscheidet nun über die Höhe des Kapitalgewinnes und der Grundrente?*" (p. 115.)

[*a) Rodbertus' erste These*]

Zunächst untersucht er: Was entscheidet[1] die *„Höhe der Rente überhaupt"*, also was bestimmt die *Rate des Mehrwerts?*

„I.) Bei einem gegebenen Produktwert oder dem Produkt einer gegebenen Quantität Arbeit oder was wieder dasselbe ist, bei einem gegebenen Nationalprodukt steht die Höhe der Rente überhaupt in umgekehrtem Verhältnis zu der Höhe des Arbeitslohnes und in gradem Verhältnis zu der Höhe der Produktivität der Arbeit überhaupt. Je niedriger der Arbeitslohn, desto höher die Rente; je höher die Produktivität der Arbeit überhaupt, desto niedriger der Arbeitslohn und desto höher die Rente." (p. 115, 116.)

„Die Höhe" der Rente – die Rate des Mehrwerts –, sagt R[odbertus], hängt ab von der *„Größe* dieses zur Rente übrigbleibenden Teils" (p. 117), nämlich nach Abzug des Arbeitslohns vom Gesamtprodukt, wobei „von *dem* Teile des Produktwerts, der zum Kapital*ersatz* dient ... außer acht gelassen werden kann." (p. 117.)

Dies ist gut (ich meine, daß bei dieser Betrachtung des Mehrwerts der konstante Teil des Kapitals „außer acht gelassen" wird.)

Eine etwas sonderbare Ansicht ist, daß,

„wenn der Arbeitslohn fällt, d.h. fortan eine kleinere Quote des ganzen Produktwerts ausmacht, das *gesamte* Kapital, auf welches der *andere Teil der Rente*" {i.e. der industrielle Profit} „als Gewinn zu berechnen ist, kleiner wird. Nun konstituiert aber allein der Verhältnissatz zwischen dem Wert, der Kapitalgewinn oder Grundrente wird, zu dem Kapital resp. der Grundfläche, auf die er als solche zu *berechnen* ist, die *Höhe* derselben. Läßt also der Arbeitslohn einen größren Wert zu Rente übrig, so ist auf das selbst *verringerte Kapital* und die gleich große Grundfläche ein größrer Wert als Gewinn und Grundrente zu berechnen, die daraus sich ergebende Proportionszahl beider

[1] In der Handschrift: unterscheidet

wird größer, und es sind also beide zusammengenommen oder die Rente überhaupt höher geworden ... es ist vorausgesetzt, daß der Produktwert überhaupt sich gleichbleibt... Deshalb, *weil der Lohn, welchen die Arbeit kostet, geringer wird,* wird noch *nicht die Arbeit, die das Produkt kostet, geringer.*" (p. 117, 118.)

Das letzte gut. Es ist aber falsch, daß, wenn das variable Kapital fällt, das in Arbeitslohn ausgelegte, das *konstante Kapital* kleiner werden muß; in andren Worten, es ist falsch, daß die *Profitrate* {die ganz ungehörige Beziehung auf Landfläche etc. hier weggelassen} steigen muß, weil die *Rate des Mehrwerts* steigt. Der Arbeitslohn fällt z.B., weil die Arbeit produktiver wird, und dies Produktiverwerden drückt sich in allen Fällen darin aus. daß in derselben Zeit mehr Rohmaterial von demselben Arbeiter verarbeitet wird; also dieser Teil des konstanten Kapitals wächst, ditto Maschinerie und ihr Wert. Also kann die Profitrate sinken mit der Verminderung des Arbeitslohns. Die *Rate des Profits* hängt von der *Größe des Mehrwerts* ab, die nicht nur durch die Rate des Mehrwerts, sondern auch [durch] die Anzahl der angewandten Arbeiter bestimmt ist.

R[odbertus] bestimmt richtig den notwendigen Arbeitslohn als gleich

„dem *Betrage des notwendigen Unterhalts,* d. h. einem für ein bestimmtes Land und einen bestimmten Zeitraum *ziemlich gleichen, bestimmten realen Produktquantum*". (p. 118.)

||475| Herr Rodbertus stellt nun die von Ricardo aufgestellten Sätze über das umgekehrte Verhältnis von Profit und Arbeitslohn und die Bestimmung dieses Verhältnisses durch die Produktivität der Arbeit höchst *verzwicktkonfus* dar, schwierig unbeholfen. Das Konfuse kommt zum Teil daher, daß er, statt die Arbeitszeit als Maß zu nehmen, tölpelhaft *Produktquanta* nimmt und blödsinnige Unterscheidungen von *„Höhe des Produktwerts"* und *„Größe des Produktwerts"* macht.

Der Jüngling versteht unter *„Höhe des Produktwerts"* nichts als das Verhältnis des Produkts zur Arbeitszeit. Liefert *dieselbe* Arbeitszeit viele Produkte, so ist der *Produktwert* niedrig, d.h. der Wert des einzelnen Teilprodukts, wenn umgekehrt, umgekehrt. Lieferte 1 Arbeitstag 100 lbs. Twist und später 200 lbs., so wäre im zweiten Fall der Wert des Twistes noch einmal so klein als im ersten. Im ersten Fall sein Wert = $^1/_{100}$ Arbeitstag; im zweiten der Wert des lb. Twist = $^1/_{200}$ Arbeitstag. Da der Arbeiter dasselbe Quantum Produkt bekommt, sein *Wert mag hoch oder niedrig* sein, d. h. es mag mehr oder weniger Arbeit enthalten, so verhalten sich Arbeitslohn und Profit umgekehrt, und der Arbeitslohn nimmt je nach der Produktivität der Arbeit mehr oder weniger vom Gesamtprodukt fort. Er drückt das in folgenden verzwickten Sätzen aus:

„...wenn der Arbeitslohn, als notwendiger Unterhalt, ein bestimmtes reales Produktquantum ist, so muß derselbe, wenn der Produktwert hoch ist, einen großen Wert, wenn er niedrig ist, einen geringen Wert ausmachen, also auch, da ein gleicher Produktwert als zur Teilung kommend angenommen ist, wenn der Produktwert hoch ist, einen großen Teil, wenn er niedrig ist, einen geringen Teil davon absorbieren, und endlich also auch eine große resp. eine kleine Quote des Produktwerts zu Rente übriglassen. Wenn aber die Regel gilt, daß der Wert des Produkts äqual der Quantität Arbeit ist, die dasselbe gekostet hat, so entscheidet wieder über die *Höhe des Produktwerts lediglich die Produktivität der Arbeit* oder das Verhältnis der Menge des Produkts zu der Quantität der Arbeit, die zu seiner Produktion verwandt ist ... wenn dieselbe Quantität Arbeit mehr Produkt hervorbringt, mit anderen Worten, wenn die Produktivität steigt, so haftet auf demselben Quantum Produkt weniger Arbeit; und umgekehrt, wenn dieselbe Quantität Arbeit weniger Produkt hervorbringt, mit andren Worten, wenn die Produktivität sinkt, so haftet auf demselben Quantum Produkt mehr Arbeit. Nun bestimmt aber *die Quantität Arbeit den Wert des Produkts*, und der *verhältnismäßige Wert eines bestimmten Quantums von Produkt die Höhe des Produktwerts*" ... Also muß „die Rente überhaupt ... *desto höher sein, je höher die Produktivität der Arbeit überhaupt steht*". (p. 119, 120.)

Dies jedoch nur richtig, wenn das Produkt, zu dessen Produktion der Arbeiter verwandt ist, zu der species[1] gehört, die in seine Konsumtion als Lebensmittel eingeht – der Tradition oder der Notwendigkeit nach. Wenn nicht, ist die Produktivität dieser Arbeit ganz gleichgültig für die relative Höhe des Arbeitslohns und des Profits, wie für die *Größe des Mehrwerts* überhaupt. *Derselbe Wertteil* des ganzen Produkts, die Zahl oder das Quantum Produkt, worin sich dieser Wertteil ausdrückt, mag groß oder klein sein, fällt dem Arbeiter als Arbeitslohn zu. An der *Teilung des Werts* des Produkts wird in diesem Fall nichts durch irgendeinen Wechsel in der Produktivität der Arbeit geändert.

[*b) Rodbertus' zweite These*]

„II.) Ist bei einem gegebenen Produktwert die Höhe der Rente überhaupt gegeben, so steht die Höhe der Grundrente resp. des Kapitalgewinnes in umgekehrtem Verhältnis sowohl zueinander als auch zu der Produktivität resp. der Rohproduktionsarbeit und der Fabrikationsarbeit. Je höher oder niedriger die Grundrente, desto niedriger oder höher der Kapitalgewinn und umgekehrt; je höher oder niedriger die Produktivität der Rohproduktionsarbeit oder der Fabrikationsarbeit, desto niedriger oder höher die Grundrente oder der Kapitalgewinn, und wechselweise also auch desto höher oder niedriger der Kapitalgewinn oder die Grundrente." (l.c.p. 116.)

[1] Art

Erst hatten wir ([in der These] I) das Ricardosche [Gesetz], daß Arbeitslohn und Profit in *umgekehrtem* Verhältnis stehn.

Jetzt das zweite Ricardosche – anders gewickelt oder rather[1] „verwickelt" –, daß Profit und Rente in umgekehrtem Verhältnis stehn.

Es ist sehr klar, daß, wenn ein *gegebener Mehrwert* sich teilt zwischen Kapitalist und Grundeigentümer, der Teil des einen desto größer, je kleiner der des andren und vice versa[2]. Aber Herr Rodb[ertus] bringt hier noch etwas of his own[3], was näher zu untersuchen.

Herr Rodbertus betrachtet es zunächst als eine neue Entdeckung, daß der *Mehrwert überhaupt* {„der als Rente überhaupt zur Teilung kommende *Wert* des Arbeitsprodukts"}, der gesamte von den Kapitalisten erschacherte *Mehrwert*, „aus dem Wert des Rohprodukts + dem Wert des Fabrikationsprodukts besteht". (p. 120.)

Zunächst wiederholt uns Herr Rodb[ertus] wieder seine „Entdeckung" über das Fehlen des „Materialwerts" in der ||476| Agrikultur. Diesmal in folgendem Wortstrom:

„Der Rententeil, welcher auf das Fabrikationsprodukt fällt und den Kapitalgewinnsatz bestimmt, wird nicht bloß auf das zur Herstellung dieses Produkts wirklich verwandte Kapital, sondern auch auf den ganzen Rohproduktwert, der als *Materialwert* im Unternehmungsfonds des Fabrikanten mitfiguriert, als Gewinn repartiert; bei dem Rententeil hingegen, welcher auf das Rohprodukt fällt und von *dem der Gewinn für das in der Rohproduktion verwandte Kapital nach dem in der Fabrikation gegebnen Gewinnsatz*" (jawohl! *gegebnen* Gewinnsatz!) „berechnet wird, der Rest aber zu Grundrente übrigbleibt, fehlt ein solcher Materialwert." (p. 121.)

Wir wiederholen: quod non![4]

Angenommen, was Herr Rodb[ertus] *nicht bewiesen* hat und in seiner Weise nicht beweisen kann, daß eine *Grundrente existiert* – also ein bestimmter Teil des Mehrwerts des Rohprodukts dem landlord zufällt.

Ferner angenommen: „die Höhe der Rente" (die *Rate des Mehrwerts*) „ist überhaupt von einem gegebenen Produktwert gegeben." (p. 121.) Was soviel heißt als z.B.: In Ware von 100 *l.* ist z.B. 50 *l.* = $^1/_2$ gleich unbezahlter Arbeit; bildet also den Fonds, woraus alle Rubriken des Mehrwerts, Rente, Profit etc. bezahlt werden. So ist sehr evident, daß der eine der shareholders[5] in den 50 *l.* desto mehr bezieht, je weniger der andre bezieht und vice versa, oder daß Profit und Grundrente in umgekehrtem Verhältnis stehn. Es fragt sich nun, was bestimmt die Teilung zwischen den beiden?

---

[1] vielmehr – [2] umgekehrt – [3] eigenes – [4] dem ist nicht so! – [5] Teilhaber

Jedenfalls bleibt richtig, daß die Revenue des manufacturer (sei er agriculturist oder Fabrikant) gleich dem Mehrwert ist, den er aus dem Verkauf seines Fabrikationsprodukts zieht (den er den Arbeitern in seiner Produktionssphäre abgemaust hat) und daß die Grundrente (wo sie nicht etwa wie beim *Wasserfall*, der dem Industriellen verkauft wird, direkt aus dem *Fabrikationsprodukt* stammt, was auch der Fall bei Rente für *Häuserbauen* etc., denn Häuser sind doch wohl kein *Rohprodukt*) nur aus dem Surplusprofit stammt (dem Teil des Mehrwerts, der nicht in die allgemeine Profitrate eingeht), der in den Rohprodukten steckt und vom farmer dem landlord bezahlt wird.

Es ist ganz richtig, daß, wenn der Wert des Rohprodukts steigt [oder fällt], in den Zweigen der Industrie, die Rohmaterial anwenden, die Profitrate steigen oder fallen wird, umgekehrt mit dem Wert des Rohprodukts. Verdoppelt sich der Wert der Baumwolle, so wird bei gegebnem Arbeitslohn und gegebner Rate des Mehrwerts die Profitrate sinken, wie ich das früher an einem Beispiel gezeigt.[1] Aber dasselbe gilt in der Agrikultur. Ist die Ernte unfruchtbar und soll auf gleicher Produktionsstufe weiterproduziert werden (wir nehmen hier an, daß die Waren zu ihrem *Wert* verkauft werden), so würde ein größrer Teil des Gesamtprodukts oder seines Werts der Erde wiedergegeben werden müssen, und nach Abzug des Arbeitslohns, wenn er gleich bliebe, würde ein mindres Quantum Produkt den Mehrwert des farmers bilden, also auch ein mindres Quantum Wert zwischen ihm und Landlord zu verteilen sein. Obgleich das einzelne Produkt höhren Wert hätte als früher, wäre nicht nur das Quotum Produkt, sondern die zurückbleibende *Wertportion* geringer. Etwas andres ist, wenn das Produkt infolge der Nachfrage *über* seinen Wert steigt und so sehr steigt, daß ein geringres Quantum Produkt einen höhren *Preis* hat als früher ein großes Quantum Produkt. Dies jedoch ist *gegen* die Verabredung, daß die Produkte zu ihrem Wert verkauft werden.

Nimm umgekehrt an, die Baumwollernte ist doppelt fruchtbar und der Teil derselben, der direkt der Erde wiedergegeben wird, als Dünger z.B. und Samen, kostet weniger als früher. In diesem Falle ist der Wertteil, der nach Abzug des Arbeitslohns bleibt, größer für den Cottonbauer als früher. Die Profitrate würde hier ebenso steigen wie in der Baumwollindustrie. Es ist zwar ganz richtig. In einer Elle Kaliko wäre jetzt der Wertteil, der das Rohprodukt bildet, kleiner als früher und der den Fabrikationswert bildet, größer als früher. Nimm an, die Elle Kaliko kostet 2 sh., wenn

[1] Siehe 3. Teil dieses Bandes, S. 214ff.

der Wert der darin enthaltnen Baumwolle = 1 sh. Fällt nun die Baumwolle (was nur möglich unter der Voraussetzung, daß ihr *Wert* gleich ihrem Preis, weil die Kultur produktiver geworden) von 1 sh. auf 6 [d.], so der Wert der Elle Kaliko = 18 d. Er ist gefallen um $^1/_4$ = 25 p.c. Aber wo der Cottonbauer früher 100 lbs. zu 1 sh. verkaufte, soll er jetzt 200[1] zu 6 d. verkaufen. Früher der Wert = 100 sh.; jetzt gleich 100[2] sh. Obgleich die Baumwolle früher einen größern Wertteil des Produkts bildete – zugleich auch die Rate des Mehrwerts in der Baumwollkultur selbst fiel – erhielt der Cottonmann für seine 100 sh. Baumwolle, das lb. zu 1 sh., nur 50 Ellen Kaliko; er erhält jetzt für seine 100[2] sh., wo das lb. zu 6 d. $66^2/_3$[3] Ellen.

Vorausgesetzt, daß die Waren zu ihren *Werten* verkauft werden, ist es falsch, daß die Revenue der Produzenten, die an der Produktion des Produkts partizipieren, *notwendig* von den Wertbestandteilen abhängt, ||477| die ihre Produkte vom *Gesamtwert* des Produkts bilden.

Gesetzt, in allen Manufakturwaren, die Maschinerie eingeschlossen, bestehe der Wert des Gesamtprodukts in einem Zweig aus 300 *l.*, im andern aus 900, im dritten aus 1800.

Wenn es wahr ist, daß die Proportion, worin sich der Wert des ganzen Produkts zwischen Wert des Rohprodukts und Wert des Fabrikationsprodukts teilt, die Proportion bestimmt, worin sich der Mehrwert – die Rente, wie Rod[bertus] sagt – in Profit und Grundrente teilt, so muß dies auch wahr sein für verschiedne Produkte verschiedner Produktionssphären, worin Rohstoff und Fabrikationsprodukt in verschiednen Verhältnissen partizipieren.

Fallen vom Wert von 900 *l.* 300 *l.* auf Fabrikationsprodukt und 600 *l.* auf Rohstoffprodukt, ist 1 *l.* = 1 Arbeitstag; ist ferner die *Rate des Mehrwerts* gegeben, z.B. 2 Std. auf 10, wenn 12 Std. der normale Arbeitstag, so sind in den 300 *l.* [Fabrikationsprodukt] enthalten 300 Arbeitstage, in den 600 *l.* [Rohstoffprodukt] noch einmal soviel, 2×300. Die Summe des Mehrwerts in dem einen = 600 Stunden, in dem andren = 1200. Dies heißt weiter nichts, als daß, wenn die Rate des Mehrwerts gegeben, die *Größe* desselben von der Anzahl der Arbeiter oder der Anzahl der gleichzeitig beschäftigten Arbeiter abhängt. Da ferner *vorausgesetzt* (nicht bewiesen) ist, daß von dem Mehrwert, der in den Wert der Agrikulturprodukte eingeht, ein Teil dem landlord als Grundrente zufällt, so würde weiter folgen, daß in der Tat die *Größe der Grundrente* wächst im selben Verhältnis wie der Wert des Agrikulturprodukts comparativement[4] zum „Fabrikationsprodukt".

[1] In der Handschrift: 400 – [2] in der Handschrift: 200 – [3] in der Handschrift: $133^1/_3$ – [4] im Vergleich

Im obigen Beispiel verhält sich das Agrikultur- zum Fabrikationsprodukt = 2:1 = 600:300. Gesetzt, es verhalte sich = 300:600. Da die Grundrente hängt an dem in dem Agrikulturprodukt steckenden Mehrwert, so klar, daß, wenn dieser 1200 Std. im ersten Fall, dagegen nur 600 im zweiten, die Grundrente, wenn sie einen *bestimmten* part[1] von diesem Mehrwert bildet, größer im ersten Fall als im zweiten sein muß. Oder, je *größren Wertteil* das Agrikulturprodukt vom Wert des ganzen Produkts bildet, um so größer der auf es fallende Anteil am *Mehrwert des ganzen Produkts*, da in jedem Wertteil des Produkts eine bestimmte Portion Mehrwert steckt; und je größer der auf das Agrikulturprodukt fallende *Anteil am Mehrwert des ganzen Produkts*, um so größer die Grundrente, da ein bestimmter proportioneller Teil vom *Mehrwert* des Agrikulturprodukts sich in *Grundrente* darstellt.

Gesetzt, die Grundrente = $^1/_{10}$ des Agrikulturmehrwerts, so ist sie = 120 [Stunden], wenn der Wert des Agrikulturprodukts von den 900 = 600 und nur = 60, wenn er = 300. Die *Größe* der Grundrente würde hiernach in der Tat wechseln mit der Größe des Werts des Agrikulturprodukts, also auch mit der relativen Größe des Werts des Agrikulturprodukts im *Verhältnis* zum Manufakturprodukt. Aber die *„Höhe"* der Grundrente und des Profits – ihre Raten – hätten *absolut nichts damit zu schaffen*. Im ersten Fall Wert des Produkts = 900, davon 300 Manufakturprodukt und 600 = Agrikulturprodukt. Davon 600 Std. Mehrwert für das Manufakturprodukt und 1200 für das Agrikulturprodukt. Zusammen 1800 Std. Von diesen fallen auf die Grundrente 120, auf den Profit 1680. Im zweiten Fall – Wert des Produkts = 900. 600 = Manufaktur, 300 = Agrikultur. Also Mehrwert 1200 [Std.] für Manufaktur und 600 für Agrikultur. Zusammen 1800. Davon fallen auf die Grundrente 60 und auf den Profit 1200 für Manufaktur + 540 für Agrikultur. Zusammen 1740. Im zweiten Fall ist das Manufakturprodukt doppelt so groß wie das Agrikulturprodukt (dem Wert nach), im ersten Fall umgekehrt. Im zweiten[2] Fall die Grundrente = 60, im ersten[3] = 120. Sie ist nur einfach gewachsen im Verhältnis wie der Wert des Agrikulturprodukts. Wie diese Größe zunahm, nahm ihre Größe zu. Beobachten wir den Gesamtmehrwert[4], 1800, so die Grundrente $^1/_{15}$ im ersten[3] Fall, im zweiten[2] $^1/_{30}$.

Wenn hier mit der Größe des auf das Agrikulturprodukt fallenden *Wertteils* auch die *Größe* der *Grundrente* steigt und *mit dieser ihrer Größe* ihr

[1] Teil – [2] in der Handschrift: ersten – [3] in der Handschrift: zweiten – [4] in der Handschrift: das Gesamtprodukt

proportioneller Anteil am Gesamtmehrwert – also auch die Rate, worin der Mehrwert der Grundrente zufällt, steigt im Verhältnis zu der, worin der Profit partizipiert – [so ist] dies nur der Fall, *weil* Rod[bertus] unterstellt, daß die Grundrente in *bestimmter Proportion am Mehrwert des Agrikulturprodukts* partizipiert. Dies muß in der Tat der Fall sein, wenn dies fact *gegeben* oder *vorausgesetzt* ist. Das fact selbst folgt aber keineswegs aus dem Kohl, den Rodb[ertus] wieder über den „Materialwert" macht, und den ich oben 476 *anfangs der Seite* angeführt[1].

Die *Höhe* der Grundrente wächst aber auch nicht *im Verhältnis* zu dem [Mehrwert im] Produkt, woran sie partizipiert, denn dies [Verhältnis ist] nach wie vor = $^1/_{10}$; ihre *Größe* wächst, weil dies *Produkt wächst* und weil ihre Größe wächst, ohne daß ihre „Höhe" gewachsen, wächst ihre „Höhe", verglichen mit dem Quantum des Profits oder dem Anteil des Profits an dem ||478| Wert dieses Gesamtprodukts. Weil *vorausgesetzt* ist, daß ein größrer Teil des Werts des Gesamtprodukts *Rente* abwirft, ein größrer Teil des *Mehrwerts* rentable[2] geworden ist, ist natürlich der in Rente verwandelte Teil des Mehrwerts größer. Die Sache hat absolut nichts mit dem „Materialwert" zu tun. Daß aber eine

„*größre* Rente" zugleich als eine „*höhere*" sich darstellt, „weil der Flächenraum oder die Morgenzahl, auf welche er berechnet wird, dieselbe geblieben ist, und also auf den einzelnen Morgen eine größere Wertsumme kommt" (p. 122),

ist albern. Es ist ein Messen der „Höhe" der Rente an einem „Maßstab", wodurch die Schwierigkeit der Frage selbst vermieden wird.

Hätten wir das obige Beispiel anders gestellt, da wir noch nicht wissen, was Rente ist, und bei dem Agrikulturprodukt dieselbe *Profitrate* gelassen wie beim Manufakturprodukt, nur für Rente $^1/_{10}$ zugeschlagen, so stellte sich die Sache anders und klarer, was eigentlich nötig, da *dieselbe* Profitrate unterstellt ist.

	Manufakturprodukt	Agrikulturprodukt	
I	600 *l.*	300 *l.*	1200 [Std.] Mehrwert für Manufaktur, 600 für Agrikultur und 60 für Rente. Zus. 1860 [Std.; von diesen] 1800 für Profit.
II	300 *l.*	600 *l.*	600 [Std.] Mehrwert für Manufaktur, 1200 für Agrikultur und 120 für Rente. Zus. 1920 [Std.; von diesen] 1800 für Profit.

[1] Siehe vorl. Band, S. 69 – [2] in Rente verwandelbar

Die Grundrente in case[1] II doppelt so groß wie in I, weil der Teil des Produktwerts, auf dem sie als Laus sitzt, das Agrikulturprodukt, gewachsen ist im Verhältnis zum Industrieprodukt. Die Profitmasse bleibt in beiden Fällen dieselbe, = 1800. Im ersten Fall $^1/_{31}$, im zweiten $^1/_{16}$ von dem Gesamtmehrwert[2].

Will Rodb[ertus] durchaus den „Materialwert" der Industrie ausschließlich vindizieren, so war es vor allem seine Pflicht, den Teil des konstanten Kapitals, der aus Maschinerie etc. besteht, ausschließlich der Agrikultur aufzubürden. Dieser Teil des Kapitals geht in die Agrikultur ein als ihr von der Industrie geliefertes Produkt – als „Fabrikationsprodukt", das Produktionsmittel für das „Rohprodukt" bildet.

Was die Industrie angeht, so ist der Wertteil der Maschinerie, der aus „Rohmaterial" besteht, ihr schon – da es sich hier um Abrechnung zwischen zwei Firmen handelt – *debitiert* unter der Rubrik „Rohstoff" oder „Materialwert". Dies kann also nicht doppelt angeschrieben werden. Der andre *Wertteil der Maschinerie*, die in der Manufaktur gebraucht wird, besteht aus zugesetzter „Fabrikationsarbeit" (vergangner und gegenwärtiger), und diese löst sich auf in Salair und Profit (bezahlte Arbeit und unbezahlte Arbeit). Der Teil des Kapitals also, der hier vorgeschossen (außer dem im Rohmaterial der Maschinen enthaltnen), besteht *nur* aus Salair; vermehrt also nicht nur die Größe des vorgeschoßnen Kapitals, sondern vermehrt auch die Masse des Mehrwerts, die auf dies vorgeschoßne Kapital zu berechnen, also den Profit.

(Das Unrichtige bei solcher Rechnung immer, daß z. B. das déchet[3] der Maschinerie oder der Werkzeuge, das in der Maschine selbst enthalten, in ihrem Wert, obgleich in letzter Analyse reduzierbar auf *Arbeit*, sei es Arbeit, die im Rohmaterial steckt, sei es die, die Rohmaterial in Maschine verwandelte etc., diese *vergangne Arbeit* nie mehr weder in den Profit, noch in das Salair eingeht, sondern, soweit die zur Reproduktion nötige Arbeitszeit nicht changiert, nur mehr als produzierte Produktionsbedingung wirkt, die, welches immer ihr Gebrauchswert im Arbeitsprozeß, im Verwertungsprozeß nur als Wert des konstanten Kapitals figuriert. Es ist dies sehr wichtig, schon von mir auseinandergesetzt bei der Untersuchung über den Austausch von konstantem Kapital und Revenue.[4] Aber noch außerdem zu entwickeln in dem Abschnitt von der Akkumulation des Kapitals.)

Was dagegen die Agrikultur angeht – d. h. die bloße Rohproduktenproduktion oder sog. Urproduktion –, so kann in keiner Weise *bei der*

[1] Fall – [2] in der Handschrift: Gesamtwert – [3] der Verschleiß – [4] siehe 1. Teil dieses Bandes, S. 214–222

Abrechnung der Firmen „Urproduktion" und „Fabrikation" der in sie eingehende Wertteil des Kapitals, der Maschinerie, Werkzeuge etc. repräsentiert, dieser Teil des capital constant, anders aufgefaßt werden denn als ein Posten, der in das Agrikulturkapital eingeht, ohne den *Mehrwert* desselben zu vergrößern. Wird die Agrikulturarbeit produktiver infolge der Anwendung der Maschinerie etc., so wird sie es um so weniger, je höher der Preis dieser Maschinerie etc. Es ist der Gebrauchswert der Maschinerie und nicht ihr *Wert*, der die Produktivität der Agrikulturarbeit oder irgendeiner Arbeit vermehrt. Sonst könnte auch gesagt werden, daß die Produktivität der Fabrikationsarbeit vor allem bedingt ist durch das Dasein des Rohstoffs und seine Eigenschaften. Aber es ist wieder der Gebrauchswert des Rohstoffs, nicht sein Wert, der eine Produktionsbedingung für die Industrie. Der Wert ist vielmehr a drawback[1]. Es gilt also ||479| mutatis mutandis[2], wörtlich von der Maschinerie etc., was Herr Rod[bertus] vom „Materialwert" in respect to the industrial capital says[3]:

„Z.B. die *Kostenarbeit* des besondren Produkts, das Weizen oder Baumwolle ist, kann nicht durch die Kostenarbeit mitbestimmt werden, die dem Pflug oder dem gin[4] als Maschine zu berechnen ist" (oder auch die Kostenarbeit, die einem Abzugskanal oder einem Stallungsgebäude zu berechnen ist). „Dagegen figuriert doch der Wert der Maschine oder der Maschinenwert mit in dem Kapitalvermögen, auf das der Besitzer den auf das Rohprodukt fallenden Rentenanteil als Gewinn zu berechnen hat." (cf. Rod[bertus] p. 97.)[16]

In andren Worten: Der Wertteil in Weizen und Baumwolle, der den Wert des abgenutzten Pflugs oder gins repräsentiert, ist nicht das Resultat der Arbeit des Pflügens oder des Trennens der Baumwollfaser von ihrem Samen, sondern ist das Resultat der Arbeit, die den Pflug und den gin fabrizierte. Dieser Wertbestandteil geht in das Agrikulturprodukt ein, ohne in ihr[5] produziert zu sein. Er passiert nur durch ihre Hände, denn mit demselben ersetzt sie nur neue Pflüge und gins, die sie beim Maschinenmacher kauft.

Diese in der Agrikultur gebrauchte Maschinerie, Werkzeuge, Baulichkeiten und andre Fabrikationsprodukte bestehn aus 2 Bestandteilen: 1. den Rohstoffen dieser Fabrikationsprodukte; [2. der den Rohstoffen zugesetzten Arbeit]. Diese Rohstoffe sind zwar das Produkt der Agrikultur, aber ein Teil ihres Produkts, der nie weder in Arbeitslohn noch in Profit eingeht. Existierte gar kein Kapitalist, so könnte der Bebauer nach wie vor diesen Teil seines

[1] eine Kehrseite – [2] mit den nötigen Abänderungen – [3] in bezug auf das industrielle Kapital sagt – [4] Entkörnungsmaschine – [5] der Agrikultur

Produkts sich nicht als Arbeitslohn ankreiden. Er müßte ihn in fact[1] *gratis* dem Maschinenfabrikanten geben, damit dieser ihm daraus eine Maschine macht, und außerdem müßte er die diesem Rohstoff zugesetzte Arbeit zahlen (= Salair + Profit). In der Tat geschieht das auch. Der Maschinist kauft den Rohstoff, aber im Kauf der Maschine hat der Agrikulturist diesen Rohstoff zurückzukaufen. Es ist also dasselbe, als hätte er ihn gar nicht verkauft, sondern dem Maschinisten geliehn, um ihm die Form der Maschine zu geben. Der Wertteil der *in der Agrikultur* angewandten Maschinerie also, der sich in Rohstoff auflöst, obgleich Produkt der Agrikulturarbeit, und deren Wertteil gehört der Produktion, nicht dem Produzenten und figuriert daher unter seinen Kosten wie der Samen. Der andre Teil dagegen, der die Fabrikationsarbeit an der Maschinerie darstellt, ist „Fabrikationsprodukt", das als Produktionsmittel in die Agrikultur eingeht, ganz wie der Rohstoff als Produktionsmittel in die Industrie[2] eingeht.

Wenn es also richtig ist, daß Firma „Rohproduktion" der Firma „Industrie" den „Materialwert" liefert, der als Item in das Kapitalvermögen des Fabrikanten eingeht, so ist es nicht minder richtig, daß Firma „Industrie" der Firma „Rohproduktion" den Maschinenwert liefert, der ganz (den aus *Rohmaterial bestehenden Teil included*[3]) in das Kapitalvermögen des farmers eingeht, ohne daß dieser „Wertbestandteil" ihm Mehrwert liefert. Es ist dies ein Umstand, warum in der high agriculture[4], wie die Engländer es nennen, die Profitrate kleiner *erscheint* als in der rohen Agrikultur, obgleich die Rate des Mehrwerts größer ist.

Zugleich liefert dies Herrn Rod[bertus] einen schlagenden Beweis, wie gleichgültig es für das Wesen einer *Kapitalavance* ist, ob der Wertteil des Produkts, der sich in capital constant auslegt, in natura ersetzt und daher bloß als Ware berechnet wird – als Geldwert – oder wirklich veräußert worden ist und durch den Prozeß des Kaufs und Verkaufs durchgangen. Würde der Rohproduktenmann z.B. das in seiner Maschine enthaltne Eisen, Kupfer, Holz etc. dem Maschinenbauer gratis geben, so daß dieser ihm beim Verkauf der Maschine daraus die zugesetzte Arbeit und das déchet seiner eignen Maschine berechnet, so würde diese Maschine dem Agrikulturisten grade soviel kosten, wie sie ihm jetzt kostet, und derselbe *Wertbestandteil* würde als capital constant, als Avance in seiner Produktion figurieren; ganz wie es dasselbe ist, ob ein Bauer seine ganze Ernte verkauft und mit dem Wertteil derselben, der Samen (Rohmaterial) repräsentiert,

---

[1] tatsächlich – [2] in der Handschrift: Agrikultur – [3] *eingeschlossen* – [4] entwickelten Agrikultur

fremden Samen kauft – etwa um den so nützlichen change[1] in der Art des Samens vorzunehmen und Degeneration durch Inzucht zu vermeiden –, als wenn er diesen Wertbestandteil direkt von seinem Produkt abzieht und dem Boden wiedergibt.

Aber Herr Rod[bertus] faßt den aus Maschinerie bestehenden Teil des capital constant falsch auf, um seine Rechnung herauszubringen.

Ein zweiter Gesichtspunkt, der bei II des Herrn Rod[bertus] zu betrachten, ist dieser: Er spricht von den Fabrikations- und Agrikulturprodukten, woraus die *Revenue* besteht, was etwas ganz andres ist, als wenn er von den Fabrikations- und Agrikulturprodukten spräche, woraus das *gesamte jährliche Produkt* besteht. Wenn es nun bei dem letztren richtig wäre zu sagen, daß nach Abzug des ganzen Teils des Agrikulturkapitals, das aus Maschinerie etc. ||480| besteht, ditto nach Abzug des Teils des Agrikulturprodukts, das direkt der Agrikulturproduktion wiedergegeben wird, [die Verteilung des] *Mehrwerts* zwischen farmer und manufacturer, also auch die Verteilung des auf den farmer fallenden Mehrwerts zwischen ihm selbst und landlord, der *Größe* nach bestimmt sein muß durch den Anteil, den Fabrikation und Agrikultur am Gesamtwert der Produkte haben, so ist es sehr die Frage, ob dies richtig, wenn von den Produkten die Rede, die den *gemeinschaftlichen Fonds der Revenue* bilden. Die Revenue (der Teil, der wieder in *neues* Kapital verwandelt wird, hier ausgeschlossen) besteht aus Produkten, die in die individuelle Konsumtion eingehn, und es fragt sich hier, wieviel die capitalists, farmers und landlords aus diesem pot herausziehn. Ist diese Quote bestimmt durch den Anteil, den Fabrikation und Rohproduktion am *Wert* der Revenueprodukte haben? Oder durch die Quoten, worin sich der Wert des gesamten Revenueprodukts in Agrikulturarbeit und Fabrikationsarbeit teilt?

Die Produktenmasse, woraus die Revenue besteht, schließt, wie ich früher gezeigt[2], alle Produkte aus, die als Arbeitswerkzeug (Maschinerie), matière instrumentale[3], Halbfabrikate und Rohstoff des Halbfabrikats in die Produktion eingehn und einen Teil des jährlichen Produkts der Arbeit bilden. Sie schließt nicht nur das *capital constant* der Rohproduktion aus, sondern auch das capital constant der Maschinisten und das ganze capital constant der farmers und capitalists, das zwar in den Arbeitsprozeß, aber *nicht* in den Verwertungsprozeß eingeht. Sie schließt ferner nicht nur capital constant aus, sondern den Teil jener nicht konsumierbaren Produkte, die die *Revenue* ihrer Produzenten darstellen und die zum Ersatz des auf-

[1] Wechsel – [2] siehe 1. Teil dieses Bandes, S. 214–222 – [3] Hilfsstoff

genutzten capital constant in das Kapital der Produzenten der als Revenue konsumierbaren Produkte eingehn.

Die *Produktenmasse*, worin die Revenue verausgabt wird, die also in fact den Teil des Reichtums darstellt, der Revenue bildet, sowohl dem *Gebrauchswert* als dem *Tauschwert* nach – diese Produktenmasse kann, wie ich früher gezeigt habe[1], so aufgefaßt werden, daß sie nur aus *neuzugesetzter* (während des Jahrs) *Arbeit* besteht, sich daher auch *nur* in Revenue auflöst, also Salair und Profit (der sich wieder spaltet in *Profit, Rente, Steuer* etc.), ohne daß irgendein Partikel davon weder Wert des in die Produktion eingehenden Rohmaterials, noch Wert des in die Produktion eingehenden déchets der Maschinerie, in einem Wort der Arbeitsmittel, enthält. Betrachten wir (die abgeleiteten Revenueformen ganz außer acht lassend, denn sie zeigen nichts, als daß der Besitzer der Revenue seinen aliquoten Teil der besagten Produktenmasse an einen andren abtritt, sei es für services etc. oder Schuld etc.) also diese Revenue, und nehmen wir an, der Arbeitslohn bilde $^1/_3$ derselben, der Profit $^1/_3$ und die Grundrente $^1/_3$, und das Produkt sei dem Wert nach = 90 *l*., so wird jeder soviel Produkt aus der Masse herausziehen können als = 30 *l*.

Da die Produktenmasse, die die Revenue bildet, nur aus *neuzugesetzter* (während des Jahrs zugesetzter) Arbeit besteht, so scheint es sehr einfach, daß, wenn die Agrikulturarbeit zu = $^2/_3$ in die Produktenmasse eingeht, die Manufakturarbeit zu $^1/_3$, manufacturers und agriculturists sich in diesem Verhältnis den Wert teilen. $^1/_3$ des Werts fiele auf die manufacturers, $^2/_3$ auf die agriculturists, und die proportionelle Größe des in Manufaktur und Agrikultur realisierten Mehrwerts (dieselbe Rate des Mehrwerts in beiden vorausgesetzt) würde diesen Anteilen, die Manufaktur und Agrikultur am Wert des Gesamtprodukts haben, entsprechen; die Grundrente aber wieder wachsen im Verhältnis, wie die Masse des Profits des Pächters, da sie als Laus dadrauf sitzt. Aber dennoch die Sache falsch. Nämlich ein Teil des Werts, der aus Agrikulturarbeit besteht, bildet die *Revenue* des Teils der Fabrikanten von capital fixe etc., das den in der Agrikultur abgenutzten Teil desselben ersetzt. Das Verhältnis der *Wertbestandteile in den Produkten, die die Revenue bilden*, zwischen Agrikulturarbeit und Manufakturarbeit, zeigt also keineswegs das *Verhältnis*, worin sich der Wert dieser Produktenmasse oder diese Produktenmasse selbst verteilt zwischen manufacturers und farmers, auch nicht das *Verhältnis*, worin Manufaktur und Agrikultur sich an der Gesamtproduktion beteiligen.

[1] Siehe 1. Teil dieses Bandes, S. 206–214

Rodb[*ertus*] sagt ferner:

„Es ist aber wieder nur die Produktivität der Rohproduktionsarbeit resp. der Fabrikationsarbeit, welche die verhältnismäßige Höhe des Rohproduktwerts resp. des Fabrikationsproduktwerts oder die Anteile, die beide vom ganzen Produktwert einnehmen, bestimmen. Der Rohproduktwert wird desto höher sein, je niedriger die Produktivität der Rohproduktionsarbeit steht, und umgekehrt. Ebenso wird der Fabrikationsproduktwert desto höher sein, je niedriger die Produktivität der Fabrikation steht, und umgekehrt. Es muß also auch bei einer gegebenen Höhe der Rente überhaupt, da hoher Rohproduktwert hohe Grundrente und niedrigen Kapitalgewinn, hoher Fabrikationswert hohen Kapitalgewinn und niedrige Grundrente bewirkt, die Höhe der Grundrente und die des Kapitalgewinns nicht bloß im umgekehrten Verhältnis zueinander, sondern auch zu der Produktivität ihrer resp. Arbeiten, der Rohproduktions- und der Fabrikationsarbeit stehen." (p. 123.)

Wenn die Produktivität zweier *verschiedner* Produktionssphären verglichen wird, so kann das nur relativ geschehen. D. h., man geht von einem beliebigen Punkt aus, wo sich zum Beispiel die Werte von Hanf und Leinwand, also die korrelativen Quanta der in ihnen enthaltenen Arbeitszeit verhalten = 1:3. Ändert sich dies Verhältnis, so ist es richtig, zu sagen, daß die Produktivität dieser verschiednen Arbeiten sich geändert hat. Aber es ist falsch, zu sagen, daß, weil die zur Produktion einer Unze Gold ||481| erheischte Arbeitszeit = 3 und die einer Tonne Eisen ditto = 3 ist, die Goldproduktion „unproduktiver" sei als die des Eisens.

Das Wertverhältnis zweier Waren zeigt, daß die eine mehr Arbeitszeit kostet als die andre; man kann deswegen nicht sagen, daß die eine „produktiver" sei als die andre. Dies nur richtig, wenn die Arbeitszeit auf beiden Seiten zur Produktion *derselben* Gebrauchswerte verwandt würde.

Wenn also der Wert des Rohprodukts zu dem des Manufakturprodukts = 3 : 1, so kann durchaus nicht gesagt werden, daß die Manufaktur 3 × produktiver wie die Agrikultur. Nur wenn sich das Verhältnis ändert, z. B. 4 : 1 würde, oder 3 : 2, oder 2 : 1 etc., könnte gesagt werden, daß die relative Produktivität in beiden Zweigen gewechselt. Also beim Steigen oder Fallen.

[*c) Rodbertus' dritte These*]

III. „Die *Höhe des Kapitalgewinnes* wird lediglich durch die *Höhe des Produktwerts* überhaupt und des Rohproduktwerts und Fabrikationsproduktwerts insbesondre oder durch das Produktivitätsverhältnis der Arbeit überhaupt und der Rohproduktions- und Fabrikationsarbeit insbesondre bestimmt; die *Höhe* der Grundrente hängt außerdem auch von der *Größe des Produktwerts* oder der *Quantität Arbeit oder Produktivkraft* ab, die bei *einem gegebenen Produktivitätsverhältnis* zur Produktion verwandt wird". p.116, 117.)

In andren Worten: Die *Profitrate* hängt allein von der *Rate des Mehrwerts* ab, und diese ist allein bestimmt durch die *Produktivität der Arbeit;* dagegen die *Rate der Grundrente* hängt auch ab von der *Masse* der angewandten Arbeit (der Anzahl Arbeiter) bei gegebner Produktivität der Arbeit.

In dieser Behauptung sind fast soviel Unrichtigkeiten als Worte.

Erstens ist die *Profitrate* keineswegs nur bestimmt durch die *Rate des Mehrwerts,* doch darüber gleich. Aber vorher ist es falsch, daß die *Rate des Mehrwerts* nur von der Produktivität der Arbeit abhängt. Bei *gegebner Produktivität* der Arbeit wechselt die Rate des Mehrwerts je nach der *Länge der Surplusarbeitszeit.* Also hängt die Rate des Mehrwerts nicht nur von der Produktivität der Arbeit ab, sondern auch von dem *Quantum* angewandter Arbeit, weil das Quantum *unbezahlter* Arbeit wachsen kann (bei gleichbleibender Produktivität), ohne daß das Quantum *bezahlter,* also der in Arbeitslohn ausgelegte Teil des Kapitals wächst. Mehrwert – absoluter oder relativer (und nur letztern kennt Rod[bertus] nach Ric[ardo]) – ist unmöglich, wenn die Arbeit nicht wenigstens so produktiv, daß Surplusarbeitszeit für den Arbeiter übrigbleibt außer der zu seiner eignen Reproduktion erforderlichen. Aber dies einmal vorausgesetzt – *bei gegebnem Minimum der Produktivität* – wechselt die Mehrwertsrate mit der Länge der Surplusarbeitszeit.

Also *erstens falsch,* daß die Profitrate – weil die Mehrwertrate oder *„Höhe* des Kapitalgewinns" – nur durch die Produktivität der vom Kapital exploitierten Arbeit bestimmt wird. *Zweitens:* Die *Mehrwertrate,* wechselnd bei gegebner Produktivität der Arbeit mit der *Länge* des Arbeitstags und bei gegebnem Normaltag mit der *Produktivität der Arbeit,* werde als *gegeben* vorausgesetzt. Der *Mehrwert* selbst wird dann verschieden sein je nach der *Anzahl* Arbeiter, von deren jedem Arbeitstag ein bestimmtes Quantum Mehrwert abgepreßt wird; oder von der *Größe* des variablen Kapitals, des in Arbeitslohn ausgelegten. Die *Profitrate* aber hängt ab von dem *Verhältnis dieses Mehrwerts:* dem variablen Kapital + dem konstanten Kapital. Die *Größe des Mehrwerts,* bei gegebner *Rate des Mehrwerts,* hängt allerdings ab von der Größe des variablen Kapitals, aber die *Höhe des Profits,* die *Rate des Profits,* hängt ab von dem Verhältnis dieses Mehrwerts zum vorgeschoßnen Gesamtkapital. Hier wird die Profitrate allerdings also bestimmt werden durch den Preis des Rohmaterials (s'il y en a[1] in dem Industriezweig) und den Wert der Maschinerie von gewisser efficiency[2].

[1] wenn es solches gibt – [2] Leistungsfähigkeit

Es ist also grundfalsch, was Rod[bertus] sagt:

„In demselben Verhältnis, in welchem sich infolge der *Vermehrung des Produktwerts* die Summe des Kapitalgewinnes vermehrt, vermehrt sich also auch die Summe des Kapitalwerts, auf die der Gewinn zu berechnen ist, und der bisherige Verhältnissatz zwischen Gewinn und Kapital wird durch jene Vermehrung des Kapitalgewinns gar nicht alteriert." (p. 125.)

Richtig dies nur, wenn es die *Tautologie:* bei *gegebner Profitrate* {sehr verschieden von Rate des Mehrwerts und Mehrwert selbst} ist *die Größe des angewandten Kapitals gleichgültig,* eben weil die Profitrate als *konstant* vorausgesetzt ist. Sonst aber kann die Profitrate wachsen, obgleich die *Produktivität* der Arbeit *konstant* ist, oder sie kann *fallen,* obgleich die Produktivität der Arbeit wächst und zwar wächst in every department[1].

Nun wieder der schlechte Witz (p. 125, 126) mit der Grundrente, deren bloße Vermehrung ihre Rate erhöht, weil sie in jedem Land auf eine „unveränderliche Morgenzahl" (p. 126) berechnet wird. Wächst die Masse des Profits (bei gegebner Profitrate), so wächst die *Masse* des Kapitals, wovon er bezogen wird; wächst dagegen die Grundrente, so wechselt [nach Rodbertus] nur ein Faktor, die Rente selbst, während ihr Maßstab, „die Morgenzahl" unverändert fixiert bleibt.

||482| „Die Grundrente kann daher aus einem in der nationalökonomischen Entwicklung der Gesellschaft überall eintretenden Grunde, der Vermehrung der zur Produktion verwandten Arbeit, mit anderen Worten, der *zunehmenden Bevölkerung* steigen, ohne daß dabei eine *Steigerung* des Rohproduktwerts zu erfolgen brauchte, da schon der Bezug von Grundrente von *mehr* Rohprodukt solche Wirkung haben muß." (p. 127.)

P. 128 macht Rod[bertus] die sonderbare Entdeckung, daß, wenn selbst durch Sinken des Rohprodukts *unter* seinen normalen Wert die Grundrente ganz wegfiele, es unmöglich ist,

„*daß der Kapitalgewinn jemals 100 Prozent betragen könnte*" (nämlich wenn die Ware zu ihrem Wert verkauft wird), „er muß, so hoch er sein mag, stets bedeutend weniger betragen". (p. 128.)

And why?[2]

„Denn er" (der Kapitalgewinn) „resultiert lediglich aus dem Teilungsverhältnis des Produktwerts. Er kann daher immer nur einen *Bruchteil* dieser Einheit betragen." (p. 127, 128.)

Dies, Herr Rod[bertus], hängt ganz von der Art *Ihrer* Berechnung ab.

[1] in jeder Sphäre – [2] Und warum?

Nimm an, das vorgeschoßne capital constant sei 100, der vorgeschoßne Arbeitslohn = 50 und das Produkt der Arbeit über diese 50 hinaus gleich 150. Wir hätten dann die Rechnung:

capital constant	capital variable	Mehrwert	Wert	Produktionskosten	Profit	per Cent.
100	50	150	300	150	150	100

Damit dieser Kasus eintrete, nichts nötig, als daß der Arbeiter $^3/_4$ seines Arbeitstags für seinen master arbeitet[1], also vorausgesetzt ist, daß $^1/_4$ seiner Arbeitszeit zu seiner eignen Reproduktion hinreicht. Nimmt Herr Rod[bertus] allerdings den Gesamtproduktwert = 300 und betrachtet ihn nicht nach seinem Überschuß über die Produktionskosten, sondern sagt: Dies *Produkt* ist zu verteilen zwischen Kapitalist und Arbeiter, so kann in fact der Teil des Kapitalisten nur einen Teil dieses Produkts betragen, selbst wenn er $^{999}/_{1000}$ betrüge. Aber es ist eine falsche Rechnung, wenigstens eine fast in jeder Beziehung nutzlose. Wenn einer 150 auslegt und 300 macht, so pflegt er nicht zu sagen, daß er 50 p.c. profitiert, weil er die 150 statt auf 150 auf 300 berechnet.

Nimm im obigen Beispiel an, der Arbeiter habe 12 Std. gearbeitet, 3 für sich, 9 für den Kapitalisten. Laß ihn nun 15 arbeiten; also 3 für sich und 12 für den Kapitalisten; so müßten nach dem alten Produktionsverhältnis 25 capital constant in Auslage hinzukommen (in fact weniger, weil die Auslage für die Maschinerie nicht in demselben Maße wüchse wie die Quantität der Arbeit). Also:

capital constant	capital variable	Mehrwert	Wert	Produktionskosten	Profit	per Cent.
125	50	200	375	175	200	$114^2/_7$

Dann kommt Rod[bertus] wieder mit dem Wachsen der „*Grundrente ins Unendliche*", weil er erstens die bloße Vermehrung ihrer Größe als Steigerung auffaßt, also auch von ihrer Steigerung spricht, wenn dieselbe Grundrentrate auf größre Masse Produkt gezahlt wird. Ferner, weil er auf „einen Morgen" rechnet als Maßstab. Zwei Dinge, die nichts miteinander gemein haben.

[1] in der Handschrift: Arbeit

Die folgenden Sachen ganz kurz zu notieren, da sie mit meinem Zweck nichts zu tun haben.

Der „*Bodenwert*“ ist die „*kapitalisierte Grundrente*“. Es kommt daher für diesen seinen Geldausdruck auf die Höhe des Zinsfußes an, der herrscht. Zu 4 Prozent kapitalisiert, wäre er mit 25 zu multiplizieren (da 4 p.c. = $^1/_{25}$ vom 100), zu 5 p.c. mit 20 (da 5 p.c. = $^1/_{20}$ vom 100). Dies wäre ein Unterschied von 20 p.c. im Bodenwert. (p. 131.) Selbst infolge von Sinken des Geldwerts würde *Grundrente* und daher *Bodenwert* nominell steigen, da nicht – wie beim Kapital mit dem Mehrausdruck (in Geld) des Zinses oder Profits – ditto gleichmäßig das Kapital in seinem Geldausdruck steigt. Die in Geld gestiegne Grundrente dagegen zu repartieren „auf die gleichgebliebene Morgenzahl des Grundstücks“. (p. 132.)

Herr Rod[bertus] faßt seine Weisheit in Anwendung auf Europa wie folgt zusammen:

1. „...bei den europäischen Nationen ist die Produktivität der Arbeit überhaupt – der Rohproduktions- und der Fabrikationsarbeiten – gestiegen ... infolge davon sich die Quote des Nationalprodukts, die auf Arbeitslohn verwandt wird, verringert, diejenige, die zu Rente übrigbleibt, vergrößert, ... also *ist die Rente überhaupt gestiegen*.“ (p. 138, 139.)

2. „...die Produktivität der Fabrikation hat in *größrem Verhältnis* zugenommen als die der Rohproduktion ... deshalb ist heute von einem gleichen Quantum Nationalproduktwert die Rente, die auf Rohprodukt fällt, größer als die, welche auf das Fabrikationsprodukt fällt, deshalb also ungeachtet der Steigerung der Rente überhaupt doch nur die *Grundrente gestiegen, der Kapitalgewinn hingegen gefallen*.“ (p. 139.)

Hier also erklärt Herr Rod[bertus] ganz wie Ricardo die Steigerung der Grundrente und das Fallen der Profitrate auseinander; das Fallen der einen gleich dem Steigen der andren, und das Steigen der letztren aus der *relativen Unproduktivität der Agrikultur* erklärt. Ricardo sagt irgendwo[1] sogar ausdrücklich, ||483| daß es sich nicht um absolute, sondern „relative“ Unproduktivität handelt. Hätte er aber auch das Gegenteil gesagt, so liegt es nicht in dem Prinzip, das er aufstellt, da der Originalautor der Ric[ardoschen] Ansicht, *Anderson*, ausdrücklich die absolute Verbesserungsfähigkeit jeden Bodens erklärt.

Wenn der „Mehrwert“ überhaupt gestiegen ist (Profit und Rente), so kann nicht nur die Rate der ganzen Rente im Verhältnis zum capital constant gefallen sein, sondern wird gefallen sein, weil die Produktivität gestiegen ist. Obgleich die Zahl der angewandten Arbeiter gewachsen ist und die Quote, zu der sie exploitiert werden, so ist das in Arbeitslohn über-

---

[1] Vgl. vorl. Band, S. 334

haupt ausgelegte Kapital, obgleich absolut gestiegen, *relativ* gefallen, weil das Kapital, das als Avance – Produkt der Vergangenheit – von diesen Arbeitern in Bewegung gesetzt wird, in die Produktion als *Voraussetzung* eingeht, einen stets wachsenden Teil des Gesamtkapitals bildet. Die Rate von Profit + Grundrente zusammen ist daher gefallen, obgleich nicht nur ihre Summe gestiegen (ihre absolute Größe), sondern ditto die Rate, worin die Arbeit exploitiert ist, gestiegen ist. Dies kann Herr Rod[bertus] nicht sehn, weil bei ihm das capital constant eine Erfindung der Industrie ist, von der die Agrikultur[1] nichts weiß.

Was aber die *relative* Größe von Profit und Grundrente betrifft, so folgt keineswegs daraus, daß die Agrikultur relativ unproduktiver als die Fabrikation, daß deswegen die *Profitrate* absolut gefallen sei. War ihr Verhältnis zur Grundrente = 2:3 und ist es jetzt wie 1:3, so bildete es früher $^2/_3$ der Grundrente und jetzt nur noch $^1/_3$ oder früher [der Profit] $^2/_5$ des Gesamtmehrwerts[2], jetzt nur noch $^1/_4$, früher $^8/_{20}$, jetzt nur noch $^5/_{20}$; wäre also gefallen um $^3/_{20}$ oder 15 p.c. z.B.

Nimm an, der Wert des lb. Baumwolle war = 2 sh. Er sinkt auf 1 sh. 100 Arbeiter, die früher 100 lbs. in einem Tag spannen, spinnen jetzt 300.

Die Auslage für 300 lbs. kostete früher 600 sh.; sie kostet jetzt nur noch 300 sh.; nimm ferner an, die Maschinerie in beiden Fällen = $^1/_{10}$ = 60 sh. Endlich kosten früher die 300 lbs. [als] Auslage für 300 Arbeiter = 300 sh., jetzt nur noch für 100 [Arbeiter] = 100 sh. Da die Produktivität der Arbeiter sich „vermehrt", und wir unterstellen müssen, daß sie hier im eignen Produkt gezahlt werden, nimm an: Früher der Mehrwert = 20 p.c. des Arbeitslohns, jetzt = 40.

So kosten also die
300 lbs. im I. Fall:
600 Rohmaterial, 60 Maschinerie, 300 Arbeitslohn, 60 Mehrwert, zusammen = 1020 sh.
300 lbs. im II. Fall:
300 Rohmaterial, 60 Maschinerie, 100 Arbeitslohn, 40 Mehrwert, zusammen = 500 sh.

Die Produktionskosten im ersten Fall: 960, *Profit* 60, *Profitrate* $6^1/_4$ p.c.
im zweiten Fall: 460, *Profit* 40, [*Profitrate*] $8^{16}/_{23}$ p.c.

Gesetzt, die Rente war $^1/_3$ vom lb., so im ersten Fall = 200 sh. = 10 *l.*, im zweiten = 100 sh. = 5 *l.*[3] Die Rente ist hier gefallen, weil das Roh-

[1] In der Handschrift: Manufaktur – [2] in der Handschrift: Gesamtprodukts – [3] in der Handschrift: 150 sh. = $7^1/_2$ *l.*

produkt um 50 p.c. wohlfeiler geworden. Aber das ganze Produkt ist um mehr als 50 p.c. wohlfeiler geworden. Die industriell zugesetzte Arbeit in I [verhält sich zum Wert des Rohmaterials] = 360:600 = 6:10 = 1:1²/₃; in II = 140:300 = 1:2¹/₇. Die Industriearbeit in höhrem Verhältnis produktiv geworden als die Agrikulturarbeit; dennoch im ersten Fall die Profitrate niedriger und die Rente höher als im zweiten. In beiden Fällen beträgt die Rente ¹/₃[1] des Rohstoffs.

Nimm an, die Masse des Rohstoffs verdopple sich in II, so daß 600 lbs. gesponnen würden und das Verhältnis wäre:

II. 600 lbs. = 600 [sh.] Rohmaterial, 120 [sh.] Maschinerie, 200 [sh.] Arbeitslohn, 80 [sh.] Mehrwert. Zusammen 920 [sh.] Produktionskosten, 80 [sh.] Profit, Profitrate $8^{16}/_{23}$ p.c.[2]

Die Profitrate gestiegen, verglichen mit I. Die Rente wäre gradsoviel wie in I. Die 600 lbs. würden nur 1000 kosten, während sie früher 2040 kosteten.

||484| Aus der relativen Teuerkeit des Agrikulturprodukts folgt keineswegs, daß es eine [höhere] Rente abwirft. Nimmt man einmal an, daß eine Rente als Percent sich an jeden Wertteil des Agrikulturprodukts anklammert – wie Rod[bertus] annimmt, denn sein angeblicher Beweis ist albern –, so folgt allerdings, daß die Rente steigt mit der zunehmenden Teuerkeit des agricultural produce.

„...infolge der angestiegenen Bevölkerung hat sich auch die Summe des Nationalproduktwerts außerordentlich vermehrt ... deshalb wird heute *mehr* Lohn, *mehr* Gewinn, *mehr* Grundrente in der Nation bezogen ... auch noch dieser *mehrere* Bezug von Grundrente hat dieselbe erhöht, während eine solche Wirkung des *mehreren* Bezugs beim Lohn und Gewinn nicht hat eintreten können." (p. 139.)

[8. *Der wahre Kern des von Rodbertus entstellten Gesetzes*]

Streifen wir Herrn Rod[bertus] allen Blödsinn ab (nicht zu sprechen von solchen lückenhaften Auffassungen, wie ich sie oben weiter detailliert, z.B., daß die Rate des Mehrwerts (*„Höhe der Rente*[3]") nur steigen kann, wenn *die Arbeit produktiver* wird, also *Übersehn* des *absoluten Mehrwerts* etc.); nämlich den Blödsinn, daß in der eigentlichen (kapitalistischen) Agrikultur kein *„Materialwert"* in die Avancen eingeht;

[1] In der Handschrift: ¹/₁₀ – [2] in der Handschrift: $7^{9}/_{13}$ p.c. – [3] in der Handschrift: *des Produkts*

den *zweiten* Blödsinn, daß er den in die Agrikultur und Manufaktur eingehenden zweiten Teil des konstanten Kapitals, die *Maschinerie* etc., nicht als einen „Wertbestandteil" auffaßt, der ebensowenig wie der „Materialwert" aus der Arbeit der Produktionssphäre hervorgeht, worin sie als Maschinerie eingeht, worauf also der in jeder Produktionssphäre gemachte Gewinn mit berechnet wird, obgleich der *Wert* der Maschinerie keinen Deut zu diesem Gewinn zufügt, sowenig wie der „Wert" des Materials, obgleich beide Produktionsmittel sind und als solche in den Arbeitsprozeß eingehn;

den *dritten* Blödsinn, daß er den *ganzen* „Wertbestandteil" der in die Agrikultur eingehenden „Maschinerie" etc. nicht ihr als Avance belastet und den Teil dieses Wertbestandteils, der nicht Rohmaterial ist, nicht als Debet der Agrikultur gegen die Industrie auffaßt, wofür zur Zahlung ein Teil Rohmaterial von der Agrikultur *gratis* der Industrie geliefert werden muß, ein Teil also, der nicht unter die Avancen der Industrie, als Einheit aufgefaßt, gehört;

den *vierten* Blödsinn, daß er glaubt, in alle Industriezweige gehe „Materialwert" ein, außer der Maschinerie und ihrer matières instrumentales[1], was in der ganzen transportierenden Industrie sowenig stattfindet wie in der extraktiven Industrie;

den *fünften* Blödsinn, daß er nicht sieht, daß in vielen Manufakturzweigen (und zwar je mehr sie finished produce[2] liefern für die Konsumtion), außer dem variablen Kapital zwar „Rohmaterial" eingeht, aber der andre Bestandteil des konstanten Kapitals fast ganz wegfällt oder minimal ist, unverhältnismäßig kleiner als in der großen Industrie und Agrikultur;

den *sechsten* Blödsinn, daß er die Durchschnittspreise der Waren mit ihren Werten verwechselt.

Alles dies abgestreift, was *seine* Erklärung der Grundrente aus *falscher Rechnung* des farmers und seiner eignen falschen Rechnung ableiten läßt, so daß die Grundrente verschwinden müßte im Maß, wie der farmer die *Auslagen*, die er macht, auch *wirklich berechnet*, so bleibt als Kern bloß folgende Behauptung:

Wenn die Rohprodukte zu ihren *Werten* verkauft werden, steht ihr Wert über den *Durchschnittspreisen* der andren Waren oder über ihrem *eignen Durchschnittspreis*, d.h. ist größer als die Produktionskosten + dem Durchschnittsprofit, läßt also einen *Surplusprofit*, der die *Grundrente* bildet. D.h. weiter, das variable Kapital (gleiche *Rate* des Mehrwerts vorausgesetzt) ist größer in der Rohproduktion als in dem Durchschnitt der Produktions-

[1] Hilfsstoffe – [2] fertiges Produkt

sphären, die der Industrie angehören (was nicht verhindert, daß es[1] in einem Teil der Industriezweige höher ist als in der Agrikultur) im Vergleich zum konstanten Kapital. Oder noch allgemeiner: Die Agrikultur gehört zu der Klasse der industriellen Produktionssphären, deren variables Kapital in höherm Verhältnis zum konstanten Kapital steht als im Durchschnitt der Industriesphären. Ihr Mehrwert, berechnet auf ihre Produktionskosten, muß daher höher stehn als in dem Durchschnitt der Industriesphären. Was wieder heißt, ihre *besondre* Profitrate steht über der *Durchschnittsprofitrate* oder der *allgemeinen Profitrate*. Was wieder heißt: Die besondre Profitrate in jeder Sphäre der Produktion, wenn die Rate des Mehrwerts gleich ist und der Mehrwert selbst gegeben ist, hängt vom Verhältnis des variablen Kapitals zum konstanten Kapital in den besondren Sphären ab.

Dies wäre also nur in einem besondren Industriezweig das *allgemein* von mir entwickelte Gesetz ausgesprochen.

||485| Es wäre dann:

1. nachzuweisen, daß die Agrikultur zu den besondren Produktionssphären gehört, deren *Warenwerte* über ihren *Durchschnittspreisen* stehn, deren Profit also, wenn sie ihn sich selbst aneignen und nicht zur Ausgleichung der allgemeinen Profitrate hingeben, über dem *Durchschnittsprofit* steht, also außer diesem noch einen *Surplusprofit* liefert. Dieser Punkt 1 scheint sicher für den Durchschnitt der Agrikultur, weil in ihr relativ die Handarbeit noch vorwiegt und es der bürgerlichen Produktionsweise eigen ist, die Manufaktur rascher zu entwickeln als die Agrikultur. Es ist dies übrigens ein *historischer* Unterschied, der verschwinden kann. Es liegt darin zugleich, daß im ganzen die der Agrikultur von der Industrie gelieferten Produktionsmittel im Wert sinken, während das der Industrie von der Agrikultur gelieferte Rohmaterial im ganzen im Wert steigt, weshalb das konstante Kapital in einem großen Teil der Manufaktur relativ an Wert größer als [in] der Agrikultur. Von der extraktiven Industrie[2] gilt dies großenteils wohl nicht.

2. Es ist nicht, wie Rodbertus tut, zu sagen: Wenn das Agrikulturprodukt – dem allgemeinen Gesetz nach – im Durchschnitt zu seinem *Wert* verkauft wird, muß es einen Surplusprofit liefern, alias Grundrente. Als wenn dies Verkaufen zum *Wert* der Ware *über* ihrem Durchschnittspreis das allgemeine Gesetz der kapitalistischen Produktion wäre. Es ist *umgekehrt* nachzuweisen, warum in der Rohproduktion – *ausnahmsweise* und im *Unterschied* zu der *Klasse von Industrieprodukten, deren Wert ebenfalls über ihrem*

[1] In der Handschrift: sie – [2] in der Handschrift: Agrikultur

Durchschnittspreis steht – die Werte *nicht* zu den Durchschnittspreisen gesenkt werden und daher einen Surplusprofit, *alias* Grundrente liefern. Dies erklärt sich einfach aus dem *Grundeigentum*. Die Ausgleichung findet nur von Kapital gegen Kapital statt, weil nur Kapital auf Kapital die Macht hat, die immanenten Gesetze des Kapitals zu exekutieren. Sofern sind die im Recht, die die Grundrente aus dem *Monopol* herleiten, ganz wie das *Monopol* des Kapitals allein den Kapitalisten befähigt, vom Arbeiter Surplusarbeit abzupressen, befähigt das Monopol des Grundeigentums den Grundeigentümer, dem Kapitalisten den Teil der Surplusarbeit abzupressen, der einen konstanten *Surplusprofit* bilden würde. Die, die Grundrente aus Monopol ableiten, irren darin, daß sie glauben, das Monopol befähige den Grundeigentümer, den *Preis der Ware über ihren Wert* zu treiben. Es besteht umgekehrt darin, den *Wert der Ware über ihrem Durchschnittspreis* zu halten; nicht die Ware *über*, sondern *zu* ihrem Wert zu verkaufen.

So modifiziert, ist die Sache richtig. Sie erklärt die *Existenz der Grundrente*, während Ricardo nur die *Existenz differenter Grundrenten* erklärt und das *Grundeigentum* in der Tat ohne *ökonomischen* Effekt läßt. Sie tut ferner away[1] die bei Ric[ardo] selbst übrigens nur willkürlich und für seine Darstellung unnötige superstructure, daß die Agrikulturindustrie progressiv unproduktiver wird; sie läßt sie vielmehr produktiver werden. Nur ist sie auf der Bourgeoisgrundlage *relativ unproduktiver* oder langsamer die Produktivkräfte der Arbeit entwickelnd als die Industrie. Ric[ardo] behält recht, daß er ihren „Surplusmehrwert[2]" nicht aus größrer Fruchtbarkeit, sondern aus größrer Unfruchtbarkeit ableitet.

[9. *Differentialrente und absolute Rente in ihrem gegenseitigen Verhältnis. Der historische Charakter der Grundrente. Zu Smiths und Ricardos Untersuchungsmethoden*]

Was nun die *Differenz* der *Grundrenten* angeht, so erklärt sie sich bei gleicher Kapitalanlage auf gleich großen Bodenflächen aus der *Differenz in der natürlichen Fruchtbarkeit*, speziell zunächst für die Produkte, die das Brot liefern, den Hauptnahrungsstoff, bei gleichen Bodenflächen von gleicher Fruchtbarkeit aus *ungleicher Kapitalanlage*. Die erste *natürliche*

[1] weg – [2] in der Handschrift: Mehrwert

Differenz liefert nicht nur Differenz in der Größe, sondern in der Höhe oder Rate der Grundrente, verglichen mit dem ausgelegten Kapital; die zweite *industrielle Differenz* liefert nur *größre* Grundrente proportionell zur Größe des ausgelegten Kapitals. Es *kann* auch ein Unterschied des Ergebnisses bei sukzessiven Kapitalanlagen auf demselben Boden stattfinden. Das Dasein der *differenten Surplusprofite* oder *differenten Grundrenten* auf Ländereien von verschiedner Fruchtbarkeit unterscheidet nicht die Agrikultur von der Industrie. Was sie unterscheidet, ist die *Fixierung* dieser Surplusprofite, weil sie hier auf einer natürlichen Basis beruhn (die zwar ausgeglichen werden *kann* plus ou moins[1]), während sie in der Industrie – bei gleichem Durchschnittsprofit – immer nur *verschwindend* auftauchen und immer *nur* auftreten, weil zu fruchtbarern Maschinen und Arbeitskombinationen gegriffen wird. Es ist immer das letztkommende, *produktivste* Kapital in der Industrie, das einen Surplusprofit liefert durch *Senken* der Durchschnittspreise. Es *kann* und *muß sehr oft* in der Agrikultur nicht das absolute Fruchtbarerwerden der besten Äcker sein, sondern deren relatives Fruchtbarerwerden, weil *unproduktivres Land* bebaut wird. In der Industrie muß die höhere *relative* Fruchtbarkeit, der Surplusprofit (der verschwindet) *stets* geschuldet sein absoluter Zunahme in der Fruchtbarkeit, Produktivität des neu angelegten Kapitals, verglichen mit dem alten. Kein Kapital kann in der Industrie einen *Surplusprofit* abwerfen (wir sprechen hier nicht von augenblicklicher Steigerung der Nachfrage), *weil* unproduktivere Kapitalien *neu* in den Industriezweig eintreten.

||486| Es *kann* aber auch in der Agrikultur (was Ricardo zugibt) fruchtbarerer Boden – Boden, der entweder von Natur fruchtbarer ist oder unter neu entwickelten Fortschritten der Technologie fruchtbarer wird als der alte Boden unter den alten [Bedingungen] – in der Reihenfolge später auftreten, selbst einen Teil des alten *außer Bebauung* werfen (wie in der Minenindustrie und den Kolonialprodukten), oder ihn einer andren *species* Agrikultur, die ein *andres* Produkt liefert, anheimwerfen.

Daß sich die *Differenzen* der Grundrenten (Surplusprofite) mehr oder minder *fixieren*, unterscheidet sie von der Industrie. Daß aber der Durchschnitt der Produktionsbedingungen den *Marktpreis* bestimmt und so den Produktenpreis, der unter[2] diesem Durchschnitt steht, über seinen *Preis* und selbst *Wert* erhöht, stammt durchaus nicht aus dem Boden, sondern aus der *Konkurrenz*, der *kapitalistischen Produktion*, ist also kein Naturgesetz, sondern ein soziales.

[1] mehr oder weniger – [2] in der Handschrift: über

Es ist nach dieser Theorie weder nötig, daß *eine Grundrente* vom schlechtesten Boden bezahlt wird, noch daß *keine* bezahlt wird. Es ist ebenso möglich, daß, wo *keine Grundrente*, wo nur der gewöhnliche Profit, ja wo *nicht einmal dieser* abgeworfen wird, eine *Pacht* bezahlt wird, der Grundeigentümer also *eine Grundrente* bezieht, obgleich *ökonomisch keine vorhanden* ist.

Erstens. Es *wird nur Grundrente gezahlt (Surplusprofit)* von *dem beßren (fruchtbarern) Boden*. Hier existiert die Grundrente „als solche" nicht. In solchen Fällen erscheint auch der *Surplusprofit* selten fixiert als Grundrente, sowenig wie der Surplusprofit in der Industrie (wie im *Westen der Vereinigten Staaten* von Nordamerika) |486||[17].

||486| Dies der Fall, wo große Masse of disposable land relatively[1] *nicht angeeignet*, einerseits, andrerseits die natürliche Fruchtbarkeit groß genug, daß trotz der *geringen Entwicklung* der kapitalistischen Produktion – also dem großen Verhältnis von capital variable zu capital constant –, die values[2] der Agrikulturprodukte gleich (manchmal *unter*) ihren *Durchschnittspreisen*. Stünden sie drüber, so würde die Konkurrenz sie dazu herabdrücken. Zu sagen dagegen, wie Rod[bertus] z.B. tut, daß der Staat f.i. a dollar or so per acre[3] zahlen läßt, einen geringen, fast nominal price[4], ist albern. Es wäre, als wollte man anführen, daß der Staat auf die Betreibung jedes Industriezweigs eine „Gewerbesteuer" zahlen läßt[5]. In *diesem Fall* existiert das Ric[ardosche] Gesetz. Die Grundrente existiert – aber meist auch nicht fixiert, sondern fließend wie der Surplusprofit in der Industrie – nur für relativ fruchtbarere Ländereien. Der *keine* Grundrente zahlende Boden zahlt *keine*, nicht wegen seiner Unfruchtbarkeit, sondern vielmehr *wegen seiner Fruchtbarkeit*. Die beßren Sorten zahlen, weil sie *mehr* als die Durchschnittsfruchtbarkeit besitzen, wegen ihrer *relativ höhern* Fruchtbarkeit.

Es wäre aber auch in Ländern, *wo Grundeigentum existiert*, derselbe Fall aus *umgekehrten* Gründen möglich, nämlich daß der letztbebaute Boden *keine Grundrente* zahlt. Wäre nämlich der *Wert* des Getreides z.B. so niedrig (und diese Niedrigkeit hätte nichts damit zu tun, daß *Grundrente* gezahlt wird), daß er für den letztbebauten Boden, infolge dessen relativ geringen[6] Fruchtbarkeit, nur gleich dem *Durchschnittspreis* stünde – d.h. also, daß hier, wenn dieselbe Arbeit ausgelegt würde wie auf dem Rente tragenden Boden – die *Anzahl der Quarters* z.B. so klein wäre (auf das ausgelegte Kapital), daß mit dem Durchschnittswert der Brotprodukte nur der *Durchschnittspreis* des Weizens z.B. herauskäme.

[1] des verfügbaren Grund und Bodens verhältnismäßig – [2] Werte – [3] z.B. etwa einen Dollar pro Acre – [4] nominellen Preis – [5] vgl. vorl. Band, S. 152 – [6] in der Handschrift: großen

||487| Gesetzt f.i., der letzte Boden, der *Rente* trägt (und der Boden, der die *kleinste Rente* trägt, stellt die *reine* Rente dar; die andren schon differenzierte Rente), produziere [mit] einer Kapitalauslage von 100 *l.* = 120 *l.* oder 360 qrs. of Weizen, das = $^1/_3$ *l.* In diesem Fall 3 qrs. = 1 *l.* sei = 1 Wochenarbeit. 100 *l.* = 100 Wochenarbeit und 120 *l.* = 120 Wochenarbeit. 1 qr. = $^1/_3$ Woche = 2 Tage, und von diesen 2 Tagen oder 24 Stunden (if the normal working day = 12 hours[1]) $^1/_5$ [Tag] oder $4^4/_5$ Stunden unbezahlte Arbeit = dem im qr. enthaltnen Mehrwert. 1 qr. = $^1/_3$ *l.* = $6^2/_3$ sh. oder $6^6/_9$ [sh.].

Verkauft sich also das Quarter zu seinem Wert und ist der Durchschnittsprofit = 10 p.c., so wäre der *Durchschnittspreis* der 360 qrs. = 110 *l.* oder der Durchschnittspreis des qr. = $6^1/_9$ sh. Der Wert stünde 10 *l.* über dem Durchschnittspreis. Und da der Durchschnittsprofit = 10 p.c., wäre die Rente = der Hälfte des Mehrwerts = 10 *l.* oder $^5/_9$ sh. auf 1 qr. Höhre Bodenarten, die für dieselbe Auslage von 120 Arbeitswochen[2] (wovon aber nur 100 bezahlte Arbeit, sei es vergegenständlichte, sei es lebendige) mehr Quarter abwürfen, würden zu dem Preis von $6^6/_9$ sh. per qr. eine höhre Rente abwerfen. Das niedrigste bebaute[3] Land aber würfe eine Rente von 10 *l.* auf 100 *l.* Kapital oder von $^5/_9$ sh. auf das qr. Weizen ab.

Gesetzt, es werde ein neuer Boden bebaut, der mit 120 Arbeitswochen[4] nur 330 qrs. abwürfe. Ist der Wert von 3 qrs. = 1 *l.*, so der von 330 qrs. = 110 *l.* Aber 1 qr. wäre jetzt = *2 Tagen, $2^2/_{11}$ Std.*, während er früher nur = 2 Tagen war. 1 qr. früher = $6^6/_9$ sh. oder 1 qr. = 6 sh. 8 d.; jetzt, da 1 *l.* = 6 Tagen = 7 sh. 3 d. $1^1/_{11}$ f. Der qr. müßte jetzt um 7 d. $1^1/_{11}$ f. teurer verkauft werden, um zu seinem *Wert* verkauft zu werden, zu welchem er ditto die Rente von $^5/_9$ sh. per qr. abwerfen würde. Der *Wert* des auf dem beßren Boden gezeugten Weizens steht hier *unter* dem *Wert* des auf dem schlechtsten Boden gezeugten; verkauft dieser schlechtste Boden zum Preis des qr. des nächst beßren oder Renten tragenden, so verkauft er *unter* seinem Wert, aber zu seinem *Durchschnittspreis*[5], also zu dem Preis, wozu er den gewöhnlichen Profit von 10 p.c. abwirft. Er kann also bebaut werden und dem Kapitalisten den gewöhnlichen Durchschnittsprofit abwerfen.

In zwei Fällen würde der schlechteste Boden hier außer dem Profit eine Rente abwerfen.

Entweder, wenn der *Wert* des qr. Weizen über $6^6/_9$ sh. stünde (sein *Preis* könnte über $6^6/_9$ sh., d.h. über seinem Wert stehn infolge der Nach-

[1] wenn der normale Arbeitstag = 12 Stunden – [2] in der Handschrift: Wochentagen – [3] in der Handschrift: niedrig gebauteste – [4] in der Handschrift: Wochentagen – [5] in der Handschrift: aber zum Durchschnittspreis des beßren

frage, aber dies untersuchen wir nicht; die $6^6/_9$ sh., der Preis des qr., der eine Rente für den früher schlechtesten bebauten Boden von 10 *l.* abwarf, war = dem *Wert* des auf *diesem* Boden, der eine nicht differenzierte Grundrente abwirft, gebauten Weizens); also [wenn] der früher schlechteste bebaute[1] Boden und alle andren relativ, um *dieselbe* Rente abzuwerfen, unfruchtbarer wären, so daß ihr Wert höher *über* ihrem Durchschnittspreis und dem Durchschnittspreis der andren Waren wäre. Daß also der *neue* schlechteste Boden *keine* Grundrente abwirft, ist nicht die Folge seiner Unfruchtbarkeit, sondern der *relativen Fruchtbarkeit* der *andren Ländereien.* Der schlechteste bebaute[1], Rente tragende Boden repräsentiert der neuen Bodenart mit der neuen Kapitalanlage gegenüber die *Rente überhaupt,* die nicht *differenzierte* Rente. Und die Rente ist bei ihr nicht höher wegen der *Fruchtbarkeit* dieses Rente tragenden Bodens.

Gesetzt, es existierten noch 3 Klassen außer dem letzten Rente tragenden Boden. Klasse II (die über I, dem letzten Rente tragenden Boden) trägt Rente von $^1/_5$ mehr, weil dieser Boden $^1/_5$ fruchtbarer als Klasse I; Klasse III wieder $^1/_5$ mehr, weil $^1/_5$ fruchtbarer als Klasse II, so Klasse IV, weil $^1/_5$ fruchtbarer als Klasse III. Da die Rente in Klasse I = 10 *l.*, ist sie in Klasse II = 10 + $^1/_5$ = 12 *l.*, in Klasse III = 12 + $^1/_5$ = $14^2/_5$ *l.* und in IV = $14^2/_5$ + $^1/_5$ = $17^7/_{25}$ *l.*[18]

Wäre die Fruchtbarkeit von IV kleiner, so die Rente von III–I inklusiv ||488| größer und die von IV auch absolut größer (aber wäre das Verhältnis dasselbe?). Man kann dies doppelt auffassen. *Wäre I fruchtbarer, so die Rente von II, III, IV verhältnismäßig kleiner.* Andrerseits verhält sich I zu II, II zu III und III zu IV wie die neu hinzugekommene keine Rente tragende Bodenart zu I. Die neue Bodenart trägt keine Rente, weil der *Wert* des Weizens von I nicht über dem Durchschnittspreis von dem neuen Boden steht. Er stände drüber, wenn I unfruchtbarer wäre. Dann würde der neue Boden ebenfalls Rente abwerfen. So verhält es sich aber mit I. Wäre II fruchtbarer, so würde I keine oder eine kleinre Rente abwerfen, ditto so mit II zu III und mit III zu IV. Schließlich also umgekehrt: Die absolute Fruchtbarkeit von IV bestimmt die Rente von III. Wäre IV noch fruchtbarer, so würde III, II, I kleinre oder keine Rente abwerfen. Die Rente, die I abwirft, die undifferenzierte Rente, ist also bestimmt durch die Fruchtbarkeit von IV, wie der Umstand, daß der neue Boden keine Rente abwirft, durch die Fruchtbarkeit von I bestimmt ist. Hier also gilt das *Gesetz von Storch,* daß die Rente des *fruchtbarsten* Bodens bestimmt die Rente des

[1] In der Handschrift: schlechtbebauteste

letzten Bodens, der überhaupt Rente abwirft, also auch die Differenz des Bodens, der die undifferenzierte Rente abwirft und dessen, der gar keine abwirft.[19]

Die Erscheinung also, daß hier die fünfte Klasse, der neu bebaute Boden I′ (im Unterschied von I), *keine Rente* abwirft, ist nicht seiner *eignen Unfruchtbarkeit*, sondern seiner *relativen* Unfruchtbarkeit im Vergleich zu I, also der relativen Fruchtbarkeit von I im Vergleich zu I′ geschuldet.

Der Wert der Renten tragenden Bodenarten I, II, III, IV – 6 sh. 8 d. per Quarter (statt qr. kann der größren Wahrscheinlichkeit wegen *bushel* gesetzt werden), ist gleich dem *Durchschnittspreis* von I′ und steht *unter* seinem eignen Wert. Nun sind aber viele Mittelstufen möglich. Würfe I′ auf eine Kapitalanlage von 100 *l.* any quantity of qrs. between its real return of 330 bushels[1] und dem return von I, = 360 bushel, ab, also 333, 340, 350 *bis* 360 – x bushel, so stünde der Wert des qrs. = 6 sh. 8 d. über dem Durchschnittspreis von I′ (per bushel), und dieser letztbebaute Boden würde eine Rente abwerfen. Daß er überhaupt den *Durchschnittsprofit* abwirft, ist der relativen Unfruchtbarkeit von I, also von I–IV geschuldet. Daß er *keine* Rente abwirft, ist der relativen Fruchtbarkeit von I und seiner eignen relativen Unfruchtbarkeit geschuldet. Der letztbebaute Boden I′ könnte eine Rente abwerfen, wenn der Wert des qr. *über* 6 sh. 8 d. stünde, also I, II, III, IV unfruchtbar wären, da der Wert des Weizens höher stünde. Er könnte aber auch, wenn der Wert des bushel = 6 sh. 8 d., also die Fruchtbarkeit von I, II, III, IV *dieselbe, gegeben* wäre, eine Rente abwerfen, wenn er selbst fruchtbarer wäre, mehr als 330 bushels lieferte, *also* der Wert von 6 sh. 8 d. per qr. über seinem *Durchschnittspreis* stünde, in andren Worten, sein Durchschnittspreis jetzt *unter* 6 sh. 8 d., also *unter* dem Wert des auf I, II, III, IV bebauten Weizens stünde. Steht der Wert über dem Durchschnittspreis, so ist ein Surplusprofit über dem Durchschnittsprofit da, also Möglichkeit der *Rente.*

Man sieht: In *verschiednen* Produktionssphären – zwischen Industrie und Agrikultur z.B. – zeigt das Stehn des Wertes über dem Durchschnittspreis größre *Unfruchtbarkeit* der Produktionssphäre an, die den Surplusprofit, den excess[2] des Werts über den Durchschnittspreis liefert. In *derselben* Sphäre dagegen *größre Produktivität* des Kapitals im Vergleich zu andren Kapitalien in derselben Produktionssphäre. Im obigen Beispiel

[1] irgendeine Menge Quarter zwischen ihrem realen Ertrag von 330 Bushel – [2] Überschuß

liefert I überhaupt eine Grundrente, weil in der Agrikultur das Verhältnis des variablen Kapitals zum konstanten größer ist als in der Industrie, d.h. mehr neue Arbeit der vergegenständlichten zugesetzt werden muß – und weil infolge des Grundeigentums dieser Überschuß des Werts *über* den Durchschnittspreis nicht durch die Konkurrenz der Kapitalien ausgeglichen wird. Aber I liefert überhaupt noch eine Grundrente, weil der Wert von 6 sh. 8 d. per bushel nicht *unter* seinem Durchschnittspreis steht, weil er nicht so unfruchtbar ist, daß sein eigner Wert nicht über 6 sh. 8 d. per bushel steht, und es ist *nicht sein eigner Wert*, der seinen *Preis* bestimmt, sondern der Wert des auf II, III, IV oder genau des auf II gebauten Weizens. Ob dieser *Marktpreis* nun bloß gleich seinem *eignen Durchschnittspreis* oder über demselben steht, ob sein *Wert über seinem Durchschnittspreis* steht, hängt von seiner eignen Produktivität ab.

Deswegen auch falsch die Rod[bertussche] Ansicht, daß jedes Kapital, das in der Agrikultur den Durchschnittsprofit abwirft, Grundrente abwerfen *muß*. Diese falsche Konsequenz folgt aus seiner ||489| falschen Grundlage. Er räsoniert so: Das Kapital in der Agrikultur z.B. wirft 10 *l.* [ab]. Aber 10 *l.* werden hier, weil hier im Unterschied von der Industrie *Rohmaterial nicht* eingeht, auf eine kleinre Summe berechnet. Sind also mehr als 10 p.c. Der Witz ist aber der: Es ist nicht das Nichteingehen des Rohmaterials (das vielmehr in der eigentlichen Agrikultur eingeht; es wäre Wurst, wenn es *nicht* einginge, falls die *Maschinerie* etc. größer im Verhältnis), welches den Wert der Agrikulturprodukte über den *Durchschnittspreis* (ihren eignen und den der andren Waren) erhöht, sondern es ist ein größres Verhältnis des variablen Kapitals zum konstanten, als es, nicht in *besondren Produktionssphären* der Industrie, sondern *durchschnittlich* in der Industrie ist. Dieser *allgemeine* Unterschied bestimmt durch seine Größe die Größe und die Existenz der Grundrente auf Nr. I, der absoluten, nicht differenzierten und daher der *kleinsten* Grundrente. Der Preis des Weizens auf I′, des neu bebauten Bodens, der keine Grundrente abwirft, ist aber *nicht* bestimmt durch den *Wert* seines eignen Produkts, sondern durch den Wert von I, also den durchschnittlichen *Marktpreis* des Weizens, der von I, II, III, IV geliefert wird.

Das Privilegium des Agrikulturprodukts (infolge des Grundeigentums), daß es nicht sein Produkt zum *Durchschnittspreis*, sondern zu seinem *Wert* verkauft, wenn dieser Wert *über* dem Durchschnittspreis steht, gilt durchaus nicht für die auf verschiednen Bodenarten gebauten Produkte gegeneinander, für die zu verschiednen Werten produzierten Produkte innerhalb *derselben* Produktionssphäre. Den Industrieprodukten gegenüber haben sie nur den Anspruch, zu ihren Werten[1] verkauft zu werden. Den andren Produkten derselben Sphäre gegenüber sind sie durch den Marktpreis bestimmt, und es hängt von der Fruchtbarkeit von I ab, ob der Wert – hier gleich dem durchschnittlichen Marktpreis – hoch oder niedrig genug ist, also die Fruchtbarkeit von I hoch oder niedrig genug, daß I', wenn es zu *diesem* Wert verkauft, wenig, viel oder gar [nicht] an der allgemeinen Differenz zwischen dem Wert und dem Durchschnittspreis des Weizens partizipiert. Aber Herr Rod[bertus] – da er überhaupt Werte und Durchschnittspreise nicht unterscheidet, da er es für das allgemeine Gesetz aller Waren hält, nicht als Privilegium der Agrikulturprodukte versteht, daß sie zu *ihren* Werten verkauft werden – muß natürlich glauben, daß auch das Produkt des schlechtesten Bodens zu *seinem* individuellen Wert verkauft werden muß. Dies Privilegium geht ihm aber verloren in Konkurrenz mit Produkten *derselben* Art.

Nun wäre es möglich, daß der Durchschnittspreis von I' über dem Wert[2] von I, 6 sh. 8 d. per bushel stünde. Damit Boden I' überhaupt bebaut werde, kann angenommen werden (obgleich das nicht ganz richtig), daß die Nachfrage steigen muß. Also der Preis des Weizens von I *über* seinen *Wert*, über 6 sh. 8 d. steigen muß und zwar anhaltend. In diesem Fall wird Boden I' bebaut. Kann er zum Preis von 6 sh. 8 d. den Durchschnittsprofit machen, obgleich sein Wert *über* 6 sh. 8 d. steht, und die Nachfrage befriedigen, so wird der Preis auf 6 sh. 8 d. reduziert werden, da die Nachfrage jetzt der Zufuhr wieder entspricht, also I wieder zu 6 sh. 8 d. verkaufen muß, ditto II, III, IV; also auch I'. Betrüge dagegen der *Durchschnittspreis* in I' 7 sh. 8 d., so daß es nur zu diesem Preis (der tief unter seinem individuellen Wert stünde) den gewöhnlichen Profit abwürfe, so müßte, wäre die Nachfrage nicht anders zu befriedigen, der Wert des bushel sich auf 7 sh. 8 d. fixieren und der Nachfragepreis von I würde über seinen Wert steigen. Der von II, III, IV steht bereits über *ihrem* individuellen Wert. Er würde noch mehr steigen. Wäre aber Getreideeinfuhr vorauszusehen, die unter keinen Umständen erlauben würde eine solche Fixation, so könnte nichtsdestoweniger I' bebaut werden, wenn sich kleine farmers fänden, die sich mit weniger als dem Durchschnittsprofit befriedigten. Dies findet in der Agrikultur wie in der Industrie beständig statt. Und es könnte sowohl in diesem Fall, als wenn I' den Durchschnittsprofit liefert, Grundrente gezahlt werden, die aber bloß ein Abzug vom Profit des farmers wäre. Wäre auch dies

[1] In der Handschrift: Durchschnittspreisen – [2] in der Handschrift: Wert von I, unter dem Durchschnittspreis

nicht tubar, so kann der landlord den Grund und Boden an cottiers[1] verpachten, denen es, wie dem hand-loom-weaver[2], hauptsächlich darum zu tun, ihren Arbeitslohn herauszuschlagen und das Surplus, groß oder klein, in der Form der Rente dem landlord zahlen. Dies Surplus könnte selbst, wie beim hand-loom-weaver, bloßer Abzug nicht von dem Arbeitsprodukt, sondern vom *Lohn der Arbeit* sein. In allen diesen Fällen könnte Grundrente gezahlt werden. In dem einen Fall wäre sie Abzug vom Profit des Kapitalisten. In dem andren eignete sich der landlord die Surplusarbeit des Arbeiters an, die sich sonst der Kapitalist aneignet. Und im letzten Fall lebte er auf dem Salair des Arbeiters, wie es die Kapitalisten auch oft tun. *Kapitalistische Produktion* im großen aber nur möglich, wo das letztbebaute Land wenigstens den Durchschnittsprofit abwirft, also der Wert von I dem I′ wenigstens den Durchschnittspreis liefert.

Man sieht, wie die Unterscheidung von *Wert* und *Durchschnittspreis* überraschend die Frage löst und zeigt, daß Ricardo und seine Gegner recht haben.[20]

‖XI–490| Wäre I, der Boden, der die absolute Grundrente abwirft, der einzig bebaute Boden, so würde dieser also den bushel Weizen zu seinem *Wert* verkaufen, zu 6 sh. 8 d., oder $6^6/_9$ sh. und ihn nicht zum Durchschnittspreis von $6^1/_9$ sh. oder 6 sh. $1^1/_3$ d. herabsenken. Wüchse die Nachfrage, bestünde aller Boden des Landes aus derselben Sorte, und verzehnfachte sich der bebaute Boden, so, da I 10 *l.* Rente per 100 *l.* abwirft, würde die Rente auf 100 *l.* wachsen, obgleich nur *eine einzige Bodenart* existierte. Aber sie würde nicht wachsen der Rate oder Höhe nach, weder gegen das *vorgeschoßne Kapital* noch gegen das *bebaute Land.* Es wären 10× mehr acres bebaut und 10× mehr Kapital vorgeschossen. Dies also bloße Vermehrung des *Rentals*, der Masse der Rente, nicht ihrer Höhe. Die Profitrate würde nicht sinken; denn der Wert und Preis der Agrikulturprodukte bliebe derselbe. Ein 10× größres Kapital kann natürlich eine 10× größre Rente geben als ein 10× kleinres. Würde dagegen auf derselben Bodenfläche 10× mehr Kapital angewandt, mit demselben Resultat, so wäre die Rate der Rente, verglichen mit dem ausgelegten Kapital, *dieselbe* geblieben; sie wäre gestiegen im Verhältnis zur Bodenfläche, würde aber auch nichts an der Profitrate ändern.

Gesetzt aber nun, die Bebauung von I würde fruchtbarer, nicht weil der Boden sich änderte, sondern weil mehr konstantes und weniger variables Kapital ausgelegt würde, mehr Kapital in Maschinerie, Pferden, minerali-

[1] Häusler – [2] Handweber

schem Dünger usw. und weniger in Arbeitslohn, so würde der Wert des Weizens sich seinem Durchschnittspreis nähern und dem Durchschnittspreis der Industrieprodukte, weil der Überschuß des Verhältnisses von variablem zu konstantem Kapital abgenommen hätte. In diesem Falle würde die Rente fallen, die Profitrate unverändert bleiben. Fände ein solcher Wechsel in der Produktionsweise statt, daß das Verhältnis von variablem und konstantem Kapital sich ausgliche mit dem durchschnittlichen der Industrie, so würde der Überschuß des Werts über den Durchschnittspreis des Weizens wegfallen und damit die Rente, der Surplusprofit. I würde keine Rente mehr zahlen, und das Grundeigentum wäre nominell geworden (soweit nicht etwa die veränderte Produktionsweise begleitet wäre von zusätzlicher Einverleibung von Kapital in den Boden, so daß der Eigentümer nach Ablauf der Pacht Zinsen von einem Kapital zöge, das er nicht vorgeschossen, was auch ein Hauptmittel der Bereichrung der Grundeigentümer und worum sich der Streit über das tenantry-right[1] in Irland dreht). Existierten nun außer I noch II, III, IV, in welchen allen diese Produktionsweise eingetreten, so würden sie dennoch Renten abwerfen infolge ihrer natürlichen größren Fruchtbarkeit als I und im Grad, worin sie fruchtbarer. I hätte in diesem Falle aufgehört, Grundrente abzuwerfen, und die Renten von II, III, IV wären demgemäß gefallen, weil das allgemeine Verhältnis der Produktivität in der Agrikultur sich ausgeglichen mit dem in der Industrie[2]. Die Rente von II, III, IV entspräche dem Ric[ardoschen] Gesetz; sie wäre bloß gleich und *existierte* auch nur als Surplusprofit des fruchtbareren über den unfruchtbareren Boden, wie ähnliche Surplusprofite in der Industrie, nur daß ihnen hier die natürliche Basis zum Fixieren fehlt.

Das Ric[ardosche] Gesetz herrschte ebensosehr, als wenn *kein Grundeigentum* existierte. Mit der Abschaffung des Grundeigentums und der Beibehaltung der kapitalistischen Produktion würde dieser aus der Differenz der Fruchtbarkeit hervorgehende Surplusprofit bleiben. Eignete sich der Staat das Grundeigentum an und bliebe die kapitalistische Produktion, so würde Rente von II, III, IV an den Staat gezahlt, aber die Rente selbst bliebe. Würde das Grundeigentum *Volkseigentum*, so hörte überhaupt die Basis der kapitalistischen Produktion, die Grundlage, worauf die Verselbständigung der Arbeitsbedingungen dem Arbeiter gegenüber beruht, auf.

Eine Frage, die später bei der Grundrente zu erörtern: Wie die Grundrente steigen kann, dem *Wert* und der *Masse* nach, bei der intensiveren

[1] Pachtrecht – [2] in der Handschrift: Agrikultur

Kultur, obgleich die Rate der Grundrente in bezug auf das vorgeschoßne Kapital sinkt? Dies offenbar nur möglich, weil die *Masse des vorgeschossenen Kapitals* steigt. Ist die Grundrente $^1/_5$ und wird sie $^1/_{10}$, so ist $20 \times {}^1/_5 = 4$ und $50 \times {}^1/_{10} = 5$. Dies ist die ganze Wirkung. Würde die intensive Kultur aber dasselbe Produktionsverhältnis annehmen wie im Durchschnitt der Industrie, statt sich ihm nur zu *nähern*, so fiele die Rente weg für den unfruchtbarsten Boden und würde auf die bloße Landdifferenz für den fruchtbarsten reduziert. Die *absolute* Rente fiele weg.

Nimm nun [an], infolge steigender Nachfrage würde von I zu II fortgegangen. I zahlt die absolute Rente, II würde eine differenzierte zahlen, aber der *Preis* des Weizens (Wert für I, Surpluswert für II) bliebe derselbe. Ditto die Profitrate nicht affiziert. Und so würde es fortgehn bis IV. Also die Rente steigt auch der *Höhe* nach, der Rate, wenn wir das in I, II, III, IV ausgelegte Kapital zusammenrechneten. Aber die Durchschnittsprofitrate von II, III, IV bliebe gleich der von I, die gleich der der Industrie, der allgemeinen Profitrate ist. Wird also ||491| zu fruchtbarerem Boden aufgestiegen, so kann die Rente in amount and rate[1] wachsen, obgleich die Profitrate unverändert bleibt und der Preis des Weizens konstant bleibt. Es wäre die wachsende Fruchtbarkeit des Kapitals in II, III, IV, nicht die abnehmende von I, die das Steigen in Höhe und amount der Rente verursacht hätte. Nur würde nicht, wie notwendig in der Industrie die wachsende Produktivität den Profit steigen und den Preis der Ware wie den Arbeitslohn sinken machen.

Fände aber der umgekehrte Prozeß statt: von IV zu III, II, I, so würde der Preis steigen bis zu 6 sh. 8 d., zu dem er auf I noch eine Rente von 10 *l.* auf 100 *l.* abwirft. Nämlich die Rente des Weizens auf IV $17^7/_{25}$ *l.* auf 100 *l.*, wovon aber $7^7/_{25}$ Überschuß seines Preises über den Wert von I sind. I gab es zu 100 *l.* (und mit Rente von 10 *l.* und zum Wert des *bushels zu 6 sh. 8 d.*) 360 bushel. II – 432 bushel. III – $518^2/_5$ bushel und IV – $622^2/_{25}$ bushel. Aber der Preis der bushel von IV zu 6 sh. 8 d. warf ihm eine Surplusrente von $7^7/_{25}$ per 100 ab. IV verkauft 3 bushel zu 1 *l.* oder $622^2/_{25}$ bushel zu $207^9/_{25}$ *l.* Sein Wert aber nur 120 *l.* wie in I; was drüber, ist Überschuß seines Preises über seinen Wert. IV würde den qr. zu seinem Wert verkaufen oder rather[2] den bushel, wenn er ihn verkaufte, zu 3 sh. $10^8/_{27}$ d., und bei diesem Preis hätte er 10 *l.* Rente auf 100. Wird nun von IV auf III, III auf II und II auf I übergegangen, so steigt der Preis des bushel (und damit die Rente), bis er schließlich 6 sh. 8 d. bei I beträgt, wo dieser Preis

[1] Masse und Rate – [2] vielmehr

jetzt dieselbe Grundrente abwirft, die er früher bei IV abwarf. Mit dem Steigen des Preises würde die Profitrate fallen, teils soweit die Lebensmittel und Rohmaterial gestiegen im Werte. Es könnte von IV auf III folgendermaßen übergegangen werden. Infolge der Nachfrage steigt der Preis von IV über seinen Wert, wirft also nicht nur Rente, sondern Surplusrente ab. Infolgedessen wird III bebaut, der bei diesem Preis keine Rente abwerfen soll bei dem gewöhnlichen Durchschnittsprofit. Wenn infolge der Steigerung des Preises von IV nicht die Profitrate gefallen, sondern der Arbeitslohn, so wird III den Durchschnittsprofit abwerfen. Infolge der Zufuhr von III soll aber wieder der Arbeitslohn auf die normale Höhe steigen; [dann] fällt die Profitrate in III etc.

Bei dieser niedersteigenden Bewegung fällt also die Profitrate unter den *gemachten Voraussetzungen*, daß III keine Rente abwerfen kann bei dem Preis von IV, und III auch nur mit der alten Profitrate bebauen kann, weil der Arbeitslohn momentan unter sein Niveau gesunken.

Unter diesen Voraussetzungen das Ric[ardosche] Gesetz wieder [möglich]. Aber nicht nötig; selbst bei seiner Auffassung nicht. Nur *möglich* unter certain[1] Konjunkturen. In der Wirklichkeit kreuzen sich die Bewegungen.

Hiermit dem Wesen nach die Renttheorie erledigt.

Bei Herrn Rod[bertus] liegt die Grundrente in der ewigen Natur, wenigstens der kapitalistischen Produktion, wegen seines „Materialwerts". Bei uns in einer *historischen Differenz* in den organischen Bestandteilen des Kapitals, die teils ausgeglichen werden, ja mit der Entwicklung der Agrikultur ganz verschwinden kann. Allerdings bleibt dabei die Differenz, soweit sie bloß aus dem Unterschied in der natürlichen Fruchtbarkeit des Landes hervorgeht, wenn auch die *absolute* Rente wegfiele. Aber – ganz abgesehn von der möglichen Ausgleichung der natürlichen Unterschiede – hängt diese *Differentialrente* mit der Regulierung des Marktpreises zusammen, fällt also mit dem Preis weg und mit der kapitalistischen Produktion. Es bliebe nur, daß die *gesellschaftliche Arbeit Boden von verschiedner Fruchtbarkeit bebaut*, wobei trotz der Differenz der angewandten Arbeit diese in allen Nummern produktiver werden kann. Keineswegs aber würde die Arbeitsmasse, die der schlechtere Boden kostet, nun wie beim Bourgeois bewirken, daß auch der beßre mit mehr Arbeit bezahlt werden muß. Vielmehr würde die auf IV ersparte Arbeit zur Verbesserung von III und die von III ersparte Arbeit zur Verbesserung von II, endlich die an II ersparte Arbeit zur Verbesserung von I benutzt werden; also das ganze von den

[1] bestimmten

Grundeigentümern gefreßne Kapital zur Ausgleichung der Bodenarbeit und zur Verminderung der auf die Agrikultur überhaupt verwandten Arbeit dienen.

||492| {Wenn A. Smith, wie oben gesehn[1], erst richtig den Wert und das Verhältnis von Profit, Salair etc. als Bestandteile dieses Werts auffaßt, dann aber umgekehrt fortgeht und die Preise von Salair, Profit, Grundrente voraussetzt und selbständig bestimmen will, um dann aus ihnen den *Preis der Ware* zu komponieren, so dieser Umschlag den Sinn: Erst faßt er die Sache ihrem *innren Zusammenhang* nach auf, dann in der *umgekehrten Form, wie sie in der Konkurrenz erscheint*. Diese beiden Fassungen kreuzen sich bei ihm naiv, ohne daß er des Widerspruchs gewahr wird. Ric[ardo] dagegen *abstrahiert* mit Bewußtsein von der Form der Konkurrenz, von dem Schein der Konkurrenz, um die *Gesetze als solche* aufzufassen. Einerseits ist ihm vorzuwerfen, daß er nicht weit genug, nicht vollständig genug in der Abstraktion ist, also z.B., wenn er den *Wert* der Ware auffaßt, gleich auch schon durch Rücksicht auf allerlei konkrete Verhältnisse sich bestimmen läßt, anderseits daß er die Erscheinungsform nun *unmittelbar, direkt* als Bewähr oder Darstellung der allgemeinen Gesetze auffaßt, keineswegs sie *entwickelt*. In bezug auf das erste ist seine Abstraktion zu unvollständig, in bezug auf das zweite ist sie formale Abstraktion, die an und für sich falsch ist.}

[10. Rentrate und Profitrate. Verhältnis zwischen der Produktivität in der Landwirtschaft und in der Industrie auf den verschiedenen Stufen der historischen Entwicklung]

Jetzt noch kurz zum Rest von Rod[bertus] zurück.

„Die aus einer *Vermehrung* des nationalen Produktwerts herrührende *Vermehrung* von resp. Arbeitslohn, Kapitalgewinn und Grundrente können weder den Arbeitslohn noch den Kapitalgewinn der Nation *erhöhen*, da der mehrere Arbeitslohn sich nun auch unter mehrere Arbeiter verteilt, und der mehrere Kapitalgewinn auf ein in demselben Verhältnis vermehrtes Kapital fällt, dagegen die Grundrente allerdings *erhöhen* muß, da diese immer auf die *gleich groß gebliebenen* Grundstücke fällt. So vermag sie die große *Steigerung des Bodenwerts*, der nichts als die nach dem üblichen Zinsfuß kapitalisierte Grundrente ist, zu Genüge zu erklären, ohne ihre Zuflucht zu einer steigenden Unproduktivität der landwirtschaftlichen Arbeit zu nehmen, die der Idee der Perfektibilität der menschlichen Gesellschaft wie allen landwirtschaftlichen und statistischen Tatsachen schnurstracks widerspricht." (p. 160, 161.)

[1] Siehe 1. Teil dieses Bandes, S. 40–56 und S. 66–69

D'abord[1] zu bemerken, daß Ricardo *nirgendwo* die *„große Steigerung des Bodenwerts"* zu erklären sucht. Dies ist für ihn gar *kein Problem*. Er sagt ferner, selbst (siehe später bei Ricardo) von Ricardo ausdrücklich bemerkt, daß bei gleichbleibendem Wert des Korns oder agricultural produce – bei gegebner Rentrate – die Rente sich *vermehren* kann[2]. Diese Vermehrung ist wieder kein Problem für ihn. Das Steigen des Rentals, wenn die Rentrate dieselbe bleibt, ist kein Problem für ihn. Für ihn ist das Problem das Steigen der *Rentrate*, d.h. der Rente im Verhältnis zum vorgeschoßnen agricultural capital; daher auch das Steigen im Wert nicht der *Masse* des agricultural produce, sondern des Werts z.B. eines qr. Weizen, desselben Quantums von agricultural produce, womit der Überschuß seines Werts über den Durchschnittspreis und damit der Überschuß der Rente über die Profitrate wächst. Herr Rod[bertus] beseitigt hier das Ric[ardosche] Problem (abgesehn von seinem falschen „Materialwert").

Allerdings kann auch die *Rentrate* steigen, relativ zum vorgeschoßnen Kapital, d.h. der relative Wert des Agrikulturprodukts im Verhältnis zum Industrieprodukt, obgleich die Agrikultur beständig *fruchtbarer* wird. Und zwar kann dies aus 2 Gründen geschehn:

Erstens nimm das *obige Beispiel*, wo von I zu II, III, IV fortgegangen wird, also zu beständig fruchtbarerem Boden (ohne daß jedoch dessen Zufuhr groß genug ist, I außer Bebauung zu werfen oder die Differenz zwischen Wert und Durchschnittspreis so zu erniedrigen, daß IV, III, II proportionell niedrigre Renten, I gar keine Rente zahlt). Ist die Rente bei I 10, bei II 20, bei III 30, bei IV 40, und ist in allen 4 Arten 100 *l.* angelegt, so betrug die Rente bei I $^1/_{10}$ oder 10 p.c. auf das vorgeschoßne Kapital, bei II $^2/_{10}$ oder 20 p.c., bei III $^3/_{10}$ oder 30 p.c. und bei IV $^4/_{10}$ oder 40 p.c. Zusammen 100 *l.* auf 400 vorgeschoßnes Kapital, was als Durchschnittsrate der Rente gibt $^{100}/_4 = 25$ p.c. Das ganze in der Agrikultur angelegte Kapital betrachtet, beträgt die Rente jetzt 25 p.c. Wäre bloß Boden I fortbebaut worden (der unfruchtbarere Boden), so betrüge die Rente 40 auf 400, nach wie vor 10 p.c. und wäre nicht um 15 p.c. gestiegen. Aber im ersten Fall wären (wenn 330 bushel auf Auslage von 100 *l.* in I) nur *1320* bushel produziert worden zum Preis von 6 sh. 8 d. per bushel; im zweiten Fall sind 1518 bushel produziert zum selben Preis. In beiden Fällen ist dasselbe Kapital vorgeschossen.

Die Steigerung in der *Höhe* der Rente hier aber nur scheinbar.[21] Berechnen wir nämlich die Auslage des Kapitals in bezug auf das Produkt, so

[1] Zunächst – [2] siehe vorl. Band, S.314

in I nötig 100, um 330 bushel zu produzieren, und 400, um *1320* bushel zu produzieren. Jetzt aber nur 100 + 90 + 80 + 70, nämlich 340 *l.*, um 1320 bushel zu produzieren. 90 *l.* produzieren in II soviel wie 100 in I, 80 in III soviel wie 90 in II und 70 in IV soviel wie 80 in III. Die Rate der Grundrente gestiegen in II, III, IV, verglichen mit I.

Die ganze Gesellschaft betrachtet, [wären,] um *dasselbe* Produkt hervorzubringen, 340 Kapital angewandt statt 400, d.h. 85 p.c. [vom früheren] Kapital.

||493| Die 1320 bushel nur anders verteilt, wie im ersten Fall. Der Pächter muß auf 90 soviel abgeben, wie früher auf 100, auf 80 soviel wie früher auf 90 und auf 70 soviel wie früher auf 80. Aber die Kapitalauslagen von 90, 80, 70 geben ihm grad soviel Produkt, wie die früher auf 100. Er gibt mehr ab, nicht weil er größres Kapital anwenden muß, um dasselbe Produkt zu liefern, sondern weil er weniger Kapital anwendet, nicht weil sein Kapital unfruchtbarer, sondern weil es fruchtbarer geworden, er aber nach wie vor zu dem Preis von I verkauft, verkauft, als ob er nach wie vor dasselbe Kapital brauchte, um dasselbe Quantum Produkt zu produzieren.

[*Zweitens.*] Außer dieser Steigerung der *Rentrate*, zusammenfallend mit der ungleichen Steigerung des Surplusprofits in einzelnen Industriezweigen, obgleich sie sich hier nicht fixiert – ist nur ein zweiter Fall möglich, wo die *Rentrate* steigen kann, obgleich der Wert des Produkts derselbe bleibt, also die Arbeit nicht unfruchtbarer wird. Dies, wenn entweder die Produktivität in der Agrikultur *dieselbe* bleibt wie vorher, aber die Produktivität in der Industrie steigt, und dies Steigen im Sinken der Profitrate sich ausspräche. Also wenn das Verhältnis des variablen Kapitals zum konstanten abnehme. Oder wenn die Produktivität auch in der Agrikultur steigt, aber nicht in demselben Verhältnis wie in der Industrie, sondern in kleinerem. Steigt die Produktivität in der Agrikultur = 1:2 und in der Industie = 1:4, so ist es *relativ* dasselbe, als wäre sie in der Agrikultur = 1 geblieben und hätte sich in der Industrie verdoppelt. In diesem Falle würde das variable Kapital gegen das konstante zweimal rascher in der Industrie abnehmen als in der Agrikultur.

In beiden Fällen fiele die Profitrate in der Industrie und, weil sie *fiele*, würde die *Rate* der Grundrente steigen. In den andren Fällen fällt die Profitrate, nicht absolut (sie bleibt *konstant* vielmehr), aber sie fällt relativ zur Grundrente, nicht weil sie *selbst* fällt, sondern weil die Grundrente steigt, die Rate der Grundrente mit Bezug auf das vorgeschoßne Kapital.

Ricardo unterscheidet diese Fälle nicht. Mit Ausnahme dieser Fälle kann die Rate der Grundrente nur steigen – (wenn also das allgemeine Verhältnis von konstantem Kapital und variablem Kapital infolge der vermehrten Produktivität der Industrie wechselt und *daher* der Überschuß des Werts der Agrikultur über ihren Durchschnittspreis steigt oder wenn die Profitrate, obgleich konstant, relativ fällt wegen der Differentialrenten des auf fruchtbarern Boden angewandten Kapitals) – wenn die Profitrate fällt, ohne daß die Industrie produktiver wird. Dies aber nur möglich, wenn der Arbeitslohn steigt oder das Rohmaterial – im Wert – infolge der großen Unproduktivität der Agrikultur. In diesem Falle ist das Fallen der Profitrate und das Steigen der Höhe der Grundrente Resultat derselben Ursache – des Unproduktiverwerdens der Agrikultur, des in der Agrikultur angewandten Kapitals. Dies Ric[ardos] Vorstellung. Dies muß sich dann bei *gleichbleibendem* Geldwert im Steigen der *Preise* der Rohprodukte zeigen. Ist das Steigen *relativ*, wie oben betrachtet, so kann kein Wechsel im Geldpreis die Geldpreise der Agrikulturprodukte absolut erhöhn gegen die Industrieprodukte. Sänke das Geld um 50 p.c., so wäre 1 qr., das 3 *l.* wert war, 6 *l.* wert, aber ein lb. Twist, das 1 sh. wert war, wäre 2 sh. wert. Aus dem Geldwechsel kann also nie das *absolute* Steigen der Geldpreise der Agrikulturprodukte, verglichen mit den Industrieprodukten, erklärt werden.

Im ganzen ist anzunehmen, daß in der roheren, vorkapitalistischen Produktionsweise die Agrikultur *produktiver* ist als die Industrie, weil die Natur als Maschine und Organismus hier mitarbeitet, während die Naturkräfte in der Industrie fast noch ganz durch Menschenkraft ersetzt werden (wie in der handwerksmäßigen Industrie etc.); in der Sturmperiode der kapitalistischen Produktion entwickelt sich die Produktivität der Industrie rasch gegen die Agrikultur, obgleich ihre Entwicklung *voraussetzt*, daß in der Agrikultur schon bedeutende Variation zwischen capital constant und capital variable stattgefunden *hat*, d.h. eine Masse Menschen vom Ackerbau vertrieben sind. Später geht die Produktivität in beiden voran, obgleich in ungleichem Schritt. Aber auf einem gewissen Höhepunkt der Industrie muß die Disproportion abnehmen, d.h. die Produktivität der Agrikultur sich relativ rascher vermehren als die der Industrie. Dazu gehört 1. Ersetzen des bärenhäuterischen farmers durch den business-man[1], den farming-capitalist[2], Verwandlung der Ackerbauer in reine Lohnarbeiter, Agrikultur auf großer Stufenleiter, also mit konzentrierten Kapitalien; 2. namentlich aber: die eigentlich wissenschaftliche Grundlage der großen Industrie, die Mechanik, die im 18. Jahrhundert gewissermaßen vollendet war. Erst im 19., speziell in den späten Jahrzehnten, entwickeln sich die Wissenschaften,

[1] Geschäftsmann – [2] kapitalistischen Pächter

die *direkt* in höherm Grade spezifische Grundlagen für die Agrikultur als für die Industrie ||494| sind – Chemie, Geologie und Physiologie.

Es ist Unsinn, von der größren oder geringren Produktivität zweier *verschiednen* Industriezweige zu sprechen durch bloße Vergleichung des Werts ihrer Waren. War das lb. Baumwolle 1800 = 2 sh. und der Twist = 4, und ist der Wert der Wolle 1830 = 2 sh. oder 18 d. und der des Twistes = 3 sh. oder 1 sh. 8 d., so könnte man das Verhältnis, worin die Produktivität in beiden Zweigen gewachsen, vergleichen. Aber nur weil man den Satz von 1800 als Ausgangspunkt nimmt. Dagegen, weil das lb. Baumwolle = 2 sh. und das des Twistes = 3, also die die Wolle produzierende Arbeit noch einmal so groß wie die [neuzugefügte Arbeit] des Spinnens, wäre es Blödsinn zu sagen, die eine sei zweimal so produktiv als die andre, so blödsinnig, als es wäre zu sagen, daß, weil die Leinwand wohlfeiler ist zu machen als das Gemälde des Malers auf der Leinwand ist, deswegen die Arbeit des letztren minder produktiv als die des erstren.

Das richtige nur folgendes, wenn auch der kapitalistische Sinn von *produktiv* enthalten – produktiv von Mehrwert [und] zugleich die relativen Massen des Produkts [in Betracht gezogen werden]:

Wenn dem Durchschnitt nach, um 100 Arbeiter in der Baumwollindustrie zu beschäftigen, = 100 *l.*, den Produktionsbedingungen nach 500 *l.* in Rohstoff und Maschinerie etc. nötig {bei gegebnen Werten der letztren}; anderseits, um 100 Arbeiter, = 100 *l.*, in der Weizenkultur zu beschäftigen, für 150 *l.* Rohstoff und Maschinerie nötig wären, dann bildete das variable Kapital in I $^1/_6$ von den 600 *l.* Gesamtkapital und $^1/_5$ vom konstanten; in II von den 250 *l.* Gesamtkapital das variable Kapital $^2/_5$, und von dem konstanten Kapital $^2/_3$. Jedes 100 *l.*, das also in I ausgelegt ist, kann nur $16^2/_3$ *l.* variables Kapital und muß $83^1/_3$ konstantes Kapital enthalten; in II dagegen 40 *l.* variables Kapital und 60 *l.* konstantes. In I bildet das variable Kapital $^1/_6$ oder $16^2/_3$ p.c. und in II 40 p.c. Wie erbärmlich die jetzigen Preisgeschichten sind, ist klar. Sie können auch nur erbärmlich sein, bis die Theorie ihnen zeigt, was sie zu untersuchen haben. Wäre die Rate des Mehrwerts gegeben, z.B. = 20 p.c., so betrüge der Mehrwert in I = $3^1/_3$ *l.* (also Profit $3^1/_3$ p.c.). In II dagegen 8 *l.* (also Profit 8 p.c.). Die Arbeit in I wäre nicht so produktiv wie in II, weil sie produktiver wäre (d.h. nicht so produktiv of surplus value[1], weil sie more productive of produce[2] ist). Es ist, nebenbei bemerkt, klar, daß z.B. in der Baumwollindustrie das Verhältnis von 1:$^1/_6$ nur möglich, wenn vielleicht capital constant (dies hängt von den

[1] an Mehrwert – [2] produktiver an Produkt

Maschinen etc. ab) zum Betrag von 10000 *l.* ausgelegt, also Arbeitslohn zum Betrag von 2000, also ein Gesamtkapital von 12000. Würden nur 6000 ausgelegt, wobei der Arbeitslohn = 1000, so wäre die Maschinerie unproduktiver etc. Zu 100 könnte es gar nicht betrieben werden. Anderseits ist es möglich, daß, wenn 23000 *l.* ausgelegt werden, solche Vergrößerung in der efficiency[1] der Maschinerie stattfindet, sonstige Ökonomie etc., daß vielleicht nicht ganz 19166$^2/_3$ *l.*[2] auf capital constant kämen, sondern mehr Rohmaterial und dieselbe Arbeitsmasse *weniger* Maschinerie etc. (Wert) brauchen, in welcher letztren 1000 *l.* gespart sein sollen. Dann wächst also wieder das Verhältnis des variablen Kapitals zum konstanten, aber nur, weil das absolute Kapital gewachsen ist. Dies ist ein check[3] gegen das Fallen der Profitrate. Zwei Kapitalien von 12000 werden dieselbe Quantität Ware produzieren wie das eine von 23000, aber erstens wären die Waren teurer, da sie 1000 *l.* mehr Auslagen kosteten, und zweitens wäre die Profitrate kleiner, weil in dem Kapital von 23000 das variable Kapital > als $^1/_6$ des Gesamtkapitals, also größer als in der Summe der zwei von 12000. |494||

||494| (Wenn einerseits mit dem Fortschritt der Industrie die Maschinerie effektiver wird und wohlfeiler, also dieser Teil des capital constant der Agrikultur abnimmt, wenn Maschinerie nur zu *demselben Quantum* als bisher angewandt würde, aber dies Quantum wächst schneller als die Verwohlfeilerung der Maschinerie, da dies Element noch schwach in der Agrikultur entwickelt, anderseits fällt mit der größren Produktivität der Agrikultur der Preis des Rohmaterials – sieh Baumwolle –, so daß nicht in demselben Verhältnis, wie das Rohmaterial als Bestandteil des Arbeitsprozesses zunimmt, es auch als Bestandteil des Verwertungsprozesses zunimmt.)[22]

Schon *Petty* sagt uns, daß die landlords seinerzeit die Verbesserung in der Agrikultur fürchteten, weil dadurch der Preis der Agrikulturprodukte und die Grundrente (der Höhe nach) falle; ditto die *Vermehrung des Bodens* und Bebauung bisher unbenutzten Bodens = Vermehrung des Bodens. (In Holland diese Vermehrung des Bodens (Grund und Bodens) noch direkter zu nehmen.) Er sagt:

„Wider das Austrocknen von Sümpfen, das Kultivieren von Wäldern, das Einhegen von Gemeindeland, das Anpflanzen von Esparsette und Klee wird gemurrt von den landlords, weil das die Wege seien zur Herabdrückung der Preise für Lebensmittel." (p. 230 *„Polit. Arith."*, *Lond. 1699.*)

[1] Leistungsfähigkeit – [2] in der Handschrift: 16 000 – [3] Hemmnis

(„Die Rente von ganz England, Wales und den lowlands[1] von Schottland beträgt ungefähr 9 Millionen [*l.*] per Jahr.") (l.c.p.231.) |494||

||494| Petty bekämpft diese Ansicht und D'Avenant entwickelt ||495| weiter, wie die *Höhe der Rente* abnehmen, die Rentmasse oder das Rental aber sich vermehren kann. Er sagt:

„Renten mögen fallen an manchen Orten und in manchen Grafschaften, und doch [kann] der Grund und Boden der Nation" (er meint den Bodenwert) „sich ständig verbessern, z.B. wenn Parks gerodet und Wälder und Gemeindeländereien angeeignet und eingehegt werden, wenn Sümpfe entwässert und wenn viele Teile" (des Landes) „durch Industrie und Bearbeitung verbessert werden, so muß das sicher den Boden entwerten, der bereits vorher vollständig verbessert worden und keiner weitren Verbeßrung fähig ist. So sinkt das Renteinkommen der Privaten, aber die allgemeine Rente des Königreichs hebt sich durch solche Verbesserungen gleichzeitig." (p.26, 27.) „1666–1688 fielen die privaten Renten, aber das Steigen im allgemeinen Rental des Königreichs war im Verhältnis größer während dieser Zeit als in den vorhergehenden Jahren, weil die Verbesserungen des Bodens größer und allgemeiner waren zwischen diesen beiden Zeitpunkten als je zuvor." (p.28, D'Avenant, „Discourses on the Publick Revenues etc.", Part II, London 1698.)

Man sieht hier auch, wie der Engländer unter Höhe der Rente stets die Rente in bezug auf das Kapital versteht, aber nie auf das *Gesamtland* des kingdom[2] (oder den Acre überhaupt, wie Herr Rod[bertus]).

[1] Niederungen – [2] Königreichs

[NEUNTES KAPITEL]

Bemerkungen über die Geschichte der Entdeckung des sogenannten Ricardoschen Gesetzes. [Ergänzende Bemerkungen über] Rodbertus (Abschweifung)

[1. Entdeckung der Differentialrente durch Anderson. Entstellung der Ansichten Andersons im Interesse der Grundeigentümer durch seinen Plagiator Malthus]

Anderson war praktischer Pächter. Seine erste Schrift, worin *beiläufig* die Natur der Rente erörtert wird, erschien 1777[23], zu einer Zeit, wo Sir James Steuart für einen großen Teil des publicum's noch der herrschende Ökonom, zugleich aber die allgemeine Aufmerksamkeit auf den „*Wealth of Nations*" gerichtet, der ein Jahr vorher erschienen war. Dagegen konnte die aus Anlaß einer unmittelbar praktischen Streitfrage geschriebne Schrift des schottischen farmers, die von der Rente nicht „ex professo"[1] handelte, sondern nur nebenbei ihre Natur erläuterte, keine Aufmerksamkeit erregen. Anderson behandelte die Rente in dieser Schrift nur akzidentell, nicht ex professo. Ebenso beiläufig läuft diese seine Theorie wieder unter in einem oder zwei in der von ihm selbst herausgegebnen Sammlung seiner Essays, die in 3 Bänden erschien unter dem Titel: „*Essays. Relating to Agriculture and rural Affairs*", *3 vol., Edinburgh 1775–1796.* Ebenso in den 1799 bis 1802 herausgegebnen: „*Recreations in Agriculture. Natural History, Arts etc.*", London (sieh nach auf dem Britischen Museum[24]), lauter Schriften, die direkt für farmers und agriculturists bestimmt sind. Hätte Anderson eine Ahnung von der Wichtigkeit seines Funds gehabt und ihn gesondert dem Publikum als „Inquiry into the nature of rent"[2] vorgeführt, oder hätte er nur im geringsten Grad das Talent besessen, den Handel mit eignen Ideen zu treiben, den sein Landsmann McCulloch so erfolgreich mit fremden trieb, so [stände es] anders. Die Reproduktionen seiner Theorie 1815 erschienen sofort als selbständige *theoretische* Untersuchungen über die Natur

[1] „ausdrücklich" – [2] „Untersuchung über die Natur der Rente"

der Rente, wie schon die Titel der resp. Schriften von West und Malthus zeigen:

Malthus: „Inquiry into the Nature and Progress of Rent". West: „Essay on the Application of Capital to Land".

Ferner benutzte Malthus die Andersonsche Rententheorie, um seinem Bevölkerungsgesetz zum erstenmal eine zugleich nationalökonomische und reale (naturhistorische) Grundlage zu geben, während der von frühren Schriftstellern abgeborgte Blödsinn der geometrischen und arithmetischen Progression eine rein chimärische Hypothese war. Mr. Malthus at once „improved" the occasion[1]. *Ric[ardo]* nun gar machte diese Doktrin von der Rente, wie er selbst in der Vorrede sagt, zu einem der wichtigsten links[2] im Gesamtsystem der politischen Ökonomie und gab ihr – von der praktischen Seite ganz abgesehn – eine ganz neue theoretische Wichtigkeit.

Ricardo kannte offenbar Anderson nicht, da er in der Vorrede seiner politischen Ökonomie West und Malthus als die Entdecker betrachtet. *West,* nach der originellen Art, wie er das Gesetz darstellt, kann möglicherweise ebenso unbekannt mit Anderson gewesen sein, als Tooke mit Steuart war. Anders mit Herrn Malthus. Eine genaue Vergleichung seiner Schrift zeigt, daß er den Anderson kennt und benutzt. Er war überhaupt *Plagiarius* von ||496| Profession. Man hat nur *die erste Ausgabe* seiner Schrift über population mit der früher von mir zitierten Schrift des Reverend Townsend[25] zu vergleichen, um sich zu überzeugen, daß er ihn nicht als freier Produzent verarbeitet, sondern als sklavischer Plagiarius abschreibt und paraphrasiert, obgleich er ihn *nirgendwo nennt,* seine Existenz *verheimlicht.*

Die Art, wie Malthus den Anderson benutzte, ist charakteristisch. Anderson hatte Exportprämien auf Kornausfuhr und Kornzölle gegen Korneinfuhr verteidigt, keineswegs aus Interesse für die landlords, sondern weil er glaubte, daß diese Art Gesetzgebung „den Durchschnittspreis des Korns *ermäßige*" und eine gleichmäßige Entwicklung der Produktivkräfte der Agrikultur sichre. Malthus nahm diese Nutzanwendung von Anderson an, weil er – ein echtes member der Established Church of England[3] – ein professioneller Sykophant der Grundaristokratie war, deren Renten, Sinekuren, Verschwendung, Herzlosigkeit usw. er *ökonomisch* rechtfertigte. Malthus vertritt das Interesse der industriellen Bourgeoisie nur, soweit es identisch ist mit dem Interesse des Grundeigentums, der Aristokratie, d.h. *gegen* die Masse des Volks, das Proletariat; aber wo die beiden Interessen sich spalten

[1] Herr Malthus „benutzte" sofort die Gelegenheit – [2] Glieder – [3] Mitglied der Staatskirche von England

und feindlich gegenübertreten, stellt er sich auf Seite der Aristokratie gegen die Bourgeoisie. Daher seine Verteidigung der „*unproduktiven* Arbeiter", der Überkonsumtion etc.

Dagegen hatte Anderson die Differenz von Boden, der Rente und keine Rente oder von Böden, die ungleich große Renten zahlen, erklärt aus der *relativen* Unfruchtbarkeit des Bodens, der *keine* Rente oder eine *kleinere* Rente trägt, verglichen mit dem Boden, der Rente oder eine größre Rente trägt. Aber er hatte ausdrücklich gesagt, daß diese Grade der relativen Fruchtbarkeit in *verschiednen* Bodenarten, also auch die relative Unfruchtbarkeit der schlechtern Bodenarten, verglichen mit den beßren, absolut nichts zu tun hat mit der *absoluten* Fruchtbarkeit der Agrikultur. Er hatte *umgekehrt* hervorgehoben, daß nicht nur die absolute Fruchtbarkeit *aller* Bodenarten beständig vermehrt werden kann und im Fortschritt der Bevölkerung vermehrt werden muß, sondern er war weiter gegangen und hatte behauptet, daß die *Ungleichheit* in der *Fruchtbarkeit* der verschiednen Bodenarten progressiv *ausgeglichen* werden kann. Er sagt, daß der jetzige Grad der Entwicklung der Agrikultur in England keine Ahnung von der *möglichen* Entwicklung derselben gebe. Er hatte deswegen gesagt, daß in einem Lande die Getreidepreise hoch und die Rente niedrig, in einem andren Lande die Getreidepreise niedrig und die Rente hoch sein kann; und dies folgte aus seinem Prinzip, da in beiden Ländern die *Differenz* zwischen dem fruchtbaren und unfruchtbaren Boden, in keinem derselben die absolute Fruchtbarkeit, in jedem nur die Gradunterschiede in der Fruchtbarkeit der vorhandnen Bodenarten, in keinem die Durchschnittsfruchtbarkeit dieser Bodenarten, die Höhe und das Dasein der Renten bestimmen. Er schloß daraus, daß absolute Fruchtbarkeit der Agrikultur absolut nichts mit der Rente zu tun hat. Er erklärte sich später, wie wir unten weiter sehn werden[1], daher als ein dezidierter Feind der Malthusschen Populationstheorie und ahnte nicht, daß seine eigne Renttheorie dieser Monstrosität als Grundlage dienen solle. Anderson erklärte sich das Steigen der Getreidepreise in England von 1750–1801, verglichen mit 1700–1750, keineswegs aus einer Bebauung von progressiv unfruchtbareren Bodenarten, sondern aus dem Einfluß der Gesetzgebung auf die Agrikultur während dieser beiden Perioden.

Was tat nun Malthus?

Statt seiner (auch plagiierten) Chimäre von der geometrischen und arithmetischen Progression, die er als „Phrase" beibehielt, machte er Andersons

---

[1] Siehe vorl. Band, S. 140 ff.

Theorie zur Bestätigung seiner Populationstheorie. Er behielt Andersons Nutzanwendung der Theorie bei, soweit sie im Interesse der landlords war – ein fact, das allein bewies, daß er den Zusammenhang dieser Theorie mit dem System der bürgerlichen Ökonomie so wenig verstand wie Anderson selbst; er drehte sie, ohne auf die Gegenbeweise des Entdeckers der Theorie einzugehn, gegen das Proletariat. Den theoretischen und praktischen Fortschritt, der aus dieser Theorie zu machen war – theoretisch für die Bestimmung des *Werts* der Ware etc. und die Einsicht in die Natur des Grundeigentums, praktisch gegen die Notwendigkeit von Privatgrundeigentum auf *Grundlage der bürgerlichen Produktion* und näher gegen alle Staatsmaßregeln, wie cornlaws[1], die dies Grundeigentum vergrößerten –, überließ er Ricardo. Die einzige Nutzanwendung, die er zog, war eine Verteidigung des Schutzzolls, den die landlords 1815 beanspruchten, ein sykophantischer Dienst für die Aristokratie und eine neue *Rechtfertigung* des Elends der Produzenten des Reichtums, eine neue Apologie für die Exploiteure der Arbeit. Nach dieser Seite hin sykophantischer Dienst für die industriellen Kapitalisten.

Grundgemeinheit der Gesinnung charakterisiert den Malthus, eine Gemeinheit, die nur ein Pfaffe sich erlauben ||497| kann, der in dem menschlichen Elend die Strafe für den Sündenfall erkennt und überhaupt „ein irdisches Jammertal" braucht, zugleich aber, mit Rücksicht auf die von ihm bezognen Pfründen und mit Hilfe des Dogmas von der Gnadenwahl, durchaus vorteilhaft findet, den Aufenthalt im Jammertal den herrschenden Klassen zu „versüßen". Die „Gemeinheit" dieser Gesinnung zeigt sich auch wissenschaftlich. *Erstens* in seinem schamlos und handwerksmäßig betriebenen *Plagiarismus*. *Zweitens* in der *rücksichtsvollen*, nicht *rücksichtslosen* Konsequenz, die er aus wissenschaftlichen Vordersätzen zieht.

[2. *Entwicklung der Produktivkräfte als Grundprinzip Ricardos in der Einschätzung ökonomischer Erscheinungen. Malthus' Verteidigung der reaktionärsten Elemente der herrschenden Klassen. Faktische Widerlegung der Malthusschen Bevölkerungstheorie durch Darwin*]

Ricardo betrachtet mit Recht, für seine Zeit, die kapitalistische Produktionsweise als die vorteilhafteste für die Produktion überhaupt, als die

[1] Korngesetze

vorteilhafteste zur Erzeugung des Reichtums. Er will die *Produktion der Produktion halber*, und dies ist *recht*. Wollte man behaupten, wie es sentimentale Gegner Ricardos getan haben, daß die Produktion nicht als solche der Zweck sei, so vergißt man, daß Produktion um der Produktion halber nichts heißt, als Entwicklung der menschlichen Produktivkräfte, also *Entwicklung des Reichtums der menschlichen Natur als Selbstzweck*. Stellt man, wie Sismondi, das Wohl der einzelnen diesem Zweck gegenüber, so behauptet man, daß die Entwicklung der Gattung *aufgehalten* werden muß, um das Wohl der einzelnen zu sichern, daß also z.B. kein Krieg geführt werden dürfe, worin einzelne jedenfalls kaputtgehn. (Sismondi hat nur recht gegen die Ökonomen, die diesen Gegensatz *vertuschen*, leugnen.) Daß diese Entwicklung der Fähigkeiten der Gattung *Mensch*, obgleich sie sich zunächst auf Kosten der Mehrzahl der Menschenindividuen und ganzer Menschenklassen macht, schließlich diesen Antagonismus durchbricht und zusammenfällt mit der Entwicklung des einzelnen Individuums, daß also die höhere Entwicklung der Individualität nur durch einen historischen Prozeß erkauft wird, worin die Individuen geopfert werden, wird nicht verstanden, abgesehn von der Unfruchtbarkeit solcher erbaulichen Betrachtungen, da die Vorteile der Gattung im Menschenreich wie im Tier- und Pflanzenreich sich stets durchsetzen auf Kosten der Vorteile von Individuen, weil diese Gattungsvorteile zusammenfallen mit den *Vorteilen besondrer Individuen*, die zugleich die Kraft dieser Bevorzugten bilden.

Die Rücksichtslosigkeit Ricardos war also nicht nur *wissenschaftlich ehrlich*, sondern *wissenschaftlich geboten* für seinen Standpunkt. Es ist ihm aber deshalb auch ganz gleichgültig, ob die Fortentwicklung der Produktivkräfte Grundeigentum totschlägt oder Arbeiter. Wenn dieser Fortschritt das Kapital der industriellen Bourgeoisie entwertet, so ist es ihm ebenso willkommen. Wenn die Entwicklung der Produktivkraft der Arbeit das *vorhandne* capital fixe um die Hälfte entwertet, was liegt dran, sagt Ricardo. Die Produktivität der menschlichen Arbeit hat sich verdoppelt. Hier ist also *wissenschaftliche Ehrlichkeit*. Wenn die Auffassung Ric[ardos] im ganzen im Interesse der *industriellen Bourgeoisie* ist, so nur, *weil* und *soweit* deren Interesse koinzidiert mit dem der Produktion oder der produktiven Entwicklung der menschlichen Arbeit. Wo sie in Gegensatz dazu tritt, ist er ebenso *rücksichtslos* gegen die Bourgeoisie, als er es sonst gegen das Proletariat und die Aristokratie ist.

Aber *Malthus!* Ce misérable[1] zieht aus den wissenschaftlich gegebenen (und von ihm stets *gestohlenen*) Vordersätzen nur solche Schlüsse, die der

[1] Dieser Elende

Aristokratie gegen die Bourgeoisie und beiden *gegen* das Proletariat *„angenehm"* sind (nützen). Er will deshalb nicht die *Produktion um der Produktion* willen, sondern nur soweit sie das *Bestehende* erhält oder ausbauscht, dem Vorteil der herrschenden Klassen konveniert.

Gleich seine erste Schrift, eines der merkwürdigsten literarischen Beispiele vom Erfolg des Plagiats auf Kosten der Originalwerke, hatte den *praktischen* Zweck, die Perfektibilitätstendenzen der Französischen Revolution und *ihrer Anhänger in England* im Interesse der *bestehenden* englischen Regierung und *Grundaristokratie* als Utopie „ökonomisch" nachzuweisen. D.h., es war ein panegyrisches Pamphlet für die bestehenden Zustände gegen die historische Entwicklung, dazu eine Rechtfertigung des Kriegs gegen das revolutionäre Frankreich.

Seine Schriften 1815 über Schutzzölle und Grundrente sollten teils die frühere Apologie des Elends der Produzenten bestätigen, speziell aber das reaktionäre Grundeigentum gegen das „aufgeklärte", „liberale" und „progressive" Kapital verteidigen, ganz speziell einen beabsichtigten *Rückschritt* der englischen Gesetzgebung im Interesse der Aristokratie gegen die industrielle Bourgeoisie rechtfertigen.[26] Endlich ||498| seine „principles of political economy" *gegen* Ricardo hatten wesentlich den Zweck, die absoluten Forderungen des „industriellen Kapitals" und der Gesetze, unter denen sich seine Produktivität entwickelt, zu den den existierenden Interessen der Grundaristokratie, der „Established Church" (zu der Malthus gehörte), der Regierungspensionäre und Steuerverzehrer „vorteilhaften" und „wünschenswerten Grenzen" zurückzuführen. Einen Menschen aber, der die Wissenschaft einem nicht aus ihr selbst (wie irrtümlich sie immer sein mag), sondern *von außen*, ihr *fremden, äußerlichen Interessen* entlehnten Standpunkt zu *akkommodieren* sucht, nenne ich *„gemein"*.

Es ist nicht gemein von Ricardo, wenn er die Proletarier der Maschinerie oder dem Lastvieh oder der Ware gleichsetzt, weil es die „Produktion" (von seinem Standpunkt aus) befördert, daß sie bloß Maschinerie oder Lastvieh oder weil sie wirklich bloß Waren in der bürgerlichen Produktion seien. Es ist dies stoisch, objektiv, wissenschaftlich. Soweit es ohne *Sünde* gegen seine Wissenschaft geschehn kann, ist R[icardo] immer Philanthrop, wie er es auch in der *Praxis* war.

Der Pfaffe Malthus dagegen setzt der Produktion wegen die Arbeiter zum Lasttier herab, verdammt sie selbst zum Hungertod und zum Zölibat. Wo dieselben Forderungen der Produktion dem landlord seine „Rente" schmälern oder dem „Zehnten" der Established Church oder dem Interesse der „Steuerverzehrer" zu nahe treten oder auch den Teil der industriellen

Bourgeoisie, dessen Interesse den Fortschritt hemmt, dem Teil der Bourgeoisie opfern, der den Fortschritt der Produktion vertritt – wo es also irgendein Interesse der Aristokratie gegen die Bourgeoisie oder der konservativen und stagnanten Bourgeoisie gegen die progressive[1] gilt –, in allen diesen Fällen opfert „Pfaffe" Malthus das Sonderinteresse nicht der Produktion, sondern *sucht*, soviel an ihm, die Forderungen der Produktion dem Sonderinteresse bestehender herrschender Klassen oder Klassenfraktionen zu opfern. Und zu diesem Zweck *verfälscht* er seine wissenschaftlichen Schlußfolgerungen. Das ist seine *wissenschaftliche* Gemeinheit, seine Sünde gegen die Wissenschaft, abgesehn von seinem schamlosen und handwerksmäßig betriebnen Plagiarismus. Die wissenschaftlichen Konsequenzen von Malthus sind *„rücksichtsvoll"* gegen die herrschenden Klassen in general[2] und gegen die reaktionären Elemente dieser herrschenden Klassen in particular[3]; d.h. er *verfälscht* die Wissenschaft für diese Interessen. Sie sind dagegen *rücksichtslos*, soweit es die unterjochten Klassen betrifft. Er ist nicht nur *rücksichtslos*. Er *affektiert* Rücksichtslosigkeit, gefällt sich zynisch darin und *übertreibt* die Konsequenzen, soweit sie sich gegen die misérables[4] richten, selbst *über* das Maß, das von seinem Standpunkt aus wissenschaftlich gerechtfertigt wäre.*

Der Haß der englischen Arbeiterklassen gegen Malthus – den *„mountebank-parson"*[6], wie ihn Cobbett *roh* nennt (Cobbett ist zwar der größte *politische* Schriftsteller Englands während dieses Jahrhunderts; es fehlte ihm aber die Leipziger Professoralbildung[27], und er war ein direkter Feind der „learned languages"[7]) – ist also völlig gerechtfertigt; und das Volk ahnte hier mit richtigem Instinkt, daß es keinen *homme de science*[8], sondern einen gekauften Advokaten seiner Gegner, einen schamlosen Sykophanten der herrschenden Klassen gegenüber habe.

Der Erfinder einer Idee mag sie ehrlich übertreiben; der Plagiarius, der sie übertreibt, macht stets „ein Geschäft" aus dieser Übertreibung.

Malthus' Schrift „On Population" – die erste Ausgabe –, da sie kein *neues* wissenschaftliches *Wort* enthält, ist bloß als eine zudringliche Kapuziner-

* ||499| Ricardo z.B. (sieh oben), wenn seine Theorie ihn dahin bringt, daß das Steigen des Arbeitslohns über sein Minimum den *Wert* der Waren nicht erhöht, sagt dies gradeheraus. Malthus will den Arbeitslohn down[5] halten, damit der Bourgeois profitiere. |499||

[1] In der Handschrift: oder der progressiven Bourgeoisie gegen die konservative und stagnante – [2] im allgemeinen – [3] im besonderen – [4] im Elend Lebenden – [5] niedrig – [6] *„marktschreierischen Pfaffen"* – [7] des „gelehrten Stils" – [8] *Mann der Wissenschaft*

predigt, eine Abraham a Santa Clara-Version der Entwicklungen von Townsend, Steuart, Wallace, Herbert usw. zu betrachten. Da sie in der Tat nur durch die *populäre* Form imponieren will, dreht sich mit Recht dagegen der *populäre* Haß.

Das einzige Verdienst des Malthus, den elenden Harmonielehrern der bürgerlichen Ökonomie gegenüber, ist eben die pointierte Hervorhebung der Disharmonien, die er zwar *in keinem Fall entdeckt hat*, die er aber in jedem Fall mit pfäffisch wohlgefälligem Zynismus festhält, ausmalt und bekannt macht.

||499| *Charles Darwin* „On the Origin of species by means of natural selection, or the preservation of favoured races in the struggle for life", London 1860 (5th thousand) sagt in der Einleitung:

„Im nächsten Abschnitte soll der *Kampf ums Dasein* unter den organischen Wesen der ganzen Welt abgehandelt werden, welcher unvermeidlich aus ihrem hoch geometrischen Zunahmevermögen hervorgeht. Es ist dies die Lehre von *Malthus*, auf das ganze Tier- und Pflanzenreich angewandt."

Darwin, in seiner vortrefflichen Schrift, sah nicht, daß er Malthus' Theorie *umstieß*, indem er die „geometrische" Progression im Tier- und Pflanzenreich entdeckte. Malthus' Theorie beruht grade darauf, daß er Wallaces geometrische Progression des Menschen der chimärischen *„arithmetischen"* Progression der Tiere und Pflanzen gegenüberstellte. In Darwins Werk, z.B. über das Erlöschen von Arten, findet sich auch im Detail (abgesehn von seinem Grundprinzip) die naturhistorische Widerlegung der Malthusschen Theorie. Soweit Malthus' Theorie aber auf Andersons Renttheorie beruht, war sie von *Anderson selbst* widerlegt.[28] |499||

[3. *Roschers Verfälschung der Geschichte der Ansichten über die Grundrente. Beispiele der wissenschaftlichen Unbefangenheit Ricardos. Die Rente bei landwirtschaftlicher Produktion und bei industrieller Produktion. Doppelte Einwirkung der Konkurrenz*]

||499| Andersons erste Schrift, worin er beiläufig die Renttheorie entwickelt, war eine *praktische* Streitschrift, nicht über Rente, sondern über Protektion. Sie erschien 1777, und ihr Titel besagt schon, erstens, daß sie einen praktischen Zweck verfolgt, zweitens, daß sie sich auf einen unmittel-

baren Akt der Gesetzgebung bezieht, worin manufacturers und landlords entgegengesetzte Interessen haben: *„An Enquiry into the Nature of the Corn Laws, with a view to the new Corn Bill proposed for Scotland"*, *Edinburgh 1777.*"

Das Gesetz von 1773 (in England; siehe darüber *McCullochs* Katalog nach) sollte 1777 in Schottland (so scheint es) eingeführt werden (sieh auf dem Museum).

„Das Gesetz von 1773", sagt Anderson, „ging von der *eingestandenen* Absicht aus, den Kornpreis für unsre manufacturers zu erniedrigen, um durch Ermunterung der Einfuhr aus dem Ausland unser eigenes Volk auf einen niedrigeren Preis zu setzen." (p.50 *„A calm Investigation of the circumstances that have led to the present scarcity of grain in Britain"*, *London 1810.*)

Andersons Schrift war also eine Streitschrift für die Interessen der agriculturists (Protektion) (und inkl. der landlords) gegen die Interessen der manufacturers. Er publizierte sie „avowedly"[1] als solche Parteischrift. Die Theorie von der Rente läuft hier nur unter und wird auch in seinen spätren Schriften, die sich fortwährend mehr oder minder auf jenen *Interessenkampf* beziehn, nur beiläufig ein- oder zweimal wiederholt, nie mit dem Anspruch eines wissenschaftlichen Interesses oder auch nur *selbständigen* Gegenstandes seiner Darstellung. Danach mag man die Richtigkeit folgender Bemerkung von *Wilhelm Thukydides Roscher*[29] beurteilen, der Andersons Schriften offenbar *nicht* kennt:

„Merkwürdig, wie eine Lehre, die 1777 *fast* unbeachtet blieb, 1815ff. gleich mit dem größten Interesse verteidigt und bekämpft wurde, weil sie den inzwischen so schroff ausgebildeten Gegensatz des monied und landed interest[2] berührte." (p.297, 298 *„Die Grundlagen der Nationalökonomie"*, 3.Auflage, 1858.)

In diesem Satz sind ebensoviel Falschheiten wie Worte. *Erstens* stellte Anderson seine Ansicht nicht als „Lehre" auf, wie es West, Malthus und Ricardo taten. *Zweitens* blieb sie nicht *„fast"*, sondern *„ganz"* unbeachtet. *Drittens* lief sie unter zuerst innerhalb einer Schrift, die sich *professionell nur* um den Gegensatz – des 1777 bedeutend entwickelten Gegensatzes – von manufacturers und landlords drehte, nur diesen praktischen Interessenkampf „berührte", die allgemeine ||500| Theorie der Nationalökonomie aber „unberührt" ließ. *Viertens* wurde diese Theorie 1815 von einem ihrer Reproduzenten, Malthus, ganz ebenso im Interesse der corn-laws gelehrt, wie Anderson dies getan hatte. *Dieselbe* Lehre wurde von ihrem Entdecker und

[1] „eingestandenermaßen" – [2] Interesses des Geldkapitals und des Grundeigentums

[von] Malthus *für*, von Ricardo *gegen* das Grundeigentum gekehrt. Man könnte also höchstens sagen, daß die einen, die sie aufstellten, das Interesse des Grundeigentums *verteidigten*, die andern, die sie aufstellten, *dasselbe* Interesse *bekämpften*, aber man könnte nicht sagen, daß diese Theorie 1815 von den Verteidigern des Grundeigentums bekämpft ward (denn Malthus verteidigte sie *vor Ricardo*), noch daß sie von den Angreifern des Grundeigentums *verteidigt* ward (denn Ricardo hatte nicht diese Theorie gegen Malthus zu „verteidigen", da er selbst Malthus als einen ihrer Entdecker und seinen eignen Vorläufer betrachtet. Er hatte nur ihre Malthussche Nutzanwendung zu „bekämpfen"). *Fünftens:* Der von Wilhelm Thukydides Roscher „berührte" Gegensatz zwischen *„monied"* and *„landed interest"* hatte bis zu dieser Stunde *absolut nichts* weder mit der Andersonschen Renttheorie, noch mit ihrer Reproduktion, Verteidigung und Bekämpfung zu tun. Unter „monied class"[1], wie Wilhelm Thukydides ersehn konnte aus John St. Mill (p. 109/110 *„Essays on some unsettled questions of Political Economy"*, London 1844), versteht der Engländer 1. die Geldverleiher; 2. sind diese Geldverleiher Leute, die überhaupt von Zinsen leben oder aber *Geldverleiher von Profession* wie Bankiers, Wechselmäkler usw. Alle diese Leute stehn als „monied class", wie derselbe Mill bemerkt, im Gegensatz zu oder wenigstens im Unterschied von der *„producing class"*[2] (worunter Mill „industrielle Kapitalisten" versteht, besides the workingmen[3]). Also müßte Wilhelm Thukydides sehn, daß das Interesse der „producing class", also auch der manufacturers, der industrial capitalists, und das Interesse der monied class zwei sehr verschiedne Dinge und diese Klassen verschiedne Klassen sind. Ein Kampf zwischen den industrial capitalists, müßte Wilhelm Thukydides weiter sehn, und den landlords war also durchaus kein Kampf zwischen dem *„monied* interest" und dem *„landed* interest". Wenn Wilhelm Thukydides die Geschichte der Korngesetzgebung von 1815 kannte und den Kampf drüber, so wußte er schon aus Cobbett, daß die borough-mongers[4] (landed interest) und loan-mongers[5] (monied interest) zusammengingen gegen das industrial interest[6]. Aber Cobbett ist „roh". Aus der Geschichte von 1815–1847 müßte Wilhelm Thukydides weiter wissen, daß das monied interest zum größten Teil und teilweise selbst das commercial interest[7] (z. B. Liverpool) im Kampf um die Korngesetze unter den *Alliierten* des landed interest gegen das manufacturing interest[8] sich befand. |500||

[1] „Klasse der Geldkapitalisten" – [2] *„produzierenden Klasse"* – [3] abgesehen von den Arbeitern – [4] Leute, die die Wahlstimmen eines Wahlfleckens kaufen und verkaufen – [5] Geldverleiher – [6] Interesse der Industrie – [7] Interesse des Handels – [8] Interesse der Manufaktur

||502| (Es hätte Herrn Roscher höchstens wundern können, daß *dieselbe* „Lehre" 1777 *für* und 1815 *gegen* das „landed interest" diente und erst *dann* Aufsehn machte.[30]) |502||

||500| Wollte ich alle ähnlichen groben Geschichtsfälschungen, die Wilhelm Thukydides in seinen literarhistorischen Notizen begeht, ebenso ausführlich beleuchten, so müßte ich ein Werk schreiben, so dick wie seine „Grundlagen", und ein solches Werk wäre in der Tat „not worth the paper it was written upon"[1]. Wie schädlich aber die gelehrte Ignoranz eines Wilhelm Thukydides wieder auf Forscher in andren Wissenschaften rückwirken kann, sieht man bei Herrn *A. Bastian*, der in seiner Schrift *„Der Mensch in der Geschichte"*, 1860, Band I, p. 374, Note, den obigen Satz von Wilhelm Thukydides als Beleg für eine „psychologische" Behauptung aufführt. Von Bastian, nebenbei, kann man nicht sagen: „materiam superabat opus"[2]. Vielmehr wird das „opus" hier mit seinem eignen Rohmaterial nicht fertig. Außerdem habe ich durch die wenigen Wissenschaften, die ich „kenne", gefunden, daß Herr *Bastian*, der *„alle"* Wissenschaften kennt, sich sehr oft auf Autoritäten à la Wilhelm Thukydides verläßt, was bei einem „Universalgelehrten" überhaupt unvermeidlich ist.

||501| Man wirft mir hoffentlich keine „Lieblosigkeit" gegen Wilhelm Thukydides vor. Mit welcher „Lieblosigkeit" behandelt dieser Schulfuchs die Wissenschaft selbst! Ich habe jedenfalls dasselbe Recht, von seinen „totalen Unwahrheiten" zu sprechen, wie er selbstgenügsam herablassend von den „halben Wahrheiten" Ricardos sprechen darf. Zudem ist Wilhelm Thukydides keineswegs „ehrlich" mit seinem Katalogstudium. Wer nicht „respectable" ist, existiert für ihn auch historisch nicht; z. B. Rodbertus existiert nicht für [ihn als] der Theoretiker über die Grundrente, weil er „Kommunist" ist. Außerdem auch unter den „respectable writers"[3] ist Wilhelm Thukydides ungenau. Z. B. Bailey existiert für McCulloch, sogar als epochemachend. Er existiert nicht für Wilhelm Thukydides. Sollte die *Wissenschaft* ||502| der politischen Ökonomie in Deutschland befördert und popularisiert werden, so müßten Leute wie Rod[bertus] ein Journal stiften, das allen Forschern (nicht Pedanten, Schulfüchsen und Vulgarisateurs) offenstünde und den Hauptzweck hätte, die Ignoranz der Fachgelehrten sowohl in der Wissenschaft selbst wie in ihrer Geschichte nachzuweisen. |502||

||501| Dem Anderson lag alle Untersuchung über das Verhältnis seiner Renttheorie zum System der politischen Ökonomie fern, was um so weniger

[1] „das Papier nicht wert, worauf es geschrieben wurde" – [2] „Das Werk bewältigt die Materie" (Ovidius) – [3] „angesehenen Schriftstellern"

Verwundrung erregen kann, als sein erstes Buch ein Jahr nach A. Smiths „Wealth of Nations" erschien, also in einem Augenblick, wo überhaupt das „System der politischen Ökonomie" sich erst konsolidierte, denn Steuarts System war auch nur wenige Jahre vorher erschienen. Aber was das Material betrifft, was Anderson *innerhalb des speziellen Gegenstandes, den er betrachtete, vor sich hatte, war es unbedingt weiter als das Ricardos.* Wie Ricardo in seiner Geldtheorie, der Reproduktion der Humeschen Theorie, speziell nur die Ereignisse von 1797–1809 vor Augen hatte, so in der Renttheorie, der Reproduktion der Andersonschen Theorie, – nichts als die ökonomischen Phänomene der Erhöhung der Kornpreise von 1800–1815.

Mit Bezug auf die Charakteristik von Ricardo wichtig, schlagend die folgenden Sätze:

„Ich finde es höchst bedauerlich, wenn *Erwägungen zugunsten irgendeiner einzelnen Klasse* es gestatten, die Zunahme des Reichtums und der Bevölkerung des Landes zu hemmen." (p. 49, *Ricardo „An Essay on the Influence of a low Price of Corn on the Profits of Stock etc."*, *London* 1815, 2nd ed.)

Beim freien import of corn *„land is abandoned"*[1]. (l. c. p. 46.) Also Grundeigentum ist geopfert der Entwicklung der Produktion.

Aber bei derselben freien Korneinfuhr:

„Daß *etwas Kapital verlorenginge*, kann nicht bestritten werden; aber *ist der Besitz oder die Erhaltung von Kapital* der Zweck oder das Mittel? Zweifelsohne das Mittel. Was wir wünschen, ist *ein Überfluß an Waren*" (Reichtum überhaupt) „und wenn bewiesen werden könnte, daß *wir* durch *die Aufopferung eines Teils unseres Kapitals die jährliche Produktion* jener Dinge erweitern *könnten*, die zu unserem Genuß und unserem Glück beitragen, dann dürfen wir wohl nicht murren *über den Verlust eines Teils unseres Kapitals.*" (p. 60, *„On Protection to Agriculture"*, 4th ed., London 1822.)

„Our capital"[2] nennt Ricardo das Kapital, das nicht *uns* oder *ihm* gehört, sondern *von den Kapitalisten* in Grund und Boden fixiert ist. Aber *wir!* ist der Durchschnitt der Nation. Die Vermehrung *„unseres"* Reichtums ist die Vermehrung des *gesellschaftlichen* Reichtums, der als solcher Zweck ist, gleichgültig mit Bezug auf die Partizipanten an diesem Reichtum!

„Für ein Individuum mit einem Kapital von 20 000 *l.*, dessen Profite 2000 *l.* jährlich betragen, wäre es ein durchaus gleichgültig Ding, ob sein Kapital hundert oder

[1] Getreideimport „wird Boden aufgegeben" – [2] „Unser Kapital"

tausend Arbeiter beschäftigt, ob die produzierten Waren sich zu 10 000 oder 20 000 *l.* verkaufen, immer vorausgesetzt, daß seine Profite in allen Fällen nicht unter 2000 *l.* fallen. Ist das reale Interesse einer Nation nicht dasselbe? Vorausgesetzt, ihr reales Nettoeinkommen, ihre Renten und Profite bleiben dieselben, so ist es nicht von der geringsten Wichtigkeit, ob die Nation aus 10 oder 12 Millionen Einwohnern besteht." (p. 416, „Principles of Political Economy", 3d ed.)

Hier ist das „Proletariat" dem Reichtum aufgeopfert. Sofern es gleichgültig für die Existenz des Reichtums, ist der Reichtum gleichgültig für seine Existenz. Bloße Masse – Menschenmasse – ist worth nothing[1]. Hier in 3 Beispielen die ||502| wissenschaftliche impartiality[2] Ric[ardos] exemplified[3].

{*Die Erde.* (*Natur*) etc. ist das Element, *worin* das auf Agrikultur angewandte Kapital angelegt wird. Die Grundrente ist hier daher = dem Überschuß des *Werts* des in diesem Element geschaffnen Arbeitsprodukts *über* seinen Durchschnittspreis. Geht dagegen ein Naturelement (oder Stoff), das sich im Privateigentum eines Individuums befindet, *in* eine andre Produktion ein, deren Grundlage (physische) es nicht bildet, so kann die Grundrente, wenn sie bloß durch dies Eingehn des Elements stattfindet, nicht in dem Überschuß des *Werts* dieses Produkts über den Durchschnittspreis, sondern nur in dem Überschuß der *allgemeinen* Durchschnittspreise dieses Produkts über seinen eignen *Durchschnittspreis* bestehn. Z. B. ein Wasserfall mag einem manufacturer die steam-engine[4] ersetzen und ihm Konsum an Kohle sparen. Im Besitz dieses Wasserfalls würde er konstant den Twist z. B. über dessen *Durchschnittspreis* verkaufen und einen Surplusprofit machen. Dieser Surplusprofit fällt dem Grundeigentümer zu als Rente, wenn er den Wasserfall besitzt, und Herr Hopkins in seinem Buch über „Rente" bemerkt, daß in Lancashire die Wasserfälle nicht nur Rente, sondern je nach dem Grad ihrer natürlichen Fallkraft *Differentialzölle* zahlen.[31] Hier ist die Rente nichts als der Überschuß des *durchschnittlichen Marktpreises* des Produkts über seinen *individuellen Durchschnittspreis.*} |502||

||502| {In der *Konkurrenz* ist doppelte Bewegung der Ausgleichung zu unterscheiden. Die Kapitalien *innerhalb* derselben Produktionssphäre gleichen die Preise der *innerhalb* dieser Sphäre produzierten Waren zu dem-

[1] nichts wert – [2] Unbefangenheit – [3] belegt – [4] Dampfmaschine

selben *Marktpreis* aus, wie sich immer der Wert dieser Waren zu diesem Preis verhalte. Der *durchschnittliche Marktpreis* müßte *gleich* dem *Wert* der Ware sein, wenn nicht die Ausgleichung zwischen den *verschiednen* Produktionssphären [wäre]. Zwischen diesen verschiednen Sphären gleicht die Konkurrenz die Werte zu den *Durchschnittspreisen* aus, soweit die Aktion der Kapitalien aufeinander nicht durch ein drittes Element – das Grundeigentum etc. – gehemmt, gestört wird.}

[4. *Rodbertus' Fehler und Verwirrung in der Frage des Verhältnisses zwischen Wert und Mehrwert bei Verteuerung der Produkte*]

Es ist eine ganz falsche Ansicht Rodberti, daß, weil eine Ware *teurer* als die andre, sie also mehr Arbeitszeit realisiert, sie deshalb auch mehr *unbezahlte Arbeitszeit, Surplusarbeitszeit* – bei gleicher *Rate des Mehrwerts oder gleicher Exploitation der Arbeiter* in *den verschiednen Sphären* – enthalten müsse. Wenn *dieselbe* Arbeit in unfruchtbarem Boden 1 qr. gibt, in fruchtbarem 3 (dasselbe bei guter oder schlechter Jahreszeit), wenn dieselbe Arbeit in sehr goldhaltigem Erdreich 1 Unze Gold gibt, wo in minder goldhaltigem oder erschöpftem nur $^1/_3$ Unze, wenn dieselbe Arbeitszeit, die ein lb. Wolle produziert, 3 lbs. Wolle verspinnt, so sind d'abord die Werte des 1 qr. und der 3 qrs., der 1 Unze und der $^1/_3$ Unze, des 1 lb. Wolle und der 3 lbs. Wollengarn (minus den Wert der in ihnen enthaltenen Wolle) gleich groß. Sie enthalten gleich viel Arbeitszeit, ergo nach der Voraussetzung, *gleich viel* Surplusarbeitszeit. Allerdings ist das in dem 1 qr. enthaltne Quantum Surplusarbeit größer, aber dafür ist es auch nur 1 qr., während es im andren Fall 3 qrs. sind oder 1 lb. Baumwolle, während es im andren Fall 3 lbs. Garn (minus den Wert des Materials) sind. Also die *Massen* gleich. Aber auch die *proportionelle Größe des Mehrwerts*, die einzelne Ware mit der einzelnen Ware verglichen, gleich. In dem 1 qr. oder dem 1 lb. Wolle ist, nach der Voraussetzung, ebensoviel Arbeit enthalten als in den 3 qrs. oder den 3 lbs. Garn. Das in Arbeitslohn ausgelegte Kapital ist daher gradesoviel größer als der Mehrwert. In dem 1 lb. Wolle ist 3 × soviel Arbeit enthalten als in 1 lb. Garn. Ist der Mehrwert 3 × größer, so bezieht er sich auf ein 3 × größres in Arbeitslohn ausgelegtes Kapital. Das Verhältnis bleibt also *dasselbe*.

Rod[bertus] berechnet hier ganz falsch oder vergleicht ganz falsch das in *Arbeitslohn* ausgelegte Kapital mit der ||503| größren oder geringren

Quantität Waren, worin sich dieser Arbeitslohn realisiert. Dies aber eine ganz falsche Rechnung, wenn, wie er *unterstellt*, der *Arbeitslohn gegeben* ist oder die *Rate des Mehrwerts*. Dasselbe *Arbeitsquantum*, z.B. 12 Stunden, mag sich in x oder 3 x Ware darstellen. In einem Falle enthalte 1 x Ware soviel Arbeit und Surplusarbeit, wie 3 x in dem andren; aber in *keinem* Fall wäre mehr als 1 Arbeitstag ausgelegt und in keinem Falle die Rate des Mehrwerts z.B. mehr als $^1/_5$. In dem ersten Fall verhielte sich $^1/_5$ des einen x zu x, wie im zweiten $^1/_5$ der 3 x zu 3 x, und nennen wir jedes der 3 x: x', x'', x''', so wäre in jedem x', x'', x''' $^4/_5$ bezahlte und $^1/_5$ unbezahlte Arbeit. Ganz richtig dagegen, daß, wenn unter der unproduktiven Bedingung *ebensoviel Ware* produziert werden soll als unter der *produktivren*, mehr Arbeit, also auch mehr Surplusarbeit in der Ware enthalten ist. Dann ist aber auch verhältnismäßig ein größres Kapital ausgelegt. Um 3 x zu produzieren, müßte 3 × mehr Kapital ausgelegt werden (in Arbeitslohn) als um 1 x zu produzieren.

Nun ist es richtig, daß die Manufaktur nicht mehr Rohmaterial bearbeiten kann, als die Agrikultur liefert, also z.B. nicht mehr lbs. Wolle verspinnen kann, als lbs. Wolle produziert sind. Verdreifacht sich also die Produktivität der Wollspinnerei, so muß, wenn die Produktionsbedingungen der Wolle *dieselben* blieben, 3 × soviel Zeit als früher angewandt, 3 × soviel Kapital für die Arbeit der Wollproduktion verwandt werden, während nur *dieselbe* Arbeitszeit in der Spinnerei nötig würde, um diese verdreifachte Wolle zu spinnen. Aber die *Rate* bliebe dieselbe. Dieselbe Spinnarbeit hätte denselben Wert wie früher und enthielte denselben Surpluswert. Die wollproduzierende Arbeit hätte einen 3 × größren Surpluswert, aber daher hätte sich auch die in ihr enthaltne Arbeit oder das in Arbeitslohn vorgeschoßne Kapital *verdreifacht*. Also der 3 × größre Surpluswert wäre berechnet auf ein 3fach größres Kapital. Es könnte also *aus diesem Grunde* nicht gesagt werden, daß die Rate des Mehrwerts in der Spinnerei niedriger stünde als in der Wollproduktion. Es könnte nur gesagt werden, daß das in Arbeitslohn ausgelegte Kapital in der einen 3 × so groß wie in der andren (da hier angenommen, daß die Veränderungen im Spinnen und Produzieren von Wolle aus keiner Veränderung in ihrem konstanten Kapital entfließen).

Man muß hier unterscheiden. Dieselbe Arbeit + capital constant gibt weniger *Produkt* in ungünstiger als günstiger season[1], in unfruchtbarem als fruchtbarem Erdreich, in minder als in mehr metallhaltiger Mine. Das erstere[2] *Produkt* also teurer, enthält *mehr* Arbeit und mehr *Surplusarbeit* auf *dieselbe* Anzahl Produkte; aber im andren Fall die *Anzahl* dieser Produkte

[1] Saison – [2] in der Handschrift: letztre

um so größer. Ferner: Das *Verhältnis* zwischen bezahlter und unbezahlter Arbeit in jedem einzelnen Produkt der beiden Kategorien wird nicht dadurch berührt, denn enthält das einzelne Produkt weniger unbezahlte Arbeit, so enthält es, unter der Voraussetzung, weniger bezahlte Arbeit im selben Verhältnis. Es ist hier nämlich kein change[1] in den Verhältnissen der organischen Bestandteile des Kapitals – zwischen variablem und konstantem Kapital – vorausgesetzt. Es ist vorausgesetzt, daß *dieselbe Summe von variablem und konstantem Kapital* unter den verschiednen Bedingungen *verschiedne größre oder kleinre Quanta Produkt* liefert.

Herr Rod[bertus] scheint dies beständig zu verwechseln und aus der bloßen Verteurung des Produkts als selbstverständlich zu schließen auf *größren Mehrwert.* Was der *Rate* nach schon der Voraussetzung nach falsch ist, der Summe nach aber nur richtig, wenn mehr Kapital vorgeschossen in dem einen als in dem andren Fall, d.h. von dem mehr teuren Produkt soviel produziert wird wie früher von dem wohlfeilren oder Vervielfachung des mehr wohlfeilen[2] Produkts (wie oben bei der Spinnerei) eine entsprechende Vervielfachung des mehr teuren[3] voraussetzt.

[5. *Ricardos Negierung der absoluten Rente – eine Folge seiner Fehler in der Werttheorie*]

||504| Daß die Rente, also auch der Bodenwert, steigen kann, obgleich die *Rentrate* dieselbe bleibt oder gar abnimmt, daß also auch die Fruchtbarkeit der Agrikultur zunimmt[4], vergißt Ricardo manchmal, weiß es aber. Jedenfalls weiß es Anderson und wußten es Petty und D'Avenant schon. Dies nicht die Frage.

Ricardo abstrahiert von der *Frage der absoluten Rente* – die er *der Theorie wegen leugnet*, weil er von der *falschen* Voraussetzung ausgeht, daß, *wenn* der Wert der Waren durch die Arbeitszeit bestimmt ist, die *Durchschnittspreise der Waren = ihren Werten sein müssen* (weshalb er auch die falsche praktische Konklusion schließt, daß Konkurrenz fruchtbarer Bodenarten die minder fruchtbaren außer Bebauung werfen muß, auch wenn sie früher Rente trugen). Wären *Werte* der Waren und *Durchschnittspreise* der Waren identisch, so ist die absolute Grundrente – d.h. Grundrente des schlechtesten

[1] Wechsel – [2] in der Handschrift: teuren – [3] in der Handschrift: wohlfeilen – [4] in der Handschrift: obgleich die *Rentrate*, also auch die Fruchtbarkeit der Industrie dieselbe bleibt oder gar zunimmt

bebauten Bodens oder des *ursprünglich* bebauten Bodens – beides gleich unmöglich. Was ist *Durchschnittspreis* der Ware? Das in ihrer Produktion ausgelegte Gesamtkapital (konstantes + variables) + die in dem Durchschnittsprofit, z.B. 10 p.c., enthaltne Arbeitszeit. Produzierte also ein Kapital in einem Element, bloß weil dies ein *besondres* Naturelement, z.B. Grund und Boden ist, *höhren Wert* als der *Durchschnittspreis*, so stünde der Wert dieser Ware *über* ihrem Wert und dieser *Surpluswert* widerspräche dem Begriff des Wertes, gleich einem bestimmten Quantum Arbeitszeit zu sein. Ein Naturelement, etwas von der gesellschaftlichen Arbeitszeit Heterogenes, *schüfe* Wert. Das kann aber nicht der Fall sein. Das in Erde schlechthin angelegte Kapital darf also *keine Rente* tragen. Der schlechteste Boden ist der Boden *schlechthin*. Trägt der *beßre* Boden Rente, so beweist dies nur, daß die Differenz der *individuell notwendigen* Arbeit von der *sozial notwendigen* sich in der Agrikultur fixiert, weil sie eine Naturbasis hat, während sie in der Industrie beständig verschwindet.

Es darf keine *absolute Grundrente* existieren, sondern nur die *Differential-Grundrente*. Denn die absolute zugeben, hieße zugeben, daß *dies selbe Quantum Arbeit* (vergegenständlichte, in capital constant ausgelegte und mit Arbeitslohn erkaufte) *verschiedne Werte* schafft, je nach dem Element, worin [die Arbeit verausgabt wird] oder dem Material, das sie bearbeitet. Gibt man aber diese *Verschiedenheit des Werts* zu – obgleich sich *dieselbe* Arbeitszeit in jeder der Produktionssphären im Produkt materialisiert, so gibt man zu, daß die *Arbeitszeit nicht den Wert bestimmt*, sondern etwas Heterogenes. Diese Differenz der *Wertgrößen* höbe den Begriff des Werts auf, höbe auf, daß seine Substanz gesellschaftliche Arbeitszeit, sein Unterschied also nur quantitativ und dieser quantitative Unterschied nur gleich dem Unterschied in den Quantis der angewandten gesellschaftlichen Arbeitszeit sein kann.

Die Erhaltung des *Werts* – nicht nur die Bestimmung der Wertgröße durch die verschiedne Größe der Arbeitszeit, sondern der Substanz des Werts durch die gesellschaftliche Arbeit – erheischt also die *Leugnung der absoluten Grundrente*. Leugnung der absoluten Grundrente aber kann doppelt ausgedrückt werden.

Erstens. Der *schlechteste* Boden darf keine Rente tragen. Bei den beßren Bodenarten erklärt sich die Rente aus dem Marktpreis, der derselbe für Produkte ist, die auf[1] günstigren, wie für Produkte, die auf ungünstigren Bodenarten produziert sind. Aber der schlechteste Boden *ist der Boden schlechthin*. Er ist nicht in sich differenziert. Er unterscheidet sich nur als

[1] In der Handschrift: unter

besondre Sphäre der Kapitalanlage von der industriellen Kapitalanlage. Trüge er Rente, so entspränge sie daraus, daß *dasselbe Quantum Arbeit* sich in *verschiednen Werten* darstellt, wenn in *verschiednen Produktionssphären* angelegt, daß also nicht das Arbeitsquantum selbst den Wert bestimmt und Produkte, worin gleiche Quanta Arbeit enthalten, nicht einander gleich seien.

||505| [*Zweitens.*] Oder auch der *ursprünglich bebaute Boden* darf keine Grundrente tragen. Denn was ist der ursprünglich bebaute Boden? Es ist weder beßrer noch schlechtrer Boden, der „ursprünglich" bebaut wird. Es ist Boden schlechthin. Nicht differenzierter Boden. Ursprünglich kann sich die Kapitalanlage in der Agrikultur von der Anlage in der Industrie nur durch die *Sphären* unterscheiden, worin diese Kapitalien angelegt sind. Da aber gleiche Quanta Arbeit sich in *gleichen Werten* darstellen, so ist absolut kein Grund vorhanden, warum das in Boden angelegte Kapital außer dem Profit noch eine Rente abwerfen soll, es sei denn, daß das in dieser *Sphäre* angelegte *selbige* Quantum Arbeit *einen höhren* Wert produziere, so daß das Surplus dieses Werts über den in der Manufaktur erzeugten Wert, einen Surplusprofit, = Rente, produziere. Das hieße aber sagen, daß der Boden als solcher Wert schafft, d.h. den Begriff des Werts selbst aufheben.

Der *ursprünglich* bebaute Boden darf also *ursprünglich* keine Rente tragen, ohne die ganze Werttheorie über den Haufen zu werfen. Hiermit verknüpft sich dann sehr leicht (*obgleich nicht notwendig*, wie Anderson zeigt) die Vorstellung, daß die Menschen *ursprünglich* sich natürlich nicht das schlechteste, sondern das beste Land zur Bebauung wählten. Daß also der ursprünglich keine Rente tragende Boden sie später trägt, weil man gezwungen wird, zu schlechteren Bodenarten herabzusteigen, und daß sich so in dem descensus[1] zum *Avernus*, zum stets schlechtren Boden, im Fortgang der Zivilisation und der Population, die Rente erheben muß auf dem *ursprünglich bebauten fruchtbarsten Boden* und dann gradatim[2] auf dem folgenden, während der *schlechteste Boden*, der stets den Boden schlechthin vertritt – die *besondre* Sphäre der Kapitalanlage –, jedesmal *nie* Rente trägt. Dies alles hat einen mehr oder minder logischen Zusammenhang.

Weiß man dagegen, daß Durchschnittspreise und Werte nicht identisch, daß der Durchschnittspreis einer Ware =, > oder < als ihr Wert sein kann, so fällt die Frage, das Problem selbst fort und damit auch die *Hypothesen* zu seiner Lösung. Es bleibt nur die Frage, warum in der Agrikultur der *Wert* der *Ware* oder jedenfalls ihr *Preis* nicht *über* ihrem *Wert*, sondern *über ihrem Durchschnittspreis* steht? Die letztre Frage aber hat mit dem

[1] Herabsteigen – [2] nach und nach

Fundament der Theorie, der Wertbestimmung als solcher, nichts mehr gemein.

Ricardo weiß allerdings, daß die „*relativen* Werte" der Waren, je nach dem verschiednen Verhältnis von capital fixe und in Arbeitslohn ausgelegtem Kapital {dies ist aber gar kein Gegensatz; capital fixe und capital circulant sind Gegensätze, und capital circulant umschließt nicht nur Arbeitslohn, sondern Rohmaterial und matières instrumentales[1]. Z. B. in der Minenindustrie und Fischerei müßte dasselbe Verhältnis zwischen in Arbeitslohn ausgelegtem und in capital fixe ausgelegtem Kapital bestehn wie in der Schneiderei zwischen in Arbeitslohn ausgelegtem und in Rohmaterial ausgelegtem}, das in ihre Produktion eingeht, modifiziert werden. Aber er weiß zugleich, daß diese relativen Werte sich durch die Konkurrenz ausgleichen. Er läßt sogar den Unterschied nur eintreten, damit *derselbe Durchschnittsprofit* in diesen verschiednen Kapitalanlagen sich ergebe. D.h., diese *relativen* Werte, von denen er spricht, sind nur die *Durchschnittspreise.* Er kömmt gar nicht zum Einfall, daß *Wert* und *Durchschnittspreis* verschieden sind. Er kömmt nur zu ihrer *Identität.* Da diese Identität aber *nicht existiert* bei verschiednem Verhältnis der organischen Bestandteile des Kapitals, nimmt er sie als unerklärtes durch die Konkurrenz bewirktes fact an. Er kömmt also auch nicht zur Frage: Warum gleichen sich die Werte der Agrikulturprodukte nicht zu Durchschnitts||506|preisen aus? Er nimmt vielmehr an, daß *sie es tun* und stellt von diesem Gesichtspunkt aus das Problem.

Es ist absolut nicht einzusehn, warum Burschen à la Wilhelm Thukydides sich für Ric[ardos] Grundrententheorie ereifern. Von *ihrem* Standpunkt verlieren Ric[ardos] „halbe Wahrheiten", wie Thukydides herablassend sagt, ihren *ganzen* Wert.

Das Problem existiert für Ricardo nur, weil der Wert durch die Arbeitszeit bestimmt ist. Bei jenen Burschen das nicht der Fall. Nach Roscher hat die Natur *als solche* Wert. Sieh später.[32] D.h., er weiß absolut nicht, was Wert ist. Was hindert ihn also, den *Landwert* in die Produktionskosten ursprünglich eingehn und die Rente formieren zu lassen, den Landwert, d.h. die Rente, zur Erklärung der Rente, vorauszusetzen?

Die Phrase der „Produktionskosten" bedeutet bei diesen Burschen nichts. Wir sehn es bei Say. Der Wert der Ware ist bestimmt durch die Produktionskosten, Kapital, Boden, Arbeit. Aber diese sind durch Nachfrage und Zufuhr bestimmt. D.h., es findet gar keine Bestimmung statt. Da die Erde „produktive Dienste" leistet, warum sollte der Preis dieser „Dienste" nicht

[1] Hilfsstoffe

durch Nachfrage und Zufuhr bestimmt sein wie die Dienste, die Arbeit oder Kapital leisten? Und da die „Erddienste“ im Besitz gewisser Verkäufer, warum sollte ihr Artikel nicht einen prix courant[1] haben, also die Grundrente als Element des Preises existieren?

Man sieht, wie wenig Wilhelm Thukydides den geringsten Grund hatte, so wohlmeinend für die Ric[ardo]sche Theorie sich zu „erbosen“.

[6. *Ricardos These von dem ständigen Steigen der Getreidepreise. Tabelle der durchschnittlichen Getreidepreise in den Jahren 1641–1859*]

Aber von der absoluten Grundrente abgesehn, bleibt bei Ric[ardo] die Frage:

Die Bevölkerung und damit die Nachfrage nach Agrikulturprodukten wächst. Diese steigen damit im Preis, wie dies in ähnlichen Fällen in der Industrie geschieht. Aber in der Industrie hört diese Preiserhöhung auf, sobald die Nachfrage gewirkt und eine vermehrte Zufuhr der Waren geschaffen hat. Das Produkt sinkt jetzt auf den alten oder vielmehr unter den alten Wertlevel[2]. Aber in der Agrikultur wird dieses *Zuschußprodukt* weder zu demselben noch zu einem niedrigern Preis auf den Markt geworfen. *Es kostet mehr* und bewirkt konstantes Steigen der Marktpreise und damit Erhöhen der Rente. Wie dies erklären, wenn nicht dadurch, daß zu immer unfruchtbareren Bodenarten rekurriert wird, immer mehr Arbeit nötig wird, um dasselbe Produkt zu schaffen, die Agrikultur progressiv steriler wird? Warum, abgesehen vom Einfluß der Depreziation, stiegen die Agrikulturprodukte in England von 1797–1815 mit der raschen Entwicklung der Bevölkerung? Es beweist nichts, daß sie später wieder sanken. Es beweist nichts, daß die Zufuhr von fremden Märkten abgeschnitten war. Grade umgekehrt. Dies brachte erst die *richtigen* Bedingungen hervor, um das Gesetz der Grundrente *rein* zu zeigen. Denn grade die Abschneidung des Auslands zwang im Inland, *zu stets unfruchtbarerm Boden* Zuflucht zu nehmen. Es ist dies nicht aus *absoluter Vermehrung* der Rente zu erklären, denn nicht das Rental allein stieg, sondern die Rentrate. Der Preis des qr. Weizen etc. stieg. Es ist nicht aus der *Depreziation* zu erklären, denn diese würde wohl erklären, warum bei großer Entwicklung der Produktivität in der Industrie die Industrie-

[1] Marktpreis – [2] Wertniveau

produkte fielen, also die Agrikulturprodukte relativ im Preis stiegen. Es würde nicht erklären, warum *außer* diesem *relativen Steigen* die Preise der Agrikulturprodukte fortwährend absolut stiegen. Ebensowenig ist es als *Folge* des Fallens der Profitrate zu erklären. Diese würde *nie* einen Wechsel in den *Preisen*, sondern nur einen *Wechsel* in der Verteilung des Werts oder des *Preises* zwischen landlord, manufacturer und Arbeiter erklären.

Was die *Depreziation* angeht, so nimm an, 1 *l.* nun = 2 *l.* Ein qr. Weizen, der früher = 2 *l.* nun = 4. Fiel das Industrieprodukt auf $^{1}/_{10}$, so früher wert 20 sh., jetzt 2 sh. Diese 2 sh. aber jetzt = 4 sh. Die Depreziation könnte allerdings mit der Sache zu tun haben, ferner die Mißernten.

||507| Aber von alledem abgesehn, kann angenommen werden, daß für den *damaligen Stand der Agrikultur* (für Weizen) *unfruchtbares* Land bebaut wurde. Dasselbe Land später fruchtbar, indem die Differentialrenten – der Rate nach – sanken, wie, das beste Barometer, die Weizenpreise beweisen.

Die höchsten Preise 1800 und 1801 und 1811 und 1812; sind die ersten – Jahre des Mißwachsens, die zweiten – des Höhepunkts der Depreziation. Ebenso 1817 und 1818 Jahre der Depreziation. Zieht man aber diese Jahre ab, so bleibt wohl (später nachzusehn) der Durchschnittspreis.

Bei dem Vergleichen der Weizenpreise etc. in verschiednen Jahresperioden ist zugleich wichtig, die *produzierten Massen* zu soundso viel per qr. zu vergleichen, indem grade so sich herausstellt, wiefern die additional[1] Kornfabrikation Einfluß auf den price[2].

I

Average wheat prices[3]

	Yearly average price[4]	Höchster Preis	Niedrigster Preis
1641–1649	60 sh. $5^{2}/_{3}$ d.	[75 sh. 6 d. (1645)]	[42 sh. 8 d. (1646)]
1650–1659	45 sh. $8^{9}/_{10}$ d.	68 sh. 1 d. (1650)	23 sh. 1 d. (1651)
1660–1669	44 sh. 9 d.	65 sh. 9 d. (1662)	32 sh. 0 d. (1666 u. 1667)
1670–1679	44 sh. $8^{9}/_{10}$ d.	61 sh. 0 d. (1674)	33 sh. 0 d. (1676)
1680–1689	35 sh. $7^{8}/_{10}$ d.	41 sh. 5 d. (1681)	22 sh. 4 d. (1687)
1690–1699	50 sh. $^{4}/_{10}$ d.	63 sh. 1 d. (1695)	30 sh. 2 d. (1691)

Zählen wir von *1650–1699*, so ist in diesen 50 Jahren der Durchschnittspreis (jährlich) *44 sh.* $2^{1}/_{5}$ *d.*

[1] zusätzliche – [2] Preis – [3] *Durchschnittliche Weizenpreise* – [4] Jährlicher Durchschnittspreis

Während des Zeitraums (9 Jahre) von 1641–1649 ist der highest yearly average price[1] 75 sh. 6 d. für das Revolutionsjahr 1645, dann 71 sh. 1 d. für 1649, 65 sh. 5 d. für 1647 und der niedrigste Preis 42 sh. 8 d. für 1646.

II

	Yearly average price	Die highest und niedrigsten Preise in jeder decennial period[2]	
1700–1709	35 sh. $^{1}/_{10}$ d.	69 sh. 9 d. (1709)	25 sh. 4 d. (1707)
1710–1719	43 sh. $6^{7}/_{10}$ d.	69 sh. 4 d. (1710)	31 sh. 1 d. (1719)
1720–1729	37 sh. $3^{7}/_{10}$ d.	48 sh. 5 d. (1728)	30 sh. 10 d. (1723)
1730–1739	31 sh. $5^{5}/_{10}$ d.	58 sh. 2 d. (1735)	23 sh. 8 d. (1732)
1740–1749	31 sh. $7^{9}/_{10}$ d.	45 sh. 1 d. (1740)	22 sh. 1 d. (1743 u. 1744)

Durchschnittspreis (jährlich) für die 50 Jahre *1700 bis 1749: 35 sh. $9^{29}/_{50}$ d.*

III

	Yearly average price	Die highest and lowest prices[3] in jeder decennial period	
1750–1759	36 sh. $4^{5}/_{10}$ d.	53 sh. 4 d. (1757)	28 sh. 10 d. (1750)
1760–1769	40 sh. $4^{9}/_{10}$ d.	53 sh. 9 d. (1768)	26 sh. 9 d. (1761)
1770–1779	45 sh. $3^{2}/_{10}$ d.	52 sh. 8 d. (1774)	33 sh. 8 d. (1779)
1780–1789	46 sh. $9^{2}/_{10}$ d.	52 sh. 8 d. (1783)	35 sh. 8 d. (1780)
1790–1799	57 sh. $6^{5}/_{10}$ d.	78 sh. 7 d. (1796)	43 sh. 0 d. (1792)

Jährlicher average[4] für die 50 Jahre 1750 bis 1799: 45 sh. $3^{13}/_{50}$ d.

IV

	Yearly average price	Die highest and lowest yearly average prices in jeder decennial period	
1800–1809	84 sh. $8^{5}/_{10}$ d.	119 sh. 6 d. (1801)	58 sh. 10 d. (1803)
		113 sh. 10 d. (1800)	
1810–1819	91 sh. $4^{8}/_{10}$ d.	126 sh. 6 d. (1812)	65 sh. 7 d. (1815)
		109 sh. 9 d. (1813)	74 sh. 4 d. (1814)
		106 sh. 5 d. (1810)	74 sh. 6 d. (1819)
1820–1829	58 sh. $9^{7}/_{10}$ d.	68 sh. 6 d. (1825)	44 sh. 7 d. (1822)
1830–1839	56 sh. $8^{5}/_{10}$ d.	66 sh. 4 d. (1831)	39 sh. 4 d. (1835)
1840–1849	55 sh. $11^{4}/_{10}$ d.	69 sh. 5 d. (1847)	44 sh. 6 d. (1849)
1850–1859	53 sh. $4^{7}/_{10}$ d.	74 sh. 9 d. (1855)	40 sh. 4 d. (1850)

[1] höchste jährliche Durchschnittspreis – [2] Zehnjahrperiode – [3] höchsten und niedrigsten Preise – [4] Durchschnitt

Yearly average[1] *für die 50 Jahre 1800 bis 1849: 69 sh. $6^9/_{50}$ d.*
Yearly average für die 60 Jahre 1800 bis 1859: 66 sh. $9^{14}/_{15}$ d.
Also yearly averages:

1641–1649	60 sh. $5^2/_3$ d.
1650–1699	44 sh. $2^1/_5$ d.
1700–1749	35 sh. $9^{29}/_{50}$ d.
1750–1799	45 sh. $3^{13}/_{50}$ d.
1800–1849	69 sh. $6^9/_{50}$ d.
1850–1859	53 sh. $4^7/_{10}$ d.

West selbst sagt:

„In einem verbesserten Stand der Agrikultur kann auf dem Boden zweiter und dritter Qualität mit ebenso geringen Kosten Produkt gewonnen werden wie unter dem alten System auf dem Boden erster Qualität." (*Sir Edw. West, „Price of Corn and Wages of Labour", London 1826,* p. 98.)

[7. *Hopkins über den Unterschied zwischen der absoluten Rente und der Differentialrente und zwischen produktiver und unproduktiver Arbeit, über die Entstehung der Grundrente aus dem Privateigentum*]

Hopkins faßt richtig den Unterschied zwischen der *absoluten* und der *Differentialrente:*

„Das Prinzip der Konkurrenz macht 2 Profitraten unmöglich in demselben Land; aber das bestimmt die *relativen Renten*, aber nicht den *allgemeinen Durchschnitt der Rente.*" (p. 30 *Th. Hopk[ins], „On Rent of Land, and its Influence on Subsistence and Population", London 1828.*)

||508a| *Hopkins* macht folgenden Unterschied zwischen produktiver und unproduktiver Arbeit oder, wie er sagt, primärer und sekundärer:

„Wenn *alle* Arbeiter für den gleichen Zweck oder für ein gleiches Ziel beschäftigt würden wie der Diamantschleifer und der Opernsänger, würde in kurzer Zeit kein *Reichtum* da sein, diese zu unterhalten, weil *dann nichts von dem produzierten Reichtum Kapital werden würde.* Wenn ein beträchtlicher Teil so beschäftigt würde, würden die Löhne niedrig sein, weil nur ein relativ kleiner Teil von dem, was produziert wird,

[1] *Jahresdurchschnitt*

als Kapital gebraucht würde; aber wenn nur einige der Arbeiter so beschäftigt werden und selbstverständlich fast alle Ackersleute, Schuhmacher, Weber usw. wären, dann würde viel Kapital produziert werden, und die Löhne *könnten* verhältnismäßig hoch sein." (l.c. p.84, 85.) „Mit dem Diamantenschleifer und dem Sänger müßten alle die in eine Reihe gestellt werden, die für die Landlords oder Rentiers arbeiten und die einen Teil von deren Einkommen als Lohn erhalten, faktisch alle, deren Arbeit sich bloß auf die Produktion solcher Dinge *beschränkt*, die die Landlords und Rentiers erfreuen, und alle, die als Ersatz für ihre Arbeit einen Teil der Rente des Landlords oder des Einkommens der Rentiers erhalten. Das sind alles produktive Arbeiter, aber alle ihre Arbeiten haben den Zweck, den Reichtum, der in der Gestalt von Renten und jährlichen Einkommen vorhanden ist (in eine andere Form zu verwandeln), der in dieser anderen Form den Landlord und Rentier mehr befriedigen soll, und daher sind sie *sekundäre* Produzenten. Alle anderen Arbeiter sind *primäre* Produzenten." (l.c. p.85.)

Diamant und Gesang, beide realisierte Arbeit, können, wie alle Waren, in *Geld* und *als Geld* in Kapital verwandelt werden. Aber bei dieser Verwandlung des Geldes in Kapital ist zweierlei zu unterscheiden. Alle Waren können in Geld und als Geld in Kapital verwandelt werden, weil in ihrer Form als *Geld* ihr Gebrauchswert und seine besondre Naturalform ausgelöscht ist. Sie sind vergegenständlichte Arbeit in der gesellschaftlichen Form, worin selbe mit jeder realer Arbeit austauschbar, also in jede Form realer Arbeit konvertierbar. Ob dagegen die Waren – die das Produkt von Arbeit sind – als solche wieder [als] Elemente in das produktive Kapital eingehn können, hängt davon ab, ob die Natur ihrer Gebrauchswerte ihnen erlaubt, wieder in den Produktionsprozeß einzugehn – sei es als objektive Arbeitsbedingungen (Werkzeug und Material), sei es als subjektive Arbeitsbedingung (Lebensmittel der Arbeiter), (also Elemente des konstanten oder variablen Kapitals).

„In Irland nach mäßiger Berechnung und dem Zensus von 1821 das ganze Nettoprodukt, das an den Landlord geht, an den Staat und die Zehnten-Empfänger, $20^3/_4$ Millionen l., die ganzen Löhne aber nur 14 114 000 l." (Hopkins, l.c. p.94.)

„Die Landlords" in Italy „zahlen im allgemeinen $^1/_2$ und eben mehr als $^1/_2$ des Produkts als Rente an den Landlord bei mäßiger Fertigkeit in der Agrikultur und ungenügender Ausstattung mit fixem Kapital. Der größre Teil der Bevölkerung besteht aus sekundären Produzenten und Landlords, und im allgemeinen sind die primären Produzenten eine arme und erniedrigte Klasse." (p.101, 102.)

„Derselbe Fall in Frankreich unter Louis XIV. [XV. und XVI.]. Nach Young 140 905 304 l. in Rente, Zehnten und Steuern. Dabei Ackerbau miserabel. Die Population Frankreichs damals 26 363 074. Wenn selbst 6 Millionen der arbeitenden Bevölkerung, was zu hoch, hätte jede Familie zu liefern gehabt, jährlich direkt oder indirekt, einen Durchschnitt von etwa 23 l. des Nettoreichtums an die Landlords, an die

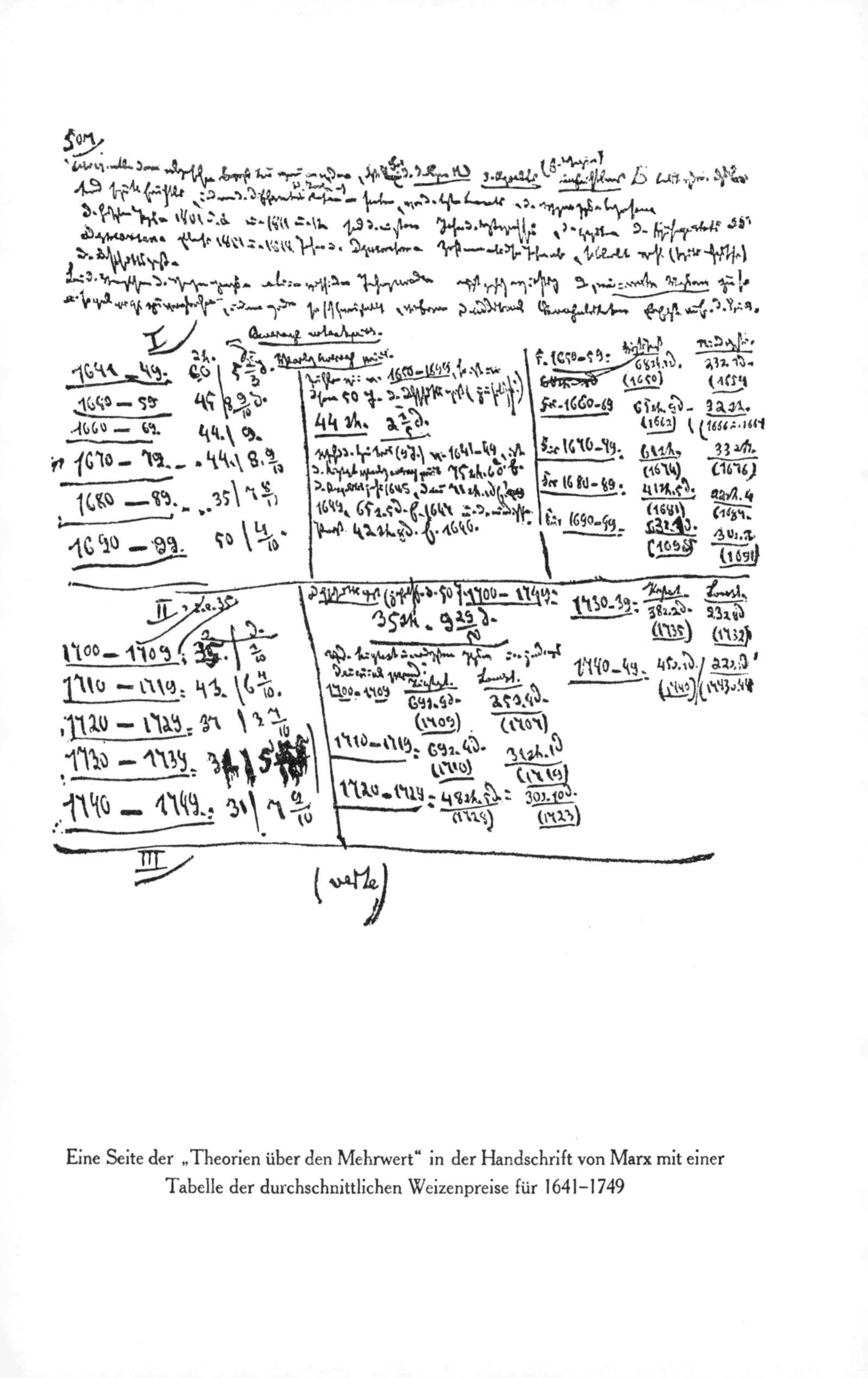

Eine Seite der „Theorien über den Mehrwert" in der Handschrift von Marx mit einer Tabelle der durchschnittlichen Weizenpreise für 1641–1749

Kirche und an den Staat." Nach Youngs Angaben, noch allerlei in Anschlag gebracht, kommt auf die Arbeiterfamilie „jährlich 42 l. 10 sh. Produkt, 23 davon sind an andere zu zahlen und 19 l. 10 sh. bleiben für ihren eigenen Unterhalt". (l.c. p. 102–104.)

Abhängigkeit der Bevölkerung vom Kapital.

„Der Irrtum des Herrn Malthus und seiner Nachfolger ist in der Annahme begründet, daß einer Reduzierung der arbeitenden Bevölkerung *keine* ihr *entsprechende Reduzierung des Kapitals* folgen würde." (l.c. p. 118.) „Herr Malthus vergißt, daß die Nachfrage begrenzt ist durch die Mittel, *die da sind, um Löhne zu zahlen* und" daß „diese Mittel nicht spontan entstehen, sondern immer *vorher durch die Arbeit geschaffen* werden." (l.c. p. 122.)

Dies die richtige Ansicht von der *Akkumulation des Kapitals*. Aber die means[1] können wachsen, i.e. das Quantum surplus produce[2] oder surplus labour[3], ohne daß die Masse Arbeit gleichmäßig wächst.

„Sonderbar diese starke Neigung, *überschüssigen* Reichtum als für die arbeitende Klasse *vorteilhaft* hinzustellen, weil er ihr *Arbeitsmöglichkeit* gibt! Aber auch wenn er dies tut, so offensichtlich ||509| nicht deswegen, weil er *überschüssig* ist, weil er dieses Vermögen hat, sondern weil er *Reichtum* ist, *der durch Arbeit geschaffen wurde*, während gleichzeitig eine zusätzliche Arbeitsmenge den arbeitenden Klassen als *schädlich* dargestellt wird, obwohl diese Arbeit 3× soviel produziert als sie konsumiert." (l.c. p. 126.)

„Wenn durch den Gebrauch einer besseren Maschinerie das ganze primäre Produkt von 200 auf 250 oder 300 erhöht werden könnte, während auf das *Rein*einkommen und den Profit nur 140 entfallen, dann ist es klar, daß als Fonds für die Arbeitslöhne der primären Produzenten 110 oder 160 statt 60 bleiben würden." (l.c. p. 128.)

„Die Lage der Arbeiter ist *schlecht* geworden, entweder weil ihre Produktivkraft gelähmt oder weil ihnen genommen wird, was sie produziert haben." (l.c. p. 129.)

„Nein, sagt Herr Malthus, ‚die *Schwere deiner Last* hat nicht das geringste zu tun mit deinem Elend; das kommt lediglich daher, daß *zu viele Menschen* sie *tragen*'." (l.c. p. 134.)

„In dem allgemeinen Prinzip, daß *die Produktionskosten* den Tauschwert aller Waren bestimmen, sind *die Rohmaterialien* nicht eingeschlossen; aber der Anspruch, den ihre *Eigentümer* auf das Produkt haben, läßt die *Rente* in den Wert eingehen." (p. 11. *Th. Hopkins „Economical Enquiries relative to the Laws which regulate Rent, Profit, Wages, and the Value of Money", London 1822.*)

„*Rente* oder ein Preis für die Benutzung entsteht ganz natürlich aus dem *Eigentum* oder der Einführung eines *Eigentumsrechts*." (l.c. p. 13.)

„Alles kann eine Rente abwerfen, wenn es folgende Eigenschaften besitzt: Erstens muß es ziemlich rar sein; zweitens muß es die Kraft haben, die Arbeit bei dem großen Werk der Produktion zu unterstützen." (l.c. p. 14.) Man darf natürlich nicht den case[4]

[1] Mittel – [2] Mehrprodukt – [3] Mehrarbeit – [4] Fall

setzen, „wo Land *im Vergleich zur Arbeit und dem darauf angewandten Kapital*“ {abundance or scarcity of land[1] sind natürlich *relativ*, beziehn sich auf die disposable quantity of labour and capital[2]} „so reichlich vorhanden ist, daß keine Rente gefordert werden könnte, weil es nicht rar ist“. (l.c. p.21.)

„In einigen Ländern kann der lord 50% ausquetschen, in andren nicht 10. In den fruchtbaren Gegenden des Ostens kann der Mensch von 1/3 des Produkts seiner Arbeit, die er auf den Boden verwendet hat, leben; aber in Teilen der Schweiz und Norwegens könnte die Eintreibung von 10% das Land entvölkern... Wir sehen keine *natürlichen* Grenzen der Rente, die eingetrieben werden kann, als die beschränkte Zahlungsfähigkeit der Zahler“ (p.31) und „wenn schlechtere Böden vorhanden sind, *die Konkurrenz dieser schlechten Böden gegen die besseren.*“ (p.33, 34.)

„In England [ist] viel Gemeindeland, dessen natürliche Fruchtbarkeit derjenigen gleichkommt, die ein großer Teil *des jetzt kultivierten Bodens besaß, ehe er in Anbau genommen wurde;* und doch sind die *Kosten, solches Gemeindeland zu kultivieren,* so groß, *daß es das darauf verwendete Geld nicht zu dem gewöhnlichen Satz zu verzinsen vermag und nichts als Rente für die natürliche Fruchtbarkeit des Bodens* übrigläßt: und das trotz aller Vorteile unmittelbarer Anwendung von Arbeit, die durch geschickt angewandtes Kapital unterstützt und mit billig produzierten Manufakturwaren versorgt wird; außerdem gute Straßen in der Nachbarschaft etc. ... Die gegenwärtigen Grundeigentümer können als *die Eigentümer all der aufgehäuften Arbeit betrachtet werden, die seit Jahrhunderten verausgabt worden ist, um das Land auf den gegenwärtigen Stand der Produktivität zu bringen.*“ (l.c. p.35.)

Es ist dies ein sehr wichtiger Umstand bei der Grundrente, namentlich, wenn die Population plötzlich bedeutend wächst, wie von 1780–1815 infolge der Fortschritte in der Industrie, und daher ein großer Teil bisher unbebauter Ländereien der Kultur *plötzlich* unterworfen wird. Das neubebaute Land mag ebenso fruchtbar, ja fruchtbarer sein als das alte war, *bevor die Kultur von Jahrhunderten* sich in ihm akkumulierte. Was aber von dem neuen Land verlangt wird – wenn es *nicht* zu *teurerem* Preise verkaufen soll – ist, daß seine Fruchtbarkeit gleich sein soll *erstens* der natürlichen Fruchtbarkeit des bebauten ||510| Bodens und *zweitens* seiner *künstlich* durch Kultur produzierten, aber jetzt *natürlich gewordnen Fruchtbarkeit.* Der neubebaute Boden müßte also viel fruchtbarer sein, als der alte *vor* seiner Kultur war.

Aber man wird sagen:

Die Fruchtbarkeit des bebauten Bodens rührt erstens von seiner natürlichen Fruchtbarkeit her. Es hängt also von der natürlichen Beschaffenheit des neubebauten Bodens ab, ob er diese aus der Natur entspringende und

[1] Überfluß oder Mangel an Land – [2] verfügbare Menge von Arbeit und Kapital

ihr geschuldete Fruchtbarkeit besitzt oder nicht. Sie kostet in beiden Fällen nichts. Der andre Teil der Fruchtbarkeit des bebauten Bodens ist künstliches Produkt, der Kultur geschuldet, der Anlage von Kapital. Dieser Teil der Produktivität kostete aber Produktionskosten, die im Zins des in die Erde versenkten capital fixe bezahlt werden. Dieser Teil der Grundrente ist bloß Zins des der Erde vermählten capital fixe. Er geht daher in die Produktionskosten des Produkts des altbebauten Bodens ein. Es ist also nur dasselbe Kapital auf den neubebauten Boden zu werfen, und dieser wird auch diesen zweiten Teil der Fruchtbarkeit erhalten; wie bei dem ersten werden die Zinsen des zur Hervorbringung dieser Fruchtbarkeit angewandten Kapitals in den Preis des Produkts eingehn. Warum sollte also neuer Boden – ohne ungleich fruchtbarer zu sein – nicht ohne steigenden Preis des Produkts bebaut werden können? Ist die natürliche Fruchtbarkeit dieselbe, so ist die Differenz nur durch die Kapitalanlage gebildet, und der Zins für dies Kapital geht in beiden Fällen gleichmäßig in die Produktionskosten ein.

Dies Räsonnement jedoch falsch. Ein Teil der *Kosten* der Urbarmachung etc. wird nicht weiter gezahlt, indem die dadurch erzeugte Fruchtbarkeit, wie schon *Ricardo* bemerkt, zum Teil mit der *natürlichen Qualität* des Bodens verwachsen ist (also Kosten der Ausrodung, Entwäßrung, Trockenlegung, Planierung, chemische Ändrung des Bodens infolge fortgesetzter chemischer Prozesse etc.). Der neubebaute Boden müßte also – wenn er zu demselben Preis soll verkaufen können wie der letztbebaute Boden – fruchtbar genug sein, damit dieser *Preis* für ihn den Teil der Urbarmachungskosten decke, der in seine eignen Produktionskosten eingeht, der aber aufgehört hat in die *Kosten* des altbebauten Bodens einzugehn, sondern hier mit der natürlichen Fruchtbarkeit des Bodens verwachsen ist.

„Ein günstig gelegener *Wasserlauf* liefert das Beispiel einer Rente, die für eine angeeignete Naturgabe der denkbar exklusivsten Art gezahlt wird. Das versteht man sehr gut in den Manufakturdistrikten, wo ansehnliche Renten für kleine Wasserläufe gezahlt werden, besonders wenn das Gefälle groß ist. Da die von solchen fließenden Gewässern gewonnene Kraft gleich ist der, die starke Dampfmaschinen hervorbringen, ist es ebenso vorteilhaft, sie zu benutzen, wenn auch eine hohe Rente dafür zu zahlen ist, als große Summen für die Aufstellung und den Betrieb von Dampfmaschinen zu verausgaben. Dazu sind von den Wasserläufen einige größer, einige kleiner. Die Nähe des Sitzes einer Manufaktur ist auch ein Vorteil, der eine höhere Rente schafft. In den Grafschaften York und Lancaster ist die Differenz zwischen den Renten für die kleinsten und größten fließenden Gewässer wahrscheinlich größer als die zwischen den Renten für fünfzig der unfruchtbarsten und fünfzig der fruchtbarsten Acres, die zusammen bebaut werden.“ (Hopkins, l.c. p.37, 38.)

[8. *Urbarmachungskosten. Perioden des Steigens der Getreidepreise und Perioden ihres Fallens (1641–1859)*]

Vergleichen wir oben die average prices[1] und ziehn wir ab, was erstens der Depreziation geschuldet (1809–1813), zweitens besonders schlechten Jahreszeiten wie 1800 und 1801, so ein sehr wichtiges Element, *wieviel neuer Boden* bebaut wurde at a given moment or during a given period[2]. Steigen des Preises auf den bebauten Ländereien zeigt hier *Wachsen der Bevölkerung* und daher Überschuß des Preises, anderseits dasselbe Zunehmen der Nachfrage bringt hervor die cultivation of fresh soil[3]. Hat diese Masse *relativ* sehr zugenommen, so beweist der steigende Preis und der *höhere Preis* als in früherer Periode nichts, als daß ein großer Teil von *Urbarmachungskosten* in die additional quantity of food created[4] eingeht. Wäre der Preis nicht gestiegen, so hätte die creation[5] nicht stattgefunden. Wie Wirkung *derselben*, Fall des Preises, kann erst später sich zeigen, da in den Preis der recently[6] created food an element of cost of production or price

[1] Durchschnittspreise; siehe vorl. Band, S. 127–129 – [2] in einem gegebenen Moment oder während einer gegebenen Periode – [3] Bebauung neuen Bodens – [4] zusätzliche Menge der hervorgebrachten Nahrungsmittel – [5] Hervorbringung – [6] der folgende, mit „recently" beginnende, von Marx englisch geschriebene Text bis „...are cultivated" (S. 138) lautet in deutscher Übersetzung: jüngst geschaffenen Nahrungsmittel ein Element der Produktionskosten oder des Preises eingeht, das in den früheren Kapitalanlagen in Boden oder in den früheren Teilen des bebauten Bodens längst erloschen ist. Die Differenz würde noch größer sein, wenn nicht, infolge der vermehrten Produktivität der Arbeit, die Kosten der Heranziehung von Boden zum Anbau im Verhältnis zu den Anbaukosten früherer, vergangener Zeiten bedeutend gefallen wären.

Die Umwandlung von neuem Grund und Boden, ob seine Fruchtbarkeit größer oder gleich oder geringer ist als die des alten, in einen solchen Zustand (und dieser Zustand ist durch den allgemeinen Grad der Anpassung an die Kultur gegeben, die auf dem schon in Anbau befindlichen Boden herrscht), *der ihn* zur Anwendung von Kapital und Arbeit *tauglich macht* – unter *denselben Bedingungen*, unter denen Kapital und Arbeit auf der Durchschnittsfläche des bebauten Bodens angewendet werden –, diese Anpassung muß bezahlt werden durch die Kosten der Verwandlung von unbebautem Land in bebautes. Diese Differenz der Kosten muß vom neubebauten Boden getragen werden. Wenn sie nicht in den Preis seines Produkts eingeht, sind nur zwei Fälle denkbar, in denen ein solches Ergebnis erzielt werden kann. *Entweder* wird das Produkt des neu bebauten Bodens nicht *nach seinem wirklichen Wert* bezahlt. Sein Preis steht unter seinem Wert, was in der Tat bei dem größten Teil des Bodens der Fall ist, der keine Rente trägt, weil sein Preis nicht durch *dessen eigenen Wert*, sondern durch den Wert des Produkts fruchtbarerer Böden bestimmt wird. *Oder* das neu bebaute Land muß so *fruchtbar* sein, daß, wenn sein Produkt zu seinem immanenten, eigenen Werte

enters, that has long become extinct in the older applications of capital to land, or in the older portions of the soil cultivated. The difference would be even greater if, consequent upon the increased productivity of labour, the cost appropriating soil to cultivation, had not greatly fallen, as compated to the costs of cultivation in former, bygone periods.

||511| The transformation of new land, whether more or equally or less fertile than old land, into such a state (and this state is given by the general rate of adaptation to culture prevailing on the existing land under cultivation) *as to enable it* for application of capital and labour – under *the same conditions* under which capital and labour is employed on the average quantity of cultivated soil – this adaptation must be paid for by the costs of converting waste land into cultivated land. This difference of cost must be borne by the newly cultivated land. If it not enters into the price of its produce, there are only two cases possible, under which such a result can be realized. *Either* the produce of the newly cultivated land is not sold *at its real value*. Its price stands below its value, as is in fact the case with most of the land bearing no rent,

---

bezahlt würde, entsprechend der Menge der in ihm vergegenständlichten Arbeit, es einen geringeren Preis erzielen würde als das Produkt des früher bebauten Bodens.

Wenn die Differenz zwischen seinem *inhärenten Wert* und dem *Marktpreis*, der durch den Wert des bebauten Bodens bestimmt wird, eine solche ist, daß sie *zum Beispiel 5 Prozent beträgt* und wenn andererseits der *Zins*, der in seine Produktionskosten seitens des Kapitals eingeht, das angewandt wird, um ihn auf dasselbe Niveau der Produktionsfähigkeit zu bringen, das den alten Böden eigen ist, ebenfalls 5 Prozent betrüge, dann würde der neu bebaute Boden ein Produkt hervorbringen, das bei dem alten Marktpreis die üblichen Löhne, Profite und Renten zahlen könnte. Wenn der Zins des angewandten Kapitals nur 4 Prozent betrüge, während der Grad seiner Fruchtbarkeit die der älteren Böden 4 Prozent überträfe, würde der Marktpreis nach dem Abzug der 4 Prozent Zinsen für das Kapital, das angewandt wurde, den neuen Boden in einen „anbaufähigen" Zustand bringen, einen Überschuß lassen, oder das Produkt könnte unter dem *Marktpreis, der durch den Wert des* Produkts des unfruchtbarsten Bodens *bestimmt wird*, verkauft werden. Daher würden die Renten im allgemeinen zusammen mit dem Marktpreis des Produkts fallen.

Absolute Rente ist der Überschuß des *Werts* über den *Durchschnittspreis* des Rohprodukts. *Differentialrente* ist der Überschuß des *Marktpreises* des Produkts begünstigter Böden über den *Wert* ihres eigenen Produkts.

Wenn daher der *Preis des Rohprodukts* steigt oder konstant bleibt in Perioden, in denen ein relativ großer Teil der zusätzlichen Nahrungsmittel, die die wachsende Bevölkerung benötigt, auf Boden produziert wird, der aus einem Zustand des Unbebautseins in einen Zustand des Bebautseins verwandelt wurde, so beweist diese Beständigkeit oder dieses Steigen der Preise nicht, daß die Fruchtbarkeit des Bodens abgenommen hat, sondern nur, daß sie nicht in einem solchen Maße gewachsen ist, um das neue Element der Produktion[skosten] auszugleichen, das, gebildet durch die Zinsen des Kapitals, angewendet wurde, um das unbebaute Land auf das Niveau der gewöhnlichen Produktionsbedingungen zu bringen, unter denen die alten Böden bei einem gegebenen Stand der Entwicklung bebaut werden.

because its price is not constituted by *its own value*, but by the value of the produce derived from more fertile soils. *Or* the newly cultivated land must be *so fertile*, that, if it was sold at its immanent, own value, according to the quantity of labour realized in it, it would be sold at a less price than the price of produce grown on the formerly cultivated soil.

If the difference between its *inherent value* and the *market price* settled by the value of the cultivated soil is such, that it *amounted for instance to 5 p.c.* and if on the other hand the *interest*, entering into its costs of production on the part of the capital employed to bring it up to the level of productive ability, common to the old soils, amounted also to 5 p.c., then the newly cultivated land would grow produce, able to pay at the old market price the usual wages, profits and rents. If the interest of the capital employed amounted to 4 p.c. only while its degree of fertility exceeded 4 p.c., as compared to the older soils, the market price, after the deduction of the 4 p.c. interest for the capital employed to bring the new land into a „cultivable" state would leave a surplus, or it might be sold at a lower price than the *market price settled by the value of the* least[1] fruitful soil. Rents consequently would generally be lowered, together with the market price of the produce.

Absolute rent is the excess of *value* over the *average price* of raw produce. *Differential rent* is the excess of the *market price* of the produce grown on favoured soils over the *value* of their own produce.

If, therefore, the *price of raw produce* rises or remains constant in periods in which a relatively large part of the additional food, required by the increase of population, is produced on soil which from a state of wasteness has been converted into a state of cultivation, this constancy or rise of prices does not prove that the fertility of the land has decreased, but only that it has not increased to such a degree as to counteract the fresh element of production – formed by the interest of capital applied with a view to bringing the uncultivated land to a level of the common conditions of production, under which the old soils – in a given state of development – are cultivated.

Selbst der *konstante oder steigende Preis* – wenn die relative Quantität des neubebauten Bodens verschieden in verschiednen Perioden – beweist also nicht, daß der neue Boden unfruchtbar ist oder *weniger Produkt* liefert, sondern nur, daß ein Kostenelement in den Wert seiner Produkte eingeht, which has become extinct in the older cultivated soils[2], und dies neue Kostenelement bleibt, obgleich unter den neuen Produktionsbedingungen die Kosten der Urbarmachung sehr gefallen sind, verglichen mit den Kosten,

[1] In der Handschrift: most – [2] das in den älteren bebauten Böden erloschen ist

die nötig waren, um den alten Boden to bring from its *original, natural* state of fertility to its present state[1]. Es wäre also bei den verschiednen ||512| Perioden die *relative Proportion* der enclosures[33] zu konstatieren.

Im übrigen zeigt uns die obige Liste (p. 507, 508):

Die *decennial* periods[2] betrachtet, steht die

Periode von 1641–1649 höher als irgendein decennial period bis 1860, mit Ausnahme des decennial period von 1800–1809 und 1810–1819.

Die *fünfzigjährigen periods* betrachtet, steht die von 1650–1699 höher als die von 1700–1749, und die von 1750–1799 steht höher als die von 1700 bis 1749 und niedriger als die von 1800–1849 (oder 1859).

Das Sinken der Preise ist regelmäßig in der Periode von 1810–1859, während in der Periode von 1750–1799, obgleich der 50jährige Durchschnittspreis niedriger, eine aufsteigende Bewegung ebenso regelmäßig aufsteigend wie die von 1810–1859 fallend.

In fact[3], verglichen mit der period of 1641–1649, findet im ganzen fortwährend Sinken der decennial average prices[4] statt, bis dies Sinken in den beiden letzten decennial periods der ersten Hälfte des 18. Jahrhunderts seinen *Höhepunkt* erreicht *(niedrigsten Punkt)*.

Von der Mitte des 18. Jahrhunderts findet Aufsteigen statt, das seinen Ausgang nimmt von einem Preis (36 sh. $4^5/_{10}$ d. 1750–1759), niedriger als der 50jährige Durchschnittspreis der zweiten Hälfte des 17. Jahrhunderts und ungefähr entsprechend etwas höher als der Durchschnittspreis der 50jährigen Periode von 1700–1749 (35 sh. $9^{29}/_{50}$ d.), der *ersten* Hälfte des 18. Jahrhunderts. Diese aufsteigende Bewegung dauert progressiv fort in den 2 decennial periods 1800–1809 und 1810–1819. In der letztren erreicht sie ihre acme[5]. Von da an findet wieder die fallende Bewegung regelmäßig statt. Nehmen wir den Durchschnitt der aufsteigenden Periode von 1750 bis 1819, so ihr Durchschnittspreis (etwas mehr als 57 sh. per qr.) gleich dem Ausgangspunkt der sinkenden Periode von 1820 an (nämlich etwas über 58 sh. für die decennial period von 1820–1829); ganz wie der Ausgangspunkt für die 2te Hälfte des 18. Jahrhunderts [gleich ist] dem Durchschnittspreis seiner ersten Hälfte.

Wie sehr einzelne Umstände, Mißernte, Depreziation des Geldes etc., die Durchschnittszahl affizieren können, zeigt jedes Rechenexempel. Z. B. $30 + 20 + 5 + 5 + 5 = 65$. Durchschnitt $= 13$, obgleich hier die 3 letztren Nummern immer nur $= 5$. Dagegen $12 + 11 + 10 + 9 + 8[= 50]$, Durch-

[1] von seinem *ursprünglichen, natürlichen* Zustand der Fruchtbarkeit in seinen gegenwärtigen Zustand zu bringen – [2] *Zehnjahr*perioden – [3] In der Tat – [4] Durchschnittspreise in der Zehnjahrperiode – [5] ihren Höhepunkt

schnitt = 10, obgleich, wenn man die exzeptionellen 30 und 20 in der ersten Reihe wegstreicht, der Durchschnitt von any three years[1] in [der] zweiten größer wäre.

Zieht man die Differentialkosten für das zur Urbarmachung sukzessiv angelegte Kapital ab, das for a certain period enters as an item into cost[2], so vielleicht die Preise von 1820–1859 niedriger als any früheren. Und dies schwebt wohl z.T. den Lümmeln vor, die die Rente aus Zins für in die Erde gesenktes fixes Kapital erklären.

[9. *Anderson contra Malthus, Andersons These von der steigenden Produktivität der Landwirtschaft und ihrem Einfluß auf die Differentialrente*]

Anderson sagt in:

„A calm Investigation of the circumstances that have led to the present scarcity of grain in Britain", Lond. 1801:

„Von 1700 zu 1750 beständiger Fall der Preise von 2 l. 18 sh. 1 d. zu 1 l. 12 sh. 6 d. per Quarter of wheat[3]; von 1750 bis 1800 beständiger rise[4] von 1 l. 12 sh. 6 d. zu 5 l. 10 sh. per Quarter wheat." (p.11.)

Er hatte also nicht wie West, Malthus, Ricardo einseitig das Phänomen einer steigenden Skala der Getreidepreise (von 1750–1813) vor sich, sondern vielmehr die doppelte Erscheinung, ein ganzes Jahrhundert, wovon die erste Hälfte eine beständig fallende, die zweite eine beständig steigende Skala der Getreidepreise zeigt. Er bemerkt ausdrücklich:

„Die Population so gut im Wachsen während der ersten als während der zweiten Hälfte des 18. Jahrhunderts." (l.c. p.12.)

Er ist ein dezidierter Feind der Bevölkerungstheorie[34] und behauptet ausdrücklich die steigende und perennierende Verbeßrungsfähigkeit der Erde.

„Die Erde kann durch chemische Einflüsse und Bearbeitung *immer besser* gemacht werden." (l.c. p.38.)[35]

||513| „Unter einem weisen System der Bewirtschaftung kann die Produktivität des Bodens von Jahr zu Jahr zunehmen während eines Zeitraumes, für den keine Grenze angegeben werden kann, bis sie schließlich eine Höhe erreichen mag, von der wir uns vielleicht zur Zeit keine Vorstellung machen können." (p.35, 36.)

[1] irgendwelchen drei Jahren – [2] für einen bestimmten Zeitraum als ein Posten in die Kosten eingeht – [3] Weizen – [4] beständiges Steigen

„Dies kann mit Sicherheit gesagt werden, daß die gegenwärtige Bevölkerung so unbedeutend ist, verglichen mit der, die dies Eiland unterhalten kann, daß sie weit unter jedem Grad ernstlicher Erwägung steht." (p.37.)

„Wo die Bevölkerung zunimmt, muß damit auch das Produkt des Landes wachsen, *wenn nicht irgendeinem moralischen Einfluß gestattet wird, die Ökonomie der Natur zu stören.*" (p.41.)

Die „Bevölkerungstheorie" ist „das gefährlichste Vorurteil". (p.54.) Die „Produktivität der Agrikultur", sucht er historisch nachzuweisen, steigt mit wachsender und fällt mit abnehmender Population. (p.55, 56, 60, 61 sqq.)

Das erste bei richtiger Auffassung der *Rente* war natürlich, daß sie nicht aus dem Boden stammt, sondern aus dem *Produkt der Agrikultur*, also der Arbeit, aus dem *Preis des Arbeitsprodukts*, z.B. des Weizens. Aus dem *Wert* des Agrikulturprodukts, der auf dem Grund und Boden angewandten Arbeit, nicht aus dem Grund und Boden, und dies hebt Anderson richtig hervor.

„Es ist nicht die Rente vom Boden, die den Preis seines Produkts bestimmt, sondern es ist der Preis dieses Produkts, der die Grundrente bestimmt, obgleich der Preis dieses Produkts oft am höchsten in den Ländern ist, wo die Grundrente am tiefsten steht."

{Die Rente hat also nichts zu tun mit der *absoluten* Produktivität der Agrikultur.}

„Dies scheint ein Paradoxon zu sein, das eine Erklärung verdient. In jedem Lande gibt es verschiedene Bodenarten, die an Fruchtbarkeit erheblich voneinander abweichen. Wir werden jetzt voraussetzen, daß sie in verschiedene Klassen geordnet sind, die wir mit den Buchstaben A, B, C, D, E, F etc. bezeichnen werden. Die Klasse A umfaßt die Böden mit größter Fruchtbarkeit, und die anderen Buchstaben drücken die verschiedenen Bodenklassen aus, die graduell an Fruchtbarkeit abnehmen, je weiter sie sich von der ersten entfernen. Da nun *die Kosten der Bebauung des unfruchtbarsten Bodens ebenso groß oder größer sind als die des fruchtbarsten*, so folgt daraus notwendigerweise, daß, *wenn eine gleiche Menge Korn, von welchem Feld sie auch stammen mag, den gleichen Preis erzielt*, der Profit aus dem Anbau des fruchtbarsten Bodens viel größer sein muß als der von anderen Böden"

{nämlich der excess of price over the expenses or the price of the capital advanced[1]}

„und da dieser" {nämlich der Profit} „in dem Maße abnimmt, wie die Unfruchtbarkeit größer wird, so muß es schließlich dahin *kommen*, daß die *Kosten der Bebauung* mancher der niederen Bodenklassen *dem Wert des ganzen Produkts gleichkommen.*" (p.45-48.)

Der letzte Boden zahlt keine Rente. (Dies ist zitiert nach *McCulloch* „The Literature of polit. econ.", London 1845. Zitiert *Mc*[*Culloch*] hier aus

[1] Überschuß des Preises über die Auslagen oder den Preis des vorgeschossenen Kapitals

„An Enquiry into the Nature of the Corn Laws" oder aus *„Recreations in Agriculture, Natural History, Arts etc.", London 1799–1802?* Dies auf dem Museum nachzusehn.)

Was Anderson hier *„value* of the whole produce"[1] nennt, ist in seiner Vorstellung offenbar nichts als der *Marktpreis*, zu dem das Produkt, wachse es auf beßrem oder schlechtrem Boden, verkauft wird. Dieser „Preis" (value[2]) läßt bei den fruchtbareren Bodenarten größren oder geringren excess[3] über die expenses[4]. Bei dem letzten Produkt nicht. Für es fällt der *Durchschnittspreis* – d.h. der durch die Produktionskosten + den Durchschnittsprofit [gebildete] Preis – zusammen mit dem Marktpreis des Produkts, gibt also keinen Surplusprofit, der allein die Rente konstituieren kann. Bei Anderson Rente gleich dem Überschuß des *Markpreises* des Produkts über seinen *Durchschnittspreis*. (Die Theorie des Werts beunruhigt Anderson noch gar nicht.) Fällt also infolge besondrer Unfruchtbarkeit des Bodens der *Durchschnittspreis* des Produkts dieses Bodens mit dem *Marktpreis* des Produkts zusammen, so fällt dieser Überschuß fort; d.h., es ist kein fonds for the formation of rent[5] da. Anderson sagt nicht, daß der letztbebaute Boden *keine Rente tragen kann*. Er sagt nur, daß, wenn es „happens"[6], daß die expenses (die Produktionskosten + der Durchschnittsprofit) so groß sind, daß die Differenz zwischen dem Marktpreis des Produkts und seinem Durchschnittspreis fortfällt, auch die Rente fortfällt, und daß dies der Fall sein muß, wenn immer tiefer in der Skala gegangen wird. Daß ein bestimmter, *gleicher Marktpreis* für gleiche Quanta Produkte, die unter verschieden günstigen Produktionsbedingungen erzeugt sind, Voraussetzung für diese Rentenbildung, sagt A[nderson] ausdrücklich. Der Surplusprofit oder Überschuß des Profits auf den bessern Bodenarten über den auf den schlechtern, sagt er, ist notwendig, *„if an equal quantity of corn*, the produce of *each* field, can be sold *at the same price*."[7] Also wenn ein allgemeiner Marktpreis vorausgesetzt ist.

||514| Anderson nimmt keineswegs, wie es nach der vorigen Stelle scheinen könnte, an, daß die verschiednen *degrees of fertility*[8] bloßes Naturprodukt sind. Vielmehr kömmt die

„unendliche Verschiedenheit der Böden" zum Teil daher, daß diese „Böden von ihrem ursprünglichen Zustand durch die Arten der Bebauung, der sie früher unterworfen wurden, durch den Dünger usw. in einen ganz anderen umgewandelt werden" etc. (p.5. *„An Inquiry into the Causes etc."*, Edinburgh 1779.)

[1] *„Wert* des ganzen Produkts" – [2] Wert – [3] Überschuß – [4] Kosten – [5] Fonds für die Bildung der Rente – [6] „dahin kommt" – [7] *„wenn eine gleiche Menge Korn*, von *welchem* Feld sie auch kommen mag, *den gleichen Preis* erzielt" – [8] *Grade der Fruchtbarkeit*

Einerseits macht der Fortschritt der Produktivität of general labour[1] leichter, Land urbar zu machen; anderseits vermehrt aber die Kultur die Unterschiede in den soils[2], indem Boden A, der kultiviert ist, und Boden B, der nicht kultiviert ist, von derselben original fertility[3] gewesen sein mögen, wenn wir von der fertility von A die Portion fertility abziehn, die diesem Boden jetzt zwar natürlich, aber früher *künstlich* gegeben war. Die Kultur selbst vermehrt also die diversity of natural fertility between cultivated and waste lands[4].

Daß der Boden, für dessen Produkt Durchschnittspreis und Marktpreis zusammenfallen, *keine* Rente zahlen kann, sagt Anderson ausdrücklich:

„Wo zwei Felder vorhanden sind, deren Produkt ungefähr das oben angegebene ist, nämlich das eine 12 Bushel, das die Kosten einbringt, das andere 20, wird keine *unmittelbare Ausgabe für ihre Verbesserung* erheischt; der Pächter würde zum Beispiel für das letztere Feld sogar mehr Rente als 6 Bushel zahlen, während [er] keine für das andre [zahlt]. Wenn 12 Bushel gerade genügen für die Kosten des Anbaus, dann kann gar keine Rente für *bebautes* Land eingebracht werden, das nur 12 Bushel trägt." (p. 107 bis 109, vol. III, *„Essays relating to agriculture and rural affairs"*, *Edinburgh-London 1775 bis 1796.*)

Er fährt dann unmittelbar fort:

„Dennoch kann man nicht erwarten, daß, wenn das größere Produkt *unmittelbar* durch seinen eigenen Kapitalaufwand und durch Anwendung von Fleiß *hervorgerufen* wurde, er ungefähr den gleichen *Anteil* davon als Rente zahlen *kann;* aber nachdem das Land eine *gewisse Zeit in einem permanenten Zustand der Fruchtbarkeit von diesem Grade geblieben ist,* wird er bereit sein, eine Rente von der angegebenen Höhe zu zahlen, auch wenn der Boden *diese Fruchtbarkeit ursprünglich* seinem eigenen Fleiß *verdankt.*" (l.c. p. 109, 110.)

Also das Produkt des besten cultivated Bodens sei per acre z.B. 20 bushel; davon zahlen 12 bushel nach der Voraussetzung die expenses (advances[5] + Durchschnittsprofit). Dann *kann* es 8 bushel als Rente zahlen. Nimm an, das bushel sei = 5 sh., dann 8 bushel oder 1 qr. = 40 sh. oder 2 *l.* und 20 bushel = 5 *l.* ($2^1/_2$ qrs.). Von diesen 5 *l.* = expenses 12 bushel oder 60 sh. = 3 *l.* Es zahlt dann Rente = 2 *l.* oder 8 bushel. Von den 3 *l.* expenses sind, wenn die Profitrate = 10 p.c., die Auslagen = $54^6/_{11}$ sh. und der Profit = $5^5/_{11}$ sh. ($54^6/_{11} : 5^5/_{11} = 100 : 10$). Gesetzt, der farmer müsse nun auf unbebautes Land, das ebenso fruchtbar als das 20 bushel tragende

[1] der allgemeinen Arbeit – [2] Böden – [3] ursprünglichen Fruchtbarkeit – [4] Verschiedenheit der natürlichen Fruchtbarkeit zwischen bebautem und unbebautem Land – [5] vorgeschossenes Kapital

originell war, Verbeßrungen aller Art anbringen, to bring it into such a state of cultivation as appropriate to the general state of agriculture[1]. Dies koste ihm außer der Auslage von $54^6/_{11}$ sh. oder, wenn wir den Profit mit in die expenses rechnen, außer den 60 sh. noch Auslage von $36^4/_{11}$; so wären 10 p.c. darauf $= 3^7/_{11}$, und erst in 10 Jahren, wenn der farmer beständig 20 bushel zu 5 sh. verkaufte, könnte er Rente zahlen, erst nach der Reproduktion seines Kapitals. Von da würde die künstlich erzeugte Fruchtbarkeit des Bodens als originelle gerechnet und fiele dem landlord zu.

Obgleich der neubebaute Boden so fruchtbar wie der bestbebaute Boden originell war, fallen doch für sein Produkt Marktpreis und Durchschnittspreis jetzt zusammen, weil ein Kostenitem eingeht, das extinct[2] ist in dem besten Boden, bei dem künstlich hervorgebrachte und natürliche Fruchtbarkeit to a certain extent[3] zusammenfallen. Bei dem neu angebauten Boden aber der künstlich, durch Kapitalanlage, hervorgebrachte Teil der Fruchtbarkeit noch durchaus distinct[4] von der natürlichen Fruchtbarkeit des Bodens. Der neubebaute Boden, obgleich von derselben Originalfruchtbarkeit wie der bestangebaute Boden, könnte also *keine Rente* zahlen. Nach 10 Jahren jedoch könnte er nicht nur Rente zahlen, sondern ebensoviel Rente wie die früher beste *kultivierte* Bodenart. Anderson begreift hier also beide Phänomene:

1. daß die Differentialrente des landlords z.T. das Resultat der dem Boden vom Pächter künstlich gegebnen fertility ist;

2. daß diese künstliche fertility nach einem gewissen lapse of time als original productivity des soil[5] selbst erscheint, indem der soil selbst verwandelt worden und der Prozeß, wodurch diese Verwandlung bewerkstelligt, verschwunden, nicht mehr sichtbar ist.

||515| Wenn ich heute eine cotton-mill[6] für 100 000 *l.* errichte, so bekomme ich a more efficient mill[7] als mein Vorgänger, der sie vor 10 Jahren errichtete. Die Differenz zwischen der Produktivität im Maschinenbau, Bauen überhaupt etc. von heute und vor 10 Jahren zahle ich nicht; im Gegenteil. Sie setzt mich in den Stand, *weniger* für eine mill von derselben efficiency[8] zu zahlen oder nur *dasselbe* für eine mill von höhrer efficiency. Anders in der Agrikultur. Der Unterschied zwischen den original fertilities of soils is magnified by that part of the so-called natural fertility of the soil

[1] um es auf einen solchen Stand der Bebauung zu bringen, der dem allgemeinen Stand der Landwirtschaft entspricht – [2] erloschen – [3] bis zu einem gewissen Grad – [4] unterschieden – [5] Zeitablauf als ursprüngliche Produktivität des Bodens – [6] Baumwollspinnerei – [7] eine leistungsfähigere Spinnerei – [8] Leistungsfähigkeit

which, in fact, has been once *produced* by men, but has now become incorporated to the soil and is no longer to be distinguished from its original fertility[1]. Um unbebauten Boden von gleicher Originalfruchtbarkeit zu dieser *gesteigerten* Fruchtbarkeit zu erheben, sind, infolge der Entwicklung der Produktivkraft of general labour, nicht dieselben Kosten nötig, die nötig waren, to bring the original fertility of the cultivated soil to its now apparently original fertility, but still, more or less expense is required to bring that equalization about[2]. Der Durchschnittspreis des neuen Produkts steht so höher als der des alten, die Differenz zwischen Marktpreis und Durchschnittspreis ist so kleiner und kann ganz verschwinden. Gesetzt aber, im obigen Fall sei der neubebaute Boden so fruchtbar, daß er nach der additional expense of 40 sh.[3] (Profit eingerechnet) statt 20 bushel 28 liefre. In diesem Falle könnte der farmer 8 bushel or[4] 2 *l.* Rente zahlen. Aber warum? Weil der neubebaute Boden 8 bushel mehr liefert als der alte, so daß er trotz höhern Durchschnittspreises bei gleichem Marktpreis ebensoviel excess of price[5] liefert. Seine Fruchtbarkeit, hätte sie[6] kein extra expense gekostet, wäre doppelt so groß wie die des alten. Mit dem expense ist sie grade so groß.

[10. Haltlosigkeit der Rodbertusschen Kritik an der Rententheorie Ricardos. Rodbertus' Unverständnis der Besonderheiten der kapitalistischen Landwirtschaft]

Nun zu Rod[bertus] definitiv und zum letztenmal zurück.

„Sie" (Rod[bertu]s' Rententheorie) „erklärt ... aus *einer Teilung des Arbeitsprodukts*, die mit Notwendigkeit eintritt, wenn zwei Vorbedingungen, hinlängliche Produktivität der Arbeit und Grund- und Kapitaleigentum, gegeben sind, alle Erscheinungen des Arbeitslohns und der Rente etc. Sie erklärt, daß allein die hinlängliche Produktivität der Arbeit die *wirtschaftliche Möglichkeit einer solchen Teilung* konstituiert, indem diese Produktivität dem Produktwert soviel realen Inhalt gibt, daß noch andre Personen, die

---

[1] ursprünglichen Fruchtbarkeit der Böden wird vergrößert durch jenen Teil der sogenannten natürlichen Fruchtbarkeit des Bodens, der tatsächlich einmal von Menschen *hervorgebracht* wurde, jetzt aber dem Boden einverleibt ist und nun nicht mehr von seiner ursprünglichen Fruchtbarkeit unterschieden werden kann – [2] die ursprüngliche Fruchtbarkeit des bebauten Bodens auf die Höhe seiner jetzigen, scheinbar ursprünglichen Fruchtbarkeit zu bringen; immerhin aber sind auch jetzt noch mehr oder weniger Kosten nötig, um dieses gleiche Niveau zu erreichen – [3] zusätzlichen Auslage von 40 sh. – [4] oder – [5] Überschuß des Preises – [6] in der Handschrift: er

nicht arbeiten, davon mitleben können, und sie erklärt, daß allein das Grundeigentum und Kapitaleigentum die *rechtliche Wirklichkeit* einer solchen *Teilung* konstituiert, indem es die Arbeiter zwingt, sich *ihr Produkt* mit den nicht arbeitenden Grund- und Kapitalbesitzern [sogar in dem Verhältnis] zu *teilen*, daß grade sie, die Arbeiter, nur soviel davon bekommen, daß sie leben können." (*Rodbertus*, l.c. p. 156, 157.)

A. Smith stellt die Sache doppelt dar. *Teilung des Arbeitsprodukts*, wo dies als gegeben betrachtet wird und in der Tat es sich um den *Anteil am Gebrauchswert* handelt. Diese Auffassung hat Herr Rod[bertus] ditto. Sie findet sich auch bei Ricardo und ist diesem um so mehr vorzuwerfen, weil er nicht nur bei der allgemeinen Phrase bleibt, sondern Ernst mit der *Bestimmung des Werts durch die Arbeitszeit* machen will. Diese Auffassung paßt plus ou moins, mutatis mutandis[1] auf alle Produktionsweisen, worin die Arbeiter und die Besitzer der objektiven Arbeitsbedingungen verschiedne Klassen bilden.

Die zweite Auffassung Smiths ist dagegen charakteristisch für die kapitalistische Produktionsweise. Sie ist daher auch allein [eine] theoretisch fruchtbare Formel. Hier faßt nämlich Smith Profit und Rente auf als entspringend aus der *Surplusarbeit*, die der Arbeiter dem Arbeitsgegenstand zufügt außer dem Teil der Arbeit, wodurch er nur sein eignes Salair reproduziert. Es ist dies der einzig richtige Standpunkt, wo die Produktion einzig auf dem Tauschwert beruht. Es liegt darin der Entwicklungsprozeß, während in der ersten Auffassung die *Arbeitszeit* als konstant unterstellt ist.

Bei Ricardo kommt die Einseitigkeit mit daher, daß er überhaupt beweisen will, daß die verschiednen ökonomischen Kategorien oder Verhältnisse *nicht widersprechen der Werttheorie*, statt sie umgekehrt mitsamt ihren scheinbaren Widersprüchen von dieser Grundlage aus zu *entwickeln* oder die Entwicklung dieser Grundlage selbst darzustellen.

||516| „Sie[2] wissen, daß *alle Nationalökonomen* schon seit A. Smith den *Wert des Produkts in Arbeitslohn, Grundrente und Kapitalgewinn zerfallen* lassen und daß also die Idee, das Einkommen der verschiedenen Klassen und namentlich auch die Rententeile *auf eine Teilung des Produkts* zu gründen, nicht neu ist." (Certainly not![3]) „Allein sofort geraten die Nationalökonomen auf Abwege. Alle – selbst nicht mit Ausnahme der Ricardoschen Schule – begehen *zuvörderst* den Fehler, nicht das *ganze* Produkt, das *vollendete* Gut, das *ganze Nationalprodukt* als die Einheit aufzufassen, an der Arbeiter, Grundbesitzer und Kapitalisten partizipieren, sondern die *Teilung des Rohprodukts* als eine *besondre Teilung*, an der *drei Teilnehmer*, und die Teilung des Fabrikationsprodukts wieder als eine besondre Teilung aufzufassen, an der *nur zwei* Teilnehmer partizipieren. So sehen diese Systeme schon das bloße Rohprodukt und das bloße Fabrikationsprodukt jedes für sich als ein besondres Einkommensgut an." (p. 162.)

[1] mehr oder weniger, mit den nötigen Abänderungen – [2] von Kirchmann – [3] Sicher nicht!

Zunächst hat A. Smith in der Tat *alle* spätren Ökonomen, Ricardo eingerechnet und Herrn Rodbertus eingerechnet, dadurch auf „*Abwege*" gebracht, daß er den „*ganzen* Wert des Produkts in Arbeitslohn, Grundrente und Kapitalgewinn" [S. 162] auflöst und damit das konstante Kapital vergißt, das auch einen Teil des Werts bildet. Der Mangel dieser Unterscheidung machte jede wissenschaftliche Darstellung gradzu, wie meine Ausführungen beweisen, unmöglich[1]. Die Physiokraten waren weiter in dieser Beziehung. Ihre „avances primitives und annuelles"[2] sind unterschieden als ein Teil des Werts des jährlichen Produkts oder des jährlichen Produkts selbst, der sich für die Nation so wenig wie für den einzelnen wieder in Salair, Profit oder Rente auflöst. Die agriculturists ersetzen bei ihnen den Sterilen im Rohmaterial ihre avances (die Verwandlung dieses Rohmaterials in Maschinen fällt ja selbst den stériles zu), während anderseits die agriculturists von ihrem Produkt sich einen Teil ihrer avances (Samen, Zucht-, Mastvieh, Dünger etc.) selbst ersetzen, teils Maschinerie etc. von den stériles im Austausch für das Rohmaterial ersetzt erhalten.

Herr Rod[bertus] irrt zweitens, indem er *Teilung des Werts* und *Teilung des Produkts* identifiziert. Das „*Einkommengut*" hat direkt nichts zu schaffen mit dieser *Teilung des Werts* des Produkts. Daß die Wertteile, die z.B. den Produzenten des Twist zufallen, und die sich in bestimmten Goldquantis darstellen, in Produkten aller Art, Agrikultur oder Manufaktur, *realisieren*, wissen die Ökonomen ganz so gut wie Rodb[ertus]. Es ist dies *unterstellt*, weil sie *Waren* produzieren und nicht Produkte für die immediate consumption[3] der Produzenten selbst. Da der zur Teilung kommende Wert, d.h. der Bestandteil des Werts, der sich überhaupt in Revenue auflöst, innerhalb jeder einzelnen Produktionssphäre, unabhängig von den andren erzeugt ist – obgleich sie wegen der Teilung der Arbeit die andren voraussetzt –, so macht Rod[bertus] Rückschritt und Konfusion, indem er, statt diese Werterzeugung rein zu betrachten, sie von vornherein verwirrt durch die Frage, welchen Anteil an dem vorhandnen Gesamtprodukt der Nation diese Wertbestandteile ihren Besitzern sichern. Bei ihm wird Teilung des *Werts des Produkts* sofort *Teilung der Gebrauchswerte.* Indem er diese Konfusion den andren Ökonomen unterschiebt, wird sein Korrektiv nötig, Fabrikations- und Rohprodukte en bloc zu betrachten – eine Betrachtungsweise, die nicht in die Erzeugung des Werts gehört, also falsch ist, wenn sie dieselbe erklären soll.

[1] Siehe 1. Teil dieses Bandes, S. 69–121 – [2] „ursprünglichen und jährlichen Vorschüsse" – [3] unmittelbare Konsumtion

Am *Wert* des Fabrikationsprodukts, soweit er sich in Revenue auflöst und soweit der Fabrikant nicht Grundrente zahlt, sei es für den Boden der Baulichkeiten, sei es für Wasserfälle etc., nehmen nur *Kapitalist und Lohnarbeiter* teil. Am *Wert des Agrikulturprodukts* teilen sich meistens drei. Dies gibt auch Herr Rod[bertus] zu. Die Art, wie er sich das Phänomen erklärt, ändert nichts an diesem fact. Wenn aber die andren Ökonomen, speziell Ricardo, von der *Zweiteilung* zwischen Kapitalist und Lohnarbeiter ausgehn und den Grundrentner erst später als eine spezielle superfetation[1] hereinbringen, so entspricht dies ganz dem Standpunkt der kapitalistischen Produktion. Vergegenständlichte Arbeit und lebendige Arbeit sind die beiden ||517| Faktoren, auf deren Gegenübersetzung die kapitalistische Produktion beruht. Kapitalist und Lohnarbeiter sind die einzigen Funktionäre und Faktoren der Produktion, deren Beziehung und Gegenübertreten aus dem Wesen der kapitalistischen Produktionsweise entspringt.

Die Umstände, unter denen der Kapitalist wieder einen Teil der von ihm erbeuteten Surplusarbeit oder surplus value mit dritten, nicht arbeitenden Personen zu teilen hat, kommen erst in zweiter Instanz. Es ist auch das fact der Produktion, daß mit Ausnahme des als Arbeitslohn gezahlten Wertteils des Produkts und nach Abzug des Wertteils, gleich des konstanten Kapitals, der *ganze Surpluswert direkt aus der Hand des Arbeiters in die des Kapitalisten* übergeht. Er ist dem Arbeiter gegenüber der *unmittelbare* Besitzer des ganzen Surpluswerts, wie er ihn auch später mit Geld verleihendem capitalist, Grundeigentümer etc. teile. Die Produktion, wie James Mill bemerkt[36], könnte daher ungestört fortgehn, wenn der Grundrentner verschwände und der Staat an seine Stelle träte. Er ist kein notwendiger Produktionsagent – der Privatgrundeigentümer – für die kapitalistische Produktion, obgleich es nötig für sie ist, daß das Grundeigentum jemandem, nur nicht dem Arbeiter, also z. B. dem Staat, gehöre. Diese im Wesen der *kapitalistischen Produktionsweise* – und im Unterschied zur feudalen, antiken usw. – gegründete Reduktion der unmittelbar in der Produktion beteiligten Klassen, also auch der unmittelbaren Teilnehmer an dem produzierten Wert und weiter an dem Produkte, worin dieser Wert sich realisiert, auf *Kapitalisten und Lohnarbeiter* mit *Ausschluß des Grundeigentümers* (der erst post festum hineinkommt infolge nicht aus der kapitalistischen Produktionsweise *hervorgewachsner*, sondern ihr *überlieferter* Eigentumsverhältnisse an Naturkräften), so weit entfernt, ein Fehler bei Ricardo usw. zu sein, macht sie zum adäquaten theoretischen Ausdruck der kapitalistischen Produktionsweise,

[1] Auswuchs

drückt ihre differentia specifica[1] aus. Herr Rod[bertus] ist noch zu sehr altpreußischer „Gutsbesitzer", um dies zu verstehn. Auch wird es erst verständlich und drängt sich von selbst auf, sobald der Kapitalist sich der Agrikultur bemächtigt und überall, wie meist in England, sich zum Leiter der Agrikultur ganz wie der Industrie gemacht, den *Grundeigentümer* aber von jeder direkten Beteiligung an dem Produktionsprozeß *ausgeschlossen* hat. Was Herr Rod[bertus] hier also für einen „Abweg" hält, ist nur der von ihm nicht begriffne richtige Weg, während er noch in Anschauungen befangen ist, die der vorkapitalistischen Produktionsweise entsprungen sind.

„Auch er" (Ricardo) „teilt nicht das *fertige* Produkt unter die Beteiligten, sondern nimmt ebenso wie die übrigen Nationalökonomen das landwirtschaftliche Produkt wie das Fabrikationsprodukt, jedes als ein besondres der Teilung unterliegendes Produkt an." (l.c. p. 167.)

Nicht das Produkt, Herr Rod[bertus], sondern den *Wert* des Produkts, und dies ganz richtig. Ihr „fertiges" Produkt und dessen Teilung hat absolut mit dieser Wertteilung nichts zu schaffen.

„Das Kapitaleigentum ist ihm" (Ricardo) „gegeben und *zwar noch früher* als das Grundeigentum... So beginnt er nicht mit den Gründen, sondern mit der *Tatsache* der Teilung des Produkts, und seine ganze Theorie beschränkt sich auf die Ursachen, welche das *Teilungsverhältnis* desselben bestimmen und modifizieren... Die Teilung des Produkts nur in *Lohn* und *Kapitalgewinn* ist ihm die *ursprüngliche* und ursprünglich auch die einzige." (l.c. p. 167.)

Dies verstehn Sie wieder nicht, Herr Rod[bertus]. Vom Standpunkt der kapitalistischen Produktion erscheint das *Kapitaleigentum* in der Tat als das „ursprüngliche", weil als die Sorte Eigentum, worauf die kapitalistische Produktion beruht und die *in derselben* als Faktor und Funktionär auftritt, was von dem Grundeigentum nicht gilt. Das letztere *erscheint* als abgeleitet, weil in der Tat das moderne Grundeigentum das *feudale* ist, aber verwandelt durch die Aktion des Kapitals auf es, also in seiner Form als modernes Grundeigentum *abgeleitet*, Resultat der kapitalistischen Produkton ist. Daß Ric[ardo] die Sache, wie sie ist und erscheint, in der modernen Gesellschaft auch als die *historisch* ursprüngliche betrachtet (während Sie, statt an der modernen Form zu halten, die Gutsbesitzererinnerungen nicht loswerden können), ist eine Delusion, die die bürgerlichen Ökonomen mit Bezug auf alle bürgerlich ökonomischen Gesetze begehn, die ihnen als „Naturgesetze" und darum auch als historisches „Prius" erscheinen.

[1] ihren kennzeichnenden Unterschied

||518| Daß Ric[ardo] aber, wo es sich nicht um den *Wert* des Produkts, sondern um *das Produkt selbst* handelt, das *ganze* „fertige" Produkt verteilen läßt, konnte Herr Rod[bertus] gleich aus dem ersten Satz seiner Vorrede sehn:

„*Die Produkte der Erde* – alles, was von ihrer Oberfläche durch die vereinte Anwendung von Arbeit, Maschinerie und Kapital gewonnen wird – werden unter drei Klassen der Gesellschaft verteilt, nämlich die Eigentümer des Bodens, die Eigentümer des Vermögens oder des Kapitals, das zu seiner Bebauung notwendig ist, und die Arbeiter, durch deren Tätigkeit er bebaut wird." („*Princ. of Pol. Ec.*", Preface, 3^{d} ed. London 1821.)

Er fährt unmittelbar fort:

„Die Anteile am *Gesamtprodukt* der Erde, die unter den Namen Rente, Profit und Lohn jeder dieser Klassen zufallen, werden jedoch in den verschiedenen Entwicklungsstufen der Gesellschaft sehr unterschiedlich sein." (l.c.)

Hier handelt es sich um die Verteilung des „*whole produce*"[1], nicht des Fabrikationsprodukts oder des Rohprodukts. Diese Anteile am „whole produce" sind aber ausschließlich bestimmt, wenn dies „whole produce" als gegeben vorausgesetzt wird, durch die Anteile, die innerhalb jeder Produktionssphäre jeder der shareholders[2] am „*Wert*" seines eignen Produkts hat. Dieser „Wert" ist konvertibel und ausdrückbar in a certain aliquot part of the „*whole produce*"[3]. Ric[ardo] irrt hier nur, daß A. Smith, indem er vergißt, daß „the whole produce" is nicht divided in rent, profit, and wages, sondern that part of it „will be allotted" in the shape of capital to one or some of these 3 classes.[4]

„Sie könnten behaupten wollen, daß wie *ursprünglich* das Gesetz der Gleichheit des Kapitalgewinns die Rohproduktpreise so hätte drücken müssen, daß die Grundrente hätte verschwinden müssen, um dann nur wieder infolge einer Preissteigerung aus der Ertragsdifferenz des fruchtbareren und unfruchtbareren Bodens zu entstehen, daß so auch *heute* die Vorteile eines Grundrentenbezugs neben dem üblichen Kapitalgewinn Kapitalisten veranlassen würden, so lange Kapital auf neue Urbarmachungen und Meliorationen zu verwenden, bis durch die dadurch bewirkte Überfüllung des Marktes die Preise hinlänglich erniedrigt wären, um bei den unvorteilhaftesten Kapitalanlagen den Grundrentenbezug verschwinden zu lassen. *Mit andren Worten wäre das die Behauptung, daß das Gesetz der Gleichheit der Kapitalgewinne das andre Gesetz, daß der Wert der Produkte sich nach der Kostenarbeit richtet, für das Rohprodukt aufhöbe*, während gerade *Ricardo* im ersten Kapitel seines Werks jenes benutzt, um dieses darzutun." (l.c. p. 174.)

[1] „*Gesamtprodukts*" – [2] Teilhaber – [3] in einem bestimmten aliquoten Teil des „*Gesamtprodukts*" – [4] „das Gesamtprodukt" nicht in Rente, Profit und Arbeitslöhne zerfällt, sondern daß ein Teil davon in der Form von Kapital einer oder mehreren dieser 3 Klassen „zufällt"

In der Tat, Herr Rod[bertus]! Das Gesetz der *„Gleichheit der Kapitalgewinne"* hebt nicht das Gesetz auf, daß der *„Wert"* der Produkte sich nach der „Kostenarbeit" richtet. Wohl aber hebt es die Voraussetzung Ricardos auf, daß der *Durchschnittspreis* der Produkte gleich ihrem *„Wert"* sei. Aber wieder ist es nicht das „Rohprodukt", dessen Wert zum Durchschnittspreis gesenkt wird; sondern *umgekehrt*. Das „Rohprodukt" zeichnet sich – infolge des Grundeigentums – durch das Privilegium aus, daß sein Wert *nicht* zum Durchschnittspreis gesenkt wird. Sänke sein *Wert* in der Tat herab, was möglich wäre trotz ihres „Materialwerts", zu einem level[1] mit dem Durchschnittspreis der Waren, so verschwände die Grundrente. Die Bodenarten, die heute possibly[2] keine Grundrente zahlen tun es nicht, weil der *Marktpreis* der Rohprodukte für sie gleich ihrem eignen *Durchschnittspreis* ist, und weil sie des Privilegiums – infolge der Konkurrenz der fruchtbarern Bodenarten – *verlustig* gehn, ihr Produkt zu *seinem* „Wert" zu verkaufen.

„Kann es wahr sein, daß, *ehe* überhaupt zum Ackerbau geschritten wird, schon Kapitalisten existieren, die Gewinn beziehen und nach dem Gesetz der Gleichheit desselben ihre Kapitalien anlegen?" (How very silly![3]) „... Ich gestehe zu, daß, wenn heute von zivilisierten Ländern aus nach einem ||519| neuen unbebauten Lande eine Expedition unternommen wird, bei welcher die reicheren Teilnehmer mit den Vorräten und Werkzeugen einer schon alten Kultur – mit Kapital – versehen sind und die ärmeren in der Aussicht mitgehen, im Dienst der ersteren einen hohen Lohn zu gewinnen, daß dann die Kapitalisten, das, was ihnen über den Lohn der Arbeiter hinaus verbleibt, als ihren Gewinn betrachten werden, denn sie führen längst vorhandene Dinge und Begriffe aus dem Mutterlande mit sich." (p. 174, 175.)

Hier haben Sie es, Herr Rod[bertus]. Ric[ardos] ganze Anschauung paßt nur unter der Voraussetzung der kapitalistischen Produktionsweise als der herrschenden. Wie er diese *Voraussetzung* ausdrückt, ob er dabei ein historisches hysteron proteron begeht, ist für die Sache selbst gleichgültig. Die *Voraussetzung* muß gemacht werden, also nicht, wie Sie es tun, Bauernwirtschaft eingeführt werden, die die kapitalistische Buchhaltung nicht versteht und daher Samen etc. nicht zum vorgeschoßnen Kapital rechnet! Es ist ein „Widersinn" nicht von Ric[ardo], sondern von Rod[bertus], wenn letztrer *„vor* Anbau des Bodens" Kapitalisten und Arbeiter existieren läßt. (l.c. S. 176.)

„Erst wenn ... in der Gesellschaft Kapital entstanden ist und Kapitalgewinn gekannt und bezahlt wird, soll nach ... Ricardoscher Auffassung die Kultur des Bodens beginnen." (p. 178.)

[1] Niveau – [2] möglicherweise – [3] Wie überaus albern!

Welcher Blödsinn! Erst wenn ein Kapitalist sich als farmer zwischen den Ackerbauer und den Grundeigentümer gedrängt hat – sei es nun, daß der alte tenant[1] sich zum capitalist-farmer herangeschwindelt hat, oder daß ein Industrieller sein Kapital statt in Manufaktur in Agrikultur anlegt –, erst dann beginnt beileibe nicht die „Kultur des Bodens", wohl aber die „kapitalistische" Bodenkultur, die der Form und [dem] Inhalt nach sehr von den frühren Kulturformen verschieden ist.

„In jedem Lande ist der größte Teil des Bodens schon viel früher im Eigentum gewesen, als er angebaut worden ist; namentlich schon längst, wenn in den Gewerben ein Kapitalgewinnsatz gegeben ist." (p. 179.)

Damit Rod[bertus] hier die Anschauung Ric[ardos] begriffe, müßte er Engländer statt pommerscher Gutsbesitzer sein und die Geschichte der enclosure of commons and waste land[2] verstehn. Herr Rod[bertus] führt Amerika an. Der Staat verkauft den Boden hier

„parzellenweise erst an die Anbauer, freilich auch für einen geringen Preis, der aber doch *jedenfalls* schon eine Grundrente repräsentieren muß." (p. 179, 180.)

Beileibe nicht. Dieser Preis konstituiert so wenig eine Grundrente, wie etwa eine allgemeine Gewerbesteuer eine *Gewerberente* konstituieren würde oder überhaupt irgendeine Steuer eine „Rente" konstituiert.

„Die sub b enthaltene Ursache der Steigerung" {von Vermehrung der Bevölkerung oder Vermehrung des *angewandten Arbeitsquantums*}, „behaupte ich aber, hat die Grundrente vor dem Kapitalgewinn voraus. Dieser kann *niemals* deshalb steigen, weil infolge der Vermehrung des Nationalprodukt[wert]s bei *gleicher Produktivität*, aber vermehrter Produktivkraft (gestiegner Bevölkerung), *mehr* Kapitalgewinn in der Nation abfällt, denn dieser *mehrere* Kapitalgewinn fällt immer auf ein in demselben *Verhältnis vermehrtes Kapital*, der Gewinnsatz bleibt also gleich hoch." (p. 184, 185.)

Dies ist falsch. Das Quantum der unbezahlten Surplusarbeit steigt z.B., wenn 3, 4, 5 Stunden statt 2 Std. Surplusarbeitszeit gearbeitet wird. Mit der Masse dieser *unbezahlten* Surplusarbeit wächst nicht die Masse des vorgeschoßnen Kapitals, d'abord[3], weil dieser weitre Überschuß von Surplusarbeit *nicht* bezahlt wird, also keine Kapitalauslage verursacht; zweitens, weil die Kapitalauslage für das capital fixe nicht in demselben Verhältnis steigt, wie hier seine Benutzung steigt. Es werden nicht mehr Spindeln gebraucht etc. Allerdings werden sie rascher abgenutzt, aber nicht in dem-

[1] Lehnsmann – [2] Einhegung der Gemeindeländereien und des unbebauten Bodens – [3] zunächst

selben Verhältnis, worin sie *mehr* benutzt werden. Also, bei gleicher Produktivität wächst hier der Profit, weil nicht nur der Mehrwert, sondern die *Rate* des *Mehrwerts* gewachsen ist. Bei der Agrikultur ist dies untulich wegen der Naturbedingungen. Anderseits wechselt leicht die *Produktivität* mit der Vergrößrung des ausgelegten Kapitals. Abgesehn von Teilung der Arbeit und Maschinerie wird, obgleich ein absolut großes Kapital ausgelegt wird, infolge der Ökonomie der Produktionsbedingungen ein relativ nicht so großes ausgelegt. Es könnte also die *Profitrate* wachsen, selbst wenn der Mehrwert (nicht nur *seine Rate*) derselbe bliebe.

||520| Positiv falsch und pommersch gutsbesitzlich ist, wenn Rod[bertus] sagt:

„Möglich, daß im Lauf dieser 30 Jahre" (von 1800–1830) „durch Parzellierungen oder selbst durch Urbarmachung *mehrere* Besitztümer entstanden waren und die vermehrte Grundrente sich also auch unter *mehrere* Besitzer teilte, aber sie *verteilte sich 1830 nicht auf mehr Morgen als 1800;* jene neuen abgezweigten oder neu kultivierten Grundstücke waren mit ihrer ganzen Morgenzahl früher in *den älteren Grundstücken mitbegriffen gewesen*, und die geringere Grundrente von 1800 war also damals so gut auf sie *mitrepartiert* worden und hatte damals die Höhe der englischen Grundrente überhaupt bestimmen helfen, als 1830 die größere." (p. 186.)

Bester Pommer! Warum stets deine preußischen Verhältnisse absprechend nach England übertragen? Der Engländer rechnet nicht so, daß, wenn, wie der Fall war (dies nachzusehn), 3–4 Mill. acres „inclosed"[1] wurden von 1800–1830, die Rente auf diese 4 Mill. acres[37] auch von 1830 repartiert worden, auch 1800. Sie waren vielmehr waste land or commons[2], die keine Rente trugen, auch niemand gehörten.

Wenn Rod[bertus], wie Carey (aber in verschiedner Art), dem Ric[ardo] nachzuweisen sucht, daß der „fruchtbarste" Boden meist nicht zuerst kultiviert wird, aus physikalischen und andren Gründen, so hat dies nichts mit Ric[ardo] zu tun. „Fruchtbarster" Boden ist jedesmal der „fruchtbarste" unter den gegebnen Produktionsbedingungen.

Ein sehr großer Teil der Einwürfe, die Rod[bertus] gegen Ric[ardo] macht, geht daraus hervor, daß er „pommersche" und „englische" Produktionsverhältnisse in naiver Weise identifiziert. Ric[ardo] unterstellt die kapitalistische Produktion, der auch, wo sie durchgeführt ist, wie in England, die Scheidung von farming-capitalist und dem landlord entspricht. Rod[bertus] nimmt Verhältnisse herein, die an und für sich der kapitalistischen

---

[1] „eingehegt" – [2] unbebautes Land oder Gemeindeländereien

Produktionsweise fremd, und worauf diese nur überbaut worden ist. Was Herr Rod[bertus] z.B. über die Lage der Wirtschaftszentren in Wirtschaftskomplexen sagt, paßt absolut für Pommern, aber nicht für England, wo die kapitalistische Produktionsweise, seit dem letzten Drittel des 16. Jahrhunderts mehr und mehr übermächtig, alle Bedingungen sich assimiliert und in verschiednen Perioden die historischen Voraussetzungen, Dörfer, Baulichkeiten und Menschen progressiv zum Teufel rasiert hat, um die „produktivste" Anlage des Kapitals zu erwirken.

Ebenso falsch ist, was Rod[bertus] über die „Kapitalanlage" sagt.

„Ric[ardo] beschränkt die Bodenrente auf dasjenige, was dem Grundbesitzer für die Benutzung der *ursprünglichen, natürlichen und unzerstörbaren Bodenkräfte* bezahlt wird. Er will damit alles, was bei schon kultivierten Grundstücken dem Kapital zugut geschrieben werden müßte, von der Grundrente abgezogen wissen. Allein es ist klar, daß er aus dem Ertrage eines Grundstücks niemals mehr als die *vollen landüblichen Zinsen* dem Kapital anrechnen darf. Denn er würde sonst in der nationalökonomischen Entwicklung eines Landes zwei verschiedne Gewinnsätze annehmen müssen, einen landwirtschaftlichen, der größeren Gewinn als den in der Fabrikation herrschenden abwürfe, und diesen letzteren – eine Annahme indessen, die gerade sein System, das auf Gleichheit des Gewinnsatzes basiert ist, umstoßen würde." (p.215, 216.)

Wieder die Vorstellung des pommerschen Gutsbesitzers, der Kapital pumpt, um sein Grundeigentum zu verbessern, dem Anleiher also, aus theoretischen und praktischen Gründen, nur die „landesüblichen Zinsen" zahlen will. In England jedoch ist die Sache anders. Es ist der farmer, der farming-capitalist, der Kapital auslegt, um den Boden zu verbessern. Von diesem Kapital, ganz ebensogut wie von dem, das er in der Produktion direkt auslegt, verlangt er nicht den landesüblichen Zins, sondern den *landesüblichen Profit.* Er pumpt dem Gutsbesitzer kein Kapital, das dieser „landesüblich" verzinsen soll. Er pumpt vielleicht selbst Kapital oder wendet sein eignes Surpluskapital an, damit es ihm „landesüblich" den industriellen Profit abwerfe, wenigstens das Doppelte der landesüblichen Zinsen.

Übrigens weiß Ricardo, was schon Anderson wußte, und sagt es into the bargain[1] ausdrücklich, daß ||521| die so durch das Kapital erzeugte Produktivkraft des Bodens später zusammenfällt mit seiner „natürlichen", also die Rente schwellen macht. Rod[bertus] weiß nichts von diesen Verhältnissen, schwatzt also ins Blaue.

---

[1] obendrein

Ich habe das moderne Grundeigentum schon völlig richtig erklärt:

„Die Rente, im Sinne Ricardos, ist das Grundeigentum in seiner bürgerlichen Gestalt: das heißt das feudale Eigentum, welches sich den Bedingungen der bürgerlichen Produktion unterworfen hat." (p. 156. *„Misère de la Phil."*, *Paris* 1847.)[1]

Ich bemerkte ebenfalls schon richtig:

„Ricardo, der die bürgerliche Produktion als notwendig zur Bestimmung der Rente voraussetzt, wendet die Vorstellung der Bodenrente nichtsdestoweniger auf den Grundbesitz aller Zeiten und aller Länder an. Es ist das der Irrtum aller Ökonomen, welche die Verhältnisse der bürgerlichen Produktion als ewige hinstellen." (l.c. p. 160.)[2]

Ich habe ebenfalls richtig bemerkt, daß die „terres capitaux"[3] wie alle andren Kapitalien vermehrt werden können:

„Die Bodenkapitalien können ebensogut *vermehrt* werden wie die anderen Produktionsmittel. Man fügt, um mit Herrn Proudhon zu reden, nichts der Materie hinzu, aber man *vermehrt die Grundstücke, die als Produktionsmittel dienen*. Man braucht nur in bereits in Produktionsmittel verwandelte Grundstücke weitere Kapitalanlage hineinzustecken, um das Bodenkapital zu vermehren, ohne etwas an dem Bodenstoff, das heißt der Ausdehnung des Bodens hinzuzufügen." (l.c. p. 165.)[4]

Richtig bleibt immer der Unterschied zwischen Manufaktur und Agrikultur, den ich damals hervorhob:

„Erstens kann man nicht, wie in der Manufakturindustrie, *die Produktionsinstrumente von gleicher Produktivität*, das heißt die gleich fruchtbaren Ländereien, *nach Belieben vermehren*. Dann geht man in dem Grade, wie die Bevölkerung anwächst, dazu über, Land geringerer Qualität zu bearbeiten oder in denselben Acker neues Kapital hineinzustecken, welches verhältnismäßig weniger produktiv ist als das zuerst hineingesteckte." (l.c. p. 157.)[5]

Rodbertus sagt:

„Aber ich muß noch auf einen anderen Umstand aufmerksam machen, der freilich weit allmählicher, aber auch noch weit allgemeiner aus schlechtern landwirtschaftlichen Maschinen beßre macht[38]. Es ist dies die *fortgesetzte Bewirtschaftung* eines Grundstücks selbst, lediglich nach einem vernünftigen System, ohne daß die geringste außergewöhnliche Kapitalanlage hinzuträte." (p. 222.)

Dies schon Anderson. Die Kultur verbessert den Boden.

---

[1] Siehe Band 4 unserer Ausgabe, S. 167 – [2] ebenda, S. 170 – [3] „Bodenkapitalien" – [4] siehe Band 4 unserer Ausgabe, S. 173 – [5] ebenda, S. 168

„Sie müßten beweisen, daß die mit Ackerbau beschäftigte Arbeiterbevölkerung im Laufe der Zeit in größerem Verhältnisse zugenommen hätte als die Produktion von Lebensmitteln oder auch nur als der übrige Teil der Bevölkerung eines Landes. Daraus allein könnte unwiderleglich hervorgehen, daß mit der Zunahme der landwirtschaftlichen Produktion auch zunehmend mehr Arbeit darauf verwandt werden müßte. Aber gerade darin widerspricht ihnen die Statistik." (p. 274.) „Ja, Sie finden sogar [ziemlich] allgemein die Regel vorherrschend, daß je dichter die Bevölkerung eines Landes ist, in desto geringerem Verhältnis sich Menschen mit dem Ackerbau beschäftigen ... Dieselbe Erscheinung zeigt sich bei der Zunahme der Bevölkerung desselben Landes: der Teil, der sich *nicht* mit Ackerbau beschäftigt, wird fast überall in stärkerem Verhältnis zunehmen." (p. 275.)

Zum Teil aber, weil mehr Ackerbauland in Viehweide, Schafweide verwandelt wird. Zum Teil, weil bei der größren Stufenleiter der Produktion – großer Agrikultur – die Arbeit produktiver wird. *Aber auch*, und dies ist ein Umstand, den Herr Rod[bertus] ganz übersieht, weil ein großer Teil der *nichtagrikolen Bevölkerung* in der Agrikultur mitarbeitet, der capital constant – das wächst mit dem Fortschritt der Kultur – liefert, wie mineralische Dünger, ausländische Samen, Maschinerie jeder Art.

Nach Herrn Rod[bertus] (p. 78) sieht

„heute" (in Pommern) „der Landwirt das in seiner eignen Wirtschaft gebaute Futter des Zugviehs nicht als Kapital an."

||522| „Kapital an sich oder im nationalwirtschaftlichen Sinn ist Produkt, das weiter zur Produktion benutzt wird ... Aber in bezug auf einen besondren Gewinn, den es abwerfen soll, oder im Sinn der *heutigen Unternehmer*, muß es als „*Auslage*" auftreten, um Kapital zu sein." (p. 77.)

Nur erheischt dieser Begriff „Auslage" nicht, wie Rod[bertus] meint, daß es als Ware eingekauft ist. Wenn ein Teil des Produkts, statt als Ware *verkauft* zu werden, wieder in die Produktion eingeht, geht er als *Ware* in sie ein. Er ist vorher als „Geld" geschätzt, und man weiß dies um so genauer, da alle diese „Auslagen" auch in der Agrikultur zugleich als „Waren" auf dem Markt vorhanden sind, Vieh, Futter, Dünger, Korn, das als Samen dient, Samen jeder Art. Aber in „Pommern" rechnet man wie es scheint, dies nicht unter die „Auslagen".

„Der *Wert* der besondren Resultate dieser verschiednen Arbeiten" (Manufaktur und Rohproduktion) „ist noch nicht das ihrem Besitzer zufallende Einkommen selbst, sondern nur erst der Liquidationsmaßstab dafür. Dies respektive Einkommen selbst ist Teil des gesellschaftlichen Einkommens, das lediglich durch die zusammenwirkende Arbeit der Landwirtschaft und Fabrikation hergestellt wird, und dessen *Teile* also auch nur durch diese Zusammenwirkung hergestellt werden." (p. 36.)

Was soll mir das? Die Realisierung dieses *Werts* kann nur seine Realisierung in Gebrauchswert sein. Davon handelt es sich gar nicht. Außerdem geht in den *notwendigen Arbeitslohn* schon ein, wieviel Wert sich in den zur Erhaltung des Arbeiters notwendigen Lebensmitteln darstellt – von Agrikulturprodukt und Industrieprodukt.

Done with.[1]

[1] Das wäre getan.

[ZEHNTES KAPITEL]

Ricardos und A. Smiths Theorie über den Kostenpreis.[39] (Widerlegung)

[A. Ricardos Theorie über den Kostenpreis]

[*1. Zusammenbruch der Theorie der Physiokraten und die weitere Entwicklung der Ansichten über die Grundrente*]

Mit Andersons Satz (z. T. auch bei A. Smith): „Es ist nicht die Rente vom Boden, die den *Preis* seines Produkts bestimmt, sondern es ist der *Preis* dieses Produkts, der die Grundrente bestimmt"[1], war die Lehre der Physiokraten über den Haufen geworfen. Der *Preis* des Agrikulturprodukts und weder dies Produkt selbst noch das Land war damit die Quelle der Rente geworden. Damit fiel die Ansicht, daß die Rente das offspring[2] der ausnahmsweisen Produktivität der Agrikultur, die wieder the offspring der besondren fertility des soil[3] sein sollte. Denn, wenn *dasselbe Quantum Arbeit* in einem besonders fruchtbaren Element sich ausübte und daher selbst ausnahmsweise fruchtbar war, so könnte dies sich nur darin aussprechen, daß sie sich in einer verhältnismäßig *großen* Masse *Produkte* darstellte und daher der Preis des einzelnen Produkts relativ niedrig war, nicht aber in dem umgekehrten Resultat, daß der *Preis* ihres Produkts *höher* als der andrer Produkte war, worin sich dasselbe Quantum Arbeit realisierte, und ihr *Preis* daher außer Profit und Salair, im Unterschied von andren Waren, *auch noch eine Rente* abwürfe. (*A. Smith* kehrt zum Teil in seiner Betrachtung der Rente wieder zur physiokratischen Ansicht zurück, nachdem er sie zuvor durch seine ursprüngliche Auffassung der Rente als Teil der Surplusarbeit widerlegt oder wenigstens geleugnet hatte.)

Diese Beseitigung der physiokratischen Ansicht faßt Buchanan in den Worten zusammen:

---

[1] Siehe vorl. Band, S. 141 – [2] Resultat – [3] Fruchtbarkeit des Bodens

„Die Vorstellung, daß die Landwirtschaft ein Produkt und daraus entspringend eine Rente hervorbringt, weil Natur und menschliche Tätigkeit bei der Bebauung zusammenwirken, ist bloße Einbildung. Nicht aus dem Produkt entspringt die Rente, sondern aus dem Preis, zu dem das Produkt verkauft wird; und dieser Preis wird nicht erzielt, weil die Natur die Produktion unterstützt, sondern weil es der Preis ist, der die Konsumtion dem Angebot anpaßt." [40]

Diese Ansicht der Physiokraten beseitigt – die aber ihre volle Berechtigung hatte in its deeper sense[1], weil sie die Rente als das einzige Surplus, capitalist und labourers together[2] nur als die salariés[3] des landlords betrachten –, blieben nur folgende Ansichten möglich:

||523| [Erstens:] Die Ansicht, daß *Rente* aus dem *Monopolpreis* der Agrikulturprodukte herstammt[4], der Monopolpreis daher, daß die Grundeigentümer das *Monopol* des Grund und Bodens besitzen. In dieser Ansicht steht der *Preis* des Agrikulturprodukts beständig *über* seinem *Wert*. Es findet eine *surcharge of price*[5] statt, und das Gesetz der Warenwerte ist durchbrochen durch das *Monopol* des Grundeigentums.

Die Rente stammt aus dem *Monopolpreis* der Agrikulturprodukte, weil die Zufuhr beständig *unter* dem level[6] der Nachfrage oder die Nachfrage beständig *über* dem level der Zufuhr steht. Aber warum erhebt sich denn die Zufuhr nicht zu dem *level* der Nachfrage? Warum gleicht eine *additional*[7] Zufuhr dies Verhältnis nicht aus und hebt damit, nach dieser Theorie, *alle* Rente auf? Um dies zu erklären, nimmt Malthus einerseits seine Zuflucht zu der Fiktion, daß die Agrikulturprodukte direkt Konsumenten sich schaffen (worüber später bei seinem Krakeel mit Ricardo), anderseits zur Andersonschen Theorie, weil die *additional supply*[8] mehr Arbeit kostet, die Agrikultur unfruchtbarer wird. Soweit diese Ansicht daher nicht auf einer bloßen Fiktion beruht, fällt sie mit der Ricardoschen Theorie zusammen. Auch hier steht der *Preis über* dem Wert, surcharge[9].

Die Ricardosche Theorie: Es *existiert keine absolute Grundrente*, sondern nur eine *Differentialrente*. Auch hier steht der *Preis* der Agrikulturprodukte, die Rente tragen, *über* ihrem individuellen Wert, und soweit die Rente überhaupt existiert, existiert sie durch den *Überschuß des Preises von Agrikulturprodukten über ihren Wert*. Nur widerspricht hier dieser Überschuß des Preises *über* den Wert nicht der allgemeinen Werttheorie (obgleich das fact bleibt), weil innerhalb jeder Produktionssphäre der *Wert* der ihr gehörigen Waren nicht bestimmt wird durch den individuellen Wert der Ware,

[1] in ihrem tieferen Sinne – [2] Kapitalist und Arbeiter zusammen – [3] Entlohnten – [4] vgl. vorl. Band, S. 28 – [5] Preisaufschlag – [6] Niveau – [7] *zusätzliche* – [8] *zusätzliche Zufuhr* – [9] Aufschlag

sondern durch *ihren Wert,* den sie unter den *allgemeinen* Produktionsbedingungen der Sphäre hat. Auch hier ist der Preis der Rente tragenden Produkte *Monopolpreis,* aber Monopol, wie es in allen Sphären der Industrie vorkommt und sich nur in dieser fixiert und daher die vom Surplusprofit unterschiedne Form der Rente annimmt. Auch hier ist es der Überschuß der *demand*[1] *über die supply* oder was dasselbe, daß die additional demand nicht befriedigt werden kann durch eine additional supply zu den *Preisen,* die die original supply[2] hatte, bevor ihre Preise durch den Überschuß der Nachfrage über die Zufuhr wuchsen. Auch hier *entsteht die Rente* (die Differentialrente) durch *Überschuß des Preises über den Wert,* Steigen der Preise auf dem beßren Boden *über* seinen Wert, wodurch die additional supply hervorgerufen wird.

Die Rente ist bloß der Zins des in Grund und Boden versenkten Kapitals[3]. Diese Ansicht hat das mit der Ricardoschen gemein, daß sie die *absolute Grundrente* leugnet. Die *Differentialrente* muß sie zugeben, wenn Grundstücke, auf denen gleich viel Kapital angelegt ist, Renten von verschiedner Größe abwerfen. In der Tat kommt sie daher auf die Ricardosche Ansicht heraus, daß gewisser Boden keine *Rente* abwirft und daß, wo *eigentliche* Rente abgeworfen wird, dies Differentialrente ist. Nur kann sie absolut nicht erklären die Rente vom Boden, auf dem *kein* Kapital angelegt ist, von Wasserfällen, Minen etc. Sie war in der Tat nichts als ein Versuch *vom kapitalistischen Standpunkt* aus, die Rente gegen Ricardo zu retten – unter dem Namen des *Zinses.*

Endlich: Ricardo nimmt an, daß auf dem Boden, der keine Rente trägt, der Preis des Produkts gleich seinem Wert ist, weil er gleich dem *Durchschnittspreis,* i.e. Avance + Durchschnittsprofit. Er nimmt also falsch an, daß Wert der Ware gleich Durchschnittspreis der Ware. Fällt diese falsche Voraussetzung, so bleibt die absolute Rente möglich, weil der *Wert* der Agrikulturprodukte, wie der von einer ganzen großen Kategorie aller andren Waren, *über* ihrem Durchschnittspreis steht, infolge des Grundeigentums aber nicht, wie bei diesen andren Waren, zum Durchschnittspreis ausgeglichen wird. Diese Ansicht nimmt also mit der Theorie des Monopols an, daß das Grundeigentum als solches mit der Rente zu tun hat; sie nimmt mit Ricardo die Differentialrente an, und sie nimmt endlich an, daß durch die absolute Rente durchaus kein Bruch im Gesetz der Werte vor sich geht.

[1] Nachfrage – [2] ursprüngliche Zufuhr – [3] vgl. vorl. Band, S. 28, 134/135, 140

[2. *Ricardos Wertbestimmung durch die Arbeitszeit. Die historische Berechtigung und die Mängel seiner Untersuchungsweise*]

Ricardo geht aus von der Bestimmung of the relative values (oder exchangeable values) of commodities by „the *quantity of labour*"[1]. (Wir können am Schluß den verschiednen Sinn, worin R[icardo] value[2] gebraucht, durchgehn. Darauf beruht die Kritik des Bailey, zugleich die *Mangelhaftigkeit* bei Ricardo.) Der Charakter dieser „labour"[3] wird nicht weiter untersucht. Wenn zwei Waren Äquivalente sind – oder in *bestimmter Proportion* Äquivalente sind oder, was dasselbe, *ungleich groß* sind je nach der ||524| *Quantität „Arbeit"*, die sie enthalten – so ist es aber auch klar, daß sie der *Substanz* nach, soweit sie Tauschwerte sind, gleich sind. Ihre Substanz ist Arbeit. Darum sind sie „Wert". Ihre Größe ist verschieden, je nachdem sie mehr oder weniger von dieser Substanz enthalten. Die Gestalt nun – die besondere Bestimmung der Arbeit als Tauschwert schaffend oder in Tauschwerten sich darstellend –, den *Charakter* dieser Arbeit *untersucht Ric[ardo] nicht.* Er begreift daher nicht den Zusammenhang *dieser Arbeit* mit dem *Geld* oder, daß sie sich als *Geld* darstellen muß. Er begreift daher durchaus nicht den Zusammenhang zwischen der Bestimmung des Tauschwerts der Ware durch Arbeitszeit und der Notwendigkeit der Waren zur Geldbildung fortzugehn. Daher seine falsche Geldtheorie. Es handelt sich bei ihm von vornherein nur um die *Wertgröße.* D.h., daß die Größen der Warenwerte sich verhalten wie die Arbeitsquantitäten, die zu ihrer Produktion erheischt sind. Davon geht Ric[ardo] aus. Er bezeichnet A. Smith ausdrücklich als seinen Ausgangspunkt (ch. I, sectio I).

Die Methode Ric[ardo]s besteht nun darin: Er geht aus von der Bestimmung der Wertgröße der Ware durch die Arbeitszeit und *untersucht* dann, ob die übrigen ökonomischen Verhältnisse, Kategorien, dieser Bestimmung des Wertes *widersprechen* oder wie weit sie dieselbe modifizieren. Man sieht auf den ersten Blick sowohl die historische Berechtigung dieser Verfahrungsart, ihre wissenschaftliche Notwendigkeit in der Geschichte der Ökonomie, aber zugleich auch ihre wissenschaftliche Unzulänglichkeit, eine Unzulänglichkeit, die sich nicht nur in der Darstellungsart (formell) zeigt, sondern zu irrigen Resultaten führt, weil sie notwendige Mittel-

[1] der relativen Werte (oder Tauschwerte) der Waren durch „die *Arbeitsmenge*" – [2] Wert – [3] „Arbeit"

glieder überspringt und in *unmittelbarer* Weise die Kongruenz der ökonomischen Kategorien untereinander nachzuweisen sucht.

Historisch war diese Untersuchungsweise berechtigt und notwendig. Die politische Ökonomie hatte in A. Smith sich zu einer gewissen Totalität entwickelt, gewissermaßen das Terrain, das sie umfaßt, abgeschlossen, so daß Say sie in einem Schulbuch flach systematisch zusammenfassen konnte. Es kommen zwischen Smith und Ricardo nur noch Detailuntersuchungen vor über produktive und unproduktive Arbeit, Geldwesen, Populationstheorie, Grundeigentum und Steuern. Smith selbst bewegt sich mit großer Naivität in einem fortwährenden Widerspruch. Auf der einen Seite verfolgt er den innren Zusammenhang der ökonomischen Kategorien oder den verborgnen Bau des bürgerlichen ökonomischen Systems. Auf der andren stellt er daneben den Zusammenhang, wie er scheinbar in den Erscheinungen der Konkurrenz gegeben ist und sich also dem unwissenschaftlichen Beobachter darstellt, ganz ebensogut wie dem in dem Prozeß der bürgerlichen Produktion praktisch Befangenen und Interessierten. Diese beiden Auffassungsweisen – wovon die eine in den innren Zusammenhang, sozusagen in die Physiologie des bürgerlichen Systems eindringt, die andre nur beschreibt, katalogisiert, erzählt und unter schematisierende Begriffsbestimmungen bringt, was sich in dem Lebensprozeß äußerlich zeigt, so wie es sich zeigt und erscheint – laufen bei Smith nicht nur unbefangen nebeneinander, sondern durcheinander und widersprechen sich fortwährend. Bei ihm ist dies gerechtfertigt (mit Ausnahme einzelner Detailuntersuchungen, [wie] von dem Geld), da sein Geschäft in der Tat ein doppeltes war. Einerseits der Versuch, in die innre Physiologie der bürgerlichen Gesellschaft einzudringen, anderseits aber zum Teil erst ihre äußerlich erscheinenden Lebensformen zu beschreiben, ihren äußerlich erscheinenden Zusammenhang darzustellen und zum Teil noch für diese Erscheinungen Nomenklatur zu finden und entsprechende Verstandesbegriffe, sie also zum Teil erst in der Sprache und [im] Denkprozeß zu reproduzieren. Die eine Arbeit interessiert ihn so sehr wie die andre, und da beide unabhängig voneinander vorgehn, kommt hier eine ganz widersprechende Vorstellungsweise heraus, die eine, die den innren Zusammenhang mehr oder minder richtig ausspricht, die andre, die mit derselben Berechtigung und ohne irgendein innres Verhältnis – ohne allen Zusammenhang mit der andren Auffassungsweise – den *erscheinenden* Zusammenhang ausspricht. Die Nachfolger A. Smiths[1] nun, soweit sie nicht die Reaktion älterer, überwundner Auffassungsweisen gegen ihn darstellen,

[1] In der Handschrift: Ric[ardo]s

können in ihren Detailuntersuchungen und Betrachtungen ungestört fortgehn und stets A. Smith als ihre Unterlage betrachten, sei es nun, daß sie an den esoterischen oder exoterischen Teil seines Werks anknüpfen oder, was fast immer der Fall, beides durcheinander werfen. Ricardo aber tritt endlich dazwischen und ruft der Wissenschaft: Halt! zu. Die Grundlage, der Ausgangspunkt der Physiologie des bürgerlichen Systems – des Begreifens seines innren organischen Zusammenhangs und Lebensprozesses – ist die Bestimmung des *Werts durch die Arbeitszeit.* Davon geht Ricardo aus und zwingt nun die Wissenschaft, ihren bisherigen Schlendrian zu verlassen und sich Rechenschaft darüber abzulegen, wieweit die übrigen von ihr entwickelten, dargestellten Kategorien – Produktions- und Verkehrsverhältnisse –, Formen dieser Grundlage, dem Ausgangspunkt entsprechen oder widersprechen, wieweit überhaupt die bloß die Erscheinungsformen des Prozesses wiedergebende, reproduzierende Wissenschaft (also auch diese Erscheinungen selbst) der Grundlage entsprechen, auf der der innre Zusammenhang, die wirkliche Physiologie der bürgerlichen Gesellschaft beruht oder die ihren Ausgangspunkt bildet, wie es sich überhaupt mit diesem Widerspruch zwischen der scheinbaren und wirklichen Bewegung des Systems verhält. Dies ist also die große ||525| historische Bedeutung Ricardos für die Wissenschaft, weswegen der fade Say, dem er den Boden unter den Füßen weggezogen hatte, seinem Ärger Luft machte in der Phrase, que „sous prétexte de l'étendre" (la science), „on l'a poussée dans la vide"[1].[41] Mit diesem wissenschaftlichen Verdienst hängt eng zusammen, daß Ricardo den ökonomischen Gegensatz der Klassen – wie ihn der innre Zusammenhang zeigt – aufdeckt, ausspricht und daher in der Ökonomie der geschichtliche Kampf und Entwicklungsprozeß in seiner Wurzel aufgefaßt wird, entdeckt wird. *Carey* (sieh später die Stelle) denunziert ihn daher als Vater des Kommunismus.

„Ricardos System ist ein System der Zwietracht ... es läuft hinaus auf die Erzeugung der *Feindschaft zwischen Klassen* und Nationen ... Seine Schrift ist das wahre Handbuch des Demagogen, der die Macht anstrebt vermittelst der Landteilung, des Kriegs und der Plünderung." (p. 74, 75. *H.* [*C.*] *Carey, „The Past, the Present, and the Future", Philadelphia 1848.*)

Ergibt sich so einerseits die wissenschaftliche Berechtigung und der große geschichtliche Wert der Ric[ardo]schen Untersuchungsweise, so liegt

[1] daß „man sie" (die Wissenschaft) „unter dem Vorwand, sie zu erweitern, ins Leere gedrängt habe"

auf der Hand andrerseits die wissenschaftliche Mangelhaftigkeit seines Verfahrens, die sich durch das später Folgende im einzelnen zeigen wird.

Daher auch die außerordentlich sonderbare und notwendig verkehrte Architektonik seines Werks. Das ganze Werk besteht (in der dritten Ausgabe) aus 32 Kapiteln. Davon handeln 14 Kapitel über *Steuern*, enthalten also nur *Anwendung* der theoretischen Prinzipien[42]. Das 20. Kapitel „Value and Riches, their Distinctive Properties" ist nichts als Untersuchung über den Unterschied von Gebrauchswert und Tauschwert, also eine Ergänzung zum ersten Kapitel „*On Value*". Das 24. Kapitel „Doctrine of A. Smith concerning the Rent of Land", ebenso das 28. Kapitel „On the comparative value of gold, corn and labour etc." und das 32. Kapitel „Mr. Malthus's Opinions on Rent" sind bloße Ergänzungen und zum Teil Verteidigung von Ricardos Grundrenttheorie, also bloßer Anhang zu Kapitel II und III, die von der Rente handeln. Das 30. Kapitel „On the Influence of demand and supply on Prices" ist ein bloßer Anhang zum 4. Kapitel „On natural and market price". Einen zweiten Anhang zu diesem Kapitel bildet das 19. Kapitel „On sudden changes in the channels of trade". Das 31. Kapitel „*On Machinery*" ist bloßer Anhang zum 5. und 6. Kapitel „On Wages" und „On Profits". Das 7. Kapitel „On Foreign Trade" und das 25. „On Colonial Trade" sind bloße Anwendung – wie die Kapitel über Steuern – der früher aufgestellten Prinzipien. Das 21. Kapitel „Effects of Accumulation on Profits and Interest" ist ein Anhang zu den Kapiteln über die Grundrente, Profite und Arbeitslohn. Das 26. Kapitel „On Gross and Net Revenue" ist ein Anhang zu den Kapiteln über Arbeitslohn, Profite und Rente. Endlich das 27. Kapitel „On Currency and Banks" steht ganz isoliert in dem Werk und bloß weitere Ausführung, z. T. Modifikation der in seinen frühren Schriften über das Geld aufgestellten Ansichten.

Die Ricardosche Theorie ist also ausschließlich enthalten in den ersten 6 Kapiteln des Werks. Wenn ich von dessen fehlerhafter Architektonik spreche, so geschieht es mit Bezug auf diesen Teil. Der andre Teil besteht aus Anwendungen, Erläuterungen und Zusätzen (den Abschnitt über das Geld ausgenommen), die der Natur der Sache nach durcheinandergewürfelt sind und keinen Anspruch auf Architektonik machen. Die fehlerhafte Architektonik in dem theoretischen Teil (den 6 ersten Kapiteln) ist aber nicht zufällig, sondern gegeben durch die Untersuchungsweise Ricardos selbst und die bestimmte Aufgabe, die er seiner Forschung gestellt hatte. Sie drückt das wissenschaftlich Ungenügende dieser Untersuchungsweise selbst aus.

Ch. I handelt „*On Value*". Es zerfällt wieder in 7 Sektionen. In der ersten Sektion wird eigentlich untersucht: *Widerspricht* der *Arbeitslohn* der

Bestimmung der Warenwerte durch die in ihnen enthaltne Arbeitszeit? In der dritten Sektion wird nachgewiesen, daß das Eingehn von dem, was ich konstantes Kapital nenne, in den Wert der Ware der Wertbestimmung *nicht* widerspricht und daß Steigen oder Fallen des Arbeitslohns ebensowenig die Warenwerte affiziert. In der 4. Sektion wird untersucht, wieweit die Anwendung von Maschinerie und andrem fixen und dauerhaften Kapital, soweit es in verschiednen Produktionssphären in verschiednem Verhältnis in das Gesamtkapital eingeht, die Bestimmung der exchangeable values[1] durch Arbeitszeit alteriert. In der 5. Sektion wird untersucht, wieweit Steigen oder Fallen der wages[2] die Bestimmung der Werte durch Arbeitszeit modifiziert, wenn in verschiednen Produktionssphären Kapitale von ungleicher Dauerhaftigkeit und verschiedner Umschlagszeit angewandt werden. Man sieht also, in diesem ersten Kapitel sind nicht nur *Waren* unterstellt – und weiter ist nichts zu unterstellen, wenn der Wert als solcher betrachtet wird –, sondern Arbeitslohn, Kapital, Profit, allgemeine Profitrate selbst, wie wir sehen werden, die verschiednen Formen des Kapitals, wie sie aus dem Zirkulationsprozeß hervorgehn und ebenso der Unterschied von „natural and market price"[3], welcher letztre sogar bei den folgenden Kapiteln, ch. II und III: „On Rent" und „On Rent of Mines", eine entscheidende Rolle spielt. Dies zweite Kapitel *„On Rent"* ||526| – das dritte „On Rent of Mines" ist bloße Ergänzung dazu – wird dem Gang seiner Untersuchungsweise gemäß richtig wieder mit der Frage eröffnet: *Widerspricht* das Grundeigentum und die Grundrente der Bestimmung der Warenwerte durch die Arbeitszeit?

„Es bleibt jedoch", so eröffnet er das 2. Kapitel „On Rent", „zu überlegen, ob die Aneignung von Boden und die daraus folgende Entstehung von Rente im relativen Wert der Waren irgendeine Veränderung verursachen wird, unabhängig von der zu ihrer Produktion erforderlichen Quantität Arbeit." (p. 53. *„Princ. of Pol. Ec."*, 3^d edit., Lond. 1821.)

Um nun diese Untersuchung zu führen, führt er nicht nur en passant das Verhältnis von „market price" and „real price" (monetary expression of value)[4] ein, sondern unterstellt die ganze kapitalistische Produktion und seine ganze Auffassung von dem Verhältnis zwischen Arbeitslohn und Profit. Das 4. Kapitel „On Natural and Market price", das 5. „On Wages" und das 6. „On Profits" sind daher nicht nur unterstellt, sondern völlig entwickelt in den beiden ersten Kapiteln „On Value" und „On Rent" und

[1] Tauschwerte – [2] Löhne – [3] „natürlichem und Marktpreis" – [4] „Marktpreis" und „wirklichem Preis" (Geldausdruck des Werts)

ch. III als Appendix zu II. In den spätren 3 Kapiteln werden nur hier und da, soweit sie *theoretisch* Neues bringen, Lücken ausgefüllt, nähere Bestimmungen nachgeholt, die meist von Rechts wegen schon in I und II ihren Platz finden müßten.

Das ganze Ricardosche Werk ist also enthalten in seinen ersten zwei Kapiteln. In diesen werden die entwickelten bürgerlichen Produktionsverhältnisse, also auch die entwickelten Kategorien der politischen Ökonomie, konfrontiert mit ihrem Prinzip, der Wertbestimmung, und zur Rechenschaft gezogen, wieweit sie ihm direkt entsprechen oder wie es sich mit den scheinbaren Abweichungen verhält, die sie in das Wertverhältnis der Waren hereinbringen. Sie enthalten seine ganze Kritik der bisherigen politischen Ökonomie, das kategorische Abbrechen mit dem durchgehenden Widerspruch A. Smiths in der esoterischen und exoterischen Betrachtungsweise, und liefern durch diese Kritik zugleich einige ganz neue und überraschende Resultate. Daher der hohe theoretische Genuß, den diese zwei ersten Kapitel gewähren, da sie in gedrängter Kürze die Kritik des in die Breite ausgelaufenen und verlaufnen Alten geben und das ganze bürgerliche System der Ökonomie als einem Grundgesetz unterworfen darstellen, aus der Zerstreuung und der Mannigfaltigkeit der Erscheinungen die Quintessenz herauskonzentrierend. Aber diese theoretische Befriedigung, welche because of their originality[1], Einheit der Grundanschauung, simpleness[2], Konzentriertheit, Tiefe, Neuheit und comprehensiveness[3] diese zwei ersten Kapital gewähren, verliert sich notwendig im Fortgang des Werks. Auch hier werden wir stellenweis durch Originalität einzelner Entwicklungen gefesselt. Aber das Ganze erregt Abspannung und Langeweile. Der Fortgang ist keine Fortentwicklung mehr. Wo er nicht aus eintöniger, formeller Anwendung derselben Prinzipien auf verschiednes, äußerlich hereingeholtes Material besteht oder aus polemischer Geltendmachung dieser Prinzipien, wird nur entweder wiederholt oder nachgeholt, höchstens, in den letzten Teilen, hier und da eine frappante Schlußfolgerung gezogen.

In der Kritik Ricardos müssen wir nun unterscheiden, was er selbst nicht unterschieden hat. [Erstens] seine *Theorie des Mehrwerts*, die natürlich bei ihm existiert, obgleich er den *Mehrwert* nicht in seinem Unterschied von seinen besondren Formen, Profit, Rente, Zins fixiert. Zweitens seine *Theorie des Profits*. Wir werden mit der letztren beginnen, obgleich sie nicht in diesen Abschnitt, sondern in den historischen Anhang zum *Abschnitt III* gehört[13].

---

[1] wegen ihrer Originalität – [2] Einfachheit – [3] gedrängten Kürze

[3. *Ricardos Konfusion in der Frage des „absoluten" und „relativen" Werts. Sein Unverständnis der Wertformen*]

Zuvor noch einige Bemerkungen darüber, wie Ric[ardo] die Bestimmungen der „value" durcheinanderwirft. Baileys Polemik gegen ihn beruht darauf. Sie ist aber auch wichtig für uns.

Zuerst nennt Ricardo den Wert „*value in exchange*"[1] und bestimmt ihn mit A. Smith als „*the power of purchasing other goods*"[2]. (p. 1, „Principles".) Dies ist der Tauschwert, wie er zunächst *erscheint*. Dann geht er aber zu der wirklichen Bestimmung des Werts:

„Es ist die verhältnismäßige Menge der durch Arbeit erzeugten Waren, welche ihren gegenwärtigen oder früheren *relativen Wert* bestimmt." (l. c. p. 9.)

„Relative value" heißt hier nichts als die durch die Arbeitszeit bestimmte exchangeable value. Aber *relative value* kann auch einen andren Sinn haben, sofern ich nämlich den Tauschwert einer Ware im Gebrauchswert einer andren ausdrücke, z. B. den Tauschwert von Zucker im Gebrauchswert Kaffee.

„Zwei Waren verändern ihren *relativen Wert*, und wir möchten wissen, bei welcher von ihnen *die Veränderung* tatsächlich eingetreten ist." (p. 9.)

Which variation?[3] Diese „relative value" nennt Ricardo später auch „*comparative value*"[4]. (p. 448 sq.) Wir wollen wissen, in welcher Ware „die Variation" stattgefunden hat? Das heißt, die Variation des „Werts", der oben relative value hieß. Z. B., 1 Pfd. Zucker = 2 Pfd. Kaffee. Später, 1 Pfd. Zucker = 4 Pfd. Kaffee. Die „Variation", die wir wissen wollen, ist, ob die für den Zucker oder die für den Kaffee „*nötige Arbeitszeit*" sich verändert, ob der Zucker 2mal mehr[5] Arbeitszeit als früher kostet oder der Kaffee zweimal weniger[6] Arbeitszeit als früher, und welche dieser „variations" in der zu ihrer resp. Produktion nötigen Arbeitszeit diese Variation in ihrem *Austauschverhältnis* hervorgebracht hat. Diese „relative oder comparative value" von Zucker und Kaffee – das Verhältnis, worin sie sich austauschen – ist also verschieden von der relative value im ersten Sinn. Im ersten Sinn ist die relative value des Zuckers bestimmt durch die Masse Zucker, die in einer bestimmten Arbeitszeit ||527| produziert werden kann.

---

[1] „*Tauschwert*" – [2] „*die Fähigkeit, andere Waren zu kaufen*" – [3] Welche Veränderung? – [4] „*komparativen Wert*" – [5] in der Handschrift: weniger – [6] in der Handschrift: mehr

Im zweiten Fall drückt die relative value von Zucker [und Kaffee] aus das Verhältnis, worin sie gegeneinander ausgetauscht werden, und die Wechsel in diesem Verhältnis können durch einen Wechsel der „relative value" im ersten Sinn im Kaffee oder im Zucker resultieren. Das Verhältnis, worin sie sich gegeneinander austauschen, kann *dasselbe* bleiben, obgleich ihre „relative values" im ersten Sinn gewechselt haben. 1 lb. Zucker kann nach wie vor = 2 lbs. Kaffee sein, obgleich die Arbeitszeit zur Produktion des Zuckers und des Kaffees um das Doppelte gestiegen oder um die Hälfte abgenommen hat. *Variations* in ihrer *comparative value*, d.h. wenn der Tauschwert von Zucker in Kaffee und vice versa ausgedrückt wird, werden sich nur dann zeigen, wenn ihre variations in ihrer *relative value* im ersten Sinn, d.h. durch die Arbeitsquantität bestimmten values *ungleich changiert* haben, also *comparative* changes stattgefunden haben. Absolute changes – wenn sie das ursprüngliche Verhältnis nicht ändern, also gleich groß sind und nach derselben Richtung vorgehn, werden keine Variation in den comparative values hervorbringen – auch nicht in den *Geldpreisen* dieser Waren, da der Wert des Gelds, sollte er changieren, für beide gleichmäßig changiert. Ob ich daher die Werte zweier Waren in ihren eignen wechselseitigen Gebrauchswerten ausdrücke oder in ihrem Geldpreis, beide Werte in dem Gebrauchswert einer dritten Ware darstelle, sind diese *relative* oder *comparative* values oder Preise dieselben und die changes in denselben zu unterscheiden von ihren *relative values* im ersten Sinn, d.h. soweit sie nichts ausdrücken als Wechsel der zu ihrer *eignen* Produktion erheischten, also in *ihnen selbst realisierten* Arbeitszeit. Die letztre *relative value* erscheint also als *„absolute value"*, verglichen mit den relative values im zweiten Sinn, im Sinn der realen Darstellung des Tauschwerts einer Ware im Gebrauchswert der andren oder im Geld. Daher kommt denn auch bei Ricardo für die „relative value" im ersten Sinn der Ausdruck „absolute value" vor.

Wenn in dem obigen Beispiel 1 lb. Zucker nach wie vor dieselbe Arbeitszeit kostet wie vorher, hat seine „relative value" im ersten Sinn nicht variiert. Kostet aber der Kaffee 2mal weniger Arbeit so hat die value of Zucker in Kaffee ausgedrückt variiert, weil die „relative value", im ersten Sinn, des Kaffees variiert hat. Die relative values von Zucker und Kaffee erscheinen so verschieden von ihren „absolute values", und dieser Unterschied zeigt sich, weil auch die comparative value des Zuckers z.B. nicht variiert hat im Vergleich mit Waren, deren absolute values *dieselben* geblieben.

„Die Untersuchung, auf die ich des Lesers Aufmerksamkeit lenken möchte, bezieht sich auf die Wirkung der *Veränderungen in dem relativen Wert der Waren* und nicht in ihrem *absoluten Wert*." (p. 15.)

Diese „absolute“ value nennt Ric[ardo] auch sonst „real value“[1] oder *value* schlechthin (p. 16 z.B.).

Sieh Baileys ganze Polemik gegen Ricardo in:

„A Critical Dissertation on the Nature, Measures, and Causes of Value; chiefly in reference to the writings of Mr. Ricardo and his followers. By the Author of Essays on the Formation and Publication of Opinions“, London 1825. (Sieh auch von demselben: *„A Letter to a Polit. Economist; occasioned by an article in the Westminster Review* etc.“, *Lond. 1826.*) dreht sich teils um diese verschiednen Momente in der Begriffsbestimmung des Werts, die bei Ricardo nicht entwickelt sind, sondern nur faktisch vorkommen und durcheinander laufen, und worin Bailey nur „Widersprüche“ findet. Zweitens [ist Bailey] gegen die „absolute value“ oder „real value“ im Unterschied von der *comparative value* (oder relative value im zweiten Sinn).

„Anstatt“, sagt Bailey in der erst angeführten Schrift, „den Wert als ein Verhältnis zwischen zwei Dingen anzusehen, betrachten sie“ (Ricardo and his followers[2]) „ihn als ein positives Resultat, das durch eine bestimmte Menge von Arbeit produziert wird.“ (l.c. p. 30.)

Sie betrachten „den Wert als etwas Immanentes und Absolutes“. (l.c. p. 8.)

Der letzte Vorwurf geht aus Ricardos mangelhafter Darstellung hervor, weil er den Wert der Form nach gar nicht untersucht – die bestimmte Form, die die Arbeit als Substanz des Werts annimmt –, sondern nur die Wertgrößen, die Quantitäten dieser abstrakt-allgemeinen und in dieser Form gesellschaftlichen Arbeit, die den Unterschied in den *Wertgrößen* der Waren hervorbringen. Sonst hätte Bailey gesehn, daß die Relativität des Wertbegriffs keineswegs dadurch aufgehoben wird, daß alle Waren, soweit sie Tauschwerte sind, nur *relative* Ausdrücke der gesellschaftlichen Arbeitszeit sind und ihre Relativität keineswegs nur in dem Verhältnis besteht, worin sie sich gegeneinander austauschen, sondern in dem Verhältnis aller derselben zu dieser gesellschaftlichen Arbeit als ihrer Substanz.

Es ist, wie wir weiter sehn werden, dem Ricardo vielmehr umgekehrt vorzuwerfen, daß er diese „real“ oder „absolute value“ sehr oft vergißt und nur an den „relative“ oder „comparative values“ festhält.

||528| Also:

---

[1] „realen Wert“ – [2] und seine Anhänger

[4.] *Ricardos Darstellung von Profit, Profitrate, Durchschnittspreisen etc.*

[*a) Ricardos Verwechslung des konstanten und variablen Kapitals mit dem fixen und zirkulierenden Kapital. Seine falsche Erklärung der Veränderung der relativen Werte*]

In Sektion III des ersten Kapitels entwickelt Ricardo, daß – wenn ich sage, der Wert der Ware ist durch die Arbeitszeit bestimmt – dies sich sowohl auf die Arbeit erstreckt, die im letzten Arbeitsprozeß unmittelbar auf die Ware verwandt worden ist, als auf die Arbeitszeit, die im Rohmaterial und den Arbeitsmitteln, die zur Produktion der Ware erheischt sind, enthalten ist. Also nicht nur auf die Arbeitszeit, die in der neuzugefügten, im Arbeitslohn bezahlten, erkauften Arbeit enthalten ist, sondern auch [auf] die Arbeitszeit, die in dem Teil der Ware enthalten ist, den ich capital constant nenne. Die Mangelhaftigkeit zeigt sich gleich in der Überschrift dieser Sektion III von chapter I. Sie lautet:

„Nicht nur die auf Waren unmittelbar angewandte Arbeit beeinflußt den Warenwert, sondern auch die Arbeit, die auf Geräte, Werkzeuge und Gebäude verwendet worden ist, welche die unmittelbar verausgabte Arbeit unterstützen." (p. 16.)

Hier ist das Rohmaterial weggelassen, und die auf das Rohmaterial verwandte Arbeit ist doch ebenso verschieden von der „labour applied immediately to commodities"[1] als die auf die Arbeitsmittel, „implements, tools, and buildings"[2] verwandte Arbeit. Aber Ricardo hat schon die nächste Sektion im Kopf. In dieser Sektion nimmt er an, daß die angewandten Arbeitsmittel zu *gleichen Wertbestandteilen* in die Produktion der verschiedenen Waren eingehn. In der nächsten Sektion wird der Unterschied untersucht, der herauskommt durch das Eingehn des capital fixe in *verschiednen Proportionen* [in die Waren]. Ricardo kommt daher nicht zum Begriff des *konstanten Kapitals*, wovon ein Teil aus capital fixe und der andre, Rohmaterial und matières instrumentales[3], aus zirkulierendem Kapital besteht, ganz wie das *zirkulierende* Kapital nicht nur das variable Kapital einschließt, sondern Rohmaterial etc. und alle in die *Konsumtion überhaupt* eingehenden Lebensmittel[43] (nicht nur in die Konsumtion der Arbeiter) umfaßt.

---

[1] „auf Waren unmittelbar angewandten Arbeit" – [2] „Geräte, Werkzeuge und Gebäude" – [3] Hilfsstoffe

Das Verhältnis, worin konstantes Kapital in eine Ware eingeht, affiziert nicht die *Werte* der Waren, nicht die relativen Arbeitsquanta, die in den Waren enthalten sind, aber es affiziert direkt die verschiednen Quanta *Mehrwert* oder *Surplusarbeit*, die in Waren enthalten sind, die gleichviel Arbeitszeit enthalten. Es bringt daher – dies verschiedne Verhältnis – von den Werten unterschiedne *Durchschnittspreise* hervor.

Bezüglich sect. IV und V des ch. I ist zunächst zu bemerken, daß statt des höchst wichtigen und *die unmittelbare Produktion von Mehrwert* affizierenden Unterschieds in der Proportion, worin konstantes und variables Kapital Bestandteile derselben Kapitalmasse in verschiednen Produktionssphären bilden, Ricardo sich ausschließlich beschäftigt mit den Unterschieden in der Form des Kapitals und der verschiednen Proportionen, worin dasselbe Kapital diese verschiedne Form annimmt, [mit] *Formunterschieden, wie sie aus dem Zirkulationsprozeß des Kapitals* hervorgehn, also fixes und zirkulierendes Kapital, mehr oder minder fixes Kapital (d.h. fixes Kapital von verschiedner Dauerhaftigkeit) und ungleiche Umlaufsgeschwindigkeit oder Umschläge des Kapitals. Und zwar ist die Manier, wie Ric[ardo] die Untersuchung führt, diese: Er unterstellt *eine allgemeine Profitrate* oder einen *Durchschnittsprofit von gleicher Größe* für verschiedne Kapitalanlagen von gleicher Größe oder für verschiedne Produktionssphären, worin Kapitalien von gleicher Größe angewandt werden – oder, was dasselbe, Profit im Verhältnis zur *Größe* der in den verschiednen Produktionssphären angewandten Kapitalien. Statt diese *allgemeine Profitrate vorauszusetzen*, hätte Ric[ardo] vielmehr untersuchen müssen, inwieweit ihre *Existenz* überhaupt der Bestimmung der Werte durch die Arbeitszeit entspricht, und er hätte gefunden, daß, statt ihr zu entsprechen, sie ihr prima facie[1] *widerspricht*, ihre Existenz also erst durch eine Masse Mittelglieder zu entwickeln ist, eine Entwicklung sehr verschieden von einfacher Subsumtion unter das Gesetz der Werte. Er hätte damit überhaupt eine ganz andre Einsicht in die Natur des Profits erhalten und ihn nicht direkt mit Mehrwert identifiziert.

Diese Voraussetzung einmal gemacht – fragt sich Ric[ardo] weiter, wie wird Steigen oder Fallen von Arbeitslohn auf die *„relative values“* wirken, wenn capital fixe und circulant[2] in verschiedner Proportion eingehn? Oder vielmehr, *er bildet sich ein*, die Frage so zu behandeln. In der Tat behandelt er sie ganz anders. Er behandelt sie so: Er fragt sich, wie wird Steigen oder Fallen des Arbeitslohns wirken bei Kapitalien, deren Umlaufszeit

[1] auf den ersten Blick – [2] fixes und zirkulierendes Kapital

verschieden ist und worin die verschiednen Kapitalformen in verschiedner Proportion enthalten sind, auf ihre *respektiven Profite*? Und da findet er natürlich, daß je nachdem viel oder wenig capital fixe eingeht, etc., das Steigen oder Fallen der Salaire sehr verschieden wirken muß auf Kapitalien je nachdem ein größrer oder geringrer Teil derselben aus variablem Kapital besteht, d.h. aus Kapital, das direkt in Arbeitslohn ausgelegt wird. Um also die Profite in den verschiednen ||529| Produktionssphären wieder auszugleichen, alias die *allgemeine Profitrate* wieder herzustellen, müssen die Preise der Waren – im Unterschied von ihren *Werten* – verschieden reguliert werden. *Also*, schließt er weiter, wirken diese Unterschiede auf die „relative values" beim Steigen oder Fallen der Salaire. Er hätte umgekehrt sagen müssen. Obgleich diese Unterschiede die values an sich nichts angehn, bringen sie durch ihre verschiedne Affektion auf die Profite in den verschiednen Sphären von den values selbst verschiedne Durchschnittspreise oder – wir wollen sagen –*Kostenpreise* hervor, die nicht direkt bestimmt sind durch die Werte der Waren, sondern durch das in ihnen vorgeschoßne Kapital plus dem Durchschnittsprofit. Er hätte also sagen müssen: Diese durchschnittlichen *Kostenpreise* sind verschieden von den *Werten* der Waren. Statt dessen schließt er, daß sie *identisch* sind und geht mit dieser *falschen* Voraussetzung an die Betrachtung der Grundrente.

Auch irrt sich Ricardo, wenn er meint, er komme erst durch die 3 cases[1], die er untersucht, auf die „variations" in den „relative values", unabhängig von der in ihnen enthaltnen Arbeitszeit; also in fact[2] auf den Unterschied zwischen den Kostenpreisen von den Werten der Waren. Er hat diesen *Unterschied* bereits *unterstellt*, indem er eine *allgemeine Profitrate* voraussetzt und daher voraussetzte, daß trotz der verschiednen Verhältnisse in den organischen Bestandteilen der Kapitalien diese einen ihrer *Größe* proportionierten Profit abwerfen, während der Mehrwert, den sie abwerfen, absolut bestimmt ist durch das Quantum unbezahlter Arbeitszeit, das sie absorbieren, und dies bei gegebnem Arbeitslohn durchaus abhängt von der Masse des Teils des Kapitals, der in Salair ausgelegt ist, nicht aber von der absoluten Größe des Kapitals.

Was er in der Tat untersucht, ist dies: Von den Werten der Waren *unterschiedne* Kostenpreise vorausgesetzt – und mit der Annahme einer *allgemeinen Profitrate* ist dieser Unterschied vorausgesetzt –, wie werden diese Kostenpreise (die jetzt zur Abwechslung „relative value" heißen) selbst wieder wechselseitig modifiziert, verhältnismäßig modifiziert durch das Steigen

[1] Fälle – [2] tatsächlich

oder Fallen des Arbeitslohns und bei den verschiednen Verhältnissen der organischen Bestandteile des Kapitals? Bei tiefrem Eingehn in die Sache hätte Ric[ardo] gefunden, daß die bloße Existenz einer *allgemeinen Profitrate* – bei den Verschiedenheiten in den organischen Bestandteilen des Kapitals, wie sie zunächst im unmittelbaren Produktionsprozeß als Unterschied von variablem und konstantem Kapital erscheinen, später durch die aus dem Zirkulationsprozeß entspringenden Unterschiede noch weiter vermehrt werden – von den *Werten* unterschiedne *Kostenpreise* bedingt, selbst wenn vorausgesetzt wird, daß *der Arbeitslohn konstant bleibt*, also einen vom Steigen oder Fallen des Arbeitslohns *ganz unabhängigen* Unterschied und neue Formbestimmung. Er hätte auch gesehn, wie ungleich wichtiger und entscheidender für die Gesamttheorie das Begreifen dieses Unterschieds ist als seine Betrachtung über die durch Steigen oder Fallen des Arbeitslohns verursachte Variation in den *Kostenpreisen der* Waren. Das Resultat, womit er sich begnügt – und dies Begnügen entspricht der ganzen Art seiner Untersuchung –, ist dies: Die *variations in den Kostenpreisen* (oder, wie er sagt, „relative values") der Waren – soweit sie bei einer Verschiedenheit in der organischen Zusammensetzung der in verschiednen Sphären angelegten Kapitalien bei changes[1], Steigen oder Fallen des Arbeitslohns erfolgen – einmal zugegeben und in Anschlag gebracht, bleibt das Gesetz richtig, *widerspricht* das nicht dem Gesetz, daß die „relative values" der Waren durch Arbeitszeit bestimmt sind, denn alle andren mehr als vorübergehenden variations in den Kostenpreisen der Waren bleiben nur erklärbar aus einem Wechsel in der zu ihrer respektiven Produktion notwendigen Arbeitszeit.

Als ein großes Verdienst ist es dagegen zu betrachten, daß Ricardo die Unterschiede von fixem und zirkulierendem Kapital zusammenstellt mit der verschiednen Umschlagszeit des Kapitals und alle diese Unterschiede herleitet aus der verschiednen *Zirkulations*zeit, also in fact aus der *Zirkulations- oder Reproduktionszeit des Kapitals.*

Wir wollen zunächst diese Unterschiede selbst, soweit er sie zunächst in sect. IV (ch. I) darstellt, betrachten und dann erst die Manier, worin er sie wirken läßt oder Variation hervorbringen läßt in den „relative values".

1. „Auf jeder Stufe der gesellschaftlichen Entwicklung können jedoch die in den verschiedenen Berufszweigen verwendeten Werkzeuge, Geräte, Gebäude und Maschinen von *unterschiedlicher Lebensdauer* sein und *für ihre Herstellung verschiedene Mengen von Arbeit* erfordern." (l.c. p.25.)

[1] Veränderungen

Was die „different portions of labour to produce them"[1] betrifft, so kann das – und dies scheint hier der einzige Gesichtspunkt Ricardos – einschließen, daß die weniger dauerhaften teils zu ihrem repair[2], teils zu ihrer Reproduktion *mehr* Arbeit (sich wiederholende unmittelbare Arbeit) erheischen oder auch, daß Maschinerie etc. von *demselben degree of durability*[3] mehr oder weniger teuer, das Produkt von mehr oder weniger Arbeit sein kann. Dieser letzte Gesichtspunkt, sehr wichtig für das Verhältnis von variablem und konstantem Kapital, hat mit Ric[ardos] Betrachtung nichts zu tun und wird daher auch nirgends als selbständiger Gesichtspunkt von ihm aufgenommen.

||530| 2. „Ebenfalls können die Verhältnisse, worin das Kapital, das die Arbeit unterhalten soll" (das variable Kapital), „und das Kapital, das in Werkzeugen, Maschinerie und Gebäuden ausgelegt ist" (fixes Kapital), „*verschieden kombiniert* sein." Wir haben also einen „Unterschied im *Grad der Dauerhaftigkeit des fixen Kapitals* und diesen Wechsel in den Verhältnissen, worin *beide Kapitalarten kombiniert sein können*". (p.25.)

Man sieht gleich, warum ihn der als Rohmaterial existierende Teil des konstanten Kapitals nicht interessiert. Letztres gehört selbst zum zirkulierenden Kapital. Steigt der Arbeitslohn, so bewirkt das nicht *Mehrausgabe* für den Teil des Kapitals, der in Maschinerie besteht und nicht *ersetzt zu werden* braucht, sondern dableibt, wohl aber in dem Teil, der aus *Rohmaterial* besteht, da dieser beständig ergänzt, also auch beständig reproduziert werden muß.

„Die Nahrung und Kleidung, die der Arbeiter konsumiert, die Gebäude, worin er arbeitet, die Werkzeuge, die bei seiner Arbeit mitwirken, sind alle *vergänglicher Natur*. Es besteht aber ein gewaltiger Unterschied in der Zeit, während welcher diese verschiednen Kapitale vorhalten... Je nachdem Kapital rasch vergänglich ist und *oft reproduziert* werden muß oder je nachdem es langsam konsumiert wird, klassifiziert man es unter das zirkulierende oder unter das fixe Kapital." (p.26.)

Hier ist also der Unterschied zwischen fixed und circulating capital reduziert auf den Unterschied in der *Reproduktionszeit* (die mit der Zirkulationszeit zusammenfällt).

3. „Es ist ferner zu bemerken, daß das *zirkulierende* Kapital in *sehr ungleichen Zeiträumen zirkulieren* oder *seinem Anwender zurückfließen* kann. Der *von einem Pächter zur Aussaat gekaufte Weizen** ist ein fixes Kapital, verglichen mit dem von einem Bäcker

* Hier sieht Herr Rod[bertus], daß in England der Samen „gekauft" wird.

[1] „für ihre Herstellung verschiedenen Mengen von Arbeit" – [2] ihrer Instandhaltung – [3] *Grad der Dauerhaftigkeit*

zur Verwandlung in Brot gekauften Weizen. Der eine läßt ihn im Boden und kann erst nach einem Jahr einen Rückfluß erhalten, der andre kann ihn zu Mehl vermahlen lassen und als Brot an seine Kunden verkaufen, so daß er innerhalb einer Woche sein Kapital wieder frei hat, um dieselbe Operation von neuem oder irgendeine andre damit zu beginnen." (p. 26, 27.)

Dieser Unterschied in den Zirkulationszeiten verschiedner zirkulierender Kapitalien, woher rührt er? [Daher,] daß dasselbe Kapital in dem einen Fall längre Zeit in der *eigentlichen Produktionssphäre* sich aufhält, ohne daß gleichzeitig der *Arbeitsprozeß* fortdauerte. So mit Wein, der im Keller liegt, um seine Reife zu erhalten, mit gewissen chemischen Prozessen bei Gerben, Färben etc.

„Zwei Gewerbezweige können also *die gleiche Menge Kapital* verwenden, aber es kann sehr unterschiedlich bezüglich des fixen und des zirkulierenden Anteils aufgeteilt sein." (p. 27.)

4. „Andererseits wiederum können zwei Unternehmer den gleichen Betrag von fixem als auch von zirkulierendem Kapital anwenden, jedoch kann die *Lebensdauer ihres fixen Kapitals*" (also auch ihre Reproduktionszeit) „sehr ungleich sein. Der eine hat möglicherweise Dampfmaschinen im Werte von 10000 *l.*, während der andere Schiffe von gleichem Wert besitzt." (p. 27, 28.)

„Verschiedene Lebensdauer ihres Kapitals ... oder, was dasselbe ist, ... *die Zeit, die verstreichen muß*, bis ein Posten auf den Markt gebracht werden kann." (p. 30.)

5. „Es ist kaum nötig zu betonen, daß Waren, *zu deren Produktion die gleiche Menge Arbeit verwandt wurde*, dennoch in ihrem Tauschwert abweichen werden, falls sie nicht *in der gleichen Zeit auf den Markt* gebracht werden können." (p. 34.)

1. Unterschied also in dem Verhältnis von fixem und zirkulierendem Kapital. 2. Unterschied in dem Umschlag des *zirkulierenden* Kapitals infolge der Unterbrechung des Arbeitsprozesses, während der Produktionsprozeß fortdauert. 3. Unterschied in der *durability* des fixed capital. 4. Unterschied in dem Verhältnis, worin eine Ware überhaupt (ohne Unterbrechung der Arbeitszeit, ohne Unterschied zwischen Produktions- und Arbeitszeit[7]) dem Arbeitsprozeß unterworfen bleibt, bevor sie in den eigentlichen Zirkulationsprozeß eintreten kann. Den letztren case macht Ricardo so aus:

„Angenommen, ich beschäftige zwanzig Leute für ein Jahr mit einem Aufwand von 1000 *l.* für die Produktion einer Ware. Am Ende des Jahres beschäftige ich wiederum zwanzig Leute für ein weiteres Jahr mit einem abermaligen Aufwand von 1000 *l.*, um dieselbe Ware zu vollenden oder zu verbessern. Nach Ablauf zweier Jahre bringe ich die Ware auf den Markt. Wenn der *Profit 10 Prozent sein soll*, so muß meine Ware für 2310 *l.* verkauft werden, da ich 1000 *l.* Kapital während eines Jahres und 2100 *l.* Kapital während eines weiteren Jahres aufgewendet habe. Ein anderer wendet genau dieselbe Menge Arbeit an, aber er wendet sie insgesamt im ersten Jahr an. Er beschäftigt vierzig Mann mit einem Aufwand von 2000 *l.*, und am Ende des ersten Jahres verkauft er mit 10 Prozent Profit, d.h. für 2200 *l.* Hier haben wir also zwei Waren vor uns, *für die eine genau gleiche Menge Arbeit verwendet wurde,* wovon eine für 2310 *l.* und die andere für 2200 *l.* verkauft wird." (p.34.)

||531| Aber wie bringt nun diese difference – sei es im degree of durability of fixed capital, or the time of revolution of circulating capital, or a variety in the proportions in which the two sorts of capital may be combined[1] oder endlich the different time, in which commodities, upon which the same quantity of labour is bestowed[2] – eine Variation hervor in den *relative values* of these commodities[3]? Ricardo sagt d'abord[4], weil:

„*dieser Unterschied* ... und die *Vielfältigkeit der Größenverhältnisse* etc. neben der zur Produktion von Waren notwendigen größeren oder geringeren Menge Arbeit *eine weitere Ursache,* für die Veränderungen in deren relativen Wert *erzeugen, nämlich das Steigen oder Fallen des Wertes Arbeit.*" (p.25, 26.)

Und wie wird dies nachgewiesen?

„Ein Steigen des Arbeitslohnes wird dann unweigerlich unter so verschiedenen Bedingungen produzierte *Waren* auch ungleich treffen." (p.27),

nämlich, wo bei Anwendung von *gleich großen* Kapitalien in *different* trades[5] das eine Kapital hauptsächlich aus fixem Kapital besteht und nur zu geringem Teil aus Kapital „employed in the support of labour"[6], während es sich bei dem andren Kapital grade umgekehrt verhält. Zunächst ist es Blödsinn, von dem Affizieren der „commodities"[7] zu sprechen. Er meint ihre *values.* Aber inwiefern werden diese durch diese Umstände affiziert? Not at all.[8] Was affiziert wird, ist der Profit in beiden Fällen. Der Mann, der z.B. nur $^1/_5$ des Kapitals in variablem Kapital auslegt, kann – bei gleichem Arbeitslohn und gleicher Rate der Surplusarbeit – nur, wenn die Rate des Mehrwerts = 20 p.c., auf 100 produzieren [einen Mehrwert von] 4; dagegen der andre, der $^4/_5$ in variablem Kapital auslegte, würde an Mehrwert produzieren 16. Dann in dem ersten Fall das in Arbeitslohn ausgelegte Kapital = $^{100}/_5$ = 20, und $^1/_5$ von 20 oder 20 p.c. = 4. Und im zweiten Fall das in Arbeitslohn ausgelegte Kapital = $^4/_5 \times 100$ = 80. Und $^1/_5$ von 80 oder [20] p.c. = 16. Im ersten Falle wäre der Profit = 4 und im zweiten = 16.

[1] Lebensdauer des fixen Kapitals oder in der Umlaufszeit des zirkulierenden Kapitals oder ein Wechsel in den Verhältnissen, in denen die beiden Kapitalarten kombiniert sein mögen – [2] die unterschiedliche Zeit, worin Waren, auf die die gleiche Menge von Arbeit verwendet wurde – [3] *relativen Werten* dieser Waren – [4] zunächst – [5] *verschiedenen* Gewerbezweigen – [6] „angewendet zur Unterhaltung der Arbeit" – [7] „Waren" – [8] Überhaupt nicht.

Der Durchschnittsprofit für beide wäre $\frac{16+4}{2}$ oder $\frac{20}{2} = 10$ p.c. Dies ist eigentlich der case, von dem Ricardo spricht. Verkauften also – und dies *unterstellt* Ricardo – beide zu Kostenpreisen, so würde jeder seine Ware zu 110 verkaufen. Setze nun, der Arbeitslohn stiege z.B. um 20 p.c. seines frühren Betrags. Früher kostete ein Mann 1 *l.*; jetzt 1 *l.* 4 sh. oder 24 sh. Der erste hat nach wie vor 80 *l.* in konstantem Kapital auszulegen (da Ric[ardo] von dem Material hier abstrahiert, können wir es auch) und für die 20 Arbeiter, die er anwendet, außer den 20 *l.* noch 80 sh., d.h. 4 *l.* mehr auszugeben. Also sein Kapital jetzt 104 *l.* Und es blieben ihm von den 110 *l.*, da die Arbeiter statt eines größren einen geringren Mehrwert lieferten, nur 6 *l.* Profit. 6 *l.* auf 104 gibt $5^{10}/_{13}$ p.c. Dagegen der andere Mann, der 80 Arbeiter anwendet, hätte 320 sh. mehr zu zahlen also 16 *l.* mehr. Er hätte also auszulegen 116 *l.* Sollte er also zu 110 *l.* verkaufen, so würde er statt eines Gewinns einen Verlust von 6 *l.* haben. Aber dieser case kommt nur herein, weil der Durchschnittsprofit das Verhältnis zwischen der von ihm ausgelegten Arbeit und dem von ihm selbst produzierten Mehrwert bereits modifiziert hat.

Statt also das wichtige Phänomen zu untersuchen, welche variations vorgehn müssen, damit der eine, der von 100 *l.* 80 in Arbeitslohn auslegt, keinen 4mal größren Profit macht als der andre, der von 100 *l.* nur 20 in Arbeitslohn auslegt, untersucht Ricardo die Nebenfrage, wie es kommt, daß, nachdem diese große Differenz ausgeglichen – also bei gegebner Profitrate any alteration of that rate of profit[1] durch Steigen of wages f.i.[2] den, der viele Arbeiter mit 100 *l.* anwendet, viel mehr alterieren würde als den, der wenige Arbeiter mit 100 *l.* anwendet und daher – bei gleicher Profitrate – die Warenpreise des einen steigen und die des andren fallen müssen, damit die Profitrate ferner gleichbleibe oder die *Kostenpreise.*

Die erste Illustration, die Ricardo gibt, hat absolut nichts zu tun mit *„any rise in the value of labour“*[3], obgleich er uns ursprünglich angekündigt hat, daß aus diesem cause[4] die ganze Variation in „the relative values“[5] entspringen soll. Diese Illustration ist folgende:

„Angenommen, von zwei Personen beschäftigt jede einhundert Leute ein Jahr lang beim Bau von zwei Maschinen, und ein anderer beschäftigt dieselbe Zahl beim Anbau von Getreide, dann wird am Jahresende jede der Maschinen denselben Wert wie das Getreide haben, denn sie sind alle mit der gleichen Quantität Arbeit produziert worden.

[1] jede Änderung dieser Profitrate – [2] der Löhne z. B. – [3] *„irgendeiner Steigerung im Wert der Arbeit“* – [4] Grund – [5] „den relativen Werten“

Angenommen, der Eigentümer der einen Maschine verwendet sie im folgenden Jahr mit Hilfe von hundert Leuten zur Fabrikation von Tuch, und der Eigentümer der zweiten Maschine benutzt die seine auch, um mit Hilfe von hundert Mann Baumwollwaren zu fabrizieren, während der Farmer wie vordem weiterhin hundert Mann beim Anbau von Getreide beschäftigt. Während des zweiten Jahres werden alle dieselbe Menge Arbeit beschäftigen"

{d. h. dasselbe Kapital in Arbeitslohn auslegen, aber keineswegs employ *the same quantity of labour*[1]},

„aber die Waren und die Maschinen ||532| des Tuchfabrikanten werden zusammen ebenso wie die des Fabrikanten von Baumwollwaren das Resultat der Arbeit eines Jahres von zweihundert Leuten, oder genauer, der Arbeit von hundert Leuten während zweier Jahre sein; hingegen ist das Getreide durch die Arbeit von hundert Leuten in einem Jahre produziert worden. Wenn daher das Getreide einen Wert von 500 *l.* hat, dann sollten eigentlich die Maschine und das Tuch des Tuchfabrikanten zusammen einen Wert von 1000 *l.* und die Maschine und das Baumwollzeug des Fabrikanten der Baumwollwaren *ebenfalls den doppelten Wert des Getreides haben.* Aber *sie werden mehr als den doppelten Wert des Getreides haben*, weil *der Profit des ersten Jahres aus dem Kapital des Tuchfabrikanten und des Baumwollindustriellen den Kapitalen der beiden zugeschlagen wurde*, während der des Farmers verausgabt und verzehrt wurde. Die Waren werden also nach *der verschiedenen Lebensdauer ihres Kapitals* bewertet, oder, was dasselbe ist, *nach der Zeit, die verstreichen muß*, bis ein Posten auf den Markt gebracht werden kann, jedoch nicht genau *proportional zu der auf sie verwendeten Menge Arbeit.* Es wird sich nicht ein Verhältnis von zwei zu eins, sondern ein etwas höheres ergeben, *als Entschädigung für den größeren Zeitraum, der verstreichen muß, bevor die wertvollsten Waren auf den Markt gebracht werden können.* Angenommen, daß für die Arbeit jedes Arbeiters jährlich 50 *l.* bezahlt werden oder daß ein Kapital von 5000 *l.* verwendet wird und daß der *Profit 10 Prozent ausmacht*, dann wird am Ende des ersten Jahres sowohl der Wert jeder der beiden Maschinen als auch der des Getreides 5500 *l.* sein. Im zweiten Jahr werden die Fabrikanten und die Farmer wiederum jeder 5000 *l.* für den Unterhalt der Arbeiter verwenden und werden daher ihre Waren abermals für 5500 *l.* verkaufen. Doch müssen die Fabrikanten, um *mit dem Landwirt gleichzustehen*, für das gleiche für Arbeit aufgewendete Kapital von 5000 *l.* nicht nur 5500 *l.* erhalten, sondern eine weitere *Summe von 550 l. als Profit auf die 5500 l., die sie in Maschinen investiert haben*, und ihre Waren müssen *daher*" (weil nämlich *gleiche jährliche Profitrate von 10 p.c.* als Notwendigkeit und Gesetz *vorausgesetzt* ist) *„für 6050 l. verkauft werden."*

{Also infolge des Durchschnittsprofits – der von Ric[ardo] *vorausgesetzten allgemeinen Profitrate* – entstehn von den Werten der Ware *unterschiedne Durchschnittspreise* oder *Kostenpreise.*}

[1] *die gleiche Menge Arbeit* anwenden

„Hier haben wir also Kapitalisten vor uns, die genau die *gleiche Menge Arbeit jährlich* für die Produktion ihrer Waren verwenden, *deren produzierte Waren* jedoch *wegen der verschiedenen Quantitäten fixen Kapitals* oder aufgehäufter Arbeit, die von jedem von ihnen verwendet wurden, in ihrem Werte *differieren.*"

{Not on account of that, but on account of both those ragamuffings having the fixed idea that both of them must draw the same spoil from „the support they have given to labour"; or that, whatever the respective *values* of their commodities, those commodities must be sold at *average prices*, giving each of them the same rate of profit.[1]}

„Tuch und Baumwollwaren haben den gleichen Wert, weil sie das Produkt gleicher Arbeitsquanten und gleicher Mengen fixen Kapitals sind; Getreide aber ist nicht von *gleichem Wert*" {soll heißen costprice[2]} „wie diese Waren, *weil es, was das fixe Kapital anbetrifft, unter anderen Bedingungen produziert wurde.*" (p.29–31.)

Diese höchst clumsy illustration[3] für eine höchst einfache Sache ist so verwickelt gemacht, um nicht einfach zu sagen: Da gleich große Kapitalien, welches immer das Verhältnis ihrer organischen Teile oder ihre Zirkulationszeit sei, *gleich große Profite* abwerfen, was unmöglich, wenn die Waren zu *ihren Werten* verkauft werden etc., existieren von diesen Werten verschiedne *Kostenpreise* der Waren. Und zwar liegt dies im Begriff einer *allgemeinen Profitrate.*

Gehn wir das komplizierte Beispiel durch und reduzieren es auf seine sehr wenig „komplizierten" genuine dimensions[4]. Und fangen wir zu diesem Behuf von hinten an und bemerken voraus, simultaneously for a clearer understanding, that Ricardo „supposes"[5], daß dem farmer und dem Cottonkerl Rohmaterial nichts kostet, daß ferner der farmer kein Kapital auslegt in Arbeitswerkzeugen, daß endlich kein Teil des vom Cottonhund ausgelegten capital fixe als déchet[6] in sein Produkt eingeht. Alle diese Voraussetzungen sind zwar abgeschmackt, schaden aber an und für sich der Illustration nichts.

Alles dies vorausgesetzt, ist das Beispiel Ric[ardos], von hinten angefangen, dies: Der farmer legt 5000 *l.* in Arbeitslohn aus; die Cottonkanaille 5000 *l.* in Arbeitslohn und 5500 in Maschinerie. Also der erste legt 5000 *l.*

---

[1] Nicht deswegen, sondern weil diese beiden Lumpenkerle die fixe Idee haben, daß jeder von ihnen die gleiche Beute herausschlagen müsse aus „der Unterstützung, die sie der Arbeit zuteil werden ließen", oder daß, was auch immer die respektiven *Werte* ihrer Waren sein mögen, diese Waren zu *Durchschnittspreisen* verkauft werden müssen, die jedem von ihnen die gleiche Profitrate einbringen. – [2] Kostenpreis – [3] schwerfällige Illustration – [4] wirklichen Dimensionen – [5] zugleich zu einem besseren Verständnis, daß Ricardo „annimmt" – [6] Verschleiß

und der zweite 10500 [aus], der zweite also ||533| noch einmal soviel wie der erste. Sollen beide also 10 p.c. Profit machen, so muß der farmer seine Ware zu 5500 und der Cottonkerl seine zu 6050 *l.* verkaufen (da angenommen, daß von den 5500 in Maschinerie kein part[1] als déchet Wertbestandteil des Produkts bildet). Es ist absolut nicht abzusehn, was Ricardo hiermit sich klargemacht hat, als daß die Kostenpreise der Ware, soweit sie bestimmt sind durch den Wert der in der Ware enthaltnen avances[2] + demselben Profit p.c. jährlich, *verschieden* sind von den Werten der Waren, und daß dieser Unterschied entspringt daraus, daß die Waren zu solchen Preisen verkauft werden, daß sie dieselbe *Profitrate* auf das vorgeschoßne Kapital abwerfen; kurz, daß dieser Unterschied zwischen *cost-prices* und *values* identisch ist mit einer *allgemeinen Profitrate.* Selbst der Unterschied von capital fixe und capital circulant[3], den er hier hineinbringt, ist in diesem Beispiel reine Flause. Denn wenn z.B. die 5500 *l.*, die der Cottonspinner mehr anwendet, in Rohmaterialien bestünden, während der Pächter keinen Samen etc. brauchte, so käme ganz dasselbe Resultat heraus. Das Beispiel zeigt auch nicht, wie Ricardo sagt, that[4]

„deren produzierte Waren" (the cotton-manufacturer and the farmer[5]) *„jedoch wegen der verschiedenen Quantitäten fixen Kapitals* oder aufgehäufter Arbeit, die von jedem von ihnen verwendet wurden, in ihrem Werte differieren." (p.31.)

Denn nach seiner Voraussetzung wendet der cotton-manufacturer für 5500 *l.* fixed capital an und der Farmer für 0; der eine wendet es an, der andre wendet es nicht an. Sie wenden es also keineswegs „in different quantities"[6] an, sowenig wie man sagen kann, daß einer, der Fleisch verzehrt und einer, der keins verzehrt, Fleisch „in different quantities" verzehren. Dagegen ist richtig, daß sie, was sehr falsch durch ein „or"[7] erschlichen ist, „accumulated labour", d.h. vergegenständlichte Arbeit, „in different quantities" anwenden, nämlich der eine für 10500 *l.* und der andre nur für 5000. Daß sie aber „different quantities of accumulated labour"[8] anwenden, heißt nichts als daß sie „different quantities of capital"[9] auslegen in ihren respective trades[10], daß im Verhältnis zu diesem Größenunterschied ihrer angewandten Kapitalien die Masse des Profits steht, weil *dieselbe Profitrate* unterstellt ist, und daß endlich dieser Unterschied in der der Größe der Kapitalien proportionierten Profitmasse sich in den respektiven

[1] Teil – [2] Vorschüsse – [3] fixem Kapital und zirkulierendem Kapital – [4] daß – [5] der Baumwollmanufakturisten und der Pächter – [6] „in verschiedenen Mengen" – [7] „oder" – [8] „verschiedene Mengen aufgehäufter Arbeit" – [9] „verschiedene Mengen von Kapital" – [10] respektiven Gewerbezweige

cost-prices der Waren ausdrückt, darstellt. Aber woher die clumsiness[1] in Ric[ardo]s Illustration?

„Hier haben wir also zwei Kapitalisten vor uns, die genau die *gleiche Menge Arbeit jährlich* für die Produktion ihrer Waren verwenden, deren produzierte Waren jedoch in ihrem Werte differieren." (p.30, 31.)

D.h., sie wenden nicht die same quantity of labour – immediated and accumulated labour, taken together[2] – an, aber sie wenden dasselbe Quantum variables, in Arbeitslohn ausgelegtes Kapital, dieselbe Quantität lebendiger Arbeit [an]. Und da Geld gegen accumulated labour, d.h. in der Form von Maschine etc. existierender Waren sich nur nach dem Gesetz der Waren austauscht, da der *Mehrwert* nur entsteht aus Aneignung ohne Zahlung eines Teils der angewandten lebendigen Arbeit, so ist es klar (da nach der Voraussetzung kein Teil der Maschinerie als déchet in die Ware eingeht), daß beide nur denselben Profit machen können, wenn Profit und Mehrwert identisch. Der cotton-manufacturer müßte seine Ware zu 5500 *l.* verkaufen wie der farmer, obgleich er mehr als doppelt so großes Kapital auslegt. Und ginge selbst die ganze Maschinerie in die Ware ein, so könnte er seine Ware nur verkaufen zu 11000 *l.*, d.h. er würde keine 5 p.c. Profit machen, während der farmer 10 macht. Aber mit diesen *ungleichen* Profiten hätten farmer und manufacturer die Waren zu ihren *Werten* verkauft, vorausgesetzt, daß die 10 p.c., die der farmer macht, wirkliche, in seiner Ware enthaltne, unbezahlte Arbeit darstellen. Verkaufen sie ihre Waren also zu gleichem Profit, so eins von beiden nötig: Entweder schlägt der manufacturer willkürlich 5 p.c. auf seine Waren, und dann sind die Waren des manufacturer und farmers zusammengenommen *über* ihrem Wert verkauft. Oder der wirkliche Mehrwert, den der farmer macht, ist etwa 15 p.c. Und beide schlagen den Durchschnitt von 10 p.c. auf ihre Ware. In diesem Fall, obgleich der cost-price der resp. Waren jedesmal über oder unter ihrem Wert steht, ist die *Summe* der Waren zu *ihrem Wert verkauft* und die Ausgleichung der Profite selbst durch die Summe des in ihnen enthaltnen Mehrwerts bestimmt. Hier, in dem obigen Satz Ricardos, wenn er richtig modifiziert wird, liegt das Richtige, – daß das Verhältnis von variablem Kapital und konstantem, bei gleicher Größe des ausgelegten Kapitals, Waren von ungleich großen Werten und daher von verschiednem Profit erzeugen muß, daß die Ausgleichung dieser Profite daher von den Werten der Waren *verschiedne Kostenpreise* erzeugen muß.

[1] Schwerfälligkeit – [2] gleiche Menge von Arbeit – unmittelbare und aufgehäufte Arbeit zusammengenommen

„Hier haben wir also Kapitalisten vor uns, die genau die gleiche Menge" (immediate, living[1]) „Arbeit jährlich für die Produktion ihrer Waren verwenden, deren produzierte Waren jedoch wegen der verschiedenen Quantitäten fixen Kapitals oder aufgehäufter Arbeit, die von jedem von ihnen verwendet wurden, in ihrem Werte differieren" (i.e. have cost-prices different from their values[2]). [p.30, 31.]

Indes kommt diese Ahnung bei Ric[ardo] nicht zum Durchbruch. Sie erklärt bloß das Hin- und Herwinden und die offenbare Falschheit der Illustration, die nichts mit „different quantities *of fixed capital* employed"[3] bisher zu tun hatte.

Gehn wir nun weiter zurück in der Analyse. Der manufacturer baut im ersten Jahr eine Maschine mit 100 Mann, der farmer unterdessen produziert Korn ditto mit 100 Mann. Im zweiten Jahr nimmt der manufacturer die Maschine und macht damit cotton, wofür er wieder 100 men anwendet. Der farmer dagegen wendet wieder 100 Mann auf den Kornbau an. Gesetzt, sagt Ricardo, der Wert des Korns sei jährlich 500 *l.* Unterstellen wir, die unbezahlte Arbeit darin sei = 25 p.c. [der bezahlten], also auf 400 = 100. So wäre die Maschine ditto am Ende des ersten Jahrs wert 500 *l.*, wovon 400 *l.* = bezahlter Arbeit und 100 *l.* der Wert der unbezahlten Arbeit. Wir wollen ||534| annehmen, am Ende des zweiten Jahrs sei die ganze Maschine aufgearbeitet, in den Wert der cottons eingegangen. In der Tat nimmt Ricardo dies an, indem er am Ende des zweiten Jahrs nicht nur die value of the cotton goods, but the „value of the cotton goods and the machine"[4] vergleicht mit „the value of the corn"[5].

Well. Die value der cottons muß dann am Ende des zweiten Jahres gleich sein 1000 *l.*, nämlich 500 der Wert der Maschine und 500 der Wert der neuzugesetzten Arbeit. Die value des corn dagegen 500, nämlich der Wert der 400 Arbeitslohn und 100 unbezahlte Arbeit. Bis hierher ist in diesem case noch nichts enthalten, was dem *Gesetz der Werte widerspricht*. Der cottonmanufacturer macht 25 p.c. Profit, ganz wie der corn-manufacturer; aber die Ware des erstren = 1000 und die des zweiten = 500, weil in der Ware des ersten die Arbeit von 200 Mann und in der des zweiten jedes Jahr nur die von 100 steckt, und ferner die 100 Profit (Mehrwert), die der cotton-manufacturer auf die Maschine im ersten Jahr gemacht hat – indem er $^1/_5$[6] Arbeitszeit der sie bauenden Arbeiter in sie absorbierte, ohne sie zu

[1] unmittelbarer, lebendiger – [2] d. h. haben Kostenpreise, die verschieden sind von ihren Werten – [3] „verschiedenen Mengen angewandten *fixen Kapitals*" – [4] Wert der Baumwollwaren, sondern „den Wert der Baumwollwaren und der Maschine" – [5] „dem Wert des Getreides" – [6] in der Handschrift: $^1/_4$

zahlen –, werden ihm erst im zweiten Jahr realisiert, da er jetzt erst in dem Wert der cottons zugleich den Wert der Maschine realisiert. Aber jetzt tritt der Witz ein. Der cotton-manufacturer verkauft zu mehr als 1000 *l.*, also zu einem höhren Wert wie seine Ware enthält, während der farmer zu 500, also zum Wert des Korns nach der Voraussetzung verkauft. Hätten also bloß diese beiden Personen auszutauschen, der manufacturer Korn vom farmer und der farmer cotton vom manufacturer, so wäre es dasselbe, als ob der farmer die Ware *unter* ihrem Wert verkaufte, weniger als 25 p.c. machte und der manufacturer die cottons *über* ihrem Wert verkaufte. Lassen wir die 2 Kapitalisten (clothman[1] und cotton-man[2]), die Ric[ardo] hier noch zum Überfluß hereinbringt, fort, und modifizieren wir seinen Satz dahin, daß nur von dem cotton-man die Rede. Für die Illustration, soweit sie bis jetzt geht, der double emploi[3] ganz nutzlos. Also:

„Aber sie" (the cottons) „*werden mehr als den doppelten Wert des Getreides haben*, weil der *Profit des ersten Jahres* aus dem *Kapital* ... *des Baumwollindustriellen* seinem Kapital zugeschlagen wurde, während der des Farmers verausgabt und verzehrt wurde."

(Diese letztre bürgerlich beschönigende Phrase hier theoretisch ganz sinnlos. Moralische Betrachtungen haben nichts mit der Sache zu tun.)

„*Die Waren werden also nach der verschiedenen Lebensdauer ihres Kapitals bewertet*, *oder*, was dasselbe ist, nach *der Zeit, die verstreichen muß, bis ein Posten auf den Markt gebracht werden kann*, jedoch nicht genau proportional zu der auf sie verwendeten Menge Arbeit. Es wird sich nicht ein Verhältnis von zwei zu eins, sondern ein etwas höheres ergeben, *als Entschädigung für den größeren Zeitraum, der verstreichen muß, bevor die wertvollsten Waren auf den Markt gebracht werden können.*" (p.30.)

Verkaufte der manufacturer die Ware zu ihrem Wert, so würde er sie zu 1000 *l.* verkaufen, doppelt so teuer als das Korn, weil doppelt soviel Arbeit darin steckt, 500 *l.* accumulated labour in der Maschinerie (wovon er 100 *l.* nicht bezahlt hat) und 500 in der Cottonarbeit, wovon er wieder 100 nicht bezahlt hat. Aber er rechnet so: Das erste Jahr legte ich 400 aus, und durch Exploitation der Arbeiter schuf [ich] damit eine Maschine, die 500 *l.* wert ist. Ich machte also einen Profit von 25 p.c. Das zweite Jahr lege ich 900 *l.* aus, nämlich 500 in besagter Maschine und 400 wieder in Arbeit. Soll ich nun wieder 25 p.c. [machen], so muß ich die cottons zu 1125 verkaufen, also 125 *l.* *über* ihrem Wert. Denn diese 125 *l.* repräsentieren keine in den cottons enthaltne Arbeit, weder im ersten Jahr akkumulierte, noch im zweiten zugesetzte. Die Gesamtsumme Arbeit, die in ihnen steckt, nur

[1] Tuchmann – [2] Baumwollmann – [3] Doppelgebrauch

= 1000 *l.* Anderseits unterstelle, die beiden tauschen aus, oder die Hälfte der Kapitalisten befinde sich in der Lage des cotton-manufacturer, die andere Hälfte in der Lage des farmers. Wovon soll nun die erste Hälfte die 125 *l.* bezahlt erhalten. *Aus welchem Fonds? Offenbar doch nur von der zweiten Hälfte. Aber dann ist es klar,* daß diese zweite Hälfte keinen Profit von 25 p.c. macht. Die erste Hälfte würde also die zweite beschwindeln unter dem Vorwand einer *allgemeinen Profitrate,* während in fact[1] die Profitrate für den manufacturer 25 und für den farmer unter 25 p.c. stünde. Die Sache muß also anders zugehn.

Um die Illustration richtiger und anschaulicher zu machen, unterstelle, der farmer wende im zweiten Jahr 900 *l.* an. So hat er bei 25 p.c. Profit gemacht im *ersten Jahr* 100 *l.* von den 400, die er auslegt, im zweiten 225, zusammen 325 *l.* Dagegen der manufacturer im ersten Jahr 25 p.c. auf die 400 *l.*, aber im zweiten nur 100 auf 900 (da die 500 in Maschinerie keinen Mehrwert abwerfen, sondern nur die 400 in Arbeitslohn), [das heißt] nur $11^1/_9$ p.c. Oder laß den farmer wieder 400 auslegen, so hat er im ersten Jahr 25 p.c. gemacht wie im zweiten, zusammen 25 p.c. oder 200 *l.* auf 800 *l.* Auslage in 2 Jahren. Dagegen der manufacturer im ersten Jahr 25, im zweiten $11^1/_9$, 200 *l.* auf 1300 Auslage in 2 Jahren = $15^5/_{13}$. Der manufacturer würde also bei Ausgleichung $20^5/_{26}$ und ditto der farmer aufzuschlagen haben[44]. Oder dies wäre der Durchschnittsprofit. Dieses würde geben für die Ware des farmers unter 500 *l.* und für die Ware des manufacturer über 1000.

||535| Jedenfalls legt der manufacturer hier im ersten Jahr 400 *l.* aus, im zweiten 900, während der farmer jedesmal nur 400 *l.* auslegt. Hätte der manufacturer statt cottons ein Haus gebaut (wäre er Baumeister), so steckten am Ende des ersten Jahres 500 *l.* in dem unfertigen Haus, und er müßte 400 *l.* in Arbeit mehr verausgaben, um es zu vollenden. Der farmer, dessen Kapital im Jahr umschlug, kann von den 100 *l.* Profit einen Teil, z.B. 50, wieder kapitalisieren, von neuem in Arbeit auslegen, was der manufacturer im supposed case[2] nicht kann. Soll die Profitrate in beiden Fällen *dieselbe* sein, so muß die Ware des einen *über* und des andren *unter* ihrem Wert verkauft werden. Da die Konkurrenz die Werte zu Kostenpreisen auszugleichen sucht, findet dies statt.

Aber es ist falsch, was Ricardo sagt, daß hier a variation in the relative values[3] produziert wird „on account of the different degrees of durability of capitals" oder „on account of the time which must elapse before one set of

[1] tatsächlich – [2] angenommenen Fall – [3] eine Variation in den relativen Werten

commodities can be brought to market"[1]. Es ist vielmehr die Annahme einer *allgemeinen Profitrate*, welche trotz der verschiednen values, die durch den Zirkulationsprozeß bedingt sind, gleiche und von diesen nur durch die Arbeitszeit bestimmten values *verschiedne Kostenpreise* hervorbringt.

Die Illustration Ricardos zerfällt in zwei Beispiele. In dem letztern kommt die *durability* of capital[2] oder der Charakter des Kapitals als fixes gar nicht herein. Es handelt sich nur um Kapitale von verschiedner Größe, die aber dieselbe Masse Kapital in Arbeitslohn auslegen, dasselbe variable Kapital auslegen und wo die Profite dieselben sein sollen, obgleich die Mehrwerte und die Werte verschieden sein müssen.

In das erste Beispiel kommt die *durability* wieder nicht hinein. Es handelt sich um *längren Arbeitsprozeß* – längren Aufenthalt der Ware in der Produktionssphäre, bevor sie in Zirkulation treten kann, bis sie *fertig gemacht* ist. Hier wendet bei ihm auch der manufacturer im zweiten Jahr größres Kapital an als der farmer, obgleich er in beiden Jahren dasselbe variable Kapital anwendet. Der Farmer könnte aber infolge des kürzren Weilens seiner Ware im Arbeitsprozeß, ihrer frühren Verwandlung in Geld, größres variables Kapital im zweiten Jahr anwenden. Außerdem der Teil des Profits, der als Revenue konsumiert wird, ist für den farmer am Ende des ersten Jahrs konsumierbar, für den manufacturer erst am Ende des zweiten. Er muß also Extrakapital verausgaben für seinen Lebensunterhalt, sich diesen *vorschießen*. Es hängt hier übrigens ganz davon [ab], wieweit die in einem Jahr umschlagenden Kapitalien ihre Profite wieder kapitalisieren, also von der wirklichen Größe der erzeugten Profite, damit case II entschädigt werden kann, die Profite *ausgeglichen* werden können. Wo nichts ist, ist nichts auszugleichen. Hier produzieren die Kapitalien wieder Werte, also Mehrwerte, also Profite nicht im Verhältnis ihrer Größe. Soll dies der Fall sein, so müssen von den values verschiedne *cost-prices* existieren.

Ricardo gibt eine dritte Illustration, die aber wieder mit dem ersten Beispiel der ersten Illustration *exakt* zusammenfällt und kein neues Wort enthält.

„Angenommen, ich beschäftige zwanzig Leute für ein Jahr mit einem Aufwand von 1000 *l.* für die Produktion einer Ware. Am Ende des Jahres beschäftige ich wiederum zwanzig Leute für ein weiteres Jahr mit einem abermaligen Aufwand von 1000 *l.*, um dieselbe Ware zu vollenden oder zu verbessern. Nach Ablauf zweier Jahre bringe ich die Ware auf den Markt. Wenn der Profit 10 Prozent sein soll, so muß meine Ware für

[1] „infolge der verschiedenen Lebensdauer ihres Kapitals" oder „infolge der Zeit, die verstreichen muß, bis ein Posten auf den Markt gebracht werden kann" – [2] *Lebensdauer* des Kapitals

2310 *l.* verkauft werden, *da* ich 1000 *l.* Kapital während eines Jahres und 2100 *l.* Kapital während eines weiteren Jahres aufgewendet habe. Ein anderer wendet genau dieselbe Menge Arbeit an, aber er wendet sie insgesamt im ersten Jahr an. Er beschäftigt vierzig Mann mit einem Aufwand von 2000 *l.*, und am Ende des ersten Jahres verkauft er mit 10 Prozent *Profit*, d.h. für 2200 *l.* Hier haben wir also zwei Waren vor uns, für die eine genau gleiche Menge Arbeit verwendet wurde, wovon eine für 2310 *l.* und die andere für 2200 *l.* verkauft wird.

Dieser Fall *scheint* sich von dem zuletzt angeführten zu unterscheiden, *tatsächlich* ist er jedoch derselbe." (p.34, 35.)

Is not only the same „in fact", but „in appearance" too[1], nur daß in dem einen Fall die commodity „Maschine" heißt und hier „commodity" schlechthin. Im ersten Beispiel legte der manufacturer im ersten Jahr 400 und im zweiten 900 aus, diesmal im ersten 1000 und im zweiten 2100, der farmer im ersten Jahr 400 und im zweiten 400. Diesmal legt der zweite Mann im ersten Jahr 2000 aus und im zweiten gar nichts. Das ist der ganze Unterschied. Das fabula docet[2] bezieht sich aber in beiden Fällen darauf, daß der eine im zweiten Jahr das ganze Produkt des ersten (Mehrwert eingeschlossen) plus an additional sum[3] auslegt.

Die clumsiness dieser Beispiele zeigt, daß Ricardo mit einer Schwierigkeit ringt, die ihm selbst nicht klar wird und die er noch weniger überwindet. Die clumsiness besteht darin: Das erste Beispiel der ersten Illustration soll die *durability* of the capital hineinbringen; es tut nothing of the sort[4]; Ric[ardo] hatte sich das *unmöglich* gemacht, weil er keinen Teil des capital fixe als déchet in die Ware eingehen läßt, also grade das Moment ausläßt, worin die *eigentümliche Zirkulationsweise* des *capital fixe* erscheint. Was er demonstriert ist bloß, daß infolge der längren Zeitdauer des Arbeitsprozesses *größres* Kapital angewandt wird als da, wo der Arbeitsprozeß kürzer dauert. Das dritte Beispiel soll etwas hiervon Unterschiednes illustrieren, illustriert aber wirklich dasselbe. Das *zweite Beispiel* der ersten ||536| Illustration aber sollte zeigen, welche Unterschiede infolge verschiedner Proportionen von capital fixe hineinkommen. Statt dessen zeigt es nur den Unterschied zweier Kapitale von *ungleicher* Größe, obgleich beide denselben Kapitalteil in Arbeitslohn auslegen. Und dazu der manufacturer, der ohne Baumwolle und Garn und der Pächter, der ohne Samen und Instrument agiert! Die völlige Haltlosigkeit, ja Abgeschmacktheit dieser Illustration geht notwendig aus der innern Unklarheit hervor.

[1] Es ist derselbe nicht nur „tatsächlich", sondern auch „dem Anschein nach" – [2] Die Schlußfolgerung – [3] einer zusätzlichen Summe – [4] nichts Derartiges

[*b) Ricardos Verwechslung der Kostenpreise mit dem Wert und die hieraus entspringenden Widersprüche in seiner Werttheorie. Sein Unverständnis des Prozesses der Ausgleichung der Profitrate und der Verwandlung der Werte in Kostenpreise*]

Die Nutzanwendung aller dieser illustrations spricht er endlich aus:

„Die Wertdifferenz entspringt in beiden Fällen aus der Akkumulation des *Profits* zu Kapital und ist daher nur eine *gerechte Entschädigung*" (als ob es sich hier um justice[1] handle) „*für die Zeit, während welcher der Profit einbehalten wurde.*" (p. 35.)

Was heißt das andres, als in *einer bestimmten Zirkulationszeit, z.B. einem Jahr*, muß ein Kapital 10 p.c. abwerfen, welches immer seine spezifische Zirkulationszeit sei und ganz unabhängig von den *verschiednen Mehrwerten*, die in different trades[2], abgesehn von dem Zirkulationsprozeß, *Kapitalien von gleicher Größe* produzieren müssen, je nach Verhältnis ihrer organischen Bestandteile.

Was Ricardo schließen mußte, war das:

[*Erstens:*] Kapitalien von gleicher Größe produzieren Waren von ungleichen *Werten* und werfen daher *ungleiche Mehrwerte* oder *Profite* ab, weil der Wert durch die Arbeitszeit bestimmt ist und die Masse Arbeitszeit, die ein Kapital realisiert, nicht von seiner absoluten Größe abhängt, sondern von der Größe des variablen Kapitals, des in Arbeitslohn ausgelegten Kapitals. *Zweitens:* Gesetzt selbst, daß gleich große Kapitalien *gleiche Werte* produzieren (obgleich die Ungleichheit in der Produktionssphäre meist mit der in der Zirkulationssphäre zusammenfällt), so ist je nach ihrem *Zirkulationsprozeß* der *Zeitraum* verschieden, worin sie *gleiche Quanta unbezahlter Arbeit aneignen* und *in Geld verwandeln können.* Dies gibt also eine *zweite* Differenz in den Werten, Mehrwerten und Profiten, die Kapitalien von *gleicher Größe* in different trades abwerfen müssen in einem bestimmten *Zeitraum.*

Sollen daher die *Profite* gleich sein, als percentage auf Kapital während eines Jahres z.B., so daß also Kapitalien von gleicher Größe in gleichen Zeiträumen gleiche Profite abwerfen, so müssen die *Preise* der Waren von ihren *Werten* verschieden sein. Diese *Kostenpreise* aller Waren zusammen, ihre Summe wird *gleich ihrem Wert sein.* Ebenso wird der Gesamtprofit gleich dem Gesamtmehrwert sein, den diese Kapitalien zusammen während eines Jahres z.B. abwerfen. Der *Durchschnittsprofit*, also auch die Kosten-

[1] Gerechtigkeit – [2] verschiedenen Gewerbezweigen

preise, wäre bloß imaginär und haltlos, nähmen wir nicht die Wertbestimmung als Grundlage. Die Ausgleichung der Mehrwerte in different trades ändert nichts an der absoluten Größe dieses Gesamtmehrwerts, sondern ändert nur seine *Verteilung* in den different trades. Die *Bestimmung dieses Mehrwerts* selbst aber geht nur aus der Bestimmung des Werts durch Arbeitszeit hervor. Ohne diese ist der Durchschnittsprofit Durchschnitt *von nichts*, bloße fancy[1]. Und er könnte dann ebensowohl 1000 wie 10 p.c. sein.

Alle Illustrationen Ric[ardo]s dienen ihm nur dazu, die *Voraussetzung einer allgemeinen Profitrate* einzuschmuggeln. Und dies geschieht im ersten Kapitel „On value", während angeblich erst im 5. Kapitel wages[2] und im 6. Profite entwickelt werden. Wie aus der bloßen Bestimmung des „*Werts*" der Waren ihr Mehrwert, der Profit und nun gar eine *allgemeine Profitrate* hervorgehn, bleibt Ricardo in Dunkel gehüllt. Das einzige, was er in obigen Illustrationen in fact nachweist, ist, daß die *Preise* der Waren, soweit sie durch allgemeine Profitrate bestimmt sind, durchaus verschieden sind von den *Werten* der Waren. Und auf diesen Unterschied kömmt er, indem er die *Profitrate* unterstellt als law[3]. Man sieht, wenn man ihm zu große Abstraktion vorwirft, wäre der umgekehrte Vorwurf der berechtigte; Mangel an Abstraktionskraft, Unfähigkeit, bei den Werten der Waren die Profite zu vergessen, ein aus der Konkurrenz ihm gegenübertretendes fact.

Weil Ric[ardo] zugibt, statt die Differenz der Kostenpreise von den Werten aus der Wertbestimmung selbst zu entwickeln, daß von der Arbeitszeit unabhängige Einflüsse die „Werte" selbst bestimmen – hier wäre es für ihn am Ort gewesen, den Begriff der „absolute" or „real value" or „value"[4] schlechthin festzuhalten – und ihr Gesetz stellenweis aufheben, fußten hierauf seine Gegner wie Malthus, um seine ganze ||537| Theorie der Werte anzugreifen, indem Malthus mit Recht bemerkt, daß die Differenzen zwischen den organischen Bestandteilen des Kapitals und die Umschlagszeiten der Kapitalien in verschiednen trades sich gleichmäßig mit dem Fortschritt der Produktion entwickeln, so daß man zum A. Smithschen Standpunkt käme, daß die Bestimmung des Werts durch die Arbeitszeit nicht mehr passe für „zivilisierte" Zeiten. (Sieh auch Torrens.) Anderseits haben [sich] seine Schüler, um diese Phänomene dem Grundprinzip adäquat zu machen (sieh [James] Mill und den elenden Peter McCulloch)[45] zu den elendsten scholastischen Erfindungen geflüchtet.

[1] Hirngespinst – [2] Arbeitslöhne – [3] Gesetz – [4] des „absoluten" oder „realen Werts" oder „Werts"

Ohne bei diesem *aus seinen eignen Illustrationen folgenden Resultat zu verweilen* – daß, *ganz abgesehn* vom Steigen oder Fallen des Arbeitslohns, bei Voraussetzung konstanten Arbeitslohns, die Kostenpreise der Waren von ihren Werten verschieden sein müssen, wenn Kostenpreise bestimmt sind durch dasselbe percentage of profit –, kommt Ric[ardo] in dieser Sektion auf die Influenz, die Steigen oder Fallen des Arbeitslohns ausübt auf die *Kostenpreise*, zu denen bereits die Werte ausgeglichen sind.

Der Witz an und für sich ist außerordentlich einfach.

Der farmer legt 5000 *l.* zu 10 p.c. aus; seine Ware = 5500 *l.* Fällt der Profit um 1 p.c., von 10 auf 9, weil der Arbeitslohn gestiegen, das Steigen des Arbeitslohnes diese Reduktion bewirkt hat, so verkauft er nach wie vor (da unterstellt ist, daß er sein ganzes Kapital in Arbeitslohn ausgelegt) zu 5500. Aber von diesen 5500 gehörten ihm nicht mehr 500, sondern nur $454^{14}/_{109}$. Das Kapital des manufacturer besteht aus 5500 *l.* für Maschinerie und 5000 *l.* für labour. Die letztren 5000 stellen sich nach wie vor in 5500 dar, nur daß er jetzt nicht 5000 auslegt, sondern $5045^{95}/_{109}$ und hierauf nur Profit macht von $454^{10}/_{109}$ wie der farmer. Dagegen auf das capital fixe von 5500 kann er nicht mehr 10 p.c. oder 550 rechnen, sondern nur 9 p.c. oder 495. Er wird also seine Ware verkaufen statt zu 6050 zu 5995 *l.*, und so ist infolge des Steigens des Arbeitslohns der Geldpreis der Ware des farmers derselbe geblieben, der des manufacturer aber gefallen, so der Wert der Ware des farmers compared[1] mit dem des manufacturer gestiegen. Der ganze Witz kommt darauf hinaus, daß, wenn der manufacturer seine Ware zum selben Wert verkaufte wie früher, er einen höhern als den Durchschnittsprofit machen würde, weil nur der in Arbeitslohn ausgelegte Teil des Kapitals direkt von dem Steigen des Arbeitslohns berührt wird. Es sind bei dieser Illustration bereits durch 10 p.c. Durchschnittsprofit regulierte und von den *Werten der Waren unterschiedne* Kostenpreise *unterstellt.* Die Frage ist, wie auf diese Steigen oder Fallen des Profits wirkt, je nach dem verschiednen Verhältnis, was fixes und zirkulierendes Kapital in ihm bildet. Mit der wesentlichen Frage, der *Verwandlung der Werte in Kostenpreise*, hat diese Illustration (bei Ric[ardo] p.31, 32) nichts zu schaffen. Sie ist nett, weil Ric[ardo] überhaupt hier zeigt, daß Erhöhung des Lohns, die bei gleicher Komposition der Kapitalien nur Erniedrigung des Profits ohne Affektion der Warenwerte – gegen die vulgäre Ansicht – hervorbringen würde, bei ungleicher Komposition derselben nur *Fall* im Preis einiger Waren, statt, wie die Vulgäransicht glaubt, Steigen im *Preis aller Waren*

[1] verglichen

hervorbringt. Hier Fall der Warenpreise infolge eines Falls in der Profitrate oder, was dasselbe, Steigen des Arbeitslohns. Ein großer Teil des *Kostenpreises* der Ware im Fall des manufacturer bestimmt durch den Durchschnittsprofit, den er auf das capital fixe rechnet. Fällt oder steigt also diese Profitrate infolge des Steigens oder Fallens des Arbeitslohns, so wird der *Preis dieser* Waren entsprechend fallen (as to that part of the price resulting from the profit calculated upon the fixed capital[1]) oder steigen. Dasselbe gilt für „circulating capitals *returnable* at *distant* periods and vice versa"[2] (*McCulloch* [p.300]). Würden die Kapitalisten, die weniger variables Kapital anwenden, fortfahren, ihr fixes Kapital zu derselben Profitrate dem Preis der Ware anzukreiden, so würde ihre Profitrate steigen und in dem Verhältnis steigen, worin sie mehr capital fixe anwenden, gegen die, deren Kapital in größren Portionen von variablem Kapital besteht. Dies würde die Konkurrenz ausgleichen.

„Ricardo", sagt Peter Mac, „war der erste, der untersuchte, die Effekte der fluctuations im Arbeitslohn auf den Wert der Waren, wenn die in ihrer Produktion engagierten Kapitalien nicht von derselben Dauer sind." (p. 298, 299.) „Ricardo hat nicht nur gezeigt, daß es unmöglich ist, für ein Steigen der Löhne den Preis *aller* Waren zu heben, sondern daß in vielen Fällen ein *Steigen der Löhne* notwendig führt zu einem *Fallen der Preise* und ein *Fallen der Löhne* zu einem *Steigen der Preise.*" (p. 299, McCulloch, „The Principles of Political Economy", Edinburgh 1825.)

Ricardo beweist seine Geschichte dadurch, daß er erstens durch eine *allgemeine Profitrate regulierte Kostenpreise* unterstellt.

Zweitens: *„Der Wert der Arbeit kann nicht ohne ein Sinken des Profits steigen."* (p. 31.)

Also schon in ch. I. *„On Value"* die Gesetze unterstellt, die in ch. V und VI „On Wages" und „Profits" aus dem ch. *„On Value"* deduziert werden sollen. Nebenbei bemerkt ||538| schließt Ric[ardo] ganz falsch, daß, weil „there can be no rise in the value of labour without a fall of profits", there can be no rise of profits without a fall in the value of labour[3]. Das erste Gesetz bezieht sich auf den Mehrwert. Aber da Profit gleich Proportion von Mehrwert zum avancierten Gesamtkapital, kann bei gleicher value of labour der Profit risen, wenn der Wert des konstanten Kapitals fällt. Ric[ardo] verwechselt überhaupt Mehrwert und Profit. Daher falsche Gesetze über den Profit und die Profitrate.

---

[1] entsprechend dem Teil des Preises, der aus dem auf das fixe Kapital berechneten Profit entspringt – [2] „zirkulierende Kapitalien, die in *längeren* Perioden *zurückfließen* und umgekehrt" – [3] „der Wert der Arbeit nicht ohne ein Sinken des Profits steigen kann", es kein Steigen des Profits ohne ein Fallen im Wert der Arbeit geben kann

Das allgemeine fabula docet der letzten Illustration:

„Das Ausmaß der durch ein Steigen oder Fallen der Arbeit" (oder, was dasselbe, Steigen oder Fallen in der Profitrate) „verursachten Änderung im relativen Wert der Waren hängt somit vom Anteil des fixen Kapitals am gesamten angewandten Kapital ab. Alle Waren, die mit sehr wertvollen Maschinen oder in sehr wertvollen Gebäuden produziert werden oder die eine beträchtliche Zeit erfordern, bevor sie auf den Markt gebracht werden können, werden in ihrem relativen Werte sinken, während alle jene, die hauptsächlich mittels Arbeit produziert oder rasch auf den Markt gebracht werden, an relativem Wert gewinnen werden." (p.32.)

Ric[ardo] kommt wieder zu dem, was ihn in der Untersuchung eigentlich allein beschäftigt. Diese variations in den cost-prices of commodities[1] resulting from a rise or fall in wages[2] sind unbedeutend, verglichen mit denen, die in denselben cost-prices aus den variations in the values of commodities {Ric[ardo] is far from expressing this truth in these adequate terms}, der quantity of labour employed in their production[3] resultieren. Also kann man davon „abstrahieren" im großen und ganzen, und das Gesetz der values bleibt danach auch praktisch richtig. (Er hätte hinzufügen müssen, daß die cost-prices selbst ohne die values, as determined by the time of labour[4] unerklärlich bleiben.) Dies ist der echte Gang seiner Untersuchung. In der Tat ist es klar, daß trotz der Verwandlung der Werte der Waren in *Kostpreise*, letztre vorausgesetzt, ein *change*[5] in denselben {und diese Kostpreise sind zu unterscheiden von den *Marktpreisen;* sie sind die Durchschnittsmarktpreise der Waren in den different trades. *Marktpreis* selbst schließt schon soweit einen Durchschnitt ein, als *Waren derselben Sphäre* durch die Preise der Waren bestimmt sind, *die unter den mittleren, average*[6] *Produktionsbedingungen* dieser Sphäre produziert sind. Keineswegs unter den *schlechtesten Bedingungen*, wie Ric[ardo] annimmt bei der Rente, denn die Durchschnittsnachfrage hängt an einem bestimmten Preis, selbst beim Korn. Ein gewisses Quantum Zufuhr wird also nicht *über* diesem Preise verkauft. Sonst fiele die Nachfrage. Die unter (below) den mittlern, nicht *in* den mittlern Bedingungen Produzierenden müssen daher ihre Ware oft nicht nur unter ihrem Wert, sondern unter ihrem *Kostenpreis* verkaufen}, soweit er nicht aus einem permanenten Fall oder Steigen – a permanent alteration in the rate of profit[7], der nur im Laufe vieler Jahre

[1] In der Handschrift: values – [2] Veränderungen in den Kostenpreisen der Waren, die aus einem Steigen oder Fallen der Löhne herrühren – [3] Veränderungen in den Werten der Waren {Ric[ardo] ist weit entfernt davon, diese Wahrheit in diesen adäquaten Worten auszudrücken}, der zu ihrer Produktion angewandten Arbeitsmenge – [4] durch die Arbeitszeit bestimmten Werte – [5] *Wechsel* – [6] *durchschnittlich* – [7] eine permanente Änderung in der Profitrate

sich festsetzen kann – hervorgeht, einzig und allein einem *change* in ihren *values*, der zu ihrer Produktion nötigen Arbeitszeit geschuldet sein kann.

„Der Leser sollte sich jedoch bewußt sein, daß diese Ursache der Veränderungen der Waren" (soll heißen cost-prices oder, wie er *meint*, relative values of commodities[1]) „verhältnismäßig geringfügig in ihren Wirkungen ist... Anders verhält es sich mit der zweiten großen Ursache der Veränderung des Wertes der Waren, nämlich der Vermehrung oder Verminderung der zu ihrer Produktion erforderlichen Menge Arbeit... Eine Veränderung der ständigen Profitrate in größerem Ausmaße ist die Auswirkung von Ursachen, die sich nur im Laufe mehrerer Jahre durchsetzen, wohingegen Änderungen in den zur Produktion von Waren notwendigen Arbeitsquanta sich täglich ereignen. Jede Verbesserung der Maschinen, Werkzeuge und Baulichkeiten, sowie bei der Gewinnung von Rohstoffen spart Arbeit und ermöglicht uns die Produktion jener Ware, bei der die Verbesserung angewandt wird, mit mehr Leichtigkeit, was im Ergebnis ihren *Wert* ändert. Bei der Einschätzung der Ursachen der Änderung des Wertes von Waren wäre es falsch, die Wirkung, die durch ein Steigen oder Sinken von Arbeit verursacht wird, gänzlich zu vernachlässigen, aber es wäre ebenfalls unrichtig, ihr allzu große Bedeutung beizumessen." (p.32, 33.)

Er wird daher ganz davon absehn.

So außerordentlich konfus ist diese ganze sectio IV of ch. I *„On Value"*, daß, obgleich Ricardo beim Eingang ankündigt, er wolle den Einfluß *der variations betrachten, die Steigen oder Fallen des Arbeitslohns* infolge der differenten Zusammensetzung des Kapitals hervorbringe auf values, er in der Tat dies nur zwischendurch illustriert, er dagegen in fact den Hauptteil der Sektion IV mit Illustrationen füllt, die nachweisen, daß *ganz unabhängig* vom *Steigen oder Fallen* des Arbeitslohns – bei von ihm selbst *konstant* vorausgesetztem Arbeitslohn – die *Annahme* ||539| einer *allgemeinen Profitrate* von den values der Waren verschiedne cost-prices hervorbringen muß und zwar wieder unabhängig selbst von difference of fixed und circulating capital. Dies vergißt er wieder am Schluß der Sektion.

Er kündigt die Untersuchung in sect. IV an mit den Worten:

„Dieser Unterschied in der *Lebensdauer* des fixen Kapitals und die *Vielfältigkeit der Größenverhältnisse*, in welchen die beiden Formen des Kapitals kombiniert werden können, erzeugen neben der zur Produktion von Waren notwendigen größeren oder geringeren Menge Arbeit eine *weitere Ursache* für die Veränderungen in deren relativem Wert, nämlich das Steigen oder Fallen des Wertes Arbeit." (p.25, 26.)

In fact zeigt er d'abord durch seine illustrations, daß die *allgemeine Profitrate* erst der different combination der sorts of capital (nämlich variablen und konstanten etc.) diesen Einfluß gibt, die prices der commo-

[1] relative Werte der Waren

dities von ihren values zu differenzieren, daß sie also, nicht the value of labour[1], die konstant vorausgesetzt ist, the *cause* of those variations[2] ist. Dann – in zweiter Instanz erst – unterstellt er von den values infolge der allgemeinen Profitrate bereits differenzierte cost-prices und untersucht, wie variations in the value of labour auf diese wirken. Nr. 1, die Hauptsache, untersucht er nicht, vergißt er ganz und schließt die section, wie er sie eröffnet hat:

„Es ist in jedem Abschnitt gezeigt worden, daß ohne eine Änderung des Arbeitsquantums die *Erhöhung des Wertes* der Arbeit nur einen Fall im Tauschwerte jener Waren verursacht, zu deren Produktion *fixes Kapital* verwendet wird. Je größer die Menge des fixen Kapitals ist, desto größer wird der Fall sein." (p. 35.)

Und in der folgenden sect. V (ch. I) geht er denn auch in dieser line[3] fort, d.h. untersucht nur, wie die *cost-prices* der Waren durch *a variation in the value of labour, or wages* variiert werden können, wenn nicht die Proportion of fixed und circulating capitals verschieden ist für two equal capitals in two different occupations[4], sondern wenn there is *„unequal durability* of fixed capital" oder aber *„unequal rapidity in the return of the* capitals to their *owners*"[5]. Die richtige Ahnung, die noch in sectio IV liegt, über den *Unterschied zwischen cost-prices und values* infolge der allgemeinen Profitrate klingt hier nicht mehr durch. Es wird *nur eine sekundäre Frage über die Variation in den cost-prices selbst behandelt.* Diese sectio hat daher in der Tat kaum ein theoretisches Interesse außer durch die gelegentlich beigebrachten, aus dem Zirkulationsprozeß entspringenden Formverschiedenheiten der Kapitalien.

„In dem Maße, in dem fixes Kapital eine geringere Lebensdauer besitzt, wird es dem Charakter des zirkulierenden Kapitals ähnlicher. Es wird *in kürzerer Zeit* verbraucht und *wertmäßig reproduziert* werden, um das Kapital des Fabrikanten zu erhalten." (p. 36.)

Also auch die less durability[6] und der Unterschied zwischen fixed und circulating capital überhaupt auf den Unterschied in der *Reproduktionszeit* zurückgeführt. Dies ist allerdings entscheidend wichtige Bestimmung. Keineswegs die einzige. Das capital fixe geht ganz in den Arbeitsprozeß ein und nur sukzessiv und stückweise in den Verwertungsprozeß. Dies ein andrer Hauptunterschied in ihrer Zirkulationsform. Ferner: Das capital

[1] der Wert der Arbeit – [2] die *Ursache* dieser Veränderungen – [3] Linie – [4] zwei gleiche Kapitale in zwei verschiedenen Anwendungssphären – [5] es gibt *„ungleiche Lebensdauer* des fixen Kapitals" oder aber *„ungleiche Schnelligkeit,* mit der es zu seinem *Anwender zurückfließt*" – [6] geringere Lebensdauer

fixe geht – *muß es* – nur seinem *Tauschwert* nach in den Zirkulationsprozeß ein, während sein *Gebrauchswert* im Arbeitsprozeß aufgeht und ihn nie verläßt. Dies ein andrer wichtiger Unterschied in der *Zirkulationsform*. Beide Unterschiede in der Zirkulationsform betreffen auch die Zirkulationszeit; sind aber nicht mit den degrees[1] und differences derselben identisch.

Weniger durables[2] Kapital erheischt mehr *beständige Arbeit*,

„um seinen ursprünglichen Stand der Leistungsfähigkeit zu erhalten; aber die so verausgabte Arbeit kann betrachtet werden als ob sie in Wirklichkeit für die produzierte Ware verwendet worden ist, die dann einen dieser Arbeit entsprechenden Wert enthalten muß." (p.36, 37.) „Ist aber der Verschleiß der Maschine groß und entspricht die für ihre Instandhaltung notwendige Arbeitsmenge derjenigen von fünfzig Mann im Jahr, dann muß ich einen zusätzlichen Preis für meine Waren fordern, der gleich dem von irgendeinem anderen Fabrikanten erzielten ist, der fünfzig Mann für die Produktion anderer Waren beschäftigt, ohne überhaupt irgendwelche Maschinerie zu verwenden. Jedoch wird ein Steigen des Arbeitslohnes nicht in gleicher Weise solche Waren, die mit schnell verschleißender Maschinerie produziert werden und andere, die mit langsam verschleißender Maschinerie hergestellt werden, berühren. Bei der Produktion der einen Ware *wird fortlaufend eine große Quantität Arbeit auf sie übertragen*"

{aber er sieht nicht mit seiner general rate of profits im Kopf, daß damit auch relativ a great deal of surplus labour would be continually transferred to the commodity[3]},

„während bei der anderen sehr wenig übertragen wird".

{Hence very little surplus labour, hence much less value, if the commodities exchanged according to their values.[4]}

„Daher vermindert jede Erhöhung der Löhne oder, was dasselbe ist, ||540| jeder Fall des Profits den relativen Wert jener Waren, die mit einem Kapital von langer Lebensdauer produziert werden und erhöht entsprechend den relativen Wert der anderen, die mit rasch verschleißendem Kapital produziert werden. Ein Sinken der Löhne hätte die genau entgegengesetzte Wirkung." (p.37, 38.)

In anderen Worten: Der manufacturer, der fixed capital of less durability[5] anwendet, wendet verhältnismäßig weniger fixes und mehr in Arbeitslohn ausgelegtes Kapital an als der, der capital of greater durability employs[6]. Der Fall fällt also mit dem vorigen zusammen, wie variation of wages wirkt auf Kapitalien, von denen das eine mehr fixes Kapital relativ, proportionell anwendet als das andre. There is nothing new.[7]

[1] Graden – [2] dauerhaftes – [3] ein großer Teil der Surplusarbeit fortlaufend auf die Ware übertragen wird – [4] Daher sehr wenig Surplusarbeit, daher viel weniger Wert, wenn die Waren zu ihren Werten ausgetauscht werden. – [5] fixes Kapital von geringerer Lebensdauer – [6] Kapital von größerer Lebensdauer anwendet – [7] Daran ist nichts Neues.

Was Ric[ardo] sonst p.38–40 über *machinery* sagt, aufzuheben, bis wir an ch.XXXI *„On Machinery"* kommen[1].

Es ist merkwürdig, wie Ric[ardo] am Schluß fast mit dem *Wort* an das Richtige anstreift, um es fahrenzulassen und nach dem gleich anzuführenden Anstreifen wieder zu der ihn beherrschenden Idee von der Wirkung einer alteration in the value of labour auf cost-prices zurückkömmt und mit dieser *Nebenbetrachtung* definitiv die Untersuchung schließt.

Die anstreifende Stelle ist diese:

„Man sieht daher, daß in den frühen Entwicklungsstufen der Gesellschaft, bevor viel Maschinerie oder langlebiges Kapital benutzt wurde, die durch *gleiche Kapitale* produzierten Waren ungefähr den *gleichen Wert* besitzen, und daß sie untereinander nur steigen oder fallen auf Grund von mehr oder weniger Arbeit, die zu ihrer Produktion erforderlich ist,"

{dieser Nachsatz schlecht; er bezieht sich auch nicht auf die value, sondern auf die *commodities*[2], wobei er keinen Sinn hat, außer es handelt sich von ihren *prices;* denn daß die *values* fall im Verhältnis zur Arbeitszeit, heißt, daß values fall or rise as they fall or rise[3]};

„aber nach der Einführung dieser kostspieligen und langlebigen Werkzeuge *sind die unter Verwendung gleicher Kapitale produzierten Waren von sehr ungleichem Werte.* Obwohl sie immer noch im Verhältnis zueinander in dem Maße, in dem mehr oder weniger Arbeit für ihre Produktion notwendig wird, einem Steigen oder Sinken unterworfen sind, unterliegen sie auch einer anderen, wenn auch geringeren Veränderung durch das Steigen oder Fallen von Löhnen und Profiten. Da die für 5000 *l.* verkauften Waren das Produkt eines Kapitals sein können, das in seiner Höhe gleich einem anderen ist, mit dem Waren produziert wurden, die für 10 000 *l.* verkauft werden, werden die *bei ihrer Erzeugung gemachten Profite dieselben sein.* Diese *Profite wären* aber *ungleich,* wenn die *Preise der Waren* sich nicht mit einem Steigen oder Fallen *der Profitrate* ändern würden." (p.40, 41.)

Hier sagt Ric[ardo] in der Tat:

Gleich große Kapitalien produzieren Waren von *gleichen Werten,* wenn das Verhältnis ihrer organischen Bestandteile *dasselbe* ist, wenn sie gleich große Portionen in Arbeitslohn und Arbeitsbedingungen verausgaben. In ihren Waren verkörpern sich dann dieselben Quanta Arbeit, also gleiche Werte {abgesehn von der Differenz, die durch den Zirkulationsprozeß hereinkäme}. Dagegen produzieren *gleich große* Kapitalien Waren *of very unequal value*[4], wenn ihre organische Zusammensetzung verschieden,

[1] Siehe vorl. Band, S.552–554 – [2] *Waren* – [3] die Werte fallen oder steigen wie sie fallen oder steigen [in der Handschrift: as they rise or fall] – [4] *von sehr ungleichem Wert*

namentlich wenn der als fixes Kapital existierende Teil sehr verschieden sich verhält zu dem in Arbeitslohn ausgelegten Teil. Erstens geht nur ein Teil des fixen Kapitals als Wertbestandteil in die Ware ein, wodurch also schon die *Wertgrößen* sehr verschieden werden, je nachdem viel oder wenig fixes Kapital bei der Produktion der Ware angewandt ist. Zweitens ist der in Arbeitslohn ausgelegte Teil – per 100 auf gleich große Masse Kapital gerechnet – viel kleiner, also auch die Gesamtarbeit, die in der Ware verkörpert ist, also auch die Surplusarbeit bei gegebnem Arbeitstag von gleicher Länge, die den Mehrwert konstituiert. Sollen daher diese gleich großen Kapitalien, deren Waren *ungleiche Werte* haben, in welchen ungleichen Werten *ungleiche Mehrwerte* und daher *ungleiche Profite stecken*, gleiche Profite wegen ihrer gleichen Größe abwerfen, so müssen die *prices of the goods* (as determined by the general rate of profit on a given outlay)[1] sehr verschieden sein von den *values of the goods*[2]. Es folgt daher nicht, daß die values ihre Natur geändert, sondern daß die *prices* von den *values* verschieden sind. Es ist um so auffallender, daß Ric[ardo] nicht zu diesem Schluß kam, weil er doch sieht, daß selbst die cost-prices, die durch general rate of profits bestimmt sind, [sich ändern] – vorausgesetzt, eine Ändrung in rate of profit (oder rate of wages) diese Kostpreise ändern muß, damit die rate of profit ||541| in den verschiednen trades dieselbe bleibe. Wieviel mehr müßte also das establishment of a general rate of profit die unequal values[3] ändern, da ja diese *general rate of profit* überhaupt nichts ist als Ausgleichung der different rates of surplus value in den verschiednen Waren, die von equal capitals produziert sind.

Nachdem Ric[ardo] so den Unterschied zwischen cost und value, cost-prices und values der Waren, wenn nicht entwickelt und begriffen, jedenfalls selbst faktisch konstatiert hat, endet er mit dem Satz:

„Malthus scheint zu glauben, daß es ein Teil meiner Ansicht sei, daß *Kosten* und *Wert* einer Sache das gleiche seien. *Das ist so,* wenn er unter Kosten ‚*Produktionskosten*', *einschließlich Profit,* versteht." (p.46, Note.) (Also Auslagen plus durch die general rate of profit bestimmten Profit.)

Mit dieser falschen und von ihm selbst widerlegten Verwechslung von cost-prices und values geht er dann an die Betrachtung der Rente.

Was Ricardo in sect. VI, ch. I sagt mit Bezug auf den Einfluß der variations in the value of labour upon the cost-price of gold[4]:

---

[1] *Preise der Waren* (insofern sie bestimmt werden durch die allgemeine Profitrate auf eine gegebene Auslage) – [2] *Werten der Waren* – [3] die Herstellung einer allgemeinen Profitrate die ungleichen Werte – [4] Veränderungen im Wert der Arbeit auf den Kostenpreis von Gold

„Kann man Gold nicht als eine Ware betrachten, die mit solchen Anteilen der beiden Arten von Kapital produziert wird, die der durchschnittlichen Menge, wie sie bei der Produktion der meisten Waren angewandt wird, am nächsten kommen? Können diese Anteile nicht annähernd gleich weit von den beiden Extremen, – dem einen, bei dem wenig fixes Kapital benutzt wird und dem anderen, bei dem wenig Arbeit beschäftigt wird, – entfernt sein, so daß sie ein gerechtes Mittel zwischen ihnen darstellen?" (l.c. p.44),

gilt vielmehr mit Bezug auf die Waren, in deren Zusammensetzung die verschiednen organischen Bestandteile im average[1] Verhältnis eingehn, ditto ihre Zirkulations- und Reproduktionszeit die average ist. Für diese fällt cost-price und value zusammen, weil bei ihnen der Durchschnittsprofit mit ihrem wirklichen Mehrwert zusammenfällt, aber auch nur bei diesen.

So mangelhaft sect. IV und V von ch. I erscheinen in der Betrachtung über die influence der variations in the value of labour on the „relative values"[2] als Nebensache (theoretisch) gegen die Verwandlung der values in cost-prices[3] durch die average rate of profits[4], so bedeutende Konsequenz zieht Ric[ardo] daraus und wirft einen der hauptfortgeschleppten Irrtümer seit A. Smith über den Haufen, daß Erhöhung des Arbeitslohns, statt den Profit fallen zu machen, raises the prices of commodities[5]. Zwar liegt dies schon in dem bloßen Begriff der *values* und wird in keiner Weise modifiziert durch ihre Verwandlung in cost-prices, da diese überhaupt nur die *Verteilung des vom Gesamtkapital gemachten Mehrwerts* auf die verschiednen trades oder different capitals in different spheres of production[6] betrifft. Aber es war wichtig, daß Ric[ardo] die Sache hervorhob und sogar das Gegenteil zeigte. Er sagt daher mit Recht sect. VI, ch. I:

„Bevor ich diesen Gegenstand verlasse, mag die Feststellung angebracht sein, daß Adam Smith und alle die ihm folgenden Autoren nach meiner Kenntnis ausnahmslos behaupteten, ein Steigen des Preises der Arbeit habe eine gleichmäßige Erhöhung des Preises aller Waren zur Folge."

{Dies entsprechend der zweiten Erklärung der value von A. Smith, wonach sie gleich der quantity of labour a commodity can purchase[7].}

„Ich hoffe, es ist mir gelungen zu zeigen, daß es keine Gründe für eine derartige Ansicht gibt, und daß nur jene Waren steigen werden, für die weniger fixes Kapital *als für das Medium, in welchem der Preis ausgedrückt wird*, angewendet worden ist" (hier wird die relative value = der expression der value in money[8]) „und daß alle jene, für die

[1] durchschnittlichen – [2] den Einfluß der Veränderungen im Werte der Arbeit auf die „relativen Werte" – [3] Werte in Kostenpreise – [4] Durchschnittsprofitrate – [5] die Warenpreise erhöht – [6] Gewerbezweige oder verschiedenen Kapitalien in verschiedenen Produktionssphären – [7] Menge Arbeit, die eine Ware kaufen kann – [8] dem Ausdruck des Wertes in Geld

mehr verwendet wurde, sicherlich im Preise fallen werden, sobald die Löhne steigen. Andererseits werden bei einem Fall der Löhne nur jene Waren sinken, auf die ein geringerer Anteil von fixem Kapital verwendet worden ist als auf das Medium, in dem der Preis geschätzt wird, während alle diejenigen, auf die mehr verwendet wurde, tatsächlich im Preise steigen werden." (p.45.)

Dies für die *Geld*preise scheint *falsch*. Wenn Gold steigt oder fällt in value, from whatever causes[1], so fällt es gleichmäßig in bezug auf alle Waren, die in ihm geschätzt werden. Indem es so ein relativ unverändertes Medium trotz seiner Veränderlichkeit darstellt, ist absolut nicht abzusehn, wie irgendwelche relative Kombination in ihm zwischen capital fixe und circulant, verglichen mit den Waren, einen Unterschied hervorbringen kann. Aber hier die *falsche Voraussetzung* Ric[ardos], daß sich das Geld, soweit es als Zirkulationsmittel dient, als Ware gegen Waren austauscht. Die Waren sind in ihm geschätzt, bevor es sie zirkuliert. Gesetzt, statt Gold sei wheat[2] das Medium. Würde z.B. infolge eines Steigens des Arbeitslohns wheat als Ware, worin mehr als das average variable Kapital statt konstantes eingeht, relativ steigen in seinem Produktionspreis, so würden alle Waren in Weizen von höhrem „relativen Wert" geschätzt. Die Waren, worin mehr fixes Kapital eingingе, würden sich in weniger Weizen ausdrücken als zuvor, nicht weil ihr spezifischer Preis gegen den Weizen gefallen, sondern weil er überhaupt gefallen. Eine Ware, die grade soviel Arbeit enthielte im Gegensatz zur accumulated labour als Weizen, würde ihr Steigen dadurch ausdrücken, daß sie sich in mehr Weizen ausdrückte ||542| als eine Ware, deren Preis gegen den Weizen gefallen. Machen dieselben Ursachen, die den Weizenpreis steigen machen, z.B. den Preis von Kleidern steigen, so würden zwar die Kleider sich nicht in mehr Weizen ausdrücken als früher, aber die, deren Preis gegen den Weizen gefallen, z.B. cottons, in weniger. Cottons und Kleider würden den Unterschied ihrer Preise im Weizen als ihrem Medium ausdrücken.

Aber was Ricardo meint, ist etwas andres. Er meint: Weizen wäre infolge des Steigens des Arbeitslohns gestiegen gegen cottons, aber nicht gegen Kleider. Kleider also würden sich gegen Weizen von dem alten Preis austauschen, cottons gegen Weizen von gestiegenem Preis. An und für sich die Voraussetzung höchst abgeschmackt, daß variations im Preis des Arbeitslohns in England z.B., die Kostenpreise des Goldes in Kalifornien, wo der Arbeitslohn nicht gestiegen ist, alterieren würden. Die Ausgleichung der *Werte* durch Arbeitszeit und noch viel weniger der *Kostenpreise* durch

[1] im Wert, aus welchen Ursachen immer – [2] Weizen

eine allgemeine Profitrate existiert nicht in dieser unmittelbaren Form zwischen verschiednen Ländern. Aber nimm selbst den Weizen, ein einheimisches Produkt. Das qr. Weizen sei von 40 auf 50 sh., d. h. um 25 p.c. gestiegen. Ist das Kleid ebenfalls um 25 p.c. gestiegen, so gilt es nach wie vor 1 qr. Weizen. Ist das cotton um 25 p.c. gefallen, so gilt dieselbe Menge cotton, die früher 1 qr. galt, nur noch 6 bushel Weizen. Und dieser Ausdruck in Weizen stellt exakt das Verhältnis der Preise von cotton und Kleidern dar, weil sie sich in *demselben* Maß messen, [in] 1 qr. Weizen.

Übrigens ist die Ansicht weiter abgeschmackt. Der *Preis* der Ware, die als Maß der Werte und daher als Geld dient, existiert überhaupt nicht, weil ich sonst, außer der Ware, die als Geld dient, noch eine zweite Ware haben müßte, die als Geld dient – double measure of values[1]. Der relative Wert des Gelds ist ausgedrückt in den unzähligen Preisen aller Waren; denn in jedem dieser Preise, worin der Tauschwert der Ware in Geld, ist der Tauschwert des Gelds im Gebrauchswert der Ware ausgedrückt. Von einem Steigen oder Fallen *des* Preises des Geldes kann daher keine Rede sein. Ich kann sagen: Der Weizenpreis des Geldes oder sein Kleiderpreis ist derselbe geblieben; sein Cottonpreis ist gestiegen, was dasselbe ist, daß der Geldpreis des cotton gefallen. Aber ich kann nicht sagen, daß der *Preis* des Geldes gestiegen oder gefallen ist. Aber Ricardo meint in der Tat, z.B. der Cottonpreis des Gelds sei gestiegen oder der Geldpreis des cotton gefallen, weil Geld gegen cotton gestiegen sei im relativen Wert, während es denselben Wert behalten habe gegen Kleider oder Weizen. Beide werden also in einem *ungleichen* Maße gemessen.

Diese sectio VI „*On an invariable measure of value*" handelt vom „*Maß der Werte*", aber ohne alles Bedeutende. Der Zusammenhang zwischen Wert, seinem immanenten Maß durch die Arbeitszeit und der Notwendigkeit eines *äußren* Maßes der Warenwerte nicht begriffen, nicht einmal als Frage aufgeworfen.

Gleich der Eingang zeigt die oberflächliche Manier:

„Sobald sich Waren in ihrem relativen Wert verändern, *ist* das Vorhandensein von Mitteln *wünschenswert*, mit denen man feststellen kann, welche von ihnen in ihrem wirklichen Wert gefallen und welche gestiegen sind. Das kann nur erreicht werden, indem man eine nach der anderen mit einem unveränderlichen Standardmaß des Wertes vergleicht, das selbst keiner der Schwankungen unterworfen ist, denen andere Waren ausgesetzt sind." (p. 41, 42.) Aber „es gibt keine Ware, die nicht den gleichen Veränderungen ausgesetzt ist ..., das bedeutet, es gibt keine Ware, deren Produktion nicht mehr oder weniger Arbeit erfordern kann." (p. 42.)

[1] [ein] doppeltes Maß der Werte

Gäbe es aber eine solche Ware, so würden teils die Einflüsse des rise or fall of wages[1] und der different combinations of fixed and circulating capital, fixed capital of the same durability, the length of time before it can be brought to market[2] etc., sie verhindern,

„ein vollkommenes Wertmaß zu sein, mit dem wir genau die Veränderungen aller anderen Dinge feststellen könnten." (p.43.) „Es wäre ein vollendetes Maß des Wertes für alle unter genau den gleichen Bedingungen produzierten Dinge, keineswegs aber für andere." (l.c.)

D.h., variierten diese „other things"[3], so könnten wir (wenn der Wert des Gelds nicht stiege oder fiele) sagen, daß die Variation aus Steigen oder Fallen „in ihren *Werten*" herkömmt, [aus] der zu ihrer Produktion erforderlichen Arbeitszeit. Bei den andren things könnten wir nicht wissen, ob die „variations" in ihren Geldpreisen aus den *andren Gründen erfolgen* etc. Später auf dies keineswegs Gute zurückzukommen. (Bei einer spätren Revision der Geldtheorie.)

Ch.I, sectio VII. Außer der wichtigen Doktrin über *„relative"* wages, profits und rents, worauf später zurückzukommen, enthält diese Sektion nichts als die Lehre, daß, wenn Geld im Wert fällt oder steigt, ein entsprechendes Steigen oder Fallen in dem Arbeitslohn etc. nichts an den Verhältnissen ändert, sondern nur an deren monetary expression[4]. Drückt sich dieselbe Ware in doppelt soviel £ aus, so auch der Teil derselben, der sich in profit, wages oder rent auflöst. Aber das Verhältnis dieser drei untereinander und die real values[5], die sie repräsentieren, bleiben dieselben. Ditto, wenn der Profit doppelt soviel £, so drücken sich aber auch 100 £ nun in 200 £ aus, also bleibt auch das Verhältnis zwischen Profit und Kapital, die Profitrate, unverändert. Die Wechsel des monetären Ausdrucks treffen Profit und Kapital gleichzeitig, ditto profit, wages, rent. Auch von der letzten gilt dies, sofern sie nicht auf den acre, sondern auf das in der Agrikultur etc. vorgeschoßne Kapital berechnet wird. Kurz, in diesem Fall ist die Variation nicht in den commodities etc.

„Ein Steigen der Löhne aus diesem Grunde wird zweifellos unausweichlich von einem Steigen der Warenpreise begleitet sein. Man wird in solchen Fällen jedoch stets finden, daß die Arbeit und alle Waren sich wechselseitig nicht verändert haben und daß die Veränderung auf das Geld beschränkt blieb." (p.47.)

---

[1] Steigen oder Fallens der Löhne – [2] verschiedenen Kombinationen von fixem und zirkulierendem Kapital, des fixen Kapitals von der gleichen Lebensdauer, die Länge der Zeit, bevor sie auf den Markt gebracht werden kann – [3] „anderen Dinge" – [4] Geldausdruck – [5] realen Werte

[5.] *Durchschnitts- oder Kostenpreise und Marktpreise*

[*a) Einleitende Bemerkungen: Individueller Wert und Marktwert; Marktwert und Marktpreis*]

||543| Zur Entwicklung der Differentialrente stellt Ricardo in *ch. II* „On Rent" folgenden Satz auf:

„Der *Tauschwert aller Waren*, ob sie industriell erzeugt werden oder das Produkt des Bergbaus oder des Bodens sind, wird nicht durch die geringere Quantität Arbeit bestimmt, die zu ihrer Produktion unter sehr günstigen Bedingungen ausreicht und in deren Genuß ausschließlich diejenigen kommen, die besondere Produktionsleichtigkeiten haben, sondern durch die größere Menge Arbeit, die notwendigerweise von denen bei ihrer Produktion aufgewendet werden muß, die solche Erleichterungen nicht besitzen, – von denjenigen, die sie *dauernd* unter den ungünstigsten Bedingungen produzieren; das bedeutet, *unter den ungünstigsten Bedingungen, unter denen* die Produktion *im Hinblick auf die verlangte Produktenmenge notwendigerweise* weitergeführt werden muß." (p.60, 61.)

Der letzte Satz nicht ganz richtig. Die „quantity of produce required"[1] keine fixe Größe. [Richtig wäre zu sagen:] A certain quantity of produce required within certain limits of price.[2] Steigt der letztre über diese limits, so fällt die „quantity required" mit der Nachfrage.

Der obige Satz kann allgemein so ausgedrückt werden: Der Wert der Ware – die das Produkt einer besondren Produktionssphäre – ist bestimmt durch die Arbeit, die erheischt ist, um die *ganze Masse*, die *Totalsumme* der dieser Produktionssphäre entsprechenden Waren zu produzieren, nicht durch die besondre Arbeitszeit, die für jeden einzelnen capitalist oder employer[3] innerhalb dieser Produktionssphäre erheischt ist. Die allgemeinen Produktionsbedingungen und die allgemeine Produktivität der Arbeit in dieser besondren Produktionssphäre, z.B. der cotton-manufacture[4], sind die durchschnittlichen Produktionsbedingungen und die durchschnittliche Produktivität in dieser Sphäre, der cotton-manufacture. Die Quantität Arbeit, wodurch also z.B. eine Elle Cottonzeug bestimmt ist, ist nicht die Quantität Arbeit, die in ihr steckt, die ihr manufacturer has had expended upon it[5], sondern die durchschnittliche Quantität, wozu sämtliche cotton-manufacturers auf dem Markt produce one yard of cotton-goods[6]. Die besondren

[1] „verlangte Produktenmenge" – [2] Eine bestimmte Menge des verlangten Produkts innerhalb bestimmter Grenzen des Preises. – [3] Anwender – [4] Baumwollmanufaktur – [5] Manufakturist für sie aufgewendet hat – [6] eine Elle Baumwollzeug produzieren

Bedingungen nun, unter welchen die einzelnen capitalists in der cotton-manufacture z.B. produzieren, zerfallen notwendig in 3 Klassen. Die einen produzieren unter *mittleren* Bedingungen, d.h. die individuellen Produktionsbedingungen, worunter sie produzieren, fallen zusammen mit den *allgemeinen* Produktionsbedingungen der Sphäre. Das Durchschnittsverhältnis ist ihr *wirkliches* Verhältnis. Die Produktivität ihrer Arbeit hat die durchschnittliche Höhe. Der *individuelle* Wert ihrer Waren fällt zusammen mit dem *allgemeinen* Wert dieser Waren. Wenn sie z.B. die Elle cotton zu 2 sh. – dem Durchschnittswert – verkaufen, verkaufen sie dieselbe zu dem *Wert*, den die von ihnen produzierten Ellen in natura darstellen. Eine andre Klasse produziert unter *beßren* als den Durchschnittsbedingungen. Der *individuelle* Wert ihrer Waren steht *unter* dem allgemeinen Wert derselben. Verkaufen sie dieselbe zu diesem allgemeinen Wert, so verkaufen sie *über* ihrem individuellen Wert. Endlich eine dritte Klasse produziert *unter* den durchschnittlichen Produktionsbedingungen.

Nun ist die „quantity of produce required“[1] von dieser besondren Produktionssphäre keine fixe Größe. Geht der Wert der Waren über certain limits[2] des Durchschnittswerts hinaus, so fällt die „quantity of produce required“ oder diese quantity ist nur required at a given price – or at least within certain limits of price[3]. Es ist also ebenso *möglich*, daß die letzte Klasse *unter* dem individuellen Wert ihrer Waren verkaufen muß, wie die bestgestellte Klasse stets *über* ihrem individuellen Wert verkauft. Es wird namentlich von dem numerischen Verhältnis oder dem proportionellen Größenverhältnis der Klassen[46] abhängen, welche den Durchschnittswert definitiv settled[4]. Wenn die mittlere Klasse numerisch weit vorwiegt, wird sie ihn settlen. Ist diese Klasse numerisch schwach und die *unter den Durchschnittsbedingungen* arbeitende numerisch stark und überwiegend, so settles sie die general value of the produce of that sphere[5], obgleich dann noch durchaus nicht gesagt und sogar sehr unwahrscheinlich ist, daß grade der einzelne Kapitalist in der letzten Klasse, der hier wieder der *ungünstigst* gestellte ist, den Ausschlag gibt. (See[6] *Corbet*[47].)

Mais laissons ça à part.[7] Das allgemeine Resultat ist: Der *allgemeine* Wert, den die Produkte dieser Klasse haben, ist *derselbe* für alle, wie er sich immer zum individuellen Wert jeder einzelnen Ware verhalte. Dieser *gemeinschaftliche* Wert ist der *Marktwert* dieser Waren, der Wert, unter dem sie auf dem

[1] „verlangte Produktenmenge“ – [2] bestimmte Grenzen – [3] gefragt zu einem gegebenen Preis – oder zumindest innerhalb bestimmter Preisgrenzen – [4] festgesetzt haben – [5] so setzt sie den allgemeinen Wert des Produkts dieser Sphäre fest – [6] Siehe – [7] Aber lassen wir das beiseite.

Markt auftreten. In Geld ausgedrückt ist dieser Marktwert der *Marktpreis*, wie Wert in Geld ausgedrückt überhaupt Preis ist. Der wirkliche Marktpreis steht bald über, bald unter diesem Marktwert und entspricht ihm nur zufällig. In einer gewissen Periode aber gleichen sich die Schwankungen aus, und es kann gesagt werden, daß der Durchschnitt der wirklichen Marktpreise *der Marktpreis ist*, der *den Marktwert* darstellt. Ob der wirkliche Marktpreis der Größe nach, *quantitativ*, in einem gegebnen Augenblick diesem Marktwert entspricht oder nicht, jedenfalls hat er die *qualitative* Bestimmung mit demselben gemein, daß alle auf dem Markt befindlichen Waren derselben Produktionssphäre (Qualität natürlich gleich vorausgesetzt) *denselben Preis* haben oder faktisch den *allgemeinen* Wert der Waren dieser Sphäre repräsentieren.

||544| Der von Ricardo oben zum Behuf der Renttheorie aufgestellte Satz ist daher von seinen Schülern so ausgesprochen worden, daß nicht *zwei verschiedne Marktpreise* gleichzeitig auf demselben Markt existieren können oder, daß zur selben Zeit die auf dem Markt befindlichen Produkte *derselben* Art *denselben Preis* haben oder – da wir hier von der Zufälligkeit dieses Preises abstrahieren können – *denselben Marktwert.*

Die Konkurrenz teils der Kapitalisten untereinander, teils der Käufer der Ware mit ihnen und unter sich, bewirkt hier also, daß der Wert jeder einzelnen Ware in einer besondren Produktionssphäre bestimmt ist durch die *Gesamtmasse der gesellschaftlichen Arbeitszeit*, die die *Gesamtmasse der Waren dieser besondren gesellschaftlichen Produktionssphäre* erheischt, und nicht durch die *individuellen Werte der einzelnen Waren* oder die Arbeitszeit, die die einzelne Ware ihrem *besondren* Produzenten und Verkäufer gekostet hat.

Dadurch ergibt sich aber von selbst, daß unter allen Umständen die Kapitalisten, die zur ersten Klasse gehören, deren Produktionsbedingungen günstiger sind als die durchschnittlichen Produktionsbedingungen, einen Surplusprofit machen, also ihr Profit *über* der allgemeinen Profitrate dieser Sphäre steht. Es ist also nicht durch *Ausgleichung* der *Profite innerhalb* einer besondren Produktionssphäre, daß die Konkurrenz den *Marktwert* oder *Marktpreis* herstellt. (Für diese Untersuchung ist dieser Unterschied gleichgültig, da die Unterschiede in den Produktionsbedingungen – hence die different rates of profits[1] für die einzelnen Kapitalisten – *derselben* Sphäre bleiben, welches immer das Verhältnis des market price[2] zur market value[3].) *Umgekehrt:* Die Konkurrenz gleicht hier die *verschiednen individuellen Werte* zu dem selbigen *gleichen, unterschiedslosen Marktwert* dadurch aus, daß sie

[1] daher die unterschiedlichen Profitraten – [2] Marktpreises – [3] Marktwert

die *Differenz innerhalb der individuellen Profite*, der Profite der einzelnen Kapitalisten und ihre *Abweichungen* von *der Durchschnittsprofitrate* der Sphäre zuläßt. Sie schafft sie sogar durch die Herstellung *desselben Marktwerts* für Waren, die unter ungleich günstigren Produktionsbedingungen, also mit ungleicher Produktivität der Arbeit hergestellt sind, also individuelle *ungleich große Quanta Arbeitszeit* darstellen. Die unter den günstigren Bedingungen produzierte Ware *enthält* weniger Arbeitszeit als die unter ungünstigren produzierte, verkauft sich aber zum selben Preis, hat denselben Wert, als ob sie dieselbe Arbeitszeit, die sie nicht enthält, enthielte.

[*b) Ricardos Verwechslung des Prozesses der Bildung des Marktwertes mit dem der Bildung der Kostenpreise*]

Ricardo nun braucht zu seiner Aufstellung der Renttheorie zwei Sätze, die nicht nur *nicht dieselbe*, sondern die *entgegengesetzte* Wirkung der Konkurrenz ausdrücken. Der erste ist, daß die Produkte derselben Sphäre sich *zu einem und demselben Marktwert* verkaufen, daß die Konkurrenz also *verschiedne Profitraten*, Abweichungen von der allgemeinen Profitrate, erzwingt. Die zweite ist, daß die *Profitrate* für jede Kapitalanlage *dieselbe* sein muß oder daß die Konkurrenz eine *allgemeine Profitrate* schafft. Das erste Gesetz gilt für die verschiednen selbständigen Kapitalien, die in *derselben Produktionssphäre* angelegt sind. Das zweite gilt für die Kapitalien, soweit sie in *verschiednen Produktionssphären* angelegt sind. Durch die erste Aktion schafft die Konkurrenz den *Marktwert*, d.h. *denselben Wert* für *Waren derselben* Produktionssphäre, obgleich dieser *identische Wert differente Profite* erzeugen muß, also *denselben* Wert *trotz oder vielmehr durch differente Profitraten*. Durch die zweite Aktion (die übrigens auch anders bewerkstelligt wird; das ist die Konkurrenz der Kapitalisten in den *verschiednen* Sphären, die das Kapital aus der einen in die andre wirft, während die andre Konkurrenz, soweit sie sich nicht auf die Käufer bezieht, unter den Kapitalien *derselben* Sphäre stattfindet) schafft die Konkurrenz den *Kostenpreis*, d.h. *dieselbe Profitrate* in den verschiednen Produktionssphären, obgleich diese *identische Profitrate* der Ungleichheit der Werte widerspricht, also nur durch von den Werten *unterschiedne prices* erzwungen werden kann.

Da Ric[ardo] beides zu seiner Grundrenttheorie braucht, *gleichen Wert* oder *Preis mit ungleicher Profitrate* und *gleiche Profitrate* mit *ungleichen Werten*, so ist es höchst merkwürdig, daß er diese Doppelbestimmung nicht herausfühlt und daß er sogar in dem Abschnitt, wo er ex professo über den

Marktpreis handelt, *ch. IV „On Natural and Market Price"*, gar nicht vom *Marktpreis* oder *Marktwert* handelt, wie er ihn doch in der oben zitierten Stelle zugrunde legt, um die *Differentialrente*, die zu Renten sich kristallisierenden Surplusprofite ||545| zu erklären. Vielmehr handelt er hier bloß von der Reduktion der *Preise* in den *verschiednen Produktionssphären* zu *Kostenpreisen* oder *Durchschnittspreisen*, also von den Marktwerten der verschiednen Produktionssphären in ihrem Verhältnis zueinander, nicht von der Konstitution des Marktwerts in jeder besondren Sphäre, und ohne diese Konstitution bestehn überhaupt keine Marktwerte.

Die *Marktwerte* jeder besondren Sphäre, also die *Marktpreise* jeder besondren Sphäre (wenn der Marktpreis der dem *„natural price"* entsprechende, d. h. den Wert bloß in Geld darstellt) würden sehr verschiedne Profitraten liefern, da gleich große Kapitalien in den *verschiednen* Sphären (ganz abgesehn von den Unterschieden, die aus ihren verschiednen Zirkulationsprozessen resultieren) in sehr ungleichen Proportionen konstantes und variables Kapital anwenden, also sehr ungleiche Mehrwerte und daher Profite liefern. Die Ausgleichung der verschiednen Marktwerte, so daß *dieselbe* Profitrate in den verschiednen Sphären hergestellt wird, gleich große Kapitalien gleiche Durchschnittsprofite liefern, ist also nur dadurch möglich, daß die *Marktwerte* in *Kostenpreise* verwandelt werden, die von den wirklichen Werten verschieden sind.*

Was die Konkurrenz in *derselben* Produktionssphäre bewirkt, ist Bestimmung des *Werts der Ware in dieser Sphäre* durch die durchschnittlich in derselben erheischten Arbeitszeit, also Herstellung des *Marktwerts*. Was die Konkurrenz zwischen den *verschiednen* Produktionssphären bewirkt, ist *Herstellung derselben allgemeinen Profitrate* in den *verschiednen* Sphären durch Ausgleichung der verschiednen Marktwerte zu Marktpreisen, die die *Kostenpreise* darstellen, von den wirklichen Marktwerten verschieden. Die Konkurrenz in diesem zweiten Fall strebt also keineswegs, die Preise der Waren ihren Werten zu assimilieren, sondern umgekehrt ihre Werte auf davon verschiedne Kostenpreise zu reduzieren, die Unterschiede ihrer Werte von den Kostenpreisen aufzuheben.

Es ist nur diese letztere Bewegung, die Ricardo betrachtet in ch. IV, und sonderbarerweise betrachtet er sie als Reduktion der Warenpreise – durch die Konkurrenz – auf ihre Werte, Reduktion des market price (vom Wert

---

* Es ist möglich, daß die *Rate des Mehrwerts* (z.B. durch ungleiche Arbeitszeitlänge) nicht in den verschiednen Produktionssphären ausgeglichen wird. Dies ist deshalb *nicht nötig*, weil die Mehrwerte selbst ausgeglichen werden.

unterschiednen Preis) auf den natural price (den in Geld ausgedrückten Wert). Dieser blunder[1] kömmt indes von dem schon in ch. I „*On Value*" begangnen Fehler, cost-price und value zu identifizieren, was wieder daher kam, daß er an einem Punkt, wo er nur noch „value" zu entwickeln, also nur noch „*Ware*" vor sich hat, mit der *allgemeinen Profitrate* und allen aus den entwickeltern kapitalistischen Produktionsverhältnissen entspringenden Voraussetzungen hineinplumpst.

Auch ist der Gang, den Ric[ardo] daher in ch. IV verfolgt, ganz oberflächlich. Er geht aus von den „accidental and temporary variations of price"[2] (p. 80) der Waren infolge der wechselnden Verhältnisse von Nachfrage und Zufuhr.

„Mit dem Steigen oder Fallen des Preises werden die *Profite* entweder über *das allgemeine Niveau* gehoben oder darunter herabgedrückt und das Kapital wird entweder ermuntert, sich *der bestimmten Produktion* zuzuwenden, in der die Änderung eingetreten ist, oder es wird aufgefordert, sich davon abzuwenden." (p. 80.)

Hier ist schon das *general level of profit*[3] zwischen den verschiednen Produktionssphären, between „the particular employments"[4] vorausgesetzt. Es war aber erst zu betrachten, wie sich das *general level of price*[5] in demselben employment und das *general level of profit* zwischen den different employments herstellt. Ric[ardo] hätte dann gesehen, daß die letztre Operation schon Kreuz- und Querzüge des Kapitals – oder eine durch die Konkurrenz bestimmte *partition of the whole social capital between its different spheres of employment*[6] voraussetzt. Einmal vorausgesetzt, daß in den verschiednen Sphären die Marktwerte oder durchschnittlichen Marktpreise auf die *Kostenpreise*, die denselben durchschnittlichen rate of profit abwerfen, reduziert sind {dies ist aber nur der Fall in den Sphären, wo nicht das Grundeigentum dazwischenkommt; wo es interferes[7], kann die Konkurrenz innerhalb derselben Sphäre die Preise zum Wert und den Wert zum Marktpreis konstituieren, aber den letztren nicht zum Kostenpreis herabsetzen}, werden konstantere Abweichungen des Marktpreises vom Kostenpreise, Steigen über oder Fallen darunter in besondren Sphären, neue Wanderungen und neue Verteilung des social[8] Kapitals verursachen. Die erste Wanderung geschieht, um von den *Werten* verschiedne *Kostenpreise* herzustellen, die zweite, um die *wirklichen Marktpreise*, sobald sie über die

[1] Irrtum – [2] „zufälligen und zeitweiligen Abweichungen des Preises" – [3] *allgemeine Niveau des Profits* – [4] zwischen „der bestimmten Produktion" – [5] *allgemeine Preisniveau* – [6] *Verteilung des ganzen gesellschaftlichen Kapitals auf seine verschiedenen Produktionssphären* [7] dazwischenkommt – [8] gesellschaftlichen

Kostenpreise steigen oder fallen, mit den Kostenpreisen auszugleichen. Die eine ist Verwandlung der Werte in Kostenpreise. Die zweite Rotation der wirklichen ||546| zufälligen Marktpreise in den verschiednen Sphären um den Kostenpreis, der nun als der *natural price* erscheint, obgleich er vom Wert unterschieden und nur das Resultat of social action[1] ist. Es ist nun diese letztre oberflächlichre Bewegung, die Ric[ardo] betrachtet und gelegentlich bewußtlos mit der andren konfundiert. Es ist natürlich „the same principle"[2], das beides bewirkt, nämlich the principle that[3]

„jedermann, dem es freisteht, sein Kapital dort anzulegen, wo es ihm gefällt ... selbstverständlich die vorteilhafteste Anlage aussuchen wird. Er wird natürlich mit einem Profit von 10 Prozent unzufrieden sein, wenn er durch eine Übertragung seines Kapitals einen Profit von 15 Prozent erzielen kann. Dieses *unaufhörliche Streben aller Kapitalbesitzer, ein weniger profitables Unternehmen zugunsten eines vorteilhafteren aufzugeben, erzeugt eine starke Tendenz, die Profitrate aller zu egalisieren* oder die Profite jeweils *in ein solches Verhältnis* zueinander zu bringen, daß sie nach Meinung der Beteiligten eine Vergütung für einen Vorteil enthalten, den einer gegenüber dem anderen besitzt oder zu besitzen scheint." (p.81.)

Diese tendency bewirkt, daß sich die Gesamtmasse der gesellschaftlichen Arbeitszeit dem gesellschaftlichen Bedürfnis gemäß *unter die verschiednen Produktionssphären* verteilt. Dadurch werden zugleich die Werte in den verschiednen Sphären[4] in Kostenpreise verwandelt, anderseits die variations der wirklichen Preise in den besondren Sphären von den Kostenpreisen ausgeglichen.

Dies alles A. Smith. Ricardo sagt selbst:

„Kein Autor hat erschöpfender und vortrefflicher als Dr. Smith die Tendenz des Kapitals gezeigt, Anlagen zu verlassen, in denen *der Preis* der produzierten Waren nicht *die gesamten Auslagen* ihrer Produktion und des Transports zum Markt, *einschließlich des gewöhnlichen Profits*" (also die *Kostenpreise*) „deckt." (p.342, Note.)

Das Verdienst Ricardos, dessen blunder überhaupt daher kömmt, daß er hier *nicht kritisch* gegen A. Smith, besteht darin, daß er diese migration of capital from one sphere to the other[5] oder vielmehr die Operationsweise, worin sie sich vollzieht, näher bestimmt. Dies aber nur, weil zu seiner Zeit das Kreditwesen entwickelter war als zur Zeit Smiths. Ric[ardo] sagt:

„Es ist möglicherweise äußerst schwierig, *die Schritte* zu verfolgen, durch die eine solche Veränderung *herbeigeführt* wird: sie wird wahrscheinlich *nicht* durch einen *völligen Wechsel der Anlagesphäre* eines Fabrikanten verursacht, *sondern lediglich durch*

[1] gesellschaftlicher Aktion – [2] „das gleiche Prinzip" – [3] das Prinzip, daß – [4] in der Handschrift: Preisen – [5] Wanderung des Kapitals von einer Sphäre zur anderen

eine Verringerung seines Kapitals in einer bestimmten Anlagesphäre. Es gibt in allen reichen Ländern eine Gruppe von Menschen, welche die sogenannte *Klasse der Geldleute** bilden; diese Leute üben *kein Gewerbe* aus, sondern leben von den Zinsen ihres Geldes, das in Wechselgeschäften oder in Anleihen an den *fleißigeren* Teil der Gesellschaft angelegt ist. Auch die Bankiers legen größere Kapitalien auf die gleiche Weise an. Das so verwendete Kapital bildet ein zirkulierendes Kapital von großem Umfang, das in größerem oder geringerem Maße von den verschiedenen Wirtschaftszweigen des Landes in Anspruch genommen wird. Es gibt vielleicht keinen noch so reichen Fabrikanten, der sein Unternehmen auf jene Ausdehnung beschränkt, die ihm seine Mittel gestatten: er besitzt immer einen Teil dieses nicht festgelegten Kapitals, der sich entsprechend der Entwicklung der Nachfrage nach seinen Waren vergrößert oder verringert. Sobald die Nachfrage nach Seide steigt und nach Tuch sinkt, wandert der Tuchfabrikant mit seinem Kapital nicht etwa in die Seidenindustrie, sondern er entläßt einige seiner Arbeiter und stellt seine Nachfrage nach Anleihen bei Bankiers und Geldleuten ein. Der Fall des Seidenfabrikanten liegt hingegen gerade umgekehrt. Er *leiht mehr* und *Kapital wird so von einem in den anderen Zweig übertragen, ohne daß für einen Fabrikanten die Notwendigkeit entsteht, seine übliche Beschäftigung aufzugeben.* Wenn wir die Märkte einer großen Stadt betrachten und sehen, mit welcher Regelmäßigkeit sie unter den Bedingungen wechselnder Nachfrage, die einer Geschmackslaune oder einer Veränderung der Bevölkerungszahl entspringt, mit einheimischen und ausländischen Erzeugnissen im erforderlichen Umfang beschickt werden, ohne daß sich häufig die Folgen einer Überfüllung wegen zu reichlicher Belieferung oder ein stark überhöhter Preis durch eine der Nachfrage nicht entsprechende Zufuhr einstellen, dann müssen wir zugeben, daß *das Prinzip, nach dem Kapital jedem Industriezweig* genau in dem von ihm benötigten Umfang *zugeführt wird,* umfassender wirkt, als allgemein angenommen wird." (p. 81, 82.)

Es ist also der *Kredit,* worin das Kapital der ganzen Kapitalistenklasse jeder Sphäre zur Disposition gestellt wird, nicht im Verhältnis zum Kapitaleigentum der Kapitalisten dieser Sphäre, sondern zu ihren Produktionsbedürfnissen – während in der Konkurrenz das einzelne Kapital selbständig dem andren gegenüber erscheint –, welcher sowohl das Resultat als Bedingung der kapitalistischen Produktion ist, und dies gibt uns einen schönen Übergang aus der *Konkurrenz der Kapitalien* in das *Kapital als Kredit.*

---

*Hier hätte Roscher wieder sehn können, was der Engländer unter „monied class"[1] versteht. Hier die „monied class" ganz entgegengesetzt dem „industrious part of the community"[2].

---

[1] „Klasse der Geldleute" – [2] „fleißigeren Teil der Gesellschaft" [vgl. vorl. Band, S. 114 bis 117]

[c) *Die beiden Bestimmungen des „natürlichen Preises" bei Ricardo. Veränderungen der Kostenpreise in Abhängigkeit von den Veränderungen in der Produktivität der Arbeit*]

Im Eingang des Kapitels IV sagt Ricardo, daß er unter *natural price* die *value*[1] der Waren, d.h. den durch ihre relative Arbeitszeit bestimmten *price* und unter *market price* die accidental and temporary deviations[2] von diesem natural price gleich value ||547| versteht. Im ganzen Fortgang des Kapitels – und sogar in ausdrücklichen Worten – versteht er unter *natural price* etwas ganz andres, nämlich den von der value verschiednen *Kostenpreis*. Statt also darzustellen, wie die Konkurrenz values in cost-prices verwandelt, also permanent deviations from the values[3] schafft, stellt er nach A. Smith dar, wie die Konkurrenz die market prices in different trades[4] gegeneinander auf cost-prices reduziert.

So heißt es bei Eröffnung des ch. IV:

„Wenn wir die *Arbeit* als *Grundlage* des Wertes der Waren und die zu ihrer Produktion erforderlichen *verhältnismäßigen Quantitäten Arbeit* als Regel betrachten, nach der sich die entsprechenden Quantitäten von Waren bemessen, die beim Tausch füreinander hingegeben werden, so darf man uns doch nicht unterstellen, daß wir die *zufälligen und zeitweiligen Abweichungen des tatsächlichen oder Marktpreises* der Waren von diesem ihren *ursprünglichen und natürlichen Preis* in Abrede stellen." (p.80.)

Hier also *natural price* gleich *value* und market price nichts als die deviation des actual price from value[5].

Dagegen:

„Wir wollen unterstellen, daß alle Waren auf ihrem *natürlichen Preis* stehen, daß *daher* die *Profite* in *allen Zweigen* auf Grund dessen die genau *gleiche Rate* aufweisen oder sich doch nur insoweit unterscheiden, als es nach der Einschätzung der Beteiligten einem wirklichen oder eingebildeten Vorteil entspricht, den sie besitzen oder der ihnen fehlt." (p.83.)

Hier also *natural price* gleich *cost-price*, d.h. gleich dem Preis, worin das Verhältnis des Profits zu den advances[6], die in der Ware stecken, dasselbe, obgleich gleiche *Werte* von Waren, geliefert von Kapitalien in verschiedenen trades, sehr *ungleiche* Mehrwerte, also *ungleiche Profite* enthalten. Der Preis, soll er denselben Profit liefern, muß also verschieden sein von der

[1] den *Wert* – [2] *Marktpreis* die zufälligen und zeitweiligen Abweichungen – [3] dauernde Abweichung von den Werten – [4] Marktpreise in verschiedenen Gewerbezweigen – [5] Abweichung des tatsächlichen Preises vom Wert – [6] Auslagen

value der Ware. Andrerseits liefern Kapitalien von gleicher Größe *Waren von sehr verschiednen Wertgrößen*, je nachdem größrer oder kleinrer Teil des capital fixe in die Ware eingeht. Doch darüber bei der Zirkulation der Kapitalien.

Unter der Konkurrenzausgleichung versteht Ric[ardo] daher auch nur die Rotation der actual prices oder actual market prices um die *cost-prices* oder den *natural price* as distinguished from *value*[1], die Ausgleichung des market price in different trades to general cost-prices[2], also grade zu prices, die von den real values in the different trades verschieden sind:

„Das jedem Kapitalisten eigentümliche Streben, sein Kapital von einem weniger profitablen in einen mehr Profit abwerfenden Zweig zu übertragen, bewahrt daher den *Marktpreis* der Waren davor, längere Zeit entweder erheblich über oder unter deren *natürlichem Preis* zu verharren. Diese Konkurrenz gleicht die *Tauschwerte* der Waren einander so an" {auch die *different real values*}, „daß nach Zahlung der Löhne für die zu ihrer Produktion notwendige Arbeit und aller übrigen Kosten, die zur Wiederherstellung des ursprünglichen Standes der Verwendbarkeit des angelegten Kapitals erforderlich sind, der *verbleibende Wert oder Überschuß* in *jedem Zweige* im Verhältnis zum *Wert des* angelegten *Kapitals* steht." (p.84.)

Das ist exactly der case[3]. Die Konkurrenz adjusts the prices in den different trades[4] so, daß „the *remaining value or overplus*"[5], der Profit, entspricht der *value of the capital employed*[6], aber nicht der real value der Ware, nicht dem real overplus of value which it contains after the deduction of expenses. To bring this adjustment about the price of one commodity must be raised above, and the other be depressed below their respective real values[7]. Es ist nicht der Wert der Waren, sondern ihr Kostpreis, d.h. die in ihnen enthaltnen expenses + the general rate of profit[8], um welche die Konkurrenz die Marktpreise in den different trades zu rotieren zwingt.

Ric[ardo] fährt fort:

„Im 7. Kapitel des ‚Wealth of Nations' ist alles diese Frage Betreffende hervorragend behandelt." (p.84.)

In fact.[9] Es ist das unkritische Glauben an die Smithsche Tradition, das Ric[ardo] hier auf Abwege bringt.

---

[1] *Kostenpreise* oder den *natürlichen Preis* als unterschieden vom *Wert* – [2] Marktpreises in verschiedenen Gewerbezweigen zu allgemeinen Kostenpreisen – [3] genau der Fall – [4] reguliert die Preise in den verschiedenen Gewerbezweigen – [5] „der *übrigbleibende Wert oder Überschuß*" – [6] dem *Wert des angelegten Kapitals* – [7] realen Überschuß an Wert, den sie nach Abzug der Auslagen enthält. Um dies zu regulieren, muß der Preis der einen Ware gesteigert werden über und der der anderen Ware gesenkt werden unter ihren respektiven realen Wert – [8] Auslagen + die allgemeine Profitrate – [9] In der Tat.

Ric[ardo] schließt das Kapitel wie gewöhnlich, daß er die accidental deviations der market prices von dem cost-price[1] will „leave entirely out of consideration“[2] (p. 85) in den folgenden Untersuchungen, übersieht aber, daß er die *constant* deviations der market prices[3], soweit sie den cost-prices entsprechen, von den real values der Waren gar nicht beachtet und den cost-price der value substituiert hat.

Ch. XXX „On the influence of demand and supply on prices“.

Was Ric[ardo] hier verteidigt, ist, daß der permanente Preis durch den *cost-price* bestimmt ist, nicht durch *supply or demand*[4]*:* Also der permanente Preis durch den *Wert* der Waren nur soweit bestimmt ist, als dieser Wert den cost-price bestimmt. Vorausgesetzt, daß die Preise der Waren so adjustiert sind, daß sie alle 10 p. c. Profit abwerfen, wird jeder konstante change[5] in denselben durch einen change in ihren values, der zu ihrer Produktion erheischten Arbeitszeit bestimmt sein. Wie diese value fortfährt, den general rate of profit zu bestimmen, fahren ihre changes fort, die variations in den cost-prices zu bestimmen, obgleich damit natürlich *nicht die Differenz dieser cost-prices von den values* aufgehoben wird. Was aufgehoben wird, ist nur, daß die Differenz zwischen value und actual price nicht ||548| größer sein soll *als die durch die allgemeine Profitrate bewirkte Differenz zwischen cost-prices und values.* Mit changes in the values of commodities[6] verändern sich ihre cost-prices. A *„new natural price“*[7] (p. 460) wird gebildet. Z. B. kann der Arbeiter in derselben Zeit 20 Hüte produzieren, worin er früher 10 Hüte produzierte, und bildete der Arbeitslohn $^1/_2$ der expense[8] des Hutes, so ist die expense, cost of production[9] für die 20 Hüte, soweit sie aus Arbeitslohn besteht, um die Hälfte gefallen. Denn derselbe Arbeitslohn wird jetzt gezahlt, um 20 Hüte zu produzieren, wie früher für 10. In jedem Hut steckt also nur mehr $^1/_2$ der expenses für Arbeitslohn. Verkaufte der Hutmacher die Hüte zu demselben Preis, so verkaufte er sie über dem Kostpreis. War der Profit 10%, so wäre er jetzt (gesetzt die Ausgabe, um ein bestimmtes Quantum Hüte zu fabrizieren, war ursprünglich 50 für Rohstoff etc., 50 für Arbeit) $46^2/_3$ p. c. Sie ist jetzt 50 für Rohstoff etc., 25 für Arbeitslohn. Wird die Ware zu dem alten Preis verkauft, so der Profit $= ^{35}/_{75}$ oder $46^2/_3$ p. c. Der neue natural price wird also infolge des Sinkens der value so weit sinken, daß der Preis nur 10 p. c. Profit abwirft. Der Fall im Wert oder in der zur Produktion der Ware nötigen Arbeitszeit zeigt sich

[1] zufälligen Abweichungen der Marktpreise von dem Kostenpreis – [2] „ganz außer Betracht lassen“ – [3] *konstanten* Abweichungen der Marktpreise – [4] *Zufuhr oder Nachfrage* – [5] Wechsel – [6] Änderungen in den Werten der Waren – [7] Ein *„neuer natürlicher Preis“* – [8] Auslage – [9] Auslage, Produktionskosten

darin, daß für *dasselbe Quantum* Ware weniger Arbeitszeit verwandt, also auch weniger *bezahlte Arbeitszeit*, weniger *Arbeitslohn* und daß item[1] die expense sinkt, der Arbeitslohn, der gezahlt ist (dem *Quantum nach;* dies setzt kein Sinken *in der Rate des Arbeitslohns voraus*) proportionell für die Produktion *jeder einzelnen* Ware. Dies wenn der change im Wert im Hutmachen selbst vorgegangen. Wäre er vorgegangen in dem Material oder Arbeitsinstrument, so würde sich das in diesen Sphären ebenfalls als Diminution of expense of wages for the production of a certain given quantity of produce[2] ausdrücken, für den hat-manufacturer[3] aber so darstellen, daß sein capital constant ihm weniger gekostet hätte. Die *cost-prices* oder *„natural prices"* (die gar nichts mit „nature" zu tun haben) können doppelt sinken infolge eines change – hier fall – *in the value* of commodities[4]:

[*erstens*] dadurch, daß der Arbeitslohn sinkt, der verausgabt ist in der Produktion of a given quantity of commodities[5], weil die Gesamtmasse des auf diese quantity expended absolute amount of labour, paid labour und unpaid labour[6], gefallen ist;

zweitens: Wenn infolge der vermehrten oder verminderten Produktivität der Arbeit (beides kann der Fall sein, das eine wenn das variable Kapital fällt im Verhältnis zum konstanten, das andre, wenn der Arbeitslohn steigt infolge der Verteurung der Lebensmittel) das Verhältnis des Mehrwerts zum Wert der Ware oder zum Wert der in ihr enthaltnen Arbeit changiert wird, also die Profitrate steigt oder fällt, der amount of labour[7] sich verschieden verteilt.

Dies letztre könnte die Produktionspreise oder Kostenpreise nur so weit variieren, als variations in the value of labour[8] auf sie einwirken. In dem ersten Fall bleibt die value of labour dieselbe. Aber im letzten Fall ändern sich nicht die *values* der Waren, sondern nur die Verteilung zwischen labour und surplus labour[9]. Indes wäre doch in diesem Fall ein change in der Produktivität, also in der value der *einzelnen* Waren vorhanden. Dasselbe Kapital wird in dem einen Fall mehr, in dem andren weniger Waren hervorbringen als früher. Die Warenmasse, worin es sich darstellte, hätte *denselben Wert*, aber die *einzelne Ware* einen verschiednen. Der Wert des Arbeitslohns bestimmt zwar nicht den Wert der Waren, aber der Wert der Waren (die in den Konsum des Arbeiters eingehn) bestimmt den Wert des Arbeitslohns.

---

[1] ferner – [2] der Auslagen für Löhne, erheischt für die Produktion einer gegebenen Menge von Produkten – [3] Hutmanufakturisten – [4] Fallens – *in dem Wert* der Waren – [5] einer gegebenen Menge von Waren – [6] Menge verausgabte absolute Masse von Arbeit, bezahlter Arbeit und unbezahlter Arbeit – [7] Masse der Arbeit – [8] Veränderungen im Wert der Arbeit – [9] Arbeit und Mehrarbeit

Die Kostenpreise der Waren in den different trades[1] einmal gegeben, steigen diese oder fallen relativ zueinander mit einem Wechsel im change der values der Waren. Steigt die Produktivität der Arbeit, vermindert sich die zur Produktion einer *bestimmten Ware* erheischte Arbeitszeit, *fällt* also ihr *Wert*, sei es nun, daß dieser change of productivity[2] in der letzt angewandten Arbeit oder in ihrem konstanten Kapital stattfindet, so muß auch der cost-price dieser Ware entsprechend fallen. Der *absolute amount*[3] *der auf sie verwandten labour* hat sich vermindert, also auch der amount der in ihr enthaltnen paid labour, der amount des auf sie expendierten Arbeitslohns, wenn auch die Rate des Arbeitslohns dieselbe geblieben. Würde die Ware zu ihrem alten Kostenpreis verkauft, so würde sie höhren Profit abwerfen als die general rate of profit, denn früher war dieser Profit gleich 10 p.c. auf die höhren Auslagen. Er wäre jetzt also mehr als 10 p.c. auf die verminderten Auslagen. Umgekehrt, wenn die Produktivität der Arbeit abnimmt, [werden] die real values der Waren steigen. Die Profitrate gegeben – oder, was dasselbe ist, die Kostenpreise gegeben – ist ihr relatives Steigen oder Fallen abhängig von dem Steigen oder Fallen, der Variation der real values der Waren. Infolge derselben treten new cost-prices[5] oder, wie Ric[ardo] nach Smith sagt, „new natural prices"[6] an die Stellen der alten.

In dem letzt zitierten ch. XXX identifiziert Ric[ardo] auch dem Namen nach den natural price, d.h. den Kostenpreis, mit der natural value[7], d.h. dem durch Arbeitszeit bestimmten Wert.

„Ihr Preis" (of monopolised commodities[8]) „hat keine notwendige Beziehung zu ihrem *natürlichen Wert*. Die *Preise* der Waren hingegen, die der Konkurrenz ausgesetzt sind, ... werden letztlich ... von *ihren* ... *Produktionskosten* abhängen." (p. 465.)

Hier also direkt cost-prices oder natural prices ||549| identifiziert mit *„natural value"*, d.h. mit der *„value"*.

Aus dieser Konfusion erklärt sich, warum eine Masse spätrer Kerls post Ricardum, wie Say selbst, „the cost of production"[9] als letztes Regulativ der Preise annehmen konnte, ohne die geringste Ahnung von der Bestimmung des Werts durch die Arbeitszeit zu haben, ja die letztre direkt leugnen, während sie die andre geltend machen.

Dieser ganze blunder Ric[ardos] und die daher folgende falsche Darstellung der Grundrente etc., ebenso die falschen Gesetze über die *Rate des Profits* etc. rühren daher, daß er *Mehrwert* nicht scheidet von *Profit*, wie er

[1] verschiedenen Gewerbezweigen – [2] Wechsel der Produktivität – [3] Die *absolute Masse* – [4] bezahlten Arbeit – [5] neue Kostenpreise – [6] „neue natürliche Preise" – [7] dem natürlichen Wert – [8] der der monopolisierten Waren – [9] „die Produktionskosten"

überhaupt gleich den übrigen Ökonomen roh und begrifflos mit den *Formbestimmungen* verfährt. Die Art, wie er von Smith sich einfangen ließ, wird sich aus folgenden zeigen. |549||

||XII-636| (Zum Frühern noch zu bemerken, daß R[icardo] keinen andern Unterschied zwischen *value* und *natural price* kennt, als daß der letztre die monetary expression[1] der value, also durch einen change im Wert der precious metals[2] changieren kann, ohne daß die value changiert. Dieser change betrifft aber nur die Schätzung, die expression der value in money[3]. So sagt er z.B.:

„Er" (der auswärtige Handel) „kann nur beeinflußt werden durch eine Änderung des *natürlichen Preises,* nicht des *natürlichen Wertes,* zu dem Waren in jenen Ländern produziert werden können, und das wird erreicht durch eine Veränderung der Verteilung der Edelmetalle." (l.c. p.409.) |XII-636||

[B. Smiths Theorie über den Kostenpreis]

[*1. Smiths falsche Voraussetzung der Theorie der Kostenpreise. Ricardos Inkonsequenz durch Beibehaltung der Smithschen Identifizierung von Wert und Kostenpreis*]

||XI-549| Zunächst bei A.Smith zu bemerken, daß auch nach ihm

„es immer einige Waren gibt, deren Preis sich nur in *zwei* Teile aufspaltet, nämlich in die Arbeitslöhne und die Kapitalprofite." ([„Recherches sur la nature et les causes de la richesse des nations", Paris 1802], l. I, ch.VI, v.I., p.103.)

Also *diese* Differenz mit Ricardo kann hier ganz unberücksichtigt bleiben.

Nachdem Smith erst entwickelt, daß die valeur échangeable[4] sich in Arbeitsquantum auflöst, daß der in der valeur échangeable enthaltne Wert, nach Abzug von Rohstoff etc., sich in den Teil Arbeit auflöst, der dem Arbeiter bezahlt wird, und in den Teil, der ihm nicht bezahlt wird, welcher letztre Teil sich in Profit und Rente (der Profit wieder möglicherweise in Profit und Zins) auflöst, schlägt er plötzlich um, und statt die valeur

[1] dem Geldausdruck – [2] Edelmetalle – [3] den Ausdruck des Wertes in Geld – [4] der Tauschwert

échangeable in Salair, Profit und Rente aufzulösen, macht er vielmehr letztre zu den Bildnern der valeur échangeable, läßt sie als selbständige valeurs échangeables die valeur échangeable des Produkts bilden, setzt die valeur échangeable der Ware zusammen aus den selbständig und von ihr unabhängig bestimmten valeurs der salaire, profit und rente[1]. Statt daß die valeur ihre Quelle, werden sie die Quelle der valeur.

„*Lohn*, *Profit* und *Rente* sind *die drei ursprünglichen Quellen* allen Einkommens ebenso wie *allen Tauschwerts.*" (t. I, l. I, ch. VI, p. 105.)

Nachdem er den innren Zusammenhang ausgesprochen, beherrscht ihn plötzlich wieder die Anschauung der Erscheinung, der *Zusammenhang der Sache, wie er in der Konkurrenz erscheint*, und in der Konkurrenz erscheint alles immer verkehrt, stets auf den Kopf gestellt.

Es ist nun von diesem letztren verkehrten Ausgangspunkt aus, daß Smith den Unterschied von „*prix naturel* des marchandises"[2] und ihrem „*prix de marché*"[3] entwickelt. Ric[ardo] akzeptiert dies von ihm, vergißt aber, daß der „prix naturel" des A. Smith nichts [anderes] ist, nach den Prämissen Smiths, als der aus der Konkurrenz resultierende *Kostenpreis*, und daß dieser Kostenpreis bei Smith selbst nur sofern identisch mit der „*value*" der Ware ist, als Smith seine tiefere Ansicht vergißt und bei der falschen aus dem *Schein* der Oberfläche geschöpften stehnbleibt, daß die échangeable value der commodities[4] gebildet wird durch die Komposition der selbständig bestimmten values of wages, profit and rent[5]. Während Ricardo diese Ansicht durchgehend bekämpft, akzeptiert er die *auf dieselbe* gegründete Konfusion oder Identifizierung von *valeur échangeable* und *cost-price*[6] oder *natural price* des A. Smith. Diese Konfusion bei Smith berechtigt, weil seine ganze Untersuchung über den *prix naturel ausgeht* von seiner zweiten falschen Ansicht von der *value*. Bei Ric[ardo] aber gänzlich unberechtigt, weil er nirgendwo diese falsche Ansicht Smiths akzeptiert, sondern ex professo sie bekämpft als Inkonsequenz. Es gelang aber Smith, ihn durch den *prix naturel* wieder einzufangen.

Nachdem Smith den Wert der Ware *zusammengesetzt* hat aus den von ihr unabhängig und selbständig bestimmten *Werten von Arbeitslohn, Profit* und *Rente*, fragt er sich nun, wie werden diese Elementarwerte bestimmt? Und hier geht Smith von der Erscheinung aus, wie sie in der Konkurrenz vorliegt.

[1] Werte des Arbeitslohns, des Profits und der Rente – [2] „*natürlichem Preis* der Waren" – [3] „*Marktpreis*" – [4] der Tauschwert der Waren – [5] Werte von Arbeitslohn, Profit und Rente – [6] *Tauschwert* und *Kostenpreis*

Ch. VII b. I „Du prix naturel des marchandises, et de leur prix de marché.“

„In jeder Gesellschaft oder Kanton *gibt* es eine *mittlere* oder *Durchschnittstaxe* für Salaire – Profite – Rente.“ (l.c. t. I, p. 110.) Diese „durchschnittliche Taxe kann man die *natürliche Taxe* von Salair, Profit und Rente nennen für die Zeit und den Ort, in welchen diese Taxe communément[1] herrscht.“ (p. 110, 111.) „Ist der *Preis* einer Ware grade so groß als hinreicht, um Rente, Salair und Profite nach ihren *natürlichen* Taxen zu zahlen, so ist die Ware zu ihrem *natural price*, ihrem *natürlichen Preis* verkauft.“ (p. 111.)

Dieser natürliche Preis ist dann der *Kostenpreis* der Ware, und der Kostenpreis fällt mit dem *Wert* der Ware zusammen, da ja vorausgesetzt ist, daß der Wert der letztren gebildet wird durch die Werte von Salair, Profit und Rente.

„Die Ware wird ||550| *genau dafür veräußert, was sie wert ist*“ (die Ware ist dann zu ihrem *Wert* verkauft) „ou“ (oder) demjenigen, der sie auf den Markt bringt, wirklich *kostet*“ (zu ihrem *Wert oder* zu ihrem *Kostenpreis* für die Person, die sie auf den Markt bringt); „zwar *schließt* der Begriff *Gestehungskosten* einer Ware im allgemeinen Sprachgebrauch *nicht den Profit* desjenigen *mit ein*, der sie wieder verkauft, doch falls dieser sie zu einem *Preis abgibt, der ihm nicht den* in seiner Nachbarschaft *üblichen Profit einbringt*, verliert er offensichtlich etwas bei diesem Geschäft. *Durch eine andersartige Anlage seines Kapitals* könnte er *jenen Profit* aber erzielen.“ (p. 111.)

Hier haben wir die ganze Entstehungsgeschichte des prix naturel und noch dazu in ganz entsprechender Sprache und Logik, da die valeur der Ware gebildet wird durch die Preise von Salair, Profit und Rente, der wahre Wert der letztren aber wieder gebildet wird, wenn sie auf ihrer *natürlichen Taxe* stehn, so klar, daß die valeur der *Ware* identisch mit ihrem *Kostenpreis* und der letztre mit dem *prix naturel* der Ware. Die Taxe des Profits, d.h. die Profitrate, ditto des Salairs wird als *gegeben* vorausgesetzt. So sind sie für *Bildung* des Kostenpreises. Sie sind ihm *vorausgesetzt*. Sie erscheinen also auch dem einzelnen Kapitalisten gegeben. Wie und wo und warum geht ihn nichts an. Smith stellt sich hier auf den Standpunkt des einzelnen Kapitalisten, des Agenten der kapitalistischen Produktion, der den Kostenpreis seiner Ware festsetzt. So viel für Arbeitslohn etc., so viel beträgt die allgemeine Profitrate. *Ergo:* So *erscheint* diesem Kapitalisten die Operation, wodurch der *Kostenpreis* der Ware festgesetzt wird oder, wie es ihm weiter erscheint, der *Wert* der Ware, denn er weiß ebenfalls, daß der Marktpreis bald über, bald unter diesem Kostenpreis steht, der ihm daher als der ideale Preis der Ware, ihr absoluter Preis im Unterschied von ihren Preis-

[1] insgemein

schwankungen, kurz als ihr *Wert* erscheint, soweit er überhaupt über dergleichen nachzudenken Zeit hat. Und indem Smith sich mitten in die Konkurrenz versetzt, räsoniert und deräsoniert er auch so fort mit der eigentümlichen Logik des in dieser Sphäre befangnen Kapitalisten. Er wirft ein: Unter *Kosten* versteht man im gewöhnlichen Leben nicht den *Profit*, den der Verkäufer macht (der notwendig einen Überschuß über seine expenses[1] bildet). Warum rechnest du also den Profit in den Kostenpreis? A. Smith antwortet mit dem denktiefen Kapitalisten, dem diese Frage gestellt wird, so: *Profit überhaupt* muß in den Kostenpreis eingehn, weil ich geprellt wäre, wenn *nur ein* Profit von 9 statt 10 p.c. in den Kostenpreis einginge[48].

Diese Naivität, womit Smith einerseits aus der Seele des Agenten der kapitalistischen Produktion spricht und die Sachen ganz so darstellt, laut und voll, wie sie diesem erscheinen und wie sie von ihm gedacht werden und ihn in der Praxis bestimmen und in der Tat sich dem Schein nach zutragen, während er anderseits den tiefren Zusammenhang stellenweise aufdeckt, gibt seinem Buch den großen Reiz.

Man sieht auch hier, warum Smith – trotz großer innrer Skrupel über diesen Punkt – den Wert der Ware nur in Rente, Profit, Salair auflöst und das capital constant wegläßt, obgleich er es natürlich bei jedem „einzelnen" Kapitalisten zugibt. Denn sonst hieße: Der Wert der Ware besteht aus Salair, Profit, Rente und dem Wertteil der Ware, der nicht aus Salair, Profit, Rente besteht. Es wäre so notwendig, den Wert unabhängig von Salair, Profit und Rente festzusetzen.

Wenn außer der Auslage in dem Durchschnittssalair etc. der Preis [der] Ware den Durchschnittsprofit und – falls Rente in sie eingeht – die Durchschnittsrente liefert, ist sie zu ihrem *natürlichen* oder *Kostenpreis* verkauft, und zwar ist dieser Kostenpreis gleich ihrem *Wert*, weil ihr Wert ja nichts ist als die Addition der natürlichen Werte von Salair, Profit und Rente.

||551| Im übrigen entwickelt nun Smith, nachdem er sich einmal in die Konkurrenz gestellt, Profitrate etc. als *gegeben vorausgesetzt* hat, den *naturel prix* oder *Kostenpreis* richtig, nämlich diesen Kostenpreis im Unterschied vom Marktpreis.

„Der *natürliche Preis bzw.* der Gesamt*wert* von Rente, Arbeit und Profit, die bezahlt werden mußten, um sie" (die Ware) „dorthin zu bringen." (l.c. p. 112.)

Dieser Kostenpreis der Ware ist verschieden von dem *prix actuel*[2] oder *prix de marché*[3] der Ware. (p. 112.) Letztrer hängt von Nachfrage und Zufuhr ab.

[1] Auslagen – [2] *tatsächlichen Preis* – [3] *Marktpreis*

Die *Produktionskosten* der Ware oder der *Kostenpreis* der Ware ist eben „der *valeur entière* des rente, salaires et profits *qu'il en coûte pour amener cette marchandise au marché*"[1]. Entsprechen sich Nachfrage und Zufuhr, so ist der prix de marché gleich dem prix naturel.

„Wenn die auf den Markt gebrachte Menge gerade ausreicht, um die wirksame Nachfrage und nicht mehr zu versorgen, so stimmt der *Marktpreis* ganz genau... mit dem *natürlichen Preis* überein." (t.I, l.c. 114.) „Demnach bildet der *natürliche* Preis sozusagen den Zentralpreis, um den die Preise aller Waren ständig schwanken. Der Zufall kann sie zuweilen ein gutes Stück darüber in der Schwebe halten und zuweilen sogar etwas darunter herabdrücken." (t.I, l.c. p.116.)

Daher schließt dann Smith, daß im ganzen der

„gesamte jährlich zur Belieferung des Marktes mit irgendeiner Ware aufgewendete Fleiß" entsprechen wird den Bedürfnissen der Gesellschaft oder der „wirksamen Nachfrage". (p.117.)

Was Ric[ardo] als apportionnement[2] des capital general[3] für die different trades auffaßt, erscheint hier noch in der naiveren Form der Industrie nötig, um „eine *bestimmte* Ware" zu produzieren. Die Ausgleichung der Preise zwischen den Verkäufern *derselben* Ware zum *Markt*preis und die *Ausgleichung der Marktpreise* der *verschiednen* Waren zum Kostenpreise läuft hier noch ganz kunterbunt durcheinander.

Smith kommt hier nur ganz gelegentlich auf die influence der variation in the real values of commodities[4] auf den prix naturel oder die Kostenpreise.

Nämlich in der Agrikultur

„produziert die gleiche Menge Arbeit in verschiedenen Jahren ganz unterschiedliche Warenmengen, während sie in anderen [Beschäftigungssphären] immer die gleiche oder fast die gleiche Quantität hervorbringt. Dieselbe Arbeitskräftezahl wird in der Landwirtschaft in verschiedenen Jahren völlig voneinander abweichende Mengen an Korn, Wein, Öl, Hopfen usw. erzeugen. Doch die gleiche Anzahl Spinner und Weber stellt jedes Jahr denselben oder nahezu denselben Umfang an Leinen- und Wolltuch her... Bei der anderen" (der nicht agricultural) „Art von Gewerbefleiß, bei der das *Produkt gleicher Arbeitsquantitäten immer gleich* oder nahezu gleich *bleibt*" (d.h. solange die Produktionsbedingungen dieselben bleiben), „kann die Erzeugung genauer mit der wirksamen Nachfrage in Einklang gebracht werden." (p.117, 118.)

Hier sieht Smith, daß bloßer change in der productivity[5] von „quantités égales de travail"[6], also in den wirklichen Werten der Waren, die cost-prices

---

[1] *Gesamtwert* von Rente, Lohn und Profit, *die bezahlt werden mußten, um diese Ware auf den Markt zu schaffen*" – [2] Verteilung – [3] allgemeinen Kapitals – [4] den Einfluß der Variation in den realen Werten der Waren – [5] Wechsel in der Produktivität – [6] „gleichen Arbeitsmengen"

changiert. Er verflacht dies wieder durch Reduktion auf das Verhältnis von supply and demand[1]. Seinen eignen Entwicklungen nach ist die Sache, wie er sie darstellt, falsch. Denn, wenn in der Agrikultur „des quantités égales du travail" infolge der Jahreszeiten etc. verschiedne Massen [von] Produkten liefern, so hat er selbst entwickelt, wie infolge der Maschinerie, Teilung der Arbeit etc. „des quantités égales du travail" sehr verschiedne Massen von Produkt in der Manufaktur etc. liefern. Es ist also nicht *dieser* Unterschied, der die Agrikultur differenziert von den übrigen Industriezweigen. Es ist der Umstand, daß in dem einen Fall die „Produktivkraft in vorausbestimmtem Grad" angewandt wird, im andern von Naturzufällen abhängt. Bleibt aber als Resultat, daß der *Wert der Waren* oder die quantity of labour[2], die je nach der Produktivität der Arbeit has to be expended on a given commodity[3], ihre Kostenpreise variiert.

Im folgenden Satz hat A. Smith auch schon [dargelegt], wie die migration of capitals[4] von einem trade zum andren den Kostenpreis in den verschiednen trades herstellt. Doch dies bei ihm nicht klar wie bei Ric[ardo]. Denn wenn der ||552| Preis der Ware *unter* ihren *natural price*[5] fällt, so nach seiner Entwicklung, weil eins der Elemente dieses Preises *unter* die natural tax oder Rate fällt. Es ist daher nicht durch Entziehen der *Kapitalien allein* oder migration der Kapitalien, sondern indem labour, capital or land von einem Zweig in den andren wandern. Hierin ist seine Ansicht konsequenter als die Ric[ardo]s, aber falsch.

„Welcher Teil dieses" (natürlichen) „Preises auch immer unterhalb seiner *natürlichen* Rate bezahlt wird, diejenigen, deren Interesse beeinträchtigt wird, fühlen sofort den Verlust und *werden der Produktion der betreffenden Ware* unmittelbar danach *soviel Boden oder soviel Arbeit oder soviel Kapital entziehen*, daß die auf den Markt gebrachte Menge bald nur noch ausreicht, um die wirksame Nachfrage zu decken. Ihr *Marktpreis* wird daher schnell auf den *natürlichen Preis* ansteigen. Zumindest würde das überall dort geschehen, wo vollkommene Freiheit herrscht." (l.c. p. 125.)

Dies wesentliche Differenz, wie Smith und Ric[ardo] die Ausgleichung zum *prix naturel* auffassen. Die [Auffassung] Smiths beruht auf seiner falschen Voraussetzung, daß die 3 Elemente selbständig den Wert der Ware bestimmen, während die Ric[ardo]s auf der richtigen Voraussetzung beruht, daß es die *Durchschnittsrate des Profits* (wobei das Salair gegeben), die allein die Kostenpreise herstellt.

---

[1] Zufuhr und Nachfrage – [2] Arbeitsmenge – [3] auf eine gegebene Ware zu verwenden ist – [4] Wanderung der Kapitalien – [5] *natürlichen Preis*

[*2. Smiths Theorie von der „natürlichen Rate" des Arbeitslohns, des Profits und der Rente*]

„Der *natürliche Preis* verändert sich mit der *natürlichen Rate* seiner Bestandteile, des Lohnes, des Profites und der Rente." (l.c. p. 127.)

Und nun sucht Smith in ch. VIII, IX, X und XI von b. I den taux naturel[1] dieser „parties constituantes"[2], Salair, Rente und Profit und die variations dieses taux zu bestimmen.

Ch. VIII: „Des salaires du travail."

Bei der Eröffnung des chapter über das Salair entwickelt Smith – den Konkurrenz-Scheinstandpunkt verlassend – zunächst die wahre Natur des Mehrwerts und Profit und Rente als bloße Formen desselben.

Bei dem Salair hat er einen Standpunkt, um den taux naturel zu bestimmen, nämlich den Wert des Arbeitsvermögens selbst, den *notwendigen Arbeitslohn*.

„Ein Mensch muß immer von seiner Arbeit leben, und sein Lohn muß mindestens zu seiner Erhaltung ausreichen. Er muß meistenteils sogar etwas größer sein, sonst wäre es den Arbeitern nicht möglich, eine Familie zu gründen, wodurch ihr Geschlecht nicht länger als eine Generation existieren könnte." (l.c. p. 136.)

Dies wird wieder bedeutungslos, weil er sich nie fragt, wie wird der Wert der notwendigen Lebensmittel, i.e. der *Ware* überhaupt bestimmt? Und hier muß Smith, da er von seiner Hauptauffassung abgegangen, sagen: Der Preis des Arbeitslohns wird durch den Preis der Lebensmittel und der Preis der Lebensmittel durch den Preis des Arbeitslohns bestimmt. Vorausgesetzt einmal, daß der *Wert* des Arbeitslohns fixiert ist, beschreibt er wieder die Schwankungen desselben, wie sie sich in der Konkurrenz zeigen, und die Umstände, die diese Schwankungen hervorheben, exakt. Dies gehört in den exoterischen Teil und geht uns hier nichts an.

(Namentlich [behandelt er] den accroissement, *die Akkumulation* des Kapitals, sagt uns aber nicht, was diesen bestimmt, da dieser accroissement nur rasch sein kann, entweder wenn die Rate des Arbeitslohns relativ niedrig ist und die Produktivität der Arbeit groß ist (in diesem Fall Steigen der Salaire immer nur Folge vorhergegangner permanenter Niedrigkeit derselben) oder wenn die Rate der Akkumulation niedrig, aber die Produktivität der Arbeit groß ist. Im ersten Fall müßte er von seinem Standpunkt

[1] die natürliche Rate – [2] „Bestandteile"

aus die Rate des Arbeitslohns aus der Rate des Profits, i.e. aus der Rate des Arbeitslohns, deduzieren, im zweiten Fall aus dem gross amount of profit[1], was aber wieder Untersuchungen über den *Wert* der Ware ernötigen würde.)

Er will den Wert der Ware aus dem Wert der Arbeit als einem constitutional element[2] entwickeln. Und er entwickelt die Höhe des Arbeitslohns anderseits daraus, daß

„die Arbeitslöhne ... nicht mit dem Preis der Nahrungsmittel schwanken" (p. 149) und daß „sich die Arbeitslöhne von Ort zu Ort mehr als der Preis von Nahrungsmitteln ändern". (l.c. p. 150.)

In der Tat enthält das Kapitel nichts zur Sache Gehöriges, außer der Bestimmung des *Minimums des Salairs*, alias des Werts des Arbeitsvermögens. Hier knüpft Smith instinktmäßig wieder an seine tiefere Anschauung an, verläßt diese dann wieder, so daß selbst obige Bestimmung nichts [bedeutet]. Denn wodurch den *Wert* der notwendigen Lebensmittel – also Waren überhaupt bestimmen? Zum Teil durch den natural price of labour[3]. Und wodurch diesen bestimmen? Durch die value of necessaries, or commodities in general[4]. Elende Zwickmühle. Im übrigen enthält das chapter kein Wort über die Sache, über den *natural price* of labour ||553|, sondern nur Untersuchungen über das Steigen der wages[5] über das level[6] der natural tax, nämlich im Verhältnis wie Kapital sich rasch akkumuliert, die Akkumulation des Kapitals progressiv ist. Dann werden die verschiednen Gesellschaftszustände untersucht, worin dies der Fall, und schließlich, indem er der Bestimmung des Werts der Ware durch den Arbeitslohn und des Arbeitslohns durch den Wert der necessaries ins Gesicht schlägt durch Nachweis, daß dies in England [nicht] der Fall scheine. Dazwischen – weil der Arbeitslohn durch die necessaries bestimmt, [die] nicht nur zum Leben, sondern [auch] zur Reproduktion der Bevölkerung [notwendig] – kommt ein Stück Malthusscher Bevölkerungstheorie.

Nachdem A. Smith nämlich nachzuweisen gesucht, daß der Arbeitslohn im 18. Jahrhundert speziell in England *gestiegen*, wirft er die Frage auf, ob dies zu betrachten „comme un avantage ou comme un inconvénient pour la société"[7]. (l.c. p. 159.) Bei der Gelegenheit kehrt er dann wieder vorübergehend zu seiner tiefren Anschauung zurück, wonach Profit und Rente bloß Teile *am Produkt* des Arbeiters. Die Arbeiter, sagt er,

[1] Bruttobetrag des Profits – [2] konstitutierenden Element – [3] natürlichen Preis der Arbeit – [4] den Wert der zum Leben notwendigen Dinge oder der Waren im allgemeinen – [5] Löhne – [6] Niveau – [7] „als ein Vorteil oder als ein Nachteil für die Gesellschaft"

„bilden erstens den bei weitem größten Teil der Gesellschaft. Also kann man jemals als einen Nachteil für das Ganze betrachten, was das Los des größten Teils des Ganzen verbessert? Eine Gesellschaft kann sicher nicht als glücklich und prosperierend betrachtet werden, wenn der bei weitem größte Teil ihrer Glieder arm und elend ist. Außerdem verlangt die bloße Billigkeit, daß diejenigen, welche den *ganzen Körper der Nation* nähren, kleiden und behausen, *an dem Produkt ihrer eigenen Arbeit* wenigstens einen *hinreichenden Anteil* haben, um selbst erträglich genährt, bekleidet und behaust zu sein." (p. 159, 160.)

Bei dieser Gelegenheit kommt er auf die Bevölkerungstheorie.

„Obwohl Armut zweifellos Eheschließungen hemmt, verhindert sie diese nicht immer. Sie scheint sogar die Fortpflanzung zu begünstigen... Die unter Frauen von Stand so häufige Unfruchtbarkeit trifft man in den niedrigeren Schichten sehr selten an... Aber obgleich Armut die Fortpflanzung nicht verhindert, wirkt sie sich auf das Großziehen der Kinder äußerst ungünstig aus. Die zarte Pflanze keimt zwar auf, aber auf solch einem kärglichen Boden und in solch einem rauhen Klima, daß sie bald welkt und stirbt... Jede Tiergattung vermehrt sich natürlicherweise im Verhältnis zu ihren Existenzmitteln, keine kann sich jemals darüber hinaus vermehren. Aber in einer zivilisierten Gesellschaft kann der Mangel an Unterhaltsmitteln nur den unteren Volksschichten Beschränkungen gegen die weitere Vermehrung der menschlichen Gattung auferlegen... Auf diese Weise reguliert *die Nachfrage nach Arbeitern*, ebenso wie bei jeder anderen Ware, *notwendigerweise ihre Produktion*, beschleunigt sie, wenn sie zu langsam vorangeht, und hemmt sie, wenn sie sich zu schnell entwickelt..." (l. c. p. 160–163 passim.)

Der Zusammenhang des Minimums des salaire mit den verschiednen Gesellschaftszuständen ist der:

„Der Gesellen und Knechten aller Art gezahlte Lohn muß den einen wie den anderen in die Lage versetzen, *seinen Stand zu erhalten*, je nachdem, wie es die wachsende, sich vermindernde oder gleichbleibende Nachfrage der Gesellschaft verlangen mag." (l. c. p. 164.) (La société! c'est-à-dire – le capital.[1])

Er zeigt dann, daß der Sklave „teurer" sei als der freie Arbeiter, weil der letztre *selbst über sein „déchet"*[2] *wacht, während es bei dem erstren* [überwacht] ist „sous l'administration d'un maître peu attentif ou d'un inspecteur négligent"[3]. (l. c. p. 164.) Der „Fonds", um das „déchet" zu reparer[4], ist „ökonomisiert" vom freien Arbeiter, während er bei dem Sklaven verschwendet, unordentlich verwaltet wird.

„Der Fonds, der – wenn ich so sagen darf – zum Ersatz und zur Instandsetzung der natürlichen *Abnutzung* des Sklaven bestimmt ist, wird gewöhnlich durch einen nach-

[1] Die Gesellschaft! das heißt – das Kapital. – [2] *seinen „Verschleiß"* – [3] „durch einen nachlässigen Herrn oder unachtsamen Aufseher" – [4] ersetzen

lässigen Herrn oder unachtsamen Aufseher verwaltet. Der zur Erfüllung der gleichen Funktion bei einem freien Mann bestimmte Fonds wird durch diesen selbst betreut. In die Verwaltung des ersteren schleicht sich selbstverständlich die Unordnung ein, die gewöhnlich in der Wirtschaft reicher Leute vorherrscht, während sich die Genügsamkeit und sparsame Sorgfalt der Armen natürlicherweise auf die des letzteren überträgt." (p. 164.)

Dies gehört zur Bestimmung des Minimums des Salairs oder des naturel prix du travail[1], daß er niedriger beim freien Lohnarbeiter als beim Sklaven. Dies läuft bei Smith unter.

„Die von freien Menschen verrichtete Arbeit ist letzten Endes billiger als die von Sklaven." (p. 165.) „So wie die reichliche Entlohnung der Arbeit die Wirkung wachsenden Reichtums darstellt, so ist sie selbst die Ursache einer wachsenden Bevölkerung. Darüber klagen heißt, ||554| über die zwangsläufige Wirkung und Ursache der bedeutendsten allgemeinen Prosperität jammern." (p. 165.)

Smith plädiert weiter für hohen Arbeitslohn.

Er „regt nicht nur die Fortpflanzung des einfachen Volkes an," sondern „steigert auch dessen Fleiß. Die Arbeitslöhne sind der Ansporn des Fleißes, der sich, gleich jeder menschlichen Eigenschaft, im Verhältnis zur empfangenen Ermutigung entfaltet. Ein reichlicher Unterhalt steigert die körperliche Kraft des Arbeiters. Und die wohltuende Hoffnung, seine Lage zu verbessern ..., regt ihn an, diese Kraft aufs äußerste anzustrengen. Wo hohe Löhne existieren, sind demzufolge die Arbeiter aktiver, fleißiger und eifriger als dort, wo die Löhne sich auf einem niedrigen Niveau befinden." (l.c. p. 166.)

Aber hoher Lohn spornt die Arbeiter auch zur Überarbeitung und [zum] precocious[2] Ruin ihres Arbeitsvermögens [an].

„Werden Arbeiter im Stücklohn reichlich bezahlt, sind sie sogar sehr leicht geneigt, sich zu überarbeiten und ihre Gesundheit und ihre körperliche Verfassung in wenigen Jahren zu ruinieren." (p. 166, 167.) „Würden die Unternehmer stets dem Gebot der Vernunft und Menschlichkeit gehorchen, müßten sie die Anstrengungen vieler ihrer Arbeiter öfter mäßigen als anstacheln." (p. 168.)

Plädiert weiter dagegen, daß „eine etwas bessere als die gewöhnliche Versorgung die Arbeiter zum Müßiggang veranlaßt". (p. 169).

Er untersucht dann, ob es wahr, daß der Arbeiter in guten Jahreszeiten fauler als in schlechten, und wie es sich überhaupt mit dem Verhältnis zwischen Arbeitslohn und prix des denrées[3] verhält. Hier kommt wieder die Inkonsequenz.

„Der *Geldpreis der Arbeit* wird zwangsläufig durch zwei Faktoren bestimmt: durch die Nachfrage nach Arbeit und *den Preis* der notwendigen und angenehmen Dinge des

[1] natürlichen Preises der Arbeit – [2] vorzeitigen – [3] Preis der Lebensmittel

Lebens... Der Geldpreis der Arbeit wird durch das bestimmt, was zum Kauf dieser Quantität" (an notwendigen und angenehmen Dingen des Lebens) „erforderlich ist." (l.c. p.175.)

[Weiter untersucht er], warum – von wegen der Nachfrage nach Arbeit – der Arbeitslohn in fruchtbaren Jahren steigen, in unfruchtbaren fallen kann. (p.176 sqq.)

Die Ursachen in guten und schlechten Jahreszeiten paralysieren sich.

„Die Knappheit eines teuren Jahres tendiert durch die Verringerung der Nachfrage nach Arbeit dazu, deren Preis herabzumindern, während der hohe Preis der Lebensmittel die Tendenz in sich birgt, ihn zu erhöhen. Dagegen tendiert die Fülle eines billigen Jahres durch die Steigerung der Nachfrage dazu, den Preis der Arbeit zu erhöhen, während die Wohlfeilheit der Nahrungsmittel die Tendenz in sich birgt, ihn zu senken. Bei den normalen Preisschwankungen der Lebensmittel scheinen sich diese beiden Ursachen einander auszugleichen. Darin ist wahrscheinlich zum Teil der Grund zu suchen, warum die Arbeitslöhne überall viel stabiler und beständiger sind als der Preis der Lebensmittel." (p.177.)

Schließlich, nach all diesem Zickzack, stellt er dem Arbeitslohn als Quelle des Werts der Waren wieder gegenüber seine ursprüngliche tiefere Anschauung, daß der Wert der Waren durch die Arbeitsquantität bestimmt ist; und erhält der Arbeiter in guten Jahren oder mit dem Wachstum des Kapitals *mehr* Waren, so produziert er auch viel mehr Waren, oder die einzelne Ware enthält eine geringre Quantität Arbeit. Er kann also größres Quantum Ware mit geringrem Wert derselben erhalten und so, dies ist der involvierte Schluß, kann der Profit wachsen trotzt steigendem absolutem Arbeitslohn.

„Das Steigen der Arbeitslöhne erhöht notwendigerweise den Preis vieler Waren, *da jener Teil des Preises, der sich in Lohn auflöst, zunimmt*, und führt insofern zu einer Verringerung ihres Verbrauches im In- und Ausland. Jedoch dieselbe Ursache, die den Arbeitslohn erhöht, nämlich die Zunahme des Kapitals, tendiert zur Steigerung der produktiven Fähigkeiten der Arbeit und setzt eine kleinere Arbeitsmenge instand, eine größere Menge von Produkten zu erzeugen." [Dies geschieht durch] Teilung der Arbeit, Anwendung der Maschinerie, Erfindungen etc.... „Es gibt also viele Waren, die infolge dieser Verbesserungen *mit viel weniger Arbeit als zuvor produziert werden, so daß der erhöhte Preis der Arbeit durch die Verringerung ihrer Menge überkompensiert wird.*" (p.177, 178.)

Die Arbeit wird besser bezahlt, aber es ist weniger Arbeit in der einzelnen Ware enthalten, also weniger zu bezahlen. So läßt er seine falsche Theorie, wonach der Arbeitslohn den Wert der Ware als konstituierendes Element des Werts bestimmt, aufheben oder vielmehr paralysiert, kompensiert werden durch seine richtige Theorie, wonach der Wert der Ware durch die Quantität der in ihr enthaltnen Arbeit bestimmt ist.

||555| *Ch. IX: Des Profits des capitaux.*

Hier soll also die natural tax des zweiten Elements bestimmt werden, das den natural price *oder* Wert der Waren bestimmt und konstituiert. Was Smith über die Ursache des *Fallens der Profitrate* sagt (p. 179, 189, 190, 193, 196, 197 etc.), später zu betrachten[1].

Hier ist Smith nun in großer Verlegenheit. Er sagt, daß schon die Bestimmung des „taux moyen"[2] des Salairs darauf hinauslaufe, daß es der „taux habituel des salaires"[3] (p. 179), die faktisch gegebne Rate des Salairs sei. „Mais *ceci même ne peut guère s'obtenir à l'égard des profits* de capitaux."[4] (p. 179.) Außer [vom] Glück und Unglück des entrepreneur „ce profit se ressent ... de chaque variation qui survient dans le prix des marchandises"[5] (p. 180), während wir doch grade den naturel prix dieser marchandises durch die natural tax of profit, als eins der konstituierenden Elemente des „Werts", bestimmen sollen. Dies ist schon schwer in one single trade for a single capitalist[6].

„Die Bestimmung des Durchschnittsprofits all der verschiedenen, in einem großen Königreich betriebenen Gewerbezweige muß noch viel schwieriger sein." (p. 180.)

Aber von den „profits moyens des capitaux"[7] kann man sich eine Vorstellung machen „quelque idée d'après l'*intérêt de l'argent*"[8]*:*

„Ich möchte es als Maxime zugrunde legen, daß überall, wo man mit Geld sehr viel anfangen kann, für seine Verwendung gewöhnlich auch sehr viel hingegeben wird, und überall dort, wo man damit wenig anfangen kann, wird gewöhnlich auch wenig dafür hingegeben." (p. 180, 181.)

Smith sagt nicht, daß die Zinsrate die Profite bestimmt. Er sagt ausdrücklich das Umgekehrte. Aber über die Zinsrate zu verschiednen Epochen etc. besitzt man Annalen, die für die Profitrate fehlen. Die Zinsraten sind also Symptome, wonach man den ungefähren Stand der Profitrate beurteilen kann. Aber die Aufgabe war nicht, den Stand gegebner, verschiedner Profitraten zu vergleichen, sondern die *natural tax der Profitrate* zu bestimmen. Smith flüchtet in eine Nebenuntersuchung über den Stand des

---

[1] Siehe vorl. Band, S. 440 und 468 – [2] „Durchschnitts" – [3] „übliche Arbeitslohn" – [4] „Doch *in bezug auf die* Kapital*profite ist selbst das kaum möglich.*" – [5] Unternehmers „wird dieser Profit ... durch jede Preisänderung der Waren beeinflußt" – [6] in einem einzelnen Gewerbe für einen einzelnen Kapitalisten – [7] „Durchschnittsprofiten der Kapitalien" – [8] „nach der Höhe des *Geldzinses*"

Zinsfußes zu verschiednen Zeiten, was das Problem, das er sich gestellt, gar nicht berührt. Er betrachtet roh verschiedne Epochen in England, vergleicht diese dann mit Schottland, Frankreich, Holland und findet, daß – die amerikanischen Kolonien ausgenommen –

„die besonderen Verhältnisse neuer Kolonien ausgenommen, *hohe Arbeitslöhne und hohe Kapitalprofite selten jemals zusammenpassen.*" (p. 187.)

Hier sucht A. Smith schon annähernd, wie Ric[ardo], aber besser to a certain point[1] die hohen Profite zu erklären:

„Neue Kolonien müssen immer eine geraume Zeitlang im Verhältnis zur Ausdehnung ihres Territoriums kapitalärmer und im Verhältnis zum Umfang ihres Kapitals weniger bevölkert sein als die meisten anderen Länder. Sie besitzen mehr Grund und Boden als Kapital zu dessen Bearbeitung. Worüber sie verfügen, wird deshalb *nur zur Bearbeitung* des *fruchtbarsten und am günstigsten gelegenen Bodens* in der Nähe der Küste und an den Ufern schiffbarer Flüsse verwendet. Und auch derartiger Grund und Boden wird oft zu einem Preis verkauft, der sogar unter dem Wert seines natürlichen Produkts liegt." (Kosten also nichts, in fact.) „Zum Kauf und zur Verbesserung dieser Ländereien verwendetes Kapital muß einen sehr großen Profit abwerfen und infolgedessen die Zahlung eines sehr hohen Zinses gestatten. Die schnelle Kapitalanhäufung in einem profitablen Unternehmen befähigt den Pflanzer, die Zahl seiner Arbeitskräfte schneller zu erhöhen als in einer jungen Ansiedlung aufzutreiben sind. Diejenigen, die er finden kann, werden deshalb sehr reichlich entlohnt. *Ebenso wie die Kolonie sich weiterentwickelt, verringern sich allmählich die Kapitalprofite. Ist erst der fruchtbarste und am besten gelegene Boden insgesamt in Besitz genommen worden, läßt sich durch die Bebauung der nach Fruchtbarkeit und Lage schlechteren Ländereien nur noch ein kleinerer Profit erzielen,* und für das auf diese Weise beschäftigte Kapital können dann nur weniger Zinsen aufgebracht werden. In den meisten unserer Kolonien hat sich dementsprechend ... der Zinsfuß bemerkenswert verringert." (p. 187–189.)

Dies, obgleich in andrer Weise räsoniert, ist eine der Basen der Ric[ardo]-schen Erklärung vom Fall des Profits. Im ganzen erklärt hier Smith alles aus der Konkurrenz der Kapitalien, mit deren accroissement[2] der Profit fällt und mit deren Fall er anwächst[3], wonach denn auch der Arbeitslohn umgekehrt steigt oder fällt.

||556| „So wie die Verringerung des Kapitalvermögens der Gesellschaft oder der zur Aufrechterhaltung des Gewerbes bestimmten Fonds die Arbeitslöhne senkt, so erhöht sie auch die Kapitalprofite und deshalb den Geldzins. Durch die Senkung der

[1] bis zu einem gewissen Punkt – [2] Anwachsen – [3] in der Handschrift lautet dieser Satz: Im ganzen erklärt hier Smith alles aus der Konkurrenz der Kapitalien, anwachsend mit deren accroissement und fallend mit deren Fall

Arbeitslöhne können die Eigentümer des Kapitals, das der Gesellschaft verbleibt, ihre Waren mit geringeren Kosten auf den Markt bringen als vorher; und da jetzt weniger Kapital mit der Versorgung des Marktes beschäftigt wird, sind sie imstande, sie teurer zu verkaufen." (p. 191, 192.)

[Smith] spricht dann über den möglichst hohen und möglichst niedrigen taux.

„Die höchste Rate" ist die, „die vom Preis der meisten Waren alles aufzehrt, was der Grundrente zufallen sollte, und nur das übrigläßt, was zur Bezahlung der Arbeit, welche die Waren hergestellt und auf den Markt gebracht hat, ausreicht – und zwar entsprechend der niedrigsten Rate, zu der Arbeit irgendwo entlohnt werden kann, d. h. entsprechend des bloßen Lebensunterhalts des Arbeiters." (p. 197, 198.)

„Die niedrigste gewöhnliche Profitrate muß immer etwas mehr ausmachen als das, was zur Entschädigung der gelegentlichen Verluste hinreicht, denen jede Kapitalverwendung ausgesetzt ist. Es ist dieser Überschuß allein, der den reinen oder Nettoprofit darstellt." (p. 196.)

Smith charakterisiert in fact[1] selbst, was er über die *„natural tax of profit"* sagt:

„Den doppelten Zins betrachten die Kaufleute in Großbritannien als *guten, angemessenen, gerechten Profit*. Unter diesen Begriffen verstehe ich nichts anderes *als einen gewöhnlichen und üblichen Profit*." (p. 198.)

Und in der Tat nennt Smith diesen „profit commun et d'usage"[2] zwar weder modéré[3] noch honnête[4], aber er gibt ihm den Namen *„natural tax* of profit", sagt uns aber platterdings nicht, was das ist oder wie es bestimmt wird, obgleich wir vermittelst dieser „natural tax of profit" den „natural price" der commodity[5] bestimmen sollen.

„In Ländern, deren Wohlstand schnell anwächst, kann die niedrige Profitrate die hohen Arbeitslöhne im Preis vieler Waren aufwiegen und diese Länder in die Lage versetzen, ihre Waren genauso billig zu verkaufen wie ihre weniger prosperierenden Nachbarn, bei denen die Arbeitslöhne vielleicht niedriger sind." (p. 199.)

Niedrige Profite und hohe Salaire[6] stehn sich hier nicht als Wechselwirkung gegenüber, sondern dieselbe Ursache – das quick growth or accumulation of capital[7] bringt beide hervor. Beide gehn in den Preis ein, *konstituieren* ihn. Ist daher das eine hoch, während das andre niedrig, so bleibt der Preis derselbe etc.

---

[1] tatsächlich – [2] „gewöhnlichen und üblichen Profit" – [3] mäßig – [4] angemessen – [5] Ware – [6] in der Handschrift: Hohe Profite und niedrige Salaire – [7] die rasche Zunahme oder Akkumulation des Kapitals

Smith faßt hier den Profit rein als surcharge[1] auf, denn er sagt am Schluß des Kapitels:

„In Wirklichkeit tendieren hohe Profite viel mehr als hohe Löhne dazu, *den Preis* des Produkts zu steigern." (p. 199.) Z.B., wenn die Salaire aller in den fabriques des toiles[2] beschäftigten Arbeiter steigen um 2 deniers (pence) täglich – würde das das „Stück Leinwand" nur um so viel 2 d. heben, als Arbeiter beschäftigt wären „multipliziert mit den dabei aufgewendeten Arbeitstagen. Dieser Teil des Warenpreises, der sich in Lohn auflöst, steigt durch all die verschiedenen Fertigungsstufen nur in einem arithmetischen Verhältnis zur Lohnzunahme. Falls aber die Profite all der verschiedenen Beschäftiger der genannten Arbeiter um 5 Prozent anwachsen, erhöht sich jener Teil des Warenpreises, der sich in Profit auflöst, durch all die verschiedenen Fertigungsstufen in einem *geometrischen Verhältnis* zur Profitzunahme... Die Lohnsteigerung wirkt auf die Erhöhung der Warenpreise in der gleichen Weise wie der einfache Zins auf die Schuldenvermehrung. Die Profitsteigerung wirkt ähnlich wie der Zinseszins." (p. 200, 201.)

Am Schluß dieses chapter sagt uns Smith auch, *woher* er die ganze Anschauung hat, daß der Preis der Ware – oder ihr Wert – durch die Werte von salaires und profits gebildet wird, nämlich von den amis du commerce[3], den praktischen Konkurrenzgläubigen.

„Unsere Kaufleute und Fabrikherren beschweren sich viel über die schlechten Auswirkungen hoher Löhne, daß sie die Preise steigern und deshalb den in- und ausländischen Absatz ihrer Waren schmälern. Über die schlechten Auswirkungen hoher Profite äußern sie sich nicht. Im Hinblick ||557| auf die verwerflichen Folgen ihrer eigenen Gewinne schweigen sie. Sie klagen nur über die anderer Leute." (p. 201.)

Ch. X „Des salaires et des profits dans les divers emplois du travail et des capitaux". Dies betrifft nur das Detail, [ist] also das chapter von der Konkurrenz und ist in seiner Art sehr gut. Ganz exoterisch.

{*Produktive und unproduktive Arbeit:*

„Folglich ist das Lotteriespiel bei den juristischen Berufen weit davon entfernt, absolut gerecht zu sein. Sie werden ebenso wie viele andere freie und ehrenvolle Berufsarten hinsichtlich der Geldeinkünfte offenbar unterbezahlt." (t. I, l. I, ch. X, p. 216, 217.)

Ebenso sagt er von den *Soldaten:*

„Ihr Sold liegt unter dem Lohn gewöhnlicher Arbeiter, während die Strapazen ihres täglichen Dienstes viel größer sind." (t. I, l. I, ch. X, p. 223.)

Von den *Matrosen* der Marine:

---

[1] Aufschlag – [2] Leinwandfabriken – [3] Freunden des Handels [ein Ausdruck Fouriers]

„Die Geschicklichkeit und Fertigkeit der Seeleute ist weit größer als die fast aller anderen Handwerker, und ihr ganzes Leben ist ununterbrochen der Schauplatz von Mühsal und Gefahr... Ihr Lohn ist nicht höher als der von gewöhnlichen Hafenarbeitern, der die Lohnrate bei Seeleuten reguliert." (t. I, l. I, ch. X, p. 224.)

Ironisch:

„Es wäre zweifellos ungehörig, einen Hilfspfarrer oder Geistlichen mit einem Gesellen irgendeines gewöhnlichen Handwerkes zu vergleichen. Man kann jedoch durchaus der Meinung sein, daß die Bezahlung eines Hilfspfarrers oder Geistlichen und der Lohn eines Gesellen denselben Charakter besitzen." (t. I, l. I, ch. X, p. 271.)

Die *„gens-de-lettres"*[1] bezeichnet er ausdrücklich als underpaid[2] von wegen ihrer zu großen Zahl und erinnert daran, daß vor der Erfindung der imprimerie „étudiant et mendiant"[3] (t. I., ch. X, p. 276, 277) identisch waren, und scheint dies in a certain sense[4] auf die gens-de-lettres anzuwenden.}

Das Kapitel ist voll feiner Beobachtung und wichtiger Bemerkungen.

„In einer Gesellschaft oder einem Landstrich gleichen sich die durchschnittlichen und üblichen Profitraten in den verschiedenen Kapitalanlagesphären viel mehr als die Geldlöhne der verschiedenen Arten von Arbeit." (l. c. p. 228.)

„Indem die *Ausdehnung des Marktes* größeren Kapitalen eine Anlagemöglichkeit bietet, vermindert sie den *scheinbaren* Profit; aber weil hierdurch Lieferungen aus einer größeren Entfernung erforderlich sind, erhöht sie die Gestehungskosten. Die Verringerung des einen und die Erhöhung des anderen scheinen sich in den meisten Fällen gegenseitig aufzuheben" (in solchen Artikeln wie Brot, Fleisch etc.). (l. c. p. 232.)

„In den kleinen Städten und Landgemeinden kann der Handel auf Grund der *Beschränktheit des Marktes* nicht immer so ausgedehnt werden, wie sich das Kapital ausdehnt. Deshalb mag an solchen Orten die Profitrate einer bestimmten Person zwar sehr hoch sein, aber die Summe oder der Gesamtumfang ihres Profits und demzufolge auch ihrer jährlichen Akkumulation können niemals sehr groß sein. Dagegen kann der Handel in großen Städten in dem Maße ausgedehnt werden, wie das Kapital wächst, und der einem sparsamen und vorwärtskommenden Manne gewährte Kredit steigt noch viel schneller als sein Kapital. Sein Handel dehnt sich proportional zur Summe seines Kapitals und seines Kredits aus." (l. c. p. 233.)

Smith bemerkt sehr richtig über die *falschen statistischen* Darstellungen des Arbeitslohn, z. B. im 16., 17. etc. Jahrhundert, daß die Löhne hier nur Löhne z. B. für cottiers[5] waren, die in der Zeit, wo sie nicht auf ihren cottages[6] beschäftigt oder für ihre maîtres[7] (die ihnen Haus, „einen kleinen

[1] *„Gelehrten"* [2] unterbezahlt – [3] des Buchdrucks „Scholar und Bettler" – [4] in einem gewissen Sinne – [5] Häusler – [6] Katen – [7] Herren

Gemüsegarten, so viel Gras, wie zur Fütterung einer Kuh ausreicht, und vielleicht ein oder zwei Acres schlechten Ackerlandes" gaben und wenn sie sie beschäftigten[1], sehr schwachen Lohn)

„ihre überschüssige Zeit jedermann für ein kleines Entgelt zur Verfügung stellten und für einen geringeren Lohn als andere Arbeiter arbeiteten." (p.241.) „*Die tägliche oder wöchentliche Vergütung* scheint jedoch von vielen Schriftstellern, welche die Arbeits- und Lebensmittelpreise vergangener Zeiten gesammelt und sich darin gefallen haben, beide als wundervoll niedrig darzustellen, *als Gesamtlohn* angesehen worden zu sein." (p.242.)

Er bemerkt überhaupt allgemein richtig:

„Diese Gleichheit in der Gesamtheit der Vor- und Nachteile der verschiedenen Beschäftigungssphären von Arbeit und Kapital kann es nur dann geben, wenn diejenigen, die sie betreiben, sie als alleinige oder hauptsächliche Beschäftigung ausüben." (p.240.)

Übrigens dies von Steuart, namentlich mit Bezug auf die agricultural wages[2], sobald time precious[3] wird –, schon ganz gut entwickelt[49].

||558| In bezug auf die *Akkumulation des städtischen Kapitals während des Mittelalters* bemerkt Smith sehr richtig in diesem Kapitel, daß sie hauptsächlich geschuldet der Exploitation des country[4] (sowohl durch den commerce[5] als die métiers[6]). (Die Wucherer kamen hinzu. Auch die haute finance[7] schon; kurz, die Geldhändler.)

„Durch solche Anordnungen war jede Gruppe" *(innerhalb der zünftigen Städte)* „zwar verpflichtet, die von anderen benötigten Waren innerhalb der Stadt etwas teurer, als sie es sonst getan hätte, zu kaufen, aber zur Entschädigung wurde sie instand gesetzt, ihre eigenen Waren im gleichen Grade teurer zu verkaufen. Wie man sagt, die Angelegenheit war in dieser Beziehung genauso breit wie lang. Beim Handel zwischen den verschiedenen Gruppen innerhalb der Stadt gab es durch diese Reglementierungen keinen Verlierer. *Aber beim Handel mit der Provinz waren sie alle große Gewinner.* Allein diese Art von Geschäften erhält und bereichert jede Stadt. Jede Stadt bezieht ihren gesamten Lebensunterhalt und alle gewerblichen Rohstoffe vom Land. Sie bezahlt beides hauptsächlich auf zwei Arten: erstens durch Rücksendung eines Teils der be- und verarbeiteten Rohstoffe auf das Land, wodurch deren Preis um *die Löhne der Arbeiter und die Profite ihrer Meister oder unmittelbaren Beschäftiger* steigt; zweitens durch die Belieferung des Landes mit einem Teil der von der Stadt entweder aus anderen Ländern oder aus entfernten Teilen desselben Landes eingeführten Roh- und Manufakturprodukte, wodurch der ursprüngliche Preis dieser Waren ebenfalls um *die*

[1] In der Handschrift: er sie beschäftigte – [2] landwirtschaftlichen Löhne – [3] Zeit kostbar – [5] Landes – [4] Handel – [6] Gewerbe – [7] Hochfinanz

Löhne der Fuhr- oder Seeleute und die Profite der Händler, welche diese Arbeiter beschäftigen, erhöht wird. Daraus, was der erste dieser beiden Geschäftszweige verdient, besteht der *Gewinn, den die Stadt durch ihre Manufakturen erzielt*. Was von dem zweiten verdient wird, stellt den *Gewinn des Binnen- und Außenhandels* dar. Die Löhne der Arbeiter und die Profite ihrer verschiedenen Beschäftiger machen die Gesamtsumme aus, welche die beiden Zweige gewinnen. Führen also irgendwelche Reglementierungen *zur Erhöhung der Löhne und Profite über den Stand hinaus, der sonst vorhanden wäre, so befähigen sie die Stadt, mit einem kleineren Quantum ihrer Arbeit das Produkt einer größeren Arbeitsmenge des Landes zu kaufen.*"

{Hier also kehrt Smith zur richtigen Wertbestimmung [zurück]. Letztres l.c. t. I, l. I, ch.X, p.259. Bestimmung des Werts durch die *quantité du travail*[1]. Dies als Beispiel bei seiner Entwicklung des Mehrwerts anzubringen. Sind die Preise der Waren, die Stadt und Land austauschen, so, daß sie quantités égales du travail[2] repräsentieren, so sind sie gleich ihren Werten. Profit und Salair auf beiden Seiten können also nicht diese Werte bestimmen, sondern die Teilung dieser Werte bestimmen Profit und Salair. Daher findet Smith auch, daß die Stadt, die kleinre quantité du travail gegen größre des Landes austauscht, im Verhältnis zum Lande Surplusprofit und Surplussalair zieht. Dies wäre nicht der Fall, wenn sie ihre Ware nicht *über* den Wert derselben verkaufte dem Lande. In diesem Falle stiegen „profits et salaires" nicht „au dessus de ce *qu'ils devraient être naturellement*"[3]. Sind also Profit und Salair, ce qu'ils doivent être naturellement[4], so bestimmen sie nicht den Wert der Ware, sondern werden durch ihn bestimmt. Profit und Salair können dann nur durch Teilung des *gegebnen*, ihnen vorausgesetzten *Werts* der Ware entspringen, aber dieser Wert kann nicht durchgesetzt werden, resultieren aus ihm selbst vorausgesetzten Profiten und Salairen.}

„Sie verschaffen den Kaufleuten und Handwerkern der Stadt einen Vorteil gegenüber den Grundbesitzern, Farmern und Landarbeitern und vernichten das natürliche Gleichgewicht, das sonst beim Handel, der zwischen Stadt und Land betrieben wird vorhanden wäre. Das *gesamte Jahresprodukt der Arbeit der Gesellschaft wird* jährlich auf diese beiden Menschengruppen *aufgeteilt*. Mit Hilfe solcher" (städtischen) „Reglementierungen erhalten die Stadtbewohner davon *einen größeren Teil* als ihnen sonst zufallen würde, und einen kleineren Anteil bekommt die Landbevölkerung. Der *Preis*, den die Stadt tatsächlich für die jährlich von ihr eingeführten Nahrungsmittel und Rohstoffe bezahlt, setzt sich aus der jährlich von ihr ausgeführten Menge an Manufaktur- und anderen Waren zusammen. *Je teurer letztere verkauft werden*, desto billiger

[1] *Menge der Arbeit* – [2] gleiche Mengen Arbeit – [3] „über den Stand hinaus, *der sonst vorhanden wäre*" – [4] wie sie naturgemäß sein müßten

werden die ersteren gekauft. Der Gewerbefleiß der Stadt wird mehr und der Gewerbefleiß des Landes weniger gewinnbringend." (p.258-260.)

Würden also nach Smiths Darstellung selbst die städtischen Waren und ländlichen verkauft im Verhältnis der *quantité de travail,* die sie wechselseitig enthalten, so würden sie zu ihren *Werten* verkauft, und der Profit und Salair auf beiden Seiten könnten also nicht *diese Werte* bestimmen, sondern wären durch dieselben bestimmt. Das Ausgleichen der Profite – verschieden wegen der verschiednen organischen Zusammensetzung der Kapitalien – geht uns hier nichts an, da es, statt eine Differenz in die Profite hinzubringen, sie equalisiert.

||559| „Da die Stadtbewohner *an einem Ort versammelt sind,* können sie sich leicht zusammenschließen. Die unbedeutendsten in Städten betriebenen Gewerbe haben sich dementsprechend an dem einen oder anderen Ort in Zünften organisiert." (p.261.) „Die Bewohner des Landes leben verstreut an voneinander entfernten Orten und können sich deshalb nicht leicht zusammenschließen. Sie haben sich niemals in Zünften organisiert, und der Zunftgeist hat sich auch niemals bei ihnen durchgesetzt. Man hat nie eine Lehrzeit für nötig gehalten, um jemand für die Landwirtschaft, das Hauptgewerbe auf dem Land, auszubilden." (p.262.)

Bei dieser Gelegenheit kommt Smith auf die Nachteile der „Teilung der Arbeit". Der Bauer treibt ein intelligenteres Geschäft als der der Teilung der Arbeit unterworfene Manufakturarbeiter.

„Die Leitung von Arbeiten, die sich mit jedem Wetterwechsel und vielen anderen Zufällen ändern, erfordert eine größere Sachkenntnis und Umsicht als die Leitung von Arbeiten, die immer dieselben oder fast dieselben sind." (p.263.)

Die Teilung der Arbeit entwickelt die *gesellschaftliche* Produktivkraft der Arbeit oder die Produktivkraft der *gesellschaftlichen* Arbeit, aber auf Kosten des *allgemeinen Produktivvermögens* des Arbeiters. Und jene Steigerung der *gesellschaftlichen Produktivkraft* tritt ihm daher auch entgegen als gesteigerte Produktivkraft, *nicht seiner* Arbeit, sondern der sie beherrschenden Macht, des *Kapitals.* Wenn der städtische Arbeiter entwickelter als der ländliche, ist das nur dem Umstand geschuldet, daß seine Arbeitsweise ihn in *Gesellschaft* leben läßt, während die des andren ihn direkt mit der *Natur* leben läßt.

„Die Überlegenheit, welche die Gewerbetätigkeit der Städte überall in Europa gegenüber der des Landes besitzt, ist nicht völlig den Zünften und ihren Gesetzen geschuldet. Sie wird durch viele andere Reglementierungen gefördert. *Die hohen Zölle* auf ausländische Manufakturprodukte und auf alle durch fremde Kaufleute importierten Waren laufen auf das gleiche Ziel hinaus." (p.265.) Diese „Reglementierungen sichern sie" (die Städte) „gegen die Konkurrenz von Ausländern". (l.c.)

Dies ist eine Operation nicht mehr der städtischen Bourgeoisie, sondern der schon als corps de nation[1] oder doch als dritter Stand der Reichsversammlungen oder als Unterhaus auf nationalem Maßstab gesetzgebenden Bourgeoisie. Das Spezifische der städtischen Bourgeoisie – gegen das Land gerichtet – sind die Akzisen und Abgaben an den Toren, überhaupt die indirekten Steuern, die städtischen Ursprungs (siehe Hüllmann), während die direkten ländlichen Ursprungs. Es könnte scheinen, als ob die Akzisen z.B. eine Steuer seien, die die Stadt sich selbst indirekt auflege. Der Landmann muß sie vorschießen, läßt sie aber im Preis des Produkts sich remboursieren. Dies jedoch im Mittelalter nicht der Fall. Die Nachfrage für seine Produkte – soweit er diese überhaupt in Ware und Geld verwandelte – auf die Stadt meist gewaltsam auf den Stadtbann beschränkt, so daß er nicht die Macht hatte, den Preis seines Produkts zum ganzen Betrag der städtischen Steuer zu erhöhn.

„In Großbritannien scheint die Überlegenheit der städtischen gegenüber der ländlichen Gewerbetätigkeit früher größer gewesen zu sein als in der Gegenwart. Die Löhne der landwirtschaftlichen Arbeit nähern sich denen der Manufakturarbeit, und die Profite des in der Landwirtschaft angelegten Kapitals nähern sich denen des Handels- und Manufakturkapitals, und zwar stärker, als sie es im vorigen" (17.) „bzw. zu Beginn des jetzigen" (18.) „Jahrhunderts getan haben sollen. Diese Veränderung kann als notwendige, wenn auch sehr späte Folge der außerordentlichen Förderung betrachtet werden, welche der städtische Gewerbefleiß erfahren hat. Das hier aufgehäufte Kapital wird mit der Zeit so groß, das es mit dem alten Profit nicht mehr länger in jenem Gewerbezweig, der ihm eigen ist, angelegt werden kann. Dieses Gewerbe hat wie jedes andere seine Grenzen, und der *Kapitalzuwachs* reduziert notwendigerweise den Profit, *weil er* [die Konkurrenz] *vertieft. Die Verminderung der Profite in der Stadt treibt Kapital auf das Land,* wo es durch die Schaffung einer neuen Nachfrage nach landwirtschaftlicher Arbeit zwangsläufig deren Löhne steigert. *Es breitet sich dann,* wenn ich so sagen darf, *über die Oberfläche des Grund und Bodens aus,* und durch seine Anlage in der Agrikultur *wird es zum Teil dem Land zurückerstattet, auf dessen Kosten es ursprünglich in großem Maße in den Städten akkumuliert worden ist.*" (p.266, 267.)

Im *ch.XI, b.I* sucht Smith nun die *natural tax of rent* des dritten Elements, das den Wert der Ware konstituiert, zu bestimmen. Wir versparen das, nachdem wir vorher wieder zu Ricardo zurückgekehrt.

Soviel ist klar aus dem Vorhergehenden: Wenn A.Smith den *natural price* oder *cost-price der Ware* identifiziert mit *der value* derselben, so geschieht es, nachdem er vorher seine richtige Ansicht von *value* aufgegeben und die, wie sie sich aus den Erscheinungen der Konkurrenz aufdrängt,

[1] Hauptteil der Nation

emanierende damit vertauscht hat. In der Konkurrenz erscheint der *cost-price*, nicht die *value*, als das Regelnde der *market prices*, sozusagen als der *immanente Preis* – als Wert der Waren. Dieser Kostpreis selbst erscheint aber in ihr wiedergegeben durch die gegebne Durchschnittsrate von Salair, Profit und Rente. Diese sucht Smith daher selbständig, unabhängig vom *Wert* der Ware und vielmehr als Element des natural price, festzusetzen. Ric[ardo], dessen Hauptgeschäfte die Widerlegung dieser Smithschen ||560| Aberration, nimmt aber ihr *notwendiges*, bei ihm aber konsequent *unmögliches* Resultat an – *Identität of values and cost-prices.*

[ELFTES KAPITEL]

Ric[ardo]s Renttheorie

[1. *Historische Bedingungen für die Entwicklung der Rententheorie durch Anderson und Ricardo*]

Die Hauptsache bei Rod[bertus] abgemacht. Hier nur noch einige gleanings[1].

Zunächst ist historisch zu bemerken:

Ric[ardo] hat zunächst vor sich die Periode, die er selbst ziemlich miterlebt hat, von 1770–1815, wo die Preise des Weizens beständig stiegen, Anderson das 18. Jahrhundert, an dessen Schluß er schrieb, wo von Anfang des Jahrhunderts bis in die Mitte Fallen und von der Mitte bis zu Ende Steigen stattfand. Daher bei Anderson durchaus keine Verbindung des von ihm entdeckten Gesetzes mit einer abnehmenden productivity of agriculture[2] oder normalen {bei Anderson[3] einer unnatürlichen} Verteurung des Produkts. Bei Ric[ardo] wohl. Anderson glaubte, daß die Aufhebung der Korngesetze (damals Exportprämien) das Steigen der Preise in der zweiten Hälfte des 18. Jahrhunderts verursacht habe. Ric[ardo] wußte, daß die Einführung von Korngesetzen (1815) das Fallen der Preise verhindern sollte, und to a certain degree[4] verhindern mußte. Bei dem letztren also hervorzuheben, daß das sich selbst überlaßne Gesetz der Grundrente – *innerhalb eines bestimmten Territoriums* – die Zuflucht zu unfruchtbarerm Boden, also Verteurung der Agrikulturprodukte, Wachsen der Rente auf Kosten der Industrie und der Masse der Bevölkerung herbeiführen müsse. Und Ric[ardo] hatte hier praktisch und historisch recht. Anderson umgekehrt, daß Korngesetze (er ist auch für duty on imports[5]) die gleichmäßige Entwicklung der Agrikultur innerhalb *eines bestimmten Territoriums* fördern müssen,

[1] Nachlesen – [2] Produktivität der Landwirtschaft – [3] in der Handschrift: Ric[ardo] – [4] bis zu einem gewissen Grade – [5] Einfuhrzölle

daß die Garantie für diese gleichmäßige Entwicklung für dieselbe nötig sei, daß also *diese fortschreitende Entwicklung an sich selbst* durch das von ihm aufgefundne Gesetz der Grundrente, Vermehrung der Produktivität der Agrikultur[1] und dadurch Fallen der average prices of agricultural produce[2] herbeiführen müsse.

Beide aber gehn von der auf dem Kontinent so wunderlich scheinenden Ansicht aus, daß 1. kein Grundeigentum als Fessel für die beliebige Kapitalanlage auf Grund und Boden existiere; 2. daß vom beßren zum schlechtren Boden fortgegangen wird (bei Ric[ardo] ist dies, die Unterbrechungen durch Reaktion der Wissenschaft und Industrie abgerechnet, absolut; bei Anderson wird der letztre schlechtre Boden wieder in beßren verwandelt, relativ); 3. daß immer das Kapital vorhanden, gehörige Kapitalmasse, um auf Agrikultur angewandt zu werden.

Was nun 1. und 2. angeht, so muß das den Kontinentalen sehr sonderbar erscheinen, daß in dem Land, wo in ihrer Vorstellung das feudale Grundeigentum sich am stursten erhalten hat, die Ökonomen von der Vorstellung ausgehn, daß *kein* Grundeigentum existiere, Anderson sowohl wie Ricardo. Es erklärt sich dies:

erstens: Aus der Eigentümlichkeit des englischen „law of enclosures"[3], das durchaus keine Analogie hat mit den kontinentalen Gemeinheitsteilungen;

zweitens: Nirgendwo in der Welt hat die kapitalistische Produktion seit Henry VII. so rücksichtslos geschaltet mit den *traditionellen* Verhältnissen des Ackerbaus und sich ihre Bedingungen so adäquat gemacht und unterworfen. England ist in dieser Hinsicht das revolutionärste Land der Welt. Alle historisch überlieferten Verhältnisse, nicht nur die Lage der Dorfschaften, sondern die Dorfschaften selbst, nicht nur die Wohnplätze der agricultural population, sondern diese Population selbst, nicht nur die ursprünglichen Zentren der Bewirtschaftung, sondern diese Bewirtschaftung selbst, sind rücksichtslos weggefegt worden, wo sie den Bedingungen der kapitalistischen Produktion auf dem Land widersprachen oder nicht entsprachen. Der Deutsche z.B. findet die wirtschaftlichen Verhältnisse bestimmt durch traditionelle Verhältnisse von Feldmarken, Lage der Wirtschaftszentren, bestimmte Konglomerationen der Bevölkerung. Der Engländer findet die historischen Bedingungen der Agrikultur vom Kapital progressiv *geschaffen* vor seit dem Ende des 15. Jahrhunderts. Der in dem

[1] In der Handschrift: Industrie – [2] Durchschnittspreise der Agrikulturprodukte – [3] „Gesetzes über Einhegung [des Gemeindelandes]"

United Kingdom [übliche] technische Ausdruck des *„clearing of estates"*[1] findet sich auf keinem kontinentalen Land. Was heißt aber dies „clearing of estates"? Daß ohne alle Rücksicht auf ansässige Bevölkerung, die weggejagt wird, existierende Dorfschaften, die rasiert, Wirtschaftsgebäude, die niedergerissen, Spezies des Ackerbaues, die auf einen coup umgewandelt, z.B. aus Ackerbau in Viehweide verwandelt wird, alle Produktionsbedingungen nicht akzeptiert werden, wie sie traditionell sind, sondern historisch so *gemacht* werden, wie sie unter den Umständen für die vorteilhaftste Anlage des Kapitals sein müssen. So far[2] existiert also *kein Grundeigentum;* es läßt das Kapital - den farmer - frei wirtschaften, da es ihm bloß um das Geldeinkommen zu tun ist. Ein pommerscher Gutsbesitzer, mit seinen angestammten Feldflurmarken, Wirtschaftszentren und Landwirtschaftskollegium etc. im Kopf, mag daher die Hände über dem Kopf zusammenschlagen über die „unhistorische" Ansicht, die Ricardo von der||561| Entwicklung der Ackerbauverhältnisse hat. Er zeigt damit nur, daß er pommersche und englische Verhältnisse naiv verwechselt. Es kann aber nicht gesagt werden, daß Ric[ardo], der hier von englischen Verhältnissen ausgeht, ebenso borniert sei als der pommersche Gutsbesitzer, der innerhalb pommerscher Verhältnisse denkt. Die englischen Verhältnisse sind die einzigen, worin sich das *moderne Grundeigentum,* d.h. das durch die kapitalistische Produktion *modifizierte* Grundeigentum adäquat entwickelt hat. Die englische Anschauung ist hier - für die moderne, die kapitalistische Produktionsweise - die klassische. Die pommersche dagegen beurteilt das entwickelte Verhältnis nach einer historisch niedrigren, noch nicht adäquaten Form.

Ja, die meisten der kontinentalen Beurteiler Ric[ardos] gehn sogar von Verhältnissen aus, wo überhaupt die kapitalistische Produktionsweise, adäquat oder inadäquat, noch gar nicht existiert. Es ist dasselbe, als wollte ein Zunftmeister die Gesetze des A.Smith, die die freie Konkurrenz voraussetzen, mit Haut und Haar auf seine Zunftwirtschaft anwenden.

Die Voraussetzung des Fortgangs von beßrem zu schlechtrem Boden - relativ für den jedesmaligen Stand der Entwicklung der Produktivkraft der Arbeit, wie es bei And[erson] ist, nicht absolut wie bei Ric[ardo] - konnte nur in einem Land wie England entspringen, wo innerhalb eines relativ sehr kleinen Territoriums das Kapital so rücksichtslos gewirtschaftet und alle traditionellen Verhältnisse der Agrikultur sich erbarmungslos seit Jahrhunderten adäquat zu machen versucht hatte. Also nur, wo die kapitalistische

[1] *„Lichtens der Güter"* - [2] Insofern

Produktion in der Agrikultur, nicht wie auf dem Kontinent, von gestern datiert und mit keiner alten Tradition kämpft.

Ein zweiter Umstand war bei den Engländern die aus ihren *Kolonien* geschöpfte Anschauung. Wir haben gesehen[1], daß schon bei Smith sich – mit direkter Verweisung auf die Kolonien – die Grundlage der ganzen Ric[ardo]schen Anschauung findet. In diesen Kolonien – nun gar speziell in den Kolonien, die bloß Handelsprodukte wie Tabak, Baumwolle, Zucker etc., keine ordinären Lebensmittel produzierten –, wo von vornherein die Kolonisten nicht Subsistenz suchten, sondern ein Geschäft etablierten, entschied natürlich, *die Lage gegeben*, die Fruchtbarkeit, und die Fruchtbarkeit gegeben, *die Lage* des Landes. Sie verfuhren nicht wie Germanen, die sich in Deutschland niederließen, um dort ihren Wohnsitz aufzuschlagen, sondern wie Leute, die durch die Motive der *bürgerlichen Produktion* bestimmt, *Waren* produzieren wollten von Gesichtspunkten aus, die von vornherein nicht durch das Produkt, sondern durch den Verkauf des Produkts bestimmt waren. Daß *Ric[ardo]* und andre englische Schriftsteller diese aus Kolonien – die von Menschen ausgingen, die selbst schon das Produkt der kapitalistischen Produktionsweise waren – übertrugen auf den Gang der Weltgeschichte, daß sie die *kapitalistische Produktionsweise* als prius für die Agrikultur überhaupt voraussetzten, wie sie es für *ihre* Kolonisten war, erklärt sich daraus, daß sie in diesen Kolonien überhaupt nur in anschaulicher Weise, *ohne Kampf mit traditionellen Verhältnissen*, also *ungetrübt*, dieselbe Herrschaft der kapitalistischen Produktion in der Agrikultur wiederfanden, die in ihrem eignen Lande auf allen Seiten ins Auge schlägt. Wenn daher ein deutscher Professor oder Gutsbesitzer – einem Land angehörig, das sich durch seinen absoluten Mangel an Kolonien von allen andren Völkern unterscheidet – solche Anschauung „falsch" findet, so ist das sehr begreiflich.

Endlich die Voraussetzung des beständigen Flusses des Kapitals aus einem trade[2] in den andern, diese *Grundvoraussetzung bei Ricardo*, heißt weiter nichts als die Voraussetzung der Herrschaft der entwickelten kapitalistischen Produktion. Wo diese noch nicht etabliert, existiert diese Voraussetzung nicht. Ein pommerscher Gutsbesitzer wird es z.B. befremdend finden, daß Ric[ardo] und kein englischer Schriftsteller je die Möglichkeit ahnt, daß der Agrikultur *Kapital fehlen* könne. Der Engländer beklagt sich wohl über Mangel an Land im Verhältnis zum Kapital, aber *jamais*[3] über Mangel an Kapital im Verhältnis zum Land. Aus dem erstren Umstand suchen *Wakefield*, *Chalmers*, etc. das Fallen der Profitrate zu erklären. Der

[1] Siehe vorl. Band, S.227 – [2] Gewerbezweig – [3] *niemals*

letztre existiert bei keinem englischen Schriftsteller, wo, wie Corbet als selbstverstehende Tatsache bemerkt, *capital is always redundant in all trade*[1]. Denkt man dagegen an deutsche Verhältnisse, an die Schwierigkeiten des Grundeigentümers, Geld zu pumpen, – weil er meist selbst, nicht eine von ihm ganz unabhängige Kapitalistenklasse, den Ackerbau treibt –, so begreift man, wie sich Herr Rodbertus z.B. wundert über „die Ricardosche Fiktion, als ob der *Vorrat* von Kapital sich nach dem *Wunsche* seiner Anlegung richte". (S.211.) Was der Engländer vermißt, ist „field of action", Anlegungsstelle für den vorhandnen Vorrat von Kapital. Aber ein „Wunsch nach Kapital" für eine „Anlegung" existiert in England nicht für die einzige Klasse, die Kapital anzulegen hat – die Kapitalistenklasse.

||562| Diese „Kapitalwünsche" sind pommersch.

Was englische Schriftsteller dem Ric[ardo] entgegenhielten, war nicht, daß Kapital nicht in jedem beliebigen Vorrat für besondre Anlegung vorhanden, sondern daß der Reflux des Kapitals aus der agriculture auf spezifische technische etc. Hindernisse stoße.

Diese Art kritisch-kontinentaler Bemäklung an Ricardo zeigt also nur die tiefere Stufe der Produktionsbedingungen, von denen jene „Weisen" ausgehn.

[2. *Ricardos fehlerhafte Erklärung der Kostenpreise und ihre Auswirkung auf seine Rententheorie*]

Nun zur Sache.

Zunächst, um das Problem rein aufzufassen, müssen wir die *Differentialrente*, die *allein* bei Ric[ardo] existiert, ganz beiseite lassen. Unter *Differentialrente* verstehe ich den *Größenunterschied* der Rente – die größre oder kleinre Rente, die aus dem *Unterschied der Fruchtbarkeit der Bodenarten* herrührt. (Gleiche Fruchtbarkeit gegeben, kann die Differentialrente nur der verschiednen Größe des angelegten Kapitals entspringen. Dieser Kasus existiert für unser Problem nicht, berührt es nicht.) Diese Differentialrente entspricht bloß den *Surplusprofiten*, die bei gegebnem *Marktpreis* oder richtiger *Marktwert* in jedem Industriezweig, z.B. cotton-spinning[2], *der* Kapitalist macht, dessen Produktionsbedingungen *besser* sind als die Durchschnittsbedingungen dieses bestimmten trade, denn der *Wert* der Ware einer bestimmten Produktionssphäre ist nicht bestimmt durch das *Quantum Arbeit*, das die einzelne Ware kostet, sondern das *die* Ware kostet, die unter

[1] *Kapital immer in jedem Gewerbezweig im Überfluß vorhanden ist* – [2] Baumwollspinnerei

den *durchschnittlichen* Bedingungen der Sphäre produziert ist. Hier unterscheiden sich Manufaktur und Agrikultur nur dadurch, daß in der einen die Surplusprofite in die Tasche des Kapitalisten selbst, in der andren in die des Grundeigentümers fallen, ferner dadurch, daß sie in der ersten *fließen*, keine Konsistenz gewinnen, bald von diesem Kapitalisten, bald von jenem gemacht und beständig wieder aufgehoben werden, während sie sich in der zweiten *fixieren* wegen ihrer dauernden (wenigstens für längre Zeit dauernden) Naturbasis in den *Bodenverschiedenheiten*.

Von dieser Differentialrente also abzusehn, aber zu bemerken, daß sie ebenso möglich, wenn von beßrem zu schlechtrem, als wenn von schlechtrem zu beßrem Boden fortgegangen wird. In beiden Fällen nur vorausgesetzt, daß der neu bebaute Boden nötig ist, aber auch nur hinreicht, um die additional demand[1] zu befriedigen. Würde der neubebaute beßre Boden für *mehr* als diese additional demand zureichen, so würde ein Teil oder je nach dem Umfang der additional demand der ganze schlechtre Boden *außer Bebauung* geworfen, wenigstens aus der *Bebauung des Produkts*, welches die Basis der Ackerbaurente bildet, also in England des Weizens, in Indien des Reises. Die Differentialrente setzt also keine *progressive Verschlechterung der Agrikultur* voraus, sondern kann ebensowohl aus *progressiver Verbeßrung* derselben entspringen. Selbst wo sie Herabsteigen zu schlechtren Bodenarten voraussetzt, kann erstens dies *Herabsteigen* einer Verbeßrung in ihren Produktivkräften geschuldet sein, indem *nur* die höhere Produktivkraft zu dem *Preis*, den die Nachfrage erlaubt, Bebauung des schlechtern Bodens möglich macht. Zweitens kann der *schlechtre Boden* verbessert werden, dennoch [werden] die Differenzen bleiben, obgleich [sie] mehr ausgeglichen werden, so daß im Resultat nur *relative, komparative* Abnahme der Produktivität stattfindet, während die *absolute zunimmt*. Dies sogar die Voraussetzung Andersons, des ersten author des Ric[ardo]schen Gesetzes.

Dann, in the second instance[2], muß hier nur die *eigentliche Agrikulturrente* ins Auge gefaßt werden, d.h. die Rente des Bodens, der das hauptvegetative Lebensmittel liefert. Schon Smith hat auseinandergesetzt, daß die Renten des andre Produkte liefernden Bodens, wie Viehzucht etc., durch *jene Rente* bestimmt werden, also schon *abgeleitete*, durch das Gesetz der Rente bestimmte, nicht es bestimmende Renten sind, also für sich betrachtet kein Material für das Begreifen des Gesetzes der Rente in seinen ursprünglichen reinen Bedingungen liefern. Nichts Primitives.

---

[1] zusätzliche Nachfrage – [2] in zweiter Linie

This settled[1], reduziert sich die Frage darauf: Existiert eine *absolute* Rente? D.h. eine Rente, die daraus entspringt, daß das Kapital in der Agrikultur statt in der Manufaktur angelegt ist, und die ganz unabhängig ist von der *Differentialrente* oder den *Surplusprofiten*, die das auf beßrem Boden angelegte Kapital liefert?

Es ist nun klar, daß Ric[ardo] diese Frage richtig *verneint*, nachdem er einmal von *der falschen* Voraussetzung ausgegangen ist, daß *Werte* und *Durchschnittspreise der Waren identisch* sind. Wäre dies der Fall, so Tautologie, daß – wenn ||563| der konstante Preis der Agrikulturprodukte außer dem Durchschnittsprofit *noch extra Rente* liefert, einen beständigen Überschuß über diesen Durchschnittsprofit – der Preis der Agrikulturprodukte *über* ihrem *Kostenpreis* steht, denn dieser Kostenpreis ist gleich den Avancen + dem Durchschnittsprofit and nothing else[2]. Dadurch, daß die Preise der Agrikulturprodukte *über* ihren Kostenpreisen stünden, notwendig einen Surplusprofit abwürfen, stünden sie also *über* ihrem Wert. Es bliebe nichts übrig, als anzunehmen, daß sie beständig *über* ihrem Wert verkauft werden, was aber ebensosehr voraussetzt, daß alle andern Produkte *unter* ihrem Wert verkauft werden, oder daß der Wert überhaupt etwas ganz Verschiednes von dem in der Theorie notwendig Begriffnen ist. *Dieselbe Quantität Arbeit* (unmittelbare und akkumulierte) und nach Einrechnung aller Ausgleichungen, die zwischen den verschiednen Kapitalien infolge ihrer aus dem Zirkulationsprozeß entspringenden Verschiedenheiten stattfinden, würde in der Agrikultur einen *höhren* Wert erzeugen als in der Manufaktur. Der Wert der Ware wäre also *nicht* durch das in ihm enthaltne Arbeitsquantum bestimmt. Die ganze Grundlage der Ökonomie wäre damit über den Haufen geworfen. Ergo, schließt Ric[ardo] richtig, no absolute rents[3]. Die Differentialrente allein ist möglich; d.h., der Wert[4] des auf dem schlechtesten Boden erzeugten Agrikulturprodukts ist gleich dem *Kostenpreis* des Produkts; wie [bei] jeder andren Ware [ist dieser gleich ihrem] Wert. Das auf dem schlechtesten Boden angelegte Kapital ist Kapital, das sich von dem in der Manufaktur angelegten nur durch *die Art der Anlage* als besondre Spezies der Anlage unterscheidet. Hier also erscheint die Gemeingültigkeit des Gesetzes der Werte. Die *Differentialrente* – und dies ist die einzige Rente auf beßrem Boden – ist nichts als der Surplusprofit, den infolge des *einen identischen Marktwerts* in *jeder* Produktionssphäre die unter beßren als den Durchschnittsbedingungen arbeitenden Kapitalien abwerfen, und die sich nur in

[1] Dieses entschieden – [2] und nichts weiter – [3] keine absoluten Renten – [4] in der Handschrift: Preis

der Agrikultur fixieren wegen ihrer *Naturbasis*, außerdem wegen des Repräsentanten dieser Naturbasis, des *Grundeigentümers*, statt in die Tasche des Kapitalisten, in die des Grundeigentümers fließen.

Mit Ric[ardos] Voraussetzung, daß *Kostenpreis* = *Wert*, fällt das ganze Räsonnement. Es fällt weg das *theoretische Interesse*, das ihn zur Leugnung der absoluten Grundrente zwingt. Unterscheidet sich der Wert der Ware von ihrem Kostenpreis, zerfallen die Waren notwendig in 3 Kategorien, wovon der Kostenpreis der einen = ihrem Wert, der Wert der andern *unter* ihrem Kostenpreis steht und der Wert der dritten *über* ihrem Kostenpreis, so würde der Umstand, daß Agrikulturprodukten*preis* Grundrente abwirft, nur beweisen, daß das Agrikulturprodukt zu der Klasse von Waren gehört, deren Wert *über* ihrem Kostenpreis steht. Das einzige Problem, das noch zu lösen bliebe, wäre: Warum, im Unterschied zu den andren Waren, deren Wert ebenfalls *über* ihrem Kostenpreis steht, der Wert der Agrikulturprodukte nicht zu ihrem *Kostenpreis* durch die Konkurrenz der Kapitalien herabgesetzt wird? Die Antwort liegt schon in der Frage. Weil der Voraussetzung nach dies nur der Fall, soweit die Konkurrenz der Kapitalien diese Ausgleichung bewirken kann, dies aber wiederum nur der Fall sein kann, soweit alle Produktionsbedingungen entweder Schöpfungen des Kapitals selbst sind oder ihm gleichmäßig – elementarisch zur Verfügung stehn. Dies bei der Erde nicht der Fall, weil *Grundeigentum* existiert und die kapitalistische Produktion unter der *Voraussetzung* des nicht aus ihr entsprungenen, sondern eines *vor* ihr vorhandnen *Grundeigentums* ihre carrière eröffnet. Die bloße Existenz des Grundeigentums beantwortet also die Frage. Alles, was das Kapital tun kann, ist, die Agrikultur den Bedingungen der kapitalistischen Produktion zu unterwerfen. Aber sie kann dem *Grundeigentum* nicht den Halt auf den Teil des Agrikulturprodukts entziehn, den das Kapital *nur* sich aneignen könnte, nicht aus seiner eignen Aktion, sondern unter der Voraussetzung der *Nichtexistenz des Grundeigentums*. Dies vorausgesetzt, muß es vielmehr dem Grundeigentümer den Überschuß des Werts über den Kostenpreis lassen. Dieser Unterschied selbst aber entspringt nur aus einem Unterschied in der Zusammensetzung der *organischen* Bestandteile des Kapitals. Alle Waren, deren Wert dieser organischen Zusammensetzung gemäß *über* dem Kostenpreis steht, zeigen dadurch, daß sie *relativ* unproduktiver als die, deren Wert = dem Kostenpreis und noch mehr als die, deren Wert *unter* dem Kostenpreis steht; denn sie erheischen größres Quantum *unmittelbarer* Arbeit im Verhältnis zu der im konstanten Kapital enthaltnen *vergangnen Arbeit*, mehr Arbeit, um ein bestimmtes Kapital in Aktivität zu setzen. Dieser Unterschied ein *historischer*, kann also verschwinden. Dieselbe Schlußfolge, die die Existenz der *absoluten Grundrente* als möglich zeigt, zeigt ihre Wirklichkeit, ihre Existenz als bloß historisches fact, das einem *gewissen* Entwicklungsgrad der Agrikultur eigen, auf einem höhren verschwinden kann.

Ricardo erklärte die Differentialrente aus einer *absoluten Abnahme der Produktivität* der Agrikultur, die sie gar nicht voraussetzt und die von Anderson nicht vorausgesetzt ist. Er leugnet dagegen die absolute Grundrente, weil er ||564| die *organische Zusammensetzung* des Kapitals in Industrie und Agrikultur als gleich voraussetzt, leugnet also die bloß historisch vorhandne *niedrigere Entwicklung* der Produktivkraft der Arbeit in der Agrikultur, verglichen mit der Manufaktur. Er fällt daher in doppelten historischen Fehler: Die Produktivität der Arbeit in Agrikultur und Industrie *absolut gleichzusetzen* auf der einen Seite, also einen bloß *historischen* Unterschied in ihrem gegebnen Entwicklungsgrad zu leugnen, anderseits eine *absolute Abnahme in der Produktivität der Agrikultur* anzunehmen und zu ihrem Entwicklungsgesetz zu machen. Das eine tut er, um den *Kostenpreis* auf dem schlechtesten Boden dem *Wert* gleichzusetzen, das andre, um die Unterschiede der [*Kosten*]*preise* der beßren Bodenarten von ihrem *Wert* zu erklären. Der ganze blunder[1] rührt her aus der Verwechslung von *Kostenpreis* und *Wert*.

Damit ist also die Ric[ardo]sche Theorie beseitigt. Über das weitre oben bei Rod[bertus].

[3. *Unzulänglichkeit der Ricardoschen Definition der Rente*]

Ich habe bereits hingedeutet[2], daß Ric[ardo] das chapter eröffnet damit, es sei zu untersuchen, „whether the *appropriation* of land, and the consequent creation of rent"[3] ([„On the principles...", London 1821,] p.53) mit der Bestimmung des Werts durch die Arbeitszeit interferen[4]. Und so später:

> „Adam Smith ... kann nicht recht haben mit der Annahme, daß die *ursprüngliche Regel, nach der sich der Tauschwert der Waren bestimmt*, – nämlich die verhältnismäßige Quantität Arbeit, durch die sie produziert wurden, – *durch die Aneignung von Boden und die Zahlung einer Rente überhaupt geändert werden kann.*" (p.67.)

Dieser direkte und bewußte Zusammenhang, den die Renttheorie bei Ric[ardo] hat mit der Bestimmung of *value*[5], ist ihr theoretisches Verdienst.

[1] Irrtum – [2] siehe vorl. Band, S. 165 – [3] „ob die *Aneignung* von Boden und die daraus folgende Entstehung von Rente" – [4] in Widerspruch steht – [5] des *Werts*

Im übrigen ist dies *chapter II „On Rent“* rather[1] schlechter als die Ausführung von West. Es ist viel queeres, petitio principii[2] und unfair dealing[3] mit dem Problem drin.

Bei der *eigentlichen Agrikulturrente*, die Ric[ardo] hier mit Recht als die rent κατ᾽ ἐξοχήν[4] behandelt, ist die Rente das, was gezahlt wird für die permission[5], Kapital anzulegen, kapitalistisch zu produzieren, *im Element der Erde*. Die Erde ist hier das *Produktionselement*. Anders z.B. bei Rente für Bauten, Wasserfälle etc. Die Naturkräfte, für die hier gezahlt wird, gehn als *Bedingung* ein in die Produktion, sei es als Produktivkraft, sei es als sine qua non[6], aber sie sind nicht das *Element* dieser bestimmten Produktionssphäre selbst. Wieder in Renten für Minen, Kohlenbergwerke etc. ist die Erde das Reservoir der Gebrauchswerte, die ihren bowels[7] entrissen werden sollen. Hier wird für die Erde gezahlt, nicht weil sie das *Element* ist, worin produziert werden soll, wie in der Agrikultur, noch weil sie als eine der Produktionsbedingungen eingeht *in* die Produktion, wie für Wasserfall oder für den Bauplatz, sondern weil sie die *Gebrauchswerte* als Reservoir enthält, deren sich durch die Industrie bemächtigt werden soll.

Ricardos Erklärung:

„Die *Rente* ist jener Teil des Produkts der Erde, der dem Grundeigentümer für *den Gebrauch* der *ursprünglichen* und *unzerstörbaren Kräfte des Bodens* gezahlt wird.“ (p.53),

ist schlecht. Erstens hat der Boden keine „indestructible powers“[8]. (Darüber am Schluß dieses Kapitels Note zu machen.) Zweitens hat er insofern auch keine „original“ powers[9], als der Boden überhaupt nichts „Originelles“ ist, sondern das Produkt eines naturhistorischen Prozesses. Aber passons ça[10]. Unter den „original“ powers des Bodens sind hier die zu verstehn, die er, unabhängig von der Aktion der menschlichen Industrie hat, obgleich anderseits durch die menschliche Industrie ihm gegebne powers ganz so zu seinen original powers werden wie die, die der Naturprozeß ihm gab. Sonst bleibt das richtig, daß die rent für den „*use*“[11] von Naturdingen gezahlt wird, ganz abgesehn davon, ob dieser use sich auf die „original powers“ des soils[12] oder die Fallkraft eines Wasserfalls oder Boden zum Bauen oder die zu usenden[13], im Wasser oder in den Eingeweiden der Erde enthaltnen Schätze bezieht.

Im Unterschied von der eigentlichen *Agrikulturrente* spricht A. Smith (sagt Ric[ardo]) von der Rente, paid[14] für Holz von Urwaldungen, rent of

[1] eher – [2] Fragwürdiges, logische Fehler – [3] unfaires Umgehen – [4] im eigentlichen Sinne – [5] Erlaubnis – [6] unerläßliche Bedingung – [7] Eingeweiden – [8] „unzerstörbaren Kräfte“ – [9] „ursprünglichen“ Kräfte – [10] sehen wir davon ab – [11] „Gebrauch“ – [12] Bodens – [13] gebrauchenden – [14] gezahlt

coal mines and of stone quarries[1]. Die Art, wie Ric[ardo] dies beseitigt, ist rather strange[2].

Er beginnt damit, daß man mit der rent of land nicht verwechseln muß the interest and profit of capital[3] (p.53), nämlich des

„Kapitals, das zur Verbesserung der Bodenqualität und für den Bau der für die Sicherung und Lagerung des Produkts notwendigen Gebäude aufgewendet wurde." (p.54.)

Davon sofort zu A.Smiths obigen Fällen. Mit Bezug auf den Urwald.

„Ist es aber nicht offensichtlich, daß derjenige, der das zahlte, was er" (Smith) „Rente nennt, es in Anbetracht der *wertvollen Ware* gezahlt hat, die sich auf dem Boden befand, und daß er *sich durch den Verkauf des Holzes* in Wirklichkeit *mit einem Profit wieder bezahlt*?" (p.54.)

Ebenso mit den stone-quarries[4] und coal-mines[5].

„Die für die ‖565| Grube oder den Steinbruch geleistete Entschädigung wird gezahlt für den *Wert* der Kohle oder der Steine, die ihnen entnommen werden können, und haben keinerlei Beziehung zu den ursprünglichen und unzerstörbaren Kräften des Bodens. Das ist für jede sich auf Rente und Profit erstreckende Untersuchung eine Unterscheidung von großer Bedeutung, denn es hat sich ergeben, daß die Gesetze, welche die Entwicklung der Rente bestimmen, sehr verschieden sind von jenen, die die Entwicklung des Profits bestimmen und daß sie selten in gleicher Richtung wirken." (p.54, 55.)

Dies ist sehr strange logic[6]. Es ist zu unterscheiden zwischen *rent*, die dem owner des land[7] gezahlt wird für den *use der „original and indestructible powers of the soil"*[8] und dem *interest* and profit, der ihm gezahlt wird für das Kapital, das er angelegt in *ameliorations*[9] des Bodens etc. Die *„compensation"*[10], die dem Eigentümer natürlicher Wälder gezahlt wird, für das Recht, Holz oder dem Besitzer der stone-quarries und coal-mines für das Recht, Steine und Kohlen to „remove"[11], ist nicht *rent*, denn sie ist nicht gezahlt für die „use of the original and indestructible powers of the soil". Very well![12] Aber Ric[ardo] macht in seinem Räsonnement, als wäre diese „compensation" dasselbe als der Profit und Zins, der für Kapitalanlage für ameliorations von Grund und Boden gezahlt wird! Aber wie falsch! Hat der Besitzer „Kapital" angelegt in einem „Urwald", damit er „Holz" trage oder der Besitzer von Steinbrüchen und Kohlenwerken „Kapital" in denselben, damit sie „Stein" und „Kohle" enthalten? Woher also seine „compensation"!

[1] Rente von Kohlengruben und von Steinbrüchen – [2] ziemlich seltsam – [3] den Zins und Profit vom Kapital – [4] Steinbrüchen – [5] Kohlengruben – [6] seltsame Logik – [7] Bodeneigentümer – [8] *Gebrauch der „ursprünglichen und unzerstörbaren Kräfte des Bodens"* – [9] *Verbesserungen* – [10] *„Entschädigung"* – [11] zu „entnehmen" – [12] Sehr schön!

Sie ist auf keinen Fall, wie Ric[ardo] erschleichen will, profit oder interest of capital[1]. Also ist sie *„rent“* und nothing else[2], wenn auch nicht rent in dem Sinn, wie Ric[ardo] *rent* definiert hat. Das zeigt aber nur, daß seine Definition der Rente Formen ausschließt, wo die „compensation“ für bloße *Naturdinge* gezahlt wird, in denen keine menschliche Arbeit verwirklicht ist, und zwar dem *Eigentümer* dieser Naturdinge, und nur weil er „Eigentümer“ ist, *Grundeigentümer*, bestehe dieser Grund aus Erde, Waldung, Fischteich, Wasserfall, Boden zum Bauen etc. Aber, sagt Ric[ardo], der Mann, der *zahlt* für das Recht, Holz zu fällen im Urwald, zahlt „in consideration of the *valuable commodity* which was then *standing on the land*, and actually *repaid himself with a profit*, by the sale of the timber“[3]. Halt! Wenn Ric[ardo] hier das Holz *„valuable commodity“*[4] nennt, das wood, *„standing on the land“*[5] im Urwald, so heißt das nichts als, es ist, δυνάμει[6] nach, ein *Gebrauchswert*. Und dieser Gebrauchswert ist hier in dem Wort „valuable“ ausgesprochen. Aber es ist keine *„commodity“*. Denn dazu müßte es zugleich Tauschwert sein, d.h. the realization of a certain quantity of labour expended upon it[7]. Commodity wird es erst dadurch, daß es vom Urwald getrennt, gefällt, removed[8], transportiert, aus wood in timber[9] verwandelt wird. Oder wird es bloß dadurch eine commodity, daß es *verkauft* wird? Dann wird die labourable[10] Erde ebenfalls durch den bloßen Akt des *Verkaufs* commodity?

Dann müßten wir also sagen: *Rent ist der price paid* to *the owner of natural forces or mere productions of nature* for the right of using those forces, or appropriating (by labour) those productions[11]. Dies ist in der Tat die Form, worin all rent ursprünglich *erscheint*. Aber dann bleibt eben die Frage zu lösen, wie Dinge *price*[12] haben, die keine *value*[13] haben, und wie dies vereinbar mit der allgemeinen Theorie *of values*[14]. Die Frage: Zu *welchem Zweck* zahlt der Mann „a compensation“ for the right of removing wood from the land upon which it stands[15], hat gar nichts mit der wirklichen Frage gemein. Die Frage ist: aus welchem *Fonds* zahlt er? Ja, sagt Ricardo, *„by the sale of the timber“*[16]. Also aus dem *Preise* des timber. Und zwar war

[1] Kapitalzins – [2] nichts anderes – [3] „in Anbetracht der *wertvollen Ware*, die *sich auf dem Boden befand*, und *macht sich* durch den Verkauf des Holzes in Wirklichkeit *mit einem Profit* wieder *bezahlt*“ – [4] *„wertvolle Ware“* – [5] Holz, *„das sich auf dem Boden befand“* – [6] dem Vermögen – [7] die Vergegenständlichung einer bestimmten Menge auf es verwendeter Arbeit – [8] entnommen – [9] Baumstamm in Nutzholz – [10] bestellbare – [11] *Preis, der dem Eigentümer von Naturkräften oder bloßen Naturprodukten* für das Recht *gezahlt wird*, diese Kräfte zu benutzen oder sich diese Produkte (durch Arbeit) anzueignen – [12] *Preis* – [13] keinen *Wert* – [14] *der Werte* – [15] „eine Entschädigung“ für das Recht, Holz von dem Boden zu entnehmen, auf dem es steht – [16] *„durch den Verkauf des Holzes“*

dieser Preis ein solcher, that the man[1], wie Ric[ardo] sagt, „actually repaid himself *with a profit.*" Jetzt wissen wir also, wo wir dran sind. Der Preis des Holzes muß jedenfalls gleich sein der Summe Geldes, representing the quantity of labour necessary to fell the timber, to remove it, to transport it, to bring it to the market[2]. Ist nun der Profit, womit der Mann „repays" himself, ein Aufschlag über diesen *Wert*, dem Holz just[3] durch die labour expended upon it imparted value of exchange[4]? Wenn Ric[ardo] das sagte, fiele er in die rohste Vorstellung, unter seine eigne Doktrin zurück. Nein. Der Profit ist, gesetzt, daß der Mann ein Kapitalist war, der Teil der von ihm in der Produktion des „Holzes" verwandten Arbeit, den *er nicht bezahlt* hat, und der Mann hätte, wollen wir sagen, denselben Profit gemacht, hätte er dieselbe mass of labour im cotton-spinning[5] in Bewegung gesetzt. (Ist der Mann kein Kapitalist, so ist der Profit = dem Quantum seiner Arbeit, das mehr als sein Salair ersetzt und das den Profit des Kapitalisten gebildet hätte, hätte ein Kapitalist ihn angewandt, das jetzt aber seinen eignen Profit bildet, weil er sein eigner Lohnarbeiter und sein eigner Kapitalist in *derselben* Person ist.) Hier kommt aber das *ugly word*[6], daß dieser Holzmann „actually *repaid* himself with a profit". Dies gibt der ganzen Transaktion ein sehr ordinäres Ansehn und entspricht der rohen Vorstellungsweise, die dieser Kapitalist, der Holz removes, selbst über die Quelle seines Profits haben mag. Erst zahlt er dem Besitzer des Urwaldes für den Gebrauchswert Holz, das aber keinen „Wert" (value in exchange[7]) und, solang es „stands upon the land", sogar keinen Gebrauchswert hat. Er zahlt ihm vielleicht 5 *l.* per Tonne. Und dann verkauft er dem Publikum dasselbe Holz (abgerechnet seine andren Kosten) zu 6 *l.* und zahlt sich so actually die 5 *l.* mit einem Profit von 20 p.c. zurück. „Actually repaid himself with a profit." Hätte der Waldbesitzer nur „compensation"[8] von 2 *l.* (40 sh.) verlangt, so hätte der Holzmann die Tonne zu 2 *l.* 8 sh. statt zu 6 verkauft. ||566| Da er immer denselben Profitsatz surchargiert, wäre also hier der Preis des Holzes hoch oder niedrig, weil Rente hoch oder niedrig. Letztre würde in den Preis als konstituierend eingehn, aber keineswegs Resultat des Preises sein. Ob „rent" – compensation – an den owner des Landes gezahlt wird für den use der „power" des Landes oder den „use" der „natural productions" des Landes, ändert absolut nichts an dem ökonomischen Verhältnis, ändert nichts daran, daß geblecht wird für „a natural thing" (power or produce of

[1] daß der Mann – [2] die die Menge Arbeit darstellt, notwendig, um die Bäume zu fällen, zu entnehmen, zu transportieren, auf den Markt zu bringen – [3] gerade – [4] darauf verwendete Arbeit verliehenen Tauschwert – [5] Menge Arbeit in der Baumwollspinnerei – [6] *häßliche Wort* – [7] Tauschwert – [8] „Entschädigung"

the earth) upon which no previous human labour has been spent[1]. Und so würfe Ric[ardo] auf der 2. Seite seines chapter „On Rent" – um einer Schwierigkeit zu entgehn – seine ganze Theorie über den Haufen. Es scheint, daß A. Smith hier viel weitsichtiger war.

Derselbe case[2] mit den stone-quarries und coal-mines[3].

„Die für die Grube oder den Steinbruch *geleistete* Entschädigung wird gezahlt für den Wert der Kohle oder der Steine, die ihnen entnommen werden können, und haben keinerlei Beziehung zu den *ursprünglichen* und unzerstörbaren Kräften des Bodens." (p. 54, 55.)

No! Aber eine sehr bedeutende connection with the „*original* and destructible *productions* of the soil"[4]. Das Wort „*value*" ist hier ebenso ugly wie oben das „*repaid* with a profit".

Ricardo braucht nie das Wort *value* für utility[5] oder usefulness[6] oder „value in use"[7]. Will er also sagen, die „compensation" sei dem owner der quarries und coal-mines gezahlt für die „*value*", die coal und stone haben, bevor sie are removed from the quarry and the mine – in their original state[8]? Dann hebt er seine ganze Lehre von der value auf. Oder heißt hier *value*, wie es sein muß, der *mögliche* Gebrauchswert und daher auch *prospektive Tausch*wert von coal und stone? Dann heißt es nichts, als daß ihrem owner *rent* gezahlt wird für die Erlaubnis, die „original composition of the soil"[9] für die Produktion von Kohlen und Steinen zu benutzen[10]. Und es ist absolut nicht einzusehn, wie dies nicht ebenso „rent" heißen soll, als wenn die Erlaubnis gegeben würde, um die „powers" des Landes zur Produktion von Weizen zu benutzen. Oder wir geraten wieder auf die bei dem Holz auseinandergesetzte Aufhebung der ganzen Renttheorie. Nach der richtigen Theorie hat die Sache gar keine Schwierigkeit. Die auf die „Produktion" {nicht Reproduktion} von Holz, Kohle, Stein verwandte Arbeit (die zwar nicht diese Naturprodukte schafft, aber sie trennt von ihrem elementarischen Zusammenhang mit der Erde und sie so als brauchbares Holz, Kohle, Stein „produziert") oder Kapital gehört offenbar zu den Produktionssphären, wo der in Arbeitslohn ausgelegte Teil des Kapitals größer ist als der in konstantem Kapital ausgelegte, die unmittelbare Arbeit größer als die „vergangne", deren Resultat als Produktionsmittel dient. Wird also hier

[1] „eine natürliche Sache" (Kraft oder Produkt der Erde), auf die vorher keine menschliche Arbeit verwendet wurde – [2] Fall – [3] Steinbrüchen und Kohlengruben – [4] Zusammenhang mit den „*ursprünglichen* und zerstörbaren *Produkten* des Grund und Bodens" – [5] Nützlichkeit – [6] Brauchbarkeit – [7] „Gebrauchswert" – [8] aus dem Steinbruch und der Mine herausgeholt werden – in ihrem ursprünglichen Zustand – [9] „ursprüngliche Zusammensetzung des Bodens" – [10] in der Handschrift: besitzen

die Ware zu ihrem Wert verkauft, so steht dieser Wert über ihrem *Kostenpreis*, d.h. dem déchet[1] der Werkzeuge, dem Arbeitslohn und dem Durchschnittsprofit. Der *Überschuß kann* also als Rente aber dem owner of forest, quarry oder coal-mine[2] gezahlt werden.

Aber warum diese clumsy manœuvres[3] Ric[ardo]s, der falsche Gebrauch von value etc.? Warum dies clinging[4] zu der Erklärung von rent, daß sie gezahlt ist für den use der „original and indestructible powers of the land“[5]? Die Antwort findet sich vielleicht später. Jedenfalls will er die eigentliche Ackerbaurente unterscheiden, spezifizieren und zugleich die Differentialrente schon anbahnen, daß für diese Elementarpower bloß gezahlt werden kann, soweit sie different degree of power[6] entwickelt.

[1] Verschleiß – [2] Eigentümer des Waldes, des Steinbruchs oder der Kohlengrube – [3] plumpen Manöver – [4] Anklammern – [5] „ursprünglichen und unzerstörbaren Kräfte des Bodens“ – [6] verschiedene Grade von Kraft

[ZWÖLFTES KAPITEL]

Tabellen nebst Beleuchtung über die Differentialrente

[*1. Veränderungen in der Masse und Rate der Rente*]

Zu dem Obigen noch: Gesetzt, es würden fruchtbarere Kohlenminen und Steinbrüche entdeckt oder besser gelegne, so daß sie mit derselben Quantität Arbeit ein größres Produkt lieferten als die ältren, und zwar ein *so großes Produkt*, daß die ganze Nachfrage gedeckt würde. Dann würde der Preis – weil der Wert – von Kohle, Stein, Holz fallen, und infolge davon müßten die alten Kohlenminen und Steinbrüche geschlossen werden. Sie würden weder Profit noch Arbeitslohn noch Rente abwerfen. Nichtsdestoweniger würden die *neuen* Rente abwerfen wie vorhin die alten, obgleich *weniger* (der Rate nach). Denn jede Vermehrung in der Produktivität der Arbeit vermindert das [in] Arbeitslohn ausgelegte Kapital im Verhältnis zu dem in capital constant, hier in den Werkzeugen ausgelegten. Ist das richtig? Auch hier richtig, wo der change[1] in der productivity of labour[2] entspringt nicht aus einem change in der *Produktionsweise* selbst, sondern aus der natürlichen Fruchtbarkeit des Kohlenwerks oder des Steinbruchs oder ihren situations[3]? Das einzige, was wir hier sagen können, daß *dasselbe* Quantum Kapital hier mehr Tonnen Kohle oder Stein liefert, daß also in der einzelnen Tonne weniger Arbeit enthalten ist, in allen zusammen aber ebensoviel oder selbst mehr, wenn die neuen Minen oder Brüche außer der alten demand, supplied by the old mines and quarries[4], noch eine additional demand[5] befriedigen und zwar eine additional demand, die größer ist als die Differenz zwischen der fertility der old und new mines und quarries[6]. Aber die *organische Komposition* des *angewandten* Kapitals würde dadurch nicht geändert. Es wäre wahr, daß in dem Preis einer Tonne, einer einzelnen

[1] die Veränderung – [2] Produktivität der Arbeit – [3] Lagen – [4] Nachfrage, die die alten Gruben und Steinbrüche befriedigten – [5] zusätzliche Nachfrage – [6] Fruchtbarkeit der alten und der neuen Gruben und Steinbrüche

Tonne, weniger Rente enthalten wäre, aber nur, weil überhaupt weniger Arbeit in ihr enthalten ist, also auch weniger Arbeitslohn und weniger Profit. Das *Verhältnis* der *Rentrate* zum Profit würde jedoch nicht dadurch berührt. Wir können also ||567| nur das sagen:

Bleibt die demand dieselbe, ist also nach wie vor *dasselbe* Quantum Kohle und Stein zu produzieren, so wird *weniger Kapital* angewandt jetzt in den neuen, fruchtbareren Minen und quarries als früher in den alten, um *dieselbe* Warenmasse zu produzieren. Der Gesamtwert der letztren fällt damit, also auch der total amount of rent und profit[1] und Arbeitslohn und angewandtem capital constant. Aber die Verhältnisse von Rente und Profit changieren so wenig als die von Profit und Arbeitslohn oder von Profit und ausgelegtem Kapital, weil kein *organischer* change in dem angewandten Kapital stattgefunden. Nur die *Größe*, nicht die *Komposition* des angewandten Kapitals, also auch nicht die Produktionsweise, hat changiert.

Ist *additional demand* zu befriedigen, aber additional demand gleich der Differenz der Fruchtbarkeit der neuen und alten mines und quarries, so wird nach wie vor *Kapital von derselben Größe* angewandt. Der Wert der einzelnen Tonne fällt. Aber die Gesamtmasse der Tonnen hat denselben Wert wie früher. Auf die einzelne Tonne betrachtet, ist mit dem in ihr enthaltnen Wert auch die Größe der Wertteile vermindert, die sich in Profit und Rente auflösen. Aber da das *Kapital* gleich groß geblieben und damit der Gesamtwert seines Produkts, auch kein *organischer* change in seiner Komposition stattgefunden hat, ist der *absolute amount of rent and profit*[2] derselbe geblieben.

Ist die *additional demand* so groß, daß sie nicht gedeckt wird, bei gleicher Kapitalanlage, durch die Differenz in der fertility der new und old mines und quarries, so muß also in den neuen Minen additional capital[3] angewandt werden. In diesem Falle – falls mit dem growth[4] des gesamten angelegten Kapitals nicht ein change eintritt in Verteilung der Arbeit, Anwendung der Maschinerie, falls also *kein* change in der *organischen* Komposition des Kapitals eintritt – wächst *der amount of rent und profit*, weil der Wert des Gesamtprodukts gewachsen, der Wert der Gesamttonnenzahl, obgleich der Wert jeder einzelnen Tonne gefallen, also auch der Wertteil derselben, der sich in rent und Profit auflöst.

In allen diesen Fällen findet *kein Wechsel* in der Rentrate statt, weil kein *change* in der *organic composition*[5] des angewandten Kapitals (welches immer

[1] die Gesamtmasse von Rente und Profit – [2] die *absolute Masse von Rente und Profit* – [3] zusätzliches Kapital – [4] Wachstum – [5] *organischen Zusammensetzung*

sein *Größenwechsel*) stattfindet. Ginge dagegen der change aus einem solchen change hervor, aus der Abnahme des in Arbeitslohn ausgelegten Kapitals gegen das in Maschinerie etc. ausgelegte – so daß also die Produktionsweise selbst changierte –, so fiele die *Rentrate*, weil die Differenz zwischen dem Kostenpreis und dem Wert der Ware abgenommen hätte. In den oben betrachteten 3 Fällen nimmt diese nicht ab. Denn fällt der Wert, so fällt da ebenso der Kostenpreis der einzelnen Ware, indem weniger Arbeit has been expended upon it, less paid + unpaid labour[1].

Danach also, wenn die größre Produktivität der Arbeit – oder der geringere Wert einer certain measure of the commodities produced[2] – nur aus einem change in der productivity der natural elements[3] hervorgeht, aus dem Unterschied in dem natural degree of fertility of soils, mines, quarries[4] etc., kann der amount of rent fallen, weil unter den veränderten Verhältnissen a less quantity of capital is employed[5]; er kann konstant bleiben bei einer additional demand; er kann wachsen, wenn die additional demand größer als die Differenz der Produktivität zwischen den alt angewandten und neu angewandten natural agencies[6]. Die Rate der Rente könnte aber nur wachsen mit einem change in the organic composition of the capital employed[7].

Es ist also nicht nötig, daß der *amount of rent* fällt, wenn der schlechtere soil, quarry, coal-mine[8] etc. verlassen wird. Die *Rate der Rente* kann sogar nie fallen, wenn dies Verlassen bloße Folge der *mindren* natürlichen Fruchtbarkeit ist.

Ric[ardo] verdreht das Richtige, daß in diesem Falle der *amount of rent* unter bestimmtem state of demand[9] fallen kann – d.h. davon abhängt, ob die *Größe des angewandten Kapitals* fällt oder dieselbe bleibt oder wächst – mit dem Grundfalschen, daß die *rate of rent* fallen muß, was unter der Voraussetzung *unmöglich*, da angenommen, daß *kein change* in *the organic composition of capital* stattgefunden, also kein change, der das *Verhältnis zwischen Wert und cost-price* berührt, das einzige Verhältnis, das die *rate of rent* bestimmt.

---

[1] auf sie verwendet worden ist, weniger bezahlte und unbezahlte Arbeit – [2] bestimmten Menge der produzierten Waren – [3] Produktivität der natürlichen Elemente – [4] natürlichen Grad der Fruchtbarkeit von Böden, Gruben, Steinbrüchen – [5] eine geringere Menge von Kapital angewandt wird – [6] natürlichen Faktoren – [7] Wechsel in der organischen Zusammensetzung des angewandten Kapitals – [8] Boden, Steinbruch, Kohlengrube – [9] Stand der Nachfrage

[2. *Verschiedene Kombinationen der Differential- und der absoluten Rente. Die Tabellen A, B, C, D, E.*]

Wie verhält es sich aber in diesem Fall mit den *differential rents*?

Gesetzt, es waren 3 Klassen coal-mines bearbeitet, I, II, III, wovon I die absolute Rente trug, II eine doppelt so große Rente und III eine doppelt so große Rente wie II oder viermal so groß wie I. In diesem Fall trägt I die absolute Rente R, II 2 R und III 4 R. Wird nun Nr. IV eröffnet, fruchtbarer als I, II und III und so umfangreich, daß ein Kapital so groß wie in I darin angelegt werden kann. In diesem Fall – the former *state of demand remaining constant*[1] – wird in IV dasselbe Kapital angelegt wie früher in I. I würde damit geschlossen. Und ein Teil des in II angelegten Kapitals müßte werden withdrawn[2], III und IV wird reichen hin, um I zu ersetzen und einen Teil von II, aber nicht to supply the whole demand, without part of II continuing to be worked[3]. Wir wollen der Illustration wegen voraussetzen, IV sei fähig, mit demselben Kapital, wie es in I angelegt war, die ganze Zufuhr von I und die halbe Zufuhr von II zu liefern. Würde also $^1/_2$ des Kapitals wie früher in II angelegt, das alte Kapital in III und das neue in IV, so the whole market would be supplied[4].

||568| What then were the changes that had taken place, or how would the changes accomplished affect the general rental, the rents of I, II, III and IV?

The *absolute rent*, derived from IV, would, in amount and rate, be absolutely the same as that formerly derived from I; in fact the *absolute rent*, in amount and rate, would also before have been the same on I, II and III, always supposing that the *same amount of capital* was employed in those different classes. The value of the produce of IV would be exactly identical to that formerly employed on I, because it was the produce of a capital *of the same magnitude* and of a capital of the *same organic composition*. Hence the difference between value and cost-price must be the same; hence the rate of rent. Besides, the amount must be the same, because – at a *given rate* of rent – capitals of the same magnitude would have been employed. But, since the value of the coal is not determinded by the value of the coal derived from IV, it would bear a surplus rent, or an overplus over its *absolute rent;* a rent derived, not from any difference between cost-price

[1] *wenn* die frühere *Nachfrage konstant bleibt* – [2] zurückgezogen – [3] um die ganze Nachfrage zu befriedigen, ohne daß ein Teil von II weiterhin bearbeitet wird – [4] würde der ganze Markt versorgt sein

and value, but of the difference between the *market value* and the *individual value* of the produce No. IV.[1]

Wenn wir sagen, daß die absolute Rent oder die Differenz zwischen Wert und Kostpreis *dieselbe* auf I, II, III, IV, vorausgesetzt, daß die *Größe* des in ihnen angelegten Kapitals, also der amount of rent with a given rate of rent[2] derselbe, so ist das so zu verstehn: Der Wert (individuelle) der Kohle von I ist höher als der von II und der von II ist höher als der von III, weil in *einer* Tonne Kohle von I mehr Arbeit enthalten als in einer von II und in einer Tonne von II mehr als in einer Tonne von III. Aber da die *organic composition* des Kapitals in allen 3 Fällen dieselbe, berührt dieser change die *individuelle absolute rent* nicht, die I, II, III liefern. Denn ist der Wert der Tonne von I größer, so auch ihr Kostenpreis; er ist nur größer im Verhältnis, als *größres Kapital* von derselben organischen Komposition zur Produktion *einer* Tonne in I als in II und einer Tonne in II als in III angewandt ist. Also ist dieser Unterschied ihrer Werte exakt gleich dem Unterschied ihrer *Kostpreise*, d.h. des relativen Kapitals expended to produce one ton of coal on I, II and III[3]. Die Verschiedenheit der Wertgrößen auf den 3 Klassen affiziert also nicht die *Differenz zwischen Wert und Kostpreis* in den verschiednen Klassen. Ist der Wert größer, so ist der *Kostpreis größer in demselben Verhältnis*, denn der Wert ist nur größer im Verhältnis, wie mehr *Kapital* oder labour expended[4]; also bleibt das Verhältnis zwischen Wert und Kostpreis dasselbe, also *absolute rent*.

Sehn wir aber nun weiter, wie es sich mit der *Differentialrente* verhält.

Erstens ist in der ganzen Produktion von Kohle auf II, III und IV jetzt *weniger* Kapital angewandt. Denn das Kapital in IV ist so groß, wie das

---

[1] Welches wären nun die eingetretenen Veränderungen oder wie würden die vollzogenen Veränderungen das Gesamtrental, die Renten von I, II, III, IV beeinflussen?

Die aus IV entspringende *absolute Rente* würde in Masse und Rate absolut dieselbe sein wie die früher aus I entspringende; tatsächlich wäre die *absolute Rente* in I, II und III auch früher in Masse und Rate dieselbe gewesen, immer vorausgesetzt, daß in diesen verschiedenen Klassen *dieselbe Menge Kapital* angewandt wurde. Der Wert des Produkts von IV wäre genau gleich dem des früher in I angewandten, weil es das Produkt eines Kapitals *von der gleichen Größe* und eines Kapitals von der *gleichen organischen Zusammensetzung* wäre. Daher muß die Differenz zwischen Wert und Kostenpreis dieselbe sein, daher die Rentrate. Außerdem muß deren Masse dieselbe sein, da – bei *gegebener Rate* der Rente – Kapitalien von gleicher Größe angewandt worden wären. Aber da der Wert der Kohle nicht durch den Wert der von IV herkommenden Kohle bestimmt wird, würde diese eine Surplusrente oder einen Überschuß über ihre *absolute Rente* abwerfen; eine Rente, die nicht aus einer Differenz zwischen Kostenpreis und Wert entspränge, sondern aus der Differenz zwischen dem *Marktwert* und dem *individuellen Wert* des Produkts von Nr. IV. – [2] die Masse der Rente bei gegebener Rentrate – [3] ausgelegt, um eine Tonne Kohle in I, II und III zu produzieren – [4] Arbeit verausgabt wird

Kapital in I war. Außerdem aber wird die Hälfte des in II angewandten Kapitals withdrawn[1]. Also sinkt der amount of rent auf II unter allen Umständen um die Hälfte. In der Kapitalanlage ist nur ein change vorgegangen in II, denn in IV wird soviel Kapital angelegt als früher in I. Wir haben ferner angenommen, daß in I, II und III gleich große Kapitalien angelegt waren, z.B. in jedem 100, zusammen 300; also jetzt in II, III und IV nur noch 250 oder $^1/_6$ Kapital has been withdrawn from the production of coal[2].

Ferner aber ist der *Marktwert* der Kohle gefallen. Wir sahen, daß I R, II 2 R und III 4 R abwerfen. Nehmen wir an, daß das Produkt von 100 auf I = 120, wovon R = 10 und 10 = Profit, so der Marktwert von II 130 (10 Profit und 20 Rente), von III 150 (10 Profit und 40 Rente). War das Produkt von I = 60 Tonnen (die Tonne = 2 *l.*), so von II = 65 Tonnen, von III = 75 Tonnen und die Gesamtproduktion = 60 + 65 + 75 Tonnen = 200 Tonnen. Da nun 100 in IV soviel produziert als das ganze Produkt von I und das halbe von II, so 60 + $32^1/_2$ Tonnen = $92^1/_2$ Tonnen, die nach dem alten Marktwert gekostet hätten 185 *l.*, also eine Rente von 75 *l.* geliefert hätten, da der Profit = 10; also, da die absolute Rente = 10 *l.*, $7^1/_2$ R.

Nach wie vor bringen II, III, IV dieselben 200, Tonnenzahl, hervor, denn $32^1/_2$ + 75 + $92^1/_2$ = 200 Tonnen.

Wie verhält es sich jetzt aber mit dem Marktwert und den differential rents?

Um dies zu beantworten, müssen wir sehn, was der Betrag der *absolute individual rent* von II ist. Wir nehmen an, daß die absolute Differenz zwischen *Kostpreis und Wert* in dieser Produktionssphäre = 10 *l.* = der Rente, die die schlechteste Mine abwarf, obgleich dies nicht nötig ist, außer wenn I durch seinen Wert *den Marktwert* absolut bestimmte. ||569| Fand dies in der Tat statt, so stellte die Rente auf I (wenn die coal von I zu seinem Wert verkauft wird) überhaupt den Überschuß des Werts in dieser *Produktionssphäre* über seinen eignen cost-price und den general cost-price of commodities[3] dar. II verkauft also seine Produkte zu ihrem Werte, wenn es die Tonnenzahl zu 120 *l.* verkauft (die 65 Tonnen), also die einzelne Tonne zu $1^{11}/_{13}$ *l.* Daß es sie statt dessen zu 2 *l.* verkaufte, war bloß dem Überschuß des durch I bestimmten Marktwerts über seinen individuellen Wert geschuldet, nicht dem Überschuß seines *Werts*, sondern seines *Marktwerts über seinen Kostenpreis.*

---

[1] zurückgezogen – [2] aus der Produktion der Kohle zurückgezogen worden ist – [3] allgemeinen Kostenpreis der Waren

Ferner verkauft II nach der Voraussetzung statt 65 nur noch $32^1/_2$ Tonnen, indem es statt ein Kapital von 100 nur noch ein Kapital von 50 in die Mine steckt.

II verkauft also jetzt $32^1/_2$ Tonnen zu 60 *l.* 10 *l.* auf 50 *l.* ist 20 p.c. Von den 60 *l.* sind 5 Profit und 5 Rente.

Wir haben also für II: Wert des Produkts, der Tonne = $1^{11}/_{13}$ *l.*; Zahl der Tonnen = $32^1/_2$; Gesamtwert des Produkts = 60 *l.*; *Rente* = 5 *l.* Die Rente ist von 20 auf 5 gefallen. Wäre noch *derselbe amount* of capital[1] angewandt, so wäre sie nur auf 10 gefallen. Sie ist also in der Rate nur um die Hälfte gefallen. D.h., sie ist gefallen um die ganze Differenz, die der von I bestimmte *Marktwert* über ihrem eignen Wert und daher über der Differenz stand, die aus der Differenz zwischen ihrem eignen Wert und Kostenpreis resultiert. Ihre Differentialrente war gleich 10; ihre Rente ist jetzt = 10, = ihrer absoluten Rente. In II ist also mit der Reduktion des Marktwerts auf den *Wert* (der Kohle von II) die Differentialrente fortgefallen, also die durch diese Differentialrente angeschwollene, verdoppelte rate of rent. Sie ist so von 20 auf 10 reduziert worden. Ferner aber von 10 auf 5, weil bei dieser *gegebnen Rentrate* das in II angelegte Kapital um die Hälfte gefallen ist.

Da der *Marktwert* nun durch den Wert von II bestimmt ist, durch $1^{11}/_{13}$ *l.* per Tonne, ist der *Marktwert* der 75 Tonnen, die III produziert, nun = $138^6/_{13}$ *l.*, davon Rente = $28^6/_{13}$ *l.* Früher die Rente = 40 *l.* Sie ist also gefallen um $11^7/_{13}$ *l.* Ihre Differenz von der absoluten Rente betrug 30. Sie beträgt jetzt nur noch $18^6/_{13}$ (denn $18^6/_{13} + 10 = 28^6/_{13}$). Sie war früher = 4 R. Sie ist jetzt nur noch = 2 R + $8^6/_{13}$ *l.* Da das in III angelegte Kapital gleich groß geblieben, ist dieser Fall ausschließlich dem Fall in der *Rate der Differentialrente*, also dem Fall im Überschuß des Marktwerts von III über seinen individuellen Wert geschuldet. Früher war der ganze amount der Rent in III gleich dem Überschuß des *höhren Marktwerts* über den Produktionspreis, jetzt nur mehr = dem Überschuß des *niedren* Marktwerts über den Kostenpreis[50]; die Differenz nähert sich also der absoluten Rent von III. III produziert mit 100 Kapital 75 Tonnen, deren Wert = 120 *l.*; also 1 Tonne = $1^3/_5$ *l.* Statt dessen verkaufte III bei dem frühren Marktpreis zu 2 *l.*, also $^2/_5$ *l.* zu teuer per Tonne. Dies machte auf 75 Tonnen $^2/_5 \times 75 = 30$ *l.*, und dies war in der Tat die Differentialrente von Rente [III]; denn seine Rente war = 40 (10 absolute Rente und 30 Differentialrente). Jetzt verkauft es die Tonne nach dem neuen Marktwert nur noch zu $1^{11}/_{13}$ *l.* Also wieviel über seinem Wert? $^3/_5 = {^{39}/_{65}}$ und $^{11}/_{13}$

[1] *dieselbe Masse* des Kapitals

$= {}^{55}/_{65}$. Verkauft also die Tonne zu teuer um ${}^{16}/_{65}$.[51] Dies macht auf 75 Tonnen $= 18^{6}/_{13}$, und dies ist exakt die Differentialrente, die also immer gleich ist der Anzahl der Tonnen multipliziert mit dem Überschuß des Marktwerts der Tonne über den [individuellen] Wert der Tonne. Was jetzt noch herauszurechnen ist, ist der Fall der Rente um $11^{7}/_{13}$. Der Überschuß des Marktwerts über den Wert von III ist gefallen von ${}^{2}/_{5}$ *l.* per Tonne (als es sie zu 2 *l.* verkaufte) auf ${}^{16}/_{65}$ per Tonne (zu $1^{11}/_{13}$ *l.*), also von ${}^{2}/_{5}$ $= {}^{26}/_{65}$ auf ${}^{16}/_{65}$, [um] ${}^{10}/_{65}$. Dies macht auf 75 Tonnen ${}^{750}/_{65} = {}^{150}/_{13} =$ $11^{7}/_{13}$, und dies ist exactly der amount, um den die Rente in III gefallen ist.

||570| Die $92^{1}/_{2}$ Tonnen von IV kosten zu $1^{11}/_{13}$ *l.* [pro Tonne] $170^{10}/_{13}$ *l.* Hier die Rente $= 60^{10}/_{13}$ und die Differentialrente $= 50^{10}/_{13}$.

Wären die $92^{1}/_{2}$ Tonnen zu ihrem Wert verkauft, so $= 120$ *l.*, so würde 1 Tonne kosten $= 1^{11}/_{37}$ *l.* Statt dessen wird sie verkauft zu $1^{11}/_{13}$. Aber ${}^{11}/_{13} = {}^{407}/_{481}$ und ${}^{11}/_{37} = {}^{143}/_{481}$. Dies gibt Überschuß von ${}^{264}/_{481}$ des Marktwerts von IV über seinen Wert. Dies macht für $92^{1}/_{2}$ Tonnen exakt $50^{10}/_{13}$ *l.*, die Differentialrente von IV.

Stellen wir nun die beiden cases zusammen unter *A* und *B*.

A

Klasse	Kapital *l.*	Absolute Rente *l.*	Tonnen	Marktwert per Tonne *l.*	Individueller Wert *l.*	Gesamtwert *l.*	Differentialrente *l.*
I.	100	10	60	2	2	120	0
II.	100	10	65	2	$1^{11}/_{13}$	130	10
III.	100	10	75	2	$1^{3}/_{5}$	150	30
Total	300	30	200			400	40

Der Gesamttonnengehalt = 200. Gesamt absolute Rente = 30.
Total *Differentialrente* = 40. Gesamtrente = 70.

B

Klasse	Kapital *l.*	Absolute Rente *l.*	Tonnen	Marktwert per Tonne *l.*	Individueller Wert *l.*	Gesamtwert *l.*	Differentialrente *l.*
II.	50	5	$32^{1}/_{2}$	$1^{11}/_{13}$	$1^{11}/_{13}$	60	0
III.	100	10	75	$1^{11}/_{13}$	$1^{3}/_{5}$	$138^{6}/_{13}$	$18^{6}/_{13}$
IV.	100	10	$92^{1}/_{2}$	$1^{11}/_{13}$	$1^{11}/_{37}$	$170^{10}/_{13}$	$50^{10}/_{13}$
Total	250	25	200			$369^{3}/_{13}$	$69^{3}/_{13}$

Gesamtkapital = 250. Absolute Rente = 25. Differentialrente $= 69^{3}/_{13}$. Gesamtrente $= 94^{3}/_{13}$. Der Gesamtwert der 200 Tonnen ist gefallen von 400 auf $369^{3}/_{13}$.

Diese beiden Tabellen geben zu sehr wichtigen Betrachtungen Anlaß.

Zunächst sehn wir, daß die *absolute Rente* dem Betrag nach steigt oder fällt im Verhältnis zu dem in der Agrikultur[52] angelegten Kapital, den Gesamtmassen Kapital, die auf I, II, III angelegt sind. Die *Rate dieser absoluten Rente* – da sie ganz unabhängig ist von der Differenz in der Verschiedenheit der Bodenarten, vielmehr aus der Differenz zwischen Wert und K[osten-]Preis entspringt, diese Differenz selbst aber bestimmt durch die *organische Zusammensetzung* des agricultural capital, durch die Produktionsweise und nicht den Boden – ist ganz unabhängig von der Größe der angelegten Kapitalien. In II B nun fällt der *Betrag* der absoluten Rente von 10 auf 5, weil das Kapital von 100 auf 50 gefallen, die Hälfte ||571| des Kapitals entzogen worden ist.

Ehe wir nun weitere Betrachtungen über die beiden Tabellen anstellen, wollen wir noch andre Tabellen aufstellen. Wir sahn, in *B* ist der Marktwert auf $1^{11}/_{13}$ *l.* per Tonne gefallen. Mit diesem *Wert* aber werden I *A* und II *B* weder das erste vom Markt ganz verschwinden müssen, noch das letztre gezwungen sein, nur die Hälfte des früheren Kapitals anzuwenden. Da bei I von dem Gesamtwert der Ware, 120, die Rente = 10 oder = $^1/_{12}$ des Gesamtwerts ist, so [gilt dies] ditto auf den Wert der einzelnen Tonne, die 2 *l.* wert ist. $^2/_{12}$ *l.* ist aber = $^1/_6$ *l.* oder $3^1/_3$ sh. ($3^1/_3$ sh. × 60 = 10 *l.*). Der *Kostenpreis* der Tonne von I ist also [2 *l.* – $3^1/_3$ sh. =] 1 *l.* $16^2/_3$ sh. Der [neue] Marktwert ist $1^{11}/_{13}$ *l.* oder 1 *l.* $16^{12}/_{13}$ sh. $16^2/_3$ sh. ist aber = 16 sh. 8 d. oder $16^{26}/_{39}$ sh. Dagegen ist $16^{12}/_{13}$ sh. = $16^{36}/_{39}$ sh. oder $^{10}/_{39}$ sh. mehr. Dies wäre die Rente per Tonne bei dem neuen Marktwert und gäbe für 60 Tonnen eine Gesamtrente von $15^5/_{13}$ sh. Also, ich lege nicht 1 p.c. Rente auf die 100 Kapital. Damit I *A* gar keine Rente abwürfe, müßte der Marktwert fallen auf *seinen* Kostenpreis, also auf 1 *l.* $16^2/_3$ sh. oder $1^5/_6$ *l.* (oder $1^{10}/_{12}$ *l.*). In diesem Falle wäre die Rente auf I *A* verschwunden. Es könnte aber mit 10 p.c. Profit nach wie vor exploitiert werden. Dies hörte erst auf bei weitrem Fallen des Marktwerts unter [den Kostenpreis von] $1^5/_6$ *l.*

Was nun aber II *B* angeht, so ist in Tabelle *B* angenommen, daß die Hälfte des Kapitals withdrawn wird. Da aber der Marktwert von $1^{11}/_{13}$ *l.* noch eine Rente von 10 p.c. liefert, so liefert er sie ebensowohl für 100 wie für 50. Ist also angenommen, daß die Hälfte des Kapitals withdrawn, so nur, weil unter diesen Verhältnissen II *B* noch die absolute Rente von 10 p.c. liefert. Denn hätte [II] *B* fortgefahren, 65 Tonnen zu produzieren statt $32^1/_2$, so würde der Markt surchargiert und der Marktwert von IV, der den Markt beherrscht, fiel so, daß die Kapitalanlage auf II *B* reduziert werden müßte, um die absolute Rente abzuwerfen. Indes ist klar, daß, wenn das ganze Kapital 100 zu 9 p.c. Rente abwirft, der Gesamtbetrag größer ist, als wenn von 50 10 p.c. abgeworfen werden. Wenn also nur 50 Kapital in II für die Nachfrage nach dem Stand des Markts nötig, so müßte die Rente auf 5 *l.* herabgedrückt werden. Sie würde aber in der Tat tiefer fallen, wenn angenommen wird, daß die $32^1/_2$ Tonnen mehr konstant nicht abgesetzt werden können, also aus dem Markt geworfen werden würden. Der Marktwert würde so tief fallen, daß nicht nur die Rente auf II *B* verschwände, sondern auch der Profit affiziert würde. Dann würde Entziehung des Kapitals erfolgen, um die Zufuhr zu vermindern, bis es den richtigen Punkt von 50 erreicht, und dann würde der Marktwert hergestellt sein auf $1^{11}/_{13}$ *l.*, wo er wieder die absolute Rente für II *B* abwürfe, aber nur für die Hälfte des früher drin angelegten Kapitals. Auch in diesem Falle würde die Aktion von IV und III ausgehn, die den Markt beherrschen.

Es ist aber keineswegs gesagt, daß, wenn der Markt für die Tonne zu $1^{11}/_{13}$ *l.* nur 200 Tonnen absorbiert, er nicht $32^1/_2$ Tonnen mehr absorbiert, wenn der Marktwert fällt, wenn also durch den Druck der $32^1/_2$ Übertonnen auf den Markt der Marktwert von $232^1/_2$ Tonnen herabgedrückt wird. Der Kostenpreis in II *B* ist $1^9/_{13}$ *l.* oder 1 *l.* $13^{11}/_{13}$ sh. Der Marktwert aber ist $1^{11}/_{13}$ *l.* oder 1 *l.* $16^{12}/_{13}$ sh. Fiele der Marktwert so, daß I *A* keine Rente mehr abwürfe, auf den Kostenpreis von I *A*, auf 1 *l.* $16^2/_3$ sh. oder $1^5/_6$ *l.* oder $1^{10}/_{12}$ *l.*, so müßte die Nachfrage, damit II *B* sein ganzes Kapital anwende, schon bedeutend wachsen; denn I *A* könnte fortfahren, da es den gewöhnlichen Profit abwirft, exploitiert zu werden. Der Markt hätte nicht $32^1/_2$, sondern $92^1/_2$ Tonnen mehr, statt 200 $292^1/_2$ Tonnen zu absorbieren, also [fast] die Hälfte mehr. Dies schon sehr bedeutende Steigerung. Der Marktwert müßte also, soll die Steigerung mäßig sein, so tief fallen, daß I *A* aus dem Markt gejagt würde. D. h. der Marktpreis müßte unter den Kostenpreis von I *A* fallen, also unter $1^{10}/_{12}$ *l.*, sage auf $1^9/_{12}$ *l.* oder 1 *l.* 15 sh. Er stünde dann immer noch bedeutend über dem Kostenpreis von II *B*.

Wir wollen also den Tabellen *A* und *B* noch drei Tabellen zufügen, *C* und *D* und *E*. Und wir wollen in *C* annehmen, daß die Nachfrage wachse, daß alle Klassen von *A* und *B* fortproduzieren können, aber zu dem Marktwert von *B*, wo I *A* noch Rente abwirft. Wir wollen in *D* annehmen, daß sie groß genug sei, damit I *A* keine Rente mehr abwirft, aber noch den gewöhnlichen Profit. Und wir wollen in *E* annehmen, daß der Preis so sinkt, um es aus dem Markt zu ||572| werfen, aber zugleich sein Sinken die Absorption der $32^1/_2$ Surplustonnen von II *B* herbeiführt.

Der case, wie er in *A* und *B* unterstellt ist, ist möglich. Es ist möglich, daß I *A* bei der Reduktion der Rente von 10 *l.* auf kaum 16 sh. sein Land dieser Exploitation entzieht und es für eine andre Exploitationssphäre vermietet, wo es eine höhere Grundrente abwerfen kann. In diesem case aber würde II *B* durch den obigen geschilderten Prozeß gezwungen werden, $^1/_2$ of his capital to withdraw[1], wenn der Markt mit dem Eintreten des neuen Marktwerts sich nicht erweiterte.

C

Klasse	Kapital *l.*	Absolute Rente *l.*	Tonnen	Marktwert per Tonne *l.*	Individueller Wert *l.*	Gesamtwert *l.*	Rente *l.*	Differentialrente *l.*
I	100	$^{10}/_{13}$	60	$1^{11}/_{13}$	2	$110^{10}/_{13}$	$^{10}/_{13}$	$-9^3/_{13}$
II	100	10	65	$1^{11}/_{13}$	$1^{11}/_{13}$	120		0
III	100	10	75	$1^{11}/_{13}$	$1^3/_5$	$138^6/_{13}$		$+18^6/_{13}$
IV	100	10	$92^1/_2$	$1^{11}/_{13}$	$1^{11}/_{37}$	$170^{10}/_{13}$		$+50^{10}/_{13}$
Total	400	$30^{10}/_{13}$	$292^1/_2$			540		$69^3/_{13}$

D

Klasse	Kapital *l.*	Absolute Rente *l.*	Marktwert per Tonne *l.*	Kostenpreis *l.*	Tonnenzahl	Gesamtwert *l.*	Differentialrente *l.*
I	100	0	$1^5/_6$	$1^5/_6$	60	110	0 (–)
II	100	$9^1/_6$	$1^5/_6$	$[1^9/_{13}]$	65	$119^1/_6$	– (latet[2])
III	100	10	$1^5/_6$	$[1^7/_{15}]$	75	$137^1/_2$	$+17^1/_2$
IV	100	10	$1^5/_6$	$[1^7/_{37}]$	$92^1/_2$	$169^7/_{12}$	$+49^7/_{12}$
Total	400	$29^1/_6$			$292^1/_2$	$536^1/_4$	$67^1/_{12}$

E

Klasse	Kapital *l.*	Absolute Rente *l.*	Marktwert per Tonne *l.*	Kostenpreis *l.*	Tonnenzahl	Gesamtwert *l.*	Differentialrente *l.*
II	100	$3^3/_4$	$1^3/_4$	$1^9/_{13}$	65	$113^3/_4$	– (vacat)
III	100	10	$1^3/_4$	$[1^7/_{15}]$	75	$131^1/_4$	$+11^1/_4$
IV	100	10	$1^3/_4$	$[1^7/_{37}]$	$92^1/_2$	$161^7/_8$	$+41^7/_8$
Total	300	$23^3/_4$			$232^1/_2$	$406^7/_8$	$+53^1/_8$

||573| Wir werden nun die Tabellen *A*, *B*, *C*, *D* und *E* zusammenstellen, aber so, wie es gleich hätte geschehn sollen. *Kapital*, *Gesamtwert*, *Gesamt-*

[1] seines Kapitals zurückzuziehen – [2] latent

||574|

[Klasse]	C Kapital *l.*	GT Tonnenzahl	GW Gesamtwert *l.*	MW Marktwert per Tonne	IW Individueller Wert per Tonne	DW Differentialwert per Tonne
I	100	60	120	2 *l.*	2 *l.*	0
II	100	65	130	2 *l.*	$1^{11}/_{13}$ *l.* = 1 *l.* $16^{12}/_{13}$ sh.	$^{2}/_{13}$ *l.* = $3^{1}/_{13}$ sh.
III	100	75	150	2 *l.*	$1^{3}/_{5}$ *l.* = 1 *l.* 12 sh.	$^{2}/_{5}$ *l.* = 8 sh.
Total	300	200	400			

[Klasse]	C	GT	GW	MW	IW	DW
II	50	$32^{1}/_{2}$	60	$1^{11}/_{13}$ *l.* = 1 *l.* $16^{12}/_{13}$ sh.	$1^{11}/_{13}$ *l.* = 1 *l.* $16^{12}/_{13}$ sh.	0
III	100	75	$138^{6}/_{13}$	$1^{11}/_{13}$ *l.* = 1 *l.* $16^{12}/_{13}$ sh.	$1^{3}/_{5}$ *l.* = 1 *l.* 12 sh.	$^{16}/_{65}$ *l.* = $4^{12}/$[illegible]
IV	100	$92^{1}/_{2}$	$170^{10}/_{13}$	$1^{11}/_{13}$ *l.* = 1 *l.* $16^{12}/_{13}$ sh.	$1^{11}/_{37}$ *l.* = 1 *l.* $5^{35}/_{37}$ sh.	$^{264}/_{481}$ *l.* = 10^{47}[illegible]
Total	250	200	$369^{3}/_{13}$			

[Klasse]	C	GT	GW	MW	IW	DW
I	100	60	$110^{10}/_{13}$	$1^{11}/_{13}$ *l.* = 1 *l.* $16^{12}/_{13}$ sh.	2 *l.* = 40 sh.	$-^{2}/_{13}$ *l.* = -3[illegible]
II	100	65	120	$1^{11}/_{13}$ *l.* = 1 *l.* $16^{12}/_{13}$ sh.	$1^{11}/_{13}$ *l.* = 1 *l.* $16^{12}/_{13}$ sh.	0
III	100	75	$138^{6}/_{13}$	$1^{11}/_{13}$ *l.* = 1 *l.* $16^{12}/_{13}$ sh.	$1^{3}/_{5}$ *l.* = 1 *l.* 12 sh.	$+^{16}/_{65}$ *l.* = $+4$[illegible]
IV	100	$92^{1}/_{2}$	$170^{10}/_{13}$	$1^{11}/_{13}$ *l.* = 1 *l.* $16^{12}/_{13}$ sh.	$1^{11}/_{37}$ *l.* = 1 *l.* $5^{35}/_{37}$ sh.	$+^{264}/_{481}$ *l.* = $+1$[illegible]
Total	400	$292^{1}/_{2}$	540			

[Klasse]	C	GT	GW	MW	IW	DW
I	100	60	100	$1^{5}/_{6}$ *l.* = 1 *l.* $16^{2}/_{3}$ sh.	2 *l.* = 40 sh.	$-^{1}/_{6}$ *l.* = -3^{1}[illegible]
II	100	65	$119^{1}/_{6}$	$1^{5}/_{6}$ *l.* = 1 *l.* $16^{2}/_{3}$ sh.	$1^{11}/_{13}$ *l.* = 1 *l.* $16^{12}/_{13}$ sh.	$-^{1}/_{78}$ *l.* = $-^{10}$[illegible]
III	100	75	$137^{1}/_{2}$	$1^{5}/_{6}$ *l.* = 1 *l.* $16^{2}/_{3}$ sh.	$1^{3}/_{5}$ *l.* = 1 *l.* 12 sh.	$+^{7}/_{30}$ *l.* = $+4^{2}$[illegible]
IV	100	$92^{1}/_{2}$	$169^{7}/_{12}$	$1^{5}/_{6}$ *l.* = 1 *l.* $16^{2}/_{3}$ sh.	$1^{11}/_{37}$ *l.* = 1 *l.* $5^{35}/_{37}$ sh.	$+^{119}/_{222}$ *l.* = $+1$[illegible]
Total	400	$292^{1}/_{2}$	$536^{1}/_{4}$			

[Klasse]	C	GT	GW	MW	IW	DW
II	100	65	$113^{3}/_{4}$	$1^{3}/_{4}$ *l.* = 1 *l.* 15 sh.	$1^{11}/_{13}$ *l.* = 1 *l.* $16^{12}/_{13}$ sh.	$-1^{12}/_{13}$ sh.
III	100	75	$131^{1}/_{4}$	$1^{3}/_{4}$ *l.* = 1 *l.* 15 sh.	$1^{3}/_{5}$ *l.* = 1 *l.* 12 sh.	+3 sh.
IV	100	$92^{1}/_{2}$	$161^{7}/_{8}$	$1^{3}/_{4}$ *l.* = 1 *l.* 15 sh.	$1^{11}/_{37}$ *l.* = 1 *l.* $5^{35}/_{37}$ sh.	$+9^{2}/_{37}$ sh.
Total	300	$232^{1}/_{2}$	$406^{7}/_{8}$			

…npreis …onne	AR Absolute Rente *l.*	DR Differentialrente *l.*	AR in T. Absolute Rente in Tonnen	DR in T. Differentialrente in Tonnen	GR Rental *l.*	GR in T. Tonnen-Rental
= 1 *l.* $16\frac{2}{3}$ sh.	10	0	5	0	10	5
= 1 *l.* $13\frac{11}{13}$ sh.	10	10	5	5	20	10
= 1 *l.* $9\frac{1}{3}$ sh.	10	30	5	15	40	20
	30	40	15	20	70	35

= 1 *l.* $13\frac{11}{13}$ sh.	5	0	$2\frac{17}{24}$	0	5	$2\frac{17}{24}$
= 1 *l.* $9\frac{1}{3}$ sh.	10	$18\frac{6}{13}$	$5\frac{5}{12}$	10	$28\frac{6}{13}$	$15\frac{5}{12}$
= 1 *l.* $3\frac{29}{37}$ sh.	10	$50\frac{10}{13}$	$5\frac{5}{12}$	$27\frac{1}{2}$	$60\frac{10}{13}$	$32\frac{11}{12}$
	25	$69\frac{3}{13}$	$13\frac{13}{24}$	$37\frac{1}{2}$	$94\frac{3}{13}$	$51\frac{1}{24}$

= 1 *l.* $16\frac{2}{3}$ sh.	$\frac{10}{13}$ *l.* = $15\frac{5}{13}$ sh.	0	$\frac{5}{12}$	0	$\frac{10}{13}$ = $15\frac{5}{13}$ sh.	$\frac{5}{12}$
= 1 *l.* $13\frac{11}{13}$ sh.	10	0	$5\frac{5}{12}$	0	10	$5\frac{5}{12}$
= 1 *l.* $9\frac{1}{3}$ sh.	10	$18\frac{6}{13}$	$5\frac{5}{12}$	10	$28\frac{6}{13}$	$15\frac{5}{12}$
= 1 *l.* $3\frac{29}{37}$ sh.	10	$50\frac{10}{13}$	$5\frac{5}{12}$	$27\frac{1}{2}$	$60\frac{10}{13}$	$32\frac{11}{12}$
	$30\frac{10}{13}$	$69\frac{3}{13}$	$16\frac{2}{3}$	$37\frac{1}{2}$	100	$54\frac{1}{6}$

= 1 *l.* $16\frac{2}{3}$ sh.	0	0	0	0	0	0
= 1 *l.* $13\frac{11}{13}$ sh.	$9\frac{1}{6}$	0	5	0	$9\frac{1}{6}$	5
= 1 *l.* $9\frac{1}{3}$ sh.	10	$17\frac{1}{2}$	$5\frac{5}{11}$	$9\frac{6}{11}$	$27\frac{1}{2}$	15
= 1 *l.* $3\frac{29}{37}$ sh.	10	$49\frac{7}{12}$	$5\frac{5}{11}$	$27\frac{1}{22}$	$59\frac{7}{12}$	$32\frac{1}{2}$
	$29\frac{1}{6}$	$67\frac{1}{12}$	$15\frac{10}{11}$	$36\frac{13}{22}$	$96\frac{1}{4}$	$52\frac{1}{2}$

= 1 *l.* $13\frac{11}{13}$ sh.	$3\frac{3}{4}$	0	$2\frac{1}{7}$	0	$3\frac{3}{4}$	$2\frac{1}{7}$
= 1 *l.* $9\frac{1}{3}$ sh.	10	$11\frac{1}{4}$	$5\frac{5}{7}$	$6\frac{3}{7}$	$21\frac{1}{4}$	$12\frac{1}{7}$
= 1 *l.* $3\frac{29}{37}$ sh.	10	$41\frac{7}{8}$	$5\frac{5}{7}$	$23\frac{13}{14}$	$51\frac{7}{8}$	$29\frac{9}{14}$
	$23\frac{3}{4}$	$53\frac{1}{8}$	$13\frac{4}{7}$	$30\frac{5}{14}$	$76\frac{7}{8}$	$43\frac{13}{14}$

produkt, Marktwert der Tonne, Individueller Wert, Differentialwert[53], *Kostenpreis, Absolute Rente, Absolute Rente in Tonnen, Differentialrente, Differentialrente in Tonnen, Gesamtrente*. Und dann die Totals aller Klassen in jeder Tabelle[54].

||575| *Erläuterung zu der Tabelle (S. 574)*[1].

Es ist angenommen, daß Kapital von 100 (konstantes und variables Kapital) ausgelegt wird und daß die von demselben in Bewegung gesetzte Arbeit eine Surplusarbeit (unbezahlte Arbeit) liefert, gleich $^1/_5$ des vorgeschoßnen Gesamtkapitals, oder einen Mehrwert gleich $^{100}/_5$. Wenn also das vorgeschoßne Kapital = 100 *l.*, müßte der *Wert* des Gesamtprodukts = 120 *l.* sein. Ferner vorausgesetzt, daß der Durchschnittsprofit = 10 p.c., so sind 110 *l.* der *Kostenpreis* des Gesamtprodukts, im obigen Beispiel der Kohlen. Die 100 *l.* Kapital verwandeln sich bei der gegebnen Rate des Mehrwerts oder der Surplusarbeit in einen *Wert* von 120 *l.*, ob die Exploitation in fruchtbaren oder unfruchtbaren Minen stattfindet; mit einem Wort: Die *verschiedne Produktivität* der Arbeit – sei die Verschiedenheit eine Folge verschiedner Naturbedingungen der Arbeit oder verschiedner gesellschaftlicher Bedingungen derselben oder verschiedner technologischer Bedingungen – ändert nichts daran, daß der Wert der Waren gleich dem in ihnen materialisierten Quantum Arbeit.

Also, wenn es heißt, der *Wert* des von dem Kapital 100 geschaffnen *Produkts = 120*, so heißt das nichts, als in dem *Produkt* ist die in dem Kapital 100 materialisierte Arbeitszeit enthalten + $^1/_6$ unbezahlter, aber von dem Kapitalisten appropriierter Arbeitszeit. Der Gesamtwert des Produkts ist = 120 *l.*, ob das Kapital von 100 in einer Klasse von Minen 60 Tonnen, in einer andren 65 oder 75 oder $92^1/_2$ produziert. Aber es ist klar, daß der Wert des einzelnen aliquoten Teils, sei er durch Tonne wie hier, Quarter, Elle etc. gemessen, durchaus verschieden ist nach der Produktivität. Um bei unsrer Tabelle zu bleiben (dasselbe gilt für jede andre Warenmasse als Resultat der kapitalistischen Produktion), so ist der Wert von 1 Tonne = 2 *l.*, wenn das Gesamtprodukt des Kapitals = 60 Tonnen, also 60 Tonnen 120 *l.* wert sind oder eine Arbeitszeit darstellen = der, die in 120 *l.* materialisiert ist. Ist das Gesamtprodukt = 65 Tonnen, so der Wert der einzelnen Tonne = 1 *l.* $16^{12}/_{13}$ sh. oder $1^{11}/_{13}$ *l.*; ist es 75 Tonnen, so der Wert der einzelnen Tonne = $1^9/_{15}$ *l.* oder = 1 *l.* 12 sh.; ist es endlich = $92^1/_2$ Tonnen, so der Wert der Tonne = $1^{11}/_{37}$ *l.* oder = 1 *l.* $5^{35}/_{37}$ sh.

[1] Siehe die beigefügte Einlage

Weil die Gesamtmasse der vom Kapital 100 produzierten Waren oder Tonnen stets denselben *Wert* hat, = 120 *l.*, da sie stets dasselbe *Gesamtquantum Arbeit* darstellt, das in *120 l.* enthalten ist, so ist eben deshalb der *Wert* der einzelnen Tonne verschieden, je nachdem *derselbe* Wert sich in 60, 65, 75 oder $92^1/_2$ Tonnen darstellt, also mit der Verschiedenheit der Produktivität der Arbeit. Diese Verschiedenheit der Produktivität der Arbeit bewirkt eben, daß *dasselbe Quantum Arbeit* sich bald in einer kleinren, bald in einer größren Gesamtmasse von Waren darstellt, der *einzelne aliquote Teil* dieser Gesamtmasse also bald mehr, bald weniger von dem expended absolute amount of labour[1] in sich enthält, also demgemäß bald größren, bald kleinren Wert hat. Dieser verschiedene Wert der einzelnen Tonnen, je nachdem das Kapital von 100 *l.* in fruchtbarern oder unfruchtbarern Minen angelegt, also je nach der verschiednen Produktivität der Arbeit, ist es, was in der Tabelle als der *individuelle Wert* der einzelnen Tonne figuriert.

Es ist daher nichts falscher als die Vorstellung, daß, wenn der Wert der einzelnen Ware bei steigender Produktivität der Arbeit falle, der *Gesamtwert* des von einem bestimmten Kapital – z.B. 100 – produzierten Produkts[2] wegen der vergrößerten Masse von Waren, worin er sich darstelle, steige. Der Wert der einzelnen Ware fällt ja nur, weil sich der *Gesamtwert* – das Gesamtquantum der expended labour – in einer größren Masse von Gebrauchswerten, Produkten darstellt, auf das einzelne Produkt daher ein geringerer aliquoter Teil des Gesamtwerts oder der expended labour fällt, und zwar nur fällt *in dem Maße*, worin ein geringres Quantum Arbeit von ihm absorbiert wird oder ein geringerer Anteil des Gesamtwerts ihm zukömmt.

Ursprünglich faßten wir die *einzelne Ware* als Resultat und direktes Produkt eines bestimmten Quantums Arbeit. Jetzt, wo die Ware sich als *Produkt* der *kapitalistischen Produktion* darstellt, ändert sich die Sache formell dahin: Die produzierte Masse von Gebrauchswerten stellt ein *Quantum Arbeitszeit* dar, = dem Quantum Arbeitszeit, enthalten in dem in ihrer Produktion aufgezehrten Kapital (konstanten und variablen) + der von dem Kapitalisten angeeigneten unbezahlten Arbeitszeit. Ist die im Kapital enthaltne Arbeitszeit in Geld ausgedrückt = 100 *l.*, enthalten diese 100 *l.* Kapital 40 *l.* in Arbeitslohn ausgelegtes Kapital und beträgt die Surplusarbeitszeit 50 p.c. auf das variable Kapital, d.h. ist die Rate des Mehrwerts = 50 p.c., so ist der Wert der Gesamtmasse der vom Kapital 100 produzierten Waren = 120 *l.* Damit die Waren zirkulieren können, muß ihr

[1] der verausgabten absoluten Menge Arbeit – [2] in der Handschrift: Arbeit

Tauschwert, wie wir im ersten Teil dieser Schrift gesehn haben[55], vorher in *Preis* verwandelt werden, d.h. in Geld ausgedrückt werden. Also, ||576| eh der Kapitalist die Waren auf den Markt wirft, muß er vorher – falls das Gesamtprodukt nicht ein einziges unteilbares Ding, wie z.B. ein Haus ist, worin das ganze Kapital sich darstellt, *eine einzige Ware*, deren Preis dann unter der Voraussetzung = 120 *l.*, = dem Gesamtwert, in Geld ausgedrückt, wäre – den *Preis* der einzelnen Ware berechnen. *Preis* hier = monetary expression of value[1].

Je nach der verschiednen Produktivität der Arbeit wird sich nun der Gesamtwert von 120 *l.* auf mehr oder weniger Produkte verteilen, der Wert des *einzelnen* Produkts also demgemäß – proportionell – gleich einem größern oder kleinern aliquoten Teil von 120 *l.* sein. Die Operation sehr einfach. Ist das Gesamtprodukt = 60 Tonnen Kohlen z.B., so 60 Tonnen = 120 *l.* und 1 Tonne = $^{120}/_{60}$ *l.* = 2 *l.*; ist das Produkt 65 Tonnen, so der Wert der einzelnen Tonne = $^{120}/_{65}$ *l.* = $1^{11}/_{13}$ *l.* oder 1 *l.* $16^{12}/_{13}$ sh. (= 1 *l.* 16 sh. $11^{1}/_{13}$ d.); ist das Produkt = 75 Tonnen, so der Wert der einzelnen Tonne = $^{120}/_{75}$ = 1 *l.* 12 sh.; wenn = $92^{1}/_{2}$ Tonnen, so = $1^{11}/_{37}$ *l.* = 1*l.* $5^{35}/_{37}$ sh. Der Wert (Preis) der einzelnen Ware also gleich dem *Gesamtwert* des Produkts dividiert durch die Gesamtanzahl der Produkte, die nach [den] ihnen als Gebrauchswert zukommenden Maßen gemessen sind, wie eben Tonne, wie qr., wie Elle etc.

Ist so der Preis der einzelnen Ware gleich dem Gesamtwert der von Kapital 100 produzierten Warenmasse dividiert durch die Gesamtzahl der Waren, so ist der Gesamtwert = dem Preis der einzelnen Ware × mit der Gesamtanzahl der einzelnen Waren oder gleich dem Preis eines bestimmten Maßes der einzelnen Ware × mit der Gesamtzahl der Warenmasse, gemessen an diesem Maßstab. Ferner: Der Gesamtwert besteht aus dem Wert des in der Produktion vorgeschoßnen Kapitals + dem Mehrwert, aus der im vorgeschoßnen Kapital enthaltnen Arbeitszeit + der vom Kapital angeeigneten Surplusarbeitszeit oder unbezahlten Arbeitszeit. Der einzelne aliquote Teil der Warenmasse enthält also in demselben Verhältnis Mehrwert, worin er Wert enthält. Je nachdem 120 *l.* auf 60, 65, 75 oder $92^{1}/_{2}$ Tonnen verteilt werden, werden die 20 *l.* Mehrwert auf sie verteilt. Ist die Tonnenzahl = 60, also der Wert der einzelnen Tonne = $^{120}/_{60}$ = 2 *l.* oder 40 sh., so ist $^{1}/_{6}$ dieser 40 sh. oder 2 *l.* der Anteil des Mehrwerts, der auf die einzelne Tonne fällt, = $6^{2}/_{3}$ sh.; das Verhältnis des Mehrwerts ist in der einen Tonne, die 2 *l.* kostet, dasselbe wie in den 60, die 120 *l.* kosten. Der

[1] Geldausdruck des Werts

Mehrwert [im Verhältnis] zum Wert bleibt im Preis der einzelnen Ware derselbe wie im Gesamtwert der Warenmasse. Der Gesamtmehrwert in jeder einzelnen Tonne ist im obigen Fall $= {}^{20}/_{6} = {}^{2}/_{6} = {}^{1}/_{3}$ von 20, $= {}^{1}/_{6}$ von 40 wie oben. Der Mehrwert der einen Tonne $\times 60$ ist daher auch gleich dem Gesamtmehrwert, den das Kapital produziert hat. Ist der Wertteil, der auf das einzelne Produkt fällt – der aliquote Teil des Gesamtwerts –, kleiner wegen der größern Anzahl der Produkte, d. h. wegen der größren Produktivität der Arbeit, so ist auch der Mehrwertteil, der auf es fällt, kleiner, der aliquote Teil des gesamten Mehrwerts, der an ihm hängt. Dadurch wird aber das Verhältnis des Mehrwerts, des neugeschaffnen Werts zum vorgeschoßnen und nur reproduzierten Wert nicht affiziert. Wir haben nun allerdings gesehn[1], daß, obgleich die Produktivität der Arbeit den Gesamtwert des Produkts nicht affiziert, sie aber den Mehrwert vergrößern kann, wenn das Produkt in die Konsumtion des Arbeiters eingeht, der *normale Arbeitslohn* oder, was dasselbe, der *Wert des Arbeitsvermögens* durch den sinkenden Preis der einzelnen Waren – oder, was dasselbe, eines gegebnen Quantums von Waren – also vermindert wird. Insofern die größre Produktivität der Arbeit den relativen Mehrwert schafft, vermehrt sie nicht den Gesamtwert des Produkts, wohl aber den Teil dieses Gesamtwerts, der Mehrwert, i.e. unbezahlte Arbeit vorstellt. Fällt also bei großer Produktivität der Arbeit ein kleiner Wertteil auf das einzelne Produkt – weil die Gesamtmasse der Waren, worin der Wert dargestellt ist, sich vergrößert hat –, sinkt also der Preis des einzelnen Produkts, so wird dennoch, unter den eben erwähnten Umständen, der Teil dieses Preises, der *Mehrwert* darstellt, gestiegen, also das Verhältnis des Mehrwerts zum reproduzierten Wert gewachsen sein {eigentlich hier immer noch mit Bezug auf das variable Kapital zuerst, wo noch nicht von Profit die Rede, zu sprechen}. Dies aber nur der Fall, weil im *Gesamtwert* des Produkts, in der Folge der vergrößerten Produktivität der Arbeit, der Mehrwert gewachsen ist. Derselbe Grund, die gewachsne Produktivität der Arbeit, der dasselbe Quantum Arbeit sich in größerer Produktenmasse darstellen läßt, daher den Wert des aliquoten Teils dieser Masse oder den *Preis* der einzelnen Ware senkt, vermindert den Wert des Arbeitsvermögens, vermehrt daher die im *Wert des Gesamtprodukts*, hinc[2] im *Preis* der einzelnen Ware enthaltne Surplusarbeit oder unbezahlte Arbeit. Obgleich daher der *Preis der einzelnen Ware* sinkt, obgleich das *Gesamtquantum der in ihr enthaltnen Arbeit*, daher ihr Wert abnimmt, nimmt der proportionelle Bestandteil dieses Werts, der aus Mehrwert besteht[3], zu,

[1] Siehe 1. Teil dieses Bandes, S. 184–188 – [2] daher – [3] in der Handschrift: bestimmt

oder in dem geringren Gesamt||577|quantum Arbeit, das in der einzelnen Ware steckt, steckt ein *größres Quantum unbezahlter Arbeit* als früher, wo die Arbeit unproduktiver war, daher der Preis der einzelnen Ware höher war, daher das Gesamtquantum Arbeit, das in der einzelnen Ware steckt, größer war. Obgleich 1 Tonne in diesem Falle weniger Arbeit enthält, daher wohlfeiler ist, enthält sie mehr Surplusarbeit und wirft daher mehr Mehrwert ab.

Da in der Konkurrenz sich alles falsch darstellt, verkehrt, so bildet sich der einzelne Kapitalist ein, 1. daß er seinen Profit auf die einzelne Ware durch ihre Preisschmälerung herabgesetzt, aber größren Profit *wegen der größren* Masse mache (hier wird noch verwechselt die größere Profitmasse, die aus der Vergrößerung des angewandten Kapitals selbst bei niedrigerer Rate des Profits herauskommt); 2. daß er den Preis der einzelnen Ware festsetzt und durch Multiplikation den Gesamtwert des Produkts bestimmt, während der ursprüngliche Prozeß die Division ist und die Multiplikation nur in zweiter Hand, auf der Voraussetzung jener Division, richtig ist. Der Vulgärökonom tut in der Tat nichts, als die queer notions[1] der in der Konkurrenz befangnen Kapitalisten in eine scheinbar mehr theoretische Sprache übersetzen und sucht die Richtigkeit dieser Vorstellungen zu konstruieren.

Nun zu unserer Tabelle zurück.

Der *Gesamtwert* des mit einem Kapital von 100 geschaffnen Produkts oder Warenmasse = 120 *l.*; die Warenmasse mag groß oder klein sein je nach dem verschiednen Grad der Produktivität der Arbeit. Der *Kostenpreis* dieses Gesamtprodukts, welches immer seine Größe, = 110 *l.*, wenn, wie angenommen, der Durchschnittsprofit = 10 p.c. Der Überschuß des *Werts* des Gesamtprodukts, welches immer seine Größe, = 10 *l.* = $^1/_{12}$ des Gesamtwerts oder = $^1/_{10}$ des vorgeschoßnen Kapitals. Dieser Überschuß des *Werts* über den *Kostenpreis* des Gesamtprodukts – diese 10 *l.* – konstituieren die *Rente*. Sie ist offenbar ganz unabhängig von der verschiednen Produktivität der Arbeit infolge der verschiednen degrees der natural fertility[2] der Minen, Bodenarten, kurz, des natural element in which the capital of 100 has been employed, for those different degrees in the productivity of the labour employed, arising from the different degrees of fertility in the natural agent[3], verhindern das Gesamtprodukt nicht, den Wert von 120 *l.*, den Kostenpreis von 110 *l.*, also einen Überschuß des

[1] sonderbaren Vorstellungen – [2] Grade der natürlichen Fruchtbarkeit – [3] natürlichen Elements, worin das Kapital von 100 *l.* angewandt wurde, denn diese verschiedenen Grade der Produktivität der angewandten Arbeit, die aus den verschiedenen Graden der Fruchtbarkeit des natürlichen Faktors hervorgehen

Werts über den Kostenpreis = 10 *l.* zu bieten. Alles, was die *Konkurrenz der Kapitalien* bewirken kann, ist, daß der *Kostenpreis* der Waren, die ein Kapitalist mit 100 *l.* in der Kohlenproduktion, dieser besondren Produktionssphäre schafft, = 110 *l.* ist. Sie kann aber nicht bewirken, daß er das Produkt zu 110 *l.* verkauft, obgleich es 120 *l.* wert ist – ein Zwang, der in der übrigen Industrie ausgeübt wird. Denn der landlord tritt dazwischen und legt Hand auf die 10 *l.* Diese Rente nenne ich daher die *absolute Rente.* Sie bleibt daher in der Tabelle stets *dieselbe,* wie die fertility der coal-mines[1] und daher die Produktivität der Arbeit changiere. Sie drückt sich aber nicht in *derselben Tonnenzahl* aus unter verschiednen degrees der fertility der mines[2] und daher der productivity of labour[3]. Denn je nach der verschiednen Produktivität der Arbeit stellt das in 10 *l.* enthaltne Arbeitsquantum sich in mehr oder weniger Gebrauchswerten, in mehr oder weniger Tonnen dar. Ob diese *absolute Rente,* bei Verschiedenheit des degree of fertility, stets ganz oder teilweise bezahlt wird, wird sich bei weiterer Analyse der Tabelle zeigen.

Es befinden sich aber ferner auf dem Markt Kohlen, die das Produkt von Minen verschiedner Produktivität sind, die ich, von dem geringsten Grad der Fruchtbarkeit beginnend, mit I, II, III, IV bezeichnet habe. Also z.B. die erste Klasse, wo das Produkt von 100 *l.* Kapital 60, die zweite Klasse, wo es 65 Tonnen etc. ist. Gleich großes Kapital – 100 *l.*, mit derselben organischen Zusammensetzung, innerhalb derselben Produktionssphäre – ist hier also von ungleicher Produktivität, indem der Grad der Produktivität der Arbeit verschieden ist nach dem Grad der Produktivität der Mine, der Bodenart, kurz des natural agent[4]. Die Konkurrenz stellt aber *einen Marktwert* her für diese Produkte, die verschiednen *individuellen Wert* haben. Dieser Marktwert selbst kann *nie größer* sein als der individuelle Wert des Produkts *der mindestfruchtbarsten* Klasse. Wäre er höher, so bewiese das nur, daß der *Marktpreis* über dem *Marktwert* steht. Der Markt*wert* aber muß wirklichen *Wert* darstellen. Es ist nun möglich, daß, die Produkte der einzelnen Klassen betrachtet, ihr *Wert* über oder unter dem Marktwert steht. Steht er *über* dem Marktwert, so ist die Differenz zwischen dem Marktwert und ihrem Kostenpreis *kleiner* als die Differenz zwischen ihrem individuellen Wert und ihrem Kostenpreis. Da die absolute Rente aber = der Differenz zwischen ihrem individuellen ||578| Wert und ihrem Kostenpreis ist, kann der Marktwert in diesem Fall den so gestellten Produkten

[1] Ergiebigkeit der Kohlengruben – [2] Graden der Ergiebigkeit der Gruben – [3] Produktivität der Arbeit – [4] natürlichen Faktors

nicht die *ganze absolute Rente* abwerfen. Fiele er bis auf *ihren* Kostenpreis, so würfe er ihnen *gar keine Rente* ab. Sie könnten keine Rente zahlen, da die Rente nur Differenz zwischen Wert und Kostenpreis, für sie, individuell, infolge des Marktwerts, diese Differenz aber fortgefallen wäre. In diesem Falle ist die Differenz zwischen ihrem individuellen Wert und dem Marktwert eine *negative*. D.h. der Marktwert ist um eine *negative Größe* von ihrem individuellen Wert verschieden. Den Unterschied zwischen Marktwert und individuellem Wert überhaupt bezeichne ich als *Differentialwert*. Für die Waren, die sich in dem bezeichneten Umstand befinden, habe ich vor dem Differentialwert ein Minuszeichen gesetzt.

Steht dagegen der *individuelle Wert* der Produkte einer Minenklasse (Bodenklasse) *unter* dem Marktwert, so steht also der *Marktwert über* ihrem individuellen Wert. Der in ihrer Produktionssphäre herrschende Wert oder Marktwert gibt also einen *Überschuß über* ihren individuellen Wert. Ist z.B. der Marktwert der Tonne = 2 *l.*, so ist der Differentialwert der Tonne, deren individueller Wert = 1 *l.* 12 sh. ist, = 8 sh. Und da das Kapital von 100 *l.* 75 Tonnen produziert in der Klasse, wo der individuelle Wert der Tonne = 1 *l.* 12 sh., so ist der gesamte Differentialwert für diese 75 Tonnen = 8 sh. × 75 = 30 *l.* Dieser Überschuß des Marktwerts für das gesamte Produkt dieser Klasse *über* den individuellen Wert ihres Produkts, der der relativ größren Fruchtbarkeit des Bodens oder der Mine geschuldet ist, bildet die *Differentialrente*, da nach wie vor der Kostenpreis für das Kapital derselbe bleibt. Diese Differentialrente ist größer oder kleiner, je nach dem größren oder kleinren Überschuß des *Marktwerts* über den *individuellen Wert*, ein Überschuß, der selber wieder größer oder kleiner ist, je nach der *relativ größren oder kleinern Fruchtbarkeit* der Minen- oder Bodenklasse, der dies Produkt angehört, verglichen mit der unfruchtbarern Klasse, deren Produkt bestimmend in den Marktwert eingreift.

Endlich ist noch zu bemerken, daß der *individuelle Kostenpreis* der Produkte der verschiednen Klassen verschieden ist. Z.B. für die Klasse, wo 100 *l.* Kapital 75 Tonnen liefern, wäre, da der Gesamtwert = 120 *l.* und der *Kostenpreis* = 110 *l.* ist, der Kostenpreis der einzelnen Ware = 1 *l.* $9^1/_3$ sh.; und wäre der Marktwert = dem individuellen Wert in dieser Klasse, d.h. = 1 *l.* 12 sh., so würden die 75 Tonnen, zu 120 *l.* verkauft, eine Rente von 10 *l.* liefern, während 110 *l.* ihren Kostenpreis darstellten.

Aber der *individuelle Kostenpreis* der einzelnen Tonne ist natürlich verschieden je nach der Anzahl Tonnen, worin das Kapital von 100 sich darstellt oder je nach dem *individuellen Wert* des Einzelprodukts der verschiednen Klassen. Z.B. produziert das Kapital 100 60 Tonnen, so der

Wert der Tonne = 2 *l.* und ihr Kostenpreis = 1 *l.* $16^2/_3$ sh. 55 Tonnen würden gleich sein 110 *l.* oder dem Kostenpreis des Gesamtprodukts. Produziert das Kapital von 100 dagegen 75 Tonnen, so der Wert der Tonne = 1 *l.* 12 sh., ihr Kostenpreis = 1 *l.* $9^1/_3$, und von dem gesamten Produkt würden $68^3/_4$ Tonnen kosten 110 *l.* oder den Kostenpreis ersetzen. Im selben Verhältnis wie der *individuelle Wert* ist der individuelle *Kostenpreis*, d.h. der *Kostenpreis der einzelnen Tonne* verschieden in den verschiednen Klassen.

Es zeigt sich nun in allen 5 Tabellen, daß die *absolute Rente* stets = dem Überschuß des Werts der Ware über ihren eignen Kostenpreis, die *Differentialrente* dagegen = dem Überschuß des Marktwerts über ihren individuellen Wert, die Gesamtrente, s'il y en a[1] (außer der absoluten Rente), = dem Überschuß des Marktwerts über den individuellen Wert + dem Überschuß des individuellen Werts über den Kostenpreis oder = dem Überschuß des Marktwerts über den individuellen Kostenpreis ist.

Da es sich hier nur darum handelt, als Illustration meiner Theorie über Werte und Kostenpreise das allgemeine Gesetz der Rente zu entwickeln, während ich die detaillierte Darstellung der Grundrente erst dann geben ||579| würde, wenn ich zur Behandlung des Grundeigentums ex professo käme, so habe ich alle Umstände entfernt, welche die Sache komplizieren: also *Einfluß der Lage* der Minen oder Bodenarten; verschiedner degree[2] der Fruchtbarkeit der auf *derselben* Mine oder *derselben* Bodenart angewandten Dosen von Kapital; Verhältnis der Renten zueinander, die verschiedne Varietäten desselben Produktionszweiges geben, also z.B. der verschiednen Zweige des Ackerbaus; Verhältnis der Renten zueinander, die verschiedne, aber ineinander verwandelbare Produktionszweige geben, wie z.B. wenn Land der Agrikultur entzogen wird, um es zum Häuserbau zu verwenden etc. Alles dies gehört nicht hierher.

[*3. Analyse der Tabellen*]

Nun zur Betrachtung der Tabellen. Sie zeigen, wie das allgemeine Gesetz große Mannigfaltigkeit der Kombination erklärt, während Ric[ardo], weil er das allgemeine Gesetz der Rente verkannte, auch das Wesen der Differentialrente nur einseitig auffaßte, und daher durch gewaltsame Abstraktion die große Mannigfaltigkeit der Erscheinung auf one single case[3] zurück-

[1] wenn es eine gibt – [2] Grad – [3] einen einzelnen Fall

führen will. Die Tabellen selbst sollen nicht die Totalität der Kombinationen zeigen, sondern nur die wichtigsten, namentlich für unsren spezifischen Zweck.

[a)] *ad Tabelle A* [*Das Verhältnis zwischen individuellem Wert und Marktwert*]

In Tabelle *A* ist der Marktwert der Tonne Kohle bestimmt durch den individuellen Wert der Tonne in Klasse I, wo die Mine am unfruchtbarsten, also die Produktivität der Arbeit die geringste, also die Masse der Produkte, die Kapitalanlage von 100 *l.* liefert, die kleinste, daher der Preis des Einzelprodukts (der durch seinen Wert bestimmte Preis) am höchsten.

Es ist vorausgesetzt, daß der Markt 200 Tonnen absorbiert, ni plus, ni moins[1].

Der *Marktwert* kann nicht *über* dem Wert der Tonne in I stehn, d.h. der unter den ungünstigsten Produktionsbedingungen produzierten Ware. Daß II und III die Tonne über ihrem *individuellen Wert* verkaufen, erklärt sich daraus, daß ihre Produktionsbedingungen günstiger als die andrer innerhalb *derselben* Sphäre (trade) produzierten Waren, verstößt also nicht gegen das Gesetz des Werts. Stünde der Marktwert dagegen über dem Wert der Tonne in I, so dies nur möglich, weil das Produkt von I ohne *alle* Rücksicht auf Marktwert *über* seinem Wert verkauft würde. Ein Unterschied von Marktwert und Wert kömmt überhaupt nur vor, nicht weil Produkte absolut *über* ihrem Wert verkauft werden, sondern weil der Wert, den das Produkt einer ganzen Sphäre hat, verschieden sein kann von dem Wert des einzelnen Produkts, d.h., weil die zur Lieferung des Gesamtprodukts – hier der 200 Tonnen – *notwendige Arbeitszeit* verschieden sein kann von der Arbeitszeit, die einen Teil der Tonnen, hier die von II und III produziert, mit einem Wort, weil das *Gesamtprodukt*, das geliefert worden ist, Produkt von Arbeiten von verschiednen degrees of productivity[2] ist. Der Unterschied von Marktwert und individuellem Wert eines Produkts kann sich daher nur auf die verschiednen *degrees of productivity* beziehn, womit bestimmtes Quantum Arbeit verschiedne Portionen des Gesamtprodukts hervorbringt. Er kann sich nie darauf beziehn, daß der Wert *unabhängig* vom Arbeitsquantum, das in dieser Sphäre überhaupt angewandt ist, bestimmt wird. Stünde der Marktwert der Tonne über 2 *l.*, so dies nur möglich, weil I, von seinen Verhältnissen zu II und III abgesehn, sein Produkt überhaupt *über*

[1] nicht mehr, nicht weniger – [2] Graden der Produktivität

seinem Wert verkaufte. In diesem Falle stünde infolge des state of the market, of demand and supply[1] der *Marktpreis* über dem *Marktwert.* Der Marktwert, von dem es sich hier handelt – und dem der Marktpreis hier gleich vorausgesetzt ist –, kann aber nicht *über sich selbst* stehn.

Der Marktwert ist hier *gleich* dem Wert von I, das überdem $^3/_{10}$[2] des ganzen auf dem Markt befindlichen Produkts liefert, weil II und III nur hinreichend Produkt liefern, um der ganzen demand zu genügen, die additional demand, außer der von I supplierten, zu befriedigen. II und III haben also keinen Grund, unter 2 *l.* zu verkaufen, da das ganze Produkt zu 2 *l.* verkauft werden kann. Sie können nicht ||580| *über* 2 *l.* verkaufen, weil I zu 2 *l.* die Tonne verkauft.

Dies Gesetz, daß der *Marktwert* nicht *über* dem individuellen *Wert* des Produkts produziert werden kann, das unter den *schlechtsten Produktionsbedingungen* produziert, aber einen Teil der notwendigen supply liefert, verkehrt Ric[ardo] dahin, daß der Marktwert nicht *unter* den Wert jenes Produkts fallen kann, also immer von ihm bestimmt werden muß. Wir werden weiter sehn, wie falsch dies ist.

Weil in I Marktwert der Tonne und individueller Wert der Tonne zusammenfallen, stellt *die Rente,* die es liefert, den absoluten Überschuß des Werts über seinen Kostenpreis dar, die *absolute Rente,* = 10 *l.* II liefert eine Differentialrente von 10 *l.* und III von 30 *l.*, weil der durch I bestimmte Marktwert für II einen Überschuß von 10 *l.* und für III von 30 *l.* liefert über ihren *individuellen Wert* hinaus und daher über die absolute Rente von 10 *l.*, die den Überschuß des individuellen Werts über den Kostenpreis darstellt. II liefert daher eine Gesamtrente von 20 und III von 40 *l.*, weil der Marktwert einen Überschuß von 20 resp. 40 über ihren Kostenpreis darstellt.

Wir nehmen an, daß von I, der unfruchtbarsten, zu der mehr fruchtbaren Mine II und von dieser zu der noch fruchtbarern Mine III fortgeschritten wird. II und III sind zwar fruchtbarer als I, aber sie befriedigen nur $^7/_{10}$[3] der total demand und können daher, wie eben auseinandergesetzt, ihr Produkt zu 2 *l.* verkaufen, obgleich dessen Wert resp. nur 1 *l.* $16^{12}/_{13}$ sh. und 1 *l.* 12 sh. ist. Es ist klar, daß, wenn das bestimmte Quantum geliefert wird, das zur Nachfrage erheischt ist, und eine Gradation in der productivity of labour[4] stattfindet, die verschiednen Portionen dieser Nachfrage befriedigt – je nachdem in der einen oder andren Richtung vorgeschritten

[1] der Marktlage, des Standes von Nachfrage und Zufuhr – [2] in der Handschrift: $^1/_5$ – [3] in der Handschrift: $^4/_5$ – [4] Produktivität der Arbeit

wird –, in beiden Fällen der Marktwert der fruchtbarern Klassen *über ihren individuellen Wert* steigt; in dem einen Fall, weil sie den Marktwert durch die unfruchtbare Klasse *bestimmt finden* und die additional supply, die sie liefern, nicht groß genug ist, um irgendeinen Anlaß zu geben, den durch Klasse I bestimmten Marktwert zu ändern, im andren Fall, weil der Marktwert, den sie ursprünglich bestimmt haben, der durch Klasse III oder II bestimmt war, durch Klasse I bestimmt wird, die die additional supply liefert, die der Markt erfordert, und sie nur zu einem höhren Wert – der jetzt den Marktwert bestimmt – liefern kann.

[*b) Zusammenhang der Rententheorie Ricardos mit der Konzeption der sinkenden Produktivität der Landwirtschaft. Veränderungen der Rate der absoluten Rente in ihrem Verhältnis zu den Veränderungen der Profitrate*]

Ric[ardo] würde z.B. im vorliegenden Fall sagen: Es wird ausgegangen von Klasse III. Die additional supply wird zunächst von II geliefert. Endlich die letzte additional supply – die der Markt fordert – von I, und da I die additional supply von 60 Tonnen nur zu 120 *l.* liefern kann, zu 2 *l.* per Tonne, diese supply aber erheischt ist, steigt der Marktwert der Tonne, der ursprünglich 1 *l.* 12 sh., später 1 *l.* $16^{12}/_{13}$ sh. war, jetzt zu 2 *l.* Aber ebenso richtig ist es umgekehrt, daß, wenn von I ausgegangen wird, das die Nachfrage für 60 Tonnen zu 2 *l.* befriedigte, dann aber die additional supply von II geliefert wird, II zum Marktwert von 2 *l.* verkaufen wird, obgleich die individual value[1] seines Produkts nur 1 *l.* $16^{12}/_{13}$ sh. ist; denn die erheischten 125 Tonnen können nach wie vor nur geliefert werden, wenn I seine 60 Tonnen zum Wert von 2 *l.* per Tonne liefert. Ebenso, wenn neue additional supply[2] von 75 Tonnen nötig ist, aber III *nur* 75 Tonnen liefert, nur supplies the additional demand[3], also nach wie vor die 60 Tonnen von I zu 2 *l.* geliefert werden müssen. Hätte I die ganze Nachfrage von 200 Tonnen geliefert, so wären sie zu 400 *l.* verkauft worden. Und so werden sie jetzt [verkauft], weil II und III nicht zu dem Preis verkaufen, wozu sie die additional demand von 140 Tonnen befriedigen können, ||XII–581| sondern zu dem Preis, wozu I, das nur $^{3}/_{10}$[4] des Produkts liefert, ihn befriedigen könnte. Die Masse des erheischten Produkts, = 200 Tonnen, wird hier zu

[1] der individuelle Wert – [2] in der Handschrift: demand – [3] die zusätzliche Nachfrage deckt – [4] in der Handschrift: $^{1}/_{5}$

2 *l.* per Tonne verkauft, weil $^{3}/_{10}$[1] davon nur zu 2 *l.* Wert per Tonne geliefert werden können, ob nun von III durch II zu I oder von I durch II zu III die Lieferung der additional portions of the demand[2] geschah.

Ric[ardo] sagt: Wenn von III und II ausgegangen wird, muß ihr Marktwert zum Wert von I (bei ihm Kostenpreis) steigen, weil die $^{3}/_{10}$[1], die I liefert, für die demand nötig, es sich hier also um die *erheischte Produktenmasse* handelt, nicht um den individuellen Wert besondrer Portionen derselben. Aber ebenso richtig, daß, wenn von I ausgegangen wird und II und III *nur* die additional supply liefern, die $^{3}/_{10}$[1] von I nach wie vor gleich notwendig bleiben; wenn es also den Marktwert in der descending line[3] bestimmte, es ihn *aus denselben Gründen* in der ascending line[4] bestimmt. Also Tabelle A zeigt uns die Falschheit der Ric[ardoschen] Auffassung, daß die Differentialrente das Übergehn von der fruchtbarern Mine oder Boden zum minder fruchtbaren[5] *bedingt*, die abnehmende Produktivität der Arbeit. Sie ist ganz ebenso vereinbar mit dem *umgekehrten* Gang und daher der wachsenden Produktivität der Arbeit. Ob das eine oder das andre stattfindet, hat mit dem Wesen und der Existenz der Differentialrente nichts zu tun, sondern ist eine *historische* Frage. In der Wirklichkeit werden sich die ascending und descending line kreuzen, die additional demand bald suppliert werden durch Übergang zu mehr, bald zu minder fertile[6] Bodenart, Mine, natural agent, always supposed[7], daß die supply geliefert durch den natural agent einer neuen differenten Klasse – sei sie mehr fruchtbar oder minder – nur gleich der additional demand ist, also keinen Wechsel im *Verhältnis von Nachfrage und Zufuhr*, also auch *einen Wechsel im Marktwert* selbst nur dann hervorbringt, nicht wenn die Zufuhr zu billigren Kosten, sondern wenn sie nur zu größeren suppliert werden kann.

Tabelle A enthüllt uns also von vornherein die Falschheit dieser Grundvoraussetzung Ric[ardo]s, die, wie Anderson zeigt, selbst bei falscher Auffassung der absoluten Rente nicht nötig war.

Wird von III zu II und von II zu I übergegangen – also in der descending line, with a recourse to natural agents of a gradually decreasing fertility[8] –, so verkauft erst III, wo Kapital von 100 angelegt, seine Waren zu ihrem Wert, zu *120 l.* Dies gibt per Tonne 1 *l.* 12 sh., da es 75 Tonnen produziert. Wird eine additional supply[9] von 65 Tonnen nötig, so verkauft II, das Kapital von 100 anlegt, ditto sein Produkt zum Wert von *120.* Dies gibt

[1] In der Handschrift: $^{1}/_{5}$ – [2] zusätzlichen Teile der Nachfrage – [3] absteigenden Linie – [4] aufsteigenden Linie – [5] in der Handschrift: unfruchtbaren – [6] fruchtbarer – [7] natürlichen Faktor, immer vorausgesetzt – [8] absteigenden Linie, mit einer Rückkehr zu natürlichen Faktoren von einer allmählich abnehmenden Fruchtbarkeit – [9] in der Handschrift: demand

1 *l.* $16^{12}/_{13}$ sh. per Tonne. Wird endlich an additional supply von 60 Tonnen nötig, das nur von I geliefert werden kann, so verkauft dies sein Produkt ditto zu seinem Wert von *120 l.*, was für die Tonne 2 *l.* gibt. Bei diesem Prozeß würde III eine Differentialrente von $18^{6}/_{13}$ *l.* liefern, sobald II auf den Markt kömmt, während es früher nur die absolute Rente von 10 *l.* lieferte. II würde eine Differentialrente von 10 *l.* liefern, sobald I ins Spiel kommt, und die Differentialrente von III würde steigen zu 30 *l.*

Wenn Ricardo von III zu I herabsteigend bei I keine Rente mehr findet, so dies, weil er bei III davon ausging, daß keine absolute Rente existiert.

Allerdings findet ein Unterschied statt bei der ascending und descending line. Wenn von I zu III fortgeschritten wird, so daß II und III nur die additional supply liefern, so bleibt der Marktwert gleich dem individuellen Wert von I, = 2 *l.* Und wenn der Durchschnittsprofit, wie hier vorausgesetzt, = 10 p.c., so kann angenommen werden, daß in seine Berechnung der Kohlenpreis (Weizenpreis, man kann überall statt Tonne Kohle Quarter Weizen setzen etc.) eingegangen, da Kohle sowohl als Lebensmittel in den Konsum der Arbeiter wie als matière instrumentale[1] bedeutend in das konstante Kapital eingeht. Man kann also ebenfalls annehmen, daß die Rate des Mehrwerts höher, damit der Mehrwert selbst größer, also auch die *Profitrate* höher als 10 p.c. gewesen sein würde, wenn I produktiver oder der Wert der Tonne Kohle *unter* 2 *l.* gestanden. Dies war aber der Fall, wenn von III ausgegangen würde. Der [Markt-]wert der Tonne Kohle dann nur = 1 *l.* 12 [sh.]; stieg, als ||582| II eintrat, auf 1 *l.* $16^{12}/_{13}$ sh., schließlich als I eintrat, auf 2 *l.* Es kann also angenommen werden, daß – alle andern Umstände, Länge der Surplusarbeit, sonstige Produktionsbedingungen etc. als konstant und unchanged[2] vorausgesetzt – die Profitrate höher stand (die *Mehrwertrate*, weil ein Element des Arbeitslohns wohlfeiler; schon der höhren Mehrwertrate wegen [der Masse des] Mehrwerts, also auch Profit[rate] höher; aber außerdem – der Mehrwert so modifiziert – die Profitrate höher, weil ein Kostenelement des konstanten Kapitals niedriger) als bloß III bearbeitet wurde, niedriger bei II, endlich auf 10 p.c. als die lowest level[3] sank bei I. In diesem Falle wäre also vorauszusetzen, daß z.B. (ohne Rücksicht auf die Data) die Profitrate = 12 p.c. war, als bloß III bearbeitet wurde; daß sie auf 11 p.c. sank, als II ins Spiel trat, und definitiv auf 10 p.c., als I eintrat. In diesem case[4] wäre die absolute Rente bei III = 8 *l.* gewesen, weil der Kostenpreis = 112 *l.*; sie wäre 9 *l.* geworden, sobald II ins Spiel kam, weil der Kostenpreis nun = 111 *l.*, und sie hätte

[1] Hilfsstoff – [2] unverändert – [3] niedrigste Stufe – [4] Fall

sich endlich auf 10 *l.* gehoben, weil der Kostenpreis auf 110 *l.* gefallen. Hier hätte also ein change[1] in der Rate der *absoluten Rente* selbst stattgefunden und zwar im umgekehrten Verhältnis zum change in der *Rate des Profits.* Die Rate der Rente wäre progressiv gewachsen, *weil* die Rate des Profits progressiv gefallen. Die letztre aber gefallen wegen der zunehmenden Unproduktivität der Minenarbeit, Agrikulturarbeit etc. und der ihr entsprechenden zunehmenden Verteurung der Lebensmittel und matières instrumentales.

[c)] *Betrachtungen über den Einfluß des change im Wert von Lebensmitteln und Rohmaterial (also auch Wert der Maschinerie) auf die organische Zusammensetzung des Kapitals.*

Die *Rentrate* stieg hier, *weil* die *Profitrate* fiel. Fiel sie nun, weil in change in der organischen Konstitution des Kapitals vorgegangen? War die Durchschnittskonstitution des Kapitals C^{80} V^{20}, blieb diese Zusammensetzung? Es ist vorausgesetzt, daß der normale Arbeitstag derselbe bleibt. Sonst kann der Einfluß der Verteurung der Lebensmittel paralysiert werden. Es ist hier zweierlei zu unterscheiden. Erstens Verteurung der Lebensmittel, daher Vermindrung der Surplusarbeit und des Surpluswertes. Zweitens Verteurung des capital constant, weil, wie in der Kohle die matière instrumentale, beim Weizen ein andres Element des capital constant, der Samen, im Wert steigt oder auch infolge der Verteurung des Weizens andres raw produce (material)[2] im Kostpreise steigen kann. War endlich das Produkt Eisen, Kupfer etc., so stieg das Rohmaterial gewisser Industriezweige und das Rohmaterial der Maschinerie (Gefäße eingeschlossen) aller Industriezweige.

Nach einer Seite hin ist vorausgesetzt, daß kein change in der organischen Konstitution des Kapitals vorging; d. h., es ging kein change in der Produktionsweise vor, der die Masse der lebendigen Arbeit, die angewandt werden muß, vermindert oder vermehrt hätte im Verhältnis zu der Masse des angewandten konstanten Kapitals. Es wird nach wie vor *dieselbe Arbeiterzahl* erheischt (die limits of the normal working day remaining the same[3]), um dieselbe Masse von Rohmaterial mit derselben Masse von Maschinerie etc. zu verarbeiten oder, wo kein Rohmaterial existiert, dieselbe Masse Maschinerie, Werkzeuge etc. in Bewegung zu setzen. Außer diesem ersten Gesichtspunkt, der bei der organischen Zusammensetzung des Kapitals zu betrachten, kommt aber noch ein zweiter, nämlich Wechsel im *Wert* der

[1] Wechsel – [2] Rohprodukt ([Roh]material) – [3] Grenzen des normalen Arbeitstags bleiben die gleichen

Elemente des Kapitals, obgleich sie als Gebrauchswerte nach wie vor in denselben Portionen angewandt werden. Hier wieder zu unterscheiden:

Erstens: Der *Wertwechsel* affiziert beide Elemente – variables und konstantes Element *gleichmäßig*. Dies dürfte in der Praxis *niemals* der Fall sein. Steigerung gewisser Agrikulturprodukte, wie Weizen etc., verteuert den Arbeitslohn (den notwendigen) und das Rohmaterial (z.B. den Samen). Verteurung von Kohle steigert den notwendigen Arbeitslohn und die matière instrumentale der meisten Industrien. Indes, im ersten Fall findet die Steigerung des Arbeitslohns für alle Industriezweige statt, die des Rohmaterials nur für einige. Bei der Kohle ist das Verhältnis, worin sie in den Arbeitslohn eingeht, geringer als das, worin sie in die Produktion eingeht. Bei dem *general capital*[1] also möchte kaum der Wertwechsel von Kohle und Weizen beide Elemente des Kapitals *gleichmäßig* affizieren. Aber supponieren wir den Fall.

Der Wert des Produkts des Kapitals C^{80} V^{20} sei = 120. Bei dem *general capital* fällt *Wert* des Produkts und *Kostenpreis* desselben zusammen. Diese Differenz ist eben ausgeglichen für das general capital. Die Wertsteigerung eines Artikels, wie Kohle, der nach der Voraussetzung *proportionell gleichmäßig* in beide Bestandteile des Kapitals eingeht, bewirke für beide Elemente eine Koststeigerung von $^1/_{10}$. So würde mit C^{80} nur noch soviel Ware gekauft werden können wie früher [etwa] mit C^{70} und mit V^{20} nur noch soviel Arbeiter bezahlt werden können als früher [etwa] mit V^{18}. Oder, um die Produktion auf der alten Stufenleiter fortzusetzen, muß jetzt [etwa] C^{90} und V^{22} ausgelegt werden. Der Wert des Produkts ist nach wie vor 120, wovon aber Auslage = 112 (90 konstantes Kapital und 22 variables). Also der Profit = 8, und das macht auf 112 = $^1/_{14}$, = $7^1/_7$ p.c. Wert des Produkts von ausgelegtem Kapital, = 100, nun also = $107^1/_7$.

In welchem Verhältnis gehn nun in dies neue Kapital C und V ein? Früher verhielten sich V:C = 20:80 = 1:4; jetzt = 22:90 = 11:45. $^1/_4 = {}^{45}/_{180}$; $^{11}/_{45} = {}^{44}/_{180}$. D.h., das variable Kapital hat um $^1/_{180}$ abge-||583| nommen gegen das konstante. Um also anzunehmen, nach der Voraussetzung, daß die Verteurung der Kohle etc. *proportionell gleichmäßig* wirke auf beide Teile des Kapitals, müssen wir setzen C^{88} V^{22}. Denn der Wert des Produkts = 120; gehn ab als Auslage 88 + 22 = 110. Bleiben 10 Profit. 22:88 = 20:80. Das *Verhältnis* von C und V wäre *dasselbe* geblieben wie im alten Kapital. Nach wie vor verhielten sich V:C = 1:4. Aber 10 Profit auf 110 = $^1/_{11}$ = $9^1/_{11}$ [p.c.]. Soll daher die Produktion auf derselben Stufen-

[1] *Gesamtkapital*

leiter fortgesetzt werden, so müssen 110 Kapital angelegt werden, wo früher 100, und der Wert [des] Produkts nach wie vor = 120[56]. Für ein Kapital von 100 aber ergäbe sich die Zusammensetzung: C^{80} V^{20} mit einem Wert des Produkts von $109^1/_{11}$.

[Zweitens:] Wäre im obigen Fall der Wert von C^{80} konstant geblieben und hätte nur der von V variiert, also V^{22} statt V^{20}, so war früher das Verhältnis = 20:80 oder 10:40, jetzt wie 22:80 oder = 11:40. Hätte nun dieser change stattgefunden, so [betrüge das Kapital] C^{80} V^{22} [und der] Wert des Produkts 120; also Auslage 102 und Profit 18, also $17^{33}/_{51}$ p.c. [Es verhalten sich aber] 22:18 = $21^{29}/_{51}$:$17^{33}/_{51}$. Sind 22 V im Arbeitslohn ausgelegtes Kapital nötig, um konstantes Kapital zum Wert von 80 zu moven[1], so $21^{29}/_{51}$, um konstantes Kapital vom Wert von $78^{22}/_{51}$ zu moven. Nach diesem Verhältnis könnten von 100 Kapital nur $78^{22}/_{51}$ auf Ausgabe in Maschinerie und Rohmaterial fallen; es müßten $21^{29}/_{51}$ auf Arbeitslohn kommen, während früher 80 auf Rohmaterial etc. und nur 20 auf Arbeitslohn kamen. Der Wert des Produkts jetzt = $117^{33}/_{51}$. Und die Zusammensetzung des Kapitals: $C^{78^{22}/_{51}}$ $V^{21^{29}/_{51}}$. Es sind aber $21^{29}/_{51}$ + $17^{33}/_{51}$ = $39^{11}/_{51}$. Die gesamte zugesetzte Arbeit war bei der frühern Komposition = 40; sie ist jetzt = $39^{11}/_{51}$ oder $^{40}/_{51}$ weniger, *weil* das capital constant nicht seinen Wert geändert, aber weniger capital constant zu bearbeiten ist, also von dem Kapital 100 etwas weniger Arbeit wie früher, wenn auch teurer bezahlte Arbeit, in Bewegung gesetzt werden kann.

Ändert also ein change in einem Kostenelement, hier eine Verteurung, Wertsteigen, bloß den Arbeitslohn (den notwendigen), so findet folgendes statt: Erstens, die Rate des Mehrwerts sinkt; zweitens, für ein gegebnes Kapital kann weniger capital constant, weniger Rohmaterial und Maschinerie angewandt werden. Die absolute Masse dieses Teils des Kapitals nimmt verhältnismäßig ab zum variablen Kapital, was unter sonst *gleichbleibenden* Umständen stets ein Steigen der Profitrate hervorbringen muß (wenn der Wert des konstanten Kapitals derselbe bleibt). Seine *Masse* nimmt ab, obgleich sein *Wert derselbe* bleibt. Aber die *Rate des Mehrwerts* und der *Mehrwert* selbst nimmt ab, da bei der fallenden Rate nicht die Anzahl der angewandten Arbeiter wächst. Die Rate des Mehrwerts – der Surplusarbeit – fällt mehr als die Rate des Verhältnisses zwischen variablem und konstantem Kapital. Es muß nämlich nach wie vor *dieselbe Arbeiteranzahl* angewandt werden, um *dieselbe Masse von capital constant* in Bewegung zu setzen, also dieselbe absolute Quantität Arbeit. Nur ist von dieser absoluten Quantität

[1] bewegen

Arbeit mehr notwendige und weniger Surplusarbeit. *Dieselbe Quantität Arbeit* muß also teurer bezahlt werden. *Dasselbe* Kapital – 100 z.B. – kann also weniger in capital constant auslegen, da es mehr für capital variable auslegen muß, um ein kleineres capital constant in Bewegung zu setzen. Das Fallen der Rate des Mehrwerts hängt hier nicht zusammen mit einer Vermehrung in der absoluten Quantität von Arbeit, die ein bestimmtes Kapital anwendet, oder mit der Vermehrung der von ihm angewandten Arbeiteranzahl. Der Mehrwert selbst kann hier also nicht steigen, obgleich die Rate des Mehrwerts sinkt.

Bleibt also die organische Zusammensetzung des Kapitals dieselbe, soweit seine Bestandteile materiell als Gebrauchswerte betrachtet werden; ist also der Wechsel dieser Zusammensetzung nicht geschuldet einem change in der *Produktionsweise* innerhalb der Sphäre, worin das Kapital angelegt ist, sondern nur einem Steigen im *Wert des Arbeitsvermögens* und daher einer Erhöhung des notwendigen Arbeitslohns, = Abnahme der Surplusarbeit oder der Rate des Mehrwerts, die in diesem Fall weder ganz noch teilweise paralysiert sein kann durch Vermehrung der Arbeiteranzahl, die von einem Kapital von gegebner Größe – 100 z.B. – angewandt wird, so ist das Fallen der Profitrate einfach geschuldet dem Fallen des Mehrwerts selbst. Dieser selben Ursache ist dann geschuldet der Wechsel in der organischen Zusammensetzung des Kapitals, der – bei gleichbleibender Produktionsweise und gleichbleibendem Verhältnis der angewandten Massen von unmittelbarer Arbeit und accumulated labour[1] – nur herkömmt daher, daß der *Wert (der proportionelle Wert) der angewandten Massen* sich geändert hat. Dasselbe Kapital wendet ||584| in demselben Verhältnis weniger unmittelbare Arbeit an, als es weniger konstantes Kapital anwendet, aber es bezahlt diese wenigere Arbeit teurer. Es kann daher nur weniger konstantes Kapital anwenden, weil die wenigere Arbeit, die dies wenigere konstante Kapital in Bewegung setzt, einen größren Teil des Gesamtkapitals absorbiert. Um 78 konstantes Kapital in Bewegung zu setzen, muß es z.B. 22 in variablem Kapital auslegen, während früher 20 V genügte, um 80 C in Bewegung zu setzen.

Dies also der Fall, wenn die Verteurung des dem Grundeigentum unterworfnen Produkts bloß den Arbeitslohn affiziert. Das umgekehrte Resultat fände statt bei Verwohlfeilerung dieses Produkts.

Nehmen wir aber nun den oben supponierten Fall an. Die Verteurung des Agrikulturprodukts treffe capital constant und variable *proportionell*

[1] aufgehäufter Arbeit

gleichmäßig. Hier also, der Voraussetzung nach, findet kein change in der *organischen Zusammensetzung des Kapitals* statt. Erstens kein *change in der Produktionsweise.* Dasselbe absolute Quantum immediate labour[1] setzt nach wie vor dasselbe Quantum *accumulated labour* in Bewegung. Die Massenverhältnisse bleiben dieselben. Zweitens kein *change im Wertverhältnis* der accumulated und immediate labour. Steigt oder fällt der Wert der einen, so der der andren im selben *Verhältnis* zu ihrer relativen Größe, bleibt also unverändert. Aber früher: C^{80} V^{20}, *Wert des Produkts* = 120. Jetzt C^{88} V^{22}, Wert des Produkts = 120. Dies gibt 10 auf 110 oder $9^{1}/_{11}$ Prozent, also für C^{80} V^{20} Wert von $109^{1}/_{11}$.

Früher hatten wir:

Konstantes Kapital	Variables	Mehrwert	Profitrate	Mehrwertrate
80	20	20	20 p.c.	100 p.c.

Jetzt haben wir:

Konstantes Kapital	Variables	Mehrwert	Profitrate	Mehrwertrate
80	20	$9^{1}/_{11}$	$9^{1}/_{11}$ p.c.	$45^{5}/_{11}$ p.c.

C^{80} stellt hier weniger Rohmaterial etc. vor, V^{20} im selben Verhältnis weniger absolute Arbeit. Das Rohmaterial etc. ist teurer geworden; die Quantität des für 80 gekauften Rohmaterials etc. ist daher kleiner geworden, erheischt also, da die *Produktionsweise dieselbe* geblieben, weniger immediate labour. Aber dieses Weniger immediate labour kostet soviel wie früher das Mehr immediate labour und hat sich gradeso verteuert, also im selben Verhältnis abgenommen wie das Rohmaterial etc. Wäre also der Mehrwert derselbe geblieben, so sänke die Profitrate in dem Verhältnis, worin das Rohmaterial etc. sich verteuert, das Wertverhältnis des capital variable zum capital constant changiert hätte. Die Mehrwertrate ist aber nicht dieselbe geblieben, sondern hat in demselben Verhältnis changiert, wie der Wert des variablen Kapitals gewachsen ist.

Nehmen wir ein [anderes] Beispiel.

Der Wert des lb. Baumwolle ist von 1 sh. auf 2 sh. gestiegen. Mit 80 *l.* {setzen wir hier Maschine etc. = 0} konnten früher gekauft werden 1600 lbs. Mit 80 *l.* können jetzt nur noch gekauft werden 800 lbs. Um die 1600 lbs. zu verspinnen, früher 20 *l.* in Arbeitslohn nötig, = 20 Arbeitern meinetwegen. Um die 800 lbs. zu verspinnen nur 10, da die Produktionsweise

[1] unmittelbarer Arbeit

dieselbe geblieben. Die 10 hätten früher 10 *l.* gekostet, sie kosten jetzt 20 *l.*, ganz wie die 800 lbs. früher 40 *l.* gekostet hätten, jetzt 80 kosten. Gesetzt nun, der Profit war früher 20 p.c. Dies setzte voraus:

	Konstantes Kapital	Variables Kapital	Mehrwert	Mehrwertrate	Profitrate	Produkt	Preis des lb. Twist
I	80 *l.* = 1600 lbs. Baumwolle	20 *l.* = 20 Arbeiter	20 *l.*	100 p.c.	20 p.c.	1600 lbs. Twist	1 sh. 6 d.
II	80 *l.* = 800 lbs. Baumwolle	20 *l.* = 10 Arbeiter	10 *l.*	50 p.c.	10 p.c.	800 lbs. Twist	2 sh. 9 d.

Nämlich ist der Mehrwert, den 20 Arbeiter schaffen, = 20, so der, den 10 schaffen, = 10; um ihn zu produzieren, müssen aber nach wie vor 20 *l.* gezahlt werden, während nach dem frühren Verhältnis nur 10 gezahlt wurden. Der Wert des Produkts, des ||585| lb. Twist, muß hier jedenfalls steigen, weil es mehr Arbeit enthält, accumulated labour (in der Baumwolle, die in es eingeht) und immediate labour.

Wäre nur die Baumwolle gestiegen, der Arbeitslohn derselbe geblieben, so hätten nach wie vor nur 10 Arbeiter 800 lbs. Baumwolle gesponnen. Aber diese 10 Arbeiter hätten auch nur 10 *l.* gekostet. Also der Mehrwert von 10 nach wie vor = 100 p.c. Um 800 lbs. Baumwolle zu verspinnen, 10 Arbeiter nötig mit Kapitalauslage von 10. Also gesamte Kapitalauslage = 90. Es komme nun stets in der Voraussetzung auf 80 lbs. Baumwolle 1 Arbeiter. Daher auf 800 lbs. 10 und auf 1600 lbs. 20. Das ganze Kapital von 100 könnte jetzt also verspinnen wieviel lbs.? Für $88^8/_9$ *l.* könnte Baumwolle gekauft und für $11^1/_9$ *l.* in Arbeitslohn ausgelegt werden.

Das Verhältnis wäre:

	Konstantes Kapital	Variables Kapital	Mehrwert	Mehrwertrate	Profitrate	Produkt	Preis des lb. Twist
III	$88^8/_9$ *l.* = $888^8/_9$ lbs.	$11^1/_9$ *l.* = $11^1/_9$ Arbeiter	$11^1/_9$ *l.*	100 p.c.	$11^1/_9$ p.c.	$888^8/_9$ lbs. Twist	2 sh. 6 d.

In diesem Fall, wo kein *Wertwechsel* im *variablen* Kapital vorgeht, die Rate des Mehrwerts also dieselbe bleibt, [ergibt sich]:

In I verhält sich das variable Kapital zum konstanten = 20 : 80 = 1 : 4. In III verhält es sich wie $11^1/_9 : 88^8/_9 = 1 : 8$, ist also verhältnismäßig um die Hälfte gefallen, weil der *Wert* des konstanten Kapitals sich verdoppelt hat. Dieselbe Arbeiteranzahl verspinnt dieselbe Masse Baumwolle, aber es können jetzt mit 100 *l.* nur noch $11^1/_9$ Arbeiter beschäftigt werden, während die $88^8/_9$ *l.* Rest nur $888^8/_9$ lbs. Baumwolle kaufen statt [wie] in I

1600 lbs. Die *Rate des Mehrwerts* ist dieselbe geblieben. Infolge des change in der value[1] des konstanten Kapitals jedoch kann nicht mehr dieselbe Arbeiterzahl auf ein Kapital von 100 beschäftigt werden; das Verhältnis zwischen variablem und konstantem Kapital hat gewechselt. Folglich sinkt die Masse des Mehrwerts und damit der Profit, da derselbe Mehrwert nach wie vor auf dieselbe Kapitalauslage berechnet wird. Im ersten Fall war das variable Kapital $^1/_4$ des konstanten (20:80) und $^1/_5$ des Gesamtkapitals (=20). Jetzt nur noch $^1/_8$ des konstanten Kapitals ($11^1/_9$: $88^8/_9$) und $^1/_9$ ($11^1/_9$) von 100, vom Gesamtkapital. Aber 100 p.c. auf $^{100}/_5$ oder 20 ist = 20, und 100 p.c. auf $^{100}/_9$ oder $11^1/_9$ ist nur $11^1/_9$. Bei gleichbleibendem Arbeitslohn hier oder gleichbleibendem Wert des variablen Kapitals fällt seine absolute Größe, weil der *Wert des konstanten Kapitals* gestiegen ist. Daher fällt die Percentage des variablen Kapitals, damit der Mehrwert selbst, seine absolute Größe und daher die Rate des Profits.

Ein *change in the value des konstanten Kapitals* bei *gleichbleibendem Wert* des *variablen Kapitals* und *gleichbleibender Produktionsweise*, also gleichem Verhältnisse der angewandten Massen von Arbeit, Rohmaterial und Maschinerie, bringt dieselbe Variation in der Zusammensetzung des Kapitals hervor, als ob der *Wert des konstanten Kapitals* derselbe geblieben, aber als ob *größere Masse* des im Wert nicht veränderten Kapitals (*also* auch *größre Wertsumme* desselben) angewandt worden wäre, verhältnismäßig zu dem in Arbeit ausgelegten Kapital. Die Folge ist notwendig Fallen des Profits. (Umgekehrt, wenn der Wert des konstanten Kapitals sinkt.)

Umgekehrt ein *change in der value des variablen Kapitals* (hier Steigen) vergrößert das Verhältnis des *variablen Kapitals* zum *konstanten*, also auch der Percentage des variablen Kapitals oder den proportionellen Anteil, den es vom Gesamtkapital bildet. Dennoch *fällt hier die Profitrate*, statt zu steigen. Denn die *Produktionsweise* ist *dieselbe* geblieben. Es wird nach wie vor dieselbe Masse lebendiger Arbeit angewandt, um dieselbe Masse Rohmaterial, Maschinerie etc. in Produkt zu verwandeln. Hier wie im obigen Fall kann mit demselben Kapital, 100, ||586| nur eine geringre Gesamtmasse of immediate and accumulated labour in Bewegung gesetzt werden; aber das geringre Quantum Arbeit kostet mehr. Der notwendige Arbeitslohn ist gestiegen. Ein größrer Teil dieses geringren Quantums Arbeit ersetzt notwendige Arbeit, ein geringerer also bildet Surplusarbeit. Die Rate des Mehrwerts ist gefallen, während gleichzeitig die Anzahl der von demselben Kapital kommandierten Arbeiter oder kommandierten Gesamtquantität von Arbeit sich

[1] Wechsels im Wert

vermindert hat. Das variable Kapital ist gestiegen im Verhältnis zum konstanten Kapital und daher auch zum Gesamtkapital, obgleich die im Verhältnis zur Masse des konstanten Kapitals angewandte *Arbeitsmasse* abgenommen hat. Der Mehrwert fällt daher und mit ihm die Profitrate. Vorhin fiel die Profitrate, weil bei *gleichbleibender Rate des Mehrwerts* das variable Kapital im Verhältnis zum konstanten und daher zum Gesamtkapital *fiel*, oder der Mehrwert fiel, weil *bei gleichbleibender Rate* die Anzahl der Arbeiter sich vermindert hatte, sein Multiplikator abgenommen hatte. Diesmal fällt die Profitrate, weil das variable Kapital *steigt* im Verhältnis zum konstanten, also auch zum Gesamtkapital; dieses Steigen des variablen Kapitals aber begleitet ist von einem Fall in der Masse der angewandten Arbeit (von *demselben* Kapital angewandten Arbeit); oder der Mehrwert fiel, weil *abnehmende Rate* desselben verbunden ist mit abnehmender Anzahl der angewandten Arbeit. Die *bezahlte* Arbeit hat sich vermehrt im Verhältnis zum konstanten Kapital, aber das angewandte Gesamtquantum Arbeit hat abgenommen.

Diese Variationen im Wert wirken also immer auf den Mehrwert selbst, dessen absolute amount[1] in beiden Fällen abnimmt, weil einer seiner beiden Faktoren fällt oder beide fallen; das eine Mal nimmt er ab, weil die Anzahl der Arbeiter abnimmt bei gleicher Rate des Mehrwerts, das andre Mal nimmt er ab, weil die Rate abnimmt und die Anzahl der per cent des Kapitals beschäftigten Arbeiter.

Wir kommen schließlich zu case[2] II, wo der change in der value eines Agrikulturprodukts *proportionell gleichmäßig* auf beide Teile des Kapitals wirkt, dieser *change of value* also nicht begleitet ist von einem change in the organic composition of capital[3].

Das lb. Twist steigt in diesem Fall (sieh S.584[4]) von 1 sh. 6 d. auf 2 sh. 9 d., da es das Produkt von mehr Arbeitszeit als früher. Es enthält zwar *ebensoviel immediate* (wenn auch mehr bezahlte und weniger unbezahlte Arbeit) labour als vorher, aber mehr accumulated labour. Der change in the value of cotton[5] von 1 auf 2 sh. setzt in den Wert des lb. Twist 2 sh. statt 1.

Das Beispiel II S.584 indes nicht richtig put[6]. Wir hatten:

	Konstantes Kapital	**Variables Kapital**	**Mehrwert**	**Rate des Mehrwerts**	**Profitrate**	**Produkt**	**Preis des lb. Twist**
I	80 *l.* = 1600 lbs. cotton	20 *l.* = 20 Arbeiter	20 *l.*	100 p.c.	20 p.c.	1600 lbs. Twist	1 sh. 6 d.

[1] Masse – [2] Fall – [3] Wechsel in der organischen Zusammensetzung des Kapitals – [4] siehe vorl. Band, S. 279 – [5] Wechsel im Wert der Baumwolle – [6] aufgestellt

Die Arbeit von 20 Arbeitern drückt sich aus in 40 *l.* Davon hier die Hälfte unbezahlte Arbeit, daher 20 Mehrwert. Nach diesem Verhältnis werden 10 Arbeiter produzieren 20 *l.* und davon 10 Arbeitslohn und 10 Mehrwert.

Stiege daher der Wert des Arbeitsvermögens im selben Verhältnis wie der des Rohmaterials, d.h. verdoppelte er sich, so wäre er = 20 *l.* für 10 Arbeiter, wie früher = 20 *l.* für 20 Arbeiter. In diesem Falle bliebe keine Surplusarbeit übrig. Denn der Wert, den die 10 Arbeiter liefern in Geld, = 20 *l.*, wenn der, den die 20 liefern, in Geld = 40 *l.* Dies unmöglich. In solchem Falle wäre die Basis der kapitalistischen Produktion fortgefallen.

Da aber die Wertwechsel im konstanten und variablen Kapital gleich sein sollen (proportionell), müssen wir den case anders setzen. Also setze, der Wert der Baumwolle steige um $^1/_3$; 80 *l.* kaufen jetzt 1200 lbs. cotton, während früher 1600. Früher 1 *l.* = 20 lbs. oder 1 *lb.* = $^1/_{20}$ *l.* = 1 sh. Jetzt 1 *l.* = 15 lbs. oder 1 lb. = $^1/_{15}$ *l.* = $1^1/_3$ sh. oder 1 sh. 4 d. Früher kostete 1 Arbeiter 1 *l.*, jetzt $1^1/_3$ *l.* = 1 *l.* $6^2/_3$ sh. oder 1 *l.* 6 sh. 8 d. und gibt für 15 Mann 20 *l.* (15 *l.* + $^{15}/_3$ *l.*). ||587| Da 20 Mann Wert von 40 *l.* produzieren, produzieren 15 Mann Wert von 30. Von diesem Wert jetzt 20 = ihrem Lohn und 10 Mehrwert oder unbezahlte Arbeit.

Wir haben also:

	Konstantes Kapital	Variables Kapital	Mehrwert	Mehrwertrate	Profitrate	Produkt	Preis des lb. Twist
IV	80 *l.* = 1200 lbs. Baumwolle	20 *l.* = 15 Mann	10 *l.*	50 p.c.	10 p.c.	1200 lbs. Twist	1 sh. 10 d.

In diesen 1 sh. 10 d. 1 sh. 4 d. für Baumwolle[1] und 6 d. für Arbeit.

Das Produkt verteuert, weil das cotton um $^1/_3$ teurer. Das Produkt ist aber nicht um $^1/_3$ teurer. Es war früher bei I = 18 d.; hätte es sich also um $^1/_3$ verteuert, so jetzt = 18 + 6 d. = 24 d., ist aber nur = 22 d. Früher steckten in 1600 lbs. Twist 40 *l.* Arbeit, also in 1 lb. $^1/_{40}$ *l.* oder $^{20}/_{40}$ sh. oder $^1/_2$ sh. = 6 d. Arbeit. Jetzt in 1200 lbs. [Twist] 30 *l.* Arbeit, also ditto in 1 lb. $^1/_{40}$ *l.* = $^1/_2$ sh. oder 6 d. Obgleich sich die Arbeit in demselben Maß verteuert hat wie das Rohmaterial, ist das Quantum immediate Arbeit, das in 1 lb. Twist steckt, *dasselbe* geblieben, obgleich von diesem Quantum jetzt mehr bezahlte, weniger unbezahlte Arbeit ist. Dieser change in der value der wages[2] ändert daher nichts im Wert des lb. Twist, des Produkts. Es figuriert hier nach wie vor nur 6 d. für Arbeit, während statt früher 1 sh.

[1] In der Handschrift: Twist – [2] Wechsel im Wert der Löhne

jetzt 1 sh. 4 d. für cotton figuriert. Und so kann überhaupt, wenn die Ware *zu ihrem Wert* verkauft wird, der change in der value der wages keinen change im Preis des Produkts hervorbringen. Aber früher von den 6 d. 3 Arbeitslohn, 3 Mehrwert. Jetzt von den 6 d. 4 d. Arbeitslohn und 2 Mehrwert. In der Tat 3 d. Arbeitslohn auf 1 lb. Twist macht für 1600 lbs. Twist 3 × 1600 d. = 20 *l.* Und 4 d. per lb. macht für 1200 lbs. 4 × 1200 = 20 *l.* Und 3 d. auf 15 d. (1 sh. cotton + 3 d. Arbeitslohn) macht im ersten Fall $^1/_5$ Profit = 20 p.c. Dagegen 2 auf 20 d. (16 d. cotton und 4 d. Arbeitslohn) macht $^1/_{10}$ oder 10 p.c.

Wäre im obigen Beispiel der Preis des cotton derselbe geblieben [so hätten wir]: 1 Mann verspinnt, da die Produktionsweise in allen Beispielen *dieselbe* geblieben, 80 lbs., und das lb. wieder = 1 sh.

Jetzt zerfällt das Kapital so:

Konstantes Kapital	Variables Kapital	Mehrwert	Mehrwertrate	Profitrate	Produkt	Preis des lb. Twist
$73^1/_3$ *l.* = $1466^2/_3$ lbs. cotton	$26^2/_3$ *l.* (20 Mann)	$13^1/_3$ *l.*	50 p.c.	$13^1/_3$ p.c.	$1466^2/_3$ lbs.	$1^6/_{11}$ sh.

Diese Rechnung unmöglich; denn wenn ein Mann 80 verspinnt, verspinnen 20 1600 und nicht $1466^2/_3$, da vorausgesetzt, daß die *Produktionsweise dieselbe* geblieben. Die differente Zahlung des Mannes kann an diesem fact nichts ändern. Das Beispiel muß also anders gestellt werden.

	Konstantes Kapital	Variables Kapital	Mehrwert	Mehrwertrate	Profitrate	Produkt	Preis des lb. Twist
II	75 *l.* = 1500 lbs. Baumwolle	25 *l.* ($18^3/_4$ Mann)	$12^1/_2$ *l.*	50 p.c.	$12^1/_2$ p.c.	1500 lbs. Twist	1 sh. 6 d.

Von diesen 6 d. 4 Arbeitslohn und 2 Profit. 2 auf 16 = $^1/_8$ = $12^1/_2$ p.c.

Bliebe nun endlich der Wert des variablen Kapitals wie früher, 1 Mann = 1 *l.*, während der Wert des konstanten Kapitals changierte, so daß 1 lb. Baumwolle[1] statt 1 sh. 1 sh. 4 d. oder 16 d. kostete, dann:

	Konstantes Kapital	Variables Kapital	Mehrwert	Mehrwertrate	Profitrate	Produkt	Preis des lb. Twist
III	$84^4/_{19}$ *l.* = $1263^3/_{19}$ lbs. cotton	$15^{15}/_{19}$ *l.* (= $15^{15}/_{19}$ Mann)	$15^{15}/_{19}$ *l.*	100 p.c.	$15^{15}/_{19}$ p.c.	$1263^3/_{19}$ lbs. [Twist]	1 sh. 10 d.

[1] In der Handschrift: Twist

||588| Der Profit = 3 d. Es ist dies auf 19 d. exakt $15^{15}/_{19}$ p.c.

Stellen wir nun alle 4 cases zusammen; beginnend von I, wo noch kein change im Wert stattgefunden.

	Konstantes Kapital	Variables Kapital	Mehrwert	Mehrwertrate	Profitrate	Produkt	Preis des lb. Twist	Profit
I	80 *l.* = 1600 lbs. cotton	20 *l.* = 20 Arbeiter	20 *l.*	100 p.c.	20 p.c.	1600 lbs. Twist	1 sh. 6 d.	3 d.
II	75 *l.* = 1500 lbs. cotton	25 *l.* = $18^3/_4$ Arbeiter	$12^1/_2$ *l.*	50 p.c.	$12^1/_2$ p.c.	1500 lbs. Twist	1 sh. 6 d.	2 d.
III	$84^4/_{19}$ *l.* = $1263^3/_{19}$ lbs. [cotton]	$15^{15}/_{19}$ *l.* = $15^{15}/_{19}$ Arbeiter	$15^{15}/_{19}$ *l.*	100 p.c.	$15^{15}/_{19}$ p.c.	$1263^3/_{19}$ lbs. Twist	1 sh. 10 d.	3 d.
IV	80 *l.* = 1200 lbs. [cotton]	20 *l.* = 15 Mann	10 *l.*	50 p.c.	10 p.c.	1200 lbs. Twist	1 sh. 10 d.	2 d.

Der Preis des Produkts variiert in III und IV, weil der Wert des capital constant variiert hat. Dagegen change of value in dem capital variable bringt keinen Preiswechsel hervor, weil das absolute Quantum der immediate labour dasselbe bleibt und nur verschieden verteilt ist in necessary labour[1] und surplus labour.

Wie verhält sich nun der case in IV, wo der change in value das konstante und variable Kapital *proportionell gleichmäßig* affiziert hat, beide um $^1/_3$ gestiegen sind?

Wäre nur der Arbeitslohn gestiegen (II), so fiel Profit von 20 p.c. auf $12^1/_2$, also um $7^1/_2$ p.c. Wäre nur das capital constant gestiegen (III), so fiel er von 20 auf $15^{15}/_{19}$, also um $4^4/_{19}$ p.c. Da beide gleichmäßig steigen[2], fällt er von 20 auf 10, also um 10 p.c. Warum aber nicht auf $7^1/_2 + 4^4/_{19}$ p.c. oder um $11^{27}/_{38}$, was die *Summe* der Differenzen von II und III ist? Es ist Rechenschaft abzulegen über diese $1^{27}/_{38}$; danach hätte der Profit fallen müssen (IV) statt auf 10 auf $8^{11}/_{38}$. Die Profitmasse bestimmt durch den amount der surplus value und diese, die Rate der surplus labour vorausgesetzt, von der *Anzahl* der Arbeiter. In I 20 Arbeiter und die Hälfte ihrer Arbeitszeit unpaid[3]. In II nur $^1/_3$ der Gesamtarbeit unpaid labour, also Sinken der Rate des Mehrwerts; außerdem werden $1^1/_4$ Arbeiter weniger angewandt, also auch Abnahme der *Anzahl* oder der Gesamtarbeit. In III ist die Rate des Mehrwerts wieder dieselbe wie in I, one half of the working day unpaid[4], aber die Anzahl der Arbeiter sinkt infolge der Erhöhung in

[1] notwendige Arbeit – [2] in der Handschrift: fallen – [3] unbezahlt – [4] die eine Hälfte des Arbeitstags ist unbezahlt

der value des konstanten Kapitals von 20 auf $15^{15}/_{19}$ oder um $4^{4}/_{19}$. In IV nimmt die Arbeiteranzahl (nachdem auch die Rate des Mehrwerts wieder so tief gefallen wie in II, nämlich $= {}^{1}/_{3}$ des working day[1]) um 5 ab, nämlich von 20 auf 15. Verglichen mit I nimmt die Arbeiterzahl in IV um 5 ab, verglichen mit II um $3^{3}/_{4}$ und verglichen mit III um ${}^{15}/_{19}$; aber sie nimmt nicht, verglichen mit I um $1^{1}/_{4} + 4^{4}/_{19}$ ab, d.h. um $5^{35}/_{76}$. Sonst wäre die Anzahl der beschäftigten Arbeiter in IV $= 14^{41}/_{76}$.

Soviel ergibt sich: *Variationen im Wert* der Waren, die in das capital constant oder variable eingehn – bei *gleichbleibender Produktionsweise* oder *Gleichbleiben der stofflichen Zusammensetzung des Kapitals* (d.h. gleichbleibendem Verhältnis zwischen der angewandten immediate und accumulated labour) –, bringen *keinen* change in der organic composition of the capital hervor, wenn sie *proportionell gleichmäßig* das variable und konstante Kapital affizieren wie in IV (wo z.B. Baumwolle sich verteuert gleichmäßig wie der Weizen, der von den Arbeitern konsumiert wird). Die Profitrate sinkt hier (bei steigendem Wert von konstantem Kapital und variablem Kapital) erstens, weil die Rate des Mehrwerts fällt wegen der Erhöhung des Arbeitslohns, und zweitens, weil die *Anzahl* der Arbeiter abnimmt.

Die Variation im Wert – wenn sie nur das konstante Kapital oder nur das variable affiziert – wirkt wie ein change in der organic composition des Kapitals und produziert einen solchen change in dem *Wertverhältnis* der Kapitalbestandteile, obgleich die Produktionsweise dieselbe bleibt. Wird nur das variable Kapital affiziert, so steigt es im Verhältnis zum konstanten Kapital ||589| und zum Gesamtkapital, aber nicht nur die Rate des Mehrwerts, sondern auch die Anzahl der beschäftigten Arbeiter nimmt ab. Es wird daher auch weniger konstantes Kapital (dessen Wert unverändert) angewandt (II).

Affiziert der Wertwechsel nur das konstante Kapital, so sinkt das variable Kapital im Verhältnis zum konstanten und Gesamtkapital. Obgleich die Rate des Mehrwerts dieselbe bleibt, nimmt sein amount ab, weil die *Anzahl* der beschäftigten Arbeiter [sinkt] (III).

Endlich wäre es möglich, daß der Wertwechsel capital constant und capital variable beide affiziert, aber in *ungleicher* Proportion. Dieser Fall ist nur unter die obigen zu subsumieren. Z.B. konstantes und variables Kapital würden so affiziert, daß das erste um 10 p.c. stiege im Wert, das zweite um 5. So würde, soweit beide um 5 p.c. steigen, das eine um 5 + 5, das andre um 5, case IV eintreten. Soweit aber das konstante Kapital überdem noch um 5 p.c. variierte, case III.

[1] Arbeitstags

Wir haben oben bloß Steigen im Wert vorausgesetzt. Bei dem Fallen die umgekehrte Wirkung. Z.B. von IV ausgehend zu I, wäre der Fall betrachtet, wenn *proportionell gleichmäßig* auf beide Bestandteile wirkend. Für das Wirken des bloßen Falls [eines Bestandteils] müßten II und III modifiziert werden. |589||

||600| Ich bemerke noch zu oben über den Einfluß der variation of value upon the organic composition of capital[1]: Bei Kapitalien in *verschiednen Produktionszweigen* kann also bei sonst stofflich gleicher Zusammensetzung der höhre *Wert* der angewandten Maschinerie oder des Materials Differenz hervorbringen. Z.B. wenn cotton, silk, linen and wool[2] ganz dieselbe stoffliche Komposition hätten, würde der bloße Unterschied in der Kostbarkeit des angewandten Materials solche Variation schaffen. |600||

[*d) Veränderungen der Gesamtrente in Abhängigkeit von der Veränderung des Marktwerts*]

||589| Zur Tabelle *A* zurück, hat sich also ergeben, daß die Annahme – der Profit von 10 p.c. sei durch Senkung entstanden (indem die Profitrate, von III ausgehend, höher stand, in II niedriger als für III, aber immer noch höher als I, wo 10 p.c.) – möglicherweise richtig ist,wenn nämlich die descending line[3] die wirkliche war, daß diese Annahme aber keineswegs notwendig aus der Gradation der Renten, dem bloßen Dasein der Differentialrenten, folgt, [daß] diese bei der ascending line[4] vielmehr fortwährendes Gleichbleiben der Profitrate voraussetzt.

Tabelle B. Hier, wie oben schon auseinandergesetzt, zwingt die Konkurrenz von III und IV [den Bebauer von] II, die Hälfte seines Kapitals zu withdraw[5]. Bei der descending line würde dies umgekehrt so erscheinen, daß bloß an additional supply of $32^1/_2$ tons[6] erheischt, hence[7] nur ein Kapital von 50 in II anzulegen ist.

Das Interessanteste aber an der Tabelle ist dies: Früher waren 300 *l.* Kapital angelegt, jetzt nur noch 250 *l.*, also $^1/_6$ weniger. Die Masse der Produkte ist aber dieselbe geblieben – 200 Tonnen. Die Produktivität der Arbeit also gestiegen und der Wert der einzelnen Ware gefallen. Ditto der

[1] Veränderung des Werts auf die organische Zusammensetzung des Kapitals – [2] Baumwolle, Seide, Leinen und Wolle – [3] absteigende Linie – [4] aufsteigenden Linie – [5] zurückzuziehen – [6] eine zusätzliche Zufuhr von $32^1/_2$ Tonnen – [7] daher

Gesamtwert der Waren von 400 *l.* auf *369$^{3}/_{13}$ l.* Der Marktwert der Tonne ist gefallen, verglichen mit *A*, von 2 *l.* auf 1 *l.* 16$^{12}/_{13}$ [sh.], indem der neue Marktwert durch den *individuellen Wert* von II, statt wie früher durch den höheren von I bestimmt ist. Trotz aller dieser Umstände – Abnahme des angelegten Kapitals, Abnahme des Gesamtwerts des Produkts bei gleichbleibender Masse der Produktion, Fall im Marktwert, Exploitation fruchtbarerer Klassen – ist die Rente in *B*, verglichen mit *A*, absolut gestiegen um 24$^{3}/_{13}$ *l.* (94$^{3}/_{13}$ gegen 70). Betrachten wir, wieweit die einzelnen Klassen an der Vergrößrung der Gesamtrente teilnehmen, so finden wir, daß in Klasse II die absolute Rente der Rate nach dieselbe geblieben, denn 5 auf 50 *l.* = 10 p.c.; aber ihr *amount* ist auf die Hälfte gesunken, von 10 auf 5, weil die Kapitalanlage in II *B* um die Hälfte gefallen, von 100 auf 50. Statt eine Vergrößrung des Rentals bewirkt Klasse II *B* eine Vermindrung desselben um 5 *l.* Ferner ist die Differentialrente für II *B* ganz weggefallen, weil der Marktwert jetzt gleich dem individuellen Wert von II; dies gibt zweiten Ausfall von 10 *l.* Also zusammen Abnahme der Rente für II. Klasse = 15 *l.*

In III ist der Betrag der absoluten Rente derselbe; aber infolge des Sinkens des Marktwerts ist auch sein Differentialwert gefallen; hence die differential rent[1]. Sie betrug 30 *l.* Sie beträgt nur noch 18$^{6}/_{13}$. Dies ist ein Ausfall von 11$^{7}/_{13}$. Für II und III zusammen ist also die Rente gefallen um 26$^{7}/_{13}$. Es bleibt also Rechenschaft abzulegen für ein Steigen nicht von 24$^{3}/_{13}$, wie es auf den ersten Blick scheint, sondern von 50$^{10}/_{13}$. Ferner aber ist für *B*, verglichen mit *A*, die absolute Rente von I*A* mit der Klasse I selbst weggefallen. Dies also weiterer Ausfall von 10 *l.* So summa summarum für 60$^{10}/_{13}$ *l.* Rechenschaft abzulegen. Dies aber das Rental der neuen Klasse IV *B*. Das Steigen des Rentals in B also nur aus der Rente von IV*B* zu erklären. Die absolute Rente für IV*B*, wie die aller anderen Klassen = 10 *l.* Die Differentialrente von 50$^{10}/_{13}$ aber kommt ||590| daher, daß der Differentialwert von IV = 10$^{470}/_{481}$ sh. per Tonne beträgt und mit 92$^{1}/_{2}$ zu multiplizieren ist, weil dies die Anzahl der Tonnen. Die Fruchtbarkeit von II und III ist dieselbe geblieben; die unfruchtbarste Klasse ist ganz entfernt, und dennoch steigt das Rental, weil die Differentialrente von IV allein infolge seiner relativ großen Fruchtbarkeit größer ist, als die gesamte Differentialrente von *A* war. Die Differentialrente hängt nicht von der absoluten Fruchtbarkeit der bebauten Klassen ab, denn $^{1}/_{2}$ II, III, IV [*B* sind] fruchtbarer wie I, II, III [*A*], und dennoch ist die Differentialrente für $^{1}/_{2}$ II, III, IV, [*B*]

[1] daher die Differentialrente

größer, als sie für I, II, III [*A*] war, weil der größte Teil des gelieferten Produkts – $92^1/_2$ Tonnen – von einer Klasse geliefert wird, für die der Differentialwert größer, als er überhaupt in I, II, III*A* vorkam. Den Differentialwert für eine Klasse *gegeben*, hängt der absolute amount[1] ihrer Differentialrente natürlich von der Masse ihres Produkts ab. Aber diese *Masse* selbst ist schon eingerechnet in die Berechnung und Bildung des Differentialwerts. Weil IV mit 100 *l.* $92^1/_2$ Tonnen, ni plus ni moins[2], produziert, beträgt sein Differentialwert in *B*, wo der Marktwert gleich 1 *l.* $16^{12}/_{13}$ sh. per Tonne, 10 sh. etc. per Tonne.

Das ganze Rental in *A* beträgt 70 auf 300 Kapital, $= 23^1/_3$ p.c. Dagegen in *B*, wenn die $^3/_{13}$ weggelassen werden, 94 auf 250, $= 37^3/_5$ p.c.

Tabelle C. Hier ist angenommen, daß, nachdem Klasse IV hinzugekommen und die II. Klasse den Marktwert bestimmt, nicht wie in *Tabelle B* die Nachfrage dieselbe bleibt, sondern die Nachfrage zunimmt mit dem sinkenden Preis, so daß die ganze von IV neuzugeführte Masse von $92^1/_2$ Tonnen vom Markt absorbiert wird. Zu 2 *l.* per Tonne würden nur 200 Tonnen absorbiert; zu $1^{11}/_{13}$ *l.* wächst die Nachfrage zu $292^1/_2$. Es ist falsch, vorauszusetzen, daß die Schranke des Markts bei $1^{11}/_{13}$ *l.* per Tonne notwendig dieselbe bleibt wie bei 2 *l.* per Tonne. Vielmehr dehnt sich der Markt to a certain extent[3] aus mit dem fallenden Preis – selbst bei dem allgemeinen Lebensmittel wie Weizen.

Dies ist der einzige Punkt, den wir *zunächst* bei Tabelle *C* hervorheben wollen.

Tabelle D. Hier ist angenommen, daß die $292^1/_2$ Tonnen nur vom Markt absorbiert werden, wenn der Marktwert fällt auf $1^5/_6$ *l.*, welches der *Kostenpreis* der Tonne für Klasse I ist, die also keine Rente trägt, sondern nur den gewöhnlichen Profit von 10 p.c. abwirft. Dies ist der case, den Ricardo als den Normalcase voraussetzt und bei dem also länger zu verweilen.

Es wird hier de prime abord[4] wie in den bisherigen Tabellen die ascending line angenommen; später wollen wir denselben Prozeß in der descending line betrachten.

Wenn II, III und IV nur eine additional supply[5] von 140 lieferten, d.h. additional supply, die der Markt zu 2 *l.* per Tonne absorbiert, so würde I fortfahren, den Marktwert zu bestimmen.

Dies jedoch nicht der Fall. Es befindet sich ein overplus von $92^1/_2$ Tonnen auf dem Markt, produziert von Klasse IV. Wäre dies überhaupt Surplus-

[1] die absolute Masse – [2] nicht mehr, nicht weniger – [3] bis zu einem gewissen Grad – [4] von vornherein – [5] zusätzliche Zufuhr

produktion, die absolut die Bedürfnisse des Markts überschritte, so würde I ganz aus dem Markt geworfen und II müßte die Hälfte seines Kapitals withdraw wie in *B*. II würde dann den Marktwert bestimmen wie in *B*. Allein es ist angenommen, daß, wenn der Marktwert tiefer sinkt, der Markt die $92^1/_2$ Tonnen absorbieren kann. Wie wird nun der Prozeß vor sich gehn? IV, III und $^1/_2$ II beherrschen absolut den Markt. D.h., könnte der Markt absolut nur 200 Tonnen absorbieren, so würden sie I aus dem Markt werfen.

Aber nehmen wir zunächst den faktischen Zustand. Es befinden sich $292^1/_2$ Tonnen auf dem Markt, während sich früher nur 200 darauf befanden. II würde zu seinem individuellen Wert, zu $1^{11}/_{13}$ *l.* verkaufen, um sich Platz zu schaffen und I, dessen individueller Wert = 2 *l.*, aus dem Markt zu verdrängen. Da aber auch bei diesem Marktwert kein Raum für die $292^1/_2$ *l.*, pressen IV und III auf II, bis der Marktpreis herabsinkt auf $1^5/_6$ *l.*, bei welchem Preise die Klassen IV, III, II und I Raum für ihr Produkt auf dem Markt finden, der zu *diesem* ||591| Marktpreis das *ganze* Produkt absorbiert. Durch diese Senkung des Preises ist die Zufuhr mit der Nachfrage ausgeglichen. Sobald die additional supply die Grenzen des Markts – innerhalb des alten Marktwerts – überschreitet, sucht natürlich jede der Klassen ihr ganzes Produkt mit Ausschluß des Produkts der andren Klassen *in* den Markt zu drängen. Es kann dies nur durch Preissenkung geschehn, und zwar durch Senkung des Preises bis zu einem Punkt, wo *alle* Platz finden. Ist diese Senkung des Preises so groß, daß die Klassen I, II etc. *unter* den Produktionskosten[57] verkaufen müssen, so müssen sie natürlich [ihr Kapital aus der Produktion] withdraw. Findet sich aber, daß die Senkung nicht so weit zu gehn hat, um das Produkt dem Markt adäquat zu machen, so kann das Gesamtkapital zu diesem neuen Marktwert nun in dieser Produktionssphäre fortarbeiten.

Es ist aber ferner klar, daß unter diesen Umständen nicht die schlechtesten Böden I und II, sondern die besten III und IV den Marktwert bestimmen, also auch die Rente auf den *besten Bodensorten* die auf den schlechteren bestimmt, wie *Storch* dies richtig für diesen case begriffen hat.[19]

IV verkauft zu dem Preis, wobei es sein ganzes Produkt in den Markt drängen kann und allen Gegendruck der andren Klassen aufhebt. Dieser Preis ist $1^5/_6$ *l.* Verkaufte es höher, so kontrahierten sich die limits des Markts, und der Prozeß des wechselseitigen Ausschließens begönne von neuem.

Daß I den Marktwert bestimmt, nur unter der Voraussetzung, daß die additional supply von II etc. nur die additional supply ist, die der Markt unter den limits des Marktwerts I absorbiert. Ist sie größer, so ist I ganz passiv und zwingt durch den Raum, den es einnimmt, bloß die Reaktion von II, III, IV hervor, bis der Preis sich so kontrahiert hat, daß der Markt weit genug für das ganze Produkt wird. Nun findet es sich, daß bei diesem von IV in fact[1] bestimmten Marktwert IV selbst außer der absoluten Rente noch eine Differentialrente von $49^7/_{12}$ *l.* zahlt, III außer der absoluten Rente noch eine Differentialrente von $17^1/_2$ *l.*, II dagegen keine Differentialrente zahlt und auch nur einen Teil, $9^1/_6$ *l.* statt 10 *l.*, der absoluten Rente, also nicht den ganzen Betrag der absoluten Rente. Warum? Der neue Marktwert von $1^5/_6$ *l.* steht zwar über seinem Kostenpreis, aber *unter* seinem individuellen Wert. Wäre er *gleich* seinem individuellen Wert, so zahlte es die absolute Rente von 10 *l.*, die gleich der Differenz zwischen individuellem Wert und Kostenpreis. Da er aber unter demselben steht – die aktuelle Rente, die er zahlt, = der Differenz zwischen dem Marktwert und dem Kostenpreis, diese Differenz aber kleiner als die zwischen seinem individuellen Wert und seinem Kostenpreis –, so zahlt es nur einen Teil seiner absoluten Rente, $9^1/_6$ *l.* statt 10.

{Die *aktuelle Rente* gleich der Differenz zwischen Marktwert und Kostenpreis.}

Die *absolute Rente* = der Differenz zwischen individuellem Wert und Kostenpreis.

Die *Differentialrente* = der Differenz zwischen Marktwert und individuellem Wert.

Die aktuelle oder *Gesamtrente* = der absoluten Rente + der Differentialrente, alias = dem Überschuß des Marktwerts über den individuellen Wert + dem Überschuß des individuellen Werts über den Kostenpreis oder = der Differenz zwischen Marktwert und Kostenpreis.

Ist also der Marktwert = dem individuellen Wert, so ist die Differentialrente = 0 und die Gesamtrente = der Differenz zwischen individuellem Wert und Kostenpreis.

Ist der Marktwert > als der individuelle Wert, so die *Differentialrente* = dem Überschuß des Marktwerts über den individuellen Wert, die Gesamtrente aber = dieser Differentialrente + der absoluten Rente.

Ist der Marktwert < als der individuelle Wert, aber größer als der Kostenpreis, so die Differentialrente eine negative Größe, die Gesamtrente also = der absoluten Rente + dieser negativen Differentialrente, d. h. des Überschusses des individuellen Werts über den Marktwert.

Ist der Marktwert = dem Kostenpreis, so Rente überhaupt = 0.

Um diese Sache in Gleichungen zu setzen, nennen wir die absolute

[1] tatsächlich

Rente AR, die Differentialrente DR, die Gesamtrente GR, den Marktwert MW, den individuellen Wert IW und den Kostenpreis KP. Wir haben dann folgende Gleichungen:

‖592| 1. AR = IW − KP = + y.
2. DR = MW − IW = x.
3. GR = AR + DR = MW − IW + IW − KP = y + x
= MW − KP.

If[1] MW > IW, so MW − IW = + x. Hence[2]: DR positiv und GR = y + x.

Und MW − KP = y + x. Oder MW − y − x = KP oder MW = y + x + KP.

If MW < IW, so MW − IW = − x. Hence DR negativ und GR = y − x.

Und MW − KP = y − x. Oder MW + x = IW. Oder MW + x − y = KP. Oder MW = y − x + KP.

If MW = IW so DR = 0, x = 0, because[3] MW − IW = 0. Hence GR = AR + DR = AR + 0 = MW − IW + IW − KP = 0 + IW − KP = IW − KP; = MW − KP = + y.

If MW = KP, GR oder MW − KP = 0.

Unter den angenommenen circumstances[4] zahlt I keine Rente. Warum nicht? Weil die absolute Rente = der Differenz zwischen dem individuellen Wert und dem Kostenpreis. Die Differentialrente aber ist = der Differenz zwischen dem Marktwert und dem individuellen Wert. Nun ist aber der Marktwert hier = dem Kostenpreis von I. Der individuelle Wert von I = 2 *l.* per Tonne, der Marktwert = $1^5/_6$ *l.* Die Differentialrente von I also = $1^5/_6$ *l.* − 2 *l.*, also = − $^1/_6$ *l.* Die absolute Rente von I aber = 2 *l.* − $1^5/_6$ *l.*, d.h. = der Differenz zwischen seinem individuellen Wert und seinem Kostenpreis = + $^1/_6$ *l.* Da also die aktuelle Rente von I = der absoluten Rente ($^1/_6$ *l.*) und der Differentialrente (− $^1/_6$ *l.*), so ist [sie] = + $^1/_6$ *l.* − $^1/_6$ *l.* = 0. Es zahlt also weder Differentialrente noch absolute Rente, sondern nur den Kostenpreis. Der Wert seines Produkts = 2 *l.*; verkauft zu $1^5/_6$ *l.*, also $^1/_{12}$ *unter* seinem Wert = $8^1/_3$ p.c. *unter* seinem Wert. I kann nicht höher verkaufen, weil nicht es den Markt bestimmt, sondern IV, III, II gegen es. Es hat nur an additional supply zu dem Preis von $1^5/_6$ *l.* zu liefern.

Dies fact, warum I keine Rente zahlt, weil der Marktwert = seinem Kostenpreis.

Dies fact aber ist die Konsequenz:

---

[1] Wenn – [2] Daher – [3] weil – [4] Umständen

Erstens von der relativen Unfruchtbarkeit von I. Was es zu liefern hat, sind 60 additional tons[1] zu $1^5/_6$ *l.* Gesetzt, statt nur 60 Tonnen für 100 zu liefern, liefere I 64 zu 100, 1 Tonne weniger als Klasse II. So brauchten nur $93^3/_4$ *l.* Kapital in I gesteckt zu werden, um 60 Tonnen zu liefern. Der individuelle Wert von 1 Tonne auf I wäre dann $1^7/_8$ *l.* oder 1 *l.* $17^1/_2$ sh., sein Kostenpreis: 1 *l.* $14^3/_8$ sh. Und da der Marktwert $= 1^5/_6$ *l.* = 1 *l.* $16^2/_3$ sh., so die Differenz zwischen Kostenpreis und Marktwert $= 2^7/_{24}$ sh. Und dies würde machen auf 60 Tonnen ||593| eine Rente von 6 *l.* $17^1/_2$ sh.

Wenn also alle Umstände dieselben blieben und I um $^1/_{15}$ (da $^{60}/_{15} = 4$) fruchtbarer wäre, als es ist, würde es noch einen Teil der absoluten Rente zahlen, weil Differenz zwischen dem Marktwert und seinem Kostenpreis existierte, wenn auch eine kleinere Differenz als zwischen seinem individuellen Wert und seinem Kostenpreis. Hier würde der schlechteste Boden also noch Rente tragen, wenn er fruchtbarer wäre, als er ist. Wäre I absolut fruchtbarer, als es ist, so wären II, III, IV *relativ unfruchtbarer*, verglichen mit ihm. Die Differenz zwischen seinem und ihren individuellen Werten wäre kleiner. Daß es also *keine Rente* trägt, ist ebensosehr dem Umstand geschuldet, daß es selbst nicht absolut fruchtbarer und daß II, III, IV nicht *relativ unfruchtbarer* sind.

Zweitens aber: Die Fruchtbarkeit von I gegeben, 60 Tonnen für 100 *l.* Wären II, III, IV, also speziell IV, das als neuer Mitbewerber in den Markt tritt, nicht nur relativ gegen I, sondern *absolut* minder fruchtbar, so könnte I eine Rente abwerfen, obgleich diese nur in einer Fraktion der absoluten Rente bestünde. Denn da der Markt $292^1/_2$ Tonnen zu $1^5/_6$ *l.* absorbiert, würde er eine geringre Anzahl Tonnen, z. B. 280 Tonnen zu einem höheren Marktwert als $1^5/_6$ *l.* absorbieren. Jeder Marktwert aber, der höher als $1^5/_6$ *l.*, d. h. als die Produktionskosten von I, wirft eine Rente für I ab, = dem Marktwert – dem Kostenpreis von I.

Es kann also ebenfalls gesagt werden, daß I wegen der absoluten Fruchtbarkeit von IV keine Rente abwirft, denn solange nur II und III Mitbewerber auf dem Markt, warf es Rente ab, und es würde sie selbst trotz dem Auftreten von IV, trotz der additional supply[2] fortfahren abzuwerfen – wenn auch eine geringre Rente –, wenn IV für 100 *l.* Kapitalauslage 80 statt $92^1/_2$ Tonnen produzierte.

Drittens: Wir haben angenommen, daß die absolute Rente für 100 *l.* Kapitalauslage = 10 *l.* ist, = 10 p.c. auf das Kapital oder $^1/_{11}$ auf den Kostenpreis, daß also der Wert von 100 *l.* Kapital in der Agrikultur = 120 *l.*, wobei 10 *l.* Profit.

[1] zusätzliche Tonnen – [2] zusätzlichen Zufuhr

Man muß nur nicht glauben, daß, wenn wir [sagen]: 100 *l.* Kapital ist ausgelegt in der Agrikultur, und wenn ein Arbeitstag = 1 *l.*, nun 100 Arbeitstage ausgelegt sind. Überhaupt, wenn ein Kapital von 100 *l.* = 100 Arbeitstagen, so ist niemals, in welchem Produktionszweig dies Kapital immer ausgelegt sei, [der neugeschaffene Wert = 100 Arbeitstagen]. Gesetzt, 1 *l.* Gold sei gleich 1 Arbeitstag von 12 Std., und dies sei der normale Arbeitstag, so fragt es sich erstens, welches ist die Rate, wozu die Arbeit exploitiert wird? D.h., wieviel Stunden von den 12 arbeitet der Arbeiter für sich, für die Reproduktion (als Äquivalent) seines Salairs, und wieviel arbeitet er für den Kapitalisten *gratis?* [Wie groß ist die] Arbeitszeit also, die der Kapitalist *verkauft*, ohne sie *gezahlt* zu haben, die daher die Quelle des Mehrwerts, der Vergrößerung des Kapitals bildet? Ist diese Rate = 50 p.c., so arbeitet der Arbeiter 8 Stunden für sich, 4 gratis für den Kapitalisten. Das Produkt = 12 Stunden = 1 *l.* (da 12 Stunden Arbeitszeit enthalten nach der Voraussetzung in 1 *l.* Gold). Von diesen 12 Stunden = 1 *l.* ersetzen 8 dem Kapitalisten das Salair, 4 bilden seinen Mehrwert. Auf ein Salair von $13^1/_3$ sh. also Mehrwert = $6^2/_3$ sh. oder auf Kapitalauslage von 1 *l.* = 10 sh., auf 100 *l.* also 50 *l.* Dann wäre der Wert der mit den 100 *l.* Kapital produzierten Ware = 150 *l.* Der Gewinn des Kapitalisten besteht überhaupt im Verkauf der in dem Produkt unbezahlten Arbeit. Aus dem Verkauf dessen, was nicht bezahlt ist, entspringt der normale Gewinn.

||594| Die zweite Frage aber ist die: Welches ist die *organische Komposition* des Kapitals? Der Wertteil des Kapitals, der aus Maschinerie etc. und Rohmaterial besteht, wird nur *einfach* im Produkt *reproduziert*, erscheint wieder, bleibt unverändert. Diesen Bestandteil des Kapitals muß der Kapitalist zu seinem *Wert* zahlen. Er tritt also als gegebner, *vorausgesetzter* Wert in das Produkt ein. Nur die von ihm angewandte Arbeit geht *ganz* in den Wert des Produkts ein, wird ganz von ihm gekauft, obgleich sie nur zum Teil von ihm bezahlt ist. Die obige Rate der Exploitation der Arbeit angenommen, wird die Größe des Mehrwerts für Kapital *von derselben* Größe also abhängen von seiner organischen Komposition. Ist das Kapital a = C^{80} V^{20}, so der Wert des Produkts = 110 und der Profit = 10 (obgleich 50 p.c. unbezahlte Arbeit drinstecken). Ist das Kapital b = C^{40} V^{60}, so der Wert des Produkts = 130, Profit = 30, obgleich ditto nur 50 p.c. unbezahlte Arbeit drinstecken. Ist das Kapital c = C^{60} V^{40}, [so ist] der Wert des Produkts = 120 und der Profit = 20 p.c., obgleich ditto 50 p.c. unbezahlte Arbeit drinstecken. Wir haben also für die 3 Kapitalien, = 300, zusammen Profit = 10 + 30 + 20 = 60. Und dies macht im Durchschnitt für 100 = 20 p.c. Und diesen Durchschnittsprofit macht jedes der Kapitalien, wenn es die von ihm

produzierte Ware zu 120 *l.* verkauft. Das Kapital a: $C^{80}\,V^{20}$ verkauft 10 *l.* *über* seinem Wert, das Kapital b: $C^{40}\,V^{60}$ verkauft 10 *l.* *unter* seinem Wert und das Kapital c: $C^{60}\,V^{40}$ verkauft *zu* seinem Wert. Die Waren zusammengerechnet, sind sie zu ihrem Wert verkauft: 120 + 120 + 120 = 360 *l.* In der Tat der Wert von a + b + c = 110 + 130 + 120 = 360 *l.* Aber die Preise der einzelnen Kategorien stehn teils *über*, teils *unter*, teils *auf* ihrem Wert, damit jede derselben einen Profit von 20 p.c. abwirft. Die so modifizierten Werte der Waren sind ihre Kostenpreise, die die Konkurrenz beständig als Gravitationszentren der Marktpreise setzt.

Bei den 100 *l.*, die nun in der Agrikultur angelegt sind, nehmen wir an, ist die Konstitution $C^{60}\,V^{40}$ (was übrigens vielleicht noch zu niedrig für V), so der Wert = 120. Dies stünde aber gleich dem *Kostenpreis* der Industrie. Also nimm im obigen Fall an, daß der Durchschnittspreis für 100 Kapital = 110 *l.* sei. Wir sagen nun, wenn das Agrikulturprodukt zu seinem Wert verkauft wird, steht sein Wert 10 *l.* *über* seinem Kostenpreis. Es wirft dann eine Rente von 10 p.c. ab, und dies nehmen wir als das *Normale* bei der kapitalistischen Produktion an, daß das Agrikulturprodukt im Unterschied von den andren Produkten, statt zu seinem *Kostenpreis*, zu seinem *Wert* verkauft wird, infolge des *Grundeigentums*. Die Komposition des Gesamtkapitals ist $C^{80}\,V^{20}$, wenn der Durchschnittsprofit = 10 p.c. Wir nehmen an, daß die des Agrikulturkapitals = $C^{60}\,V^{40}$ ist, oder daß in seiner Zusammensetzung mehr in Arbeitslohn – immediate labour[1] – ausgelegt wird als in der Gesamtsumme des in den übrigen Industriezweigen ausgelegten Kapitals. Es bezeichnet dies eine *relativ niedrigre* Entwicklung der Produktivität der Arbeit in dieser Branche. Allerdings [bei] einigen Arten der Agrikultur, z.B. der Viehzucht, mag die Komposition sein $C^{90}\,V^{10}$, also das Verhältnis von V : C kleiner sein als im industriellen Gesamtkapital. Aber nicht diese Branche bestimmt die Rente, sondern die eigentliche Agrikultur und zwar der Teil in ihr, der das hauptsächliche *Lebensmittel*, wie Weizen etc., erzeugt. Die Rente in den andren Zweigen ist nicht durch die Komposition des in ||595| ihnen selbst angelegten Kapitals bestimmt, sondern durch die Komposition des Kapitals, das in der Produktion des hauptsächlichen Lebensmittels verwandt wird. Das bloße Dasein der kapitalistischen Produktion setzt die Pflanzennahrung statt der Tiernahrung als das größte Element der Lebensmittel voraus. Das Verhältnis der Renten in den verschiednen Branchen zueinander is a secondary question[2], die uns hier nicht interessiert, außer Betracht bleibt.

---

[1] unmittelbare Arbeit – [2] ist eine sekundäre Frage

Damit also die absolute Rente = 10 p.c., ist vorausgesetzt, daß die allgemeine durchschnittliche Komposition des not agricultural capital = $C^{80} V^{20}$, die des agricultural capital = $C^{60} V^{40}$ sei.

Fragt sich nun, würde es auf den in *D* vorausgesetzten Fall, daß Klasse I keine Rente zahlt, Einfluß haben, wenn das agricultural capital anders zusammengesetzt sei, z.B. $C^{50} V^{50}$ oder $C^{70} V^{30}$? Im ersten Fall wäre der Wert des Produkts = 125 *l.*, im zweiten Falle = 115 *l.* Im ersten Fall wäre die Differenz, entspringend aus the different composition from the not agricultural capital[1] = 15 *l.*, im zweiten = 5. D.h. der Unterschied von Wert des Agrikulturprodukts und Kostenpreis im einen Fall 50 p.c. höher als in der Voraussetzung, im zweiten 50 p.c. niedriger.

Wäre der erste der Fall, der Wert von 100 *l.* = 125 *l.*, so in Tabelle *A* der Wert der Tonne für I = $2^1/_{12}$ *l.* Und dies wäre der Marktwert für *A*, da Klasse I hier den Marktwert bestimmt. Der Kostenpreis dagegen für I *A* wäre nach wie vor $1^5/_6$ *l.* Da also nach der Voraussetzung die $292^1/_2$ Tonnen nur verkaufbar zu $1^5/_6$ *l.*, so würde dies keinen Unterschied machen, ebensowenig wenn das agricultural capital = $C^{70} V^{30}$ oder der Unterschied des Werts des agricultural produce von seinem Kostenpreis nur = 5 *l.*, nur halb so groß wie in der Annahme. Wenn also der *Kostenpreis*, also die organische Durchschnittskomposition des not agricultural capital = $C^{80} V^{20}$ als konstant vorausgesetzt ist, so würde es für diesen case [*D*] keinen Unterschied machen, ob es höher oder niedriger, obgleich der Unterschied für Tabelle *A* bedeutend wäre, und es einen Unterschied von 50 p.c. in der absolute rent machen würde.

Setzen wir aber nun umgekehrt voraus: Die Komposition des agricultural capital sei nach wie vor $C^{60} V^{40}$ und die des not agricultural capital variiere. Statt $C^{80} V^{20}$ sei sie entweder $C^{70} V^{30}$ oder $C^{90} V^{10}$. In dem ersten Fall der Durchschnittsprofit = 15 oder 50 p.c. höher als in dem supposed case[2]; in dem andren = 5 *l.* oder 50 p.c. niedriger. In dem ersten Fall die absolute Rente = 5 *l.* Dies würde also wieder keinen Unterschied für I *D* machen. Im zweiten Fall die absolute Rente = 15 *l.* Auch dies würde keinen Unterschied für den case I *D* machen. Für diesen Fall also dies alles gleichgültig, so wichtig es bliebe für Tabelle *A*, *B*, *C* und *E*, d.h. für die absolute Bestimmung der absoluten und Differentialrente, jedesmal, sooft die neue Klasse – sei die line ascending or descending[3] – nur die necessary additional demand[4] zum alten Marktwert liefert.

[1] der verschiedenen Zusammensetzung von der des nichtlandwirtschaftlichen Kapitals – [2] angenommenen Fall – [3] Linie aufsteigend oder absteigend – [4] notwendige zusätzliche Nachfrage

Die folgende Frage ist nun die:

Ist dieser *case D* praktisch möglich? Und noch vorher, ist es, wie Ricardo annimmt, der *normale* Kasus? Der normale case kann es nur sein:

Entweder, wenn das agricultural capital = C^{80} V^{20}, gleich der Durchschnittskomposition des not agricultural capital, so daß der *Wert* des agricultural produce = dem *Kostenpreis* des *not agricultural produce* wäre. Dies statistisch einstweilen falsch. Die Annahme dieser *relativ* größren Improduktivität der Agrikultur jedenfalls sachgemäßer als Ricardos Annahme einer *progressiven* absoluten Zunahme ihrer Unproduktivität.

||596| Ricardo nimmt in ch. I „*On Value*" an, daß in Gold- und Silberminen die durchschnittliche Komposition des Kapitals bestehe (obgleich er hier nur von capital fixe und capital circulant spricht; doch wollen wir das „korrigieren"). Unter dieser Voraussetzung könnte bei diesen Minen stets nur eine Differentialrente, nie eine absolute Rente existieren. Die Voraussetzung selbst beruht aber wieder auf der andren Voraussetzung, daß die von den fruchtbarern Minen gelieferte additional supply stets größer ist als die bei dem alten Marktwert erheischte additional supply. Es ist aber absolut nicht einzusehn, warum das Gegenteil nicht ebensosehr soll stattfinden können. Die bloße Existenz der Differentialrente beweist schon, daß eine additional supply möglich ist, ohne den *gegebnen Marktwert*[1] zu ändern. Denn IV oder III oder II lieferten keine Differentialrenten, wenn sie nicht zum Marktwert von I verkauften, wie dieser immer bestimmt sei, also zu einem *unabhängig* von der absoluten Größe ihrer supply bestimmten Marktwert.

Oder: der *case D* müßte stets der normale sein, wenn die in ihm supponierten [Verhältnisse] stets die normalen sind; d.h., wenn I durch die Konkurrenz von IV, III und II, speziell von IV, stets gezwungen ist, sein Produkt um den ganzen Betrag der absoluten Rente zum *Kostenpreis unter* seinem Wert zu verkaufen. Das bloße Dasein der Differentialrente in IV, III, II beweist, daß sie zu einem Marktwert verkaufen, der *über* ihrem individuellen Wert steht. Nimmt Ric[ardo] an, daß dies bei I nicht der Fall sein kann, so nur, weil er die Unmöglichkeit der absoluten Rente *voraussetzt*, und letztres, weil er die *Identität von Wert und Kostenpreis* voraussetzt.

Nehmen wir den *Fall C*, wo die $292^1/_2$ Tonnen zum Marktwert von 1 *l.* $16^{12}/_{13}$ sh. Absatz finden. Und gehn wir wie Ricardo von IV aus. Solang nur $92^1/_2$ Tonnen nötig, verkauft IV die Tonne zu 1 *l.* $5^{35}/_{37}$ sh., d.h. Ware, mit 100 *l.* Kapital produziert, zu ihrem Wert von 120 *l.*, was die absolute Rente

[1] In der Handschrift: Marktpreis

von 10 *l.* liefert. Warum soll IV seine Ware *unter* ihrem Wert zu ihrem *Kostenpreis* verkaufen? Solange es allein da ist, können ihm III, II, I keine Konkurrenz machen. Der bloße *Kostenpreis* von III steht *über* dem Wert, der IV eine Rente von 10 *l.* abwirft, und in noch höherem Grade der Kostenpreis von II und I. Also könnte III etc. keine Konkurrenz machen, wenn es diese Tonnen selbst zum bloßen Kostenpreis verkaufte.

Nehmen wir an, daß bloß eine Klasse existiert – die beste oder schlechteste Landesart IV oder I oder III oder II, dies tut zur Theorie gar nichts –, nehmen wir an, daß sie *elementarisch* existiert, d.h. *relativ* elementarisch im Verhältnis zur Masse des gegebnen Kapitals und Arbeit, die überhaupt disponible und in diesem Produktionszweig absorbierbar – so daß sie also keine Schranken bildet, ein relativ unlimitiertes field of action[1] für die vorhandne Masse Arbeit und Kapital ist –; nehmen wir also an, daß keine Differentialrente existiert, weil keine Böden von *verschiedner* natural fertility[2] bebaut werden, also keine Differentialrente existiert (oder doch nur verschwindend); nehmen wir ferner an, daß *kein Grundeigentum* existiert, so ist es klar, daß keine absolute Rente, also überhaupt (da nach der Voraussetzung keine Differentialrente existiert) *keine* Rente existiert. Dies ist eine Tautologie. Denn die Existenz der *absoluten Grundrente* setzt nicht nur voraus, sondern ist das *vorausgesetzte Grundeigentum*, d.h., das durch die Aktion der kapitalistischen Produktion bedingte und modifizierte Grundeigentum. Diese Tautologie entscheidet *nichts* über die Frage, da wir eben die Bildung der absoluten Grundrente aus dem *Widerstand* erklären, den das Grundeigentum in der Agrikultur der kapitalistischen Ausgleichung der Werte der Waren zu Durchschnittspreisen entgegensetzt. Heben wir diese Aktion des Grundeigentums auf – diesen Widerstand, den spezifischen Widerstand, auf den die Konkurrenz der Kapitalien in diesem field of action stößt – so heben wir natürlich die Voraussetzung auf, unter der eine Grundrente existiert. Übrigens widerspricht sich die Voraussetzung: einerseits entwickelte kapitalistische Produktion (wie Herr Wakefield sehr gut in seiner Kolonialtheorie sieht[58]), anderseits die Nichtexistenz des Grundeigentums. Wo sollen in diesem Fall die Lohnarbeiter herkommen?

Etwas *Annäherndes* findet in Kolonien statt, selbst wenn *legal* Grundeigentum existiert, insofern die Regierung gratis gibt, wie es bei der Kolonisierung von England aus ursprünglich geschah, und selbst wenn die ||597| Regierung Grundeigentum faktisch setzt, indem sie den Boden, wenn

[1] unbegrenztes Aktionsfeld – [2] natürlicher Fruchtbarkeit

auch verschwindend wohlfeil, verkauft, wie in den United States 1 dollar or something of the sort per acre[1].

Hier ist zweierlei zu unterscheiden.

Erstens: Es handelt sich von eigentlichen Kolonien, wie in den Vereinigten Staaten, Australien etc. Hier ist die Masse der ackerbauenden Kolonisten, obgleich sie mehr oder minder großes Kapital vom Mutterland mitbringen, keine *Kapitalistenklasse*, und ebensowenig ist ihre Produktion die *kapitalistische*. Es sind more or less self-working peasants[2], denen zunächst die Hauptsache ist, *ihren eignen Unterhalt*, ihre means of subsistence[3] zu produzieren, deren Hauptprodukt also nicht *Ware* wird und nicht für den trade[4] bestimmt ist. Den Überschuß ihrer Produkte über ihren eignen Konsum verkaufen sie, tauschen sie aus gegen importierte Manufakturwaren etc. Der andre, kleinre Teil der Kolonisten an der See, schiffbaren Flüssen etc. bildet Handelsstädte. Hier kann noch gar nicht von kapitalistischer Produktion die Rede sein. Bildet sich selbst nach und nach die letztre aus, so daß dem self-working and self-owning farmer[5] der Verkauf seiner Produkte und der Gewinn, den er aus diesem Verkauf macht, entscheidend wird, so findet aber auch, solange das Land in der elementarischen Fülle dem Kapital und der Arbeit gegenüber noch existiert, also praktisch illimited field of action[6] bleibt, fortwährend auch noch die erste Form der Kolonisierung statt, und die Produktion wird daher *nie* nach dem Bedürfnis des Markts – zu einem gegebnen Marktwert – geregelt sein. Alles was die Kolonisten der ersten[7] Art *über* ihren unmittelbaren Konsum hinaus produzieren, werfen sie auf den Markt und verkaufen es zu jedem Preis, der ihnen mehr als den Arbeitslohn abwirft. Sie sind und bleiben für lange Zeit Mitbewerber der farmers, die schon mehr oder minder kapitalistisch produzieren, und halten so den Marktpreis des Agrikulturprodukts beständig *unter* seinem Wert. Der farmer, der daher Boden der schlechtesten Art bebaut, wird sehr zufrieden sein, wenn er den Durchschnittsprofit macht beim Verkauf seiner farm, wenn er das angelegte Kapital ersetzt erhält, was in einer großen Masse Fällen nicht der Fall. Hier also konkurrieren zweierlei wesentliche Umstände: Die kapitalistische Produktion in der Agrikultur herrscht noch nicht; zweitens, obgleich legal, existiert das Grundeigentum faktisch nur noch sporadisch, eigentlich nur noch der Grundbesitz. Oder, obgleich das Grundeigentum legal existiert, ist es – in Anbetracht des *elementarischen* Verhältnisses von Grund und Boden zu Arbeit

[1] Vereinigten Staaten 1 Dollar oder ungefähr soviel pro Acre – [2] mehr oder weniger selbstarbeitende Bauern – [3] Existenzmittel – [4] Handel – [5] selbstarbeitenden und selbstbesitzenden Pächter – [6] unbegrenztes Aktionsfeld – [7] in der Handschrift: zweiten

und Kapital – noch unfähig, dem Kapital Widerstand zu leisten, die Agrikultur in ein field of action zu verwandeln, das der *Anlage des Kapitals* spezifischen Widerstand leistet im Unterschied von der not agricultural industry.

In der zweiten Sorte Kolonien – plantations[1] –, von vornherein Handelsspekulationen, für den Weltmarkt produzierend, findet kapitalistische Produktion statt, obgleich nur formell, da die Negersklaverei die freie Lohnarbeit, also die Grundlage der kapitalistischen Produktion ausschließt. Es sind aber *Kapitalisten*, die das Geschäft mit Negersklaven treiben. Die Produktionsweise, die sie einführen, ist nicht aus der Sklaverei entsprungen, sondern wird auf sie gepfropft. In diesem Fall ist Kapitalist und Grundeigentümer eine Person. Und die *elementarische* Existenz des Bodens gegenüber dem Kapital und Arbeit leistet der Kapitalanlage, also auch der Konkurrenz der Kapitalien keinen Widerstand. Es entwickelt sich hier auch keine von den landlords verschiedne Farmerklasse. Solange dies Verhältnis dauert, steht nichts im Weg, daß der Kostenpreis den Marktwert regelt.

Alle diese Voraussetzungen haben nichts zu tun mit den Voraussetzungen, unter denen eine *absolute Grundrente* existiert: d.h. entwickelte kapitalistische Produktion auf der einen Seite, Grundeigentum, nicht nur legal vorhanden, sondern faktisch den Widerstand leistend und das field of action gegen das Kapital verteidigend und ihm nur unter gewissen Bedingungen Raum gebend auf der andren.

Unter diesen Umständen, selbst wenn nur IV oder III oder II oder I bebaut wird, wird eine absolute Grundrente existieren. Das Kapital kann nur neuen Raum in der allein existierenden Klasse erobern, indem es die Grundrente zahlt, d.h. das Agrikulturprodukt zu seinem *Wert* verkauft. Auch kann erst unter diesen Umständen die Rede sein von einer Vergleichung und Differenz zwischen dem in der Agrikultur (i.e. einem Naturelement als solchem in der Urproduktion) angelegten Kapital und dem in der not agricultural industry angelegten.

Die folgende Frage aber ist die:

Geht man von I aus, so klar, daß II, III, IV, wenn sie nur die zu dem alten Marktwert zulässige additional supply[2] liefern, zu dem Marktwert, den I bestimmt, verkaufen, also außer der absoluten Rente, im Verhältnis ihrer relativen Fruchtbarkeit eine Differentialrente liefern werden. Geht man dagegen von IV aus, so scheinen ||598| einige Einwürfe möglich.

Nämlich wir sahen, II zieht die absolute Rente, wenn es zu seinem Wert $1^{11}/_{13}$ *l.* verkauft oder zu 1 *l.* $16^{12}/_{13}$ sh.

[1] Plantagen – [2] in der Handschrift: demand

In Tabelle *D* steht der *Kostenpreis* von III, der nächstfolgenden Klasse (in der descending line[1]), höher als der *Wert* von IV, der eine Rente von 10 *l.* abwirft. Von einer Konkurrenz oder underselling[2] – selbst wenn III zum Kostenpreis verkaufte – kann hier also nicht die Rede sein. Befriedigt IV aber nicht mehr die Nachfrage, werden mehr als $92^1/_2$ Tonnen erheischt, so wird sein Preis steigen. Er müßte im obigen Fall schon um $3^{43}/_{111}$ sh.[3] per Tonne steigen, bevor III selbst zu seinem *Kostenpreis* als Mitbewerber auftreten könnte. Fragt sich, wird es so auftreten? Diesen case wollen wir gleich anders stellen. Die Nachfrage brauchte nicht um 75 Tonnen zu steigen, damit der Preis von IV auf 1 *l.* 12 sh., den individuellen Wert von III steige, am wenigsten beim *herrschenden Agrikulturprodukt*, wo ein Ungenügen in der Zufuhr ein viel größres Steigen des *Preises* hervorbringt, als dem *arithmetischen* Ausfall der Zufuhr entspricht. Wäre IV aber auf 1 *l.* 12 sh. gestiegen, so würde III zu diesem Marktwert, der gleich seinem individuellen Wert, die absolute Rente zahlen und IV eine Differentialrente. Findet überhaupt an additional demand[4] statt, so kann III zu seinem individuellen Wert verkaufen, da es dann den Marktwert beherrscht, und es wäre durchaus kein Grund vorhanden, warum der *Grundeigentümer* auf die Rente verzichten sollte.

Aber gesetzt, der Marktpreis von IV steige nur zu 1 *l.* $9^1/_3$ sh., dem *Kostenpreis* von III. Oder um den case noch frappanter zu setzen: Der Kostenpreis von III sei nur 1 *l.* 5 sh., also nur $1^8/_{37}$ sh. höher als der *Kostenpreis* von IV. Höher muß er sein, weil seine Fruchtbarkeit niedriger als die von IV. Kann nun III in Angriff genommen werden und so mit IV konkurrieren, das über dem Kostenpreis von III, nämlich zu 1 *l.* $5^{35}/_{37}$ sh.[5] verkauft? Entweder findet additional demand statt oder nicht. Im ersten Fall ist der Marktpreis von IV über seinen Wert gestiegen, über 1 *l.* $5^{35}/_{37}$ sh. Und III würde dann unter allen Umständen *über* seinem Kostenpreis verkaufen, wenn auch nicht zum vollen Betrag seiner absoluten Rente.

Oder es findet *keine* additional demand statt. Es sind hier wieder 2 Fälle möglich. Die Konkurrenz von III könnte nur eintreten, wenn der Farmer von III zugleich sein *Grundeigentümer*, ihm persönlich als Kapitalisten das Grundeigentum kein Hindernis in den Weg legte, keinen Widerstand leistete, weil er es in seiner Gewalt hat, nicht als Kapitalist, sondern als Grundeigentümer. Seine Konkurrenz würde IV zwingen, unter dem bisherigen Preis von 1 *l.* $5^{35}/_{37}$ sh. zu verkaufen und sogar unter dem Preis von

[1] absteigenden Linie – [2] Unterbietung – [3] in der Handschrift: $5^2/_3$ sh. – [4] eine zusätzliche Nachfrage – [5] in der Handschrift: 1 *l.* $16^2/_3$ sh.

1 *l.* 5 sh. zu verkaufen. Damit wäre III aus dem Feld geschlagen. Und IV hätte jedesmal die Fähigkeit, III aus dem Feld zu schlagen. Es brauchte nur den Preis zu seinen eignen Produktionskosten zu senken, die niedriger sind als die von III. Erweiterte sich aber der Markt infolge der *Preisermäßigung*, die III bewirkt, wie dann? Entweder erweiterte sich der Markt so, daß IV nach wie vor seine $92^1/_2$ Tonnen trotz der neu hinzugekommenen 75 absetzen könnte oder nicht in diesem Maße, so daß ein Teil des Produkts von IV und III überschüssig bliebe. In diesem Falle würde IV so lange herabsetzen, da es den Markt beherrscht, bis das Kapital in III auf die Schranken reduziert, d.h. nur soviel Kapital in ihm angelegt wäre, als grade hinreichend, um das ganze Produkt von IV zu absorbieren. Aber zu 1 *l.* 5 sh. wäre das ganze Produkt verkaufbar, und da III einen Teil dieses Produkts zu diesem Preis verkaufte, könnte IV nicht darüber verkaufen. Dies wäre aber der einzig mögliche case, momentane Überproduktion, nicht hervorgegangen aus einer additional demand, aber führend zu einer Erweiterung des Markts. Und dieser case nur möglich, wenn in III Kapitalist und Grundeigentümer identisch – also wieder vorausgesetzt wird, daß das Grundeigentum nicht als Macht dem Kapital gegenüber existiert, weil der Kapitalist selbst Grundeigentümer und den Grundeigentümer dem Kapitalisten opfert. Tritt aber das Grundeigentum als solches in III dem Kapital gegenüber, so ist durchaus kein Grund vorhanden, daß der Grundeigentümer seine acres zur Bebauung hergibt, ohne eine Rente davon zu beziehn, daß er es also hergibt, bevor der Preis von IV wenigstens *über* den Kostenpreis von III angestiegen. Ist dies Steigen nur ||599| gering, so wird in jedem Land kapitalistischer Produktion III als field of action dem Kapital entzogen bleiben, es sei denn, daß es in keiner andren Form Rente abwerfen kann. Es wird aber nie in Anbau genommen werden, bevor es eine Rente abwirft, der Preis von IV *über* dem Kostenpreis von III steht, IV also außer seiner alten eine Differentialrente abwirft. Mit dem fernern Wachsen der Nachfrage würde der Preis von III bis auf seinen Wert steigen, da der *Kostenpreis* von II *über* dem individuellen Wert von III steht. II würde bebaut, sobald der Preis von III über 1 *l.* $13^{11}/_{13}$ sh. gestiegen, also irgendeine Rente für II abwürfe.

Nun ist aber in *D* unterstellt, daß I *keine* Rente abwirft. Aber auch nur, weil I vorausgesetzt ist als schon bebautes Land, das durch den change[1], den das Hereinkommen von IV im Marktwert hervorgebracht, gezwungen ist, *unter* seinem Wert zu seinem *Kostenpreis* zu verkaufen. Fortfahren wird

[1] Wechsel

es nur, so exploitiert zu werden, wenn der Eigentümer selbst der farmer, also das Grundeigentum in diesem *individuellen case* dem Kapital gegenüber *verschwindet*, oder wenn der farmer ein kleiner Kapitalist, der mit weniger als 10 p.c. vorliebnimmt, oder ein Arbeiter, der etwas mehr oder nur seinen Arbeitslohn herausschlagen will und seine Surplusarbeit, 10 oder 9 oder < 10 *l.*, statt dem Kapitalisten dem Grundeigentümer zahlt. In beiden letztren Fällen wird zwar fermage[1] gezahlt, aber, ökonomisch gesprochen, keine Rente, und wir handeln nur von der letztern. In dem einen Fall der farmer ein bloßer labourer[2], in dem andren Mittelding zwischen labourer und Kapitalist.

Nichts abgeschmackter als die Behauptung, der Grundeigentümer könne seine acres nicht so gut *entziehn* dem Markt, wie der Kapitalist sein Kapital aus einem Produktionszweig. Bester Beweis das viele fruchtbare Land, das in den entwickeltsten Ländern Europas wie England unbebaut ist, das Land, was aus der Agrikultur in Eisenbahnbau oder Hausbau angelegt oder dafür reserviert wird oder zu Schießplätzen oder zur Jagd wie in Hochschottland etc. von seinem landlord bestimmt wird. Bester Beweis der vergebliche Kampf der englischen Arbeiter, Hand auf das waste[3] Land zu legen.

Wohlbemerkt: In allen Fällen, wo die absolute Rente wie in II *D* unter ihren Betrag sinkt, weil, wie hier, der Marktwert unter dem individuellen Wert der Klasse steht oder wie in II *B* ein Teil des Kapitals infolge der Konkurrenz beßren Bodens must be withdrawn from the worse one[4] oder wie in I *D* die Rente ganz wegfällt, ist vorausgesetzt:

1. daß, wo sie ganz wegfällt, der Grundeigentümer und Kapitalist *dieselbe* Person, hier also individuell und exzeptionell der Widerstand des Grundeigentums gegen das Kapital und die limitation of the field of action to the latter by the former[5] verschwindet. Es ist derselbe case wie bei den Kolonien, nur individuell, daß die Voraussetzung des Grundeigentums wegfällt;

2. daß die Konkurrenz der beßren Ländereien eine Überproduktion schafft – oder auch die Konkurrenz der schlechtren Länder (in der descending line[6]) – und den Markt gewaltsam erweitert, an additional demand schafft durch gewaltsame Preissenkung. Dies ist aber grade absolut der Fall, den Ric[ardo] nicht voraussetzt, denn er räsoniert stets unter der Voraussetzung, daß nur die necessary additional demand[7] suppliert wird;

3. daß II und I in *B*, *C*, *D* keine oder nicht den vollen Betrag der absolute

[1] Pachtzins – [2] Arbeiter – [3] unbebaute – [4] von dem schlechteren zurückgezogen werden muß – [5] die Beschränkung des Aktionsfeldes des letzteren durch den ersten – [6] absteigenden Linie – [7] notwendige zusätzliche Nachfrage

rent zahlen, weil sie durch die Konkurrenz der beßren Ländereien gezwungen sind, ihr Produkt *unter* ihrem Wert zu verkaufen. Ric[ardo] unterstellt umgekehrt, daß sie es zu *ihrem Wert* verkaufen und daß stets der *schlechtste Boden* den Marktwert bestimmt, wenn grade in dem case I *D*, den er als den normalen auffaßt, das Gegenteil stattfindet. Außerdem sein Räsonnement stets unter der Voraussetzung der descending line of production.

Ist die Durchschnittskomposition des not agricultural[1] capital = $C^{80} V^{20}$, Rate des Mehrwerts = 50 p.c., so – wenn die Komposition des agricultural capital = $C^{90} V^{10}$, d.h. höher als die des industrial capital, was falsch ||600| historisch für die kapitalistische Produktion – keine *absolute Grundrente;* wenn [sie] = $C^{80} V^{20}$, was bisher noch nicht der Fall, *keine* absolute Rente; wenn niedriger, z.B. $C^{60} V^{40}$, *absolute Grundrente.*

Die Theorie vorausgesetzt, können nach dem Verhältnis der verschiedenen Klassen, in *ihrem* Verhältnis zum Markt – i.e. dem Verhältnis, worin die eine oder andre Klasse den Markt beherrscht, eintreten:

A. Die letzte Klasse zahlt absolute Rente. Sie bestimmt den Marktwert, weil alle Klassen *zu diesem Marktwert nur* die *necessary supply*[2] *liefern.*

B. Die letzte Klasse bestimmt den Marktwert; zahlt absolute Rente, die ganze Rate derselben, aber nicht den ganzen frühren Betrag, weil Konkurrenz von III und IV sie zwingen, to withdraw part of the capital from production[3].

C. Die *überschüssige* supply, die die Klassen I, II, III, IV *zum alten Marktwert* liefern, erzwingt Fallen desselben, dieses jedoch – geregelt durch die höhren Klassen – erweitert den Markt. I zahlt nur einen Teil der absolute rent, II *nur* die absolute rent.

D. Dieselbe Beherrschung des *Marktwerts* durch die beßren Klassen oder der schlechtren durch oversupply[4] vernichtet die Rente ganz in I, reduziert sie in II unter ihren absolute amount; endlich in

E. verdrängen die beßren Klassen durch Senken des Marktwerts unter den Kostenpreis I vom Markt. II reguliert nun den Marktwert, weil *zu diesem neuen Marktwert* nur die nötige supply geliefert von allen 3 Klassen.

Nun zu Ricardo zurück.

Es versteht sich von selbst, daß, wenn wir von der Komposition des agricultural capital sprechen, der Bodenwert oder -preis nicht darin eingeht. Letzterer nichts als die kapitalisierte Grundrente.

[1] In der Handschrift: not industrial – [2] *notwendige Zufuhr* – [3] einen Teil des Kapitals der Produktion zu entziehen – [4] übermäßige Zufuhr

[DREIZEHNTES KAPITEL]

Ricardos Renttheorie [Schluß]

[1. Ricardos Voraussetzung der Nichtexistenz des Grundeigentums. Übergang zu neuen Böden in Abhängigkeit von ihrer Lage und Fruchtbarkeit]

Zurück zu *Ric[ardo], ch. II „On Rent"*:

Bringt erst die schon von Smith bekannte „Kolonialtheorie"[1]. Und es gilt hier nur, den logischen Zusammenhang kurz zusammenzufassen.

„Bei der *ersten Besiedlung eines Landes*, in dem es eine *Fülle* reichen und fruchtbaren Bodens gibt, *von dem nur* ein *sehr geringer Teil für den Unterhalt der vorhandenen* Bevölkerung *bebaut werden braucht* oder *mit dem* der Bevölkerung zur Verfügung stehenden *Kapital* tatsächlich *bebaut werden kann*, wird es *keine Rente* geben. Denn niemand wird für die *Benutzung des Bodens* etwas *bezahlen*, solange *eine große Fläche noch nicht angeeignet worden ist* und *daher*" (weil *not appropriated*[2], was Ric[ardo] später ganz vergißt) *„jedem zur Verfügung steht, der sich entschließt*, sie zu bebauen." (p.55.)

{Hier also Nicht-Grundeigentum vorausgesetzt. Obgleich diese Darstellung des Prozesses *annähernd* richtig für die settlings of modern peoples[3], so erstens ungehörig für die entwickelte kapitalistische Produktion; ebenso falsch, wenn dies als der *historische* Gang im old Europe vorgestellt wird.}

„Nach den allgemeinen Regeln von Angebot und Nachfrage *kann für solchen Boden keine Rente gezahlt werden*, aus den schon dargelegten Gründen, aus denen nichts für den Gebrauch von Luft und Wasser oder irgendwelcher Naturgaben gegeben wird, die in *unerschöpflicher Menge* vorhanden sind... Für die Benutzung dieser ||601| natürlichen Hilfsquellen wird keine Abgabe erhoben, da sie unerschöpflich sind und zu jedermanns Verfügung stehen... Wenn der gesamte Boden *die gleichen* Eigenschaften besäße, wenn er *in der Menge nicht begrenzt* und *an Qualität gleich* wäre, könnte für seine Benutzung

---

[1] Siehe vorl. Band, S. 226 und 238 – [2] *nicht angeeignet* – [3] Ansiedlung moderner Völker

nichts gefordert werden" (weil er überhaupt *nicht in Privateigentum* verwandelt werden könnte), „sofern er nicht *besondere Vorteile der Lage* besäße" (und at the disposal of a proprietor[1] wäre, sollte er hinzufügen). „Nur weil die Menge des Bodens *nicht unbegrenzt* und an Qualität nicht gleich ist, und weil mit der Zunahme der Bevölkerung Boden *geringerer Qualität* oder in *weniger günstiger Lage* in Kultur genommen wird, wird also *für* seine *Benutzung überhaupt eine Rente gezahlt.* Wenn im Laufe der Entwicklung der Gesellschaft Boden der zweiten Fruchtbarkeitsklasse bebaut wird, *entsteht auf dem erstklassigen sofort eine Rente, deren* Höhe *von der Differenz der Qualität dieser beiden Bodenklassen abhängt.*" (p.56, 57.)

Wir müssen grade hier verweilen. Der logische Zusammenhang ist der:

Wenn Land – und dies *unterstellt* Ric[ardo] bei der *„first settling of a country"*[2] (Kolonialtheorie *Smiths*) –, reiches und fruchtbares Land der actual population[3] und Kapital gegenüber *elementarisch* existiert, praktisch illimited[4], wenn ferner die „abundant quantity"[5] dieses Landes „was *not yet appropriated*"[6] und *daher*, weil *„not yet appropriated"*, „at *the disposal of whosoever might choose to cultivate it*"[7], in diesem Fall wird natürlich nichts gezahlt für den use of land, no rent[8]. Wäre das Land – nicht nur relativ zum Kapital und Population, sondern *faktisch* ein illimited element[9] (illimited wie air und water[10]) – „unlimited in quantity"[11], so könnte tatsächlich seine Appropriation durch die einen Appropriation desselben durch die andern nicht ausschließen. Es könnte kein private (auch kein „public"[12] oder state[13]) property in the soil[14] existieren. In diesem Fall – wenn alles Land of *the same* quality[15] – könnte gar keine Rente dafür gezahlt werden. Höchstens dem possessor of land[16], welches „possessed peculiar advantages of situation"[17].

Wird also unter den von Ric[ardo] vorausgesetzten Umständen – nämlich, daß Land *„not appropriated"* ist und das uncultivated land daher ist „at the disposal of whosoever might choose to cultivate it" – Rente gezahlt, so dies nur möglich, because „land is not unlimited in quantity and uniform in quality"[18], d.h. weil verschiedne Bodenarten existieren und dieselbe Bodenart „limited"[19] ist. Wir sagen, unter Ric[ardo]s Voraussetzung kann dann nur eine Differentialrente gezahlt werden. Aber statt dies so zu limitieren, he jumps at once to the conclusion[20], daß – abgesehn von seiner Voraussetzung

[1] zur Verfügung eines Eigentümers – [2] *„ersten Besiedlung eines Landes"* – [3] vorhandenen Bevölkerung – [4] unbegrenzt – [5] „reichliche Menge" – [6] *„noch nicht angeeignet* ist" – [7] *„jedem* zur *Verfügung steht, der sich entschließt, ihn zu bebauen"* – [8] die Benutzung des Bodens, keine Rente – [9] unbegrenztes Element – [10] Luft und Wasser – [11] „in unbegrenzter Menge" – [12] „öffentliches" – [13] staatliches – [14] Eigentum am Boden – [15] von *der gleichen* Qualität – [16] Eigentümer von Land – [17] „durch seine Lage besondere Vorteile gewährt" – [18] weil „Boden nicht in unbegrenzter Menge und von gleicher Qualität vorhanden ist" – [19] „begrenzt" – [20] springt er sogleich zu der Schlußfolgerung

der *Nichtexistenz des Grundeigentums* – absolute rent is never paid for the use of land[1], sondern nur Differentialrente.

Der Witz also der: Existiert das Land *elementarisch* dem Kapital gegenüber, so bewegt sich dies in der Agrikultur in *derselben* Weise wie in jedem andren Industriezweig. Es existiert dann kein *Grundeigentum*, keine Rente. Höchstens können, wenn ein Teil des Bodens fruchtbarer als der andre, Surplusprofite existieren wie in der Industrie. Hier werden sie sich als Differentialrente fixieren wegen der Naturbasis, die sie in den different degrees of fertility of the soil[2] haben.

Ist das Land dagegen 1. limited, 2. appropriiert, findet das Kapital *Grundeigentum* als Voraussetzung vor – und dies der Fall da, wo die kapitalistische Produktion sich entwickelt; wo es die Voraussetzung nicht wie im alten Europa vorfindet, schafft es sie selbst wie in den United States –, so ist der Grund und Boden von vornherein nicht ein elementarisches field of action für das Kapital. Hence[3] Grundrente, abgesehn von der Differentialrente. Aber auch die Übergänge von einer Bodenart zur andren, sei es ascending[4]: I, II, III, IV oder descending[5]: IV, III, II, I machen, sich dann anders als der Fall unter der *Ric[ardoschen] Voraussetzung*. Denn wie auf I stößt die Anwendung des Kapitals auf den Widerstand des Grundeigentums in II, III, IV und ebenso, wenn umgekehrt von IV zu III etc. übergegangen wird. Es genügt nicht, bei dem Übergang von IV auf III etc., daß der Preis von IV hoch genug steige, damit das Kapital mit Durchschnittsprofit auf III angewandt werden könne. Er muß so hoch steigen, daß Rente auf III bezahlt werden kann. Wird der Übergang von I zu II etc. gemacht, so versteht es sich schon ganz von selbst, daß der Preis, der eine Rente für I zahlte, für II nicht nur diese Rente, sondern außerdem noch eine Differentialrente zahlt. Durch seine Voraussetzung der *Nichtexistenz* des *Grundeigentums* hat Ric[ardo] natürlich nicht die Tatsache des *durch die Existenz des Grundeigentums* und *mit ihr gegebnen Gesetzes beseitigt*.

Nachdem Ric[ardo] eben gezeigt, wie eine Differentialrente *unter seiner Voraussetzung* entstehn könnte, fährt er fort:

„Wird Boden dritter Qualität in Kultur genommen, so entsteht auf dem zweiten sofort Rente und sie wird wie vorher durch den Unterschied der jeweiligen produktiven Kräfte bestimmt. Gleichzeitig wird auch die Rente der ersten Qualität steigen, denn sie muß infolge des Unterschiedes im Produkt, das mit der gleichen Menge Kapital und Arbeit erzielt wird, immer höher als die Rente der zweiten Klasse sein. Mit jedem

[1] absolute Rente niemals für die Benutzung von Grund und Boden gezahlt wird – [2] verschiedenen Graden der Fruchtbarkeit des Bodens – [3] Daher – [4] aufsteigend – [5] absteigend

Schritt in der Entwicklung der Bevölkerung, der ein Land veranlaßt, auf Boden schlechterer Qualität zurückzugreifen,"

(womit aber durchaus nicht gesagt ist, *that every step in the progress of population will oblige a country to have recourse to land of worse quality*[1]),

„um ihm die Deckung seines Nahrungsmittelbedarfs ||602| zu ermöglichen, wird die Rente auf dem gesamten fruchtbareren Boden steigen." (p.57.)

Dies all right[2].

Ricardo geht nun zu Beispiel über. Aber dies Beispiel, von dem später zu Bemerkenden abgesehn, setzt die *descending line*[3] voraus. Dies aber nur *Voraussetzung*. Er sagte, um dies zu erschleichen:

„Bei der ersten Besiedlung eines Landes, in dem es *eine Fülle reichen und fruchtbaren Bodens gibt, ...* [der] *noch nicht angeeignet worden ist.*" (p.55.)

Aber der case[4] würde derselbe, wenn there was[5], relativ zu den Kolonisten, „an abundance of poor and sterile soil – not yet appropriated"[6]. Es ist nicht die richness oder fertility of the soil[7], die vorausgesetzt ist, damit *keine Renten* gezahlt werden, sondern daß er illimited[8] ist, unappropriated[9] ist und uniform in quality[10] sei, whatever might be *that* quality in respect to the degree of its fertility[11]. Ric[ardo] formuliert daher selbst im Fortgang seine *Voraussetzung* so:

„Wenn *der gesamte Boden die gleichen* Eigenschaften besäße, wenn er *in der Menge nicht begrenzt* und *an Qualität gleich* wäre, könnte für seine Benutzung nichts gefordert werden." (p.56.)

Er sagt nicht und kann nicht sagen, if it „*were rich and fertile*"[12], weil diese Bedingung *absolut nichts* mit dem Gesetz zu tun hätte. Wäre das Land, instead of rich and fertile, poor and sterile[13], so müßte jeder Kolonist a greater proportion of the whole land[14] bebauen, und so würden sie sich rascher nähern, selbst bei unappropriated land[15], mit dem Wachstum der Bevölkerung dem Punkt, wo der praktische Überfluß an Land, seine faktische Illimitiertheit, in proportion to population and capital[16], aufhörte.

Nun ist es zwar ganz sicher, daß Kolonisten sicher nicht das unfruchtbarste, sondern das fruchtbarste Land aussuchen werden. Nämlich das

---

[1] *daß jeder Schritt in der Entwicklung der Bevölkerung ein Land veranlassen wird, auf Boden schlechterer Qualität zurückzugreifen* – [2] ganz richtig – [3] *absteigende Linie* – [4] Fall – [5] es dort gäbe – [6] „eine Fülle an armem und unfruchtbarem Boden, der noch nicht angeeignet ist" – [7] der Reichtum oder die Fruchtbarkeit des Bodens – [8] unbegrenzt – [9] nicht angeeignet – [10] von gleicher Qualität – [11] welches immer *diese* Qualität in bezug auf den Grad seiner Fruchtbarkeit sein mag – [12] wenn er „*reich und fruchtbar wäre*" – [13] anstatt reich und fruchtbar, arm und unfruchtbar – [14] einen größeren Anteil des gesamten Bodens – [15] nicht angeeignetem Boden – [16] im Verhältnis zur Bevölkerung und zum Kapital

fruchtbarste für die ihnen zu Gebot stehenden Kulturmittel. Aber dies ist nicht die einzige Schranke ihrer Auswahl. Was für sie zuerst entscheidet, ist die *situation*[1], die situation an der See, großen Strömen etc. Das Land in Westamerika etc. könnte beliebig fruchtbar sein. Die settlers[2] setzten sich natürlich fest in New England, Pennsylvania, North Carolina, Virginia etc., kurz an der Ostküste des Atlantik. Suchten sie sich das fruchtbarste Land aus, so suchten sie sich aber nur das *fruchtbarste Land in diesem Rayon aus.* Dies verhinderte sie nicht, später *fruchtbareres* Land im Westen zu bebauen, sobald Wachstum der Population, Kapitalbildung, Entwicklung von Kommunikationsmitteln, Städtebildung das *fruchtbarere Land* in diesem *ferneren* Rayon ihnen zugänglich machten. Sie suchen nicht den *fruchtbarsten Rayon,* sondern den *bestgelegnen Rayon,* und innerhalb dieses natürlich das – unter sonst *gleichen* Bedingungen der Lage – *fruchtbarste* Land. Dies beweist aber sicher nicht, daß vom fruchtbareren Rayon zum unfruchtbaren Rayon übergegangen wird, sondern nur, daß im *selben* Rayon – gleiche Lage vorausgesetzt – das fruchtbarere Land natürlich früher bebaut wird als das unfruchtbare.

Ricardo aber, nachdem er die „abundance of rich and fertile land"[3] richtig in land of the „*same* properties, unlimited in quantity, uniform in quality"[4] *verbessert* hat, kommt zum Beispiel und jumps[5] von da in die erste falsche Voraussetzung zurück.

„Der *fruchtbarste* und *bestgelegene* Boden wird *zuerst* bebaut." (l.c. p.60.)

Er fühlt das Schwache und Falsche und setzt daher zu dem „most fertile land"[6] die *neue* Bedingung hinzu: „and most favorably situated"[7], die fehlte beim Ausgang. „The most fertile land *within* the most favourable situation"[8] müßte es doch offenbar heißen, und der Blödsinn kann doch nicht so weit gehn, daß der Rayon des Landes, der zufällig most favourably situated ist für die newcomers[9], um sie in contact mit dem Mutterland und the old folks at home[10] und der Außenwelt zu halten, „the most fertile region" in dem ganzen von den Kolonisten noch nicht explorierten und nicht explorierbaren Land ist.

Die Annahme der descending line[11], der Übergang von dem mehr fruchtbaren zu dem minder fruchtbaren Rayon ist also ganz erschlichen.

---

[1] *Lage* – [2] Ansiedler – [3] „Fülle an reichem und fruchtbarem Boden " – [4] in Boden von „*gleichen* Eigenschaften, in unbegrenzter Menge, von gleicher Qualität" – [5] springt – [6] „fruchtbarsten Boden" – [7] „und der am günstigsten gelegene" – [8] „Der fruchtbarste Boden *in* der günstigsten Lage" – [9] Neuankommenden – [10] den alten Freunden in der Heimat – [11] absteigenden Linie

Was gesagt werden kann, ist bloß das: In dem erst kultivierten, weil most favorably situated rayon[1], wird *keine Rente* gezahlt, bis *innerhalb* dieses Rayons von dem fruchtbareren zu minder fruchtbarem Boden übergegangen wird. Wird aber nun zu einem zweiten *fruchtbarern* Rayon als der erste war übergegangen, so ist dieser der Voraussetzung nach *worse situated*[2]. Es ist daher möglich, that the greater fertility of the soil is more than counterbalanced by the greater disadvantage of the situation[3], und in diesem Falle wird das Land of[4] Rayon I fortfahren, Rente zu zahlen. Da aber die „situation" ein mit der ökonomischen Entwicklung historisch wechselnder Umstand ist und mit Anlage von Kommunikationsmitteln, Bildung neuer Städte etc., Wachstum der Bevölkerung sich fortwährend *verbessern muß*, so ist klar, daß das in Rayon II produzierte Produkt by and by[5] zu einem Preis auf den Markt gebracht wird, der die Rente im Rayon I wieder senken muß (für dasselbe Produkt), und daß er nach und nach als the more fertile soil[6] sich herausstellt, in demselben Maß wie das disadvantage of situation[7] verschwindet.

||603| Es ist daher klar,

daß da, wo Ric[ardo] selbst die Bedingung für das Entstehen der Differentialrente richtig und allgemein ausspricht: „all land ... of the *same properties ... unlimited in quantity ... uniform in quality*"[8], der Umstand des Übergangs von fruchtbarerem zu unfruchtbarerem Land *nicht* eingeschlossen ist,

daß dies auch historisch für das settlement[9] der United States, das er mit A. Smith im Aug hat, falsch ist, weswegen der in diesem Punkt berechtigte Gegensatz Careys,

daß er selbst wieder die Sache umwirft durch den Beisatz der „situation": „The most fertile, and *most favorably situated*, land will be first cultivated"[10],

daß er seine *willkürliche* Voraussetzung *beweist* durch ein *Beispiel*, worin das zu Beweisende *unterstellt* ist, nämlich der Übergang von dem besten zu dem graduell schlechtern Boden,

daß er endlich {allerdings schon with an eye to the explanation of the tendency in the general rate of profit to fall[11]} dies voraussetzt, weil er sich

---

[1] am günstigsten gelegenen Rayon – [2] *schlechter gelegen* – [3] daß die größere Fruchtbarkeit des Bodens mehr als aufgewogen wird durch die größeren Nachteile der Lage – [4] des – [5] nach und nach – [6] der fruchtbarere Boden – [7] der Nachteil der Lage – [8] „jeder Boden ... von der *gleichen Eigenschaft ... in unbegrenzter Menge ... von gleicher Qualität*" – [9] die Besiedlung – [10] „Der fruchtbarste und *am günstigsten gelegene* Boden wird zuerst bebaut werden – [11] mit Rücksicht auf die Erklärung der Tendenz der allgemeinen Profitrate, zu fallen

sonst die *Differentialrente* nicht erklären kann, obgleich diese ganz unabhängig von dem Umstand, ob von I zu II, III, IV oder von IV zu III, II, I übergegangen wird.

[2. Ricardos Behauptung, daß die Differentialrente unmöglich den Getreidepreis beeinflussen kann. Die absolute Rente als Ursache der Erhöhung der Preise für landwirtschaftliche Produkte]

In dem Beispiel sind 3 Sorten Land unterstellt, Nr. 1, 2, 3, die mit gleicher Kapitalanlage liefern [ein Nettoprodukt von] 100, 90, 80 qrs. of corn. Nr. 1 wird zuerst bebaut „in a new country, where there is an abundance of fertile land compared with the population, and where therefore it is only necessary to cultivate No. 1"[1]. (p. 57.) In diesem Fall gehört das „whole net produce"[2] dem „cultivator" und „will be the profits of the stock which he advances"[3]. (p. 57.) Dies auch hier {wir sprechen nicht von plantations[4]} öklich, daß dieses „net produce" sofort als profit of stock[5] betrachtet wird, obgleich hier *keine kapitalistische Produktion* vorausgesetzt. Doch mag der Kolonist als aus „the old country"[6] kommend, es selbst so betrachten. Wächst Bevölkerung nun so weit, daß Nr. 2 bebaut werden muß, so trägt Nr. 1 eine Rente von 10 qrs. Es ist hier natürlich unterstellt, daß die quantity of[7] Nr. 2 und Nr. 3 „*unappropriated*"[8] und, in proportion to population and capital[9], praktisch „unlimited"[10] geblieben ist. Sonst *könnte* die Sache anders zugehn. Also unter dieser Voraussetzung wird Nr. 1 Rente von 10 qrs. tragen:

„Denn entweder muß es *für landwirtschaftliches Kapital zwei Profitraten* geben, oder es *müssen* zehn Quarter, oder der Wert von zehn Quartern, für irgendeinen anderen Zweck von dem auf Nr. 1 erzielten Produkt *in Abzug gebracht werden*. Gleichgültig, ob der *Grundeigentümer* oder irgendein anderer Nr. 1 bebaut, diese zehn Quarter stellen immer Rente dar; denn der Bebauer von Nr. 2 wird mit seinem Kapital dasselbe Resultat erzielen, ob er nun Nr. 1 bebaut und 10 Quarter Rente zahlt, oder ob er weiterhin Nr. 2 bebaut und keine Rente zahlt." (p. 58.)

[1] „in einem neuen Land, in dem es eine Fülle an fruchtbarem Boden im Verhältnis zur Bevölkerung gibt und es daher nur notwendig ist, Nr. 1 zu bebauen" – [2] „ganze Nettoprodukt" – [3] „wird den Profit für das von ihm vorgeschossene Kapital bilden" – [4] Plantagen – [5] Kapitalprofit – [6] „dem alten Land" – [7] [Boden]menge von – [8] „*nicht angeeignet*" – [9] im Verhältnis zu Bevölkerung und Kapital – [10] „unbegrenzt"

In fact, there would be two rates of profit in agricultural capital[1], d.h. Nr. 1 lieferte einen *Surplusprofit* (der sich als Rente konsolidieren *kann* in diesem case) of 10 qrs. Daß aber innerhalb *derselben Produktionssphäre* on capital of the same description, hence on agricultural capital[2] nicht zwei, sondern viele very different rates of profits[3] nicht nur möglich, sondern unvermeidlich sind, sagt Ric[ardo] selbst gleich 2 Seiten später:

„Der fruchtbarste und bestgelegene Boden wird zuerst bebaut, und der Tauschwert seines Produktes wird in der gleichen Weise wie der Tauschwert aller anderen Waren bestimmt, nämlich durch das gesamte Quantum Arbeit, das in verschiedenen Formen von Anfang bis zu Ende notwendig ist, um es zu produzieren und auf den Markt zu bringen. Sobald Boden von geringerer Qualität in Bebauung genommen wird, wird der Tauschwert der Rohprodukte steigen, da mehr Arbeit zu ihrer Erzeugung erforderlich ist. Der *Tauschwert aller* Waren, ob sie industriell erzeugt werden oder das Produkt des Bergbaus oder des Bodens sind, *wird* nicht durch *die geringere Quantität Arbeit bestimmt, die zu ihrer Produktion unter sehr günstigen Bedingungen ausreicht* und *in deren Genuß ausschließlich diejenigen kommen, die besondere Produktionsleichtigkeiten haben*, sondern durch die *größere Menge Arbeit, die notwendigerweise* von *denen bei ihrer Produktion aufgewendet werden muß, die solche Erleichterungen nicht besitzen* – von denjenigen, die sie dauernd unter den *ungünstigsten Bedingungen* produzieren; das bedeutet, unter den ungünstigsten Bedingungen, unter denen die Produktion im Hinblick auf die *verlangte Produktenmenge*" {beim alten Preis} „notwendigerweise weitergeführt werden muß." (p.60, 61.)

Also in jeder *besondern* Industrie nicht nur two[4], sondern *many rates* of profit, that is to say, deviations of the general rate of profit[5].

Auf die weitere Illustration des Beispiels (p.58, 59), wo es sich um den Effekt verschiedner Dosen Kapital on the same land[6] handelt, hier nicht einzugehn. Nur die 2 Sätze:

[1.] „Rente ist immer die Differenz zwischen dem Produkt, das man durch Anwendung von zwei ||604| gleichen Mengen Kapital und Arbeit erhält." (p.59.)

D.h., es existiert nur die Differentialrente (nach der Voraussetzung, daß kein *Grundeigentum* existiert). Denn:

[2.] „zwei Profitraten kann es nicht geben." (p.59.)

„Es stimmt, daß das gleiche Produkt auf dem besten Boden mit derselben Arbeit wie früher erreicht wird, aber sein Wert wird sich infolge der verringerten Erträge erhöhen, die jene erzielen, welche neue Arbeit und neues Kapital auf dem weniger frucht-

[1] In Wirklichkeit würde es zwei Profitraten vom landwirtschaftlichen Kapital geben – [2] auf Kapital derselben Art, daher auf landwirtschaftliches Kapital – [3] sehr verschiedene Profitraten – [4] zwei – [5] *viele* Profit*raten*, sozusagen Abweichungen von der allgemeinen Profitrate – [6] auf demselben Boden

baren Boden verwenden. Obwohl also die Vorteile von fruchtbarem über minderwertigen Boden auf keinen Fall verlorengehen, sondern nur vom Bebauer oder dem Konsumenten auf den Grundeigentümer *übertragen werden*, so wird doch – da auf den minderwertigeren Böden mehr Arbeit erforderlich ist, und *wir* nur *von solchem Land unsere zusätzliche Belieferung* mit Rohprodukten *ermöglichen können* – der relative Wert jenes Produktes *ständig* über seinem früheren Stand verharren und gegen mehr Hüte, Kleider, Schuhe usw. ausgetauscht werden, zu deren Produktion kein solches zusätzliches Arbeitsquantum nötig ist. (p.62, 63.)

Der Grund *für* das *Steigen des relativen Wertes* von Roh*produkten* ist also, daß mehr Arbeit bei der Produktion des zuletzt gewonnenen Teiles aufgewendet wird, und *nicht, daß dem Grundeigentümer eine Rente gezahlt wird*. Der *Wert des Getreides wird* durch die Quantität Arbeit *bestimmt*, die bei seiner Produktion auf Boden von jener Qualität oder mit dem Teil des Kapitals, der keine Rente bringt, aufgewendet wird. *Der Preis des Getreides ist nicht hoch, weil* eine *Rente* gezahlt *wird, sondern eine Rente wird gezahlt, weil der Preis des Getreides hoch ist*. Es ist *mit Recht* festgestellt worden, daß *auch dann keine Verminderung des Getreidepreises eintreten würde, wenn die Grundeigentümer auf ihre gesamte Rente verzichten*. Ein solcher Schritt würde es nur einigen Farmern ermöglichen, wie Herren zu leben, er würde aber nicht das Quantum Arbeit vermindern, das notwendig ist, um auf dem am wenigstens ergiebigen bebauten Boden Rohprodukte zu erzeugen." (p.63.)

Nach meiner frühren Entwicklung nicht weiter nötig, auszuführen die Falschheit des Satzes, that „the value of corn is regulated by the quantity of labour bestowed on its production on that quality of land, ... which pays no rent"[1]. Ich habe gezeigt, daß, ob die letzte Bodenart Rente zahlt, keine zahlt, die ganze absolute Rente zahlt, Teil davon zahlt oder außer der absoluten Rente noch Differentialrente zahlt (bei der ascending line[2]), teils von der line of direction[3] abhängt, whether it is ascendant or descending[4], unter allen Umständen abhängt vom Verhältnis der composition of agricultural capital as compared with the composition of not agricultural capital[5] und daß, die absolute Rente infolge der Differenz dieser composition einmal vorausgesetzt, die obigen cases[6] vom Stande des Marktes abhängen, daß aber namentlich der Ric[ardosche] Fall nur unter zwei Umständen eintreten kann (obgleich auch dann noch fermage, although no rent can be paid[7]), entweder wenn landed property does not exist, either in law or in

[1] daß „der Wert des Getreides durch die Quantität Arbeit bestimmt wird, die bei seiner Produktion auf Boden von jener Qualität, ... der keine Rente bringt, aufgewendet wird" – [2] aufsteigenden Linie – [3] Linie der Richtung – [4] ob sie aufsteigend oder absteigend ist – [5] Zusammensetzung des landwirtschaftlichen Kapitals verglichen mit der Zusammensetzung des nichtlandwirtschaftlichen Kapitals – [6] Fälle – [7] Pachtzins, wenn auch keine Rente gezahlt werden kann

fact[1], oder wenn das beste Land eine additional supply[2] liefert, die nur bei Senkung des Marktwerts can find its place within the market[3].

Aber außerdem noch mehreres falsch oder einseitig im obigen passage. Raw produce[4] kann, außer der obigen Ursache, rise in comparative value[5], was hier nichts als Marktwert bedeutet, wenn es bisher unter seinem Wert, vielleicht unter seinem Kostenpreis verkauft war, was in a certain state of society[6], wo die Produktion des raw produce noch hauptsächlich auf Subsistenz des cultivator gerichtet, stets der Fall (auch, wie im Mittelalter, wenn das städtische Produkt sich Monopolpreis sichert); zweitens, wenn es noch nicht, *im Unterschied* zu den andren Waren, die zu ihrem Kostenpreis verkauft werden, zu seiner value verkauft wird.

Endlich richtig von der Differentialrente, daß es gleichgültig für den Preis des corn, ob der landlord foregoes it[7] und der farmer pockets it[8]. Falsch für die absolute Rente. Falsch, daß hier die landed property[9] *nicht* enhances the price of the raw produce[10]. Solches geschieht vielmehr, weil die Intervention der landed property causes that the raw produce is sold at its *value* which exceeds its *cost-price*[11]. Gesetzt, wie oben, das durchschnittliche not agricultural capital = $C^{80} V^{20}$, der Mehrwert = 50 p.c., so Profitrate = 10 und Wert des produce = 110. Dagegen das agricultural ||605| capital = $C^{60} V^{40}$, Wert = 120. Zu diesem Wert wird das raw produce verkauft. Existiert das Grundeigentum gesetzlich nicht – oder faktisch nicht wegen der relative abundance of land[12] wie in Kolonien, so würde es verkauft zu 115. Nämlich von dem ersten Kapital und dem zweiten der Gesamtprofit (für die 200) = 30, also Durchschnittsprofit = 15. Das not agricultural produce würde = 115 verkauft werden statt 110; das agricultural produce = 115 statt 120. Also würde das agricultural produce um $^1/_{12}$ fallen in seiner relative value[13] zum nicht agricultural produce; für beide Kapitalien aber – oder das Gesamtkapital – agricultural as well as industrial[14] – der *Durchschnittsprofit* steigen um 50 p.c., von 10 auf 15. |605||

||636| Ricardo sagt von seiner eignen Auffassung der Rente:

„Ich betrachte sie immer als Ergebnis eines *teilweisen Monopols*, das niemals wirklich den Preis bestimmt“

[1] Grundeigentum weder gesetzlich noch tatsächlich vorhanden ist – [2] zusätzliche Zufuhr – [3] auf dem Markt untergebracht werden kann – [4] Rohprodukt – [5] steigen im komparativen Wert – [6] in einem bestimmten Stadium der Gesellschaft – [7] darauf verzichtet – [8] sie einsteckt – [9] das Grundeigentum – [10] den Preis des Rohprodukts erhöht – [11] des Grundeigentums bewirkt, daß das Rohprodukt zu seinem *Wert* verkauft wird, der seinen *Kostenpreis* übersteigt – [12] des relativen Überflusses an Boden – [13] seinem relativen Wert – [14] das landwirtschaftliche so gut wie das industrielle

(also nie wirkend als ein *monopoly*[1], also auch nie *result*[2] des monopoly. Result des monopoly könnte bei ihm nur sein, daß der owner[3] der bessern Bodenarten die Rente einsteckt, statt des Pächters),

„sondern eher dessen Wirkung ist. Würden *die Grundeigentümer auf alle Rente verzichten*, so meine ich, daß die auf dem Boden produzierten Waren nicht wohlfeiler würden, weil es immer einen Teil der gleichen auf dem Boden produzierten Waren gibt, für den *keine Rente* gezahlt wird oder werden kann, weil das *überschüssige Produkt* nur für die Zahlung des Kapitalprofits ausreicht." (*Ric[ardo]*, *„Princ."* l.c. p.332, 333.)

Hier surplus produce = dem excess[4] über das vom Salair absorbierte Produkt. R[icardo]s Behauptung nur richtig, nämlich den Fall vorausgesetzt, daß certain land never pays rent[5], wenn dies Land oder rather[6] sein Produkt den Marktwert reguliert. Zahlt dagegen sein Produkt no rent, weil der Marktwert vom fruchtbareren Boden reguliert ist, so beweist dieses fact nichts.

In der Tat, würde die Differentialrente „relinquished by landlords"[7], so käme dies den Pächtern zugut. Dagegen das Aufgeben der absoluten Rente würde den Preis der Agrikulturprodukte senken und den der Industrieprodukte so weit erhöhn, als der Durchschnittsprofit durch diesen Prozeß wüchse. |636||

||605| „Das Steigen der Rente ist *immer* das Ergebnis des zunehmenden Reichtums des Landes *und der Schwierigkeit der Beschaffung von Nahrungsmitteln für seine gewachsene Bevölkerung.*" (p.65, 66.)

Falsch das letztre.

„Der Reichtum wächst am schnellsten in jenen Ländern, in denen der verfügbare Boden am fruchtbarsten und die Einfuhr am wenigsten beschränkt ist, wo die Produktion ohne eine proportionale Zunahme des Arbeitsquantums durch Verbesserungen der Bewirtschaftung vervielfacht werden kann und wo *daher die Zunahme der Rente nur eine langsame ist.*" (p.66, 67.)

Der absolute amount of rent[8] kann auch wachsen, wenn die *Rentrate* dieselbe bleibt und bloß das in der agriculture angelegte Kapital mit dem growth of population[9] wächst; er kann wachsen, wenn auf I keine Rente, auf II nur Teil der absolute rent gezahlt wird, aber die Differentialrente infolge ihrer relativen Fruchtbarkeit sehr gestiegen ist etc. (sieh die *Tabelle*)[10].

[1] *Monopol* – [2] *Resultat* – [3] Eigentümer – [4] Überschuß – [5] ein bestimmter Boden niemals Rente bezahlt – [6] vielmehr – [7] „von den Landlords verzichtet" – [8] die absolute Masse der Rente – [9] Wachsen der Bevölkerung – [10] siehe die Einlage zwischen den Seiten 260 und 261 des vorl. Bandes

[3. Smiths und Ricardos Auffassung vom „natürlichen Preis" des landwirtschaftlichen Produkts]

„Wäre ein hoher Preis des Getreides Ergebnis und nicht Ursache der Rente, so würde der Preis von einer hohen oder niedrigen Rente entsprechend beeinflußt, und die *Rente wäre ein Bestandteil des Preises.* Jedoch ist das mit dem größten Aufwand an Arbeit produzierte Getreide der Regulator des Getreidepreises und die Rente wird und kann nicht im geringsten als *Bestandteil in ihn* eingehen. ...Rohmaterial geht in die Zusammensetzung der meisten Waren ein, aber der *Wert* dieses Rohmaterials wird ebenso wie der des Getreides durch die *Produktivität des Kapitalteiles* bestimmt, *der zuletzt auf dem Boden verwendet wurde und keine Rente abwirft. Deshalb* ist die Rente kein *Bestandteil des Preises* der Waren." (p.67.)

Hier ist viel Konfusion infolge von Durcheinanderwerfen von „natural *price*" (denn von diesem Preis ist hier die Rede) und von *value.* Ric[ardo] hat diese Konfusion von Smith adoptiert. Bei dem letztern ist sie relativ richtig, weil und insoweit Smith seine eigne richtige Erklärung der value aufgibt. Weder die Rente, noch der Profit, noch der Arbeitslohn bilden *a component part of the value* of a commodity[1]. Umgekehrt. Die *value of a commodity being given* the different parts into which that value may be *divided,* belong either to the category of accumulated labour (constant capital) or wages or profit or rent.[2] Dagegen mit Bezug auf den *natural price* oder *Kostenpreis* kann Smith sprechen von seinen *component parts*[3] als gegebnen Voraussetzungen. Nur durch Verwechslung von natural price und value überträgt er dies auf die value der commodity[4].

Abgesehn von dem Preis des Rohmaterials und der Maschinerie (kurz des konstanten Kapitals), der dem Kapitalisten in jeder besondren Produktionssphäre als von außen gegeben erscheint, mit einem *bestimmten* Preis in seine Produktion eingeht, hat er bei Festsetzung des Preises seiner Ware zweierlei zu tun: den *Preis des Arbeitslohns* zuzuschlagen, und dieser erscheint ihm auch (within certain limits[5]) als gegeben. Bei dem *natural price* der Ware handelt es sich nicht um den *Marktpreis,* sondern um den Durchschnittsmarktpreis während einer längren Periode oder um das

[1] *einen Bestandteil des Werts* einer Ware – [2] Der *Wert einer Ware gegeben,* gehören die verschiedenen Teile, in die der Wert *gespalten* werden kann, entweder in die Kategorie der aufgehäuften Arbeit (konstantes Kapital) oder in die von Arbeitslohn, Profit oder Rente. – [3] *Bestandteilen* – [4] den Wert der Ware – [5] innerhalb bestimmter Grenzen

Zentrum, um welches der Marktpreis gravitiert. Also ist hier der *Preis des Arbeitslohns* im ganzen gegeben durch die value des Arbeitsvermögens. Die *Profitrate* aber – die natural tax of profit – ist gegeben durch den *Wert* der Totalität der Waren, die die Totalität der in der not agricultural industry angewandten Kapitalien schafft. Es ist nämlich der Überschuß dieses Werts über den Wert des konstanten Kapitals, der in der Ware enthalten ist + dem Wert des Arbeitslohns. Der Gesamtmehrwert, den jenes Gesamtkapital schafft, bildet den absolute amount of profit. Die Proportion dieses absolute amount to the whole capital advanced determines the general rate of profit[1]. Also erscheint auch diese general rate of profit nicht nur dem einzelnen Kapitalisten, sondern dem Kapital in jeder besondren Produktionssphäre, als äußerlich gegeben. Zu dem Preis der avances in raw material[2] etc., ||606| die im Produkt enthalten, und dem natural price of wages[3], hat er also hinzuzuaddieren den general profit, say of 10 p.c., to form thus – as it must appear to him – by way of addition of component parts, or by composition, the natural price of a commodity[4]. Ob der natural price bezahlt wird, mehr oder weniger, hängt vom jedesmaligen Stand des Marktpreises ab. In den *Kostenpreis*, als unterschieden von der *value*, geht nur Salair und Profit ein, die Rente nur, soweit sie in den price der avances von Rohmaterial, Maschinerie etc. schon eingegangen ist. Also nicht als Rent für den Kapitalisten, dem überhaupt der price of raw produce, machinery[5], kurz, des konstanten Kapitals als *ein Ganzes* erscheint, das vorausgesetzt ist.

Die Rente geht nicht als component part in den *Kostenpreis* ein. Wird unter besondren circumstances[6] das Agrikulturprodukt zu seinem Kostenpreis verkauft, so *existiert keine Rente*. Das Grundeigentum existiert *ökonomisch* dann nicht für das Kapital, nämlich nicht, wenn das Produkt der Bodenart, die zum Kostenpreis verkauft, den Marktwert des Produkts derselben Sphäre regelt. (Anders verhält es sich [bei] I, Tabelle *D*[59].)

Oder die (absolute) *Rente existiert*. In diesem Fall wird das Agrikulturprodukt *über* seinem *Kostenpreis* verkauft. Es wird zu seinem *Wert* verkauft, der über seinem *Kostenpreis* steht. In den *Marktwert* des Produkts geht aber die Rente ein oder bildet vielmehr einen Teil derselben. Dem Pächter erscheint sie aber ebensosehr als gegeben wie der Profit dem Industriellen. Sie

[1] dieser absoluten Masse zu dem vorgeschossenen Gesamtkapital bestimmt die allgemeine Profitrate – [2] Auslagen in Rohmaterial – [3] natürlichen Preis der Löhne – [4] allgemeinen Profit, sage von 10 Prozent, um so, wie es ihm scheint, auf dem Wege der Addition der Bestandteile oder durch ihre Vereinigung den natürlichen Preis einer Ware zu bilden – [5] Preis des Rohprodukts, Maschinerie – [6] Umständen

ist gegeben durch den Überschuß des *Werts* des Agrikulturprodukts über seinen *Kostenpreis*. Der Pächter aber rechnet ganz wie der Kapitalist: First die advances[1], zweitens der Arbeitslohn, drittens der Durchschnittsprofit, endlich die Rente, die ihm ebenfalls als gegeben erscheint. Dies ist *für ihn* der natural price of wheat f.i.[2]. Ob er ihm bezahlt wird, hängt wieder von dem jedesmaligen state of the market[3] ab.

Wird der *Unterschied* von *Kostenpreis* und *value* sachgemäß festgehalten, so kann Rente *niemals* in den Kostenpreis eingehn als *constituent part*[4], und von constituent parts kann nur beim Kostenpreis im Unterschied zur value der commodity die Rede sein. (Die Differentialrente wie der Surplusprofit geht nie in den cost-price ein, weil sie stets nur entweder excess of the market cost-price[60] over individual cost-price, or excess of the market value over individual value[5] ist.)

Ric[ardo] hat also der Sache nach recht, wenn er A. Smith gegenüber behauptet, die Rente gehe *nie* in den Kostpreis ein. Aber er hat wieder unrecht, weil er dies beweist nicht dadurch, daß er cost-price von value unterscheidet, sondern dadurch, daß er sie mit A. Smith identifiziert, denn weder Rente, noch Profit, noch Arbeitslohn bilden *constituent parts of value*, although value is dissolvable into wages and profits and rent[6], und zwar in alle 3 Teile gleichberechtigt, *wenn* sie alle 3 existieren. Das Räsonnement von Ric[ardo] ist dies: Die Rente bildet no constituent part of the natural price of agricultural produce[7], *weil* der Preis des Produkts des schlechtesten Bodens = dem *Kostenpreis* dieses Produkts, = dem *Wert dieses Produkts*, [der] den Marktwert des agricultural produce bestimmt. Also die Rente bildet keinen part of the value[8], weil sie keinen part of the *natural price* bildet und dieser = *value* ist. Dies aber ist eben falsch. Der Preis des Produkts, das auf dem schlechtesten Boden gebaut ist, ist = seinem *Kostenpreis*, entweder weil dies Produkt *unter* seinem Wert verkauft wird, also nicht wie Ric[ardo] sagt, weil es *zu seinem Wert* verkauft wird, oder weil das Agrikulturprodukt zu der Sorte Waren gehört, zu der Klasse, bei denen *ausnahmsweise* value und Kostpreis *identisch* sind. Dies der Fall, wenn der Mehrwert, der in einer besondren Produktionssphäre mit gegebnem Kapital, z.B. 100,

---

[1] Erstens die Auslagen – [2] natürliche Preis des Weizens z.B. – [3] Stand des Marktes – [4] *konstituierender Teil* – [5] Überschuß des Marktkostenpreises über den individuellen Kostenpreis oder Überschuß des Marktwertes über den individuellen Wert [in der Handschrift: excess of individual cost-price over the market cost-price, or excess of individual value over the market value] – [6] *konstituierende Teile des Werts*, obwohl sich der Wert in Arbeitslohn, Profit und Rente auflösen läßt – [7] keinen konstituierenden Teil des natürlichen Preises des landwirtschaftlichen Produkts – [8] Teil des Werts

gemacht wird, zufällig der Mehrwert, der auf *denselben* aliquoten Teil des Gesamtkapitals (100 z.B.) fällt in der Durchschnittsrechnung. Dies also die Konfusion Ric[ardo]s.

As to[1] *A. Smith:* Soweit er cost-price und value identifiziert, hat er, von dieser falschen Voraussetzung aus, recht zu sagen, daß rent sowohl als profit und wages „constituent parts of the natural price"[2] bilden. Es ist vielmehr eine Inkonsequenz von ihm, daß er später bei der Durchführung wieder behauptet, rent gehe nicht in derselben Weise ein in den natural price wie wages und profits. Diese Inkonsequenz begeht er, weil die Beobachtung und richtige Analyse ihn doch wieder dazu bringt, anzuerkennen, daß in der Bestimmung des natural price of not agricultural produce und market value of agricultural produce[3] ein Unterschied existiert. Doch darüber näher, wenn wir von Smiths Renttheorie sprechen.

[4. *Ricardo über Verbesserungen in der Landwirtschaft und ihren Einfluß auf die Grundrente*]

||607| „Wir haben gesehen, daß mit jeder zusätzlichen Kapitalmenge, deren Anlage auf Boden mit geringerem Ertrag notwendig wird, die Rente steigt."

(Aber nicht every portion of additional capital yields a less productive return[4].)

„Aus der gleichen Regel ergibt sich, daß beliebige Umstände innerhalb der Gesellschaft, die es überflüssig machen, die gleiche Menge Kapital für den Boden aufzuwenden und die deshalb den zuletzt aufgewendeten Teil produktiver machen, die Rente sinken lassen." (p.68.)

D.h. [Sinken der] absolute rent, nicht notwendig [der] differential rent. (Sieh Tabelle *B.*)

Solche Umstände können sein „reduction in the capital of a country"[5], gefolgt durch reduction der Bevölkerung. Aber auch höhere Entwicklung der productive powers of agricultural labour[6].

„Dieselben Folgen können jedoch hervorgerufen werden, wenn sich Reichtum und Bevölkerung eines Landes vergrößern, diese Vergrößerung aber von derart bemerkens-

[1] Was anbelangt – [2] Arbeitslohn „konstituierende Teile des natürlichen Preises" – [3] natürlichen Preises des nichtlandwirtschaftlichen Produkts und des Marktwerts des landwirtschaftlichen Produkts – [4] jede zusätzliche Kapitalmenge liefert einen geringeren Ertrag – [5] „Verminderung des Kapitals eines Landes" – [6] Produktivkräfte der Agrikulturarbeit

werten Verbesserungen in der Landwirtschaft begleitet wird, daß sie gleicherweise die Notwendigkeit verringern, entweder schlechteren Boden zu bebauen oder den gleichen Betrag an Kapital für die Bebauung der fruchtbaren Bodenteile aufzuwenden." (p.68, 69.)

(Sonderbarerweise vergißt hier Ric[ardo]: improvements as shall have the effect of improving the quality of poorer lands and converting these into richer ones[1], ein Gesichtspunkt, der bei Anderson vorherrscht.)

Sehr falsch Ric[ardo]s Satz:

„Bei gleicher Bevölkerung kann es keine Nachfrage für eine zusätzliche Menge Getreide geben." (p.69.)

Ganz abgesehn davon, daß with a fall in the price of corn an additional demand for other raw produce, green vegetables, meat etc. will spring up[2] und daß Schnaps etc. aus dem Korn gemacht werden kann, unterstellt Ric[ardo] hier, daß die ganze population consumes as much corn it likes. This is false.[3]

{„Unser enormer Zuwachs des Konsums in den Jahren 1848, 1849, 1850 zeigt, daß wir früher *unterernährt* waren und daß die Preise durch die unzureichende Zufuhr hoch gehalten wurden." (p. 158, *F.W.Newman, „Lectures on Pol. Ec.", Lond. 1851.*)

Derselbe Newman sagt:

„Das Argument Ricardos", that rent cannot enhance price[4], „beruht auf der Annahme, daß die Macht, Rente zu fordern, in keinem Fall des realen Lebens *die Zufuhr vermindern* kann. Aber warum nicht? Es gibt sehr weite Strecken, die man sofort in Anbau genommen hätte, wenn dafür nicht Rente hätte gefordert werden können, die aber *künstlich unbebaut gelassen wurden*, entweder weil die Grundeigentümer sie mit Vorteil als Jagdgrund verpachten konnten oder die romantische Wildnis einer kleinen nominellen Rente vorziehen, die sie allein dafür erhalten würden, daß sie es erlauben, sie zu bebauen." (p. 159.)}

Überhaupt ja falsch, daß, wenn er das land withdraws from the production of corn, he may not get a rent by converting it into pasture or building grounds or as in some countries of High Scotland, into artificial woods for hunting purposes[5].

---

[1] Verbesserungen, die die Wirkung haben sollten, die Qualität der schlechteren Böden zu verbessern und diese in reichere zu verwandeln – [2] mit einem Fallen des Getreidepreises eine zusätzliche Nachfrage nach anderen Rohprodukten, Gemüse, Fleisch etc. aufkommen wird – [3] Bevölkerung soviel Getreide konsumiert, wie es ihr beliebt. Das ist falsch. – [4] daß die Rente den Preis nicht erhöhen kann – [5] den Boden der Produktion von Getreide entzieht, er keine Rente erhalten kann durch seine Verwandlung in Weideland oder Baugrund oder, wie in einigen Gegenden des schottischen Hochlands, in eigens für Jagdzwecke angelegte Wälder

Ric[ardo] unterscheidet zweierlei improvements in agriculture[1]. Die *eine* Sorte,

„die die *produktiven Fähigkeiten des Bodens* erhöhen ... *wie ein zweckmäßigerer Fruchtwechsel oder eine bessere Düngerauswahl.* Diese Verbesserungen ermöglichen uns, unmittelbar das gleiche Produkt von einer kleineren Bodenfläche zu erhalten." (p. 70.)

In diesem case *muß* nach Ric[ardo] die Rente *fallen.*

„Wenn z.B. die sukzessiven Kapitalteile 100, 90, 80, 70 hervorbringen, so wird meine Rente, solange ich diese vier Kapitalteile aufwende, 60 sein, oder gleich der Differenz zwischen

70 und 100 = 30		100
70 und 90 = 20		90
70 und 80 = 10	während das Produkt ist	80
		70
60		340

Die *Rente wird die gleiche bleiben,* solange diese Kapitalteile verwendet werden, obwohl das Produkt jedes einzelnen sich im *gleichen* Ausmaß vergrößert."

(Hätte sie an *unequal* augmentation[2], so könnte die Rente *trotz der gestiegnen* Fruchtbarkeit steigen.)

„Falls das Produkt von 100, 90, 80, 70 auf 125, 115, 105, 95 steigt, so wird die Rente immer noch 60 betragen oder gleich sein der Differenz zwischen

||608| 95 und 125 = 30		125
95 und 115 = 20		115
95 und 105 = 10	während sich das Produkt auf 440 erhöht hat	105
		95
60		440

Aber bei einer derartigen Produktionssteigerung liegt *ohne Erhöhung der Nachfrage* kein Anlaß für die Verwendung von so viel Kapital auf dem Boden vor; ein Teil wird abgezogen, der letzte Kapitalteil wird daher 105 statt 95 einbringen und die Rente wird auf 30 fallen oder gleich der Differenz sein zwischen

105 und 125 = 20	während das Produkt immer noch den Bedürfnissen der Bevölkerung entspricht, nämlich 345 Quarter ausmacht	125
105 und 115 = 10		115
		105
30		345."

(p. 71, 72.)

[1] Verbesserungen in der Landwirtschaft – [2] eine *ungleichmäßige* Steigerung

Abgesehn davon, daß die demand[1] steigen kann *ohne Wachstum* der Bevölkerung bei fallendem Preis (Ricardo selbst nimmt an, daß sie um 5 qrs. gestiegen ist), so geht er ja beständig zu soils decreasing fertility[2] über, weil die Bevölkerung jedes Jahr wächst, d. h. der Korn verzehrende, Brot essende Teil der Bevölkerung, und dieser Teil wächst rascher wie die Bevölkerung [im Durchschnitt], weil Brot für den größren Teil ein Hauptnahrungsmittel bildet. Es ist also nicht *nötig*, daß die demand nicht gewachsen sei mit der productivity of capital[3], also daß die Rente falle. Und sie kann steigen, wenn das improvement[4] die difference in the degree of fertility[5] ungleichmäßig affiziert hat.

Sonst sicher (Tabelle *B* und *E*), daß die Zunahme der fertility nicht nur – bei gleichbleibender demand – den schlechtesten Boden aus dem Markt werfen kann, sondern selbst einen Teil des Kapitals auf dem beßren Boden (Tabelle *B*) can force to withdraw from the production of corn[6]. In diesem Falle *fällt die Kornrente*, wenn die augmentation of produce *equal*[7] auf den verschiednen Bodenarten.

Ric[ardo] kommt nun zu der 2ten Seite von *agricultural improvements*[8].

„Es gibt aber Verbesserungen, die den relativen Wert des Produkts verringern, ohne die *Getreiderente* zu vermindern, obwohl sie die *Geldrente vom Boden* verkleinern. Solche Verbesserungen erhöhen nicht die produktiven Fähigkeiten des Bodens, sie ermöglichen uns aber, sein Produkt *mit weniger Arbeit* zu erhalten. Sie sind mehr auf die *Bildung des für den Boden aufgewendeten Kapitals* gerichtet als *unmittelbar auf die Bebauung des Bodens.* Darunter fallen *Verbesserungen der landwirtschaftlichen Geräte*, wie des Pfluges und der Dreschmaschine, wirtschaftlicher Einsatz der im Betrieb verwendeten Pferde sowie verbesserte Kenntnisse der Tierheilkunde. *Weniger Kapital*, was *das gleiche wie weniger Arbeit ist*, wird auf den Boden verwendet; jedoch *kann nicht weniger Boden bebaut werden, um das gleiche Produkt zu erzielen.* Ob jedoch Verbesserungen dieser Art die *Getreiderente* beeinflussen, hängt davon ab, ob die Differenz des durch die verschiedenen Kapitalteile gewonnenen Produktes sich erhöht, gleichbleibt oder sich vermindert."

{Dies hätte Ric[ardo] auch bei der *natural fertility of soils*[9] festhalten sollen. Ob der Übergang zu denselben die Differentialrente vermindert, gleichläßt oder vermehrt, hängt davon ab, ob die Differenz des Produkts des

[1] Nachfrage – [2] Böden von abnehmender Fruchtbarkeit – [3] Produktivität des Kapitals – [4] die Verbesserung – [5] Differenz in dem Grade der Fruchtbarkeit – [6] nötigen kann, sich vom Getreideanbau zurückzuziehen – [7] Vermehrung des Produkts *gleichmäßig* – [8] *agrikulturellen Verbesserungen* – [9] *natürlichen Fruchtbarkeit des Bodens*

Kapitals auf diese different more fertile soils[1] angewandt, be increased, stationary, or diminished[2].}

„Wenn vier Kapitalteile, 50, 60, 70, 80 auf den Boden verwendet werden, von denen jeder *das gleiche Ergebnis* liefert, und irgendeine Verbesserung bei der Bildung dieses Kapitals ermöglicht es mir, 5 von jedem abzuziehen, so daß sie 45, 55, 65 und 75 betragen, so wird keine Veränderung der Getreiderente eintreten. Sind aber die Verbesserungen derart, daß sie es mir ermöglichen, die gesamte Einsparung bei dem am wenigsten produktiv angelegten Kapitalteil vorzunehmen, so wird die Getreiderente sofort sinken, da die Differenz zwischen dem produktivsten und dem am wenigsten produktiven ||609| Kapitalteil sich verringert; *es ist aber diese Differenz, die die Rente bildet.*" (p.73, 74.)

Dies richtig für die *Differentialrente*, die allein bei Ric[ardo] existiert.

Dagegen berührt Ric[ardo] die wirkliche Frage gar nicht. Um diese zu lösen, handelt es sich nicht drum, daß der Wert des einzelnen qr. sinkt; auch nicht drum, ob dasselbe *Quantum Land*, das Quantum derselben Bodenarten wie früher bebaut werden muß, sondern ob mit der *Verwohlfeilerung des konstanten Kapitals* – das nach der Voraussetzung less labour[3] kostet – *Verminderung*, *Vermehrung* oder *Gleichbleiben* des in agriculture employed[4] Quantums von immediate labour[5] verbunden ist. Kurz, ob ein organischer change[6] im Kapital vorgeht oder nicht.

Gesetzt, wir nehmen unser Beispiel der Tabelle *A* (S. 574, Heft XI)[7] und setzen statt Tonnen qr. of wheat.

Hier vorausgesetzt, daß die Komposition des not agricultural capital $= C^{80} V^{20}$, die des agricultural capital $= C^{60} V^{40}$, die Rate des Mehrwerts in beiden Fällen = 50 p.c. Hence the rent on the latter capital, or the excess of its value over its cost-price[8] = 10 *l.* Also hätten wir:

Klasse	Kapital *l.*	qrs. of corn	Gesamtwert *l.*	Marktwert per qr. *l.*	Individueller Wert per qr.
I	100	60	120	2	2 *l.* = 40 sh.
II	100	65	130	2	$1^{11}/_{13}$ *l.* = 1 *l.* $16^{12}/_{13}$ sh.
III	100	75	150	2	$1^{3}/_{5}$ *l.* = 1 *l.* 12 sh.
Total	300	200	400		

[1] verschieden fruchtbareren Böden – [2] sich erhöht, gleichbleibt oder sich vermindert – [3] weniger Arbeit – [4] in der Landwirtschaft angewandten – [5] unmittelbarer Arbeit – [6] Wechsel – [7] siehe die Einlage zwischen den Seiten 260 und 261 des vorl. Bandes – [8] Daher ist die Rente von dem letzteren Kapital oder der Überschuß seines Werts über seinen Kostenpreis

	Differentialwert per qr.	Kostenpreis per qr.	Absolute Rente *l.*	Differentialrente *l.*	Absolute Rente qrs.	Differentialrente qrs.
I	0	$1^5/_6$ *l.* = 1 *l.* $16^2/_3$ sh.	10	0	5	0
II	$^2/_{13}$ *l.* = $3^1/_{13}$ sh.	$1^9/_{13}$ *l.* = 1 *l.* $13^{11}/_{13}$ sh.	10	10	5	5
III	$^2/_5$ *l.* = 8 sh.	$1^7/_{15}$ *l.* = 1 *l.* $9^1/_3$ sh.	10	30	5	15
			30	40	15	20

	Rental *l.*	Rental qrs.
I	10	5
II	20	10
III	40	20
	70	35

Um nun das Problem rein zu untersuchen, zu unterstellen, daß die *Größe des in I, II, III angewandten Kapitals* durch die Verwohlfeilerung des *konstanten Kapitals* (100) *gleichmäßig* in allen 3 Klassen affiziert werde, denn die *ungleichmäßige* Affektion betrifft bloß die Differentialrente, hat mit der Sache nichts zu tun. Nimm also an, durch *improvements*[1] koste dieselbe Masse Kapital, die früher 100 *l.*, nur mehr 90, würde also reduziert um $^1/_{10}$ oder 10 p.c. So fragt es sich, wie ist durch die improvements die Komposition des agricultural capital berührt?

Bleibt das Verhältnis des in Arbeitslohn angewandten Kapitals [zum konstanten Kapital] dasselbe, so, wenn 100 = $C^{60}\,V^{40}$, so dann 90 = $C^{54}\,V^{36}$, und in diesem Falle der Wert der 60 qrs. auf dem Boden I = 108 *l.* Wäre aber die *Verwohlfeilerung* so, daß dasselbe capital constant, das früher 60 kostete, jetzt nur noch 54 kostete, das V (oder das in Arbeitslohn ausgelegte Kapital) aber nur mehr $32^2/_5$ statt 36 (sei ebenfalls um $^1/_{10}$ gesunken). In diesem Fall statt 100 ausgelegt $86^2/_5$. Die Komposition dieses Kapitals wäre $C^{54}\,V^{32^2/_5}$. Und auf die 100 gerechnet, wäre die Komposition $C^{62^1/_2}\,V^{37^1/_2}$. Unter diesen Umständen wäre der Wert der 60 qrs. auf I = $102^3/_5$ *l.* Nehmen wir endlich an, obgleich der Wert des konstanten Kapitals abnehme, bleibe das in Arbeitslohn ausgelegte Kapital absolut *dasselbe*, wachse also *im Verhältnis* zum konstanten Kapital, so das ausgelegte Kapital 90 = $C^{50}\,V^{40}$, die Zusammensetzung auf 100 = $C^{55^5/_9}\,V^{44^4/_9}$.

Sehn wir nun, wie es sich in diesen 3 Fällen mit Korn- und Geldrente verhält. Im Fall *B* bleibt Verhältnis von C und V dasselbe, obgleich der Wert

[1] *Verbesserungen*

von beiden abnimmt. In *C* nimmt der ||610| Wert von C ab, aber verhältnismäßig noch mehr von V. In *D* nimmt nur der Wert von C ab, nicht der von V.

Stellen wir zuerst die auf der vorigen Seite enthaltne ursprüngliche Tabelle her [und vergleichen sie dann mit den neuen Tabellen *B*, *C* und *D*, die die oben dargebrachten Fälle der Veränderungen im Wert der organischen Bestandteile des landwirtschaftlichen Kapitals illustrieren].[1]

||611| Man sieht aus der beistehenden Tabelle:

Ursprünglich in *A* das Verhältnis $C^{60}\,V^{40}$; das angelegte Kapital in jeder Klasse 100. Die Rente in Geld = 70 *l.*, in Korn 35 qrs.

In *B* verwohlfeilert das capital constant, so daß nur 90 *l.* in jeder Klasse angelegt, aber im selben Verhältnis verwohlfeilert das variable Kapital, so daß das *Verhältnis* dasselbe bleibt. Hier sinkt die *Geldrente*, die Kornrente bleibt dieselbe; *absolute Rente*[61] *dieselbe*. Geldrente nimmt ab, weil das angelegte Kapital abnimmt. Kornrente bleibt dieselbe, weil für weniger Geld mehr Korn im alten Verhältnis [entfällt].

In *C* Verwohlfeilerung des capital constant; noch mehr nimmt ab das V, so daß das capital constant relativ verteuert. Die *absolute Rente* fällt. Kornrente fällt und Geldrente fällt. Die Geldrente, weil überhaupt das Kapital bedeutend abgenommen, und die Kornrente, weil die absolute Rente gefallen, während die Differenzen dieselben geblieben, also alle gleichmäßig fallen.

In *D* tritt aber ein ganz umgekehrter Fall ein. Nur das capital constant fällt, das variable Kapital bleibt dasselbe. *Dies war Ric[ardo]s Voraussetzung.* In diesem Fall fällt wegen des Fallens des Kapitals die Geldrente ganz unbedeutend, absolut nur um $^1/_3$, steigt aber bedeutend gegen das ausgelegte Kapital. Die Kornrente wächst dagegen absolut. Warum? Weil die absolute Rente gestiegen von 10 auf $12^2/_9$ p.c., weil V gewachsen gegen C.

Also:

Kapital	Absolute Rente p.c.	Absolute Rente *l.*	Differentialrente *l.*	Absolute Rente qrs.	Differentialrente qrs.	Rental *l.*	Rental qrs.
A) $C^{60}V^{40}$	10	30	40	15	20	70	35
B) $C^{54}V^{36}(C^{60}V^{40})$	10	27	36	15	20	63	35
C) $C^{54}V^{32^2/_5}\,(C^{62^1/_2}\,V^{37^1/_2})$	$8^3/_4$	$22^{17}/_{25}$	$34^1/_5$	$13^5/_{19}$	20	$56^{22}/_{25}$	$33^5/_{19}$
D) $C^{50}V^{40}\,(C^{55^5/_9}\,V^{44^4/_9})$	$12^2/_9$	33	$36^2/_3$	18	20	$69^2/_3$	38

[1] Danach folgen die nebenstehend auf der Einlage wiedergegebenen Tabellen. Einige Spalten in den Tabellen *C* und *D* hat Marx nicht ausgefüllt. Die fehlenden Ziffern wurden von der Redaktion eingesetzt.

[A]	Kapital *l.*	qrs.	[Gesamt-wert] GW *l.*	[Marktwert] MW [per] qr.	[Individueller Wert] IW [per] qr.	[Differential-wert] DW [per] qr.	Kostenpreis [per] qr.
I	100	60	120	2 *l.*	2 *l.*	0	$1^{5}/_{6}$ *l.* = 1 *l.* $16^{2}/_{3}$
II	100	65	130	2 *l.*	$1^{11}/_{13}$ *l.* = 1 *l.* $16^{12}/_{13}$ sh.	$^{2}/_{13}$ *l.* = $3^{1}/_{13}$ sh.	$1^{9}/_{13}$ *l.* = 1 *l.* $13^{11}/$
III	100	75	150	2 *l.*	$1^{9}/_{15}$ *l.* = 1 *l.* 12 sh.	$^{2}/_{5}$ *l.* = 8 sh.	$1^{7}/_{15}$ *l.* = 1 *l.* $9^{1}/_{3}$ s
	300	200	400				

B	Kapital *l.*	qrs.	GW *l.*	MW [per] qr.	IW [per] qr.	DW [per] qr.	Kostenpreis [per] qr.
I	90	60	108	$1^{4}/_{5}$ *l.* = 1 *l.* 16 sh.	$1^{4}/_{5}$ *l.* = 1 *l.* 16 sh.	0	[$1^{39}/_{60}$ *l.* =] = 1 *l.* 13 s
II	90	65	117	$1^{4}/_{5}$ *l.* = 1 *l.* 16 sh.	$1^{43}/_{65}$ *l.* = 1 *l.* $13^{3}/_{13}$ sh.	[$^{9}/_{65}$ *l.* =] $2^{10}/_{13}$ sh.	$1^{34}/_{65}$ *l.* = 1 *l.* $10^{6}/$
III	90	75	135	$1^{4}/_{5}$ *l.* = 1 *l.* 16 sh.	$1^{33}/_{75}$ *l.* = 1 *l.* $8^{4}/_{5}$ sh.	[$^{9}/_{25}$ *l.* =] $7^{1}/_{5}$ sh.	$1^{24}/_{75}$ *l.* = 1 *l.* $6^{2}/_{5}$
	270	200	360				

C	Kapital *l.*	qrs.	GW *l.*	MW [per] qr.	IW [per] qr.	DW [per] qr.	Kostenpreis [per] qr.
I	$86^{2}/_{5}$	60	$102^{3}/_{5}$	[$1^{71}/_{100}$ *l.*] = 1 *l.* $14^{1}/_{5}$ sh.	[$1^{71}/_{100}$ *l.*] = 1 *l.* $14^{1}/_{5}$ sh.	0	[$1^{73}/_{125}$ *l.* =] 1 *l.* $11^{17}/_{25}$
II	$86^{2}/_{5}$	65	$111^{3}/_{20}$	[$1^{71}/_{100}$ *l.* = 1 *l.* $14^{1}/_{5}$ sh.]	[$1^{188}/_{325}$ *l.* = 1 *l.* $11^{37}/_{65}$ sh.]	[$^{171}/_{1300}$ *l.* = $2^{41}/_{65}$ sh.]	[$1^{751}/_{1625}$ *l.* = 1 *l.* 9^{7}
III	$86^{2}/_{5}$	75	$128^{1}/_{4}$	[$1^{71}/_{100}$ *l.* = 1 *l.* $14^{1}/_{5}$ sh.]	[$1^{46}/_{125}$ *l.* = 1 *l.* $7^{9}/_{25}$ sh.]	[$^{171}/_{500}$ *l.* = $6^{21}/_{25}$ sh.]	[$1^{167}/_{625}$ *l.* = 1 *l.* 5^{43}
	$259^{1}/_{5}$	200	342				

[D]	Kapital *l.*	qrs.	GW *l.*	MW [per] qr.	IW [per] qr.	DW [per] qr.	Kostenpreis [per] qr.
I	90	60	110	$1^{5}/_{6}$ *l.* [= 1 *l.* $16^{2}/_{3}$ sh.]	$1^{5}/_{6}$ *l.* [= 1 *l.* $16^{2}/_{3}$ sh.]	0	[$1^{13}/_{20}$ *l.* =] 1 *l.* 13 sh.
II	90	65	$119^{1}/_{6}$	$1^{5}/_{6}$ *l.* [= 1 *l.* $16^{2}/_{3}$ sh.]	[$1^{9}/_{13}$ *l.* = 1 *l.* $13^{11}/_{13}$ sh.]	[$^{11}/_{78}$ *l.* = $2^{32}/_{39}$ sh.]	[$1^{34}/_{65}$ *l.* = 1 *l.* 10
III	90	75	$137^{1}/_{2}$	$1^{5}/_{6}$ *l.* [= 1 *l.* $16^{2}/_{3}$ sh.]	[$1^{7}/_{15}$ *l.* = 1 *l.* $9^{1}/_{3}$ sh.]	[$^{11}/_{30}$ *l.* = $7^{1}/_{3}$ sh.]	[$1^{8}/_{25}$ *l.* = 1 *l.* 6^{2}
	270	200	$366^{2}/_{3}$				

olute e]	[Differentialrente] DR *l.*	[Absolute Rente] AR qrs.	[Differentialrente] DR qrs.	Rental *l.*	Rental qrs.	[Zusammensetzung des Kapitals und Rate der absoluten Rente]
	0	5	0	10	5	$C^{60}V^{40}$ für 100 [*nicht-industrielles Kapital*]
	10	5	5	20	10	$C^{80}V^{20}$ für [100] *industrielles Kapital*
	30	5	15	40	20	10 p.c. absolute Rente
	40	15	20	70	35	

	DR *l.*	AR qrs.	DR qrs.	Rental *l.*	Rental qrs.	
	0	5	0	9	5	$C^{54}V^{36}$ für 90
	9	5	5	18	10	$C^{60}V^{40}$ für 100
	27	5	15	36	20	10 p.c. absolute Rente
	36	15	20	63	35	

	DR *l.*	AR qrs.	DR qrs.	Rental *l.*	Rental qrs.	
25	0	$4^8/_{19}$	0	$7^{14}/_{25}$	$4^8/_{19}$	$C^{54}V^{32^2/_5}$ für $86^2/_5$
25	$8^{11}/_{20}$	$4^8/_{19}$	[5]	[$16^{11}/_{150}$]	[$9^8/_{19}$]	$C^{62^1/_2}V^{37^1/_2}$ für 100
25	$25^{13}/_{20}$	$4^8/_{19}$	[15]	[$33^{21}/_{100}$]	[$19^8/_{19}$]	Auf 100 = $118^3/_4$. Also $8^3/_4$ p.c. die absolute Rente
25	$34^1/_5$	$13^5/_{19}$	20	$56^{22}/_{25}$	$33^5/_{19}$	

	DR *l.*	AR qrs.	DR qrs.	Rental *l.*	Rental qrs.	
	0	6	0	11	6	$C^{50}V^{40}$ = 90
	$9^1/_6$	6	[5]	$20^1/_6$	[11]	$C^{55^5/_9}V^{44^4/_9}$ = 100
	$27^1/_2$	6	[15]	$38^1/_2$	[21]	Auf 100 = $122^2/_9$. $12^2/_9$ p.c. absolute Rente
	$36^2/_3$	18	20	$69^2/_3$	38	

Ric[ardo] fährt fort:

„Was die *Ungleichheit des Produktes* von aufeinanderfolgenden Kapitalteilen vermindert, die auf demselben oder neuen Boden angelegt werden, hat die Tendenz, die Rente zu senken; und was immer *diese Ungleichheit vermehrt*, erzeugt notwendigerweise eine entgegengesetzte Wirkung, hat die Tendenz, sie zu erhöhen." (p.74.)

Die inequality can be increased, while capital is withdrawn and while sterility decreases, or even while the less fertile land is thrown out of the market[1].

{Landlord und Kapitalist. „Morning Star" vom 15. Juli 1862 in einem leader[2], wessen Pflicht es sei (freiwillig oder gezwungen) die distressed (infolge des cotton famine und civil war in America) workmen in the cotton manufacture districts of Lancashire etc. zu support[3], sagt:

„Diese Leute haben ein gesetzliches Recht auf Unterhaltung *aus dem Vermögen, das sie zumeist mit ihrem Fleiß geschaffen haben*... Man sagt, daß die Leute, die durch das Baumwollgewerbe Reichtum erworben haben, besonders verpflichtet seien, mit einer großmütigen Hilfe einzugreifen. Kein Zweifel, daß dem so ist... Die Handeltreibenden und Manufakturisten haben dementsprechend gehandelt... Aber sind das die einzigen Klassen, die aus der Baumwollmanufaktur Geld gezogen haben? Sicherlich nicht. Die Grundeigentümer von Lancashire und North Cheshire haben an dem so geschaffenen Reichtum einen enormen Anteil gehabt. Und diese Eigentümer erfreuten sich des besonderen Vorteils, daß sie an dem Reichtum teilnahmen, ohne einen Handschlag zu tun oder einen Gedanken zu dem Gewerbe beizusteuern, das ihn schuf... Der Spinnereibesitzer hat durch sein Kapital, seine Erfahrung und seine unermüdliche Umsicht zur ||612| Schaffung dieses großen Gewerbes beigetragen, das jetzt unter so gewaltigen Schlägen wankt. Der Spinnereiarbeiter gab seine Geschicklichkeit, *seine Zeit* und seine körperliche Arbeit; aber was haben die Grundeigentümer von Lancashire gegeben? Gar nichts, buchstäblich gar nichts, und doch haben sie ausgiebigere Gewinne daraus gezogen als eine der beiden anderen Klassen... Sicher ist die Vermehrung des Jahreseinkommens dieser großen Landlords, die aus dieser einen Ursache stammt, eine ungeheure, wahrscheinlich macht sie nicht weniger als das Dreifache aus."

Der Kapitalist ist der direkte Exploiteur der Arbeiter, der direkte, not only appropriator, but creator of *surplus labour*[4]. Da dies aber nur (für den industriellen Kapitalisten) durch und im Produktionsprozeß geschehn kann, ist er selbst Funktionär dieser Produktion, ihr director. Der landlord dagegen besitzt im Grundeigentum (für die absolute Rente) und in der natürlichen Verschiedenheit der Bodenarten (Differentialrente) einen Titel, der

[1] Ungleichheit kann wachsen, während Kapital zurückgezogen wird und die Unfruchtbarkeit abnimmt oder selbst während weniger fruchtbarer Boden aus dem Markt geworfen wird – [2] Leitartikel – [3] notleidenden (infolge der Baumwollnot und des Bürgerkriegs in Amerika) Arbeiter in den Distrikten der Baumwollmanufaktur Lancashires etc. zu unterstützen – [4] nicht bloßer Aneigner, sondern Hervorbringer der *Mehrarbeit*

ihn befähigt, einen Teil dieser surplus labour[1] oder der surplus value[2], zu deren Direktion und Kreation er nichts beiträgt, in die Tasche zu stecken. In Kollisionsfällen betrachtet ihn der Kapitalist daher als bloße superfetation[3], ein Sybaritengewächs, Schmarotzerpflanze der kapitalistischen Produktion, die Blattlaus, die ihm im Pelz sitzt.}

Ch. III „On the Rent of Mines".

Hier wieder:

„diese Rente" (of mines) „ist ebenso wie die Bodenrente Ergebnis, niemals aber Ursache des *hohen Wertes* ihrer Produkte." (p. 76.)

Mit Bezug auf die absolute Rente ist sie weder effect[4] noch cause of the *„high value"* [5], sondern effect of the excess of value over cost-price. That this excess is paid for the produce of the mine, or the land, and thus absolute rent becomes formed, is the effect, not of that *excess*, because it exists for a whole class of trades, where it is not entered into the price of the produce of those particular trades, but is the effect of *landed property.*

In regard to *differential rent* it may be said, that it is the effect of *„high value"*; so far as by „high value" is understood the excess of the market value of the produce over its real or individual value, for the relatively more fertile classes of land or mine.

That Ric[ardo] understands by the „exchangeable value" regulating the produce of the poorest land or mine, nothing but *cost-price*, by cost-price nothing but the advances + the ordinary profit, and that he falsely identifies this cost-price with real value, will be also seen from the following passage[6]:

„Das aus dem unergiebigsten, noch betriebenen Bergwerk gewonnene Metall muß mindestens einen Tauschwert besitzen, der nicht nur ausreicht, um allen denen, die darin arbeiten und das Produkt auf den Markt bringen, die von ihnen verbrauchte Klei-

[1] Mehrarbeit – [2] des Mehrwerts – [3] Auswuchs – [4] Folge – [5] Ursache des *„hohen Werts"* – [6] Folge des Überschusses des Werts über den Kostenpreis. Daß dieser Überschuß für das Produkt der Mine oder des Bodens bezahlt und so absolute Rente gebildet wird, ist die Folge nicht dieses *Überschusses*, weil er für eine ganze Klasse von Gewerbezweigen existiert, wo er jedoch nicht in den Preis des Produkts dieser einzelnen Gewerbezweige eingeht, sondern ist die Folge des *Grundeigentums*.

In bezug auf die *Differentialrente* kann man sagen, daß sie die Folge des *„hohen Werts"* ist, insofern man unter „hohem Wert" den Überschuß des Marktwerts des Produkts über seinen realen oder individuellen Wert versteht, der für die relativ ergiebigeren Bodenklassen oder Mine besteht.

Daß Ricardo unter dem „Tauschwert", der für das Produkt des unergiebigsten Bodens oder Mine maßgebend ist, nichts anderes versteht als den *Kostenpreis* und unter dem Kostenpreis nichts anderes als das vorgeschossene Kapital + den gewöhnlichen Profit, und daß er fälschlich diesen Kostenpreis mit dem realen Wert gleichsetzt, kann man auch aus folgender Stelle ersehen:

dung, Nahrungsmittel und anderen lebensnotwendigen Güter zu verschaffen, *sondern auch, um* demjenigen, der das für den Betrieb erforderliche Kapital vorschoß, *den allgemein üblichen Profit abzuwerfen.* Der Kapitalertrag des unergiebigsten Bergwerkes, das keine Rente abwirft, wird die Rente aller anderen, ergiebigeren Minen bestimmen. *Es wird angenommen, daß dieses Bergwerk den gewöhnlichen Kapitalprofit abwirft. Alles, was die anderen Bergwerke darüber hinaus einbringen,* muß notwendigerweise den Eigentümern als Rente bezahlt werden." (p. 76, 77.)

Hier also mit dürrem Wort: Rent = *excess* of *the price (exchangeable value hier dasselbe) of the agricultural produce over its cost-price,* that is over the value of capital advanced + the usual (average) profits of stock[1]. Ist also der *Wert* des agricultural produce höher als its cost-price[2], so kann es Rente zahlen ohne alle Rücksicht auf Bodenverschiedenheit, so kann the poorest land and the poorest mine pay the same absolute rent as the richest[3]. Wäre sein *Wert* nicht höher als sein Kostpreis, so könnte Rente nur erfolgen aus excess of the market value over the real value of the produce derived from relatively more fertile soils[4] etc.

„Wenn *gleiche Arbeitsquanten und gleiche Mengen fixen Kapitals* immer *gleiche Mengen Gold* aus jener Mine, die keine Rente abwirft, gewinnen könnten, so würde ... diese Menge" (Gold) „zwar *mit der Nachfrage steigen, aber sein Wert wäre unveränderlich.*" (p. 79.)

Was von Gold und Minen, gilt von Korn und Land. Also wenn dieselben Bodenarten stets fortführen, exploitiert zu werden und für gleiche Auslage von Arbeit das gleiche Produkt ||613| zu geben, so würde der *Wert* eines Pfunds Gold oder eines qr. Weizen derselbe bleiben, obgleich ihre Quantität mit der *Nachfrage* sich vermehren würde. Also auch *ihre Rente* [würde] *wachsen* (der amount[5], nicht die rate of rent) ohne irgendeinen change im price of produce[6]. Es würde mehr Kapital angewandt, although with constantly uniform productivity[7]. Dies eine der großen Ursachen des Steigens in dem absolute amount der rent, quite apart from any rise in the price of produce, and, therefore, without any proportional change in the rents paid by produce of different soils and mines[8].

---

[1] Rente = *Überschuß* des *Preises (Tauschwert hier dasselbe) des landwirtschaftlichen Produkts über seinen Kostenpreis,* das ist über den Wert des vorgeschossenen Kapitals + den üblichen (durchschnittlichen) Kapitalprofit – [2] sein Kostenpreis – [3] der unergiebigste Boden und die unergiebigste Mine die gleiche absolute Rente zahlen wie die reichste – [4] dem Überschuß des Marktwerts über den realen Wert des Produkts, das von relativ fruchtbareren Böden stammt – [5] die Masse – [6] Wechsel im Preis des Produkts – [7] aber mit stets gleicher Produktivität – [8] der absoluten Masse der Rente, ganz abgesehen von einer Steigerung des Preises des Produkts und daher ohne proportionelle Veränderung der Renten, die die Produkte verschiedener Böden und Minen zahlen

[*5. Ricardos Kritik an Smiths Rententheorie und an einigen Thesen von Malthus*]

Ch.XXIV „Doctrine of A.Smith concerning the rent of land."

Dies Kapitel sehr wichtig für die Differenz zwischen Ric[ardo] und A.Smith. Die tiefere Erörterung desselben schieben wir auf (für A.Smith), sobald wir S[mith]s Lehre nach der R[icardo]schen ex professo betrachten.

Ric[ardo] beginnt damit, eine Stelle aus A.Smith zu zitieren, wonach er richtig bestimme, wann der price des agricultural produce Rente abwerfe, wann nicht. Aber dann glaubte er wieder, some parts of the produce of land[1], wie food[2], müssen immer Rente abwerfen.

Bei der Gelegenheit sagt Ricardo, und dies ist wichtig für *ihn:*

„Ich glaube, daß bis jetzt in jedem Lande, vom zurückgebliebensten bis zum zivilisiertesten, Boden solcher Qualität vorhanden ist, der kein *Produkt liefern* kann, *dessen Wert mehr als ausreichend ist*, um das dafür aufgewendete Kapital zu ersetzen und den für dieses Land *gewöhnlichen und üblichen Profit* abzuwerfen. Wir wissen alle, daß dies in *Amerika* der Fall ist, und doch behauptet keiner, daß die Prinzipien, welche die Rente bestimmen, dort verschieden von denen in Europa sind." (p.389, 390.)

Allerdings sind diese principles sehr bedeutend „different". Wo *kein Grundeigentum* existiert – faktisch oder legal – kann keine absolute Grundrente existieren. Diese, nicht die Differentialrente, ist der adäquate Ausdruck des Grundeigentums. Zu sagen, daß *dieselben* Prinzipien die Grundrente regulieren, wo Grundeigentum existiert und wo keines existiert, heißt, daß die *ökonomische Gestalt des Grundeigentums* unabhängig davon ist, ob Grundeigentum existiert, oder ob es nicht existiert.

Was soll das ferner heißen, that „there is land of such a quality that it cannot yield a produce more than *sufficiently valuable* to replace the stock ... with the ordinary profits"[3]. Wenn dieselbe Quantität Arbeit 4 qrs. produziert, ist das Produkt nicht mehr valuable[4], als wenn es zwei produziert, obgleich die value des einzelnen qr. in einem Fall doppelt so groß als im andern. Ob es Rente abwirft oder nicht, hinge also absolut nicht von der Größe dieser „value" des produce als solche ab. Es kann nur Rente abwerfen, wenn sein Wert höher als sein Kostpreis, der durch den Kostpreis aller andren Produkte reguliert ist, oder in andren Worten, durch das

---

[1] manche Teile des Bodenprodukts – [2] Nahrungsmittel – [3] daß „Boden solcher Qualität vorhanden ist, der kein Produkt liefern kann, dessen *Wert* mehr als *ausreichend* ist, um das ... Kapital zu ersetzen und den üblichen Profit abzuwerfen" – [4] wert

Quotum unbezahlter Arbeit, das ein Kapital von 100 in jedem trade, on an average[1] sich aneignet. Ob aber sein Wert höher als sein Kostpreis, hängt durchaus nicht ab von seiner absoluten Größe, sondern von der Komposition des auf es angewandten Kapitals, verglichen mit der average composition des capital employed in not-agricultural industry[2].

„Wenn es aber stimmen würde, daß England in der Bodenkultur so weit fortgeschritten ist, daß gegenwärtig kein Boden übriggeblieben ist, der keine Rente abwirft, so würde es ebenso stimmen, daß früher solcher Boden vorhanden gewesen sein muß. Es ist für diese Frage ohne Bedeutung, ob es ihn gibt oder nicht, denn es ist gleichgültig, falls es in Großbritannien irgendwelches Kapital gibt, das auf Boden angelegt ist, der nur den Kapitalersatz und den gewöhnlichen Profit abwirft, ob dieses Kapital auf altem oder neuem Boden angelegt ist. Wenn ein Farmer einen Vertrag über eine Bodenpacht auf 7 oder 14 Jahre abschließt, so mag er beabsichtigen, dabei ein Kapital von 10 000 *l.* aufzuwenden, da er weiß, daß er bei dem gegenwärtigen Preis von Getreide und Rohprodukten denjenigen Teil seines Kapitals, zu dessen Ausgabe er gezwungen ist, ersetzen, seine Rente bezahlen und die allgemeine Profitrate erzielen kann. Er wird nicht 11 000 *l.* aufwenden, es sei denn, die letzten 1000 *l.* können so produktiv verwendet werden, daß sie ihm den üblichen Kapitalprofit einbringen. Bei *seiner Überlegung, ob er sie verwenden soll oder nicht, zieht er nur in Betracht, ob der Preis der Rohprodukte ausreicht, um seine Ausgaben und den Profit zu ersetzen, da er weiß, daß er keine zusätzliche Rente zu zahlen haben wird.* Sogar bei Ablauf seiner Pachtfrist wird seine Rente nicht erhöht werden, weil er, falls sein Grundeigentümer wegen der Verwendung der zusätzlichen 1000 *l.* Kapital Rente fordert, dieses Kapital abziehen wird, da er durch ihre Verwendung entsprechend der Annahme nur den gewöhnlichen und üblichen Profit erzielt, den er auch bei einer anderen Verwendung des Kapitals erhalten kann. Er *kann sich* daher *nicht darauf einlassen, Rente dafür zu zahlen,* es sei denn der *Preis der Rohprodukte steigt weiter,* oder, *was dasselbe ist, die übliche und allgemeine Profitrate fällt.*" (p.390, 391.)

Hier gibt Ric[ardo] zu, daß auch der schlechteste Boden Rente tragen *kann.* Wie erklärt er das? Eine zweite Dose Kapital – angewandt auf dem schlechtesten Boden – für additional supply, become necessary in consequence of an ||614| additional demand[3], wirft nur bei steigendem Getreidepreis den cost-price ab. Also würde die erste Dose nun ein Surplus über diesen cost-price = rent, abwerfen. Also das fact da, daß, *bevor* die zweite Dose angewandt wird, die *erste Dose auf dem schlechtesten* Boden Rente abwirft, weil der Marktwert über dem Kostpreis steht. Fragt sich also nur, ob der Marktwert dazu *über* dem Wert des schlechtesten Produkts stehen

[1] Gewerbezweig im Durchschnitt – [2] durchschnittlichen Zusammensetzung des in dem nichtlandwirtschaftlichen Gewerbe angelegten Kapitals – [3] zusätzliche Zufuhr, die notwendig geworden infolge einer zusätzlichen Nachfrage

muß oder ob nicht vielmehr sein *Wert über* seinem *Kostpreis* steht und das rise of price[1] es nur befähigt hat, zu *seinem Wert* verkauft zu werden.

Ferner: Warum muß der *Preis* so hoch stehn, daß er = dem Kostpreis, advances + average profit[2]? Infolge der Konkurrenz der Kapitalien in den different trades[3], des transfer des Kapitals von einem trade zum andren. Also durch Aktion von Kapital auf Kapital. Durch welche Aktion aber soll das Kapital das Grundeigentum zwingen, den Wert des Produkts zum Kostenpreis sinken zu lassen? Withdrawal of capital from agriculture[4] kann diesen effect nicht haben, wenn nicht begleitet von fall of the demand for agricultural produce[5]. Es würde den umgekehrten effect haben, den Marktpreis des agricultural produce über seinen Wert zu schrauben. Transfer of new capital[6] zum Grund und Boden kann ihn ebensowenig haben. Denn die Konkurrenz der Kapitalien unter sich befähigt grade den landlord, vom einzelnen Kapitalisten zu verlangen, daß er sich begnügt mit „an average profit"[7] und ihm das overplus der value over the price affording this profit[8], zahlt.

Aber es könnte gefragt werden: Wenn das Grundeigentum diese Macht gibt, daß das Produkt *über* seinem Kostenpreis *zu* seinem Wert verkauft wird, warum gibt es nicht ebensogut die Macht, daß es *über* seinem Wert, also zu einem beliebigen Monopolpreis verkauft wird? In einer kleinen Insel, wo kein auswärtiger Kornhandel existierte, könnte unbedingt das Korn, food, wie jedes andre Produkt zum Monopolpreis verkauft werden, d.h. zu einem Preise, nur limitiert durch den Stand der Nachfrage, i.e. der *zahlungsfähigen Nachfrage*, und diese zahlungsfähige Nachfrage ist von sehr verschiedner Größe und Extension, je nach der Höhe des Preises des zugeführten Produkts.

Solche Ausnahme abgerechnet – von der keine Rede in den europäischen Ländern; selbst in England ein großer Teil fruchtbaren Bodens *künstlich* der Agrikultur entzogen, überhaupt dem Markt, um den Wert des andren Teils zu erhöhn – kann das Grundeigentum nur so weit die Aktion der Kapitalien, ihre Konkurrenz, affizieren und paralysieren, als die Konkurrenz der Kapitalien die Bestimmung der *Werte der Waren* modifiziert. Die Verwandlung der Werte in Kostenpreise nur Folge und Resultat der Entwicklung der kapitalistischen Produktion. Das Ursprüngliche ist (für den Durchschnitt), daß die Waren zu ihren Werten verkauft werden. Die

[1] Steigen des Preises – [2] den Auslagen + Durchschnittsprofit – [3] verschiedenen Gewerbezweigen – [4] Zurückziehen des Kapitals aus der Landwirtschaft – [5] Fallen der Nachfrage nach landwirtschaftlichem Produkt – [6] Übertragung von neuem Kapital – [7] „einem Durchschnittsprofit" – [8] den Überschuß des Werts über den Preis, der diesen Profit abwirft

Abweichung hiervon in der Agrikultur durch das Grundeigentum verhindert.

Wenn ein farmer Land pachtet für 7 oder 14 Jahre, sagt Ric[ardo], berechnet er, daß bei einer Kapitalanlage von 10000 *l.* z.B. der *Getreidewert* (durchschnittliche Marktwert) ihm erlaubt, die avances zu ersetzen + Durchschnittsprofit + der kontrahierten Rente. Soweit er also Land „pachtet", ist für ihn das Prius der durchschnittliche Marktwert = dem Wert des Produkts das *Prius*, Profit und Rente bloß Teile, worin sich dieser Wert *auflöst*, die ihn aber nicht bilden. Der *gegebne Marktpreis* ist das für den Kapitalisten, was der vorausgesetzte *Wert* des Produkts für die Theorie und den innren Zusammenhang der Produktion ist. Nun die Schlußfolgerung, die Ric[ardo] daraus zieht. Setzt der farmer 1000 *l.* zu, so sieht er bloß zu, ob sie ihm bei dem *gegebnen Marktpreis* den usual[1] Profit abwerfen. Also, scheint Ric[ardo] zu denken, ist der *Kostenpreis* das Bestimmende, und geht in diesen Kostenpreis als regulierendes Element zwar der *Profit*, aber nicht die *Rente* ein.

Erstens geht auch der Profit nicht als constitutive element ein. Der farmer, nach der Voraussetzung, setzt ja den *market price* als Prius und überlegt, ob ihm, bei diesem gegebnen Marktpreis, die 1000 *l.* den gewöhnlichen Profit abwerfen. Dieser Profit ist also nicht die cause[2], sondern effect of that price[3]. Aber, denkt Ric[ardo] weiter, die Anlage der 1000 *l.* selbst wird doch bestimmt durch die Berechnung, ob oder ob nicht der Preis den Profit abwirft. Also ist der Profit bestimmend für die Anlage der 1000 *l.*, für den Produktionspreis.

Ferner: Fände der Kapitalist, daß die 1000 *l.* nicht den usual profit[4] abwerfen, so würde er sie nicht anlegen. Die Produktion der additional food[5] fände nicht statt. Wäre sie nötig für additional demand[6], so müßte die Nachfrage so weit den Preis, i.e. den Marktpreis steigern, bis er den Profit abwürfe. Also geht der Profit – im Unterschied von der Rente – als constitutive element ein, nicht dadurch, daß er den *Wert* des Produkts schafft, sondern daß das Produkt ||615| selbst nicht geschaffen wird, wenn sein Preis[7] nicht so hoch steigt, um außer den avances noch die usual rate of profit[8] zu zahlen. Dagegen ist es nicht nötig in *diesem* Fall, daß er so weit steigt, um Rente zu zahlen. Hence, there exists an essential difference between rent and profit[9], und in gewissem Sinn kann gesagt werden, daß der Profit a

---

[1] üblichen – [2] Ursache – [3] Wirkung dieses Preises – [4] üblichen Profit – [5] zusätzlichen Nahrungsmittel – [6] zusätzliche Nachfrage – [7] in der Handschrift: Wert – [8] übliche Profitrate – [9] Folglich besteht ein wesentlicher Unterschied zwischen Rente und Profit

constitutive element of price[1] ist, während die Rente dies nicht ist. (Dies ist offenbar auch ein Hintergedanke A. Smiths.)

Für diesen Fall die Sache richtig.

But why?[2]

Weil in *diesem* Fall das Grundeigentum *nicht* als Grundeigentum dem Kapital gegenübertreten *kann*, also grade die Kombination, unter der Rente, absolute Rente gebildet wird, der Voraussetzung nach *nicht* stattfindet. Das mit der zweiten Dose von 1000 *l.* produzierte additional corn[3], produziert bei *gleichbleibendem Marktwert*, also bei einer additional Nachfrage, die nur stattfindet *unter* der Voraussetzung, daß der *Preis derselbe* bleibt, muß *unter* seinem Wert zum Kostenpreis verkauft werden. Dies additional produce der 1000 *l.* befindet sich also unter denselben circumstances[4], als wenn neuer schlechtrer Boden bebaut würde, der *nicht* den Marktwert bestimmt, sondern seine additional supply[5] nur liefern kann unter der Bedingung, daß er sie zum vorhandnen *alten* Marktwert liefert, also zu einem Preis, der *bestimmt ist unabhängig von dieser Neuproduktion*. Unter diesen Umständen hängt es ganz von der relativen Fruchtbarkeit dieses additional soil[6] ab, ob er Rente liefert oder nicht liefert, eben weil er *nicht* den Marktwert bestimmt. Ganz ebenso mit den additional 1000 *l.* auf dem alten Boden. Und eben daher schließt Ricardo *umgekehrt*, daß der additional Boden oder die additional Dosis of capital *den Marktwert bestimmt*, weil der Preis ihres Produkts bei gegebenem, von *ihnen unabhängig bestimmtem Marktwert* keine Rente, sondern nur Profit abwirft, nicht ihren Wert, sondern nur den Kostenpreis deckt! Quelle contradictio in adjecto![7]

Aber das Produkt wird doch produziert *hier*, ohne daß es Rente abwirft! Certainly![8] Auf dem Boden, den der farmer *gemietet* hat, existiert *für ihn*, für den Kapitalisten, das Grundeigentum nicht als selbständiges, Widerstand leistendes Element während der Zeit, wo er, vermittelst des Pachtkontrakts, faktisch selbst der Grundeigentümer ist! Das Kapital bewegt sich jetzt also widerstandslos in diesem Element, und dem Kapital genügt der Kostpreis des Produkts. Auch nach Ablauf der Pacht wird der Pächter natürlich die Rente danach regulieren, wieweit Kapitalanlage auf dem Boden Produkt liefert, das zu seinem *Wert* verkauft werden kann, also Rente abwirft. Kapitalanlage, die bei dem gegebnen *Marktwert* keinen Überschuß über den Kostpreis abwirft, geht in die Rechnung so wenig ein, als bei Boden, dessen relative Unfruchtbarkeit verursacht, daß der Marktpreis

[1] ein konstituierendes Element des Preises – [2] Aber warum? – [3] zusätzliche Getreide – [4] Umständen – [5] zusätzliche Zufuhr – [6] zusätzlichen Bodens – [7] Welcher Widerspruch in sich selbst! – [8] Allerdings!

nur seinen Kostenpreis zahlt, Rente vom Kapital gezahlt oder kontrahiert würde.

In der Praxis trägt sich die Sache nicht ganz ricardoisch zu. Besitzt der Pächter spare capital[1] oder erwirbt er dasselbe im Laufe einer lease[2] von 14 Jahren während der ersten Jahre, so verlangt er hier nicht den *usual profit*[3]. Dies nur, wenn er additional capital pumpte. Denn was soll er mit dem spare capital machen? Neues Land zupachten? Die agricultural production erlaubt in viel höhrem Grad intensivere Kapitalanlage als extensivere Bodenbebauung mit größrem Kapital. Oder auch, wenn kein pachtbares Land in der immediate vicinity[4] des alten liegt, würde der Pächter durch 2 farms viel mehr seine superintendence spalten, als dies in der Fabrikation durch 6 Fabriken unter demselben Kapitalisten geschieht. Oder soll er das Geld auf Zinsen beim Bankier in Staatspapieren, Eisenbahnaktien etc. anlegen? Dann verzichtet er von vornherein auf at least[5] die Hälfte oder $^1/_3$ des usual profit. Kann er es also als additional capital auf der alten Farm anlegen, selbst unter der Rate des average profit[6], also etwa zu 10 p.c., wenn sein Profit = 12, so gewinnt er immer noch 100 p.c., wenn der Zinsfuß auf 5 p.c. steht. Es ist also immer noch vorteilhafte Spekulation für ihn, die additional 1000 *l.* auf ||616| der alten Farm anzulegen.

Es ist daher ganz falsch, wenn Ric[ardo] diese Anlage von additional capital identifiziert mit der application of additional capital to new soils[7]. Im ersten Fall braucht das Produkt auch nicht den usual profit abzuwerfen, selbst in der kapitalistischen Produktion. Es muß nur soviel mehr abwerfen, über den usual rate of interest[8] hinaus, daß it is worth while the trouble and the risk of the farmer to prefer the industrial employment of his spare capital to the „monied" employment of that capital[9].

Ganz abgeschmackt aber, wie gezeigt, wenn Ric[ardo] aus dieser Betrachtung schließt:

> „Wenn der umfassende Verstand A. Smith' auf diese Tatsache gelenkt worden wäre, so hätte er nicht behauptet, daß die Rente *einen der Bestandteile des Preises der Rohprodukte* bildet, denn der Preis wird überall von dem mit diesem letzten Teil des Kapitals gewonnenen Ertrag *bestimmt*, wofür keinerlei Rente bezahlt wird." (p.391.)

Seine Illustration beweist grade *umgekehrt*, that the application to land of this last portion of capital has been regulated by a *market price*, independent

---

[1] übriges Kapital – [2] Pacht – [3] *üblichen Profit* – [4] unmittelbaren Nachbarschaft – [5] mindestens – [6] Durchschnittsprofits – [7] Anwendung von zusätzlichem Kapital auf neuen Böden – [8] üblichen Zinsfuß – [9] es die Mühe und das Risiko des Pächters lohnt, die industrielle Anlage seines übrigen Kapitals der „Geld"anlage dieses Kapitals vorzuziehen

of that application, existing before it took place, and, therefore allowing no rent, but only profit[1]. Daß der Profit der einzige Regulator für die kapitalistische Produktion, ist ganz richtig. Und daher richtig, daß keine absolute Rente existieren würde, wenn die Produktion *einzig* durch das Kapital reguliert würde. Sie entsteht grade da, wo die Bedingungen der Produktion dem Grundeigentümer die Macht geben, der exclusive regulation of production by capital[2] Schranken zu setzen.

Zweitens wirft Ric[ardo] (p.391 sqq.) dem A.Smith vor, daß er bei coalmines das richtige Prinzip der Rente entwickelt; sagt sogar:

„Das gesamte Prinzip der Rente ist hier bewundernswert und scharfsinnig erklärt, jedoch ist jedes Wort ebenso für den Boden wie für Bergwerke anwendbar. Dennoch behauptet er, daß ‚es bei Liegenschaften auf der Erdoberfläche anders ist etc.'" (p.392.)

A.Smith fühlt, daß unter certain circumstances[3] der landlord die Macht hat, dem Kapital effektiven Widerstand zu leisten, das Grundeigentum geltend zu machen und daher absolute Rente zu verlangen, und daß er unter andren Umständen diese Macht nicht hat; daß aber namentlich die Produktion von food das Gesetz der Rente erteilt, während die Rente in other applications of capital to land[4] durch die Ackerbaurente bestimmt ist.

„Das Verhältnis sowohl ihres Produktes als auch ihrer Rente[5]" (sagt A. Smith) „entspricht ihrer *absoluten* und nicht ihrer *relativen* Ergiebigkeit." (p.392.)

In seiner Entgegnung nähert sich Ric[ardo] möglichst dem wirklichen Prinzip der Rente. Er sagt:

„Angenommen aber, *es gibt keinen Boden, der keine Rente abwirft,* dann *wird die Höhe der Rente auf dem schlechtesten Boden sich nach dem Überschuß des Produktenwertes über den Aufwand an Kapital und den üblichen Kapitalprofit richten.* Das gleiche Prinzip würde die Rente des Bodens von etwas besserer Qualität oder günstigerer Lage bestimmen, und die Rente dieses Bodens wird daher infolge der größeren Vorteile, die er besitzt, höher sein als die Rente des ihm gegenüber minderwertigen. Das gleiche kann man von der dritten Qualität sagen, und so weiter, bis zur allerbesten. Ist es also nicht ebenso sicher, daß es die *relative Ergiebigkeit des Bodens* ist, die den Teil des Produktes bestimmt, der als Grundrente abgeführt wird, wie es sicher ist, daß die *relative Ergiebigkeit der Bergwerke* den Teil ihres Produkts bestimmt, der als Bergwerksrente entrichtet wird?" (p.392, 393.)

---

[1] daß die Anwendung dieses letztaufgewandten Teils des Kapitals auf den Boden durch einen *Marktpreis* bestimmt wird, der, unabhängig von dieser Anwendung, bereits bestand, ehe sie in Kraft trat, und daher keine Rente, sondern nur Profit abwarf – [2] ausschließlichen Regulierung der Produktion durch das Kapital – [3] bestimmten Umständen – [4] anderen Anwendungen von Kapital auf den Boden – [5] d.h. der Grundstücke

Hier spricht Ric[ardo] das richtige Prinzip der Rente aus. Wenn das schlechteste Land Rente zahlt, wenn also Rente gezahlt wird, unabhängig von der different natural fertility of the soils – absolute rent[1] – dann muß diese Rente sein = „the excess of the *value* of the produce *above* the expenditure of capital and the ordinary profits of stock", that is to say = the excess of the *value* of the produce *above* its cost-price[2]. Daß solcher excess nicht existieren kann, supponiert Ric[ardo], weil er falsch, im Gegensatz zu seinem eignen Prinzip, das Smithsche Dogma ||617| akzeptiert, daß value = cost-price of the produce[3].

Im übrigen fällt er wieder in Irrtum.

Die Differentialrente wäre natürlich bestimmt durch die „relative fertility"[4]. Die absolute Rente hätte gar nichts zu tun mit der „natural fertility".

Wohl aber hätte Smith recht, daß die *aktuelle* Rente, die das schlechteste Land zahlt, von der absolute fertility der andren soils[5] und der relative fertility des schlechtesten Bodens oder von der absolute[6] fertility des schlechtesten Bodens und der relative[7] fertility der andren Bodenklassen abhängen *könne*.

Der actual amount of rent[8], die der schlechteste Boden zahlt, hängt nämlich ab, nicht wie Ric[ardo] meint, von dem excess of *value* of its own produce over its cost-price[9], sondern von dem excess of the *market value* over its cost-price[10]. Dies sind aber sehr verschiedne Dinge. *Bestimmt es selbst* den market price, so ist die market value = its real value, hence, the excess of its market value over its cost-price = the excess of its own individual, its real value over its cost-price[11]. Ist aber der Marktpreis unabhängig von ihm durch die andren Bodenarten bestimmt, so ist dies nicht der Fall. Ric[ardo] nimmt an die descending line[12]. Er nimmt an, daß der schlechteste Boden *zuletzt* bebaut wird und nur bebaut wird (im vorausgesetzten Falle), wenn die additional demand has necessitated an additional supply at the value of the produce derived from the worst and last cultivated soil[13]. In diesem Fall reguliert der Wert des schlechtesten Bodens den

[1] Verschiedenheit der natürlichen Fruchtbarkeit des Bodens – absolute Rente – [2] „dem Überschuß des Produkten*wertes über* den Aufwand an Kapital und den gewöhnlichen Kapitalprofit", das heißt = dem Überschuß des Produkten*werts über* seinen Kostenpreis – [3] Kostenpreis des Produkts – [4] „relative Fruchtbarkeit" – [5] Böden – [6] in der Handschrift: relative – [7] in der Handschrift: absolute – [8] die tatsächliche Masse der Rente – [9] Überschuß des *Werts* seines eigenen Produkts über seinen Kostenpreis – [10] Überschuß des *Marktwertes* über seinen Kostenpreis – [11] der Marktwert = seinem realen Wert, demnach der Überschuß seines Marktwertes über seinen Kostenpreis = dem Überschuß seines eigenen, individuellen, seines realen Werts über seinen Kostenpreis – [12] absteigende Linie – [13] zusätzliche Nachfrage eine zusätzliche Zufuhr notwendig gemacht hat zum Wert des Produkts vom schlechtesten und zuletzt bebauten Boden

Marktwert. In der ascending line[1] dies nur der Fall (selbst nach ihm), wenn die additional supply[2] der beßren Sorten nur = der additional demand[3] zum alten Marktwert. Ist die additional supply größer, so nimmt Ric[ardo] immer an, daß der alte Boden *außer Bebauung* geworfen werden muß, während nur folgt, daß er eine *niedrigre Rente* als vorher (oder gar keine) abwerfen wird. Bei der descending line dasselbe. Ist die additional supply so, daß sie nur zu dem *alten Marktwert* geliefert werden kann, so hängt es davon ab, wie hoch oder niedrig dieser Marktwert über dem cost-price[4] des Produkts des neuen schlechteren Bodens steht – ob, bis zu welchem Grade, oder ob nicht der schlechtre Boden Rente abwirft. In beiden Fällen seine Rente bestimmt durch die *absolute* Fruchtbarkeit, nicht die relative. Von der absoluten Fruchtbarkeit des neuen Bodens hängt es ab, wieweit die market value des produce[5] der beßren Ländereien *über* seiner eignen real, individual value[6] steht.

A. Smith macht hier richtigen Unterschied zwischen land und mines, weil er bei letztren voraussetzt, daß *nie* zu schlechteren Arten, stets zu *beßren* fortgegangen wird, und [sie] stets mehr als die nötige additional supply liefern. Die Rente des schlechtesten Bodens hängt dann von seiner absolute fertility ab.

„Nachdem A. Smith erklärt hat, daß es einige Bergwerke gibt, *die nur von ihren Eigentümern betrieben werden können*, da sie nur so viel abwerfen, daß die Betriebskosten einschließlich des üblichen Profits für das angelegte Kapital gedeckt werden, *erwartet man, daß er einräumt, daß es diese besonderen Bergwerke sind, die den Preis der Produkte aller Bergwerke bestimmen.* Wenn die alten Bergwerke nicht ausreichen, um die erforderlichen Kohlenmengen zu liefern, *wird* der *Kohlenpreis steigen* und wird so lange fortfahren zu steigen, bis der Eigentümer eines neuen und minderwertigen Bergwerks entdeckt, daß er durch den Betrieb seines Bergwerks den üblichen Kapitalprofit beziehen kann.... Es ergibt sich also, *daß es immer die am wenigsten ergiebige Grube ist, die den Kohlenpreis bestimmt.* A. Smith ist jedoch anderer Meinung. Er erklärt, daß ‚das ergiebigste Bergwerk auch den Kohlenpreis aller anderen Gruben seiner Nachbarschaft bestimmt. Sowohl der Eigentümer als auch der Werksunternehmer finden, daß durch einiges Unterbieten ihrer Nachbarn der eine eine höhere Rente und der andere einen höheren Profit erhalten kann. Ihre Nachbarn sehen sich bald gezwungen, *zum selben Preis* zu verkaufen, obwohl sie sich das nicht so recht leisten können und obwohl das immer ihre Rente und ihren Profit vermindert und manchmal aufzehrt. Einige Werke werden gänzlich aufgegeben, andere können keine Rente aufbringen *und daher nur vom Eigentümer betrieben werden*‘. Falls die Nachfrage nach Kohle zurückgehen ||617a| oder

[1] aufsteigenden Linie – [2] zusätzliche Zufuhr – [3] zusätzlichen Nachfrage – [4] in der Handschrift: Wert – [5] der Marktwert des Produkts – [6] realen, individuellen Wert

durch neue Methoden die Menge vergrößert werden sollte, *wird* der *Preis sinken* und einige Gruben werden *aufgegeben*. Auf *alle Fälle* aber *muß* der *Preis ausreichen*, um *die Ausgaben und den Profit jener Grube zu decken, die unbelastet von einer Rente betrieben wird. Daher* ist es die am wenigsten ergiebige Grube, die den Preis bestimmt. Tatsächlich erklärt dies an anderer Stelle A. Smith selbst, denn er sagt: ‚*Der niedrigste Preis*, für den Kohle auf längere Zeit *verkauft* werden kann, ist, wie bei allen anderen Waren, der Preis, der gerade ausreicht, das Kapital einschließlich des gewöhnlichen Profits zu ersetzen, das aufgewendet werden muß, um sie auf den Markt zu bringen. Bei einer *Kohlengrube, für die der Eigentümer keine Rente erhalten kann* und die er entweder selbst betreiben oder überhaupt stilliegen lassen muß, *muß der Kohlenpreis im allgemeinen ungefähr diesem Preis entsprechen.*'" (p.393-395.)

A. Smith irrt darin, daß er die besondre Kombination des Markts, unter der die fruchtbarste Mine (oder Boden) den Markt beherrscht, zur *allgemeinen* Kombination stempelt. Den Fall aber vorausgesetzt, räsoniert er richtig (im ganzen) und Ricardo falsch. Er unterstellt, daß infolge des state of demand[1] und der relative superior fertility[2] die beste Mine ihr ganzes Produkt nur in den Markt drängen kann, wenn sie die Konkurrenten unterkauft, ihr Produkt *unter* dem alten Marktwert steht. Dadurch fällt der Preis auch für die schlechtren Minen. Der Marktpreis fällt. Dies Fallen *erniedrigt die Rente* in allen Fällen auf den schlechtren Minen und kann sie ganz verschwinden machen. Denn die Rente = excess of market value over cost-price of the produce, whether that market value be = the individual value of the produce of a certain class, or mines, or not[3]. Der Profit, was Smith nicht bemerkt, kann dadurch nur geschmälert werden, falls withdrawal of capital and diminution of the amount of production becomes necessary[4]. Sinkt der Marktpreis, reguliert wie er ist under the given circumstances, by the produce of the best mines, so low, as to afford no excess above cost-price for the produce of the worst mine[5], dann kann sie nur ihr Eigentümer selbst bebauen. Kein Kapitalist wird ihm bei diesem Marktpreis Rente zahlen. Sein Grundeigentum gibt ihm in diesem Falle keine Macht über Kapital, aber es hebt für ihn den Widerstand auf, den die application of capital upon land[6] den andren Kapitalisten bietet. Für ihn

[1] Standes der Nachfrage – [2] relativen höheren Ergiebigkeit – [3] dem Überschuß des Marktwertes über den Kostenpreis des Produkts, mag dieser Marktwert nun = sein dem individuellen Wert des Produkts einer bestimmten Klasse oder der Minen oder nicht – [4] es notwendig wird, Kapital zurückzuziehen und die Masse der Produktion einzuschränken – [5] unter den gegebenen Umständen, durch das Produkt der besten Minen so tief, daß er keinen Überschuß über den Kostenpreis für das Produkt der schlechtesten Mine liefert – [6] Anwendung von Kapital auf den Boden

existiert das Grundeigentum *nicht*, weil er selbst der Grundeigentümer ist. Er kann also sein Land auf die Mine anwenden, wie auf every other trade[1], d.h. anwenden, wenn der Marktpreis des Produkts, den er [schon] bestimmt *vorfindet*, nicht [erst] bestimmt, ihm den average profit[2] abwirft, seinen *Kostpreis* yields[3].

Und daraus schließt Ricardo, daß Smith sich widerspräche! Daraus, daß der alte Marktpreis bestimmt, wieweit neue Minen von ihren Eigentümern selbst eröffnet werden können, d.h. unter Umständen, wo das Grundeigentum verschwindet, bebaut werden können, weil sie zum alten Marktpreis ihrem Bebauer den *Kostpreis* abwerfen, schließt er, daß dieser Kostpreis den Marktpreis bestimme! Aber wieder nimmt er seine Zuflucht zur descending line[4] und läßt die minder fruchtbare Mine nur bebaut werden, wenn der Marktpreis des Produkts über den Wert des Produkts der beßren Minen steigt, während nur nötig ist, daß er *über* dem Kostpreis steht oder selbst ihn zahlt für die schlechtren Minen, die von ihren proprietors[5] selbst exploitiert werden. Übrigens, wenn er annimmt, daß „if by new processes the quantity" (of coal) „should be increased, the *price would fall*, and *some mines would be abandoned*"[6], so hängt das doch nur von dem degree of the fall of price[7] ab und dem state of demand[8]. Kann bei diesem Fall of prices[9] der Markt das ganze Produkt absorbieren, so werden die schlechten Minen immer noch Rente abwerfen, wenn der fall of market price[10] stets läßt an excess of market value over the cost-price of the more sterile mines[11], und von ihren Eigentümern bebaut werden, wenn die market value only covers, is adequate to, this cost-price[12]. In beiden Fällen aber abgeschmackt zu sagen, daß der cost-price der schlechtesten Mine regulates the market price[13]. Allerdings regulates the cost-price of the worst mine the proportion of the price of its produce to the regulating market price, and decides *therefore* the question whether or not ||618| it can be worked[14]. Der Umstand, ob Land oder Mine von bestimmtem degree of fertility[15] bei *gegebnem Marktpreis* exploitiert werden kann, hat aber offenbar nichts damit zu tun, ist nicht identisch damit, daß der cost-price des produce dieser

[1] jeden anderen Gewerbezweig – [2] Durchschnittsprofit – [3] erzielt – [4] absteigenden Linie – [5] Eigentümern – [6] „wenn durch neue Methoden die Menge" (der Kohlen) „vergrößert werden sollte, *wird* der *Preis sinken* und *einige Gruben werden aufgegeben*" – [7] Grad des Fallens des Preises – [8] Stand der Nachfrage – [9] der Preise – [10] Fall des Marktpreises – [11] einen Überschuß des Marktwertes über den Kostenpreis der unergiebigeren Minen – [12] Marktwert nur diesen Kostenpreis deckt, ihm gleichkommt – [13] den Marktpreis reguliert – [14] bestimmt der Kostenpreis der schlechtesten Mine des Verhältnis zwischen dem Preis ihres Produkts und dem regulierenden Marktpreis und entscheidet *daher* die Frage, ob die Mine bearbeitet werden kann oder nicht – [15] Grad der Ergiebigkeit

Minen den Marktpreis reguliert. Wäre ein *additional supply*[1] nötig oder zulässig bei *gesteigertem Marktwert*, so würde das schlechteste Land den Marktwert regulieren, dann aber auch die absolute Rente abwerfen. Dies ist grade der Fall, von dem Smith das *Gegenteil* unterstellt.

Drittens wirft Ric[ardo] dem Smith vor, daß er glaubt (p. 395 sq.), daß cheapness of raw produce[2], z.B. Substitution von Kartoffeln für Getreide, wodurch der Arbeitslohn fiele, und cost of production diminished[3] würde, dem landlord a larger share as well as a larger quantity[4] zufallen würde. Ric[ardo] dagegen:

„von diesem zusätzlichen Anteil wird nichts der Rente, sondern alles unweigerlich dem Profit zugeschlagen, ... Solange daher Böden gleicher Qualität bebaut werden und keine Veränderung ihrer relativen Fruchtbarkeit und Vorzüge eintritt, *wird die Rente immer im selben Verhältnis zum Bruttoertrag stehen.*" (p. 396.)

Dies positively false. Rent would fall in share, and, therefore, *relatively*, in quantity[5]. Kartoffel als Hauptlebensmittel eingeführt, würde den Wert des Arbeitsvermögens depreziieren, die notwendige Arbeitszeit verkürzen[6], die Surplus-Arbeitszeit und daher die *Rate* des Mehrwerts vergrößern, hence[7] bei sonst gleichbleibenden Umständen die Komposition des Kapitals ändern, den variablen Teil verkleinern gegen den konstanten, dem Wert nach, obgleich die *Masse* der angewandten lebendigen Arbeit dieselbe bliebe. Die *Profitrate* würde daher steigen. In diesem Fall Fall der absoluten Rente und verhältnismäßig der Differentialrente. (Siehe Seite 610, Tabelle C.)[8] Diese Ursache würde gleichmäßig auf das agricultural und not agricultural capital wirken. Die allgemeine Profitrate würde steigen und *daher* die Rente fallen.

Ch. XXVIII. „On the comparative value of gold, corn, and labour, in rich and poor countries."

„Der sich durch sein ganzes Werk ziehende Irrtum Dr. Smith' liegt in der Annahme, daß der Wert des Getreides konstant ist, daß, obwohl der Wert aller anderen Dinge steigen kann, der des Getreides niemals dazu imstande ist. Nach ihm hat Getreide stets den gleichen Wert, da es immer die gleiche Anzahl von Menschen ernähren wird. Gleicherweise könnte man sagen, daß Tuch stets den gleichen Wert hat, weil man immer dieselbe Zahl von Röcken daraus machen kann. Was kann Wert mit der Fähigkeit, zu ernähren und zu kleiden, zu schaffen haben?" (p. 449, 450.)

---

[1] *zusätzliche Zufuhr* – [2] Billigkeit des Rohprodukts – [3] Produktionskosten vermindert – [4] Landlord ein größerer Anteil wie auch eine größere Menge – [5] unbedingt falsch. Die Rente würde anteilmäßig und daher *relativ* in der Menge sinken – [6] in der Handschrift: steigen – [7] daher – [8] siehe die Einlage zwischen den Seiten 324 und 325 des vorl. Bandes

„...Dr. Smith hat ... die Lehre, daß der natürliche Preis der Waren in letzter Instanz ihren Marktpreis bestimmt, so ausgezeichnet vertreten". (p.451.)

„...Gold, ausgedrückt in Getreide, kann von sehr verschiedenem Wert in zwei Ländern sein. Ich habe mich zu zeigen bemüht, daß er in reichen Ländern niedrig und hoch in armen Ländern sein wird. A.Smith ist anderer Meinung, er glaubt, daß der Wert von Gold, ausgedrückt in Getreide, in reichen Ländern am größten ist." (p.454.)

Ch.XXXII. „Mr. Malthus's Opinions on Rent."

„Die Rente ist eine Schöpfung von Wert ..., nicht aber eine Schöpfung von Reichtum."[62] (p.485.)

„Malthus meint offensichtlich dort, wo er vom hohen Preis des Getreides spricht, nicht den Preis pro Quarter oder Bushel, sondern vielmehr den Überschuß des Preises, zu dem das Gesamtprodukt über seine Produktionskosten hinaus verkauft wird, wobei immer in den Begriff ‚Produktionskosten' Profite ebenso wie Löhne eingeschlossen sind. Einhundertfünfzig Quarter Getreide zu 3 *l.* 10 sh. pro Quarter werden dem Grundeigentümer eine höhere Rente abwerfen als 100 Quarter zu 4 *l.*, vorausgesetzt, daß in beiden Fällen die Produktionskosten gleich sind." (p.487.) „Um welche Art Boden es immer sich handelt, eine hohe Rente muß von einem hohen Preis der Produkte abhängen. Den hohen Preis aber vorausgesetzt, muß sich die Höhe der Rente entsprechend der Fülle und nicht der Knappheit verhalten." (p. 492.)

„Da die Rente ein Ergebnis des hohen Getreidepreises ist, ist der Verlust der Rente das Ergebnis eines niedrigen Preises. Ausländisches Getreide nimmt niemals die Konkurrenz mit jenem inländischen Getreide auf, das eine Rente abwirft. Das Sinken des Preises trifft unausweichlich den Grundeigentümer so lange, bis seine Rente vollständig aufgesogen ist. Fällt der Preis noch darüber hinaus, so wird er nicht einmal mehr den gewöhnlichen Kapitalprofit abwerfen. Kapital wird dann den Boden zugunsten einer anderen Anlage verlassen, und das Getreide, das früher darauf geerntet wurde, wird dann, und nicht früher, eingeführt. Durch den Verlust von Rente entsteht ein Verlust an Wert, an in Geld geschätztem Wert, aber es tritt ein Zuwachs an Reichtum ein. Der Umfang der Rohprodukte und der anderen Produkte zusammengenommen, wird größer sein. Infolge der größeren Leichtigkeit ihrer Produktion werden sie zwar mengenmäßig zugenommen, aber an Wert verloren haben." (p.519.)

[VIERZEHNTES KAPITEL]

A. Smiths Renttheorie

[*1. Widersprüche in der Problemstellung*]

||619| Wir gehn hier nicht ein auf S[mith]s interessante Darstellung, wie die Rente des hauptvegetativen Lebensmittels alle andren strictly agricultural rents[1] (Viehzucht, Holz, Handelspflanzen) beherrscht, weil die Produktionsweisen wechselseitig ineinander verwandelbar. Er nimmt den Reis aus, wo er die principal vegetable means of subsistence[2], weil die Reismarschen nicht convertible in Grasland, Weizenland etc. und vice versa.

Smith bestimmt die *Rente* richtig als „prix payé pour *l'usage de la terre*"[3] ([„Recherches sur la nature et les causes de la richesse des nations...", Paris 1802], t. I, p. 299), wo unter terre jede Naturkraft als solche zu verstehn, also auch Wasser etc.

Gegen Rod[bertu]s' sonderbare Vorstellung[63] zählt Smith gleich im Eingang die Items des agricultural capitals auf:

„Das Kapital, das das Saatgut" (Rohstoff) „verschafft, Arbeit bezahlt sowie Vieh und andere landwirtschaftliche *Geräte* kauft bzw. unterhält." (l.c.)

Was ist nun dieser prix payé pour l'usage de la terre?

„Was vom Produkt oder dessen Preis über diesen Anteil hinausgeht" {qui paie le capital avancé[4] „und die üblichen Profite"}, „versucht der *Grundeigentümer* natürlich, sich als *Rente* seines Bodens selbst anzueignen." (l.c. p. 300.)

„Dieser *Teil* kann als *natürliche* Grund*rente* betrachtet werden." (p. 300.)

Smith weist ab, die Rente mit dem Zins des im Boden angelegten Kapitals zu verwechseln.

---

[1] ausschließlich landwirtschaftlichen Renten – [2] das hauptsächliche vegetabilische Nahrungsmittel – [3] „Preis, der für *die Benutzung von Grund und Boden* bezahlt wird" – [4] der das vorgeschossene Kapital bezahlt

„Der Grundeigentümer verlangt sogar für unkultivierten Boden Rente" (p.300, 301),

und selbst diese zweite Form der Rente[1], setzt er hinzu, hat das Eigentümliche, daß der Zins von Ameliorationskapital der Zins von einem Kapital ist, das nicht der propriétaire[2], sondern der farmer angelegt hat.

„Er" (le propriétaire) „verlangt zuweilen Rente für etwas, dessen Verbesserung durch den Menschen völlig ausgeschlossen ist." (p.301.)

Bei Smith sehr betont, daß es die *propriété*[3] ist, der *propriétaire*, der als *propriétaire* „exige la rente"[4]. Als solch bloßer Ausfluß der *propriété* ist die Rente *Monopolpreis*, was vollständig richtig, da es nur durch die Intervention der propriété ist, daß das Produkt mehr als den Kostenpreis zahlt, sich zu seinem Wert verkauft.

„Die Grundrente, aufgefaßt als Preis, der für die Benutzung von Grund und Boden gezahlt wird, ist natürlicherweise ein Monopolpreis." (p.302.)

Es ist in der Tat ein Preis, der nur durch das Monopol der propriété erzwungen wird und darin als Monopolpreis sich vom prix der industrial products unterscheidet.

Der *Kostenpreis* vom Standpunkt des Kapitals aus – und das Kapital beherrscht die Produktion – erheischt nur, daß das Produkt außer den Avancen, den average profit[5] zahlt. In diesem Fall *kann* das Produkt, sei es produit de la terre[6] oder andres, *„être portée au marché"*[7].

„Beträgt der gewöhnliche Preis mehr als das, so geht der *überschießende Teil* natürlicherweise in die Grundrente ein. Falls er nicht mehr beträgt, so *kann* die Ware, wenngleich sie auf den Markt gebracht werden kann, dem Grundbesitz keine Rente abwerfen. Ob der Preis höher oder nicht höher ist, hängt von der Nachfrage ab." (t. I, p.302, 303.)

Die Frage ist, warum geht die Rente anders in den Preis ein als Salair und Profit? Smith hatte ursprünglich richtig die valeur[8] aufgelöst in salaires, profits und rentes (abgesehn von dem konstanten Kapital). Aber er verfällt sofort auf den umgekehrten Weg, valeur und prix naturel (durch die Konkurrenz bestimmten Durchschnittspreis oder Kostenpreis der Waren) zu identifizieren und letztren zu komponieren aus salaire, profit und rente.

„Diese drei Teile scheinen entweder unmittelbar oder in letzter Instanz den gesamten Preis auszumachen." (t. I, l. I, ch. VI, p. 101.)

---

[1] d. h. die Rente vom verbesserten Boden – [2] Grundeigentümer – [3] das *Grundeigentum* – [4] *Grundeigentümer* „die Rente verlangt" – [5] Durchschnittsprofit – [6] Bodenprodukt – [7] *„auf den Markt gebracht werden"* – [8] den Wert

„Auch in den am weitesten fortgeschrittenen Gesellschaften gibt es immer einige Waren, deren *Preis sich nur in zwei Teile aufspaltet*, nämlich in die *Arbeitslöhne und die Kapitalprofite*, und eine noch kleinere Zahl, *deren Preis ganz und gar aus Arbeitslöhnen besteht*. Beispielsweise zahlt ein Teil vom Preis der Seefische die Arbeit der Fischer und der andere die Profite des im Fischfang angelegten Kapitals. Die *Rente* macht nur sehr selten einen Teil ||620| davon aus... In einigen Teilen von Schottland machen arme Leute es sich zum Geschäft, die bunten Steinchen entlang der Küste zu sammeln, die unter dem Namen *schottische Kiesel* bekannt sind. Der Preis, den ihnen die *Steinschneider* dafür zahlen, besteht nur aus *ihrem Arbeitslohn, da weder Bodenrente noch Profit irgendeinen Teil davon ausmachen*. Aber der *Gesamtpreis einer Ware* muß letzten Endes doch in *einen oder den anderen oder in alle diese drei Teile* zerfallen." (t. I, l. I, ch. VI, p. 103, 104.)

In diesen Stellen ist das résoudre de la valeur en salaires[1] etc. und die composition du prix par le salaire[2] etc. durcheinandergewürfelt (überhaupt noch in diesem ch. VI, handelnd *„des parties constituantes du prix des marchandises"*[3]). (Erst ch. VII handelt von prix naturel und prix de marché.)

l. I, ch. I, II, III handeln von „division du travail"[4], *ch. IV* vom monnaie[5]. In diesen wie in den folgenden wird beiläufig der *Wert* bestimmt. *Ch. V* handelt vom *prix réel* und *prix nominal* des marchandises, von der Verwandlung von *Wert in Preis; ch. VI* „Des parties constituantes du prix des marchandises"; *ch. VII* vom *prix naturel und prix de marché*. Dann *ch. VIII* von salaires, *ch. IX* von profit des capitaux; *ch. X* von den *salaires und profits dans les divers emplois du travail et des capitaux*[6]; endlich *ch. XI* von der *rente de la terre*[7].

Worauf wir aber hier zunächst aufmerksam machen wollen: Nach den eben angeführten Sätzen gibt es Waren, deren *Preis* bloß aus Salair besteht, wie andre, deren Preis bloß aus Salair und Profit besteht, und dritte endlich, deren Preis aus Salair, Profit und Rente besteht. Daher

„muß der *Gesamtpreis einer Ware* ... doch *in einen oder den anderen* oder *in alle diese drei Teile* zerfallen."

Hiernach wäre also kein Grund vorhanden zu sagen, daß die Rente in einer andren Weise in den prix eingeht als Profit und Salair[8], sondern daß Rente und Profit anders eingehn als Salair, da dies immer eingeht, jene nicht immer. *Woher also der Unterschied?*

---

[1] Auflösen des Werts in Arbeitslohn – [2] Zusammensetzung des Preises aus dem Arbeitslohn – [3] *„von den Bestandteilen des Preises der Waren"* – [4] „Arbeitsteilung" – [5] Geld – [6] *Löhnen und Profiten in den verschiedenen Arten der Anwendung von Arbeit und Kapital* – [7] *Grundrente* – [8] in der Handschrift: Rente

Ferner hätte Smith untersuchen müssen, ob es möglich, daß die wenigen Waren, worin nur *Salair eingeht*, zu *ihrem Wert* verkauft werden, oder ob jene pauvres gens[1], die die cailloux d'Écosse[2] sammeln, nicht vielmehr die Lohnarbeiter der *lapidaires*[3] sind, die ihnen für die Ware nur das gewöhnliche Salair zahlen, ihnen also für einen *ganzen ihnen scheinbar gehörigen Arbeitstag* nur soviel zahlen, als der Arbeiter in den andren trades[4] erhält, wo ein *Teil seines Arbeitstags* den Profit bildet, nicht ihm, sondern dem Kapitalisten gehört. Smith hätte dies entweder bejahen müssen oder anderseits behaupten, in diesem Fall *erscheine* nur der Profit nicht distinguiert vom Salair. Er sagt selbst:

„Wenn diese drei verschiedenen Arten von Einkommen verschiednen Personen zufallen, sind sie leicht zu unterscheiden; fallen sie aber derselben Person zu, so werden sie, wenigstens in der alltäglichen Sprache, häufig durcheinandergeworfen." (t. I, l. I, ch. VI, p. 106.)

Indessen kommt die Sache in der Form bei ihm heraus:

Wendet ein unabhängiger Arbeiter (wie jene pauvres gens en Écosse[5]) bloß Arbeit an (ohne daß er dazu Kapital braucht), überhaupt nur seine Arbeit und die Elemente, so löst sich der Preis bloß in Salair auf. Wendet er auch ein kleines Kapital an, so macht er Salair und Profit in einer Person. Wenn er endlich seine Arbeit, sein Kapital und sein Grundeigentum anwendet, so vereinigt er in sich die caractères de propriétaire, de fermier et d'ouvrier[6].

{Der ganze Blödsinn Smiths kommt heraus in einer der Schlußphrasen von ch. VI, l. I:

„In einem zivilisierten Land gibt es nur wenige Waren, *deren Tauschwert allein von der Arbeit* abstammt" (hier travail und salaire identifiziert). „Da *Rente* und *Profit* zu den allermeisten Waren sehr viel beisteuern, wird das *Jahresprodukt der Arbeit eines solchen Landes*" {hier also doch die marchandises gleich produit du travail, obgleich toute la valeur de ce produit ne procède du travail seulement[7]} „immer ausreichen, ein *beträchtlich größeres Arbeitsquantum zu kaufen* oder *zu kommandieren, als zur Hervorbringung und Herstellung dieses Produkts sowie zu seiner Beförderung zum Markt beschäftigt wurde.*" (l. c. p. 108, 109.)

Das produit du *travail* nicht gleich der *valeur* de ce produit[8]. Vielmehr (kann man verstehn) diese valeur *surchargée* par l'addition du profit et de la

[1] armen Leute – [2] schottischen Kiesel – [3] *Steinschneider* – [4] Gewerben – [5] armen Leute in Schottland – [6] Charaktere von Grundeigentümer, Pächter und Arbeiter – [7] der ganze Wert dieses Produktes nicht allein aus der Arbeit stammt – [8] dem *Wert* dieses Produkts

rente[1]. Daher kann das produit du travail mehr Arbeit kommandieren, kaufen, d.h. größren Wert in Arbeit zahlen, als Arbeit in ihm enthalten ist. Der Satz wäre richtig, wenn er so hieße:

‖621‖ *Smith sagt:*	*Sollte heißen nach ihm selbst:*
„In einem zivilisierten Land gibt es nur wenige Waren, *deren Tauschwert allein von der Arbeit* abstammt. Da Rente und Profit zu den allermeisten Waren sehr viel *beisteuern*, wird das Jahresprodukt der Arbeit eines solchen Landes immer ausreichen, *ein* beträchtlich größeres *Arbeitsquantum* zu kaufen oder zu kommandieren, als *zur Hervorbringung und Herstellung dieses Produkts sowie zu seiner Beförderung zum Markt beschäftigt wurde.*"	„Comme dans un pays civilisé il n'y a que très-peu de marchandises dont *toute la valeur échangeable* se résout en *salaires* seulement, et que, dans la très-majeure partie d'entr'elles, une forte portion de cette valeur se *résout* en rente et profits, il en résulte que le produit annuel du travail de ce pays suffira toujours pour acheter et commander une *quantité de travail* beaucoup plus grande que celle qu'il a fallu *payer*" (also auch employer) „pour faire croître ce produit, le préparer et l'amener au marché."[2]

(Smith kommt hier wieder zu seiner zweiten Vorstellung vom Wert zurück, von dem es im selben Kapitel heißt:

„Es ist zu beachten, daß der reale Wert all der verschiedenen Bestandteile des Preises durch die *Arbeitsmenge* gemessen wird, *die jeder einzelne davon kaufen oder kommandieren kann.* Arbeit" (in diesem Sinn) „ist nicht nur das Maß für den Teil des Preises, der sich in *Arbeit auflöst*", soll heißen: in Arbeitslöhnen, „sondern auch für denjenigen, der sich in *Rente* und *Profit auflöst.*" (t. I, l. I, ch. VI, p. 100.)

(In dem Abschnitt VI herrscht noch vor das résoudre de la *valeur* en salaires, profits et rentes[3]. Erst im ch. VII über den prix naturel und prix de marché gewinnt die Vorstellung der composition du prix par ces éléments constitutifs[4] die Oberhand.)

---

[1] dieser Wert *erhöht* ist durch Hinzufügung von Profit und Rente – [2] „Da es in einem zivilisierten Land nur sehr wenige Waren gibt, deren *ganzer Tauschwert* sich allein in *Arbeitslohn* auflöst, und da bei den meisten von ihnen ein großer Teil dieses Wertes sich in Rente und Profit *auflöst*, so wird das jährliche Produkt der Arbeit dieses Landes immer hinreichend sein, um eine weit größere *Menge Arbeit* zu kaufen und zu kommandieren, als *bezahlt* werden mußte" (also auch aufgewendet) „um dies Produkt hervorzubringen, fertigzustellen und auf den Markt zu bringen." – [3] Auflösen des *Werts* in Arbeitslohn, Profit und Rente – [4] Zusammensetzung des Preises aus den ihn konstituierenden Elementen

Also: Die *valeur échangeable des produit annuel du travail*[1] besteht nicht nur aus Salair der travail, die angewandt, um dies Produkt hervorzubringen, sondern auch aus Profit und Rente. *Kommandiert* oder *gekauft* aber ist jene Arbeit bloß mit dem Teil des Werts, der sich in salaire auflöst. Es ist also möglich, eine viel größre Masse Arbeit in Bewegung zu setzen, wenn nämlich ein Teil von Profit und Rente zum Kommandieren oder Kaufen von Arbeit verwandt wird, d.h. in Salair verwandelt wird. Es kömmt also darauf hinaus: la valeur échangeable du produit annuel du travail se résout en *travail payé* (salaires) et *travail non payé* (profit et rente)[2]. Verwandelt man also einen Teil des Teils der valeur, qui se résout en travail non payé[3], in Salair, so kann man acheter une plus grande quantité de travail[4], als wenn man bloß den aus Salair bestehenden Teil dieser valeur zum Neukauf von Arbeit bestimmt.}

Also zurück.

„Ein selbständiger Manufakturist, der *genug Kapital* besitzt, um Material zu kaufen und seinen Lebensunterhalt zu bestreiten, bis er seine Produkte auf den Markt bringen kann, wird sowohl den *Lohn eines* bei einem *Meister* arbeitenden *Gesellen* als auch den Profit, den dieser Meister durch den Verkauf der durch seinen Gesellen hergestellten Produkte erzielt, selbst einstecken. Jedoch sein Gesamtverdienst wird gewöhnlich *Profit* genannt, und auch in diesem Falle wird der Lohn mit dem Profit zusammengeworfen. Ein seinen eigenen Garten selbst bearbeitender Gärtner vereinigt in seiner Person die *drei unterschiedlichen Wesenszüge* des *Grundherrn, des Pächters und des Arbeiters*. Sein Produkt verschafft ihm daher die Rente des ersteren, den Profit des zweiten und den Lohn des dritten. Aber das Ganze wird im allgemeinen als *Vergütung seiner Arbeit* betrachtet. Sowohl Rente als auch Profit werden in diesem Fall mit dem Lohn in einen Topf geworfen." (t.I, l.I, ch.VI, p.108.)

Hier in der Tat Konfusion. Ist das *tout*[5] nicht „le fruit de son travail"[6]? Und ist es nicht umgekehrt die Übertragung der Verhältnisse der kapitalistischen Produktion – worin mit der Trennung der Arbeit von ihren objektiven Bedingungen, auch der ouvrier, capitaliste und propriétaire[7] sich als trois différents caractères[8] gegenübertreten – auf diesen jardinier[9], daß der fruit de son travail or rather the value of that produce is regarded, part of it as wages, in payment of his labour, part of it as profit, on account of the capital employed, and part of it as rent, as the portion falling due to the land

[1] Der *Tauschwert des jährlichen Produkts der Arbeit* – [2] der Tauschwert des jährlichen Produkts der Arbeit löst sich auf in *bezahlte Arbeit* (Arbeitslohn) und *unbezahlte Arbeit* (Profit und Rente) – [3] des Werts, der sich in unbezahlte Arbeit auflöst – [4] eine größere Menge Arbeit kaufen – [5] *Ganze* – [6] „Vergütung seiner Arbeit" – [7] Arbeiter, Kapitalist und Grundeigentümer – [8] drei verschiedene Charaktere – [9] Gärtner

or rather the proprietor of the land[1]? *Innerhalb* der kapitalistischen Produktion ganz richtig für die Arbeitsverhältnisse, worin diese Elemente *nicht* getrennt sind (faktisch nicht), sie als getrennt vorauszusetzen und so diesen jardinier als seinen eignen ||622| journalier[2] und als seinen eignen propriétaire[3] in una persona[4] zu betrachten. Es läuft aber hier offenbar bei Smith schon die vulgäre Vorstellung unter, daß das salaire aus der Arbeit stammt, der profit und rente – unabhängig von der Arbeit des ouvrier – aus dem Kapital und dem Land als selbständigen Quellen, nicht für die Aneignung fremder Arbeit, sondern des Reichtums selbst. In dieser tollen Weise laufen bei Smith durcheinander die tiefsten Anschauungen mit den verrücktesten Vorstellungen, wie sie sich das gemeine Bewußtsein aus den Erscheinungen der Konkurrenz abstrahiert bildet.

Nachdem er erst die valeur *auflöst* in salaires, profits, rentes, *setzt* er dann umgekehrt aus unabhängig von der valeur bestimmtem salaire, profit und rent die valeur *zusammen*. Nachdem er so den von ihm selbst richtig entwickelten Ursprung von profit und rent vergessen, kann er sagen:

„Lohn, Profit und Rente sind *die drei ursprünglichen Quellen* allen *Einkommens ebenso wie allen Tauschwerts*." (t. I, l. I, ch. VI, p. 105.)

Seiner eignen Entwicklung gemäß hätte er sagen müssen:

„La *valeur* d'une marchandise procède exclusivement du travail (de la quantité du travail) fixé dans cette marchandise. Cette valeur se résout en salaire, profit et rente. Salaire, profit et rente sont les formes primitives, dans lesquelles l'ouvrier, le capitaliste, et le propriétaire participent à la valeur créée par le travail de l'ouvrier. Dans ce sens ils sont les trois *sources* primitives de tout *revenu*, quoique aucune de ces soit-disant sources entre dans la constitution de la valeur."[5]

Aus den angeführten Stellen sieht man, wie Smith ch. VI über die „*parties constituantes du prix des marchandises*"[6] dazu kömmt, den Preis zu résoudre in salaire[7], wenn nur Arbeit (immediate[8]) in die Produktion ein-

---

[1] Arbeitsverdienst oder vielmehr der Wert dieses Produkts betrachtet wird als geteilt in Lohn, als Bezahlung seiner Arbeit, in Profit, als Gewinn des angewandten Kapitals, und in Rente, als den Teil, der auf den Boden oder vielmehr auf den Eigentümer des Bodens entfällt – [2] Tagelöhner – [3] Grundeigentümer – [4] in einer Person – [5] „Der *Wert* einer Ware stammt ausschließlich aus der Arbeit (der Menge Arbeit), die in dieser Ware fixiert ist. Dieser Wert löst sich auf in Arbeitslohn, Profit und Rente. Arbeitslohn, Profit und Rente sind die ursprünglichen Formen, in denen der Arbeiter, der Kapitalist und der Grundeigentümer an dem durch die Arbeit des Arbeiters geschaffenen Wert teilnehmen. In diesem Sinne sind sie die drei Ur*quellen* alles *Einkommens*, obwohl keine dieser sogenannten Quellen in die Bildung des Werts eingeht." – [6] „*Bestandteile des Preises der Waren*" – [7] aufzulösen in Arbeitslohn – [8] unmittelbare

geht, in salaires und profit, wenn statt des independent workman[1] ein journalier von einem Kapitalisten employed[2] wird (also Kapital), endlich salaires, profits und rent, wenn die „terre"[3] in die production eingeht, außer Kapital und Arbeit, wobei aber vorausgesetzt, daß die terre appropriée[4], also neben dem ouvrier und capitaliste auch der propriétaire auftritt (obgleich er bemerkt, daß möglicherweise alle drei oder zwei von diesen Charakteren in einer Person vereinigt sein können).

In *ch. VII* nun über *prix naturel* und *prix de marché* wird die Rente ganz in derselben Weise (wenn die terre in die production eingeht) als partie constituante des prix naturel[5] dargestellt wie Salair und Profit. Es wird dies bewiesen durch folgende Stellen:

(l. I, *ch. VII*)

„Wenn der Preis irgendeiner Ware weder größer noch kleiner als jener Betrag ist, der ausreicht, um die *Grundrente*, *den Arbeitslohn* und *den Profit des* bei ihrer Hervorbringung, Herstellung und ihrem Transport zum Markt beschäftigten *Kapitals* zu bezahlen, und zwar jeweils nach der *natürlichen* Rate, dann wird die Ware zu ihrem sogenannten *natürlichen Preis* verkauft. Sie wird *genau* dafür veräußert, *was sie wert ist.*" (p. 111, I.) (Hier zugleich die Identität des prix naturel und der valeur der marchandise konstatiert.)

„Der *Marktpreis* jeder einzelnen Ware wird bestimmt durch das Verhältnis zwischen der Menge, welche tatsächlich auf den Markt gebracht worden ist, und der Nachfrage jener Leute, die den *natürlichen Preis* der Ware bzw. den *Gesamtwert von Rente,* Arbeit und Profit, *die bezahlt werden mußten, um sie dorthin zu bringen,* entrichten wollen." (I, p. 112.)

„Wenn die angebotene Menge irgendeiner Ware *hinter* der wirksamen Nachfrage zurückbleibt, können all diejenigen, welche *den Gesamtwert von Rente, Lohn und Profit,* die bezahlt werden mußten, um sie auf den Markt zu schaffen, entrichten wollen, nicht mit dem von ihnen benötigten Quantum versorgt werden... Der *Marktpreis* steigt mehr oder weniger *über* den *natürlichen Preis,* je nachdem ob die *Größe des Mangels* oder *die Wohlhabenheit* und Verschwendungssucht der Käufer die Heftigkeit der Konkurrenz mehr oder weniger anstachelt." (I, p. 113.)

„Falls die auf den Markt gebrachte Warenmenge die wirksame Nachfrage übersteigt, kann nicht alles an diejenigen abgesetzt werden, welche willens sind, den Gesamtwert von Rente, Lohn und Profit zu entrichten, die zu bezahlen waren, um die Produkte dorthin zu bringen... Der *Marktpreis* sinkt mehr oder weniger unter den *natürlichen Preis,* je nachdem ob die Größe des Überangebots die Konkurrenz der Verkäufer mehr oder weniger verstärkt bzw. ob es mehr oder weniger bedeutsam für sie ist, die Ware sofort loszuwerden." (I, p. 114.)

[1] unabhängigen Arbeitsmannes – [2] angewendet – [3] der „Boden" – [4] der Boden angeeignet ist – [5] konstituierender Teil des natürlichen Preises

„Wenn die auf den Markt gebrachte Menge gerade ausreicht, um die wirksame Nachfrage zu versorgen, so stimmt der *Marktpreis* ganz genau ... mit dem *natürlichen Preis* überein ... Die Konkurrenz zwingt die verschiedenen Händler in ihrer Gesamtheit, diesen Preis zu akzeptieren. Aber sie zwingt sie nicht, sich mit einem geringeren zufriedenzugeben." (I, p. 114, 115.)

||623| Smith läßt den propriétaire *withdraw his land or transfer it from the production of one commodity* (as wheat) to that of *another* (as pasture f. i.) if, in consequence of the state of the market, his rent sinks below, or rises above, its natural tax[1].

„Wenn zu irgendeinem Zeitpunkt das Warenquantum" (amenée au marché[2]) „über die effektive Nachfrage hinausgeht, müssen einige Preisbestandteile unter ihrer *natürlichen Rate* bezahlt werden. *Ist es die Rente*, so werden die Grundbesitzer sofort veranlaßt, *einen Teil ihres Grund und Bodens dieser Beschäftigung zu entziehen.*" (I, p. 115.)

„Falls dagegen die auf den Markt gebrachte Menge zu irgendeinem Zeitpunkt *hinter der effektiven Nachfrage zurückbleibt*, müssen einige Preisbestandteile über ihre *natürliche* Rate klettern. *Ist es die Rente*, so werden selbstverständlich alle übrigen Grundeigentümer veranlaßt, mehr Grund und Boden als bisher zur Erzeugung dieser Ware vorzubereiten." (I, p. 116.)

„Die zufälligen und zeitweiligen Erhöhungen oder Verminderungen des *Marktpreises* irgendeiner Ware berühren hauptsächlich den Preisanteil, der sich in Lohn und Profit aufspaltet. Der sich in Rente auflösende Teil wird hierdurch weniger beeinflußt." (I, p. 118, 119.)

„Der *Monopolpreis* ist in jedem Fall der erzielbare Höchstpreis. Dagegen stellt der *natürliche* oder der *Preis* der freien Konkurrenz den niedrigsten Preis dar, den man annehmen kann – zwar nicht in allen Fällen, aber doch über längere Zeiträume hinweg." (I, p. 124.)

„Der *Marktpreis* irgendeiner einzelnen Ware kann zwar lange über ihrem *natürlichen Preis* liegenbleiben, aber nur selten lange darunter. *Welcher Teil auch immer unterhalb seiner natürlichen Rate bezahlt wird*, diejenigen, deren Interesse beeinträchtigt wird, fühlen sofort den Verlust und werden *der Produktion der betreffenden Ware unmittelbar danach soviel Boden* oder soviel Arbeit oder soviel Kapital *entziehen*, daß die auf den Markt gebrachte Menge bald nur noch ausreicht, um die wirksame Nachfrage zu decken. Ihr *Marktpreis* wird daher schnell auf den *natürlichen Preis* ansteigen. Zumindest würde das überall dort geschehen, wo vollkommene Freiheit herrscht." (I, p. 125.)

Nach dieser Darstellung im ch. VII sehr schwer einzusehn, wie Smith [im] *ch. XI, b. I „De la rente de la terre"* rechtfertigen kann, daß die Rente

[1] Grundeigentümer *seinen Boden brachlegen oder von der Produktion einer Ware* (wie Weizen) zu der einer *anderen* (wie z. B. Weidewirtschaft) *übergehen*, wenn infolge der Marktlage seine Rente unter ihre natürliche Rate sinkt oder darüber steigt – [2] auf den Markt gebracht

nicht immer in den Preis eingeht, wo une terre appropriée[1] in die Produktion eingeht; wie er die Art, wie die Rente in den Preis eingeht, unterscheiden kann von der Art, wie Profit und Salair in ihn eingehn, nachdem er [im] ch. VI und VII die Rente ganz in derselben Weise zur *partie constituante* des *prix naturel*[2] gemacht wie profits und salaires. Nun zurück zu diesem ch. XI (b. I).

Wir haben gesehn, daß dort die Rente bestimmt als das *Surplus*, das übrigbleibt vom *Preis des Produkts*, nachdem die avances[3] des capitalist (farmer) + the average profit[4] gezahlt sind.

Smith schlägt in diesem ch. XI absolut um. Die Rente geht nicht mehr in den *prix naturel*. Oder vielmehr A. Smith nimmt Zuflucht zu einem *prix ordinaire*[5], der von dem prix naturel normaliter verschieden ist, obgleich wir in ch. VII hörten, daß der prix ordinaire nie für längere Zeit *unter* dem prix naturel stehn und nie für längre Zeit fortfahren kann, irgendeinen konstituierenden Teil des prix naturel unter seiner natural tax und nun gar, gar nicht zu zahlen, wie es jetzt mit Bezug auf die Rente behauptet wird. Smith sagt uns auch nicht, ob das Produkt *unter seinem Wert* verkauft wird, wenn es keine Rente zahlt, oder ob es *über* seinem Wert verkauft wird, wenn es sie zahlt.

Vorhin war der *prix naturel* der marchandise

„*der Gesamtwert von Rente*, Lohn und Profit, *die bezahlt werden mußten, um sie auf den Markt zu schaffen*" (I, p. 112).

Jetzt hören wir:

„*Nur* jene Teile des Produkts des Bodens *können üblicherweise auf den Markt gebracht werden*, deren *gewöhnlicher Preis* ausreicht, *das Kapital, das aufgewendet werden muß, um sie dorthin zu bringen, zu ersetzen und den gewöhnlichen Profit abzuwerfen.*" (p. 302, 303.)

Also der *prix ordinaire* ist nicht der *prix naturel*, und der prix naturel braucht nicht gezahlt zu werden, um diese Waren auf den Markt zu bringen.

||624| Vorhin hörten wir, daß, wenn der *prix ordinaire* (damals der *prix de marché*) nicht hinreicht, die *ganze Rente* zu zahlen („la valeur entière de rente"[6] etc.), soviel Land entzogen wird, bis der prix de marché steigt auf den prix naturel und die ganze Rente zahlt. Jetzt dagegen:

„Beträgt der *gewöhnliche Preis mehr als das*" (um remplacer le capital et payer les profits ordinaires de ce capital[7]), „so geht der *überschießende Teil* natürlicherweise

[1] ein angeeigneter Boden – [2] zum *konstituierenden Teil* des *natürlichen Preises* – [3] Auslagen – [4] dem Durchschnittsprofit – [5] *gewöhnlichen Preis* – [6] „den Gesamtwert von Rente" – [7] das Kapital zu ersetzen und den gewöhnlichen Profit dieses Kapitals zu bezahlen

in die Grundrente ein. Falls er nicht mehr beträgt, so kann die *Ware, wenngleich sie auf den Markt gebracht werden* kann, dem Grundbesitzer keine Rente abwerfen. Ob der Preis höher oder nicht höher ist, hängt von der Nachfrage ab." (ch. XI, l. I.) (I, p. 302, 303.)

Aus einem konstituierenden Teil des *prix naturel* verwandelt sich die Rente plötzlich in ein *Surplus* über den *prix suffisant*[1], dessen Existenz oder Nichtexistenz vom state of demand[2] abhängt. Der *prix suffisant* aber ist der Preis, nötig, damit die Ware auf den Markt kömmt, also damit sie produziert wird, also der *Produktionspreis* der Ware. Denn der Preis, der nötig ist für die supply[3] der Ware, nötig ist, damit sie überhaupt wird, als Ware auf dem Markt erscheint, is of course[4] ihr *Produktionspreis* oder *Kostenpreis.* Das [ist die conditio] sine qua non[5] ihres Daseins. Die Nachfrage ihrerseits muß bei einigen Erdprodukten stets so beschaffen sein, daß ihr *prix ordinaire* ein Surplus über den Produktionspreis zahlt, also eine Rente. Bei andren kann oder kann sie nicht so beschaffen sein.

„Es gibt einige Teile des Bodenprodukts, nach denen die Nachfrage stets so stark sein muß, daß sie einen höheren Preis ergibt als den, der ausreicht, um sie auf den Markt zu bringen. Und es gibt andere, nach denen die Nachfrage so stark sein kann oder auch nicht, daß sie *diesen* höheren *Preis* ergibt. Die ersteren müssen den Grundbesitzern immer eine Rente abwerfen. Je nach den verschiedenen Umständen können die letzteren dies zuweilen tun oder zuweilen auch nicht." (l. c. I, p. 303.)

Also statt des *prix naturel* haben wir hier den *prix suffisant.* Der *prix ordinaire* ist wieder verschieden von diesem *prix suffisant.* Der prix ordinaire steht *über* dem prix suffisant, wenn er die Rente *einschließt.* Er ist ihm gleich, wenn er sie ausschließt. Es ist sogar charakteristisch für den *prix suffisant, daß er die Rente ausschließt.* Der prix ordinaire steht *unter* dem prix suffisant, wenn er beyond the replacement of capital[6] nicht den average profit zahlt. Der *prix suffisant* ist also in der Tat der *Produktionspreis* oder *Kostenpreis,* wie ihn Ricardo sich aus A. Smith abstrahiert hat und wie er sich in der Tat vom Standpunkt der kapitalistischen Produktion darstellt, d. h. der Preis, der außer den avances du capitaliste paye les profits ordinaires[7]; der Durchschnittspreis, wie ihn die Konkurrenz der Kapitalisten in den different employments of capital[8] erzeugt. Es ist diese Abstraktion aus der Konkurrenz, die den Smith dahin bringt, seinem *prix naturel* den *prix suffisant* entgegen-

[1] *hinreichenden Preis* (in der Handschrift: *prix ordinaire*) – [2] Stand der Nachfrage – [3] Zufuhr – [4] ist selbstverständlich – [5] unerläßliche Ursache – [6] außer dem Ersatz des Kapitals – [7] Auslagen des Kapitalisten die gewöhnlichen Profite zahlt – [8] verschiedenen Anwendungssphären des Kapitals

zustellen, obgleich seine Darstellung des prix naturel umgekehrt nur den Preis ordinaire für suffisant auf die Dauer erklärt, der die konstituierenden Teile des prix naturel, Rente, Profit, Salair, zahlt. Da der Kapitalist die Warenproduktion dirigiert, ist der prix suffisant [der], der für die kapitalistische Produktion, der vom Standpunkt des Kapitals aus suffisant ist, und dieser für das Kapital sufficient price does not include rent, but does, in the contrary, exclude it[1].

Anderseits: Dieser *sufficient price* ist aber nicht sufficient bei einigen Erdprodukten. Bei ihnen muß der *ordinary price* so hoch stehn, um ein Surplus über den sufficient price, eine Rente für den Grundeigentümer abzuwerfen. Bei andren hängt es von Umständen ab. Der Widerspruch, daß der sufficient price nicht sufficient ist, der Preis, der hinreicht, das Produkt auf den Markt zu bringen, nicht hinreicht, es auf den Markt zu bringen, geniert Smithen nicht.

Wohl aber – ohne jedoch auch nur einen Augenblick zurückzusehn auf ch.V, VI und VII – gesteht er sich (nicht als einen Widerspruch, sondern als eine neue Entdeckung, auf die er plötzlich stößt), daß er mit dem sufficient price seine ganze Lehre vom natural price über den Haufen geworfen hat.

„Demnach ist zu *beachten*" (dies ist die außerordentlich naive Form, worin Smith von einer Behauptung zu ihrem Gegenteil fortgeht), „daß *die Rente in die Zusammensetzung des Warenpreises in einer vom Lohn und Profit verschiedenen Art eingeht. Hohe oder niedrige Löhne und Profite* sind die Ursache *von hohen oder niedrigen Preisen* ||625|, *hohe oder niedrige Renten* sind die Folge *davon. Weil hohe oder niedrige Löhne und Profite gezahlt werden müssen, um den Markt mit einer bestimmten Ware zu beliefern,* ist *deren* Preis hoch oder niedrig. *Aber weil ihr Preis hoch oder niedrig ist,* weil er beträchtlich, wenig oder *überhaupt nicht über jenem Betrag liegt, der zur Zahlung dieser Löhne und Profite ausreicht,* deshalb wirft er eine hohe, niedrige oder gar keine Rente ab." (p.303, 304.)

Zunächst der Schlußsatz. Also der *prix suffisant,* der Kostenpreis, qui ne paye que salaires et profits[2], *schließt die Rente aus.* Zahlt das Produkt *viel mehr als den prix suffisant,* so zahlt es eine hohe Rente. Zahlt es etwas mehr, so zahlt es eine schwache Rente. Zahlt es *exakt nur den prix suffisant,* so zahlt es *keine* Rente. Fällt der wirkliche prix des produit mit seinem *prix suffisant* zusammen, der Profit und Salair zahlt, so zahlt es *keine* Rente. Die Rente ist stets ein *Surplus* über dem prix suffisant. Der prix suffisant schließt seiner Natur nach die Rente aus. *Dies ist Ricardos Theorie.* Er akzeptiert die

[1] hinreichende Preis schließt nicht die Rente ein, sondern schließt sie im Gegenteil aus – [2] der nur Arbeitslohn und Profit bezahlt

idée des *prix suffisant*, des Kostenpreises von A. Smith; vermeidet die Inkonsequenz des A. Smith, ihn vom prix naturel zu unterscheiden, und führt [diese Idee] konsequent durch. Smith, nachdem er alle diese Inkonsequenzen begangen, ist auch so inkonsequent, für einige Erdprodukte einen prix zu verlangen, der *plus fort*[1] ist als ihr *prix suffisant*. Aber diese Inkonsequenz selbst wieder Resultat einer *richtigern* „observation".

Der Eingang des Passus aber ist wahrhaft überraschend durch seine Naivetät. Im ch. VII setzte Smith auseinander, daß Rente, Profit, Salair gleichmäßig eingehn in die *composition des prix naturel*, nachdem er vorher die *dissolution of value* into rent, profits and wages[2] verkehrt hat in die *composition* of value by the natural price of rent, profits and wages[3]. Jetzt sagt er, daß die rent *anders* eingeht into „the *composition of the price* of commodities"[4] als profits und wages. Und zwar in welcher Weise *anders* eingeht into *that composition*[5]? Nämlich dadurch, daß sie *gar nicht* in diese Komposition eingeht. Hier bekommen wir erst die wahre Erklärung des sufficient price. Der *Preis der Waren* ist teuer oder wohlfeil, hoch oder niedrig, weil Arbeitslohn und Profit – ihre natural taxes – hoch oder niedrig. Die Ware wird nicht geliefert auf den Markt, wird nicht produziert, wenn nicht jene hohen oder niedrigen Profite und Salaire gezahlt werden. Sie bilden den *Produktionspreis* der Ware, ihren *Kostenpreis;* also in der Tat die *konstituierenden Elemente ihres Werts* oder *Preises*. Dagegen die *Rente* geht nicht ein in den *Kostenpreis*, den *Produktionspreis*. Sie ist kein konstituierendes Element der exchangeable value[6] der Ware. Sie wird *nur* gezahlt, wenn der *ordinary price* der Ware *über* ihrem *sufficient* Preis steht. Profit und Salair als *konstituierende Elemente* des Preises sind *Ursachen* des Preises; Rente ist dagegen nur *Wirkung, Folge* desselben. Sie geht also nicht in seine Komposition als Element ein wie Profit und Salair. Und dies nennt Smith, daß sie *anders* in diese Komposition eingeht als Profit und Salair. Er scheint nicht im mindesten zu fühlen, daß er seine Lehre vom natural price über den Haufen geworfen. Denn was war der natural price? Das Zentrum, um das der Marktpreis gravitiert: der *sufficient price*, *unter* den das Produkt nicht fallen kann, wenn es pour un longtemps[7] auf den Markt gebracht, produziert werden soll.

Die Rente also jetzt das *Surplus über dem natural price*, früher *konstituierendes Element des natural price;* jetzt Effekt, früher cause des price[8].

---

[1] *höher* – [2] *Auflösung des Werts* in Rente, Profit und Arbeitslohn – [3] *Zusammensetzung* des Werts aus dem natürlichen Preis von Rente, Profit und Arbeitslohn – [4] in „die *Zusammensetzung des Preises* der Waren" – [5] in *diese Zusammensetzung* – [6] des Tauschwerts – [7] längere Zeit hindurch – [8] Ursache des Preises

Es widerspricht dagegen nicht, wenn er behauptet, für gewisse Produkte der Erde seien die circumstances[1] des Markts stets so, daß ihr ordinary price über ihrem sufficient price stehn muß, mit andren Worten so, daß das *Grundeigentum* die Macht habe, den Preis heraufzuschrauben über den degree[2], der sufficient für den Kapitalisten wäre, träte ihm kein counteracting influence[3] entgegen.

||626| Nachdem er so im ch. XI die ch. V, VI und VII über den Haufen geworfen, fährt er ruhig fort: Er werde sich nun ans Geschäft begeben. 1. das produit de la terre[4] betrachten, das immer eine Rente liefert; 2. die produits de la terre, die sie manchmal liefern, manchmal nicht; endlich 3. die variations betrachten, die in verschiednen Entwicklungsperioden der Gesellschaft im relativen Wert teils dieser zwei Arten Produkte untereinander, teils in ihrem Verhältnis zu Manufakturwaren Platz greifen.

[2. *Smiths These vom besonderen Charakter der Nachfrage nach landwirtschaftlichen Produkten. Physiokratisches Element in seiner Rententheorie*]

„Erste Sektion. Vom Produkt des Bodens, das stets Rente abwirft."

Er beginnt mit der Populationstheorie. Das *Nahrungsmittel* erzeugt immer *Nachfrage* für sich. Vermehren sich die Nahrungsmittel, so vermehren sich auch die Menschen, die Konsumenten der Nahrungsmittel. Die Zufuhr dieser Waren *erzeugt* also ihre Nachfrage.

„*Da* sich *die Menschen wie alle anderen Lebewesen natürlicherweise im Verhältnis zu ihren Unterhaltsmitteln vermehren,* herrscht *immer eine mehr oder weniger starke Nachfrage nach Nahrungsmitteln.* Diese können immer eine größere oder kleinere Quantität Arbeit kaufen oder kommandieren, und es findet sich immer jemand, der bereit ist, etwas zu tun, um sie zu erlangen." (l. I, ch. XI.) (I, p. 305.)

„Der *Boden bringt* jedoch" {why?[5]} „fast in jeder Lage *eine größere Menge Nahrungsmittel* hervor als die, welche ausreicht, *all die Arbeit zu unterhalten,* die erforderlich ist, um sie auf den Markt zu bringen, und zwar in der großzügigsten Weise, in der diese Arbeit überhaupt unterhalten wird. Auch ist der *Überschuß* immer mehr als ausreichend, *um das Kapital, das jene Arbeit beschäftigt, zu ersetzen und Profit abzuwerfen.* Etwas bleibt daher für eine Rente des Grundeigentümers stets übrig." (l. c. I, p. 305, 306.)

Dies klingt ganz *physiokratisch* und enthält weder den Beweis noch die

[1] Umstände – [2] Grad – [3] keine Gegenwirkung – [4] Bodenprodukt – [5] warum?

Erklärung, warum der „*prix*" dieser marchandise particulière[1] ein Surplus *über* den „prix suffisant" zahlt, i.e. eine Rente.

Als Beispiel geht er sofort über zur *pâturage* und *pâtures incultes*[2]. Dann folgt der Satz über die *Differentialrente:*

„Die Grundrente verändert sich nicht nur unabhängig von der Größe des Produkts in Abhängigkeit von der Fruchtbarkeit des Bodens, sondern auch unabhängig von dieser Fruchtbarkeit zusammen mit dessen Lage." (I, p.306.)

Bei dieser Gelegenheit erscheint Rente und Profit als bloßes *Surplus* des *Produkts*, nachdem der Teil desselben abgezogen, der *in natura* den *Arbeiter nährt*. (Eigentlich die physiokratische Ansicht, die in fact[3] darauf beruht, daß in agresten Zuständen der Mensch fast ausschließlich vom Agrikulturprodukt lebt und die Industrie selbst, die Manufaktur, als ländliche Nebenarbeit erscheint, exercé sur le *produit local* de la nature[4].)

„Deshalb ist davon[5] eine größere Arbeitsmenge zu unterhalten, und der *Überschuß, aus dem der Farmer seinen Profit und der Grundbesitzer seine Rente zieht*, wird zwangsläufig vermindert." (p.307.)

Daher auch Weizenbau größren Profit abwerfen müsse als *pâture*[6].

„Ein *Getreidefeld* von mäßiger Fruchtbarkeit bringt eine viel *größere Menge menschlicher Nahrungsmittel* hervor als die beste Weide gleicher Ausdehnung."

{Hier handelt es sich also nicht um Preis, sondern um die absolute Naturalmasse der nourriture pour l'homme[7].}

„Zwar erfordert seine Bebauung *weit mehr Arbeit*, aber der *Überschuß*, der nach dem Ersatz des Saatgutes und dem *Unterhalt all dieser Arbeit* verbleibt, ist ebenfalls viel größer."

{Obgleich der Weizen *mehr Arbeit* kostet, ist das *Surplus* von Nahrungsstoff, das ein Weizenfeld nach Bezahlung der Arbeit läßt, beträchtlicher als bei einer Wiese für Viehzucht. Und es ist *mehr wert*, nicht weil der Weizen mehr Arbeit kostet, sondern weil das Surplus in Weizen mehr Nahrungsstoff enthält.}

„Daher hätte" (beim Weizen) „dieser *größere Überschuß*, wenn ein Pfund Fleisch *niemals für wertvoller* als ein Pfund Brot gehalten worden wäre" {weil man mehr Pfund Weizen erhält als Fleisch von derselben Bodenfläche}, „überall einen *größeren Wert* besessen" {weil vorausgesetzt ist, daß ein Pfund Brot gleich ein Pfund Fleisch (im Wert), und daß mehr Pfund Brot nach Fütterung der Arbeiter übrigbleiben als Pfund

---

[1] „*Preis*" dieser besonderen Ware – [2] zu *Weideland* und *unbebauten Weiden* – [3] tatsächlich – [4] angewendet auf das *lokale Produkt* der Natur – [5] d.h. dem Produkt von dem Boden, der vom Markt weiter entfernt liegt – [6] *Weide* – [7] Nahrungsmittel für den Menschen

Fleisch von derselben Bodenfläche} „und sowohl für den Profit des Farmers als auch für die *Rente* des Grundeigentümers einen größeren Fonds gebildet." (p.308, 309.)

Nachdem Smith an die Stelle des prix naturel den prix suffisant gesetzt und die Rente gleich Surplus über den prix suffisant erklärt, vergißt er, daß es sich überhaupt um *prix* handelt, und leitet die Rente ab aus dem Verhältnis der *nourriture*[1], die die Agrikultur liefert, im Verhältnis der *nourriture*, die der agricola[2] konsumieren muß.

In point of fact[3] – abgesehn von dieser *physiokratischen* Erklärungsweise – *setzt er voraus*, daß der *prix* des Ackerbauprodukts, das die Hauptnahrung liefert, außer dem Profit eine *Rente* zahlt. Von dieser Basis aus operiert er weiter. Mit der Entwicklung der Kultur werden die natürlichen Weiden ungenügend für Viehzucht, für die Nachfrage nach Metzgerfleisch. Kultiviertes Land muß zu diesem Zweck angewandt werden. ||627| Der Preis des Fleisches muß also dahin steigen, daß er nicht nur die *Arbeit* zahlt, die auf die Viehzucht verwandt, sondern auch

„die *Rente und den Profit, die Grundbesitzer und Farmer aus diesem Boden hätten ziehen können, wäre er als Ackerland ausgenutzt worden.* Das auf völlig unbebauten Mooren aufgezogene Vieh wird je nach Gewicht und Qualität auf demselben Markt zum gleichen Preis verkauft wie das auf dem am besten kultivierten Boden gezüchtete. Die Besitzer dieser Moore profitieren davon und steigern ihre Grundrente im *Verhältnis zu den Viehpreisen.*"

(Hier läßt er richtig die Differentialrente aus dem Überschuß des Marktwerts über den individuellen Wert hervorgehn. Der Marktwert steigt aber in diesem Fall, nicht weil von besserem zu schlechterem, sondern von unfruchtbarerem zu mehr fruchtbarem Land übergegangen wird.)

„Auf diese Weise wird die *Rente und der Profit unbebauten Weidelandes* bei fortschreitenden Verbesserungen in gewissem Maße durch die Rente und den Profit des bearbeiteten Bodens bestimmt, und *diese wiederum durch die Rente und den Profit bei Getreide.*" (I, p.310, 311.)

„Wo es keinen ... örtlichen Vorteil gibt, muß die Rente und der Profit bei Getreide oder den Produkten, welche sonst die üblichen pflanzlichen Nahrungsmittel des Volkes bilden, die Rente und den Profit auf dem Boden, der zu deren Anbau geeignet ist, natürlicherweise bestimmen." (p.315.)

„Die Verwendung von Kulturgräsern, Rüben, Möhren, Kohl und *anderen Mitteln*, auf die man verfallen ist, um *von einem gleichgroßen Landstück mehr Vieh als mit den Naturgräsern füttern zu können*, müßte, so sollte man erwarten, die Überlegenheit etwas vermindern, die der Fleischpreis in einem fortgeschrittenen Land natürlicherweise gegenüber dem Brotpreis besitzt." (l.c.) „Es scheint auch so gewesen zu sein" usw. (l.c.)

---

[1] *Nahrungsmittel* – [2] Ackerbauer – [3] In Wirklichkeit

Nachdem Smith so auseinandergesetzt das *Verhältnis zwischen Rente der Viehzucht und der Ackerbaurente*, fährt er fort:

„In allen großen Ländern wird der bebaute Boden zumeist für die Erzeugung von Nahrungsmitteln für den Menschen oder von Futter für das Vieh verwendet. Die Rente und der Profit hiervon bestimmen die Rente und den Profit aller anderen bebauten Ländereien. Wenn ein bestimmtes Produkt weniger Rente und Profit abwirft, wird der Boden bald in Getreide- und Weideland verwandelt. Bringt es aber mehr ein, wird sich bald ein gewisser Teil des Getreide- und Weidelandes diesem Produkt zuwenden." (I, p.318.)

Spricht dann von Weinbau, Garten, potager[1] etc.

„Die Rente und der Profit von jenen Produkten, die entweder größere ursprüngliche Ausgaben zur Verbesserung des Bodens erfordern, um ihn dafür geeignet zu machen, oder größere jährliche Anbaukosten verursachen, sind zwar oft höher als bei Getreide und Futterpflanzen, aber solange sie lediglich solche außergewöhnlichen Ausgaben aufwiegen, werden sie in Wirklichkeit durch die Rente und den Profit jener gewöhnlichen landwirtschaftlichen Produkte bestimmt." (I, p.323, 324.)

Kommt dann zum Zuckerbau in den Kolonien, Tabak.

„Auf diese Weise bestimmt die Rente des bebauten Bodens, dessen Produkt aus Nahrungsmitteln für den Menschen besteht, die Rente des größten Teils der übrigen bebauten Ländereien." (I, p.331.) „In Europa ist Getreide das Hauptprodukt, das unmittelbar der menschlichen Nahrung dient. Bestimmte Gegenden ausgenommen, reguliert also in Europa die Rente der Getreideländereien die des gesamten übrigen bebauten Bodens." (l.c. p.331, 332.)

Er kommt dann wieder zurück auf die physiokratische Theorie, so wie er sie zurechtgemacht hat, daß nämlich die nourriture sich selbst Konsumenten schafft. Träte statt der Weizenkultur eine andre ein, die mit derselben Kultur auf der terre la plus commune[2] eine viel größre Masse Subsistenzmittel lieferte,

„muß *die Rente* des Grundeigentümers *bzw. die Restmenge an Nahrungsmitteln*, die ihm verbleibt, nachdem die Arbeit bezahlt und das Kapital des Farmers zusammen mit dem üblichen Profit ersetzt worden ist, viel größer sein. Wie hoch die Rate auch sein mag, zu der die Arbeit in diesem Land im allgemeinen entlohnt wird, dieser *größere Überschuß dürfte immer eine größere Menge davon unterhalten* und den Grundeigentümer *infolgedessen* in die Lage versetzen, eine größere Menge davon zu kaufen oder zu kommandieren." (I, p.332.)

Führt als *Beispiel* den Reis an.

[1] Gemüsebau – [2] dem gewöhnlichsten Boden

„In Carolina ... sind die *Pflanzer*, wie in anderen britischen Kolonien, *in der Regel zugleich Farmer und Grundeigentümer*, weshalb die *Rente mit dem Profit zusammengeworfen wird*..." (I, p.333.)

||628| Reisfeld ist jedoch nicht

„geeignet weder für Getreide, Viehfutter oder Wein, noch für irgendein anderes pflanzliches Produkt, welches dem Menschen großen Nutzen stiftet, und Ländereien, die sich für diese Zwecke eignen, sind für Reis ungeeignet." (I, p.334.) „Sogar in den Reisländern kann deshalb die Rente von Reisfeldern nicht die Rente des übrigen bebauten Bodens, der für dieses Produkt nie nutzbar gemacht werden kann, bestimmen." (I, p.334.)

Zweites Beispiel (dagegen oben Ric[ardo]s Kritik[1]) die *Kartoffeln*. Nachdem sie das Hauptnahrungsmittel, statt des blé[2],

„würde *dieselbe Menge an bebautem Boden viel mehr Menschen unterhalten*. Da sich die Arbeiter in der Regel dann mit Kartoffeln ernähren, würde ein größerer *Überschuß* übrigbleiben, nachdem all das Kapital ersetzt und der Unterhalt all der zum Ackerbau verwendeten Arbeit bestritten worden wäre. Dem Grundeigentümer würde wieder der größte Teil dieses Überschusses gehören. Die Bevölkerung würde sich vermehren, und die Renten würden bedeutend über ihr jetziges Niveau steigen." (I, p.335.)

Mit ein paar ferneren Glossen über le pain de farine, d'avoine[3] und die pommes de terre[4] endet dann die première section des ch. XI.

Wir sehn: Diese erste Sektion, die vom Erdprodukt handelt, *das immer Rente zahlt*, resümiert sich dahin: Die Rente des principal végétal[5] *vorausgesetzt*, wird entwickelt, wie diese Rente die Rente der Viehzucht, Weinbau, Garten etc. reguliert. Über die Natur der Rente selbst hier *nichts* [gesagt], es sei denn der allgemeine Satz, daß, die Rente wieder *vorausgesetzt*, fertility[6] und situation ihren degré[7] bestimmen. Dies bezieht sich aber nur auf den Unterschied in Renten, den Größenunterschied der Renten. Warum aber zahlt dies Produkt immer Rente? Warum sein *ordinary price* stets höher als sein *sufficient price*? Smith sieht hier vom Preis ab und fällt wieder in die Physiokratie. Durchgeht aber, daß die *demand*[8] hier immer so groß, weil das Produkt selbst die demandeurs[9], seine eignen Konsumenten schafft. Selbst dies vorausgesetzt, wäre nicht einzusehn, warum die demand die supply[10] übersteigen und den Preis daher *über* den sufficient price hinaustreiben sollte? Aber hier erwacht heimlich wieder die Erinnerung an den *natural price*, der Rente ebensowohl einschließt als Profit und Salair, und der gezahlt wird, wenn supply und demand sich entsprechen.

[1] Siehe vorl. Band, S. 339 – [2] Getreides – [3] das Weizenbrot, Haferbrot – [4] Kartoffeln – [5] hauptsächlichen pflanzlichen Produktes – [6] Fruchtbarkeit – [7] Grad – [8] *Nachfrage* – [9] Nachfragenden – [10] Zufuhr

„Wenn die auf den Markt gebrachte Menge gerade ausreicht, um die wirksame Nachfrage zu versorgen, so stimmt der *Marktpreis* ganz genau ... mit dem *natürlichen Preis* überein." (I, p. 114.)

Doch charakteristisch, daß Smith nirgendwo in dieser Sektion dies ausspricht. Er hatte eben in der Eröffnung des ch. XI gesagt, daß die Rente nicht als konstituierender Teil des prix eingeht. Der Widerspruch war zu auffallend.

[3. Smiths Erklärung des Verhältnisses zwischen Angebot und Nachfrage bei den verschiedenen Arten von Bodenprodukten. Seine Schlußfolgerungen für die Rententheorie]

„Zweite Sektion. Von dem Produkt des Bodens, das zuweilen Rente abwirft und zuweilen nicht."

In dieser Sektion wird eigentlich erst die allgemeine Natur der Rente erörtert.

„*Nahrungsmittel* für den Menschen scheinen [nicht] die einzigen Produkte des Bodens zu sein, die dem Grundeigentümer *immer* und *notwendigerweise* etwas Rente einbringen." (Warum „immer" und „notwendigerweise" ist nicht gezeigt worden.) „Den verschiedenen Umständen entsprechend können das andere Erzeugnisarten manchmal auch tun und manchmal nicht." (l. c. I, p. 337.)

„*Nach der Nahrung* sind *Kleidung und Wohnung* die beiden Hauptbedürfnisse der Menschen." (l. c. p. 338.) Die Erde „in ihrem ursprünglichen, rohen Zustand" liefert Kleidungs- und Wohnungsmaterialien für *mehr Personen* „als sie *mit Nahrungsmitteln beliefern* kann." Infolge dieses „*Überflusses* an jenen Rohstoffen" im Verhältnis zur Personenzahl, die die Erde nähren kann, also im Verhältnis zur Population, haben diese matériaux[1] wenig oder keinen „Preis". Ein großer Teil dieser „matières"[2] liegt ungenützt und nutzlos umher, „und den Preis der Materialien, die verwendet werden, *betrachtet man lediglich als Ausgleich für die Arbeit und die Kosten, die notwendig sind, um sie gebrauchsfähig zu machen*". Dieser prix aber liefert „keine Rente dem Grundeigentümer". Im kultivierten Zustand der Erde dagegen ist die Zahl der Personen, „die sie zu ernähren vermag", d. h. die Population größer als die Masse jener Materialien, die sie liefert, wenigstens „in der Weise, in der sie sie verlangen und zu bezahlen bereit sind". Es tritt relative „disette"[3] dieser matières ein, „die deren Wert zwangsläufig erhöht". „Die *Nachfrage* ist *oft höher als die Menge, die man bekommen kann.*" Es wird mehr für sie gezahlt als „die Kosten, zu denen die Materialien auf den Markt gebracht werden. Deshalb kann ihr Preis dem Grundeigentümer stets *etwas Rente einbringen.*" (I, p. 338, 339.)

---

[1] Rohstoffe – [2] „Materialien" – [3] „Knappheit"

||629| Hier also die Rente erklärt aus dem *Überschuß der demand* über die *supply*, die zum *prix suffisant* geliefert werden kann.

Die ersten Kleidungsmatières Felle und Häute „größerer Tiere". Bei den Jäger- und Hirtenvölkern, deren Hauptnahrung animalisch, „*verschafft sich* jeder, *indem er sich mit Nahrung versorgt, die Materialien für mehr Kleidung, als er tragen kann*". Ohne commerce étranger[1] würde der größte Teil als nutzlos weggeworfen. Der commerce étranger hebt durch seine demand diesen excess of matières[2] auf einen Preis, „der *jene Kosten überschreitet, die ihr Versand verursacht*. Er bringt deshalb dem Grundeigentümer etwas Rente ein..." Die englische Wolle, durch den Markt in Flandern, vermehrte „etwas die Rente des Grund und Bodens, der sie hervorbrachte". (I, 339, 340.)

Der auswärtige Handel hebt hier den *Preis* eines agricultural Nebenprodukts so weit, daß die Erde, die es produziert, some rent[3] abwerfen kann.

„Das *Material zur Errichtung von Wohnungen* läßt sich nicht immer über so weite Strecken transportieren wie die Rohstoffe für die Bekleidung. Es wird nicht so leicht Gegenstand des auswärtigen Handels. Wenn es in einem Land, von dem es produziert wird, *überreichlich vorhanden* ist, so passiert es selbst beim gegenwärtigen Stand des Welthandels oft, daß es *ohne Wert* für *den Grundherrn* ist." So Steinbruch mag Rente abwerfen in der Nähe von London, nicht in vielen endroits d'Écosse et Wales[4]. So mit Bauholz. Bringt Rente „in einem bevölkerten und gut kultivierten Land", verfault auf dem Fleck „in vielen Gegenden Nordamerikas". Der propriétaire would be glad to get rid of it[5]. „Wenn es dermaßen viel überschüssiges Material für den Wohnungsbau gibt, so ist der Teil, der verwendet wird, lediglich die Arbeit und die Kosten wert, um es dafür gebrauchsfähig zu machen. Es wirft dem Grundeigentümer keine Rente ab. Dieser erlaubt im allgemeinen jedem, der sich der Mühe unterzieht, ihn danach zu fragen, etwas davon zu verbrauchen. Die *Nachfrage* der wohlhabenderen Nationen ermöglicht ihm jedoch bisweilen, eine Rente dafür zu nehmen." (I, 340, 341.)

Die Länder bevölkern sich im Verhältnis nicht zur „Zahl [der Menschen], die ihr Produkt *kleiden und mit Wohnung* versorgen *kann*, sondern zur Zahl, die es damit *zu ernähren vermag*. Ist für die Ernährung gesorgt, so fällt es leicht, die notwendige Kleidung und den notwendigen Wohnraum zu finden. Aber wenn Kleidung und Wohnraum zur Verfügung stehen, kann es trotzdem oft schwierig sein, Nahrungsmittel aufzutreiben. Sogar in einigen Teilen des britischen Reiches läßt sich ein sogenanntes Haus durch die Tagesarbeit eines Mannes aufbauen." Bei den peuples sauvages und barbares[6] genügt $^{1}/_{100}$ des Jahresarbeit, ihnen das zu verschaffen, was sie an Kleidung und Wohnung brauchen. Die andren $^{99}/_{100}$ der Jahresarbeit oft erheischt, um ihnen die nötige Nahrung zu schaffen. „Aber wenn durch die Verbesserung und Bearbeitung des Bodens die *Arbeit einer Familie die Ernährung für zwei Familien erzeugen kann*, dann

[1] auswärtigen Handel – [2] Überschuß an Materialien – [3] etwas Rente – [4] Gegenden von Schottland und Wales – [5] Grundeigentümer würde glücklich sein, könnte er es loswerden – [6] wilden und barbarischen Völkern

genügt die Arbeit einer Hälfte der Gesellschaft, um die Gesamtheit mit Nahrungsmitteln zu versorgen." Die andre Hälfte kann dann die andren besoins[1] und fantaisies[2] der Menschen befriedigen. Die objets principaux[3] dieser besoins und fantaisies sind le *vêtement*, le *logement*, le *mobilier* de la maison et ce qu'on appelle le *train* ou *l'équipage*[4]. Das Nahrungsbedürfnis beschränkt. Diese Bedürfnisse grenzenlos. Die Besitzer des Überschusses von Nahrung „sind stets bereit, den Überschuß einzutauschen". „Die Armen, um Nahrungsmittel zu bekommen", beschäftigen sich damit, diese „Phantasien" der Reichen zu befriedigen, und machen sich noch obendrein drin Konkurrenz. Die Zahl der ouvriers vermehrt sich mit der quantité de la nourriture[5], also im Verhältnis des Fortschritts der Agrikultur. Ihr „besogne"[6] erlaubt „die feingliedrigste Arbeitsteilung"; die [Menge der] Rohstoffe, die sie bearbeiten, vermehrt sich daher noch viel rascher als ihre Anzahl. „Daraus entspringt eine Nachfrage nach jeder Art von Material, das durch den menschlichen Erfindergeist nutzbringend oder verschönernd für Gebäude, Kleidung, Ausstattung oder Hausrat verwendet werden kann; daraus entspringt auch die Nachfrage nach den im Erdinnern befindlichen Versteinerungen und Mineralen, nach Edelmetallen und Edelsteinen."

„*Also zieht* die *Rente* nicht nur ihren Ursprung von der *nourriture*, sondern liefert ein andres Erdprodukt später Rente, so schuldet es diese *Addition des Wertes der Steigerung der Fähigkeiten der Arbeit, Nahrungsmittel* durch die Verbesserung und Bearbeitung des Bodens *zu produzieren*." (I, 342–345.)

Was Smith hier sagt, ist die richtige Naturbasis der Physiokratie, daß jede Schöpfung von Mehrwert (Rente eingeschlossen) Basis hat in der relativen Produktivität der Agrikultur. Die erste reale Form des Mehrwerts ist surplus of agricultural produce (Nahrungsmittel), und die erste reale Form der Surplusarbeit, daß einer hinreicht, die Nahrungsmittel für 2 zu produzieren. Es hat dies sonst nichts zu tun mit der Entwicklung dieser spezifischen Form der surplus value, der Rente, die die kapitalistische Produktion voraussetzt.

Smith fährt fort:

Die andren Teile des Erdprodukts (außer den Nahrungsmitteln), die später Rente liefern, liefern sie nicht immer. Die *Nachfrage* danach, selbst in den bestkultivierten Ländern, nicht immer *groß genug*, „um einen *höheren Preis* hervorzurufen *als denjenigen, der zur Bezahlung der Arbeit und, zusammen mit dem normalen Profit, zum Ersatz des Kapitals ausreicht, das beschäftigt werden muß,* ||630| *um sie auf den Markt zu bringen. Ob es sich so verhält oder nicht, hängt von verschiedenen Umständen ab.*" (I, p. 345.)

Also hier wieder: Rente entspringt daraus, daß die *Nachfrage* größer ist als die Zufuhr zum *prix suffisant*, der *keine Rente, sondern nur Salair und*

[1] Bedürfnisse – [2] Launen – [3] wichtigsten Objekte – [4] die *Kleidung*, die *Wohnung*, die *Hauseinrichtung* und was man die *Ausstattung* oder *den Luxus* nennt – [5] Menge der Nahrungsmittel – [6] „Geschäft"

Profit einschließt. Was heißt das andres, als daß die *supply* zum prix suffisant so groß ist, daß die *propriété* keinen Widerstand der Ausgleichung der Kapitalien oder der Arbeit leisten kann? Daß also, selbst wenn die propriété legal existiert, sie nicht faktisch existiert oder nicht faktisch als solche wirken kann? Was falsch an S[mith] ist, daß er nicht sieht, daß, wenn die propriété zum *Wert* verkauft, sie *über* dem prix suffisant verkauft. Was gut an ihm ist gegen Ric[ardo], daß er sieht, daß es von Umständen abhängt, ob oder ob nicht die propriété sich ökonomisch geltend machen kann. Dieser Teil seiner Entwicklung daher Schritt für Schritt zu begleiten. Er beginnt von der Kohlenmine, geht dann zum Holz über, kehrt dann zurück zur Kohlenmine etc. Wir lassen ihn daher mit dem *Holz* beginnen.

Je nach dem Stand der Agrikultur wechselt der *Holzpreis* aus denselben Gründen wie le prix du bétail[1]. In der Kindheit der Agrikultur Waldung vorherrschend, die nuisance[2] für den propriétaire, der das Holz gern dem gäbe, der es wegschnitte. Im Fortschritt der Agrikultur clearance of forest[3] teils durch die Ausdehnung des Ackerbaus, teils durch Vermehrung der Viehherden, die die Baumwurzeln, jungen Bäumchen wegfressen, benagen. „Die Erzeugung von Vieh nimmt zwar nicht im gleichen Maße zu wie von Getreide, *welches ganz und gar ein Ergebnis des menschlichen Fleißes ist*, doch unter der Sorge und dem Schutz des Menschen vermehrt es sich auch." Die Seltenheit des Holzes, die so entsteht, steigert seinen *Preis*. Es kann daher so hohe Rente abwerfen, daß Ackerland (oder zum Ackerbau brauchbares Land) in Waldung verwandelt wird. So ist's in Great Britain. Die Rente des Holzes kann nie auf die Dauer steigen über die von terre en blé ou en prairies[4]. Aber sie kann sie erreichen. (I, p.347 bis 349.)

Also in fact[5] die Rente von Holzungen der Natur nach identisch mit der Rente von prairies. Gehört also auch in diese Kategorie, obgleich das Holz nicht zur nourriture[6] dient. Die ökonomische Kategorie richtet sich nicht nach dem *Gebrauchswert* des Produkts, sondern danach, ob oder ob nicht es verwandelbar in Ackerbauland und vice versa[7].

Kohlenminen. Fruchtbarkeit oder Unfruchtbarkeit von Minen überhaupt, bemerkt S[mith] richtig, hängt davon ab, ob man in verschiednen Minen mit derselben Quantität Arbeit größre oder kleinere Quantität Mineral ausziehn kann. Die *Unfruchtbarkeit* kann die *günstige* Lage paralysieren, so daß solche Minen gar nicht exploitiert werden können. Anderseits kann *ungünstige* Lage die *Fruchtbarkeit* paralysieren, so daß solche Mine trotz ihrer natürlichen Fruchtbarkeit nicht exploitierbar. Namentlich dies der Fall, wo ni bonnes routes ni navigation[8]. (I, p.346, 347.)

[1] der Preis des Viehs – [2] Last – [3] Lichten von Waldungen – [4] Getreideland oder Wiesen – [5] tatsächlich – [6] Nahrung – [7] umgekehrt – [8] weder gute Straßen noch Schiffahrt

Es gibt Minen, deren Produkt hinreicht, um nur den *prix suffisant* zu decken. Sie zahlen daher Profit für den entrepreneur[1], aber keine Grundrente. Der propriétaire muß sie daher selbst exploitieren. Er gewinnt so „les profits ordinaires sur le capital qu'il emploie“[2]. Viele Kohlenminen der Art gibt es in Schottland. Diese könnten in keiner andren Weise exploitiert werden.

„*Der Grundeigentümer erlaubt keinem anderen, sie ohne die Abführung einer Rente zu betreiben, aber niemand ist in der Lage, eine Rente zu bezahlen.*“ (I, p.346.)

Hier hat Smith richtig bestimmt, wann keine Rente bezahlt wird, wo der Boden *approprié*[3]. Es ist dies, wo propriétaire und entrepreneur in *einer* Person vereinigt sind. Früher hatte er uns schon gesagt, daß dies in den Kolonien der Fall. Ein Pächter kann den Boden hier nicht bebauen, weil er keine Rente zahlen kann. Aber der Eigentümer kann ihn mit Profit bebauen, obgleich er ihm keine Rente zahlt. Bei den Kolonien in Westamerika dies z.B. der Fall, weil stets neuer Boden angeeignet werden kann. Der Boden als solcher ist kein Element des Widerstands, und die Konkurrenz der selbstbebauenden propriétaires ist hier in fact Konkurrenz von Arbeitern oder Kapitalisten. Bei den Kohlenminen oder Minen überhaupt im supposed case[4] anders. Der Marktwert, bestimmt durch die Minen, die die supply[5] zu diesem Wert liefern, wirft für die minder fruchtbaren oder schlechter gelegnen Minen kleinre Rente ab oder keine Rente, aber wohl den Kostenpreis. Diese Minen können hier nur durch Personen bebaut werden, für die die résistance der propriété[6], die durch dieselbe bewirkte Exklusion nicht existiert, weil sie propriétaires und capitalistes in einer Person; [dies gilt] nur in Fällen, wo faktisch die *propriété* als selbständiges Element gegen das Kapital verschwindet. Der Fall unterscheidet sich von den colonies dadurch: dort kann der propriétaire keinem die Exploitation von *neuem* Grund und Boden verbieten. Hier kann er das. Er gibt nur sich selbst die Erlaubnis, die Mine zu exploitieren. Dies befähigt ihn nicht, Rente zu ziehn, sondern befähigt ihn, mit Ausschluß andrer Personen, sein Kapital mit Profit in der Mine anzulegen.

Das, was Smith über die Reglung der Rente durch die fruchtbarste Mine sagt, habe ich schon bei Gelegenheit Ric[ardo]s und seiner Polemik erläutert.[7] Hier nur der Satz hervorzuheben:

---

[1] Unternehmer – [2] „den gewöhnlichen Profit auf das angewandte Kapital“ – [3] *angeeignet* – [4] angenommenen Fall – [5] in der Handschrift: demand – [6] den Widerstand des Grundeigentums – [7] siehe vorl. Band, S.334–339

„Der *niedrigste Preis*" (früher der sufficient price), „zu dem Kohle für längere Zeit verkauft werden kann, ist, wie bei allen anderen Waren, der *Preis, der gerade ausreicht,* das *Kapital einschließlich des üblichen Profits zu ersetzen, das aufgewendet werden muß, um sie auf den Markt zu bringen.*" (I, p.350.)

Man sieht, wie der *prix suffisant* an die Stelle des *prix naturel* getreten. Ric[ardo] identifiziert sie und mit Recht.

||631| Smith behauptet,

daß die Rente von Kohlenminen viel geringer als bei Ackerbauprodukten: hier $^1/_3$, dort sei $^1/_5$ une rente très forte[1], $^1/_{10}$ la rente ordinaire[2]. Die *Metallminen* seien nicht so abhängig von der Lage, da [ihre Produkte] leichter transportierbar, der Weltmarkt ihnen mehr offenstehe. Ihr Wert hänge daher mehr von ihrer Fruchtbarkeit als von ihrer Situation ab, während bei den Kohlenminen umgekehrt. Die Produkte der entferntesten (voneinander) Metallminen machen sich Konkurrenz. „Der Preis der unedlen und noch mehr der edlen Metalle *in den ergiebigsten Minen* der Erde wird daher zwangsläufig ihren Preis in jeder anderen Grube mehr oder weniger beeinflussen." (I, p.351, 352.)

„Weil der Preis jedes Metalls in jedem Bergwerk in gewissem Maße durch seinen Preis in der ergiebigsten, tatsächlich ausgebeuteten Mine der Welt bestimmt wird, *kann* er in den meisten Gruben *die Betriebskosten nur geringfügig überschreiten* und dem Grundeigentümer nur *selten* eine sehr hohe Rente abwerfen. Die Rente scheint dementsprechend in der Mehrzahl der Bergwerke lediglich einen kleinen Teil vom Preis der unedlen und einen noch kleineren vom Preis der edlen Metalle auszumachen. Arbeit und Profit bilden bei beiden den größten Teil." (I, p.353, 354.)

Smith setzt hier richtig den case[3] auseinander von *Tabelle C*[4].

Bei Gelegenheit der edlen Metalle wiederholt Smith wieder die Erklärung des prix suffisant, den er an die Stelle des prix naturel setzt, wo er von der *Rente* spricht. Wo er von der nicht agricultural Industrie spricht, hat er das nicht nötig, da der prix suffisant und prix naturel hier nach seiner ursprünglichen Erklärung zusammenfallen, nämlich der prix, der die avances du capital + the average profit[5] zahlt.

„Der niedrigste Preis, zu dem die Edelmetalle über einen längeren Zeitraum hinweg verkauft werden können, ... wird durch dieselben Grundsätze reguliert, die den niedrigsten Normalpreis aller übrigen Waren festsetzen. Er wird bestimmt durch das Kapital, das gewöhnlich angelegt werden muß, und durch die Nahrung, Kleidung und Wohnung, die gewöhnlich verbraucht werden müssen, um sie von der Grube auf den Markt zu bringen. Er muß wenigstens zum Ersatz dieses Kapitals zusammen mit dem üblichen Profit ausreichen." (I, p.359.)

---

[1] eine sehr hohe Rente – [2] die gewöhnliche Rente – [3] Fall – [4] siehe die Einlage zwischen den Seiten 324 und 325 des vorl. Bandes – [5] das vorgeschossene Kapital + dem Durchschnittsprofit

Mit Bezug auf *Edelsteine* bemerkt er:

„Die *Nachfrage nach Edelsteinen* entspringt ganz und gar ihrer Schönheit. Sie sind nicht nützlich, außer zu Schmucksachen. Der Vorzug ihrer Schönheit wird *beträchtlich durch ihre Knappheit oder durch die Schwierigkeit und die Kosten erhöht, womit sie im Bergwerk gewonnen werden.* Daher setzt sich ihr hoher Preis in den meisten Fällen fast vollständig aus den Löhnen und dem Profit zusammen. Die Rente bildet nur einen sehr kleinen und häufig gar keinen Bestandteil des Preises. Nur die allerergiebigsten Minen werfen eine bemerkenswerte Rente ab." (I, p.361.)

Nur die Differentialrente hier möglich.

„Da sowohl die Edelmetall- als auch die Edelsteinpreise in der ganzen Welt von der ergiebigsten Grube bestimmt werden, entspricht die Rente, die ein Bergwerk seinem Eigentümer einbringen kann, nicht der *absoluten*, sondern der sogenannten *relativen* Ergiebigkeit bzw. seiner Überlegenheit über andere Gruben der gleichen Art. Wenn neue Silberminen entdeckt würden, die denen von Potosi ebensosehr überlegen wären, wie diese denen in Europa überlegen waren, dann könnte der Wert des Silbers so stark absinken, daß sich sogar der Abbau in Potosi nicht mehr lohnen würde." (I, p.362.)

Die Produkte der minder fruchtbaren Minen von edlen Metallen und Edelsteinen tragen keine Rente, weil *immer* die fruchtbarste Mine den Marktwert bestimmt und immer fruchtbarere neue Minen eröffnet werden, die line stets ascending[1] ist. Sie werden also *unter* ihrem Wert verkauft, bloß zu ihrem Kostenpreis.

„Ein Produkt, dessen Wert hauptsächlich seiner Knappheit zuzuschreiben ist, entwertet sich zwangsläufig durch sein reichliches Vorhandensein." (I, p.363.)

Nun kommt Smith wieder zu dem relativ Falschen.

„Bei Grundstücken auf der Erdoberfläche ist es anders. Sowohl ihr Produktenwert als auch der Wert ihrer Rente entspricht ihrer *absoluten* und nicht ihrer *relativen* Fruchtbarkeit. Der Boden, der eine bestimmte Menge an Nahrung, Kleidung und Wohnung hervorbringt, kann immer eine bestimmte Zahl Menschen damit versorgen. *Wie hoch der Anteil des Grundeigentümers auch sein mag*" (die Frage ist ja eben whether he takes any share of the produce, and in what proportion[2]), „er ||632| wird ihm immer eine entsprechende Verfügungsgewalt über die Arbeit jener Menschen und damit über die Waren verschaffen, womit ihn diese Arbeit beliefern kann." (I, p.363, 364.)

„Der Wert der unfruchtbarsten Ländereien wird durch die Nachbarschaft von sehr fruchtbaren nicht verringert. Im Gegenteil, er wird dadurch im allgemeinen sogar erhöht. Die große Anzahl Menschen, die von den fruchtbaren Ländereien unterhalten wird, *bietet vielen Produkten des unfruchtbaren Bodens einen Markt*, den dieser niemals bei den Leuten gefunden hätte, die er von seinem eigenen Erzeugnis unterhalten kann."

[1] aufsteigend – [2] ob er einen Anteil an diesem Produkt erhält und in welchem Verhältnis

(Aber doch nur, wenn er *nicht dasselbe Produkt* produces[1] wie die terres fertiles[2] in ihrer neighbourhood[3]; nur wenn das Produkt der terres stériles[4] *nicht konkurriert* mit dem der terres plus fertiles[5]. In diesem Falle Smith recht und dies allerdings wichtig dafür, wie der total amount of rent from different sorts of natural production may increase in consequence of the fertility of the soils which yield food[6].)

„Alles, was die Bodenfruchtbarkeit bei der Produktion von Nahrungsmitteln erhöht, steigert nicht nur den Wert der Ländereien, denen die Verbesserung zuteil wurde" {kann diese valeur[7] vermindern, selbst vernichten}, „sondern trägt auch zur Werterhöhung vieler anderer Böden bei, indem eine neue Nachfrage nach ihren Erzeugnissen geschaffen wird" oder auch *rather* des demandes pour des *nouveaux* produits[8]. (I, p.364.)

Was Smith in alledem nicht erklärt, ist die absolute Rente, deren Existenz er für Boden, der food produziert, annimmt. Er bemerkt mit Recht, daß sie nicht zu existieren braucht für andren Boden, Minen z.B., weil sie stets *relativ* in so illimited quantity[9] vorhanden (im Verhältnis zur demand), daß die propriété hier keine résistance dem Kapital leisten kann, ökonomisch nicht existiert, wenn auch legal.

(Sieh *p.641* über *house rent.*) |632||

||641| Sieh p.632. Über *house rent* sagt *A.Smith:*

„Der Teil der gesamten Miete eines Hauses, der einen solchen angemessenen *Profit*" (to the builder[10]) „*übersteigt*, ist natürlich der Grundrente zuzurechnen, und dort, wo Grundeigentümer und Hauseigentümer verschiedene Personen sind, wird er meist gänzlich dem ersteren bezahlt. Bei Landhäusern, in einiger Entfernung von irgendeiner großen Stadt, wo es genügende Auswahl an Boden gibt, ist die Grundrente fast bedeutungslos oder beträgt nicht mehr als die Fläche einbringt, auf der das Haus steht, wenn sie landwirtschaftlich genutzt wird." (b.V, ch.II.)

Bei der ground rent of houses[11] bildet für die Differentialrente die *situation* ebenso entscheidendes Moment, als die fertility (und situation) bei der agricultural rent.

A.Smith, bei seiner Vorliebe mit den Physiokraten, für agriculture und den landlord, teilt mit ihnen die Ansicht, daß sie besonders wünschenswerte objects of taxation[12]. Er sagt:

---

[1] produziert – [2] fruchtbaren Böden – [3] Nachbarschaft – [4] unfruchtbaren Böden – [5] fruchtbareren Böden – [6] die Gesamtmasse der Rente von verschiedenen Arten von Naturprodukten infolge der Fruchtbarkeit des Bodens, der Nahrungsmittel hervorbringt, steigen kann – [7] diesen Wert – [8] *vielmehr* die Nachfrage nach *neuen* Produkten – [9] unbeschränkter Menge – [10] an den Erbauer – [11] Grundrente von Häusern – [12] Objekte der Besteuerung

„Beide, die Grundrente sowohl als die gewöhnliche Bodenrente sind eine Art Revenue, deren sich der Eigentümer vielfach ohne irgendwelche eigene Mühe und Sorge erfreut. Wenngleich ihm ein Teil dieser Revenue zwecks Deckung der Staatsausgaben wieder abgenommen wird, so wird dadurch keine Art von Betätigung entmutigt. Das jährliche Produkt des Bodens und der Arbeit der Gesellschaft, der wirkliche Reichtum und die Revenue der großen Masse des Volkes können nach Einführung einer solchen Steuer die gleichen sein wie zuvor. Grundrenten und die gewöhnliche Bodenrente sind deshalb wohl die Arten von Revenue, welche eine Sondersteuer am leichtesten tragen können." (b.V, ch. II[[64]]).

Wogegen Ricardo (p.230) sehr spießbürgerliche Bedenken vorbringt. |641||

[4. *Smiths Analyse der Veränderungen der Preise für Bodenprodukte*]

||632| „*Dritte Sektion. Von den Veränderungen im Verhältnis zwischen den jeweiligen Werten der Erzeugnisart, die stets Rente abwirft, und derjenigen, die zuweilen Rente abwirft*" etc. (b. I, vol. II, ch. XI.)

„In einem von Natur aus fruchtbaren Land, dessen größter Teil jedoch völlig unbebaut ist, werden Vieh, Geflügel, Wildbret aller Art usw. nur *eine sehr kleine Quantität Arbeit kaufen oder kommandieren*, da *sie mit einer sehr kleinen Quantität erlangt werden können.*" (II, p.25.)

In welcher *sonderbaren* Weise S[mith] die mesure der valeur par la quantité du travail[1] vermischt mit dem prix du travail[2] oder der quantité du travail qu'une marchandise peut commander[3], geht sowohl aus dem obigen Satz hervor, als namentlich aus dem folgenden, der uns auch zeigt, wie er dazu kam, den blé[4] gelegentlich zur mesure de la valeur[5] zu erheben.

„*Getreide* ist bei jedem Zustand der Gesellschaft, auf jeder Stufe des Fortschritts *ein Erzeugnis des menschlichen Fleißes*. Doch das durchschnittliche Produkt jeder Art Fleiß, d.h. das durchschnittliche Angebot, wird der durchschnittlichen Konsumtion, d.h. der durchschnittlichen Nachfrage, stets mehr oder weniger genau angepaßt. Außerdem wird *in jeder einzelnen Stufe des Fortschritts* die Erzeugung von gleichgroßen Getreidemengen auf demselben Acker und bei demselben Klima im Durchschnitt *etwa gleichgroße Quantitäten Arbeit* erfordern *oder*, was auf dasselbe hinausläuft, *den Preis etwa gleichgroßer Quantitäten*, denn die ständige Steigerung der produktiven Kräfte der Arbeit bei einer sich verbessernden Bodenbewirtschaftung wird mehr oder weniger aufgewogen durch *den ständig* steigenden *Preis des Viehs*, dem *Hauptwerkzeug* der Agrikultur. Aus all diesen Gründen können wir sicher sein, daß *gleiche Getreidemengen*

[1] das Maß des Wertes durch die Menge Arbeit – [2] Preis der Arbeit – [3] Menge der Arbeit, die eine Ware kommandieren kann – [4] das Getreide – [5] Wertmaß

bei jedem Zustand der Gesellschaft, auf jeder Stufe des Fortschritts *gleiche Quantitäten Arbeit* viel genauer *repräsentieren oder wertmäßig aufwiegen* als gleiche Mengen irgendeines anderen Rohprodukts des Bodens. Getreide ist dementsprechend... auf all den verschiedenen Stufen der Entwicklung des Wohlstands und des Fortschritts ein genaueres Maß des Wertes als jede beliebige andere Ware oder Warengattung... *Getreide*, oder was auch immer sonst das übliche und bevorzugte pflanzliche Nahrungsmittel des Volkes sein mag, bildet überdies in jedem zivilisierten Land den *Hauptteil des Unterhalts der Arbeiter*... Der Geldpreis der Arbeit hängt also viel mehr vom durchschnittlichen Geldpreis des Getreides, dem Unterhalt des Arbeiters, als von dem des Fleisches oder irgendeines anderen Rohproduktes des Bodens ab. Der reale Wert von Gold und Silber, die tatsächliche Quantität Arbeit, die sie kaufen oder kommandieren können, hängt viel stärker von der Kornmenge ab, die sie kaufen oder zu kommandieren vermögen, als von der Menge an Fleisch oder irgendeinem anderen Rohprodukt des Bodens." (II, p.26–28.)

Bei Vergleichung zwischen dem Wert von Gold und Silber entwickelt Smith noch einmal seine Ansicht vom sufficient price und be||633|merkt ausdrücklich, daß *er die Rente ausschließt:*

„Man kann eine Ware nicht nur entsprechend ihres absolut hohen oder niedrigen Normalpreises als *teuer* oder *billig* bezeichnen, sondern auch danach, inwieweit dieser Preis mehr oder weniger den niedrigsten übersteigt, zu dem es möglich ist, sie eine beträchtliche Zeit hindurch auf den Markt zu bringen. *Dieser niedrigste Preis ersetzt zusammen mit einem mäßigen Profit lediglich das Kapital, das angelegt werden mußte, um die Ware dorthin zu schaffen. Es ist der Preis, welcher dem Grundeigentümer nichts einbringt, von dem die Rente keinen Bestandteil bildet und der sich vollständig in Lohn und Profit auflöst.*" (II, p.81.)

„Der Preis von Diamanten und anderen Edelsteinen nähert sich vielleicht dem niedrigsten Preis, zu dem es möglich ist, sie auf den Markt zu bringen, noch mehr als selbst der Goldpreis." (II, p.83.)

Es gibt (vol. II, p.89) 3 Klassen von Rohprodukten. Die *eine*, deren Vermehrung fast oder ganz unabhängig von der menschlichen Industrie; die *zweite*, die im Verhältnis zur Nachfrage vermehrt werden kann; die *dritte*, auf deren Vermehrung die menschliche Industrie „n'a qu'une puissance bornée ou incertaine"[1].

Erste Klasse: Fische, rare Vögel, verschiedne Arten gibier[2], fast alle oiseaux sauvages[3], besonders die de passage[4] etc. Nachfrage nach diesem Zeug wächst sehr mit Reichtum und Luxus.

„Da infolgedessen die Menge solcher Waren gleichgroß oder fast gleichgroß bleibt, während sich die Konkurrenz um ihren Erwerb ständig erweitert, kann ihr Preis auf jedes übersteigerte Ausmaß klettern." (II, p.91.)

[1] „nur eine beschränkte oder unsichere Wirkung ausübt" – [2] Wild – [3] wildes Geflügel – [4] Zugvögel

Zweite Klasse: „Sie besteht aus solchen nützlichen Pflanzen und Tieren, die in nicht kultivierten Ländern von der Natur in einem dermaßen verschwenderischen Überfluß hervorgebracht werden, daß sie nur geringen oder keinen Wert besitzen und deshalb mit dem Fortschritt der Bodenbearbeitung einigen profitableren Produkten Platz machen müssen. Während einer langen Periode fortschreitender Verbesserungen vermindert sich ihre Menge beständig, aber zur gleichen Zeit erhöht sich die Nachfrage nach ihnen kontinuierlich. Ihr realer Wert, die tatsächliche Quantität Arbeit, die sie zu kaufen oder zu kommandieren vermögen, steigt daher allmählich, bis er schließlich eine Höhe erreicht, daß sie zu einem ebenso profitablen Produkt werden wie jeder andere Artikel auch, den menschlicher Fleiß auf dem fruchtbarsten und am besten bebauten Boden hervorbringen kann. Ist ihr Preis erst einmal so hoch, kann er nicht gut noch weiter steigen. Anderenfalls würde bald mehr Boden und mehr Arbeit beschäftigt werden, um ihre Menge zu erhöhen." (II, p.94, 95.) So z.B. das bétail[1].

„Von all den verschiedenen Artikeln, aus denen sich diese zweite Rohproduktenart zusammensetzt, ist Vieh eventuell dasjenige, dessen Preis in einer fortschreitenden Entwicklung zuerst auf diese Höhe steigt." (II, p.96, 97.) „Wie Vieh zu den ersten, die diesen Preis einbringen" {sc. which makes it worth while cultivating soil in order to feed them[2]}, „so gehört *Wildbret* zu den letzten. Der Preis von Wildbret – wie außerordentlich hoch er auch erscheinen mag – reicht in Großbritannien nicht annähernd aus, um die Kosten eines Wildparks zu decken. Das weiß jeder, der etwas Erfahrung in der Wildfütterung besitzt." (II, p.104.)

„Auf jedem Pachthof wird eine bestimmte Anzahl *Geflügel* von den Abfällen der Scheune und Ställe unterhalten. Da es damit gefüttert wird, was sonst verlorenginge, ist es nichts weiter als ein Mittel, um etwas vor dem Verderb zu schützen. Es kostet den Farmer kaum etwas, so daß er es sehr billig verkaufen kann." Solange diese Zufuhr genügt, Geflügel so wohlfeil wie Metzgerfleisch. Mit dem Reichtum steigt die Nachfrage, damit der Preis der volaille[3] *über* den Preis des Metzgerfleischs, bis „die Bestellung von Land zum Zwecke der Geflügelzucht profitabel wird." So in *Frankreich* etc. (II, p.105, 106.)

Das *Schwein*, wie die volaille, „ursprünglich gehalten, um etwas vor dem Verderb zu schützen". Es lebt von Abfällen. Preis steigt schließlich, bis Erde eigens zu seiner food bebaut werden muß. (II, p.108, 109.)

Milch, laiterie[4] (II, p.110 sq.) (Butter, Käse ibidem.)

Das allmähliche Steigen des *Preises* dieser Rohprodukte beweist nach Smith nur, daß sie nach und nach *Produkte der menschlichen Industrie* werden, während sie früher fast nur *Naturprodukte* waren. Ihre Verwandlung aus Naturprodukten in Industrieprodukte ist selbst das Resultat der Entwicklung der Kultur, die den spontaneous productions[5] der Natur mehr und mehr den Spielraum entzieht. Anderseits ist ein großer Teil jener Produkte

---

[1] Vieh – [2] nämlich es lohnend zu machen, den Boden zum Zwecke der Fütterung zu bebauen – [3] des Geflügels – [4] Molkerei – [5] spontanen Produkten

unter dem minder entwickelten Produktionsverhältnis *unter seinem Wert* verkauft worden. Es wird *zu* seinem Wert verkauft (hence the rise in prices[1]), sobald es aus Nebenprodukt ein selbständiges Produkt irgendeiner Branche der Agrikultur wird.

„Offensichtlich können die Böden keines Landes jemals vollständig bebaut und verbessert werden, solange nicht der *Preis* aller Produkte, die menschlicher Fleiß darauf zu erzeugen genötigt ist, soweit gestiegen ist, daß er *die Kosten einer vollständigen Bebauung und Verbesserung deckt.* Um das zu tun, muß der Preis jedes einzelnen Produkts erstens ausreichen, um die Rente guten Getreidebodens abzuwerfen, da diese die Rente des größten Teils des übrigen bebauten Bodens bestimmt; und zweitens muß er groß genug sein, um die Arbeit und die Kosten des Farmers ebenso, wie sie auf gutem Getreideboden entschädigt werden, zu bezahlen, mit anderen Worten, er muß *das hierbei angelegte Kapital zusammen mit dem üblichen Profit ersetzen.* Dieses *Steigen des Preises* jedes einzelnen Produkts muß offenbar ||634| *stattfinden, bevor* der hierfür zum Anbau bestimmte Boden verbessert und bestellt worden ist... Diese verschiedenen Arten Rohprodukte *sind* nicht nur eine größere Quantität Silber, sondern auch eine größere Quantität Arbeit und Unterhaltsmittel *wert* als vorher. Da es eine *größere Menge Arbeit und Unterhaltsmittel kostet, um sie auf den Markt zu schaffen, repräsentieren* sie auch, *wenn sie dorthin gebracht werden, eine größere Menge davon bzw. sind dieser gleichwertig.*" (II, p.113-115.)

Hier sieht man wieder, wie Smith die valeur, as determined by the quantity of labour it can buy[2], nur brauchen kann, soweit er sie konfundiert mit der value as determined by the quantity of labour required for their production[3].

Dritte Klasse: Dies soll das produit brut[4] sein,

„für dessen Vermehrung die Leistungsfähigkeit des menschlichen Fleißes entweder begrenzt oder ungewiß ist". (II, p.115.)

Wolle und *Häute* sind limited par le nombre du gros et menu bétail qu'on entretient[5]. Aber die ersten *accessoires*[6] haben bereits *großen Markt,* während das Vieh selbst ihn noch nicht hat. Das Metzgerfleisch fast immer auf den inländischen Markt beschränkt. La laine et les peaux crues[7] selbst in den commencements informes[8] haben meist schon ausländische Märkte. Sie sind leicht transportierbar und liefern matières[9] vieler Manufakturartikel. So können industriell fortgeschrittnere Länder ihnen schon als Markt dienen, wenn noch nicht die einheimische Industrie.

---

[1] daher das Steigen der Preise – [2] den Wert, der bestimmt wird durch die Menge Arbeit, die sie kaufen kann – [3] dem Wert, der bestimmt ist durch die Menge Arbeit, die ihre Produktion erheischt hat – [4] Rohprodukt – [5] beschränkt durch die Menge von Groß- und Kleinvieh, das man hält – [6] *Nebenprodukte* – [7] Die Wolle und rohen Häute – [8] ungestalteten Anfängen – [9] Materialien

„In schlecht kultivierten und daher nur dünn besiedelten Ländern nimmt der Preis von Wolle und Häuten immer einen viel größeren Teil vom Preis des gesamten Tieres ein als in Ländern, wo infolge der weiter fortgeschrittenen Entwicklung und Bevölkerungszahl eine größere Nachfrage nach Fleisch herrscht." Dasselbe gilt vom „suif"[1]. Im Fortschritt der Industrie und der Bevölkerung fällt die Preissteigerung des Viehs mehr auf seinen *corps*[2] als auf seine *laine et peau*[3]. Denn mit der Vermehrung der Industrie und der Bevölkerung des Lands dehnt sich der marché[4] für das Fleisch aus, während der für das Zubehör schon früher über die Grenzen des Landes hinausging. Steigt aber doch etwas auch für Wolle etc. mit der Entwicklung der einheimischen Industrie. (II, p. 115–119.)

Fische. (II, p. 129, 130.) Steigt die Nachfrage nach Fisch, so fordert seine supply[5] mehr Arbeit. „In der Regel müssen die Fische in einer größeren Entfernung gefangen werden, man braucht größere Boote und kostspieligere Werkzeuge aller Art." Der marché „kann selten versorgt werden, ohne mehr als die Menge an Arbeit aufzuwenden" größer als die, „die vorher zu seiner Belieferung genügte". „Folglich steigt der *reale Preis* dieser Ware natürlicherweise in einer fortschreitenden Entwicklung." (II, p. 130.)

Hier also bestimmt Smith den *prix réel* durch die quantité de travail nécessaire pour la production de la denrée[6].

Nach Smith muß im Lauf der Zivilisation der *réel prix* des *végétal*[7] (blé[8] etc.) *fallen.*

„Da die Ausdehnung der Verbesserung und Bebauung des Bodens *zwangsläufig die Preise jeder Nahrungsmittelart tierischen Ursprungs* mehr oder weniger steigert, und zwar im Verhältnis zum Preis des Getreides, *ermäßigt* sie meines Erachtens ebenso notwendigerweise auch den Preis jedes *pflanzlichen Nahrungsmittels.* Sie steigert den Preis der tierischen Nahrungsmittel, weil ein großer Teil des Bodens, der sie produziert, für den Getreideanbau geeignet gemacht wurde und nun dem Grundbesitzer und dem Farmer die Rente und den Profit von Getreideländereien abwerfen muß. Sie *ermäßigt den Preis der pflanzlichen Nahrungsmittel,* weil sie deren reichliches Vorhandensein *durch die Erhöhung der Bodenfruchtbarkeit steigert.* Außerdem führen landwirtschaftliche Verbesserungen zu vielen neuen Sorten pflanzlicher Nahrungsmittel, die weniger Boden und nicht mehr Arbeit als Getreide erfordern und deshalb viel billiger auf den Markt kommen. Das betrifft z. B. Kartoffeln und Mais ... Manches pflanzliche Nahrungsmittel war ferner bei einem rohen Zustand der Agrikultur auf den Gemüsegarten beschränkt und wurde nur mit dem Spaten angebaut. In einem fortgeschrittenen Stadium wird sein allgemeiner Feldbau und die Bearbeitung mit dem Pflug eingeführt, so wie bei Rüben, Möhren, Kohl usw." (II, p. 145, 146.) (l. I, ch. XI.)

---

[1] „Talg" – [2] *Körper* – [3] *Wolle und Haut* – [4] Markt – [5] Zufuhr – [6] Menge der Arbeit, die notwendig ist für die Produktion der Ware – [7] *reale Preis* der *Pflanzennahrung* – [8] Getreide

Smith sieht, daß die *Preise der Manufakturwaren* allgemein gefallen sind überall, wo

„der reale Preis der *Rohstoffe* entweder überhaupt nicht oder nicht sehr viel steigt". (l.c. II, p.149.)

Andrerseits behauptet er, daß der prix réel du travail[1], also das Salair, gestiegen mit dem advancement[2] der Produktion. Also steigen auch nach ihm Preise der Waren nicht notwendig, weil das Salair oder Preis der Arbeit steigt, obgleich das Salair „une partie constituante du prix naturel"[3] [bildet] and even[4] des „prix suffisant" oder des „prix le plus bas auquel les marchandises puissent être portées au marché"[5]. Also wie erklärt er das? Durch Fallen der Profite? No. Oder der Rente? Auch nicht. (Obgleich er das Fallen der allgemeinen Profitrate im Laufe der Zivilisation annimmt.) Er sagt:

„Infolge besserer Maschinen, ||635| einer größeren Geschicklichkeit sowie einer zweckmäßigeren Teilung und Verteilung der Arbeit – alles natürliche Auswirkungen des Fortschritts – *wird eine viel kleinere Quantität Arbeit notwendig*, um *irgendein bestimmtes Werkstück* herzustellen. Auch wenn der *reale Preis der Arbeit* wegen der *blühenden Verhältnisse* der Gesellschaft beträchtlich *ansteigt*, wird *die große Verringerung der Arbeitsmenge* im allgemeinen die größtmögliche Steigerung ihres Preises mehr als kompensieren." (II, p.148.)

Also der *Wert* der Waren sinkt, weil die zu ihrer Produktion nötige Quantität Arbeit fällt, und er sinkt, obgleich der *prix réel* du travail steigt. Ist hier unter dem *prix réel* du travail der *Wert* [der Arbeit] verstanden, so muß der Profit fallen, wenn der prix de la marchandise[6] fallen soll infolge ihres Wertfalls. Ist dagegen die Summe von Lebensmitteln verstanden, die der Arbeiter erhält, so der S[mith]sche Satz richtig, selbst wenn der Profit steigt.

Wie sehr Smith überall, wo er in der Tat entwickelt, zur richtigen Definition der valeur greift, beweist auch seine Untersuchung am Schluß des Kapitels, warum die *draps de laine*[7] teurer waren im 16. Jahrhundert etc.

„Es *kostete eine größere Quantität Arbeit, um die Ware auf den Markt zu bringen.* Hatte man sie dorthin geschafft, mußte sie deshalb auch gegen den Preis einer größeren Quantität verkauft oder ausgetauscht werden." (II, p.156.)

Der Fehler hier nur in dem Wort *prix.*

[1] Realpreis der Arbeit – [2] Fortschritt – [3] „einen konstituierenden Teil des natürlichen Preises" – [4] und sogar – [5] „niedrigsten Preises, zu dem die Waren auf den Markt gebracht werden können" – [6] Preis der Ware – [7] *wollenen Tuche*

[5. *Smiths Ansichten über die Bewegung der Rente und seine Einschätzung der Interessen der verschiedenen gesellschaftlichen Klassen*]

Conclusion du chapitre.[1] A. Smith schließt sein chapitre über die Rente mit der observation[2], daß

„jede Verbeßrung im Zustand der Gesellschaft direkt oder indirekt die Tendenz hat, die reelle Grundrente steigen zu machen". (II, p. 157, 158.) „Die Ausdehnung der Verbesserung und Bearbeitung des Bodens führt zu einer unmittelbaren Zunahme der Rente. Der Anteil des Grundbesitzers am Produkt erhöht sich zwangsläufig mit dessen Steigerung." (II, p. 158.) Die hausse[3], die „im realen Preis bestimmter Rohprodukte des Bodens eintritt, die zunächst Ergebnis der verbreiteten Verbesserung und Bearbeitung des Bodens und später die Ursache für deren weitere Ausdehnung ist", z. B. die hausse im prix du bétail[4], hebt erstens la valeur réelle de la part du propriétaire[5], aber auch la proportion de cette part[6], denn: „*Das Einsammeln* dieses Produkts *erfordert* nach der Steigerung seines realen Preises *nicht mehr Arbeit als zuvor*. Deshalb *reicht ein kleinerer Teil davon aus*, um *das Kapital, das diese Arbeit beschäftigt, zusammen mit dem üblichen Profit zu ersetzen*. Demzufolge muß ein größerer Teil dem Grundbesitzer zufallen." (II, p. 158, 159.)

Dies ist exakt die Weise, wie Ric[ardo] das Steigen der Proportion der Rente erklärt bei Verteurung des blé auf den fruchtbareren Ackern. Nur geht diese Verteurung nicht aus amélioration hervor, leitet Ric[ardo] daher zum entgegengesetzten Schluß wie S[mith].

Ferner, sagt S[mith], nütze dem propriétaire jede Entwicklung der Produktivkraft der Arbeit in der Manufaktur.

„Was den Preis der letzteren reduziert, erhöht den der ersteren[7]." (II, p. 159.) Ferner vermehrt sich die Bevölkerung mit toute augmentation dans la richesse réelle de la société[8], mit der Bevölkerung die Nachfrage nach agricultural produce, damit das capital employed in agriculture[9] „und die Rente vergrößert sich mit dem Produkt". (l. c.) Umgekehrt wirken auf Fall der Rente und daher Abnahme des reellen Reichtums des propriétaire alle circonstances opposées[10], die das accroissement[11] des allgemeinen Reichtums hemmen. (l. c. p. 160.)

Daraus schließt S[mith], daß sich das Interesse der landlords (propriétaires) immer im Einklang befinde mit dem „intérêt général de la société"[12].

[1] *Schluß des Kapitels.* – [2] Bemerkung – [3] Steigerung – [4] Preis des Viehs – [5] den Realwert des Teils des Grundeigentümers – [6] das Verhältnis dieses Teils – [7] d. h. der landwirtschaftlichen Produkte – [8] jeder Zunahme des wirklichen Reichtums der Gesellschaft – [9] in der Landwirtschaft angewandte Kapital – [10] entgegengesetzten Umstände – [11] Anwachsen – [12] „allgemeinen Interesse der Gesellschaft"

Dasselbe gelte von den *Arbeitern*. (II, p. 161, 162.) Doch ist Smith so ehrlich, den Unterschied zu machen:

„Die Klasse der Grundeigentümer zieht aus dem Gedeihen der Gesellschaft eventuell noch größere Vorteile als diese" (des ouvriers[1]); „aber es gibt keine Klasse, die so schrecklich unter einem Verfall der Gesellschaft leidet, wie die Arbeiterklasse." (l. c. p. 162.)

Das Interesse der capitalistes (manufacturiers und marchands[2]) dagegen nicht identisch mit dem

„allgemeinen Interesse der Gesellschaft". (l. c. p. 163.) „Das Interesse der Kaufleute irgendeines besonderen Handels- oder Manufakturzweiges *unterscheidet sich* jedoch in gewisser Hinsicht *immer* von dem der Allgemeinheit, ja *widerspricht* diesem sogar." (II, p. 164, 165.) „... eine Klasse, deren Interesse ||636| niemals genau mit dem der Allgemeinheit übereinstimmt. Sie ist in der Regel daran interessiert, die Öffentlichkeit zu hintergehen, ja sogar zu unterdrücken, und hat beides auch bei vielen Gelegenheiten getan." (II, p. 165.)[65] |636||

[1] der Arbeiter – [2] Kapitalisten (Manufakturisten und Kaufleute)

[FÜNFZEHNTES KAPITEL]

Ricardos Theorie über den Mehrwert

[A. Ricardo über Profit und Rente]

[*1. Ricardos Verwechslung der Gesetze des Mehrwerts mit den Gesetzen des Profits*]

||636| Ricardo betrachtet nirgendwo den *Mehrwert* gesondert und getrennt von seinen besondren Formen – Profit (Zins) und Rente. Daher sind seine Betrachtungen über die organische Zusammensetzung des Kapitals, die von so einschneidender Wichtigkeit ist, beschränkt auf die von A. Smith (eigentlich den Physiokraten) überlieferten Unterschiede in der organischen Zusammensetzung, wie sie aus dem Zirkulationsprozeß entspringen (capital fixe und capital circulant), während er nirgendwo die Unterschiede der organischen Zusammensetzung innerhalb des eigentlichen Produktionsprozesses berührt oder kennt. Daher seine Verwechslung von *Wert* und *Kostenpreis*, die falsche Renttheorie, die falschen Gesetze über die Ursachen des Steigens und Fallens der Profitrate usw.

Profit und Mehrwert sind nur identisch, sofern das vorgeschoßne Kapital identisch ist mit dem direkt in Arbeitslohn ausgelegten Kapital. (Die Rente kommt hier nicht in Betracht, da der Mehrwert ganz zunächst vom Kapitalisten angeeignet wird, [gleichgültig] welche Portionen davon er später an copartners abzugeben habe. Auch ist ja die Rente bei R[icardo] selbst dargestellt als ein vom Profit abgesonderter, ausgeschiedner Teil.) In seinen Betrachtungen über Profit und Salair abstrahiert Ric[ardo] nun auch von dem konstanten Teil des Kapitals, der nicht in Arbeitslohn ausgelegt wird. Er behandelt die Sache so, als würde das ganze Kapital direkt in Arbeitslohn ausgelegt. *Sofern* betrachtet er also den *Mehrwert* und *nicht den Profit* und kann daher von einer Theorie des Mehrwerts bei ihm gesprochen werden.

Andrerseits glaubt er aber, vom Profit als solchem zu sprechen, und drängen sich in der Tat überall Gesichtspunkte unter, die von der Voraussetzung des Profits und nicht des Mehrwerts ausgehn. Wo er die Gesetze des Mehrwerts richtig darstellt, verfälscht er sie dadurch, daß er sie unmittelbar als Gesetze des Profits ausspricht. Andrerseits will er die Gesetze des Profits unmittelbar, ohne die Mittelglieder, als Gesetze des Mehrwerts darstellen.

Wenn wir von seiner Theorie des Mehrwerts sprechen, so sprechen wir also von seiner Theorie des Profits, soweit er diesen mit dem Mehrwert verwechselt, also den Profit nur betrachtet mit Bezug auf das variable Kapital, den in Arbeitslohn ausgelegten Teil des Kapitals. Was er vom Profit im Unterschied vom Mehrwert sagt, werden wir später abhandeln.

So sehr liegt es in der Natur der Sache, daß der Mehrwert nur mit Bezug auf das variable Kapital, das in Arbeitslohn direkt ausgelegte Kapital, behandelt werden kann – und ohne Erkenntnis des Mehrwerts ist keine Theorie des Profits möglich –, daß Ricardo das ganze Kapital als variables Kapital behandelt und von dem konstanten Kapital *abstrahiert*, obgleich es gelegentlich in der Form von advances[1] erwähnt wird.

||637| Ric[ardo] spricht (ch. XXVI *„On Gross and Net Revenue"*) von:

„Gewerbezweigen, in denen *Profit* sich *nach dem Kapital* und nicht nach der *Menge* aufgewendeter *Arbeit richtet.*" ([„On the principles...", 3rd ed.] p. 418.)

Was heißt seine ganze Lehre vom average profit[2] (worauf seine Renttheorie beruht), als daß profits „are in proportion to the *capital*, and *not* in proportion to the *quantity of labour* employed[3]?" Wären sie „in proportion to the quantity of labour employed"[4], so würden gleiche Kapitalien sehr *ungleiche* Profite abwerfen, indem ihr Profit gleich dem in ihrem eignen trade[5] erzeugten Mehrwert wäre, dieser aber abhängt nicht von der Größe des Kapitals überhaupt, sondern der Größe des variablen Kapitals, gleich the quantity of labour employed. Was soll es also heißen, einer besondren Anwendung des Kapitals, *besondren trades* ausnahmsweise zuzuschreiben, that in them profits are proportionate to the amount of capital instead of the quantity of labour employed[6]? Die Rate des Mehrwerts gegeben, muß der amount des Mehrwerts für ein bestimmtes Kapital stets abhängen nicht von der absoluten Größe des Kapitals, sondern von der quantity of labour employed. Andrerseits die average rate of profit gegeben, muß der amount of

[1] Vorschüssen – [2] Durchschnittsprofit – [3] Profite „sich nach dem *Kapital* und *nicht* nach der *Menge* aufgewendeter *Arbeit* richten" – [4] „im Verhältnis zur Menge der aufgewendeten Arbeit" – [5] Gewerbezweig – [6] daß in diesen die Profite in ein Verhältnis gesetzt sind zur Masse des Kapitals statt zur Menge der angewandten Arbeit

profit stets abhängen von dem amount of capital employed[1] und nicht von der quantity of labour employed. Ric[ardo] spricht ausdrücklich von trades, wie der

„Zwischenhandel, der Überseehandel und die Zweige, die teure Maschinen benötigen." (l.c. p. 418.)

D.h., er spricht von trades, die verhältnismäßig viel konstantes und wenig variables Kapital anwenden. Es sind dies zugleich trades, wo im Vergleich mit andren der *total amount* des vorgeschoßnen Kapitals groß ist oder die bloß mit *großen Kapitalien* betrieben werden können. Die Rate des Profits gegeben, hängt der amount of profits überhaupt von der *Größe* der vorgeschoßnen Kapitalien ab. Dies zeichnet aber die trades, worin große Kapitalien und viel konstantes Kapital angewandt wird (dies geht immer zusammen), durchaus nicht aus vor den trades, worin kleine Kapitalien angewandt werden, sondern ist nur eine Anwendung des Satzes, daß gleich große Kapitalien gleich große Profite abwerfen, also größeres Kapital mehr Profit abwirft als kleineres. Dies hat nichts zu tun mit der „quantity of labour employed"[2]. Ob aber die Profitrate überhaupt groß oder klein ist, hängt in der Tat ab von der total quantity of labour employed by the capital of the whole class of capitalists, and from the proportional quantity of *unpaid* labour employed; and, lastly, from the proportion between the capital employed in labour, and the capital merely reproduced as a condition of production[3].

Ric[ardo] selbst polemisiert gegen die Ansicht von A. Smith, daß eine höhere Profitrate im foreign trade,

„daß die großen Profite, welche manchmal durch einzelne Kaufleute im auswärtigen Handel gemacht werden, die allgemeine Profitrate im Lande anheben." (l. c. ch. VII *„On Foreign trade"*, p. 132.)

Er sagt:

„sie behaupten, daß die Gleichheit der Profite durch das allgemeine Steigen der Profite zustande gebracht werden wird; und ich bin der Meinung, daß die Profite des bevorzugten Gewerbes schnell auf den allgemeinen Stand sinken werden." (p. 132, 133.)

Wie weit seine Ansichten richtig, that exceptional profits[4] (wenn nicht verursacht durch Steigen des Marktpreises über den Wert) *trotz der Aus-*

[1] der Masse des angewandten Kapitals – [2] „Menge der aufgewendeten Arbeit" – [3] von der Gesamtmenge der von dem Kapital der ganzen Kapitalistenklasse angewandten Arbeit, von der verhältnismäßigen Menge *unbezahlter* aufgewendeter Arbeit und endlich von dem Verhältnis zwischen dem in Arbeit angewandten Kapital und dem als eine Bedingung der Produktion bloß reproduzierten Kapital – [4] daß außerordentliche Profite

gleichung nicht die general rate of profit erhöhen, wieweit ferner seine Ansicht richtig, daß der foreign trade und die Ausdehnung des Marktes die Profitrate *nicht* erhöhen können, werden wir später sehn.[1] Aber die Richtigkeit seiner Ansicht zugegeben, überhaupt die „equality of profits"[2], wie kann er trades unterscheiden, „where profits are in *proportion to the capital*"[3] and others where they are „in proportion to the quantity of labour employed"[4]?

Im ch. XXVI „*On Gross and Net Revenue*" sagt Ric[ardo]:

„Ich räume ein, daß auf Grund der Natur der Rente ein in der Landwirtschaft angelegtes bestimmtes Kapital auf jedem, außer dem zuletzt bebauten Boden eine größere Menge Arbeit in Bewegung setzt als ein gleiches in Manufaktur und Handel angelegtes." (l.c. p. 419.)

Der ganze Satz Blödsinn. Erstens wird ja auf dem land last cultivated a greater quantity of labour employed[5] – nach Ricardo – als auf allen andren Ländereien. Daher entspringt nach ihm die Rente auf den andren Ländereien. Wie soll daher auf allen andern Ländereien *außer* dem land last cultivated ein gegebnes Kapital mehr Arbeit in Bewegung setzen als in manufactures and trades? Daß das Produkt der beßren Ländereien einen *höhren Marktwert* hat als den *individuellen* Wert, der bedingt ist durch die quantity of labour employed by the capital that cultivates them[6], ist doch nicht identisch damit, daß this capital „puts in motion a greater quantity of labour than an equal capital employed in manufactures and trade"[7]? Wohl aber wäre es richtig gewesen, hätte Ric[ardo] gesagt, daß, abgesehn von dem Unterschied in der Fruchtbarkeit der Ländereien, die Rente überhaupt daher stammt, daß das Agrikulturkapital im Verhältnis zum konstanten Teil des Kapitals eine größre Quantität von Arbeit in Bewegung setzt als das Durchschnittskapital in der not agricultural industry.

||638| Daß Ursachen den Profit erhöhen oder erniedrigen, überhaupt influieren können, *wenn der Mehrwert gegeben ist*, übersieht Ric[ardo]. Weil er Mehrwert mit Profit identifiziert, will er nun konsequent nachweisen, daß Steigen und Fallen der Profitrate nur durch die Umstände bedingt sind, die die Rate des Mehrwerts steigen oder fallen machen. Er übersieht ferner – abgesehn von den Umständen, die die *Profitrate*, obgleich nicht den *amount*

[1] Siehe vorl. Band, S. 438–440 und 470 – [2] „Gleichheit der Profite" – [3] „in denen Profit sich *nach dem Kapital richtet*" – [4] andere wo sie stehen „im Verhältnis zur Menge der aufgewendeten Arbeit" – [5] zuletzt in Anbau genommenen Boden eine größere Menge Arbeit aufgewendet – [6] durch das Kapital angewandte Menge Arbeit, das diese in Anbau nimmt – [7] dieses Kapital „eine größere Menge Arbeit in Bewegung setzt als ein gleiches in der Manufaktur und im Handel angelegtes Kapital"

of profit[1], influieren bei gegebnem amount of surplus value[2] –, daß die Profitrate abhängt vom *amount des Mehrwerts*, keineswegs von der *Rate des Mehrwerts*. Der amount des Mehrwerts hängt von der organischen Komposition des Kapitals ab, wenn die Rate des Mehrwerts, der Surplusarbeit, gegeben ist, d.h. von der Anzahl der Arbeiter, die ein Kapital of given value[3], z.B. 100*l*., beschäftigt. Er hängt von der Rate des Mehrwerts ab, wenn die organische Komposition des Kapitals gegeben ist. Er ist also bestimmt durch die beiden Faktoren: Anzahl der gleichzeitig beschäftigten Arbeiter und Rate der Surplusarbeit. Vergrößert sich das Kapital, welches immer seine organische Zusammensetzung, sie konstant bleibend vorausgesetzt trotz der Vergrößrung, so vergrößert sich der amount of surplus value. Dies ändert aber nichts daran, daß er für ein Kapital of given value, z.B. 100, derselbe bleibt. Ist er hier 10, so ist er für 1000*l*. 100, aber das Verhältnis wird dadurch nicht alteriert.

Ricardo:

„Es kann nicht *zwei verschiedene Profitraten im selben Produktionszweig* geben, und wenn daher der Wert des Produktes in einem unterschiedlichen Verhältnis zum Kapital steht, so wird die Rente und nicht der Profit verschieden sein." (ch. XII *„Land Tax"*, p. 212, 213.)

Dies gilt nur von der normalen Profitrate „in the same employment"[4]. Sonst im direkten Widerspruch mit dem früher zitierten Satz[5]:

„Der Tauschwert aller Waren, ob sie industriell erzeugt werden oder das Produkt des Bergbaus oder des Bodens sind, wird nicht durch die geringere Quantität Arbeit bestimmt, die zu ihrer Produktion unter sehr günstigen Bedingungen ausreicht und in deren Genuß ausschließlich diejenigen kommen, die besondere Produktionsleichtigkeiten haben, sondern durch die größere Menge Arbeit, die notwendigerweise von denen bei ihrer Produktion aufgewendet werden muß, die solche Erleichterungen nicht besitzen, – von denjenigen, die sie dauernd unter den ungünstigsten Bedingungen produzieren; das bedeutet, unter *den ungünstigsten Bedingungen, unter denen die Produktion im Hinblick auf die verlangte Produktenmenge notwendigerweise weitergeführt werden muß*." (ch. II *„On Rent"*, p. 60, 61.)

In dem ch. XII *„Land Tax"* sagt Ric[ardo] gelegentlich gegen Say – und daraus ersieht man, wie der Engländer immer scharf den ökonomischen Unterschied vor Augen hat, während der Kontinentale ihn beständig vergißt:

„Say unterstellt, daß ‚ein Grundeigentümer durch seinen *Fleiß*, durch *Sparsamkeit* und *Geschicklichkeit* seine jährliche Revenue um 5000 Franken steigert'. Ein Grund-

---

[1] die *Masse des Profits* – [2] Masse des Mehrwerts – [3] von gegebenem Wert – [4] „im selben Produktionszweig" – [5] siehe vorl. Band, S. 201 und 311

eigentümer hat aber keine Möglichkeit, seinen Fleiß, Sparsamkeit und Geschicklichkeit auf seinen Boden zu verwenden, solange er ihn nicht selbst bewirtschaftet. Dann aber führt er die Verbesserung in seiner Eigenschaft als Kapitalist und Farmer ein, nicht aber in seiner Eigenschaft als Grundeigentümer. Es ist nicht vorstellbar" {also auch mit dem „skill" plus ou moins[1] Phrase}, „wie er das Produkt seiner Farm durch eine *besondere* Geschicklichkeit seinerseits vermehren kann, ohne vorher das in ihr angelegte Kapital zu vergrößern." (l. c. p. 209.)

In dem *chapter XIII „Taxes on Gold"* (wichtig für Ric[ardo]s Geldtheorie) macht Ric[ardo] einige Zusätze oder weitere Bestimmungen über *market price* und *natural price.* Sie laufen darauf hinaus, daß die Ausgleichung beider rascher oder kürzer erfolgt, je nachdem der peculiar trade[2] rasche oder langsame Steigerung oder Verminderung der supply[3] erlaubt, was wieder dasselbe ist als *rascher oder langsamer transfer* or *withdrawal*[4] des Kapitals to or from the trade in question[5]. Bei seinen Betrachtungen über Grundrente ist dem Ric[ardo] von vielen Seiten der Vorwurf gemacht worden (von Sismondi etc.), daß er die Schwierigkeiten des *withdrawal of capital*[6] für den Pächter übersieht, der viel capital fixe anwendet usw. (Die Geschichte in England von 1815–1830 beweist dies in *hohem Grad.*) So richtig dieser Einwurf ist, so trifft er die Theorie *gar nicht,* läßt sie *ganz unberührt,* denn es handelt sich hier immer nur um eine plus ou moins raschere oder langsamere Ausführung des ökonomischen Gesetzes. Ganz anders verhält es sich aber mit dem *umgekehrten* Einwurf, der application of new capital to new soils[6]. Ric[ardo] nimmt an, daß diese *ohne Intervention* des Landlords geschehn kann, daß das Kapital hier in einem Element operiert, ||639| worin seine Bewegung auf keinen Widerstand stößt. Dies aber *grundfalsch.* Um diese Voraussetzung zu beweisen, daß dies der Fall ist, wo die kapitalistische Produktion und das Grundeigentum entwickelt ist, unterstellt Ric[ardo] stets Fälle, wo das Grundeigentum entweder faktisch oder legal *nicht* existiert und auch die kapitalistische Produktion, wenigstens auf dem Land selbst, *noch nicht* entwickelt ist.

Was nun die eben angedeuteten Sätze betrifft, so sind sie folgende:

„In allen Fällen wird als Resultat einer Besteuerung oder von Produktionsschwierigkeiten schließlich eine Erhöhung der Warenpreise eintreten; die *Dauer des zeitlichen Zwischenraums* jedoch, der verstreicht, bis Marktpreis und natürlicher Preis übereinstimmen, *hängt ab von der Beschaffenheit der Ware* und *der Mühelosigkeit, mit der ihre Menge verringert werden kann.* Wenn sich die Menge der besteuerten Ware nicht

[1] der „Geschicklichkeit" mehr oder weniger – [2] besondere Gewerbezweig – [3] Zufuhr – [4] *Zuführung* oder *Zurückziehung* – [5] zu oder von dem betreffenden Gewerbezweig – [6] *Zurückziehens von Kapital* – [6] Anwendung von neuem Kapital auf neue Böden

vermindern läßt, wenn z.B. das Kapital des Farmers oder des Hutmachers nicht für andere Zweige abgezogen werden kann, hat die Verringerung ihrer Profite unter das allgemeine Niveau auf Grund einer Steuer keine Bedeutung. Es wird ihnen niemals gelingen, den Marktpreis von Getreide und Hüten bis auf deren gestiegenen natürlichen Preis zu erhöhen, es sei denn, die Nachfrage nach ihren Waren steigt. Ihre Ankündigungen, ihre Unternehmen aufzugeben und ihr Kapital in begünstigtere Zweige zu überführen, würden als unausführbare leere Drohungen betrachtet, und der Preis kann daher nicht durch eine eingeschränkte Produktion erhöht werden. Jedoch *können Waren* jeder Art *mengenmäßig verringert* und *Kapital kann von wenig profitablen Zweigen in günstigere überführt werden, allerdings mit unterschiedlicher Geschwindigkeit.* In dem Maße, in dem sich die Zufuhr einer bestimmten Ware ohne Schwierigkeiten für den Produzenten leichter einschränken läßt, wird ihr Preis nach der Vergrößerung der Produktionsschwierigkeiten durch Besteuerung oder andere Maßnahmen schneller steigen." (p. 214, 215.)

„Die Übereinstimmung der Marktpreise und der natürlichen Preise aller Waren hängt immer von der Leichtigkeit ab, mit der die Zufuhr vermehrt oder eingeschränkt werden kann. Im Falle von Gold, Gebäuden und Arbeit und vieler anderer Dinge kann unter gewissen Umständen eine solche Wirkung nicht rasch hervorgerufen werden. Das ist aber anders bei jenen Waren, die alljährlich konsumiert und reproduziert werden, wie Hüte, Schuhe, Getreide und Tuch. Sie können, wenn erforderlich, eingeschränkt werden, und die Zeit, die bis zu einer ihrer erhöhten Produktionsbelastung entsprechenden Beschränkung des Angebots verstreicht, kann nicht erheblich sein." (l. c. p. 220, 221.)

[2. *Verschiedene Fälle der Veränderung der Profitrate*]

In demselben ch. XIII „*Taxes on Gold*" sagt R[icardo]:

„*Rente ist keine Neuschöpfung, sondern lediglich eine Übertragung von Reichtum.*" (l. c. p. 221.)

Is profit *a creation* of wealth, or is it not rather a *transfer* of the surplus labour, from the workman to the capitalist? As to *wages* too, they are, in fact, no *creation* of wealth. But they are no transfer. They are the appropriation of part of the produce of the labour to those who produced it.[1]

In demselben Kapitel sagt Ric[ardo]:

„Eine *Steuer auf Rohprodukte* der Erdoberfläche trifft ... den *Konsumenten* und wird in keiner Weise die Rente berühren, solange sie nicht durch die Verringerung der Fonds

---

[1] Ist Profit *eine Neuschöpfung* von Reichtum oder ist er nicht vielmehr eine *Übertragung* von Mehrarbeit vom Arbeiter auf den Kapitalisten? Auch der *Arbeitslohn* ist in Wirklichkeit keine *Neuschöpfung* von Reichtum. Aber er ist auch keine Übertragung. Er ist die Aneignung eines Teils des Arbeitsprodukts durch jene, die es produziert haben.

für den Unterhalt der Arbeit die Löhne senkt, die Bevölkerung vermindert und die Nachfrage nach Getreide zurückgehen läßt." (p. 221.)

Ob R[icardo] recht damit hat, daß „a tax on *raw produce* from the surface of the earth"[1] weder auf landlord noch Pächter, sondern auf den *consumer* fällt, geht uns hier nichts an. Ich behaupte aber, daß, wenn er recht hat, eine solche tax die *Rente erhöhen* kann, während er glaubt, daß sie sie nicht affiziert, außer es sei denn, daß sie durch Verteuerung der Lebensmittel etc. das Kapital vermindert etc., die Population und die Nachfrage nach Korn. Ric[ardo] bildet sich nämlich ein, daß eine Verteuerung des raw produce die *Profitrate* nur soweit affiziert, als sie die *Lebensmittel* des Arbeiters verteuert. Und hier ist richtig, daß eine Verteuerung des *raw produce* nur insofern die *Mehrwertsrate* und daher den *Mehrwert* selbst, also *dadurch* die Profitrate, affizieren kann. Aber den *Mehrwert* als gegeben vorausgesetzt, würde eine Verteuerung des „raw produce from the surface of the earth"[2] den Wert des konstanten Kapitals im Verhältnis zum variablen *erhöhn*, das Verhältnis des konstanten Kapitals zum variablen vergrößern, und *daher* die *Profitrate* senken, also die *Rente* erhöhn. Ric[ardo] geht von der Ansicht aus, ||640| daß, soweit Erhöhung oder Verwohlfeilerung des *Rohprodukts* nicht den Arbeitslohn affiziert, sie nicht den Profit affiziert; denn, räsoniert er {eine Stelle, auf die wir später zurückkommen werden[3], ausgenommen}, die Rate bleibt dieselbe, der Wert des vorgeschoßnen Kapitals falle oder steige. Wächst das vorgeschoßne Kapital im Wert, so wächst also das Produkt im Wert und ebenso der Teil des Produkts, der das Surplusprodukt, gleich Profit, bildet. Umgekehrt bei einem Fallen im Wert des vorgeschoßnen Kapitals. Dies ist nur richtig, wenn, sei es infolge einer Verteurung des Rohmaterials, Steuer etc., variables Kapital und konstantes Kapital in *gleichem Verhältnis* ihren Wert variieren. In diesem Falle bleibt die Rate dieselbe, weil [no]change in the organic composition of the capital has taken place[4]. Und selbst dann muß *unterstellt* werden, was für temporary changes[5] der Fall ist, daß der Arbeitslohn derselbe bleibt, das raw produce mag steigen oder fallen (also derselbe bleibt, ob der Gebrauchswert des Arbeitslohns steigt oder fällt bei gegebnem, gleichbleibendem Wert).

Es sind folgende Fälle möglich:

Erstens die beiden Hauptunterscheidungen:

A. Durch *change in der Produktionsweise* wechselt das *Verhältnis* zwischen den Massen des capital constant und capital variable, die employiert werden.

[1] „eine Steuer auf *Rohprodukte* der Erdoberfläche" – [2] „Rohprodukts der Erdoberfläche" – [3] siehe vorl. Band, S. 433/434 – [4] [kein] Wechsel in der organischen Zusammensetzung des Kapitals eingetreten ist – [5] vorübergehende Wechsel

Hier bleibt die Rate des Mehrwerts dieselbe, wenn der Arbeitslohn als konstant (dem Wert nach) {i.e. der Arbeitszeit nach (die er repräsentiert)} vorausgesetzt ist. Aber der Mehrwert selbst wird affiziert, wenn die Anzahl der mit demselben Kapital angewandten Arbeiter – i.e. das variable Kapital – changiert. Fällt durch den change in der Produktionsweise relativ das konstante Kapital, so wächst der Mehrwert, also die Profitrate. Wenn umgekehrt, umgekehrt.

Es ist hier stets vorausgesetzt, daß der Wert pro tanto, pro *100* z.B., des konstanten und variablen Kapitals *derselbe* bleibt.

Es ist hier nicht möglich, daß der change in der Produktionsweise gleichmäßig das konstante und variable Kapital affiziert; also z.B. capital constant und capital variable – ohne Wertwechsel – gleichmäßig wachsen oder fallen müssen. Denn die Notwendigkeit des Fallens und Steigens hängt hier stets mit veränderter Produktivität der Arbeit zusammen. Es ist die *Differenz*, nicht gleichmäßige Affektion, die ein change in der Produktionsweise bewirkt; was nichts damit zu tun hat, daß, die *organic composition des Kapitals* vorausgesetzt, großes oder kleines Kapital angewandt werden muß.

B. *Gleichbleibende Produktionsweise. Change im Verhältnis von konstantem und variablem Kapital* bei gleichbleibenden relativen Massen derselben (so daß jedes nach wie vor denselben aliquot part vom Gesamtkapital bildet) durch *Wertwechsel* der Waren, die in das konstante Kapital oder das variable Kapital eingehn.

Hier möglich:

[1.] Der Wert des konstanten Kapitals bleibt derselbe, der des variablen steigt oder fällt. Dies würde stets den Mehrwert und dadurch die Profitrate affizieren.

[2.] Der Wert des variablen Kapitals bleibt derselbe, der des konstanten steigt oder fällt. Dann würde die Profitrate im ersten Fall fallen, im zweiten steigen.

[3.] Fallen beide gleichzeitig, aber in ungleichem Verhältnis, so ist immer das eine gegen das andre gestiegen oder gefallen.

[4.] Der Wert des konstanten und variablen Kapitals wird *gleichmäßig* affiziert, sei es, daß beide steigen oder beide fallen. Steigen beide, so fällt die Profitrate, aber nicht, weil das konstante Kapital steigt, sondern weil das variable *steigt* und daher der Mehrwert fällt (indem nur sein Wert steigt, obgleich es nach wie vor dieselbe Anzahl Arbeiter, vielleicht auch kleinere, in Bewegung setzt). Fallen beide, so steigt die Profitrate, aber nicht, weil das konstante Kapital fällt, sondern weil das variable fällt (im Wert), also der Mehrwert wächst.

C. *Change in der Produktionsweise und change im Wert der Elemente, die das capital constant oder variable bilden.* Hier kann ein change den andern paralysieren, wenn z. B. die Masse des capital constant wächst, während sein Wert fällt oder derselbe bleibt (also auch *pro tanto*, pro 100 fällt) oder seine Masse fällt, aber sein Wert im selben Verhältnis steigt oder derselbe bleibt (also pro tanto steigt[1]). In diesem Falle träte gar kein Wechsel in der organischen Zusammensetzung ein. Die Profitrate bliebe unalteriert. Mit Ausnahme des Agrikulturkapitals kann es aber nie vorkommen, daß seine Masse fällt gegen das variable Kapital, während sein Wert *steigt*.

Dies Paralysieren ist unmöglich für variable capital (bei gleichbleibendem realen Arbeitslohn).

Diesen einen Fall ausgenommen, ist also nur möglich, daß Wert und Masse des konstanten Kapitals relativ zugleich fallen oder steigen gegenüber dem variablen Kapital, also sein Wert absolut steigt oder fällt gegen das variable Kapital. Dieser case[2] bereits betrachtet. Daß sie gleichzeitig fallen oder steigen, ||641| aber in ungleichem Verhältnis, dies reduziert sich immer darauf, nach der Voraussetzung, daß der Wert des konstanten Kapitals steigt oder fällt, relativ zum variablen.

Dies schließt auch den andren Fall ein. Denn steigt seine Masse, so nimmt die des variablen relativ ab und umgekehrt. Ebenso mit dem Wert. |641||

[3. *Gegensätzliche Veränderungen im Wert des konstanten und variablen Kapitals und ihr Einfluß auf die Profitrate*]

||642| *Zu 640* C noch zu bemerken:

Es wäre möglich, daß der Arbeitslohn stiege, aber das capital constant fiele *in Wert*, nicht in *Masse*. Entspräche sich das Steigen und Fallen nun so an beiden Enden, so könnte die Profitrate unalteriert bleiben. Z. B. wenn das konstante Kapital = 60 *l.*, der Arbeitslohn = 40 und die Rate des Mehrwerts = 50 p. c., so das Produkt = 120. Und die Profitrate = 20 p. c. Fiele nun das konstante Kapital, obgleich seine Masse dieselbe bliebe, zu 40 und höbe sich das Salair zu 60 und fiele der Mehrwert von 50 p. c. auf $33^1/_3$ p. c., so das Produkt = 120 und die Profitrate = 20. Dies ist falsch.

Nach der Voraussetzung der Gesamtwert des angewandten Arbeitsquantums = 60 *l.* Stiege daher der Arbeitslohn auf 60, so Mehrwert und

[1] In der Handschrift: fällt – [2] Fall

daher Profitrate = 0. Stiege er nicht so hoch, so würde aber jedes Steigen desselben ein Fallen des Mehrwerts verursachen. Stiege der Lohn auf 50, so der Mehrwert = 10 *l.*, wenn auf 45 *l.* = 15 etc. Unter allen Umständen also fiele der Mehrwert und die Profitrate im selben Maße. Denn wir messen hier das unverändert gebliebene Gesamtkapital. Bei dem Kapital von gleicher Größe (dem Gesamtkapital) muß unbedingt die Profitrate steigen und fallen nicht mit der Rate des Mehrwerts, aber mit dem absolute amount of surplus value[1]. Fiele aber im obigen Beispiel der Flachs so tief, daß die Masse, die dieselbe Anzahl Arbeiter verspinnt, mit 40 *l.* gekauft werden kann, so hätten wir:

capital constant	capital variable	Mehrwert	Wert des Produkts	Vorgeschossenes Kapital	Profitrate
40	50	10	100	90	$11^1/_9$ p.c.

Die Profitrate wäre noch gefallen unter 20 p.c.

Wäre dagegen:

capital constant	capital variable	Mehrwert	Wert des Produkts	Vorgeschossenes Kapital	Profitrate
30	50	10	90	80	$12^1/_2$ p.c.

Wäre:

capital constant	capital variable	Mehrwert	Wert des Produkts	Vorgeschossenes Kapital	Profitrate
20	50	10	80	70	$14^2/_7$ p.c.

Unter der Voraussetzung paralysiert das Fallen im Wert des konstanten Kapitals immer nur teilweise das Steigen im Wert des variablen Kapitals. Unter der Voraussetzung könnte es dasselbe nie ganz paralysieren, denn damit die Profitrate = 20, müßten 10 = $^1/_5$ des vorgeschoßnen Totalkapitals. Dies aber in dem Fall, wo das capital variable = 50, nur möglich, wenn das konstante Kapital = 0. Nimm dagegen an, das variable Kapital stiege nur auf 45, in diesem Fall der Mehrwert = 15. Und setze, das konstante Kapital falle auf 30, in diesem Falle:

capital constant	capital variable	Mehrwert	Wert des Produkts	Vorgeschossenes Kapital	Profitrate
30	45	15	90	75	20 p.c.

[1] der absoluten Masse des Mehrwerts

In diesem Falle paralysierten sich also die beiden Bewegungen völlig.

||643| Nimm ferner an:

capital constant	capital variable	Mehrwert	Wert des Produkts	Vorgeschossenes Kapital	Profitrate
20	45	15	80	65	23 1/13 p.c.

Also könnte in diesem Falle, selbst bei dem Fallen des Mehrwerts, die Profitrate *steigen* wegen des ungleich größern Falls in dem Wert des konstanten Kapitals. Mit demselben Kapital 100 könnten mehr Arbeiter trotz des gestiegnen Arbeitslohns und des Falls in der Rate des Mehrwerts angewandt werden. Trotz des Falls der Rate des Mehrwerts würde der Mehrwert selbst, daher der Profit wachsen, weil die Anzahl der Arbeiter wüchse. Das obige Verhältnis von C^{20} V^{45} gibt uns nämlich bei einer Kapitalauslage von 100 das folgende Verhältnis:

capital constant	capital variable	Mehrwert	Wert des Produkts	Vorgeschossenes Kapital	Profitrate
30 10/13	69 3/13	23 1/13	123 1/13	100	23 1/13 p.c.

Das Verhältnis von Rate des Mehrwerts und Arbeiteranzahl wird hier sehr wichtig. Ric[ardo] betrachtet es nie. |643||

||641| Es ist klar, daß, was hier als *Variation* innerhalb der *organischen Komposition* eines Kapitals betrachtet worden, ebenso als Unterschied der *organischen Komposition* zwischen *verschiedenen Kapitalien*, Kapitalien in different trades[1], sich geltend machen kann.

Erstens: Statt der Variation in der organischen Komposition *eines* Kapitals – Differenz in der *organischen Komposition verschiedner* Kapitalien.

Zweitens: Alteration der organischen Komposition durch *Wertwechsel* in den zwei Teilen eines Kapitals, ebenso Differenz im *Wert* des *angewandten Rohmaterials* und *Maschinerie* für verschiedne Kapitalien. Dies gilt nicht für das capital variable, da gleicher Arbeitslohn in den different trades vorausgesetzt. Die Verschiedenheit in der *value* of different days of labour in different trades[2] hat nichts mit der Sache zu tun. Ist die Arbeit eines Goldschmieds teurer als die eines labourer[3], so ist die Surpluszeit des Goldschmieds im selben Verhältnis teurer als die des peasant[4].[66] |641||

[1] verschiedenen Gewerbezweigen – [2] *Wert* der verschiedenen Arbeitstage in verschiedenen Gewerbezweigen – [3] Arbeiters – [4] Ungelernten

[4. *Ricardos Verwechslung von Kostenpreis und Wert in seiner Theorie vom Profit*]

||641| *In ch.XV „Taxes on Profits"* sagt Ric[ardo]:

„Steuern auf jene Waren, die man gemeinhin Luxusgüter nennt, treffen nur jene, die sie verbrauchen. ... Steuern auf lebenswichtige Güter aber belasten die Konsumenten dieser Güter nicht nur entsprechend der vielleicht von ihnen konsumierten Menge, sondern oftmals in einem bedeutend größeren Ausmaße." Z.B. a tax on corn. „Sie verändert die Profitrate des Kapitals. Was immer den Arbeitslohn erhöht, senkt den Kapitalprofit; daher hat jede Steuer auf eine vom Arbeiter konsumierte Ware eine Tendenz, die Profitrate zu senken." (p.231.)

Taxes on consumers sind zugleich taxes on producers, soweit das Objekt der tax nicht nur in die individuelle Konsumtion, sondern auch in die industrielle Konsumtion eingeht oder nur in die letztre eingeht. Dies gilt aber nicht nur für necessaries, consumed by workmen[1]. Es gilt von allen Materialien, industrially consumed by the capitalist[2]. Jede solche tax vermindert die Profitrate, weil sie den Wert des konstanten Kapitals im Verhältnis zum variablen erhöht. Z.B. eine tax, die auf Flachs gelegt wäre oder auf Wolle. ||642| Der Flachs steigt im Preis. Der Flachsspinner kann also mit einem Kapital von 100 nicht mehr dieselbe Quantität in Flachs auslegen. Da die Produktionsweise dieselbe geblieben, so braucht er dieselbe Quantität Arbeiter, um dasselbe Quantum Flachs zu spinnen. Aber der Flachs hat mehr Wert verhältnismäßig als früher zu dem in Arbeitslohn ausgelegten Kapital. Also fällt die Profitrate. Das Steigen des Preises des linen-yarn[3] nützt ihm dabei nichts. Die absolute Höhe dieses Preises überhaupt gleichgültig für ihn. Es handelt sich nur um den Überschuß des Preises über den Preis der advances[4]. Wollte er nun das Gesamtprodukt erhöhen, nicht nur um den Preis des Flachses, sondern so, daß ihm dasselbe Quantum Garn denselben Profit wie früher zahlt, so würde die Nachfrage, die schon fällt infolge des Steigens des Rohmaterials des Garns, noch mehr fallen infolge der künstlichen Steigung durch Erhöhung des Profits. Trotzdem, daß die Profitrate on an average[5] gegeben ist, geht dieses Zuschlagen in solchen Fällen nicht.[67] |642||

||643| *Ch.XV „Taxes on Profits"* sagt R[icardo]:

[1] die lebenswichtigen Güter, die von den Arbeitern konsumiert werden – [2] die vom Kapitalisten industriell konsumiert werden – [3] Leinengarns – [4] Vorschüsse – [5] im Durchschnitt

„In einem früheren Teile dieses Werkes wurden die Wirkungen der Teilung des Kapitals in *fixes und zirkulierendes*, oder besser in *dauerhaftes und vergängliches Kapital* auf die Warenpreise erörtert. Es wurde gezeigt, daß zwei Fabrikanten genau den gleichen Betrag an Kapital aufwenden und daraus genau die gleichen Summen an Profit beziehen können, daß sie aber ihre Waren für sehr verschiedene Geldbeträge verkaufen werden, je nachdem das von ihnen verwendete Kapital rasch oder langsam verbraucht und reproduziert wird. Der eine kann seine Ware für 4000 *l.*, der andere für 10 000 *l.* verkaufen, und beide können 10 000 *l.* Kapital verwenden und 20 Prozent oder 2000 *l.* Profit erhalten. Das Kapital des einen kann sich z.B. zusammensetzen aus 2000 *l.* zirkulierendem Kapital, das reproduziert werden muß, und 8000 *l.* fixem, angelegt in Gebäuden und Maschinerie; das Kapital des anderen kann aus 8000 *l.* zirkulierendem und nur 2000 *l.* fixem Kapital – Maschinerie und Gebäude – bestehen. Wenn nun jeder der beiden mit 10 Prozent oder 200 *l.* seines Einkommens besteuert wird, so muß der eine, damit sein Geschäft ihm die *allgemeine Profitrate* abwirft, seine Waren von 10 000 *l.* auf 10 200 *l.* erhöhen; der andere wird ebenso gezwungen sein, den Preis seiner Waren von 4000 *l.* auf 4200 *l.* zu steigern. Vor Einführung der Steuer waren die von dem einen dieser Fabrikanten verkauften Waren $2^1/_2$ mal soviel wert als die Waren des anderen, nachher werden sie 2,42 mal soviel wert sein. Die eine Warenart wird um zwei Prozent gestiegen sein, die andere um fünf Prozent. Eine Einkommensteuer wird daher, sofern das Geld weiterhin im Wert unverändert bleibt, die relativen Preise *und* Werte der Waren verändern." (p.234, 235.)

In diesem letzten „and" – prices *and* value"[1] – liegt der Fehler. Dieser change of prices[2] würde nur beweisen – ganz wie im Fall mit der differenten Teilung des Kapitals in fixes und zirkulierendes –, daß damit die *general rate of profit* hergestellt werde, die durch ihn bestimmten, regulierten Preise oder Kostenpreise sehr verschieden von *Werten* der Waren. Und dieser wichtigste Gesichtspunkt existiert für R[icardo] nirgends.

In demselben chapter sagt er:

„Wenn ein Land nicht besteuert wird und das Geld an Wert verliert, so wird dessen Überfluß auf jedem Warenmarkt" {hier die lächerliche Vorstellung, daß ein Fallen im Wert des Geldes begleitet sein müßte von dessen Überfluß auf jedem Warenmarkt} ||644| „ähnliche Wirkungen hervorrufen. Falls Fleisch um 20 Prozent steigt, werden Brot, Bier, Schuhe, Arbeit und *jedwede Ware* ebenfalls um 20 Prozent steigen; das ist erforderlich, damit jedem Zweig die gleiche Profitrate gesichert wird. Doch trifft das nicht mehr zu, sobald eine dieser Waren besteuert wird; wenn sie in einem solchen Falle dem Ausmaß der Verminderung des Geldwertes entsprechend alle steigen, *ergeben sich ungleiche Profite*. Bei versteuerten Waren *werden die Profite über das allgemeine Niveau erhöht* und Kapital *wird von einem Zweig zum anderen solange übergeleitet, bis wiederum ein gleicher Stand der Profite hergestellt ist*, was aber nur nach *einer Änderung der relativen Preise* der Fall sein kann." (p.237.)

[1] „und" – „Preise *und* Werte" – [2] Diese Änderung der Preise

Und so wird das equilibrium of profits[1] überhaupt dadurch hervorgebracht, daß die relative *values*[2], die *real values* of commodities are altered, and so adapted to each other that they corresponded, not to their real value, but to the yielding of the average profit[3].

[5. *Verhältnis von allgemeiner Profitrate und Rate der absoluten Rente. Einfluß der Lohnsenkung auf die Kostenpreise*]

In ch. XVII: „*Taxes on other Commodities than raw produce*" sagt Ric[ardo]:

„Buchanan meint, Getreide und Rohprodukte besäßen einen Monopolpreis, weil sie eine Rente abwerfen. Er nimmt an, daß alle Waren, die eine Rente abwerfen, einen Monopolpreis haben müssen und schließt daraus, daß alle Steuern auf Rohprodukte den Grundeigentümer und nicht den Konsumenten treffen.

‚Da der *Preis des Getreides*', sagt er, ‚das stets eine Rente abwirft, *in keiner Weise durch die Ausgaben für seine Produktion beeinflußt wird, so müssen jene Ausgaben aus der Rente getragen werden*, und daher ist das Resultat, sobald sie steigen oder fallen, nicht ein höherer oder niedrigerer Preis, sondern eine höhere oder niedrigere Rente. Unter diesem Gesichtspunkt sind alle Steuern auf landwirtschaftliches Dienstpersonal, Pferde oder landwirtschaftliche Gerätschaften in Wirklichkeit Grundsteuern. Die Last fällt auf den Farmer während der Dauer seines Pachtvertrages und auf den Grundeigentümer, sobald die Pacht erneuert werden muß. In gleicher Weise *verringern* alle jene Einrichtungen des Betriebes, die dem Farmer Ausgaben ersparen, wie Dresch- und Erntemaschinen, alles, was ihm den Zugang zum Markt erleichtert, wie gute Straßen. Kanäle und Brücken, *den Marktpreis des Getreides nicht*, obwohl sie seine ursprünglichen Kosten vermindern. Was immer durch jene Verbesserungen eingespart wird, fällt daher dem Grundeigentümer als Teil seiner Rente zu.'

Sobald wir Buchanan das Fundament zugestehen," (sagt Ric[ardo]), „auf dem seine Beweisführung aufgebaut ist, nämlich, daß der Getreidepreis stets eine Rente abwirft, ergeben sich offensichtlich alle die von ihm behaupteten Schlußfolgerungen ganz selbstverständlich." (p. 292, 293.)

This is by no means evident.[4] Das, worauf Buchanan sein Argument gründet, ist nicht that all corn yields a rent[5], sondern that all corn which yields a rent is sold at a *monopoly price*[6], und daß monopoly price, im Sinne

---

[1] der gleiche Stand der Profite – [2] relativen *Werte* – [3] *realen Werte* der Waren geändert und untereinander so ausgeglichen werden, daß sie nicht nach ihren realen Werten, sondern nach dem Durchschnittsprofit, den sie abwerfen müssen, einander entsprechen – [4] Dies ist keineswegs offensichtlich. – [5] daß alles Getreide eine Rente abwirft – [6] daß alles Getreide, das eine Rente abwirft, zu einem *Monopolpreis* verkauft wird

wie A. Smith es erklärt und auch Ricardo meint, „the very highest price at which the consumers are willing to purchase the commodity“[1] [68].

Dies ist nun eben falsch. Corn, which yields a rent[2] (abgesehn von der Differentialrente) ist nicht sold at a monopoly price[3] im Sinne Buchanans. Es ist nur insofern zu einem Monopolpreis verkauft, als es über seinem *Kostenpreis zu seinem Wert* verkauft ist. Sein Preis ist bestimmt durch die quantity of labour realized in it[4] nicht durch die expenses of its production[5], und die Rente ist der Überschuß der value[6] über den Kostenpreis, also durch den letzteren bestimmt; desto größer, je kleiner der Kostenpreis im Verhältnis zur value, und desto kleiner, je größer der Kostenpreis im Verhältnis zur value. Alle improvements[7] senken den Wert des Korns, weil [sie] das zu seiner Produktion erheischte Quantum Arbeit [vermindern]. Ob sie nun die Rente fallen machen, hängt von verschiednen Umständen ab. Wird das Korn wohlfeiler und verwohlfeilert sich damit der Arbeitslohn, so steigt die Rate des Mehrwerts. Ferner fielen die expenses[8] des farmers in Samen, Viehfutter etc. Damit würde die Profitrate in allen andren not agricultural trades steigen und daher *auch* in der Agrikultur. In den not agricultural trades würden die relativen Massen von immediate und accumulated labour[9] dieselben bleiben; die Anzahl der Arbeiter dieselbe (im Verhältnis zum konstanten Kapital), aber der Wert des capital variable sinken, also der Mehrwert ||645| steigen, also die Profitrate. *Infolgedessen* [stiegen sie] auch in dem agricultural trade. Rente fällt hier, weil Profitrate steigt. *Das Korn wird wohlfeiler, aber sein Kostenpreis wächst. Die Differenz zwischen seinem Wert und seinem Kostenpreis fällt daher.*

Nach unsrer Voraussetzung war das Verhältnis für das Durchschnitts-not agricultural capital $= C^{80} V^{20}$, die Rate des Mehrwerts $= 50$ p.c., Mehrwert daher $= 10$ und die Profitrate $= 10$ p.c. Also der Wert des Produkts des durchschnittlichen Kapitals von $100 = 110$.

Nimm nun an, infolge der Verwohlfeilerung der Getreidepreise fiele der Arbeitslohn um $^1/_4$, so würde *dieselbe Arbeiteranzahl*, die auf ein capital constant von 80 *l.*, d.h. auf dieselbe Masse Rohmaterial und Maschinerie beschäftigt wird, nur mehr kosten 15 *l.* Und dieselbe Masse Waren hätte den Wert von $C^{80} V^{15} + 15$, da das Quantum Arbeit, was sie arbeiten, $= 30$ *l.* nach der Voraussetzung. Also der Wert derselben Masse von Waren $= 110$ nach wie vor. Das ausgelegte Kapital betrüge aber nur mehr 95 und 15 auf

[1] „der höchste Preis ist, zu dem die Konsumenten bereit sind, die Ware zu kaufen“ – [2] Getreide, das eine Rente abwirft – [3] zu einem Monopolpreis verkauft – [4] in ihm vergegenständlichte Arbeitsmenge – [5] Kosten seiner Produktion – [6] des Werts – [7] Verbesserungen – [8] Ausgaben – [9] unmittelbarer und aufgehäufter Arbeit

95 = $15^{15}/_{19}$ p.c. Würde aber dieselbe Masse Kapital ausgelegt oder auf ein Kapital von 100, wäre das Verhältnis: $C^{84^4/_{19}}\,V^{15^{15}/_{19}}$. Der Profit aber = $15^{15}/_{19}$. Und der Wert des Produkts = $115^{15}/_{19}$ *l.* Nach der Voraussetzung aber war das agricultural capital = $C^{60}\,V^{40}$ und sein Wert = 120. Rente = 10, solange der Kostenpreis = 110. Sie wäre jetzt nur noch = $4^4/_{19}$. Denn $115^{15}/_{19} + 4^4/_{19} = 120$ *l.*

Wir sehn hier: Das Durchschnittskapital von 100 *l.* produzierte Waren zum Kostenpreis von $115^{15}/_{19}$, statt früher von 110. Wäre dadurch der Durchschnittspreis der Ware gestiegen?

Ihr Wert wäre derselbe geblieben, da dieselbe Masse Arbeit erheischt, um dasselbe Quantum Rohmaterial und Maschinerie in Produkt zu verwandeln. Aber dasselbe Kapital von 100 setzte mehr Arbeit in Bewegung und verwandelte statt früher für 80, jetzt für $84^4/_{19}$ capital constant in Produkt. Von derselben Masse Arbeit wäre aber mehr unbezahlte Arbeit. Daher Wachsen des Profits und des *Gesamtwerts* der von 100 *l.* produzierten Warenmasse. Der Wert der einzelnen Ware derselbe geblieben, aber mehr Ware *zu demselben Wert* mit Kapital von 100 produziert. Wie aber verhielte es sich mit dem Kostenpreis in den einzelnen trades?

Nimm an, das not agricultural capital bestehe aus folgenden Kapitalien:

			Produkt	Differenz zwischen Wert und Kostenpreis
1.	$C^{80}\,V^{20}$	Damit sie zu denselben	= 110 (Wert = 110)	0
2.	$C^{60}\,V^{40}$	Kostenpreisen verkauften	= 110 (Wert = 120)	−10
3.	$C^{85}\,V^{15}$		= 110 (Wert = $107^1/_2$)	+ $2^1/_2$
4.	$C^{95}\,V^{5}$		= 110 (Wert = $102^1/_2$)	+ $7^1/_2$

so das Durchschnittskapital = $C^{80}\,V^{20}$.

Für 2 die Differenz = − 10, für 3 und 4 = + 10. Für das ganze Kapital von 400 = 0 − 10 + 10 = 0. Werden die 400 Kapital zu 440 verkauft, so werden die von ihm produzierten Waren zu *ihrem Wert* verkauft. Dies macht aber 10 p.c. Aber [bei] 2 werden die Waren 10 *l.* unter ihrem Wert, 3 $2^1/_2$ über ihrem Wert und 4 $7^1/_2$ über ihrem Wert verkauft. Nur 1 wird zu seinem Wert verkauft, wenn es zu seinem Kostenpreis = 100 Kapital + 10 Profit, verkauft wird.

||646| Wie aber hätte sich infolge des Sinkens des Arbeitslohns um $^1/_4$ das Verhältnis gestaltet?

Für Kapital 1: Statt $C^{80}\,V^{20}$ nun $C^{84^4/_{19}}\,V^{15^{15}/_{19}}$, *Profit* $15^{15}/_{19}$, *Wert des Produkts* $115^{15}/_{19}$.

Für Kapital 2: Nur mehr 30 in Arbeitslohn ausgelegt, denn $^1/_4$ von 40 = 10 und 40 – 10 = 30. Das Produkt = $C^{60}\ V^{30}$ und der Mehrwert = 30. (Denn der *Wert der angewandten Arbeit = 60 l.*) Auf Kapital von 90 = $33^1/_3$ p.c. Für 100 das Verhältnis: $C^{66^2/_3}\ V^{33^1/_3}$ *und der Wert* = $133^1/_3$. Profitrate = $33^1/_3$.

Für Kapital 3: Nur mehr $11^1/_4$ in Arbeitslohn, denn $^1/_4$ von 15 = $3^3/_4$ und 15 – $3^3/_4$ = $11^1/_4$. Das Produkt wäre $C^{85}\ V^{11^1/_4}$ und der Mehrwert = $11^1/_4$. (Wert der angewandten Arbeit = $22^1/_2$.) Auf ein Kapital von $96^1/_4$. Dies aber = $11^{53}/_{77}$ p.c. Für 100 das Verhältnis: $C^{88^{24}/_{77}}\ V^{11^{53}/_{77}}$. Profitrate = $11^{53}/_{77}$ und Produkt = $111^{53}/_{77}$.

Für Kapital 4: Nur mehr $3^3/_4$ in Arbeitslohn ausgelegt, denn $^1/_4$ von 5 = $1^1/_4$ und 5 – $1^1/_4$ = $3^3/_4$. Das Produkt $C^{95}\ V^{3^3/_4}$ und der Mehrwert = $3^3/_4$ (denn der Wert der Gesamtarbeit = $7^1/_2$). Auf ein Kapital von $98^3/_4$. Dies = $3^{63}/_{79}$ p.c. Für 100 das Verhältnis: $C^{96^{16}/_{79}}\ V^{3^{63}/_{79}}$. Profitrate = $3^{63}/_{79}$. Wert = $103^{63}/_{79}$.

Wir hätten also:

	Profitrate	Produkt		Differenz von Kostenpreis und Wert
1. $C^{84^4/_{19}}\ V^{15^{15}/_{19}}$	$15^{15}/_{19}$	Damit sie zu	= 116 (Wert = $115^{15}/_{19}$)	$+^4/_{19}$
2. $C^{66^2/_3}\ V^{33^1/_3}$	$33^1/_3$	denselben	= 116 (Wert = $133^1/_3$)	$-17^1/_3$
3. $C^{88^{24}/_{77}}\ V^{11^{53}/_{77}}$	$11^{53}/_{77}$	Kostenpreisen	= 116 (Wert = $111^{53}/_{77}$)	$+4^{24}/_{77}$
4. $C^{96^{16}/_{79}}\ V^{3^{63}/_{79}}$	$3^{63}/_{79}$	verkauften	= 116 (Wert = $103^{63}/_{79}$)	$+12^{16}/_{79}$
Total 400	64 (mit Überschlagung einer Bruchzahl)			

Dies macht 16 p.c. Exakter, etwas mehr als $16^1/_7$ p.c.[1] Die Rechnung stimmt nicht ganz, weil wir eine Bruchzahl für den Durchschnittsprofit beseitigt, nicht in Rechnung gebracht haben, wodurch die negative Differenz bei II etwas zu groß und [die positive] bei I, III, IV etwas zu klein erscheint. Man sieht aber, daß sonst die positiven und negativen Differenzen sich auflösen würden. Man sieht aber, daß einerseits der Verkauf von II *unter* seinen Wert und von III und namentlich IV *über* seinen Wert bedeutend zunehmen würde. Allerdings wäre der Zuschlag oder Abschlag nicht so groß für das einzelne Produkt, wie es hiernach schiene, da in allen 4 Kategorien mehr Arbeit angewandt und daher mehr konstantes Kapital (Rohmaterial und

[1] In der Handschrift: Exakter 16 *l.* $12^1/_2$ sh., mit Überschlagung einiger Bruchteile noch nicht = 2 d.

Maschinerie) in Produkt verwandelt ist, der Auf- und Abschlag sich also über eine größre Masse Waren verteilen würde. Indes bliebe er immer noch bedeutend.

Und so zeigte sich, daß das Sinken des Arbeitslohns Steigen der Kostenpreise für I, III, IV, sehr bedeutend für IV, verursacht hätte. Es ist dasselbe Gesetz, was Ricardo entwickelt hat bei der Differenz zwischen zirkulierendem[1] und fixem Kapital, aber keineswegs bewiesen hat oder beweisen könnte, daß das vereinbar mit dem Gesetz des Wertes und daß der Wert der Produkte für das Gesamtkapital derselbe bleibt.[69]

||647| Viel komplizierter wird die Rechnung und die Ausgleichung, nähmen wir noch Rücksicht auf die aus dem Zirkulationsprozeß entspringenden Unterschiede der organischen Komposition des Kapitals. Denn bei unsrer Rechnung nahmen wir an, daß das ganze vorgeschoßne *konstante Kapital* in das Produkt eingeht, also nur den *déchet*[2] des fixen Kapitals enthält, während des Jahres z.B. (da wir den Profit für das Jahr berechnen müssen). Die Werte der Produktenmassen würden sich sonst sehr verschieden stellen, während sie hier nur mit dem variablen Kapital changieren. Zweitens größre Differenzen in der *Masse des erzeugten Mehrwerts* im Verhältnis zum vorgeschoßnen Kapital bei gleicher Rate des Mehrwerts, aber verschiedner Umlaufszeit. Von der Differenz des variablen Kapitals abgesehn, würden sich die Massen der Mehrwerte verhalten wie die Massen der verschiednen Werte, die von denselben Kapitalien erzeugt sind. Die Profitrate käme noch viel tiefer zu stehn, da wo ein relativ großer Teil des konstanten Kapitals aus fixem Kapital besteht, und viel höher, wo ein relativ großer Teil des Kapitals aus zirkulierendem Kapital besteht, am höchsten da, wo das variable Kapital relativ groß gegen das konstante Kapital, in dem zugleich der fixe Bestandteil relativ klein. Wäre das Verhältnis von zirkulierendem[3] und fixem Kapital im konstanten Kapital *gleich* in den verschiednen Kapitalien, so würde bloß der Unterschied von variablem Kapital und konstantem entscheiden. Wäre das Verhältnis von variablem Kapital zu konstantem gleich, so [entscheidet] nur der Unterschied von fixem und zirkulierendem Kapital, nur die Differenz innerhalb des konstanten Kapitals selbst.

Die Profitrate des farmers würde, wie wir gesehn haben, unter allen Umständen steigen, wenn infolge der Verwohlfeilerung des Korns die allgemeine Profitrate des not agricultural capital wüchse. Ob seine Profitrate direkt stiege[4], ist die Frage, und scheint von der Natur der improvements

---

[1] In der Handschrift: konstantem – [2] *Verschleiß* – [3] in der Handschrift: konstantem – [4] in der Handschrift: fiele

abzuhängen. Wären die improvements der Art, daß das in Arbeitslohn ausgelegte Kapital bedeutend fiele gegen das in Maschinerie etc. ausgelegte, so brauchte seine Profitrate nicht direkt zu steigen. Wäre sie der Art, daß er $^1/_4$ Arbeiter weniger brauchte, so hätte er ursprünglich 40 *l.* in Arbeitslohn auszulegen, jetzt nur 30. Also sein Kapital $C^{60}\,V^{30}$ oder auf 100: $C^{66^2/_3}\,V^{33^1/_3}$. Und da die Arbeit, die mit 40 bezahlt wird, = 20, so die mit 30 bezahlt wird = 15. Und die mit $33^1/_3$ bezahlt wird, $16^2/_3$. So näherte sich die organische Komposition der des not agricultural capital. Und würde im obigen Fall bei gleichzeitigem $^1/_4$ im Fall des Arbeitslohns sogar *unter* sie fallen.[70] In diesem Fall wäre die Rente beseitigt (die absolute Rente).

Ricardo fährt fort nach der obigen Stelle über Buchanan:

„Ich hoffe jedoch, genügend erläutert zu haben, daß, solange ein Land nicht in allen seinen Teilen bebaut ist, und das im höchstmöglichen Grade, es immer *einen Teil des auf dem Boden angelegten Kapitals* gibt, der keine Rente abwirft, *und*" (!) „daß es dieser Teil des Kapitals ist, der *den Getreidepreis bestimmt*, und dessen Resultat wie in der Industrie zwischen Profit und Lohn aufgeteilt wird. Da der Preis des Getreides also, der keine Rente abwirft, durch seine Produktionskosten bestimmt wird, können diese Kosten nicht von der Rente getragen werden. Die Folge des Ansteigens dieser Kosten ist daher ein höherer Preis und nicht eine niedrigere Rente." (l.c. p.293.)

Da die absolute Rente gleich dem Überschuß des Wertes des agricultural Produkts über seinen Produktionspreis, so klar, daß alles, was die *Gesamtquantität* der zur production of corn etc. erheischten Arbeit vermindert, die Rente vermindert, weil es den Wert, also den Überschuß des Wertes über den Produktionspreis vermindert. Soweit der Produktionspreis aus bezahlten expenses besteht, ist sein Fall identisch und geht Hand in Hand mit dem Wertfall. Soweit aber der Produktionspreis (oder die expenses) = the capital advanced + dem average profit[1], verhält sich die Sache grade umgekehrt. Der Marktwert des Produkts fällt, aber der Teil davon, der = dem Produktionspreis, steigt, wenn die allgemeine Profitrate steigt infolge des Fallens des Marktwerts des Korns. Die Rente fällt also, weil die expenses in diesem Sinn – und so nimmt Ric[ardo] sie sonst, wenn er of cost of production[2] spricht – steigen. Verbesserungen in der Agrikultur, welche ein Wachsen des capital constant gegen das capital variable verursachen, würden die Rente bedeutend fallen machen, selbst wenn die Totalquantität der angewandten Arbeit nur schwach fiele oder so schwach fiele, daß sie gar keinen Einfluß auf den Arbeitslohn hätte (direkt auf den Mehrwert). Verwandelt sich infolge dieser Verbesserungen das Kapital von $C^{60}\,V^{40}$ in

[1] dem vorgeschossenen Kapital + dem Durchschnittsprofit – [2] von den Produktionskosten

$C^{66^2/_3}\ V^{33^1/_3}$ (z.B. infolge steigenden Arbeitslohns, verursacht durch Emigration, Krieg, Entdeckung neuer Märkte, Konkurrenz auswärtigen Korns, prosperity in the not agricultural industry, so könnte der Pächter sich veranlaßt sehn, Mittel zu suchen, mehr capital constant und weniger capital variable anzuwenden; dieselben Umstände könnten nach der Verbesserung fortfahren zu wirken und daher der Arbeitslohn nicht fallen trotz der Verbesserung), ||648| so sänke der Wert des agricultural product von 120 auf $116^2/_3$. Also um $3^1/_3$. Die Profitrate bliebe nach wie vor = 10 p.c. Die Rente fiele von 10 auf $6^2/_3$, und zwar hätte dieser Fall stattgefunden ohne irgendeinen Fall im Arbeitslohn.

Die absolute Rente kann steigen dadurch, daß infolge neuer Fortschritte in der Industrie die allgemeine Profitrate sinkt. Die Profitrate kann sinken dadurch, daß die Rente steigt, weil der Wert des agricultural produce und damit die Differenz zwischen seinem Wert und seinem Kostenpreis wächst. (Zugleich die Profitrate fällt, weil der Arbeitslohn steigt.)

Die absolute Rente kann fallen, weil der Wert des agricultural produce fällt und die allgemeine Profitrate steigt. Sie kann fallen, weil der Wert des agricultural produce fällt, infolge einer Umwälzung in der organischen composition of capital, ohne daß die Profitrate steigt. Sie kann ganz wegfallen, sobald der *Wert des agricultural produce* = dem *Kostenpreis* wird, also das agricultural capital dieselbe Komposition hat wie das not agricultural average capital[1].

Der Satz Ric[ardos] wäre nur richtig so ausgedrückt: Wenn der Wert des agricultural produce = seinem Kostenpreis ist, so existiert keine absolute Rente. Aber er ist falsch bei ihm, weil er sagt: Es existiert keine absolute rent, *weil* Wert und Kostenpreis überhaupt identisch sind, wie in der Industrie, so in der Agrikultur*. Die Agrikultur gehörte vielmehr einer industriellen Ausnahmsklasse an, wenn in ihr Wert und Kostenpreis identisch wären.

Ric[ardo], wenn er zugibt, daß selbst kein land existierte, das keine Rente zahlt, glaubt viel damit zu tun, wenn er sich darauf stützt, daß wenigstens Kapitaldosen, employed to land[2] existieren, die keine Rente zahlen. Das eine

* ||663| (Daß Ricardo mit Bewußtsein *value* und *cost* of *production* identifiziert [,zeigt folgender Passus]: „Malthus scheint zu glauben, daß es ein Teil meiner Ansicht sei, daß *Kosten* und *Wert* einer Sache das gleiche seien. Das ist so, wenn er unter Kosten ‚*Produktionskosten*', *einschließlich Profit*, versteht." (l.c. p. 46.) |663||

[1] nichtlandwirtschaftliche Durchschnittskapital – [2] angewandt auf Land

fact ist so gleichgültig für die Theorie wie das andre. Die wirkliche Frage ist: Regulieren die Produkte dieser Ländereien oder dieser Kapitalien den Marktwert? Oder müssen sie ihre Produkte vielmehr nicht *unter* ihrem Werte verkaufen, weil ihre additional supply[1] nur *zu*, nicht *über* diesem ohne sie regulierten Marktwert verkaufbar sind? Bei Kapitaldosen die Sache einfach, weil hier für die *additional doses* für den farmer *landed property*[2] *nicht existiert* und er als Kapitalist bloß auf den Kostenpreis zu sehn hat, sogar, wenn er das additional capital besitzt, es selbst *unter* dem average profit immer noch vorteilhafter auf seiner farm anlegt, als wenn er es *ausleiht*, also bloß Zins und keinen Profit bezieht. Was die Ländereien betrifft, so bilden diese soils[3], die keine Rente zahlen, Bestandteile von Güterkomplexen, die Rente zahlen, und von denen sie nicht trennbar, mit denen sie verpachtet werden, obgleich sie für sich isoliert an keinen capitalist-farmer (wohl aber an cottier[4] und auch small capitalist[5]) verpachtet werden können. Für diese Fetzen existiert wieder kein „landed property" dem farmer gegenüber. Oder der proprietor[6] muß sie selbst bebauen. Ein farmer kann keine rent für sie zahlen, und *für nichts* verpachtet sie der landlord nicht, es müßte dann ausnahmsweise sein, daß er in dieser Art sein Land ohne Kosten urbar machen will.

Anders verhielt es sich, wenn in einem Lande die composition des agricultural capital gleich der average composition des not agricultural capital wäre, was hohe Entwicklung der Agrikultur oder niedrige Entwicklung der Industrie voraussetzt. In diesem Falle der Wert des agricultural produce = seinem Kostenpreis. Nur Differentialrente könnte dann gezahlt werden. Die Ländereien, die keine Differentialrente liefern und *nur* agricultural rent abwerfen könnten, können dann keine Rente zahlen. Denn wenn der Pächter sie zu ihrem Wert verkauft, decken sie nur seinen Kostenpreis. *Er* zahlt also keine Rente. Der proprietor muß sie dann selbst bebauen oder unter dem Namen fermage[7] einen Teil des Profits oder selbst des Arbeitslohns seines Pachtmanns einkassieren. Daß dieser Fall in einem Lande existierte, verhinderte nicht das Gegenteil in einem andren Land. Wo die Industrie aber niedrig entwickelt ist – also die kapitalistische Produktion –, existieren keine farmer capitalists, die die kapitalistische Produktion auf dem Land voraussetzen. Es kommen hier dann ganz andre Verhältnisse in Betracht, als die ökonomische Organisation ist, unter der das Grundeigentum nur als Grundrente ökonomisch existiert.

---

[1] zusätzliche Zufuhr – [2] *Grundeigentum* – [3] Böden – [4] Häusler – [5] kleine Kapitalisten – [6] Eigentümer – [7] Pachtzins

R[icardo] sagt in demselben ch.XVII:

„Rohprodukte haben keinen Monopolpreis, da der Marktpreis von Gerste und Weizen in gleichem Maße wie der Marktpreis von Tuch und Leinen durch die *Produktionskosten* bestimmt wird. Der einzige Unterschied besteht darin, daß *ein Teil des* in der Landwirtschaft angelegten *Kapitals* den Getreidepreis bestimmt, jener Teil nämlich, der keine Rente abwirft, wohingegen bei der *Produktion von Manufakturwaren jeder Teil des Kapitals mit gleichem Resultat verwendet wird;* da *kein Teil Rente abwirft, ist jeder Teil in gleichem Maße bestimmend für den Preis.*" (l.c. p.290, 291.)

Diese Behauptung, that every portion of capital is employed with the same results[1] und daß keiner rent bezahlt (die aber hier Surplusprofit heißt) ist nicht nur falsch, sondern von Ric[ardo] ||650| [71] selbst widerlegt, wie wir früher sahen[2].

Wir kommen jetzt zur Darstellung von R[icardo]s Mehrwerttheorie.

[B. Ricardo über Mehrwert]

1. Quantum Arbeit und Wert der Arbeit

Ricardo eröffnet gleich *ch. I „On Value"* mit *Sect. I*, mit der Überschrift:

„Der Wert einer Ware oder die Quantität einer anderen Ware, gegen die sie ausgetauscht wird, hängt ab von der verhältnismäßigen *Menge an Arbeit*, die zu ihrer Produktion notwendig ist, nicht aber von dem höheren oder geringeren Entgelt, das für diese Arbeit gezahlt wird."

In der Manier, die durch seine ganze Untersuchung durchgeht, eröffnet R[icardo] hier sein Buch damit, daß die Bestimmung des Werts der Waren durch Arbeitszeit dem *Salair* oder der verschiednen Kompensation für diese Arbeitszeit oder dies Arbeitsquantum *nicht* widerspricht. Er wendet sich von vornherein gegen A. Smiths Verwechslung zwischen der Bestimmung des Werts der Waren durch die proportional *quantity of labour* required for their production and the *value of labour*[3] (oder der compensation of labour[4]).

Es ist klar, daß die proportionelle Quantität Arbeit, die in zwei Waren A und B enthalten ist, absolut nicht davon berührt wird, ob die Arbeiter,

[1] daß jeder Teil des Kapitals mit gleichem Resultat verwendet wird – [2] siehe vorl. Band, S. 201, 311 und 379 – [3] proportionelle *Quantität der Arbeit*, die zu ihrer Produktion erheischt ist, und dem *Wert der Arbeit* – [4] Vergütung der Arbeit

die A und B produzieren, viel oder wenig vom Produkt ihrer Arbeit erhalten. Der Wert von A und B ist bestimmt durch das *Quantum Arbeit*, das ihre Produktion kostet, aber nicht durch die *Kosten der Arbeit* für die owners[1] von A und B. Quantum Arbeit und Wert von Arbeit sind zwei verschiedne Dinge. Das Quantum Arbeit, das in A und B resp. enthalten ist, hat nichts damit zu tun, wieviel von den Besitzern von A und B *bezahlte* oder auch *selbst verrichtete Arbeit* in A und B enthalten ist. A und B tauschen sich aus nicht im Verhältnis der in ihnen enthaltnen *bezahlten* Arbeit, sondern im Verhältnis der in ihnen enthaltnen Gesamtquantität von Arbeit, bezahlter und unbezahlter.

„A. Smith, der die ursprüngliche Quelle des Tauschwertes so genau bestimmte, und der demgemäß verpflichtet war zu behaupten, daß alle Dinge je nach der für sie verwendeten größeren oder geringeren Menge Arbeit mehr oder weniger wertvoll sind, hat selbst noch einen anderen Maßstab für den Wert aufgestellt und spricht davon, daß Dinge mehr oder weniger wertvoll sind, je nachdem, ob sie sich gegen *mehr oder weniger dieses Normalmaßes austauschen*.... so, als ob *dies zwei gleichwertige Begriffe wären* und als ob deswegen, weil jemandes Arbeit doppelt ergiebig geworden ist und er daher die zweifache Quantität einer Ware erzeugen kann, er notwendigerweise das Doppelte der früheren Menge dafür einzutauschen imstande ist" (nämlich seine Arbeit). „Wenn dies tatsächlich richtig wäre, *wenn das Entgelt des Arbeiters immer dem entspräche, was er produziert, würden die auf eine Ware verwendete Menge Arbeit und die Quantität Arbeit, die mit dieser Ware gekauft werden kann, gleich sein*, und jede könnte die Veränderungen anderer Dinge zuverlässig messen. *Jedoch sie sind nicht gleich.*" (p.5.)

A. Smith behauptet nirgends, that „these were two equivalent expressions"[2]. Er sagt umgekehrt: Weil in der kapitalistischen Produktion der Lohn des Arbeiters *nicht* mehr gleich seinem Produkt ist, also das Quantum Arbeit, das eine Ware kostet, und das Quantum Ware, das der Arbeiter mit dieser Arbeit kaufen kann, zwei verschiedne Dinge sind, *eben aus diesem Grund* hört die relative Quantität Arbeit, die in Waren enthalten ist, auf, ihren Wert zu bestimmen, wird dieser vielmehr bestimmt durch die *value of labour*[3], durch das Quantum Arbeit, das ich mit einer bestimmten Masse Waren kaufen, kommandieren kann. Darum wird die *value of labour* das Maß der Werte, statt die *relative quantity* of labour[4]. Ric[ardo] antwortet A. Smith richtig, daß die *relative Quantität Arbeit*, die in zwei Waren enthalten ist, durchaus nicht davon affiziert wird, wieviel von diesen Quantis Arbeit den Arbeitern selbst zukömmt, wie diese Arbeit kompensiert wird; daß also, wenn die *relative quantity of labour* das Maß der Warenwerte war

[1] Eigentümer – [2] daß „dies zwei gleichwertige Begriffe wären" – [3] den *Wert der Arbeit* – [4] *Quantität* Arbeit

vor dem Hereinkommen des Arbeitslohns (eines vom Wert des Produkts selbst verschiednen Lohns), durchaus kein Grund vorhanden ist, warum sie es nicht *nach* dem Hereinkommen des Arbeitslohns bleiben soll. Er antwortet richtig, daß A. Smith beide Ausdrücke gebrauchen kann, solange sie äquivalent waren, daß dies aber kein Grund ist, den falschen Ausdruck statt des richtigen zu brauchen, sobald sie aufgehört haben, äquivalent zu sein.

Aber Ric[ardo] hat damit keineswegs das Problem gelöst, das der innere Grund von A. Smiths Widerspruch ist. *Value of labour* und *quantity of labour* bleiben „equivalent expressions", soweit es sich um *vergegenständlichte Arbeit* handelt. ||651| Sie hören auf, es zu sein, sobald *vergegenständlichte Arbeit* und *lebendige Arbeit* ausgetauscht werden.

Zwei *Waren* tauschen sich aus im Verhältnis *der in ihnen vergegenständlichten Arbeit.* Gleiche Quanta vergegenständlichter Arbeit tauschen sich gegeneinander aus. Die Arbeitszeit ist ihre standard measure[1], aber sie sind eben deswegen „more or less valuable, in proportion as they will exchange for more or less of this standard measure"[2]. Ist ein Arbeitstag in der Ware A enthalten, so tauscht sie sich aus gegen jedes beliebige Quantum Ware, worin ebenfalls ein Arbeitstag enthalten, und sie ist „more or less valuable" im Verhältnis, wie sie sich gegen mehr oder minder viel vergegenständlichte Arbeit in andern Waren austauscht, denn dies Austauschverhältnis drückt aus, ist identisch mit dem relativen Quantum Arbeit, das in ihr selbst enthalten ist.

Nun aber ist die Lohnarbeit *Ware.* Sie ist sogar die Basis, worauf die Produktion der *Produkte* als *Waren* stattfindet. Für sie findet nicht das *Gesetz der Werte* statt. Also beherrscht es überhaupt nicht die kapitalistische Produktion. Hier ist ein Widerspruch. Dies das eine Problem für A. Smith. Das zweite, was wir später bei Malthus weiter ausgeführt finden, die *Verwertung* einer Ware (als Kapital) steht nicht im Verhältnis, worin sie Arbeit enthält, sondern worin sie *fremde Arbeit* kommandiert, Herrschaft über *mehr* fremde Arbeit gibt, als in ihr selbst enthalten ist. Dies in fact[3] ein zweites geheimes Motiv, zu behaupten: Mit dem Eintritt der kapitalistischen Produktion werde der Wert der Waren bestimmt, nicht durch die Arbeit, die sie enthalten, sondern durch die lebendige Arbeit, die sie kommandieren, also durch den *Wert der Arbeit.*

Ric[ardo] antwortet einfach, daß dem nun einmal so in der kapitalistischen Produktion ist. Er löst nicht nur nicht das Problem. Er fühlt es nicht

[1] ihr Maßstab – [2] „mehr oder weniger wertvoll, je nachdem, ob sie sich gegen mehr oder weniger dieses Normalmaßes austauschen" – [3] tatsächlich

einmal bei A.Smith heraus. Der ganzen Anlage seiner Forschung entsprechend genügt es ihm, nachzuweisen, daß der wechselnde Wert der Arbeit – kurz der Arbeitslohn – die Wertbestimmung der von der Arbeit selbst verschiednen *Waren* durch das relativ in ihnen enthaltne Arbeitsquantum *nicht aufhebt*. „*They are not equal*"[1], nämlich „the quantity of labour bestowed on a commodity, and the quantity of labour which that commodity would purchase"[2]. Mit der Konstatierung dieser Tatsache begnügt er sich. Aber wodurch unterscheidet sich die Ware Arbeit von andren Waren? Die eine ist *lebendige Arbeit*, die andre *vergegenständlichte* Arbeit. Also nur zwei verschiedne Formen Arbeit. Warum gilt für die eine ein Gesetz, das nicht für die andre, da der Unterschied nur formell? Ric[ardo] antwortet nicht, wirft nicht einmal die Frage auf.

Es hilft nichts, wenn er sagt:

„Ist der Wert der Arbeit nicht ... schwankend, da er nicht nur, wie alle anderen Dinge" (soll heißen Waren), „durch das Verhältnis von Angebot und Nachfrage beeinflußt wird, das sich mit jeder Veränderung der Struktur der Gesellschaft unweigerlich ändert, sondern auch durch den wechselnden Preis der Nahrungsmittel und anderer lebensnotwendiger Dinge, für welche die *Arbeitslöhne* verausgabt werden?" (p.7.)

Daß der price of labour[3] gleich dem andrer Waren mit demand und supply[4] changiert, beweist nach Ric[ardo] selbst nichts, wo es sich um die *value* of labour handelt, so wenig wie dieser Preiswechsel mit supply und demand für die value of other commodities[5]. Daß aber die „wages of labour"[6], was nun ein andrer Ausdruck für value of labour, affiziert ist durch „the varying price of food and other necessaries, on which the wages of labour are expended"[7], beweist ebensowenig, warum die value of labour anders bestimmt ist (oder scheint) als die value andrer commodities. Denn auch diese werden affiziert durch den varying price of other commodities which enter into their production, against which they are *exchanged*[8]. Und die *expenditure* of the wages of labour upon food and necessaries[9] heißt doch nichts als der *exchange* der value of labour against food and necessaries[10]. Die Frage ist eben, warum exchangieren *labour* und die *Waren, wogegen sie sich*

---

[1] „*Sie sind nicht gleich*" – [2] „die auf eine Ware verwendete Menge Arbeit und die Quantität Arbeit, die mit dieser Ware gekauft werden kann" – [3] Preis der Arbeit – [4] Nachfrage und Zufuhr – [5] Wert anderer Waren – [6] „Arbeitslöhne" – [7] „den wechselnden Preis der Nahrungsmittel und anderer lebensnotwendiger Dinge, für welche die Arbeitslöhne verausgabt werden" – [8] Wechsel im Preis anderer Waren, die in ihre Produktion eingehen, gegen die sie *ausgetauscht* werden – [9] *Verausgabung* der Arbeitslöhne für Nahrungsmittel und andere lebensnotwendige Dinge – [10] *Austausch* des Wertes der Arbeit gegen Nahrungsmittel und andere lebensnotwendige Dinge

austauscht, nicht nach dem Gesetz der Werte, nach den relativen Arbeitsquantitäten?

Die Frage, so gestellt, an sich unlösbar – das *Gesetz der Werte vorausgesetzt*, und deswegen unlösbar, weil *labour* als solche der *Ware*, ein bestimmtes Quantum unmittelbarer Arbeit als solches einem bestimmten Quantum vergegenständlichter Arbeit gegenübergestellt wird.

Diese Schwäche der R[icardo]schen Entwicklung hat, wie wir später sehn werden, zur Auflösung der R[icardo]schen Schule beigetragen und zu abgeschmackten Hypothesen.

||652| *Wakefield* sagt mit Recht:

„Wenn man *Arbeit* als eine *Ware* und *Kapital*, das Produkt von Arbeit, als eine andere behandelt, dann würde sich, wenn die *Werte jener beiden Waren durch gleiche Arbeitsmengen bestimmt* würden, eine gegebene Menge Arbeit unter allen Umständen gegen eine solche Menge Kapital austauschen, die durch die gleiche Arbeitsmenge erzeugt worden wäre; *vergangene Arbeit würde* immer *gegen die gleiche Menge eingetauscht wie gegenwärtige*. Aber der Wert der Arbeit im Verhältnis zu anderen Waren wird, wenigstens soweit der Lohn einen Anteil am Produkt ausmacht, *nicht durch gleiche Arbeitsmengen* bestimmt, sondern durch das Verhältnis zwischen Zufuhr und Nachfrage." (*E.G.Wakefield*, Note zu p.230 zu t.I seiner Ausgabe von A. Smiths „*Wealth of Nations*", *London 1835*.)

Es ist dies auch eins der Steckenpferde von Bailey; später nachzusehn. Auch *Say*, der sich sehr darüber freut, daß hier auf einmal supply and demand entscheiden sollen.

Zu 1. Noch zu bemerken: Ch. I. *sect.3* trägt folgende Überschrift:

„Nicht nur *die* auf Waren *unmittelbar angewandte Arbeit* beeinflußt den Warenwert, sondern *auch* die *Arbeit*, die auf Geräte, Werkzeuge und Gebäude *verwendet* worden ist, welche die unmittelbar verausgabte Arbeit unterstützen." [*David Ricardo*, „On the principles...", London 1821, p.16.]

Also der Wert einer Ware ist gleichmäßig bestimmt durch das Quantum *vergegenständlichter (vergangner)* Arbeit, das zu ihrer Produktion erheischt ist, wie durch das Quantum *lebendiger (gegenwärtiger)* Arbeit, das zu ihrer Produktion erheischt ist. In andren Worten: Quanta Arbeit sind durchaus nicht durch den *formellen Unterschied* affiziert, ob die Arbeit vergegenständlicht oder lebendig, vergangen oder gegenwärtig (unmittelbar) ist. Wenn dieser Unterschied bei der Wertbestimmung der Waren gleichgültig, warum wird er von so entscheidender Wichtigkeit, wenn vergangne Arbeit

(Kapital) mit lebendiger Arbeit ausgetauscht wird? Warum soll er hier das Gesetz des Werts aufheben, da der Unterschied *als solcher*, wie sich bei der Ware zeigt, gleichgültig für die Wertbestimmung ist? R[icardo] beantwortet diese Frage nicht, wirft sie selbst nicht auf.

2. Wert des Arbeitsvermögens. Value of labour

Um den Mehrwert zu bestimmen, muß R[icardo], wie die Physiokraten, A. Smith etc. zunächst den *Wert des Arbeitsvermögens* bestimmen oder, wie er nach A. Smith und seinen Vorgängern sagt, the *value of labour*.

Wie wird nun der *Wert* oder *natural price* der Arbeit bestimmt? Nach *Ric[ardo]* nämlich ist der *natural price* nichts als die *monetary* expression of *value*[1].

„Wie alle anderen Dinge, die gekauft und verkauft werden und deren Menge sich vergrößern und verringern kann" (d.h. gleich allen anderen Waren), „hat auch die *Arbeit* ihren natürlichen und ihren Marktpreis. *Der natürliche Preis der Arbeit* ist jener, der notwendig ist, um den Arbeitern, einen wie den anderen, zu ermöglichen, sich zu erhalten und die Existenz ihres Standes ohne Vermehrung oder Verminderung weiterzuführen." (Sollte heißen, with that rate of increase, required by the average progress of production[2].) „Die Fähigkeit des Arbeiters, sich und seine Familie, die zur Aufrechterhaltung der Arbeiterzahl notwendig ist, zu erhalten... hängt ab vom *Preise der für den Unterhalt des Arbeiters und seiner Familie erforderlichen Nahrungsmittel, lebenswichtigen Güter und Annehmlichkeiten*. Der natürliche Preis der Arbeit wird bei einer Erhöhung des Preises der Nahrungsmittel und der lebenswichtigen Güter steigen, bei einem Fall dieser Preise sinken." (p.86.)

„Man möge das nicht so auffassen, als ob der natürliche Preis der Arbeit, auch wenn er in Nahrungsmitteln und lebensnotwendigen Gebrauchsgütern ausgedrückt wird, unbedingt feststehend und unveränderlich ist. Er schwankt zu verschiedenen Zeiten im gleichen Land und ist sehr unterschiedlich in verschiedenen Ländern. Er hängt entscheidend von den Sitten und Gebräuchen des Volkes ab." (p.91.)

Also die *value of labour* ist bestimmt durch die in einer gegebnen Gesellschaft traditionell *notwendigen Lebensmittel* für die Erhaltung und Fortpflanzung der Arbeiter.

Aber warum? Nach welchem Gesetz ist die *value of labour* so bestimmt?

Ric[ardo] hat in der Tat keine Antwort, als daß das Gesetz of supply and demand den Durchschnittspreis der Arbeit auf die zu seinem Unterhalt notwendigen (in einer bestimmten Gesellschaft als physisch oder sozial not-

[1] der *Geld*ausdruck des *Werts* – [2] mit jener Rate der Zunahme, die der durchschnittliche Fortschritt der Produktion erfordert

wendigen) Lebensmittel ||653| reduziert. Er bestimmt hier den *Wert*, in einer Grundlage des ganzen Systems, durch *Nachfrage und Zufuhr*, wie Say schadenfroh bemerkt. (Sieh die Übersetzung von Constancio.)

Er hätte, statt von der *Arbeit*, von Arbeits*vermögen* sprechen müssen. Damit hätte sich aber auch das *Kapital* dargestellt als die dem Arbeiter als verselbständigte Macht gegenübertretenden sachlichen Arbeitsbedingungen. Und das Kapital hätte sich sofort als *bestimmtes gesellschaftliches Verhältnis* dargestellt. So unterscheidet es sich für Ricardo nur als „accumulated labour" von „immediate labour"[1]. Und ist etwas bloß Sachliches, bloß Element im *Arbeitsprozeß*, woraus das Verhältnis von Arbeiter und Kapital, wages and profits, nimmermehr entwickelt werden kann.

„*Kapital* ist der zur Produktion verwendete Teil des Reichtums eines Landes, der aus Nahrungsmitteln, Kleidung, Werkzeugen, Rohstoffen, Maschinerie usw. besteht, Dingen, die nötig sind, damit die Arbeit Resultate erzielt." (p.89.) „*Weniger Kapital*, was das *gleiche* ist wie *weniger Arbeit*." (p.73.) „Arbeit und *Kapital*, das ist *angehäufte Arbeit*." (l.c. p.499.)

Der Sprung, den Ricardo hier macht, richtig herausgefühlt von *Bailey:*

„Ricardo, geistreich genug, vermeidet eine Schwierigkeit, die auf den ersten Blick seiner Theorie entgegenzustehen scheint, daß der Wert von der in der Produktion verwandten Arbeitsmenge abhängig ist. Hält man an diesem Prinzip streng fest, so folgt daraus, daß der *Wert der Arbeit* abhängt *von der zu ihrer Produktion aufgewandten Arbeitsmenge* – was offenbarer Unsinn ist. Durch eine geschickte Wendung macht deshalb Ricardo den Wert der Arbeit abhängig von der Menge der Arbeit, die zur Produktion des Lohnes erforderlich ist; oder, um mit seinen eigenen Worten zu sprechen, er behauptet, daß der *Wert der Arbeit* nach der Arbeitsmenge *zu schätzen sei*, die zur Produktion des Lohnes benötigt wird, worunter er die Arbeitsmenge versteht, die zur Produktion des Geldes oder der Ware notwendig ist, die dem Arbeiter gegeben werden. Geradesogut könnte man sagen, daß der Wert von Tuch nicht nach der zu seiner Produktion verwandten Arbeitsmenge geschätzt werde, sondern nach der Arbeitsmenge, die zur Produktion des Silbers verwandt wurde, gegen welches das Tuch eingetauscht wird." (p.50, 51. „*A Critical Dissertation on the Nature, Measures, and Causes of Value* etc.", *Lond. 1825.*)

Dieser Einwurf ist *wörtlich* richtig. Ricardo unterscheidet zwischen *nominal* und *real wages*. Nominal wages ist der Arbeitslohn in Geld ausgedrückt, money wages.

Nominal wages is „die Zahl der Pfunde, die dem Arbeiter jährlich bezahlt werden", aber *real wages* is „die *Anzahl der Tagewerke*, die zur Erlangung dieser Pfunde notwendig sind." (*Ric*[*ardo*] l.c. p.152.)

---

[1] „unmittelbarer Arbeit"

Da die wages = den necessaries[1] des labourer, und der Wert dieser wages (der real wages) = dem Wert dieser necessaries, so ist offenbar auch der Wert dieser necessaries = den real wages, = der Arbeit, die sie kommandieren können. Wechselt der Wert der necessaries, so wechselt der Wert der real wages. Nimm an, die necessaries des Arbeiters beständen bloß in Korn, und sein notwendiges Quantum Lebensmittel sei 1 qr. Korn pro Monat. So ist der Wert seines Arbeitslohns = dem Wert von 1 qr. Korn; steigt oder fällt der Wert des qr. Korn, so steigt oder fällt der Wert der Monatsarbeit. Aber wie der Wert des qr. Korn steige oder falle (wieviel oder wenig Arbeit in dem qr. Korn enthalten sei), er ist immer gleich dem Wert eines Monats Arbeit.

Und hier haben wir den *verborgnen Grund*, warum A.Smith sagt, daß, sobald das Kapital dazwischenkommt und folglich die Lohnarbeit, nicht die quantity of labour bestowed upon the produce, but the quantity of labour it can command[2], seinen Wert reguliert. Der durch Arbeitszeit bestimmte Wert des Korns (and of other necessaries[3]) wechselt; aber, solange der natural price of labour bezahlt wird, bleibt das Quantum Arbeit, das das qr. Korn kommandiert, dasselbe. Es hat also einen *permanenten relativen Wert, verglichen mit Korn.* Darum auch bei Smith value of labour und value of corn (for *food*[4]. Sieh *D.Hume*)[72], standard measures of value, because a certain quantity of corn so long as the natural price of labour is paid, commands a certain quantity of labour, whatever be the quantity of labour bestowed upon one qr. of corn[5]. Dasselbe Quantum Arbeit kommandiert stets denselben *Gebrauchswert* oder rather[6] derselbe Gebrauchswert kommandiert stets *dasselbe Quantum Arbeit.*

Dadurch bestimmt selbst R[icardo] die value of labour, its natural price[7]. Sagt Ric[ardo]: Das qr. Korn hat sehr verschiednen Wert, obgleich es stets dasselbe ||654| Quantum Arbeit kommandiert oder davon kommandiert wird. Ja, sagt A.Smith: Wie immer der durch Arbeitszeit bestimmte Wert des qr. Korn wechsle, der Arbeiter muß stets dasselbe Quantum Arbeit zahlen (Opfer bringen), um es zu kaufen. Also wechselt der Wert des Korns, aber der Wert der Arbeit wechselt nicht, denn 1 Monat Arbeit = 1 qr. Korn. Auch der Wert des Korns wechselt nur, sofern wir die

[1] zum Leben notwendigen Dingen – [2] Menge der auf ein Produkt verwandten Arbeit, sondern die Menge Arbeit, die es kommandieren kann – [3] und anderer zum Leben notwendiger Dinge – [4] für *Nahrung* – [5] der Wertmaßstab, da eine bestimmte Menge Korn, solange der natürliche Preis der Arbeit bezahlt wird, eine bestimmte Menge Arbeit kommandiert, welches immer die Arbeitsmenge sein mag, die auf ein Quarter Korn verwandt wird – [6] vielmehr – [7] den Wert der Arbeit, ihren natürlichen Preis

Arbeit betrachten, die zu seiner Produktion erheischt ist. Beobachten wir dagegen das Quantum Arbeit, wogegen es sich austauscht, das es in Bewegung setzt, so wechselt sein Wert nicht. Und darum ist eben die quantity of labour, against which a qr. of corn is exchanged, the *standard measure of value*[1]. Die Werte der andren Waren aber verhalten sich zur labour, wie [sie] sich zum Korn verhalten. Ein gegebnes Quantum Korn kommandiert a given quantity of labour. A given quantity of every other commodity commands a certain quantity of corn. Hence every other commodity – or rather the value of every other commodity is expressed by the quantity of labour it commands, since it is expressed by the quantity of corn it commands, and the latter is expressed by the quantity of labour it commands[2].

Aber wie ist das Wertverhältnis der andren Waren zum Korn (necessaries) bestimmt? Durch die quantity of labour they command[3]. Und wie ist die quantity of labour they command bestimmt? Durch die quantity of corn that labour commands[4]. Hier fällt Smith notwendig in den cercle vicieux. (Obgleich er by the by[5], wo er wirklich entwickelt, *nie* diese measure of value[6] anwendet.) Außerdem verwechselt er hier, was Ric[ardo] auch oft tut, die Arbeit, die, wie er und Ric[ardo] sagt, „the *foundation of the value* of commodities"[7] ist, während „the comparative quantity of labour which is necessary to their production"[8] ist, „the rule which determines the respective quantities of goods which shall be given in exchange for each other"[9] (*Ric[ardo]*, l.c.p.80), – verwechselt dieses *immanente* Maß des Werts mit dem *äußren Maß*, dem *Gelde*, was schon die Wertbestimmung voraussetzt.

A.Smith fehlt, indem er daraus, daß ein bestimmtes Quantum Arbeit exchangeable[10] für ein bestimmtes Quantum Gebrauchswerte, schließt, daß dies *bestimmte Quantum Arbeit* Maß des Werts ist, stets *denselben Wert* hat, während dasselbe Quantum Gebrauchswert sehr verschiednen Tauschwert darstellen kann. Aber Ric[ardo] fehlt doppelt, indem er erstens nicht das

[1] Arbeitsmenge, wogegen ein Quarter Korn ausgetauscht wird, der *Wertmaßstab* – [2] eine gegebene Menge Arbeit. Eine gegebene Menge jeder anderen Ware kommandiert eine gewisse Menge Korn. Daher wird jede andere Ware oder vielmehr der Wert jeder anderen Ware durch die Arbeitsmenge ausgedrückt, die sie kommandiert, da sie ausgedrückt wird durch die Menge Korn, die sie kommandiert, und die letztere wird ausgedrückt durch die Arbeitsmenge, die sie kommandiert – [3] Arbeitsmenge, die sie kommandieren – [4] Menge von Korn, die die Arbeit kommandiert – [5] nebenbei bemerkt – [6] dieses Wertmaß – [7] „die *Grundlage des Wertes* der Waren" – [8] „die verhältnismäßige Quantität Arbeit, die zu ihrer Produktion erforderlich" – [9] „die Regel, nach der sich die entsprechenden Quantitäten von Waren bemessen, die beim Tausch füreinander hingegeben werden" – [10] austauschbar

Problem versteht, was den Irrtum Smiths veranlaßt; zweitens selbst, ohne allen Bezug auf das Gesetz der Warenwerte und mit Flüchtung zum law of supply and demand[1], den *Wert der Arbeit* bestimmt, nicht durch die Arbeitsquantität bestowed upon the *force of labour*, but upon the wages allotted to the labourer[2], also in fact sagt: Der Wert der Arbeit ist bestimmt durch den Wert des Geldes, das dafür bezahlt wird! Und wodurch ist dieser bestimmt? Wodurch die Masse Geld, die gezahlt wird? Durch das Quantum Gebrauchswerte, das eine bestimmte Quantität Arbeit kommandiert oder von ihm kommandiert wird, wodurch er *wörtlich* in die von ihm bei A. Smith gerügte Inkonsequenz verfällt.

Zugleich, wie wir gesehn, hindert ihn dies, den spezifischen Unterschied von *Ware* und *Kapital*, von Austausch zwischen Ware und Ware und Kapital und Ware – dem Gesetz des Warenaustausches entsprechend – zu begreifen.

Das obige Beispiel war: 1 qr. Korn = 1 Monat Arbeit, nimm an = 30 Arbeitstagen. (Der Arbeitstag zu 12 Stunden.) In diesem Fall der Wert von 1 qr. Korn < 30 Arbeitstage. If[3] 1 qr. Korn das Produkt von 30 Arbeitstagen, wäre der Wert der Arbeit = ihrem Produkt. Also kein Mehrwert und daher kein Profit. Kein Kapital. Also ist in der Tat der Wert von 1 qr. Korn stets < als 30 Arbeitstage, wenn der Lohn für 30 Arbeitstage. Der Mehrwert hängt davon ab, wieviel er kleiner ist. Z.B. 1 qr. Korn = 25 Arbeitstagen. Dann der Mehrwert = 5 Arbeitstagen, = $^1/_6$ der Gesamtarbeitszeit. Wenn 1 qr. (8 bushels) = 25 Arbeitstagen, so sind 30 Arbeitstage = 1 qr. $1^3/_5$ bushels. Der *Wert* der 30 Arbeitstage (i.e. das Salair) also stets kleiner als der Wert des Produkts, worin 30 Arbeitstage enthalten sind. Der Wert des Korns also bestimmt nicht durch die ||655| Arbeit, die es kommandiert, wogegen es sich austauscht, sondern durch die Arbeit, die in ihm enthalten ist. Dagegen der *Wert der 30 Tage Arbeit* stets bestimmt durch 1 qr. Korn, welches dieser immer sei.

3. Mehrwert

Abgesehn von der Verwechslung zwischen labour und Arbeitsvermögen bestimmt R[icardo] richtig die average wages[4] oder die value of labour. Sie ist nämlich bestimmt, sagt er, weder durch das Geld, noch durch die Lebens-

[1] Gesetz von Zufuhr und Nachfrage – [2] angewandt auf die *Arbeitskraft*, sondern angewandt auf die den Arbeitern zugemessenen Löhne – [3] Wenn – [4] Durchschnittslöhne

mittel, die der Arbeiter erhält, sondern durch die *Arbeitszeit, die es kostet, sie zu produzieren;* durch die *Quantität Arbeit*, die in den Lebensmitteln des Arbeiters *vergegenständlicht ist*. Dies nennt er die *real* wages. (Siehe später.)

Diese Bestimmung ergibt sich übrigens bei ihm notwendig. Da die value of labour bestimmt ist durch die *value der notwendigen Lebensmittel*, worin diese value is to be expended[1], und die *value of necessaries*, like that of all other commodities, is determined by the *quantity of labour bestowed upon them*[2], so folgt von selbst, that the value of labour = the value of necessaries, = *the quantity of labour bestowed upon these necessaries*[3].

So richtig diese Formel (abgesehn von der direkten Gegenüberstellung von labour und capital) nun ist, ist sie doch nicht genügend. Der einzelne Arbeiter zum Ersatz seiner wages *reproduziert* – also die Kontinuität dieses Prozesses erwogen –; *produziert* zwar nicht direkt die Produkte, von denen er lebt {er mag Produkte produzieren, die gar nicht in seine Konsumtion eingehn, und selbst, wenn er necessaries produziert, produziert er vermöge der Teilung der Arbeit nur a single part of necessaries, f.i. corn und gives it only one form[4] (z.B. die of corn, not of bread[5])}, aber er *produziert* Ware vom *Wert* seiner Lebensmittel, oder er produziert den *Wert* seiner Lebensmittel. D.h. also, wenn wir seinen täglichen Durchschnittskonsum betrachten: Die Arbeitszeit, die in den täglichen necessaries enthalten ist, bildet einen Teil *seines Arbeitstags*. Er arbeitet einen Teil des Tages, um den *Wert* seiner necessaries zu reproduzieren; die während dieses Teils des Arbeitstags produzierte Ware hat denselben Wert oder ist *gleich große* Arbeitszeit, wie die in seinen täglichen necessaries enthaltne. *Es hängt vom Wert dieser necessaries* ab (also von der gesellschaftlichen Produktivität der Arbeit, nicht von der Produktivität des einzelnen Zweigs, in dem er arbeitet), ein *wie großer Teil seines Arbeitstags* der Reproduktion oder Produktion des *Werts*, i.e. des Äquivalents für seine Lebensmittel, gewidmet ist.

Ric[ardo] setzt natürlich voraus, daß die in den täglichen necessaries enthaltne Arbeitszeit = der täglichen Arbeitszeit, die der Arbeiter arbeiten muß, um den Wert dieser necessaries zu reproduzieren. Aber er bringt dadurch eine Schwierigkeit herein und verwischt das klare Verständnis des Verhältnisses, indem er nicht *unmittelbar* einen *Teil des Arbeitstags* des Arbeiters als der Reproduktion des Werts seines eignen Arbeitsvermögens

[1] Wert auszugeben ist – [2] der *Wert der lebenswichtigen Güter*, gleich dem aller anderen Waren, bestimmt ist durch die *auf diese aufgewendete Quantität Arbeit* – [3] daß der Wert der Arbeit = dem Wert der lebenswichtigen Güter, = *der auf diese lebenswichtigen Güter aufgewendeten Quantität Arbeit* – [4] einen einzelnen Teil der lebenswichtigen Güter, z.B. Korn, und gibt ihm nur eine Form – [5] von Korn, nicht von Brot

bestimmt darstellt. Es entspringt daraus doppelte Wirrnis. Der *Ursprung des Mehrwerts* wird nicht klar, und daher wird Ric[ardo] von seinen Nachfolgern vorgeworfen, daß er die Natur des Mehrwerts nicht begriffen, nicht entwickelt [habe]. Daher zum Teil die scholastischen Versuche derselben, ihn zu erklären. Indem aber so der Ursprung und die Natur des Mehrwerts nicht klar gefaßt wird, wird die Surplusarbeit + der notwendigen Arbeit, kurz der *Gesamtarbeitstag* als eine fixe Größe betrachtet, die Unterschiede in der Größe des Mehrwerts übersehn und die Produktivität des Kapitals, der *Zwang zur Surplusarbeit*, zur absoluten einerseits, dann sein innrer Trieb, die notwendige Arbeitszeit zu verkürzen, verkannt, also die *historische* Berechtigung des Kapitals nicht entwickelt. A. Smith dagegen hatte die richtige Formel schon ausgesprochen. So wichtig es war, die value in labour[1], ebensosehr die surplus value in surplus labour[2] aufzulösen und zwar in expressen Worten.

Ric[ardo] geht von der vorliegenden Tatsache der kapitalistischen Produktion aus. Der Wert der Arbeit $<$ als der Wert des Produkts, den sie schafft. Der Wert des Produkts daher $>$ als der Wert der Arbeit, die es produziert, oder der Wert der wages. Der Überschuß des Werts des Produkts *über* den Wert der wages = Mehrwert. (Ric[ardo] sagt fälschlich *Profit*, identifiziert aber, wie vorhin bemerkt, hier Profit mit Mehrwert und spricht in der Tat von dem letztern.) Bei ihm ist es Tatsache, daß der Wert des Produkts $>$ als der Wert der wages. Wie diese Tatsache entsteht, bleibt unklar. Der Gesamtarbeitstag *ist* größer als der Teil des Arbeitstags, der zur Produktion der wages erheischt. Warum? tritt nicht hervor. Die *Größe des Gesamtarbeitstags* wird daher fälschlich als *fix* vorausgesetzt, woraus direkt falsche Konsequenzen folgen. Die Vergrößerung oder Verkleinerung des Mehrwerts kann daher *nur* aus der wachsenden oder fallenden[3] Produktivität der gesellschaftlichen Arbeit erklärt werden, die die necessaries produziert. D. h., nur der relative Mehrwert wird begriffen.

||656| Es ist klar, daß, wenn der Arbeiter seinen ganzen Tag brauchte, um seine eignen Lebensmittel (i. e. Ware gleich dem Werte seiner eignen Lebensmittel) zu produzieren, kein Mehrwert möglich wäre, also keine kapitalistische Produktion und keine Lohnarbeit. Damit diese existiere, muß die Produktivität der gesellschaftlichen Arbeit hinreichend entwickelt sein, damit irgendein Überschuß des Gesamtarbeitstags über die zur Reproduktion der wages notwendige Arbeitszeit, *Surplusarbeit* von irgendwelcher Größe existiere. Aber es ist ebenso klar, daß, wenn bei gegebner

[1] den Wert in Arbeit – [2] den Mehrwert in Mehrarbeit – [3] in der Handschrift: steigenden

Arbeitszeit (Größe des Arbeitstags) die Produktivität der Arbeit, andrerseits bei gegebner Produktivität die Arbeitszeit, die Größe des Arbeitstags, sehr verschieden sein kann. Es ist ferner klar, daß, wenn eine gewisse Entwicklung der Produktivität der Arbeit vorausgesetzt werden muß, damit *Surplusarbeit* existieren könne, die bloße *Möglichkeit* dieser Surplusarbeit (also das Vorhandensein jenes notwendigen Minimums der Produktivität der Arbeit), noch nicht ihre *Wirklichkeit* schafft. Dazu muß der Arbeiter erst *gezwungen* werden, über jene Größe hinaus zu arbeiten, und diesen Zwang übt das Kapital aus. Dies fehlt bei Ric[ardo], daher auch der ganze Kampf um die Bestimmung des normalen Arbeitstags.

Auf niedriger Stufe der Entwicklung der gesellschaftlichen Produktivität der Arbeit, wo also die Surplusarbeit relativ klein, wird die Klasse der von fremder Arbeit Lebenden überhaupt klein sein im Verhältnis zur Anzahl der Arbeiter. Sie kann sehr bedeutend wachsen (proportionell) im Maße wie die Produktivität, also der relative Surpluswert, sich entwickelt.

Es ist ferner understood[1], daß der *Wert der Arbeit* in verschiednen Epochen im selben Lande und zur selben Epoche in verschiednen Ländern sehr wechselt. Die Heimat der kapitalistischen Produktion jedoch sind die mittleren Zonen. Die *gesellschaftliche* Produktivkraft der Arbeit mag sehr unentwickelt sein, und doch grade in der Produktion der necessaries einerseits die Fruchtbarkeit der natürlichen Agenten (wie die des Grund und Bodens), andrerseits die Bedürfnislosigkeit der Bewohner (infolge von Klima etc.) – wie beides, in Indien z.B., zutrifft – kompensieren. In rohen Zuständen mag das Minimum des Salairs wegen noch nicht entwickelter sozialer Bedürfnisse sehr klein sein (quantitativ den Gebrauchswerten nach) und doch viel Arbeit kosten. Aber wäre die zu seiner Erzeugung notwendige Arbeit selbst nur mittlerer Größe, so wäre der erzeugte Mehrwert, obgleich er in großem Verhältnis stände zum Salair (notwendigen Arbeitszeit), also bei hoher Rate des Mehrwerts, in Gebrauchswerten ausgedrückt, ebenso armselig (proportionell), wie es das Salair selbst ist.

Die notwendige Arbeitszeit sei = 10, die Surplusarbeit = 2, der Gesamtarbeitstag = 12 Stunden. Wäre die notwendige Arbeitszeit = 12, die Surplusarbeit = $2^2/_5$ und der Gesamttag = $14^2/_5$ Stunden, so wären die produzierten Werte sehr verschieden. Im ersten Fall = 12 Stunden, im 2. = $14^2/_5$ Std. Ebenso die absoluten Größen der Mehrwerte. In einem Fall = 2 Std., im andern = $2^2/_5$. Dennoch wäre die *Rate des Mehrwerts* oder der *Surplusarbeit* dieselbe, weil 2:10 = $2^2/_5$:12. Wäre im 2. Fall das ausgelegte

[1] vorausgesetzt worden

variable Kapital größer, so aber auch der von ihm appropriierte Mehrwert oder Surplusarbeit. Stiege im letztern Fall die Surplusarbeit statt um $^2/_5$ um $^5/_5$ Std., so daß sie = 3 Std. und der Gesamtarbeitstag = 15 Std., so wäre die *Rate des Mehrwerts* gestiegen, obgleich die *notwendige Arbeitszeit* oder das Minimum des Salairs gewachsen, denn 2 : 10 = $^1/_5$; aber 3 : 12 = $^1/_4$. Beides könnte eintreten, wenn infolge der Verteuerung von Korn etc. das Minimum des Salairs von 10 auf 12 Std. gewachsen wäre. Selbst in diesem Falle könnte also die Mehrwertsrate nicht nur gleichbleiben, sondern amount[1] und Rate des Mehrwerts wachsen.

Gesetzt aber, der notwendige Arbeitslohn sei nach wie vor = 10, die Surplusarbeit = 2, alle andern Verhältnisse blieben gleich (also keine Berücksichtigung hier auf verminderte Produktionskosten für das capital constant). Arbeitet der Arbeiter nun $2^2/_5$ Std. mehr, wovon er selbst 2 Std. sich aneignet, die $^2/_5$ aber Surplusarbeit. In diesem Falle werden Salair und Mehrwert gleichmäßig wachsen, das erstere aber mehr als den notwendigen Arbeitslohn oder die notwendige Arbeitszeit darstellen.

Wenn man eine *gegebne* Größe nimmt und sie in zwei Teile teilt, so ist klar, daß der eine Teil nur zunehmen kann, soweit der andre abnimmt und vice versa[2]. Aber bei wachsenden Größen (Fluxionen) ist dies keineswegs der Fall. Und der Arbeitstag ist solche wachsende Größe (solange kein Normalarbeitstag erkämpft ist). Bei solchen Größen können beide Teile wachsen, sei es gleichmäßig, sei es ungleichmäßig. Das Wachsen des einen ist nicht bedingt durch das Abnehmen des andern und vice versa. Dies ist denn auch der einzige Fall, wo Salair und Mehrwert beide *wachsen* können, auch möglicherweise *gleichmäßig* wachsen können dem *Tauschwert* nach. Dem Gebrauchswert nach versteht sich das von selbst; dieser kann zunehmen, ||657| obgleich Wert der labour z.B. abnimmt. Von 1797 bis 1815, wo der Kornpreis in England bedeutend stieg und der nominelle Arbeitslohn, nahm die Zahl der täglichen Arbeitsstunden in den Hauptindustrien, die auch in einer rücksichtslosen Entwicklungsphase sich befanden, sehr zu, und ich glaube, daß dies den Fall der Profitrate (weil der Rate des Mehrwerts) aufgehalten hat. In diesem Fall wird aber unter allen Umständen der normale Arbeitstag verlängert und dementsprechend die normale Lebensperiode des Arbeiters, also die normale Dauer seines Arbeitsvermögens abgekürzt. Dies gilt, wenn solche Verlängerung konstant. Ist sie nur temporär, um temporäre Verteuerung des Arbeitslohns zu kompensieren, so mag sie (mit Ausnahme von Kindern und Weibern) keine andre Folge haben, als den Fall der Profit-

[1] Masse – [2] umgekehrt

rate in den Geschäften zu verhindern, wo Verlängerung der Arbeitszeit der Natur der Sache nach möglich. (Am wenigsten dies in der Agrikultur der Fall.)

Ric[ardo] hat dies gar nicht berücksichtigt, da er weder den Ursprung des Mehrwerts, noch den absoluten Mehrwert untersucht, daher den Arbeitstag als eine gegebne Größe betrachtet. Für diesen Fall ist also *sein Gesetz falsch*, daß Mehrwert und Salair (er sagt fälschlich Profit und Salair) nur in *umgekehrtem* Verhältnis – dem Tauschwert nach betrachtet – steigen oder fallen können.

Nehmen wir [zwei Fälle] an, einmal die notwendige Arbeitszeit bleibe dieselbe, ditto die Mehrarbeit. Also 10 + 2; Arbeitstag = 12 Std., Mehrwert = 2 Stunden; die Rate des Mehrwerts = $^1/_5$.

[Im anderen Fall.] Notwendige Arbeitszeit bleibe dieselbe; Surplusarbeit wachse von 2 auf 4 Stunden. Also 10 + 4 = 14 Stunden Arbeitstag; Mehrwert = 4 Std.; Rate des Mehrwerts = 4 : 10 = $^4/_{10}$ = $^2/_5$.

In beiden Fällen die notwendige Arbeitszeit dieselbe; aber der Mehrwert in dem einen Fall doppelt so groß als in dem andren und der Arbeitstag im zweiten Fall um $^1/_6$ größer als im ersten. Ferner wären die produzierten Werte, entsprechend den Arbeitsquantitäten, sehr verschieden, obgleich der Arbeitslohn derselbe; im ersten Fall = 12 Std., im andren = 12 + $^{12}/_6$ = 14. Es ist also falsch, daß, *denselben Arbeitslohn* (dem Wert nach, notwendige Arbeitszeit) vorausgesetzt, der in 2 Waren enthaltne Mehrwert sich verhält wie die in ihnen enthaltnen Arbeitsquantitäten. Dies nur richtig, wenn der *Normalarbeitstag* derselbe.

Gesetzt ferner, infolge der Steigerung der Produktivkraft der Arbeit falle der notwendige Arbeitslohn (obgleich er in Gebrauchswerten expended constant[1] bliebe) von 10 auf 9 Stunden und ditto falle die Surplusarbeitszeit von 2 auf $1^4/_5$ ($^9/_5$). In diesem Falle 10 : 9 = 2 : $1^4/_5$. Also fiele die Surplusarbeitszeit im selben Verhältnisse wie die notwendige. Die Rate des Mehrwerts in beiden Fällen dieselbe, denn 2 = $^{10}/_5$ und $1^4/_5$ = $^9/_5$. $1^4/_5$: 9 = 2 : 10. Das Quantum Gebrauchswerte, das mit dem Mehrwert gekauft werden könnte, bliebe der Voraussetzung nach auch dasselbe. (Jedoch gälte das nur von Gebrauchswerten, den necessaries.) Der Arbeitstag fiele von 12 auf $10^4/_5$. Die Masse der Werte, die im zweiten Fall produziert, geringer als im ersten. Und trotz dieser ungleichen Arbeitsquantitäten wäre die Mehrwertsrate in beiden Fällen dieselbe.

Wir haben beim Mehrwert unterschieden: Mehrwert und Rate des Mehrwerts. Für einen Arbeitstag betrachtet ist der Mehrwert = der absoluten

---

[1] ausgegeben konstant

Stundenzahl, die er darstellt, 2,3 etc. Die Rate = dem Verhältnis dieser Stundenzahl zur Stundenzahl, woraus die notwendige Arbeit besteht. Diese Unterscheidung schon sehr wichtig, weil sie die differente Länge des Arbeitstags anzeigt. Der Mehrwert = 2, so ist er = $^1/_5$, wenn die notwendige Arbeitszeit = 10, und = $^1/_6$, wenn die notwendige Arbeitszeit = 12. Im einen Fall der Arbeitstag = 12 Std., im andren = 14. Im ersten die Mehrwertsrate größer, und dabei arbeitet der Arbeiter eine geringre Anzahl Stunden des Tags. Im zweiten Fall die Mehrwertsrate kleiner, der Wert des Arbeitsvermögens größer, und dabei arbeitet der Arbeiter während des Tags eine größre Stundenanzahl. Hier sehn wir, wie bei gleichbleibendem Mehrwert (aber ungleichem Arbeitstag) die Rate des Mehrwerts verschieden sein kann. In dem frühren Fall 10:2 und 9:$1^4/_5$, sahen wir, wie bei gleichbleibender Rate des Mehrwerts (aber ungleichem Arbeitstag), der Mehrwert selbst verschieden sein kann (in einem Fall 2, im andren $1^4/_5$).

Ich habe früher (ch. 2) gezeigt, daß der Arbeitstag (seine Länge gegeben), ditto die notwendige Arbeitszeit, also die Rate des Mehrwerts gegeben, die Masse des Mehrwerts abhängt von der *Anzahl* gleichzeitig von demselben Kapital beschäftigter Arbeiter.[73] Dies war ein tautologischer Satz. Denn wenn 1 Arbeitstag mir 2 Surplusstunden gibt, so 12 Arbeitstage 24 Surplus[stunden] oder 2 Surplustage. Der Satz wird jedoch sehr wichtig bei der Bestimmung des Profits, der gleich dem Verhältnis des Mehrwerts zum vorgeschoßnen Kapital, also von der absoluten Größe des Mehrwerts abhängt. Es wird dies wichtig, weil Kapitalien von gleicher Größe, aber verschiedner organischer Komposition, ungleiche Anzahl Arbeiter anwenden, also ungleichen Mehrwert, also ungleichen Profit produzieren müssen. Bei fallender Rate des Mehrwerts kann der Profit steigen und bei steigender Rate des Mehrwerts der Profit fallen, oder der Profit kann derselbe bleiben, wenn Steigen oder Fallen in der Rate des Mehrwerts kompensiert werden durch umgekehrte Bewegung in der Anzahl der angewandten Arbeiter. Hier sehn wir von vornherein, wie höchst falsch, die Gesetze ||658| über Steigen und Fallen des Mehrwerts zu identifizieren mit den Gesetzen über Steigen und Fallen des Profits. Betrachtet man bloß das einfache Gesetz des Mehrwerts, so scheint es tautologisch, daß bei gegebner Rate des Mehrwerts (und gegebnem Arbeitstag) der absolute amount des Mehrwerts von der Masse des angewandten Kapitals abhängt. Denn das Wachstum dieser Kapitalmasse und das Wachstum der Anzahl der gleichzeitig beschäftigten Arbeiter sind nach der Voraussetzung identisch oder nur Ausdrücke desselben Faktums. Kommt man aber zur Betrachtung des Profits, wo die Masse des angewandten Totalkapitals und die Masse der angewandten Anzahl Arbeiter sehr verschieden sind für Kapitalien von gleicher Größe, so begreift man die Wichtigkeit des Gesetzes.

Ricardo geht aus von *Waren* von gegebnem Wert, d.h. von Waren, die ein *gegebnes* Quantum Arbeit darstellen. Und für diesen Ausgangspunkt scheint absoluter Mehrwert und relativer Mehrwert stets zusammenzufallen. (Dies erklärt jedenfalls die Einseitigkeit seiner Verfahrungsweise und fällt mit seiner ganzen Methode der Untersuchung zusammen, auszugehn von dem *Wert* der Waren als bestimmt durch die in ihnen gegebne Arbeitszeit und nun zu untersuchen, wie weit dies durch Salair, Profit etc. affiziert wird.) Indes ist dieser Schein falsch, da es sich hier nicht von der Ware handelt, sondern von der kapitalistischen Produktion, von den Waren als Produkten des Kapitals.

Ein Kapital wende bestimmte Masse Arbeiter an, z.B. 20, und der Arbeitslohn = 20 *l.* Wir wollen der Vereinfachung wegen das capital fixe = 0 setzen, i.e. aus der Rechnung weglassen. Gesetzt, diese 20 Arbeiter verspinnen für 80 *l.* Baumwolle in Twist, wenn sie täglich 12 Std. arbeiten. Kostet das lb. Baumwolle 1 sh., so 20 lbs. 1 *l.*, und 80 *l.* = 1600 lbs. Wenn 20 Arbeiter in 12 Stunden 1600 lbs. verspinnen, so in 1 Std. $^{1600}/_{12}$ lbs. = $133^1/_3$ lbs. Ist also die notwendige Arbeitszeit = 10 Std., so die Surplusarbeitszeit = 2 und diese = $266^2/_3$ lbs. Twist. Der Wert der 1600 lbs. wäre = 104 *l.* Denn wenn 10 Arbeitsstunden = 20 *l.*, so 1 Arbeitsstunde = 2 *l.* und 2 Arbeitsstunden = 4 *l.*, also 12 = 24 *l.* (80 *l.* [Rohmaterial] + 24 *l.* = 104 *l.*)

Gesetzt aber, die Arbeiter arbeiteten 4 Std. Surpluszeit, so ihr Produkt = 8 *l.* (ich meine den Surpluswert, den sie erzeugen, ihr Produkt in fact = 28 *l.*[74]). Das Gesamtprodukt = $121^1/_3$ *l.*[75]. Und diese $121^1/_3$ *l.* = $1866^2/_3$ lbs. Twist. Nach wie vor, da die Produktionsbedingungen dieselben geblieben, würde 1 lb. Twist denselben Wert haben; es würde gleich viel Arbeitszeit enthalten. Auch wäre nach der Voraussetzung der notwendige Arbeitslohn konstant geblieben (sein Wert, die in ihm enthaltne Arbeitszeit).

Ob diese $1866^2/_3$ lbs. Twist unter den ersten Bedingungen oder den zweiten produziert werden, d.h. mit 2 oder 4 Stunden Surplusarbeit, sie hätten beidesmal denselben Wert. Nämlich für die $266^2/_3$ lbs. Baumwolle, die mehr versponnen werden, $13^1/_3$ *l.* Dies zu den 80 *l.* für die 1600 lbs., macht $93^1/_3$ *l.* und in beiden Fällen 4 Arbeitsstunden mehr der 20 Mann = 8 *l.* Zusammen für die Arbeit 28 *l.*, also $121^1/_3$ *l.* In beiden Fällen der Arbeitslohn derselbe. Das lb. Twist kostet in beiden Fällen $1^3/_{10}$ sh. Da der Wert des lb. Baumwolle = 1 sh., bliebe für die neu hinzugesetzte Arbeit in 1 lb. Twist in beiden Fällen $^3/_{10}$ sh., = $3^3/_5$ d. (oder $^{18}/_5$ d.).

Dennoch wäre das Verhältnis von Wert und Mehrwert in jeden lb. Twist unter den vorausgesetzten Umständen sehr verschieden. Im ersten Falle, da die notwendige Arbeit = 20 *l.*, die Mehrarbeit = 4 *l.*, oder die erste = 10 Std., die zweite = 2 Std., verhält sich die Surplusarbeit zur notwendigen = 2 : 10 = $^2/_{10}$ = $^1/_5$. (Ebenso 4 *l.* : 20 *l.* = $^4/_{20}$ = $^1/_5$.) In den $3^3/_5$ d. des lb. Twist in diesem Fall steckt also $^1/_5$ unbezahlte Arbeit = $^{18}/_{25}$ d. oder $^{72}/_{25}$ f. = $2^{22}/_{25}$ f. Dagegen im zweiten Fall die notwendige Arbeit = 20 *l.* (10 Arbeitsstd.) die Surplusarbeit = 8 *l.* (4 Arbeitsstd.). Die Surplusarbeit verhielte sich zur notwendigen = 8 : 20 = $^8/_{20}$ = $^4/_{10}$ = $^2/_5$. Also in den $3^3/_5$ d. des lb. Twist steckten $^2/_5$ des Ganzen unbezahlte Arbeit, also $5^{19}/_{25}$ f. oder 1 d. 1 f. und $^{19}/_{25}$ f. Der Surpluswert in dem lb. Twist, ||659| obgleich es in beiden Fällen denselben Wert hat, und in beiden Fällen derselbe Arbeitslohn gezahlt wird, ist in dem einen Fall noch einmal so groß als in dem andren. In der einzelnen Ware muß natürlich als aliquotem Teil des Produkts dasselbe Verhältnis von Wert der Arbeit und Surpluswert herrschen, wie im ganzen Produkt.

In dem einen Fall das vorgeschoßne Kapital = $93^1/_3$ *l.* für Baumwolle und wieviel für Arbeitslohn? Der Arbeitslohn hier für 1600 lbs. = 20 *l.*, also für $266^2/_3$ lbs. mehr = $3^1/_3$ *l.* Also $23^1/_3$ *l.* Und die Gesamtauslage = Kapital von $93^1/_3$ *l.* + $23^1/_3$ *l.* = $116^2/_3$ *l.* Das Produkt = $121^1/_3$ *l.* (Die Mehrauslage [an variablem] Kapital von $3^1/_3$ *l.* gäbe nur $13^1/_3$ sh. [= $^2/_3$ *l.*] Mehrwert. 20 *l.* : 4 *l.* = $3^1/_3$ *l.* : $^2/_3$ *l.*)

Dagegen betrüge im andren Fall die Kapitalauslage nur $93^1/_3$ *l.* + 20 *l.* = $113^1/_3$ *l.* und zu den 4 *l.* Mehrwert kämen 4 *l.* hinzu. Dieselben Massen lbs. Twist sind in beiden Fällen produziert, und beide haben denselben Wert, d. h., sie stellen gleiche Totalquanta Arbeit dar, aber diese gleichen Totalquanta Arbeit sind von ungleich großen Kapitalien in Bewegung gesetzt, obgleich der Arbeitslohn derselbe; dagegen die Arbeitstage von ungleicher Größe und *daher* die Quanta unbezahlter Arbeit verschieden. Das einzelne lb. Twist betrachtet, ist der dafür gezahlte Arbeitslohn oder das in ihm *gezahlte* Quantum Arbeit verschieden. Derselbe Arbeitslohn ist hier verteilt auf größre Warenmenge, nicht weil die Arbeit produktiver in dem einen Fall als in dem andren, sondern weil die Gesamtmasse unbezahlter Surplusarbeit, die in dem einen Fall in Bewegung gesetzt, größer als in dem andren. Mit *demselben* Quantum *bezahlter* Arbeit werden daher in dem einen Fall mehr lbs. Twist produziert als in dem andren, obgleich in beiden Fällen die gleiche Quanta Twist produziert und gleiche Quanta Totalarbeit (bezahlte und unbezahlte) darstellen. Hätte sich dagegen die Produktivität der Arbeit vermehrt in dem zweiten Fall, so wäre unter allen Umständen (wie sich immer das Verhältnis des Mehrwerts zum variablen Kapital gestaltet) der Wert des lb. Twist gefallen.

In einem solchen Fall also wäre es falsch zu sagen, daß – weil der *Wert* des lb. Twist gegeben, = 1 sh. $3^3/_5$ d., ferner der Wert der zugesetzten Arbeit gegeben, = $3^3/_5$ d., und der Arbeitslohn der Voraussetzung nach *derselbe*, d.h. die *notwendige Arbeitszeit* –, daß deswegen der Mehrwert derselbe sein und 2 Kapitalien unter sonst gleichen Umständen den Twist mit gleichem Profit produziert hätten. Es wäre dies richtig, wenn es sich um 1 lb. Twist handelte, aber es handelt sich hier um ein Kapital, das $1866^2/_3$ lbs. Twist produziert hat. Und um zu wissen, wie groß sein Profit an einem lb. (d.h. eigentlich der Mehrwert), müssen wir wissen, wie groß der Arbeitstag ist, oder wie großes Quantum unbezahlter Arbeit (bei gegebner Produktivität) es in Bewegung setzt. Dies kann man aber der einzelnen Ware nicht ansehn.

Bei Ric[ardo] findet sich also nur die Entwicklung von dem, was ich den *relativen Mehrwert* genannt habe. Er geht davon aus (wie es auch bei Smith und seinen Vorgängern scheint), daß die *Größe des Arbeitstags gegeben* ist. (Höchstens bei Smith Differenzen in der Größe des Arbeitstags in *verschiednen* Arbeitszweigen erwähnt, die sich aufheben oder kompensieren durch relativ größre Intensivität der Arbeit, Schwierigkeit, Widerlichkeit derselben usw.) Von dieser Voraussetzung aus entwickelt er im ganzen den relativen Mehrwert richtig. Bevor wir davon die Hauptpunkte geben, noch einige Belegstellen zu der Auffassung Ricardos.

„Die Arbeit von einer Million Menschen in den Manufakturen wird stets den *gleichen Wert*, aber nicht immer den gleichen Reichtum produzieren." (l.c. p.320.)

D.h., das Produkt ihrer täglichen Arbeit wird stets das Produkt von 1 Million Arbeitstagen sein, *dieselbe* Arbeitszeit enthalten, was falsch ist, oder nur richtig ist, sobald *derselbe* normale Arbeitstag, mit Berücksichtigung der different difficulties etc. of different branches of labour[1], allgemein hergestellt wäre.

Selbst dann indes ist der Satz falsch in der allgemeinen Form, worin er hier ausgesprochen ist. Gesetzt, der normale Arbeitstag sei gleich 12 Std. Das Jahresprodukt in Geld eines Mannes sei = 50 *l.* und der Geldwert bleibe unverändert. In diesem Falle das Produkt von 1 Mill. Mann stets 50 Mill. *l.* jährlich. Gesetzt, die notwendige Arbeit sei = 6 Std., so das für diese 1 Mill. Mann ausgelegte Kapital jährlich = 25000000 *l.* Der Mehr-

[1] verschiedenen Schwierigkeiten etc. verschiedener Arbeitszweige

wert ditto = 25 Mill. *l.* Das Produkt wäre immer 50 Mill., ob die Arbeiter 25 oder 30 oder 40 Mill. erhalten. Nur im ersten Fall der Mehrwert = 25 Mill., im 2. = 20 Mill. und im 3. = 10 Mill. Bestände das vorgeschoßne Kapital nur aus *variablem* Kapital, d.h. nur aus dem Kapital, das in dem *Arbeitslohn* dieser 1 Mill. Mann ausgelegt wird, so hätte Ric[ardo] recht. Er hat daher auch nur in dem *einen* Fall recht, wo das Totalkapital gleich dem variablen Kapital; eine Voraussetzung, die bei ihm, wie bei A.Smith, ||660| soweit er vom Kapital der ganzen Gesellschaft spricht, durchgeht und die bei der kapitalistischen Produktion nicht in einem einzelnen trade[1], noch viel weniger für den trade der ganzen Gesellschaft existiert.

Der *Teil des konstanten Kapitals*, der in den Arbeitsprozeß eingeht, ohne in den Verwertungsprozeß einzugehn, geht nicht in das Produkt *(Wert des Produkts)* ein und geht uns daher hier nichts an, wo es sich um den *Wert* des *jährlichen Produkts* handelt, so wichtig die Berücksichtigung jenes Teils des konstanten Kapitals für die Bestimmung der allgemeinen Profitrate ist. Anders aber verhält es sich mit dem Teil des konstanten Kapitals, der in das jährliche Produkt eingeht. Wir haben gesehn, daß ein Teil dieses Teils des konstanten Kapitals oder was als konstantes Kapital in einer Produktionssphäre erscheint, als unmittelbares Produkt der Arbeit innerhalb einer andren erscheint, während *derselben* Produktionsperiode von einem Jahr, daß also ein großer Teil des jährlich ausgelegten Kapitals, der als konstantes Kapital vom Standpunkt des einzelnen Kapitalisten oder der besondren Produktionssphäre *erscheint*, sich in *variables* Kapital vom Standpunkt der Gesellschaft oder der Kapitalistenklasse auflöst. Dieser Teil ist also in den 50 Mill. eingeschlossen, in dem Teil der 50 Mill., der variables Kapital bildet oder in Arbeitslohn ausgelegt ist.

Anders verhält es sich aber mit dem *Teil des konstanten Kapitals*, der aufgezehrt wird, um das in der Manufaktur und Agrikultur aufgezehrte konstante Kapital zu ersetzen, mit dem aufgezehrten Teil des in den Produktionszweigen beschäftigten konstanten Kapitals, die konstantes Kapital, Rohmaterial in seiner ersten Form, capital fixe und matières instrumentales[2] produzieren. Der Wert dieses Teils erscheint wieder, ist reproduziert im Produkt. Und es hängt ganz von seiner vorhandnen Größe ab (vorausgesetzt, daß die Produktivität der Arbeit nicht wechselt; wie sie aber immer wechseln mag, hat er eine *bestimmte* Größe), in welchen Proportionen [er] in den Wert des ganzen Produkts eingeht. (Im Durchschnitt, einige

[1] Gewerbezweig – [2] Hilfsstoffe

Ausnahmen in der Agrikultur abgerechnet, wird allerdings auch die Masse der Produkte, also der von der 1 Mill. Mann erzeugte *Reichtum*, wie ihn R[icardo] von *value* unterscheidet, abhängen von der Größe dieses der Produktion vorausgesetzten konstanten Kapitals.) Dieser Wertteil des Produkts existierte nicht ohne die neue Jahresarbeit der 1 Mill. Mann. Andrerseits gäbe die Arbeit der 1 Mill. Mann nicht dieselbe Produktenmasse ohne dies unabhängig von ihrer Jahresarbeit existierende konstante Kapital. Es geht als Produktionsbedingung in den Arbeitsprozeß ein, aber es wird keine Stunde mehr gearbeitet, um diesen Teil dem Wert nach zu reproduzieren. Als Wert ist er daher nicht das Resultat der Jahresarbeit, obgleich sein Wert sich nicht *ohne* diese Jahresarbeit reproduziert hätte.

Gesetzt, der Teil des konstanten Kapitals, der in das Produkt eingeht, sei = 25 Mill., so wäre der Wert des Produkts der 1 Mill. Mann = 75 Mill.; wäre er = 10, so nur = 60 Mill. etc. Und da im Lauf der kapitalistischen Entwicklung das Verhältnis des konstanten Kapitals zum variablen wächst, wird der Wert des Jahresprodukts der 1 Mill. eine Tendenz haben, beständig zu wachsen, im Verhältnis wie die vergangne Arbeit wächst, die als Faktor in ihrer jährlichen Produktion mitspielt. Man sieht schon daraus, daß Ric[ardo] weder das Wesen der Akkumulation noch die Natur des Profits verstehn konnte.

Mit dem Wachsen der Proportion des konstanten Kapitals zum variablen wächst auch die Produktivität der Arbeit, die produzierten Produktivkräfte, mit denen die gesellschaftliche Arbeit wirtschaftet. Infolge derselben zunehmenden Produktivität der Arbeit wird zwar ein Teil des vorhandnen konstanten Kapitals beständig entwertet, indem sein Wert sich nicht nach der Arbeitszeit richtet, die es ursprünglich gekostet hat, sondern nach der Arbeitszeit, mit der es reproduziert werden kann, und diese beständig abnimmt mit der zunehmenden Produktivität der Arbeit. Obgleich sein Wert daher nicht im Verhältnis seiner Masse wächst, wächst er dennoch, weil seine Masse noch rascher wächst, als sein Wert fällt. Doch auf Ric[ardo]s Ansichten von der Akkumulation kommen wir später zurück.

Soviel hier klar, daß, den Arbeitstag als gegeben vorausgesetzt, der Wert des Produkts von Jahresarbeit der 1 Mill. sehr verschieden sein wird je nach der Verschiedenheit der Masse von konstantem Kapital, das in das Produkt eingeht, und daß er trotz der wachsenden Produktivität der Arbeit größer sein wird, wo das konstante Kapital einen großen Teil des Gesamtkapitals bildet, als in Gesellschaftszuständen, wo es einen relativ kleinen Teil desselben bildet. Mit dem Fortschritt in der Produktivität der gesellschaftlichen Arbeit, begleitet, wie er ist, vom Anwachsen des konstanten Kapitals, wird daher auch ein relativ stets größrer Teil des jährlichen Produkts der Arbeit dem Kapital als solchem zufallen und somit das Kapitaleigentum (abgesehn von der Revenue) sich beständig vergrößern und die Proportion des Wertteils, den der einzelne Arbeiter und selbst die Arbeiterklasse schafft, immer mehr sinken ||661| gegen das ihnen als Kapital gegenübertretende Produkt ihrer vergangnen Arbeit. Die Entfremdung und der Gegensatz zwischen dem Arbeitsvermögen und den objektiven, im Kapital verselbständigten Bedingungen der Arbeit wachsen damit beständig. (Abgesehn vom variablen Kapital, dem Teil des Produkts der jährlichen Arbeit, der zur Reproduktion der Arbeiterklasse erforderlich; diese ihre Subsistenzmittel selbst aber ihr als Kapital gegenübertreten.)

R[icardo]s Ansicht, daß der Arbeitstag *gegeben, begrenzt, fixes Quantum* ist, auch sonst bei ihm ausgesprochen, z.B.

„sie" (the wages of labour and the profit of stock[1]) „haben *zusammen* stets *den gleichen Wert*" (l.c. p.499 ch.XXXII „Mr. M[althus']s opinions on rent"),

das heißt in andern Worten nur: die Arbeitszeit (tägliche), deren Produkt zwischen wages of labour und profits of stock *geteilt* wird, ist stets *dieselbe*, ist *konstant.*

„Löhne und Profit werden zusammen *den gleichen Wert* haben." (l.c. p.491, Note.)

Ich brauche hier nicht zu wiederholen, daß für Profit hier immer zu lesen surplus value.

„Lohn und Profit zusammengenommen werden *stets* den gleichen Wert besitzen." (p.490, 491.)

„Die Löhne muß man nach ihrem *wirklichen Wert* schätzen, d.h. nach der *Quantität von Arbeit und Kapital, die zu ihrer Produktion verwendet wurden,* nicht aber nach ihrem *nominellen Wert* in Röcken, Hüten, Geld oder Getreide." (l.c. ch.I „*On Value*", p.50.)

Der Wert der Lebensmittel, die der Arbeiter erhält (mit seinen wages kauft), Korn, Kleidung etc., ist bestimmt durch die Gesamtarbeitszeit, die deren Produktion erheischt, sowohl das Quantum unmittelbarer Arbeit als das Quantum vergegenständlichter Arbeit necessary for their production[2]. Aber Ric[ardo] verwickelt die Sache, indem er ihr nicht den reinen Ausdruck gibt, nicht sagt „their *real value*, viz. that quantity of their working day required to reproduce the value of their own necessaries, the equivalent

[1] der Arbeitslohn und der Kapitalprofit – [2] das für ihre Produktion notwendig ist

of the necessaries paid of them, or exchanged for their labour"[1]. Die real wages[2] ist zu bestimmen durch die average time[3], die der Arbeiter täglich arbeiten muß, um seine eigne wages zu produzieren oder zu reproduzieren.

„Der Arbeiter erhält nur dann einen wirklich hohen Preis für seine Arbeit, wenn sein Lohn das Produkt einer großen Menge Arbeit kauft." (l.c. p.322.)

4. Relativer Mehrwert. [Relativer Arbeitslohn]

Dies ist in fact die einzige Form des Mehrwerts, die R[icardo] unter dem Namen *Profit* entwickelt. [Er meint:]

Die Quantität der zu ihrer Produktion erheischten und in ihr enthaltnen Arbeit bestimmt den Wert der Ware, der somit ein *Gegebnes* ist, *bestimmte Größe*. Diese Größe wird geteilt zwischen Lohnarbeiter und Kapitalist. (Ricardo, wie Smith, berücksichtigt hier das konstante Kapital nicht.) Es ist klar, daß die Portion des einen nur wachsen oder fallen kann im Verhältnis, wie die des andren fällt oder wächst. Da der Wert der Waren der Arbeit der Arbeiter geschuldet ist, ist das, was unter allen Fällen die Voraussetzung bildet, diese Arbeit selbst, die aber unmöglich, ohne daß der Arbeiter lebt und sich erhält, also den notwendigen Arbeitslohn (Minimum des Salairs, Salair = dem Wert des Arbeitsvermögens) erhält. Salair und Mehrwert – diese beiden Kategorien, worin der Wert der Ware oder das Produkt selbst sich verteilt – stehn also nicht nur in umgekehrtem Verhältnis zueinander, sondern das Prius, das Bestimmende ist die Bewegung der Salaire. Ihr Steigen oder Fallen bewirkt die umgekehrte Bewegung auf seiten des Profits (Mehrwerts). Salair steigt oder fällt nicht, weil Profit (Mehrwert) fällt oder steigt, sondern umgekehrt, weil Salair steigt oder fällt, fällt oder steigt der Mehrwert (Profit). Das *Mehrprodukt* (sollte eigentlich heißen der *Mehrwert*), das übrigbleibt, nachdem die Arbeiterklasse ihren Anteil von ihrer eignen jährlichen Produktion erhalten, bildet die Substanz, von der die Kapitalistenklasse lebt.

Da der Wert der Waren bestimmt ist durch das Quantum der in ihnen enthaltnen Arbeit, und da Salair und Mehrwert (Profit) nur *Teile* sind,

---

[1] „ihr *realer Wert*, das heißt die Größe ihres Arbeitstages, die erforderlich ist zur Reproduktion des Werts ihrer eigenen lebenswichtigen Güter, des Äquivalents, das für die lebenswichtigen Güter gezahlt oder für ihre Arbeit ausgetauscht wird" – [2] Der Reallohn – [3] Durchschnittszeit

Proportionen, worin zwei Klassen von Produzenten den Wert der Ware unter sich verteilen, ist es klar, daß Steigen oder Fallen des Salairs zwar die Rate des Mehrwerts (Profits) bestimmt, den Wert der Ware oder price (as monetary expression of the value of a commodity)[1] aber unaffiziert läßt. Die Proportion, wie ein Ganzes geteilt wird zwischen zwei shareholders[2], macht das Ganze selbst weder größer noch kleiner. Es ist also ein falsches Vorurteil, daß *Steigen der Salaire die Warenpreise erhöht;* selbes macht nur den Profit (Mehrwert) fallen. Selbst die Ausnahmen, die Ric[ardo] anführt, wo Steigen der Salaire die Tauschwerte einiger Waren fallen machen, die andrer steigern soll, sind falsch, soweit es sich um *Werte* handelt, und nur richtig für *Kostenpreise.*

||662| Da nun die Rate des Mehrwerts (Profits) bestimmt ist durch die relative Höhe des Salairs, wie wird diese bestimmt? Von der Konkurrenz abgesehn, durch den Preis der notwendigen Lebensmittel. Dieser hängt wieder von der Produktivität der Arbeit ab, die am größten ist, je fruchtbarer der Boden (wobei Ric[ardo] kapitalistische Produktion unterstellt). Jedes „improvement"[3] vermindert den Preis der Waren, Lebensmittel. Der Arbeitslohn oder value of labour[4] steigt und fällt also in umgekehrtem Verhältnis zur Entwicklung der Produktivkraft der Arbeit, soweit letztre necessaries produziert, die in die average consumtion[5] der Arbeiterklasse eingehn. Die Rate des Mehrwerts (Profits) fällt oder steigt also in direktem Verhältnis, wie sich die Produktivkraft der Arbeit entwickelt, weil diese Entwicklung den Arbeitslohn senkt oder erhöht.

Die Rate des Profits (Mehrwerts) kann nicht fallen, ohne daß der Arbeitslohn steigt, und kann nicht steigen, ohne daß der Arbeitslohn fällt.

Der Wert des Arbeitslohns ist zu schätzen nicht nach der Quantität Lebensmittel, die der Arbeiter erhält, sondern nach der Quantität Arbeit, die diese Lebensmittel kosten (in fact der Proportion des Arbeitstags, die er sich selbst aneignet), nach dem *proportionellen Anteil,* den der Arbeiter vom Gesamtprodukt oder rather[6] vom Gesamtwert dieses Produkts erhält. Es ist möglich, daß in Gebrauchswerten geschätzt (Quantität von Ware oder Geld) sein Arbeitslohn steigt (bei steigender Produktivität) und doch dem Wert nach fällt und umgekehrt. Es ist eines der großen Verdienste R[icardo]s, den relativen oder proportionate Arbeitslohn betrachtet und als Kategorie fixiert zu haben. Bisher der Arbeitslohn immer nur einfach betrachtet, der Arbeiter daher als Tier. Hier aber wird er in seinem sozialen Verhältnis

[1] Preis (als Geldausdruck des Wertes einer Ware) – [2] Teilhabern – [3] „Verbesserung" – [4] Wert der Arbeit – [5] durchschnittliche Konsumtion – [6] vielmehr

betrachtet. Die Stellung der Klassen zueinander bedingt mehr durch die proportionate wages als durch den absolute amount of wages.

Die oben aufgestellten Sätze nun durch Zitate aus R[icardo] zu belegen.

„Der *Wert* des Hirsches, das Produkt der *Tagesarbeit* des Jägers, entspricht genau dem Wert der Fische, dem Produkt der *Tagesarbeit* des Fischers. Das Wertverhältnis des Fisches und des Wildbrets wird völlig durch die in jedem der beiden enthaltene Arbeitsmenge bestimmt, *unabhängig von der produzierten Menge* oder von einem *hohen oder niedrigen Stand der Löhne und des Profits.* Wenn ... der Fischer ... zehn Leute beschäftigt, deren Arbeit jährlich 100 *l.* kostet und die *in einem Tage* durch *ihre* Arbeit zwanzig Lachse fangen; wenn ... der Jäger ... auch zehn Mann beschäftigt, deren *Arbeit im Jahr* 100 *l.* kostet, und die ihm *in einem Tage* zehn Hirsche verschaffen, – dann wäre der natürliche Preis eines Hirsches zwei Lachse, gleichgültig ob *der Anteil vom Gesamtprodukt* groß oder klein ist, *der auf die Leute, die es produzieren, entfällt.* Der etwa als *Lohn* bezahlte *Anteil* ist von größter Bedeutung für die Frage des *Profits,* denn es muß sofort einleuchten, daß die Profite genau in dem Verhältnis hoch oder niedrig sind, wie die Löhne niedrig oder hoch sind. Das aber kann den verhältnismäßigen Wert von Fisch und Wildbret nicht im geringsten beeinflussen, da der Lohn zur gleichen Zeit in beiden Berufen hoch oder niedrig ist." (ch. I *„On Value"*, p. 20, 21.)

Man sieht, daß Ric[ardo] den ganzen Wert der Ware herleitet aus dem *labour* der men employed[1]. Es ist ihre eigne Arbeit oder das Produkt derselben oder der Wert dieses Produkts, das zwischen ihnen und dem Kapital verteilt wird.

„Keine Veränderung der Arbeitslöhne kann irgendeine Veränderung im relativen Wert dieser Waren hervorbringen; denn angenommen, sie steigen, so wird doch keine *größere Quantität Arbeit* in einem dieser Berufe benötigt, sondern sie werden zu einem *höheren Preise* bezahlt werden. ... Die Löhne können um zwanzig Prozent steigen und die Profite demzufolge in größerem oder geringerem Ausmaß sinken, ohne damit auch nur die geringste Änderung im relativen Wert dieser Waren hervorzurufen." (l. c. p. 23.)

„Der *Wert der Arbeit* kann nicht ohne ein Sinken des Profits steigen. Wenn das Getreide zwischen dem Farmer und dem Arbeiter *geteilt* wird, wird um so weniger für den ersteren bleiben, je *größer der Anteil* des letzteren ist. Ebenso wird bei der *Teilung* von Tuch oder Baumwollwaren zwischen dem Arbeiter und seinem Unternehmer für den letzteren um so weniger bleiben, je *größer der Anteil* des ersteren ist." (l. c. p. 31.)

||663| „A. Smith und alle die ihm folgenden Autoren behaupteten nach meiner Kenntnis ausnahmslos, *ein Steigen des Preises der Arbeit* habe *eine* gleichmäßige *Erhöhung des Preises aller Waren* zur Folge. Ich hoffe, es ist mir gelungen zu zeigen, daß es keine Gründe für eine derartige Ansicht gibt." (l. c. p. 45.)

„Eine Erhöhung der Löhne infolge einer besseren Bezahlung des Arbeiters oder infolge von Schwierigkeiten der Beschaffung der lebenswichtigen Artikel, für welche

[1] der *Arbeit* der beschäftigten Männer

die Löhne ausgegeben werden, bewirkt mit Ausnahme weniger Fälle keine Erhöhung des Preises, sie hat jedoch eine bedeutende Wirkung auf die Senkung des Profits." Anders verhält es sich, wenn das rise of wages[1] herrührt von einer „Änderung des Geldwertes". „In dem einen" {nämlich dem letzterwähnten Fall} „Fall wird kein *größerer Anteil der Jahresarbeit des Landes* auf den *Unterhalt der Arbeiter* verwendet, während in dem anderen ein größerer Teil darauf verwendet wird." (l.c. p.48.) |663||

||663| „Der natürliche Preis der Arbeit wird bei einer Erhöhung des Preises der Nahrungsmittel und der lebenswichtigen Güter steigen, bei einem Fall dieser Preise sinken." (l.c. p.86.)

„Der nach der Sättigung des Bedarfes der vorhandenen Bevölkerung verbleibende *Produktenüberschuß* muß notwendigerweise der *Leichtigkeit der Produktion*, d.h. der *geringeren Zahl* der in der Produktion *Beschäftigten* entsprechen." (p.93.)

„Weder der Farmer, der jenen Boden bebaut, der den Preis bestimmt, noch der Fabrikant, der Waren erzeugt, geben einen Teil des Produktes zugunsten der Rente auf. Der *gesamte Wert ihrer Waren spaltet sich* nur in *zwei Teile:* der eine bildet den Kapitalprofit, der andere den Arbeitslohn." (l.c. p. 107.)

„Angenommen aber, der Preis von Seide, Samt, Möbeln und einer Reihe anderer Waren, die nicht vom Arbeiter benötigt werden, steigt infolge des für sie verausgabten größeren Arbeitsquantums, wird das nicht den Profit berühren? Sicherlich nicht; denn nichts als eine Erhöhung des Lohnes kann den Profit beeinträchtigen. Seide und Samt werden nicht vom Arbeiter konsumiert, und sie können daher den Lohn nicht in die Höhe treiben." (l.c. p.118.)

„Wenn die Arbeit von zehn Leuten auf Boden bestimmter Qualität 180 qrs. Weizen ergibt und sein Wert 4 *l.* pro qr., oder 720 *l.* beträgt..." (p.110.) „...muß in jedem Falle dieselbe Summe von 720 *l.* zwischen Lohn und Profit geteilt werden... Ob der Lohn oder Profit steigt oder fällt, beide müssen immer aus dem Betrag von 720 *l.* gedeckt werden. Einerseits kann der Profit niemals so hoch steigen, daß er so viel von den 720 *l.* verschlingt, daß nicht genügend übrigbleibt, um die Arbeiter mit den unbedingt notwendigen Gütern zu versorgen, andererseits können die Löhne niemals so hoch steigen, daß von diesem Betrage nichts für den Profit zurückbleibt." (l.c. p.113.)

„Der Profit *ist von hohen oder geringen Löhnen*, die Löhne vom Preis der lebenswichtigen Güter und der Preis der lebenswichtigen Güter hauptsächlich vom Preis der Lebensmittel *abhängig*, da alle anderen Artikel fast grenzenlos vermehrbar sind." (l.c. p.119.)

„Obwohl ein größerer Wert produziert wird" (bei Verschlechterung des Landes), „so wird ein *höherer Anteil von dem, was* nach Zahlung der Rente *von diesem Werte übrigbleibt*, von den *Produzenten* konsumiert" {er identifiziert hier labourers und producers}, „und das – *und nur das* – bestimmt den Profit." (l.c. p.127.)

„Die notwendige Eigenschaft einer *Verbesserung* besteht darin, *die* früher für die Produktion einer Ware notwendige *Arbeit* zu vermindern; diese Verminderung aber kann ohne einen *Fall ihres Preises oder relativen Wertes* nicht vor sich gehen." (l.c. p.70.)

[1] die Erhöhung der Löhne

„Man verringere die Produktionskosten von Hüten, und ihr Preis wird schließlich auf ihren neuen natürlichen Preis zurückgehen, obwohl sich die Nachfrage verdoppelt, verdrei- oder vervierfacht haben mag. Man verringere die Unterhaltskosten der Arbeiter, indem man den natürlichen Preis der Nahrungsmittel und der Kleidung, die das Leben erhalten, senkt, und die Löhne werden schließlich sinken, trotzdem die Nachfrage nach Arbeitern ||664| sehr erheblich gestiegen sein mag." (l.c. p.460.)

„In dem Maße, in dem weniger auf den Lohn entfällt, wird mehr auf den Profit entfallen, und vice versa[1]." (l.c. p.500.)

„Es ist eines der Ziele dieses Werkes gewesen zu zeigen, daß mit jedem Rückgang im tatsächlichen Wert der notwendigen Artikel die Arbeitslöhne sinken und der Kapitalprofit steigt – mit anderen Worten, daß von einem gegebenen *jährlichen Wert ein geringerer Anteil an die arbeitende Klasse*, und ein größerer Teil an jene *gezahlt wird, deren Fonds diese Klasse beschäftigen.*"

{Es ist nur in dieser ganz in das gewöhnliche Leben eingegangnen Phrase, daß Ric[ardo], wenn nicht ahnt, doch ausspricht die nature of capital. Es ist nicht accumulated labour employed by the labouring class, by the labourers themselves, but it is „funds", „accumulated labour", „employing this class", employing present, immediate labour[2].}

„Angenommen, *der Wert* der in einer bestimmten Manufaktur erzeugten Waren sei 1000 *l.*, die zwischen *dem Unternehmer* und *seinen* Arbeitern" (hier wieder der Ausdruck der Natur des Kapitals; der Kapitalist ist der *master*, die Arbeiter sind *his* labourers[3]) „im Verhältnis von 800 *l.* für die Arbeiter und 200 *l.* für den Unternehmer *aufzuteilen sind.* Falls der Wert dieser Waren auf 900 *l.* fällt und 100 *l.* an Arbeitslöhnen erspart werden infolge des Sinkens lebenswichtiger Artikel, so wird das Nettoeinkommen des Unternehmers in keiner Weise beeinträchtigt." (p.511, 512.)

„Wenn die Schuhe und Kleider des Arbeiters durch Verbesserungen der Maschinerie mit dem vierten Teile der jetzt zu ihrer Produktion notwendigen Arbeit erzeugt werden können, so sinken sie wahrscheinlich um 75 Prozent; aber es ist von der Wahrheit weit entfernt anzunehmen, daß der Arbeiter dadurch in die Lage versetzt wird, dauernd vier Röcke oder vier Paar Schuhe anstelle von einem Rock oder einem Paar Schuhe zu verbrauchen. Sein *Lohn wird sich in kurzer Zeit* durch die Wirkung der Konkurrenz und den Anreiz zur Bevölkerungsvermehrung dem *neuen Werte der lebenswichtigen Artikel*, für die er ausgegeben wird, *anpassen.* Wenn diese Verbesserungen sich auf alle Gegenstände des Konsums des Arbeiters erstrecken, so finden wir ihn wahrscheinlich nach wenigen Jahren im Besitz einer nur geringen, wenn überhaupt einer Vergrößerung seiner Annehmlichkeiten, obwohl der Tauschwert jener Waren eine recht bedeutende Verminderung erfährt im Vergleich mit einer beliebigen anderen Ware, und obwohl sie das Erzeugnis einer erheblich geringeren Menge Arbeit sind." (l.c. p.8.)

[1] umgekehrt – [2] aufgehäufte Arbeit, die von der Arbeiterklasse, von den Arbeitern selbst angewandt wird, sondern es ist der „Fonds", „aufgehäufte Arbeit", die „diese Klasse beschäftigen", die die gegenwärtige, unmittelbare Arbeit anwenden – [3] *seine* Arbeiter

„Wenn die Löhne steigen, so geschieht dies immer auf Kosten des Profits und wenn sie sinken, steigt stets der Profit.“ (l.c. p.491, Note.)

„Es war mein Bestreben, durch dieses ganze Werk zu zeigen, daß die Profitrate niemals anders als durch eine Senkung der Löhne erhöht werden kann und daß eine dauernde Senkung der Löhne nur durch ein Sinken der lebenswichtigen Güter, für welche die Löhne verausgabt werden, eintritt. Wenn daher durch die *Ausdehnung des auswärtigen Handels* oder durch *Verbesserungen der Maschinerie* die Nahrungsmittel und die anderen lebensnotwendigen Güter des Arbeiters zu einem niedrigeren Preis auf den Markt gebracht werden können, wird der Profit steigen. Wenn wir, anstatt unser eigenes Getreide anzubauen oder die Kleidung und die anderen lebenswichtigen Güter des Arbeiters selbst zu erzeugen, einen neuen Markt entdecken, durch den wir uns mit diesen Waren wohlfeiler versorgen können, so werden die Löhne fallen und der Profit wird steigen. Wenn aber die durch die Ausdehnung des auswärtigen Handels oder durch Verbesserungen der Maschinerie zu einem niedrigeren Satze bezogenen Waren ausschließlich von den Reichen konsumierte Waren sind, wird keine Veränderung der Profitrate eintreten. Die Lohnrate wird nicht berührt, obwohl Wein, Samt, Seide und andere teuere Waren um 50 Prozent fallen, und die Profite bleiben folglich unverändert.

Obwohl also der auswärtige Handel sehr vorteilhaft für ein Land ist, da er die Menge und Vielfalt der Dinge vermehrt, für welche die Revenue verwendet werden kann, durch den Überfluß und die Wohlfeilheit der Waren Anreiz zum Sparen“ (und why not incentives to spending?[1]) „und zur *Akkumulation von Kapital* liefert, besitzt er keine Tendenz zur Erhöhung des Kapitalprofits, *es sei denn, die eingeführten Waren sind solche, für die der Arbeitslohn ausgegeben wird.*

Die Bemerkungen, die ich bezüglich des auswärtigen Handels gemacht habe, treffen in gleicher Weise für den Binnenhandel zu. *Niemals* wird die Profitrate *erhöht*“

{eben hat er das Gegenteil gesagt; er meint offenbar, never unless by the improvements mentioned the value of labour is diminished[2]}

„durch eine bessere *Verteilung der Arbeit*, durch *Erfindung von Maschinen*, durch *Straßen- und Kanalbauten* oder *irgendwelche andere Mittel, welche die bei der Erzeugung oder dem Transport von Waren aufgewendete Arbeit verkürzen*. Das sind Faktoren, die den Preis beeinflussen und immer sehr zum Vorteil der Konsumenten wirken, da sie ihnen ermöglichen, mit der gleichen Arbeit im Austausch eine größere Quantität der Waren zu erhalten, auf *die* sich *die Verbesserung* auswirkte. Auf den Profit haben sie jedoch keinerlei Einfluß. Andererseits erhöht jede ||665| Verminderung des Arbeitslohnes den Profit, sie beeinflußt aber den Preis der Waren nicht. Das eine ist für alle Klassen vorteilhaft, denn alle Klassen sind Konsumenten;“

(aber wie advantageous to the labouring class[3], da R[icardo] unterstellt, daß diese Waren, wenn sie in den Konsum des Arbeitslohns eingehn, ihn

[1] und warum nicht Anreiz zum Ausgeben? – [2] niemals, außer wenn durch die erwähnten Verbesserungen der Wert der Arbeit vermindert wird – [3] vorteilhaft für die arbeitende Klasse

verringern, und wenn sie ihn durch ihre Verwohlfeilerung nicht verringern, auch nicht in ihn eingehn?);

„das andere ist nur für die Produzenten vorteilhaft; sie gewinnen mehr, aber alles behält seinen früheren Preis."

(Wie ist dies wieder möglich, da Ric[ardo] unterstellt, daß die diminution in the wages of labour, which raises profits[1], grade stattfindet, weil der Preis der necessaries gefallen ist, also keineswegs „every thing remains at its former price"[2].)

„Im ersteren Fall erhalten sie gleich viel wie früher, doch ist *jedes Ding*" (wieder falsch; nämlich sollte heißen every thing necessaries excluded[3]), „wofür ihre Gewinne ausgegeben werden, im Tauschwert gesunken." (p. 137, 138.)

Man sieht, daß dieser Passus höchst inkorrekt abgefaßt. Aber abgesehn von diesem Formellen, das alles nur richtig, wenn statt rate of profit „rate of surplus value"[4] gelesen wird, wie in dieser ganzen Untersuchung über den relativen Mehrwert. Selbst bei Luxuswaren können jene improvements die allgemeine Profitrate erhöhn, da die Profitrate in diesen Sphären, wie die jeder andren, in die Ausgleichung aller besondren Profitraten zur average Profitrate eingeht. Fällt in solchen Fällen durch die erwähnten Einflüsse der Wert des konstanten Kapitals im Verhältnis zum variablen oder vermindert sich die Länge der Umschlagszeit (also change[5] im Zirkulationsprozeß), so steigt die Profitrate. Ferner der Einfluß des foreign trade[6] ganz einseitig aufgefaßt. Das Wesentliche für die kapitalistische Produktion ist die Entwicklung des Produkts zur Ware, die wesentlich mit der Ausdehnung des Markts, Schöpfung des Weltmarkts, also foreign trade, verbunden.

Dies apart, stellt R[icardo] also den richtigen Satz auf, daß alle improvements, sei es durch Teilung der Arbeit, Verbesserung der Maschinerie, Vervollkommnung der Transportmittel, auswärtigen Handel, kurz, alle Mittel, die in der Manufaktur oder dem Transport der Waren nötige Arbeitszeit abzukürzen, den Mehrwert (hence[7] Profit) erhöhn, also die Kapitalistenklasse bereichern, weil und insofern diese „improvements" depreciate the value of labour[8].

Wir haben in diesem Abschnitt noch schließlich ein paar Stellen zu zitieren, worin Ric[ardo] die nature of *proportionate* wages[9] entwickelt.

---

[1] Verminderung der Arbeitslöhne, die den Profit erhöht – [2] „alles seinen früheren Preis behält" – [3] alles außer den lebenswichtigen Artikeln – [4] Profitrate „Mehrwertrate" – [5] Veränderung – [6] auswärtigen Handels – [7] daher – [8] „Verbesserungen" den Wert der Arbeit herabsetzen – [9] Natur des *proportionellen* Lohnes

„Wenn ich einen Arbeiter für eine Woche mieten muß, und ich zahle ihm an Stelle von zehn Schillingen acht, ohne daß eine Veränderung des Geldwertes eingetreten ist, so kann der Arbeiter wahrscheinlich mit seinen acht Schillingen mehr Nahrungsmittel und lebenswichtige Konsumgüter erhalten als vordem für zehn. Aber dies entspringt nicht, wie A. Smith und in jüngster Zeit Malthus behaupten, einer Erhöhung des *realen Wertes seines Lohnes*, sondern geht auf einen Fall im Werte jener Dinge zurück, für die er seinen Lohn ausgibt – zwei völlig verschiedene Angelegenheiten. Man hält mir jedoch vor, daß ich eine neue und ungebräuchliche Ausdrucksweise anwende, die mit den wahren Prinzipien der Wissenschaft nicht vereinbar sei, wenn ich *dies einen Fall im realen Wert des Lohnes nenne*." (l.c. p. 11, 12.)

„Nicht auf Grund der *absoluten Menge von Produkten*, die jede Klasse erhält, können wir die Rate des Profits, der Rente sowie der Löhne richtig beurteilen, sondern auf Grund der Quantität Arbeit, die zur Erzeugung jener Menge erforderlich war. Durch Verbesserungen der Maschinerie und der Agrarwirtschaft kann sich das Gesamtprodukt verdoppeln; wenn aber Löhne, Rente und Profit sich ebenfalls auf das Doppelte erhöhen, so werden alle drei *zueinander im gleichen Verhältnis wie vorher* stehen, und man kann bei keinem von einer *relativen Veränderung* sprechen. Wenn jedoch die Löhne an dieser Erhöhung nicht voll teilnehmen und, anstelle einer Verdoppelung, lediglich um die Hälfte steigen ... dann ist es, glaube ich, richtig zu sagen, daß Löhne gefallen, der Profit aber gestiegen ist. Wenn wir nämlich ein unveränderliches Maß für die Messung des *Wertes* dieser Produktion hätten, so würden wir finden, daß der Arbeiterklasse ... weniger und der Kapitalistenklasse mehr Wert als vorher zugefallen ist." (l.c. p. 49.)

„Es braucht dies nicht im geringsten ein wirklicher Fall zu sein, denn er" (der Lohn) „kann ihm eine größere Menge billiger Waren als sein früherer Lohn verschaffen." (l.c. p. 51.)

Quincey pointiert einige der entwickelten Ric[ardo]schen Sätze im Gegensatz zu den anderen Ökonomen.

Bei den Ökonomen vor Ricardo „bekam man, wenn man fragte, was den Wert aller Waren bestimmt, die Antwort, dieser Wert werde hauptsächlich durch den Lohn bestimmt. Wenn man nun fragte: was bestimmt den Lohn? wurde man darauf hingewiesen, daß der Lohn sich nach dem Wert der Waren richtet, auf die er ausgegeben wird; und die Antwort war also im Grunde die, daß der Lohn durch den Wert der Waren bestimmt ist." (p. 560 *„Dialogues of Three Templars on Polit. Econ., chiefly in relation to the principles of Mr. Ricardo"*, ||666| *„London Magazine", vol. IX, 1824.*)

In denselben „Dialogues" heißt es über das Gesetz der measure of value by the *quantity of labor* und *by the value of labor*[1]:

„Die beiden Formeln sind so weit entfernt davon, nur zwei verschiedene Ausdrücke desselben Gesetzes zu sein, daß der beste Weg, in negativer Weise Herrn Ricardos Gesetz (nämlich der Wert von A verhält sich zu dem von B wie die *Mengen* der sie

[1] Messung des Wertes durch die *Menge der Arbeit* und *durch den Wert der Arbeit*

produzierenden Arbeit) auszudrücken, der sein würde, zu sagen, der Wert von A verhält sich *nicht* zu dem von B wie die *Werte* der sie produzierenden Arbeit." [p.348.]

(Wäre die organische Komposition des Kapitals dieselbe in A und B, so könnte in der Tat gesagt werden, daß sie sich *verhalten* wie die *values* of the producing labour[1]. Denn die accumulated labour in beiden verhielte sich, wie die immediate labour in beiden sich verhielte. Die Quantitäten bezahlter Arbeit aber verhielten sich in beiden wie die Totalquantitäten in ihnen verwandter immediate labour. Nimm an, die Zusammensetzung sei C^{80} V^{20} und die Rate des Mehrwerts $= 50$ p.c. Wäre das eine Kapital $= 500$ und das andre $= 300$, so wäre das Produkt in dem einen Fall $= 550$ und in dem andren $= 330$. Sie verhielten sich dann aber auch $= 5 \times 20 = 100$ (Arbeitslohn) zu $3 \times 20 = 60$; $= 100 : 60$, $= 10 : 6$, $= 5 : 3$. $550 : 330 = 55 : 33$ oder wie $^{55}/_{11} : {}^{33}/_{11}$ $(5 \times 11 = 55$ und $3 \times 11 = 33)$; also $= 5 : 3$. Aber selbst dann wüßte man nur ihr Verhältnis, nicht ihre wirklichen Werte, da sehr verschiedne Wertsätze dem Verhältnis von 5 : 3 entsprechen.)

„Wenn der Preis 10 sh., dann können Lohn und Profit zusammengenommen nicht mehr als zehn Schilling ausmachen. Aber sind es nicht im Gegenteil Lohn und Profit zusammen, die den Preis bestimmen? Nein, das ist die alte überholte Doktrin." (p.204 *Th. de Quincey*, *„The Logic of Polit. Econ."*, *Edinburgh* [*and London*] *1844*.)

„Die neue Ökonomie hat gezeigt, daß jeder Preis bestimmt ist durch die verhältnismäßige Menge der produzierenden Arbeit und durch sie allein. Ist er selbst einmal festgesetzt, dann, ipso facto[2], bestimmt der Preis den *Fonds*, aus dem sowohl *der Lohn* wie auch *der Profit ihre besonderen Anteile ziehen*." (l.c. p.204.) „Jeder Wechsel, der das bestehende Verhältnis zwischen Lohn und Profit stören kann, *muß vom Lohn ausgehen*." (l.c.p.205.)

Ricard[o] hat das Neue an der Doktrin der Grundrente, daß er sie in der Frage vorbringt, ob sie das law of actual value actually by side[3] setzt. (l.c. p.158.)

[1] *Werte* der sie produzierenden Arbeit – [2] eigenmächtig – [3] Gesetz des wirklichen Wertes tatsächlich beiseite

[SECHZEHNTES KAPITEL]

Ricardos Profittheorie

[*1. Einzelne Fälle der Unterscheidung von Mehrwert und Profit bei Ricardo*]

Es ist schon ausführlich nachgewiesen worden, daß die Gesetze des Mehrwerts – oder vielmehr der Rate des Mehrwerts – (der Arbeitstag als gegeben vorausgesetzt) nicht so unmittelbar und einfach zusammenfallen mit den, oder anwendbar sind auf die Gesetze des Profits, wie Ric[ardo] dies tut, daß er fälschlich Mehrwert und Profit identifiziert, daß diese nur identisch, soweit das gesamte Kapital aus variablem Kapital besteht oder unmittelbar in Arbeitslohn ausgelegt wird, daß daher, was R[icardo] unter dem Namen „Profit" behandelt, überhaupt nur der Mehrwert ist. Nur in diesem Fall löst sich auch das Gesamtprodukt einfach auf in Arbeitslohn und Mehrwert. Ric[ardo] teilt offenbar Smiths Ansicht, daß der *Gesamtwert* des jährlichen Produkts sich in Revenuen auflöst. Daher auch seine Verwechslung von Wert und Kostenpreis.

Es braucht hier nicht wiederholt zu werden, daß die Profitrate nicht von denselben Gesetzen unmittelbar beherrscht wie die Rate des Mehrwerts.

Erstens haben wir gesehn, daß die Profitrate steigen oder fallen kann infolge des Fallens oder Steigens der Rente, unabhängig von any change in the value of labour[1].

Zweitens: Die absolute amount of profit[2] = der absolute amount of surplus value[3]. Die letztre aber nicht nur bestimmt durch die Rate des Mehrwerts, sondern ebensosehr durch die Anzahl der angewandten Arbeiter. Derselbe amount of profit daher möglich bei fallender Rate des Mehrwerts und steigender Arbeiteranzahl und umgekehrt etc.

[1] irgendeinem Wechsel im Wert der Arbeit – [2] absolute Masse des Profits – [3] absoluten Masse des Mehrwerts

Drittens: Die Profitrate hängt ab bei *gegebner Rate des Mehrwerts* von der organic composition of capital.

Viertens: Die Profitrate hängt ab bei *gegebnem Mehrwert* (womit pro 100 auch die *organic composition* of capital als gegeben vorausgesetzt ist) von dem *Wertverhältnis* der differenten Teile des Kapitals, die verschieden affiziert werden können, teils durch economy of power[1] etc. in der Anwendung der Produktionsbedingungen, teils durch variations of value[2], die einen Teil des Kapitals berühren können, während sie die andern unberührt lassen.

Endlich wären noch in Rechnung zu bringen die aus dem Zirkulationsprozeß entspringenden Unterschiede in der composition des Kapitals.

||667| Einige bei Ric[ardo] selbst unterlaufenden Reflexionen hätten ihn auf den Unterschied von Mehrwert und Profit bringen müssen. Dadurch, daß er ihn nicht macht, scheint er, wie schon bei der Analyse des ch. I „*On Value*" angedeutet, stellenweise in die Vulgäransicht zu fallen, daß der Profit bloßer Zuschlag über den Wert der Ware hinaus, so wenn er von Bestimmung des Profits von Kapital spricht, worin das fixe Kapital vorherrscht etc.[3] Daher großer Blödsinn bei seinen Nachfolgern. Die Vulgäransicht muß hereinkommen, wenn der Satz – der praktisch richtig ist, daß im Durchschnitt *Kapitalien von gleicher Größe gleiche Profite liefern* oder daß der Profit von der Größe des angewandten Kapitals abhängt – nicht durch eine Reihe Zwischenglieder vermittelt ist mit den allgemeinen Gesetzen über Werte etc., kurz, wenn Profit und Mehrwert identifiziert werden, was nur richtig für das Gesamtkapital. Es fehlt daher auch bei Ric[ardo] aller Weg und Steg für die Bestimmung einer *allgemeinen Profitrate.*

Ric[ardo] sieht ein, daß die *Profitrate nicht* affiziert wird durch solche variations of the value of commodities[4], die auf alle Teile des Kapitals *gleichmäßig* wirken, wie z.B. variation in the value of money[5]. Er hätte also daher schließen müssen, daß *sie affiziert* wird durch solche variations in the value of commodities, die *nicht gleichmäßig* auf alle Teile des Kapitals wirken; daß also variations der Profitrate möglich sind bei gleichbleibender value of labour und selbst in entgegengesetzter Richtung mit den variations in the value of labour. Vor allem aber hätte er festhalten müssen, daß er hier das *surplus produce* oder, was bei ihm dasselbe, *surplus value* oder, was wieder dasselbe, *surplus labour,* sobald er es sub specie[6] des Profits betrachtet, nicht in Proportion zum variablen Kapital allein, sondern in Proportion zum *ganzen vorgeschoßnen Kapital* berechnet.

---

[1] Kraftersparnis – [2] Variationen des Werts – [3] vgl. vorl. Band, S. 178/179 – [4] Variationen des Werts der Waren – [5] Variation im Wert des Geldes – [6] unter dem Gesichtspunkt

Er sagt mit Bezug auf einen change[1] in der value of money:

„Die Veränderung im Geldwert, wie groß sie auch immer sein mag, ergibt noch keinen Unterschied in der *Profitrate;* denn angenommen, die Waren des Fabrikanten steigen von 1000 *l.* auf 2000 *l.* oder um 100 Prozent, so wird seine Profitrate die gleiche sein, wenn *sein Kapital,* auf das die Veränderungen des Geldes die gleiche Wirkung wie auf den Produktenwert haben, wenn seine Maschinerie, die Gebäude und sein Warenvorrat ebenfalls um 100 Prozent steigen... Wenn er mit einem Kapital von bestimmtem Wert durch Arbeitsersparnis die Produktenmenge verdoppeln kann, und sie auf die Hälfte ihres früheren Preises sinkt, *so wird sie im gleichen Verhältnis* wie früher *zu dem Kapital stehen, das sie hervorbrachte,* und die Profitrate *daher* immer noch die gleiche sein. Wenn der Geldwert zur gleichen Zeit, da der Fabrikant unter Verwendung desselben Kapitals die Produktenmenge verdoppelt, durch irgendeinen Zufall um die Hälfte sinkt, so wird das Produkt für den doppelten Geldwert als vorher verkauft werden. Das für seine Erzeugung aufgewendete Kapital wird aber ebenfalls das Doppelte seines früheren Geldwertes besitzen, darum wird auch in diesem Fall *der Wert des Produkts zum Wert des Kapitals im gleichen Verhältnis wie vordem stehen.*" (l.c p.51, 52.)

Versteht Ric[ardo] hier unter *produce* das *surplus produce,* so die Sache richtig. Denn die Profitrate $= \frac{\textit{surplus produce (value)}}{\text{Kapital}}$. So wenn das surplus produce $= 10$ und das Kapital $= 100$, die Profitrate $= {}^{10}/_{100} = {}^{1}/_{10}$ $= 10$ p.c. Versteht er aber das Gesamtprodukt, so ist die Sache nicht exakt ausgedrückt. Er meint dann offenbar unter der Proportion der value of the produce to the value of capital[2] nichts andres als den Überschuß des Werts der Ware über den Wert des vorgeschoßnen Kapitals. Unter allen Umständen sieht man, daß er *hier* den Profit nicht mit dem Mehrwert identifiziert und die Profitrate nicht mit der Rate des Mehrwerts, $= \frac{\textit{surplus value}}{\text{value of labour}}$ oder $\frac{\textit{surplus value}}{\text{variables Kapital}}$.

Ric[ardo] sagt (ch. XXXII):

„Aber es wurde unterstellt, daß die *Rohprodukte,* aus denen die Waren hergestellt werden, im Preis gesunken sind, und aus diesem Grund werden die Waren sinken. Zugegeben, sie werden sinken, aber ihr Sinken wird nicht von einem Rückgang des Geldeinkommens des Produzenten begleitet sein. Wenn er seine Ware für weniger Geld verkauft, so nur deswegen, weil *eines der Materialien, aus denen sie hergestellt wurde, im Wert gesunken ist.* Wenn der Tuchmacher sein Tuch für 900 *l.* anstatt für 1000 *l.*

[1] Wechsel – [2] des Wertes des Produkts zum Wert des Kapitals

verkauft, so wird sein Einkommen nicht geringer sein, falls die Wolle, aus der es produziert wurde, 100 *l.* an Wert verloren hat." (l.c. p.518.)

(Der Punkt, den R[icardo] hier eigentlich behandelt, die Wirkung in einem praktischen case[1], geht uns hier nichts an. Plötzliche Depreziation der Wolle würde allerdings das money income der clothiers[2] affizieren (schädlich), die einen großen stock in trade[3] fertigen Zeugs auf Lager hätten, gemacht zu einer Zeit, wo die Wolle teurer, und zu verkaufen, nachdem sie ||668| depreziiert.)

Wenn, wie Ric[ardo] hier voraussetzt, die clothiers dieselbe Masse Arbeit nach wie vor in Bewegung setzen {sie könnten viel mehr in Bewegung setzen, weil ein Teil des freigesetzten Kapitals, der früher *bloß* in Rohmaterial expended[4], jetzt in Rohmaterial + labour expended werden kann}, ist es klar, daß ihr „money income", absolut betrachtet, „will not be less"[5], aber ihre *Profitrate* wird *größer* sein als früher; denn dieselben, sage 10 p.c. wie früher, also 100 *l.*, wären jetzt statt auf 1000 auf 900 *l.* zu berechnen. Im ersten Fall die Profitrate = 10 p.c. Im zweiten $= {}^1/_9 = 11^1/_9$ p.c. Da nun gar R[icardo] unterstellt, daß das raw produce of which commodities are made[6], überhaupt fiele, so stiege die general rate of profit[7] und nicht nur die rate of profit in einem trade[8]. Es ist um so sonderbarer, daß Ric[ardo] dies nicht einsieht, da er den umgekehrten case einsieht.

Nämlich in dem Abschnitt, ch. VI „*On Profits*", behandelt Ric[ardo] den case, daß infolge einer Verteuerung der necessaries[9], infolge von Bebauung von schlechtrem Land und folglich Steigen der Differentialrente, erstens der Arbeitslohn steigt, zweitens alles raw produce[10] von der surface of the earth[11]. (Eine keineswegs nötige Unterstellung. Baumwolle kann sehr gut fallen, Seide, sogar Wolle und Leinen, obgleich Korn im Preis steigt.)

Er sagt erstens, daß der *Mehrwert* (er sagt Profit) des Pächters fallen wird, weil der Wert des Produkts der 10 Mann, die er anwendet, nach wie vor = 720 *l.*, und er von diesem funds[12] von 720 mehr in wages[13] abgeben muß. Und er fährt fort:

„Allein die *Profitrate* wird noch mehr sinken, da das *Kapital* des Farmers ... zum großen Teil aus Agrarprodukten besteht, wie Getreide, Heu, ungedroschenem Weizen und Gerste, seinen Pferden und Kühen, die alle im Preise als Folge der allgemeinen Preis*erhöhung der Produkte* gestiegen sind. Sein *absoluter Profit* wird von 480 *l.* auf

---

[1] Fall – [2] Geldeinkommen der Tuchmacher – [3] Vorrat – [4] ausgegeben wurde – [5] „nicht geringer sein wird" – [6] Rohprodukt, aus dem Waren hergestellt sind – [7] allgemeine Profitrate – [8] Gewerbezweig – [9] lebenswichtigen Artikel – [10] Rohprodukt – [11] Oberfläche der Erde – [12] Fonds – [13] Löhnen

445 *l.* 15 sh. fallen. Wenn sich jedoch aus der eben erwähnten Ursache sein Kapital von 3000 *l.* auf 3200 *l.* erhöht, so wird *seine Profitrate* bei einem Getreidepreis von 5 *l.* 2 sh. 10 d. unter 14 Prozent liegen. Wenn ein Fabrikant gleichfalls 3000 *l.* in seinem Unternehmen angelegt hat, so muß er infolge des Steigens der Löhne sein Kapital erhöhen, um imstande zu sein, sein Unternehmen weiter zu führen. Falls seine Waren vorher für 720 *l.* verkauft wurden, so werden sie weiterhin zum gleichen Preis abgesetzt, aber die Arbeitslöhne, die vorher 240 *l.* ausmachten, werden bei einem Getreidepreis von 5 *l.* 2 sh. 10 d. auf 274 *l.* 5 sh. steigen. Im ersteren Fall erhält er die Differenz von 480 *l.* als Profit auf sein Kapital von 3000 *l.*, im zweiten erzielt er einen Profit von nur 445 *l.* 15 sh. auf ein erhöhtes Kapital, der dadurch mit der veränderten Profitrate des Farmers übereinstimmt." (l.c. p. 116, 117.)

Hier also unterscheidet Ric[ardo] zwischen *absolute profits* (gleich *surplus value*) und *rate of profits* und zeigt auch, daß infolge des Wertwechsels im vorgeschoßnen Kapital die Profitrate mehr fällt, als die absolute profits (surplus value) fällt infolge des rise in the value of labour[1]. Die rate of profits wäre hier ebenso gefallen, wenn die value of labour *dieselbe* geblieben, weil *derselbe* absolute Profit auf ein größres Kapital zu berechnen wäre. Der umgekehrte Fall von einem Steigen der Profitrate (verschieden vom Steigen des surplus value oder des absolute profit) fände also in dem erst aus ihm zitierten Fall statt, wo der Wert des raw produce fällt. Es zeigt sich also, daß Steigen und Fallen der Profitrate noch durch andre Umstände bestimmt wird als Steigen und Fallen des absolute profits und Steigen und Fallen von dessen Rate, berechnet nach dem in Arbeitslohn ausgelegten Kapital.

Ric[ardo] fährt an der letztzitierten Stelle fort:

„Schmuckstücke, Eisen-, Silber- und Kupferwaren werden nicht *steigen*, weil keines der von der Erdoberfläche gewonnenen Rohprodukte in sie eingeht." (l.c. p. 117.)

Die Preise dieser Waren werden nicht steigen, aber die Profitrate in diesen trades würde über die der andern steigen. Denn in den letzten kommt ein kleinerer Mehrwert (wegen Steigen des Arbeitslohns) auf ein vorgeschoßnes Kapital, das aus doppelten Gründen gewachsen ist im Wert; einmal, weil die Auslage für Arbeitslohn gestiegen, zweitens, weil die Auslage für Rohmaterial gestiegen. Im zweiten Fall kommt ein ||669| kleinerer Mehrwert auf ein vorgeschoßnes Kapital, das nur gewachsen in seinem variablen Teil wegen des Steigens des Arbeitslohns.

In diesen Stellen wirft Ric[ardo] seine ganze Profittheorie, die auf der falschen Identifikation zwischen Rate des Mehrwerts und Profitrate beruht, selbst über den Haufen.

[1] Steigens im Wert der Arbeit

„So werden also in jedem Falle die agrikolen wie die industriellen Profite durch eine *Preis*steigerung *der Rohprodukte* herabgesetzt, falls diese von einer Erhöhung der Löhne begleitet wird." (l.c. p. 113, 114.)

Aus dem von R[icardo] selbst Gesagten geht hervor, daß, selbst wenn nicht accompanied by a rise of wages, die *rate of profits* would be lowered by an enhancement of that part of the advanced capital, consisting of raw produce[1].

„Angenommen aber, der Preis von Seide, Samt, Möbeln und einer Reihe anderer Waren, die nicht vom Arbeiter benötigt werden, steigt infolge des *für sie verausgabten* größeren Arbeitsquantums, *wird das nicht den Profit berühren?* Sicherlich nicht; denn *nichts als* eine *Erhöhung des Lohnes kann den Profit beeinträchtigen*. Seide und Samt werden nicht vom Arbeiter konsumiert, und sie können daher den Lohn nicht in die Höhe treiben." (l.c. p. 118.)

Certainly; the *rate of profits* in those peculiar trades would fall, although the value of labour – wages – remained the same[2]. Das Rohmaterial für die Seidenfabrikanten, Klavierfabrikanten, Möbelfabrikanten etc. würde verteuert, also würde die Proportion desselben Mehrwerts zum ausgelegten Kapital und hence the rate of profit[3] fallen. Und die *allgemeine Profitrate* besteht aus dem average[4] der besondren Profitraten in allen branches of business[5]. Oder jene Fabrikanten würden, um den Durchschnittsprofit nach wie vor zu machen, den Preis ihrer Waren erhöhen. Solche nominelle Steigerung der Preise affiziert nicht direkt die Profitrate, aber die expenditure of profit[6].

Ric[ardo] kommt noch einmal zurück auf den oben behandelten Fall, wo der Mehrwert (absolute profit) fällt, weil der Preis der necessaries (und damit die Grundrente) steigt.

„Ich muß nochmals betonen, daß die *Profitrate* viel rascher sinken würde, als ich bei meiner Berechnung unterstellt habe: denn bei einem *Wert des Produktes*, wie ich ihn unter den angenommenen Bedingungen angegeben habe, wird sich der Wert des *Kapitals des Farmers erheblich erhöhen, da es notwendigerweise aus vielen in ihrem Preise gestiegenen Waren besteht*. Ehe Getreide von 4 *l.* auf 12 *l.* steigen kann, wird sich der Tauschwert *seines Kapitals* wahrscheinlich verdoppeln, und es wird anstatt 3000 *l.* 6000 *l.* wert sein. Wenn also sein Profit 180 *l.* oder 6 Prozent auf sein *ursprüngliches Kapital* beträgt, ist die *Rate* des Profits in Wirklichkeit zu dieser Zeit nicht *höher* als

[1] begleitet ist von einer Erhöhung der Löhne, die *Profitrate* gesenkt würde durch eine Erhöhung jenes Teils des vorgeschossenen Kapitals, der aus Rohprodukt besteht – [2] Es ist gewiß; die *Profitrate* in jenen besonderen Gewerbezweigen würde fallen, obwohl der Wert der Arbeit – die Löhne – dieselben blieben – [3] daher die Profitrate – [4] Durchschnitt – [5] Geschäftszweigen – [6] Verausgabung des Profits

3 Prozent, da 6000 *l.* zu 3 Prozent 180 *l.* einbringen, und unter *diesen Bedingungen ein neuer Farmer sich nur mit 6000 l. in seiner Tasche in der Landwirtschaft betätigen könnte.* Viele Gewerbezeige werden aus derselben Quelle mehr oder weniger Vorteile schöpfen. Der Brauer, der Destillateur, der Tuch- oder Leinenfabrikant werden *zum Teil durch die Wertsteigerung ihrer Vorräte an Rohmaterial und Fertigwaren für die Verminderung ihres Profits entschädigt* werden; jedoch der Fabrikant von Eisenwaren, von Schmuck und von vielen anderen Waren würde gleich denen, deren Kapital vollständig aus Geld besteht, dem *gesamten Fall der Profitrate* ausgesetzt sein, ohne irgendeinen Ausgleich zu erhalten." (l.c. p. 123, 124.)

Das Wichtigste ist hier nur das, was Ric[ardo] übersieht, nämlich, daß er seine Identifikation von Profit und Mehrwert über den Haufen wirft, und daß, unabhängig von der value of labour[1], die Profitrate affiziert werden kann durch eine variation in the value of the constant capital[2]. Im übrigen seine Illustration nur teilweis richtig. Der Gewinn, den farmer, clothier[3] etc. vom Steigen des Preises ihres vorhandnen und auf dem Markt befindlichen stock of commodities[4] machen würden, hörte natürlich auf, sobald sie diese Waren losgeschlagen. Die Werterhöhung ihres Kapitals wäre ebenfalls kein Gewinn mehr für sie, sobald dies Kapital konsumiert ist und reproduziert werden müßte. Sie befinden sich dann alle in der Lage des von R[icardo] selbst zitierten neuen Pächters, der ein Kapital von 6000 *l.* avancieren müßte, um einen Profit von 3 p.c. zu machen. Dagegen ||XIII–670| würden jeweller, manufacturer of hardware, money dealer[5] etc., obgleich sie im Anfang keine Kompensation für den Verlust, eine höhere Profitrate als 3 p.c. realisieren, da nur ihr in Arbeitslohn ausgelegtes Kapital, nicht ihr konstantes Kapital an Wert gewachsen.

Wichtig hier noch bei dieser von Ric[ardo] erwähnten Kompensation des fallenden Profits durch Steigen des Werts des Kapitals, daß es sich für den Kapitalisten – und überhaupt bei Teilung des Produkts der jährlichen Arbeit – nicht nur um die Verteilung des Produkts zwischen den verschiedenen shareholders[6] der Revenue handelt, sondern auch um Teilung dieses Produkts in Kapital und Revenue.

[1] dem Wert der Arbeit – [2] Veränderung im Wert des konstanten Kapitals – [3] Tuchfabrikant – [4] Warenvorrats – [5] Juwelier, Fabrikant von Eisenwaren, Geldkapitalist – [6] Teilhabern

[2.] *Bildung der allgemeinen Profitrate (average profits) (oder „general rate of profits") („usual profits")*

[*a) Die gegebene Durchschnittsprofitrate als Ausgangspunkt der Ricardoschen Profittheorie*]

Ric[ardo] ist hier keineswegs theoretisch klar.

„Ich habe bereits bemerkt, daß der *Marktpreis* einer Ware ihren *natürlichen oder notwendigen Preis übersteigen* kann, da sie vielleicht in geringerem Umfang produziert wird, als die neue Nachfrage nach ihr erheischt. Das ist jedoch nur eine *zeitweilige* Erscheinung. Der hohe Profit auf das in der Produktion dieser Ware angelegte Kapital wird selbstverständlich Kapital in diesen Zweig ziehen, und sobald der erforderliche Fonds vorhanden und die Warenmenge entsprechend erhöht ist, *wird der Preis fallen* und der *Profit dieses Zweiges wird sich dem allgemeinen Niveau angleichen.* Ein *Sinken der allgemeinen Profitrate* ist keineswegs unvereinbar mit *einem auf bestimmte Zweige beschränkten Steigen des Profits. Durch die Ungleichheit der Profite wird das Kapital von einer Anlage zur anderen übergeleitet.* Während also der Profit im allgemeinen fallen und sich allmählich auf einem niedrigeren Niveau stabilisieren kann infolge der Erhöhung des Lohnes und der wachsenden Schwierigkeiten, eine sich vergrößernde Bevölkerung mit lebenswichtigen Gütern zu versorgen, kann der Profit des Farmers für einen Zeitraum von kurzer Dauer über dem früheren Stand liegen. Einer außerordentlichen Belebung kann sich eine Zeitlang auch ein bestimmter Zweig des auswärtigen oder kolonialen Handels erfreuen." (l.c. p. 118, 119.)

„Man muß sich erinnern, daß Preise auf dem Markt andauernd schwanken, und zwar in erster Linie wegen des relativen Verhältnisses zwischen Nachfrage und Angebot. Obwohl Tuch zu 40 sh. pro Yard angeboten wird und den *normalen Kapitalprofit* abwerfen könnte, kann es doch durch einen allgemeinen Modewechsel auf 60 oder 80 sh. ansteigen... Die Tuchfabrikanten werden zeitweise ungewöhnliche Profite machen, aber Kapital wird natürlich in diesen Zweig einströmen, bis Angebot und Nachfrage wieder auf ihrem richtigen Stand sind, worauf der Preis des Tuches wieder auf 40 sh., seinen natürlichen und notwendigen Preis, sinken wird. In gleicher Weise kann Getreide bei jeder erhöhten Nachfrage so hoch steigen, daß es dem Farmer mehr als den allgemeinen Profit einbringt. Falls reichlich fruchtbarer Boden vorhanden ist, wird der Preis des Getreides wieder auf seinen früheren Stand sinken, nachdem die zu seiner Produktion erforderliche Menge Kapital angelegt wurde, und der Profit wird derselbe wie früher sein. Ist jedoch nicht genügend fruchtbarer Boden vorhanden und wird zur Erzeugung dieser zusätzlichen Quantität mehr als die übliche Menge Kapital und Arbeit benötigt, so wird das Getreide nicht auf seinen früheren Stand sinken. Sein natürlicher Preis wird in die Höhe getrieben und, anstatt erhöhte Profite einzustreichen, wird sich der Farmer gezwungen sehen, mit der reduzierten Rate zufrieden zu sein, welche die unausbleibliche Folge der durch das Steigen der lebenswichtigen Güter verursachten Erhöhung der Löhne ist." (l.c. p. 119, 120.)

Ist der *Arbeitstag* gegeben (oder finden nur solche differences in the working days in different trades[1] statt as are compensated by the peculiarities of different labour[2]) so, da der Arbeitslohn on an average[3] derselbe, ist die *allgemeine Rate des Mehrwerts* gegeben, i.e. of *surplus labour*[4]. Dies liegt Ric[ardo] im Kopf. Und er verwechselt diese *general rate of surplus value*[5] mit der *general rate of profits*. Ich habe gezeigt, daß bei derselben *general rate of surplus value* die *Profitraten* in different trades durchaus verschieden sein müssen, würden die Waren zu ihren resp. *Werten* verkauft. Die *allgemeine Profitrate* entsteht dadurch, daß der gesamte produzierte Mehrwert auf das Gesamtkapital der Gesellschaft (Klasse der Kapitalisten) berechnet wird; jedes Kapital in jedem besondren trade daher dargestellt wird als *aliquoter* Teil eines Gesamtkapitals von derselben ||671| *organischen Komposition*, sowohl was die Zusammensetzung in konstantes und variables Kapital als in zirkulierendes und fixes angeht. Als solcher aliquote Teil zieht es im Verhältnis seiner Größe seine Dividende aus dem von der Summe des Kapitals erzeugten surplus value. Der so verteilte Mehrwert, Portion Mehrwert, die auf ein Kapitalstück von gegebner Größe, z.B. 100, fällt, während eines gegebnen Zeitraums, z.B. 1 Jahr, bildet den *average profit* oder *general rate of profit*, wie sie in die Produktionskosten of every trade[6] eingeht. Ist die Portion [pro 100] = 15, so ist der usual profit = 15 p.c. und der Kostenpreis = 115. Er kann geringer sein, wenn z.B. nur ein Teil des vorgeschoßnen Kapitals in den Verwertungspozeß als déchet eingeht. Aber er ist immer = dem konsumierten Kapital + 15, dem average profit auf das vorgeschoßne Kapital. Ginge in einem Fall 100 ein in das Produkt, in dem andren nur 50, so wäre in dem einen Fall der Kostenpreis = 100 + 15 = 115 und in dem andren = 50 + 15 = 65; beide Kapitalien hätten in diesem Fall ihre Waren zu *demselben Kostenpreis* verkauft, d.h. zu einem Preis, der beiden dieselbe rate of profit abwürfe. Es ist klar, daß die Darstellung, Verwirklichung, Herstellung der *allgemeinen Profitrate* die *Verwandlung der Werte* in von ihnen *verschiedne Kostenpreise* ernötigt. Ric[ardo] unterstellt umgekehrt die Identität von Werten und Kostenpreisen, weil er Profitrate und Rate des Mehrwerts verwechselt. Er hat daher nicht die leiseste Ahnung von dem general change[7], der in den *prices* der Waren vorgeht, infolge der Herstellung einer general rate of profit, bevor von einer general rate of profit die Rede sein kann. Er nimmt diese rate of profits als ein Prius an, das daher sogar in die

[1] Verschiedenheiten in den Arbeitstagen in verschiedenen Gewerbezweigen – [2] die kompensiert werden durch die Eigenheiten verschiedener Arbeit – [3] im Durchschnitt – [4] d.h. der *Mehrarbeit* – [5] *allgemeine Mehrwertsrate* – [6] jedes Gewerbezweiges – [7] allgemeinen Wechsel

Bestimmung des *Wertes* bei ihm eingeht. (Sieh ch. I „*On Value*".) Die *general rate of profit vorausgesetzt*, betrachtet er bloß die ausnahmsweisen Modifikationen in den Preisen, die die *Erhaltung* dieser *general rate* ernötigt, den Fortbestand dieser general rate of profit. Er hat keine Ahnung davon, daß vorher eine Verwandlung der values in cost-prices vorgehn muß, um die general rate of profits zu *schaffen*, daß er also auf der Basis einer general rate of profits nicht mehr unmittelbar mit den *values* of commodities operiert.

Auch in dem vorstehenden Passus *nur* die A. Smithsche Vorstellung, aber selbst diese einseitig, weil Ric[ardo] am Hintergedanken seiner *general rate of surplus value* festhält. Die Profitrate steigt bei ihm nur in besondren trades über das *level*[1], weil der market price über den natural price steigt, infolge der Verhältnisse von supply und demand[2], der Unterproduktion oder Überproduktion in besondren trades. Die Konkurrenz, Zufuhr von neuem Kapital zu einem trade, oder Entziehung von altem Kapital aus einem andern trade, gleicht dann market price und natural price miteinander aus und *reduziert* den Profit des besondren trade auf das general level[3]. Hier ist das real level of profits[4] als *konstant* und gegeben vorausgesetzt, und es handelt sich nur darum, [ihn] in besondren trades, die sich infolge von supply and demand über das level erheben oder unter es sinken, darauf zu *reduzieren*. Es ist sogar bei R[icardo] dabei immer unterstellt, daß die Waren, deren Preise mehr als den average profit liefern, *über*, und die weniger liefern, *unter* ihrem Wert stehn. Wird durch die Konkurrenz ihr *Marktwert* ihrem *Wert* adäquiert, so ist das level hergestellt.

Das *level* selbst kann nach Ric[ardo] nur steigen oder fallen, wenn der Arbeitslohn fällt oder steigt (relativ permanent), d.h. die *Rate des relativen Mehrwerts*, was ohne Alteration der Preise geschieht. (Obgleich R[icardo] selbst eine sehr bedeutende Alteration der Preise in different trades, je nach ihrer Zusammensetzung aus zirkulierendem und fixem Kapital, hier zugibt.)

Aber selbst wenn eine *general rate of profits* hergestellt ist und daher *Kostenpreise*, kann die *rate of profits* in bes. trades steigen, weil hier *längre Zeit gearbeitet wird*, die *rate of absolute surplus value* steigt. Daß die Konkurrenz der Arbeiter dies nicht ausgleichen kann, beweist das *Einmischen des Staats*. Ohne daß hier der market price über den natural price steigt, wird hier die Rate des Profits in diesen bes. trades steigen. Die Konkurrenz der Kapitalien kann und wird auf die Dauer allerdings bewirken, daß dieser

[1] *Niveau* – [2] Zufuhr und Nachfrage – [3] allgemeine Niveau – [4] wirkliche Niveau des Profits

Surplusprofit nicht ganz den Kapitalisten in diesen besondren trades zufällt. Sie werden ihre Waren unter ihre „natural prices" senken müssen, oder die andren trades werden *ihre Preise* etwas erhöhn (jedenfalls, wenn nicht faktisch erhöhn, was durch Sinken des *Werts* dieser Waren paralysiert sein kann, doch ||672| nicht so tief senken, als es die Entwicklung der Produktivkraft der Arbeit in ihren eignen trades erheischte). Das general level wird steigen, und die Kostenpreise werden sich ändern.

Ferner: kommt ein neuer trade auf, worin unverhältnismäßig viel lebendige Arbeit im Verhältnis zur akkumulierten angewandt wird, wo also die Komposition des Kapitals tief unter der average composition[1] steht, die den average profit bestimmt, so können die Verhältnisse von supply und demand bei einem neuen trade erlauben, ihn über seinem *Kostenpreis*, mehr seinem *wirklichen Wert* annähernd zu verkaufen. Gleicht die Konkurrenz dies aus, so nur möglich durch Hebung des *general level*, weil das Kapital überhaupt mehr größres Quantum *unbezahlter Surplusarbeit* realisiert, in Bewegung setzt. Die Verhältnisse von supply und demand bewirken in dem ersten Fall nicht, wie Ricardo meint, daß die Ware *über ihrem Wert* verkauft wird, sondern nur, daß sie annähernd *zu ihrem Wert* über ihrem Kostenpreis verkauft wird. Die Ausgleichung kann also nicht bewirken, daß sie zu dem alten level reduziert wird, sondern daß ein *neues level* hergestellt wird.

[*b) Ricardos falsche Auffassung vom Einfluß des Kolonialhandels wie überhaupt des Außenhandels auf die Profitrate*]

Ebenso *colonial trade*[2] z.B., wo infolge von Sklaverei und Fruchtbarkeit der Natur value of labour[3] niedriger steht als in dem alten country[4] (oder auch wegen faktischer oder legaler Nichtentwicklung des Grundeigentums). Sind die Kapitalien des Mutterlandes beliebig transferable to this new trade[5], so werden sie zwar den spezifischen surplus profit in diesem trade senken, aber das general level of profit heben (wie A. Smith ganz richtig bemerkt).

Ric[ardo] hilft sich hier immer mit der Phrase: Aber in den alten trades ist doch das Quantum der angewandten Arbeit dasselbe geblieben, ditto der Arbeitslohn. Aber die general rate of profit ist bestimmt durch das Verhältnis der unbezahlten Arbeit zur bezahlten und zum vorgeschoßnen Kapital nicht in diesem oder jenem trade, sondern in allen trades, wozu das Kapital

[1] durchschnittlichen Zusammensetzung – [2] *Kolonialhandel* – [3] Wert der Arbeit – [4] Land – [5] auf diesen neuen Zweig übertragbar

freely may be transferred[1]. Das Verhältnis mag in $^9/_{10}$ dasselbe bleiben; ändert es sich in $^1/_{10}$, so muß die general rate of profit in den $^{10}/_{10}$ changieren. So oft die Masse der unbezahlten Arbeit, die vom Kapital von gegebner Größe in Bewegung gesetzt wird, wächst, kann die Konkurrenz doch nur das herstellen, daß Kapitalien von gleicher Größe gleiche Dividenden beziehn, gleiche Anteile an dieser vermehrten Surplusarbeit, aber nicht, daß trotz der gewachsnen Surplusarbeit, im Verhältnis zum vorgeschoßnen Gesamtkapital, die Dividende jedes einzelnen Kapitals dieselbe bleibt, auf den alten Anteil an Surplusarbeit reduziert wird. Nimmt Ric[ardo] dies an, so hat er durchaus keinen Grund, A. Smiths Ansicht zu bestreiten, daß bloß die wachsende Konkurrenz der Kapitalien infolge ihrer Akkumulation die Profitrate erniedrigt. Denn er nimmt hier selbst an, daß die Profitrate erniedrigt wird durch die bloße Konkurrenz, obgleich die rate of surplus value wächst. Allerdings hängt dies zusammen mit seiner zweiten falschen Voraussetzung, daß die rate of profits (Erniedrigung oder Erhöhung des Arbeitslohns abgerechnet) nie steigen oder fallen kann, außer durch temporäre Abweichungen des market price vom natural price. Und was ist der natural price? Der Preis = advances[2] + average profit. Dies kommt also wieder auf die Voraussetzung heraus, daß der average profit nie anders fallen oder steigen kann als der relative surplus value.

Es ist daher falsch, wenn R[icardo] im Gegensatz zu Smith sagt:

„Nach meiner Meinung kann irgendein Wechsel von einem auswärtigen Handel zu einem anderen oder vom Binnen- zum Außenhandel die Profitrate nicht ändern." (l.c. p. 413.)

Es ist ebenso falsch, wenn er meint, die rate of profits affiziere die Kostenpreise nicht, weil sie die values nicht affiziert.

Es ist falsch, wenn Ric[ardo] glaubt, daß in consequence of a favoured foreign trade das general level[3] muß stets herbeigeführt werden durch Reduktion auf den alten level und nicht durch seine Erhöhung.

„Sie behaupten, daß die Gleichheit der Profite durch das allgemeine Steigen der Profite zustande gebracht werden wird, und ich bin der Meinung, daß die Profite des bevorzugten Gewerbes schnell auf den allgemeinen Stand sinken werden." (l.c. p. 132, 133.)

Durch seine ganz falsche Auffassung der Profitrate mißversteht Ricardo völlig den Einfluß des foreign trade[4], wenn er nicht direkt die food der

[1] frei übertragen werden kann – [2] Auslagen – [3] infolge eines begünstigten auswärtigen Handels das allgemeine Niveau – [4] auswärtigen Handels

labourers[1] erniedrigt. Er sieht nicht, von welcher enormen Wichtigkeit für England z.B. das Beschaffen ||673| wohlfeileren Rohmaterials für die Industrie, und daß in diesem Fall, wie ich früher gezeigt[2], *obgleich die Preise sinken*, die *Profitrate* steigt, während im umgekehrten Fall bei *steigenden Preisen* die Profitrate fallen kann, selbst wenn in beiden Fällen der Arbeitslohn derselbe bleibt.

„*Nicht* infolge der Ausdehnung des Marktes erhöht sich daher die Profitrate." (l.c. p.136.)

Die rate of profit hängt nicht vom Preis der einzelnen Ware ab, sondern von der Masse Surplusarbeit, die mit einem gegebnen Kapital realisiert werden kann. Ric[ardo] verkennt auch sonst die Wichtigkeit des *market*, weil er das Wesen des Geldes nicht versteht.

(Zu dem obigen noch zu merken: Ricardo begeht alle diese blunders[3], weil er seine Identität von Rate des Mehrwerts und Profitrate durch gewaltsame Abstraktionen durchsetzen will. Der Vulgus daher geschlossen, daß die theoretischen Wahrheiten Abstraktionen sind, die den wirklichen Verhältnissen widersprechen. Statt umgekehrt zu sehn, daß Ric[ardo] nicht weit genug in der richtigen Abstraktion geht und daher zu der falschen getrieben wird.[76])

[3.] *Gesetz vom Fall der Profitrate*

[*a) Falsche Voraussetzungen in der Ricardoschen Auffassung vom Fall der Profitrate*]

Dies ist einer der wichtigsten Punkte im R[icardo]schen System.

Profitrate hat Tendenz zu fallen. Woher? A.Smith sagt: infolge der wachsenden Akkumulation und der sie begleitenden wachsenden Konkurrenz der Kapitalien. R[icardo] erwidert: Die Konkurrenz kann die Profite ausgleichen (wir haben oben gesehn, daß er hier nicht konsequent) in den different trades[4]; sie kann aber die allgemeine Rate des Profits nicht senken. Dies wäre nur möglich, wenn infolge der Akkumulation des Kapitals die Kapitalien sich soviel schneller vermehrten als die Population, daß die Nach-

[1] Nahrungsmittel der Arbeiter – [2] siehe 3.Teil dieses Bandes, S.214–222 – [3] Fehler – [4] verschiedenen Gewerbezweigen

frage nach Arbeit *beständig* größer als ihr supply, daher der Arbeitslohn beständig nominell, reell und dem Gebrauchswert nach – im Wert und Gebrauchswert – beständig stiege. Dies nicht der Fall. Ric[ardo] ist kein Optimist, der dergleichen Fabeleien glaubt.

Da ihm nun *Profitrate* und *Rate des Mehrwerts* identisch – des relativen Mehrwerts, indem er den Arbeitstag als gleichbleibend voraussetzt –, so kann ein permanenter Fall des Profits oder die Tendenz des Profits zum Fallen nur erklärt werden aus *denselben Gründen*, die einen permanenten Fall oder Tendenz zum Fall in der *Rate des Mehrwerts*, i.e. des Teils des Tages, den der Arbeiter nicht für sich, sondern für den Kapitalisten arbeitet, bedingen werden. Welches aber sind diese Bedingungen? Den Arbeitstag als gegeben vorausgesetzt, kann der Teil desselben, den der Arbeiter gratis für den Kapitalisten arbeitet, nur fallen, abnehmen, wenn der Teil, den er für sich arbeitet, wächst. Und dies nur möglich (vorausgesetzt, daß der *value* of labour gezahlt wird), wenn der *Wert* der necessaries, der Lebensmittel, worin sein Arbeitslohn sich auslegt, zunimmt. Nun nimmt aber der Wert der Manufakturwaren, infolge der Entwicklung der Produktivkräfte der Arbeit, beständig ab. Die Sache also nur dadurch zu erklären, daß der Hauptbestandteil der Lebensmittel – food – beständig im Wert steigt. Dies daher, daß die Agrikultur beständig unfruchtbarer wird. Dieselbe Voraussetzung, die nach R[icardo]s Erklärung der Grundrente ihre Existenz und ihr Wachstum erklärt. Das fortwährende Fallen des Profits ist daher mit fortwährendem Steigen in der Rate der Grundrente verknüpft. Ich habe bereits gezeigt, daß R[icardo]s Auffassung der Grundrente falsch ist. Damit fällt also die eine Grundlage seiner Erklärung für den fall in the rate of profits. Aber zweitens beruht sie auf der falschen Voraussetzung, daß *rate of surplus value* und *rate of profit* identisch. Daß also ein Fall in der rate of profit identisch ist mit einem Fall in der rate of surplus value, der in der Tat nur in der R[icardo]schen Weise erklärlich wäre. Damit ist seine Theorie beseitigt. Die Profitrate fällt – obgleich die rate of surplus value identisch bleibt oder steigt –, weil das variable Kapital abnimmt mit der Entwicklung der Produktivkräfte der Arbeit im Verhältnis zum konstanten Kapital. Sie fällt also, nicht weil die Arbeit unproduktiver, sondern weil sie produktiver wird. Nicht weil der Arbeiter weniger, sondern mehr exploitiert wird, sei es nun, daß die absolute surplus time[1] wächst oder sobald der Staat dies hemmt, die kapitalistische Produktion damit identisch ist, daß der relative value of labour fällt und daher die relative surplus time wächst.

[1] Mehrzeit

R[icardo]s Theorie beruht also auf zwei falschen Voraussetzungen:

1. der falschen Voraussetzung, daß Existenz und Wachsen der Grundrente abnehmende Fruchtbarkeit der Agrikultur bedingen;

2. der falschen Voraussetzung, daß Rate des Profits = der Rate des relativen Mehrwerts nur steigen oder fallen kann im umgekehrten Verhältnis, wie der Arbeitslohn fällt oder steigt.

||674| Ich werde nun zunächst die Sätze zusammenstellen, worin R[icardo] die eben entwickelte Ansicht auseinandersetzt.

[*b) Die Vorstellung Ricardos, daß die wachsende Rente die Profitrate nach und nach verschlingt*]

Vorher noch einige Bemerkungen über die Art, wie, die Ric[ardo]sche Vorstellung der Grundrente vorausgesetzt, er sich denkt, daß die Rente die Profitrate nach und nach verschlingt.

Wir wollen die Tabelle S.574[1] benutzen, aber mit der nötigen Modifikation.

In jenen Tabellen unterstellt, daß das angewandte Kapital = $C^{60}V^{40}$, der Mehrwert = 50 p.c., der *Wert* des Produkts also, welches immer die Produktivität der Arbeit, = 120 *l.* Davon waren 10 *l.* = Profit, 10 *l.* = absolute Rent. Nimm an, die 40 *l.* seien für 20 Mann (Wochenarbeit z.B.) (oder nimm des Profitsatzes wegen lieber Jahresarbeit; doch ist das hier ganz gleichgültig). Nach Tabelle *A*, wo Boden I den Marktwert bestimmt, die Anzahl der Tonnen = 60, also 60 Tonnen = 120 *l.*, 1 t = $^{120}/_{60}$ *l.* = 2 *l.* Der Arbeitslohn 40 *l.*, also = 20 t oder qrs. Getreide. Dies also der notwendige Arbeitslohn für die von dem Kapital 100 beschäftigte Arbeiteranzahl. Wäre es nun nötig, zu einer schlechteren Bodenart herabzusteigen, wo das Kapital von 110 (60 konstantes Kapital und die davon in Bewegung gesetzten 20 Arbeiter) nötig wäre, um 48 t zu produzieren. (Nämlich 60 konstantes Kapital und 50 variables Kapital.) In diesem Falle Mehrwert = 10 *l.* Und der Preis der Tonne = $2^1/_2$ *l.* Gingen wir zu einer noch schlechtern Bodenart, wo 120 *l.* = 40 t, so der Preis der Tonne = $^{120}/_{40}$ = 3 *l.* Hier fiele aller Mehrwert auf der schlechtesten Bodenart weg. Was die 20 Mann produzieren, immer = dem Wert von 60 *l.* (3 *l.* = 1 Arbeitstag von beliebiger Größe). Wächst also der Arbeitslohn von 40 auf 60, so verschwindet aller Mehrwert. Es ist stets unterstellt, daß 1 qr. das notwendige Salair for one man[2].

---

[1] Siehe die Einlage zwischen den Seiten 260 und 261 des vorl. Bandes – [2] für einen Mann

Gesetzt, in diesen beiden Fällen solle nur das Kapital von 100 ausgelegt werden. Oder, was dasselbe ist, welches Kapital auch immer ausgelegt werde, welches ist das Verhältnis für 100? Statt nämlich zu rechnen, das ausgelegte Kapital ist 110, 120, wenn nach wie vor dieselbe Arbeiteranzahl und dasselbe konstante Kapital angewandt werden, berechnen wir, wieviel bei demselben organischen Verhältnis (nicht dem Wert nach, sondern der Masse angewandter Arbeit und der Masse konstanten Kapitals) auf 100 konstantes Kapital und Arbeitermasse angewandt werden können. (Damit die Vergleichung der 100 mit den andren Klassen bleibt.) Es verhält sich 110 zu $60 = 100 : 54^6/_{11}$ und 110 zu $50 = 100 : 45^5/_{11}$. 20 Mann setzten in Bewegung 60 capital constant; also wieviel [Mann] $54^6/_{11}$?

Die Sache ist die. 60 *l.* ist der auf die beschäftigte Arbeiteranzahl (meinetwegen 20) erhaltne Wert. Es kömmt dabei auf die beschäftigte Zahl 20 qrs. oder Tonnen = 40 *l.*, wenn die Tonne oder qr. = 2 *l.* Steigt der Wert der Tonne auf 3 *l.*, so verschwindet der Mehrwert. Steigt er auf $2^1/_2$, so verschwindet $^1/_2$ des Mehrwerts, das die absolute Rente bildete.

Im ersten Fall ist bei ausgelegtem Kapital von 120 *l.* (60c und 60v) das Produkt = 120 *l.* = 40 t (40 × 3). Im zweiten Fall ist bei ausgelegtem Kapital von 110 (60c und 50v) das Produkt = 120 = 48 t ($48 \times 2^1/_2$).

Im ersten Fall ist bei ausgelegtem Kapital von 100 *l.* (50c und 50v) das Produkt = 100 *l.* = $33^1/_3$ t ($3 \times 33^1/_3 = 100$). Und zwar, da nur der Boden sich verschlechtert hat, keine Änderung im Kapital vorgeht, wird das konstante Kapital von 50 verhältnismäßig von ebensoviel [Arbeit] in Bewegung gesetzt wie früher das von 60. Wenn das letztre also von 20 Mann (die 40 *l.* erhalten, solange der Wert 1 t = 2 *l.*), so jetzt von $16^2/_3$ Mann, die 50 *l.* erhalten, seit der Wert der Tonne gestiegen auf 3 *l.* Es erhält nach wie vor 1 Mann 1 t oder 1 qr. = 3 *l.*, denn $16^2/_3 \times 3 = 50$. Wenn der von $16^2/_3$ Mann geschaffne Wert = 50, so der von 20 Mann = 60 *l.* Es bleibt also nach wie vor die Voraussetzung, daß die Tagesarbeit der 20 Mann = 60 *l.*

Nehmen wir nun den zweiten Fall. Bei ausgelegtem Kapital von 100 das Produkt = $109^1/_{11}$ *l.* = $43^7/_{11}$ t ($2^1/_2 \times 43^7/_{11} = 109^1/_{11}$). Das konstante Kapital = $54^6/_{11}$ und das variable = $45^5/_{11}$. Wieviel Mann repräsentieren die $45^5/_{11}$ *l.*? *$18^2/_{11}$ Mann.* ||675| Und zwar, wenn der Wert der Tagesarbeit von 20 Mann = 60 *l.*, so der von $18^2/_{11}$ Mann = $54^6/_{11}$ und daher der Wert des Produkts = $109^1/_{11}$ *l.*

Man sieht, in beiden Fällen setzt dasselbe Kapital weniger Menschen in Bewegung, die aber mehr kosten. Sie arbeiten dieselbe Zeit, aber geringre oder gar keine Surpluszeit, da sie mit derselben Arbeit weniger Produkt produzieren (und dieses Produkt aus ihren *necessaries* besteht), sie also [gewachsen ist], obgleich sie nach wie vor *dieselbe* Zeit arbeiten, [da] die von ihnen zur Herstellung von 1 Tonne oder 1 qr. verwandte Arbeitszeit gewachsen ist.

Ric[ardo] in seinen Berechnungen unterstellt immer, daß *mehr Arbeit* vom Kapital in Bewegung gesetzt und daher *größres* Kapital, also 120, 110 statt früher 100 ausgelegt werden muß. Dieses nur richtig, sofern *dasselbe Quantum* produziert werden soll, also 60 t in den oben angegebnen Fällen, statt daß in case[1] I 40 t produziert werden mit einer Auslage von 120 *l.* und 48 im zweiten Fall mit Auslage von 110. Mit Auslage von 100 werden daher im ersten Fall produziert $33^1/_3$ Tonnen und im zweiten Fall $43^7/_{11}$ t. Ric[ardo] bringt dadurch den richtigen Gesichtspunkt weg, der nicht darin besteht, daß mehr Arbeiter angewandt werden müssen, um dasselbe Produkt zu erzeugen, sondern daß von einem gegebnen Arbeiterquantum ein geringres Produkt erzeugt, wovon wieder ein größrer Teil den Arbeitslohn bildet.

Wir wollen nun die beiden Tabellen zusammenstellen, erst die Tabelle *A* von Seite 574 und die aus den bisher gemachten Angaben folgende neue Tabelle.

[Klasse]	Kapital	Tonnen	GW [Gesamtwert]	MW [Marktwert pro Tonne]	IW [individueller Wert] pro Tonne	DW [Differentialwert] pro Tonne	KP [Kostenpreis] pro Tonne	AR [Absolute Rente]	DR [Differentialrente]	AR [Absolute Rente]
	l.		*l.*	*l.*	*l.*	*l.*	*l.*	*l.*	*l.*	Tonnen
I	100	60	120	2	2	0	$1^5/_6$	10	0	5
II	100	65	130	2	$1^{11}/_{13}$	$^2/_{13}$	$1^9/_{13}$	10	10	5
III	100	75	150	2	$1^3/_5$	$^2/_5$	$1^7/_{15}$	10	30	5
	300	200	400					30	40	15

[Klasse]	DR [Differentialrente]	Rental	Rental	Komposition des Kapitals	Mehrwertsrate	Anzahl der Arbeiter	Arbeitslohn	Arbeitslohn	Profitrate
	Tonnen	*l.*	Tonnen		p.c.		*l.*	Tonnen	p.c.
I	0	10	5	$C^{60}V^{40}$	50	20	40	20	10
II	5	20	10	$C^{60}V^{40}$	50	20	40	20	10
III	15	40	20	$C^{60}V^{40}$	50	20	40	20	10
	20	70	35						

[1] Fall

Würde diese Tabelle nun umgekehrt dargestellt nach Ric[ardos] descending line[1], also von III begonnen und zugleich angenommen, daß der zuerst bebaute fruchtbarere Boden keine Rente zahlt, so hätten wir zuerst das Kapital von 100 in III, produziert Wert von 120, nämlich 60 capital constant und 60 neuzugesetzte Arbeit. Es wäre ferner nach Ric[ardo] anzunehmen, daß die Profitrate höher stand, als sie in *A* angegeben ist, indem mit dem Fall der Tonne Kohle (qr. Weizen) die 20 Mann bekommen 20 Tonnen = 40 *l.*, solange die Tonne = 2 *l.* Da sie aber jetzt = $1^9/_{15}$ *l.* oder 1 *l.* 12 sh., so bekommen die 20 Mann nur noch 32 *l.* (= 20 Tonnen). Das vorgelegte Kapital für dieselbe Masse Arbeiter betrüge 60 c und 32 v = 92 *l.*, deren Wert = 120, da nach wie vor der Wert der von den 20 Mann verrichteten Arbeit = 60 *l.* Nach diesem Verhältnis müßte ein Kapital von 100 Wert schaffen von $130^{10}/_{23}$, denn 92: 120 = 100: $130^{10}/_{23}$ (oder 23 : 30 = 100: $130^{10}/_{23}$). Und zwar wäre dies Kapital von 100 zusammengesetzt wie folgt: $65^5/_{23}$c und $34^{18}/_{23}$v. Also das Kapital wäre $C^{65^5/_{23}}\ V^{34^{18}/_{23}}$; Wert des Produkts = $130^{10}/_{23}$. Die *Anzahl der Arbeiter* wäre $21^{17}/_{23}$. Die Rate des Mehrwerts wäre $87^1/_2$ p.c.

[Klasse]	Kapital *l.*	Tonnenzahl	GW [Gesamtwert] *l.*	MW [Marktwert pro Tonne] *l.*	IW [Individueller Wert pro Tonne] *l.*	DW [Differentialwert pro Tonne] *l.*
III	100	$81^{12}/_{23}$	$130^{10}/_{23}$	$1^3/_5$	$1^3/_5$	0

Rente *l.*	Profit *l.*	Profitrate p.c.	Komposition des Kapitals	Mehrwertsrate p.c.	Anzahl der Arbeiter
0	$30^{10}/_{23}$	$30^{10}/_{23}$	$C^{65^5/_{23}}V^{34^{18}/_{23}}$	$87^1/_2$	$21^{17}/_{23}$

In Tonnen ausgedrückt der Arbeitslohn = $21^{27}/_{23}$ t und der Profit = $19^1/_{46}$ t.

||676| Nehmen wir nun an, immer in der Ric[ardoschen] Voraussetzung, daß infolge der steigenden Bevölkerung der Marktpreis so hoch steigt, daß Klasse II, wo der Wert der Tonne = $1^{11}/_{13}$ *l.*, bebaut werden muß.

Es geht hier durchaus nicht, wie Ric[ardo] will, daß die $21^{17}/_{23}$ Arbeiter stets denselben Wert produzieren werden, nämlich $65^5/_{23}$ *l.* (Arbeitslohn und Mehrwert zusammengerechnet.) Denn die *Anzahl Arbeiter*, die III beschäftigen, also exploitieren kann, vermindert sich nach seiner eignen Voraussetzung, also auch die Gesamtsumme des Mehrwerts.

[1] absteigender Linie

Dabei bleibt die Komposition des agricultural capital stets dieselbe. Um C^{60} in Bewegung zu setzen, sind stets 20 Arbeiter nötig (bei gegebnem Arbeitstag), wie sie immer bezahlt werden mögen.

Da diese 20 Arbeiter 20 Tonnen erhalten und die Tonne = $1^{11}/_{13}$ *l.*, kosten 20 Arbeiter $20\,(1+{}^{11}/_{13})$ *l.* = 20 *l.* + $16^{12}/_{13}$ *l.* = $36^{12}/_{13}$ *l.*

Also der Wert, den diese 20 Arbeiter produzieren, welches immer die Produktivität ihrer Arbeit, = 60, also das vorgeschoßne Kapital = $96^{12}/_{13}$ und der Wert = 120, also Profit = $23^{1}/_{13}$ *l.* Der Profit des Kapitals 100 wird daher sein $23^{17}/_{21}$ und die Kapitalkomposition: $C^{61^{19}/_{21}}V^{38^{2}/_{21}}$. Beschäftigt [sind] $20^{40}/_{63}$ Arbeiter.

Der Gesamtwert = $123^{17}/_{21}$, und da der individuelle Wert der Tonne in Klasse III = $1^{3}/_{5}$ *l.*, so beträgt das Produkt wieviel Tonnen? $77^{8}/_{21}$ t. Die *Rate des Mehrwerts* ist $62^{1}/_{2}$ p. c.

Nun verkauft aber III die Tonne zu $1^{11}/_{13}$ *l.* Dies macht einen Differentialwert pro Tonne von $4^{12}/_{13}$ sh. oder ${}^{16}/_{65}$ *l.* und macht auf $77^{8}/_{21}$ Tonnen = $77^{8}/_{21} \times {}^{16}/_{65} = 19^{1}/_{21}$ *l.*

Statt das Produkt zu $123^{17}/_{21}$ zu verkaufen, verkauft III zu $123^{17}/_{21}$ + $19^{1}/_{21}$ = zu $142^{6}/_{7}$ *l.* Die $19^{1}/_{21}$ *l.* konstituieren die Rente.

Wir hätten also für III:

[Klasse]	Kapital *l.*	Tonnen	[WGW] Wirklicher Gesamtwert *l.*	[GMW] Gesamtmarktwert *l.*	MW [Marktwert pro Tonne] *l.*	IW [Individueller Wert pro Tonne] *l.*
III	100	$77^{8}/_{21}$	$123^{17}/_{21}$	$142^{6}/_{7}$	$1^{11}/_{13}$	$1^{3}/_{5}$

DW [Differentialwert pro Tonne]	Rente *l.*	Rente in Tonnen	Profitrate p.c.	Komposition des Kapitals	Mehrwertsrate p.c.	Anzahl der Arbeiter
[+${}^{16}/_{65}$ *l.* =] + $4^{12}/_{13}$ sh.	$19^{1}/_{21}$	$10^{20}/_{63}$	$23^{17}/_{21}$	$C^{61^{19}/_{21}}V^{38^{2}/_{21}}$	$62^{1}/_{2}$	$20^{40}/_{63}$

Der Arbeitslohn in Tonnen = $20^{40}/_{63}$ t. Und der Profit = $12^{113}/_{126}$ t.

Gehn wir nun zu Klasse II über, so existiert hier keine Rente. Marktwert und individueller Wert sind sich gleich. Die Tonnenzahl, die II produziert, ist = $67^{4}/_{63}$ Tonnen.

Für II haben wir also:

[Klasse]	Kapital *l.*	Tonnen	GW [Gesamtwert] *l.*	MW [Marktwert pro Tonne] *l.*	IW [Individueller Wert pro Tonne] *l.*
II	100	$67^{4}/_{63}$	$123^{17}/_{21}$	$1^{11}/_{13}$	$1^{11}/_{13}$

DW [Differentialwert] pro Tonne	Rente	Profitrate	Komposition des Kapitals	Mehrwertsrate	Anzahl der Arbeiter
l.	*l.*	p.c.		p.c.	
0	0	$23^{17}/_{21}$	$C^{61^{19}/_{21}}V^{38^{2}/_{21}}$	$62^{1}/_{2}$	$20^{40}/_{63}$

Arbeitslohn in Tonnen $= 20^{40}/_{63}$ und Profit $= 12^{113}/_{126}$ t.

‖677| 2. Wir haben also für den zweiten case, wo Klasse II eintritt und Rente entsteht:

[Klasse]	Kapital	Tonnen	WGW [Wirklicher Gesamtwert]	GMW [Gesamtmarktwert]	MW [Marktwert pro Tonne]	IW [Individueller Wert pro Tonne]	DW [Differentialwert pro Tonne]
	l.		*l.*	*l.*	*l.*	*l.*	*l.*
III	100	$77^{8}/_{21}$	$123^{17}/_{21}$	$142^{6}/_{7}$	$1^{11}/_{13}$	$1^{3}/_{5}$	[$+^{16}/_{65}$ *l.* =] $+ 4^{12}/_{13}$ sh.
II	100	$67^{4}/_{63}$	$123^{17}/_{21}$	$123^{17}/_{21}$	$1^{11}/_{13}$	$1^{11}/_{13}$	0

Komposition des Kapitals	Anzahl der Arbeiter	Mehrwertsrate	Profitrate	Arbeitslohn in	Profit in	Rente	Rente in
		p.c.	p.c.	Tonnen	Tonnen	*l.*	Tonnen
$C^{61^{19}/_{21}}V^{38^{2}/_{21}}$	$20^{40}/_{63}$	$62^{1}/_{2}$	$23^{17}/_{21}$	$20^{40}/_{63}$	$12^{113}/_{126}$	$19^{1}/_{21}$	$10^{20}/_{63}$
$C^{61^{19}/_{21}}V^{38^{2}/_{21}}$	$20^{40}/_{63}$	$62^{1}/_{2}$	$23^{17}/_{21}$	$20^{40}/_{63}$	$12^{113}/_{126}$	0	0

Gehn wir nun über zu dem 3. case und unterstellen mit Ric[ardo], daß schlechtre Mine I bebaut werden muß und kann, weil *Marktwert* gestiegen zu 2 *l.* Da auf capital constant von 60 erheischt sind 20 Arbeiter und diese jetzt 40 *l.* kosten, so haben wir eine Komposition des Kapitals wie in der Tabelle *A*, S. 574, $= C^{60}V^{40}$, und der Wert, den die 20 Arbeiter produzieren, immer = 60, also Gesamtwert = 120 des von dem Kapital 100 produzierten Produkts, welches immer seine Produktivität. Profitrate hier = 20, Mehrwert = 50 p.c. In Tonnen der Profit = 10 t. Wir müssen nun sehn, wie III und II changieren infolge dieses Wechsels des Marktwerts und des Hereinkommens von I, das die Profitrate bestimmt.

III, obgleich er den fruchtbarsten Boden bearbeitet, kann mit 100 *l.* nur 20 Arbeiter anwenden, die ihm 40 *l.* kosten, da auf ein capital constant von 60 *l.* 20 Arbeiter erheischt sind. Die Anzahl der mit Kapital von 100 angewandten Arbeiter sinkt daher auf 20. Und der wirkliche Gesamtwert seines Produkts ist jetzt = 120. Da aber der individuelle Wert der von III produzierten Tonne $= 1^{9}/_{15}$ *l.*, so produziert er wieviel Tonnen? 75 Tonnen, da 120 dividiert durch $^{24}/_{15}$ ($1^{9}/_{15}$ *l.*) = 75. Die von ihm produzierte Tonnenzahl nimmt ab, weil er mit demselben Kapital *weniger* Arbeit anwenden kann, nicht *mehr* (wie Ric[ardo] immer falsch darstellt, da er stets bloß im

Auge hat, wieviel Arbeit nötig, um *dasselbe* Produkt zu erzeugen; nicht, was das einzige Wichtige, *wieviel lebendige Arbeit* bei der neuen Komposition des Kapitals angewandt werden kann). Diese 75 Tonnen verkauft er aber zu 150 (statt zu 120, was ihr Wert), und so steigt die Rente auf 30 *l.* in III.

Was II angeht, so ist hier der Wert des Produkts ditto = 120 etc. Da aber der individuelle Wert der Tonne = $1^{11}/_{13}$, produziert er 65 t (da 120 dividiert durch $^{24}/_{13}$ ($1^{11}/_{13}$) = 65). Kurz, wir erhalten hier die Tabelle *A von S. 574*. Da wir aber hier neue Rubriken zu unsrem Zwecke brauchen, setzen wir die Tabelle neu her, jetzt, wo I eintritt und der Marktwert zu 2 *l.* gestiegen ist:

3. [Dritter Fall:]

[Klasse]	Kapital *l.*	Tonnen	WGW [Wirklicher Gesamtwert] *l.*	GMW [Gesamtmarktwert] *l.*	MW [Marktwert pro Tonne] *l.*	IW [Individueller Wert proTonne] *l.*	DW [Differentialwert pro Tonne] *l.*
III	100	75	120	150	2	$1^3/_5$	[$^2/_5$ *l.*=]8 sh.
II	100	65	120	130	2	$1^{11}/_{13}$	[$^2/_{13}$*l.*=]$3^1/_{13}$sh.
I	100	60	120	120	2	2	0

Komposition des Kapitals	Anzahl der Arbeiter	Mehrwertsrate p.c.	Profitrate p.c.	Arbeitslohn in Tonnen	Profit in Tonnen	Rente *l.*	Rente in Tonnen
$C^{60}V^{40}$	20	50	20	20	10	30	15
$C^{60}V^{40}$	20	50	20	20	10	10	5
$C^{60}V^{40}$	20	50	20	20	10	0	0
						40	20

||678| Kurz, dieser case III stimmt mit Tabelle *A* S. 574 (abgesehn von der absoluten Rente, die hier als Teil des Profits erscheint) und ist nur umgekehrt.

Gehn wir nun über zu den neu supponierten cases[1].

Zunächst die Klasse, die noch einen Profit liefert, sie heiße I b. Sie liefert mit Kapital von 100 nur noch $43^7/_{11}$ Tonnen.

Der Wert der Tonne gestiegen zu $2^1/_2$ *l.* Die Komposition des Kapitals = $C^{54^6/_{11}}V^{45^5/_{11}}$. Wert des Produkts = $109^1/_{11}$ *l.* $45^5/_{11}$ *l.* bezahlen $18^2/_{11}$ Mann. Und da der Wert der Tagesarbeit von 20 Mann = 60 *l.*, so der von $18^2/_{11}$ Mann = $54^6/_{11}$. Daher der Wert des Produkts = $109^1/_{11}$. Die *Profitrate* = $9^1/_{11}$ *l.* = $3^7/_{11}$ t. Die *Rate des Mehrwerts* = 20 p.c.

[1] Siehe vorl. Band, S. 442–444

Da die organische Komposition des Kapitals in III, II, I dieselbe wie in Ib und sie denselben Arbeitslohn zahlen müssen, können sie ebenfalls nur $18^{2}/_{11}$ Mann mit 100 *l.* anwenden, die einen Gesamtwert von $54^{6}/_{11}$ produzieren, also wie in Ib Mehrwert von 20 p.c. und Profitrate von $9^{1}/_{11}$ p.c. Der Gesamtwert des Produkts hier wie in Ib = $109^{1}/_{11}$ *l.*

Da aber der individuelle Wert der Tonne in III = $1^{3}/_{5}$ *l.*, so produziert es (oder ist $109^{1}/_{11}$ *l.* =) $109^{1}/_{11}$ *l.* dividiert durch $1^{3}/_{5}$ oder $^{24}/_{15}$ = $68^{2}/_{11}$ t. Nun beträgt ferner die Differenz zwischen dem individuellen Wert der Tonne und dem Marktwert $2^{1}/_{2}$ *l.* − $1^{3}/_{5}$ *l.* Also 2 *l.* 10 sh. − 1 *l.* 12 sh. = 18 sh. Und dieses macht auf $68^{2}/_{11}$ t = 18 (68 + $^{2}/_{11}$) sh. = $1227^{3}/_{11}$ sh. = 61 *l.* $7^{3}/_{11}$ sh. Statt zu $109^{1}/_{11}$ *l.* verkauft III zu 170 *l.* $9^{5}/_{11}$ sh. Und dieser Überschuß = der Rente von III. Diese Rente in Tonnen ausgedrückt ist = $24^{6}/_{11}$ Tonnen.

Da der individuelle Wert der Tonne in II = $1^{11}/_{13}$ *l.*, so produziert es $109^{1}/_{11}$ dividiert durch $1^{11}/_{13}$, und dies ist = $59^{1}/_{11}$ t. Nun beträgt in II Differenz des Marktwerts der Tonne und ihres individuellen Werts $2^{1}/_{2}$ *l.* − $1^{11}/_{13}$ *l.* Dies ist = $^{17}/_{26}$ *l.* Und dies macht auf $59^{1}/_{11}$ t $38^{7}/_{11}$ *l.* Und dies die Rente. Der Gesamtmarktwert = $147^{8}/_{11}$ *l.* Die Rente in Tonnen ausgedrückt = $15^{5}/_{11}$ Tonnen.

Endlich, da der individuelle Wert der Tonne in I = 2 *l.*, so $109^{1}/_{11}$ *l.*, = $54^{6}/_{11}$ t. Die Differenz zwischen individuellem Wert und Marktwert = $2^{1}/_{2}$ *l.* − 2 *l.* = 10 sh. Und dies macht auf $54^{6}/_{11}$ t = (54 + $^{6}/_{11}$) 10 sh. = 540 sh. + $^{60}/_{11}$ sh. = 27 *l.* + $5^{5}/_{11}$ sh. Also Gesamtmarktwert = 136 *l.* $7^{3}/_{11}$ sh. Und der Wert der Rente in Tonnen ausgedrückt ist = $10^{10}/_{11}$ Tonnen.

Stellen wir nun die Sache zusammen, wie sie sich für *case 4* ergibt, so haben wir:

‖679| 4. [Vierter Fall:]

[Klasse]	Kapital *l.*	Tonnen	WGW [Wirklicher Gesamtwert] *l.*	GMW [Gesamtmarktwert] *l.*	MW [Marktwert pro Tonne] *l.*	IW [Individueller Wert pro Tonne] *l.*	DW [Differentialwert pro Tonne]
III	100	$68^{2}/_{11}$	$109^{1}/_{11}$	[$170^{5}/_{11}$ *l.* =] 170 *l.* $9^{1}/_{11}$ sh.	$2^{1}/_{2}$	$1^{3}/_{5}$	[$^{9}/_{10}$ *l.* =] 18 sh.
II	100	$59^{1}/_{11}$	$109^{1}/_{11}$	$147^{8}/_{11}$ *l.* [= 147 *l.* $14^{6}/_{11}$ sh.]	$2^{1}/_{2}$	$1^{11}/_{13}$	[$^{17}/_{26}$ *l.* =] $13^{1}/_{13}$ sh.
I	100	$54^{6}/_{11}$	$109^{1}/_{11}$	[$136^{4}/_{11}$ *l.* =] 136 *l.* $7^{3}/_{11}$ sh.	$2^{1}/_{2}$	2	[$^{1}/_{2}$ *l.* =] 10 sh.
Ib	100	$43^{7}/_{11}$	$109^{1}/_{11}$	$109^{1}/_{11}$ *l.* [= 109 *l.* $1^{9}/_{11}$ sh.]	$2^{1}/_{2}$	$2^{1}/_{2}$	0

Komposition des Kapitals	Arbeiterzahl	Mehrwert[srate] p.c.	Profitrate p.c.	Arbeitslohn [in] Tonnen	Profit [in] Tonnen	Rente *l.*	Rente [in] Tonnen
$C^{54^6/_{11}} V^{45^5/_{11}}$	$18^2/_{11}$	20	$9^1/_{11}$	$18^2/_{11}$	$3^7/_{11}$	[$61^4/_{11}$ *l.* =] 61 *l.* $7^3/_{11}$ sh.	$24^6/_{11}$
$C^{54^6/_{11}} V^{45^5/_{11}}$	$18^2/_{11}$	20	$9^1/_{11}$	$18^2/_{11}$	$3^7/_{11}$	[$38^7/_{11}$ *l.* =] 38 *l.* $12^8/_{11}$ sh.	$15^5/_{11}$
$C^{54^6/_{11}} V^{45^5/_{11}}$	$18^2/_{11}$	20	$9^1/_{11}$	$18^2/_{11}$	$3^7/_{11}$	[$27^3/_{11}$ *l.* =] 27 *l.* $5^5/_{11}$ sh.	$10^{10}/_{11}$
$C^{54^6/_{11}} V^{45^5/_{11}}$	$18^2/_{11}$	20	$9^1/_{11}$	$18^2/_{11}$	$3^7/_{11}$	0	0

Setzen wir endlich den letzten case, worin nach Ricardo der *ganze Profit* wegfällt, kein Mehrwert bleibt.

Hier steigt der Wert des Produkts auf 3 *l.*, so daß bei Anwendung von 20 Mann ihr Lohn = 60 *l.*, gleich dem von ihnen produzierten Wert. Komposition des Kapitals = C^{50} V^{50}. Es sind dann angewandt *$16^2/_3$ Mann.* Wenn der von 20 Mann produzierte Wert = 60, so der von $16^2/_3$ Mann produzierte Wert = 50 *l.* Der Arbeitslohn verschlingt also den ganzen Wert. Der Mann erhält nach wie vor 1 Tonne. Wert des Produkts = 100 und damit produzierte Tonnenzahl = $33^1/_3$ t, wovon $^1/_2$ nur den Wert des konstanten Kapitals und die andre Hälfte nur den Wert des variablen Kapitals produziert.

Da in III der individuelle Wert der Tonne = $1^3/_5$ oder $^{24}/_{15}$ *l.*, so produziert es wieviel Tonnen? 100 dividiert durch $^{24}/_{15}$, also $62^1/_2$ t, deren Wert = 100. Es ist aber Differenz zwischen individuellem Wert und Marktwert = 3 *l.* – $1^3/_5$ *l.* = $1^6/_{15}$ *l.* oder $1^2/_5$ *l.* Dies macht auf $62^1/_2$ t = $87^1/_2$ *l.* Also Gesamtmarktwert des Produkts = $187^1/_2$ *l.* Und die Rente ist in Tonnen = $29^1/_6$ t.

In II ist der individuelle Wert der Tonne = $1^{11}/_{13}$ *l.* Also der Differentialwert = 3 *l.* – $1^{11}/_{13}$ *l.* = $1^2/_{13}$ *l.* Da der individuelle Wert der Tonne hier = $1^{11}/_{13}$ *l.* oder $^{24}/_{13}$ *l.*, so produziert das Kapital von 100 = (100 dividiert durch $^{24}/_{13}$ =) $54^1/_6$ t. Auf diese Tonnenzahl macht jene Differenz = 62 *l.* 10 sh. Und der Marktwert des Produkts = 162 *l.* 10 sh. In Tonnen ausgedrückt die Rente = $20^5/_6$ t.

In I der individuelle Wert der Tonne = 2 *l.* Also Differentialwert = 3 – 2 = 1 *l.* Da der individuelle Wert der Tonne hier = 2 *l.*, so mit Kapital von 100 *l.* 50 Tonnen [produziert]. Dies macht 50 *l.* Differenz. Marktwert des Produkts = 150 *l.* und Rente in Tonnen = $16^2/_3$ t.

Wir kommen jetzt zu Ib, das bisher keine Rente trug. Hier der individuelle Wert = $2^1/_2$ *l.* Also Differentialwert = 3 – $2^1/_2$ *l.* = $^1/_2$ *l.* oder 10 sh.

Und da der individuelle Wert der Tonne hier $= 2^1/_2$ oder $^5/_2$ *l.*, produziert 100 *l.* 40 t. Auf diese der differentielle Wert $= 20$ *l.*, so daß der Gesamtmarktwert $= 120$ *l.* Und in Tonnen die Rente $= 6^2/_3$ t.

Jetzt also wollen wir *case 5* zusammenstellen, wo der Profit nach Ric[ardo] verschwindet.

||680| 5. [Fünfter Fall:]

[Klasse]	Kapital	Tonnen	WGW [Wirklicher Gesamtwert]	GMW [Gesamtmarktwert]	MW [Marktwert pro Tonne]	IW [Individueller Wert pro Tonne]	DW [Differentialwert pro Tonne]
	l.		*l.*	*l.*	*l.*	*l.*	*l.*
III	100	$62^1/_2$	100	$187^1/_2$	3	$1^3/_5$	$1^2/_5$
II	100	$54^1/_6$	100	$162^1/_2$	3	$1^{11}/_{13}$	$1^2/_{13}$
I	100	50	100	150	3	2	1
Ib	100	40	100	120	3	$2^1/_2$	$^1/_2$
Ia	100	$33^1/_3$	100	100	3	3	0

Komposition des Kapitals	Arbeiterzahl	Mehrwertsrate p.c.	Profitrate p.c.	Arbeitslohn in Tonnen	Rente *l.*	Rente in Tonnen
$C^{50}V^{50}$	$16^2/_3$	0	0	$16^2/_3$	$87^1/_2$	$29^1/_6$
$C^{50}V^{50}$	$16^2/_3$	0	0	$16^2/_3$	$62^1/_2$	$20^5/_6$
$C^{50}V^{50}$	$16^2/_3$	0	0	$16^2/_3$	50	$16^2/_3$
$C^{50}V^{50}$	$16^2/_3$	0	0	$16^2/_3$	20	$6^2/_3$
$C^{50}V^{50}$	$16^2/_3$	0	0	$16^2/_3$	0	0

Ich werde nun auf der andern Seite die 5 cases tabellarisch zusammenstellen.

[*c) Verwandlung eines Teiles des Profits und eines Teiles des Kapitals in Rente. Veränderung der Größe der Rente in Abhängigkeit von der Menge der in der Landwirtschaft angewandten Arbeit*]

||683| Betrachten wir zunächst auf vorstehender Seite *Tabelle E*, so ist hier in der letzten Klasse I a die Sache sehr klar. Der Arbeitslohn verschlingt hier das ganze Produkt und den ganzen Wert der Arbeit. Es existiert kein Mehrwert und daher weder Profit noch Rente. Der Wert des Produkts ist = dem Wert des vorgeschoßnen Kapitals, so daß die Arbeiter, die hier im Besitz ihres eignen Kapitals sind, beständig ihren Arbeitslohn und die Bedingungen ihrer Arbeit reproduzieren können, aber nicht mehr. In dieser letzten Klasse kann nicht gesagt werden, daß die Rente den Profit

verschlingt. Es existiert keine Rente und kein Profit, weil kein Mehrwert. Der Arbeitslohn verschlingt den Mehrwert, daher den Profit.

In den 4 andren Klassen ist die Sache prima facie[1] keineswegs klar. Wenn kein Mehrwert existiert, wie soll Rente existieren? Zudem hat sich die Produktivität der Arbeit in den Bodenarten Ib, I, II und III keineswegs geändert. Die *Nichtexistenz* des Mehrwerts muß also bloßer Schein sein.

Ferner zeigt sich ein andres, nicht minder prima facie unerklärliches Phänomen. Die Tonnen- oder Kornrente beträgt für III $29^1/_6$ Tonnen oder qrs., während in Tabelle *A*, wo nur noch der Boden III bebaut, keine Rente existierte, außerdem $21^{17}/_{23}$ Mann employed[2] waren, während jetzt nur $16^2/_3$ Mann, der Profit (der den ganzen Mehrwert absorbierte) nur $19^1/_{46}$ Tonnen betrug.

Derselbe Widerspruch zeigt sich in II, wo die Rente in *Tabelle E* = $20^5/_6$ Tonnen oder qrs., während in Tabelle *B* der Profit, der den ganzen Mehrwert absorbierte (während $20^{40}/_{63}$ statt jetzt $16^2/_3$ Mann angewandt wurden), nur $12^{113}/_{126}$ t oder qrs. betrug.

Ebenso in I, wo die Rente in *Tabelle E* = $16^2/_3$ t oder qrs., während in Tabelle *C* der Profit von I, der den ganzen Mehrwert absorbierte, nur = 10 Tonnen (während 20 Mann employed, statt $16^2/_3$ jetzt).

Endlich in Ib, wo die Rente in *Tabelle E* = $6^2/_3$ t oder qrs., während der Profit von Ib in *Tabelle D*, wo der Profit den ganzen Mehrwert absorbierte, nur = $3^7/_{11}$ t oder qrs. (während $18^2/_{11}$ men employed[3], statt $16^2/_3$ jetzt).

Nun ist aber klar, daß das Steigen des Marktwerts über den individuellen Wert der Produkte von III, II, I, Ib zwar die Verteilung des Produkts alterieren und statt einer Klasse von shareholders[4] der andren zuschieben, keineswegs aber das Produkt, worin sich der Mehrwert über den Arbeitslohn darstellt, selbst vermehren kann. Da die Produktivität der Bodenarten dieselbe geblieben, ferner die des Kapitals, wie sollen III–Ib fruchtbarer in Tonnen oder qrs. werden dadurch, daß die unfruchtbarere Bodenart oder Mine Ia auf den Markt tritt?

Das Rätsel löst sich wie folgt.

Wenn 20 Mann Tagesarbeit = 60 *l.*, so produzieren $16^2/_3$ Mann 50 *l.* Und da in der Bodenklasse III, die in $1^3/_5$ oder $^8/_5$ *l.* enthaltne Arbeitszeit sich in 1 t oder 1 qr. darstellt, stellen sich 50 *l.* dar in $31^1/_4$ Tonnen oder qrs. Es gehn davon ab $16^2/_3$ Tonnen oder qrs. für Arbeitslohn, bleiben also als *Mehrwert* $14^7/_{12}$ Tonnen.

Ferner, weil der Marktwert der Tonne von $1^3/_5$ oder $^8/_5$ *l.* gestiegen ist

[1] auf den ersten Blick – [2] angewandt – [3] Mann angewandt wurden – [4] Teilhabern

||681/682| *Gang der Rente nach Ricardo rektifiziert*

A. Beste Klasse III allein bebaut. Nicht-Existenz der Rente. Bloß das fruchtbarste Land oder Mine be

[Klasse]	Kapital *l.*	Tonnen	Wirklicher Gesamtwert *l.*	Gesamt-marktwert *l.*	Marktwert pro Tonne *l.*	Individueller Wert pro Tonne *l.*	Differentialwert pro Tonne *l.*
III	100	$81^{12}/_{83}$	$130^{10}/_{23}$	$130^{10}/_{23}$	$1^3/_5$	$1^3/_5$	0

B. Zweite Klasse II tritt ein. Entstehung der Rente auf Boden (Mine) III.

[Klasse]	Kapital *l.*	Tonnen	Wirklicher Gesamtwert *l.*	Gesamt-marktwert *l.*	Marktwert pro Tonne *l.*	Individueller Wert pro Tonne *l.*	Differentialwert pro Tonne *l.*
III	100	$77^8/_{21}$	$123^{17}/_{21}$	$142^6/_7$	$1^{11}/_{13}$	$1^3/_5$	[$^{16}/_{65}$ =] $4^{12}/_{13}$
II	100	$67^4/_{63}$	$123^{17}/_{21}$	$123^{17}/_{21}$	$1^{11}/_{13}$	$1^{11}/_{13}$	0
Total	200	$144^4/_9$	$247^{13}/_{21}$	$266^2/_3$			

C. Dritte Klasse III tritt ein. Entstehung der Rente auf Boden (Mine) II.

[Klasse]	Kapital *l.*	Tonnen	Wirklicher Gesamtwert *l.*	Gesamt-marktwert *l.*	Marktwert pro Tonne *l.*	Individueller Wert pro Tonne *l.*	Differentialwert pro Tonne *l.*
III	100	75	120	150	2	$1^3/_5$	[$^2/_5$ *l.* =] 8 sh.
II	100	65	120	130	2	$1^{11}/_{13}$	[$^2/_{13}$ *l.* =] $3^1/_3$ s
I	100	60	120	120	2	2	0
Total	300	200	360	400			

D. Vierte Klasse Ib tritt ein. Entstehung der Rente auf Boden (Mine) I.

[Klasse]	Kapital *l.*	Tonnen	Wirklicher Gesamtwert *l.*	Gesamt-marktwert *l.*	Marktwert pro Tonne *l.*	Individueller Wert pro Tonne *l.*	Differentialwert pro Tonne *l.*
III	100	$68^2/_{11}$	$109^1/_{11}$	[$170^5/_{11}$ *l.* =] 170 *l.* $9^1/_{11}$ sh.	$2^1/_2$	$1^3/_5$	[$^9/_{10}$ *l.* =] 18 s
II	100	$59^1/_{11}$	$109^1/_{11}$	[$147^8/_{11}$ *l.* =] 147 *l.* $14^6/_{11}$ sh.	$2^1/_2$	$1^{11}/_{13}$	[$^{17}/_{26}$ *l.* =] $13^1/$
I	100	$54^6/_{11}$	$109^1/_{11}$	[$136^4/_{11}$ *l.* =] 136 *l.* $7^3/_{11}$ sh.	$2^1/_2$	2	[$^1/_2$ *l.* =] 10 s
Ib	100	$43^7/_{11}$	$109^1/_{11}$	[$109^1/_{11}$ *l.* =] 109 *l.* $1^9/_{11}$ sh.	$2^1/_2$	$2^1/_2$	0
Total	400	$225^5/_{11}$	$436^4/_{11}$	[$563^7/_{11}$ *l.* =] 563 *l.* $12^8/_{11}$ sh.			

E. Fünfte Klasse Ia tritt ein. Wegfall von Mehrwert und Profit generally[1].

[Klasse]	Kapital *l.*	Tonnen	Wirklicher Gesamtwert *l.*	Gesamt-marktwert *l.*	Marktwert pro Tonne *l.*	Individueller Wert pro Tonne *l.*	Differentialwert pro Tonne *l.*
III	100	$62^1/_2$	100	$187^1/_2$	3	$1^3/_5$	$1^2/_5$
II	100	$54^1/_6$	100	$162^1/_2$	3	$1^{11}/_{13}$	$1^2/_{13}$
I	100	50	100	150	3	2	1
Ib	100	40	100	120	3	$2^1/_2$	$^1/_2$
Ia	100	$33^1/_3$	100	100	3	3	0
Total	500	240	500	720			

[1] insgesamt (hier im Sinne von:) in allen Klassen

omposition es Kapitals	Arbeiterzahl	Mehrwertsrate p.c.	Profit *l.*	Profit in Tonnen	Arbeitslohn in Tonnen	Geldrente *l.*	Rente in Tonnen
$5^{5}/_{23}c + 34^{18}/_{23}$	$21^{17}/_{23}$	$87^{1}/_{2}$	$30^{10}/_{23}$	$19^{1}/_{46}$	$21^{17}/_{23}$	0	0

omposition es Kapitals	Arbeiterzahl	Mehrwertsrate p.c.	Profit *l.*	Profit in Tonnen	Arbeitslohn in Tonnen	Geldrente *l.*	Rente in Tonnen
$^{19}/_{21}c + 38^{2}/_{21}$	$20^{40}/_{63}$	$62^{1}/_{2}$	$23^{17}/_{21}$	$12^{113}/_{126}$	$20^{40}/_{63}$	$19^{1}/_{21}$	$10^{20}/_{63}$
$^{19}/_{21}c + 38^{2}/_{21}$	$20^{40}/_{63}$	$62^{1}/_{2}$	$23^{17}/_{21}$	$12^{113}/_{126}$	$20^{40}/_{63}$	0	0
	$41^{17}/_{63}$		$47^{13}/_{21}$	$25^{50}/_{63}$	$41^{17}/_{63}$	$19^{1}/_{21}$	$10^{20}/_{63}$

mposition Kapitals	Arbeiterzahl	Mehrwertsrate p.c.	Profit *l.*	Profit in Tonnen	Arbeitslohn in Tonnen	Geldrente *l.*	Rente in Tonnen
c + 40v	20	50	20	10	20	30	15
c + 40v	20	50	20	10	20	10	5
c + 40v	20	50	20	10	20	0	0
	60		60	30	60	40	20

nposition Kapitals	Arbeiterzahl	Mehrwertsrate p.c.	Profit *l.*	Profit in Tonnen	Arbeitslohn in Tonnen	Geldrente *l.*	Rente in Tonnen
$_{11}c + 45^{5}/_{11}v$	$18^{2}/_{11}$	20	$9^{1}/_{11}$	$3^{7}/_{11}$	$18^{2}/_{11}$	[$61^{4}/_{11}$ *l.* =] 61 *l.* $7^{3}/_{11}$ sh.	$24^{6}/_{11}$
$_{11}c + 45^{5}/_{11}v$	$18^{2}/_{11}$	20	$9^{1}/_{11}$	$3^{7}/_{11}$	$18^{2}/_{11}$	[$38^{7}/_{11}$ *l.* =] 38 *l.* $12^{8}/_{11}$ sh.	$15^{5}/_{11}$
$_{11}c + 45^{5}/_{11}v$	$18^{2}/_{11}$	20	$9^{1}/_{11}$	$3^{7}/_{11}$	$18^{2}/_{11}$	[$27^{3}/_{11}$ *l.* =] 27 *l.* $5^{5}/_{11}$ sh.	$10^{10}/_{11}$
$_{11}c + 45^{5}/_{11}v$	$18^{2}/_{11}$	20	$9^{1}/_{11}$	$3^{7}/_{11}$	$18^{2}/_{11}$	0	0
	$72^{8}/_{11}$		$36^{4}/_{11}$	$14^{6}/_{11}$	$72^{8}/_{11}$	[$127^{3}/_{11}$ *l.* =] 127 *l.* $5^{5}/_{11}$ sh.	$50^{10}/_{11}$

position Kapitals	Arbeiterzahl	Mehrwertsrate p.c.	Profit *l.*	Profit in Tonnen	Arbeitslohn in Tonnen	Geldrente *l.*	Rente in Tonnen
+ 50v	$16^{2}/_{3}$	0	0	0	$16^{2}/_{3}$	$87^{1}/_{2}$	$29^{1}/_{6}$
+ 50v	$16^{2}/_{3}$	0	0	0	$16^{2}/_{3}$	$62^{1}/_{2}$	$20^{5}/_{6}$
+ 50v	$16^{2}/_{3}$	0	0	0	$16^{2}/_{3}$	50	$16^{2}/_{3}$
+ 50v	$16^{2}/_{3}$	0	0	0	$16^{2}/_{3}$	20	$6^{2}/_{3}$
+ 50v	$16^{2}/_{3}$	0	0	0	$16^{2}/_{3}$	0	0
	$83^{1}/_{3}$		0	0	$83^{1}/_{3}$	220	$73^{1}/_{3}$

auf 3 *l.*, genügen vom Produkt, den $62^1/_2$ Tonnen oder qrs., $16^2/_3$ Tonnen oder qrs., um den Wert des konstanten Kapitals zu ersetzen. Solange dagegen die Tonne oder qr., die auf III produziert ist, selbst den Marktwert bestimmte, dieser daher gleich ihrem individuellen Wert war, waren erheischt $31^1/_4$ t oder qrs., um ein konstantes Kapital von 50 *l.* zu ersetzen. Von den $31^1/_4$ t oder qrs., diesem aliquoten Teil des Produkts, der nötig war, bei dem Wert der Tonne von $1^3/_5$ *l.* das Kapital zu ersetzen, sind jetzt nur noch $16^2/_3$ nötig. Es bleiben also disponibel und fallen der Rente ||684| anheim $31^1/_4 - 16^2/_3$ t oder qrs. Also $14^7/_{12}$ t oder qrs.

Rechnen wir nun zusammen, den von $16^2/_3$ Arbeitern mit konstantem Kapital von 50 *l.* auf III erzeugten Mehrwert in Tonnen oder qrs. von $14^7/_{12}$ t oder qrs. und den Teil des Produkts von $14^7/_{12}$ t oder qrs., der jetzt, statt das capital constant zu ersetzen, in der Form eines surplus produce erscheint, so beträgt das gesamte surplus produce $28^{14}/_{12}$ t oder qrs. $= 29^2/_{12}$ $= 29^1/_6$ qrs. oder Tonnen. Und dies ist exactly[1] die Tonnen- oder Kornrente von III in *Tabelle E.* Ganz ebenso löst sich der scheinbare Widerspruch in der Größe der Tonnen- oder Kornrente der Klassen II, I, Ib in *Tabelle E.*

Es zeigt sich also, daß die *Differentialrente*, die auf den beßren Bodenarten entsteht, infolge der Differenz zwischen Marktwert und dem individuellen Wert der auf ihnen erzeugten Produkte, in ihrer *realen Gestalt* als *Produktenrente, Surplusprodukt, Tonnen-* oder *Kornrente* im obigen Beispiel, aus *zwei Elementen* zusammengesetzt und zwei *Verwandlungen* geschuldet ist. [Erstens:] Das Surplusprodukt, worin sich die Surplusarbeit der Arbeiter, der Surpluswert darstellt, wird aus der Form des Profits in die Form der Rente verwandelt und fällt daher dem landlord statt dem Kapitalisten anheim. Zweitens, ein Teil des Produkts, der früher, solange das Produkt der beßren Bodenart oder Mine zu seinem eignen Wert verkauft wird, nötig war, um den *Wert des konstanten Kapitals zu ersetzen*, wird jetzt, wo jeder aliquote Teil des Produkts einen höhren Marktwert besitzt, frei und erscheint ebenfalls in der Form von surplus produce, fällt daher dem landlord statt dem Kapitalisten anheim.

Verwandlung des surplus produce in Rente statt in Profit und Verwandlung eines früher zum Ersatz des konstanten Kapitalswerts bestimmten *aliquoten* Teils des Produkts in surplus produce, daher in Rente –, diese beiden Prozesse konstituieren die *Produktenrente*, soweit sie Differentialrente. Der letztre Umstand, daß ein Teil des Produkts statt in Kapital in Rente

[1] genau

verwandelt wird, ist von Ric[ardo] und allen seinen Nachfolgern übersehn worden. Sie sehn nur die Verwandlung des surplus produce in Rente, aber nicht die Verwandlung eines früher dem Kapital (nicht dem Profit) anheimfallenden Teiles des Produkts in surplus produce.

Der *Nominalwert* des so konstituierten *surplus produce* oder der *Differentialrente* ist bestimmt (unter der Voraussetzung) durch den Wert des auf dem schlechtesten Boden oder Mine produzierten Produkts. Aber dieser Marktwert veranlaßt nur die andre Verteilung dieses Produkts, macht es nicht.

Dieselben zwei Elemente sind bei allem Surplusprofit [vorhanden], also wenn z.B. infolge neuer Maschinerie etc. wohlfeiler produziertes Produkt zu höhrem Marktwert als seinem eignen Wert verkauft wird. Ein Teil der Surplusarbeit der Arbeiter erscheint als Surplusprodukt (Surplusprofit), statt als Profit. Und ein Teil der Produktenmasse, die, würde das Fabrikat zu seinem eignen niedrigern Wert verkauft, nötig wäre, um dem Kapitalisten den Wert seines konstanten Kapitals zu ersetzen, wird jetzt frei, hat nichts zu ersetzen, wird Surplusprodukt und schwellt daher den Profit. |684||

||688| {Wenn wir übrigens vom Gesetz des *Falls der Profitrate* im Lauf der Entwicklung der kapitalistischen Produktion sprechen, so ist hier unter Profit verstanden die Gesamtsumme des Mehrwerts, dessen sich zunächst das industrielle Kapital bemächtigt, wie es sie später noch zu teilen habe mit dem geldverleihenden Kapitalisten (Zins) und dem Landlord (Rente). Also hier ist Profitrate $= \frac{\text{Mehrwert}}{\text{vorgeschoßnes Kapital}}$. Die Profitrate in diesem Sinn kann fallen, obgleich z.B. der industrielle Profit steigt im Verhältnis zum Zins oder umgekehrt, oder obgleich die Rente steigt im Verhältnis zum industriellen Profit oder umgekehrt. Wenn der Profit $= P$, der industrielle Profit $= P'$, der Zins $= Z$ und die Rente $= R$, so ist $P = P' + Z + R$. Und es ist klar, daß, welches immer die absolute Größe von P sei, P', Z und R gegeneinander wachsen oder fallen können, unabhängig von der Größe von P oder vom Steigen und Fallen von P. Das wechselseitige Steigen von P', Z, R ist bloß verschiedne Verteilung von P unter verschiednen Personen. Die weitre Betrachtung dieser Umstände, die diese Verteilung von P ergeben, die aber mit dem Steigen oder Fallen von P selbst nicht identisch ist, gehört nicht hierher, sondern in die Betrachtung der Konkurrenz der Kapitalien. Wenn aber R steigen kann zu einer Höhe, die P selbst nicht hätte, würde es nur in P' und Z geteilt, so ist das, wie auseinandergesetzt, *Schein*

und kommt daher, daß ein Teil des Produkts, bei steigendem Wert desselben, statt in konstantes Kapital rückverwandelt zu werden, frei wird und in Rente verwandelt wird.} |688||

||684| Es ist bei dieser ganzen Darstellung unterstellt, daß das verteuerte (dem Marktwert nach) Produkt nicht naturaliter in die Komposition des konstanten Kapitals, sondern nur in den Arbeitslohn eingeht, nur in das variable Kapital. Wenn das erste der Fall wäre, so sagt Ric[ardo], daß dadurch die Profitrate noch mehr fallen und die Rente steigen würde. Dies ist zu untersuchen.

Wir haben bisher angenommen, daß der *Wert* des Produkts den Wert des konstanten Kapitals ersetzen muß, also die 50 *l.* im oben angegebnen Fall. Also wenn 1 t oder qr. 3 *l.* kostet, natürlich nicht soviel t oder qrs. erfordert sind zu diesem Wertersatz, als wenn die t oder qrs. nur $1^{9}/_{15}$ *l.* etc. kostet. Nehmen wir aber jetzt an, die Kohle oder das Korn oder welches sonst das Produkt der Erde, das vom agricultural capital erzeugte Produkt, gehe selbst *naturaliter* in die Bildung des konstanten Kapitals ein. Z.B. zur Hälfte. In diesem Fall ist es klar, daß, welches immer der Preis der Kohle oder des Korns sei ||685| ein konstantes Kapital von bestimmter Größe, d.h., das von einer bestimmten Masse Arbeiter in Bewegung gesetzt wird – da die Zusammensetzung des agricultural capital in den Massenverhältnissen von akkumulierter und lebendiger Arbeit der Voraussetzung nach *unverändert* geblieben ist –, zu seinem Ersatz stets einen *in natura* bestimmten aliquoten Teil des Gesamtprodukts braucht.

Wenn z.B. das konstante Kapital zu einer Hälfte aus andrer Ware, zu andrer Hälfte aus Kohlen oder Korn besteht, so besteht das konstante Kapital 50 aus 25 *l.* andrer Ware und 25 *l.* (oder $15^{5}/_{8}$ qrs. oder Tonnen) [Kohle oder Korn], solange der Wert der Tonne $= {}^{8}/_{5}$ *l.* oder $1^{3}/_{5}$ *l.* war. Und wie sich immer der Marktwert der t oder des qr. ändre, $16^{2}/_{3}$ Mann bedürfen eines konstanten Kapitals von 25 *l.* + $15^{5}/_{8}$ qrs. oder Tonnen, da die Natur des konstanten Kapitals dieselbe bleibt, ditto das Verhältnis der zu seiner Inwerksetzung erheischten Arbeiteranzahl.

Steigt nun wie in *Tabelle E* der Wert der t oder qr. zu 3 *l.*, so wären für die $16^{2}/_{3}$ Mann erheischt konstantes Kapital = 25 *l.* + 3 $(15 + {}^{5}/_{8})$ *l.* = 25 *l.* + 45 *l.* + ${}^{15}/_{8}$ *l.* = $71^{7}/_{8}$ *l.* Und da die $16^{2}/_{3}$ Mann kosten 50 *l.*, so wäre erheischt für sie Auslage in Gesamtkapital von $71^{7}/_{8}$ *l.* + 50 *l.* = $121^{7}/_{8}$ *l.*

Den *Wertverhältnissen* nach, bei gleicher organischer Zusammensetzung, hätte sich das agricultural capital geändert.

Es wäre $C^{71^{7}/_{8}}V^{50}$ (für $16^{2}/_{3}$ Arbeiter). Für 100 wäre die Komposition

$C^{58^{38}/_{39}} V^{41^{1}/_{39}}$. Etwas über $13^2/_3$ Arbeiter. (Nämlich ohne die Bruchzahl $^1/_{117}$). Da $16^2/_3$ Arbeiter in Bewegung setzen $15^5/_8$ qrs. oder Tonnen konstantes Kapital, so $13^{79}/_{117}$ Arbeiter $12^{32}/_{39}$ t oder qrs., $= 38^6/_{13}$ *l.* Und der Rest des konstanten Kapitals, $= 20^{20}/_{39}$ *l.*, bestünde aus andren Waren. Unter allen Umständen wären immer $12^{32}/_{39}$ t oder qrs. von dem Produkt abzuziehn, um den Teil des konstanten Kapitals, in den sie in natura eingehn, zu ersetzen. Da der Wert, den 20 Arbeiter produzieren, $= 60$ *l.*, so der, den $13^{79}/_{117}$ produzieren, $= 41^1/_{39}$. Der Arbeitslohn aber betrüge ditto in *Tabelle E* $41^1/_{39}$. So kein Mehrwert.

Die Gesamttonnenzahl wäre [$51^{11}/_{13}$[77], davon sind] $12^{32}/_{39}$ t, die wieder reproduziert werden; ferner $13^{79}/_{117}$ für die Arbeiter. Für den andren Rest des konstanten Kapitals zu 3 *l.* die Tonne $6^{98}/_{117}$. Also zusammen $33^1/_3$. Bliebe für die Rente $17^{37}/_{39}$.

Um die Sache abzukürzen, nehmen wir den Ric[ardo] günstigsten, extremsten Fall an, d.h., daß das konstante Kapital ganz wie das variable bloß aus dem agricultural produce besteht, dessen Wert steigt zu 3 *l.* per qr.oder Tonne, infolge davon, daß Klasse Ia den Markt beherrscht.

Die technologische Komposition des Kapitals bleibt dieselbe, d.h. das *Verhältnis* zwischen der durch das variable Kapital repräsentierten lebendigen Arbeit oder Arbeiterzahl (da der Normaltag als konstant vorausgesetzt, und der *Masse von Arbeitsmitteln*, die erheischt werden und die jetzt, nach unsrer Voraussetzung, aus Tonnen Kohle oder qrs. Korn bestehn für eine gegebne Arbeiteranzahl, bleibt konstant.

Da bei der ursprünglichen Zusammensetzung des Kapitals $C^{60}V^{40}$ bei dem Preis der Tonne von 2 *l.* V^{40} 20 Arbeiter repräsentierte oder 20 qrs. oder Tonnen, repräsentierte C^{60} 30 Tonnen; und da diese 20 Arbeiter auf III 75 Tonnen produzierten, produzieren $13^1/_3$ Arbeiter (und $V^{40} = 13^1/_3$ t oder Arbeiter, wenn die Tonne $= 3$ *l.*) *50 Tonnen* und setzen ein capital constant in ||686| Bewegung von $^{60}/_3$, $= 20$ Tonnen oder qrs.

Ferner, da 20 Arbeiter einen Wert von 60 *l.* produzieren, produzieren $13^1/_3$ 40 *l.*

Da der Kapitalist für die 20 t 60 *l.* zahlen muß und für die $13^1/_3$ Arbeiter 40, letztre aber bloß 40 *l.* Wert produzieren, ist der Wert des Produkts $= 100$ *l.*; Auslage $= 100$ *l.* Mehrwert und Profit $= 0$.

Da aber die Produktivität von III dieselbe geblieben, produzieren wie gesagt $13^1/_3$ Mann 50 Tonnen oder qrs. Die Naturalauslage in Tonnen oder qrs. beträgt aber nur 20 für das konstante Kapital und $13^1/_3$ für den Arbeitslohn, also $33^1/_3$ Tonnen. Die 50 Tonnen lassen also ein surplus produce von $16^2/_3$, und dies bildet die Rente.

Aber was stellen die $16^2/_3$ dar?

Da der *Wert* des Produkts = 100 und das Produkt selbst = 50 Tonnen, so wäre der Wert der hier erzeugten Tonne in fact[1] = 2 *l.* = $^{100}/_{50}$. Und solange das Produkt in natura größer ist, als was zur Naturalersetzung des Kapitals nötig, muß der individuelle Wert der Tonne selbst auf diesem Maßstab kleiner bleiben als ihr Marktwert.

Der farmer muß 60 *l.* zahlen, um die 20 t zu ersetzen, und berechnet sich die 20 t zu 3 *l.*, da dies der Marktwert der Tonne und die Tonne zu diesem Preis verkauft. Ebenso muß er 40 *l.* zahlen für die $13^1/_3$ Arbeiter oder Tonnen oder qrs., die er den Arbeitern zahlt. Diese erhalten damit aber nur $13^1/_3$ t.

In der Tat aber, die Klasse III betrachtet, kosten die 20 Tonnen nur 40 *l.* und die $13^1/_3$ nur $26^2/_3$. Die $13^1/_3$ Arbeiter produzieren aber Wert von 40 *l.*, also Mehrwert von $13^1/_3$ *l.* Dies macht, die Tonne zu 2 *l.*, = $6^4/_6$ oder $6^2/_3$ t.

Und da die 20 Tonnen nur 40 *l.* kosten auf III, so bleibt Überschuß von 20 *l.* = 10 t.

Die $16^2/_3$ Tonnen Rente also = $6^2/_3$ t für Mehrwert, der in Rente verwandelt, und 10 t Kapital, das in Rente verwandelt ist. Dadurch aber, daß der Marktwert der Tonne zu 3 *l.* gestiegen, kosten dem Pächter die 20 t 60 *l.* und die $13^1/_3$ 40 *l.*, während die $16^2/_3$ Tonnen als Überschuß des Marktwerts über den Wert seines Produkts, als Rente erscheinen = 50 *l.*

In der Klasse II liefern $13^1/_3$ Mann wieviel Tonnen? 20 Mann liefern hier 65, also $13^1/_3$ $43^1/_3$ Tonnen. Der Wert des Produkts wie oben = 100. Von den $43^1/_3$ Tonnen sind aber zum Ersatz des Kapitals nötig $33^1/_3$. Bleibt als Surplusprodukt oder Rente $43^1/_3 - 33^1/_3 = 10$ t.

Diese Rente von 10 t erklärt sich aber wie folgt: Der Wert des Produkts auf II = 100, das Produkt $43^1/_3$ [Tonnen], also der Wert der Tonne $= \frac{100}{43^1/_3} = 2^4/_{13}$ *l.* Also kosten die $13^1/_3$ Arbeiter $30^{10}/_{13}$, und es bleiben für Mehrwert $9^3/_{13}$. Ferner kosten die 20 t konstantes Kapital $46^2/_{13}$, und es bleibt von den 60, die dafür gezahlt werden, $13^{11}/_{13}$. Mit dem Mehrwert zusammen $23^1/_{13}$ *l.*, was bis auf den letzten Farthing stimmt.

Erst in der Klasse Ia, wo in der Tat in natura $33^1/_3$ t oder qrs., also das Gesamtprodukt, nötig, um konstantes Kapital und Arbeitslohn zu ersetzen, ist in fact weder Mehrwert, noch surplus produce, noch Profit, noch Rente enthalten. Solange das nicht der Fall ist, solange das Produkt größer als [nötig], um in natura das Kapital zu ersetzen, findet Verwandlung von Profit

[1] tatsächlich

(surplus value) und Kapital in Rente statt. Letztres, soweit ein Teil des Produkts, der entweder das Kapital ersetzen müßte bei niedrigem Wert, frei wird oder ein Teil des Produkts, der in Kapital und Mehrwert verwandelt worden wäre, der Rente zufällt.

Zugleich aber sieht man, daß Verteuerung des capital constant, wenn Folge der Verteuerung des agricultural produce, die Rente außerordentlich herabsetzt, z.B. die Rente von III und II [in Tabelle *E*] von 50 Tonnen = 150 *l.*, bei dem Marktwert von 3 *l.*, auf $26^2/_3$ t, also fast die Hälfte. Dies Fallen notwendig, ||687| da hier die mit demselben Kapital 100 angewandte Arbeiterzahl doppelt verringert wird, einmal, weil der Arbeitslohn steigt, also der Wert des variablen Kapitals, zweitens, weil die Produktionsmittel, das konstante Kapital im Wert steigt. An und für sich erheischt das Steigen des Arbeitslohns, daß von 100 weniger in Arbeit, also verhältnismäßig (bei gleichbleibendem Wert der Waren, die in das konstante Kapital eingehn) weniger in konstantem Kapital ausgelegt werden kann, 100 *l.* also together[1] weniger akkumulierte und weniger lebendige Arbeit repräsentieren. Die Wertsteigerung der Waren, die in das konstante Kapital eingehn, verursacht aber außerdem, da das technologische Verhältnis zwischen akkumulierter und lebendiger Arbeit dasselbe bleibt, daß für dasselbe Geld weniger akkumulierte, also aus diesem Grund weniger lebendige Arbeit angewandt werden kann. Da aber, bei gleicher Produktivität des Bodens und gegebner technologischer Zusammensetzung des Kapitals, das Gesamtprodukt von dem Quantum der angewandten Arbeit abhängt, diese abnimmt, muß auch die Rente abnehmen.

Dies zeigt sich erst, sobald der *Profit* fortgefallen. Solange dieser noch existiert, kann die Rente zunehmen, trotz der absoluten Abnahme des Produkts auf *allen* Klassen, wie dies die Tabelle *S. 681*[2] zeigt. Es ist überhaupt klar, daß, sobald allein Rente existiert, die Abnahme des Produkts, hence[3] des surplus produce, auf die Rente selbst fallen muß. Rascher würde dies von vornherein eintreten, wenn sich der Wert des capital constant mit dem des variablen Kapitals verteuerte.

Aber abgesehn hiervon zeigt die *Tabelle S. 681*, daß das Wachsen der Differentialrente bei abnehmender Fruchtbarkeit der Agrikultur *auch auf den beßren Bodenklassen* fortwährend begleitet ist von abnehmender Masse des Gesamtprodukts im Verhältnis zum vorgeschoßnen Kapital von bestimmter Größe, von 100 z.B. Davon hat R[icardo] keine Ahnung. Die Profitrate nimmt ab, weil dasselbe Kapital, z.B. 100, beständig *weniger*

[1] zusammen – [2] siehe die Einlage zwischen den Seiten 452 und 453 – [3] daher

Arbeit in Bewegung setzt und diese Arbeit teurer zahlt, also immer weniger Surplus akkumuliert. Das wirkliche Produkt aber, bei gegebner Produktivität, hängt, wie der Mehrwert, von der Anzahl der von dem Kapital beschäftigten Arbeiter ab. Dies übersieht Ric[ardo]. Ditto die Art und Weise, wie die Rente gebildet wird, nicht nur durch Verwandlung von surplus value in Rente, sondern von Kapital in surplus value. Natürlich ist diese Verwandlung von Kapital in surplus value nur scheinbar. Wäre der Mehrwert bestimmt durch den Wert des Produkts auf III etc., so stellte jeder Partikel surplus produce, surplus value oder Surplusarbeit dar. Ric[ardo] hat ferner immer nur im Auge, daß, um dieselbe Masse Produkt zu erzeugen, mehr Arbeit angewandt werden muß, aber nicht, was für die Bestimmung sowohl der Profitrate als der Masse des erzeugten Produkts das Entscheidende, daß mit demselben Kapital ein beständig fallendes Quantum lebendiger Arbeit angewandt wird, wovon ein stets größrer Teil necessary labour[1] und ein stets kleinrer surplus labour.

All this considered[2], muß gesagt werden, daß, selbst die Rente als bloße Differentialrente gefaßt, Ric[ardo] nicht den geringsten Fortschritt gegen seine Vorgänger gemacht hat. Sein bedeutendes Verdienst in dieser Sache das von Quincey angegebne, also die *wissenschaftliche* Formulierung der Frage. In der Lösung akzeptiert R[icardo] das Überlieferte.

Nämlich:

„Ric[ardo] hat das Neue in der Doktrin der Grundrente, daß er sie in die Frage auflöst, ob sie das law of value actually[3] beiseite setzt." (p. 158 *Th. de Q[uincey]*, „The Logic of Polit. Ec.", [Edinburgh and] Lond. 1844.)

Quincey sagt ferner in derselben Schrift p. *163:*

„Rente ist jener Teil des Produkts des Bodens (oder *eines anderen Faktors der Produktion*), der dem Landlord für die *Benutzung seiner verschiedenen Kräfte* gezahlt wird, die gemessen werden durch den Vergleich mit den ähnlichen Faktoren, die auf demselben Markt operieren."

Ferner: p. *176:*

Die Einwürfe gegen Ric[ardo], Eigentümer von Nr. I werden es nicht umsonst weggeben. Aber in der *Periode* {dieser *mythologischen* Periode}, wo nur Nr. I in Kultur gesetzt, „kann *keine besondere* von der *Klasse der Grundeigentümer* unterschiedene *Klasse von Besitzern und Pächtern* ||688| gebildet worden sein".

Also nach Quincey dies Gesetz des „Grundeigentums", solange *kein* Grundeigentum im modernen Sinn existiert.

Jetzt zu den Belegstellen aus Ric[ardo].

[1] notwendige Arbeit – [2] Alles dies in Betracht gezogen – [3] Wertgesetz tatsächlich

[*d) Historische Illustration des Steigens der Profitrate bei gleichzeitigem Steigen der Preise für landwirtschaftliche Produkte. Möglichkeit des Wachsens der Produktivität der Arbeit in der Landwirtschaft*]

(Vorher über die *Differentialrente* noch diese Bemerkung: In der Wirklichkeit wechseln die ascending und descending line[1] miteinander ab, durchkreuzen und verschlingen sich.

Es ist aber keineswegs gesagt, daß, wenn in einzelnen kurzen Perioden (wie von 1797–1813) die descending line stark vorherrscht, *deswegen* die Profitrate fallen muß (soweit letztre nämlich bestimmt ist durch die Rate des Mehrwerts). Ich glaube vielmehr, daß in jener Periode die Profitrate in England ausnahmsweise gestiegen ist, trotz der stark gestiegnen Weizenpreise und generally[2] des agricultural produce. Es ist mir kein englischer Statistiker bekannt, der die Ansicht von dem Steigen der Profitrate während jener Periode nicht teilte. Einzelne Ökonomen, wie Chalmers, Blake usw., haben eigne Theorien auf jene Tatsache gestützt. Vorher muß ich noch bemerken, daß es ein törichter Versuch ist, das Steigen der Weizenpreise während jener Periode aus der Entwertung des Geldes erklären zu wollen. Niemand, der die Geschichte der Warenpreise während jener Zeit studiert hat, kann diese Ansicht teilen. Außerdem beginnt das Steigen der Preise lange vorher und erreicht hohes Maß, bevor irgendeine Depreziation des Geldes eintritt. Sobald letztre eintritt, ist sie einfach in Abzug zu bringen. Fragt man nun, warum die Profitrate stieg, trotz des Steigens der Kornpreise, so ist dies aus folgenden Umständen zu erklären: Verlängerung des Arbeitstags, die unmittelbare Folge der neu eingeführten Maschinerie; Verwohlfeilerung der in die Konsumtion der Arbeiter eingehenden Fabrik- und Kolonialwaren; Herabsetzung des Arbeitslohns (obgleich der nominelle Arbeitslohn stieg) *unter* seine traditionelle Durchschnittshöhe {dies fact ist für jene Periode anerkannt; *J.P.Stirling* in *„The Philosophy of Trade* etc.", *Edinburgh 1846*, der im ganzen Ricardos Grundrenttheorie annimmt, sucht jedoch nachzuweisen, daß die *unmittelbare* Folge einer permanenten (d.h. nicht von den Jahreszeiten zufällig bestimmten) Kornverteuerung stets Herabsetzung des average[3] Arbeitslohns ist[9]} endlich, da infolge der Anleihn und Staatsverwendungen die Nachfrage nach Kapitalien noch rascher wuchs als ihre Zufuhr, Steigerung des *nominellen* Preises der Waren, wodurch den Grundrenten und other fixed income men[4] von den Fabrikanten

[1] aufsteigende und absteigende Linie – [2] allgemein – [3] durchschnittlichen – [4] anderen Leuten mit festem Einkommen

ein Teil des in der Form der Rente etc. gezahlten Teils des Produkts wieder abgenommen wird. Eine solche Operation kommt hier, wo wir die Grundverhältnisse betrachten, also nur 3 Klassen vor uns haben, landlords, capitalists und workmen, nicht in Betracht. Dagegen spielt sie bedeutende Rolle – unter entsprechenden Umständen – in der Praxis, wie *Blake* nachgewiesen.[78]) |688||

||689| {Mr. *Hallett* von Brighton hat bei der Exhibition (1862)[79] ausgestellt „pedigree nursery wheat"[1]. „Mr. Hallett hebt hervor, daß Getreideähren ebenso wie Rassepferde sorgfältig gezüchtet werden müssen, anstatt daß man sie, wie es gewöhnlich getan wird, ohne Rücksicht auf die Theorie der natürlichen Auswahl, wie Kraut und Rüben anbaut. Als Illustration dafür, was gute Aufzucht selbst beim Weizen vermag, werden einige bemerkenswerte Beispiele gebracht. 1857 pflanzte Mr. Hallett eine Ähre der ersten Qualität von rotem Weizen an, die genau $4^3/_8$ Zoll lang war und 47 Körner enthielt. Von dem Produkt dieser kleinen Auswahl wählte er 1858 wieder die schönste Ähre, $6^1/_2$ Zoll und mit 79 Körnern, aus. Und dieses wurde 1859 mit der besten Nachkommenschaft wiederholt, diesmal war sie $7^3/_4$ Zoll lang und enthielt 91 Körner. Das nächste Jahr, 1860, war eine schlechte Zeit für landwirtschaftliche Aufzucht, und der Weizen weigerte sich, größer und besser zu werden; aber das Jahr danach, 1861, wurde die beste Ähre $8^3/_4$ Zoll lang mit nicht weniger als 123 Körnern an einem einzigen Halm. So war der Weizen in fünf Jahren fast zu seiner doppelten Größe und zu einer dreifachen Ergiebigkeit an Körnern gewachsen. Diese Resultate wurden erreicht durch ein System, das Herr Hallett als das ‚*natürliche* System' des Weizenanbaus bezeichnet; das heißt durch die Pflanzung einzelner Körner in einem solchen Abstand – etwa 9 Zoll voneinander in jeder Richtung –, daß jedes genügend Platz zur vollen Entfaltung erhält... Er behauptet, daß der Kornertrag Englands durch den Anbau von ‚Stammbaumweizen' nach dem ‚natürlichen System' verdoppelt werden könnte. Er stellt fest, daß er von einzelnen Körnern, die er zur gehörigen Zeit jedes auf einen Quadratfuß Boden gepflanzt hatte, im Durchschnitt Pflanzen mit 23 Ähren und etwa 36 Körnern in jeder Ähre erzielt habe. Das Produkt eines Acres betrug danach, genau gerechnet, 1001880 Weizenähren, während nach der gewöhnlichen Weise mit einem Aufwand von zwanzigmal mehr Samen die Ernte nur 934120 Ähren lieferte, also 67760 Ähren weniger..."}

[*e) Ricardo über das Fallen der Profitrate und seine Rententheorie*]

„Mit der Entwicklung der Gesellschaft hat der *natürliche Preis der Arbeit* immer eine *steigende Tendenz, da eine der hauptsächlichsten Waren, durch die der natürliche Preis der*

[1] „Stammbaum-Saatweizen"

Arbeit bestimmt wird, wegen der größeren Schwierigkeit ihrer Produktion die Tendenz hat, teurer zu werden. Da jedoch die Verbesserungen der Landwirtschaft und das Auffinden neuer Märkte, von denen Nahrungsmittel eingeführt werden können, imstande sind, der Tendenz zur Steigerung der Preise der lebenswichtigen Güter zeitweilig entgegenzuwirken und sogar ein Sinken ihrer natürlichen Preise hervorzurufen, werden dieselben Ursachen die entsprechenden Wirkungen auf den natürlichen Preis der Arbeit ausüben.

Der natürliche Preis aller Waren, ausgenommen Rohprodukte und Arbeit hat mit der fortschreitenden Entwicklung des Reichtums und der Bevölkerung eine fallende Tendenz; denn obwohl sie einerseits durch das Steigen des natürlichen Preises des Rohmaterials, aus dem sie hergestellt werden, an wirklichem Wert zunehmen, so wird dies doch mehr als ausgeglichen durch die Verbesserungen der Maschinerie, durch die verbesserte Teilung und Verteilung der Arbeit und durch *die bessere technische und wissenschaftliche Ausbildung der Produzenten.*" ([Ricardo, „On the principles of political economy, and taxation"] p.86, 87.)

„Mit der Vermehrung der Bevölkerung werden diese lebensnotwendigen Güter dauernd im Preise steigen, da zu ihrer Produktion mehr Arbeit erforderlich wird. ... Der Geldlohn der Arbeit wird, anstatt zu fallen, steigen, jedoch nicht genügend, um dem Arbeiter den Einkauf ebenso vieler Annehmlichkeiten und notwendiger Güter zu ermöglichen, wie er vor dem Preisanstieg jener Waren kaufen konnte. ... Obwohl der Arbeiter also tatsächlich schlechter bezahlt wird, *wird diese Erhöhung seines Lohnes* doch *notwendigerweise den Profit des Fabrikanten verringern,* da dessen Waren zu keinem höheren Preis verkauft werden, die Kosten ihrer Produktion aber gestiegen sind. ...

Die gleiche Ursache, welche die Rente erhöht – die zunehmende Schwierigkeit, eine zusätzliche Menge Nahrungsmittel mit der relativ gleichen Menge Arbeit herzustellen – scheint demnach *auch den Lohn steigen zu lassen;* wenn daher der Wert des Geldes unverändert bleibt, werden sowohl die Rente als auch der Lohn mit dem Fortschritt des Reichtums und der Bevölkerung eine steigende Tendenz haben (l.c. p.96, 97.)

Zwischen dem Steigen der Rente und dem des Lohnes besteht jedoch folgender wesentlicher Unterschied. Die Erhöhung des Geldwertes der Rente wird von einem ||690| größeren Anteil am Produkt begleitet; nicht nur die Geldrente des Grundeigentümers ist größer. ... Das Los des Arbeiters wird weniger glücklich sein. Es stimmt zwar, daß er einen höheren Geldlohn erhält, aber sein Lohn in Getreide ist geringer und nicht nur sein Besitz an Getreide, sondern auch seine allgemeine Lage wird dadurch verschlechtert, da es für ihn schwieriger wird, die Marktrate des Lohnes über seiner natürlichen Rate zu halten." (l.c. p.97, 98.)

„Vorausgesetzt, daß Getreide und Manufakturwaren stets zu unveränderten Preisen verkauft werden, so sind die Profite hoch oder niedrig, je nachdem die Löhne niedrig oder hoch sind. Angenommen aber, Getreide steigt im Preis, weil mehr Arbeit zu seiner Produktion erforderlich ist, so wird diese Ursache nicht den Preis jener Manufakturwaren erhöhen, zu deren Produktion keine zusätzliche Menge Arbeit benötigt wird. ... Wenn jedoch, wie es vollkommen sicher ist, die Löhne mit dem Getreidepreise steigen, so werden ihre Profite notwendigerweise sinken." (l.c. p. 108.)

Aber es könnte gefragt werden, „ob nicht *wenigstens* der *Farmer* dieselbe Profitrate erhält, obwohl er einen zusätzlichen Betrag an Löhnen auszahlt? Sicherlich nicht; denn er wird nicht nur ebenso wie der Fabrikant jedem von ihm beschäftigten Arbeiter eine Lohnerhöhung zu zahlen haben, sondern er wird auch *gezwungen* sein, *entweder eine Rente zu zahlen oder zusätzliche Arbeiter zu beschäftigen, um das gleiche Produkt zu erzielen.* Die Erhöhung des Preises der Rohprodukte wird aber nur dieser Rente, bzw. dieser zusätzlichen Zahl von Arbeitern entsprechen, ihn aber nicht für die Lohnerhöhung schadlos halten." (l.c. p. 108.)

„Wir haben gezeigt, daß in *früheren Gesellschaftsstufen* der Anteil des Grundeigentümers wie auch der des Arbeiters am *Werte* des Produktes der Erde nur sehr gering ist und daß er entsprechend der Vermehrung des Reichtums und der Schwierigkeit der Nahrungsmittelbeschaffung steigt." (l.c. p. 109.)

Dies ist sonderbare bürgerliche Phantasie von den „early stages of society"[1]. In diesen early stages ist der labourer entweder Sklave oder self sustaining peasant[2] etc. Im ersten Falle gehört er mit dem Land dem landlord, im zweiten ist er sein eigner landlord. In beiden Fällen steht *kein Kapitalist* zwischen landlord und labourer. Was nur das letzte Resultat der kapitalistischen Produktion – die Unterwerfung der Agrikultur unter dieselbe, und *daher* die Verwandlung der slaves oder peasants in wages-labourers und das Zwischentreten des Kapitalisten zwischen landlord und labourer –, erscheint Ricardo als ein den „early stages of society" angehöriges Phänomen.

„Die natürliche Tendenz des Profits ist also zu fallen, denn mit der fortschreitenden Entwicklung der Gesellschaft und des Reichtums kann die zusätzlich benötigte Menge Lebensmittel nur durch das Opfer von immer mehr Arbeit gewonnen werden. Diese Tendenz oder sozusagen Gravitation des Profits wird zum Glück häufig durch Verbesserungen der mit der Produktion von lebenswichtigen Gütern verbundenen Maschinen sowie durch Entdeckungen der Agrarwissenschaft gehemmt, die uns ermöglichen, einen Teil der früher erforderlichen Menge Arbeit freizusetzen und daher den Preis der wichtigsten lebensnotwendigen Güter zu senken." (l.c. p. 120, 121.)

Ric[ardo] sagt im folgenden Satz mit dürren Worten, daß er unter *rate of profit* die *rate of surplus value* versteht:

„Obwohl ein größerer *Wert* produziert wird, so wird ein *höherer Anteil von dem, was* nach Zahlung der Rente *von diesem Werte übrigbleibt*, von den Produzenten konsumiert, und *das* – und *nur das* – *bestimmt den Profit.*" (l.c. p. 127.)

D.h., abgesehn von der Rente ist die Profitrate gleich dem Überschuß des Wertes der Ware über den Wert der während ihrer Produktion bezahlten Arbeit oder des Teils ihres Werts, den die *producers* aufessen. Ric[ardo]

[1] „früheren Gesellschaftsstufen" – [2] sich selbst erhaltender Bauer

nennt die Arbeiter allein producers. Er nimmt an, daß der *produced value* von ihnen produziert ist. Er erklärt hier also den Mehrwert als den Teil des von ihnen selbst produzierten Wertes, den sie für den Kapitalisten produzieren.*

Identifiziert er aber rate of surplus value mit rate of profit – und nimmt er, wie er tut, zugleich an, daß der Arbeitstag von gegebner Größe –, so kann die tendency zum Fall in der rate of profit nur aus den Ursachen erklärt werden, die die rate of surplus value fallen machen. Letztres aber – bei gegebner Größe des Arbeitstags – nur möglich, wenn die rate of wages permanently[1] steigt. Dies nur möglich, wenn die value der necessaries permanently[2] steigt. Dies aber nur, wenn sich die Agrikultur fortwährend deterioriert, d.h., wenn R[icardo]s Theorie der Grundrente angenommen wird. Da Ric[ardo] rate of surplus value und rate of profit ||691| identifiziert, da die rate of surplus value aber nur in bezug auf das variable, in Arbeitslohn ausgelegte Kapital zu berechnen ist, nimmt Ric[ardo], wie A. Smith, an, daß sich der *Wert des ganzen Produkts* – nach Abzug der Rente – zwischen workmen und capitalists in wages und profit teilt. D.h., er macht die falsche Unterstellung, daß das ganze vorgeschoßne Kapital nur aus variablem Kapital besteht. So fährt er z.B. nach der oben zitierten Stelle fort:

„Sobald aber schlechte Böden in Bebauung genommen werden oder mehr Kapital und Arbeit mit einem geringeren Ertrage auf dem alten Boden aufgewendet wird, muß die Wirkung eine dauernde sein. Ein größerer Anteil von dem verbleibenden Produkt, der nach Zahlung der Rente zwischem dem Eigentümer des Kapitals und dem Arbeiter aufzuteilen ist, wird dem letzteren zufallen." (l.c. p. 127, 128.)

Die Stelle fährt fort:

„Jeder Arbeiter kann, und wird wahrscheinlich auch, eine absolut geringere Menge haben; da aber mehr Arbeiter im Verhältnis zu dem gesamten Produkt, das dem Farmer verbleibt, beschäftigt werden, wird der Wert eines größeren Teiles des Gesamtprodukts

* ||691| Über die *Entstehung des surplus value:*

„In der Form von Geld ... erzeugt dieses Kapital keinen Profit; in der Form von Material, Maschinen und Nahrungsmitteln, für die es eingetauscht werden kann, *bringt es eine Revenue hervor.*" (l.c. p. 267.) „Das Kapital des Geldkapitalisten kann ||692| niemals produktiv gemacht werden, *es ist in Wirklichkeit kein Kapital.* Falls er seine Papiere verkauft und das dafür erhaltene Geld produktiv anlegt, so kann er das nur tun, indem er das Kapital des Käufers seiner Papiere aus einer produktiven Verwendung abzieht." (l.c. p. 289, Note.) |692||

[1] Lohnrate ständig – [2] der Wert der lebenswichtigen Güter ständig

durch den Lohn in Anspruch genommen und daher der Wert eines kleineren Teiles auf den Profit entfallen." (l.c. p. 128.)

Und kurz vorher:

„Die vom Produkt des Bodens nach Bezahlung des Arbeiters und des Grundeigentümers übrigbleibende Menge gehört notwendigerweise dem Farmer und *stellt den Profit seines Kapitals dar.*" (l.c. p. 110.)

Am Schluß des Abschnitts (ch. VI) *„On Profits"* sagt R[icardo], daß seine Entwicklung über den fall of profits wahr bleibt, selbst wenn – was falsch – vorausgesetzt würde, daß die *Preise der Waren* steigen mit einem Steigen[1] in den money wages des labourers[2].

„Wir haben uns in dem Kapitel über den Lohn zu zeigen bemüht, daß *der Geldpreis der Waren nicht durch ein Steigen des Lohnes nach oben getrieben wird*... Wäre dem aber anders, würden die Warenpreise dauernd durch hohe Löhne nach oben getrieben, so wäre die Behauptung nicht weniger richtig, daß hohe Löhne unausweichlich den Unternehmer durch den Entzug eines Teiles seines wirklichen Profits treffen. Angenommen, der Hutmacher, der Strumpfwirker und der Schuhmacher zahlen jeder für die Herstellung einer bestimmten Quantität ihrer Waren 10 *l.* mehr Lohn und der Preis der Hüte, Strümpfe und Schuhe steigt um einen für die Rückzahlung der 10 *l.* an den Fabrikanten ausreichenden Betrag, *dann ist ihre Lage nicht besser, als wenn keine solche Erhöhung eingetreten wäre.* Falls der Strumpfwirker seine Strümpfe statt für 100 *l.* für 110 *l.* verkauft, beläuft sich sein Profit auf genau den gleichen Geldbetrag wie früher. Da er jedoch im Austausch für die gleiche Summe ein Zehntel weniger Hüte, Schuhe sowie alle anderen Waren bekommt und *mit seiner früheren Summe an Rücklagen*" (d.h. mit demselben Kapital) *„zu den erhöhten Löhnen weniger Arbeiter beschäftigen* und weniger Rohmaterial zu erhöhten Preisen kaufen kann, wird er sich in keiner günstigeren Situation befinden, als wenn der Betrag seines Profits in Geld tatsächlich zurückgegangen und alles auf seinem früheren Preise geblieben wäre." (l.c. p. 129.)

Ric[ardo], der sonst bei der Ausführung immer nur hervorhob, daß bei schlechterem Boden *mehr Arbeiter* bezahlt werden müssen, um *dasselbe Quantum Produkt* zu produzieren, hebt endlich hier das für die Profitrate Entscheidende hervor, daß mit demselben amount of capital *fewer labourers are employed at increased wages*[3]. Sonst seine Sache nicht ganz richtig. Steigt der Preis von hats[4] etc. um 10 p.c., so dasselbe für den Kapitalisten; aber der landlord hätte mehr wieder abzugeben von seiner Rente. Seine Rente stieg z.B. von 10 zu 20 *l.* Aber mit den 20 *l.* erhält er weniger hats etc. proportionell als mit den 10.

Ricardo sagt ganz richtig:

---

[1] In der Handschrift: Preis – [2] Geldlöhnen der Arbeiter – [3] Kapitalbetrag *zu erhöhten Löhnen weniger Arbeiter beschäftigt werden* – [4] Hüten

„Mit fortschreitender Entwicklung der Gesellschaft geht das Nettoprodukt des Bodens im Verhältnis zu seinem Bruttoprodukt immer zurück." (l.c. p. 198.)

Dies meint er so, daß die Rente nicht steigt in an improving state of society[1]. Der wirkliche Grund ist, weil in an improving state of society das variable Kapital proportionell zum konstanten Kapital fällt. |691||

||692| Daß mit dem Progreß der Produktion das konstante Kapital wächst im Verhältnis zum variablen, gibt Ric[ardo] selbst zu, aber nur in der Form, daß das fixed capital wächst im Verhältnis zum circulating.

„Eine größere Not wird durch einen Umschwung im Handel in reichen und mächtigen Ländern fühlbar werden, in denen viel Kapital in Maschinen investiert ist, als in armen Ländern, *wo eine verhältnismäßig viel kleinere Summe von fixem Kapital und eine viel größere Summe zirkulierendes Kapital vorhanden ist* und wo daher *mehr Arbeit durch Menschenhände geleistet wird*. Es ist weniger schwierig, zirkulierendes als fixes Kapital aus einer Anlage, an der es beteiligt war, herauszuziehen. Oft ist es unmöglich, die Maschinerie, die vielleicht für eine bestimmte Fabrikation aufgestellt wurde, für eine andere zu verwenden. Die Kleidung, die Nahrungsmittel und die Wohnung des Arbeiters in einer Beschäftigung können jedoch zum Unterhalt des Arbeiters in einer anderen verwendet werden"

(hier also unter zirkulierendem Kapital nur variables, in Arbeitslohn ausgelegtes Kapital),

„oder aber derselbe Arbeiter kann die gleiche Nahrung, Kleidung und Wohnung erhalten, während seine Beschäftigung wechselt. Das ist aber ein Übel, das eine reiche Nation in Kauf nehmen muß, und sich darüber zu beklagen, wäre nicht vernünftiger als das Jammern eines reichen Kaufmanns, daß sein Schiff den Gefahren des Meeres ausgesetzt ist, während die Hütte seines armen Nachbarn vor allen derartigen Gefahren bewahrt bleibt." (l.c. p.311.)

Eine Ursache des Steigens der Rente, ganz unabhängig von dem rise in the price of agricultural produce[2], führt Ric[ardo] selbst an:

„Wieviel Kapital sich auch immer mit dem Boden untrennbar verbindet, es muß bei Erlöschen der Pacht notwendigerweise dem *Grundeigentümer* und nicht dem Pächter gehören. Welche Entschädigung der Grundeigentümer auch bei der Wiederverpachtung des Landes für dieses Kapital erhalten mag, *sie wird als Rente erscheinen*. Jedoch wird keine Rente bezahlt werden, wenn mit einem bestimmten Kapital mehr Getreide aus dem Ausland bezogen werden kann als von diesem Boden bei uns zu ernten möglich ist." (l.c. p.315, Note.)

Über denselben Gegenstand sagt Ric[ardo]:

„In einem früheren Teil dieses Werkes habe ich auf den Unterschied hingewiesen, der zwischen der eigentlichen Rente und der Vergütung besteht, die dem Grundeigen-

[1] mit fortschreitender Entwicklung der Gesellschaft – [2] Steigen im Preis der landwirtschaftlichen Produkte

tümer unter dieser Bezeichnung für die Vorteile bezahlt wird, welche die Verausgabung seines Kapitals dem Pächter verschafft hat. Ich habe aber vielleicht nicht genügend den Unterschied betont, der sich aus der verschiedenen Art und Weise, in der dieses Kapital verwendet werden kann, ergibt. Da ein Teil dieses Kapitals, sobald es einmal für die Verbesserung einer Farm verauslagt wurde, unlöslich mit dem Boden verbunden ist und die Tendenz hat, dessen produktive Fähigkeit zu erhöhen, entspricht die *dem Grundeigentümer für seine Benutzung gezahlte Vergütung genau dem Charakter der Rente* und ist allen Gesetzen der Rente unterworfen. Gleichgültig, ob die Verbesserung auf Kosten des Eigentümers oder des Pächters vorgenommen wurde, sie wird zunächst nicht erfolgen, wenn nicht eine große Wahrscheinlichkeit dafür vorhanden ist, daß der Gewinn daraus mindestens gleich dem *Profit* sein wird, der durch die Anlage eines anderen, gleich großen Kapitals erzielt werden kann. Sobald sie aber einmal vorgenommen ist, wird der erzielte Gewinn *danach stets völlig den Charakter der Rente* besitzen und allen Veränderungen der Rente ausgesetzt sein. Einige dieser Ausgaben gereichen dem Boden nur für begrenzte Zeit zum Vorteil und vermehren seine produktiven Fähigkeiten nicht auf die Dauer. Sofern sie für Gebäude und sonstige vergängliche Verbesserungen verwendet wurden, so erfordern sie ständige Erneuerung und bringen dem Eigentümer daher keine dauernde Erhöhung seiner tatsächlichen Rente ein." (l.c. p.306, Note.)

Ric[ardo] sagt:

„In allen Ländern und zu allen Zeiten *hängt der Profit* von dem Quantum Arbeit ab, das zur Beschaffung der für die Arbeiter notwendigen Güter auf dem Boden oder mit dem Kapital erforderlich ist, das keine Rente abwirft." (l.c. p. 128.)

Danach regulierte der Profit des Pächters auf dem Land – dem schlechtesten Land, das nach Ricardo keine Rente zahlt – the general rate of profit. Das Räsonnement ist dies: Das Produkt des schlechtesten Bodens wird zu seinem *Wert* verkauft und zahlt keine Rente. Wir sehn also hier genau, wieviel Surpluswert, nach Abzug des Wertteils des Produkts, der bloß Äquivalent für den Arbeiter, dem Kapitalisten übrigbleibt. Und dieser Surpluswert ist der Profit. Es beruht dies auf der Voraussetzung, daß *Kostenpreis* und *Wert* identisch sind, daß dies Produkt, weil zum Kostenpreis, zum Wert verkauft wird.

Historisch und theoretisch die Sache falsch. Ich habe gezeigt[1], daß, wo kapitalistische Produktion und Grundeigentum existiert, das Land oder die Mine schlechtester Klasse keine Rente zahlen kann, weil es *unter seinem Wert* verkauft wird, wenn es zum Marktwert (der nicht von ihm reguliert ist) des Korns verkauft wird. Weil der Marktwert eben nur seinen *Kostenpreis* deckt. Aber wodurch ist dieser Kostenpreis reguliert? Durch die Profitrate des *not agricultural capital*, in deren Bestimmung natürlich auch der

[1] Siehe vorl. Band, S. 291

Kornpreis eingeht, so weit letztrer auch entfernt ist, sie allein zu bestimmen. R[icardos] Behauptung nur richtig, wenn values und cost-prices identisch ||693| wären. Auch historisch – wo die kapitalistische Produktion später in der Agrikultur als in der Manufaktur erscheint – wird der agricultural profit durch den industrial bestimmt, und nicht umgekehrt. Richtig nur, daß auf diesem Land, das Profit, aber keine Rente zahlt, das sein Produkt zum Kostenpreis verkauft, die average rate of profits[1] *erscheint*, sich handgreiflich darstellt, keineswegs aber, daß die average profits hierdurch *reguliert* werden, was etwas sehr Verschiedenes wäre.

Die *Profitrate* kann fallen, ohne daß *Zinsrate* und *Rentrate* steigt.

„Aus den über den Kapitalprofit gegebenen Erläuterungen geht hervor, daß *keine Kapitalakkumulation den Profit* auf die Dauer senken wird, sofern nicht eine dauernde Ursache für eine Erhöhung des Lohnes vorhanden ist.* ... Wenn sich die notwendigen Konsumartikel des Arbeiters dauernd mit gleicher Leichtigkeit vermehren ließen, so könnte eine *dauernde Veränderung der Profit- oder Lohnrate*" (sollte heißen in the rate of surplus value and the value of labour[2]) „nicht eintreten, gleichgültig, in welchem Ausmaß Kapital akkumuliert wird. Aber *Adam Smith schreibt das Sinken des Profits* ausschließlich *der Kapitalakkumulation und der sich daraus ergebenden Konkurrenz zu*, ohne jemals die steigende Schwierigkeit der Beschaffung von Nahrungsmitteln für die zusätzliche Zahl von Arbeitern zu berücksichtigen, die das Zusatzkapital beschäftigen wird." (l.c. p.338, 339.)

Das Ganze wäre nur richtig, wenn Profit = surplus value.

Also A. Smith sagt, daß mit der Akkumulation des Kapitals rate of profit falle wegen der wachsenden Konkurrenz der Kapitalisten; Ric[ardo] sagt, wegen der wachsenden deterioration of agriculture[3] (Verteuerung der necessaries). Wir haben seine Ansicht widerlegt, die nur richtig wäre, wenn rate of surplus value und rate of profit identisch, also rate of profit nicht fallen könnte, außer wenn rate of wages steigt (gleichbleibenden Arbeitstag vorausgesetzt). Smiths Ansicht beruht darauf, daß er die value (in seiner falschen und von ihm selbst widerlegten Ansicht) zusammensetzt aus wages, profits und rents. Die Akkumulation der Kapitalien zwingt nach ihm, die *arbitrary* profits[4], für die gar kein immanentes Maß existiert, herabzusetzen durch Herabsetzung der Preise der Waren, auf die [sie] nach dieser Fassung bloß nomineller Aufschlag sind.

* Unter *profits* versteht Ric[ardo] hier, was der Kapitalist vom Mehrwert nimmt; keineswegs den Mehrwert, und so falsch, daß der Mehrwert, so richtig, daß Profit durch Akkumulation fallen kann.

[1] Durchschnittsrate – [2] in der Mehrwertsrate und dem Wert der Arbeit – [3] Verschlechterung der Landwirtschaft – [4] *willkürlichen* Profite

Ric[ardo] hat natürlich theoretisch recht gegen S[mith], daß die Akkumulation der Kapitalien die Wertbestimmung der Waren nicht ändert; aber Ric[ardo] hat sehr unrecht, indem er den A. Smith dadurch zu widerlegen sucht, daß keine *Überproduktion* in einem Lande möglich sei. Ric[ardo] leugnet die plethora of capital[1], die nach ihm stehendes Axiom in der englischen Ökonomie geworden.

Erstens übersieht er, daß in der Wirklichkeit, wo nicht nur Kapitalist und workman, sondern capitalist, workman, landlord, moneyed interest, fixed incomes[2] vom Staat etc. sich gegenüberstehn, der Fall der Warenpreise, der beide, industriellen Kapitalisten und workmen, trifft, den andren Klassen zugut kommt.

Zweitens, daß die kapitalistische Produktion keineswegs auf einer willkürlichen Stufe produziert, sondern je mehr sie sich entwickelt, um so mehr gezwungen ist, auf einer Stufenleiter zu produzieren, die mit der immediate demand[3] nichts zu tun hat, sondern von einer beständigen Erweiterung des Weltmarkts abhängt. Er flüchtet zu der abgeschmackten Sayschen Voraussetzung, als ob der Kapitalist nicht für den Profit, den Mehrwert, sondern für den Konsum, den Gebrauchswert – seinen eignen Konsum – direkt produziere. Er übersieht, daß die Ware in Geld verwandelt werden muß. Die demand der Arbeiter genügt nicht, da der Profit ja grade dadurch herkommt, daß die demand der Arbeiter kleiner als der Wert ihres Produkts, und um so größer ist, je relativ kleiner diese demand. Die demand der capitalists untereinander genügt ebensowenig. Die Überproduktion bringt keinen *permanenten* Fall des Profits hervor, aber sie ist permanent *periodisch*. Es folgt ihr Unterproduktion usw. Die Überproduktion geht grade daraus hervor, daß die Masse des Volks nie mehr als die average quantity of necessaries[4] konsumieren kann, ihre Konsumtion also nicht entsprechend wächst mit der Produktivität der Arbeit. Doch dieser ganze Abschnitt gehört in die *Konkurrenz der Kapitalien*. Alles, was Ric[ardo] darüber sagt, ist keinen Schuß Pulver wert. (Es ist dies ch. XXI *„Effects of Accumulation on Profits and Interest"*.)

„Es gibt nur einen Fall, und auch dieser wird nur *zeitweilig* auftreten, in dem die Akkumulation von Kapital bei niedrigem Nahrungsmittelpreis von einem Fall des Profits begleitet sein kann, und zwar dann, wenn die zum Unterhalt der Arbeit bestimmten Fonds sich sehr viel rascher als die Bevölkerung vermehren; dann werden die Löhne hoch und die Profite niedrig sein." (l.c. p.343.)

---

[1] den Überfluß an Kapital – [2] Kapitalist, Arbeitsmann, Grundeigentümer, Geldkapitalist, [Empfänger von] festen Einkommen – [3] unmittelbaren Nachfrage – [4] durchschnittliche Menge der lebenswichtigen Güter

Gegen *Say* bemerkt Ric[ardo] ironisch mit Bezug auf das Verhältnis von profits und interests[1]:

„Say räumt ein, daß der Zinsfuß von der Profitrate abhängt. Es folgt daraus jedoch nicht, daß die Profitrate vom Zinsfuß abhängt. Das eine ist Ursache, das andere Wirkung, und es ist ausgeschlossen, daß irgendwelche Umstände sie die Plätze wechseln lassen." (l.c. p.353.)

Indes, dieselben Ursachen, die den Profit fallen, können interest steigen machen und umgekehrt.[80]

„Say erkennt an, daß die *Produktionskosten* die Grundlage des Preises sind, und dennoch behauptet er in verschiedenen Teilen seines Buches, daß der Preis durch das Verhältnis zwischen Nachfrage und Angebot bestimmt wird." (l.c. p.411.)

Daraus hätte eben Ric[ardo] sehn sollen, daß ||694| die *cost of production* sehr verschieden ist von quantity of labour employed for the production of a commodity[2]. Statt dessen fährt er fort:

„Der wirkliche und letzte Regulator des relativen Wertes zweier beliebiger Waren sind ihre Produktionskosten." (l.c.)

„Und stimmt A. Smith dieser Auffassung nicht zu" {daß die Preise weder durch Löhne noch durch Profite bestimmt werden}, „wenn er sagt, daß ‚die Waren*preise* oder der *Wert* von Gold und Silber, verglichen mit anderen Waren, von dem Verhältnis zwischen dem *Quantum Arbeit* abhängt, das notwendig ist, eine bestimmte Menge Gold und Silber auf den Markt zu bringen, und jenem, das erforderlich ist, um eine bestimmte Menge irgendeiner anderen Art Ware dorthin zu schaffen'? Diese Menge wird nicht verändert, ob der Profit hoch oder niedrig oder der Lohn niedrig oder hoch ist. *Wie können dann die Preise durch hohe Profite erhöht werden?*" (l.c. p.413, 414.)

A. Smith versteht in der angeführten Stelle unter *prices* nichts als the monetary expression of the *values* of commodities[3]. Daß diese und das Gold und Silber, wogegen sie sich austauschen, durch die relative quantities of labour bestimmt sind required for producing those two sorts of commodities[4] {commodities on the one side, gold und silver on the other[5]}, widerspricht dem durchaus nicht, daß die *wirklichen* Preise der Waren, i.e. ihre cost-prices, „can be raised by high profits"[6]. Allerdings nicht, wie Smith meint, alle auf einmal. Aber durch high profits wird ein Teil der Warenmasse über seinen Wert mehr erhöht, als wenn die average profits low[7], während ein andrer minder unter seinen Wert gesenkt wird.[81]

[1] In der Handschrift: rates – [2] dem Quantum Arbeit, das bei der Produktion einer Ware angewendet wird – [3] den Geldausdruck des *Wertes* der Waren – [4] die für die Produktion jener beiden Warensorten erheischt werden – [5] Waren auf der einen Seite, Gold und Silber auf der anderen – [6] „durch hohe Profite erhöht werden können" – [7] Durchschnittsprofite niedrig

[SIEBZEHNTES KAPITEL]

Ric[ardos] Akkumulationstheorie Kritik derselben (Entwicklung der Krisen aus der Grundform des Kapitals)

[1. Smiths und Ricardos Fehler, das konstante Kapital nicht in Betracht zu ziehen. Reproduktion der verschiedenen Teile des konstanten Kapitals]

Wir stellen zunächst R[icardo]s durch das ganze Werk sehr zerstreuten Sätze zusammen.

„...alle Produkte eines Landes werden konsumiert; aber es macht den größten Unterschied, den man denken kann, ob sie konsumiert werden durch *solche, die einen andren Wert reproduzieren, oder durch solche, die ihn nicht reproduzieren.* Wenn wir sagen, daß *Revenue erspart* und *zum Kapital geschlagen* wird, so meinen wir, daß der *Teil der Revenue,* von dem *es heißt, er sei zum Kapital geschlagen, durch produktive statt durch unproduktive Arbeiter verzehrt* wird." (Hier derselbe Unterschied wie bei A.Smith.) „Es gibt keinen größern Irrtum, als zu unterstellen, daß *Kapital durch Nichtkonsum vermehrt wird.* Stiege der Preis der Arbeit so hoch, daß trotz des Zuwachses von Kapital nicht mehr Arbeit angewandt werden könnte, so würde ich sagen, daß solcher *Zuwachs von Kapital immer noch unproduktiv konsumiert wird.*" (p. 163, Note.)

Hier also nur, ob consumed durch Arbeiter oder nicht. Wie A.Smith etc. Es handelt sich aber zugleich um die *industrial consumption* der Waren, die konstantes Kapital bilden, als Arbeitswerkzeuge oder Arbeitsmaterial konsumiert werden oder auch so konsumiert werden, daß sie durch diese Konsumtion in Arbeitswerkzeuge und Arbeitsmaterial verwandelt werden. Von vornherein falsch, d.h. einseitig die Auffassung, als ob accumulation of capital gleich conversion of revenue into wages[1] wäre, gleich accumulation of variable capital. Die ganze Frage von der Akkumulation wird damit falsch behandelt.

[1] Verwandlung von Revenue in Löhne

Vor allem ist es nötig, klar zu sein über die *Reproduktion des konstanten Kapitals.* Wir betrachten hier die *jährliche* Reproduktion oder das Jahr als Zeitmaß des Reproduktionsprozesses.

Ein großer Teil des konstanten Kapitals – das *capital fixe* – geht in den jährlichen Arbeitsprozeß ein, ohne in den jährlichen Verwertungsprozeß einzugehn. Es wird nicht konsumiert. Es braucht also nicht reproduziert zu werden. Es wird dadurch *erhalten* – und mit seinem Gebrauchswert auch sein Tauschwert –, daß es überhaupt in den Produktionsprozeß eingeht und in Kontakt mit der lebendigen Arbeit bleibt. Je größer dieser Teil des Kapitals in einem Lande dies Jahr ist, um so größer ist verhältnismäßig die bloß formelle Reproduktion (Erhaltung) desselben das nächste Jahr, vorausgesetzt, daß der Produktionsprozeß auch nur auf derselben Stufenleiter erneuert, fortgesetzt, in Fluß erhalten wird. Die Reparaturen und dergleichen, die nötig sind, um das fixe Kapital zu erhalten, rechnen wir zu seinen ursprünglichen Arbeitskosten. Es hat dies mit der Erhaltung im obenerwähnten Sinn nichts gemein.

Ein zweiter Teil des konstanten Kapitals wird in der Produktion der Waren jährlich konsumiert und muß daher auch reproduziert werden. Dazu gehört der ganze Teil des fixen Kapitals, der jährlich in den Verwertungsprozeß eingeht, und der ganze Teil desselben, der aus zirkulierendem Kapital besteht, Rohmaterial und matières instrumentales[1].

Was nun diesen zweiten Teil des konstanten Kapitals betrifft, so ist zu unterscheiden:

||695| Ein großer Teil von dem, was als konstantes Kapital – als Arbeitsmittel und Arbeitsmaterial – in einer Produktionssphäre *erscheint,* ist das *gleichzeitige* Produkt in einer parallelen Produktionssphäre. Z.B. das Garn gehört zum konstanten Kapital des Webers; es ist das Produkt des Spinners, das vielleicht den Tag vorher noch im Werden war. Wenn wir hier von *gleichzeitig* sprechen, so meinen wir während *desselben* Jahres produziert. Dieselben Waren, in verschiednen Phasen, durchlaufen während desselben Jahres verschiedne Produktionssphären. Aus der einen gehn sie als Produkt hervor, in die andre gehn sie als konstantes Kapital bildende Ware ein. Und als konstantes Kapital werden alle während des Jahrs konsumiert; sei es nun, daß wie beim capital fixe nur ihr Wert eingeht in die Ware oder daß auch ihr Gebrauchswert in dieselbe eingeht, wie beim zirkulierenden Kapital. Während die in der einen Produktionssphäre produzierte Ware in die andre Produktionssphäre eingeht, um hier als konstantes Kapital konsumiert zu

[1] Hilfsstoffe

werden – neben dieser *Reihenfolge* von Produktionssphären, worin dieselbe Ware eintritt, werden *gleichzeitig* nebeneinander ihre verschiednen Elemente oder die verschiednen Phasen derselben produziert. Sie wird während desselben Jahrs fortwährend in der einen Sphäre als konstantes Kapital konsumiert und in der andern parallelen als Ware produziert. Dieselben Waren, die als konstantes Kapital während des Jahrs so konsumiert werden, werden derart auch beständig während desselben Jahrs produziert. Die Maschine nutzt sich in der Sphäre *A* ab. Sie wird gleichzeitig in der Sphäre *B* produziert. Das konstante Kapital, das in den Produktionssphären, die die Lebensmittel produzieren, während des Jahrs konsumiert wird, wird *gleichzeitig* in andern Produktionssphären produziert, so daß es *während* des Jahrs oder *am Ende des Jahrs* neu ersetzt ist in natura. Beide, sowohl die Lebensmittel wie dieser Teil des konstanten Kapitals, sind Produkte der neuen, während des Jahrs tätigen Arbeit.

Ich habe früher gezeigt[1], wie der *Wertteil* des Produkts der Produktionssphären, worin die Lebensmittel produziert werden, der Wertteil, der das konstante Kapital dieser Produktionssphären ersetzt, die Revenue für die *Produzenten* dieses konstanten Kapitals bildet.

Nun aber existiert ferner ein Teil des konstanten Kapitals, der *jährlich konsumiert* wird, ohne als Bestandteil in die Produktionssphären einzugehn, die Lebensmittel (konsumable Waren) produzieren. Er kann also auch nicht aus diesen Sphären ersetzt werden. Wir meinen den Teil des konstanten Kapitals – der Arbeitswerkzeuge, [des] Rohmaterials und matières instrumentales –, der in der Bildung, Produktion des konstanten Kapitals, der Maschinerie, Rohmaterialien und matières instrumentales selbst industriell konsumiert wird. Dieser Teil, wie wir gesehn haben[2], wird *in natura* ersetzt, entweder direkt aus dem Produkt dieser Produktionssphären selbst (wie bei Samen, Vieh, Kohle zum Teil) oder durch Austausch eines Teils der Produkte der verschiednen Produktionssphären, die konstantes Kapital bilden. Es findet hier Austausch von Kapital gegen Kapital statt.

Durch die Existenz und die Konsumtion dieses Teils des konstanten Kapitals wird nicht nur die Masse der Produkte vermehrt, sondern auch der *Wert* des jährlichen Produkts. Der *Wertteil* des *jährlichen* Produkts, der gleich dem Wert dieses Teils des konsumierten konstanten Kapitals, kauft zurück in natura oder zieht zurück aus dem jährlichen Produkt den Teil desselben, der das konsumierte konstante Kapital in natura ersetzen muß.

---

[1] Siehe 1. Teil dieses Bandes, S. 96–109 und 206–214 – [2] siehe 1. Teil dieses Bandes, S. 109–121, 158–168 und 214–222

Z.B. der Wertteil der Aussaat, den der Samen[1] bildet, bestimmt den Wertteil der Ernte[2] (und damit das Quantum Korn), der als konstantes Kapital der Erde, der Produktion zurückgegeben werden muß. Ohne die während des Jahrs neuzugefügte Arbeit würde dieser Teil nicht reproduziert; aber er ist in der Tat *produziert* durch die vorjährige oder vergangne Arbeit und – soweit sich die Produktivität der Arbeit nicht ändert – ist der *Wert*, den er dem jährlichen Produkt zusetzt, das Resultat nicht der diesjährigen, sondern der vorjährigen Arbeit. Je größer das *proportionell* angewandte konstante Kapital in einem Land ist, um so größer wird auch dieser Teil des konstanten Kapitals sein, der in der Produktion des konstanten Kapitals konsumiert wird und der sich nicht nur in einer größren Produktenmasse ausdrückt, sondern auch den Wert dieser Produktenmasse erhöht. Dieser *Wert* ist also nicht nur das Resultat der gegenwärtigen Jahresarbeit, sondern ebensosehr das Resultat vorjähriger, vergangner Arbeit, obgleich er *ohne* die immediate annual labour[3] ebensowenig wieder erscheinen würde wie das Produkt, worin er eingeht. Wächst dieser Teil, so wächst nicht nur die jährliche Produktenmasse, sondern der *Wert* derselben, selbst wenn die annual labour dieselbe bliebe. Dies Wachsen ist eine Form der *Akkumulation des Kapitals*, die es wesentlich ist zu verstehn. Und nichts kann diesem Verständnis ferner liegen als R[icardo]s Satz:

„Die Arbeit von einer Million Menschen in den Manufakturen wird stets den gleichen Wert, aber nicht immer den gleichen Reichtum produzieren." (l.c. p.320.)

Diese Million of men – der Arbeitstag als gegeben vorausgesetzt – wird nach der Produktivität der Arbeit nicht nur sehr verschiedne Warenmasse produzieren, sondern der Wert dieser Masse wird sehr verschieden sein, je nachdem sie mit viel oder wenig konstantem Kapital produziert, ihr also viel oder wenig aus *vorjähriger, vergangner* Arbeit herstammender Wert zugesetzt ist.

[2. *Wert des konstanten Kapitals und Wert des Produkts*]

Wir nehmen hier überall zunächst an, wo wir von der Reproduktion des konstanten Kapitals sprechen – der Vereinfachung halber –, daß die Produktivität der Arbeit und folglich die Produktionsweise dieselben bleiben. Was als konstantes Kapital zu ersetzen ist – bei gegebner Produktionsleiter – ist ein bestimmtes Quantum in natura. Bleibt die Produktivität dieselbe, so

[1] In der Handschrift: der den Samen – [2] in der Handschrift: Aussaat – [3] unmittelbare Jahresarbeit

bleibt auch der ||696| Wert dieses Quantums konstant. Treten Wechsel in der Produktivität der Arbeit ein, wodurch dasselbe Quantum teurer oder wohlfeiler, mit mehr oder weniger Arbeit neu reproduziert werden kann, so treten ebenso Wechsel im Wert des konstanten Kapitals ein, die das surplus produce nach Abzug des konstanten Kapitals affizieren.

Z.B., es seien 20 qrs. [Weizen] à 3 *l.* = 60 *l.* zur Aussaat erheischt. Wird das qr. mit $^1/_3$ Arbeit weniger reproduziert, so kostet ein qr. nur noch 2 *l.* Von dem Produkt sind nach wie vor 20 qrs. für Aussaat abzuziehn; aber der Wertteil, den sie vom ganzen Produkt ausmachen, nur noch 40 *l.* Zum Ersatz desselben capital constant dann geringrer Wertteil und geringrer Naturalteil des Gesamtprodukts nötig, obgleich 20 qrs. nach wie vor als Samen der Erde zurückgegeben werden müssen.[82]

Wäre das jährlich konsumierte konstante Kapital bei einer Nation 10 Mill., bei der andren nur 1 Mill. und die jährliche Arbeit von 1 Mill. Menschen = 100 Mill. *l.*, so wäre der Wert des Produkts bei der ersten Nation = 110 und bei der andern nur = 101 Millionen. Dabei wäre es nicht nur möglich, sondern sicher, daß die einzelne Ware bei Nation I wohlfeiler wäre als bei Nation II, weil letztre eine viel geringre Warenmasse mit derselben Arbeit produzieren würde, viel geringer als die Differenz von 10 und 1. Ein größrer Wertteil des Produkts geht zwar bei Nation I, verglichen mit II, ab, um das Kapital zu ersetzen, und also auch größrer Teil vom Gesamtprodukt. Aber das Gesamtprodukt ist auch viel größer.

Bei Fabrikwaren ist es bekannt, daß 1 Mill. [Arbeiter] in England nicht nur ein viel größres Produkt, sondern Produkt von viel größrem Wert produziert als in Rußland z.B., obgleich die einzelne Ware viel wohlfeiler. Bei der Agrikultur jedoch scheint nicht dasselbe Verhältnis zwischen kapitalistisch entwickelten und relativ unentwickelten Nationen zu bestehn. Das Produkt der zurückgebliebnen Nation wohlfeiler als das der kapitalistisch entwickelten. Dem *Geldpreis* nach. Und dennoch scheint das Produkt der entwickelten Nation das Produkt von viel weniger Arbeit (während des Jahres) als das der zurückgebliebnen. In England z.B. weniger als $^1/_3$ mit Agrikultur beschäftigt, in Rußland $^4/_5$; dort $^5/_{15}$, hier $^{12}/_{15}$. Diese Zahlen sind nicht *à la lettre*[1] zu nehmen. In England z.B. sind Masse Menschen in der *not agricultural industry*, im Maschinenbau, Handel, Transportwesen etc. mit der Produktion und Herbeischaffung von Elementen der agricultural production beschäftigt, die in Rußland nicht damit beschäftigt sind. Man kann also das Verhältnis der in der Agrikultur beschäftigten Personen

[1] *buchstäblich*

nicht direkt bestimmen nach der immediately upon agriculture employed individuals[1]. In Ländern kapitalistischer Produktion nehmen *mittelbar* viele an dieser agricultural Produktion teil, die in unentwickelteren Ländern unmittelbar unter sie subsumiert sind. Die Differenz scheint aber größer als sie ist. Für die gesamte Zivilisation des Landes diese Differenz aber sehr wichtig, selbst soweit sie bloß darin besteht, daß ein großer Teil der an der Agrikultur beteiligten Produzenten nicht direkt an ihr teilnehmen und dem Idiotismus des Landlebens entrissen sind, zur industriellen Bevölkerung gehören.

Dies also d'abord à part[2]. Ferner davon abgesehn, daß die meisten agricultural peoples[3] gezwungen sind, ihr Produkt *unter* seinem Wert zu verkaufen, während in Ländern entwickelter kapitalistischer Produktion das agricultural produce auf seinen Wert steigt. Jedenfalls geht in den Wert des Produkts des English agriculturist ein Wertteil von konstantem Kapital ein, der in den Wert des Produkts des Russian agriculturist nicht eingeht. Gesetzt, dieser Wertteil sei gleich der Tagesarbeit von 10 Mann. Und gesetzt, ein englischer Arbeiter setze dies konstante Kapital in Bewegung. Ich spreche von dem Teil des konstanten Kapitals des agricultural produce, der nicht durch neue Arbeit ersetzt wird, wie z.B. dies bei den Ackerbaugeräten der Fall. Sind 5 russische Arbeiter erheischt, um dasselbe Produkt zu produzieren, was 1 Engländer vermittelst des konstanten Kapitals produziert, und wäre das konstante Kapital, das der Russe verwendet, gleich 1, so wäre das englische Produkt $= 10 + 1 = 11$ Arbeitstagen und das des Russen $= 5 + 1 = 6$. Ist der russische Boden soviel fruchtbarer als der englische, daß er ohne Anwendung des konstanten Kapitals oder mit einem $10\times$ kleinren konstanten Kapital soviel Korn produziert, wie der Engländer mit 10mal größrem, so verhalten sich die *Werte* derselben Quanta englischen und russischen Korns wie 11:6. Würde der qr. russischen Korns zu 2 *l.* verkauft, so der englische zu $3^2/_3$ *l.*, denn $2:3^2/_3 = 6:11$. Der Geldpreis und der Wert des englischen Korns wäre also viel höher als der des russischen, aber dennoch würde das englische mit weniger Arbeit produziert, da die *vergangne* Arbeit, die sowohl in der Masse als dem Wert des Produkts wieder erscheint, keinen Zusatz von neuer Arbeit kostet. Dies wäre immer der Fall, wenn der Engländer weniger immediate labour anwendet als der Russe, aber das größre konstante Kapital, das er anwendet – und das ihm *nichts* kostet, obgleich es gekostet hat und bezahlt werden muß –, nicht in dem

---

[1] [Zahl] der unmittelbar in der Landwirtschaft beschäftigten Personen – [2] zunächst abzusehen – [3] Agrikulturvölker

Grade die Produktivität der Arbeit erhöhte, daß dadurch die natürliche Fruchtbarkeit des russischen Bodens kompensiert würde. Die Geldpreise des agricultural produce können also höher stehn in Ländern kapitalistischer Produktion als in ||697| unentwickeltern, obgleich es in der Tat weniger Arbeit kostet. Es enthält mehr immediate + past labour[1], aber diese past labour kostet nichts. Das Produkt wäre wohlfeiler, wenn nicht die Differenz der natürlichen Fruchtbarkeit dazwischenkäme. Damit wären auch die höheren Geldpreise des Arbeitslohns erklärt.

Wir haben bisher bloß von der Reproduktion des vorhandnen Kapitals gesprochen. Der Arbeiter ersetzt sein Salair mit einem surplus produce oder surplus value, das den Profit (Rente eingeschlossen) des Kapitalisten bildet. Er ersetzt den Teil des jährlichen Produkts, der ihm von neuem als Salair dient. Der Kapitalist hat seinen Profit während des Jahrs aufgegessen, aber der Arbeiter hat einen Produktteil geschaffen, der von neuem als Profit aufgegessen werden kann. Der Teil des konstanten Kapitals, der konsumiert ist in der Produktion der Lebensmittel, wird ersetzt durch während des Jahrs durch neue Arbeit produziertes konstantes Kapital. Die Produzenten dieses neuen Teils des konstanten Kapitals realisieren ihre Revenue (Profit und Salair) in dem Teil der Lebensmittel, der gleich dem Wertteil des in ihrer Produktion konsumierten konstanten Kapitals. Endlich, das konstante Kapital, das konsumiert wird in der Produktion des konstanten Kapitals, in der Produktion von Maschinerie, Rohmaterial und matière instrumentale, wird in natura oder durch Kapitalaustausch ersetzt aus dem Gesamtprodukt der verschiednen Produktionssphären, die das konstante Kapital produzieren.

[3. *Notwendige Bedingungen für die Akkumulation des Kapitals. Amortisation des fixen Kapitals und ihre Rolle im Prozeß der Akkumulation*]

Wie verhält es sich aber nun mit der *Vermehrung* des Kapitals, seiner *Akkumulation* als unterschieden von der Reproduktion, der *Verwandlung von Revenue* in Kapital?

Um die Frage zu vereinfachen vorausgesetzt, daß die Produktivität der Arbeit dieselbe bleibt, keine changes[2] in der Produktionsweise vorgehn, also dasselbe Quantum Arbeit erheischt bleibt, um dasselbe Quantum Ware zu

[1] unmittelbare + vergangene Arbeit – [2] Wechsel

produzieren, daß also die *Vermehrung* des Kapitals dieselbe Arbeit kostet wie die vorjährige Produktion von Kapital von demselben amount[1].

Ein Teil des Mehrwerts muß in Kapital verwandelt werden, statt als Revenue aufgegessen zu werden. Er muß teils in konstantes, teils in variables Kapital verwandelt werden. Und die Proportion, worin er sich in diese zwei verschiednen Teile des Kapitals teilt, hängt von der vorausgesetzten organischen Konstitution des Kapitals ab, da die Produktionsweise unverändert bleibt und auch der proportionelle Wert beider Teile. Je höher die Produktion entwickelt ist, um so größer wird der Teil des Mehrwerts, der in konstantes Kapital verwandelt wird, sein, verglichen mit dem Teil des Mehrwerts, der in variables Kapital verwandelt wird.

Zunächst ist also ein Teil des Mehrwerts (und des ihm in Lebensmitteln entsprechenden surplus produce) in variables Kapital zu verwandeln; d. h., neue Arbeit ist damit zu kaufen. Dies nur möglich, wenn die Zahl der Arbeiter wächst oder wenn die Arbeitszeit, während der sie arbeiten, verlängert wird. Das letztre, wenn z. B. ein Teil der Arbeiterbevölkerung nur halb oder $^2/_3$ beschäftigt war oder für kürzre oder längre Perioden auch durch absolute Verlängerung des Arbeitstags, die dann aber bezahlt werden muß. Dies jedoch nicht als konstantes Mittel der Akkumulation anzusehn. Die Arbeiterbevölkerung kann zunehmen, wenn vorhin unproduktive Arbeiter in produktive verwandelt werden oder Teile der Bevölkerung, die früher nicht arbeiteten, wie Weiber und Kinder, Paupers, in den Produktionsprozeß gezogen werden. Letztren Punkt lassen wir hier weg. Endlich durch absolutes Wachstum der Arbeiterbevölkerung mit dem Wachstum der allgemeinen Bevölkerung. Soll die Akkumulation ein stetiger, fortlaufender Prozeß sein, so dies absolute Wachstum der Bevölkerung (obgleich sie relativ gegen das angewandte Kapital abnimmt) Bedingung. *Vermehrung der Bevölkerung* erscheint als Grundlage der Akkumulation als eines stetigen Prozesses. Dies setzt aber voraus ein average[2] Salair, das beständiges Wachstum der Arbeiterbevölkerung, nicht nur Reproduktion derselben, erlaubt. Für plötzliche Fälle sorgt die kapitalistische Produktion schon dadurch, daß sie einen Teil der Arbeiterbevölkerung überarbeitet und den andren als Reservearmee halb oder [ganz] verpaupert in petto hält.

Allein wie verhält es sich mit dem andren Teil des Mehrwerts, der in konstantes Kapital zu verwandeln ist? Um die Frage zu vereinfachen, abstrahieren wir vom auswärtigen Handel und betrachten eine abgeschloßne Nation. Nehmen wir ein Beispiel. Der Mehrwert, den ein Leinweber

[1] Größe – [2] durchschnittliches

erzeugt hat, sei = 10000 *l.*, wovon er one half[1] in Kapital verwandeln will, also 5000 *l.* Davon sei nach der organischen Zusammensetzung der mechanischen Weberei $^1/_5$ in Arbeitslohn auszulegen. Wir abstrahieren hier vom Umschlag des Kapitals, wonach ihm vielleicht eine Summe für 5 Wochen genügt, nach der er verkauft und so aus der Zirkulation das Kapital für Salair zurückerhält. Wir nehmen an, er müsse 1000 *l.* für Arbeitslohn (für 20 Mann) in Reserve halten beim banker[2] und nach und nach während des Jahrs verausgaben in wages[3]. Dann sind 4000 *l.* in konstantes Kapital zu verwandeln. Er muß erstens Garn kaufen, soviel als 20 Mann verweben[4] können während des Jahrs. (Wir abstrahieren immer vom Umschlag des zirkulierenden Teils des Kapitals.) Ferner die Webstühle seiner Fabrik vermehren, ditto vielleicht neue Dampfmaschine zusetzen oder die alte vergrößern etc. Aber um sie zu kaufen, muß er Garn vorfinden auf dem Markt, Webstühle etc. Er muß seine 4000 *l.* in Garn, Webstühle, Kohlen usw. verwandeln, ||698| d.h. letztre kaufen. Um sie zu kaufen, müssen sie aber da sein. Da wir vorausgesetzt, daß die Reproduktion des alten Kapitals unter den alten Bedingungen stattgefunden hat, so hat der Garnspinner sein ganzes Kapital verausgabt, um das das Jahr zuvor von den Webern erheischte Quantum Garn zu liefern. Wie soll er also die additional demand by an additional supply of yarn[5] befriedigen?

Ebenso verhält es sich mit dem Maschinenfabrikanten, der die Webstühle etc. liefert. Er hat bloß neue Webstühle genug produziert, um den Konsum, der on an average[6] in der Weberei vorgeht, zu decken. Aber der akkumulationslustige Weber bestellt für 3000 *l.* Garn und für 1000 *l.* Webstühle, Kohlen (da es sich mit dem Kohlenfabrikanten ebenso verhält) etc. Oder in fact[7] er gibt dem Spinner 3000 *l.*, dem Maschinenbauer und Kohlenmann etc. 1000 *l.*, damit diese ihm dies Geld in Garn, Webstühle und Kohle verwandeln. Er müßte also warten, bis dieser Prozeß vorbei, ehe er mit seiner Akkumulation – seiner Produktion von neuer Leinwand – beginnen könnte. Dies Unterbrechung I.

Aber nun befindet sich der Spinner mit den 3000 *l.* in derselben Lage, wie der Weber mit den 4000, nur daß er seinen Profit gleich abzieht. Er kann eine additional number of spinners[8] finden, aber er braucht Flachs, Spindeln, Kohlen etc. Ebenso der Kohlenmann neue Maschinerie oder Werkzeuge, außer den neuen Arbeitern. Und der Maschinenfabrikant, der

[1] eine Hälfte – [2] Bankier – [3] Löhnen – [4] in der Handschrift: verspinnen – [5] vergrößerte Nachfrage durch ein zusätzliches Angebot von Garn – [6] im Durchschnitt – [7] tatsächlich – [8] zusätzliche Anzahl Spinner

die neuen Webstühle, Spindeln etc. liefern soll, außer den additional labourers[1], Eisen etc. Am schlimmsten aber ist's mit dem Flachsbauer, der erst nächstes Jahr die additional quantity of flax[2] liefern kann etc.

Damit der Weber also ohne Weitläufigkeiten und Unterbrechungen jedes Jahr einen Teil seines Profits in konstantes Kapital verwandeln kann – und die Akkumulation ein stetiger Prozeß sei –, ist es nötig, daß er an additional quantity or yarn[3], Webstühlen etc. auf dem Markt vorfindet. Er, der Spinner, der Kohlenmann etc. brauchen bloß mehr Arbeiter anzuwenden, wenn sie Flachs, Spindeln, Maschinen auf dem Markt vorfinden.

Ein Teil des konstanten Kapitals, der jährlich als abgenutzt berechnet wird und als déchet[4] eingeht in den Wert des Produkts, wird in der Tat *nicht* abgenutzt. Nimm z.B. Maschine, die 12 Jahre daure und 12000 *l.* koste, so der average déchet[5], jedes Jahr zu berechnen, = 1000 *l.* Am Ende der 12 Jahre ist dann, da jährlich in das Produkt 1000 *l.* eingehen, der Wert von 12000 *l.* reproduziert, und eine neue Maschine derselben Art kann zu diesem Preis gekauft werden. Die Reparaturen und Flickereien, die während der 12 Jahre nötig sind, rechnen wir zu den Produktionskosten der Maschine und haben mit unsrer Frage nichts zu tun. In der Tat aber ist die Wirklichkeit von jener Durchschnittsrechnung verschieden. Die Maschine ist vielleicht im zweiten Jahr besser im Gang als im ersten. Und dennoch ist sie nach 12 Jahren nicht mehr nutzbar. Es geht wie mit einer Bestie, die 10 Jahre on an average[6] zu leben hat, deshalb aber doch nicht um $^1/_{10}$ in jedem Jahr abstirbt, obgleich sie nach Ende der 10 Jahre durch ein neues Individuum ersetzt sein muß. Natürlich, im Lauf *desselben* Jahrs tritt eine bestimmte Zahl Maschinerie etc. stets in dies Stadium, wo sie dann wirklich durch neue Maschinen ersetzt werden müssen. Jedes Jahr ist also bestimmtes Quantum der alten Maschinerie etc. wirklich, in natura, durch neue zu ersetzen. Und dem entspricht die yearly average production of machinery[7] etc. Der Wert, um sie zu zahlen, ist aus den Waren, je nach ihrer Reproduktionszeit (der Maschinen), ready[8] liegend. Aber das fact bleibt, daß ein großer Wertteil des jährlichen Produkts, des Werts, der jährlich für dasselbe gezahlt wird, zwar nötig ist, um nach 12 Jahren z.B. die alte Maschinerie zu ersetzen, aber durchaus nicht wirklich erheischt wird, um $^1/_{12}$ jährlich in natura zu ersetzen, was, in fact, selbst untubar wäre. Dieser Fonds mag zum Teil vernutzt werden, um Arbeitslohn oder

[1] zusätzlichen Arbeitern – [2] zusätzliche Menge Flachs – [3] eine zusätzliche Menge an Garn – [4] Verschleiß – [5] durchschnittliche Verschleiß – [6] im Durchschnitt – [7] jährliche Durchschnittsproduktion an Maschinerie – [8] bereit

Rohmaterial damit zu kaufen, bevor die Ware verkauft oder bezahlt ist, die beständig in Zirkulation geworfen wird, aber nicht sofort aus der Zirkulation zurückkehrt. Dies kann jedoch nicht während des ganzen Jahrs der Fall sein, da die im Jahr umgeschlagnen Waren vollständig ihren Wert realisieren, also sowohl den in ihnen enthaltnen Arbeitslohn, Rohmaterial, aufgenutzte Maschinerie und surplus value zahlen, realisieren müssen. Wo also viel konstantes Kapital, also auch viel capital fixe angewandt wird, existiert in diesem Wertteil des Produkts, der den déchet des fixen Kapitals ersetzt, ein *Akkumulationsfonds*, der von seiten dessen, der ihn anwendet, zur Anlage von neuem capital fixe (oder auch zirkulierendem Kapital) benutzt werden kann, ohne daß für diesen Teil der Akkumulation irgendein Abzug von der surplus value stattfindet. (Sieh MacCulloch.)[83] Dieser Akkumulationsfonds befindet sich nicht auf Produktionsstufen und bei Nationen, wo kein großes capital fixe existiert. Dies ist ein wichtiger Punkt. Es ist ein Fonds zur beständigen Anbringung von Verbeßrungen, Ausdehnungen etc.

[*4. Wechselseitige Abhängigkeit der Produktionszweige im Prozeß der Akkumulation. Unmittelbare Verwandlung eines Teils des Mehrwerts in konstantes Kapital in der Landwirtschaft und im Maschinenbau*]

Aber worauf wir hier kommen wollen, ist folgendes. Wäre das in dem Maschinenbau angewandte Gesamtkapital auch nur groß genug, um den jährlichen déchet der Maschinerie zu ersetzen, so würde es viel mehr Maschinerie produzieren als jährlich bedurft wird, da der déchet zum Teil nur idealiter existiert und realiter erst nach einer gewissen Reihe von Jahren in natura zu ersetzen ist. Das so angewandte Kapital liefert also jährlich eine Masse Maschinerie, die für neue Kapitalanlagen vorhanden ist und diese neuen Kapitalanlagen antizipiert. Z.B. während dieses Jahrs beginnt der Maschinenbauer seine Fabrik. Er liefere für 12000 *l.* Maschinerie während des Jahrs. So hätte er während der 11 folgenden Jahre bei bloßer Reproduktion der von ihm produzierten Maschinerie nur für 1000 *l.* zu produzieren, und selbst diese jährliche Produktion würde nicht jährlich konsumiert. Noch weniger, wenn er sein ganzes Kapital anwendet. Damit dies im Gange bleibe und sich bloß fortwährend ||699| jährlich reproduziere, ist neue fortwährende Erweiterung der Fabrikation, die diese Maschinen braucht, nötig. (Noch mehr, wenn er selbst akkumuliert.)

Hier ist also, *selbst wenn in dieser Produktionssphäre das in ihr investierte Kapital nur reproduziert wird,* beständige Akkumulation in den übrigen Produktionssphären nötig. Diese beständige Akkumulation findet dadurch aber auch beständig eines ihrer Elemente auf dem Markt vorrätig. Hier in einer Produktionssphäre ein beständiger Warenvorrat für Akkumulation, neue additionelle industrielle Konsumtion für andre Sphären, selbst wenn in dieser Sphäre bloß das vorhandne Kapital reproduziert wird.

Mit den 5000 *l.* Profit oder Mehrwert, die in Kapital verwandelt werden, z.B. vom Weber, sind 2 Fälle möglich, immer vorausgesetzt, daß er auf dem Markt *die Arbeit vorfindet,* die er mit 1000 von diesen 5000 *l.* kaufen muß, um das Kapital von 5000 *l.* den Bedingungen seiner Produktionssphäre gemäß in Kapital zu verwandeln. Dieser Teil [des kapitalisierten Mehrwerts] verwandelt sich in variables Kapital und wird in wages[1] ausgelegt. Um diese Arbeit aber anzuwenden, bedarf er Garn, additional machinery[2] {außer bei Verlängerung des Arbeitstags; in diesem Fall wird nur die Maschinerie schneller abgenutzt, ihre Reproduktionszeit verkürzt, aber zugleich mehr surplus value produziert; und wenn der Wert der Maschinerie in kürzerer Zeit auf die produzierten Waren verteilt werden muß, so werden aber ungleich mehr Waren produziert, so daß trotz dieser schnellren Abnutzung ein kleinrer Teil Maschinenwert in den Wert oder Preis der einzelnen Ware eingeht. Unmittelbar *neues* Kapital ist in diesem Fall für die Maschinerie selbst nicht auszulegen. Der Wert der Maschinerie nur etwas schneller zu ersetzen. *Aber* die matières instrumentales erheischen in diesem Fall the advance of additional capital[3]} und additional matières instrumentales. Entweder findet der Weber diese seine Produktionsbedingungen auf dem Markt vor. Dann unterscheidet sich der Ankauf dieser Waren von dem andrer Waren nur dadurch, daß er Waren für die *industrielle Konsumtion* kauft, statt für die *individuelle* Konsumtion. Oder er findet sie nicht auf dem Markt vor, dann muß er sie bestellen (wie z.B. bei Maschinen, die neuer Konstruktion), ganz wie wenn er Artikel für die Privatkonsumtion bestellen muß, die er nicht auf dem Markt vorfindet. Mußte das Rohmaterial (Flachs) erst auf Kommando produziert werden, {etwa wie Indigo, Jute etc. von den indischen Ryots auf Ordre und Vorschuß englischer Kaufleute}, so wäre die Akkumulation des Leinwebers für dies Jahr in seinem eignen Geschäft unmöglich. Andrerseits unterstelle, der Spinner verwandle

[1] Lohn – [2] zusätzlicher Maschinerie – [3] die Auslage zusätzlichen Kapitals

die 5000 *l.* in Kapital und der Weber akkumuliere nicht, so wird das Gespinst, obgleich alle seine Produktionsbedingungen auf dem Markt vorrätig waren, unverkaufbar sein, und die 5000 *l.* sind in fact in Garn, aber nicht in Kapital verwandelt.

(Der *Kredit*, von dem wir hier nicht weiter zu sprechen haben, vermittelt, daß das akkumulierte Kapital nicht grade in der Sphäre angewandt wird, wo es erzeugt ist, sondern da, wo es am meisten Chance hat, verwertet zu werden. Indes wird jeder Kapitalist vorziehn, seine Akkumulation möglichst in seinem eignen trade[1] anzulegen. Legt er sie in andern an, so wird er moneyed capitalist[2] und bezieht statt Profit nur Zins, er müßte sich denn auf Spekulation werfen. Wir sprechen hier aber von der average accumulation[3] und nur beispielsweise als in besonderem trade angelegt.)

Hätte anderseits der Flachsbauer seine Produktion erweitert, d. h. akkumuliert, und Spinner und Weber und Maschinenbauer etc. nicht, so hätte er überflüssigen Flachs auf dem Lager und würde wahrscheinlich das nächste Jahr weniger produzieren.

{Wir sehn hier von der individuellen Konsumtion einstweilen ganz ab und betrachten bloß den Zusammenhang der Produzenten untereinander. Existiert dieser, so bilden sie erstens wechselseitig Markt für die Kapitalien, die sie sich wechselseitig zu remplacieren haben; für einen Teil der Lebensmittel bilden die neu beschäftigten oder besser beschäftigten Arbeiter Markt; und da der Mehrwert im folgenden Jahr wächst, können die Kapitalisten wachsenden Teil der Revenue verzehren, bilden also auch to a certain extent[4] Markt füreinander. Damit kann immer noch großer Teil des Produkts des Jahrs unverkäuflich bleiben.}

Die Frage ist jetzt so zu formulieren: *Allgemeine Akkumulation vorausgesetzt*, d. h. vorausgesetzt, daß in allen trades das Kapital mehr oder minder akkumuliert, was in fact Bedingung der kapitalistischen Produktion und was ebensosehr der Trieb des Kapitalisten als Kapitalisten, wie es der Trieb des Schatzbildners, Geld aufzuhäufen (aber auch notwendig ist, damit die kapitalistische Produktion vorangehe) – was sind die *Bedingungen* dieser allgemeinen Akkumulation, worin löst sie sich auf? Oder, da uns der Leinweber den Kapitalisten überhaupt repräsentieren kann, welches sind die *Bedingungen*, damit er ungestört die 5000 *l.* Mehrwert in Kapital rückverwandeln kann und den Akkumulationsprozeß jahraus, jahrein stetig fortsetzen kann? Die 5000 *l.* akkumulieren heißt nichts, als dies Geld, diese

[1] Gewerbezweig – [2] Geldkapitalist – [3] durchschnittlichen Akkumulation – [4] bis zu einem gewissen Grad

Wertsumme in Kapital verwandeln. Die *Bedingungen für die Akkumulation des Kapitals also ganz dieselben, wie für seine ursprüngliche Produktion oder Reproduktion überhaupt.*

Diese Bedingungen aber waren, daß mit einem Teil des Geldes Arbeit gekauft wurde, mit dem andern Waren (Rohmaterial und Maschinerie etc.), die von dieser Arbeit *industriell konsumiert* werden konnten. {Manche Waren können nur industriell konsumiert werden, wie Maschinerie, Rohmaterial, Halbfabrikate etc. Andre, wie Häuser, Pferde, Weizen, Korn (aus denen Branntwein oder Stärke etc. gemacht wird) etc., können industriell und individuell konsumiert werden.} Um diese Waren kaufen zu können, müssen sie sich auf dem ||700| *Markt* als Waren befinden – auf dem Zwischenstadium zwischen der vollendeten Produktion und der noch nicht begonnenen Konsumtion, in der Hand der Verkäufer, im Stadium der Zirkulation – oder upon notice[1] beschaffbar sein (herstellbar, wie beim Bau neuer Fabriken etc.). Sie waren das – dies wurde vorausgesetzt bei der Produktion und Reproduktion des Kapitals, wegen der in der kapitalistischen Produktion durchgeführten Teilung der Arbeit auf gesellschaftlicher Stufenleiter (distribution of labour and capital between the different trades[2]), wegen der *gleichzeitig* auf der ganzen Oberfläche vorgehenden *parallelen* Produktion, Reproduktion. Dies war die Bedingung des *Markts*, der Produktion und der Reproduktion des Kapitals. Je größer das Kapital, je entwickelter die Produktivität der Arbeit, überhaupt die Stufenleiter der kapitalistischen Produktion, *um so größer auch die Masse der Waren, die sich in dem Übergang aus der Produktion in die Konsumtion* (individuelle und industrielle), *in Zirkulation, auf dem Markt befinden,* und um so größer die Sicherheit für jedes besondre Kapital, seine Reproduktionsbedingungen fertig auf dem Markt vorzufinden. Dies um so mehr der Fall, da dem Wesen der kapitalistischen Produktion gemäß jedes besondre Kapital 1. auf einer Stufenleiter arbeitet, die bedingt ist nicht durch individuelle Nachfrage (Bestellung etc., Privatbedarf), sondern durch das Streben, möglichst viel Arbeit und daher Surplusarbeit zu realisieren und die größtmöglichste Masse Waren mit gegebnem Kapital zu liefern; 2. jedes einzelne Kapital den größtmöglichsten Platz auf dem Markt einzunehmen und seine Mitbewerber zu verdrängen sucht, auszuschließen. *Konkurrenz der Kapitalien.*

{Je mehr sich die Kommunikationsmittel entwickeln, um so mehr kann der Vorrat auf dem Markt abnehmen.}

[1] auf Bestellung – [2] Verteilung von Arbeit und Kapital unter den verschiedenen Gewerbezweigen

„Wo Produktion und Konsumtion verhältnismäßig groß sind, wird natürlicherweise zu einem gegebenen Moment ein *verhältnismäßig großer Überschuß* auf dem Markt in dem Zwischenstadium auf dem Weg vom Produzenten zum Konsumenten sein, außer wenn die Schnelligkeit, mit der die Dinge verkauft werden, so zunimmt, daß sie den sonst eintretenden Folgen vermehrter Produktion entgegenwirkt." (p.6, 7 *„An Inquiry into those Principles, respecting the Nature of Demand and the Necessity of Consumption, lately advocated by Mr. Malthus etc."*, *Lond. 1821*.)

Die Akkumulation von neuem Kapital kann also nur unter denselben Bedingungen vor sich gehn wie die Reproduktion des schon vorhandnen Kapitals.

{Wir gehn hier gar nicht ein auf den Fall, daß mehr Kapital akkumuliert ist, als in der Produktion unterzubringen, z.B. in der Form von Geld, [das] brach bei Bankiers liegt. Daher das Ausleihen ins Ausland etc., kurz die Investierungsspekulation. Ebensowenig betrachten wir den Fall, wo es unmöglich, die Masse der produzierten Waren zu verkaufen, Krisen etc. Dies gehört in den Abschnitt der Konkurrenz. Wir haben hier nur die Formen des Kapitals in den verschiednen Phasen seines Prozesses zu untersuchen, wobei immer unterstellt, daß die Waren zu ihrem Wert verkauft werden.}

Der Weber kann die 5000 *l.* Mehrwert rückverwandeln in Kapital, wenn er außer Arbeit für die 1000 *l.* Garn etc. auf dem Markt ready[1] vorfindet oder auf Bestellung haben kann; dazu muß also ein *surplus produce* produziert sein von den Waren, die in sein konstantes Kapital eingehn, namentlich von denen, die längre Produktionszeit zu ihrer Herstellung bedürfen und nicht rasch oder gar nicht innerhalb des Jahrs vermehrt werden können, wie das Rohmaterial, der Flachs z.B.

{Es kommt hier – was aber *nur eine Form der Vermittlung ist*, daher nicht hierher, sondern in die Betrachtung der Konkurrenz der Kapitalien gehört – das Kaufmannskapital ins Spiel, das in Warenhäusern Vorräte für wachsende Konsumtion, individuelle oder industrielle, ready[2] hält.}

Wie die Produktion und Reproduktion des vorhandnen Kapitals in einer *Sphäre* voraussetzt *parallele* Produktion und Reproduktion in andren Sphären, so die Akkumulation oder Bildung of additional capital in one trade[3], *gleichzeitige oder parallele* Bildung of additional production in the other trades[4]. Es muß also gleichzeitig die Stufenleiter der Produktion in allen Sphären, die konstantes Kapital liefern, wachsen (entsprechend dem durch die Nachfrage bestimmten average Anteil, den jede besondre Sphäre am allgemeinen Wachstum der Produktion nimmt), und alle Sphären

[1] fertig – [2] bereit – [3] von zusätzlichem Kapital in einem Gewerbezweig – [4] von zusätzlicher Produktion in den anderen Gewerbezweigen

liefern konstantes Kapital, die nicht das für die individuelle Konsumtion finished produce[1] bereiten. Das Wichtigste bleibt dabei die Vermehrung der Maschinerie (Werkzeuge), *Rohmaterial*, matières instrumentales, da alle andern Industrien, mögen sie Halb- oder Ganzfabrikate liefern, in die sie eingehn, wenn diese Bedingungen da sind, nur mehr Arbeit in Bewegung zu setzen haben.

Es scheint also in allen Sphären beständige *Surplusproduktion* nötig, damit Akkumulation [möglich] sei.

Dies noch etwas näher zu bestimmen.

Dann die zweite wesentliche Frage:

Der *Mehrwert*, hier Teil des *Profits* (Rente eingeschlossen; will der Landlord akkumulieren, Rente in Kapital verwandeln, so ist es immer der *industrielle Kapitalist*, der den Mehrwert in die Hände bekommt, selbst wenn der Arbeiter einen Teil seiner Revenue in Kapital verwandelt), der in Kapital rückverwandelt wird, besteht bloß aus *neuzugesetzter Arbeit* während ||701| des letzten Jahrs. Es fragt sich, ob dieses neue Kapital ganz in Arbeitslohn verausgabt wird, nur gegen neue Arbeit ausgetauscht wird?

Was dafür spricht: Aller Wert entspringt ursprünglich aus der Arbeit. Alles konstante Kapital ist ursprünglich so gut Produkt der Arbeit als das variable Kapital. Und hier scheinen wir wieder der unmittelbaren Entstehung des Kapitals aus Arbeit beizuwohnen.

Was dagegen spricht: Soll die additionelle Kapitalbildung unter schlechteren Produktionsbedingungen vor sich gehn als die Reproduktion des alten Kapitals? Auf eine tiefere Stufe der Produktionsweise zurückgegangen werden? Dies müßte aber der Fall sein, wenn der neue Wert bloß in immediate labour[2] verausgabt, die also auch *ohne capital fixe* etc. dies selbst erst zu produzieren hätte, ganz wie ursprünglich die Arbeit ihr konstantes Kapital erst selbst zu erzeugen hat. Dies ist reiner nonsense. Dies aber *Ric*[*ardo*]*s etc. Voraussetzung*. Darauf näher einzugehn.

Die erste Frage ist die:

Kann ein Teil des Mehrwerts in Kapital verwandelt werden dadurch, daß der Kapitalist, statt denselben oder vielmehr das surplus produce, worin er sich darstellt, zu *verkaufen*, ihn vielmehr *direkt* als Kapital verwendet? Die Bejahung dieser Frage schlösse schon ein, daß die ganze Summe des in Kapital zu verwandelnden Mehrwerts *nicht* in variables Kapital verwandelt oder nicht in Arbeitslohn ausgelegt wird.

Bei dem Teil des agricultural produce, der aus Korn oder Vieh besteht,

[1] fertige Produkt – [2] unmittelbarer Arbeit

ist dies von vornherein klar. Ein Teil des Korns, der zu dem Teil der Ernte gehört, der das surplus produce oder die surplus value für den farmer darstellt (ebenso Teil des Viehs), statt verkauft zu werden, kann sofort wieder als Produktionsbedingung dienen, als Samen oder Lastvieh. Ebenso verhält es sich mit dem Teil der auf dem Land selbst produzierten Düngungsmittel, die zugleich als Waren im commerce zirkulieren, d.h. verkauft werden können. Diesen Teil des ihm als surplus value, als Profit [zu]fallenden surplus produce kann der farmer sofort wieder in Produktionsbedingung innerhalb seiner eignen Produktionssphäre, daher *unmittelbar* in Kapital verwandeln. Dieser Teil wird nicht in wages verausgabt, nicht in variables Kapital verwandelt. Er wird der individuellen Konsumtion entzogen, ohne *produktiv* im Sinne Smiths und Ric[ardo]s konsumiert zu werden. Er wird *industriell* konsumiert, aber als Rohstoff, nicht als Lebensmittel, weder von produktiven noch unproduktiven Arbeitern. Das Korn aber dient nicht nur als Lebensmittel für produktive Arbeiter etc., sondern auch als matière instrumentale für Vieh, als Rohmaterial für Branntwein, Stärke etc. Das Vieh seinerseits (Mast- oder Lastvieh) dient nicht nur als Lebensmittel, sondern liefert Rohstoffe für eine Masse Industrien durch Fell, Haut, Fett, Knochen, Horn etc. und bewegende Kraft teils für die Agrikultur selbst, teils für die Transportindustrie.

Bei allen Industrien, wo die *Reproduktionszeit* sich über ein Jahr erstreckt, wie bei großem Teil des Viehs, Holzes usw., die aber zugleich fortwährend reproduziert werden müssen, d.h. Anwendung bestimmten Quantums von Arbeit erfordern, fallen Akkumulation und Reproduktion soweit zusammen, als die *neuzugefügte* Arbeit, die nicht nur bezahlte, sondern auch unbezahlte Arbeit darstellt, aufgehäuft werden muß in natura, bis das Produkt verkauffähig ist. (Es ist hier nicht die Rede vom Aufhäufen des nach der allgemeinen Profitrate jährlich zugefügten Profits – dies keine *wirkliche* Akkumulation, sondern nur Weise der Berechnung –, sondern von dem Aufhäufen der Gesamtarbeit, die sich während mehrer Jahre wiederholt, wo also nicht nur bezahlte, sondern auch unbezahlte Arbeit aufgehäuft wird in natura und sofort wieder in Kapital verwandelt wird. Die Aufhäufung des Profits in solchen Fällen dagegen unabhängig von dem Quantum der neuzugefügten Arbeit.)

Ebenso verhält es sich mit den *Handelspflanzen* (ob sie ein Rohmaterial oder matières instrumentales liefern). Ihr Samen, der Teil derselben, der wieder als Dünger verwandt werden kann etc., stellt einen Teil des Gesamtprodukts vor. Wäre er *unverkäuflich*, so würde das nichts daran ändern, daß, sobald er wieder als Produktionsbedingung eingeht, er einen Teil des

Gesamtwerts bildet und als ||702| solcher konstantes Kapital für die neue Produktion bildet.

Hiermit schon eine Hauptsache erledigt – Rohmaterial und Lebensmittel (food), soweit sie eigentliches agricultural produce sind. Hier fällt also Akkumulation *direkt* mit Reproduktion auf größrer Stufenleiter zusammen, so daß ein Teil des surplus produce direkt in seiner eignen Produktionssphäre, *ohne gegen Arbeitslohn oder andre Waren ausgetauscht zu werden*, wieder als Produktionsmittel dient.

Die zweite Hauptsache ist die *Maschinerie*. Nicht die Maschine, die Waren produziert, sondern die maschinenproduzierende Maschine, das *capital constant* der maschinenproduzierenden Maschinerie. Diese gegeben, ist nichts als Arbeit nötig, um das Rohmaterial der extraktiven Industrie, Eisen etc., für Gefäße und Maschinen zu liefern. Und mit letztren sind die Maschinen zur Bearbeitung des Rohmaterials selbst geliefert. Die Schwierigkeit, worum es sich hier handelt, ist, nicht in einen cercle vicieux der Voraussetzungen zu geraten. Nämlich, um mehr Maschinerie zu produzieren, mehr Material nötig (Eisen etc., Kohlen etc.), und um dieses zu produzieren, ist mehr Maschinerie nötig. Ob wir annehmen, daß maschinenbauende Industrielle und maschinenfabrizierende (mit den maschinenbauenden Maschinen) dieselbe Klasse oder nicht, ändert nichts an der Sache. Soviel klar. Ein Teil des surplus produce stellt sich in maschinenbauenden Maschinen dar (wenigstens hängt es vom Maschinenfabrikanten ab, es darin darzustellen). Diese brauchen nicht verkauft zu werden, sondern können in natura wieder in die Neuproduktion als konstantes Kapital eingehn. Hier also zweite Kategorie des surplus produce, das direkt (oder durch Tausch in derselben Produktionssphäre vermittelt) als konstantes Kapital in die Neuproduktion (Akkumulation) eingeht, ohne durchgegangen zu sein durch den Prozeß einer frühern Verwandlung in variables Kapital.

Die Frage, ob ein Teil der *surplus value* direkt in konstantes Kapital verwandelt werden kann, löst sich zunächst in die Frage auf, ob ein Teil des *surplus produce* – worin sich die surplus value darstellt – direkt wieder als Produktionsbedingung in seine eigne Produktionssphäre eingehn kann, ohne vorher veräußert zu werden.

Allgemeines Gesetz das:

Wo ein Teil des Produkts, also auch des *surplus produce* (d.h. des Gebrauchswerts, worin sich die surplus value darstellt) direkt, ohne Vermittlung, als Produktionsbedingung wieder in die Produktionssphäre eingehn kann, aus der es hervorgegangen ist – als Arbeitsmittel oder Arbeitsmaterial –, kann und muß die Akkumulation innerhalb dieser Produktionssphäre sich so darstellen, daß ein Teil des surplus produce, statt verkauft zu werden, direkt (oder durch Austausch mit andern Spezialisten in derselben Produktionssphäre, die ähnlich akkumulieren) als Bedingung der Reproduktion wieder einverleibt wird, so daß Akkumulation und Reproduktion auf größrer Stufenleiter hier *direkt* zusammenfallen. Sie müssen überall zusammenfallen, aber nicht in dieser direkten Weise.

Dies trifft auch zu bei einem Teil der matières instrumentales. Z.B. das Kohlenprodukt des Jahrs. Ein Teil des surplus produce kann benutzt werden, um selbst wieder Kohlen zu produzieren, kann also von seinen Produzenten direkt, ohne irgendeine Vermittlung, als konstantes Kapital für Produktion auf größrer Stufenleiter vernutzt werden.

Es gibt in den Industriebezirken Maschinenbauer, die ganze Fabriken bauen für die Fabrikanten. Gesetzt, $^{1}/_{10}$ sei surplus produce oder unbezahlte Arbeit. Ob dies $^{1}/_{10}$ des surplus produce in Fabrikgebäuden sich darstellt, die für Dritte gebaut und an sie verkauft sind oder in einem Fabrikgebäude, das der Produzent für sich bauen läßt, an sich selbst verkauft, ändert offenbar nichts an der Sache. Es handelt sich hier nur um die *Art des Gebrauchswerts*, worin die Surplusarbeit sich darstellt, ob sie wieder als Produktionsbedingung in die Produktionssphäre ||703| des Kapitalisten eingehn kann, dem das surplus produce gehört. Hier wieder ein Beispiel von der Wichtigkeit der Bestimmung des *Gebrauchswerts für die ökonomischen Formbestimmungen*.

Hier haben wir also schon einen bedeutenden Teil des surplus produce, hinc[1] der surplus value, der direkt in konstantes Kapital verwandelt werden kann und muß, um *akkumuliert* zu werden als *Kapital* und ohne den überhaupt keine Akkumulation des Kapitals stattfinden kann.

Wir haben *zweitens* gesehn, daß, wo die kapitalistische Produktion entwickelt ist, also die Produktivität der Arbeit, also das konstante Kapital, also namentlich auch der Teil des konstanten Kapitals, der aus fixem Kapital besteht, die *bloße Reproduktion des fixen Kapitals in allen Sphären*, und parallel auch die Reproduktion des vorhandnen Kapitals, das fixes Kapital produziert, einen Akkumulationsfonds bildet, d.h. Maschinerie, konstantes Kapital für Produktion auf erweiterter Stufenleiter liefert.

Drittens: Bleibt die Frage: Kann ein Teil des *surplus produce* durch (vermittelten) Austausch zwischen dem Produzenten z.B. der Maschinerie, Arbeitswerkzeuge etc. und dem von Rohmaterial, Eisen, Kohle, Metallen, Holz usw., also durch Austausch verschiedner Bestandteile des konstanten Kapitals in Kapital (konstantes Kapital) rückverwandelt werden? Kauft z.B.

[1] daher

der Fabrikant von Eisen, Kohle, Holz etc. Maschinerie oder Werkzeuge vom Maschinenbauer und der Maschinenbauer Metall, Holz, Kohle etc. von dem Urproduzenten, so ersetzen sie durch Austausch der wechselseitigen Bestandteile ihres capital constant dasselbe oder bilden neues. Die Frage hier, wieweit dies mit dem *surplus produce* der Fall?

[5. *Verwandlung des kapitalisierten Mehrwerts in konstantes und variables Kapital*]

Wir hatten früher gesehn[1], daß bei der einfachen Reproduktion des *vorausgesetzten* Kapitals der in der Reproduktion des *konstanten Kapitals* abgenutzte Teil des konstanten Kapitals ersetzt wird entweder direkt in natura oder durch Austausch zwischen den Produzenten des konstanten Kapitals, ein Austausch von Kapital gegen Kapital, und nicht aber von Revenue gegen Revenue, noch von Revenue gegen Kapital. Ferner das konstante Kapital, das abgenutzt wird oder industriell konsumiert wird in der Produktion von konsumablen Artikeln – Artikeln, die in die individuelle Konsumtion eingehn –, wird ersetzt durch neue Produkte derselben Art, die das Resultat *neuzugefügter* Arbeit sind, also sich in Revenue (Salair und Profit) auflösen. Danach stellte der Teil der Produktenmasse in den Sphären, die konsumable Artikel produzieren, der gleich dem Wertteil derselben, der ihr konstantes Kapital ersetzt, die Revenue der Produzenten des konstanten Kapitals vor, während umgekehrt der Teil der Produktenmasse in den Sphären, die konstantes Kapital produzieren, der neuzugesetzte Arbeit darstellt und daher die Revenue der Produzenten dieses konstanten Kapitals bildet, das konstante Kapital (Ersatzkapital) für die Produzenten der Lebensmittel darstellt. Es unterstellt dies also, daß die Produzenten des konstanten Kapitals ihr surplus produce (d. h. hier den Überschuß ihres Produkts über den Teil desselben, der gleich *ihrem* konstanten Kapital) gegen Lebensmittel austauschen, individuell seinen Wert konsumieren. Indes ist dies surplus produce

1. = Salair (oder dem reproduzierten fund[2] für das Salair), und dieser Teil muß (von seiten des Kapitalisten) der Ausgabe in wages, also für die individuelle Konsumtion bestimmt bleiben (und das Minimum des Salairs vorausgesetzt, kann auch der Arbeiter die so erhaltnen wages nur in Lebensmitteln realisieren);

[1] Siehe 1. Teil dieses Bandes, S. 109–121, 158–168 und 214–222 – [2] Fonds

2. = dem Profit des Kapitalisten (Rente eingeschlossen). Dieser Teil kann, wenn er groß genug ist, zum Teil individuell konsumiert werden, zum Teil industriell. Und in diesem letztren Fall findet Austausch ihrer Produkte zwischen den Produzenten von konstantem Kapital statt, der aber nicht mehr Austausch des Produktenteils ist, der ihr wechselseitig zu ersetzendes capital constant vorstellt, sondern Teil des surplus produce, Revenue (*neuzugesetzte* Arbeit), die direkt in konstantes Kapital verwandelt, wodurch dann die Masse des konstanten Kapitals vermehrt und die Stufenleiter, auf der reproduziert wird, erweitert wird.

Also auch in diesem Fall wird ein Teil des vorhandnen surplus produce, der während des Jahrs neuzugefügten Arbeit, direkt in konstantes Kapital verwandelt, ohne vorher in variables Kapital verwandelt worden zu sein. Also auch hier zeigt sich wieder, daß die industrielle Konsumtion des surplus produce – oder die Akkumulation – keineswegs damit identisch ist, daß das ganze surplus produce in wages an produktive Arbeiter verausgabt wird.

Man kann sich denken: Der Maschinenfabrikant verkauft seine Ware (Teil) an den Produzenten z.B. von Gewebe. Dieser zahlt ihm Geld. Mit diesem Geld kauft er Eisen, Kohle etc. statt Lebensmittel. Indes, den allgemeinen Prozeß betrachtet, ist klar, daß die Produzenten von Lebensmitteln keine Ersatz-Maschinerie oder Ersatz-Rohmaterial kaufen können, wenn die Produzenten des Ersatzes [an] konstantem Kapital ihnen nicht ihre Lebensmittel abkaufen, wenn diese Zirkulation also nicht wesentlich Austausch zwischen Lebensmitteln und konstantem Kapital ist. Durch das Auseinanderfallen der Akte des Kaufens und Verkaufens können natürlich sehr wesentliche Störungen und Verwicklungen in diese Ausgleichungsprozesse kommen.

||704| Kann ein Land nicht selbst die Masse Maschinerie liefern, die ihm Akkumulation des Kapitals erlaubt, so kauft es sie im Ausland. Ditto, wenn es selbst nicht die nötige Masse Lebensmittel (für wages) und Rohmaterial liefern kann. Hier, sobald der internationale Handel dazwischenkommt, wird es sonnenklar, daß ein Teil des surplus produce des Landes – soweit es zur Akkumulation bestimmt ist – sich nicht in Arbeitslohn, sondern direkt in konstantes Kapital verwandelt. Aber dann bleibt die Vorstellung, daß drüben im Ausland das so ausgelegte Geld ganz in Arbeitslohn verausgabt wird. Wir haben gesehn, daß, selbst vom auswärtigen Handel abstrahiert, dies nicht der Fall ist und nicht der Fall sein kann.

In welchem Verhältnis das surplus produce sich zwischen variablem und konstantem Kapital teilt, hängt von der Durchschnittskomposition des

Kapitals ab, und je entwickelter die kapitalistische Produktion, um so kleiner wird *relativ* der direkt in Arbeitslohn ausgelegte Teil sein. Die Vorstellung, daß das surplus produce, weil es bloßes Produkt der während des Jahrs neuzugefügten Arbeit, nun auch bloß in variables Kapital verwandelt, nur in Arbeitslohn ausgelegt wird, entspricht überhaupt der falschen Vorstellung, daß, weil das Produkt bloß Resultat oder Materiatur der Arbeit, sein Wert sich bloß in Revenue – Salair, Profit und Rente – auflöst, diese falsche Vorstellung Smiths und Ricardos.

Ein großer Teil des konstanten Kapitals, nämlich das fixe Kapital, kann aus solchem bestehn, das direkt im Produktionsprozeß zur Erzeugung von Lebensmitteln, Rohstoffen etc. eingeht oder entweder zur Abkürzung des Zirkulationsprozesses dient, wie Eisenbahnen, Straßen, Schiffbarmachung, Telegraphen etc., oder zum Aufbewahren und [zur] Vorratsbildung von Waren, wie Docks, Lagerhäuser etc., oder aber erst nach langer Reproduktionszeit die Fruchtbarkeit vergrößert, wie Nivellierungsarbeiten, Abzugskanäle etc. Je nachdem ein größrer oder kleinrer Teil des surplus produce auf eine dieser Arten capital fixe verwandt wird, werden die unmittelbaren nächsten Folgen für die Reproduktion von Lebensmitteln etc. sehr verschieden sein.

[6. *Problem der Krisen (Einleitende Bemerkungen). Zerstörung von Kapital durch Krisen*]

Die *Surplusproduktion* des konstanten Kapitals vorausgesetzt – d.h. größre Produktion als zum Ersatz des alten Kapitals, also auch zur Produktion der alten Quantität Lebensmittel nötig –, hat die Surplusproduktion oder Akkumulation in den Sphären, die Maschinerie, Rohstoffe etc. verarbeiten, keine weitre Schwierigkeit. Ist die nötige Surplusarbeit vorhanden, so finden sie dann auf dem Markt alle Mittel zu neuer Kapitalbildung, zur Verwandlung ihres Surplusgelds in neues Kapital vor.

Aber der ganze Prozeß der Akkumulation löst sich zunächst in *Surplusproduktion* auf, die einerseits dem natürlichen Wachstum der Bevölkerung entspricht, anderseits eine immanente Basis zu den Erscheinungen bildet, die sich in den *Krisen* zeigen. Das Maß dieser Surplusproduktion ist das *Kapital* selbst, die vorhandne Stufenleiter der Produktionsbedingungen und der maßlose Bereicherungs-, Kapitalisationstrieb der Kapitalisten, keineswegs die *Konsumtion*, die von vornherein gebrochen ist, da der größte Teil der Bevölkerung, die Arbeiterbevölkerung, nur innerhalb sehr enger Grenzen ihre Konsumtion erweitern kann, anderseits im selben Maße, wie der Kapitalismus sich entwickelt, die Nachfrage nach Arbeit *relativ* abnimmt, obgleich sie *absolut* wächst. Es kömmt hinzu, daß die Ausgleichungen alle *zufällige* und die Proportion in der Anwendung der Kapitalien in den besondren Sphären zwar durch einen beständigen Prozeß sich ausgleicht, die Beständigkeit dieses Prozesses selbst aber ebensosehr die beständige Disproportion voraussetzt, die er beständig, oft gewaltsam auszugleichen hat.

Wir haben hier bloß die Formen zu betrachten, die das Kapital in seinen verschiednen Fortentwicklungen durchmacht. Es sind also die reellen Verhältnisse nicht entwickelt, innerhalb deren der wirkliche Produktionsprozeß vorgeht. Es wird immer unterstellt, daß die Ware zu ihrem Wert verkauft wird. Die Konkurrenz der Kapitalien wird nicht betrachtet, ebensowenig das Kreditwesen, ebensowenig die wirkliche Konstitution der Gesellschaft, die keineswegs bloß aus den Klassen der Arbeiter und industriellen Kapitalisten besteht, wo also Konsumenten und Produzenten nicht identisch, die erstere Kategorie (deren Revenuen zum Teil sekundäre, vom Profit und Salair abgeleitete, keine primitiven sind) der Konsumenten viel weiter ist als die zweite, und daher die Art, wie sie ihre Revenue spendet, und der Umfang der letztren sehr große Modifikationen im ökonomischen Haushalt und speziell im Zirkulations- und Reproduktionsprozesse des Kapitals hervorbringt. Indes, wie wir schon bei Betrachtung des Gelds[84] fanden, sowohl soweit es überhaupt von der Naturalform der Ware verschiedne Form, als in seiner Form als Zahlungsmittel, daß es die Möglichkeit von Krisen einschließt, so ergibt sich das noch mehr bei der Betrachtung der allgemeinen Natur des Kapitals, ohne daß noch die weiteren realen Verhältnisse entwickelt, die alle Voraussetzungen des wirklichen Produktionsprozesses bilden.

||705| Die von Ric[ardo] adoptierte (eigentlich [James] Mill gehörige) Ansicht des faden Say (worauf wir bei Besprechung dieses Jammermenschen zurückkommen), daß keine *Überproduktion* möglich oder wenigstens no *general glut of the market*[1], beruht auf dem Satz, daß *Produkte gegen Produkte* ausgetauscht werden[85] oder, wie Mill es hatte, auf dem „metaphysischen Gleichgewicht der Verkäufer und Käufer“[86], [was] weiter entwickelt [wurde zu] der nur durch die Produktion selbst bestimmten Nachfrage oder auch der Identität von demand und offer[2]. Derselbe Satz

[1] keine *allgemeine Überfüllung des Marktes* – [2] Nachfrage und Angebot

auch in der namentlich von Ric[ardo] beliebten Form, daß any amount of capital[1] in jedem Land kann be employed productively[2].

„Say", sagt Ric[ardo], ch. XXI „*Effects* of Accumulation on profits and interest", „hat ... in durchaus zufriedenstellender Weise gezeigt, daß es keine Kapitalsumme gibt, die nicht in einem Lande verwendet werden kann, da die *Nachfrage nur durch die Produktion beschränkt wird.* Niemand *produziert, außer mit der Absicht zu konsumieren* oder *zu verkaufen, und er verkauft niemals, außer* um *eine andere Ware zu kaufen,* die ihm entweder nützlich sein kann oder zur künftigen Produktion beizutragen vermag. Durch Produzieren wird er also notwendigerweise entweder Konsument seiner eigenen Ware oder Käufer und Konsument der Waren jemandes anderen. Man kann nicht annehmen, daß er für längere Zeit über die Waren falsch unterrichtet sein wird, die er mit größtem Vorteil produzieren kann, um das ins Auge gefaßte Ziel zu erreichen, nämlich den *Besitz anderer Waren.* Es ist daher nicht wahrscheinlich, daß er *dauernd*" (es handelt sich hier überhaupt nicht um das ewige Leben) „eine Ware produzieren wird, für die es keine Nachfrage gibt." (p. 339, 340.)

Ricardo, der überall konsequent zu sein bestrebt, findet, daß seine Autorität Say ihm hier einen Possen spielt. Er bemerkt in einer Note zu der oben zitierten Stelle:

„Steht das Folgende völlig im Einklang mit Say's Prinzip? ‚In je größerem Maße verfügbare Kapitalien im Verhältnis zum Umfang ihrer Anlagemöglichkeit überschüssig sind, desto mehr wird die Zinsrate für Kapitalausleihungen sinken.' (*Say*, vol. II, p. 108.) Wenn Kapital beliebigen Umfangs in einem Land angelegt werden kann, wie kann man sagen, daß es im Vergleich mit den dafür vorhandenen Anlagemöglichkeiten überschüssig sei." (l. c. p. 340, Note.)

Da Ric[ardo] sich auf Say beruft, werden wir später Says Sätze bei diesem Humbug selbst kritikieren.

Hier vorläufig nur: Bei der Reproduktion, ganz wie bei der accumulation of capital, handelt es sich nicht nur darum, *dieselbe* Masse Gebrauchswerte, aus denen das Kapital besteht, auf ihrer alten Stufenleiter oder auf einer erweiterten (bei der Akkumulation) zu ersetzen, sondern den *Wert* des vorgeschoßnen Kapitals mit der gewöhnlichen Profitrate (Mehrwert) zu ersetzen. Sind also durch irgendeinen Umstand oder Kombination von Umständen die Marktpreise der Waren (aller oder der meisten, was ganz gleichgültig ist) tief unter ihre Kostenpreise gefallen, so wird einerseits die Reproduktion des Kapitals möglichst kontrahiert. Noch mehr aber stockt die Akkumulation. In der Form von Geld (Gold oder Noten) aufgehäufte surplus value würde nur mit Verlust in Kapital verwandelt. Sie liegt daher

[1] jede Menge Kapital – [2] produktiv angewandt werden

brach als Schatz in den Banken oder auch in der Form von Kreditgeld, was gar nichts an der Sache selbst ändert. Dieselbe Stockung könnte aus umgekehrten Ursachen eintreten, wenn die *realen Voraussetzungen* der Reproduktion fehlten (wie bei Getreideteurung oder weil nicht genug konstantes Kapital in natura aufgehäuft worden). Es tritt eine Stockung in der Reproduktion ein, darum in dem Fluß der Zirkulation. Kauf und Verkauf setzen sich gegeneinander fest, und unbeschäftigtes Kapital erscheint in der Form von brachliegendem Geld. Dasselbe Phänomen (und dies geht meist den Krisen vorher) kann eintreten, wenn die Produktion des Surpluskapitals sehr rasch vorgeht und seine Rückverwandlung in produktives Kapital die Nachfrage nach allen Elementen desselben so steigert, daß die wirkliche Produktion nicht Schritt halten kann, daher die Preise aller Waren, die in die Bildung des Kapitals eingehn, steigen. In diesem Fall sinkt der Zinsfuß sehr, so sehr der Profit steigen mag, und dies Sinken des Zinsfußes führt dann zu gewagtesten spekulativen Unternehmungen. Die Stockung der Reproduktion führt zur Abnahme des variablen Kapitals, [zum] Fallen des Arbeitslohns und Fallen der angewandten Masse Arbeit. Diese ihrerseits reagiert von neuem auf die Preise und führt neuen Fall derselben herbei.

Es ist nie zu vergessen, daß es sich bei der kapitalistischen Produktion nicht direkt um Gebrauchswert, sondern um Tauschwert handelt und speziell um Vermehrung des Surpluswerts. Dies ist das treibende Motiv der kapitalistischen Produktion, und es ist eine schöne Auffassung, die, um die Widersprüche der kapitalistischen Produktion wegzuräsonieren, von der Basis derselben abstrahiert und sie zu einer Produktion macht, die auf unmittelbare Konsumtion der Produzenten gerichtet ist.

Ferner: Da der Zirkulationsprozeß des Kapitals kein Tagesleben führt, sich vielmehr über längere Epochen erstreckt, bevor die Rückkehr des Kapitals zu sich stattfindet, da diese Epoche aber zusammenfällt mit der Epoche, worin sich die Marktpreise ||706| zu den Kostenpreisen ausgleichen, da während dieser Epoche große Umwälzungen und changes im *Markt* vorgehn, da große changes in der Produktivität der Arbeit, daher auch im *realen Wert* der Waren vorgehn, so ist sehr klar, daß vom Ausgangspunkt – dem vorausgesetzten Kapital – bis zu seiner Rückkehr nach einer dieser Epochen große Katastrophen stattfinden und Elemente der Krise sich anhäufen und entwickeln müssen, die mit der armseligen Phrase, daß Produkte gegen Produkte sich austauschen, in keiner Weise beseitigt werden. Das *Vergleichen* des Werts in einer Epoche mit dem Wert derselben Waren in einer spätren Epoche, was Herr Bailey[87] für eine scholastische

Einbildung hält, bildet vielmehr das Grundprinzip des Zirkulationsprozesses des Kapitals.

Wenn von *Zerstörung von Kapital* durch Krisen die Rede ist, so ist zweierlei zu unterscheiden.

Insofern der Reproduktionsprozeß stockt, der Arbeitsprozeß beschränkt wird oder stellenweise ganz stillgesetzt, wird *wirkliches* Kapital vernichtet. Die Maschinerie, die nicht gebraucht wird, ist nicht Kapital. Die Arbeit, die nicht exploitiert wird, ist soviel [wie] verlorne Produktion. Rohmaterial, das unbenutzt daliegt, ist kein Kapital. Gebäulichkeiten, die entweder unbenutzt bleiben (ebenso wie neugebaute Maschinerie) oder unvollendet bleiben, Waren, die verfaulen im Warenlager, alles dies ist Zerstörung von Kapital. Alles das beschränkt sich auf Stockung des Reproduktionsprozesses und darauf, daß die *vorhandnen* Produktionsbedingungen nicht wirklich als Produktionsbedingungen wirken, in Wirksamkeit gesetzt werden. Ihr Gebrauchswert und ihr Tauschwert geht dabei zum Teufel.

Zweitens aber meint *Zerstörung des Kapitals* durch Krisen Depreziation von *Wertmassen*, die sie hindert, später wieder ihren Reproduktionsprozeß als Kapital auf derselben Stufenleiter zu erneuern. Es ist der ruinierende Fall der Warenpreise. Damit werden keine Gebrauchswerte zerstört. Was der eine verliert, gewinnt der andre. Als Kapitalien wirkende Wertmassen werden verhindert, in derselben Hand sich als *Kapital* zu erneuern. Die alten Kapitalisten machen bankrutt. War der Wert ihrer Waren, aus deren Verkauf sie ihr Kapital reproduzieren, = 12000 *l.*, wovon etwa 2000 *l.* Profit, und sinken sie zu 6000 *l.*, so kann dieser Kapitalist weder seine kontrahierten Obligationen zahlen, noch, wenn er selbst keine hätte, mit den 6000 *l.* das Geschäft auf demselben Maßstab wieder beginnen, da die Warenpreise wieder auf ihre Kostenpreise steigen. Es ist so Kapital für 6000 *l.* vernichtet, obgleich der Käufer dieser Waren, da er sie zu der Hälfte ihres Kostenpreises erstanden, bei wieder auflebendem Geschäft sehr gut vorangehn und selbst profitiert haben kann. Ein großer Teil des nominellen Kapitals der Gesellschaft, i. e. des *Tauschwerts* des existierenden Kapitals, ist ein für allemal vernichtet, obgleich grade diese Vernichtung, da sie den Gebrauchswert nicht trifft, die neue Reproduktion sehr fördern mag. Es ist dies zugleich Epoche, wo das monied interest[1] auf Kosten des industrial interest[2] sich bereichert. Was nun den Fall von bloß fiktivem Kapital, Staatspapieren, Aktien etc. betrifft – so – soweit er es nicht zum Bankrutt des Staats und der Aktiengesellschaft treibt, soweit dadurch nicht überhaupt die Reproduktion

[1] die Geldleute – [2] der Industrieleute

gehemmt wird, insofern dadurch der Kredit industrieller Kapitalisten, die solche Papiere halten, erschüttert wird –, ist es bloß Übertragung des Reichtums von einer Hand in die andre und wird im ganzen günstig auf die Reproduktion wirken, sofern die Parvenüs, in deren Hand diese Aktien oder Papiere wohlfeil fallen, meist unternehmender sind als die alten Besitzer.

[7. *Abgeschmackte Leugnung der Überproduktion von Waren bei gleichzeitiger Anerkennung des Überflusses an Kapital*]

Ric[ardo] ist immer, soweit er selbst weiß, konsequent. Bei ihm ist also der Satz, daß keine *Überproduktion* (von Waren) möglich, identisch mit dem Satz, daß keine plethora[1] oder superabundance of capital[2] möglich.*

„Es kann also nicht sein, daß in einem Land eine Summe Kapital akkumuliert worden ist, die nicht produktiv angelegt werden kann, solange nicht die Löhne infolge der Erhöhung der notwendigen Konsumartikel so hoch steigen und daher so wenig für den Kapitalprofit übrigbleibt, daß der Anreiz zur Akkumulation aufhört." (l.c. p.340). „Daraus ergibt sich..., daß es keine Grenze der Nachfrage gibt und keine Schranke für die Verwendung von Kapital, solange es einen Profit abwirft, und daß es keinen anderen hinreichenden Grund für einen *Fall des Profits* als eine Erhöhung der Löhne gibt, gleichgültig, wie *reichlich auch immer Kapital vorhanden sein mag*. Man kann weiter hinzufügen, daß die allein wirksame und dauernde Ursache für die Erhöhung der Löhne in der wachsenden Schwierigkeit besteht, Nahrungsmittel und lebenswichtige Konsumartikel ||707| für die steigende Zahl der Arbeiter zu beschaffen." (l.c. p.347, 348.)

Was würde Ric[ardo] dann gesagt haben zu der Stupidität seiner Nachfolger, die die Überproduktion in einer Form (als general glut of commodities in the market[3]) leugnen und sie in der andren Form als surproduction of capital, plethora of capital, superabundance of capital[4] nicht nur zugeben, sondern zu einem wesentlichen Punkt ihrer Doktrinen machen?

Kein einziger zurechnungsfähiger Ökonom der nachricardoschen Periode leugnet die plethora of capital. Alle erklären vielmehr die Krisen daraus (soweit nicht aus Kreditgeschichten). Also alle geben die Über-

* Man muß hier unterscheiden. Wenn Smith den Fall der Profitrate aus superabundance of capital, accumulation of capital erklärt, so handelt es sich um *permanente* Wirkung und dies falsch. Dagegen transitorisch superabundance of capital, Überproduktion, Krise ist was andres. Permanente Krisen gibt es nicht.

[1] Überfluß – [2] Überfülle von Kapital – [3] allgemeine Überfülle von Waren auf dem Markte – [4] Überproduktion von Kapital, Überfluß an Kapital, Überfülle von Kapital

produktion in einer Form zu, leugnen sie aber in der andren. Es bleibt also nur die Frage, wie sich die beiden Formen der Überproduktion zueinander verhalten, die Form, worin sie geleugnet wird, zu der Form, worin sie versichert wird?

Ric[ardo] selbst kannte eigentlich von Krisen nichts, von allgemeinen, aus dem Produktionsprozeß selbst hervorgehenden Weltmarktskrisen. Die Krisen von 1800–1815 konnte er erklären aus Getreideteurung infolge des Mißwachses von Ernten, aus Depreziation des Papiergelds, aus Depreziation der Kolonialwaren etc., weil infolge der Kontinentalsperre der Markt gewaltsam, aus politischen, nicht ökonomischen Gründen, kontrahiert war. Die Krisen nach 1815 konnte er sich ebenfalls erklären, teils aus einem Mißjahr, von Getreidenot, teils aus dem Fall der Kornpreise, weil die Ursachen aufgehört hatten zu wirken, die nach seiner eignen Theorie während des Kriegs und der Absperrung Englands vom Kontinent die Getreidepreise in die Höhe treiben mußten, teils aus dem Übergang vom Krieg zum Frieden und den daher entspringenden „sudden changes in the channels of trade“[1]. (Siehe in seinen „Principles“, ch. XIX: „On sudden Changes in the Channels of Trade“.)

Die spätren historischen Phänomene, speziell die fast regelmäßige Periodizität der Weltmarktkrisen erlaubte den Nachfolgern Ricardos nicht mehr, die Tatsachen zu leugnen oder sie als zufällige facts zu interpretieren. Statt dessen erfanden sie – abgesehn von denen, die alles aus dem Kredit erklären, um dann zu erklären, sie selbst werden die superabundance of capital voraussetzen müssen – den schönen Unterschied zwischen *plethora of capital* und *overproduction*. Gegen die letztere hielten sie die Phrasen und guten Gründe von Ric[ardo] und Smith bei, während sie aus der ersteren ihnen sonst unerklärliche Phänomene zu deduzieren suchen. Einzelne Krisen erklärt Wilson z.B. aus der plethora von fixem Kapital, andre aus der plethora von zirkulierendem Kapital. Die plethora des Kapitals selbst wird von den besten Ökonomen (wie Fullarton) behauptet und ist schon so stehendes Vorurteil geworden, daß die Phrase sich selbst in dem Kompendium des gelehrten Herrn Roscher[88] als selbstverständlich wiederfindet.

Es fragt sich also, was ist plethora of capital, und wodurch unterscheidet sich dieses Ding von overproduction?

(Allerdings erheischt die Gerechtigkeit, zu bemerken, daß andre Ökonomen, wie Ure, Corbet etc. die overproduction für den *regulären Zustand der großen Industrie* erklären, soweit das Inland in Betracht kommt. Also nur

[1] „plötzlichen Veränderungen der Handelswege“

zu Krisen führt under certain circumstances[1], wo sich auch der auswärtige Markt kontrahiert.)

Nach denselben Ökonomen ist Kapital = Geld oder Waren. Überproduktion vom Kapital also = Überproduktion von Geld oder Waren. Und doch sollen beide Phänomene nichts miteinander gemein haben. Sogar nicht einmal Überproduktion von Geld, da dies bei ihnen Ware ist, so daß sich das ganze Phänomen in Überproduktion von Waren auflöst, die sie unter einer Benennung zugeben und unter der andren leugnen. Wird ferner gesagt, es sei fixes Kapital überproduziert oder zirkulierendes, so liegt das zugrunde, daß die Waren nicht mehr in dieser einfachen Bestimmung, sondern in ihrer Bestimmung als Kapital hier in Betracht kommen. Damit ist aber andrerseits wieder zugegeben, daß bei der kapitalistischen ||708| Produktion und ihren Phänomenen – f.i. overproduction – es sich nicht nur um das einfache Verhältnis handelt, worin das Produkt als *Ware* erscheint, bestimmt ist, sondern um gesellschaftliche Bestimmungen desselben, wodurch es *mehr* und noch etwas andres als Ware ist.

Überhaupt: Soweit in der Phrase *plethora of capital* statt *Überproduktion von Waren* nicht bloß eine ausflüchtige Redensart liegt oder die gewissenlose Gedankenlosigkeit, die dasselbe Phänomen als vorhanden und notwendig zugibt, sobald es a heißt, es aber leugnet, sobald es b genannt wird, in der Tat also nur Skrupel und Bedenken über die *Namengebung* des Phänomens, nicht über das Phänomen selbst hat oder auch dieser Schwierigkeit, das Phänomen zu erklären, dadurch ausweichen will, daß man es in einer Form (Namen) leugnet, worin es ihren Vorurteilen widerspricht, und nur in einer Form zugibt, wobei nichts gedacht wird – von diesen Seiten abgesehn, liegt in dem Übergang von der Phrase *„Überproduktion von Waren"* zu der Phrase *„plethora of capital"* in der Tat ein *Fortschritt.* Worin besteht der? Darin, daß die Produzenten sich nicht als bloße Warenbesitzer, sondern als Kapitalisten gegenüberstehn.

[8. *Leugnung der allgemeinen Überproduktion durch Ricardo. Möglichkeit der Krise ergibt sich aus den inneren Gegensätzen der Ware und des Geldes*]

Noch einige Sätze des Ricardo:

„Man wird ... verleitet anzunehmen, daß Adam Smith glaubt, wir stehen *unter irgendeinem Zwang*" (das ist in der Tat der Fall), *„einen Überschuß* an Getreide, Woll-

[1] unter gewissen Umständen

und Eisenwaren *zu erzeugen* und daß das Kapital, welches sie produzierte, nicht anders angelegt werden kann. Es ist aber immer eine Sache des Beliebens, wie ein Kapital angelegt werden soll, und es kann daher niemals *für einen längeren Zeitraum* ein Überschuß an irgendeiner Ware existieren. Wenn es ihn gäbe, so würde sie unter ihren natürlichen Preis sinken und Kapital würde in eine andere profitablere Anlage überführt." (p.341, 342, Note.)

„Produkte werden stets gekauft durch Produkte oder durch Dienste; Geld ist nur das Medium, wodurch der Austausch bewirkt wird."

(D.h., Geld ist bloßes Zirkulationsmittel, und der Tauschwert selbst ist bloß verschwindende Form des Austauschs von products gegen product – was falsch ist.)

„Es kann zuviel von einer bestimmten Ware produziert werden, von der dann ein solches Überangebot auf dem Markt vorhanden sein mag, daß das aufgewendete Kapital nicht zurückerstattet wird. *Das kann jedoch nicht in bezug auf alle Waren der Fall sein.*" (l.c. p.341, 342.) „Ob *diese erhöhte Produktion und die daraus entstehende Nachfrage* den Profit senken werden oder nicht, hängt ausschließlich von der Erhöhung der Löhne ab, und die Erhöhung der Löhne, ausgenommen für kurze Zeit, von der Leichtigkeit der Produktion der Nahrungsmittel und notwendigen Konsumartikel des Arbeiters." (l.c. p.343.) „Wenn Kaufleute ihr Kapital im auswärtigen Handel oder im Zwischenhandel anlegen, so geschieht dies immer aus freien Stücken und niemals aus Zwang. Es geschieht, weil in diesen Zweigen ihr Profit um einiges größer als im Binnenhandel sein wird." (p.344.)

Was die Krisen angeht, so haben mit Recht alle Schriftsteller, die die wirkliche Bewegung der Preise darstellen, oder alle Praktiker, die in gegebnen Momenten der Krise schreiben, die angeblich theoretische Salbaderei ignoriert und sich damit begnügt, daß das in der abstrakten Theorie – nämlich daß keine gluts of market[1] etc. möglich – wahr, in der Praxis aber falsch sei. Die regelmäßige Wiederholung der Krisen hat in der Tat das Saysche etc. Gekohl zu einer Phraseologie herabgesetzt, die nur noch in times of prosperity is used, but is thrown to the winds in times of crisis[2].

||709| In den Weltmarktkrisen bringen es die Widersprüche und Gegensätze der bürgerlichen Produktion zum Eklat. Statt nun zu untersuchen, worin die widerstreitenden Elemente bestehn, die in der Katastrophe eklatieren, begnügen sich die Apologeten damit, die Katastrophe selbst zu leugnen und ihrer gesetzmäßigen Periodizität gegenüber darauf zu beharren,

[1] Überfüllungen des Marktes – [2] Zeiten der Prosperität verwandt, aber in Zeiten der Krisen preisgegeben wird

daß die Produktion, wenn sie sich nach den Schulbüchern richtete, es nie zur Krise bringen würde. Die Apologetik besteht dann in der Fälschung der einfachsten ökonomischen Verhältnisse und speziell darin, dem Gegensatz gegenüber die Einheit festzuhalten.

Wenn z.B. Kauf und Verkauf – oder die Bewegung der Metamorphose der Ware – die Einheit zweier Prozesse oder vielmehr den Verlauf eines Prozesses durch zwei entgegengesetzte Phasen darstellt, also wesentlich die Einheit beider Phasen ist, so ist sie ebenso wesentlich die Trennung derselben und ihre Verselbständigung gegeneinander. Da sie nun doch zusammengehören, so kann die Verselbständigung der zusammengehörigen Momente nur gewaltsam *erscheinen*, als zerstörender Prozeß. Es ist grade die *Krise*, worin ihre Einheit sich betätigt, die Einheit der Unterschiedenen. Die Selbständigkeit, die die zueinander gehörigen und sich ergänzenden Momente gegeneinander annehmen, wird gewaltsam vernichtet. Die Krise manifestiert also die Einheit der gegeneinander verselbständigten Momente. Es fände keine Krise statt ohne diese innere Einheit der scheinbar gegeneinander Gleichgültigen. Aber nein, sagt der apologetische Ökonomist. Weil die Einheit stattfindet, kann *keine* Krise stattfinden. Was wieder nichts heißt, als daß die Einheit Entgegengesetzter den Gegensatz ausschließt.

Um nachzuweisen, daß die kapitalistische Produktion nicht zu allgemeinen Krisen führen kann, werden alle Bedingungen und Formbestimmungen, alle Prinzipien und differentiae specificae[1], kurz, die *kapitalistische Produktion* selbst geleugnet, und wird in der Tat nachgewiesen, daß, wenn die kapitalistische Produktionsweise, statt eine spezifisch entwickelte, eigentümliche Form der gesellschaftlichen Produktion zu sein, eine hinter ihren rohsten Anfängen liegende Produktionsweise wäre, die ihr eigentümlichen Gegensätze, Widersprüche und daher auch deren Eklat in den Krisen nicht existieren würden.

„Produkte", heißt es bei Ric[ardo] nach Say, „werden stets gekauft durch Produkte oder durch Dienste; Geld ist nur das Medium, wodurch der Austausch bewirkt wird."

Hier wird also erstens *Ware*, in der der Gegensatz von Tauschwert und Gebrauchswert existiert, in bloßes Produkt (Gebrauchswert) und daher der Austausch von Waren in bloßen Tauschhandel von Produkten, bloßen Gebrauchswerten, verwandelt. Es wird nicht nur hinter die kapitalistische

[1] spezifischen Unterschiede

Produktion, sondern sogar hinter die bloße Warenproduktion zurückgegangen, und das verwickeltste Phänomen der kapitalistischen Produktion – die Weltmarktkrise – dadurch weggeleugnet, daß die erste Bedingung der kapitalistischen Produktion, nämlich daß das Produkt Ware sein, sich daher als Geld darstellen und den Prozeß der Metamorphose durchmachen muß, weggeleugnet wird. Statt von Lohnarbeit zu sprechen, wird von „services" gesprochen, ein Wort, worin die spezifische Bestimmtheit der Lohnarbeit und ihres Gebrauchs – nämlich den Wert der Waren, wogegen sie ausgetauscht wird, zu vergrößern, Surpluswert zu erzeugen – wieder weggelassen wird und dadurch das spezifische Verhältnis, wodurch sich Geld und Ware in Kapital verwandeln. „*Service*" ist die Arbeit bloß als *Gebrauchswert* gefaßt (eine Nebensache in der kapitalistischen Produktion), ganz wie in dem Wort „Produkt" das Wesen der *Ware* und der in ihr liegende Widerspruch unterdrückt wird. *Geld* wird dann auch konsequent als bloßer Vermittler des Produktenaustauschs gefaßt, nicht als eine wesentliche und notwendige Existenzform der Ware, die sich als Tauschwert – allgemeine gesellschaftliche Arbeit – darstellen muß. Indem durch die Verwandlung der Ware in bloßen Gebrauchswert (Produkt) das Wesen des ||710| Tauschwerts weggestrichen wird, kann ebenso leicht das *Geld* als eine wesentliche und im Prozeß der Metamorphose gegen die ursprüngliche Form der Ware *selbständige* Gestalt derselben geleugnet werden oder muß vielmehr geleugnet werden.

Hier werden also die Krisen dadurch wegräsoniert, daß die ersten Voraussetzungen der kapitalistischen Produktion, das Dasein des Produkts als Ware, die Verdopplung der Ware in Ware und Geld, die daraus hervorgehenden Momente der Trennung im Warenaustausch, endlich die Beziehung zwischen Geld oder Ware zur Lohnarbeit vergessen oder geleugnet werden.

Nicht besser sind übrigens die Ökonomen (wie J. St. Mill z. B.), die die Krisen aus diesen einfachen, in der Metamorphose der Waren enthaltnen *Möglichkeiten* der Krise – wie der Trennung von Kauf und Verkauf – erklären wollen. Diese Bestimmungen, die die Möglichkeit der Krise erklären, erklären noch lange nicht ihre Wirklichkeit, noch nicht, *warum* die Phasen des Prozesses in solchen Konflikt treten, daß nur durch eine Krise, durch einen gewaltsamen Prozeß, ihre innre Einheit sich geltend machen kann. Diese *Trennung* erscheint in der Krise; es ist die Elementarform derselben. Die Krise aus dieser ihrer Elementarform *erklären*, heißt die Existenz der Krise dadurch erklären, daß man ihr Dasein in seiner abstraktesten Form ausspricht, also die Krise durch die Krise erklären.

„Kein Mann", sagt Ric[ardo][1], „produziert, außer in der Absicht zu konsumieren *oder* zu *verkaufen*, und er verkauft niemals, außer mit der Absicht, irgendeine andre Ware zu *kaufen*, die unmittelbar nützlich für ihn sein mag oder zu *künftiger Produktion* beitragen mag. Indem er produziert, wird er also notwendig entweder der Konsument seiner eignen Güter" (goods) „oder der Käufer und Konsument der Waren irgendeiner andren Person. Man kann nicht unterstellen, daß er für *längre Zeit* nicht unterrichtet sein wird über die Waren, die er am vorteilhaftesten produzieren kann, um den von ihm verfolgten Zweck zu erreichen, nämlich den *Besitz anderer Güter*, und *daher* ist es nicht wahrscheinlich, daß er *fortwährend*" (continually) „eine Ware produzieren wird, für die keine Nachfrage vorhanden ist." [l.c. p.339/340.]

Es ist dies kindisches Geschwätz eines Say, aber nicht Ric[ardo]s würdig. Zunächst produziert kein Kapitalist, um sein Produkt zu konsumieren. Und wenn wir von der kapitalistischen Produktion sprechen, heißt es mit Recht: „Kein Mann produziert in der Absicht, sein Produkt zu konsumieren", selbst wenn er Teile seines Produkts wieder zur industriellen Konsumtion verwendet. Aber hier handelt es sich um die Privatkonsumtion. Vorhin wurde vergessen, daß das Produkt Ware ist. Jetzt wird sogar die gesellschaftliche Teilung der Arbeit vergessen. In Zuständen, wo Männer für sich selbst produzieren, gibt es in der Tat keine Krisen, aber auch keine kapitalistische Produktion. Wir haben auch nie gehört, daß die Alten mit ihrer Sklavenproduktion jemals Krisen kannten, obgleich einzelne Produzenten, auch unter den Alten, bankrutt machten. Der erste Teil der Alternative ist Unsinn. Ebenso der zweite. Ein Mann, der produziert hat, hat nicht die Wahl, ob er verkaufen will oder nicht. Er muß *verkaufen*. In den Krisen tritt nun grade der Umstand ein, daß er nicht verkaufen kann oder nur unter dem Kostenpreis oder gar mit positivem Verlust verkaufen muß. Was nützt es ihm und uns also, daß er produziert hat, um zu verkaufen? Es handelt sich grade darum zu wissen, was diese seine gute Absicht durchkreuzt.

Ferner:

„Es *verkauft* niemand, außer mit der Absicht, irgendeine andre Ware zu *kaufen*, die unmittelbar nützlich für ihn sein mag oder zu künftiger Produktion beitragen mag."

Welche gemütliche Verkündung der bürgerlichen Verhältnisse! Ric[ardo] vergißt sogar, daß jemand *verkaufen* kann, um zu *zahlen*, und daß diese Zwangsverkäufe eine sehr bedeutende Rolle in den Krisen spielen. Die nächste Absicht des Kapitalisten beim Verkaufen ist, seine Ware oder vielmehr sein Warenkapital wieder in *Geldkapital* zu verwandeln und seinen Gewinn damit zu *realisieren*. Der Konsum – die Revenue – ist dabei durch-

[1] Siehe vorl. Band, S. 494

aus nicht Leitpunkt für diesen Prozeß, was sie allerdings für den ist, der bloß *Waren* verkauft, um sie in Lebensmittel zu verwandeln. Dies ist aber nicht die kapitalistische Produktion, bei der die Revenue als Resultat, nicht als bestimmender Zweck erscheint. Es *verkauft* jedermann zunächst, um zu verkaufen, d.h. um Ware in Geld zu verwandeln.

||711| Während der Krise mag der Mann sehr zufrieden sein, wenn er *verkauft* hat, ohne ans Kaufen zunächst zu denken. Allerdings, soll der realisierte Wert nun wieder als Kapital wirken, so muß er den Prozeß der Reproduktion durchmachen, also wieder gegen Arbeit und Waren sich austauschen. Aber die Krise ist grade der Moment der Störung und Unterbrechung des Reproduktionsprozesses. Und diese Störung kann nicht dadurch erklärt werden, daß sie in Zeiten, wo keine Krise herrscht, nicht stattfindet. Es unterliegt keinem Zweifel, daß niemand „will continually produce a commodity for which there is no demand"[1] (p.339, 340), aber von so abgeschmackter Hypothese spricht auch niemand. Auch hat sie überhaupt nichts mit der Sache zu tun. „The possession of other goods"[2] ist zunächst nicht der Zweck der kapitalistischen Produktion, sondern die Appropriation of value, of money, of abstract wealth[3].

Bei Ric[ardo] liegt hier auch der früher von mir beleuchtete James Millsche Satz[86] von dem „metaphysischen Gleichgewicht der Käufe und Verkäufe" zugrunde – ein Gleichgewicht, das *nur* die Einheit, aber nicht die Trennung in den Prozessen des Kaufs und Verkaufs sieht. Daher auch Ric[ardo]s Behauptung (nach James Mill):

„Es kann zuviel von einer *bestimmten* Ware produziert werden, von der dann ein solches Überangebot auf dem Markt vorhanden sein mag, daß das aufgewendete Kapital nicht zurückerstattet wird. Das kann jedoch nicht in bezug auf *alle* Waren der Fall sein." (p.341, 342.)

Das Geld ist nicht nur „the medium by which the exchange is effected"[4] (p.341), sondern zugleich the medium by which the exchange of produce with produce becomes dissolved into two acts, independent of each other, and distant from each other, in time and space[5]. Diese falsche Auffassung des Geldes beruht aber bei Ric[ardo] darauf, daß er überhaupt nur die *quantitative Bestimmung* des Tauschwerts im Auge hat, nämlich daß er = bestimmtem Quantum Arbeitszeit, dagegen die *qualitative* Bestimmung

[1] „fortwährend eine Ware produzieren wird, für die keine Nachfrage vorhanden ist" – [2] „Der Besitz anderer Waren" – [3] von Wert, von Geld, von abstraktem Reichtum – [4] „das Medium, wodurch der Austausch bewirkt wird" – [5] das Medium, wodurch der Austausch von Produkt gegen Produkt in zwei voneinander unabhängige, zeitlich und räumlich getrennte Akte zerfällt

vergißt, daß die individuelle Arbeit nur durch ihre Entäußerung (alienation) als *abstrakt allgemeine gesellschaftliche* Arbeit sich darstellen muß.*

Daß nur *besondre*, nicht *alle* Arten Waren „a glut in the market"[1] bilden können, die Überproduktion daher immer nur partiell sein kann, ist ein armseliger Ausweg. Zunächst, wenn bloß die Natur der Ware betrachtet wird, steht dem nichts entgegen, daß *alle Waren* im Überfluß auf dem Markt vorhanden sind und daher alle unter ihren Preis fallen. Es handelt sich hier eben nur um das Moment der Krise. Nämlich alle Waren, außer dem *Geld*, [können im Überfluß da sein]. Die Notwendigkeit existiert für *die* Ware, sich als Geld darzustellen, heißt nur: die Notwendigkeit existiert für *alle* Waren. Und sogut die Schwierigkeit für eine einzelne Ware existiert, diese Metamorphose durchzumachen, kann sie für alle existieren. Die allgemeine Natur der Metamorphose der Waren – die das Auseinanderfallen von Kauf und Verkauf ebenso einschließt wie ihre Einheit, statt die *Möglichkeit* eines general glut[2] auszuschließen – ist vielmehr die Möglichkeit eines general glut.

Weiter liegt nun allerdings im Hintergrund des R[icardo]schen und ähnlichen Räsonnements nicht nur das Verhältnis von *Kauf und Verkauf*, sondern von *Nachfrage und Zufuhr*, das wir erst zu entwickeln haben bei Betrachtung der Konkurrenz der Kapitalien. Wie Mill sagt, ist Kauf Verkauf etc., so ist Nachfrage Zufuhr und Zufuhr Nachfrage, aber ebenso fallen sie auseinander und können sich gegeneinander verselbständigen. Die Zufuhr von allen Waren kann im gegebnen Augenblick größer sein als die Nachfrage von allen Waren, indem die Nachfrage nach der *allgemeinen Ware*, dem Geld, dem Tauschwert, größer ist als die Nachfrage nach allen besondren Waren oder indem das Moment, die Ware als Geld darzustellen, ihren Tauschwert zu realisieren, überwiegt über das Moment, die Ware in Gebrauchswert rückzuverwandeln.

Wird das Verhältnis von Nachfrage und Zufuhr weiter und konkreter gefaßt, so kömmt das von *Produktion* und *Konsumtion* hinein. Es müßte hier wieder die an sich seiende und sich eben in der Krise gewaltsam durchsetzende *Einheit* dieser beiden Momente festgehalten werden gegen die

---

* ||718| (Daß Ricardo das Geld bloß als *Zirkulationsmittel* [betrachtet], ist dasselbe, daß er den *Tauschwert* bloß als verschwindende Form, überhaupt als etwas bloß Formelles an der bürgerlichen oder kapitalistischen Produktion [ansieht], weshalb ihm diese auch nicht gilt als spezifisch bestimmte Produktionsweise, sondern als *die* Produktionsweise schlechthin.) |718||

---

[1] „Überangebot auf dem Markt" – [2] allgemeinen Überangebotes

ebenso existierende und die bürgerliche Produktion sogar charakterisierende *Trennung* und *Gegensatz* derselben.

Was den Gegensatz partieller und universeller Überproduktion angeht, soweit es sich nämlich bloß darum handelt, die erstere zu behaupten, um der letztren zu entfliehn, so ist darüber folgendes zu bemerken:

Erstens: Geht den Krisen meist eine allgemeine inflation of prices[1] vorher in allen der kapitalistischen Produktion angehörigen Artikeln. Sie nehmen daher alle an dem nachfolgenden crash[2] teil und sind alle zu den Preisen, die sie vor dem crash hatten, overburdening the market[3]. Der Markt kann eine Warenmasse absorbieren zu fallenden, unter ihren Kostenpreisen gefallnen Preisen, die er zu ihren früheren Marktpreisen nicht absorbieren könnte. Die Übermasse der Waren ist immer relativ; d.h. Übermasse bei gewissen Preisen. Die Preise, zu denen die Waren dann absorbiert werden, ruinierend für den Produzenten oder Kaufmann.

||712| *Zweitens:*

Damit eine Krise (also auch die Überproduktion) allgemein sei, genügt es, daß sie die leitenden Handelsartikel ergreife.

[9. *Ricardos falsche Ansicht von dem Verhältnis zwischen Produktion und Konsumtion unter den Bedingungen des Kapitalismus*]

Wir wollen näher hören, wie Ric[ardo] a general glut of the market[4] wegzuräsonieren sucht:

„Es kann zuviel von einer bestimmten Ware produziert werden, von der dann ein solches Überangebot auf dem Markt vorhanden sein mag, daß das aufgewendete Kapital nicht zurückerstattet wird. Das kann jedoch nicht in bezug auf alle Waren der Fall sein. Die Nachfrage nach Getreide ist beschränkt durch die Münder, die es essen sollen, die nach Schuhen und Röcken durch die Personen, die sie tragen sollen. Obwohl aber eine Gemeinschaft oder ein Teil einer Gemeinschaft so viel Getreide, Hüte und Schuhe haben kann, wie sie zu konsumieren imstande und willens ist, *kann man nicht dasselbe von jeder anderen Ware sagen, die auf natürlichem oder künstlichem Wege produziert wird.* Einige würden mehr Wein konsumieren, wenn sie die Möglichkeit hätten, sich ihn zu beschaffen. Andere, die genug Wein haben, werden wünschen, sich mehr Möbel anzuschaffen oder deren Qualität zu bessern. Wieder andere hingegen möchten ihr Grundstück verschönern oder ihre Häuser vergrößern. Der Wunsch, alles oder einiges davon zu

[1] Preissteigerung – [2] Krach – [3] Überlastung des Marktes – [4] ein allgemeines Überangebot auf dem Markt

tun, findet sich in jedermanns Herzen. *Nichts als die Mittel dazu sind notwendig, und nichts anderes kann die Mittel aufbringen als eine Erhöhung der Produktion.*" (l.c. p. 341, 342.)

Kann es ein kindischeres Räsonnement geben? Es lautet so. Von einer besondren Ware mag mehr produziert werden, als davon konsumiert werden kann. Aber das kann nicht von *allen* Waren zugleich gelten. Weil die Bedürfnisse, die durch Waren befriedigt werden, keine Grenzen haben und alle diese Bedürfnisse zugleich nicht befriedigt sind. Im Gegenteil. Die Befriedigung eines Bedürfnisses macht ein andres sozusagen latent. Es ist also nichts erheischt als die Mittel, um diese Bedürfnisse zu befriedigen, und diese Mittel können nur verschafft werden durch eine Vermehrung der Produktion. Also ist keine allgemeine Überproduktion möglich.

Wozu all das? In Momenten der Überproduktion ist ein großer Teil der Nation (speziell die Arbeiterklasse) weniger als je mit Getreide, Schuhen etc. versehen, von Wein und furniture[1] gar nicht zu sprechen. Wenn Überproduktion erst eintreten könnte, nachdem alle Mitglieder der Nation auch nur die nötigsten Bedürfnisse befriedigt hätten, hätte in der bisherigen Geschichte der bürgerlichen Gesellschaft nicht nur nie eine allgemeine, sondern selbst nie partielle Überproduktion eintreten können. Wenn z.B. the market is glutted by shoes or calicoes or wines or colonial produce[2], heißt das, daß nicht vielleicht $^4/_6$ der Nation ihr Bedürfnis nach Schuhen, calicoes etc. übersättigt haben? Was hat die Überproduktion überhaupt mit den absoluten Bedürfnissen zu tun? Sie hat es nur mit den zahlungsfähigen Bedürfnissen zu tun. Es handelt sich nicht um absolute Überproduktion – Überproduktion an und für sich im Verhältnis zu der absoluten Bedürftigkeit oder dem Wunsch nach dem Besitz der Waren. In diesem Sinn existiert weder partielle noch allgemeine Überproduktion. Und bilden sie gar keinen Gegensatz zueinander.

Aber, wird Ric[ardo] sagen, when there is a lot of people, who want shoes and calicoes, why do they not procure themselves the means of obtaining them by producing something wherewith to buy shoes and calicoes[3]? Wäre es nicht noch einfacher zu sagen: Warum produzieren sie sich nicht Schuhe und calicoes? Und was noch sonderbarer bei der Überproduktion ist, die eigentlichen Produzenten der very commodities which glut the market[4] – die Arbeiter – stand in want of them[5]. Hier kann nicht gesagt werden, daß

[1] Möbeln – [2] der Markt mit Schuhen oder Kaliko oder Weinen oder Kolonialprodukten überfüllt ist – [3] wenn es eine Menge Menschen gibt, die Schuhe und Kaliko brauchen, warum erwerben sie nicht die Mittel, sie zu erlangen, indem sie etwas produzieren, wofür sie Schuhe und Kaliko kaufen können – [4] selben Waren, die den Markt überfüllen – [5] leiden Mangel daran

sie die Dinge produzieren sollten, um sie obtain[1], denn sie haben sie produziert und haben sie doch nicht. Es kann auch nicht gesagt werden, daß die bestimmte Ware gluts the market[2], weil kein Bedürfnis für sie vorhanden ist. Wenn also selbst die *partielle* Überproduktion nicht daher zu erklären, daß die Waren, which glut the market, das Bedürfnis danach übersättigen, so kann die *universelle* Überproduktion nicht dadurch wegerklärt werden, daß für viele der Waren, die auf dem Markt sind, Bedürfnisse, unbefriedigte Bedürfnisse existieren.

Bleiben wir beim Beispiel des Kalikowebers[3]. Solange die Reproduktion ununterbrochen fortging – also auch die Phase dieser Reproduktion, worin das als Ware, verkäufliche Ware existierende Produkt, das Kaliko zu seinem Wert sich in Geld rückverwandelte –, so lange konsumierten auch, wollen wir sagen, die Arbeiter, die das Kaliko produzieren, einen Teil davon, und mit der Erweiterung der Reproduktion – das ist der Akkumulation – verzehrten sie progressiv davon, oder es wurden auch mehr Arbeiter bei der Produktion des Kalikos beschäftigt, die zugleich zum Teil seine Konsumenten.

[*10. Verwandlung der Möglichkeit der Krise zur Wirklichkeit. Die Krise als Erscheinung aller Widersprüche der bürgerlichen Ökonomie*]

Eh wir nun einen Schritt weitergehn, dies:

[Durch] das Auseinanderfallen des Produktionsprozesses (unmittelbaren) und Zirkulationsprozesses ist wieder und weiter entwickelt die *Möglichkeit* der Krise, die sich bei der *bloßen Metamorphose* der Ware zeigte.[89] Sobald sie nicht flüssig ineinander übergehn, ||713| sondern sich gegeneinander verselbständigen, ist die Krise da.

Bei der Metamorphose der Ware stellt sich die Möglichkeit der Krise so dar.

Erstens die Ware, die real als Gebrauchswert, ideell, im Preise, als Tauschwert existiert, muß in Geld verwandelt werden. W–G. Ist diese Schwierigkeit gelöst, der Verkauf, so hat der Kauf, G–W, keine Schwierigkeit mehr, da Geld gegen alles unmittelbar austauschbar. Der Gebrauchswert der Ware, die Nützlichkeit der in ihr enthaltnen Arbeit, muß vorausgesetzt werden, sonst ist sie überhaupt nicht Ware. Es ist ferner vorausgesetzt, daß der individuelle Wert der Ware = ihrem gesellschaftlichen Wert, d.h., daß die in ihr materialisierte Arbeitszeit = der zur Hervorbringung dieser Ware gesellschaftlich *notwendigen* Arbeitszeit. Die Möglich-

[1] zu erlangen – [2] den Markt überfüllt – [3] siehe vorl. Band, S. 478–480

keit der Krise, soweit sie in der einfachen Form der Metamorphose sich zeigt, geht also nur daraus hervor, daß die Formunterschiede – die Phasen –, die sie in ihrer Bewegung durchläuft, erstens notwendig sich ergänzende Formen und Phasen sind, zweitens trotz dieser innren notwendigen Zusammengehörigkeit gleichgültig gegeneinander existierende, in Zeit und Raum auseinanderfallende, voneinander trennbare und getrennte, unabhängige Teile des Prozesses und Formen. Sie liegt also allein in der Trennung von Verkauf und Kauf. Es ist nur in der Form der Ware, daß die Ware hier die Schwierigkeit durchzumachen hat. Sobald sie die Form des Geldes besitzt, ist sie darüber weg. Weiter aber löst sich auch dies auf in das Auseinanderfallen von Verkauf und Kauf. Wenn die Ware nicht in der Form des Gelds aus der Zirkulation sich zurückziehn oder ihre Rückverwandlung in Ware aufschieben könnte – wie beim unmittelbaren Tauschhandel –, wenn Kauf und Verkauf zusammenfielen, fiele die *Möglichkeit* der Krise unter den gemachten Voraussetzungen weg. Denn es ist vorausgesetzt, daß die Ware *Gebrauchswert* ist für andre Warenbesitzer. In der Form des unmittelbaren Tauschhandels die Ware nur damit nicht austauschbar, wenn sie kein Gebrauchswert oder auch wenn keine andren Gebrauchswerte auf der andren Seite, um gegen sie auszutauschen. Also nur unter den beiden Bedingungen: Wenn entweder von der einen Seite *Nutzloses* produziert wäre oder auf der andren Seite nichts *Nützliches*, um es als Äquivalent gegen den ersten Gebrauchswert auszutauschen. In beiden Fällen fände aber überhaupt kein Austausch statt. *Soweit aber Austausch stattfände*, fielen seine Momente nicht auseinander. Der Käufer wäre Verkäufer, der Verkäufer Käufer. Das *kritische* Moment, was aus der Form des Austauschs – soweit er Zirkulation ist – hervorgeht, fiele also weg, und wenn wir sagen, daß die einfache Form der Metamorphose die Möglichkeit der Krise einschließt, so sagen wir nur, daß in dieser Form selbst die Möglichkeit der Zerreißung und des Auseinanderfallens wesentlich sich ergänzender Momente liegt.

Aber dies betrifft auch den Inhalt. Beim unmittelbaren Tauschhandel ist das Gros der Produktion von seiten des Produzenten auf Befriedigung seines Selbstbedürfnisses oder bei etwas weitrer Entwicklung der Teilung der Arbeit, auf Befriedigung ihm bekannter Bedürfnisse seiner Co-Produzenten gerichtet. Was als Ware auszutauschen ist, ist Überfluß, und es bleibt unwesentlich, ob dieser Überfluß ausgetauscht wird oder nicht. Bei der *Warenproduktion* ist das Verwandeln des Produkts in Geld, der Verkauf, conditio sine qua [non][1]. Die unmittelbare Produktion für das eigne Bedürfnis fällt

[1] eine unerläßliche Bedingung

fort. Mit dem Nichtverkauf ist hier Krise da. Die Schwierigkeit, die *Ware* – das besondre Produkt individueller Arbeit – in Geld, ihr Gegenteil, abstrakt allgemeine, gesellschaftliche Arbeit zu verwandeln, liegt darin, daß *Geld* nicht als besondres Produkt individueller Arbeit erscheint, daß der, der verkauft hat, also die Ware in der Form des Gelds besitzt, nicht gezwungen ist, sofort wieder zu kaufen, das Geld wieder in besondres Produkt individueller Arbeit zu verwandeln. Im Tauschhandel ist dieser Gegensatz nicht. Es kann darin keiner Verkäufer sein, ohne Käufer zu sein, und Käufer sein, ohne Verkäufer zu sein. Die Schwierigkeit des Verkäufers – unter der Voraussetzung, daß seine Ware Gebrauchswert hat – stammt bloß von der Leichtigkeit des Käufers, die Rückverwandlung des Gelds in Ware aufzuschieben. Die Schwierigkeit, die Ware in Geld zu verwandeln, zu verkaufen, stammt bloß daher, daß die Ware in Geld, das Geld aber nicht unmittelbar in Ware verwandelt werden muß, also *Verkauf* und *Kauf* auseinanderfallen können. Wir haben gesagt, daß diese *Form* die *Möglichkeit* der *Krise* einschließt, d. h. die Möglichkeit, daß Momente, die zueinander gehören, die untrennbar sind, sich zertrennen und daher gewaltsam vereint werden, ihre Zusammengehörigkeit durch die Gewalt, die ihrer wechselseitigen Selbständigkeit ||714| angetan wird, durchgesetzt wird. Und weiter ist *Krise* nichts als die gewaltsame Geltendmachung der Einheit von Phasen des Produktionsprozesses, die sich gegeneinander verselbständigt haben.

Allgemeine, abstrakte Möglichkeit der Krise – heißt nichts als die *abstrakteste Form* der Krise, ohne Inhalt, ohne inhaltsvolles Motiv derselben. Verkauf und Kauf können auseinanderfallen. Sie sind also *Krise* potentia, und ihr Zusammenfallen bleibt immer kritisches Moment für die Ware. Sie können aber flüssig ineinander übergehen. Bleibt also, daß *abstrakteste Form der Krise* (und daher formelle Möglichkeit der Krise) die *Metamorphose der Ware* selbst ist, worin nur als entwickelte Bewegung der in der Einheit der Ware eingeschloßne Widerspruch von Tauschwert und Gebrauchswert, weiter von Geld und Ware enthalten ist. Wodurch aber diese Möglichkeit der Krise zur Krise wird, ist nicht in dieser Form selbst enthalten; es ist nur darin enthalten, daß *die Form* für eine Krise da ist.

Und dies ist bei der Betrachtung der bürgerlichen Ökonomie das Wichtige. Die Weltmarktkrisen müssen als die reale Zusammenfassung und gewaltsame Ausgleichung aller Widersprüche der bürgerlichen Ökonomie gefaßt werden. Die einzelnen Momente, die sich also in diesen Krisen zusammenfassen, müssen also in jeder Sphäre der bürgerlichen Ökonomie hervortreten und entwickelt werden, und je weiter wir in ihr vordringen, müssen einerseits neue Bestimmungen dieses Widerstreits entwickelt, anderseits die abstrakteren Formen desselben als wiederkehrend und enthalten in den konkreteren nachgewiesen werden.

Man kann also sagen: Die Krise in ihrer ersten Form ist die Metamorphose der Ware selbst, das Auseinanderfallen von Kauf und Verkauf.

Die Krise in ihrer zweiten Form ist die Funktion des Geldes als Zahlungsmittel, wo das Geld in 2 verschiednen zeitlich getrennten Momenten, in zwei verschiednen Funktionen figuriert. Diese beiden Formen sind noch ganz abstrakt, obgleich die zweite konkreter als die erste.

Zunächst also bei Betrachtung des *Reproduktionsprozesses* des Kapitals (der mit seiner Zirkulation zusammenfällt) ist nachzuweisen, daß jene obigen Formen sich einfach wiederholen oder vielmehr hier erst einen Inhalt bekommen, eine Grundlage, auf der sie sich manifestieren können.

Betrachten wir die Bewegung, die das Kapital durchmacht, von dem Augenblick, wo es als Ware den Produktionsprozeß verläßt, um wieder als Ware aus ihm hervorzugehn. Abstrahieren wir hier von allen weitren inhaltlichen Bestimmungen, so hat das gesamte Warenkapital und jede einzelne Ware, woraus es besteht, den Prozeß W–G–W durchzumachen, die Metamorphose der Ware. Die allgemeine Möglichkeit der Krise, die in dieser Form enthalten ist – das Auseinanderfallen von Kauf und Verkauf – ist also in der Bewegung des Kapitals enthalten, soweit es *auch* Ware ist und nichts als Ware ist. Aus dem Zusammenhang der Metamorphosen der Waren miteinander ergibt sich überdem, daß die eine Ware sich in Geld verwandelt, weil sich die andre aus der Form des Gelds in Ware rückverwandelt. Also das Auseinanderfallen von Kauf und Verkauf erscheint hier weiter so, daß der Verwandlung des einen Kapitals aus der Form Ware in die Form Geld die Rückverwandlung des andren Kapitals aus der Form Geld in die Form Ware entsprechen muß, die erste Metamorphose des einen Kapitals der zweiten des andren, das Verlassen des Produktionsprozesses des einen Kapitals, der Rückkehr in den Produktionsprozeß des andren. Diese Ineinanderverwachsung und Verschlingung der Reproduktions- oder Zirkulationsprozesse verschiedner Kapitalien ist einerseits durch die Teilung der Arbeit notwendig, anderseits zufällig, und so erweitert sich schon die Inhaltsbestimmung der Krise.

Zweitens aber, was die aus der Form des Gelds als *Zahlungsmittel* entspringende Möglichkeit der Krise betrifft, so zeigt sich beim Kapital schon viel realere Grundlage für die Verwirklichung dieser Möglichkeit. Z.B., der Weber hat zu zahlen das ganze capital constant, dessen Elemente von Spinner, Flachsbauer, Maschinenfabrikant, Eisen- und Holzfabrikant, Kohlenproduzent usw. geliefert wurden. Soweit die letzten, die konstantes

Kapital produzieren, das nur in die Produktion des konstanten Kapitals eingeht, ohne in die schließliche Ware, das Gewebe einzugehn, so ersetzen sie sich durch Austausch von Kapital ihre Produktionsbedingungen. Der ||715| Weber nun verkaufe für 1000 *l.* das Gewebe an den *Kaufmann*, aber auf einen Wechsel, so daß das Geld als *Zahlungsmittel* figuriert. Der Weber[1] seinerseits verkaufe den Wechsel an den *Bankier*, bei dem er meinetwegen eine Schuld damit zahlt oder der ihm auch den Wechsel diskontiert. Der Flachsbauer hat dem Spinner auf einen Wechsel verkauft, der Spinner dem Weber, ditto der Maschinenfabrikant dem Weber, ditto der Eisen- und Holzfabrikant dem Maschinenfabrikant, ditto der Kohlenproduzent dem Spinner, Weber, Maschinenfabrikant, Eisen- und Holzproduzent. Außerdem haben Eisen-, Kohlen-, Holz-, Flachsmann sich einander mit Wechsel bezahlt. Zahlt nun der Kaufmann nicht, so kann der Weber[2] seinen Wechsel dem Bankier nicht zahlen.

Der Flachsbauer hat auf den Spinner gezogen, Maschinenfabrikant auf Weber und Spinner. Spinner kann nicht zahlen, weil Weber nicht zahlen [kann], beide zahlen dem Maschinenfabrikanten nicht, dieser dem Eisen-, Holz-, Kohlenmann nicht. Und alle diese wieder, die den Wert ihrer Ware nicht realisieren, können den Teil nicht ersetzen, der das capital constant ersetzt. So entsteht allgemeine Krise. Es ist dies durchaus nichts als die beim Geld als Zahlungsmittel entwickelte *Möglichkeit der Krise*, aber wir sehn hier, in der kapitalistischen Produktion, schon einen Zusammenhang der wechselseitigen Schuldforderungen und Obligationen, der Käufe und Verkäufe, wo die Möglichkeit sich zur Wirklichkeit entwickeln kann.

Unter allen Umständen: Wenn Kauf und Verkauf sich nicht gegeneinander festsetzen und daher nicht gewaltsam ausgeglichen werden müssen – anderseits, wenn das Geld als Zahlungsmittel so funktioniert, daß die Forderungen sich aufheben, also nicht der in Geld als Zahlungsmittel an sich vorhandne Widerspruch sich verwirklicht –, diese beiden abstrakten Formen der Krise also nicht realiter als solche erscheinen, existiert keine Krise. Es kann keine Krise existieren, ohne daß Kauf und Verkauf sich voneinander trennen und in Widerspruch treten oder daß die im Geld als Zahlungsmittel enthaltnen Widersprüche erscheinen, ohne daß also die Krise zugleich in der einfachen Form – dem Widerspruch von Kauf und Verkauf, dem Widerspruch des Gelds als Zahlungsmittel – hervortritt. Aber dies sind auch bloße *Formen* – allgemeine Möglichkeiten der Krisen, daher auch Formen,

[1] In der Handschrift: Kaufmann – [2] in der Handschrift: Zahlt nun der Weber dem Kaufmann nicht, so kann dieser

abstrakte Formen der wirklichen Krise. In ihnen erscheint das Dasein der Krise als in ihren einfachsten Formen und insofern in ihrem einfachsten Inhalt, als diese Form selbst ihr einfachster Inhalt ist. Aber es ist noch kein *begründeter* Inhalt. Die einfache Geldzirkulation und selbst die Zirkulation des Gelds als Zahlungsmittel – und beide kommen lange *vor* der kapitalistischen Produktion vor, ohne daß Krisen vorkämen – sind möglich und wirklich ohne Krisen. Warum also diese Formen ihre kritische Seite herauskehren, warum der in ihnen potentia enthaltne Widerspruch actu als solcher erscheint, ist aus diesen Formen allein nicht zu erklären.

Daher sieht man die enorme Fadaise der Ökonomen, die, nachdem sie das Phänomen der Überproduktion und der Krisen nicht mehr wegräsonieren konnten, sich damit beruhigen, daß in jenen Formen die Möglichkeit gegeben, daß *Krisen* eintreten, es also *zufällig* ist, daß sie nicht eintreten und damit ihr Eintreten selbst als bloßer *Zufall* erscheint.

Die in der Warenzirkulation, weiter in der Geldzirkulation entwickelten Widersprüche – damit Möglichkeiten der Krise – reproduzieren sich von selbst im Kapital, indem in der Tat nur auf Grundlage des Kapitals entwickelte Warenzirkulation und Geldzirkulation stattfindet.

Es handelt sich aber nun [darum], die weitere Entwicklung der potentia Krisis – die reale Krisis kann nur aus der realen Bewegung der kapitalistischen Produktion, Konkurrenz und Kredit, dargestellt werden – zu verfolgen, soweit sie aus den Formbestimmungen des Kapitals hervorgeht, die ihm als Kapital *eigentümlich* und nicht in seinem bloßen Dasein als Ware und Geld eingeschlossen sind.

||716| Der bloße *Produktionsprozeß* (unmittelbare) des Kapitals kann an sich hier nichts Neues zufügen. Damit er überhaupt existiert, sind seine Bedingungen unterstellt. Daher in dem ersten Abschnitt über das Kapital – den *unmittelbaren* Produktionsprozeß – kein neues Element der Krise hinzukömmt. *An sich* ist es in ihm enthalten, weil der Produktionsprozeß Aneignung und daher Produktion von Mehrwert. Aber in dem Produktionsprozeß selbst kann dies nicht erscheinen, weil in ihm nicht die Rede von der *Realisierung* des nicht nur reproduzierten Werts, sondern Mehrwerts.

Hervortreten kann die Sache erst im *Zirkulationsprozeß*, der an und für sich zugleich *Reproduktionsprozeß*.

Es ist hier ferner zu bemerken, daß wir den Zirkulationsprozeß oder Reproduktionsprozeß darstellen müssen, *bevor* wir das fertige Kapital – *Kapital und Profit* – dargestellt haben, da wir darzustellen haben, nicht nur wie das Kapital produziert, sondern wie das Kapital produziert wird. Die wirkliche Bewegung aber geht aus von dem vorhandnen Kapital – die wirkliche Bewegung heißt die auf Grundlage der entwickelten, von sich selbst beginnenden, sich selbst voraussetzenden kapitalistischen Produktion. Der Reproduktionsprozeß und die in ihm weiter entwickelten Anlagen der Krisen werden daher unter dieser Rubrik selbst nur unvollständig dargestellt und bedürfen ihrer Ergänzung in dem Kapitel „*Kapital und Profit*".[90]

Der Gesamt-Zirkulationsprozeß oder der Gesamt-Reproduktionsprozeß des Kapitals ist die Einheit seiner Produktionsphase und seiner Zirkulationsphase, ein Prozeß, der durch die beiden Prozesse als seine Phasen verläuft. Darin liegt eine weiter entwickelte Möglichkeit oder abstrakte Form der Krise. Die Ökonomen, die die Krise wegleugnen, halten daher nur an der Einheit dieser beiden Phasen fest. Wären sie nur getrennt, ohne eins zu sein, so wäre grade keine gewaltsame Herstellung ihrer Einheit möglich, keine Krise. Wären sie nur eins, ohne getrennt zu sein, so wäre keine gewaltsame Trennung möglich, was wieder die Krise ist. Sie ist die gewaltsame Herstellung der Einheit zwischen verselbständigten und die gewaltsame Verselbständigung von Momenten, die wesentlich eins sind. |716||

[*11. Über die Formen der Krise*]

||770a| Zu p.716.

Also:

1. Die allgemeine *Möglichkeit* der Krisen in dem Prozeß der *Metamorphose des Kapitals* selbst gegeben und zwar doppelt, soweit das Geld als *Zirkulationsmittel* fungiert – Auseinanderfallen *von Kauf und Verkauf*. Soweit es als *Zahlungsmittel* fungiert, wo es in zwei verschiedenen Momenten wirkt, als *Maß der Werte* und als *Realisierung des Werts*. Diese beiden Momente fallen auseinander. Hat der Wert changiert *in dem Intervalle*, ist die Ware im Moment ihres Verkaufs nicht *wert*, was sie *wert* war im Moment, wo das Geld als Maß der Werte und daher der gegenseitigen Obligationen funktionierte, kann aus dem *Erlös der Ware* die Obligation nicht erfüllt werden und daher die ganze Reihe der Transaktionen nicht saldiert werden, die rückgängig von dieser einen abhängen. Kann die Ware auch nur in *einem bestimmten Zeitraum* nicht verkauft werden, selbst wenn ihr Wert nicht changierte, so kann das *Geld* nicht als *Zahlungsmittel* funktionieren, da es in *bestimmter, vorausgesetzter Frist* als solches funktionieren muß. Da dieselbe Geldsumme aber hier für eine Reihe von wechselseitigen Transaktionen und Obligationen funktioniert, tritt hier *Zahlungsunfähigkeit* nicht nur in einem, sondern vielen Punkten ein, daher *Krise*.

Dieses sind die *formellen Möglichkeiten* der Krise. Die erstere möglich ohne die letztere – d.h. Krisen ohne Kredit, ohne daß das Geld als Zahlungsmittel funktioniert. Aber die zweite nicht möglich, *ohne die erstre*, d.h., daß Kauf und Verkauf auseinanderfallen. Aber im letzteren Fall die Krise nicht nur, weil Ware unverkäuflich, sondern weil sie nicht in *bestimmtem Zeitraum* verkäuflich, und die Krise entsteht und leitet ihren Charakter her nicht nur von der *Unverkäuflichkeit* der Ware, sondern der *Nichtrealisierung einer ganzen Reihe von Zahlungen*, die auf dem Verkauf dieser bestimmten Ware in dieser bestimmten Frist beruhn. Dies die *eigentliche Form der Geldkrisen.*

Tritt also *Krise* ein, weil Kauf und Verkauf auseinanderfallen, so entwickelt sie sich als *Geldkrise*, sobald das Geld als *Zahlungsmittel* entwickelt ist, und diese *zweite Form* der Krisen versteht sich dann von selbst, sobald die *erste eintritt*. In der Untersuchung, warum die allgemeine *Möglichkeit der Krise* zur *Wirklichkeit* wird, der Untersuchung der *Bedingungen* der Krise ist es also gänzlich überflüssig, sich um die *Form* der Krisen, die aus der Entwicklung des Geldes als *Zahlungsmittel* entspringen, zu bekümmern. Grade deswegen lieben es die Ökonomen, diese *selbstverständliche* Form als *Ursache* der Krisen vorzuschützen. (Soweit die Entwicklung des Geldes als Zahlungsmittel mit der Entwicklung des Kredits zusammenhängt und des *overcredit*[1], sind allerdings die Ursachen des letztren zu entwickeln, was hier noch nicht am Platze.)

2. Soweit Krisen aus *Preisveränderungen* und *Preisrevolutionen* hervorgehen, die mit den *Wertveränderungen* der Waren nicht zusammenfallen, können sie natürlich nicht entwickelt werden bei Betrachtung des Kapitals im allgemeinen, wo den *Werten* der Waren *identische* Preise vorausgesetzt werden.

3. Die *allgemeine Möglichkeit* der Krisen ist die formelle *Metamorphose* des Kapitals selbst, das zeitliche und räumliche Auseinanderfallen von Kauf und Verkauf. Aber dies ist nie die *Ursache* der Krise. Denn es ist nichts als die *allgemeinste Form* der *Krise*, also die Krise selbst in *ihrem allgemeinsten Ausdruck*. Man kann aber nicht sagen, daß die *abstrakte Form der Krise* die *Ursache der Krise* sei. Fragt man nach ihrer Ursache, so will man eben wissen, warum *ihre abstrakte Form*, die Form ihrer Möglichkeit, aus der Möglichkeit zur *Wirklichkeit* wird.

4. Die *allgemeinen Bedingungen* der Krisen, soweit sie unabhängig von *Preisschwankungen* (ob diese nun mit dem Kreditwesen zusammenhängen

---

[1] *Überkredits*

oder nicht) – als verschieden von Wertschwankungen – müssen aus den allgemeinen Bedingungen der kapitalistischen Produktion zu entwickeln sein. |770a||

||716| (*Krise* kann hervorgehn: 1. bei der *Rückverwandlung in produktives Kapital;* 2. durch *Wertveränderungen* in den Elementen des produktiven Kapitals, namentlich des *Rohstoffs*, z.B. wenn die Masse der Baumwollernte vermindert. Ihr *Wert* steigt damit. Wir haben es hier noch nicht mit Preisen, sondern *Werten* zu tun.) |716||

||770a| *Erstes Moment. Rückverwandlung von Geld in Kapital.* Eine bestimmte Stufe der *Produktion oder Reproduktion* vorausgesetzt. Das capital fixe kann hier als gegeben, gleichbleibend, nicht in den *Verwertungsprozeß* eingegangen, betrachtet werden. Da die Reproduktion des Rohstoffs nicht allein von der darauf verwandten Arbeit abhängt, sondern von ihrer an *Naturbedingungen* geknüpften Produktivität, so kann die Masse selbst, ||XIV–771a| *die Masse* des Produkts *derselben* Arbeitsquantität fallen. (Mit *bad seasons*)[1]. Der *Wert des Rohmaterials steigt also*, seine *Masse* fällt oder das *Verhältnis*, worin sich das Geld in die *verschiednen Bestandteile* des Kapitals rückverwandeln müßte, um die Produktion auf der alten Stuf[enleiter] fortzusetzen, ist derangiert. Es muß mehr in *Rohstoff* verausgabt werden, bleibt weniger für *Arbeit* und kann nicht dieselbe Masse Arbeit wie bisher absorbiert werden. Erstens *physisch nicht*, weil Ausfall im Rohstoff. *Zweitens*, weil größrer *Wertteil des Produkts* in Rohstoff verwandelt werden muß, also geringrer in *variables Kapital* verwandelt werden kann. Die Reproduktion kann nicht auf derselben Stufenleiter *wiederholt* werden. Ein Teil des *capital fixe* steht still, ein Teil Arbeiter aufs Pflaster geworfen. Die *Profitrate* fällt, weil der Wert des konstanten Kapitals gegen das variable gestiegen und weniger variables Kapital angewandt wird. Die fixen Abgaben – Zins, Rente – die antizipiert auf *gleichbleibende* Rate des Profits und Exploitation der Arbeit, bleiben dieselben, können zum Teil *nicht bezahlt werden*. Daher *Krise*. Arbeitskrise und Kapitalskrise. Es ist dies also *Störung des Reproduktionsprozesses* durch Werterhöhung des einen aus dem Wert des Produkts zu ersetzenden Teils des konstanten Kapitals. Es findet ferner, obgleich die *Profitrate* abnimmt, *Verteuerung des Produkts* statt. Geht dieses Produkt als Produktionsmittel in andre Produktionssphären ein, so bewirkt seine Verteuerung hier dasselbe derangement[2] in der *Reproduktion*. Geht es als Lebensmittel in die allgemeine Konsumtion, so entweder zugleich in *die der Arbeiter* oder *nicht*. Wenn das erstre, so fällt es in den Wirkungen zusammen

[1] *schlechten Jahreszeiten* – [2] dieselbe Störung

mit derangement im *variablen Kapital*, wovon später die Rede. Soweit es aber überhaupt in die *allgemeine Konsumtion* eingeht, *kann* damit (wenn nicht die Konsumtion davon fällt) die *Nachfrage* nach andren Produkten vermindert, daher *ihre Rückverwandlung* in Geld zu ihrem Wert entsprechenden Umfang *verhindert* werden und so die *andre Seite* ihrer Reproduktion, nicht die *Rückverwandlung von Geld* in produktives Kapital, sondern die *Rückverwandlung* von Ware in Geld gestört werden. Jedenfalls nimmt die *Masse des Profits* und die *Masse des Arbeitslohns* in diesem Zweig ab und damit ein *Teil der notwendigen returns*[1] für den Verkauf von Waren andrer Produktionszweige.

Diese *inadequacy*[2] des *Rohmaterials* kann aber auch eintreten ohne *Einfluß der seasons* oder der *naturwüchsigen Produktivität* der Arbeit, die das Rohmaterial liefert. Ist nämlich ein *ungebührlicher Teil des Surpluswerts, des Surpluskapitals* in Maschinerie etc. in diesem Zweig ausgelegt, so, obgleich das Material hinreichend wäre für die *alte Produktionsleiter*, unzureichend für die *neue*. Dies geht also hervor aus *disproportionate* Verwandlung des surplus capital in seine verschiednen Elemente. Es ist ein case[3] von *Surplusproduktion von fixem Kapital* und bringt ganz dieselben Phänomene hervor wie im ersten Fall. (Sieh letzte Seite.) |XIV–771 a||

||XIV–861 a| [...][4]

Oder sie[5] beruhen auf *Überproduktion von fixem Kapital* und daher verhältnismäßige Unterproduktion von zirkulierendem.

Da das *fixe Kapital*, wie das *zirkulierende*, aus Waren besteht, so nichts lächerlicher, als daß dieselben Ökonomen die *Überproduktion von Waren* leugnen, die die *Überproduktion von fixem Kapital* zugeben.

---

[1] *Einnahmen* – [2] *Unzulänglichkeit* – [3] Fall – [4] im Manuskript ist von dieser Seite 861 a die linke obere Ecke abgerissen. Infolgedessen sind von den ersten neun Zeilen des Textes nur die rechten Enden von sechs Zeilen erhalten geblieben, die nicht die Möglichkeit geben, den Text vollständig wieder herzustellen, aber erlauben zu mutmaßen, daß Marx hier von Krisen spricht, die „aus [der] *Wertrevolution* des variablen Kapitals" entstehen. Die „Verteuerung der *notwendigen Lebensmittel* durch" eine schlechte Ernte zum Beispiel hervorgerufen, führt zur Steigerung der Kosten für die Arbeiter, die „vom variablen Kapital in Bewegung gesetzt werden." „Zugleich [führt] diese Steigerung" dazu, daß die Nachfrage nach *„allen anderen Waren* fällt, aller der Waren, die nicht in den Konsum" der Arbeiter eingehen. Darum ist unmöglich „ihre Verkäuflichkeit zu ihrem Wert; die erste *Phase* ihrer Reproduktion", die Verwandlung der Ware in Geld wird gestört. Folglich führt die Verteuerung der Lebensmittel zur „Krise in andren Zweigen" der Produktion.

In den beiden letzten Zeilen des beschädigten Teils der Seite ist der Gedanke enthalten, der diese ganze Überlegung zusammenfaßt, daß Krisen im Ergebnis der Verteuerung von Rohstoffen entstehen können, „sei es, daß diese Rohstoffe als Material in das konstante [Kapital] oder als Lebensmittel" in den Konsum der Arbeiter eingehen – [5] die Krisen

5. *Krisen, die aus Störungen der ersten Phase der Reproduktion hervorgehn;* also gestörte Verwandlung der Waren in Geld oder *Störung des Verkaufs.* Bei den Krisen der ersten Art geht die Krise aus Störungen im *Rücklauf* der Elemente des produktiven Kapitals hervor. |XIV–861a||

[*12. Widersprüche zwischen der Produktion und Konsumtion unter den Bedingungen des Kapitalismus. Umwandlung der Überproduktion leitender Konsumtionsartikel in die allgemeine Überproduktion*]

||XIII–716| Bevor wir nun auf die neuen Formen der Krise eingehn[91], knüpfen wir wieder an Ric[ardo] und das obige Beispiel an. |716||

||716| Solange der Weber reproduziert und akkumuliert, kaufen auch seine Arbeiter einen Teil seines Produkts, legen einen Teil ihres Arbeitslohns in Kaliko aus. Weil er produziert, haben sie die means[1], Teil seines Produkts zu kaufen, geben ihm also teilweise die means, es zu verkaufen. Kaufen – als demand[2] auftreten – kann der Arbeiter nur Waren, die in die individuelle Konsumtion eingehn, da er nicht selbst seine Arbeit verwertet, also auch nicht selbst die Bedingungen ihrer Verwirklichung – Arbeitsmittel und Arbeitsmaterial – besitzt. Dies schließt also schon den größten Teil der Produzenten (die Arbeiter selbst, wo die Produktion kapitalistisch entwickelt) als Konsumenten aus, als Käufer. Sie kaufen kein Rohmaterial und keine Arbeitsmittel, sie kaufen nur Lebensmittel (unmittelbar in die individual consumtion eingehende Waren). Daher nichts lächerlicher als von Identität von Produzenten und Konsumenten zu sprechen, da für eine außerordentlich große Masse von trades[3] – für alle, die nicht unmittelbare Konsumtionsartikel liefern – die Masse der bei der Produktion Beteiligten absolut von dem *Kauf* ihrer eignen Produkte ausgeschlossen sind. Sie sind nie *unmittelbar* Konsumenten oder Käufer dieses großen Teils ihrer eignen Produkte, obgleich sie Teil des Werts derselben zahlen in den Konsumtionsartikeln, die sie kaufen. Es zeigt sich hier auch die Zweideutigkeit des Wortes Konsument und die Falschheit, dasselbe mit dem Wort Käufer zu identifizieren. Industriell sind es grade die Arbeiter, die Maschinerie und Rohmaterial konsumieren, vernutzen im Arbeitsprozeß. Aber sie vernutzen sie nicht für sich. Sind daher auch nicht *Käufer* derselben. Für sie sind sie keine

[1] Mittel – [2] Nachfrage – [3] Gewerbezweigen

Gebrauchswerte, keine Waren, sondern objektive Bedingungen eines Prozesses, von dem sie selbst die subjektiven Bedingungen sind.

||717| Aber es kann gesagt werden, daß ihr employer[1] sie repräsentiert im Ankauf von Arbeitsmitteln und Arbeitsmaterial. Aber er repräsentiert sie unter andren Bedingungen, als sie sich selbst repräsentieren würden. Auf dem Markt nämlich. Er muß eine Masse Waren verkaufen, die Mehrwert, unbezahlte Arbeit darstellt. Sie hätten nur eine Masse Waren zu verkaufen, die den in der Produktion – im Wert der Arbeitsmittel, des Arbeitsmaterials und des Arbeitslohns – vorgeschoßnen Wert reproduzierte. Er bedarf daher eines weitren Markts, als sie bedürfen würden. Dann aber hängt es von ihm und nicht von ihnen ab, ob er die Marktbedingungen günstig genug hält, die Reproduktion zu beginnen.

Sie sind also Produzenten, ohne Konsumenten zu sein – selbst wenn der Reproduktionsprozeß nicht gestört wird – für alle Artikel, die nicht individuell, sondern industriell konsumiert werden müssen.

Also nichts abgeschmackter, um die Krisen wegzuleugnen, als die Behauptung, daß Konsumenten (Käufer) und Produzenten (Verkäufer) in der kapitalistischen Produktion identisch. Sie fallen ganz auseinander. Nur soweit der Reproduktionsprozeß vorgeht, kann diese Identität für einen aus 3000 Produzenten, d.h. für den Kapitalisten behauptet werden. Es ist ebenso umgekehrt falsch, daß die Konsumenten Produzenten. Der landlord (die Grundrente) produziert nicht, und doch konsumiert er. Ebenso verhält es sich mit dem ganzen monied interest[2].

Die apologetischen Phrasen, um die Krise wegzuleugnen, sofern wichtig, als sie immer das Gegenteil von dem beweisen, was sie beweisen wollen. Sie – um die Krise wegzuleugnen – behaupten Einheit, wo Gegensatz existiert und Widerspruch. Also soweit wichtig, als gesagt werden kann: Sie beweisen, daß, wenn in der Tat die von ihnen wegphantasierten Widersprüche nicht existierten, auch keine Krise existieren würde. In der Tat aber existiert die Krise, weil jene Widersprüche existieren. Jeder Grund, den sie gegen die Krise angeben, ist ein wegphantasierter Widerspruch, also ein realer Widerspruch, also ein Grund der Krise. Das Wegphantasierenwollen der Widersprüche ist zugleich das Aussprechen wirklich vorhandner Widersprüche, die dem frommen Wunsch nach nicht existieren *sollen*.

Was die Arbeiter in der Tat produzieren, ist Mehrwert. Solange sie ihn produzieren, haben sie zu konsumieren. Sobald das aufhört, hört ihre Konsumtion, weil ihre Produktion, auf. Keineswegs aber haben sie zu konsu-

[1] Anwender – [2] Geldkapital

mieren, weil sie ein Äquivalent für ihre Konsumtion produzieren. Vielmehr, sobald sie bloß solches Äquivalent produzieren, hört ihre Konsumtion auf, haben sie kein Äquivalent zu konsumieren. Entweder wird ihre Arbeit stillgesetzt oder verkürzt oder unter allen Umständen ihr Arbeitslohn herabgesetzt. In letztrem Fall – wenn die Produktionsstufe dieselbe bleibt – konsumieren sie kein Äquivalent für ihre Produktion. Aber diese means[1] fehlen ihnen dann nicht, weil sie nicht genug produzieren, sondern weil sie zu wenig von ihrem Produkt angeeignet erhalten.

Wird also das Verhältnis auf das von Konsumenten und Produzenten einfach reduziert, so wird vergessen, daß die produzierenden Lohnarbeiter und der produzierende Kapitalist zwei Produzenten ganz verschiedner Art sind, abgesehn von den Konsumenten, die überhaupt nicht produzieren. Es wird wieder der *Gegensatz* weggeleugnet dadurch, daß von einem wirklich in der Produktion vorhandnen Gegensatz abstrahiert wird. Das bloße Verhältnis von Lohnarbeiter und Kapitalist schließt ein:

1. daß der größte Teil der Produzenten (die Arbeiter) Nichtkonsumenten (Nichtkäufer) eines sehr großen Teils ihres Produkts sind, nämlich der Arbeitsmittel und des Arbeitsmaterials;

2. daß der größte Teil der Produzenten, die Arbeiter, nur ein Äquivalent für ihr Produkt konsumieren können, solang sie mehr als dies Äquivalent – die surplus value[2] oder das surplus produce[3] – produzieren. Sie müssen stets *Überproduzenten* sein, über ihr Bedürfnis hinaus produzieren, um innerhalb der ||718| Schranken ihres Bedürfnisses Konsumenten oder Käufer sein zu können.[92]

Bei dieser Klasse der Produzenten tritt also die Einheit zwischen Produktion und Konsumtion jedenfalls als falsch prima facie[4] hervor.

Wenn Ric[ardo] sagt, die einzige Grenze der *demand* ist die Produktion selbst, und diese ist durch das Kapital beschränkt[5], so heißt das in der Tat, wenn die falschen Voraussetzungen abgeschält werden, weiter nichts, als die kapitalistische Produktion findet ihr Maß nur am Kapital, wobei unter Kapital aber zugleich das dem Kapital als eine seiner Produktionsbedingungen inkorporierte (von ihm gekaufte) Arbeitsvermögen mit einbegriffen ist. Es fragt sich eben, ob das Kapital als solches auch die Grenze für die Konsumtion ist. Jedenfalls ist sie es negativ, d.h. es kann nicht mehr konsumiert werden als produziert wird. Aber die Frage, ob sie es positiv, ob soviel konsumiert werden kann und muß – auf Grundlage der kapitalistischen Produk-

[1] Mittel – [2] den Mehrwert – [3] Mehrprodukt – [4] auf den ersten Blick – [5] siehe vorl. Band, S. 494 und 497

tion – als produziert wird. Der Satz Ric[ardo]s richtig analysiert, sagt gerade das Gegenteil von dem, was er sagen soll – nämlich, daß die Produktion nicht mit Rücksicht auf bestehende Schranken der Konsumtion geschieht, sondern nur durch das Kapital selbst beschränkt ist. Und dies ist allerdings charakteristisch für diese Produktionsweise.

Also nach der Voraussetzung ist der Markt z.B. glutted[1] mit cottons (Baumwollgeweben), so daß sie zum Teil unverkäuflich, ganz unverkäuflich oder tief unter ihrem Preise nur verkäuflich. (Wir wollen zunächst *Wert* sagen, da wir es bei der Betrachtung der Zirkulation oder des Reproduktionsprozesses noch mit dem Wert, noch nicht mit dem Kostenpreis und noch weniger mit dem Marktpreis zu tun haben.)

Es versteht sich übrigens bei der ganzen Betrachtung von selbst: Es soll nicht geleugnet werden, daß in einzelnen Sphären überproduziert und *darum* in andren zu wenig produziert [werden] kann; partielle Krisen also aus *disproportionate production* (die proportionate production ist aber immer nur das Resultat der disproportionate production auf Grundlage der Konkurrenz) entspringen können und eine allgemeine Form dieser disproportionate production mag Überproduktion von fixem oder andrerseits Überproduktion von zirkulierendem Kapital sein.* Wie es Bedingung für die Waren, daß sie zu ihrem Wert verkauft werden, daß nur die gesellschaftlich notwendige Arbeitszeit in ihnen enthalten, so für eine ganze Produktionssphäre des Kapitals, daß von der Gesamtarbeitszeit der Gesellschaft nur der notwendige Teil auf diese besondre Sphäre verwandt sei, nur die Arbeitszeit, die zur Befriedigung des gesellschaftlichen Bedürfnisses (demand) erheischt. Wenn mehr, so mag zwar jede einzelne Ware nur die notwendige Arbeitszeit enthalten; die Summe enthält mehr als die gesellschaftlich notwendige Arbeitszeit, ganz wie die einzelne Ware zwar Gebrauchswert hat, die Summe aber, unter den gegebnen Voraussetzungen, einen Teil ihres Gebrauchswerts verliert.

Indes sprechen wir hier nicht von der Krise, soweit sie auf disproportionate production, d.h. disproportion zwischen der Verteilung der gesellschaftlichen Arbeit unter die einzelnen Produktionssphären beruht. Davon kann nur die Rede sein, soweit von der Konkurrenz der Kapitalien die Rede

---

* ||720| (Als die Spinnmaschinen erfunden waren, fand Überproduktion von Garn im Verhältnis zu den Webereien statt. Dies Mißverhältnis aufgehoben, sobald mechanic looms[2] in der Weberei eingeführt.) |720||

---

[1] überfüllt – [2] mechanische Webstühle

ist. Da ist schon gesagt worden[1], daß Steigen oder Sinken des Marktwerts infolge dieser disproportion transfer und withdrawal of capital from one trade to the other, migration of capital of one trade to the other[2] zur Folge hat. Indes, in dieser Ausgleichung selbst ist schon vorhanden, daß sie das Gegenteil der Ausgleichung voraussetzt und also *Krise* einschließen kann, die Krise selbst eine Form der Ausgleichung sein kann. Diese Art Krise gibt aber Ric[ardo] etc. zu.

Wir haben beim Produktionsprozeß gesehn[93], daß das ganze Streben der kapitalistischen Produktion, möglichst viel Surplusarbeit zu akkaparieren, also möglichst viel unmittelbare Arbeitszeit mit gegebnem Kapital zu materialisieren, sei es nun durch Verlängrung der Arbeitszeit, sei es durch Abkürzung der notwendigen Arbeitszeit, durch Entwicklung der Produktivkräfte der Arbeit, Anwendung von Kooperation, Teilung der Arbeit, Maschinerie etc., kurz, Produzieren auf großer Stufenleiter, also massenhaftes Produzieren. In dem Wesen der kapitalistischen Produktion liegt also Produktion ohne Rücksicht auf die Schranke des Markts.

Bei der Reproduktion wird zunächst vorausgesetzt, daß die Produktionsweise dieselbe bleibt, und dies bleibt sie eine Zeitlang bei Erweiterung der Produktion. Die Masse der produzierten Waren hier vermehrt, weil mehr Kapital angewandt, nicht weil es produktiver angewandt. Aber die bloße quantitative Vermehrung des ||719| Kapitals schließt zugleich ein, daß die Produktivkraft desselben vermehrt wird. Wenn seine quantitative Vermehrung Folge der Entwicklung der Produktivkraft, so entwickelt sich diese wieder umgekehrt auf der Voraussetzung einer weitern, erweiterten kapitalistischen Grundlage. Es findet hier Wechselwirkung statt. Die Reproduktion auf weitrer Basis, die Akkumulation, wenn sie ursprünglich nur als quantitative Erweiterung der Produktion – mit mehr Kapital unter denselben Produktionsbedingungen –, stellt sich daher auf gewissem Punkt immer auch qualitativ dar als größre Fruchtbarkeit der Bedingungen, worunter die Reproduktion vorgeht. Daher Vermehrung der Produktenmasse nicht nur im einfachen Verhältnis, wie das Kapital in der erweiterten Reproduktion – der Akkumulation – angewachsen ist.

Also zu unsrem Kaliko-Beispiel zurück.

Die Stockung im Markt, which is glutted with calicoes[3], stört die Reproduktion des Webers. Diese Störung trifft zunächst seine Arbeiter. Diese sind also in mindrem Verhältnis oder gar nicht mehr Konsumenten seiner

[1] Siehe vorl. Band, S. 204–208 – [2] dieses Mißverhältnisses Übertragung und Zurückziehung von Kapital aus einem Gewerbezweig in den anderen, Wanderung von Kapital eines Gewerbezweiges in einen anderen – [3] der überfüllt ist mit Kaliko

Ware – der cottons[1] – und andrer Waren, die in ihren Konsum eingingen. Sie haben allerdings Bedürfnis nach cottons, können sie aber nicht kaufen, weil sie nicht die means[2] haben, und sie haben nicht die means, weil sie nicht fortproduzieren können, und sie können nicht fortproduzieren, weil zuviel produziert worden, too many cottons glut the market[3]. Es kann ihnen weder der Rat Ric[ardo]s[4] helfen „to increase their production"[5], noch „to produce something else"[6]. Sie stellen jetzt Teil der momentanen Überpopulation vor, Surplusproduktion of labourers[7], in diesem case cotton producers[8], weil surplus production of cottons upon the market[9].

Aber außer den Arbeitern, die direkt von dem in der Cottonweberei angelegten Kapital beschäftigt sind, werden eine Masse andrer Produzenten durch diese Stockung in der Reproduktion des cotton getroffen. Spinners, cotton-dealers (or cotton cultivators), mechanics (producers of spindles and looms etc.), iron-, coal producers[10] etc. Alle diese wären ditto in ihrer Reproduktion gestört, da die Reproduktion der cottons Bedingung für ihre eigne Reproduktion. Dies fände statt, selbst wenn sie in ihren eignen Sphären nicht *überproduziert* hätten, d.h. nicht über das Maß hinaus, das die flottgehende Cottonindustrie bedingte und rechtfertigte. Alle diese Industrien haben nun das gemein, daß sie ihre Revenue (Salair und Profit, soweit letztrer als Revenue verzehrt, nicht akkumuliert wird) nicht in ihrem eignen Produkt, sondern in dem Produkt der Sphären konsumieren, die Konsumtionsartikel produzieren, u.a. auch calicoes. So fällt der Konsum und die Nachfrage nach calicoes, eben weil sich deren zu viel auf dem Markt befinden. Aber auch die aller andren Waren, in denen als Konsumtionsartikel die Revenue dieser *mittelbaren* Produzenten des cotton verausgabt wird. Ihre means, calico und andre Konsumtionsartikel zu kaufen, beschränken, kontrahieren sich, weil zu viel calicoes auf dem Markt sind. Es trifft dies auch die andren Waren (Konsumtionsartikel). Sie sind jetzt plötzlich *relativ* überproduziert, weil die Mittel, sie zu kaufen und damit die Nachfrage nach ihnen sich kontrahiert hat. Selbst wenn in diesen Sphären nicht überproduziert wurde, ist jetzt in ihnen überproduziert.

Sind es nun nicht nur calicoes, sondern linens, silks, und woollens[11], worin Überproduktion stattgefunden, so begreift man, wie die Überproduktion

[1] Baumwollwaren – [2] Mittel – [3] allzu viele Baumwollwaren den Markt überfüllen – [4] siehe vorl. Band, S. 494, 503 und 506/507 – [5] „ihre Produktion zu erweitern" – [6] „etwas anderes zu produzieren" – [7] der Arbeiter – [8] Fall Baumwollproduzenten – [9] Überproduktion von Baumwollwaren auf dem Markt – [10] Spinner, Baumwollhändler (oder Baumwollpflanzer), Mechaniker (Produzenten von Spindeln und Webstühlen etc.), Eisen-, Kohlenproduzenten – [11] Leinen, Seide und Wollwaren

in diesen wenigen, aber leitenden Artikeln eine mehr oder minder allgemeine *(relative)* Überproduktion auf dem ganzen Markt hervorruft. Auf der einen Seite Übermasse aller Reproduktionsbedingungen und Übermasse aller Sorten unverkaufter Waren auf dem Markt. Auf der andren Seite bankrotte Kapitalisten und von allem entblößte, darbende Arbeitermassen.

Dies Argument, however, cuts two ways[1]. Wenn es leicht begreifbar, wie die Überproduktion in einigen leitenden Konsumtionsartikeln eine mehr oder weniger allgemeine Überproduktion nach sich ziehn muß – das Phänomen derselben –, so ist damit noch keineswegs begriffen, wie die Überproduktion in diesen Artikeln stattfinden kann. Denn das Phänomen der allgemeinen Überproduktion ist hergeleitet aus der Abhängigkeit der in diesen Industrien nicht nur unmittelbar beschäftigten Arbeiter, sondern aller Industriezweige, die die Vorstufen ihres Produkts, ihr capital constant in verschiednen Phasen produzieren. Für letztre ist die Überproduktion Wirkung. Aber woher kommt sie in den ersten? Denn die letztren go on[2], solange die erstren on[3] gehn, und mit diesem On-gehn scheint ein allgemeines Wachsen der Revenue, also auch ihres eignen Konsums gesichert.[94] |719||

[13. Zurückbleiben des Marktes hinter der steigenden Produktion. Ricardos Auffassung von der unbeschränkten Nachfrage und der unbeschränkten Kapitalanwendung]

||720| Wollte man antworten, daß die stets sich erweiternde Produktion {die sich aus doppelten Gründen jährlich erweitert; erstens, weil das in der Produktion angelegte Kapital beständig wächst; zweitens, weil es beständig produktiver angewandt wird; während der Reproduktion und Akkumulation häufen sich beständig kleine Verbesserungen an, die schließlich die ganze Stufenleiter der Produktion verändert haben. Es findet eine Aufhäufung der Verbesserungen statt, eine sich aufhäufende Entwicklung der Produktivkräfte} eines stets erweiterten Markts bedarf und daß die Produktion sich rascher erweitert als der Markt, so hat man das Phänomen, das zu erklären ist, nur anders ausgesprochen, statt in seiner abstrakten, in seiner realen Gestalt. Der Markt erweitert sich langsamer als die Produktion, oder im Zyklus, den das Kapital während seiner Reproduktion durchläuft – ein Zyklus, in dem es sich nicht einfach reproduziert, sondern auf erweiterter Stufenleiter, nicht einen Zirkel beschreibt, sondern eine Spirale –, tritt ein

[1] zielt jedoch nach zwei Seiten – [2] produzieren weiter – [3] weiter

Augenblick ein, wo der Markt zu eng für die Produktion erscheint. Dies ist am Schluß des Zyklus. D.h. aber bloß: Der Markt ist glutted[1]. Die Überproduktion ist manifest. Hätte die Erweiterung des Markts Schritt gehalten mit der Erweiterung der Produktion, there would be no glut of markets, no overproduction[2].

Indessen, mit dem bloßen Zugeständnis, daß der Markt mit der Produktion sich erweitern muß, wäre anderseits auch schon wieder die Möglichkeit einer Überproduktion zugegeben, indem der Markt äußerlich geographisch umschrieben ist, der inländische Markt als beschränkt erscheint gegen einen Markt, der inländisch und ausländisch ist, der letzte wieder gegen den Weltmarkt, der aber in jedem Augenblick wieder beschränkt ist, an sich der Erweiterung fähig. Ist daher zugegeben, daß der Markt sich erweitern muß, soll keine Überproduktion stattfinden, so ist auch zugegeben, daß Überproduktion stattfinden kann, denn es ist dann möglich, da Markt und Produktion zwei gegeneinander gleichgültige [Momente sind], daß die Erweiterung des einen der Erweiterung der andren *nicht* entspricht, daß die Schranken des Markts sich nicht rasch genug für die Produktion ausdehnen oder daß neue Märkte – neue Ausdehnungen des Markts – von der Produktion rasch überholt werden können, so daß der erweiterte Markt nun ebensosehr als eine Schranke erscheint wie früher der engere.

Ric[ardo] leugnet daher konsequent die Notwendigkeit *einer Erweiterung des Markts* mit Erweiterung der Produktion und Wachstum des Kapitals. Alles Kapital, das in einem Lande vorhanden ist, kann auch vorteilhaft in diesem Lande verwandt werden. Er polemisiert daher gegen A. Smith, der einerseits *seine* (Ric[ardo]s) Ansicht aufgestellt und mit seinem gewöhnlichen vernünftigen Instinkt ihr auch widersprochen hat. Smith kennt noch nicht das Phänomen der Überproduktion, Krisen aus Überproduktion. Was er kannte, sind bloße Kredit- und Geldkrisen, die mit dem Kredit- und Banksystem sich von selbst einfinden. In der Tat sieht er in der Akkumulation des Kapitals unbedingte Vermehrung des allgemeinen Volksreichtums und Wohlstands. Andrerseits faßt er die bloße Entwicklung des innren Markts zum auswärtigen, Kolonial- und Weltmarkt, auf als Beweis einer sozusagen relativen (an sich seienden) Überproduktion auf dem innren Markt. Es ist wert, R[icardo]s Polemik gegen ihn hierher zu setzen:

„Wenn Kaufleute ihr Kapital im auswärtigen Handel oder im Zwischenhandel anlegen, so geschieht dies immer aus freien Stücken und niemals aus Zwang. Es geschieht, weil in diesen Zweigen ihr Profit um einiges größer als im Binnenhandel sein wird. Adam

[1] überfüllt – [2] so gäbe es keine Überfüllung des Marktes, keine Überproduktion

Smith hat richtig festgestellt, ‚daß das Verlangen nach Nahrungsmitteln bei jedem Menschen durch das beschränkte Fassungsvermögen des menschlichen Magens begrenzt ist'"

{A. Smith irrt sich hier sehr, da er die Luxusartikel der Agrikultur ausschließt},

„‚das Verlangen nach Annehmlichkeiten und Verschönerung der Gebäude, nach Kleidung, Equipagen und Wohnmöbeln aber ohne Ende und bestimmte Grenze zu sein scheint'. Die *Natur* hat also" (fährt Ric[ardo] fort) „notwendigerweise die *Höhe des Kapitals begrenzt, das* zu irgendeiner *Zeit mit Profit in der Landwirtschaft angelegt werden kann,*"

{Darum gibt es wohl Völker, die agricultural produce ausführen? Als könne man nicht der nature zum Trotz alles mögliche Kapital in agriculture versenken, um in England z.B. Melonen, Feigen, Trauben etc., Blumen etc. zu produzieren und Geflügel und Wild etc. Und als ob die Rohstoffe der Industrie nicht durch agricultural capital produziert würden? (Sieh z.B. das Kapital, das die Römer allein in künstliche Fischzucht steckten.)},

„*sie hat aber*" (als ob die Natur überhaupt etwas mit der Sache zu tun habe) „*der Höhe des Kapitals*, das bei der Beschaffung ‚der Annehmlichkeiten und Verschönerungen' des Lebens angelegt werden kann, *keine Grenzen gezogen*. Die Beschaffung dieser Genüsse in *größter Reichhaltigkeit* ist *das erstrebte Ziel*, und nur weil der auswärtige Handel oder der Zwischenhandel es besser erreicht, befaßt man sich damit eher als mit der Herstellung der verlangten Manufakturwaren oder eines Ersatzes für sie im Inland. Wenn uns jedoch besondere Umstände an der Anlage von Kapital im auswärtigen Handel oder im Zwischenhandel hindern, so werden wir es im Inland anlegen, wenngleich mit geringerem Vorteil. *Solange keine Grenze* für das Verlangen nach ‚Annehmlichkeiten, Verschönerung der Gebäude, Kleidung, Equipagen und ||721| Wohnmöbeln' besteht, *kann es keine Schranke für das Kapital geben, das in ihrer Produktion angelegt werden kann*, ausgenommen jene, welche unsere Fähigkeit begrenzt, *die Arbeiter, die sie produzieren sollen, zu erhalten.*

Adam Smith spricht jedoch vom Zwischenhandel, als ob er nicht aus freien Stücken, sondern aus Notwendigkeit betrieben würde, als ob das darin tätige Kapital unbeschäftigt bliebe, wenn es nicht so angelegt würde, als *ob zuviel Kapital im Binnenhandel vorhanden sein könnte*, falls es nicht auf eine bestimmte Höhe beschränkt bleibt. Er sagt: ‚Sobald das Kapital irgendeines Landes in einem solchen Maße erhöht wird, *daß es nicht in vollem Umfang zur Belieferung der Konsumtion* und *zum Unterhalt der produktiven Arbeit dieses bestimmten Landes verwendet werden kann*'" {diese Stelle des Zitats druckt Ric[ardo] selbst gesperrt}, „‚so wendet sich der *überschießende Teil* von selbst natürlicherweise dem Zwischenhandel zu und wird dazu verwendet, dieselben Dienste anderen Ländern zu erweisen'. ... Ließe sich aber dieser Teil der produktiven Arbeit Großbritanniens nicht für die Herstellung einer anderen Gattung von Waren verwenden, mit denen etwas, das im Inland stärker gefragt ist, gekauft wird? Und falls das nicht ginge, könnten wir diese produktive Arbeit, wenngleich mit weniger Vorteil, nicht verwenden, um diese Waren, zumindest aber einen Ersatz für sie, im Inland zu erzeugen? Wenn wir Samt wünschen, könnten wir nicht versuchen, Samt herzustellen, und falls wir keinen Erfolg hätten, könnten wir nicht mehr Tuch oder etwas anderes, das für uns begehrenswert ist, erzeugen?

Wir erzeugen Waren und kaufen mit ihnen andere im Ausland, weil wir eine *größere Menge* erhalten" {der qualitative Unterschied existiert nicht!}, „als wir im Inland herstellen können. Wenn man uns diesen Handel wegnimmt, werden wir sofort wiederum für uns selbst fabrizieren. Die Meinung von Adam Smith jedoch weicht von allen seinen allgemeinen Lehren über dieses Thema ab. ‚Wenn'" {zitiert Ric[ardo] nun aus Smith} „‚ein anderes Land uns mit einer Ware billiger beliefern kann als wir selbst sie herstellen können, so ist es günstiger, sie von ihm mit Hilfe eines Teiles der Produktion unseres eigenen Gewerbefleißes zu kaufen, den wir auf eine Art anwenden, bei der wir einen Vorteil besitzen. *Die allgemeine gewerbliche Tätigkeit des Landes, die immer im Verhältnis zum angewendeten Kapital steht*'" in sehr verschiedener Proportion {(Ric[ardo] sperrt den letztangeführten Satz wieder),} „‚wird dadurch nicht eingeschränkt, sondern es bleibt ihr nur überlassen, den Weg zu finden, auf dem sie mit dem größten Vorteil betrieben werden kann.'

Wiederum: ‚Diejenigen, die über mehr Nahrungsmittel verfügen als sie selbst konsumieren können, sind stets bereit, den *Überschuß* oder, was dasselbe ist, dessen Preis gegen Annehmlichkeiten anderer Art *einzutauschen*. Was nach Befriedigung der begrenzten Bedürfnisse verbleibt, wird zur Befriedigung *jener Wünsche* verwendet, *die nicht zufriedengestellt werden können und die absolut grenzenlos zu sein scheinen*. Um Nahrungsmittel zu erhalten, bemühen sich die Armen, jene Launen der Reichen zu befriedigen, und, um sie noch sicherer zu bekommen, überbieten sie sich gegenseitig in der Billigkeit und Qualität ihrer Arbeit. Die Zahl der Arbeiter steigt mit der größeren Menge an Nahrungsmitteln oder mit der zunehmenden Verbesserung und Bebauung des Bodens, und da die Art ihrer Tätigkeit die feinste Arbeitsteilung zuläßt, erhöht sich die Menge, die sie aufarbeiten können, in einem weit größeren Maße als ihre Zahl. Darauf entspringt eine Nachfrage nach jeder Art von Material, das durch den menschlichen Erfindergeist nützlich oder zur Verschönerung verwendet werden kann, für Gebäude, Kleidung, Equipagen oder Wohnmöbeln und nach den im Erdinnern befindlichen Versteinerungen und Mineralen, nach Edelmetallen und Edelsteinen.'

Aus diesen Eingeständnissen ergibt sich, daß *es keine Grenze der Nachfrage gibt und keine Schranke für die Verwendung von Kapital, solange es einen Profit abwirft*, und daß es keinen anderen hinreichenden Grund für einen Fall des Profits als eine Erhöhung der Löhne gibt, gleichgültig, *wie reichlich auch immer Kapital vorhanden sein mag*. Man kann weiter hinzufügen, daß die allein wirksame und dauernde Ursache für die Erhöhung der Löhne in der wachsenden Schwierigkeit besteht, Nahrungsmittel und lebenswichtige Konsumartikel für die steigende Zahl der Arbeiter zu beschaffen." (l.c. p.344–348.)

[*14. Der Widerspruch zwischen der unaufhaltsamen Entwicklung der Produktivkräfte und der Beschränktheit des Konsums als Basis der Überproduktion. Der apologetische Charakter der Theorie von der Unmöglichkeit der allgemeinen Überproduktion*]

Das Wort *overproduction* führt an sich in Irrtum. Solange die dringendsten Bedürfnisse eines großen Teils der Gesellschaft nicht befriedigt sind oder *nur* seine unmittelbarsten Bedürfnisse, kann natürlich von einer *Überproduktion von Produkten* – in dem Sinn, daß die Masse der Produkte überflüssig wäre im Verhältnis zu den Bedürfnissen für sie – absolut nicht die Rede sein. Es muß umgekehrt gesagt werden, daß auf Grundlage der kapitalistischen Produktion in diesem Sinn beständig *unterproduziert* wird. Die Schranke der Produktion ist der Profit der Kapitalisten, keineswegs das Bedürfnis der Produzenten. Aber Überproduktion von Produkten und Überproduktion von *Waren* sind zwei ganz verschiedne Dinge. Wenn Ric[ardo] meint, daß die Form der *Ware* gleichgültig für das Produkt sei, weiter, daß die *Warenzirkulation* nur formell verschieden vom Tauschhandel, der Tauschwert hier nur verschwindende Form des Stoffwechsels, das Geld daher bloß formelles Zirkulationsmittel sei – so kömmt das in der Tat auf seine Voraussetzung hinaus, daß die bürgerliche Produktionsweise die absolute, daher auch Produktionsweise ohne nähere spezifische Bestimmung sei, das Bestimmte an ihr mithin nur formell sei. Es darf also auch nicht von ihm zugegeben werden, daß die bürgerliche Produktionsweise Schranke für die freie Entwicklung der Produktivkräfte einschließe, eine Schranke, die in den Krisen und unter anderm in der *Überproduktion* – dem Grundphänomen der Krisen – zutage tritt.

||722| Ricardo sah aus den von ihm zitierten, gebilligten und daher nachgesagten Sätzen Smiths, daß die maßlosen „desires"[1] nach allerhand Gebrauchswerten stets befriedigt werden auf Grundlage eines Zustandes, worin die Masse der Produzenten auf „food"[2] und „necessaries"[3], auf das Notwendige mehr oder minder beschränkt bleibt, daß diese größte Masse der Produzenten also von dem Konsum des Reichtums – soweit er über den Kreis der necessaries hinausgeht – mehr oder weniger ausgeschlossen bleibt.

Allerdings ist letztres und in noch höhrem Grade bei der antiken, auf Sklaverei gerichteten Produktion der Fall. Aber die Alten dachten auch nicht

[1] „Wünsche" – [2] „Nahrungsmittel" – [3] „lebenswichtige Güter"

daran, das surplus produce in Kapital zu verwandeln. Wenigstens nur in geringem Grade. (Das ausgedehnte Vorkommen der eigentlichen Schatzbildung bei ihnen zeigt, wieviel surplus produce ganz brach lag.) Einen großen Teil des surplus produce verwandelten sie in unproduktive Ausgaben für Kunstwerke, religiöse Werke, travaux publics[1]. Noch weniger war ihre Produktion auf Entfesselung und Entfaltung der materiellen Produktivkräfte – Teilung der Arbeit, Maschinerie, Anwendung von Naturkräften und Wissenschaft auf die Privatproduktion – gerichtet. Sie kamen in der Tat im großen und ganzen nie über Handwerksarbeit heraus. Der Reichtum, den sie für Privatkonsumtion schafften, war daher relativ klein und erscheint nur groß, weil in wenigen Händen aufgehäuft, die übrigens nichts damit zu machen wußten. Gab es darum keine *Überproduktion*, so gab es *Überkonsumtion* der Reichen bei den Alten, die in den letzten Zeiten Roms und Griechenlands in verrückte Verschwendung ausschlägt. Die wenigen Handelsvölker in ihrer Mitte lebten z. T. auf Kosten aller dieser essentiellement[2] armen Nationen. Es ist die unbedingte Entwicklung der Produktivkräfte und daher die Massenproduktion auf Grundlage der in den Kreis der necessaries eingeschloßnen Produzentenmasse einerseits, der Schranke durch den Profit der Kapitalisten anderseits, die die Grundlage der modernen Überproduktion.

Alle Schwierigkeiten, die Ric[ardo] etc. gegen Überproduktion etc. aufwerfen, beruhn darauf, daß sie die bürgerliche Produktion als eine Produktionsweise betrachten, worin entweder kein Unterschied von Kauf und Verkauf existiert – unmittelbarer Tauschhandel – oder als *gesellschaftliche* Produktion, so daß die Gesellschaft, wie nach einem Plan, ihre Produktionsmittel und Produktivkräfte verteilt in dem Grad und Maß wie nötig zur Befriedigung ihrer verschiednen Bedürfnisse, so daß auf jede Produktionssphäre das zur Befriedigung des Bedürfnisses, dem sie entspricht, erheischte *Quotum* des gesellschaftlichen Kapitals falle. Diese Fiktion entspringt überhaupt aus der Unfähigkeit, die spezifische Form der bürgerlichen Produktion aufzufassen und letztre wiederum aus dem Versenktsein in die bürgerliche Produktion als die Produktion schlechthin. Ganz wie ein Kerl, der an eine bestimmte Religion glaubt, in ihr die Religion schlechthin sieht und außerhalb derselben nur *falsche* Religionen.

Umgekehrt wäre vielmehr zu fragen: Wie, auf Grundlage der kapitalistischen Produktion, wo jeder für sich arbeitet und die besondre Arbeit zugleich als ihr Gegenteil, abstrakt allgemeine Arbeit, und in dieser Form gesellschaftliche Arbeit sich darstellen muß, die notwendige Ausgleichung

[1] öffentliche Arbeiten – [2] im wesentlichen

und Zusammengehörigkeit der verschiednen Produktionssphären, das Maß und die Proportion zwischen denselben, anders als durch beständige Aufhebung einer beständigen Disharmonie möglich sein soll? Dies ist noch zugegeben, wenn von den Ausgleichungen der Konkurrenz gesprochen wird, denn diese Ausgleichungen setzen stets voraus, daß etwas auszugleichen ist, also die Harmonie stets nur ein Resultat der Bewegung der Aufhebung der existierenden Disharmonie ist.

Deswegen gibt Ric[ardo] auch das glut[1] für einzelne Waren zu. Das *Unmögliche* soll nur in a simultaneous, general glut of the market[2] bestehn. Die Möglichkeit[3] der Überproduktion wird daher nicht für irgendeine besondre Produktionssphäre geleugnet. Die Unmöglichkeit der allgemeinen Überproduktion[4] soll in der *Gleichzeitigkeit* dieser Erscheinungen für *alle* Produktionssphären und daher general glut of the market bestehn (ein Ausdruck, der immer cum grano salis[5] zu nehmen ist, da in Momenten allgemeiner Überproduktion die Überproduktion in einigen Sphären stets nur *Resultat*, *Folge* der Überproduktion in den leitenden Handelsartikeln ist; [sie ist] stets nur *relativ*, Überproduktion, weil Überproduktion in andren Sphären existiert).

Die Apologetik dreht dies grade ins Umgekehrte um. Überproduktion in den leitenden Handelsartikeln, in denen allein die aktive Überproduktion sich zeigt – es sind dies überhaupt Artikel, die nur massenhaft und fabrikmäßig (auch in der Agrikultur) produziert werden können, weil Überproduktion existiert in den Artikeln, worin relative oder passive Überproduktion sich zeigt. Es existiert danach bloß Überproduktion, weil die Überproduktion nicht universell ist. Die *Relativität* der Überproduktion – daß die wirkliche Überproduktion in einigen Sphären die in andern herbeiführt – wird so ausgesprochen: Es gibt keine *universelle* Überproduktion, weil, wenn die Überproduktion universell wäre, alle Produktionssphären dasselbe Verhältnis gegeneinander behielten; also *universelle* Überproduktion gleich proportionate production, was die Überproduktion ausschließt. Und dies soll gegen die universelle Überproduktion ||723| sprechen. Weil nämlich eine *universelle Überproduktion* in dem absoluten Sinn keine Überproduktion wäre, sondern nur mehr als gewöhnliche Entwicklung der Produktivkraft in allen Produktionssphären, soll die *wirkliche Überproduktion*, die eben nicht diese nicht seiende, sich selbst aufhebende Überproduktion ist, *nicht* existieren. Obgleich sie nur existiert, weil sie dies nicht ist.

[1] die Überfüllung – [2] einer gleichzeitigen, allgemeinen Überfüllung des Marktes – [3] in der Handschrift: Unmöglichkeit – [4] in der Handschrift statt dieser Passage: Sie – [5] nicht ganz wörtlich

Sieht man dieser elenden Sophistik genauer zu, so kömmt sie darauf hinaus: Z.B. es findet Überproduktion statt in Eisen, Baumwollstoffen, linens, silks, woollens[1] etc., so kann z.B. nicht gesagt werden, daß zu wenig Kohlen produziert worden sind und daher jene Überproduktion stattfindet; denn jene Überproduktion von Eisen etc. schließt ganz so eine Überproduktion von Kohle ein, wie etwa Überproduktion von Gewebe die von Garn. {Möglich wäre Überproduktion von Garn gegen Gewebe, Eisen gegen Maschinerie etc. Dies wäre immer relative Überproduktion von konstantem Kapital.} Es kann also nicht von der Unterproduktion[2] der Artikel die Rede sein, deren Überproduktion eingeschlossen ist, weil sie als Element, Rohstoff, matière instrumentale[3] oder Produktionsmittel eingehn in die Artikel (die „particular commodity of which too much may be produced, of which there may be such a glut in the market, as not to repay the capital expended on it"[4]), deren positive Überproduktion eben das fact to be explained[5] ist. Sondern es ist von andren Artikeln die Rede, welche Produktionssphären direkt angehören, die weder subsumiert unter die leitenden Handelsartikel, die overproduced sind nach der Voraussetzung, noch solchen Sphären, in denen, weil sie die *vermittelnde Produktion* für diese Sphären bilden, die Produktion wenigstens so weit gegangen sein muß, wie in den Schlußphasen des Produkts – obgleich nichts dem im Wege steht, daß sie selbst weitergegangen und innerhalb der Überproduktion daher eine Überproduktion stattgefunden hat. Z.B., obgleich so viel Kohle produziert worden sein muß, um alle die Industrien in Gang zu haben, worin Kohle als notwendige Produktionsbedingung eingeht, also die *Überproduktion* der Kohle eingeschlossen ist in die *Überproduktion* von Eisen, Garn etc. (obgleich die Kohle nur proportionate produziert war zur Produktion von Eisen und Garn), so ist es *auch* möglich, daß mehr Kohle produziert wurde, als selbst die Überproduktion in Eisen, Garn etc. erheischte. Dies ist nicht nur möglich, sondern sehr wahrscheinlich. Denn *die Produktion von Kohle und Garn* und jeder andren Produktionssphäre, die nur Bedingung oder Vorphase des in einer andern Sphäre zu vollendenden Produkts liefert, richtet sich nicht nach der unmittelbaren Nachfrage, nach der unmittelbaren Produktion oder Reproduktion, sondern nach dem *Grad, Maß, Verhältnis* (Proportion), worin diese go on extending[6]. Und daß in dieser Berechnung das Ziel überschossen

[1] Leinen, Seide, Wollwaren – [2] in der Handschrift: Überproduktion – [3] Hilfsstoff – [4] „bestimmten Ware, von der zuviel produziert, von der dann ein solches Überangebot auf dem Markt vorhanden sein mag, daß das aufgewendete Kapital nicht zurückerstattet wird" (siehe vorl. Band, S. 500, 504 und 506) – [5] die zu erklärende Tatsache – [6] fortfahren, sich auszudehnen

werden kann, ist self-evident[1]. Also in den andren Artikeln, wie z.B. Pianofortes, Edelsteinen etc., ist nicht genug produziert worden, *unterproduziert* worden. {Es gibt allerdings auch Überproduktionen, wo die Überproduktion in den nicht leitenden Artikeln nicht Folge ist, sondern wo umgekehrt die *Unterproduktion* Ursache der Überproduktion ist, wie z.B. wenn Getreidemißwachs oder Baumwollmißwachs etc.}

Die Abgeschmacktheit dieser Phrase tritt recht hervor, wenn sie, wie Say[95] und andre nach ihm getan haben, international angestrichen wird. Also z.B. England hat nicht *überproduziert*, sondern Italien hat *unterproduziert*. Hätte Italien 1. Kapital genug, um das englische Kapital zu ersetzen, was nach Italien in der Form von Waren exportiert worden ist; 2. dies sein Kapital so angelegt, daß es die eigentümlichen Artikel produzierte, die das englische Kapital bedarf, teils um sich selbst, teils die aus ihm fließende Revenue zu ersetzen, so fände keine Überproduktion statt. Also existierte nicht das Faktum der wirklichen – mit Relation auf die *wirkliche* Produktion in Italien – existierenden *Überproduktion in England*, sondern nur das Faktum der *imaginären Unterproduktion* in *Italien*, imaginär, weil sie ein ||724| Kapital in Italien voraussetzt und eine Entwicklung der Produktivkraft, die dort nicht existiert, und weil sie zweitens die gleiche utopische Voraussetzung macht, daß dies *nicht* in Italien existierende Kapital grade so verwandt worden ist, wie es nötig wäre, damit English supply and Italien demand[2], englische und italienische Produktion sich ergänzten, d.h. in andren Worten nichts [anderes als]: Es fände keine Überproduktion statt, wenn Nachfrage und Zufuhr sich entsprächen, wenn das Kapital so verhältnismäßig in allen Produktionssphären verteilt wäre, daß die Produktion des einen Artikels die Konsumtion des andern, also seine eigne Konsumtion einschlösse. Es gäbe keine Überproduktion, wenn es keine Überproduktion gäbe. Da aber die kapitalistische Produktion sich nur in gewissen Sphären, unter gegebnen Bedingungen, Zügel schießen lassen kann, so wäre überhaupt keine kapitalistische Produktion möglich, wenn sie in allen Sphären *gleichzeitig* und *gleichmäßig* sich entwickeln müßte. Weil Überproduktion in diesen Sphären absolut stattfindet, findet sie relativ auch in den Sphären statt, wo nicht überproduziert worden ist.

Also heißt diese Erklärung der Überproduktion auf der einen Seite durch die Unterproduktion auf der andren nichts [andres als]: Wenn proportionelle Produktion stattfände, fände keine Überproduktion statt. Ditto, wenn Nachfrage und Zufuhr sich entsprächen. Ditto, wenn alle Sphären

[1] selbstverständlich – [2] englisches Angebot und italienische Nachfrage

gleiche Möglichkeiten der kapitalistischen Produktion und ihrer Erweiterung – Teilung der Arbeit, Maschinerie, Ausfuhr in entfernte Märkte etc., massenhafte Produktion – einschlössen, wenn alle Länder, die miteinander handeln, gleiche Fähigkeit der Produktion (und zwar verschiedner und sich ergänzender Produktion) besäßen. Also findet Überproduktion statt, weil alle diese frommen Wünsche nicht stattfinden. Oder noch abstrakter: Es fände keine Überproduktion auf der einen Seite statt, wenn Überproduktion auf allen Seiten gleichmäßig stattfände. Das Kapital ist aber nicht groß genug, um so universell überzuproduzieren, und daher findet partielle[1] Überproduktion statt.

Näher betrachtet die Phantasie:

Es wird zugegeben, daß in jedem *besondren trade* überproduziert werden kann. Der einzige Umstand, der Überproduktion in *allen* gleichzeitig verhindern könnte, ist der Angabe nach, daß Ware gegen Ware sich austauscht – i.e. recourse to the supposed[2] Bedingungen of barter[3]. Aber diese Ausflucht ist grade dadurch abgeschnitten, daß der trade nicht barter ist, und daher der Verkäufer einer Ware nicht notwendig at the same time the buyer of another[4]. Diese ganze Ausflucht beruht also darauf, von dem *Geld* zu abstrahieren und davon zu abstrahieren, daß es sich nicht von Produktenaustausch handelt, sondern von Warenzirkulation, für die das Auseinanderfallen von Kauf und Verkauf wesentlich.

{Die Zirkulation des Kapitals schließt in sich *Möglichkeiten* der Störungen ein. Es handelt sich z.B. bei der Rückverwandlung des Geldes in seine Produktionsbedingungen nicht nur darum, das Geld wieder in dieselben (der Art nach) Gebrauchswerte zu verwandeln, sondern zur Wiederholung des Reproduktionsprozesses essentiell[5], daß diese Gebrauchswerte wieder zu ihrem alten Wert (drunter ist natürlich noch besser) zu haben sind. Der sehr bedeutende Teil dieser Reproduktionselemente, der aus Rohstoffen besteht, kann aber aus doppelten Gründen steigen: *Erstens* wenn die Produktionsinstrumente in raschrer Proportion vermehrt werden als Rohstoffe for the given time[6] beschafft werden können. *Zweitens* infolge des variablen Charakters der seasons[7]. Die Witterung spielt daher (das Wetter), wie Tooke richtig bemerkt[96], so große Rolle in der modernen Industrie. (Dasselbe gilt mit Bezug auf den Arbeitslohn für die Lebensmittel.) Die Rückverwandlung von Geld in Ware kann also auf Schwierigkeiten stoßen und Möglichkeiten der Krise schaffen, ganz so gut wie die Verwandlung der

[1] In der Handschrift: universelle – [2] d.h. Zuflucht zu den vorausgesetzten – [3] des Tauschhandels – [4] zur gleichen Zeit der Käufer einer anderen – [5] wesentlich – [6] für den gegebenen Zeitraum – [7] Jahreszeiten

Ware in Geld. Soweit die einfache Zirkulation, nicht die Zirkulation des Kapitals, betrachtet wird, finden diese Schwierigkeiten nicht statt.} (Es gibt noch eine Masse Momente, Bedingungen, Möglichkeiten der Krise, die erst bei der Betrachtung der konkretern Verhältnisse, namentlich der Konkurrenz der Kapitalien und des Kredits betrachtet werden können.)

||725| *Die Überproduktion von Waren* wird geleugnet, dagegen zugegeben die *Überproduktion von Kapital*. Das Kapital besteht nun selbst aus Waren oder, soweit es aus Geld besteht, muß es in Waren d'une manière ou d'une autre[1] rückverwandelt werden, um als Kapital funktionieren zu können. Was heißt also *Überproduktion von Kapital*? Überproduktion der Wertmassen, die bestimmt sind, Mehrwert zu erzeugen (oder dem stofflichen Inhalt nach betrachtet, Überproduktion von Waren, die zur Reproduktion bestimmt werden) – also *Reproduktion auf zu großer Stufenleiter*, was dasselbe ist wie Überproduktion schlechthin.

Näher bestimmt, heißt dies weiter nichts als daß zuviel produziert wird zum Zweck der *Bereicherung* oder ein zu großer Teil des Produkts bestimmt ist, nicht als Revenue verzehrt zu werden, sondern *mehr Geld zu machen* (akkumuliert zu werden), nicht die Privatbedürfnisse ihres Besitzers zu befriedigen, sondern ihm den abstrakten gesellschaftlichen Reichtum, Geld und mehr Macht über fremde Arbeit, Kapital zu schaffen – oder diese Macht zu vergrößern. Dies wird auf der einen Seite gesagt. (Ric[ardo] leugnet es.[2]) Und auf der andren, womit wird die Überproduktion der Waren erklärt? Daß die Produktion ist not diversified enough[3], daß bestimmte Gegenstände des Konsums nicht massenhaft genug produziert worden sind. Daß es sich hier nicht um den industriellen Konsum handeln kann, klar, denn der Fabrikant, der in Leinwand überproduziert, steigert dadurch notwendig seine Nachfrage nach Garn, Maschinerie, Arbeit etc. Es handelt sich also um den Privatkonsum. Es ist zuviel Leinwand produziert worden, aber vielleicht zu wenig Apfelsinen. Vorhin wurde das Geld geleugnet, um die Scheidung zwischen Kauf und Verkauf [als nicht existierend] darzustellen. Hier wird das Kapital geleugnet, um die Kapitalisten in Leute zu verwandeln, die die einfache Operation W–G–W vollziehn und für den individuellen Konsum, nicht *als* Kapitalisten, mit dem Zweck der Bereicherung produzieren, mit dem Zweck, den Mehrwert zum Teil in Kapital zurückzuverwandeln. Aber die Phrase, daß *zuviel Kapital* da ist, heißt ja nichts als daß zu wenig als *Revenue* verzehrt wird und verzehrt werden kann unter den

---

[1] auf die eine oder andere Weise – [2] vgl. vorl. Band, S. 497/498 – [3] nicht verschiedenartig genug

gegebnen Bedingungen. *(Sismondi.)*[97] Warum stellt denn der Leinwandproduzent an den Kornproduzent die Forderung, daß dieser mehr Leinwand oder dieser an jenen, daß er mehr Korn konsumiere? Warum realisiert der Leinwandproduzent[1] selbst nicht einen größren Teil seiner Revenue (Mehrwerts) in Leinwand und der farmer in Korn? Bei jedem einzelnen wird zugegeben werden, daß ihr Bedürfnis des Kapitalisierens (abgesehn von der Schranke des Bedürfnisses) diesem im Weg steht. Bei allen zusammengenommen nicht.

(Wir abstrahieren hier ganz von dem Element der Krisen, das daraus entspringt, daß die Waren wohlfeiler reproduziert werden, als sie produziert wurden. Hence[2] Entwertung der auf dem Markt befindlichen Waren.)

Alle Widersprüche der bürgerlichen Produktion kommen in den allgemeinen Weltmarktkrisen kollektiv zum Eklat, in den besondren Krisen (dem Inhalt und der Ausdehnung nach *besonderen*) nur zerstreut, isoliert, einseitig.

Die *Überproduktion* speziell hat das allgemeine Produktionsgesetz des Kapitals zur Bedingung, zu produzieren im Maß der Produktivkräfte (d.h. der Möglichkeit, mit gegebner Masse Kapital größtmöglichste Masse Arbeit auszubeuten) ohne Rücksicht auf die vorhandnen Schranken des Markts oder der zahlungsfähigen Bedürfnisse, und dies durch beständige Erweiterung der Reproduktion und Akkumulation, daher beständige Rückverwandlung von Revenue in Kapital auszuführen, während ||726| andrerseits die Masse der Produzenten auf das average[3] Maß von Bedürfnissen beschränkt bleibt und der Anlage der kapitalistischen Produktion nach beschränkt bleiben muß.

[*15. Ricardos Ansichten über die verschiedenen Arten der Akkumulation des Kapitals und über die ökonomischen Folgen der Akkumulation*]

Ricardo sagt in ch. VIII *„On Taxes“*:

„Sofern die jährliche Produktion eines Landes seine jährliche Konsumtion übersteigt, so sagt man von ihm, daß es sein Kapital vermehrt. Wenn seine jährliche Konsumtion durch seine jährliche Produktion nicht wenigstens ersetzt wird, so sagt man, es vermindert sein Kapital. Kapital kann daher durch eine erhöhte Produktion oder durch eine verringerte unproduktive Konsumtion vermehrt werden.“ (p. 162, 163.)

[1] In der Handschrift: Leinwandhändler – [2] Daher – [3] durchschnittliche

Unter „unproductive consumption" versteht Ric[ardo] hier, wie er in der Note zum angeführten Satz (Note p. 163) sagt, Konsumtion durch unproduktive Arbeiter, „by those who do not reproduce another value"[1]. Unter Vermehrung der jährlichen Produktion also verstanden Vermehrung der jährlichen industriellen Konsumtion. Diese kann vermehrt werden durch direkten increase[2] derselben, bei gleichbleibender oder selbst wachsender nichtindustrieller Konsumtion oder durch Verminderung der nichtindustriellen Konsumtion.

„Wenn wir sagen", heißt es in derselben Note, „daß Revenue erspart und zum Kapital geschlagen wird, so meinen wir, daß der Teil der Revenue, von dem es heißt, er sei zum Kapital geschlagen, durch produktive statt durch unproduktive Arbeiter verzehrt wird."

Ich habe gezeigt[3], daß die Verwandlung von Revenue in Kapital keineswegs gleichbedeutend mit Verwandlung von Revenue in variables Kapital oder mit Auslegen derselben in Arbeitslohn. Dies jedoch ist R[icardo]s Meinung. In derselben Note sagt Ric[ardo]:

„Stiege der Preis der Arbeit so hoch, daß trotz des Zuwachses von Kapital nicht mehr Arbeit angewandt werden könnte, so würde ich sagen, daß solcher Zuwachs von Kapital unproduktiv konsumiert wird."

Es ist also nicht der Konsum der Revenue durch produktive Arbeiter, der diesen Konsum „produktiv" macht, sondern der Konsum durch Arbeiter, die einen Mehrwert produzieren. Das Kapital vermehrt sich hiernach nur, wenn es *mehr Arbeit* kommandiert.

Ch. VII „On Foreign Trade".

„*Es gibt zwei Wege, auf denen Kapital akkumuliert werden kann:* es kann gespart werden *infolge erhöhter Revenue* oder *infolge verringerter Konsumtion.* Wenn mein *Profit* sich von 1000 *l.* auf 1200 *l. erhöht, während meine Ausgaben weiterhin die gleichen bleiben,* so werde ich jährlich 200 *l.* mehr als früher akkumulieren. Wenn *ich 200 l. bei meinen Ausgaben einspare, während mein Profit weiter der gleiche bleibt,* so wird dieselbe Wirkung erzielt; 200 *l.* werden jährlich meinem Kapital zugeschlagen." (p. 135.)

„Wenn *die Waren, für welche die Revenue verausgabt wird,* durch die Einführung von Maschinen im *allgemeinen* um 20 Prozent im Werte fallen, so wird es mir ermöglicht, ebenso wirkungsvoll zu sparen, als ob meine Revenue sich um 20 Prozent erhöht hätte. In dem einen Fall bleibt jedoch die *Profitrate* unverändert, im anderen erhöht sie sich um 20 Prozent. – Wenn ich durch die Einfuhr wohlfeiler ausländischer Waren 20 Prozent meiner Ausgaben einsparen kann, so wird das Ergebnis das gleiche sein, als wenn Maschinerie die Kosten ihrer Produktion gesenkt hätte, jedoch wird der Profit sich nicht erhöhen." (p. 136.)

---

[1] „durch solche, die nicht einen anderen Wert reproduzieren" – [2] Vergrößerung – [3] siehe vorl. Band, S. 471–492

(D.h. not be raised, if the cheaper goods entered neither into the variable nor the constant capital[1].)

Also bei *gleichbleibender Verausgabung von Revenue* Akkumulation infolge eines Steigens der Profitrate {aber die Akkumulation hängt nicht allein von der Höhe, sondern von der Masse des Profits ab}; bei *gleichbleibender Profitrate* Akkumulation infolge verminderter expenditure[2], von der R[icardo] aber hier annimmt, daß sie statthat infolge der Verwohlfeilerung (sei es durch Maschinerie oder foreign trades[3]) der „commodities on which revenue was expended"[4].

Ch.XX „Value and Riches, their distinctive Properties".

„Der Reichtum" (darunter versteht Ric[ardo] *Gebrauchswerte*) „eines Landes kann auf zweierlei Art vermehrt werden. Er kann dadurch erhöht werden, daß ein *größerer Teil der Revenue für den Unterhalt produktiver Arbeit verwendet wird*, was nicht nur die *Menge*, sondern auch den *Wert* der Warenmasse vermehren wird. Oder aber er kann *ohne Beschäftigung eines zusätzlichen Quantums Arbeit* dadurch vergrößert werden, daß die *gleiche Menge produktiver verwendet wird*, was die Fülle, jedoch nicht den Wert der Waren erhöhen wird.

Im ersten Falle wird ein Land nicht nur reich werden, sondern der Wert seines Reichtums wird sich erhöhen. Es *wird durch Sparsamkeit reich werden*, dadurch, daß es seine Ausgaben für Luxus- und Genußartikel einschränkt und *diese Einsparungen für die Reproduktion verwendet*.

||727| Im zweiten Fall werden weder mit Notwendigkeit *verminderte Ausgaben für Luxus- und Genußartikel* noch ein *erhöhtes Quantum beschäftigter produktiver Arbeit* vorhanden sein, sondern *mit derselben Arbeit wird mehr produziert;* der Reichtum wird steigen, jedoch nicht der Wert. Von diesen zwei Arten der Erhöhung des Reichtums muß der letzteren der Vorzug gegeben werden, da sie das gleiche Ergebnis ohne den Entzug oder die Verringerung von Annehmlichkeiten hervorbringt, welche die erste Art unausbleiblich begleiten werden. *Kapital ist jener Teil des Reichtums eines Landes, der im Hinblick auf zukünftige Produktion verwendet wird und der auf dieselbe Weise wie der Reichtum vermehrt werden kann.* Ein *zusätzliches Kapital* wird für die Erzeugung zukünftigen Reichtums gleich wirksam sein, ob es nun *aus Verbesserungen der Technik und Maschinerie* oder aus der *Verwendung von mehr Revenue für die Reproduktion* herrührt; denn der Reichtum hängt immer von der Menge der produzierten Güter ab, ohne Rücksicht auf die Leichtigkeit, mit der die für die Produktion verwendeten Instrumente vielleicht beschafft worden sind. Eine bestimmte Menge Kleidung und Nahrungsmittel wird dieselbe Zahl von Leuten erhalten und beschäftigen und wird daher dieselbe Menge Arbeit verlangen, ob sie nun durch die Arbeit von 100 oder 200 Leuten

[1] nicht erhöht werden, wenn die billigeren Waren weder in das variable noch in das konstante Kapital eingingen – [2] Ausgabe – [3] auswärtigen Handel – [4] „Waren, für welche die Revenue verausgabt wird"

produziert worden sind. Sie wird aber doppelt soviel wert sein, wenn 200 Leute bei ihrer Produktion beschäftigt waren." (p.327, 328.)

Die erste Aufstellung R[icardos] war:

Akkumulation wächst bei gleichbleibender expenditure, wenn die Profitrate steigt,

oder bei gleichbleibender Profitrate, wenn die expenditure (der value nach) abnimmt, weil die Waren, in denen die Revenue verzehrt wird, sich verwohlfeilern.

Er stellt jetzt einen andern Gegensatz auf.

Akkumulation wächst, das Kapital wird akkumuliert der Masse und dem Wert nach, wenn größrer Teil der Revenue der individuellen Konsumtion entzogen und der industriellen Konsumtion zugewandt, mehr produktive Arbeit mit dem Teil der so gesparten Revenue in Bewegung gesetzt wird. In diesem Fall Akkumulation from *parsimony*[1].

Oder expenditure bleibt dieselbe, es wird auch nicht mehr produktive Arbeit angewandt; aber dieselbe Arbeit produziert mehr, ihre Produktivkraft wird gesteigert. Die Elemente, aus denen das produktive Kapital besteht, Rohstoffe, Maschinerie etc. {vorhin waren es die Waren upon which revenue is expended[2]; jetzt sind es die Waren, employed as instruments in production[3]}, werden mit derselben Arbeit massenhafter, besser, wohlfeiler daher produziert. Die Akkumulation hängt in diesem Fall weder davon [ab], daß die Profitrate steigt, noch daß ein großer Teil der Revenue, infolge von parsimony, in Kapital verwandelt wird, noch daß ein kleinrer Teil der Revenue unproduktiv verausgabt wird, infolge der Verwohlfeilerung der Waren, worin Revenue ausgelegt wird. Sie hängt hier davon ab, daß die Arbeit produktiver wird in den Produktionssphären, die die Elemente des Kapitals selbst erzeugen, also die Waren sich verwohlfeilern, die als Rohstoff, Instrument etc. in den Produktionsprozeß eingehn.

Ist die Produktivkraft der Arbeit vermehrt worden durch Mehrproduktion von capital fixe, verhältnismäßig zum variablen Kapital, so wird nicht nur die Masse, sondern auch der *Wert* der Reproduktion steigen, indem ein Teil des Werts des capital fixe in die jährliche Reproduktion eingeht. Dies kann gleichzeitig mit dem Wachstum der Bevölkerung und der Vermehrung der angewandten Arbeiterzahl stattfinden, obgleich sie *relativ*, im Verhältnis zu dem capital constant, das sie in Bewegung setzt, beständig abnimmt. Es findet so Wachstum nicht nur of wealth[4], sondern of value statt, und es

[1] infolge *Sparsamkeit* – [2] für welche die Revenue verausgabt wird – [3] die als Instrumente der Produktion verwendet werden – [4] des Reichtums

wird größre Masse lebendiger Arbeit in Bewegung gesetzt, obgleich die Arbeit produktiver geworden und die Masse der Arbeit im Verhältnis zur Masse der produzierten Waren abgenommen hat. Endlich kann auch bei gleichbleibender Produktivität der Arbeit variables und konstantes Kapital gleichmäßig wachsen mit der natürlichen jährlichen Zunahme der Bevölkerung. Auch dann akkumuliert sich das Kapital der Masse und dem Wert nach. Diese letztren Punkte läßt R[icardo] alle außer acht.

In demselben Kapitel sagt R[icardo]:

„Die Arbeit von einer Million Menschen in den Manufakturen wird stets den gleichen Wert, aber nicht immer den gleichen Reichtum produzieren."

(Dies sehr falsch. Der Wert des Produkts der million of men hängt nicht nur von ihrer Arbeit ab, sondern von dem Wert des Kapitals, womit sie arbeiten; wird also sehr verschieden sein, je nach der Masse der produzierten Produktivkräfte, womit sie arbeiten.)

„Durch die Erfindung von Maschinen, durch Erhöhung der Geschicklichkeit, durch bessere Arbeitsteilung oder durch Entdeckung neuer Märkte, wo vorteilhaftere Tauschakte vollzogen werden können, kann eine Million Menschen bei einem bestimmten Entwicklungsstand der Gesellschaft die doppelte oder dreifache Menge an Reichtum, an ‚lebenswichtigen Artikeln, Annehmlichkeiten und Vergnügungen' im Vergleich mit einem anderen produzieren. Sie werden aber deswegen dem Werte nichts hinzufügen"

(allerdings indem ihre vergangne ||728| Arbeit in viel größrem Maßstab in die neue Reproduktion eingeht),

„denn jede Sache steigt oder fällt im Werte je nach der Leichtigkeit oder Schwierigkeit ihrer Produktion oder, mit anderen Worten, je nach dem für ihre Produktion aufgewendeten Quantum Arbeit."

(Jede einzelne Ware mag verwohlfeilert werden, aber die Gesamtsumme der vermehrten Warenmasse [wird] im Wert steigen.)

„Angenommen, die Arbeit einer gewissen Zahl von Menschen produziert mit einem bestimmten Kapital 1000 Paar Strümpfe und durch Verbesserungen der Maschinerie kann dieselbe Zahl von Menschen 2000 Paar produzieren oder aber weitere 1000 Paar und zusätzlich 500 Hüte herstellen, so wird der Wert der 2000 Paar Strümpfe [oder der 1000 Paar Strümpfe] und der 500 Hüte weder größer noch geringer als jener der 1000 Paar Strümpfe vor Einführung der Maschinerie sein, denn sie sind das Produkt der gleichen Quantität Arbeit."

(Notabene, wenn die machinery newly introduced[1] *nichts* kostet.)

„Der *Wert der allgemeinen Warenmasse wird aber nichtsdestoweniger kleiner sein;* denn obwohl der Wert der als Ergebnis der Verbesserung produzierten größeren Menge

[1] neu eingeführte Maschinerie

genau der gleiche sein wird wie der der geringeren Menge, die ohne Verbesserung produziert worden wäre, *so wird doch auch eine Wirkung auf jene noch nicht konsumierten Waren hervorgebracht, die vor der Verbesserung produziert worden sind.* Der Wert dieser Waren wird verringert, insofern sie nämlich Stück für Stück auf das Niveau der mit allen Vorteilen der Verbesserung produzierten Waren sinken, und die Gesellschaft wird trotz der vergrößerten Warenmenge, trotz ihres vermehrten Reichtums und ihrer vermehrten Mittel zum Genuß *eine geringere Summe an Wert besitzen.* Durch *die beständige Erhöhung der Leichtigkeit der Produktion wird der Wert verschiedener bereits früher produzierter Waren fortgesetzt vermindert,* obwohl wir auf diesem Wege nicht nur den nationalen Reichtum, sondern auch die Kraft zu zukünftiger Produktion erhöhen." (p.320–322.)

Ric[ardo] spricht hier von der Depreziation, die eine progressive Entwicklung der Produktivkraft ausübt, herbeiführt für die unter ungünstigern Bedingungen produzierten Waren, seien sie nun noch auf dem Markt befindlich oder aber als Kapital im Produktionsprozeß wirksam. Es folgt daher aber keineswegs, daß „the value of the general mass of commodities will be diminished"[1], obgleich der Wert eines Teils dieser Masse vermindert wird. Diese Folge nur 1., wenn der Wert der infolge der improvements[2] neu hinzugefügten Maschinerie und Waren kleiner als die in derselben Art früher vorhandner Waren hervorgebrachte Entwertung; 2., wenn außer acht gelassen wird, daß mit der Entwicklung der Produktivkräfte auch die Sphären of production beständig vermehrt, also auch Kapitalanlagen eröffnet werden, die früher gar nicht existierten. Die Produktion wird nicht nur verwohlfeilert im Fortgang der Entwicklung, sondern auch *vermannigfacht.*

Ch. IX „Taxes on raw produce".

„Bezüglich des dritten Einwandes gegen Steuern auf Rohprodukte, nämlich, daß der steigende Lohn und der sinkende Profit eine Abschreckung für die Akkumulation bildet und in der gleichen Weise wie die natürliche Unfruchtbarkeit des Bodens wirkt, habe ich mich in einem anderen Teil dieses Werkes zu zeigen bemüht, daß *Ersparnisse ebenso wirkungsvoll bei den Ausgaben wie bei der Produktion gemacht werden können – ebenso wie durch einen Rückgang des Wertes der Waren, auch durch eine Erhöhung der Profitrate.* Durch eine Vermehrung meines Profits von 1000 *l.* auf 1200 *l.*, während die *Preise* unverändert bleiben, ist meine Fähigkeit gewachsen, mein Kapital durch Ersparnisse zu vermehren, sie ist jedoch nicht in dem Maße gewachsen, als sie es getan hätte, wenn *mein Profit unverändert geblieben wäre,* aber die Waren im Preise so gesunken wären, daß ich mir mit 800 *l.* ebensoviel hätte kaufen können wie vorher mit 1000 *l.*" (p.183, 184.)

Der ganze Wert des Produkts (oder vielmehr des Teils des Produkts, der zwischen Kapitalist und Arbeiter verteilt wird) kann depreziiert

[1] „der Wert der allgemeinen Warenmasse sich verringern wird" – [2] Verbesserungen

werden, ohne daß das net income[1] fällt, seiner Wertmasse nach. (Der Proportion nach kann es noch steigen.) Dies in:

Ch.XXXII „Mr. Malthus's Opinions on Rent".

„Die gesamte Beweisführung Malthus' ist auf ein unsicheres Fundament gebaut. Sie unterstellt, daß infolge der Verringerung des *Bruttoeinkommens* des Landes das Nettoeinkommen ebenfalls im gleichen Verhältnis geringer werden muß. Es ist eines der Ziele dieses Werkes gewesen zu zeigen, daß mit jedem Rückgang im tatsächlichen Wert der notwendigen Artikel die Arbeitslöhne sinken und der Kapitalprofit steigt – mit anderen Worten, daß von einem gegebenen jährlichen Wert ein geringerer Anteil an die arbeitende Klasse, und ein größerer Teil an jene gezahlt wird, deren Fonds diese Klasse beschäftigen. Angenommen, der Wert der in einer bestimmten Manufaktur erzeugten Waren sei 1000 *l.*, die zwischen dem Unternehmer und seinen Arbeitern im Verhältnis von 800 *l.* für die Arbeiter und 200 *l.* für den Unternehmer aufzuteilen sind. ||729| Falls der Wert dieser Waren auf 900 *l.* fällt und 100 *l.* an Arbeitslöhnen erspart werden, so wird das Nettoeinkommen des Unternehmers in keiner Weise beeinträchtigt und er kann nach dem Preisrückgang mit ebensoviel Leichtigkeit den gleichen Betrag an Steuern zahlen wie vorher." (p.511, 512.)

Ch.V „On Wages".

„Trotz der Tendenz der Löhne, sich ihrer natürlichen Rate anzugleichen, kann ihre Marktrate in einer sich entwickelnden Gesellschaft für unbestimmte Zeit dauernd darüber liegen. Denn der Anstoß, der von einer Vermehrung des Kapitals für eine neue Nachfrage nach Arbeit ausgeht, braucht sich erst dann auszuwirken, wenn eine nochmalige Kapitalvermehrung in gleicher Weise wirkt. Wenn so die Erhöhung des Kapitals allmählich und stetig erfolgt, kann die Nachfrage nach Arbeit einen ständigen Anreiz zur Vermehrung der Bevölkerung bieten." (p.88.)

Vom kapitalistischen Standpunkt aus erscheint alles umgekehrt. Die Masse der Arbeiterbevölkerung und der Grad der Produktivität der Arbeit bestimmen, wie die Reproduktion des Kapitals, so die der Bevölkerung. Hier erscheint es umgekehrt, daß das *Kapital* die Bevölkerung bestimmt.

Ch.IX „Taxes on Raw Produce".

„Die Akkumulation von Kapital erzeugt natürlich eine verschärfte Konkurrenz zwischen denjenigen, die Arbeiter beschäftigen, und ruft eine entsprechende Erhöhung des Preises der Arbeit hervor." (p.178.)

Dies hängt davon ab, in welchem Verhältnis mit der accumulation of capital seine verschiednen Bestandteile wachsen. Kapital kann akkumulieren und die Nachfrage nach Arbeit absolut oder relativ abnehmen.

---

[1] Nettoeinkommen

Da nach Ric[ardo]s Renttheorie mit der Akkumulation des Kapitals und dem Wachstum der Bevölkerung Profitrate Tendenz zum Sinken hat, weil die necessaries[1] im Wert steigen oder die Agrikultur unfruchtbarer wird, hat die Akkumulation Tendenz, die Akkumulation zu hemmen, und das *Gesetz von der Abnahme der Profitrate* – weil im Verhältnis, wie sich die Industrie entwickelt, die Agrikultur unproduktiver wird – schwebt als Fatum über der bürgerlichen Produktion. A. Smith dagegen sieht die Abnahme der Profitrate mit Vergnügen. Holland sein Vorbild. Sie zwingt, mit Ausnahme der größten Kapitalisten, die meisten Kapitalisten, statt vom Zins zu leben, ihr Kapital industriell anzuwenden; ist so Stachel der Produktion. Bei R[icardo]s Schülern nimmt das Grauen vor der unheilvollen Tendenz tragikomische Formen an.

Wir wollen hier die Stellen R[icardo]s zusammenstellen, die sich auf diesen Gegenstand beziehn.

Ch. V „On Wages“.

„Die Vermehrung des Kapitals oder der Mittel für die Beschäftigung der Arbeiter geht in den verschiedenen Entwicklungsstufen der Gesellschaft mehr oder weniger rasch vor sich und *muß in jedem Falle von den produktiven Fähigkeiten der Arbeit abhängen.* Die produktiven Fähigkeiten der Arbeit sind im allgemeinen am größten, wenn es reichlich fruchtbaren Boden gibt: in solchen Zeiten geht die Vermehrung so rasch vor sich, daß Arbeiter nicht mit derselben Schnelligkeit wie Kapital beschafft werden können.“ (p. 92.) „Man hat berechnet, daß sich die Bevölkerung unter günstigen Bedingungen in fünfundzwanzig Jahren verdoppeln kann. Das Kapital eines Landes kann sich jedoch unter denselben günstigen Bedingungen möglicherweise in kürzerer Zeit verdoppeln. In diesem Falle werden die Löhne während des gesamten Zeitraumes eine steigende Tendenz haben, da die Nachfrage nach Arbeit noch rascher anwachsen wird als das Angebot. In neuen Ansiedlungen, wo die Kunstfertigkeiten und Kenntnisse aus in deren Verfeinerung sehr fortgeschrittenen Ländern eingeführt werden, ist es wahrscheinlich, daß das Kapital dahin tendiert, sich rascher als die Menschen zu vermehren, und wenn der Mangel an Arbeitern nicht durch besser bevölkerte Länder ausgeglichen wird, so wird diese Tendenz den Preis der Arbeit sehr erheblich steigern. So wie diese Länder sich bevölkern und Boden geringerer Güte in Bebauung genommen wird, schwächt sich die Tendenz zur Kapitalerhöhung ab, *da der nach der Sättigung des Bedarfes der vorhandenen Bevölkerung verbleibende Produktenüberschuß notwendigerweise der Leichtigkeit der Produktion, d. h. der geringeren Zahl der in der Produktion Beschäftigten entsprechen muß.* Obwohl es demnach wahrscheinlich ist, daß unter den günstigsten Bedingungen die Möglichkeiten der Produktion größer sind als die Zahl der Bevölkerung, so kann dies doch nicht lange anhalten. Da der Boden in seiner Ausdehnung begrenzt und in seiner Güte unterschiedlich ist, geht mit jedem zusätzlich darauf angelegten

[1] lebenswichtigen Güter

Kapital die Rate der Produktion zurück, während *die durch die Bevölkerung gegebenen Möglichkeiten stets die gleichen bleiben.*" (p. 92, 93.)

(Letztres eine Pfaffenerfindung. The power of population decreases mit der power of production.[1])

Hier erstens zu notieren, daß R[icardo] zugibt, that „the accumulation of capital ... must in all cases depend on the productive powers of labour"[2], so daß die labour, nicht das Kapital das Prius ist.

Ferner sollte man nach R[icardo] meinen, daß in old settled[3], industriell entwickelten countries[4] mehr Leute sich mit der Agrikultur beschäftigen als in Kolonien, während die Sache sich umgekehrt verhält. Im Verhältnis zum selben Produkt wendet ||730| England z. B. weniger agricultural labourers an than any other country, new or old[5]. Allerdings ist ein größrer Teil der nicht agricultural population[6] indirekt in der agricultural production beteiligt. Aber selbst das durchaus nicht in dem Verhältnis, worin in den minder entwickelten Ländern die direct agricultural population größer ist. Gesetzt, selbst in England sei das Getreide teurer, die Produktionskosten größer. Es wird mehr Kapital angewandt. Es geht mehr vergangne, wenn weniger lebendige Arbeit in die agricultural production ein. Aber die Reproduktion dieses Kapitals kostet infolge der schon vorhandnen Produktionsbasis weniger Arbeit, obgleich sein Wert sich im Produkt ersetzt.

Ch. VI „On Profits".

Vorher noch einige Bemerkungen. Der Mehrwert hängt, wie wir sahen, nicht nur von der Rate des Mehrwerts, sondern von der Anzahl der gleichzeitig beschäftigten Arbeiter, also von der Größe des variablen Kapitals ab.

Die Akkumulation ihrerseits ist nicht bestimmt – direkt – durch die *Rate des Mehrwerts,* sondern durch das Verhältnis des Mehrwerts zum total amount of the capital advanced[7], d. h. durch die Profitrate, und weniger noch durch die Profitrate als durch den *gross amount of profit*[8], der, wie wir sahen, für das Gesamtkapital der Gesellschaft identisch ist mit dem gross amount of surplus value[9], für die besondern Kapitalien aber in the different trades may variate very much from the amount of surplus value produced by them[10]. Betrachtet man die Akkumulation des Kapitals en bloc, so ist der Profit

[1] Die durch die Bevölkerung gegebenen Möglichkeiten nehmen ab mit den Möglichkeiten der Produktion. – [2] daß „die Vermehrung des Kapitals ... in jedem Fall von den produktiven Fähigkeiten der Arbeiter abhängen muß" – [3] altbesiedelten – [4] Ländern – [5] landwirtschaftliche Arbeiter an als irgendein anderes Land, sei es ein neues oder altes – [6] landwirtschaftlichen Bevölkerung – [7] zur Gesamtmasse des vorgeschossenen Kapitals – [8] *Bruttobetrag des Profits* – [9] Bruttobetrag des Mehrwerts – [10] den verschiedenen Gewerbezweigen erheblich von der durch sie produzierten Masse des Mehrwerts abweichen kann

$= \text{Mehrwert}$ und die Profitrate $= \frac{\text{Mehrwert}}{\text{Kapital}}$ oder vielmehr der Mehrwert berechnet auf je 100 Kapital.

Ist die Profitrate (per cent) gegeben, so hängt der gross amount of profit von der Größe des vorgeschoßnen Kapitals ab, also auch die Akkumulation, soweit sie durch den Profit bestimmt ist.

Ist die Summe des Kapitals gegeben, so hängt der gross amount of profit von der Höhe der Profitrate ab.

Kleines Kapital mit hoher Profitrate kann daher größren[1] gross profit[2] abwerfen als größres Kapital mit niedriger Profitrate.

Nimm an:

1

Kapital	Profitrate p.c.	gross profit
100	10	10
$100 \times 2 = 200$	$^{10}/_{2}$ oder 5	10
$100 \times 3 = 300$	$^{10}/_{2}$ oder 5	15
$100 \times 1^{1}/_{2} = 150$	5	$7^{1}/_{2}$

2

100	10	10
$2 \times 100 = 200$	$\frac{10}{2^{1}/_{2}} = 4$	8
$2^{1}/_{2} \times 100 = 250$	4	10
$3 \times 100 = 300$	4	12

3

500	10	50
5000	1	50
3000	1	30
10000	1	100

Sind Multiplikator des Kapitals und Divisor der Profitrate gleich, d.h., nimmt die Größe des Kapitals in demselben Verhältnis zu, worin die Profitrate fällt, so bleibt die Summe des gross profit unverändert. 100 zu 10 p.c. geben 10, und 2×100 zu $^{10}/_{2}$ oder 5 p.c. geben ebenfalls 10. Dies heißt also

[1] In der Handschrift: kleinern – [2] Bruttoprofit

in andren Worten: Fällt die Profitrate im selben Verhältnis, worin das Kapital akkumuliert (wächst), so bleibt der gross profit unverändert.

Fällt die Profitrate rascher als das Kapital wächst, so nimmt die Summe des gross profit ab. 500 zu 10 p.c. geben gross profit of 50. Aber die 6fache Summe, 6×500 oder 3000, zu $^{10}/_{10}$ p.c. oder 1 p.c. geben nur 30.

Endlich, wächst das Kapital schneller als die Profitrate abnimmt, so steigt der gross profit, obgleich die Profitrate fällt. So 100 zu 10 p.c. Profit gibt gross profit von 10. Aber 300 (3×100) zu 4 p.c. (wo also die Profitrate um $2^1/_2$ gefallen) gibt gross profit von 12.

Nun zu Ricardos Sätzen.

Ch. VI „On Profits".

„Die *natürliche Tendenz des Profits ist also zu fallen*, denn mit der fortschreitenden Entwicklung der Gesellschaft und des Reichtums kann die zusätzlich benötigte Menge Lebensmittel nur durch das Opfer von immer mehr Arbeit gewonnen werden. Diese Tendenz oder sozusagen *Gravitation des Profits* wird *zum Glück* häufig durch Verbesserungen der mit der Produktion von lebenswichtigen Gütern verbundenen Maschinen sowie durch Entdeckungen der Agrarwissenschaft *gehemmt*, die uns ermöglichen, einen Teil der früher erforderlichen Menge Arbeit freizusetzen und ||731| daher den Preis der wichtigsten lebensnotwendigen Güter zu senken. Die Erhöhung der Preise für existenznotwendige Konsumgüter und Löhne ist jedoch begrenzt; denn sobald die Löhne ... 720 *l.*, d.h. die Gesamteinnahme des Farmers, erreichen, *muß die Akkumulation aufhören, weil dann kein Kapital irgendeinen Profit abwerfen kann*, keine *weitere Arbeit nachgefragt wird* und die *Bevölkerung* damit *ihren höchsten Stand erreicht hat*. Allerdings wird schon viel früher die *außerordentlich niedrige Profitrate jede Akkumulation zum Stillstand gebracht haben*, und fast das gesamte Produkt des Landes wird nach Bezahlung der Arbeiter Eigentum der Grundeigentümer und der Empfänger von Zehenten und Steuern sein." (p. 120, 121.)

Dies die bürgerliche „Götterdämmerung" in der R[icardo]schen Vorstellung, der jüngste Tag.

„Lange bevor dieser Stand der Preise zu einer Dauererscheinung geworden ist, *besteht kein Anreiz zur Akkumulation, da niemand akkumuliert, es sei denn mit der Absicht, seine Akkumulation produktiv anzulegen*, und ... folglich kann ein solcher Stand der Preise niemals eintreten. *Farmer und Fabrikant können ebensowenig ohne Profit wie der Arbeiter ohne Lohn leben. Ihr Anreiz zur Akkumulation* wird *mit jeder Verringerung des Profits abgeschwächt* und wird *dann ganz verschwinden, wenn ihr Profit so gering ist*, daß er ihnen keine *angemessene Entschädigung* für ihre Mühe und das *Risiko gewährt, das sie notwendigerweise bei der produktiven Anlage ihres Kapitals auf sich nehmen müssen.*" (p. 123.)

„Ich muß nochmals betonen, daß die Profitrate viel rascher sinken würde ... denn bei einem Wert des Produktes, wie ich ihn unter den angenommenen Bedingungen angegeben habe, wird sich der Wert des Kapitals des Farmers erheblich erhöhen, da es notwendigerweise aus vielen in ihrem Preis gestiegenen Waren besteht. Ehe Getreide von 4 *l.* auf 12 *l.* steigen kann, *wird sich der Tauschwert seines Kapitals wahrscheinlich verdoppeln*, und es wird anstatt 3000 *l.* 6000 *l.* wert sein. Wenn also sein Profit 180 *l.* oder 6 Prozent auf sein ursprüngliches Kapital beträgt, ist die *Rate* des Profits in Wirklichkeit zu dieser Zeit nicht höher als 3 Prozent, da 6000 *l.* zu 3 Prozent 180 *l.* einbringen und unter *diesen Bedingungen* ein *neuer Farmer* sich nur *mit 6000 l.* in seiner Tasche *in der Landwirtschaft betätigen* könnte." (p.124.)

„Wir sollten gleichfalls erwarten, daß – wenn sich auch *die Profitrate des Kapitals infolge der zusätzlichen Anlage von Kapital auf dem Boden* und des Steigens der Löhne verringert – doch die *Gesamtsumme der Profite wächst.* Angenommen nun, daß bei wiederholten Kapitalzugängen von 100 000 *l.* die Profitrate von 20 auf 19, auf 18, auf 17 Prozent fiele, sich also eine ständig fallende Rate ergäbe; man sollte erwarten, daß die Profitsumme, die jene einander folgenden Kapitalbesitzer erhalten, immer stiege, daß sie größer sein würde, wenn das Kapital 200 000 *l.* als wenn es 100 000 *l.* beträgt und noch größer, wenn es 300 000 *l.* ausmacht, und so weiter, *trotz verminderter Rate mit jeder Steigerung des Kapitals wachsend.* Diese *Progression stimmt jedoch nur für eine gewisse Zeit.* So ist 19 Prozent von 200 000 *l.* mehr als 20 Prozent von 100 000 *l.*, 18 Prozent von 300 000 *l.* ist wieder mehr als 19 Prozent von 200 000 *l.* Aber nachdem das Kapital zu einer großen Summe angewachsen ist und die Profite gefallen sind, *vermindert* die *weitere Akkumulation die Gesamtsumme des Profits.* Angenommen also, die Akkumulation würde 1 000 000 *l.* und der Profit 7 Prozent betragen, so wird die Gesamtsumme des Profits 70 000 *l.* ausmachen. Wenn jetzt zu der Million eine Vermehrung von 100 000 *l.* Kapital hinzukäme und der Profit auf 6 Prozent fiele, dann werden die Kapitalbesitzer 66 000 *l.* erhalten, eine Verminderung von 4000 *l.*, obwohl die Gesamtsumme des Kapitals von 1 000 000 *l.* auf 1 100 000 *l.* angestiegen wäre.

Solange das Kapital überhaupt noch einen Profit abwirft, kann jedoch keine Akkumulation von Kapital stattfinden, ohne daß sie nicht nur eine Vergrößerung des Produkts, sondern auch einen Zuwachs an Wert hervorruft. Durch die Verwendung von 100 000 *l.* zusätzlichen Kapitals wird kein Teil des alten Kapitals weniger produktiv. Das Produkt des Bodens und der Arbeit des Landes muß sich vergrößern und sein Wert muß steigen, nicht nur durch den Wert dessen, was der früheren Produktionsmenge zugesetzt wird, sondern auch durch den neuen Wert, der durch die erhöhte Schwierigkeit der Produktion seines letzten Teiles dem gesamten Produkt verliehen wird. Sobald aber die Akkumulation von Kapital sehr groß wird, wird das Produkt, ungeachtet dieses erhöhten Wertes, so verteilt, daß ein geringerer Wert als vorher auf den Profit entfällt, während der auf Rente und Lohn entfallende steigt." (p. 124–126.)

„Obwohl ein größerer Wert produziert wird, so wird ein höherer Anteil von dem, was nach Zahlung der Rente von diesem Werte übrigbleibt, von den Produzenten konsumiert, und das – und nur das – bestimmt den Profit. Solange der Boden reichliche Erträge hergibt, können die Löhne zeitweilig steigen und die Produzenten mehr als ihren gewöhnlichen Anteil konsumieren; aber der Anreiz, der dadurch für die Bevölkerungsvermehrung gegeben wird, wird *die Arbeiter raschestens auf ihren üblichen Konsum herabdrücken*. Sobald aber schlechte Böden in Bebauung genommen werden oder mehr Kapital und Arbeit mit einem geringeren Ertrage auf dem alten Boden aufgewendet wird, muß die Wirkung eine dauernde sein." (p. 127.)

||732| „Die Wirkungen der Akkumulation werden also unterschiedlich in verschiedenen Ländern sein und hauptsächlich von der Fruchtbarkeit des Bodens abhängen. Wie ausgedehnt ein Land auch sein mag, in dem der Boden von schlechter Qualität und die Lebensmitteleinfuhr verboten ist, es wird doch die bescheidenste Kapitalansammlung von erheblichen Reduktionen der Profitrate und einem raschen Steigen der Rente begleitet sein; auf der anderen Seite kann ein kleines aber fruchtbares Land, besonders wenn es die Einfuhr von Lebensmitteln ungehindert zuläßt, einen großen Kapitalbetrag ohne größeren Rückgang der Profitrate und ohne erhebliches Steigen der Grundrente aufhäufen." (p. 128, 129.)

Auch infolge von *Steuern* (ch. XII „*Land-Tax*") [kommt es vor], „daß kein *ausreichender Überschuß* verbleibt, um die Bemühungen derjenigen anzuspornen, die normalerweise das Kapital des Staates mit ihren Ersparnissen vermehren." (p. 206.)

„Es gibt nur einen Fall" {ch. XXI „*Effects of accumulation on profits and interest*"} „und auch dieser wird nur zeitweilig auftreten, in dem die Akkumulation von Kapital bei niedrigem Nahrungsmittelpreis von einem Fall des Profits begleitet sein kann, und zwar dann, wenn die *zum Unterhalt der Arbeit bestimmten Fonds sich sehr viel rascher als die Bevölkerung vermehren;* dann werden die Löhne hoch und die Profite niedrig sein. Wenn jedermann dem Gebrauch von Luxusartikeln entsagt und nur nach Kapitalakkumulation strebt, kann ein Quantum notwendiger Artikel produziert werden, für das es unmittelbar keine Konsumtion gibt. *Für solcherart in ihrer Zahl beschränkte Waren kann zweifellos ein allgemeines Überangebot bestehen*, und es kann infolgedessen sein, daß weder eine Nachfrage für ein zusätzliches Quantum solcher Waren noch Profit bei der Anlage von mehr Kapital vorhanden sind. Sobald man aufhört zu konsumieren, wird man aufhören zu produzieren." (p. 343.)

Soweit R[icardo] über Akkumulation und das Gesetz vom Fall der Profitrate.

[ACHTZEHNTES KAPITEL]

Ric[ardos] Miscellanea. Schluß R[icardo]s (John Barton)

[A.] Gross und Net Einkommen

Nettoeinkommen, im Gegensatz zum Bruttoeinkommen (welches gleich dem gesamten Produkt oder dem Wert des gesamten Produkts), ist die Form, worin die Physiokraten ursprünglich den Mehrwert fassen. Als einzige Form desselben betrachten sie die Grundrente, da der industrielle Profit von ihnen bloß als Art Arbeitslohn aufgefaßt wird; übereinstimmen sollten mit ihnen die Späteren, die den Profit verwischen in wages of superintendence of labour[1].

Net revenue ist daher in der Tat der Überschuß des Produkts (oder seines Werts) über den Teil desselben, der das vorgeschoßne Kapital ersetzt, sowohl konstantes als variables Kapital. Es besteht also einfach aus Profit und Rente, welche letztre selbst wieder ein ausgeschiedner und nur von den Kapitalisten verschiednen Klasse zufallender Teil des Profits ist.

Der direkte Zweck der kapitalistischen Produktion ist nicht die Produktion der Ware, sondern des Mehrwerts oder des Profits (in seiner entwickelten Form), nicht das Produkt, sondern das surplus produce. Die Arbeit selbst ist von diesem Standpunkt aus nur produktiv, soweit sie Profit oder surplus produce für das Kapital schafft. Soweit der Arbeiter das nicht schafft, ist seine Arbeit unproduktiv. Die Masse der angewandten produktiven Arbeit hat für das Kapital also nur soweit Interesse, als durch sie – oder im Verhältnis zu ihr – die Masse der Surplusarbeit wächst. Nur soweit ist das, was wir notwendige Arbeitszeit nannten, notwendig. Soweit sie nicht dieses Resultat hat, ist sie überflüssig und to suppress[2].

---

[1] Arbeitslohn für die Oberaufsicht über die Arbeit – [2] zu unterdrücken

Es ist der beständige Zweck der kapitalistischen Produktion, mit dem Minimum von vorgeschoßnem Kapital ein Maximum von Surpluswert oder surplus produce zu erzeugen, und soweit dies Resultat nicht durch Überarbeitung der Arbeiter erreicht wird, ist es eine Tendenz des Kapitals, wodurch es mit dem möglichst geringen Aufwand – economy of power and expense[1] – ein gegebnes Produkt zu schaffen sucht, also die ökonomische Tendenz des Kapitals, die die Menschheit lehrt, hauszuhalten mit ihren Kräften und den produktiven Zweck mit dem geringsten Aufwand von Mitteln zu erreichen.

Die Arbeiter selbst erscheinen in dieser Auffassung als das, was sie in der kapitalistischen Produktion sind – bloße Produktionsmittel, nicht als Selbstzweck und nicht als Zweck der Produktion.

Das net income[2] ist nicht bestimmt durch den Wert des Gesamtprodukts, sondern durch den Überschuß des Werts des Gesamtprodukts über den Wert des vorgeschoßnen Kapitals oder durch die Größe des surproduce[3] im Verhältnis zum Gesamtprodukt. Wächst dieser Überschuß, obgleich der Wert ||733| oder auch mit dem Wert die Gesamtquantität des Produkts abnimmt, so ist der Zweck der kapitalistischen Produktion erreicht.

Ric[ardo] hat diese Tendenzen konsequent und rücksichtslos ausgesprochen. Daher viel Heulerei gegen ihn von seiten philanthropischer Spießbürger.

Ric[ardo] begeht bei Betrachtung des net income wieder den Fehler, das Gesamtprodukt in Revenue, wages, profits und rent[4] aufzulösen und von dem zu ersetzenden konstanten Kapital zu abstrahieren. Doch davon wollen wir hier absehn.

Ch.XXXII „Mr.Malthus's Opinions on rent".

„Es ist wichtig, klar zwischen Bruttorevenue und Nettorevenue zu unterscheiden, denn aus der Nettorevenue einer Gesellschaft müssen alle Steuern bezahlt werden. Angenommen, alle Waren innerhalb eines Landes, das gesamte Getreide, alle Rohprodukte, Manufakturwaren usw., die im Laufe eines Jahres auf den Markt gebracht werden können, haben einen Wert von 20 Millionen. Zur Erlangung dieses Wertes ist die Arbeit einer bestimmten Zahl von Leuten erforderlich, und die absolut notwendigen Konsumgüter dieser Arbeiter erfordern eine Ausgabe von 10 Millionen. Ich würde sagen, die Bruttorevenue einer solchen Gesellschaft beträgt 20 Millionen und ihre Nettorevenue 10 Millionen. Es folgt aus dieser Annahme nicht, daß die Arbeiter für ihre Arbeit nur 10 Millionen erhalten. Sie können 12, 14 oder 15 Millionen bekommen, und sie würden in diesem Falle 2, 4 oder 5 Millionen des Nettoeinkommens besitzen.

[1] Ökonomie an Kraft und Kosten – [2] Nettoeinkommen – [3] Mehrprodukts – [4] Arbeitslohn, Profit und Rente

Der Rest wird zwischen den Grundeigentümern und den Kapitalisten aufgeteilt, aber das gesamte Nettoeinkommen wird 10 Millionen nicht übersteigen. Angenommen, diese Gesellschaft zahlt 2 Millionen an Steuern, so wird ihr Nettoeinkommen auf 8 Millionen reduziert." (p.512, 513.)

[Und im ch.XXVI sagt Ricardo:]

„Worin besteht der Vorteil, der sich für ein Land aus der Beschäftigung einer großen Menge produktiver Arbeit ergibt, wenn, gleichgültig, ob es eine solche oder eine kleinere Menge beschäftigt, seine Nettorente und sein Profit zusammen dasselbe bleiben. Das *gesamte Produkt des Bodens und der Arbeit jedes Landes zerfällt in drei Teile. Davon entfällt einer auf die Löhne, der andere auf den Profit und der dritte auf die Rente.*"

(Dies falsch, da hier der Teil vergessen which is devoted to replace the capital (wages excluded) employed in production[1].)

„Nur von den letzteren beiden Teilen können Abzüge für Steuern oder Ersparnisse gemacht werden, *während der erste, sofern er mäßig ist, immer die notwendigen Produktionsausgaben bildet.*"

(Ric[ardo] bemerkt selbst zu diesem Satz in Note p.416:

„Dies ist vielleicht etwas zu stark betont, da im allgemeinen dem Arbeiter unter der Bezeichnung Lohn etwas mehr zugewiesen wird als die absolut notwendigen Produktionsausgaben. In diesem Falle erhält der Arbeiter einen Teil des Nettoproduktes des Landes, den er entweder sparen oder ausgeben kann oder der ihn in Stand setzt, zur Landesverteidigung beizutragen.")

„Für ein Individuum mit einem Kapital von 20 000 *l.*, dessen Profite 2000 *l.* jährlich betragen, wäre es ein durchaus gleichgültig Ding, ob sein Kapital hundert oder tausend Arbeiter beschäftigt, ob die produzierten Waren sich zu 10 000 *l.* oder 20 000 *l.* verkaufen, immer vorausgesetzt, daß seine Profite in allen Fällen nicht unter 2000 *l.* fallen. *Ist das reale Interesse einer Nation nicht dasselbe? Vorausgesetzt, ihr reales Nettoeinkommen, ihre Renten und Profite bleiben dieselben, so ist es nicht von der geringsten Wichtigkeit, ob die Nation aus zehn oder 12 Millionen Einwohnern besteht.* Ihre Fähigkeit, Flotten und Armeen und alle Arten unproduktiver Arbeit zu unterhalten, muß im Einklang mit ihrer Netto- und nicht mit ihrer Bruttorevenue stehen. Wenn fünf Millionen Menschen soviel Nahrung und Kleidung produzieren können, wie für zehn Millionen notwendig sind, so bilden Nahrung und Kleidung für fünf Millionen die Netto-Revenue. Wird es dem Lande irgendwie zum Vorteil gereichen, wenn sieben Millionen Menschen für die Produktion dieser Netto-Revenue erforderlich sind, d.h. daß sieben Millionen beschäftigt werden, um für 12 Millionen Kleidung und Nahrung zu produzieren? Die Nahrung und Kleidung für fünf Millionen wird immer noch die Netto-Revenue darstellen. Die Beschäftigung einer größeren Anzahl Menschen

[1] der dazu dient, das in der Produktion beschäftigte Kapital (ausgenommen den Lohn) zu ersetzen

ermöglicht uns weder, unsere Armee und Flotte um einen Mann zu vermehren, noch eine Guinea mehr Steuern abzuführen." (p. 416, 417.)

Es sind hierzu, zu weiterer Einsicht in die Meinung R[icardo]s, noch folgende Stellen hinzuzunehmen:

„Ein Vorteil ergibt sich jedoch immer aus einem verhältnismäßig niedrigen Getreidepreis, daß nämlich die Aufteilung der jeweiligen Produktion höchstwahrscheinlich den *Fonds zum Unterhalt der Arbeit* vermehrt, insofern als mehr in Form von Profit der produktiven Klasse und weniger unter der Bezeichnung Rente der *unproduktiven Klasse* zufallen wird." (p. 317.)

Productive class hier nur die industrial capitalists.

„Die Rente ist eine Schöpfung von Wert, ... nicht aber eine Schöpfung von Reichtum. Wenn der Preis des Getreides infolge der Schwierigkeit bei der Produktion irgendeines Teiles davon von 4 auf 5 *l.* pro qr. steigt, so wird eine Million qr. 5 000 000 *l.* anstatt 4 000 000 *l.* wert sein. ... die Gesellschaft wird insgesamt einen größeren Wert ihr eigen nennen, und die Rente ist in diesem Sinne eine Schöpfung von Wert. Aber dieser Wert ist insofern nominell, als er dem Reichtum, d. h. den notwendigen Konsumartikeln, Annehmlichkeiten und Genüssen der Gesellschaft nichts hinzufügt. Wir werden genau dieselbe Menge und nicht mehr an Waren und dieselbe Million Quarter Getreide wie früher haben. Aber das Ergebnis dessen, daß es nunmehr mit 5 *l.* pro Quarter anstatt mit 4 *l.* bewertet wird, *ist die Übertragung eines Teiles des Wertes des Getreides und der Waren von ihren* früheren Besitzern auf die Grundeigentümer. Die Rente ist also eine Schöpfung von Wert, nicht aber eine Schöpfung von Reichtum. *Sie fügt den Ressourcen eines Landes nichts hinzu.*" (p. 485, 486.)

||734| Gesetzt, durch Einfuhr[1] fremden Korns falle der Getreidepreis so, daß die Rente um 1 Million abnimmt. Ric[ardo] sagt, die money incomes[2] der Kapitalisten werden dadurch wachsen, und fährt dann fort:

„Man mag jedoch sagen daß das Einkommen des Kapitalisten nicht erhöht und die von der Rente des Grundeigentümers abgezogene Million als zusätzlicher Lohn an die Arbeiter gezahlt wird. Sei es so, ... die Lage der Gesellschaft wird sich verbessert haben, und es wird ihr möglich sein, dieselben Lasten in Geld mit größerer Leichtigkeit als früher zu tragen. Das wird nur etwas noch Wünschenswerteres beweisen, nämlich, daß es die Lage einer anderen, *und zwar der bei weitem bedeutendsten Klasse der Gesellschaft* ist, die bei der neuen Verteilung hauptsächlich gewinnt. Alles das, was sie mehr als 9 Millionen erhalten, *bildet einen Teil des Nettoeinkommens des Landes* und kann nicht ausgegeben werden, ohne daß es seine Revenue, seine Zufriedenheit oder seine Macht vermehrt. Man verteile also das Nettoeinkommen nach Belieben, man gebe etwas mehr der einen, ein bißchen weniger der anderen Klasse, aber man wird es dadurch nicht verringern. Eine größere Zahl von Waren wird dennoch mit der gleichen

---

[1] In der Handschrift: Ausfuhr – [2] Geldeinkommen

Arbeit produziert, obwohl der Betrag des Bruttogeldwertes dieser Waren zurückgegeben wird. Das Netto-Geldeinkommen des Landes aber, jener Fonds, aus dem die Steuern bezahlt und die Annehmlichkeiten beschafft werden, wird viel mehr als früher imstande sein, die jeweilige Bevölkerung zu unterhalten, ihr Annehmlichkeiten und Luxus zu gewähren und irgendeine beliebige Steuersumme aufzubringen." (p.515, 516.)

[B.] Maschinerie [Ricardo und Barton über den Einfluß der Maschinen auf die Lage der Arbeiterklasse]

[*1. Ricardos Ansichten*]

[*a) Ricardo über die Verdrängung von Arbeitern durch die Maschinen*]

Ch. I (sectio V) „On Value".

„Nehmen wir ... eine Maschine an, die in einem bestimmten Gewerbe verwendet werden kann, um die Arbeit von hundert Leuten während eines Jahres zu verrichten, und die nur eine einjährige Lebensdauer besitzt. Nehmen wir weiterhin an, die Maschine kostet 5000 *l.* und der Jahreslohn für hundert Leute beträgt auch 5000 *l.*, dann ist es offensichtlich, daß es für den Fabrikanten völlig gleichgültig ist, ob er die Maschine kauft oder die Leute beschäftigt. Unterstellen wir aber, die Arbeit steigt und der Jahreslohn beträgt demzufolge 5500 *l.* für hundert Mann, so ist es klar, daß der Fabrikant nicht länger zögern wird und seinen Interessen entsprechend die Maschine kaufen wird, damit seine Arbeit für 5000 *l.* verrichtet wird. Aber wird die Maschine nicht im Preis steigen, wird sie nicht infolge des Steigens der Arbeit ebenfalls 5500 *l.* wert sein? Sie würde im Preis steigen, wenn *bei ihrer Produktion kein Kapital verwendet worden wäre und ihrem Erbauer kein Profit zu zahlen wäre.* Wenn beispielsweise die Maschine das Produkt der Arbeit von hundert Leuten ist, die daran jeder zu einem Lohn von 50 *l.* ein Jahr lang arbeiten, und ihr Preis daher 5000 *l.* wäre, so wird sie, falls der Lohn auf 55 *l.* ansteigt, 5500 *l.* kosten. Dieser Fall kann jedoch nicht eintreten. Entweder werden weniger als hundert Leute beschäftigt oder aber die Maschine kann nicht für 5000 *l.* verkauft werden, denn aus diesen 5000 *l.* muß der Profit für das Kapital, das die Leute beschäftigt, bezahlt werden. Nehmen wir also an, es werden lediglich fünfundachtzig Leute mit einem Aufwand von 50 *l.* für jeden, bzw. 4250 *l.* im Jahr beschäftigt, und die 750 *l.*, die der Verkauf der Maschine über die vorgeschossenen Löhne hinaus erbringt, stellen den Profit für das Kapital des Maschinenbauers dar. Wenn die Löhne um 10 Prozent steigen, so wird er zur Anwendung eines *zusätzlichen Kapitals* von 425 *l.* genötigt sein und läßt daher 4675 *l.* statt 4250 *l.* arbeiten, wobei er auf dieses Kapital nur einen Profit von 325 *l.* erhält, falls er seine Maschine weiterhin für 5000 *l.* verkauft.

Aber derselbe Fall tritt bei allen Fabrikanten und Kapitalisten ein: das Steigen des Lohnes trifft sie alle. Falls daher der Maschinenbauer den Preis der Maschine als Folge einer Lohnsteigerung erhöht, so wird sich eine ungewöhnliche Menge Kapital der Erzeugung dieser Maschinen zuwenden, bis ihr Preis nur noch die gewöhnliche Profitrate abwirft. Wir sehen also, daß Maschinen infolge einer Erhöhung der Löhne nicht im Preise steigen.

Jedoch wird der Fabrikant, der bei einer allgemeinen Steigerung der Löhne zu einer Maschine seine Zuflucht nehmen kann, welche die Produktionskosten seiner Ware nicht erhöht, sich besonderer Vorteile erfreuen, wenn er den gleichen Preis weiterhin für seine Waren fordern kann; wie wir bereits gesehen haben, wird er aber genötigt sein, den Preis seiner Waren zu senken, oder es strömt solange Kapital in seinen Gewerbezweig, bis sein Profit auf das allgemeine Niveau gesunken ist. Darin *liegen also die Vorteile der Maschinerie für die Allgemeinheit: diese stummen Agenten sind immer das Produkt von viel weniger Arbeit als jene, die sie verdrängen, selbst dann, wenn sie gleichen Geldwert haben.*" (p.38-40.)

Dieser Punkt ganz richtig. Zugleich Antwort auf die, die glauben, daß die durch Maschinen displaced[1] Arbeiter in der Maschinenfabrikation selbst Beschäftigung finden, eine Ansicht, übrigens angehörig einer Epoche, wo das mechanic atelier[2] noch ganz auf der Teilung der Arbeit beruhte und selbst noch nicht Maschinen zur Produktion von Maschinen angewandt wurden.

Gesetzt, der jährliche Arbeitslohn eines man[3] = 50 *l.*, so der von 100 = 5000 *l.* Werden diese 100 Mann durch eine Maschine ersetzt, die ebenfalls 5000 *l.* kostet, so muß diese Maschine das Produkt der Arbeit von weniger als 100 Mann sein. Denn sie enthält außer bezahlter Arbeit unbezahlte Arbeit, die eben den Profit des Maschinenfabrikanten bildet. Wäre sie das Produkt von 100 Mann, so enthielte sie nur bezahlte Arbeit. Wäre die Profitrate 10 p.c., so bildeten von den 5000 *l.* ungefähr 4545 das vorgeschoßne Kapital und ungefähr 455 den Profit. Bei 50 *l.* repräsentierten 4545 nur $90^9/_{10}$ Mann.

||735| Aber das Kapital von 4545 stellt keineswegs nur variables Kapital (direkt in Arbeitslohn ausgelegtes Kapital) vor. Es repräsentiert auch den déchet[4] des vom Maschinenfabrikanten angewandten capital fixe und Rohmaterial. Die 5000 *l.* kostende Maschine, die 100 Mann ersetzt, deren Arbeitslohn = 5000 *l.*, repräsentiert also das Produkt von viel weniger als 90 Mann. Auch kann die Maschine nur mit Nutzen angewandt werden, wenn sie das Produkt {wenigstens der Teil von ihr, der jährlich mit Zinsen in das Produkt eingeht, i.e. in seinen Wert} von viel weniger men (jährlich), als sie ersetzt.

[1] freigesetzten – [2] die mechanische Werkstatt – [3] Mannes – [4] Verschleiß

Jede Erhöhung des Arbeitslohns vergrößert das variable Kapital, das vorgeschossen werden muß, obgleich der *Wert des Produkts* (da die Arbeiterzahl, die das variable Kapital in Bewegung setzt, *dieselbe* bleibt) – soweit dieser Wert = dem variablen Kapital + der Surplusarbeit – derselbe bleibt; der vom variablen Kapital produzierte Wert derselbe bleibt.

[*b) Ricardo über den Einfluß von Vervollkommnungen in der Produktion auf den Wert der Waren. Seine falsche Auffassung vom freiwerdenden Lohnfonds für entlassene Arbeiter*]

Ch.XX „Value and riches, their different Properties".

Die *natural agents* add[1] nichts zum value of *commodities*[2], umgekehrt [verringern[3]]. Sie add[4] eben dadurch zur *surplus value*, die allein den Kapitalisten interessiert.

„Say spricht im Gegensatz zur Auffassung von Adam Smith im vierten Kapitel von dem Wert, der den Waren durch *natürliche Faktoren*, wie Sonne, Luft, Luftdruck usw. verliehen wird, die manchmal die menschliche Arbeit ersetzen und manchmal mit ihr bei der Produktion zusammenwirken. Aber diese natürlichen Faktoren, obwohl sie beträchtlich zum *Gebrauchswert* beitragen, fügen niemals einer *Ware* Tauschwert zu, wovon Say spricht. Sobald wir *mittels Maschinen oder durch Kenntnisse der Naturwissenschaften* die Naturkräfte zur Verrichtung von Arbeit zwingen, die früher von Menschen geleistet wurde, wird der Tauschwert dieser Arbeit entsprechend sinken." (p.335, 336.)

Die Maschine kostet [Arbeit]. Die natural agents als solche kosten nichts. Sie können also dem Produkt keinen Wert zusetzen und vermindern vielmehr den Wert desselben, soweit sie Kapital oder Arbeit, immediate or accumulated labour[5], ersetzen. Soweit natural philosophy[6], ohne aid of machinery[7] oder nur mit derselben Maschine wie früher (vielleicht noch wohlfeiler wie beim Dampfkessel, vielen chemischen Prozessen etc.), Menschenarbeit durch natural agents ersetzen lehrt, kostet sie dem Kapitalisten (auch der Gesellschaft) nichts und verwohlfeilert die Waren absolut.

R[icardo] fährt nach dem oben zitierten Satz fort:

„Wenn zehn Leute eine Getreidemühle drehen und man entdeckt, daß mit Hilfe von Wind oder Wasser die Arbeit dieser zehn Leute eingespart werden kann, so wird das Mehl, das zum Teil Produkt der von der Mühle geleisteten Arbeit ist, unmittelbar entsprechend dem eingesparten Quantum Arbeit im Werte sinken, und *die Gesellschaft wird um die Waren reicher sein, welche die Arbeit dieser zehn Leute zu produzieren*

[1] *natürlichen Faktoren* fügen hinzu – [2] Wert der *Waren* – [3] Papier beschädigt – [4] tragen bei – [5] unmittelbare oder aufgehäufte Arbeit – [6] Naturwissenschaft – [7] Hilfe von Maschinerie

imstande ist, da ja die für ihren Unterhalt bestimmten Mittel in keiner Weise geschmälert wurden." (p. 336.)

Die Gesellschaft würde zunächst reicher sein durch den gefallnen Preis des Mehls. Sie würde entweder mehr Mehl verzehren oder spend the money formerly *destined for the flour* upon some other commodity, either existing, or called into life, because a new fund for consumption had become free[1].

Von diesem Teil der revenue, formerly spent in flour and now, consequent upon the diminished price of flour, become free for any other application, it may be said that it was „*destined*"[2] – durch die ganze Ökonomie der Gesellschaft – for a certain thing, and that it is now freed from that „destiny"[3]. Es ist dasselbe, als wäre neues Kapital akkumuliert worden. Und in dieser Weise macht die Anwendung von Maschinerie und natural agents Kapital frei und macht früher „latente Bedürfnisse" der Befriedigung fähig.

Dagegen ist es falsch zu sprechen von „the funds *destined* for the maintenance" of the ten men thrown out of employment by the new discovery[4]. Der erste fund nämlich, der durch die discovery gespart oder kreiert wird, ist der Teil der Revenue, den die Gesellschaft früher für Mehl zahlte, und den sie nun spart infolge des gesunknen Preises des Mehls. Der zweite fund aber, der gespart wird, ist der, den der Müller früher zahlte für die ten men now displaced[5]. Dieser „fund" ist in der Tat, wie R[icardo] bemerkt, durch die discovery und das deplacement der 10 men in no way impaired[6]. Dieser fund hat aber durchaus keinen natural connexus[7] mit den 10 men. Sie können paupers werden, verhungern etc. Sicher ist nur, daß 10 men der new generation[8], die an die Stelle dieser 10 men einrücken sollten, um die Mühle zu drehn, nun in einem andren employment absorbiert werden müssen, und daß so die relative Bevölkerung sich vermehrt hat (unabhängig von dem average increase of population[9]), indem jetzt die Mühle getrieben wird und die 10 Mann, die sie sonst hätten treiben müssen, are employed in producing some other commodity[10]. Die Erfindung der Maschinerie und employment of natural agents[11] setzt so Kapital und Menschen (Arbeiter)

[1] das Geld, das früher *für das Mehl bestimmt war*, für eine andere Ware verausgaben, die entweder schon vorhanden ist oder hergestellt wird, weil ein neuer Konsumtionsfonds freigeworden ist – [2] Revenue, der früher für Mehl verausgabt wurde und der jetzt infolge des gesunkenen Mehlpreises frei wird für eine andere Anwendung, kann man sagen, daß er „*bestimmt*" war – [3] für ein bestimmtes Ding, und daß er jetzt von dieser „Bestimmung" befreit ist – [4] „dem für den Unterhalt *bestimmten* Fonds" der zehn Leute, die durch die neue Entdeckung freigesetzt werden – [5] zehn Mann, die jetzt freigesetzt sind – [6] Entdeckung und die Freisetzung der 10 Mann in keiner Weise verringert – [7] natürlichen Konnex – [8] 10 Mann der neuen Generation – [9] der durchschnittlichen Vermehrung der Bevölkerung – [10] angewandt werden, eine andere Ware zu produzieren – [11] Anwendung von natürlichen Faktoren

frei und schafft mit freigesetztem Kapital freigesetzte Hände (free hands, wie Steuart[98] sagt), sei es ||736| nun, daß neue Sphären der Produktion geschaffen oder alte erweitert und auf größrer Stufenleiter getrieben werden.

Der Müller mit seinem freigesetzten Kapital wird neue Mühlen bauen oder sein Kapital verpumpen, wenn er es nicht selbst als Kapital verausgaben kann.

Unter allen Umständen aber ist kein fund da, *„destined"* for the ten men displaced[1]. Wir kommen auf diese abgeschmackte Voraussetzung zurück[2]: Daß nämlich, wenn die Einführung von Maschinerie (oder natural agents) nicht (wie teilweise in der agriculture, wenn Pferde an die Stelle von Menschen treten oder Viehzucht an die Stelle von Kornbau) die Masse der Lebensmittel vermindert, die in Arbeitslohn ausgelegt werden können, der so freigesetzte fund notwendig als variables Kapital verausgabt werden muß (als ob keine Ausfuhr von Lebensmitteln möglich sei oder die Lebensmittel nicht an unproduktive Arbeiter[3] verausgabt werden könnten oder der Arbeitslohn in gewissen Sphären nicht steigen könnte etc.) und gar an die displaced labourers[4] verausgabt werden müsse. Die Maschinerie schafft stets eine relative Surpluspopulation, eine Reservearmee von Arbeitern, was die Macht des Kapitals sehr vermehrt.

In der Note zu p.335 bemerkt R[icardo] noch gegen Say:

„Adam Smith, der Reichtum als die Fülle von notwendigen Artikeln, Annehmlichkeiten und Genüssen des menschlichen Leben definierte, hätte wohl eingeräumt, daß *Maschinen* und *natürliche Faktoren* sehr beträchtlich zum Reichtum eines Landes beitragen können, würde er nicht zugegeben haben, daß sie *dem Wert dieses Reichtums etwas hinzufügen.*"

Die natural agents add, indeed nothing to *value*[5], soweit sie nicht circumstances[6] vorfinden, worin sie Gelegenheit zur creation of *rent*[7] geben. Aber die Maschinen fügen stets zum vorhandnen Wert *ihren eignen Wert* hinzu, und soweit ihr Vorhandensein 1. die weitre Verwandlung von zirkulierendem Kapital in fixes Kapital erleichtert, erlaubt, sie auf stets wachsender Stufenleiter zu bewerkstelligen, vermehren sie nicht nur die riches[8], sondern den *Wert*, der durch die vergangne Arbeit dem Produkt der jährlichen Arbeit zugefügt wird; 2. in dem sie das absolute Wachstum der Bevölkerung ermöglichen und mit ihr die Masse der jährlichen Arbeit, vermehren sie in dieser zweiten Art den Wert des jährlichen Produkts. |736||

[1] *„bestimmt"* für die zehn freigesetzten Männer – [2] siehe vorl. Band, S.561–566 – [3] in der Handschrift: nicht von unproduktiven Arbeitern – [4] freigesetzten Arbeiter – [5] natürliche Faktoren fügen tatsächlich nichts dem *Werte* hinzu – [6] Verhältnisse – [7] Schöpfung von *Rente* – [8] den Reichtum

[*c) Ricardos Ehrlichkeit; Revision seiner Ansichten über die Anwendung von Maschinen. Beibehalten falscher Voraussetzungen in seiner neuen Fragestellung*]

||736| *Ch.XXXI „On Machinery"*.

Dieser Abschnitt, den Ric[ardo] seiner third edition[1] zusetzte, zeugt von seiner *bonne foi*[2], die ihn so wesentlich von den Vulgärökonomen unterscheidet.

„Ich bin um so mehr verpflichtet, meine Meinung zu dieser Frage darzulegen" {viz.[3] „den Einfluß der Maschinerie auf die Interessen der verschiedenen Gesellschaftsklassen"}, „da diese durch weitere Überlegungen einen beträchtlichen Wandel erfahren hat. Obwohl mir nicht bewußt ist, daß ich jemals etwas über Maschinerie veröffentlicht habe, was ich zurückziehen müßte, so habe ich doch auf andere Weise Auffassungen" (als Parlamentler?)[99] „unterstützt, die ich nunmehr für irrig halte. Ich fühle mich deshalb innerlich verpflichtet, meine derzeitigen Ansichten zusammen mit deren Begründung zur Prüfung vorzulegen." (p.466.)

„Seitdem ich meine Aufmerksamkeit erstmalig Fragen der Politischen Ökonomie zugewandt habe, war ich stets der Auffassung, daß eine Anwendung von Maschinerie in einem beliebigen Produktionszweig, soweit sie arbeitssparend wirkt, das allgemeine Wohl fördert und nur von jenen Nachteilen begleitet wird, die sich in den meisten Fällen bei der Überführung von Kapital und Arbeit von einem Zweig zum anderen einstellen."

(Dies inconvenience[4] groß genug für den Arbeiter, wenn es, wie in der modernen Produktion, perpetuell ist.)

„Es schien mir, daß die Grundeigentümer, vorausgesetzt sie erhalten dieselbe Geldrente, durch die Herabsetzung der Preise einiger der Waren begünstigt werden, für die diese Renten ausgegeben werden, und eine solche Herabsetzung des Preises kann infolge der Verwendung von Maschinerie nicht ausbleiben. Ich meinte, daß der Kapitalist schließlich auf genau die gleiche Weise begünstigt wird. Derjenige allerdings, der die Maschine entdeckte oder sie zuerst verwendete, wird sich eines zusätzlichen Vorteils dadurch erfreuen, daß er eine Zeitlang hohe Profite erzielt. In dem Maße aber, indem die Maschine in den allgemeinen Gebrauch eingeht, wird der Preis der produzierten Ware infolge der Konkurrenz auf ihre Produktionskosten sinken. Der Kapitalist wird dann denselben Profit in Geld wie früher erhalten und nur als Konsument an dem allgemeinen Vorteil ||737| teilhaben, indem er imstande ist, mit derselben Geldrevenue über eine zusätzliche Menge von Annehmlichkeiten und Genüssen zu verfügen. Ich dachte, *daß sich auch für die Klasse der Arbeiter gleicherweise durch die Verwendung von Maschinen Vorteile ergeben*, da sie die Möglichkeit haben, mehr Waren mit den gleichen Geldlöhnen zu kaufen, und ich glaubte, daß *keine Kürzung der Löhne eintreten*

[1] dritten Ausgabe – [2] *Ehrlichkeit* – [3] nämlich – [4] Dieser Nachteil

wird, weil der Kapitalist die Fähigkeit besitzt, ebenso nach Arbeitern nachzufragen und dasselbe Quantum Arbeit zu beschäftigen wie früher, obwohl er unter dem Zwang stehen kann, es für die Produktion einer neuen oder jedenfalls verschiedenen Ware zu verwenden. Wenn sich durch verbesserte Maschinerie die Zahl der Strümpfe bei Verwendung des gleichen Quantums Arbeit vervierfacht und die Nachfrage nach Strümpfen sich nur verdoppelt, so werden einige Arbeiter notwendigerweise aus der Strumpfwirkerei entlassen. *Da* aber *das Kapital, das sie beschäftigt hat, weiter existiert und es im Interesse seiner Besitzer lag, es produktiv anzulegen,* so schien mir, daß es für die Produktion irgendeiner anderen, für die Gesellschaft nützlichen Ware verwendet wird, für welche die Nachfrage nicht ausbleiben kann. ... Da mir also schien, daß *die gleiche Nachfrage nach Arbeit wie früher vorhanden ist* und daß die Löhne nicht niedriger sein würden, so meinte ich, die Arbeiterklasse würde gleich den anderen Klassen an dem Vorteil teilhaben, der sich aus der allgemeinen Wohlfeilheit von Waren ergibt, die aus der Verwendung von Maschinen entspringt. Das waren meine Auffassungen und sie bleiben unverändert, soweit sie den Grundeigentümer und den Kapitalisten betreffen. Ich bin überzeugt, daß *die Ersetzung der menschlichen Arbeit durch Maschinen oft den Interessen der Klasse der Arbeiter sehr schadet.*" (p. 466–468.)

Zunächst geht R[icardo] von der falschen Voraussetzung aus, daß Maschinerie immer in Produktionssphären eingeführt wird, wo schon die kapitalistische Produktionsweise existiert. Aber der mechanische Webstuhl ersetzt ursprünglich den Handweber, die Jenny den Handspinner, die Mäh-, Dresch-, Säemaschine vielleicht den self-labouring peasant[1] usw. Hier wird nicht nur der Arbeiter deplaciert, sondern auch sein Produktionsinstrument hört auf, Kapital (im R[icardo]schen Sinne) zu sein. Diese ganze oder völlige Entwertung des alten Kapitals tritt auch ein, sobald Maschinerie bisherige auf bloßer Teilung der Arbeit beruhende Manufaktur revolutioniert. Hier närrisch zu sagen, daß das „alte Kapital" fortfährt, the same demand on labour[2] wie früher zu afford[3].

The „capital" which was employed by the hand-loom-weaver, hand-spinner etc. has ceased being „in being"[4].

Aber unterstelle zur Vereinfachung der Untersuchung, daß die Maschinerie bloß eingeführt werde {von Anwendung der Maschinerie in *new* trades[5] hier natürlich nicht die Rede} in Sphären, wo bereits kapitalistische Produktion (Manufaktur) oder auch in dem auf Maschinerie schon beruhenden Atelier selbst, so daß sein automatischer Charakter erhöht oder verbesserte Maschinerie eingeführt werde, die entweder erlaubt, einen Teil der bisher angewandten Arbeiter zu entlassen oder *dieselbe* Arbeitermasse wie

[1] selbstarbeitenden Bauern – [2] dieselbe Nachfrage nach Arbeit – [3] bieten – [4] Das „Kapital", das von dem Handweber, Handspinner etc. angewandt wurde, hat aufgehört „zu sein" – [5] in *neuen* Gewerbezweigen

früher anzuwenden, so daß sie aber ein größres Produkt liefert. Letztres, of course[1], der günstigste Fall.

Es ist zur Verminderung der Konfusion zweierlei zu unterscheiden: 1. die funds[2] des Kapitalisten, der Maschinerie anwendet und Arbeiter entläßt; 2. die funds der Gesellschaft, der Konsumenten der Waren dieses Kapitalisten.

ad 1. Was den Kapitalisten angeht, der die Maschinerie einführt, so ist es falsch und abgeschmackt zu sagen, daß er dieselbe Masse Kapital wie zuvor in Arbeitslohn auslegen könne. (Auch wenn er pumpt, bleibt es nicht für ihn, aber für die Gesellschaft, gleich falsch.) Einen Teil seines Kapitals verwandelt er in Maschinerie und andres capital fixe, einen andren Teil in matières instrumentales[3], deren er früher nicht bedurfte, und einen größern Teil in Rohmaterial, wenn wir voraussetzen, daß er mit verminderter Arbeiteranzahl mehr Waren produziert, also auch mehr Rohmaterial braucht. Das Verhältnis des variablen Kapitals, d.h. des in Arbeitslohn ausgelegten Kapitals, zum konstanten Kapital hat sich in seinem Geschäftszweig vermindert. Und dies verminderte *Verhältnis wird bleiben* (ja die Abnahme des variablen Kapitals relativ zum konstanten wird noch *zunehmen* infolge der mit der Akkumulation sich entwickelnden Produktivkraft der Arbeit), selbst wenn sich sein Geschäft auf der neuen Produktionsleiter so ausdehnt, daß er die ganze Zahl der entlassenen Arbeiter wieder beschäftigen kann, ja noch mehr beschäftigen kann als früher. {Die Nachfrage nach Arbeit wird in seinem Geschäft mit Akkumulation seines Kapitals wachsen, aber in viel geringerm Grade, als sein Kapital akkumuliert, und sein Kapital wird absolut nie mehr dieselbe Quelle für Nachfrage nach Arbeit bilden wie früher. Das nächste Resultat aber ist, daß ein Teil der Arbeiter auf die Straße geworfen wird.}

Aber, wird es heißen, indirekt wird die Nachfrage nach Arbeitern dieselbe bleiben. Denn die Nachfrage nach Arbeitern für Maschinenbau wird wachsen. Aber R[icardo] hat selbst schon gezeigt[4], daß die Maschinerie nie so viel Arbeit kostet, wie die Arbeit, die durch sie ersetzt wird, beträgt. Es ist möglich, daß die Arbeitsstunden in den mechanischen Ateliers for some time[5] verlängert ||738| werden und nicht ein Mann zunächst mehr drin beschäftigt werden kann. Der Rohstoff – Baumwolle z.B. – kann aus Amerika und China kommen, und es ist sehr gleichgültig für die aus Arbeit geworfnen Engländer, ob die Nachfrage nach niggers[6] oder coolies[7] wächst. Aber

[1] selbstverständlich – [2] Fonds – [3] Hilfsstoffe – [4] siehe vorl. Band, S. 559–566 – [5] für einige Zeit – [6] Negern – [7] Kulis

selbst gesetzt, der Rohstoff werde im Inland geliefert, so werden mehr Weiber und Kinder im Ackerbau beschäftigt werden, mehr Pferde etc., vielleicht mehr von diesem Produkt, weniger von einem andren produziert werden. Aber keine Nachfrage für die entlaßnen Arbeiter, da auch hier, in der Agrikultur, derselbe Prozeß, der eine beständige relative Surpluspopulation erzeugt, vor sich geht.

Es ist prima facie[1] nicht wahrscheinlich, daß die Einführung der Maschinerie Kapital auf seiten des Fabrikanten bei der ersten Anlage freisetzt. Sie gibt bloß seinem Kapital eine andre Anlage, deren nächstes Resultat nach der Voraussetzung selbst die Entlassung von Arbeitern und die Verwandlung eines Teils des variablen Kapitals in konstantes Kapital ist.

ad 2. Auf seiten des Publikums wird zunächst *Revenue* freigesetzt infolge der Verwohlfeilerung der durch die Maschine produzierten Ware; *Kapital* unmittelbar – nur soweit der fabrizierte Artikel als Produktionselement in das capital constant eingeht. {Geht es in den average[2] Konsum der Arbeiter ein, so würde es nach R[icardo] selbst eine Herabsetzung der *real wages*[3] [100] auch in den andren Industriezweigen nach sich ziehn.} Ein Teil der freigesetzten Revenue wird in demselben Artikel verzehrt werden, sei es, daß seine Verwohlfeilerung ihn neuen Klassen von Konsumenten zugänglich macht (in diesem Fall ist übrigens nicht freigesetzte Revenue expended on the article[4]), sei es, daß die alten Konsumenten mehr von dem wohlfeiler gewordnen Artikel verzehren, z.B. 4 Paar Baumwollstrümpfe statt eines Paars. Ein andrer Teil der so freigesetzten Revenue mag zur Ausdehnung des trade[5], worin die Maschinerie eingeführt, dienen oder auch zur Bildung eines neuen trade, worin a different commodity is produced[6] oder zur Ausdehnung eines früher bestehenden trade. Welches auch die Bestimmung sei, die so freigesetzte und in Kapital rückverwandelte Revenue wird zunächst kaum hinreichen, den Teil des Bevölkerungszuwachses, der jedes Jahr neu einströmt in jeden trade, und dem nun der alte trade zunächst versperrt ist, zu absorbieren. Es ist aber auch möglich, daß ein Teil der frei gewordnen Revenue gegen auswärtige Produkte ausgetauscht oder von unproduktiven Arbeitern konsumiert wird. Es findet aber *durchaus kein notwendiger Konnex zwischen der frei gewordnen Revenue und den von Revenue frei gewordnen Arbeitern statt.*

Die[7] abgeschmackte Grundvorstellung jedoch, die bei R[icardo] unterliegt, ist diese:

[1] auf den ersten Blick – [2] durchschnittlichen – [3] *Reallöhne* – [4] auf den Artikel verausgabt – [5] Gewerbezweigs – [6] eine andere Ware produziert wird – [7] in der Handschrift: 3. Die

Das Kapital des Fabrikanten, der Maschinerie einführt, ist nicht set free[1]. Es erhält nur eine *andre* Bestimmung, und zwar eine Bestimmung, worin es sich nicht wie zuvor in Arbeitslohn für die discharged workingmen[2] verwandelt. Es wird zum Teil aus variablem in konstantes Kapital verwandelt. Würde selbst ein Teil davon freigesetzt, so würde es von Sphären absorbiert, in denen die discharged labourers nicht *arbeiten* können und die höchstens Asyle für ihre remplaçants[3] bilden.

Die freigesetzte Revenue aber – soweit ihre Freisetzung nicht paralysiert wird durch größren Konsum des verwohlfeilerten Artikels oder soweit sie nicht gegen auswärtige Lebensmittel ausgetauscht wird – gibt durch Erweiterung alter oder Öffnung neuer trades nur den nötigen vent (if it does so!)[4] für den Teil des jährlich zuströmenden Bevölkerungszuwachses, der den alten trade, worin die Maschinerie eingeführt, zunächst verschlossen findet.

Das Abgeschmackte aber, was bei R[icardo] heimlich zu Grund liegt, das: Die von den entlaßnen Arbeitern früher konsumierten Lebensmittel existieren doch fort und befinden sich doch nach wie vor auf dem Markt. Andrerseits befinden sich ihre Arme ebenfalls auf dem Markt. Auf der einen Seite also Lebens- (und daher Zahlungs-) mittel für Arbeiter, δυνάμει[5] variables Kapital, auf der andren unbeschäftigte Arbeiter. Also ist der fund da, um sie in Bewegung zu setzen. Und folglich werden sie Beschäftigung finden.

Ist es möglich, daß selbst ein Ökonom wie R[icardo] solchen haarsträubenden nonsense schwatzt?

Danach könnte in der bürgerlichen Gesellschaft nie ein arbeitsfähiger und williger Mensch hungern, wenn die Lebensmittel auf dem Markt, in der Gesellschaft vorhanden sind, um ihn for any occupation whatever[6] zu zahlen. Diese Lebensmittel stehn jenen Arbeitern zunächst durchaus nicht als Kapital gegenüber.

Gesetzt, 100 000 Arbeiter seien durch Maschinerie plötzlich auf die Straße geworfen. So unterliegt zunächst gar keinem Zweifel, ||739| daß die auf dem Markt befindlichen agricultural products, die im Durchschnitt für das ganze Jahr ausreichen und früher von diesen Arbeitern konsumiert wurden, sich nach wie vor auf dem Markt befinden. Fände sich keine Nachfrage für sie – und wären sie zugleich nicht exportierbar – was die Folge? Da die Zufuhr relativ gegen die Nachfrage gewachsen wäre, würden sie im Preise fallen, und infolge dieses Preisfalls würde ihr Konsum steigen, wenn auch die 100 000 Arbeiter verhungern. Der Preis braucht nicht einmal zu fallen.

[1] freigesetzt – [2] freigesetzten Arbeiter – [3] Ersatzleute – [4] Ventil (wenn es das tut!) – [5] dem Vermögen nach – [6] für irgendeine Beschäftigung, für welche auch immer

Es wird vielleicht weniger von den Lebensmitteln eingeführt oder mehr von ihnen ausgeführt.

R[icardo] stellt sich das Abenteuerliche vor, daß, wenn z.B. 10 Mann aus der Arbeit entlassen werden, der ganze bürgerliche Gesellschaftsmechanismus so nicely[1] eingerichtet ist, daß die Lebensmittel derselben – nun frei geworden – absolut d'une façon ou d'une autre[2] von den identischen 10 Mann konsumiert werden müssen oder sonst nicht an den Mann gebracht werden können, als ob nicht eine Masse Halbbeschäftigter oder gar nicht Beschäftigter beständig am Boden dieser Gesellschaft herumkröchen. Und als wenn das in den Lebensmitteln existierende Kapital eine fixe Größe wäre.

Fiele der Marktpreis des Korns infolge der abnehmenden Nachfrage, so wäre das in Korn vorhandne Kapital *vermindert* (das Geldkapital) und würde sich gegen einen kleinen Teil der money revenue[3] der Gesellschaft austauschen, soweit es nicht exportierbar. Und nun gar in Fabrikaten! Während der vielen Jahre, in denen die hand-loom-weavers were gradually starving[4], vermehrte sich Produktion und Export der englischen Baumwollgewebe enorm. Gleichzeitig (1838–1841) stiegen die Preise of provisions[5]. Und die Weber hatten weder einen ganzen Lappen, sich zu kleiden, noch provisions enough to keep soul and life together[6]. Die beständige künstliche Produktion einer Surpluspopulation, die nur in den Zeiten der fieberhaften prosperity absorbiert wird, ist eine der notwendigen Produktionsbedingungen für die moderne Industrie. Es steht dem auch gar nichts im Weg, daß gleichzeitig ein Teil des Geldkapitals brach und ohne Beschäftigung liegt, daß gleichzeitig die Lebensmittel im Preise fallen wegen relativer Surproduktion, und daß gleichzeitig durch Maschinerie displaced workingmen are being starved[7].

Allerdings muß in the long run[8] – was aber mehr den *remplaçants der displaced men*[9] zugut kommt als ihnen selbst – die frei gewordne Arbeit zusammen mit dem frei gewordnen Teil von Revenue oder Kapital find its vent in a new trade[10] oder Ausdehnung der alten. Es bilden sich beständig neue Abzweigungen mehr oder minder unproduktiver Arbeitszweige, in denen direkt Revenue gespendet wird. Dann die Bildung von capital fixe (Eisenbahnen etc.) und die durch sie eröffnete labour of superintendence[11], Luxus-

[1] fein – [2] auf die eine oder andere Weise – [3] Geldrevenue – [4] Handweber nach und nach vor Hunger umkamen – [5] der Nahrungsmittel – [6] Nahrungsmittel genug, um Leib und Seele zusammenzuhalten – [7] entlassene Arbeiter vor Hunger umkommen – [8] auf die Dauer – [9] *Ersatzleuten der entlassenen Männer* – [10] ihren Ausweg finden in einem neuen Gewerbezweig – [11] Arbeit der Oberaufsicht

fabrikation etc., auswärtiger Handel, der die Gegenstände, worin die Revenue gespendet wird, mehr und mehr differenziert.

Von seinem abgeschmackten Standpunkt aus nimmt R[icardo] daher an, daß die Einführung der Maschinerie nur dann den Arbeitern schädlich, wenn sie das gross produce (und daher die gross revenue) vermindert, ein Fall, der allerdings in der großen Agrikultur, Einführung von Pferden, die statt der Arbeiter Korn verzehren, Verwandlung von Kornbau in Schafzucht etc. möglich; aber höchst absurd ist [die Ausdehnung dieses Falls] auf die eigentliche Industrie, die den Markt für ihr gross produce keineswegs auf den innern Markt beschränkt. (Übrigens, wenn ein Teil der Arbeiter verhungert, mag ein andrer Teil sich besser nähren, besser kleiden, ebenso die unproduktiven Arbeiter und die Mittelstufen zwischen Arbeiter und Kapitalist.)

Es ist an und für sich falsch, daß die Vermehrung (oder Quantität) der in die Revenue eingehenden Artikel an und für sich fund für die Arbeiter ist oder Kapital für sie bildet. Ein Teil dieser Artikel wird von unproduktiven Arbeitern oder Nichtarbeitern verzehrt, ein andrer Teil kann aus der Form, worin er als Arbeitslohn dient – aus seiner groben Form – durch auswärtigen Handel in eine Form verwandelt werden, worin er in die Revenue der Reichen eingeht oder als Produktionselement des konstanten Kapitals dient. Ein Teil endlich wird von den entlaßnen Arbeitern selbst im workinghouse[1], im Gefängnis, als Almosen oder als gestohlnes Gut verzehrt oder als Lohn für die Prostitution ihrer Töchter.

In dem folgenden will ich kurz die Sätze zusammenstellen, worin R[icardo] den Unsinn entwickelt. Den Anstoß dazu, wie er selbst sagt, erhielt er aus der Schrift *Bartons*, auf die daher nach Anführung jener Zitate einzugehn.

||740| Es versteht sich von selbst, daß, um eine bestimmte Zahl Arbeiter jährlich anzuwenden, eine bestimmte Masse food und necessaries[2] jährlich produziert werden muß. In der großen Agrikultur, Viehzucht etc. [ist es] möglich, daß das net income[3] vermehrt wird (Profit und Rente), während das gross income[4] vermindert wird, die Masse der dem Unterhalt der Arbeiter bestimmten necessaries. Aber das ist hier nicht die Frage. Die Masse der in die Konsumtion eingehenden Artikel kann vermehrt werden oder – um uns des Ric[ardo]schen Ausdrucks zu bedienen – der in die gross revenue eingehenden Artikel, ohne daß deswegen der Teil dieser

[1] Arbeitshaus – [2] Nahrungsmittel und lebenswichtige Güter – [3] Nettoeinkommen – [4] Bruttoeinkommen

Masse, der in variables Kapital verwandelt wird, sich vermehrt. Er kann sich sogar vermindern. Es wird dann mehr als Revenue aufgegessen von den Kapitalisten, landlords, ihren retainers[1], den unproduktiven Klassen, Staat, den Zwischenklassen (Handelsleuten) etc.

Was bei R[icardo] (und Barton) im Hintergrund steckt: Er ging ursprünglich von der Voraussetzung aus, daß jede Akkumulation des Kapitals = Vermehrung des variablen Kapitals, die Nachfrage nach Arbeit daher direkt zunimmt – im selben Verhältnis, wie das Kapital sich akkumuliert. Dies aber falsch, da mit der Akkumulation des Kapitals eine Veränderung in seiner organischen Zusammensetzung eintritt und der konstante Teil desselben in rascherer Progression wächst als der variable. Dies verhindert aber nicht, daß die Revenue beständig wächst, dem Wert und der Quantität nach. Aber deswegen wird nicht in demselben Verhältnis ein großer Teil des Gesamtprodukts in Arbeitslohn ausgelegt. Die nicht von der Arbeit direkt lebenden Klassen und Unterklassen vermehren sich, leben besser als früher, und ebenso vermehrt sich die Zahl der unproduktiven Arbeiter.

Von der *Revenue* des Kapitalisten, der einen Teil seines variablen Kapitals in Maschinerie verwandelt (und daher auch in allen Produktionssphären, wo der Rohstoff ein Element des Verwertungsprozesses bildet, im Verhältnis zur angewandten Arbeit mehr in Rohstoff), wollen wir absehn, da sie zunächst mit der Frage nichts zu tun. Sein wirklich in den Produktionsprozeß aufgegangnes Kapital sowohl wie seine Revenue existiert zunächst in der Form der *Produkte* oder vielmehr der *Waren*, die er selbst produziert, z. B. in Garn, wenn er Spinner ist. Einen Teil dieser Waren (oder des Geldes, wofür er sie verkauft) verwandelt er in Maschinerie, matières instrumentales[2] und Rohstoff (after the introduction of machinery[3]), statt ihn wie früher als Arbeitslohn an die Arbeiter auszuzahlen, also indirekt in Lebensmittel für Arbeiter zu verwandeln. Mit einigen Ausnahmen in der Agrikultur wird er mehr von dieser Ware produzieren als früher, obgleich seine *entlaßnen* Arbeiter aufgehört haben, Konsumenten, also demanders[4] für seine eignen Artikel zu sein, was sie früher waren. Es existieren nun mehr von diesen Waren auf dem Markt, obgleich sie aufgehört haben, für die Arbeiter thrown on the street[5], zu existieren oder in demselben Umfang zu existieren als früher. Was also zunächst sein eignes Produkt betrifft, selbst wenn es in die Konsumtion der Arbeiter eingeht, so steht dessen Vergrößerung in keinem Widerspruch damit, daß ein Teil davon aufgehört, als Kapital für

[1] Dienstleuten – [2] Hilfsstoffe – [3] nach der Einführung der Maschinerie – [4] Käufer – [5] die auf die Straße geworfen wurden

die Arbeiter zu existieren. Ein größrer Teil davon (von dem Gesamtprodukt) muß dagegen jetzt den Teil des konstanten Kapitals ersetzen, der sich in Maschinerie, matières instrumentales und Rohmaterial auflöst, oder er muß gegen mehr von diesen Ingredienzien der Reproduktion ausgetauscht werden als früher. Wenn Vermehrung der Waren durch Maschinerie und Verminderung einer früher existierenden Nachfrage für die durch diese Maschinerie produzierte Ware *(nämlich der Nachfrage der entlaßnen Arbeiter)* im Widerspruch stände, könnte überhaupt keine Maschinerie in most cases[1] eingeführt werden. Die Masse der produzierten Waren und die Portion dieser Waren, die sich in Arbeitslohn rückverwandelt, hat also zunächst durchaus kein bestimmtes Verhältnis oder notwendigen Zusammenhang, wenn wir das Kapital selbst betrachten, wovon ein Teil in Maschinerie statt in Lohnarbeit rückverwandelt wird.

Was die Gesellschaft sonst betrifft, so findet bei ihr Ersetzung oder vielmehr Ausdehnung der Grenzen ihrer Revenue statt, zunächst in dem Artikel, der durch Maschinerie verwohlfeilert ist. Diese Revenue kann nach wie vor be spent[2] als Revenue, und sobald ein größrer Teil davon sich in Kapital verwandelt, ist auch schon der Zuwachs von Bevölkerung da, außer der künstlich erzeugten Surpluspopulation, um den Teil der Revenue, der sich in variables Kapital verwandelt, zu absorbieren.

Bleibt also prima facie nur das: Die Produktion in allen andren Artikeln, namentlich auch in den Sphären, die in die Konsumtion der Arbeiter eingehende Artikel erzeugen, ist – trotz dem discharging der 100 men etc. – auf derselben Stufenleiter als vorher; ganz sicher im Moment ihrer Entlassung. Soweit die entlaßnen Arbeiter also Nachfrage für diese Artikel bildeten, hat die Nachfrage abgenommen, obgleich die Zufuhr dieselbe geblieben ist. Wird dieser Ausfall also nicht gedeckt, so findet ein Sinken des Preises statt (oder statt des sinkenden Preises kann mehr auf dem Markt als Rest bleiben für das kommende Jahr). Wäre der Artikel nicht zugleich Exportartikel und dauerte der Ausfall der Nachfrage fort, so würde die Reproduktion abnehmen, keineswegs aber notwendig das in ||741| dieser Sphäre angewandte Kapital. Es würde vielleicht mehr Fleisch oder mehr Handelspflanzen produziert oder Luxus-comestibles[3], weniger Weizen oder mehr Hafer für Pferde etc. oder weniger fustian jackets[4] und mehr Bourgeoisröcke etc. Es wäre aber durchaus nicht nötig, daß irgendeine dieser Folgen einträte, wenn z.B. infolge der Verwohlfeilerung des cottons[5] die beschäftigten Arbeiter mehr für Nahrung zu spenden hätten etc. Es kann

[1] in den meisten Fällen – [2] verausgabt werden – [3] Delikateßwaren – [4] Manchesterjacken – [5] der Baumwollwaren

dieselbe Masse Waren – auch von denen, die in die Konsumtion der Arbeiter eingehn – produziert werden und mehr davon, obgleich weniger Kapital, ein geringrer Teil des Gesamtprodukts in variables Kapital verwandelt, in Arbeitslohn verausgabt wird.

Es ist auch nicht, daß für die Produzenten dieser Artikel ein Teil ihres Kapitals frei geworden. Im schlimmsten Fall hat die Nachfrage für ihre Ware abgenommen, und daher findet Reproduktion ihres Kapitals mit Hindernissen statt, mit gesunknen Preisen ihrer Ware. Daher würde ihre eigne Revenue momentan abnehmen, wie bei jedem Fall der Warenpreise. Es kann aber nicht gesagt werden, daß irgendein Teil ihrer Waren als Kapital den entlaßnen Arbeitern gegenüberstand und nun gleichzeitig mit diesen „frei geworden" ist. Was diesen als Kapital gegenüberstand, war ein Teil der nun mit Maschinerie produzierten Ware, welcher Teil als Geld ihnen zufloß und von ihnen gegen andre Waren (Lebensmittel) ausgetauscht wurde, zu denen sie sich nicht als Kapital verhielten, sondern die ihrem Geld als Waren gegenüberstanden. Dies ist also ein ganz verschiednes Verhältnis. Der farmer etc., dessen Ware sie mit ihrem Arbeitslohn kauften, stand ihnen nicht als Kapitalist gegenüber und wandte sie nicht als Arbeiter an. Sie *haben nur aufgehört, Käufer für ihn zu sein*, was möglicherweise – if not counterbalanced by other circumstances[1] – eine augenblickliche Depreziation seines Kapitals herbeiführen kann, aber kein Kapital für die entlaßnen Arbeiter frei macht. Das Kapital, was sie anwendete, „is still in being"[2], aber nicht mehr in einer Form, worin es sich in Arbeitslohn (oder nur indirekt in geringrem Maße) auflöst.

Sonst müßte jeder, der durch irgendein Pech aufhört, Geld zu haben, ein Kapital for his own employment[3] freisetzen.

[*d) Ricardo über Folgen der Einführung von Maschinen für die Arbeiterklasse*]

Unter *gross revenue* versteht Ric[ardo] den Teil des Produkts, der Salair und surplus value (profits und rent) ersetzt, unter net revenue das surplus produce = der surplus value. Er vergißt hier, wie in seiner ganzen Ökonomie, daß ein Teil des gross produce den Wert der Maschinerie und des Rohmaterials, kurz des konstanten Kapitals ersetzen muß.

R[icardo]s nachfolgende Entwicklung hat Interesse teils wegen einiger unterlaufender Bemerkungen, teils, weil sie, mutatis mutandis[4], praktisch

[1] wenn es nicht durch andere Umstände ausgeglichen wird – [2] „ist noch vorhanden" – [3] für seine eigene Beschäftigung – [4] mit den nötigen Abänderungen

wichtig für great agriculture[1], namentlich Schafzucht, also hier wieder die Schranke der kapitalistischen Produktion hervortritt. Nicht nur ist ihr bestimmender Zweck nicht Produktion *für* die Produzenten (workmen[2]), sondern ihr ausschließlicher Zweck ist die *net revenue* (profit und rent), selbst wenn auf Kosten der Masse der Produktion – auf Kosten der produzierten Warenmasse – erreicht.

„Mein Fehler entstand aus der Annahme, daß immer dann, wenn sich das *Nationaleinkommen* der Gesellschaft vergrößert, sich auch ihr *Bruttoeinkommen* erhöht. Ich habe nunmehr genügend Grund, um überzeugt zu sein, daß *jener Fonds wachsen kann, aus dem Grundeigentümer und Kapitalisten ihre Revenue beziehen*, während der andere, *von dem die arbeitende Klasse hauptsächlich abhängig ist, sich verkleinern kann.* Falls ich recht habe, ergibt sich daraus, daß die *gleiche Ursache*, die die Nettorevenue des Landes anwachsen läßt, gleichzeitig einen *Überfluß an Bevölkerung erzeugt* und die Lage des Arbeiters verschlechtern kann." (p.469.)

Zunächst hier zu bemerken, daß R[icardo] hier zugibt, daß Ursachen, die den Reichtum der Kapitalisten und landlords befördern, „may ... *render the population redundant*"[3], so daß die redundancy[4] der Population oder overpopulation hier dargestellt ist als das Resultat des Bereicherungsprozesses selbst und der ihn bedingenden Entwicklung der Produktivkraft.

Was den fund angeht, woraus die capitalists und landlords ihre Revenue ziehn, anderseits die funds, woraus die Arbeiter sie ziehn, so ist zunächst das Gesamtprodukt dieser gemeinsame fund. Ein großer Teil der Produkte, die in die Konsumtion der Kapitalisten und landlords eingehn, geht nicht in die Konsumtion der Arbeiter ein. Anderseits aber gehn fast [alle] – in fact plus ou moins[5] alle Produkte, die in die Konsumtion der Arbeiter eingehn – auch in die der landlords und capitalists, ihre retainers[6], hangers-on[7], Hunde und Katzen eingerechnet, ein. Es ist sich nicht vorzustellen, als ob da zwei natura geschiedne fixe funds existierten. Das Wichtige ist, welche aliquote parts jede der Partien aus diesem gemeinschaftlichen fund zieht. Der Zweck der kapitalistischen Produktion, mit einer gegebnen Masse von wealth[8] das surplus produce oder die surplus value möglichst groß zu machen. Dieser Zweck wird erreicht dadurch, daß das konstante Kapital verhältnismäßig schneller wächst als das variable oder daß mit dem möglichst geringen variablen Kapital das möglichst größte ||742| konstante Kapital in Bewegung gesetzt wird. In viel allgemeinrem Sinne also, als R[icardo] es hier faßt, bewirkt dieselbe cause[9] Vermehrung des fund, woraus capitalists

[1] große Agrikultur – [2] Arbeiter – [3] „*Überfluß an Bevölkerung erzeugen ...* können" – [4] Überfülle – [5] in der Tat mehr oder weniger – [6] Dienstleute – [7] Schmarotzer – [8] Reichtum – [9] Ursache

und landlords ihre Revenue ziehn durch Verminderung des fund, woraus die Arbeiter die ihrige ziehn.

Es folgt daraus nicht, daß der fund, woraus die Arbeiter ihre Revenue ziehn, *absolut* vermindert wird, sondern nur *relativ* im Verhältnis zum Gesamtergebnis ihrer Produktion. Und das ist das einzige Wichtige zur Bestimmung des aliquoten Teils, den sie von dem von ihnen selbst geschaffnen Reichtum sich aneignen.

„Nehmen wir an, ein Kapitalist verwendet ein Kapital im Werte von 20000 *l.* und betreibt damit das Unternehmen eines Farmers und eines Fabrikanten lebenswichtiger Artikel zu gleicher Zeit. Wir wollen weiter annehmen, daß 7000 *l.* seines Kapitals als fixes Kapital angelegt sind, d.h. in Gebäuden, Gerätschaften usw. und daß die restlichen 13 000 *l.* als zirkulierendes Kapital zum Unterhalt der Arbeit verwendet werden. Nehmen wir ferner an, daß sich der Profit auf 10 Prozent beläuft und daß demgemäß das Kapital des Kapitalisten jedes Jahr auf den ursprünglichen Stand seiner Leistungsfähigkeit gebracht wird und einen Profit von 2000 *l.* abwirft.

Der Kapitalist beginnt jedes Jahr seine Tätigkeit mit einem Vorrat von Nahrungsmitteln und notwendigen Konsumartikeln im Werte von 13 000 *l.*, die er vollständig im Laufe des Jahres seinen eigenen Arbeitern für diesen Geldbetrag verkauft, und während dieses Zeitraumes zahlt er ihnen die gleiche Geldsumme als Lohn. *Am Ende des Jahres* haben sie seinem Besitz wieder Nahrungsmittel und notwendige Artikel im Wert von 15 000 *l.* zugeführt, von denen er 2000 *l.* selbst konsumiert oder darüber verfügt, wie es seinem Vergnügen und seiner Laune am besten entspricht."

{Hier ist die *Natur der surplus value* sehr handgreiflich ausgesprochen. Die Stelle p. 469, 470.}

„Soweit es diese Produkte betrifft, beläuft sich das *Bruttoprodukt* auf 15 000 *l.* und das Nettoprodukt auf 2000 *l.* Angenommen nun, der Kapitalist beschäftigte im folgenden Jahr die Hälfte seiner Leute mit der Konstruktion einer Maschine und die andere Hälfte wie gewöhnlich mit der Produktion von Nahrungsmitteln und lebenswichtigen Konsumartikeln. Während dieses Jahres bezahlt er wie gewöhnlich die Summe von 13 000 *l.* als Lohn und verkauft in gleicher Höhe Nahrungsmittel und notwendige Konsumartikel an seine Arbeiter. Was würde aber im folgenden Jahr eintreten?

Während die Maschine angefertigt wurde, ist nur die Hälfte der üblichen Menge Nahrungsmittel und lebenswichtigen Artikel gewonnen worden, und sie werden auch nur die Hälfte des Wertes der früher produzierten Menge besitzen. Die Maschine wird 7500 *l.* und die Nahrungsmittel und lebenswichtigen Artikel 7500 *l.* wert sein, und das Kapital des Kapitalisten wird daher ebenso groß wie vorher sein, da er neben diesen beiden Werten sein fixes Kapital in Höhe von 7000 *l.*, was zusammen 20 000 *l.* Kapital ergibt, und 2000 *l.* Profit besitzt. Nach dem Abzug der letztgenannten Summe für seine eigenen Ausgaben hat er ein zirkulierendes Kapital, nicht größer als 5500 *l.*, mit dem er seine künftige Tätigkeit durchführen muß. Seine Mittel für die Beschäftigung von Arbeitern sind deshalb entsprechend von 13 000 *l.* auf 5500 *l.* zurückgegangen und infolgedessen *wird alle die Arbeit überflüssig, die früher mit Hilfe von 7500 l. beschäftigt worden ist.*"

{Dies wäre aber auch der Fall, wenn nun vermittelst der 7500 *l.* kostenden Maschine eine ganz ebenso große Quantität von Produkten produziert würde wie früher mit einem variablen Kapital von 13 000 *l.* Gesetzt, der déchet[1] der Maschine sei $= 1/_{10}$ in einem Jahr, $= 750$ *l.*, so wäre jetzt der Wert des Produkts – früher 15 000 *l.* – = 8250 *l.* (Abgesehn vom déchet des ursprünglichen fixen Kapitals von 7000 *l.*, von dessen Ersatz R[icardo] überhaupt nicht spricht.) Von diesen 8250 *l.* wären 2000 *l.* Profit, wie früher von den 15 000. Soweit der farmer selbst food und necessaries als Revenue verzehrt, hätte er gewonnen. Insofern er dadurch befähigt wäre, den Lohn der von ihm angewandten Arbeiter herabzusetzen, hätte er auch gewonnen, und ein Teil seines variablen Kapitals würde frei. Es ist dieser Teil, der to a certain degree[2] neue Arbeit anwenden könnte, aber nur, weil der *reale Lohn* der beibehaltnen Arbeiter gefallen wäre. Ein geringer Teil der Entlaßnen könnte so – auf Kosten der Beibehaltnen – wieder beschäftigt werden. Der Umstand aber, daß das Produkt gradeso groß wäre wie früher, würde den entlaßnen Arbeitern nichts nützen. Bliebe der Arbeitslohn derselbe, so würde auch kein Teil des variablen Kapitals [frei]. Der Wert des Produkts – 8250 *l.* – ist nicht dadurch gestiegen, daß er soviel necessaries und food darstellt wie früher 15 000 *l.* Der farmer müßte verkaufen für 8250 *l.*, teils um den déchet der Maschinerie, teils um sein variables Kapital zu ersetzen. Sofern diese Verwohlfeilerung von food und necessaries nicht Sinken des Arbeitslohns allgemein herbeiführte oder Sinken von ingredients entering into the reproduction of the constant capital[3], wäre nur die Revenue der Gesellschaft, soweit it is expended on food and necessaries[4], erweitert. Ein Teil der unproduktiven und produktiven Arbeiter etc. würde besser leben. Voilà tout.[5] (Könnte auch sparen, aber dies immer action in the future[6].) Die entlaßnen Arbeiter lägen nach wie vor auf dem Pflaster, obgleich die *physische* Möglichkeit, sie zu unterhalten, ganz so gut existierte wie früher. Auch wäre dasselbe Kapital wie früher in der Reproduktion angewandt. Aber ein *Teil des Produkts* (dessen Wert gesunken), der früher als *Kapital* existierte, existiert jetzt als *Revenue.*}

[1] Verschleiß – [2] bis zu einem gewissen Grad – [3] Bestandteilen, die in die Reproduktion des konstanten Kapitals eingehen – [4] sie auf Nahrungsmittel und lebenswichtige Güter verausgabt wird – [5] Das ist alles. – [6] Aktion für die Zukunft

„Die reduzierte Quantität Arbeit, die derKapitalist beschäftigen kann, muß allerdings mit Hilfe der Maschine, nach Abzügen für deren Reparaturen, einen Wert von 7500 *l.* produzieren, sie muß das zirkulierende Kapital zusammen mit einem Profit von 2000 *l.* auf das Gesamtkapital ersetzen. Wenn das aber geschieht, ||743| wenn sich das Nettoeinkommen nicht verringert, welche Bedeutung hat es für den Kapitalisten, ob das Bruttoeinkommen einen Wert von 3000, 10 000 oder 15 000 *l.* hat?"

(Dies ist absolut richtig. Das gross income ist dem Kapital absolut gleichgültig. Das einzige, was es interessiert, ist das net income.)

„Obwohl in diesem Falle das Nettoprodukt an Wert nicht geringer sein wird und obgleich seine Fähigkeit, Waren zu kaufen, sehr viel größer sein kann, wird das Bruttoprodukt im Wert von 15 000 *l.* auf 7500 *l.* gesunken sein. Da *die Fähigkeit, eine Bevölkerung zu unterhalten und Arbeit zu beschäftigen stets vom Bruttoprodukt und nicht vom Nettoprodukt einer Nation abhängt,*"

{Daher A. Smiths Vorliebe für das gross produce, die R[icardo] bekämpft. Sieh *ch.XXVI „On Gross and Net Revenue"*, das R[icardo] eröffnet mit den Worten:

„Adam Smith übertreibt ständig die Vorteile, die ein Land viel eher von einem hohen Brutto- als von einem hohen Nettoeinkommen hat." (p.415.)}

„so wird *notwendigerweise eine Verringerung der Nachfrage nach Arbeit eintreten, Bevölkerung wird überzählig* und die Lage der arbeitenden Klassen elend und armselig sein."

(Also labour *becomes redundant*[1], weil die demand for labour diminishes, and that demand diminishes in consequence of the development in the productive powers of labour[2]. Letztrer Satz bei R[icardo] *p.471.*)

„Da aber die *Möglichkeit des Sparens bei der Revenue, um das Kapital zu vermehren, von der Fähigkeit der Nettorevenue abhängen muß,* die Bedürfnisse des Kapitalisten zu befriedigen, so *kann es nicht ausbleiben,* daß er *durch die Herabsetzung des Preises der Waren infolge der Einführung von Maschinen* bei *gleichen* Bedürfnissen" {but his wants enlarge[3]} *„größere Sparmöglichkeiten besitzt, bessere Bedingungen, Revenue in Kapital zu verwandeln."*

{Danach wird erst ein Teil des Kapitals – nicht seinem Wert nach, sondern den Gebrauchswerten nach, seinen stofflichen Elementen nach, woraus es besteht – in Revenue verwandelt, transferred to revenue[4], um später wieder einen Teil der Revenue to transfer into capital[5]. Z.B. ein Teil des

[1] Arbeit *wird im Überfluß vorhanden sein* – [2] Nachfrage nach Arbeit abnimmt, und diese Nachfrage nimmt ab, weil die Produktivkraft der Arbeit entwickelt wird – [3] aber seine Bedürfnisse wachsen – [4] zur Revenue übertragen – [5] in Kapital zu übertragen

Produkts, solange die 13 000 *l.* in variablem Kapital ausgelegt werden zum Belauf von 7500 *l.*, ging in die Konsumtion der Arbeiter ein, die der farmer anwandte, und dieser Teil des Produkts bildete Teil seines Kapitals. Infolge der Einführung der Maschinerie wird z.B. nach unsrer Unterstellung ebensoviel Produkt wie früher produziert, aber sein Wert nur mehr 8250 *l.* statt früher 15 000. Und dieses wohlfeiler gewordne Produkt geht zu größrem Teil ein, sei es in die Revenue des farmers, sei es in die Revenue der Käufer von food und necessaries. Sie verzehren jetzt einen Teil des Produkts als Revenue, der früher zwar auch von den labourers (den entlaßnen) des farmers als Revenue verzehrt wurde, aber von ihm als Kapital industriell verzehrt wurde. Infolge dieses Wachsens der Revenue – dadurch entstanden, daß ein Teil des Produkts als Revenue verzehrt wird, der früher als Kapital verzehrt wurde – Neubildung von Kapital und Rückverwandlung desselben in Kapital.}

„Mit jeder Kapitalerhöhung wird er aber mehr Arbeiter beschäftigen"

{dies *jedenfalls* nicht im Verhältnis zum increase des Kapitals, to the whole extent of that increase. Perhaps he would buy more horses, or Guano, or new implements[1]}

„und ein *Teil der Leute, die zunächst ihre Arbeit verloren haben, werden später wieder beschäftigt werden. Und falls die durch die Verwendung der Maschine erhöhte Produktion so groß wird, daß sie als Nettoprodukt eine ebenso große Menge von Nahrungsmitteln und notwendigen Konsumgütern herstellt, wie sie vorher als Bruttoprodukt vorhanden war,* so ist *dieselbe Fähigkeit zur Beschäftigung der gesamten Bevölkerung vorhanden,* und es gibt daher nicht *unbedingt*" {but possibly and probably![2]} *„eine überschüssige Bevölkerung."* (p.469–472.)

In den letzten Zeilen sagt also R[icardo] das oben von mir Bemerkte. Damit Revenue auf diesem Weg in Kapital verwandelt wird, wird vorher Kapital in Revenue verwandelt. Oder wie R[icardo] es ausdrückt: Erst wird das net produce auf Kosten des gross produce vergrößert, um dann wieder einen Teil vom net produce in gross produce zurückzuverwandeln. Produce is produce. Net und gross (obgleich der Gegensatz auch einschließen kann, daß der *Überschuß über die Auslagen,* also das net produce, wächst, obgleich die Gesamtmasse des Produkts, also gross produce abnimmt) ändert nichts daran. Das Produkt wird das eine oder das andre nach der bestimmten Form, die es im Produktionsprozeß einnimmt.

[1] zu dem gesamten Betrag dieser Erhöhung. Vielleicht würde er mehr Pferde oder Guano oder neue Geräte kaufen – [2] aber möglicher- und wahrscheinlicherweise!

„Damit möchte ich nur beweisen, daß die Erfindung und die Verwendung von Maschinen von einer Verringerung des Bruttoprodukts begleitet sein kann und daß, sobald dies der Fall ist, sie für die arbeitende Klasse schädlich sein wird, weil einige aus ihren Reihen ihre Beschäftigung verlieren werden und *Bevölkerung im Vergleich zu den für ihre Beschäftigung bestimmten Fonds überzählig wird.*" (p.472.)

Aber the same may and in most instances ||744| will be the case, even if the gross produce remains the same or enlarges; only that part of it, formerly acting as variable capital, is now being consumed as revenue[1].

Auf R[icardo]s folgendes (p.472–474) abgeschmacktes Beispiel von dem clothier[2], der seine Produktion vermindert infolge von Einführung von Maschinerie, überflüssig hier einzugehn.

„Wenn diese Ansichten richtig sind, so folgt daraus:

1. Daß die Erfindung und nutzbringende Verwendung von Maschinen *stets zu einer Vergrößerung* des *Nettoprodukts des Landes führt*, obwohl sie, abgesehen von einem unbedeutenden zeitlichen Zwischenraum, den *Wert dieses Netto*produkts nicht erhöhen braucht und wird." (p.474.)

It will always increase that value whenever it diminishes the value of labour.[3]

„*2.* Daß eine Vergrößerung des Nettoprodukts eines Landes mit einem Rückgang des Bruttoprodukts vereinbar ist, und daß die Beweggründe für die Verwendung von Maschinen stets genügend stark sind, um deren Verwendung zu sichern, wenn sie das Nettoprodukt erhöhen, obwohl sie sowohl den Umfang der Bruttoproduktion als auch dessen Wert verringern können und häufig dies sogar müssen." (p.474.)

„*3.* Daß die bei der arbeitenden Klasse herrschende Meinung, daß die Verwendung von Maschinen häufig ihren Interessen zuwiderläuft, sich nicht auf Vorurteil und Irrtum stützt, sondern mit den richtigen Prinzipien der politischen Ökonomie vereinbar ist." (p.474.)

„*4.* Falls die infolge der Verwendung von Maschinen verbesserten Produktionsmittel das Nettoprodukt eines Landes in einem so großen Maße vermehren sollten, daß das Bruttoprodukt nicht geringer wird (ich habe stets die Menge der Waren, nicht den Wert im Auge), wird sich die Lage aller Klassen verbessern. Der Grundeigentümer und der Kapitalist werden nicht durch eine Erhöhung der Rente und des Profits begünstigt, sondern durch die Vorteile, die sich aus der Verausgabung der gleichen Rente und desselben Profits für im Wert beträchtlich gesunkene Waren ergeben,"

[1] dasselbe kann und wird in den meisten Fällen eintreten, auch wenn das Bruttoprodukt dasselbe bleibt oder größer wird; nur der Teil, der vorher als variables Kapital fungierte, wird nun als Revenue konsumiert – [2] Tuchmacher – [3] Sie wird diesen Wert immer erhöhen, wenn sie den Wert der Arbeit vermindert.

(dieser Satz widerspricht der ganzen Doktrin R[icardo]s, wonach die Verwohlfeilerung der necessaries[1], also of wages raises profits[2], während Maschinerie, die erlaubte mehr vom selben Land mit weniger Arbeit zu ziehn, must lower rent[3]),

„während die Lage der arbeitenden Klassen auch wesentlich verbessert wird; erstens nämlich *durch die gesteigerte Nachfrage nach Hauspersonal*"

(dies schöne Resultat der Maschinerie, daß ein großer Teil der arbeitenden weiblichen und männlichen Klasse in Bediente verwandelt wird);

„zweitens durch den Anreiz zu Ersparnissen von der Revenue, den ein so reichliches Nettoprodukt hervorruft und drittens durch den niedrigen Preis aller Konsumartikel, für die ihr Lohn verwendet wird" {and in consequence of which their wages will be reduced[4]}. (p.474, 475.)

Die ganze apologetische Bourgeoisdarstellung der Maschinerie leugnet nicht,

1. daß die Maschinerie, bald hier, bald dort, aber beständig, makes a part of the population redundant[5], wirft einen Teil der Arbeiterbevölkerung aufs Pflaster. Bringt Surpluspopulation (daher Herabsetzen des Arbeitslohns in einigen Sphären, bald hier, bald dort) hervor, nicht weil die Bevölkerung rascher wächst als die Lebensmittel, sondern weil das rasche Wachsen der Lebensmittel infolge der Maschinerie erlaubt, mehr Maschinerie einzuführen und *daher die unmittelbare Nachfrage nach Arbeit* zu vermindern. Nicht weil der gesellschaftliche fund abnimmt, sondern weil durch sein Wachsen relativ der Teil desselben abnimmt, which is spent in wages[6].

2. Noch weniger leugnet diese Apologetik die Knechtschaft der Maschinenarbeiter selbst und die Misere der durch sie verdrängten und untergehenden Hand- oder handwerksmäßigen Arbeiter.

Was sie – und partly[7] richtig – assures[8], ist, [*erstens*] daß infolge der Maschinerie (überhaupt der Entwicklung der Produktivkraft der Arbeit) die net revenue (profit und rent) so wachsen, daß der Bourgeois mehr *menial servants*[9] als früher braucht; wenn er früher von seinem Produkt mehr in productive labour auslegen mußte, er jetzt mehr auslegen kann in unproduktive labour, also Bediente und andre von der unproduktiven Klasse lebenden Arbeiter zunehmen. Diese progressive Verwandlung eines Teils der Arbeiter in Bediente ist eine schöne Aussicht. Ebenso wie es tröstlich für sie ist, daß

[1] lebenswichtigen Güter – [2] des Arbeitslohns den Profit erhöht – [3] die Rente senken muß – [4] und infolgedessen wird ihr Lohn reduziert werden – [5] einen Teil der Bevölkerung überflüssig macht – [6] der in Löhnen verausgabt wird – [7] zum Teil – [8] versichert – [9] *Hauspersonal*

infolge des Wachsens des net produce mehr Sphären für unproduktive labour sich öffnen, die von ihrem Produkt zehren und deren Interesse plus ou moins[1] mit dem der direkt exploitierenden Klassen in ihrer Exploitation konkurriert.

Zweitens, daß infolge des Sporns, der der Akkumulation gegeben wird, auf der neuen Basis – wo weniger lebendige Arbeit nötig im Verhältnis zu der vergangnen – auch die ausgeschloßnen, pauperisierten Arbeiter oder wenigstens der Teil des Bevölkerungszuwachses, ||745| der sie remplaciert, entweder durch Erweiterung des Geschäfts in den Maschinengeschäften selbst absorbiert wird oder in indirekten trades[2], die durch sie nötig geworden und eröffnet sind, oder in new fields of employment opened by the new capital, and satisfying new wants[3]. Dies ist die zweite schöne Aussicht, daß die labouring class alle „temporary inconveniences" – throwing out of labour, displacement of labour and capital[4] – zu tragen hat, *aber deswegen doch der Lohnarbeit kein Ende gemacht, diese vielmehr auf stets wachsender Stufenleiter reproduziert wird, absolut wachsend, wenn auch relativ abnehmend im Verhältnis zum wachsenden Gesamtkapital, das sie anwendet.*

Drittens: Daß die Konsumtion sich *verfeinert* infolge der Maschinerie. Die Verwohlfeilerung der unmittelbaren Lebensbedürfnisse erlaubt, den Kreis der Luxusproduktion zu erweitern. Und so haben die Arbeiter die dritte schöne Aussicht, daß, to win their necessaries, the same amount of them, the same number of labourers will enable the higher classes to extend, refine, and varify the circle of their enjoyments, and thus to widen the economical, social, and political gulf separating them from their betters. Fine prospects, these, and very desirable results, for the labourer, of the development of the productive powers of his labour[5].

R[icardo] zeigt dann noch, daß es Interesse der arbeitenden Klassen,

„daß soviel wie möglich von der Revenue von den Ausgaben für Luxuswaren abgezogen wird, um für den Unterhalt von Dienstpersonal verwendet zu werden." (p.476.) Weil, ob ich Möbel [kaufe] oder menial servants halte, ich bekenne dadurch

---

[1] mehr oder weniger – [2] Gewerbezweigen – [3] neuen Gebieten der Beschäftigung, die durch das neue Kapital eröffnet werden und neuen Bedürfnissen genügen – [4] arbeitende Klasse alle „vorübergehenden Nachteile" – Arbeitsentlassung, anderweitige Verwendung von Arbeit und Kapital – [5] um ihre lebenswichtigen Güter zu erhalten, dieselbe Masse derselben, dieselbe Zahl Arbeiter die höheren Klassen in den Stand setzen wird, den Kreis ihrer Genüsse auszudehnen, sie zu verfeinern und mannigfaltiger zu gestalten und so den ökonomischen, sozialen und politischen Abgrund zu vertiefen, der die Arbeiter von denen, die über ihnen stehen, trennt. Schöne Aussichten in der Tat und beneidenswerte Resultate für den Arbeiter, die aus der Entwicklung der Produktivkraft seiner Arbeit hervorgehen

Nachfrage für Waren zu einem bestimmten Betrag und setze in einem Fall ungefähr soviel productive labour in Bewegung als im andern; aber im letzten Fall I add „der früheren Nachfrage nach Arbeit, und diese Vermehrung tritt lediglich ein, weil ich diese Art der Verausgabung meiner Revenue gewählt habe." (p.475, 476.)

Dasselbe beim Halten of large fleets and armies[1].

„Ob sie" (the revenue) „nun auf diese oder jene Weise ausgegeben werden, *dasselbe Quantum Arbeit wird in der Produktion beschäftigt*, denn die Nahrung und Kleidung des Soldaten und des Seemanns erfordern denselben Aufwand an Arbeit für ihre Produktion wie die luxuriöseren Waren. Aber im Falle eines Krieges wird die zusätzliche Nachfrage nach Leuten wie Soldaten und Seeleuten vorhanden sein, und infolgedessen ist ein Krieg, der aus der Revenue und nicht aus dem Kapital des Landes finanziert wird, der Bevölkerungsvermehrung günstig." (p.477.)

„Es gibt einen anderen, bemerkenswerten Fall einer Möglichkeit der *Erhöhung des Umfangs der Netto-* und *sogar der Bruttorevenue eines Landes* bei Verringerung der Nachfrage nach Arbeit, der dann eintritt, wenn die Arbeit des Menschen durch die von Pferden ersetzt wird. Wenn ich hundert Leute auf meiner Farm beschäftige, und ich stelle fest, daß die für fünfzig dieser Leute verwendeten Nahrungsmittel für die Haltung von Pferden aufgewendet werden können, die mir einen höheren Ertrag an Rohprodukten liefern, nachdem ich den Zins für das Kapital, das der Kauf der Pferde beanspruchen wird, in Rechnung gestellt habe, so wird es für mich von Vorteil sein, die Menschen durch die Pferde zu ersetzen, und ich werde das dementprechend tun. Doch das liegt nicht im Interesse der Arbeiter, und sofern das von mir bezogene Einkommen sich nicht derart erhöht, daß es mich instand setzt, die Leute ebenso wie die Pferde zu beschäftigen, *so ist es offensichtlich, daß Bevölkerung überzählig wird* und die Lage des Arbeiters sich allgemein verschlechtert. Es ist offensichtlich, daß er keinesfalls in der Landwirtschaft" (why not? if the field of agriculture was enlarged?[2]) „beschäftigt werden kann. Wenn aber das Bodenprodukt durch die Ersetzung von Menschen durch Pferde größer wird, so kann er in der Manufaktur oder als Hausdiener verwendet werden." (p.477, 478.)

Es sind zwei Tendenzen, die sich beständig durchkreuzen; möglichst wenig Arbeit anwenden, um dieselbe oder größre Quantität Waren, um dasselbe oder größre net produce, surplus value, net revenue zu produzieren; zweitens möglichst große Anzahl Arbeiter (obgleich möglichst wenig im Verhältnis zum Quantum der von ihnen produzierten Waren) anwenden, weil mit der Masse der angewandten Arbeit – auf einer gegebnen Stufe der Produktivkraft – die Masse der surplus value und des surplus produce wächst. Die eine Tendenz schmeißt die Arbeiter aufs Pflaster und macht

[1] großer Flotten und Armeen – [2] warum nicht? wenn das Gebiet der Landwirtschaft erweitert wird?

population redundant[1], die andre absorbiert sie wieder und erweitert die wages-slavery[2] absolut, so daß der Arbeiter stets schwankt in seinem Los und doch nie davon loskommt. Daher der Arbeiter die Entwicklung der Produktivkräfte seiner eignen Arbeit als ihm feindlich, und mit Recht, betrachtet; anderseits der Kapitalist ihn als ein beständig aus der Produktion zu entfernendes Element behandelt. Dies sind die Widersprüche, worin sich R[icardo] in diesem Kapitel herumarbeitet. Was er vergißt hervorzuheben, ||746| die beständige Vermehrung der zwischen workmen auf der einen Seite, Kapitalist und landlord auf der andren Seite, in der Mitte stehenden und sich in stets größrem Umfang, großenteils von der Revenue direkt fed[3] Mittelklassen, die als eine Last auf der working[4] Unterlage lasten und die soziale Sicherheit und Macht der upper ten thousand[5] vermehren. Die Bourgeois stellen die Verewigung der wages-slavery durch Anwendung der Maschinerie als „Apologie" derselben auf.

„Ich habe vorhin auch festgestellt, daß *die Erhöhung des Nettoeinkommens, gemessen in Waren, die immer als Folge verbesserter Maschinerie eintritt*, zu neuen Ersparnissen und zur Akkumulation führen wird. Man muß sich erinnern, daß *dies jährliche Ersparnisse sind*, die bald einen *bedeutend größeren Fonds als die Brutto-Revenue* bilden müssen, *welche ursprünglich durch die Erfindung der Maschine verlorenging*. Dann wird die Nachfrage nach Arbeit ebenso groß wie vordem sein, und die Lage der Bevölkerung wird noch weiter durch die höheren Ersparnisse verbessert werden, die ihr durch die höhere Netto-Revenue ermöglicht werden." (p.480.)

Erst wird gross revenue verloren und net revenue gewonnen. Dann ein Teil der increased net revenue[6] wieder in Kapital und daher gross revenue verwandelt. So muß der Arbeiter beständig die Macht des Kapitals vermehren, um, nach very serious disturbances[7], die Erlaubnis zu erhalten, denselben Prozeß auf größrer Stufenleiter zu wiederholen.

„Mit jeder Vermehrung von Kapital und Bevölkerung werden die Nahrungsmittel auf Grund der erhöhten Produktionsschwierigkeiten allgemein steigen." (p.478, 479.)

Es geht dann unmittelbar fort:

„Die Folge eines Steigens der Nahrungsmittel wird eine Erhöhung der Löhne sein, und jede Lohnerhöhung wird eine Tendenz haben, *das gesparte Kapital in höherem Maße als früher zur Verwendung von Maschinen* zu drängen. *Maschinerie und Arbeit sind in ständiger Konkurrenz, und die erstere kann häufig so lange nicht verwendet werden, solange die Arbeit nicht steigt*." (p.479.)

[1] Bevölkerung überzählig – [2] Lohnsklaverei – [3] ernährenden – [4] arbeitenden – [5] oberen Zehntausend – [6] höheren Nettorevenue – [7] sehr schweren Störungen

Die Maschine so ein Mittel gegen das rise of labour[1].

„Um das Prinzip zu erläutern, habe ich unterstellt, daß Verbesserungen der Maschinerie *plötzlich* erfunden und in großem Umfang benutzt werden. Die Wahrheit ist jedoch, daß diese Erfindungen allmählich erfolgen und sich eher so auswirken, daß sie *die Verwendung des gesparten und akkumulierten Kapitals bestimmen, als daß sie Kapital aus seinen gegenwärtigen Anlagen abziehen.*"(p.478.)

The truth is, that it is not so much the displaced labour as rather the new supply of labour – the part of the growing population which was to replace it –, which, by the new accumulations, gets for itself new fields of employment opened.[2]

„In Amerika und in vielen anderen Ländern, in denen menschliche Nahrung leicht beschafft werden kann, existiert keine auch nur annähernd so starke Versuchung, Maschinen zu verwenden", (sie werden nirgends so massenhaft und so auch zu sagen für den Hausbedarf, angewandt als in Amerika) „wie in England, wo Nahrungsmittel teuer sind und ihre Produktion viel Arbeit kostet."

{Wie wenig die Anwendung der Maschinerie von dem price of food[3] abhängt – wohl aber *kann* sie abhängen von dem relativen want of labour[4], wie in Amerika, wo die relativ kleine Bevölkerung über ungeheure Landstriche verbreitet – zeigt grade Amerika, das relativ viel mehr Maschinerie anwendet als England, where there is always a redundant population[5]. So lesen wir *„Standard"*, 19.Sept. [18]62, in einem Artikel über die Exhibition[79]:

„Der Mensch ist ein maschinenmachendes Tier ... Wenn wir den Amerikaner als einen Repräsentanten des Menschen betrachten, dann ist die Definition ... vollkommen. Es ist einer der Hauptpunkte im System eines Amerikaners, nichts mit den Händen zu tun, was er mit einer Maschine machen kann. Vom Bewegen einer Wiege bis zur Verfertigung eines Sarges, vom Melken einer Kuh bis zum Roden eines Waldes, vom Annähen eines Knopfes bis zum Abstimmen über einen Präsidenten hat er eine Maschine für fast alles. Er hat eine Maschine erfunden, um sich die Mühe des Kauens der Nahrung zu ersparen ... *Der außerordentliche Mangel an Arbeitskräften* und daher ihr hoher Wert" {despite the low value of food[6]}, „ebenso wie eine angeborene Erfindungsgabe haben diesen Erfindungsgeist angestachelt ... Die in Amerika produzierten Maschinen sind, allgemein gesprochen, niedriger im Wert als die in England hergestellten ...

[1] Steigen der Arbeit – [2] In Wirklichkeit ist es nicht so sehr die freigesetzte Arbeit als vielmehr das neue Angebot an Arbeit – der Teil der wachsenden Bevölkerung, der bestimmt war, sie zu ersetzen –, der durch die neuen Akkumulationen neue Gebiete der Beschäftigung eröffnet werden. – [3] Preis der Nahrungsmittel – [4] Mangel an Arbeitskraft – [5] wo es immer eine überzählige Bevölkerung gibt – [6] trotz des niedrigen Wertes der Nahrungsmittel

Sie sind im ganzen eher *Notbehelf, um Arbeit zu ersparen*, als Erfindungen, um bisher Unmögliches möglich zu machen." {Und die Dampfschiffe?} ... „auf der Ausstellung in der Abteilung der Vereinigten Staaten ist die *Baumwollentkörnungsmaschine von Emery* ausgestellt. Viele Jahre nach der Einführung der Baumwolle in Amerika war der Anbau sehr gering, weil nicht nur die Nachfrage ziemlich beschränkt war, sondern auch die Schwierigkeit, die Baumwolle durch manuelle Arbeit zu reinigen, ihn nichts weniger als lohnenswert machte. Als jedoch Eli Whitney die Baumwollentkörnungsmaschine ||747| erfand, *erweiterte sich sofort die Anbaufläche*, und diese Erweiterung geht bis jetzt fast in einer arithmetischen Progression vor sich. Es ist tatsächlich nicht zuviel gesagt, daß Whitney das Baumwollgewerbe geschaffen hat. Seine Baumwollentkörnungsmaschine blieb mit mehr oder weniger erheblichen und nützlichen Veränderungen bis jetzt in Gebrauch, und bis zur Erfindung der jetzigen Verbesserung und Ergänzung war Whitneys ursprüngliche Baumwollentkörnungsmaschine zumindest ebensogut wie die meisten ihrer scheinbaren Konkurrentinnen. Durch die jetzige Maschine, die den Namen der Herren Emery aus Albany, Staat New York, trägt, wird ohne Zweifel die Whitneysche Baumwollentkörnungsmaschine, auf der sie basiert, gänzlich verdrängt werden. Sie ist ebenso einfach, aber leistungsfähiger. Sie reinigt nicht nur die Baumwolle besser, sondern liefert sie auch in breiten Lagen wie Watte, die, wenn sie die Maschine verlassen, sogleich von der Baumwollpresse in Ballen gepreßt werden können ... Im Amerikanischen Hof findet man nicht viel anderes als Maschinen: *Die Melkmaschine ..., einen Treibriemenversteller ..., eine Rauh- und Spinnmaschine für Hanf*, die mit einer Operation direkt vom Ballen haspelt ... Eine Maschine zur *Herstellung von Papierbeuteln*, die diese aus den Papierlagen schneidet, sie klebt, faltet und in einer Minute 300 Stück fertigstellt ... Hawes *Wäschewringer*, der durch zwei Kautschukwalzen aus der Wäsche das Wasser preßt und sie damit fast trocken macht, erspart Zeit und beschädigt das Gewebe nicht ... *Buchbindermaschinen ..., Schuhmachermaschinen*. Es ist gut bekannt, daß in diesem Lande schon seit langer Zeit das Oberleder durch solche Maschinen bearbeitet wurde, aber hier sind Maschinen zum Festmachen der Sohle, andere zum Ausschneiden der Sohle nach Mustern und wieder andere zum Zurichten der Absätze ... Eine *Steinbrechmaschine*, sehr stark und sinnreich erdacht, die zweifelsohne in umfassender Weise in Gebrauch kommen wird, um Straßenschotter herzustellen und Erze zu brechen ... *Ein System von Marinesignalen* von Herrn W.H. Ward aus Auburn, New York ... *Ernte- und Mähmaschinen* sind eine amerikanische Erfindung, die sich in England einer wachsenden Beliebtheit erfreut. M'Cormick's „die beste ... Hansbrows mit der kalifornischen Preismedaille ausgezeichnete *Kraftpumpe* ist ihrer Einfachheit und Leistungsfähigkeit nach die beste in der Ausstellung. Sie gibt mit derselben Kraft mehr Wasser als irgendeine andere Pumpe in der Welt ... *Nähmaschinen* ..."}

„Die gleiche Ursache, welche die Arbeit erhöht, steigert nicht den Wert von Maschinen, und daher *wird mit jeder Vermehrung des Kapitals ein größerer Teil davon, in Maschinen angelegt. Die Nachfrage nach Arbeit wird sich weiter erhöhen bei einer Vermehrung des Kapitals, jedoch nicht proportional zu dessen Vermehrung; das Verhältnis wird notwendigerweise kleiner werden*." ([Ricardo], l.c. p.479.)

In dem letzten Satz spricht R[icardo] das richtige Gesetz des Wachstums des Kapitals aus, obgleich seine considérants[1] sehr einseitig. Er macht Note dazu, woraus hervorgeht, daß er hier dem *Barton* nachfolgt, auf dessen Schrift wir daher noch kurz eingehn wollen.

Vorher noch eine Bemerkung, Ric[ardo] sagt vorhin, wo er davon spricht, ob die Revenue in menial servants oder luxuries is expended[2]:

„In beiden Fällen ist die Netto-Revenue ebenso wie die Brutto-Revenue die gleiche, jedoch *wird die erstere in verschiedene Waren umgesetzt.*" (p. 476.)

Und so kann auch das gross produce dem Wert nach dasselbe sein, aber „be realized"[3], sehr fühlbar für die workmen, „*in different commodities*"[4], je nachdem es mehr variables oder konstantes Kapital zu ersetzen hat.

[*2. Bartons Ansichten*]

[*a) Barton über die relativ abnehmende Nachfrage nach Arbeit im Prozeß der Akkumulation des Kapitals. Seine einseitige Auffassung der Wirkung der organischen Zusammensetzung des Kapitals in diesem Prozeß*]

Die Schrift von Barton heißt:

John Barton, „Observations on the circumstances which influence the condition of the Labouring Classes of Society", London 1817.

Wir wollen zunächst die wenigen theoretischen Sätze zusammenstellen, die sich in Barton finden.

„Die Nachfrage nach Arbeit hängt von *der Vermehrung des zirkulierenden und nicht des fixen Kapitals ab.* Wenn es stimmte, *daß das Verhältnis zwischen diesen beiden Arten des Kapitals zu allen Zeiten und in allen Ländern dasselbe ist*, dann folgt allerdings daraus, daß die *Anzahl der beschäftigten Arbeiter sich nach dem Reichtum des Staates richtet.* Aber eine solche Behauptung hat nicht den Anschein von Wahrscheinlichkeit. In dem Maße, wie die Naturwissenschaften gepflegt werden und die Zivilisation sich ausbreitet, *wächst* das *fixe Kapital im Verhältnis zum zirkulierenden immer mehr und mehr an.* Die Summe des bei der Produktion eines Stückes britischen Musselins verwendeten fixen Kapitals ist wenigstens hundertmal, wahrscheinlich aber tausendmal größer als jene, die bei der Produktion eines ähnlichen Stückes indischen Musselins verwendet wird, und der Anteil des verwendeten zirkulierenden Kapitals ist hundert- oder tausendmal geringer. Es ist leicht zu verstehen, daß unter gewissen Umständen die Gesamtheit der jährlichen Ersparnisse eines fleißigen Volkes dem fixen Kapital zugeschlagen werden

[1] Erwägungen – [2] für Hauspersonal oder Luxusartikel verausgabt wird – [3] „umgesetzt sein" – [4] Arbeiter, „*in verschiedenen Waren*"

kann, und in diesem Falle werden sie sich nicht in einer erhöhten Nachfrage nach Arbeit auswirken." (l.c. p.16, 17.)

⟨Ric[ardo] bemerkt zu dieser Stelle, Note, p.480:

„Es ist nicht leicht zu verstehen, glaube ich, daß unter irgendwelchen Umständen einer Vermehrung des Kapitals nicht eine erhöhte Nachfrage nach Arbeit folgt. Das Äußerste, was man behaupten kann, ist, daß die *Nachfrage verhältnismäßig abnehmen wird*. Barton hat in seiner oben erwähnten Veröffentlichung eine richtige Ansicht über einige der Auswirkungen eines steigenden Umfangs des fixen Kapitals auf die Lage der arbeitenden Klassen entwickelt. Sein Aufsatz enthält viel wertvolles Material.")

Zu dem obigen Satz von B[arton] muß der folgende hinzugenommen werden:

„Fixes Kapital, wenn es einmal gebildet ist, hört auf, die Nachfrage nach Arbeit zu beeinflussen" (nicht richtig, da es Reproduktion, wenn auch in Zwischenräumen und nach und nach nur nötig macht); „aber während seiner Bildung gibt es ebensoviel Händen Beschäftigung, als ein gleicher Betrag von zirkulierendem Kapital oder von Revenue beschäftigen würde." (p.56.)

Und:

„Die Nachfrage nach Arbeit hängt absolut ab von der Gesamtmasse von Revenue und zirkulierendem Kapital." (p.34, 35.)

Barton hat unstreitig ein sehr großes Verdienst.

A. Smith glaubt, daß die demand for labour[1] wächst direkt im Verhältnis wie Kapital sich akkumuliert. Malthus leitet die Überbevölkerung daher, daß das Kapital nicht so rasch akkumuliert (reproduziert wird auf wachsender Stufenleiter) wie die Bevölkerung. Barton hob zuerst hervor, daß die verschiednen organischen Bestandteile des Kapitals nicht gleichmäßig mit der Akkumulation und der Entwicklung der Produktivkräfte wachsen, vielmehr im Prozeß dieses Wachstums der Teil des Kapitals, der sich in Arbeitslohn auflöst, proportional abnimmt gegen den Teil (er nennt ihn das fixe Kapital), der im Verhältnis zu seiner Größe nur unbedeutend die demand for labour alteriert. Er stellt daher den wichtigen Satz zuerst auf: „that the number of labourers employed is" *not* „in proportion to the wealth of the state"[2], daß dies mehr in einem industriell unentwickelten als in einem industriell entwickelten Land ist.

Ric[ardo] in der dritten Ausgabe seiner „*Principles*", ch. XXXI „*On Machinery*" – nachdem er in seinen frühern Ausgaben in diesem Punkt noch ganz in den Fußtapfen Smiths – nimmt B[arton]s Korrektur auf und

[1] Nachfrage nach Arbeit – [2] „daß die Zahl der beschäftigten Arbeiter" *nicht* „im Verhältnis steht zum Reichtum des Staates"

zwar in der *einseitigen* Fassung, worin B[arton] sie gibt. Der einzige Punkt, worin er weitergeht – und dieser ist wichtig – ist, daß er nicht nur, wie B[arton], aufstellt, daß die Nachfrage nach Arbeit *nicht proportionell* wächst mit der Entwicklung der Maschinerie, sondern daß die Maschine selbst *„makes population redundant*[1]", also Surpluspopulation erzeugt. Nur schränkt er diesen Effekt fälschlich auf den nur in der Agrikultur vorkommenden, von ihm auch auf die Industrie übertragnen Fall ein, wo das net produce auf Kosten des gross produce vermehrt wird. In nuce[2] war aber hiermit die ganze abgeschmackte Populationstheorie über den Haufen geworfen, namentlich auch die Phrase der Vulgärökonomen, daß die Arbeiter sich bestreben müssen to keep their multiplication below the standard of the accumulation of capital[3]. Umgekehrt folgt aus B[artons] und R[icardo]s Darstellung, daß ein solches keeping down of the labouring population, diminishing the supply of labour, and, consequently, raising its price, would only *accelerate* the application of machinery, the conversion of circulating into fixed capital, and, hence, make the population artificially „redundant"; that redundancy existing, generally, not in regard to the quantity of subsistence, but the means of employment, the actual demand for labour[4].

||749| Der Fehler oder Mangel von Barton besteht darin, daß er die organische Differenzierung oder Komposition nur in der Form auffaßt, worin sie im *Zirkulationsprozeß* erscheint – als fixes und zirkulierendes Kapital – ein Unterschied, schon von den Physiokraten entdeckt, von A. Smith weiter entwickelt und nach ihm Vorurteil der Ökonomen geworden: sofern Vorurteil, daß sie *nur* diese Differenz – die ihnen überliefert war – in der organischen Komposition des Kapitals sehen. Dieser aus dem Zirkulationsprozeß entspringende Unterschied hat bedeutenden Einfluß auf die Reproduktion des Reichtums überhaupt, also auch auf den Teil desselben, der labouring funds[5] bildet. Aber das ist hier nicht das Entscheidende. Als fixes Kapital unterscheiden sich Maschinerie, Gebäulichkeiten, Zuchtvieh etc. vom zirkulierenden Kapital *direkt* nicht durch irgendeine Beziehung zum Arbeitslohn, sondern nur durch die Weise ihrer Zirkulation und Reproduktion.

Das *direkte Verhältnis* der verschiednen Bestandteile des Kapitals zur lebendigen Arbeit hängt nicht mit den Phänomenen des Zirkulations-

[1] *„Bevölkerung überzählig macht"* – [2] Im Kern – [3] ihre Vermehrung unter dem Maß der Akkumulation von Kapital zu halten – [4] Niedrighalten der arbeitenden Bevölkerung, die das Angebot von Arbeit vermindert und dadurch ihren Preis erhöht, würde die Anwendung von Maschinerie, die Verwandlung von zirkulierendem in fixes Kapital nur *beschleunigen* und dadurch die Bevölkerung künstlich „überzählig" machen; der Bevölkerungsüberschuß besteht in der Regel nicht in Hinsicht auf die Subsistenzmittel, sondern auf die Beschäftigungsmittel, die wirkliche Nachfrage nach Arbeit – [5] Arbeitsfonds

prozesses zusammen, entspringt nicht daraus, sondern aus dem *unmittelbaren Produktionsprozeß*, und ist das Verhältnis von *konstantem* und *variablem Kapital*, deren Unterschied *nur* auf ihrem Verhältnis zur lebendigen Arbeit begründet ist.

So sagt B[arton] z.B.: Die demand for labour hänge nicht vom *fixen Kapital* ab, sondern nur vom *zirkulierenden* Kapital. Aber ein Teil des zirkulierenden Kapitals, *Rohmaterial* und *matières instrumentales*[1], werden ebensowenig wie Maschinerie etc. gegen lebendige Arbeit ausgetauscht. In allen Industriezweigen, worin das Rohmaterial als Element des Verwertungsprozesses eingeht, bildet es – soweit wir bloß den Teil des fixen Kapitals betrachten, der in die Ware eingeht – den *bedeutendsten* Teil der Portion Kapital, die nicht in Arbeitslohn ausgelegt wird. Ein andrer Teil des zirkulierenden Kapitals, nämlich des Warenkapitals, besteht aus Konsumtionsartikeln, die in die Revenue der nicht produktiven Klasse eingehn (i.e. der Arbeiterklasse). Das Wachstum dieser beiden Teile des *zirkulierenden* Kapitals hat also nicht mehr Einfluß auf die Nachfrage nach Arbeit wie das des fixen Kapitals. Es kommt hinzu, daß der Teil des zirkulierenden Kapitals, der sich auflöst in matières brutes[2] und matières instrumentales, im selben und noch größren Verhältnis zunimmt, wie der Teil desselben, der als Maschinerie etc. fixiert wird.

Ramsay hat auf der Unterscheidung von Barton fortgebaut. Er verbessert ihn, bleibt aber in seiner Vorstellungsweise stehn. Er reduziert in der Tat den Unterschied auf konstantes und variables Kapital, nennt aber nach wie vor das konstante Kapital *fixes* Kapital, obgleich er die Rohstoffe etc. dazurechnet, und das variable Kapital zirkulierendes Kapital, obgleich er alles zirkulierende Kapital davon ausschließt, das nicht direkt in Arbeitslohn ausgelegt wird. Darüber später, wenn wir zu Rams[ay] kommen. Es zeigt dies aber die Notwendigkeit des innren Fortgangs.

Ist der Unterschied von konstantem Kapital und variablem Kapital einmal gefaßt, der rein aus dem unmittelbaren Produktionsprozeß, aus dem Verhältnis der verschiednen Bestandteile des Kapitals zur lebendigen Arbeit hervorgeht, so zeigt sich auch, daß er an und für sich nichts zu tun mit der absoluten Masse der produzierten Konsumtionsartikel, obgleich viel mit der Art, worin sie realisiert werden. This way, however, of realizing the gross revenue in different commodities being not, as R[icardo] has it, and B[arton] intimates it, *the cause*, but the *effect* of the immanent laws of capitalistic production, leading to a diminishing proportion, if compared with the total amount of produce, of that part of it which forms the funds for the

[1] *Hilfsstoffe* – [2] Rohmaterialien

reproduction of the labouring class.[1] Besteht ein großer Teil des Kapitals aus Maschinerie, Rohstoffen, matières instrumentales etc., so wird von der Gesamtheit der Arbeiterklasse ein geringer Teil mit Reproduktion der Lebensmittel beschäftigt sein, ||750| die in die Konsumtion der Arbeiter eingehn. Aber diese relative diminution[2] in der Reproduktion des variablen Kapitals ist nicht der Grund der relativen decrease in the demand for labour[3], sondern umgekehrt seine Wirkung. Ebenso: Ein größrer[4] Teil der mit der Produktion der in die Revenue überhaupt eingehenden Konsumtionsartikel beschäftigten Arbeiter wird Konsumtionsartikel produzieren, die in den Konsum, die expenditure of revenue der capitalists, landlords and their retainers (state, church etc.)[5] eingehn, als der für die Revenue der Arbeiter bestimmten Artikel. Aber dies ist wieder Wirkung, nicht Ursache. Mit einer Änderung des sozialen Verhältnisses von Arbeitern und Kapitalisten, einer Revolutionierung der die kapitalistische Produktion beherrschenden Verhältnisse würde sich dies sofort ändern. The revenue would be „realized in different commodities", to use an expression of Ric[ardo].[6]

Es ist nichts hierzu Nötigendes in den sozusagen physischen Bedingungen der Produktion da. The workmen, if domineering, if allowed to produce for themselves, would only soon, and without any great exertion, bring up the capital (to use a phrase of the econ[omic] vulgarians) up to the standard of their wants.[7] Dies ist der sehr große Unterschied: Ob die vorhandnen Produktionsmittel ihnen als Kapital gegenüberstehn, und daher *nur* soweit von ihnen angewandt werden können als nötig, um den surplus value and the surplus produce for their employers[8] zu vermehren, ob diese Produktionsmittel *sie* beschäftigen, oder ob sie, als Subjekte, die Produktionsmittel – im Akkusativ – anwenden, um Reichtum für sich selbst zu erzeugen. Natürlich ist dabei vorausgesetzt, daß die kapitalistische Produktion bereits die Produktivkräfte der Arbeit überhaupt zu der nötigen Höhe entwickelt hat, worauf diese Revolution eintreten kann.

---

[1] Diese Art jedoch, die Bruttorevenue in verschiedenen Waren umzusetzen, ist nicht, wie R[icardo] annimmt und B[arton] andeutet, *die Ursache*, sondern die *Wirkung* der immanenten Gesetze der kapitalistischen Produktion, die dahin führen, daß, wenn man ihn mit der Gesamtsumme der Produkte vergleicht, jener Teil abnimmt, der den Fonds für die Reproduktion der arbeitenden Klasse bildet. – [2] Verringerung – [3] Abnahme in der Nachfrage nach Arbeit – [4] in der Handschrift: großer – [5] Verausgabung der Revenue der Kapitalisten, Landlords und ihrer Diener (Staat, Kirche usw.) – [6] Die Revenue würde „in verschiedenen Waren umgesetzt", um einen Ausdruck von Ricardo zu gebrauchen. – [7] Wenn die Arbeiter herrschen, wenn sie für sich selbst produzieren dürfen, werden sie sehr bald und ohne viel Mühe das Kapital (um eine Phrase der Vulgärökonomen zu gebrauchen) auf die Höhe ihrer Bedürfnisse bringen. – [8] Mehrwert oder das Mehrprodukt für ihre Anwender

{Nimm das Beispiel von 1862 (Herbst jetzt). Die Not der Lancashire labourers out of employment[1]. Andrerseits on the London money-market „the difficulty of finding employment for money"[2], wodurch Bildung von Schwindelgesellschaften fast nötig geworden, da es schwer, 2 p.c. für Geld zu erhalten. Nach R[icardo]s Theorie – da auf der einen Seite das Kapital in London, andrerseits unbeschäftigte Arbeitskräfte in Manchester – „some other employment ought to have been opened"[3].}

[*b) Barton über die Bewegung des Arbeitslohns und das Wachstum der Bevölkerung*]

B[arton] setzt weiter auseinander, daß Akkumulation des Kapitals nur langsam die demand for labour[4] steigen macht, wenn nicht die Bevölkerung *vorher* so sehr gewachsen ist, daß die rate of wages[5] niedrig.

„Das *Verhältnis, welches der Arbeitslohn zu einer gegebenen Zeit zum Gesamtprodukt der Arbeit einnimmt*, bestimmt die Anwendung von Kapital in der einen" (fixed) „oder der anderen" (circulating) „Form." (p.17.)

„Fällt der Arbeitslohn, während der Preis der Waren stationär bleibt, oder steigt der Warenpreis, während der Arbeitslohn derselbe bleibt, so wächst der Profit des Anwenders, und er wird veranlaßt, mehr Arbeiter zu beschäftigen. Steigen dagegen Löhne im Verhältnis zu Waren, so hält der Manufakturist so wenig Arbeiter als möglich und sucht alles durch Maschinerie zu machen." (p.17, 18.)

„Wir haben ausreichende Beweise dafür, daß die Bevölkerung viel langsamer bei einem graduellen Steigen des Lohnes während der ersten Hälfte des letzten Jahrhunderts zunahm als während der zweiten Hälfte desselben, wo der Realpreis der Arbeit rasch fiel." (p.25.)

„Ein Steigen des Arbeitslohns vermehrt von selbst niemals die Arbeiterbevölkerung; ein Fallen des Lohnes kann sie sehr schnell wachsen machen. Z.B. der Engländer sinke in seinen Forderungen zum Irländer [herab]. So wird der Fabrikant mehr anwenden im Verhältnis zu den verminderten Erhaltungskosten." (l.c. p.26.)

„Es ist weit mehr *die Schwierigkeit, Beschäftigung zu finden, als die ungenügende Höhe des Lohnes*, die vom Heiraten abhält." (p.27.)

„Man darf zugeben, daß jede Vermehrung des Reichtums die Tendenz hat, eine neue Nachfrage nach Arbeit zu schaffen, aber da die Arbeit von allen Waren die größte Zeitlänge zu ihrer Produktion erheischt"

{aus demselben Grunde kann sich die rate of wages lange unter dem average[6] halten, weil von allen Waren labour am schwersten to withdraw from the market and thus to bring down to the level of the actual demand[7]}

[1] arbeitslosen Arbeiter von Lancashire – [2] auf dem Londoner Geldmarkt „die Schwierigkeit, Anwendung für Geld zu finden" – [3] „müßte irgendeine andere Beschäftigung für sie eröffnet werden" – [4] Nachfrage nach Arbeit – [5] Lohnrate – [6] Durchschnitt – [7] vom Markt zurückzuziehen und daher auf das Niveau der wirklichen Nachfrage herabzusetzen ist

„wird sie von allen Waren ||751| am meisten durch ein Wachsen der Nachfrage im Preise gesteigert, und da jedes Steigen des Arbeitslohns zehnmal so große Verringerung des Profits erzeugt, so klar, daß die *Vermehrung des Kapitals nur langsam* wirken kann *auf Vermehrung der effektiven Nachfrage* nach Arbeit, *wenn ihr nicht eine solche Vermehrung der Bevölkerung vorhergeht, die die Rate des Arbeitslohns tief hält.*" (p. 28.)

B[arton] stellt hier verschiedne Sätze auf:

Erstens: Es ist nicht das Steigen des Arbeitslohns, das an sich die Arbeiterbevölkerung vermehrt, wohl aber kann ein Fallen des Arbeitslohns sie sehr leicht und rasch steigen machen. Beweis: Erste Hälfte des 18. Jahrhunderts graduelles Steigen des Arbeitslohns, langsame Bewegung der Population, dagegen in der zweiten Hälfte des 18. Jahrhunderts großes Sinken des realen Arbeitslohns, rascher Progreß der labouring population[1]. Ursache: Es ist nicht die insufficient rate of wages[2], der die mariages[3] verhindert, sondern die difficulty of finding employment[4].

Zweitens: Die facility[5] aber, of finding employment[6], steht im umgekehrten Verhältnis zur Rate des Arbeitslohns. Denn im umgekehrten Verhältnis zur Höhe oder Niedrigkeit des Arbeitslohns wird das Kapital in fixes oder zirkulierendes verwandelt, d.h. in solches, das Arbeit employs[7] oder in solches, das does not employ it[8]. Ist der Lohn niedrig, so die Nachfrage nach Arbeit groß, weil es dann profitlich für den employer[9], viel Arbeit anzuwenden, und er mit demselben zirkulierenden Kapital *mehr* anwenden kann. Ist der Lohn hoch, so hält der manufacturer so wenig hands als möglich und sucht alles durch Maschinerie zu machen.

Drittens: Die Akkumulation des Kapitals für sich allein erhöht nur langsam die Nachfrage nach Arbeit, weil jedes Steigen dieser Nachfrage die Arbeit, if rare[10], rasch steigen und den Profit in 10 × höherem Grad, als sie steigt, fallen macht. Rasch kann die Akkumulation nur auf Nachfrage von Arbeit wirken, wenn *vor der Akkumulation eine große Vermehrung der Arbeiterbevölkerung vorhergegangen*, der Arbeitslohn daher auf sehr niedriger Rate steht und selbst ein Steigen desselben ihn niedrig läßt, weil die Nachfrage mehr unbeschäftigte Hände absorbiert, als um vollbeschäftigte konkurriert.

Dies alles ist, cum grano salis[11], richtig für die völlig entwickelte kapitalistische Produktion. Aber es erklärt ihre Entwicklung selbst nicht.

Und daher widerspricht auch der historische Beweis von B[arton] dem, was er beweisen soll.

[1] Arbeiterbevölkerung – [2] ungenügende Höhe des Lohnes – [3] Heiraten – [4] Schwierigkeit, Beschäftigung zu finden – [5] Leichtigkeit – [6] Beschäftigung zu finden – [7] anwendet – [8] sie nicht anwendet – [9] Anwender – [10] wenn sie selten – [11] nicht ganz wörtlich genommen

In des 18. Jahrhunderts erster Hälfte Arbeitslohn graduell steigend, Bevölkerung langsam wachsend und keine Maschinerie, auch, relativ zu der folgenden Hälfte, wenig sonstiges capital fixe.

In des 18. Jahrhunderts zweiter Hälfte dagegen Arbeitslohn beständig fallend, Bevölkerung erstaunlich wachsend – und Maschinerie. Aber es war eben die Maschinerie, die einesteils die vorhandne Bevölkerung überzählig machte und so den Arbeitslohn senkte, andrerseits, infolge der raschen Entwicklung des Weltmarkts, sie wieder absorbierte, sie wieder redundant[1] machte und wieder absorbierte, während sie anderseits die Akkumulation des Kapitals außerordentlich beschleunigte und, der *Masse* nach, das variable Kapital vermehrte, obgleich es relativ, sowohl gegen den Gesamtwert des Produkts als gegen die Arbeitermasse, die es beschäftigte, fiel. In der ersten Hälfte des 18. Jahrhunderts dagegen noch nicht große Industrie, sondern *auf Teilung der Arbeit gegründete Manufaktur*. Der Hauptbestandteil des Kapitals blieb das in variables, in Arbeitslohn ausgelegte. Die Produktivkraft der Arbeit entwickelte sich aber langsam, verglichen mit der zweiten Hälfte. Mit der Akkumulation des Kapitals stieg fast proportionell die Nachfrage nach Arbeit, also der Arbeitslohn. England war noch essentiell agricultural nation[2], und es fuhr fort (entwickelte sich selbst noch), eine sehr ausgedehnte von der Ackerbaubevölkerung betriebne home-manufacture[3] (für Spinnen und Weben) [zu betreiben]. Ein bloß pullulierendes Proletariat konnte noch nicht entstehn, so wenig als es schon industrielle Millionäre gab. In der ersten Hälfte des 18. Jahrhunderts herrschte relativ das variable, in der zweiten das fixe Kapital vor; aber für letztres ist große Masse von Menschenmaterial nötig. Seiner Einführung im großen must be preceded by an increase of population[4]. Der ganze Sachverlauf aber widerspricht der Darstellung des B[arton], soweit als es sich zeigt, daß hier überhaupt ein change[5] der Produktionsweise vorging; die Gesetze, die der großen Industrie entsprechen, sind nicht identisch mit denen, die der Manufaktur ||752| entsprechen. Letztre bildet nur eine Entwicklungsphase zu der erstren.

Interessant aber hier einige der historischen Anführungen B[arton]s, teils wegen der Bewegung des Arbeitslohns, teils wegen der der Getreidepreise, verglichen die erste Hälfte des 18. Jahrhunderts in England mit der zweiten.

„Die folgende Tabelle zeigt" („die wages[6] stiegen von der Mitte des 17. bis Mitte des 18. Jahrhunderts, denn der Kornpreis fiel während dieser Zeit nicht weniger als

[1] überzählig – [2] wesentlich landwirtschaftliche Nation – [3] Heimmanufaktur – [4] muß eine Vermehrung der Bevölkerung vorausgehen – [5] Wechsel – [6] Löhne

35%") „das Verhältnis der *Löhne der Landarbeiter* zu den Kornpreisen während der letzten 70 Jahre.

Periode	Wochenlohn	Weizenpreis pro Quarter	Arbeitslohn in Pinten Weizen
1742–1752	6 sh. 0 d.	30 sh. 0 d.	102
1761–1770	7 6	42 6	90
1780–1790	8 0	51 2	80
1795–1799	9 0	70 8	65
1800–1808	11 0	86 8	60"

(p. 25, 26.)

„Aus einer Tafel der Zahl der Bills für die Einhegung von Land, die in jeder Session seit der Revolution angenommen wurden, gegeben im Bericht der Lords über die Armengesetze" (1816?), „sieht man, daß in den 66 Jahren von 1688–1754 123 Bills, in den 69[1] Jahren von 1754 bis 1813 dagegen 3315. Der Fortschritt der Bodenkultur ungefähr 25× rascher während der letztren Periode als während der früheren. Aber in den ersten 66 Jahren wurde beständig mehr und mehr Korn für den Export angebaut, während in dem größten Teil der letzten 69[1] Jahre alles konsumiert, was früher exportiert, aber zugleich importiert eine zunehmende und zuletzt eine sehr große Menge für unsre eigne Konsumtion ... Das Wachstum der Bevölkerung in der ersten Periode verglichen mit der letztren also noch langsamer, als der Fortschritt der Bodenkultur anzuzeigen scheint." (p. 11, 12.)

„1688 die Population in England und Wales nach Gregory King, der sie nach der Zahl der Häuser schätzte, $5^1/_2$ Millionen. 1780 nach Malthus die Population 7 700 000. Also gewachsen in 92 Jahren [um] 2 200 000; in den folgenden 30 Jahren wuchs sie [um] mehr als 2 700 000. Aber von dem ersten Wachstum wahrscheinlich, daß der größre Teil stattfand von 1750–1780." (p. 13.)

B[arton] berechnet nach guten Quellen, daß

„1750 die Zahl der Einwohner 5 946 000, was einen Zuwachs ausmacht seit der Revolution [1688] von 446 000 oder 7200 per annum". (p. 14.)

„Nach der niedrigsten Schätzung ging dann der Fortschritt der Bevölkerung 10× rascher vor sich in den letzten Jahren als vor einem Jahrhundert. Aber unmöglich zu glauben, daß die Akkumulation des Kapitals zehnmal größer." (p. 14.)

Die Frage ist nicht, wieviel Quantum Lebensmittel jährlich produziert wird, sondern wie großer Teil lebendiger Arbeit in die Produktion des fixen und zirkulierenden Kapitals jährlich eingeht. Danach bestimmt sich die Größe des variablen Kapitals im Verhältnis zum konstanten.

---

[1] So bei Barton; in Wirklichkeit sind von 1754 bis 1813 nur 59 Jahre vergangen

B[arton] erklärt sich die remarkable increase[1] der Population in den letzten 60–50 years fast in ganz Europa aus der increased productiveness der American mines[2], indem dieser Überfluß an precious metals[3] die Warenpreise in höhrem Grad erhöht als den Arbeitslohn, in fact[4] also den letztern gesenkt habe. So Profitrate gestiegen. (p.29–35.) |XIII–752||

[1] auffallende Zunahme – [2] wachsenden Produktivität der amerikanischen Minen – [3] Edelmetallen – [4] tatsächlich

Beilagen[101]

[1. Frühe Formulierung der These über die konstante Übereinstimmung von Angebot und Zufuhr in der Landwirtschaft. Rodbertus und die Praktiker unter den Ökonomen des 18. Jahrhunderts]

||XII-580b| Smiths „gelegentliche" Theorie, that corn produces its own demand[1] etc.[2], von *Malthus* später mit Wichtigkeit in seiner Renttheorie wiederholt und zum Teil Basis seiner Populationstheorie, sehr *bündig* ausgesprochen in folgendem:

„Getreide ist rar oder nicht rar im Verhältnis zu seiner Konsumtion. Wenn *mehr Mäuler* da sind, wird *mehr Getreide* da sein, weil *mehr Hände* da sein werden, den Boden zu bebauen; und wenn *mehr Getreide* da ist, werden mehr Mäuler da sein, da *Überfluß* die *Volkszahl* vermehren wird." (p. 125 [John Arbuthnot] „An Inquiry into the Connection between the present Price of Provisions, and the Size of Farms, etc. By a Farmer", Lond. 1773.)

Daher

„kann die Bodenkultur niemals zu weit getrieben werden". (p. 62.)

Rodberti Phantasie, daß der *Samen* etc. nicht als Item des Kapitals [in die Rechnung des Pächters] eingeht[3], [wird widerlegt] durch die Hunderte von Schriften, die teilweise von farmers selbst im 18. Jahrhundert (namentlich seit den 60er Jahren) erschienen. Dagegen wäre es umgekehrt richtig zu sagen, daß beim farmer die *Rente* als Item eingeht. Er zählt sie unter die *Produktionskosten* (und sie gehört zu seinen Produktionskosten).

„Wenn der *Getreidepreis* fast so hoch ist, wie er sein sollte, was nur durch das Verhältnis bestimmt werden kann, in dem der *Bodenwert* zum *Geldwert* steht." (l. c. p. 132.)

Wie von dem Moment, wo das Kapital sich der Agrikultur bemächtigt[4], in der Vorstellung des farming-capitalist selbst rent nur Abgabe von Profit wird und die ganze surplus value[5] als essentially profit[6] gefaßt wird:

---

[1] daß Getreide seine eigene Nachfrage produziert – [2] siehe vorl. Band, S. 354 ff. – [3] siehe vorl. Band, S. 39–49 – [4] in der Handschrift: beschäftigt – [5] Mehrwert – [6] wesentlich als Profit

„Die *alte* Methode, den *Profit* des Pächters nach den *drei Renten* zu berechnen" (Metairiesystem). *In der Kindheit der Agrikultur* gab es eine gewissenhafte und gleichmäßige Teilung des Eigentums, wie sie jetzt noch in weniger aufgeklärten Teilen der Welt praktiziert wird ... der eine stellt Boden und Kapital, der andere Sachkenntnis und Arbeit zur Verfügung; aber auf einem gut bearbeiteten und guten Boden bereitet die Rente heute die geringste Sorge; sie ist die *Summe, die ein Mann als Kapital* und *in der jährlichen Verausgabung seiner Arbeit anlegen kann*, auf die er die Zinsen Geldes oder sein Einkommen zu berechnen hat." (p.34.) |XII-580b||

[2. Nathaniel Forster über die Feindschaft zwischen den Grundeigentümern und den Gewerbetreibenden]

||XIII-670a| „Die *Grundeigentümer* und die *Gewerbetreibenden* stehen einander stets feindselig gegenüber und mißgönnen einander die Gewinne." (p. 22, note. [Nathaniel Forster] *„An Enquiry into the Causes of the Present High Price of Provisions* etc.", *Lond. 1767.*) |XIII-670a||

[3. Hopkins' Ansicht über das Verhältnis zwischen Rente und Profit]

||XIII-669b| Bei Hopkins (die Stelle nachzusehen[14]) naiv *rent of land* als die ursprüngliche Form des surplus value und Profit als davon abgeleitet.

Die Stelle lautet:

„Solange die ... Produzenten sowohl Landwirte als auch Manufakturisten waren, erhielt der Grundeigentümer als *Grundrente* einen Wert von 10 *l.* Nimm an, diese Rente werde $^1/_2$ in Rohprodukten und zur anderen $^1/_2$ in Manufakturwaren bezahlt; nach der *Trennung* der Produzenten in die zwei Klassen der Landwirte und Manufakturisten" könnte dies fortgesetzt werden. „In der Praxis schien es jedoch zweckmäßiger zu sein, daß die Bebauer des Bodens *die Rente zahlen* und damit ihr Produkt belasten, wenn sie es gegen das Produkt der Arbeit der Manufakturisten austauschen, so daß die Zahlung zu gleichen Teilen beiden Klassen zufällt und Arbeitslohn und Profit in jeder Sphäre gleichbleiben." (p.26, *Th.Hopkins, „Enquiries relative to the Laws which regulate Rent, Profit* etc.", *Lond. 1822.*) |XIII-669b||

[4. Carey, Malthus und James Deacon Hume über Verbesserungen in der Landwirtschaft]

||XI-490a| „Man wird bemerkt haben, daß wir immer den Eigentümer und den Pächter als *ein und dieselbe Person* betrachten ... Dies ist der Fall in den Vereinigten Staaten." (p. 97, *H.C.Carey, „The Past, the Present, and the Future", Philadelphia 1848.*)

„Der Mensch geht immer von einem schlechten Boden zu einem besseren über, um dann, auf seinem Wege zurückgehend, wieder zu dem ursprünglich schlechten zu kommen und den Mergel oder den Kalk nach oben zu pflügen und so fort in ununterbrochener Folge ... und bei jedem Schritt in dieser Richtung macht er eine bessere Maschine[1]." (p. 128, 129.) „Kapital kann mit *mehr* Vorteil in der Landwirtschaft als in *Maschinen* investiert werden, weil die letzteren *nur von gleicher* Kraft sind, dagegen die andere von einer *größeren* Kraft." (l.c.) „Der Gewinn von einer Dampfmaschine" (die wool in cloth[2] verwandelt etc.) „ist der Arbeitslohn, *abzüglich* des Verlustes aus der Abnutzung der Maschine. Die Arbeit, angewandt auf die Bearbeitung der Erde, produziert Löhne zuzüglich des Gewinns durch Verbesserung der Maschine." (l.c.) Daher „wird ein Stück Land, das 100 *l.* im Jahr abwirft", teurer „verkauft" als a steam-engine[3], die ebensoviel im Jahr produziert. (p. 130.) „Der Käufer des ersteren weiß, daß es ihm Löhne und Zinsen zahlen wird und dazu noch seinen Wert durch Gebrauch vermehrt. Der Käufer des anderen weiß, daß es ihm Löhne und Zinsen geben wird, seinen Wert durch Gebrauch aber vermindert. Der eine kauft eine Maschine, die durch Gebrauch sich verbessert ..., der andere eine solche, die durch Gebrauch sich abnutzt ... Die eine ist eine Maschine, auf die neues Kapital und Arbeit mit stets steigendem Ertrag verwendet werden können, während bei der anderen keine solche Anlage gemacht werden kann." (p. 131.)

Selbst die Verbesserungen in der Agrikultur, die verminderte Produktionskosten und schließlich Fallen der Preise herbeiführen, zunächst aber – solange die Preise noch nicht gefallen – temporary rise of agricultural *profit*[4], verfehlen fast niemals,

[1] Gemeint ist der Boden – [2] Wolle in Tuch – [3] eine Dampfmaschine – [4] zeitweiliges Steigen des landwirtschaftlichen *Profits*

„*schließlich die Rente* zu *vergrößern. Das vermehrte Kapital*, das angewandt wurde wegen der Gelegenheit, große zeitweilige Profite zu machen, *kann, wenn die gültigen Pachtverträge abgelaufen sind, selten oder nie ganz dem Boden entzogen werden;* und *bei der Erneuerung dieser Verträge* empfindet der Landlord den Vorteil davon durch *die Vermehrung seiner Rente.*" (*Malthus, „Inquiry into the Nature and Progress of Rent* etc.", *London 1815* [p.26].)

„Wenn bis zum Vorherrschen der jüngsten hohen Preise Ackerland im allgemeinen nur eine *kleine Rente* trug, hauptsächlich wegen der *anerkannten Notwendigkeit häufiger Brache*, so mußten die Renten wieder reduziert werden, um eine Rückkehr zu demselben System zu ermöglichen." (p.*72, J.D.Hume, „Thougths on the Corn-Laws* etc.", *London 1815.*) | XI–490a ||

[5. Hodgskin und Anderson über das Wachsen der Produktivität der landwirtschaftlichen Arbeit]

||XIII–670a| „Eine abnehmende Bodenfläche ist ausreichend für die Versorgung der Menschen mit Nahrungsmitteln in dem Maße, wie die Bevölkerung sich vermehrt." (p.69, „*The Natural and Artificial Right of Property contrasted* etc.", by *Hodgskin* (anonym), *Lond. 1832.*)

{Ditto *Anderson* vorher[1]}. |XIII–670a||

---

[1] Siehe vorl. Band, S.140/141

[6. Abnahme] der Profitrate

||XIII–670a| Der Profit des größren, mit mehr capital constant (Maschinerie, Rohmaterial) arbeitenden Kapitals ist kleiner, auf das Gesamtkapital verteilt, worin die angewandte lebendige Arbeit in geringrem Verhältnis steht zum Gesamtkapital, als der kleinre Profit auf die lebendige Arbeit, die in größrem Verhältnis steht zum kleinren Gesamtkapital. Die Abnahme des variablen Kapitals und die relative Zunahme des konstanten, obgleich beide Teile wachsen, ist nur andrer *Ausdruck für die vermehrte Produktivität der Arbeit.* |XIII–670a||

Anhang und Register

Fremdsprachige Zitate

Die fremdsprachigen Zitate, die im Text in deutscher Übersetzung gebracht wurden, werden hier nach der Marxschen Handschrift wiedergegeben. Das betrifft auch solche Zitate, die Marx nicht vollständig ins Deutsche übersetzt hat. Unterstreichungen werden wie im Haupttext durch Kursivschrift, Doppelunterstreichungen durch gesperrte Kursivschrift hervorgehoben. Offensichtliche Schreibfehler werden stillschweigend korrigiert. Wesentliche Abweichungen gegenüber dem Original sind in Fußnoten vermerkt.

Achtes Kapitel

17 "In *Flanders*" (belgischen) "*dung* and hay are in these parts imported from Holland" (für den Flachsbau etc. Dagegen führen sie aus Flachs, linseed etc.) "Der refuse in Dutch towns is a matter of trade, and is regularly sold at high prices to Belgium. At about 20 miles from Antwerp, up the Schelde, the reservoirs may be seen for the manure that is brought from Holland. The trade is managed by a company of capitalists, on Dutch boats" etc. (*Banfield*[5].)

18 «Le propriétaire fournit le domaine, les bâtimens, et ordinairement tout ou partie du bétail et des instrumens nécessaires à l'exploitation; le colon, de son côté, apporte son travail, et rien ou presque rien de plus; les produits de la terre se partagent par moitié.» (*Mathieu de Dombasle, «Annales agricoles»* etc. *Paris 1828*, 4te livraison, p. 301.) «Les colons partiaires sont généralement des hommes plongés dans la misère» (p. 302). „Wenn der métayer un accroissement de produit brut de 1500 frs. erhielt, au moyen d'une avance de 1000 frs." (also 500 frs. Bruttogewinn), „muß er zur Hälfte teilen mit dem propriétaire, zieht also 750, verliert also 250 frs. von seinen avancen." (p. 304.) «Dans l'ancien système de culture, la dépense ou les frais de production sont pris presque entièrement sur les produits eux-mêmes en nature, par la consommation des bestiaux, du cultivateur et de sa famille; il ne se fait presque aucune dépense en écus. Nur dieser Umstand a pu donner lieu de croire que le propriétaire et le colon pouvaient partager entre eux tout le produit des récoltes qui n'est pas consommé dans l'exploitation; aber dieser Prozeß nur applicable diesem genre d'agriculture, d.h. der *agriculture misérable;* aber sobald man eine Verbesserung der Agrikultur anbringen will, merkt man, daß dies nur möglich durch quelques avances dont il faut réserver le montant sur le produit brut, pour l'appliquer à la production de l'année suivante, en sorte que tout partage du produit brut, entre le propriétaire et le colon, forme un obstacle insurmontable à toute amélioration.» (l.c.p.307.)

105 „Wider das Austrocknen von Sümpfen, improving von woods, inclosing von commons, sowing of St. Foyne and Clovergrass, wird gemurrt von den landlords, as the way to depress the price of victuals." ([*Petty*] "*Polit. Arith.*", *Lond. 1699*, p.230.)

106 „Renten mögen fallen in some places, and some counties, und doch der Grund und Boden der Nation“ (er meint den Bodenwert) "improve all the while z.B. wenn parks are disparked und Wälder und commons are taken in, and enclosed; when Fen-Lands are drained, und wenn viele Teile“ (des Landes) „durch Industrie und manuring[1] verbessert werden, it must certainly depretiate that ground which has been improved to the full before und keiner weitren Verbeßrung fähig ist. So sinkt das Renteinkommen der Privaten, aber die general rent des kingdom hebt sich durch solche improvements gleichzeitig“ (p.26, 27). „1666–1688 fielen die private rents, aber das Rise in the kingdomes general rental was in proportion größer während dieser Zeit als in den vorhergehenden Jahren, weil the improvements upon land were greater and more universal, between those two periods, than at any time before“ (p.28, D'Avenant, "Discourses on the Publick Revenues etc.", Part II, London 1698).

Neuntes Kapitel

115 „Das Gesetz von 1773“, ..., „ging von der *avowed* intention aus, den Kornpreis für unsere manufacturers zu erniedrigen, um durch encouragement of Foreign importation unser eigenes Volk at a cheaper rate zu setzen.“ (p.50, [*Anderson*] "*A calm Investigation of the circumstances that have led to the present scarcity of grain in Britain*", *London 1801.*)

118 "I shall greatly regret that *considerations for any particular class*, are allowed to check the progress of the wealth and population of the country." (p.49, *Ricardo*, "*An Essay on the Influence of a low Price of Corn on the Profits of Stock etc.*", *London* 1815. 2nd ed.)

118 "That *some capital would be lost* cannot be disputed, but *is the possession or preservation of capital* the end, or the means? The means, undoubtedly. What we want is *an abundance of commodities*," ... "and if it could be proved that by *the sacrifice of a part of our capital we should augment the annual produce*" (die jährliche Produktion) "of those objects which contribute to our enjoyment and happiness, we ought not to repine *at the loss of a part of our capital*." (p.60, "*On Protection to Agriculture*", 4th ed., London 1822.)

118 "To an individual with a capital of 20000 *l.*, whose profits were 2000 *l.* per annum, it would be a matter quite indifferent whether his capital would employ a hundred or a thousand men, whether the commodity produced, sold for 10000 *l.*, or for 20000 *l.*, provided, in all cases, his profits were not diminished below 2000 *l.* Is not the real interest of the nation similar? Provided its net real income, its rent and profits be the same, it is of no importance whether the nation consists of 10 or of 12 millions of inhabitants." (p.416, "Principles of Political Economy", 3d. ed.)

129 "In an improved state of agriculture produce may be raised on the second or third quality of land at as little cost as is could under the old system upon the first quality." (*Sir Edw. West*, "*Price of Corn and Wages of Labour*", *Lond. 1826*, p.98.)

129 „Das principle of competition macht 2 rates of profit unmöglich in demselben Land; aber das bestimmt die *relative rents*, aber nicht den *general average of rent*.“ (p.30, *Th. Hopk*[*ins*], "*On Rent of Land, and its Influence on Subsistence and Population*“, *London 1828.*)

[1] In der Handschrift: manufacturing

129 "If *all* labourers were employed for the same end, or object, as the diamond cutter and the opera singer, in a short time there would be no *wealth* to subsist them, because *none of the wealth produced would then become capital.* If a considerable proportion were so employed, wages would be low; because, but a comparatively small part of what was produced would be used as capital; but if only a few of the labourers were so employed, and, of course, nearly all were ploughmen, shoemakers, weavers etc., then much capital would be produced, and wages *could* be proportionally high." (l.c.p.84, 85.) "With the diamond cutter and the singer, must be classed all those who labour for the landlords, or annuitants, and who receive a part of their income as wages: all, in fact, whose labours *terminate* merely in producing those things which gratify landlords and annuitants, and who receive in return for their labours, a part of the rent of the landlord, or of the income of the annuitant. These are all productive labourers, but all their labours are for the purpose of converting the wealth which exists, in the shape of rents and annuities, into some other form, that shall, in that other form, more gratify the landlord and annuitant, and therefore they are *secondary* producers. All other labourers are *primary* producers." (l.c.p.85.)

130 „In Irland nach mäßiger Berechnung und dem Zensus von 1821 das whole net produce, das an den landlord geht, government and tithe-owners $20^3/_4$ Millionen *l.*, die whole wages aber nur 14 114 000 *l.*" (Hopkins, l.c.p.94.)

130 „Die cultivators" in Italy „zahlen im allgemeinen $^1/_2$ und eben mehr als $^1/_2$ des produce als Rent an den landlord bei moderate skill in agriculture und a scanty supply of fixed capital. Der größte Teil der population besteht aus secondary producers und landlords und generally the primary producers are a poor and degraded class." (p.101, 102.)

130 „Derselbe case in Frankreich unter Louis XIV. [XV. und XVI.]. Nach Young 140 905 304 *l.* in rent, tithes und taxes. Dabei Ackerbau miserabel. Die Population Frankreichs damals 26 363 074. Wenn selbst 6 millions of labouring population, was zu large, hätte jede family zu liefern gehabt, jährlich, direkt oder indirekt, an average von about 23 *l.* of net wealth to the landlords, the church, and the government. Nach Youngs Angaben, noch allerlei in Anschlag gebracht, kommt auf die Arbeiterfamilie jährlich 42 *l.* 10 sh. Produkt, 23 davon paid away to others, und 19 *l.* 10 sh. remained to subsist itself." (l.c.p.102–104.)

133 "The error of Mr. Malthus and his followers is to be found in the assumption, that a reduction of the labouring population would *not* be followed by *a correspondent reduction of capital!*" (l.c.p.118.) „Herr Malthus vergißt, daß die demand limited by the *means of paying wages* und" daß „diese means do not arise spontaneously, but are always *previously created by labour.*" (l.c.p.122.)

133 "Sonderbar diese strong inclination to represent *net* wealth as *beneficial* to the labouring class, because it gives *employment!* though it is evidently ||509| not on account of being *net*, that it has that power, but because it is *wealth*, – that *which has been brought into existence by labour:* while simultaneously, an additional quantity of labour is represented as *injurious* to the labouring classes, though that labour produces 3x as much as it consumes" (l.c.p.126).

133 "If by the use of superior machinery, the whole primary produce could be raised from 200 to 250 or 300, while *net* wealth and pro fit took only 140, klar, that there would remain as a fund for the wages of the primary pro ducers 110 or 160 instead of 60." (l.c.p. 128.)

133 "The condition of labourers is rendered *bad* either by crippling their productive power, or by taking from them what they have produced." (l.c.p. 129.)

133 "No says Mr. Malthus, 'the *weight of your burthen* has nothing whatever to do with your distress; that arises solely there being *too many persons carrying* it'." (l.c.p. 134.)

133 "In the general principle, that *cost of production* regulates the exchangeable value of all commodities, *original materials* are not included; but the claim which the *owners* of these have upon produce, causes *rent* to enter into value." (p. 11. *Th. Hopkins, "Economical Enquiries relative to the Laws which regulate Rent, Profit, Wages, and the Value of Money", London 1822.*)

133 "*Rent*, or a charge for use, arises naturally out of *ownership*, or the establishment of a *right of property*." (l.c.p. 13.)

133 "Anything may yield a rent if it is possessed of the following qualities: – First, it must exist in a degree of scarcity; secondly, it must have the power to aid labour in the great work of production." (l.c.p. 14.)

133 ... "where land so plentiful, *compared with the labour and stock* to be employed upon it," ... "that no charge for rent could be made, because it was not scarce." (l.c.p. 21.)

134 „In einigen Ländern kann der Lord 50% ausquetschen, in andren nicht 10. In den fruchtbaren Gegenden des Ostens man can subsist upon $^1/_3$ des produce of his labour employed upon the land; but in parts of Switzerland and Norway, an exaction of 10% might depopulate the country ... we see no *natural* bounds to the rent that may be exacted, but in the limited abilities of the payers" (p. 31) ... "when inferior soils exist, *the competition of those inferior soils against the superior*." (p. 33, 34.)

134 "In England viel common land, the natural fertility of which is equal to what a large part *of the land now cultivated was, prior to its being taken into cultivation;* and yet *the expense of bringing such common lands into cultivation* is so great, as *to cause them not to yield the ordinary interest for the money expended in improving them,* leaving *nothing as rent for the natural fertility of the soil:* and this with all the advantages of an immediate application of labour, aided by stock skilfully applied, and furnished with manufactures cheaply produced; außerdem good roads in der Nachbarschaft etc. ... The present land proprietors may be considered *the owners of all the accumulated labour which has for ages been expended, in bringing the country to its present productive state.*" (l.c.p. 35.)

135 "A *stream*, favourably situated, furnishes an instance of a rent being paid for an appropriated gift of nature, of as exclusive a kind as any that can be named. This is well understood in manufacturing districts, where considerable rents are paid for small streams of water, particularly if the fall is considerable. The power obtained from such streams being equal to that afforded by large steam-engines, it is as advantageous to use them, though subject to the payment of a heavy rent, as it is to expend large sums in the erection and working of steam-engines. Of streams, too, there are some larger, some smaller. Contiguity to the seat of manufacture is also an advantage which commands a higher rent. In the counties of York and Lancaster there is probably a much greater difference between the rents paid for the smallest and the largest streams of water, than there is between the rents paid for 50 of the least and 50 of the most fertile acres that are in common cultivation." (Hopkins, l.c.p. 37, 38.)

140 „Unter einem judicious system of management, kann die Produktivität des Bodens be made to augment, from year to year, for a succession of time to which no limit can be assigned, till at last it may be made to attain a degree of productiveness, of which we cannot, perhaps, at this time conceive an idea." ([*Anderson*, "*A calm Investigation* ...",] p.35, 36.)

141 „Dies kann mit Sicherheit gesagt werden, daß die present population so unbedeutend ist, verglichen mit der, die dies Eiland unterhalten kann, daß sie weit below any degree of serious consideration." (p.37.)

141 "Wherever population increases the produce of the country must be augmented along with it, unless *some moral influence is permitted* to derange the economy of nature." (p.41.)

141 "It is not the rent of the land that determines the price of its produce, but it is the price of that produce which determines the rent of the land, although the price of that produce is often highest in those countries where the rent of land is lowest." ... "This seems to be a paradox that deserves to be explained. In every country there is a variety of soils, differing considerably from one another in point of fertility. These we shall at present suppose arranged into different classes, which we shall denote by the letters A, B, C, D, E, F etc., the class A comprehending the soils of the greatest fertility, and the other letters expressing different classes of soils, gradually decreasing in fertility as you recede from the first. Now, as *the expense of cultivating the least fertile soil is as great or greater than that of the most fertile field*, it necessarily follows, that *if an equal quantity of corn, the produce of each field, can be sold at the same price*, the profit on cultivating the most fertile soil must be much greater than that of cultivating the others"; ... "and as this continues to decrease" ... "as the sterility increases, it must at length *happen* that the *expense of cultivating* some of the inferior classes will *equal the value of the whole produce*." ([Anderson, "An enquiry into the nature of corn laws ...", Edinburgh 1777,] p.45–48.)

142 ... "infinite diversity of soils" zum Teil daher, daß diese "soils may be so much altered from their original state by the modes of culture they have been formerly subjected to, by the manures" etc. (p.5, [Anderson] "*An Inquiry into the Causes etc.*", Edinburgh 1779.)

143 "Where there are two fields, the produce of which is nearly as above stated, nämlich das eine 12 bushels remunerating the expense, das andere 20, without requiring any *immediate outlay for their improvement*, the farmer would pay even more rent than 6 bushels f.i. for the latter, während keine für das andre. Wenn 12 bushels just sufficient for the expense of cultivating, no rent whatever can be afforded for *cultivated* land that yields only 12 bushels." (p.107–109, vol. III, [Anderson] "*Essays relating to agriculture and rural affairs*". *Edinburgh–London 1775–1796*.)

143 "Yet it cannot be expected that, if the superior produce has been *immediately occasioned* by his own outlay of capital, and exertions of industry, he *can* pay nearly the same *proportion* of it as rent: but after the land has been *for some time in a permanent state of fertility to that degree*, though it even *originally derived that fertility* from his own industry, he will be content to pay such a proportion of rent as is here stated." (l.c.p.109, 110.)

150 "*The produce of the earth* – all that is derived from its surface by the united application of labour, machinery, and capital, is divided among three classes of the community; namely, the proprietor of the land, the owner of the stock or capital necessary for its cul-

tivation, and the labourers by whose industry it is cultivated." ([Ricardo] "*Princ. of Pol. Ec.*", Preface, 3d ed. London 1821.)

150 "But in different stages of society, the proportions of *the whole produce* of the earth which will be allotted to each of these classes, under the names of rent, profit and wages, will be essentially different." (l.c.)

155 «La rente, dans le sens de Ricardo, est la propriété foncière à l'état bourgeois: c'est-à-dire la propriété féodale qui a subi les conditions de la production bourgeoise.» ([Marx,] p. 156, «*Misère de la Phil.*», *Paris* 1847.)

155 «Ricardo, après avoir supposé la production bourgeoise comme nécessaire pour déterminer la rente, l'applique néanmoins à la propriété foncière de toutes les époques et de tous les pays. Ce sont là les errements de tous les économistes, qui représentent les rapports de la production bourgeoise comme des catégories éternelles.» (l.c. p. 160.)

155 «Les terres capitaux peuvent être *augmentées* tout aussi bien que tous les autres instruments de production. On n'y ajoute rien à la matière, pour parler le langage de M. Proudhon, mais on *multiplie les terres qui servent d'instrument de production.* Rien qu'à appliquer à des terres déjà transformées en moyen de production de secondes mises de capital, on augmente la terre capital sans rien ajouter à la terre matière, c'est-à-dire à l'étendue de la terre.» (l.c. p. 165.)

155 «En premier lieu, on ne peut pas, comme dans l'industrie manufacturière, *multiplier à volonté les instruments de production du même degré de productivité,* c'est-à-dire les terrains du même degré de fécondité. Puis, à mesure que la population s'accroît, on en vient à exploiter des terrains d'une qualité inférieure, ou à faire sur le même terrain de nouvelles mises de capital proportionellement moins productives que les premières.» (l.c. p. 157.)

Zehntes Kapitel

158 "It is not the rent of the land that determines the *price* of its produce, but it is the *price* of that produce which determines the rent of the land" [*Anderson, "An enquiry into the nature of corn laws...", Edinburgh 1777, p. 45.*]

159 "The notion of agriculture yielding a produce, and a rent in consequence, because nature concurs with human industry in the process of cultivation, is a mere fancy. It is not from the produce, but from the price at which the produce is sold, that the rent is derived; and this price is got not because nature assists in the production, but because it is the price which suits the consumption to the supply." [*Buchanan in Smith, "An inquiry into the nature and causes of the wealth of nation", vol. II, Edinburgh 1814, p. 55, note.*]

163 "Mr. Ricardo's system is one of discords ... its whole tends to the production of *hostility among classes* and nations ... His book is the true manual of the demagogue, who seeks power by means of agrarianism, war, and plunder." (p. 74, 75 *H.[C.] Carey, "The Past, the Present, and the Future", Philadelphia 1848.*)

165 "It remains" ... "however to be considered, whether the appropriation of land, and the consequent creation of rent, will occasion any variation in the relative value of commodities, independently of the quantity of labour necessary to production." (p. 53, [*Ricardo*] "*Princ. of Pol. Ec.*", 3d edit., Lond. 1821.)

167 "It is the comparative quantity of commodities which labour will produce, that produces[1] their present or past *relative value.*" (l.c.p.9.)

167 "Two commodities vary in *relative value*, and we wish to know in which the *variation* has taken place." (p.9.)

168 "The inquiry to which I wish to draw the reader's attention, relates to the effect of the *variations in the relative value of commodities*, and not in their *absolute value.*" (p.15.)

169 "Instead of regarding" ... "value as a relation between two objects, they" (Ricardo and his followers) "consider it as a positive result produced by a definite quantity of labour." ([*Bailey, "A critical dissertation...",*] p.30.)

169 ... "value, as something intrinsic and absolute." (l.c.p.8.)

170 "Not only the labour applied immediately to commodities affects their value, but the labour also which is bestowed on the implements, tools, and buildings, with which such labour is assisted." ([*Ricardo, "On the principles of political economy ...", London 1821,*] p.16.)

173 "In every state of society, the tools, implements, buildings, and machinery employed in different trades may be of *various degrees of durability*, and may require *different portions of labour to produce them.*" (l.c.p.25.)

174 "The proportions, too, in which the capital that is to support labour" (das variable Kapital) "and the capital that is invested in tools, machinery, and buildings" (fixes Kapital) "may be *variously combined.*" Wir haben also einen "difference in the *degree of durability of fixed capital*, and this variety in the proportions in which *the two sorts of capital may be combined*". (p.25.)

174 "The food and clothing consumed by the labourer, the buildings in which he works, the implements with which his labour is assisted, are all of a *perishable nature.* There is however a vast difference in the time for which these different capitals will endure... According as capital is rapidly perishable, and requires *to be frequently reproduced*, or is of slow consumption, it is classed under the heads of circulating, or of fixed capital." (p.26.)

174 "It is also to be observed that the *circulating* capital may *circulate*, or be *returned to its employer*, in *very unequal times.* The *wheat bought by a farmer to sow* is comparatively a fixed capital to the wheat purchased by a baker to make into loaves. One leaves it in the ground, and can obtain no return for a year; the other can get it ground into flour, sell it as bread to his customers, and have his capital free to renew the same, or commence any other employment in a week." (p.26, 27.)

175 "Two trades then may employ *the same amount of capital;* but it may be very differently divided with respect to the portion which is fixed, and that which is circulating." (p.27.)

175 "Again two manufacturers may employ the same amount of fixed, and the same amount of circulating capital; but the *durability of their fixed capitals*" (...) "may be very unequal. One may have steam-engines of the value of 10 000 *l.*, the other, ships of the same value." (p.27, 28.)

175 "Different degrees of durability of ... capitals, or, which is the same thing ... *of the time which must elapse* before one set of commodities can be brought to market." (p.30.)

[1] Bei Ricardo: determines

175 "It is hardly necessary to say, that commodities which have *the same quantity of labour bestowed upon their production*, will differ in exchangeable value, if they cannot be brought *to market in the same time*." (p.34.)

175 "Suppose I employ twenty men at an expense of 1000 *l.* for a year in the production of a commodity, and at the end of the year I employ twenty men again for another year, at a further expense of 1000 *l.* in finishing or perfecting the same commodity, and that I bring it to market at the end of two years, if *profits be 10 p.c.*, my commodity must sell for 2310 *l.*; for I have employed 1000 *l.* capital for one year, and 2100 *l.* capital for one year more. Another man employs precisely the same quantity of labour, but he employs it all in the first year; he employs forty men at an expense of 2000 *l.*, and at the end of the first year he sells it with 10 p.c. profit, or for 2200 *l.* Here then are two commodities *having precisely the same quantity of labour bestowed on them*, one of which sells for 2310 *l.* – the other for 2200 *l.*" (p. 34.)

176 ... "*this difference* ... and *variety in the proportions* etc. *introduce another cause*, besides the greater or less quantity of labour necessary to produce commodities, for the variations in their relative value – *this cause is the rise or fall in the value of labour*." (p.25, 26.)

176 "A rise in the wages of labour cannot fail to affect unequally, *commodities* produced under such different circumstances." (p.27.)

177 "Suppose two men employ one hundred men each for a year in the construction of two machines, and another man employs the same number of men in cultivating corn, each of the machines at the end of the year will be of the same value as the corn, for they will each be produced by the same quantity of labour. Suppose one of the owners of one of the machines to employ it, with the assistance of one hundred men, the following year in making cloth, and the owner of the other machine to employ his also, with the assistance likewise of one hundred men, in making cotton goods, while the farmer continues to employ one hundred men as before in the cultivation of corn. During the second year they will all have employed the same quantity of labour" ..., "but the goods and machine together ||532| of the clothier, and also of the cotton manufacturer, will be the result of the labour of two hundred men, employed for a year; or, rather, of the labour of one hundred men for two years; whereas the corn will be produced by the labour of one hundred men for one year, consequently if the corn be of the value of 500 *l.* the machine and cloth of the clothier together, ought to be of the value of 1000 *l.* and the machine and cotton goods of the cotton manufacturer, *ought to be also of twice the value of the corn.* But *they will be of more than twice the value of the corn*, for *the profit on the clothier's and cotton manufacturer's capital for the first year has been added to their capitals*, while that of the farmer has been expended and enjoyed. On account then *of the different degrees of durability of their capitals*, or, which is the same thing, on *account of* the time which must elapse before one set of commodities can be brought to market, they will be valuable, not exactly in *proportion to the quantity of labour bestowed on them*, – they will not be as two to one, but something more, *to compensate for the greater length of time which must elapse before the most valuable can be brought to market.* Suppose that for the labour of each workman 50 *l.* per annum were paid, or that 5000 *l.* capital were employed and *profits were 10 per cent.*, the value of each of the machines as well as of the corn, at the end of the first year, would be 5500 *l.* The second year the manufacturers and farmers will again employ 5000 *l.* each in the support of labour, and will therefore again sell their goods for 5500 *l.*; but the men using the machines, to *be on a par with the farmer*, must not only obtain 5500 *l.*, for the equal

capitals of 5000 *l.* employed on labour, but they must obtain a further *sum of 550 l.; for the profit on 5500 l. which they have invested in machinery,* and *consequently*" (...) "their goods must *sell for 6050 l.*" ... "Here then are capitalists employing precisely the *same quantity of labour annually* on the production of their commodities, and yet *the goods they produce differ in value on account of the different quantities of fixed capital,* or accumulated labour, employed by each respectively." ... "The cloth and cotton goods are of the same value, because they are the produce of equal quantities of labour, and equal quantities of fixed capital; but corn is not of the *same value*" ... "as these commodities, *because it is produced, as far as regards fixed capital, under different circumstances.*" (p.29–31).

180 ... "the goods they" (the cottonmanufacturer and the farmer) "produce differ in value *on account of the different quantities of fixed capital,* or accumulated labour, employed by each respectively." (p.31.)

181 "Here then are two capitalists employing precisely the *same quantity of labour annually* in the production of their commodities, and yet the goods they produce differ in value." (p.30, 31.)

182 "Here then are capitalists employing precisely the same quantity of" (immediate, living) "labour annually on the production of their commodities, and yet the goods they produce differ in value" (i.e. have cost-prices different from their values) "on account of the different quantities of ... accumulated labour, employed by each respectively." [p.30, 31.]

183 "But they" (the cottons) "*will be of more than twice the value of the corn,* for the *profit* ... on the *cotton manufacturer's capital for the first year* has been added to his capital, while that of the farmer has been expended and enjoyed." (...) "On *account then of the different degrees of durability of their capitals,* o r, which is the same thing, on *account of the time which must elapse before one set of commodities can be brought to market,* they will be valuable, not exactly in proportion to the quantity of labour bestowed on them, – they will not be as two to one, but something more, *to compensate for the greater length of time which must elapse before the most valuable can be brought to market.*" (p.30.)

185 "Suppose I employ twenty men at an expense of 1000 *l.* for a year in the production of a commodity, and at the end of the year I employ twenty men again for another year, at a further expense of 1000 *l.* in finishing or perfecting the same commodity, and that I bring it to market at the end of two years, if profits be 10 p.c., my commodity must sell for 2310 *l.*; *for* I have employed 1000 *l.* capital for one year, and 2100 *l.* capital for one year more. Another man employs precisely the same quantity of labour, but he employs it all in the first year; he employs forty men at an expense of 2000 *l.*, and at the end of the first year he sells it with 10 p.c. *profit,* or for 2200 *l.* Here then are two commodities having precisely the same quantity of labour bestowed on them, one of which sells for 2310 *l.* – the other for 2200 *l.* This case *appears* to differ from the last, but is, *in fact,* the same." (p.34, 35.)

187 "The difference in value arises in both cases from the *profits* being accumulated as capital, and is only a *just compensation*" (...) "*for the time that the profits were withheld.*" (p.35.)

190 „Ricardo hat nicht nur gezeigt, daß es unmöglich ist für einen rise of wages den Preis *aller* Waren zu heben, sondern daß in vielen Fällen ein *rise of wages* notwendig führt zu einem *fall of prices* und ein *fall of wages* zu einem *rise of prices.*" (p.299, McCulloch, "The Principles of Political Economy", London 1825.)

190 "*There can be no rise in the value of labour without a fall of profits.*" ([*Ricardo*, "*On the principles of political economy, and taxation*", *third edition, London 1821*,] p.31.)

191 "The degree of alteration in the relative value of goods, on account of a rise or fall of labour" (...), "would depend on the proportion which the fixed capital bore to the whole capital employed. All commodities which are produced by very valuable machinery, or in very valuable buildings, or which require a great length of time before they can be brought to market, would fall in relative value, while all those which were chiefly produced by labour, or which would be speedily brought to market would rise in relative value." (p.32.)

192 "The reader, however, should remark, that this cause of the variation of commodities" (...) "is comparatively slight in its effects ... Not so with the other great cause of the variation in the value of commodities, namely, the increase or diminution in the quantity of labour necessary to produce them ... An alteration in the permanent rate of profits, to any great amount, is the effect of causes which do not operate but in the course of years; whereas alterations in the quantity of labour necessary to produce commodities, are of daily occurrence. Every improvement in machinery, in tools, in buildings, in raising the raw material, saves labour, and enables us to produce the commodity to which the improvement is applied with more facility, and consequently its *value* alters. In estimating, then, the causes of the variations in the value of commodities, although it would be wrong wholly to omit the consideration of the effect produced by a rise or fall of labour, it would be equally incorrect to attach much importance to it." (p.32, 33.)

192 "This difference in the degree *of durability* of fixed capital, and this *variety in the proportion* in which the two sorts of capital may be combined, introduce *another cause*, besides the greater, or less quantity of labour necessary to produce commodities, for the variations in their relative value – *this cause is the rise or fall in the value of labour*." (p.25, 26.)

193 ... "it being shown in this section that without any variation in the quantity of labour, the *rise of its value* merely will occasion a fall in the exchangeable value of those goods, in the production of which *fixed capital* is employed; the larger the amount of fixed capital, the greater will be the fall." (p.35.)

193 "In proportion as fixed capital is less durable, it approaches to the nature of circulating capital. It will be consumed and its *value reproduced in a shorter time*, in order to preserve the capital of the manufacturer." (p.36.)

194 ... "to keep it in its original state of efficiency; but the labour so bestowed may be considered as really expended on the commodity manufactured, which must bear a value in proportion to such labour." (p.36, 37.) "If the wear and tear of the machine were great, if the quantity of labour requisite to keep in an efficient state were that of fifty men annually, I should require an additional price for my goods, equal to that which would be obtained by any other manufacturer who employed fifty men in the production of other goods, and who used no machinery at all. But a rise in the wages of labour would not equally affect commodities produced with machinery quickly consumed, and commodities produced with machinery slowly consumed. In the production of the one, a *great deal of labour would be continually transferred to the commodity* produced" ... "in the other very little would be so transferred." ... "Every rise of wages, therefore, or, which is the same thing, ||540| every fall of profits, would lower the relative value of those commodities which were produced with a capital of a durable nature, and would proportionally elevate whose

which were produced with capital more perishable. A fall of wages would have precisely the contrary effect." (p.37, 38.)

195 "It will be seen, then, that in the early stages of society, before much machinery or durable capital is used, the commodities produced by *equal capitals* will be nearly or *equal value*, and will rise or fall only relatively to each other on account of more or less labour being required for their production" ... "but after the introduction of these expensive and durable instruments, the *commodities produced by the employment of equal capitals will be of very unequal value;* and although they will still be liable to rise or fall relatively to each other, as more or less labour becomes necessary to their production, they will be subject to another, though a minor variation, also, from the rise or fall of wages and profits. Since goods which sell for 5000 *l.* may be the produce of a capital equal in amount to that from which are produced other goods which sell for 10000 *l.*, the *profits on their manufacture will be the same;* but those *profits would be unequal*, if *the prices of the goods* did not vary with a rise or fall in *the rate of profits.*" (p.40, 41.)

196 "Mr. Malthus appears to think that it is a part of my doctrine, that *the cost* and *value* of a thing should be the same; – *it is*, if he means by cost, '*cost of production*' *including profits.*" (p.46, Note.)

197 "May not gold be considered as a commodity produced with such proportions of the two kinds of capital as approach nearest to the average quantity employed in the production of most commodities? May not these proportions be so nearly equally distant from the two extremes, the one where little fixed capital is used, the other where little labour is employed, as to form a just mean between them?" (l.c.p.44.)

197 "Before I quit this subject, it may be proper to observe, that Adam Smith, and all the writers who have followed him, have, without one exception that I know of, maintained that a rise in the price of labour would be uniformly followed by a rise in the price of all commodities." ... "I hope I have succeeded in showing, that there are no grounds for such an opinion, and that only those commodities would rise which had less fixed capital employed upon them *than the medium in which price was estimated*" (...), "and that all those which had more, would precisely[1] fall in price when wages rose. On the contrary, if wages fall, those commodities only would fall, which had a less proportion of fixed capital employed on them, than the medium in which price was estimated; all those which had more, would positively rise in price." (p.45.)

199 "When commodities varied in relative value, it *would be desirable* to have the means of ascertaining which of them fell and which rose in real value, and this could be effected only by comparing them one after another with some invariable standard measure, which should itself be subject to none of the fluctuations to which other commodities are exposed." (p.41, 42.)

199 ... "there is no commodity which is not itself exposed to the same variations ... that is, there is none which is not subject to require more or less labour for its production." (p.42.)

200 ... "to be a perfect measure of value, by which we could accurately ascertain the variations in all other things." (p.43.) "It would be a perfect measure of value for all things produced under the same circumstances precisely as itself, but for no others." (l.c.)

[1] Bei Ricardo: positively

200 "A rise of wages from this cause will, indeed, be invariably accompanied by a rise in the price of commodities; but in such cases, it will be found that labour and all commodities have not varied in regard to each other, and that the variation has been confined to money." (p.47.)

201 "The *exchangeable value of all commodities*, whether they be manufactured, or the produce of the mines, or the produce of land, is always regulated, not by the less quantity of labour that will suffice for their production under circumstances highly favorable, and exclusively enjoyed by those who have peculiar facilities of production; but by the greater quantity of labour necessarily bestowed on their production by those who have no such facilities; by those who *continue* to produce them under the most unfavorable circumstances; meaning – by the most unfavorable circumstances, *the most unfavorable under which the quantity of produce required, renders it necessary* to carry on the production." (p.60, 61.)

206 "With the rise or fall of price, *profits* are elevated above, or depressed below *their general level*, and capital is either encouraged to enter into, or is warned to depart from *the particular employment* in which the variation has taken place." (p.80.)

207 ... "every man free to employ his capital where he pleases ... will naturally seek for it that employment which is most advantageous; he will naturally be dissatisfied with a profit of 10 per cent, if by removing his capital he can obtain a profit of 15 per cent. This *restless desire on the part of all the employers of stock, to quit a less profitable for a more advantageous business, has a strong tendency to equalise the rate of profits of all*, or to fix them *in such proportions*, as may in the estimation of the parties, compensate for any advantage which one may have, or may appear to have over the other." (p.81.)

207 "No writer has more satisfactorily and ably shewn than Dr. Smith, the tendency of capital to move from employments in which the goods produced do not repay by *their price the whole expenses, including the ordinary profits*" (...), "of producing and bringing them to market." (p.342, note.)

207 "It is perhaps very difficult to trace *the steps* by which this change is *effected:* it is probably effected, by a manufacturer *not absolutely changing his employment, but only lessening the quantity of capital he has in that employment.* In all rich countries, there is a number of men forming what is called the *monied class;* these men are engaged in *no trade*, but live on the interest of their money, which is employed in discounting bills, or in loans to the more *industrious* part of the community. The bankers too employ a large capital on the same objects. The capital so employed forms a circulating capital of a large amount, and is employed, in larger or smaller proportions, by all the different trades of a country. There is perhaps no manufacturer, however rich, who limits his business to the extent that[1] his own funds alone will allow: he has always some portion of this floating capital, increasing or diminishing according to the activity of the demand for his commodities. When the demand for silks increases, and that for cloth diminishes, the clothier does not remove with his capital to the silk trade, but he dismisses some of his workmen, he discontinues his demand for the loan from bankers and monied men; while the case of the silk manufacturer is the reverse: he *borrows more*, and *thus capital is transferred from one employment to another, without the necessity of a manufacturer discontinuing his usual occupation.* When we look to the markets of a large town, and observe how regularly they

[1] In der Handschrift: of

are supplied both with home and foreign commodities, in the quantity in which they are required, under all the circumstances of varying demand, arising from the caprice of taste, or a change in the amount of population, without often producing either the effects of a glut from a too abundant supply, or an enormously high price from the supply being unequal to the demand, we must confess that *the principle which apportions capital to each trade* in the precise amount that it is required, is more active than is generally supposed." (p.81, 82.)

209 "In making *labour* the *foundation* of the value of commodities, and the *comparative quantity of labour* which is necessary to their production, the rule which determines the respective quantities of goods which shall be given in exchange for each other, we must not be supposed to deny the *accidental and temporary deviations of the actual* or *market price* of commodities from this, *their primary and natural price*." (p.80.)

209 "Let us suppose that all commodities are at their *natural price*, and *consequently* that the *profits of capital* in *all employments* are exactly at the *same rate*, or differ only so much as, in the estimation of the parties, is equivalent to any real or fancied advantage which they possess or forego." (p.83.)

210 "It is then the desire, which every capitalist has, of diverting his funds from a less to a more profitable employment, that prevents the *market price* of commodities from[1] continuing for any length of time either much above, or much below their *natural*[2] *price*. It is this competition which so adjusts the *changeable value*" ... "of commodities, that after paying the wages for the labour necessary to their production, and all other expenses required to put the capital employed in its original state of efficiency, the *remaining value or overplus* will in *each trade* [be] in proportion to the *value* of *the capital* employed." (p.84.)

210 "In the 7th chap. of the Wealth of Nations, all that concerns this question is most ably treated." (p.84.)

213 "Their price" (of monopolised commodities) "has no necessary connexion with their *natural value:* but the *prices* of commodities, which are subject to competition, ... will ultimately depend ... on ... *cost of their production*." (p.465.)

214 "It" (foreign trade) "can only be regulated by altering the *natural price*, not the *natural value*, at which commodities can be produced in those countries, and that is effected by altering the distribution of the precious metals." (l.c.p.409.)

214 ... «il y a toujours quelques marchandises ... dont le prix se résout en *deux* parties seulement; les salaires du travail et les profits des fonds» ([Smith, «Recherches sur la nature et les causes de la richesse des nations», Paris 1802,] l. I, ch.VI, v. I., p.103.)

215 «*Salaire, profit et rente* sont *les trois sources primitives* de tout revenu, aussi bien que de *toute valeur échangeable*.» (t. I, l. I, ch.VI, p.105.)

216 «La marchandise est ||550| alors *vendue précisement ce qu'elle vaut*» (...) «ou» (...) «ce qu'*elle coûte* réellement à la personne qui la porte au marché» (...) «car quoique, dans le langage ordinaire, quand on parle de ce qu'une marchandise *coûte en première main, on n'y comprenne pas le profit* de la personne qui fait métier de la vendre, cependant si celle-ci la vendait à un *prix qui ne lui rendît pas son profit au taux ordinaire* du canton, il est évident

[1] In der Handschrift: of – [2] in der Handschrift: market

qu'elle perdrait à ce métier, puisqu'elle aurait pu faire *ce profit en employant son capital d'une autre manière.*» (p. 111.)

217 «Le *prix naturel ou la valeur* entière des rente, profit et salaire qu'il faut payer pour qu'elle» (la marchandise) «vienne au marché.» (l. c. p. 112.)

218 «Quand la quantité amenée au marché suffit tout juste pour remplir la demande effective, et rien de plus, le *prix de marché* se trouve naturellement être précisément ... le même que le *prix naturel.*» (t. I, l. c. p. 114.) «Le prix *naturel* est donc pour ainsi dire le point central vers lequel gravitent continuellement les prix de toutes les marchandises. Différentes circonstances accidentelles peuvent quelquefois les tenir un certain tems élevés au dessus, et quelquefois les forcer à descendre un peu au dessous de ce prix.» (t. I, l. c. p. 116.)

218 ... «somme totale d'industrie employée annuellement à l'effet de faire venir au marché une marchandise» entsprechen wird den Bedürfnissen der Gesellschaft oder der «demande effective». (p. 117.)

218 ... «la même quantité d'industrie produira, en différentes années, des quantités fort différentes de marchandises, pendant que, dans d'autres emplois, elle produira la même ou très-approchant la même quantité. Le même nombre d'ouvriers employés à la culture produira, en différentes années, des quantités fort différentes de blé, de vin, d'huile, de houblon, etc. Mais le même nombre de fileurs et de tisserands produira chaque année la même ou très-approchant la même quantité de toile ou de drap ... Dans l'autre» (der nicht agricultural) «espèce d'industrie, le *produit de quantités égales de travail étant toujours le même* ou très-approchant le même» (d. h. solange die Produktionsbedingungen *dieselben* bleiben), «il peut s'assortir plus exactement à la demande effective.» (p. 117, 118.)

219 «Quelle que soit la partie de ce prix» (naturel) «qui soit payée au-dessous du taux *naturel*, les personnes qui y ont intérêt sentiront bientôt le dommage qu'elles éprouvent, et aussitôt *elles retireront, ou tant de terre, ou tant de travail, ou tant de capitaux de ce genre d'emploi*, que la quantité de cette marchandise qui sera amenée au marché ne sera bientôt plus que suffisante pour répondre à la demande effective. Ainsi son *prix de marché* remontera bientôt au *prix naturel*, au moins sera-ce le cas partout où règne une entière liberté.» (l. c. p. 125.)

220 «Le *prix naturel* varie lui-même avec le *taux naturel* de ses parties constituantes, le salaire, le profit et la rente.» (l. c. p. 127.)

220 «Il faut de toute nécessité qu'un homme vive de son travail, et que son salaire suffise au moins à sa subsistance; il faut même quelque chose de plus dans la plupart des circonstances, autrement il lui serait impossible d'élever une famille, et alors la race de ces ouvriers ne pourrait pas durer au-delà de la première génération.» (l. c. p. 136.)

221 «les salaires du travail ... ne suivent pas les fluctuations du prix des denrées» (p. 149) und daß «les salaires varient plus que le prix des denrées d'un lieu à l'autre». (l. c. p. 150.)

222 «Quoique, sans aucun doute, la pauvreté décourage la mariage, cependant elle ne l'empêche pas toujours; elle paraît même être favorable à la génération ... La stérilité, qui est si fréquente chez les femmes du grand monde, est extrêmement rare parmi celles d'une condition inférieure ... Mais si la pauvreté n'empêche pas d'engendrer des enfans, elle est un très-grand obstacle à ce qu'on puisse les élever. Le tendre rejeton est produit, mais c'est dans un sol si froid, et dans un climat si rigoureux que bientôt il se dessèche et périt. ... Naturellement toutes les espèces animales multiplient à proportion de leurs moyens de subsistance, et aucune espèce ne peut jamais multiplier au-delà. Mais dans les

sociétés civilisées, ce n'est que parmi les classes inférieures du peuple que la disette de subsistance peut mettre des bornes à la propagation ultérieure de l'espèce humaine .. C'est ... *la demande d'hommes qui règle nécessairement la production des hommes*, comme fait la demande à l'égard de toute autre marchandise; elle hâte la production quand celle-ci marche trop lentement, et l'arrête quand elle va trop vîte ...» (l.c.p.160–163 passim.)

222 «Les salaires qu'on paie à des gens de journée et domestiques de toute espèce, doivent être tels que ceux-ci puissent, l'un dans l'autre, *continuer à maintenir leur population*, suivant que peut le requèrir l'état croissant ou décroissant, ou bien stationnaire de la demande qu'en fait la société.» (l.c.p.164.)

222 «Le fonds destiné à remplacer et à réparer, pour ainsi dire, le *déchet* résultant du tems et du service dans la personne de l'esclave, est ordinairement sous l'administration d'un maître peu attentif ou d'un inspecteur négligent. Celui qui est destiné au même emploi, à l'égard du serviteur libre, est économisé par les mains mêmes du serviteur libre. Dans l'administration du premier s'introduisent naturellement les désordres qui règnent en général dans les affaires du riche; la frugalité sévère et l'attention parcimonieuse du pauvre s'établissent aussi naturellement dans l'administration du second.» (p.164.)

223 «L'ouvrage fait par de mains libres, revient à la fin à meilleur compte que celui qui est fait par des esclaves.» (p.165.) «Ainsi, si la récompense libérale du travail est l'effet de l'accroissement de la richesse nationale, elle devient aussi la cause de l'accroissement de la population. Se plaindre de la libéralité de cette récompense, ||554| c'est se plaindre de ce qui est à la fois l'effet et la cause de la plus grande prospérité publique.» (p.165.)

223 Er «encourage non seulement la population», sondern «augmente aussi l'industrie du commun du peuple. Ce sont les salaires du travail qui sont l'encouragement de l'industrie, et celle-ci, comme toute autre qualité de l'homme, se perfectionne à proportion de l'encouragement qu'elle reçoit. Une subsistance abondante augmente la force corporelle de l'ouvrier; et la douce espérance d'améliorer sa condition ... l'excite à tirer de ses forces tout le parti possible. Aussi verrons-nous toujours les ouvriers plus actifs, plus diligens, plus expéditifs là où les salaires sont hauts, que là où ils sont bas.» (l.c.p.166.)

223 «Les ouvriers qui sont largement payés à la pièce, sont très-sujets à se forcer d'ouvrage, et à ruiner leur santé et leur tempérament en peu d'années.» (166, 167.) «Si les maîtres écoutaient toujours ce que leur dictent à la fois la raison et l'humanité, ils auraient lieu souvent de modérer plutôt que d'exciter l'application au travail, dans une grande partie de leurs ouvriers.» (p.168.)

223 ... «plus d'aisance puisse rendre les ouvriers paresseux». (p.169.)

223 «*Le prix pécuniaire du travail* est nécessairement réglé par deux circonstances, la demande de travail et *le prix* des choses propres aux besoins et aisances de la vie ... c'est ce qu'il faut d'argent pour acheter cette quantité déterminées de choses» (propres aux besoins et aux aisances de la vie), «qui règle le prix pécuniaire du travail.» (l.c.p.175.)

224 «La disette d'une année de cherté, en diminuant la demande de travail, tend à en faire baisser le prix, comme la cherté des vivres tend à le hausser. Au contraire, l'abondance d'une année de bon marché, en augmentant cette demande, tend à élever le prix du travail, comme le bon marché des vivres tend à le faire baisser. Dans les variations ordinaires du prix des vivres, ces deux causes opposées semblent se contrebalancer l'une l'autre; ce qui probablement est en partie la raison pourquoi les salaires du travail sont partout beaucoup plus fixes et plus constans que le prix des vivres.» (p.177.)

224 «L'augmentation qui survient dans les salaires du travail, augmente nécessairement le prix de beaucoup de marchandises *en haussant cette partie du prix qui se résout en salaires*, et elle tend d'autant à diminuer la consommation tant intérieure qu'extérieure de ces marchandises. Cependant la même cause qui fait hausser les salaires du travail, l'accroissement des capitaux, tend à augmenter ses facultés productives, et tend à mettre une plus petite quantité de travail en état de produire une plus grande quantité d'ouvrage. ... Il y a donc une infinité de marchandises qui, en conséquence de tous ces moyens de perfectionner l'industrie, viennent à être produites *avec un travail tellement inférieur à celui* qu'elles *coûtaient auparavant*, que *l'augmentation dans le prix de ce travail* se *trouve plus que compensée* par *la diminution dans la quantité* de *travail*.» (p. 177, 178.)

225 «Il serait encore plus difficile de déterminer le profit moyen de tous les différens commerces établis dans un grand royaume.» (p. 180.)

225 «On peut établir pour maxime que partout où on pourra faire beaucoup de profits par le moyen de l'argent, on donnera communément beaucoup pour avoir la faculté de s'en servir, et qu'on donnera en général moins quand il n'y aura que peu de profits à faire par son moyen.» (p. 180, 181.)

226 ... «*de forts salaires et de hauts profits sont naturellement des choses qui vont rarement ensemble*, si ce n'est dans le cas particulier d'une colonie nouvelle.» (p. 187.)

226 «Une colonie nouvelle doit nécessairement, pendant quelque tems, plus que la majeure partie des autres pays, avoir la masse de ses capitaux au dessous de la proportion que peut comporter l'étendue de son territoire, et avoir sa population au dessous de la proportion que peut comporter l'étendue de son capital. Les colons ont plus de terres qu'ils n'ont de capitaux à consacrer à la culture; ainsi, ce qu'ils ont de capitaux, ils l'appliquent *seulement à la culture* des *terres les plus fertiles et les plus favorablement situées*, celles qui sont près des côtes de la mer ou le long des rivières navigables. Ces terres aussi s'achétent très-souvent au dessous même de la valeur de leur produit naturel.» (...) «Le capital employé à l'achat et à l'amélioration des ces terres doit rendre un très-gros profit, et par conséquent fournir de quoi payer un très-gros intérêt. Son accumulation rapide dans un emploi profitable met le planteur dans le cas d'augmenter le nombre des bras qu'il occupe, beaucoup plus vîte qu'un établissement récent ne lui permet d'en trouver; aussi ceux qu'il peut se procurer sont-ils très-libéralement payés. *A mesure que la colonie augmente, les profits des capitaux baissent. Quand les terres les plus fertiles et les mieux situées se trouvent toutes occupées, la culture de celles qui sont inférieures, tant pour le sol que pour la situation, offre de moindres profits à faire*, et par conséquent un intérêt plus faible pour le capital qu'on y aura employé. C'est pour cela que le taux de l'intérêt ... a considérablement baissé dans la plupart de nos colonies, pendant le cours de ce siècle.» (p. 187–189.)

226 «Une diminution survenue dans la masse des capitaux d'une société, ou dans le fonds destiné à alimenter l'industrie, en amenant la baisse des salaires, amène pareillement une hausse dans les profits, et par conséquent dans le taux de l'intérêt. Les salaires du travail étant baissés, les propriétaires de ce qui reste de capitaux dans la société, peuvent établir leurs marchandises à meilleur compte qu'auparavant; et comme il y a moins de capitaux employés à fournir le marché qu'il n'y en avait auparavant, ils peuvent vendre plus cher.» (p. 191, 192.)

227 Die „höchste Taxe" ist die, «qui, dans la plus grande partie des marchandises, emporte la totalité de ce qui devrait aller à la rente de la terre, et laisse seulement ce qui est

nécessaire pour salarier le travail de préparer la marchandise et de la conduire au marché, au taux le plus bas auquel le travail puisse jamais être payé, c'est-à-dire, la simple subsistance de l'ouvrier.» (p. 197, 198.)

227 «Le taux le plus bas des profits ordinaires des capitaux doit toujours être quelque chose au-delà de ce qu'il faut pour compenser les pertes accidentelles auxquelles est exposé chaque emploi de capital. Il n'y a que ce surplus qui constitue vraiment le profit ou le bénéfice net.» (p. 196.)

227 «Dans la Grande-Bretagne, on porte au double de l'intérêt ce que les commerçans appellent un *profit honnête, modéré, raisonnable;* toutes expressions qui, à mon avis, ne signifient autre chose *qu'un profit commun et d'usage.*» (p. 198.)

227 «Dans les pays qui vont en s'enrichissant avec rapidité, le faible taux des profits peut compenser le haut prix des salaires du travail dans le prix de beaucoup de marchandises, et mettre ces pays à portée de vendre à aussi bon marché que leurs voisins, qui s'enrichiront moins vîte, et chez lesquels les salaires seront plus bas.» (p. 199.)

228 «Dans le fait, de hauts profits tendent, beaucoup plus que de hauts salaires, à faire monter *le prix* de l'ouvrage.» (p. 199.) Z. B., wenn die Salaire aller in den fabriques des toiles beschäftigten Arbeiter steigen um 2 deniers (pence) täglich – würde das das «pièce de toile» nur um so viel 2 d. heben, als Arbeiter beschäftigt wären «en multipliant le nombre des ouvriers par le nombre des journées pendant lesquelles ils auraient été ainsi employés. Dans chacun des différens degrés de main-d'œuvre que subirait la marchandise, cette partie de son prix, qui se résout en salaires, hausserait seulement dans la proportion arithmétique de cette hausse des salaires. Mais si les profits de tous les différens maîtres qui mettent ces ouvriers à l'ouvrage venaient à monter de 5 pour cent, cette partie du prix de la marchandise qui se résout en profits, s'élèverait dans chacun des différens degrés de la main-d'œuvre, en *raison progressive* de cette hausse du taux des profits ... La hausse des salaires opère en haussant le prix d'une marchandise, comme opère l'intérêt simple dans l'accumulation d'une dette. La hausse des profits opère comme l'intérêt composé.» (p. 200, 201.)

228 «Nos marchands et nos maîtres manufacturiers se plaignent beaucoup des mauvais effets des hauts salaires, en ce que ces hauts salaires renchérissent leurs marchandises, et par-là en diminuent le débit, tant dans l'intérieur que chez l'étranger: ils ne parlent pas des mauvais effets ces hauts profits; ils gardent le silence ||557| sur les conséquences fâcheuses de leurs propres gains; ils ne se plaignent que de celles du gain des autres.» (p. 201.)

228 «La loterie du droit est donc bien loin d'être une loterie parfaitement égale, et cet état, comme la plupart des autres professions libérales et honorables, est évidemment très-mal récompensé, sous le rapport du gain pécuniaire.» (t. I, l. I, ch. X, p. 216, 217.)

228 «Leur paye est au dessous du salaire des simples manœuvres, et quand ils sont en activité, de service leurs fatigues sont beaucoup plus grandes que celles de ces derniers.» (t. I, l. I, ch. X, p. 223.)

229 «Quoique leur métier exige bien plus de savoir et de dextérité que presque tout autre métier d'artisan, et quoique toute la vie d'un matelot soit une scène continuelle de travaux et de dangers ... leurs salaires ne sont pas plus forts que ceux que gagne un simple manœuvre dans le port qui régle le taux de ces salaires.» (t. I, l. I, ch. X, p. 224.)

229 «Sans doute il ne serait pas convenable de comparer un curé ou un chapelain, à un artisan à la journée. On peut bien pourtant, sans choquer la décence, considérer l'honoraire

d'un curé ou d'un chapelain comme étant de la même nature ques les salaires de cet artisan.» (t. I, l. I, ch.X, p.271.)

229 «Dans une même société ou canton, le taux moyen des profits ordinaires dans les différens emplois des capitaux se trouvera bien plus proche du même niveau, que celui des salaires pécuniaires des diverses espèces de travail.» (l. c. p. 228.)

229 «C'est *l'étendue du marché* qui, offrant de l'emploi à de plus gros capitaux, diminue le profit *apparent;* mais aussi c'est elle qui, obligeant de se fournir à de plus grandes distances, augmente le premier coût. Cette diminution d'une part, et cette augmentation de l'autre, semblent, en beaucoup de cas, se contre-balancer à peu près.» (l. c. p. 232.)

229 «Dans les petites villes et les villages, au moyen du peu d'*étendue du marché,* le commerce ne peut pas s'agrandir à mesure que grossit le capital: aussi dans ces endroits-là, quoique le taux des profits d'une personne en particulier puisse être très-haut, cependant la masse ou la somme totale de ces profits ne peut jamais être très-forte, ni par conséquent le montant de son accumulation annuelle. Au contraire, dans de grandes villes, on peut étendre son commerce à mesure que le capital augmente, et le crédit d'un homme qui est économe et qui fait bien ses affaires, augmente encore bien plus vîte que son capital. A proportion de l'augmentation de l'un et de l'autre, il agrandit la sphère des ses opérations.» (l. c. p. 233.)

229 ... «petit jardin potager, autant d'herbe qu'il en faut pour nourrir une vache, et peut-être un acre ou deux de mauvaise terre labourable» ... [p. 241.]

230 ... «le superflu de leur tems à quiconque les voulait employer, et-qu'ils travaillaient pour de moindres salaires que les autres ouvriers.» (p. 241.) «Cependant plusieurs écrivains qui ont recueilli les prix du travail et des denrées dans les tems anciens, et qui se sont plû à les représenter tous deux prodigieusement bas, ont regardé *cette rétribution accidentelle* comme *forment tout le salaire de* ces ouvriers.» (p. 242.)

230 «cette égalité dans la somme totales des avantages et désavantages des divers emplois de travail et de capitaux ne peut avoir lieu que dans les emplois qui sont la seule ou la principale occupation de ceux qui les exercent.» (p. 240.)

230 «Chaque classe» *(innerhalb der zünftigen Städte)* «il est vrai, au moyen de ses réglemens, se trouvait obligée, pour les marchandises qu'il lui fallait prendre dans la ville, chez les marchands et artisans des autres classes, de les acheter quelque chose de plus cher qu'elle n'aurait [fait] sans cela; mais en revanche elle se trouvait aussi à même de vendre les siennes plus cher, dans la même proportion, de manière que jusque-là cela devait, comme on dit, aller l'un pour l'autre; et dans les affaires que les classes différentes faisaient entr'elles dans la ville, aucune d'elles ne perdait à ces réglemens. *Mais dans les affaires qu'elles faisaient avec la campagne, toutes également trouvaient de gros bénéfices;* et c'est dans ce dernier genre d'affaires que consiste tout le trafic qui soutient et qui enrichit les villes. Chaque ville tire de la campagne toute sa subsistance et tous les matériaux de son industrie. Elle paie ces deux objets principalement de deux manières; la première, en renvoyant à la campagne une partie de ces matériaux travaillés et manufacturés, dans lequel cas le prix en est augmenté du montant *des salaires des ouvriers, et du montant des profits de leurs maîtres ou de ceux qui les emploient immédiatement;* la seconde, en envoyant à la campagne le produit tant brut que manufacturé, soit des autres pays, soit des endroits les plus éloignés du même pays, qui s'importe dans la ville, dans lequel cas aussi le prix originaire de ces marchandises s'accroît *des salaires des voituriers ou matelots, et du profit des marchands qui les emploient.* Ce qui est gagné dans la première de ces deux branches de

commerce, compose tout le *bénéfice que la ville retire de ses manufactures*. Ce qui est gagné dans la seconde, compose *tout le bénéfice que lui rapportent son commerce intérieur et son commerce étranger*. La totalité de ce qui est gagné dans l'une et dans l'autre branche, consiste en salaires d'ouvriers et profits de ceux qui les emploient. Ainsi, sous réglemens qui tendent *a faire monter ces salaires et ces profits au dessus de ce qu'ils devraient être naturellement*, tendent à mettre *la ville en état d'acheter, avec une moindre quantité de son travail, le produit d'une plus grande quantité du travail de la campagne*.» [p.258, 259.]

231 «Ils donnent aux marchands et artisans de la ville un avantage sur les propriétaires, fermiers et ouvriers de la campagne, et ils rompent cette égalité naturelle, qui sans cela aurait lieu dans le commerce qui s'établit entre l'une et l'autre. La *totalité du produit annuel du travail de la société se divise* annuellement entre ces deux différentes sections du peuple. L'effet de ces» (städtischen) «réglemens est de donner aux habitans des villes *une part plus forte* que celle qui leur échoirait sans cela dans le produit, et d'en donner une moindre aux habitans des campagnes. Le *prix* que paient les villes pour les denrées et matières qui y sont annuellement importées, ce sont tous les objets de manufactures et autres marchandises qui en sont annuellement exportées. *Plus ces dernières sont vendues cher*, plus les autres sont achetées bon marché. L'industrie des villes en devient plus avantageuse, et celle des campagnes vient à l'être moins.» (p.258–260.)

232 «Les habitans d'une ville étant *rassemblés dans un même lieu*, peuvent aisément communiquer et se concerter ensemble. En conséquence les métiers les plus minces qui se soient établis dans les villes, ont été érigés en corporation, dans un lieu ou dans un autre...» (p.261.) «Les habitans de la campagne, qui vivent dispersés et éloignés l'un et l'autre, ne peuvent pas facilement se concerter entr'eux. Non-seulement ils n'ont jamais été réunis en corps de métier, mais même l'esprit de corporation n'a jamais régné parmi eux. On n'a jamais pensé qu'un apprentissage fût nécessaire pour l'agriculture, qui est la grande industrie de la campagne.» (p.262.)

232 «Il faut bien plus de jugement et de prudence pour diriger des opérations qui doivent varier à chaque changement de saison, ainsi que dans une infinité d'autres circonstances, que pour des travaux qui sont toujours les mêmes ou à peu près les mêmes.» (p.263.)

232 «Ce n'est pas seulement aux corporations et à leurs réglemens qu'il faut attribuer la supériorité que l'industrie des villes a usurpée dans toute l'Europe sur celle des campagnes, il y a encore d'autres réglemens qui la maintiennent: *les forts droits* dont sont chargés tous ouvrages de manufacture étrangère et toutes marchandises importées par les marchands étrangers, tendent tous au même but.» (p.265.) Diese «réglemens les» (die villes) «garantissent de la concurrence des étrangers». (265.)

233 «Il paraît qu'anciennement dans la Grande-Bretagne, l'industrie des villes avait sur celle des campagnes plus de supériorité qu'à présent: aujourd'hui les salaires du travail de la campagne se rapprochent davantage de ceux du travail des manufactures, et les profits des capitaux employés à la culture[1], de ceux des capitaux employés au commerce et aux manufactures, qu'ils ne s'en rapprochaient, à ce qu'il semble, dans le dernier» (17th) «siècle ou dans le commencement de celui-ci» (18th). «Ce changement peut être regardé comme la conséquence nécessaire, quoique très-tardive, de l'encouragement forcé donné à l'industrie des villes. Le capital qui s'y accumule, devient, avec le temps, si considérable, qu'il ne peut plus y être employé avec le même profit à cette espèce d'industrie qui est

[1] In der Handschrift: manufacture

particulière aux villes: cette industrie a ses limites comme toute autre, et *l'accroissement des capitaux, en augmentant [la concurrence]*, doit nécessairement réduire les profits. *La baisse des profits dans la ville force les capitaux à refluer dans les campagnes* où ils vont créer de nouvelles demandes de travail de culture, et font hausser par conséquent les salaires de ce dernier travail; *alors ces capitaux se répandent*, pour ainsi dire, *sur la surface de la Terre*, et par l'emploi qu'on en fait en culture, *ils sont en partie rendus à la campagne, aux dépens de laquelle, en grande partie, ils s'étaient originairement accumulés dans les villes.*» (p.266, 267.)

Elftes Kapitel

243 "Adam Smith ... cannot be correct in supposing that the *original rule which regulated the exchangeable value of commodities*, namely, the comparative quantity of labour by which they were produced, can *be at all altered by the appropriation of land and the payment of rent*." ([Ricardo, "On the principles of political economy...", London 1821,] p.67.)

244 "*Rent* is that portion of the produce of the earth which is paid to the landlord for *the use* of the *original* and *indestructible powers of the soil*." (p.53.)

245 ... "capital employed in ameliorating the quantity of the land, and in erecting such buildings as were necessary to secure and preserve the produce." (p.54.)

245 "Is it not, however, evident, that the person who paid what he" (Smith) "calls rent, paid it in consideration of the *valuable commodity* which was then standing on the land, and that he actually *repaid himself with a profit, by the sale of the timber?*" (p.54.)

245 "The compensation for the ||565| mine or quarry, is paid for the *value* of the coal or stone which can be removed from them, and has no connection with the original and indestructible powers of the land. This is a distinction of great importance, in an enquiry concerning rent and profits; for it is found, that the laws which regulate the progress of rent, are widely different from those which regulate the progress of profits, and seldom operate in the same direction." (p.54, 55.)

248 "The compensation *given* for the mine or quarry, is paid for the *value* of the coal or stone which can be removed from them, and has no connection with the *original* and indestructible *powers* of the soil." (p.54, 55.)

Dreizehntes Kapitel

304 "On the *first settling of a country*, in which there is an *abundance* of rich and fertile land, a *very small proportion of which is required to be cultivated for the support of the actual* population, or indeed *can be cultivated with the capital* which the population can command, there will be *no rent;* for no one would *pay* for the *use of land*, when there *was an abundant quantity not yet appropriated*, and, *therefore*" (...), "at the *disposal of whosoever might choose* to cultivate it." (p.55.)

304 "On the common principles of supply and demand, *no rent could be paid for such land*, for the reason stated why nothing is given for the use of air and water, or for any other of the gifts of nature which exist in *boundless quantity* ... no charge is made for the use of these ||601| natural aids, because they are inexhaustible, and at every man's disposal ...

If all land had *the same* properties, if it were *unlimited in quantity*, and *uniform in quality*, no charge could be made for its use" (...), "unless where it possessed *peculiar advantages of situation*" (...). "It is only, then, because land is *not unlimited in quantity* and uniform in quality, and because in the progress of population, land of an *inferior quality*, or *less advantageously situated*, is called into cultivation, that *rent is ever paid for the use of* it. When in the progress of society, land of the second degree of fertility is taken into cultivation, *rent immediately commences on that of the first quality*, and the amount of that *rent will depend on the difference in the quality of these two portions of land*." (p.56, 57.)

306 "When land of the third quality is taken into cultivation, rent immediately commences on the second, and it is regulated as before, by the difference in their productive powers. At the same time, the rent of the first quality will rise, for that must always be above the rent of the second, by the difference between the produce which they yield with a given quantity of capital and labour. With every *step in the progress of population, which shall oblige a country to have recourse to land of a worse quality*" (...) "to enable it to raise its supply ||602| of food, rent, on all the more fertile land, will rise." (p.57.)

307 "On the first settling of a country, in which there is *an abundance of rich and fertile soil – not yet appropriated*." (p.55.)

307 "If *all land* had *the same* properties, if it were *unlimited in quantity*, and *uniform in quality*, no charge could be made for its use." (p.56.)

308 "The most *fertile, and most favorably situated*, land will be *first* cultivated." (p.60.)

310 "for either there must *be two rates of profit on agricultural capital*, or ten quarters, or the value of ten quarters *must be withdrawn* from the produce of No. 1, for some other purpose. Whether the *proprietor of the land*, or any other person, cultivated No. 1, these ten quarters would equally constitute rent; for the cultivator of No. 2 would get the same result with his capital, whether he cultivated No. 1, paying 10 quarters for rent, or continued to cultivate No. 2, paying no rent." (p.58.)

311 "The most fertile, and most favorably situated, land will be first cultivated, and the exchangeable value of its produce will be adjusted in the same manner as the exchangeable value of all other commodities, by the total quantity of labour necessary in various forms, from first to last, to produce it, and bring it to market. When land of an inferior quality is taken into cultivation, the exchangeable value of raw produce will rise, because more labour is required to produce it. The *exchangeable value* of *all* commodities, whether they be manufactured, or the produce of the mines, or the produce of land, *is always regulated*, not by *the less quantity of labour that will suffice for their production under circumstances highly favorable*, and *exclusively enjoyed by those who have peculiar facilities of production;* but by the *greater quantity of labour necessarily bestowed on their production* by *those who have no such facilities;* by those who continue to produce them under the most *unfavorable circumstances;* meaning – by the most unfavorable circumstances, the most unfavorable under which the *quantity of produce required*" ..., "renders it necessary to carry on the production." (p.60, 61.)

311 "Rent is always the difference between the produce obtained by the employment of two ||604| equal quantities of capital and labour." (p.59.)

311 "there cannot be two rates of profit." (p.59.)

311 "It is true, that on the best land, the same produce would still be obtained with the same labour as before, but its value would be enhanced in consequence of the diminished re-

turns obtained by those who employed fresh labour and stock on the less fertile land. Notwithstanding, then, that the advantages of fertile over inferior lands are in no case lost, but only *transferred* from the cultivator, or consumer, to the landlord, yet, since more labour is required on the inferior lands, and *since it is from such land only that we are enabled to furnish ourselves* with the *additional supply* of raw produce, the comparative value of that produce will continue *permanently* above its former level, and make it exchange for more hats, cloth, shoes, etc. in the production of which no such additional quantity of labour is required." (p.62, 63.)

"The reason then, *why* raw *produce rises in comparative value*, is because more labour is employed in the production of the last portion obtained, and *not because a rent is paid to the landlord*. The *value of corn is regulated* by the quantity of labour bestowed on its production on that quality of land, or with that portion of capital, which pays no rent. *Corn is not high because a rent is paid, but a rent is paid because corn is high;* and it has been *justly* observed, that *no reduction would take place in the price of corn, although landlords should forego the whole of their rent*. Such a measure would only enable some farmers to live like gentlemen, but would not diminish the quantity of labour necessary to raise raw produce on the least productive land in cultivation." (p.63.)

313 "I always consider it as the result of a *partial monopoly*, never really regulating price" (...), "but rather as the effect of it. If *all rent were relinquished by landlords*, I am [of] opinion, that the commodities produced on the land would be no cheaper, because there is always a portion of the same commodities produced on land, for which *no rent* is or can be paid, as the *surplus produce* is only sufficient to pay the profits of stock." (Ric[ardo], "Princ." l.c.p.332, 333.)

314 "The rise of rent is *always* the effect of the increasing wealth of the country, *and of the difficulty of providing food for its augmented population*." (p.65, 66.)

314 "Wealth increases most rapidly in those countries where the disposable land[1] is most fertile, where importation is least restricted, and where through agricultural improvements, productions can be multiplied without any increase in the proportional quantity of labour, and where *consequently the progress of rent is slow*." (p.66, 67.)

315 "If the highprice of corn were the effect, and not the cause of rent, price would be proportionally influenced as rents were high or low, and *rent would be a component part of price*. But that corn which is produced by the greatest quantity of labour is the regulator of the price of corn; and rent does not and cannot enter in the least degree as a *component part of its price*... Raw material enters into the composition of most commodities, but the *value* of that raw material, as well as corn, is regulated by the *productiveness of the portion of capital last employed on the land, and paying no rent;* and *therefore* rent is not a *component part of the price* of commodities." (p.67.)

318 "We have seen, that with every portion of additional capital which it becomes necessary to employ on the land with a less productive return, rent would rise." (...) "It follows from the same principles, that any circumstances in the society which should make it unnecessary to employ the same amount of capital on the land, and which should therefore make the portion last employed more productive, would lower rent." (p.68.)

318 "The same effects may however be produced, when the wealth and population of a country are increased, if that increase is accompanied by such marked improvements in

[1] In der Handschrift: capital

agriculture, as shall have the same effect of diminishing the necessity of cultivating the poorer lands, or of expending the same amount of capital on the cultivation of the more fertile portions." (p.68, 69.)

319 "With the same population, and no more, there can be no demand for any additional quantity of corn." (p.69.)

319 "Our enormous increase of consumption in 1848, 49, 50, shows that we were previously *underfed*, and that prices were forced up by the deficiency of supply." (p.158, *F.W.Newman*, "*Lectures on Pol. Ec.*", *Lond. 1851*.)

319 "The Ricardo argument", that rent cannot enhance price, "turns on the assumption that the power of demanding rent can in no case of real life *diminish supply*. But why not? There are very considerable tracts which would immediately have been cultivated if no rent could have been demanded for them, but *which were artificially kept vacant*, either because landlords could let them advantageously as shooting ground, or prefer the romantic wilderness to a petty and nominal rent which alone they could get by allowing them to be cultivated." (p.159.)

320 ... "increased the *productive powers of the land ... such as the more skilful rotation of crops, or the better choice of manure*. These improvements absolutely enable us to obtain the same produce from a smaller quantity of land." ([Ricardo, "On the principles of political economy, and taxation", London 1821,] p.70.)

320 "If, for example, the successive portions of capital yielded 100, 90, 80, 70; whilst I employed these four portions, my rent would be 60, or the difference between

70 and 100 = 30			100
70 and 90 = 20			90
70 and 80 = 10	}	whilst the produce would be [340] {	80
			70
— 60			340

and while I employed these portions, the *rent would remain the same*, although the produce of each should have an *equal* augmentation." (...) "If, instead of 100, 90, 80, 70, the produce should be increased to 125, 115, 105, and 95, the rent would still be 60, or the difference between

||608| 95 and 125 = 30			125
95 and 115 = 20			115
95 and 105 = 10	}	whilst the produce would be increased to 440 {	105
			95
— 60			440

But with such an increase of produce, *without an increase of demand*, there could be no motive for employing so much capital on the land; one portion would be withdrawn, and consequently the last portion of capital would yield 105 instead of 95, and rent would fall to 30, or the difference between

105 and 125 = 20			125
105 and 115 = 10	}	whilst the produce will be still adequate to the wants of the population, for it would be 345 qrs. {	115
			105
(p.71, 72.) — 30			345"

321 "But there are improvements which may lower the relative value of produce without lowering the *corn rent*, though they will lower the *money rent of land*. Such improvements do not increase the productive powers of the land; but they enable us to obtain its produce *with less labour*. They are rather directed to the *formation of the capital applied to the land*, than to the *cultivation of the land itself. Improvements in agricultural implements*, such as the plough and the thrashing machine, economy in the use of horses employed in husbandry, and a better knowledge of the veterinary art, are of this nature. *Less capital*, which *is the same thing as less labour*, will be employed on the land; but to *obtain the same produce, less land cannot be cultivated*. Whether improvements of this kind, however, affect *corn rent*, must depend on the question, whether the difference between the produce obtained by the employment of different portions of capital be increased, stationary, or diminished." [p.73.]

322 "If four portions of capital, 50, 60, 70, 80, be employed on the land, giving each *the same results*, and any improvement in the formation of such capital should enable me to withdraw 5 from each, so that they should be 45, 55, 65 and 75, no alteration would take place in the corn rent; but if the improvements would be such as to enable me to make the whole saving on that portion of capital, which is least productively employed, corn rent would immediately fall, because the difference between the capital most productive, and the capital ||609| least productive, would be diminished; and *it is this difference which constitutes rent*." (p.73, 74.)

325 "Whatever diminishes the *inequality in the produce* obtained from successive portions of capital employed on the same or on new land, tends to lower rent; and whatever *increases that inequality*, necessarily produces an opposite effect, and tends to raise it." (p.74.)

325 "These people have a legal right to maintenance *out of the property they have mostly created by their industry* ... It is said that the men who have made fortunes by the cotton industry are those upon whom it is especially incumbent to come forward with a generous relief. No doubt it is so ... the mercantile and manufacturing sections have done so ... But are these the only class which has made money by the cotton manufacture? Assuredly not. The landed proprietors of Lancashire and North Cheshire have enormously participated in the wealth thus produced. And it is the peculiar advantage of these proprietors to have participated in the wealth without lending a hand or a thought to the industry that created it ... The mill-owner has given his capital, his skill, and his unwinking vigilance to the ||612| creation of this great industry, now staggering under so heavy a blow; the mill-hand has given his skill, *his time*, and his bodily labour; but what have the landed proprietors of Lancashire given? Nothing at all – literally nothing; and yet they have made from it more substantial gains than either of the other classes ... it is certain that the increase of the yearly income of these Great landlords, attributable to this single cause, in something enormous, probably not less than threefold." ["The Morning Star", 15. Juli 1862.]

326 "this rent" (of mines), "as well as the rent of land, is the effect, and never the cause of the *high value* of their produce." ([Ricardo, "On the Principles of political economy...", London 1821,] p.76.)

326 "The metal produced from the poorest mine that is worked, must at least have an exchangeable value, not only sufficient to procure all the clothes, food, and other necessaries consumed by those employed in working it, and bringing the produce to market, *but also to afford the common and ordinary profits* to him who advances the stock necessary

to carry on the undertaking. The return for capital from the poorest mine paying no rent, would regulate the rent of all the other more productive mines. *This mine is supposed to yield the usual profits of stock. All that the other mines produce more than this*, will necessarily be paid to the owners for rent." (p.76, 77.)

327 "If *equal quantities of labour, with equal quantities of fixed capital*, could at all times obtain, from that mine which paid no rent, *equal quantities of gold* ... the *quantity*" (of gold) "would *enlarge with the demand*, but *its value would be invariable*." (p.79.)

328 "I believe that as yet in every country, from the rudest to the most refined, there is land of such a quality that it cannot *yield a produce more than sufficiently valuable* to replace the stock employed upon it, together with the *profits ordinary and usual* in that country. In *America* we all know that is the case, and yet no one maintains that the principles which regulate rent, are different in that country and in Europe." (p.389, 390.)

329 "But if it were true that England had so far advanced in cultivation, that at this time there were no lands remaining which did not afford a rent, it would be equally true, that there formerly must have been such lands; and that whether there be or not, is of no importance to this question, for it is the same thing if there be any capital employed in Great Britain on land which yields only the return of stock with its ordinary profits, whether it be employed on old or on new land. If a farmer agrees for land on a lease of 7 or 14 years, he may propose to employ on it a capital of 10 000 *l.*, knowing that at the existing price of grain and raw produce, he can replace that part of his stock which he is obliged to expend, pay his rent, and obtain the general rate of profit. He will not employ 11 000 *l.*, unless that last 1000 *l.* can be employed so productively as to afford him the usual profits of stock. In *his calculation, whether he shall employ it or not, he considers only whether the price of raw produce is sufficient to replace his expenses and profits, for he knows, that he shall have no additional rent to pay.* Even at the expiration of his lease his rent will not be raised; for if his landlord should require rent, because this additional 1000 *l.* was employed, he would withdraw it; since, by employing it, he gets, by the supposition, only the ordinary and usual profits which he may obtain by any other employment of stock; and, therefore, he *cannot afford to pay rent for it*, unless the *price of raw produce should further rise*, or, *which is the same thing*, unless *the usual and general rate of profits should fall*." (p.390, 391.)

333 "If the comprehensive mind of A.Smith had been directed to this fact, he would not have maintained that rent forms *one of the component parts of the price of raw produce;* for price is everywhere *regulated* by the return [obtained] of this last portion of capital, for which no rent whatever is paid." (p.39.)

334 "The whole principle of rent is here admirably and perspicuously explained, but every word is as applicable to land as it is to mines; yet he affirms that 'it is otherwise in estates above ground etc.' " (p.392.)

334 "The proportion, both of their produce and of their rent, is in proportion" (sagt A.Smith) "to their *absolute*, and not to their *relative* fertility." (p.392.)

334 "But, suppose that *there were no land which did not afford a rent;* then, *the amount of rent on the worst land would be in proportion to the excess of the value of the produce above the expenditure of capital and the ordinary profits of stock:* the same principle would govern the rent of land of a somewhat better quality, or more favourably situated, and, therefore, the rent of this land would exceed the rent of that inferior to it, by the superior advantages

which it possessed; the same might be said of that of the third quality, and so on to the very best. Is it not, then, as certain, that it is the *relative fertility of the land*, which determines the portion of the produce, which shall be paid for the rent of land, as it is that the *relative fertility of mines*, determines the portion of their produce, which shall be paid for the rent of mines?" (p.392, 393.)

336 "After A. Smith has declared that there are some mines *which can only be worked by the owners*, as they will afford only sufficient to defray the expense of working, together with the ordinary profits of the capital employed, *we should expect that he would admit that it was these particular mines which regulated the price of the produce from all mines.* If the old mines are insufficient to supply the quantity of coal required, the *price of coal will rise*, and will continue rising till the owner of a new and inferior mine finds that he can obtain the usual profits of stock by working the mine ... It appears, then, that *it is always the least fertile mine which regulates the price for coal.* A. Smith, however, is of a different opinion: he observes that the most fertile coal mine, too, regulates the price of coals at all the other mines in its neighbourhood. Both the proprietor and the undertaker of the work find, the one, that he can get a greater rent, the other, that he can get a greater profit, by somewhat underselling all their neighbours. Their neighbours are soon obliged to sell *at the same price*, though they cannot so well afford it, and though it always diminishes, and sometimes takes away altogether, both their rent and their profit. Some works are abandoned altogether; others can afford no rent, *and can be wrought only by the proprietor*'. If the demand for coal should ||617a| be diminished, or if by new processes the quantity should be increased, the *price would fall*, and some mines would be *abandoned;* but in *every case*, the *price must be sufficient* to *pay the expenses and profit of that mine which is worked without being charged with rent.* It is, *therefore*, the least fertile mine which regulates price. Indeed, it is so stated in another place by A. Smith himself, for he says: '*The lowest price* at which coals can be *sold* for any considerable time is like that of all other commodities, the price which is barely sufficient to replace, together with its ordinary profits, them stock which must be employed in bringing the to market. At a *coal mine for which the landlord can get no rent*, but which he must either work himself, or let it alone all together, *the price of coals must generally be nearly about this price.*'" (p.393–395.)

339 ... "no part of that additional proportion would go to rent, but the whole in invariably to profits ... while lands of the same quality were cultivated, and there was no alteration in their relative fertility or advantages, *rent would always bear the same proportion to the gross produce.*" (p.396.)

339 "Dr. Smith's error, throughout his whole work, lies in supposing that the value of corn is constant; that though the value of all other things may, the value of corn never can be raised. Corn, according to him, is always of the same value because it will always feed the same number of people. In the same manner, it might be said, that cloth is always of the same value, because it will always make the same number of coats. What can value have to do with the power of feeding and clothing?" (p.449, 450.)

340 "...Dr. Smith ... has so ably supported the doctrine of the natural price of commodities ultimately regulating their market price." (p.451.)

340 "...estimated in corn, gold may be of very different value in two countries. I have endeavoured to show that it will be low in rich countries, and high in poor countries; A. Smith is of a different opinion: he thinks that the value of gold, estimated in corn, is highest in rich countries." (p.454.)

340 "Rent is a creation of value ... but not a creation of wealth." (p.485.)

340 "In speaking of the high price of corn, Mr. Malthus evidently does not mean the price per quarter or per bushel, but rather the excess of price for which the whole produce will sell, above the cost of its production, including always in the term 'cost of its production', profits as well as wages. One hundred and fifty qrs. of corn at 3 *l.* 10 sh. per qr., would yield a larger rent to the landlord than 100 qr. at 4 *l.*, provided the cost of production were in both cases the same." (p.487.) "Whatever the nature of the land may be, high rent must depend on the high price of the produce; but, given the high price, rent must be high in proportion to abundance and not to scarcity." (p.492.)

340 "As rent is the effect of the high price of corn, the loss of rent is the effect of a low price. Foreign corn never enters into competition with such home corn as affords a rent; the fall of price invariably affects the landlord till the whole of his rent is absorbed; – if it fall still more, the price will not even afford the common profits of stock; capital will then quit the land for some other employment, and the corn, which was before grown upon it, will then, and not till then, be imported. From the loss of rent, there will be a loss of value, of estimated money value, but, there will be a gain of wealth. The amount of the raw produce and other productions together will be increased; from the greater facility with which they are produced, they will, though augmented in quantity, be diminished in value." (p.519.)

Vierzehntes Kapitel

341 «le capital qui fournit la sémence» (Rohstoff) «paie le travail, achète et entretient les bestiaux et autres *instrumens* de labourage.» ([Smith, «Recherches sur la nature et les causes de la richesse des nations.» t. I, Paris 1802,] p.299.)

341 «Tout ce qui reste du produit ou de son prix au-delà de cette portion» (qui paie le capital avancé «et en outre les profits ordinaires»), «quel que puisse être ce reste, le *propriétaire* tâche de se le réserver comme *rente* de sa terre.» (l.c. p.300.)

341 «Ce *surplus* peut toujours être regardé comme la *rente naturelle* de la terre.» (p.300.)

342 «Le propriétaire exige une rente même pour la terre non améliorée.» (p.300, 301.)

342 «Il» (le propriétaire) «exige quelquefois une rente pour ce qui est tout-à-fait incapable d'être amélioré par la main des hommes.» (p.301.)

342 «La rente de la terre, considérée comme le prix payé pour l'usage de la terre, est donc naturellement un prix de monopole.» (p.302.)

342 «Si le prix ordinaire est plus que suffisant, le *surplus* en ira naturellement à la rente de la terre. S'il n'est juste que suffisant, la marchandise *pourra* bien être portée au marché, mais elle ne peut fournir à payer une rente au propriétaire. Le prix sera-t-il ou ne sera-t-il pas plus que suffisant? C'est ce qui dépend de la demande.» (t. I, p.302, 303.)

342 «Ces trois parties semblent constituer immédiatement ou en définitif la totalité du prix.» (t. I, l. I, ch. VI, p.101.)

343 «Néanmoins dans les sociétés les plus avancées, il y a toujours quelques marchandises mais en petit nombre, dont *le prix se résout en deux parties seulement;* les *salaires du travail et les profits des fonds,* et d'autres en beaucoup plus petit nombre encore, *dont le prix consiste uniquement en salaires de travail.* Dans le prix du poisson de mer, par exemple, une partie paie le travail des pêcheurs, et l'autre les profits du capital placé dans la

pêcherie. Il est rare que la *rente* fasse partie de ||620| ce prix ... Dans quelques endroits de l'Écosse, il y a de pauvres gens qui font métier de chercher le long des bords de la mer ces petites pierres tachetées, connues vulgairement sous le nom de *cailloux d'Écosse.* Le prix que leur pais le *lapidaire* est en entier le *salaire de leur travail; il n'y entre ni rente ni profit.* Mais la *totalité du prix de chaque marchandise* doit toujours, en dernière analyse, se résoudre en *quelqu'une de ces parties ou en toutes trois.*» (t. I, l. I, ch. VI, p. 103, 104.)

343 ... « *la totalité du prix de chaque marchandise* doit toujours ... se résoudre *en quelqu'une* de *ces parties* ou *en toutes* trois.»

344 «Quand ces trois différentes sortes de revenus appartiennent à différentes personnes, il est aisé de les distinguer; mais quand ils appartiennent à la même personne, on les confond quelquefois l'un avec l'autre, au moins dans le langage ordinaire.» (t. I, l. I, ch. VI, p. 106.)

344 «Comme dans un pays civilisé il n'y a que très-peu de marchandises dont *toute la valeur échangeable* procède *du travail seulement,*» (hier travail und salaire identifiziert) «et que, dans la très-majeure partie d'entr'elles, la *rente* et le *profit* contribuent pour de fortes portions, il en résulte que le *produit annuel du travail de ce pays*» {hier also doch die marchandises gleich *produit* du *travail,* obgleich toute la valeur de ce produit ne procède du travail seulement} «suffira toujours pour *acheter* et *commander* une *quantité de travail beaucoup plus grande que celle qu'il a fallu employer pour faire croître ce produit, le préparer et l'amener au marché.*» (l. c. p. 108, 109.)

345 «Comme dans un pays civilisé il n'y a que très-peu de marchandises dont *toute la valeur échangeable* procède *du travail seulement,* et que, dans la très-majeure partie d'entr'elles, la rente et le profit y *contribuent* pour de fortes portions, il en résulte que le produit annuel du travail de ce pays suffira toujours pour achéter et commander *une quantité de travail* beaucoup plus grande que celle qu'*il a fallu employer pour faire croître ce produit, le préparer et l'amener au marché.*»

345 «Il faut observer que la valeur réelle de toutes les différentes parties constituantes du prix se mesure par la *quantité de travail que chacune d'elles peut acheter ou commander.* Le travail» (in diesem Sinn) «mesure la valeur, non-seulement de cette partie du prix qui se *résout* en *travail*» (soll heißen: en salaires), «mais encore de celle qui se *résout* en *rente,* et de celle qui se *résout* en *profit.*» (t. I, l. I, ch. VI, p. 100.)

346 «Un ouvrier indépendant qui a *un petit capital* suffisant pour acheter des matières et pour subsister jusqu'à ce qu'il puisse porter son ouvrage au marché, gagnera à la fois, et les *salaires du journalier* qui travaille sous un *maître,* et le profit que ferait le maître sur l'ouvrage de celui-ci. Cependant la totalité de ce que gagne cet ouvrier se nomme *profit,* et les salaires sont encore ici confondus dans le profit. Un jardinier qui cultive de ses mains son propre jardin, réunit à la fois dans sa personne les *trois différens caractères* de *propriétaire, de fermier et d'ouvrier.* Ainsi le produit de son jardin doit lui payer la rente du premier, le profit du second et le salaire du troisième. Néanmoins le tout est regardé communément comme le *fruit de son travail.* Ici la rente et le profit se confondent dans le salaire.» (t. I, l. I, ch. VI, p. 105.)

347 «Salaire, profit et rente sont *les trois sources primitives* de tout *revenu,* ***aussi bien*** que de *toute valeur échangeable.*» (t. I, l. I, ch. VI, p. 105.)

348 «Lorsque le prix d'une marchandise n'est ni plus ni moins que ce qu'il faut pour payer suivant leurs taux *naturels,* et la ***rente de la terre*** et *les salaires du travail,* et *les profits du*

capital employé à la produire, la préparer et la conduire au marché, alors cette marchandise est vendue ce qu'on peut appeler *son prix naturel*. La marchandise est alors vendue *précisément ce qu'elle vaut*.» (I, p. 111.)

348 «Le *prix de marché* de chaque marchandise particulière est déterminé par la proportion entre la quantité de cette marchandise existante actuellement au marché, et les demandes de ceux qui sont disposés à en payer le *prix naturel* ou la *valeur entière des rente*, profit et salaire *qu'il faut payer* pour qu'elle vienne au marché.» (p. 112.)

348 «Quand la quantité d'une marchandise quelconque, amenée au marché, so trouve *au dessous* de la demande effective, tous ceux qui sont disposés à payer *la valeur entière des rente*, *salaires et profits* qu'il en coûte pour amener cette marchandise au marché, ne peuvent se fournir de la quantité qu'il leur faut ... *le prix de marché* s'élèvera plus ou moins *au dessus* du *prix naturel*, suivant que la *grandeur du déficit*, ou suivant que *la richesse* ou la fantaisie des concurrens viendra à animer plus ou moins la chaleur de cette concurrence.» (p. 113.)

348 «Quand la quantité amenée au marché excède la demande effective, elle ne peut être toute vendue à ceux qui consetent à payer la valeur entière des rentes, salaires et profits qu'il en a coûté pour l'y amener ... Le *prix de marché* tombera alors plus ou moins au dessous du *prix naturel*, selon que la quantité de l'excédent augmentera plus ou moins la concurrence des vendeurs, ou suivant qu'il leur importera plus ou moins de se défaire sur-le-champ de la marchandise.» (I, p. 114.)

349 «Quand la quantité amenée au marché suffit tout juste pour remplir la demande effective, le *prix de marché* se trouve naturellement être précisément ... le même que le *prix naturel* ... La concurrence des différens vendeurs les oblige à accepter ce prix, mais celle ne les oblige pas à accepter moins.» (I, p. 114, 115.)

349 «Si cette quantité» (amenée au marché) «excède pendant quelque tems la demande effective, il faut que quel-qu'une des parties constituantes de son prix soit payée au dessous de son *prix naturel*. *Si c'est la rente*, l'intérêt des propriétaires les portera sur-le-champ à *retirer une partie de leur terre de cet emploi*.» (I, p. 115.)

349 «Si au contraire la quantité amenée au marché restait, pendant quelque tems, *au dessous de la demande effective*, quelquesuns des parties constituantes de son prix hausseraient nécessairement au dessus de leur taux *nature*. *Si c'est la rente*, l'intérêt de tous les autres propriétaires les portera naturellement à disposer une plus grande quantité de terre à la production de cette marchandise.» (I, p. 116.)

349 «Les fluctuations accidentelles et momentanées qui surviennent dans le *prix de marché* d'une denrée, tombent principalement sur ces parties de son prix, qui se résolvent en salaires et en profits. La partie qui se résout en rente en est moins affectée.» (p. 118, 119.)

349 «Le *prix de monopole* est, à tous les momens, le plus haut qu'il soit possible de retirer. Le *prix naturel* ou le prix résultant de la libre concurrence est au contraire le plus bas qu'on puisse accepter, non pas à la vérité à tous les momens, mais pour un tems un peu considérable de suite.» (I, p. 124.)

349 «Quoique le *prix de marché* d'une marchandise particulière puisse continuer long-tems à rester au dessus du *prix naturel*, il est difficile qu'il puisse continuer long-tems à rester au dessous. *Quelle que soit la partie de ce prix qui soit payée au dessous du taux naturel*, les personnes qui y ont intérêt sentiront bientôt le dommage qu'elles éprouvent, et *aussitôt*

elles retireront, ou tant de terre, ou tant de travail, ou tant de capitaux *de ce genre d'emploi*, que la quantité de cette marchandise qui sera amenée au marché ne sera bientôt plus que suffisante pour répondre à la demande effective. Ainsi son *prix de marché* remontera bientôt au *prix naturel*, au moins sera-ce le cas partout où règne une entière liberté.» (I, p. 125.)

350 ... «*la valeur entière des rente*, profit et salaire *qu'il faut payer pour qu'elle vienne au marché*.» (I, p. 112.)

350 «On *ne peut porter ordinairement au marché* que ces parties seulement du produit de la terre dont *le prix ordinaire est* suffisant *pour remplacer le capital qu'il faut employer pour les y porter, et les profits ordinaires de ce capital*.» (p. 302, 303.)

350 «Si le *prix ordinaire* est *plus que suffisant*» (um remplacer le capital et payer les profits ordinaires de ce capital), «le *surplus* en ira naturellement à la rente de la terre. S'il n'est juste que suffisant, la *marchandise pourra bien être portée au marché*, mais elle ne peut fournir à payer une rente au propriétaire. Le prix sera-t-il ou ne sera-t-il pas plus que suffisant? C'est ce qui dépend de la demande.» (ch. XI, l. I.) (I, p. 302, 303.)

351 «Il y a quelques parties du produit de la terre dont la demande doit toujours être telle, qu'elles rapporteront un prix plus fort que ce qui est suffisant pour les faire venir au marché, et il y en a d'autres dont il se peut que la demande soit telle, qu'elles rapportent ce prix plus fort que le *prix suffisant*, et dont il se peut aussi qu'elle soit telle, qu'elles ne le rapportent pas. Les premières doivent toujours fournir de quoi payer une rente au propriétaire; les derniers peuvent quelquefois fournir de quoi en payer une et quelquefois ne le pas fournir, suivant la différence des circonstances.» (l. c., I, p. 303.)

352 «Il faut donc *observer*» (...) «que la *rente entre d a n s l a c o m p o s i t i o n du prix des marchandises, d'u n e a u t r e m a n i é r e q u e n'y e n t r e n t l e s s a l a i r e s e t l e s p r o f i t s* ... Le *taux haut ou bas des salaires ou des profits* est la cause *du haut ou bas prix des* ||625| *marchandises:* le *t a u x h a u t o u b a s d e l a r e n t e* est l'e f f e t *du prix;* le prix d'une *marchandise particulière* est haut ou bas, *parce qu'il faut, pour la faire venir au marché, payer des salaires et des profits hauts ou bas; mais c'est parce que son prix est haut ou bas*, c'est parce qu'il est ou beaucoup plus, ou guère plus, ou *point du tout plus que ce qui est suffisant pour payer ces salaires et ces profits*, que cette marchandise fournit de quoi payer une forte rente ou une faible rente, ou ne fournit pas de quoi en payer une.» (I, p. 303, 304.)

354 «*Première section. Du produit qui fournit toujours de quoi payer une rente*.» [l. c. p. 305.]

354 «Les hommes, comme toutes les autres espèces animales, se *multipliant naturellement en proportion des moyens de leur subsistance*, il y *a toujours plus ou moins demande de nourriture*. Toujours la nourriture pourra acheter ou commander une quantité plus ou moins grande de travail, et toujours il se trouvera quelqu'un disposé à faire quelque chose pour la gagner.» (l. I, ch. XI.) (I, p. 305.)

354 «Or» {why?}, «la *terre*, dans presque toutes les situations possibles, *produit plus de nourriture* que ce qu'il faut *pour faire subsister tout le travail* qui concourt à mettre cette nourriture au marché, et même le faire subsister de la manière la plus libérale qui ait jamais eu lieu pour ce genre de travail. Le *surplus* de cette nourriture est aussi toujours plus que suffisant *pour remplacer avec profit le capital qui fait mouvoir ce travail*. Ainsi, il reste toujours quelque chose pour donner une rente au propriétaire.» (l. c. I, p. 305, 306.)

355 «La rente varie selon la fertilité de la terre, quel que soit son produit, et selon sa situation, quelle que soit sa fertilité.» (p. 306.)

355 «Il faut donc que ce dernier produit fasse subsister une plus grande quantité de travail; et par conséquent que le *surplus, dont le profit du fermier* et *la rente du propriétaire sont tirés tous les deux*, en soit d'autant diminué.» (I, p.307.)

355 «Une *pièce de blé*, d'une fertilité médiocre, produit une beaucoup *plus grande quantité de nourriture pour l'homme*, que la meilleure prairie d'une pareille étendue.» {...} «Quoique sa culture exige *plus de travail*, cependant le *surplus* qui reste après le remplacement de la semence et la *subsistance de tout ce travail*, est encore beaucoup plus considérable.» {...} «Ainsi, en supposant qu'une livre de viande de boucherie ne *valût jamais plus* qu'une livre de pain, cet *excédent*» (...) «*plus fort*» {...} «serait partout d'une *plus grande valeur*» {...} «et formerait un fonds plus abondant, tant pour le profit du fermier; que pour la *rente* du propriétaire.» (p.308, 309.)

356 ... «les *profits et la rente que cette terre mise en labour aurait pu rapporter au fermier et au propriétaire*. Quand les bestiaux sont venus au même marché, ceux qui ont été nourris au milieu des friches les plus incultes, sont, à proportion du poids et de la qualité, vendus au même prix que ceux qui ont été élevés sur la terre la mieux cultivée. Les propriétaires de ces friches en profitent, et ils haussent la rente de leurs terres en *proportion du prix du bétail* qu'elles nourrissent» (...) «... C'est ainsi que, dans le progrès de l'amélioration des terres, les *rentes et profits des pâtures incultes* viennent à se régler en quelque sorte sur les rentes et profits de celles qui sont cultivées, et *celles-ci, à leur tour, sur les rentes et profits des terres à blé.*» (I, p.310, 311.)

356 «Partout où il n'y a pas d'avantage local ..., la rente et le profit que donne le blé ou tout autre végétal qui sert à la nourriture générale du peuple, doivent naturellement régler la rente et le profit que donnera une terre propre à cette production, et qui sera mise en nature de pré.» (p.315.)

«L'usage des prairies artificielles, des turneps, carotes, choux, etc. et *tous les autres expédiens* dont on s'est avisé pour *qu'une même quantité de terre pût nourrir un plus grand nombre de bestiaux que ne faisait la pâture naturelle*, ont dû contribuer, à ce qu'il semble, à diminuer un peu cette supériorité que le prix de la viande a naturellement sur celui du pain, dans un pays bien cultivé.» (l. c.) «Aussi paraissent-ils avoir produit cet effet etc.» (l. c.)

357 «Dans tous les grands pays, la majeure partie des terres cultivées est employée à produire, ou de la nourriture pour les hommes, ou de la nourriture pour les bestiaux. La rente et le profit de ces terres règlent les rentes et profits de toutes les autres terres cultivées. Si quelque produit particulier fournissait moins, la terre en serait bientôt remise en blé ou en nature de pré; et s'il y en avait quelqu'un qui fournît plus, on consacrerait bientôt à ce genre de produit quelque partie des terres qui sont en blé ou en nature de prés.» (I, p.318.)

357 «Les rentes et profits de ces productions qui exigent ou de plus fortes avances primitives pour y approprier la terre, ou une plus grande dépense pour leur culture annuelle, quoique souvent fort supérieurs aux rentes et profits des blés et de l'herbe des prés, cependant, dans tous les cas où ils ne font que compenser les avances ou dépenses extraordinaires, sont en effet réglés par les rentes et profits de ces deux espèces ordinaires de récoltes.» (I, p.323, 324.)

357 «C'est ainsi que la rente des terres cultivées pour produire la nourriture des hommes, règle la rente de la plupart des autres terres cultivées.» (I, p.331.) «En Europe, c'est le blé qui est la principale production de la terre servant immédiatement à la nourriture de l'homme.

Ainsi, excepté quelques circonstances particulières, la rente des terres à blé règle en Europe celle de toutes les autres terres cultivées.» (l.c.p.331, 332.)

357 ... «alors *la rente* du propriétaire *ou l'excédent de nourriture* qui lui resterait après le paiement du travail et le remboursement du capital et des profits ordinaires du fermier, serait nécessairement beaucoup plus considérable. Quel que pût être, dans ce pays-là, le taux de la subsistance ordinaire du travail, ce *plus grand excédent de nourriture en ferait toujours subsister davantage*, et *par conséquent* mettrait le propriétaire en état d'en acheter ou d'en commander une plus grande quantité.» (I, p.332.)

358 «En Caroline ... les *planteurs sont généralement*, comme dans les autres colonies anglaises, *fermiers et propriétaires à la fois*, et où par conséquent la *rente se confond dans le profit*» (I, p.333.)

358 «propre au blé, ni au pâturage, ni à la vigne, ni dans le fait à aucune autre production végétale bien utile aux hommes; et toutes les terres propres à ces diverses cultures ne le sont nullement à celle du riz.» (p.334) «Ainsi, même dans les pays à riz, la rente des terres qui le produisent, ne peut pas régler la rente des autres terres cultivées qu'il est impossible de mettre dans cette nature de rapport.» (I, p.334.)

358 ... «il en résulterait que la *même quantité de terres cultivées ferait subsister une bien plus grande quantité de monde*, et que ceux qui travailleraient étant généralement nourris de pommes de terre, il se trouverait un excédent bien plus considérable, après le remplacement du capital et la subsistance de tout le travail employé à la culture. Il appartiendrait aussi au propriétaire une plus grande portion dans cet excédent. La population augmenterait, et les rentes s'élèveraient beaucoup au dessus de ce qu'elles sont aujourd'hui.» (I, p.335.)

359 «Quand la quantité amenée au marché suffit tout juste pour remplir la demande effective, le *prix de marché* se trouve naturellement être précisement ... le même que le *prix naturel.*» (I, p.114.)

359 «*Seconde section. Du produit qui fournit quelquefois de quoi payer une rente, et quelquefois ne le fournit pas.*» [l.c.p.337.]

359 «La *nourriture* de l'homme paraît être le seul des produits de la terre qui fournisse *toujours*, et *nécessairement* de quoi payer *une rente quelconque au propriétaire.*» (Warum «toujours» und «nécessairement» ist nicht gezeigt worden.) «Les autres genres de produits peuvent quelquefois en rapporter une, et quelquefois ne le peuvent pas, selon les circonstances.» (l.c., I, p.337.)

359 «Les deux plus grands besoins de l'homme, *après la nourriture*, sont le *vêtement et le logement.*» (l.c.p.338.)

359 ... «dans son état primitif et inculte» ... «qu'elle n'en peut *nourrir*» ... «*surabondance* de ces matériaux» ... «et le prix de celles dont on fait usage est *regardé comme équivalent seulement au travail et à la dépense de les mettre en état de servir*» ... «qu'elle serait dans le cas de nourrir...» ... «tels que ces personnes voudraient les avoir et consentiraient à les payer» ... «disette» ... «ce qui augmente nécessairement leur valeur» «Il y a *souvent demande pour plus qu'on n'en peut avoir.*» ... «la dépense de les transporter au marché; ainsi leur prix peut toujours fournir quelque chose pour *faire une rente* au propriétaire de la terre». (I, p.338, 339.)

360 ... «des plus gros animaux» ... «chaque homme, *en pourvoyant à sa nourriture, se pourvoit en même tems de matières de vêtement pour plus qu'il n'en pourra porter*» ... «*au-delà* de

ce que coûte la dépense de les envoyer vendre. Ce prix fournit *donc* quelque rente au propriétaire de la terre» ... «un peu la rente du pays qui la produisait». (I, p.339, 340.)

360 «Les *matières de logement* ne peuvent pas toujours se transporter à une aussi grande distance que celles de vêtement, et ne deviennent pas non plus aussi promptement un objet de commerce étranger. Lorsqu'elles sont *surabondantes* dans le pays qui les produit, il arrive fréquemment, même dans l'état actuel du commerce du monde, qu'elles ne sont d'*aucune valeur* pour le *propriétaire de la terre.*» ... «dans un pays bien peuplé et bien cultivé...»... «dans plusieurs endroits de l'Amérique septentrionale»... «Quand il y a une telle surabondance dans les matières de logement, la partie dont on fait usage n'a d'autre valeur que le travail et la dépense qu'on a mis à la rendre propre au service. Elle ne rapporte aucune rente au propriétaire, qui en général en abandonne l'usage à quiconque prend seulement la peine de le lui demander. Cependant il peut quelquefois être dans le cas d'en retirer une rente, s'*il y a demande* de la part de nations plus riches.» (I, p.340, 341.)

360 ... «Zahl que leur produit *peut vêtir et loger,* mais en raison de celui que *ce produit peut nourrir.* Quand la nourriture ne manque pas, il est aisé de trouver les choses nécessaires pour se vêtir et se loger; mais on peut avoir celles-ci sous sa main, et éprouver souvent de grandes difficultés à se procurer la nourriture. Dans quelques endroits, même du royaume d'Angleterre, le travail d'un seul homme dans une seule journée, peut bâtir ce qu'on y appelle une maison.» ... «Mais quand, au moyen de la culture et de l'amélioration de la terre[1], le *travail d'une seule famille peut fournir à la nourriture de deux,* alors le travail d'une moitié de la société suffit pour nourrir le tout.» ... «cherchent toujours à en échanger le surplus. Les pauvres, *pour obtenir de la nourriture*» ... «besogne» ... «une extrême subdivision de travail» ... «De là naît la demande de toute espèce de maitières que puisse mettre en œuvre l'invention des hommes, soit pour l'utilité, soit pour la décoration des bàtimens, de la parure, de l'équipage ou du mobilier: de là la demande, de fossiles et de minéraux renfermés dans les entrailles de la terre: de là la demande, de fossiles et de minéraux renfermés dans les entrailles de la terre: de là la demande de métaux précieux et de pierres précieuses.» „*Also zieht* die *Rente* nicht nur ihren Ursprung von der *nourriture,* sondern liefert ein andres Erdprodukt später Rente, so schuldet es diese *addition de valeur à l'accroissement de puissance qu'a acquis le travail pour produire de la nourriture,* au moyen de la culture et de l'amélioration de la terre." (I, p.342–345.)

361 ... «pour que le *prix* qu'elles rendent soit *au-delà de ce qu'exigent le paiement du travail fait pour les amener au marché et le remplacement du capital employé* ||630| *pour le même objet avec ses profits ordinaires. La demande sera ou ne sera pas assez forte pour cela, d'après différentes circonstances.*» (I, p.345.)

362 «Quoique ces animaux ne multiplient pas dans la même proportion que le blé, *qui est entièrement le fruit de l'industrie humaine,* cependant la propagation de leur espèce est favorisée par les soins et la protection de l'homme.» [p.347.]

363 «Le *propriétaire n'en permettrait pas l'exploitation à d'autres sans exiger une rente, et personne ne trouverait moyen de lui en payer une.*» (I, p.346.)

364 «Le *prix le plus bas*» (früher der sufficient price) «auquel le charbon de terre puisse se vendre, pendant un certain tems, est comme celui de toutes les autres marchandises, le *prix qui est simplement suffisant* pour *remplacer, avec ses profits ordinaires,* le *capital employé à faire venir au marché.*» (I, p.350.)

[1] In der Handschrift: rente

364 «Ainsi le prix des métaux même grossiers, et plus encore celui des métaux précieux, *aux mines les plus fécondes qui existent*, influe nécessairement sur le prix de ces métaux à toute autre mine du monde.» (I, p.351, 352.)

364 «Ainsi le prix de chaque métal à chaque mine étant réglé en quelque sorte par le prix qu'a ce métal à la mine la plus féconde qui soit pour le moment exploitée dans le Monde, il en résulte qu'à la plus grande partie des mines, ce *prix ne doit guère faire plus que payer la dépense de l'exploitation*, et qu'il peut *rarement* fournir une bien forte rente au propriétaire. Aussi à la plupart des mines, la rente ne compose-t-elle qu'une petite part dans le prix du métal, et une bien plus petite encore s'il s'agit de métaux précieux. Le travail et le profit forment la majeure partie de ce prix.» (I, p.353, 354.)

364 «Le plus bas prix auquel on puisse, pendant un certain tems, vendre les métaux précieux ... se règle sur les mêmes principes qui déterminent le plus bas prix ordinaire de toute autre marchandise. Ce qui le détermine, c'est le capital qu'il faut communément employer pour les faire venir de la mine au marché, c'est-à-dire, la quantité de nourriture, vêtement et logement qu'il faut communément consommer pour cela. Il faut que le prix soit tout au moins suffisant pour remplacer ce capital avec les profits ordinaires.» (I, p.359.)

365 «La *demande de pierres précieuses* vient entièrement de leur beauté. Elles ne servent à rien qu'à l'ornement, et le mérite de leur beauté est *extrêmement rehaussé par leur rareté ou par la difficulté et la dépense de les extraire de la mine*. En conséquence, c'est de salaires et de profits qu'est composée le plus souvent la presque totalité de leur haut prix. La rente n'y entre que pour une très-faible partie, très-souvent elle n'y entre pour rien, et il n'y a que les mines les plus fécondes qui puissent suffire à en payer une un peu considérable.» (I, p.361.)

365 «Le prix des métaux précieux et des pierres précieuses étant réglé pour le monde entier, par le prix qu'ils ont à la mine la plus féconde, il s'ensuit que la rente que peut rapporter au propriétaire une mine des uns ou des autres, est en proportion, non de la fécondité *absolue* de la mine, mais de ce qu'on peut appeler sa fécondité *relative*, c'est-à-dire, de sa supériorité sur les autres mines du même genre. Si on découvrait de nouvelles mines qui fussent aussi supérieures à celles du Potosi, que celles-ci se sont trouvées être supérieures aux mines de l'Europe, la valeur de l'argent pourrait par-là se dégrader au point que les mines, même du Potosi, ne vaudraient pas la peine de les exploiter.» (I, p.362.)

365 «L'abondance dégrade nécessairement la valeur d'un produit, qui ne tire sa principale valeur que de sa rareté.» (I, p.363.)

365 «Il en est autrement des biens qui existent à la surface de la terre. La valeur, tant de leur produit que de leur rente, est en proportion de leur fertilité *absolue* et non de leur fertilité *relative*. La terre qui produit une certaine quantité de nourriture ou de matériaux de vêtement et de logement, peut toujours nourrir, vêtir et loger un certain nombre de personnes; et *quelle que soit la proportion dans laquelle le propriétaire prendra part dans ce produit*» (die Frage ist ja eben whether he takes any share of the produce, and in what proportion), «cette part ||632| mettra toujours à son commandement une quantité proportionnée du travail de ces personnes, et des commodités que ce travail peut lui procurer.» (I, p.363, 364.)

365 «La valeur des terres les plus stériles n'éprouve aucune diminution par le voisinage des terres plus fertiles. Au contraire, elle y gagne en général une augmentation. Le grand

nombre de personnes que les terres fertiles font subsister, *procurent à maintes parties du produit des terres stériles un marché* qu'elles n'auraient jamais trouvé parmi les personnes que leur propre produit eût pu faire subsister.» (...) «Tout ce qui tend à rendre la terre plus fertile en subsistances, augmente non-seulement la valeur des terres sur lesquelles se fait l'amélioration» {...} «mais encore contribue à augmenter pareillement la valeur de plusieurs autres terres, en faisant naître de nouvelles demandes de leur produit.» ... (I, p.364.)

366 "Whatever part of the whole rent of a house is *over and above* what is *sufficient* for affording this reasonable *profit*" (to the builder), "naturally goes to the ground rent; and where the owner of the ground, and the owner of the building, are two different persons, it is in most cases completely paid to the former. In country houses, at a distance from any great town, where there is plentiful choice of ground, the ground rent is scarcely any thing, or no more than what the space upon which the house stands, would pay employed in agriculture." (b.V, ch.II.)

367 "Both ground rents, and the ordinary rent of land are a species of revenue, which the owner in many cases enjoys, without any care or attention of his own. Though a part of this revenue should be taken from him, in order to defray the expenses of the State, no discouragement will thereby be given to any sort of industry. The annual produce of the land and labour of the society, the real wealth and revenue of the great body of the people, might be the same after such a tax as before. Ground rents, and the ordinary rent of land are, therefore, perhaps, the species of revenue, which can best bear to have a peculiar tax imposed upon them." (b.V. ch.II.)

367 «*Troisième section. Des variations dans la proportion entre les valeurs respectives de l'espèce de produit qui fournit toujours une rente, et l'expèce de produit qui quelquefois en rapporte*» etc. [l.c., t.II, p.1.]

367 «Dans un pays naturellement fertile, mais dont la très-majeure partie est tout-à-fait inculte, comme le bétail, la volaille, le gibier de toute espèce, *peuvent s'acquérir au moyen d'une très-petite quantité de travail*, il s'*ensuit qu'ils ne peuvent en acheter ou* [en] *commander qu'une très-petite quantité.*» (II, p.25.)

367 «Quel que soit l'état de la société, quel que soit son degré de civilisation, *le blé est toujours une production de l'industrie* de l'homme: or, le produit moyen de toute espèce d'industrie s'assortit toujours avec plus ou moins de précision à la consommation moyenne, la quantité moyenne de l'approvisionnement à la quantité moyenne de la demande; d'ailleurs *dans les différens degrés d'amélioration d'un pays, il faudra toujours*, l'une portant l'autre, des *quantités de travail à peu près égales, ou*, ce qui revient au même, *le prix de quantités à peu près égales*, pour faire croître des quantités égales de blé dans un même sol et un même climat; l'augmentation continuelle qui a lieu dans les forces productives du travail, à mesure que la culture va en se perfectionnant, étant plus ou moins contrebalancée par l'accroissement *continuel du prix des bestiaux*, qui sont les *principaux instrumens* de l'agriculture. Nous devons donc, d'après ceci, être bien certains qu'*en tout état possible de la société*, dans tout degré de civilisation, *des quantités égales de blé* seront une *représentation ou* un *équivalent* plus juste de *quantités égales de travail*, que ne le seraient des quantités égales de toute autre partie du produit brut de la terre. En conséquence le blé ... est, dans tous les différens degrés de richesse et d'amélioration de la société, une mesure de valeur plus exacte que toute autre marchandise ou que toute autre classe de

marchandises ... En outre, le *blé* ou tout autre végétal faisant la nourriture ordinaire et favorite du peuple, constitue, dans tout pays civilisé, la *principale partie de la subsistance de l'ouvrier* ... Ainsi le prix du travail en argent dépend beaucoup plus du prix moyen du blé, qui est la subsistance de l'ouvrier, que de celui de la viande ou de toute autre partie du produit brut de la terre; par conséquent, la valeur réelle de l'or et de l'argent, la quantité réelle de travail qu'ils peuvent acheter ou commander, dépend beaucoup plus de la quantité de blé qu'ils peuvent acheter ou représenter, que de celle de viande ou de toute autre espèce de produit brut dont ils pourraient disposer.» (I, p.26–28.)

368 «On peut dire d'une marchandise, qu'elle est *chère* ou à *bon marché*, non-seulement en raison de ce que son prix habituel fait une grosse ou une petite somme, mais aussi en raison de ce que ce prix habituel se trouve plus ou moins au dessus du prix le plus bas, auquel il soit possible de la mettre au marché pendant un certain tems de suite. *Ce prix le plus bas est celui qui remplace purement, avec un profit modique, le capital qu'il faut employer pour mettre cette marchandise au marché. Ce prix est celui qui ne fournit rien pour le propriétaire de la terre, celui dont la rente ne fait pas une partie constituante, et qui se résout tout entier en salaires et en profits.*» (II, p.81.)

368 «Le prix des diamans et les autres pierres précieuses est peut-être encore plus près que le prix de l'or, du prix le plus bas auquel il soit possible de les mettre au marché.» (II, p.83.)

368 «La quantité de ces marchandises restant la même ou à peu près la même, tandis que la concurrence des acheteurs va toujours croissant, leur prix peut monter à tous les degrés possibles d'excès.» (II, p.91.)

369 «Elle consiste dans ces plantes et ces animaux utiles que la nature produit dans les pays incultes, avec tant de profusion, qu'ils n'ont que peu ou point de valeur, et qui, à mesure que la culture s'étend, sont forcés par elle de céder le terrain à quelque produit plus profitable. Pendant une longue période dans le cours des progrès de l'amélioration, la quantité des produits de cette classe va toujours en diminuant, tandis qu'en même tems la demande qu'on en fait va toujours en augmentant. Ainsi leur valeur réelle, la quantité réelle de travail qu'ils peuvent acheter ou commander, s'élève par degrés jusqu'à ce qu'enfin elle monte assez haut pour en faire un produit aussi avantageux que toute autre production venue à l'aide de l'industrie humaine, sur les terres les plus fertiles et les mieux cultivées. Quand elle est montée jusque-là, elle ne peut plus guère aller plus haut; autrement, pour augmenter la quantité du produit, on y consacrerait bientôt plus de terre et plus d'industrie.» (II, p.94, 95.)

369 «De tous les différens articles qui composent cette seconde classe de produit brut, le bétail est peut-être celui dont le prix s'élève le premier à cette hauteur, dans le cours des progrès de l'amélioration.» (II, p.96, 97.) «Si le bétail est une des premières parties qui atteigne ce prix» {sc. which makes it worth while cultivating soil in order to feed them}, «le *gibier* est peut-être une des dernières. Quelqu'exorbitant que puisse paraître le prix de la venaison en Angleterre, il s'en faut encore qu'il puisse compenser la dépense d'un parc de bêtes fauves, comme le savent très-bien tous ceux qui se sont occupés de la conservation de ce genre de gibier.» (II, p.104.)

369 «Dans toutes les fermes, les rebuts de la grange et de l'étable peuvent entretenir un certain nombre de *volailles*. Comme elles sont nourries de ce qui serait perdu sans cela, on les a seulement pour faire profit de tout; et comme elles ne coûtent presque rien au fer-

mier, il peut trouver encore son compte à les vendre pour très-peu de chose.» ... «il y ait profit à cultiver la terre exprès pour en nourrir.» (II, p. 105, 106.)

369 ... «on a, dans l'origine, pour faire profit de tout.» (II, p. 108, 109.)

370 «Il est évident que les terres d'un pays ne peuvent jamais parvenir à un état d'amélioration et de culture complète avant que le *prix* de chaque produit que l'industrie humaine se propose d'y faire croître, ne soit d'abord monté assez haut pour *payer la dépense d'une amélioration et d'une culture complète*. Pour que les choses en soient là, il faut que le prix de chaque produit particulier suffise à payer d'abord la rente d'une bonne terre à blé, qui est celle qui règle la rente de la plupart des autres terres cultivées, et à payer en second lieu le travail et la dépense du fermier, aussi bien qu'ils se paient communément sur une bonne terre à blé, ou bien, en autres termes, à *lui rendre avec les profits ordinaires, le capital qu'il y emploie*. Cette *hausse dans le prix* de chaque produit particulier doit évidemment ||634| *précéder* l'amélioration et la culture de la terre destinée à faire naître ce produit ... Diese différentes sortes de produit brut *sont venues à valoir*, non une plus grande somme d'argent, mais une plus grande quantité de travail et de subsistances qu'auparavant. Comme *il en coûte* une *plus grande dose de travail et de subsistances pour les faire venir au marché*, par cela même elles en *représentent* ou *en valent une plus grande quantité quand elles y sont venues*.» (II, p. 113–115.)

370 ... «sur la multiplication duquel l'industrie humaine n'a qu'un pouvoir limité ou incertain.» (II, p. 115.)

371 «Dans les pays mal cultivés, et qui par conséquent ne sont que très-faiblement peuplés, le prix de la laine et de la peau est toujours beaucoup plus grand, relativement à celui de la bête entière, que dans les pays qui, étant plus avancés en richesse et en population, ont une plus grande demande de viande de boucherie.» (II, p. 117.)

371 «Il faut alors, en général, aller chercher le poisson à de plus grandes distances; il faut employer de plus grands bâtimens et mettre en œuvre des machines plus dispendieuses en tout genre.» ...... «ne pourre guère être alors approvisionné à moins d'un travail» ... ... «travail qu'il fallait pour l'approvisionner dans le premier état.» «Ainsi *le prix réel* de cette denrée doit augmenter naturellement dans les progrès que fait l'amélioration...» (II, p. 130.)

371 «Si l'extension de l'amélioration et de la culture élève *nécessairement le prix de chaque espèce de nourriture animale*, relativement au prix de blé, d'un autre côté elle fait aussi nécessairement *baisser* celui de toute espèce, je crois, de *nourriture végétale*. Elle élève le prix de la nourriture animale, parce qu'une grande partie de la terre qui produit cette nourriture, étant rendue propre à le production du blé, doit rapporter au propriétaire et au fermier la rente et le profit d'une terre à blé. Elle *fait baisser le prix de la nourriture végétale*, parce *qu'en ajoutant à la fertilité de la terre*, elle accroît l'abondance de cette sorte de nourriture. Les améliorations dans la culture introduisent aussi plusieurs espèces de nourriture végétale, qui, exigeant moins de terre que le blé, et pas plus de travail, viennent au marché à beaucoup meilleur compte que le blé. Telles sont les pommes de terre et le mais ... D'ailleurs, il y a beaucoup d'espèces d'alimens du genre végétal, qui dans l'état grossier de l'agriculture, sont confinés dans le jardin potager, et ne croissent, qu'à l'aide de la bêche, mais qui, lorsqu'elle s'est perfectionnée, viennent à se semer en plein champ, et à croître à l'aide de la charrue; tels sont les turneps, les carottes, les choux, etc.» (II, p. 145, 146.) (l. I, ch. XI.)

372 … «le prix réel des *matières premières* ne hausse point ou ne hausse pas extrêmement». (l.c., II, p. 149.)

372 «De meilleures machines, une ||365| plus grande dextérité et une division et distribution de travail mieux entendues, toutes choses qui sont les effets naturels de l'avancement du pays, sont cause que, pour exétuer *une pièce quelconque, il ne faut qu'une bien moindre quantité de travail;* et quoique, par suite de l'*état florissant* de la société, le *prix réel du travail doive s'élever* considérablement, cependant *la grande diminution dans la quantité du travail que chaque chose exige*, fait bien plus en général que compenser quelque hausse que ce soit qui puisse survenir dans le prix de ce travail.» (II, p. 148.)

372 «Il en *coûtait une bien plus grande quantité de travail pour mettre la marchandise au marché;* ainsi, quand elle y était venue, il fallait bien qu'elle achetât ou qu'elle obtînt en échange le *prix* d'une plus grande quantité de travail.» (II, p. 156.)

373 «L'extension de l'amélioration des terres et de la culture y tend d'une manière directe. La part du propriétaire dans le produit augmente nécessairement à mesure que le produit augmente.» (II, p. 158.) … «survient dans le prix réel de ces sortes de produits bruts, dont le renchérissement est d'abord l'effet de l'amélioration et de la culture, et devient ensuite la cause de leurs progrès ultérieurs» … «Ce produit, après avoir haussé dans son prix réel, *n'exige pas plus de travail, pour être recueilli, qu'il n'en exigeait auparavant.* Par conséquent il *faudra une moindre portion qu'auparavant de ce produit*, pour suffire à *remplacer le capital qui fait mouvoir ce travail, ensemble les profits ordinaires de ce capital.* La portion restante du produit, qui est la part du propriétaire, sera donc plus grande, relativement au tout, qu'elle ne l'était auparavant.» (II, p. 158, 159.)

373 «Tout ce qui réduit le prix réel de ce premier genre de produit, élève le prix réel du second.» (II, p. 159.) … «et la rente grossit avec le produit.» … (l.c. p. 160.)

374 «La classe des propriétaires peut gagner peut-être plus que celle-ci» (des ouvriers) «à la prospérité de la société; mais aucune ne souffre aussi cruellement de son déclin, que la classe des ouvriers.» (l.c. p. 162.)

374 … «intérêt général de la société.» (l.c. p. 163.) «Intérêt particulier de ceux qui exercent une branche particulière de commerce ou de manufacture, est *toujours*, à quelques égards, *différent* et même *contraire* à celui du public.» (II, p. 164, 165.) … «une classe de gens dont l'intérêt ne saurait ||636| jamais être exactement le même que l'intérêt de la société, qui ont en général intérêt à tromper le public et même à le surcharger, et qui en conséquence ont déjà fêt l'un et l'autre en beaucoup d'occasions.» (II, p. 165.)

Fünfzehntes Kapitel

376 … "trades where *profits* are in *proportion to the capital*, and not in proportion to the *quantity of labour* employed." ([Ricardo, "On the principles of political economy…", London 1821,] p. 418.)

377 … "carrying trade, the distant foreign trade, and trades where expensive machinery is required". (l.c. p. 418.)

377 … "that the great profits which are sometimes made by particular merchants in foreign trade, will elevate the general rate of profits in the country". (l.c. ch. VII "*On Foreign trade*", p. 132.)

377 "They contend, that the equality of profits will be brought about by the general rise of profits; and I am of opinion, that the profits of the favoured trade will speedily subside[1] to the general level." (p.132, 133.)

378 "I admit, that from the nature of rent, a given capital employed in agriculture, on any but the land last cultivated, puts in motion a greater quantity of labour than an equal capital employed in manufactures and trade." (l.c.p.419.)

379 "There cannot be *two rates of profit in the same employment*, and therefore when the value of the produce is in different proportions to capital, it is the rent which will differ, and not the profit." (ch.XII, "*Land Tax*", p.212, 213.)

379 "The exchangeable value of all commodities, whether they be manufactured, or the produce of the mines, or the produce of land, is always regulated, not by the less quantity of labour that will suffice for their production under circumstances highly favorable, and exclusively enjoyed by those who have peculiar facilities of production; but by the greater quantity of labour necessarily bestowed on their production by those who have no such facilities; by those who continue to produce them under the most unfavorable circumstances; meaning – by *the most unfavorable circumstances, the most unfavorable under which the quantity of produce required, renders it necessary to carry on the production.*" (ch.II, "On Rent", p.60, 61.)

379 "M.Say supposes, 'A landlord by his *assiduity, economy and skill*, to increase his annual revenue by 5000 francs'; but a landlord has no means of employing his assiduity, economy and skill on his land, unless he farms it himself; and then it is in quality of capitalist and farmer that he makes the improvement, and not in quality of landlord. It is not conceivable" ..., "that he could so augment the produce of his farm by any *peculiar* skill on his part, without first increasing the quantity of capital employed upon it." (l.c.p.209.)

380 "The rise in the price of commodities, in consequence of taxation or of difficulty of production, will in all cases ultimately ensue; but the *duration of the interval*, before the market price will conform to the natural price, *must depend on the nature of the commodity*, and *on the facility with which it can be reduced in quantity*. If the quantity of the commodity taxed could not be diminished, if the capital of the farmer or [of] the hatter for instance, could not be withdrawn to other employments, it would be of no consequence that their profits were reduced below the general level by means of a tax; unless the demand for their commodities should increase, they would never be able to elevate the market price of corn and of hats up to their increased natural price. Their threats to leave their employments, and remove their capitals to more favoured trades, would be treated as an idle menace which could not be carried into effect; and consequently the price would not be raised by diminished production. *Commodities*, however, of all descriptions *can be reduced in quantity*, and *capital can be removed from trades which are less profitable to those which are more so, but with different degrees of rapidity*. In proportion as the supply of a particular commodity can be more easily reduced, without inconvenience to the producer, the price of it will more quickly rise after the difficulty of its production has been increased by taxation, or by any other means." (p.214, 215.)

381 "The agreement of the market and natural price of all commodities, depends at all times on the facility with which the supply can be increased or diminished. In the case of gold,

[1] In der Handschrift: submit

houses, and labour, as well as many other things, this effect cannot, under some circumstances, be speedily produced. But it is different with those commodities which are consumed and reproduced from year to year, such as hats, shoes, corn, and cloth; they may be reduced, if necessary, and the interval cannot be long before the supply is contracted in proportion to the increased charge of producing them." (l.c.p.220, 221.)

381 "*Rent being not a creation, but merely a transfer of wealth.*" (l.c.p.221.)

381 "A *tax on raw produce* from the surface of the earth, will ... fall on the *consumer*, and will in no way affect rent; unless by diminishing the funds for the maintenance of labour, it lowers wages, reduces the population, and diminishes the demand for corn." (p.221.)

387 "Taxes on those commodities, which are generally denominated luxuries, fall on those only who make use of them ... But taxes on necessaries do not affect the consumers of necessaries, in proportion to the quantity that may be consumed by them, but often in a much higher proportion." Z. B. a tax on corn. "It alters the rate of profits of stock. Whatever raises the wages of labour, lowers the profits of stock; therefore every tax on any commodity consumed by the labourer, has a tendency to lower the rate of profits." (p.231.)

388 "In a former part of this work, we discussed the effects of the division of capital into *fixed and circulating*, or rather into *durable and perishable capital*, on the prices of commodities. We showed that two manufacturers might employ precisely the same amount of capital, and might derive from it precisely the same amount of profits, but that they would sell their commodities for every different sums of money, according as the capitals they employed were rapidly, or slowly, consumed and reproduced. The one might sell his goods for 4000 *l.*, the other for 10000 *l.*, and they might both employ 10000 *l.* of capital, and obtain 20 p.c. profit, or 2000 *l.* The capital of one might consist, f.i., of 2000 *l.* circulating capital, to be reproduced, and 8000 *l.* fixed, in buildings and machinery; the capital of the other, on the contrary, might consist of 8000 *l.* of circulating, and of only 2000 fixed capital in machinery and buildings. Now, if each of these persons were to be taxed ten per cent, on his income, or 200 *l.* the one, to make his business yield him the *general rate of profit*, must raise his goods from 10000 *l.* to 10200 *l.*; the other would also be obliged to raise the price of his goods from 4000 *l.* to 4200 *l.* Before the tax, the goods sold by one of these manufacturers were $2^1/_2$ times more valuable than the goods of the other; after the tax they will be 2,42 times more valuable: the one kind will have risen two per cent.; the other five per cent.: consequently a tax upon income, whilst money continued unaltered in value, would alter the relative prices *and* value of commodities." (p.234, 235.)

388 "If a country were not taxed, and money should fall in value, its abundance in every market" hier die lächerliche Vorstellung, daß a fall in the value of money ought to be accompanied: by its abundance in every market ||644| "would produce similar effects in each. If meat rose 20 per cent., bread, beer, shoes, labour, and *every commodity*, would also rise 20 per cent.; it is necessary they should do so, to secure to each trade the same rate of profits. But this is no longer true when any of these commodities is taxed; if, in that case, they should all rise in proportion to the fall in the value of money, *profits would be rendered unequal;* in the case of the commodities taxed, *profits would be raised above the general level*, and capital *would be removed from one employment to another, till an equilibrium of profits was restored*, which could only be, after *the relative prices were* altered." (p.237.)

389 "Mr. Buchanan considers corn and raw produce as at a monopoly price, because they yield a rent: all commodities which yield a rent, he supposes must be at a monopoly price; and thence he infers, that all taxes on raw produce would fall on the landlord, and not on the consumer.

'The *price of corn,*' he says, 'which always affords a rent, *being in no respect influenced by the expenses of its production,* those *expenses must be paid out of the rent;* and when they rise of all, therefore, the consequence is not a higher or lower price, but a higher or lower rent. In this view, all taxes on farm servants, horses, or the implements of agriculture, are in reality land-taxes; the burden falling on the farmer during the currency of his lease, and on the landlord, when the lease comes to be renewed. In like manner all those improved implements of husbandry which save expense to the farmer, such as machines for threshing and reaping, whatever gives him easier access to the market, such as good roads, canals and bridges, though they lessen the original cost of corn, *do not lessen its market price.* Whatever is saved by those improvements, therefore, belongs to the landlord as part of his rent.'

It is evident" (sagt Ric.) "that if we yield to Mr. Buchanan the basis on which his argument is built, namely, that the price of corn always yields a rent, all the consequences which he contends for would follow of course." (p. 292, 293.)

394 "I hope I have made it sufficiently clear, that until a country is cultivated in every part, and up to the highest degree, there is always *a portion of capital employed on the land* which yields no rent, *and*" (!) "that it is this portion of capital, the result of which, as in manufactures, is divided between profits and wages that *regulates the price of corn.* The price of corn, then, which does not afford a rent, being influenced by the expenses of its production, those expenses cannot be paid out of rent. The consequence therefore of those expenses increasing, is a higher price, and not a lower rent." (l. c. p. 293.)

395 "Mr. Malthus appears to think that it is a part of my doctrine, that the *cost* and *value* of a thing should be the same; – it is, if he means by cost, '*cost of production*' *including profits.*" (l. c. p. 46.)

397 "Raw produce is not at a monopoly price, because the market price of barley and wheat is as much regulated by their *cost of production,* as the market price of cloth and linen. The only difference is this, that *one portion of the capital* employed in agriculture regulates the price of corn, namely, that portion which pays no rent; whereas, in the *production of manufactured commodities, every portion of capital is employed with the same results;* and as *no portion pays rent, every portion is equally a regulator of price.*" (l. c. p. 290, 291.)

397 "The value of a commodity, or the quantity of any other commodity for which it will exchange, depends on the relative *quantity of labour* which is necessary for its production, and not on the greater or less compensation which is paid for *that labour.*" [l. c. p. 1.]

398 "A. Smith, who so accurately defined the original source of exchangeable value, and who was bound in consistence to maintain, that all things became more or less valuable in proportion as more or less labour was bestowed on their production, has himself erected another standard measure of value, and speaks of things being more or less valuable, in proportion as they will *exchange for more or less of this standard measure* ... as if *these were two equivalent expressions,* and as if because a man's labour had become doubly efficient, and he could therefore produce twice the quantity of a commodity, he would necessarily receive twice the former quantity in exchange for it" (nämlich seine labour). "If this in-

deed were true, *if the reward of the labourer were always in proportion to what he produced, the quantity of labour* [*bestowed on a commodity, and the quantity of labour*] *which that commodity would purchase, would be equal,* and either might accurately measure the variations of other things; *but they are not equal.*" (p.5.)

400 "Is not the value of labour ... variable; being not only affected, as all other things" (soll heißen commodities) "are, by the proportion between the supply and demand, which uniformly varies with every change in the condition of the community, but also by the varying price of food and other necessaries, on which the *wages of labour* are expended?" (p.7.)

401 "Treating *labour* as a *commodity,* and *capital,* the produce of labour, as another, then, if the *value of these two commodities* were *regulated by equal quantities of labour,* a given amount of labour would, under all circumstances, exchange for that quantity of capital which had been produced by the same amount of labour; *antecedent labour would always exchange for the same amount of present labour.* But the value of labour in relation to other commodities, in so far, at least, as wages depend upon share, is determined, *not by equal quantities of labour,* but by the proportion between supply and demand." (E.G.Wakefield, Note zu p.230 zu t.I seiner Ausgabe von A.Smiths "Wealth of Nations", London 1836.)

401 "Not only *the labour applied immediately* to commodities affects their value, but the *labour also* which *is bestowed* on the implements, tools, and buildings, with which such labour is assisted." [Ricardo, "On the principles of political economy, ...", London 1821, p.16.]

402 "*Labour,* like all other things which are purchased and sold, and which may be increased or diminished" (...), "has its natural and its market price. *The natural price of labour* is that price which is necessary to enable the labourers, one with another, to subsist and to perpetuate their race, without either increase or diminution." (...) "The power of the labourer to support himself, and the family which may be necessary to keep up the number of labourers ... depends on *the price of the food, necessaries, and conveniences required for the support of the labourer and his family.* With a rise in the price of food and necessaries, the natural price of labour will rise; with the fall in their price, the natural price of labour will fall." (p.86.)

402 "It is not to be understood that the natural price of labour, estimated even in food and necessaries, is absolutely fixed and constant. It varies at different times in the same country, and very materially differs in different countries. It essentially depends on the habits and customs of the people." (p.91.)

403 "*Capital* is that part of the wealth of a country which is employed in production, and consists of food, clothing, tools, raw materials, machinery, etc. necessary to give effect to labour." (p.89.) "*Less capital,* which is the *same* thing as *less labour.*" (p.73.) "Labour and *capital* that is, *accumulated labour.*" (l.c.p.499.)

403 "Mr.Ricardo, ingeniously enough, avoids a difficulty, which, on a first view, threatens to encumber his doctrine, that value depends on the quantity of labour employed in production. If this principle is rigidly adhered to, it follows, that the *value of labour* depends *on the quantity of labour employed in producing it* – which is evidently absurd. By a dexterous turn, therefore, Mr.Ricardo makes the value of labour depend on the quantity of labour required to produce wages, or, to give him the benefit of his own language, he maintains, that the *value of labour is to be estimated* by the quantity of labour required to

produce wages, by which means, the quantity of labour required to produce the money or commodities given to the labourer. This is similar to saying, that the value of cloth is to be estimated, not by the quantity of labour bestowed upon its production, but by the quantity of labour bestowed on the production of the silver, for which the cloth is exchanged." (p.50, 51 [Bailey] "A Critical Dissertation on the Nature, Measures, and Causes of Value etc." Lond. 1825.)

403 ... "the number of pounds that may be annually paid to the labourer" ...... "the *number of day's work*, necessary to obtain those pounds." (Ric[ardo] l.c.p.152.)

415 "The labour of a million of men in manufactures, will always produce the *same value* but will not always produce the same riches." (l.c.p.320.)

418 ... "they" (the wages of labour and the profit of stock) "*are together* always *of the same value*" (l.c. p. 499 ch. XXXII "Mr. M[althus']s opinions on rent").

418 "Wages and profits together will be of *the same value*." (l.c.p.491, note.)

418 "Wages and profits taken together will continue *always* of the same value." (p.490, 491.)

418 "Wages are to be estimated by their *real value*, viz. by the *quantity of labour and capital employed in producing them*, and not by their *nominal value* either in coats, hats, money, or corn." (l.c. ch. I, "*On Value*", p.50.)

419 "The labourer is only paid a really high price for his labour, when his wages will purchase the produce of a great deal of labour." (l.c.p. 322.)

421 "The *value* of the deer, the produce of the hunter's *day's labour*, would be exactly equal to the value of the fish, the produce of the fisherman's *day's labour*. The comparative value of the fish and the game, would be entirely regulated by the quantity of labour realized in each, *whatever might be the quantity of production*, or however *high or low general wages or profits might be*. If ... the fisherman ... employed ten men, whose annual labour cost 100 *l*. and who *in one day* obtained by *their* labour twenty salmon: If ... the hunter also employed ten men, whose *annual labour* cost 100 *l*. and who *in one day* procured him ten deer; then the natural price of a deer would be two salmon, whether *the proportion of the whole produce bestowed on the men who obtained* were large or small. The *proportion* which might be paid for *wages*, is of the utmost importance in the question of *profits;* for it must at once be seen, that profits would be high or low, exactly in proportion as wages were low or high; but it could not in the least affect the relative value of fish and game, as wages would be high or low at the same time in both occupations." (ch. I, "*On Value*" p.20, 21.)

421 "No alteration in the wages of labour could produce any alteration in the relative value of these commodities; for suppose them to rise, no *greater quantity of labour* would be required in any of these occupations, but it would be *paid* for at a *higher price* ... Wages might rise twenty per cent., and profits consequently fall in a greater or less proportion, without occasioning the least alteration in the relative value of these commodities." (l.c.p.23.)

421 "There can be no rise in the *value of labour* without a fall of profits. If the corn to be *divided* between the farmer and the labourer, the *larger the proportion* that is given to the latter, the less will remain for the former. So if cloth or cotton goods be *divided* between the workman and his employer, the *larger the proportion* given to the former, the less remains for the latter." (l.c.p.31.)

421 "A.Smith, and all the writers who have followed him, have, without one exception that I know of, maintained that *a rise in the price of labour* would be uniformly followed by *a rise in the price of all commodities*. I hope I have succeeded in showing, that there are no grounds for such an opinion." (l.c.p.45.)

421 "A rise of wages, from the circumstance of the labourer being more liberally rewarded, or from a difficulty of procuring the necessaries on which wages are expended, does not, except in some instances, produce the effect of raising price, but has a great effect in lowering profits." ... " an alteration in the value of money" ... "In the one" ... "case, no *greater proportion of the annual labour of the country* is devoted to the *support of labourers;* in the other case, a larger portion is so devoted." (l.c.p.48.)

422 "With a rise in the price of food and necessaries, the natural price of labour will rise; with a fall in their price, the natural price of labour will fall." (l.c.p.86.)

422 "The *surplus produce* remaining, after satisfying the wants of the existing population, must necessarily be in proportion to the *facility of production*, viz. to the *smaller number of persons* employed in production." (p.93.)

422 "Neither the farmer who cultivates that quantity of land, which regulates price, nor the manufacturer, who manufatures goods, sacrifice any portion of the produce for rent. The *whole value of their commodities is divided* into *two portions* only: one constitutes the profits of stock, the other the wages of labour." (l.c.p.107.)

422 "Suppose the price of silks, velvets, furniture, and any other commodities, not required by the labourer, to rise in consequence of more labour being expended on them, would not that affect profits? Certainly not: for nothing can affect profits but a rise in wages; silks and velvets are not consumed by the labourer, and therefore cannot raise wages." (l.c.p.118.)

422 "If the labour of ten men will, on land of a certain quality, obtain 180 qrs. of wheat, and its value be 4 *l.* per qr., or 720 *l.* ..." (p.110.) "... in all cases, the same sum of 720 *l.* must be divided between wages and profits ... Whether wages or profits rise or fall, it is this sum of 720 *l.* from which they must both be provided. On the one hand, profits can never rise so high as to absorb so much of this 720 *l.* that enough will not be left to furnish the labourers with absolute necessaries; on the other hand, wages can never rise so high as to leave no portion of this sum for profits." (l.c.p.113.)

422 "Profits *depend on high or low wages*, wages on the price of necessaries, and the price of necessaries chiefly on the price of food, because all other requisites may be increased almost without limit." (l.c.p.119.)

422 "Although a greater value is produced" (bei Verschlechterung des Landes), "a *greater proportion of what remains of that value*, after paying rent, is consumed by the *producers*" er identifiziert hier labourers and producers, "and it is this, *and this alone*, which regulates profits." (l.c.p.127.)

422 "It is the essential quality of an *improvement* to *diminish the quantity of labour* before required to produce a commodity; and this diminution cannot take place without a *fall of its price or relative value*." (l.c.p.70.)

423 "Diminish the cost of production of hats, and their price will ultimately fall to their new natural price, although the demand should be doubled, trebled, or quadrupled. Diminish the cost of subsistence of men, by diminishing the natural price of the food and clothing,

by which life is sustained, and wages will ultimately fall, notwithstanding that the demand for labourers may ||664| very greatly increase." (l.c.p.460.)

423 "In proportion as less is appropriated for wages, more will be appropriated for profits, and vice versa." (l.c.p.500.)

423 "It has been one of the objects of this work to shew, that with every fall in the real value of necessaries, the wages of labour would fall, and that the profits of stock would rise – in other words, that of any given *annual value a less portion would be paid to the labouring class*, and a larger portion to those *whose funds employed this class*." [l.c.p.511, 512.]

423 "Suppose *the value* of the commodities produced in a particular manufacture to be 1000 *l*., and to *be divided* between *the master* and *his* labourers" (...), "in the proportion of 800 *l.* to labourers, and 200 *l.* to the master; if the value of these commodities should fall to 900 *l*., and 100 *l*. be saved from the wages of labour, in consequence of the fall of necessaries, the net income of the masters would be in no degree impaired." (p.511, 512.)

423 "If the shoes and clothing of the labourer, could, by improvements in machinery, be produced by one fourth of the labour now necessary to their production, they would probably fall 75 per cent.; but so far is it from being true, that the labourer would thereby be enabled permanently to consumer four coats, or four pair of shoes, instead of one, that it is probable his *wages would in no long time be adjusted* by the effects of competition, and the stimulus to population, to the *new value of the necessaries* on which they were expended. If these improvements extended to all the objects of the labourer's consumption, we should find him probably at the end of a very few years, in possession of only a small, if any, addition to his enjoyments, although the exchangeable value of those commodities, compared with any other commodity had sustained a very considerable reduction; and though they were the produce of a very considerably diminished quantity of labour." (l.c.p.8.)

424 "When wages rise, it is always at the expense of profits, and when they fall, profits always rise." (l.c.p.491, note.)

424 "It has been my endeavour to show throughout this work, that the rate of profits can never be increased but by a fall in wages, and that there can be no permanent fall of wages but in consequence of a fall of the necessaries on which wages are expended. If, therefore, by the *extension of foreign* trade, or by *improvements in machinery*, the food and necessaries of the labourer can be brought to market, at a reduced price, profits will rise. If, instead of growing our own corn, or manufacturing the clothing and other necessaries of the labourer, we discover a new market from which we can supply ourselves with these commodities at a cheaper price, wages will fall and profits rise; but if the commodities obtained at a cheaper rate, by the extension of foreign commerce, or by the improvement of machinery, be exclusively the commodities consumed by the rich, no alteration will take place in the rate of profits. The rate of wages would not be affected, although wine, velvets, silks, and other expensive commodities should fall 50 per cent., and consequently profits would continue unaltered.

Foreign trade, then, though highly beneficial to a country, as it increases the amount and variety of the objects on which revenue may be expended, and affords, by the abundance and cheapness of commodities, incentives to saving" (...), "and to the *accumulation of capital*, has no tendency to raise the profits of stock, *unless the commodities imported be of that description on which the wages of labour are expended.*

The remarks which have been made respecting foreign trade, apply equally to home trade. The rate of profits is *never increased*" ... "by a *better distribution of labour*, by the *invention of machinery*, by the *establishment of roads and canals*, or by *any means of abridging labour in the manufacture or in the conveyance of goods*. These are causes which operate on price, and never fail to be highly beneficial to consumers; since they enable them, with the same labour, to obtain in exchange a greater quantity of the commodity to *which the improvement* is applied; but they have no effect whatever on profit. On the other hand, every ||665| diminution in the wages of labour raises profits, but produces no effect on the price of commodities. One is advantageous to all classes, for all classes are consumers" (...); "the other is beneficial only to producers; they gain more, but every thing remains at its former price" (... "every thing remains at its former price."). "In the first case they get the same as before; but *every thing*" (...), "on which their gains are expended, is diminished in exchangeable value." (p. 137, 138.)

426 "If I have to hire a labourer for a week, and instead of ten shillings I pay him eight, no variation having taken place in the value of money, the labourer can probably obtain more food and necessaries, with his eight shillings, than he before obtaines for ten: but this is owing, not to a rise in the *real value of his wages*, as stated by A. Smith, and more recently by Mr. Malthus, but to a fall in the value of the things on which his wages are expended, things perfectly distinct; and yet *for calling this a fall in the real value of wages*, I am told that I adopt new and unusual language, not reconcileable with the true principles of the science." (l. c. p. 11, 12.)

426 "It is not by the *absolute quantity of produce* obtained by either class, that we can correctly judge of the rate of profit, rent, and wages, but by the quantity of labour required to obtain that produce. By improvements in machinery and agriculture, the whole produce may be doubled; but if wages, rent, and profit be also doubled, these three will bear *the same proportions to one another as before*, and neither could be said to have *relatively varied*. But if wages partook not of the whole of this increase; if they, instead of being doubled, were only increased one-half ... it would, I apprehend, be correct for me to say, that wages had fallen while profits had risen; for if we had an invariable standard by which to measure the *value* of this produce, we should find that a less value had fallen to the class of labourers ..., and a greater to the class of capitalists, than had been given before." (l. c. p. 49.)

426 "It will not the less be a real fall, because they" (the wages) "might furnish him with a greater quantity of cheap commodities than his former wages." (l. c. p. 51.)

426 ... "when it was asked what determined that value of all commodities: it was answered that this value was chiefly determined by wages. When again it was asked – what determined wages? is was recollected that wages must be adjusted to the value of the commodities upon which they were spent; and the answer was in effect that wages were determined by the value of commodities." (p. 560, [*Th. de Quincey*] "Dialogues of Three Templars on Polit. Econ. chiefly in relation to the principles of Mr. Ricardo" ||666| "*London Magazine*", vol. IX, 1824.)

426 "So far are the two formulae from presenting merely two different expressions of the same law, that the very best way of expressing negatively Mr. Ricardo's law (viz. A is to B in value as the quantities of the producing labor) would be to say, A is not to B in value as the *values* of the producing labor." [l. c. p. 348.]

427 "Wenn der Preis 10 sh., dann wages und profits, taken as a whole, cannot exceed ten shillings. But do not the wages and profits as a whole, themselves, on the contrary, predetermine the price? No; that [is] the old superannuated doctrine." (p.204, *Th. de Quincey*, "The Logic of Pol. Econ.", Edinburgh [and London] 1844.)

427 "Die neue Ökonomie hat gezeigt, that all price is governed by proportional quantity of the producing labour, and by that only. Being itself once settled, then, ipso facto, price settles the *fund* out of which both *wages and profits must draw their separate dividends.*" (l.c.p.204.) "Any change that can disturb the existing relations between wages and profits, *must originate in wages*." (l.c.p.205.)

Sechzehntes Kapitel

430 "The variation in the value of money, however great, makes no difference in the *rate of profits;* for suppose the goods of the manufacturer to rise from 1000 *l.* to 2000 *l.*, or 100p.c., if *his capital*, on which the variations of money have as much effect as on the value of produce, if his machinery, buildings, and stock in trade rise also 100 per cent., his *rate of profits* will be the same ... If, with a capital of a given value, he can, by economy in labour, double the quantity of produce, and it fall to half its former price, it *will bear the same proportion to the capital that produced it* which it did before, and *consequently* profits will still be at the same rate. If, at the same time that he doubles the quantity of produce by the employment of the same capital, the value of money is by any accident lowered one half, the produce will sell for twice the money [value] that it did before; but the capital employed to produce it will also be of twice its former money value; and therefore in this case too, *the value of the produce will bear the same proportion to the value of the capital as it did before*" ([Ricardo, "On the principles of political economy ...", London 1821,] p.51, 52.)

430 "The *raw produce* of which commodities are made, is supposed to have fallen in price, and, therefore, commodities will fall on that account. True, they will fall, but their fall will not be attended with any diminution in the money income of the producer. If he sell his commodity for less money, it is only because *one of the materials from which it is made has fallen in value.* If the clothier sell his cloth for 900 *l.* instead of 1000 *l.*, his income will not be less, if the wool from which it is made, has declined 100 *l.* in value." (l.c.p.518.)

431 "But the *rate of profits* will fall still more, because the *capital* of the farmer... consists in a great measure of raw produce, such as his corn and hay-ricks, his unthreshed wheat and barley, his horses and cows, which would all rise in price in consequence of the *rise of produce*. His *absolute profits* would fall from 480 *l.* to 445 *l.* 15 sh.; but if from the cause which I have just stated, his capital should rise from 3000 *l.* to 3200 *l.*, *the rate of his profits* would, when corn was at 5 *l.* 2 sh. 10 d. be under 14 per cent. It a manufacturer had also employed 3000 *l.* in his business, he would be obliged in consequence of the rise of wages, to increase his capital, in order to be enabled to carry on the same business. If his commodities sold before for 720 *l.* they would continue to sell at the same price; but the wages of labour, which were before 240 *l.*, would rise when corn was at 5 *l.* 2 sh. 10 d., to 274 *l.* 5 sh. In the first case he would have a balance of 480 *l.* as profit on 3000 *l.*, in the second he would have a profit only of 445 *l.* 15 sh., on an increased capital, and therefore his profits would conform to the altered rate of those of the farmer." (l.c.p.116, 117.)

432 "Articles of jewellery, of iron, of plate, and of copper, would not *rise*, because none of the raw produce from the surface of the earth enters into their composition." (l.c.p.117.)

433 "In every case, agricultural, as well as manufacturing profits are lowered by a rise in *the price of raw produce*, if it be accompanied by a rise of wages." (l.c.p.113, 114.)

433 "Suppose the price of silks, velvets, furniture, and any other commodities, not required by the labourer, to rise in consequence of more labour being *expended on them, would not that affect profits?* Certainly not: for *nothing can affect profits but a rise in wages;* silks and velvets are not consumed by the labourer, and therefore cannot raise wages." (l.c.p.118.)

433 "I must again observe, that the *rate of profits* would fall much more rapidly than I have estimated in my calculation: for the *value of the produce* being that I have stated it under the circumstances supposed, the value of *the farmer's stock* would be *greatly increased from its necessarily consisting of many of the commodities which had risen in value.* Before corn could rise from 4 *l.* to 12 *l.*, *his capital* would probably be doubled in exchangeable value, and be worth 6000 *l.* instead of 3000 *l.* If then his profit were 180 *l.*, or 6 per cent. on his *original capital*, profits would not at that time be really at *a higher rate* than 3 per cent.; for 6000 *l.* at 3 per cent. gives 180 *l.*; and on *those terms only could a new farmer with* 6000 *l. money in his pocket enter into the farming business.* Many trades would derive some advantage, more or less, from the same source. The brewer, the distiller, the clothier, the linen manufacturer, would be *partly compensated for the diminution of their profits, by the rise in the value of their stock of raw and finished materials;* but a manufacturer of hardware, of jewellery, and [of] many other commodities, as well as those whose capitals uniformly consisted of money, would be subject to the *whole fall in the rate of profits*, without any compensation whatever." (l.c.p.123, 124.)

435 "I have already remarked, that the *market price* of a commodity may *exceed* its *natural or necessary price*, as it may be produced in less abundance than the new demand for it requires. This, however, is but a *temporary* effect. The high profits on capital employed in producing that commodity, will naturally attract capital to that trade; and as soon as the requisite funds are supplied, and the quantity of the commodity is duly increased, *its price will fall*, and the *profits of the trade will conform to the general level.* A *fall in the general rate of profits* is by no means incompatible with *a partial rise of profits in particular employments. It is through the inequality of profits, that capital is moved from one employment to another.* Whilst then general profits are falling, and gradually settling at a lower level in consequence of the rise of wages, and the increasing difficulty of supplying the increasing population with necessaries, the profits of the farmer may, for an interval of some little duration, be above the former level. An extraordinary stimulus may be also given for a certain time, to a particular branch of foreign and colonial trade." (l.c.p.118, 119.)

435 "It should be recollected that prices always vary in the marked, and in the first instance, through the comparative state of demand and supply. Although cloth could be furnished at 40 sh. per yard, and give the *usual profits of stock*, it may rise of 60 or 80 sh. from a general change of fashion ... The makers of cloth will for a time have unusual profits, but capital will naturally flow to that manufacture, till the supply and demand are again at their fair level, when the price of cloth will again sink to 40 sh., its natural or necessary price. In the same manner, with every increased demand for corn, it may rise so high as to afford more than the general profits to the farmer. If there be plenty of fertile land, the price of corn will again fall to its former standard, after the requisite quantity of capital has been

employed in producing it, and profits will be as before; but if there be not plenty of fertile land, if, to produce this additional quantity, more then the usual quantity of capital and labour be required, corn will not fall to its former level. Its natural price will be raised, and the farmer, instead of obtaining permanently larger profits, will find himself obliged to be satisfied with the diminished rate which is the inevitable consequence of the rise of wages, produced by the rise of necessaries." (l.c.p.119, 120.)

439 "Any change from one foreign trade to another, or from home to foreign trade, cannot, in my opinion, affect the rate of profits." (l.c.p.413.)

439 "They contend, that the equality of profits will be brought about by the general rise of profits; and I am of opinion, that the profits of the favoured trade will speedily subside to the general level." (l.c.p.132, 133.)

440 "It is *not*, therefore, in consequence of the extension of the market that the rate of profit is raised." (l.c.p.136.)

459 "Rent is that portion of the produce from the soil (or *from any agency of production*) which is paid to the landlord for the *use of its differential powers*, as measured by comparison with those of similar agencies operating on the same market." (l.c. [Thomas de Quincey, "The logic of political economy", Edinburgh and London 1844] p.163.)

459 ... "*no separate class of occupants and tenants* distinct from the *class of owners* ||688| can have been formed." (l.c.p.176.)

461 "Mr.Hallett insists that ears of corn, like race-horses, must be carefully reared, instead of, as is done ordinarily, grown in higgledy-piggledy fashion, with no regard to the theory of natural selection. In illustration of what good education may do, even with wheat, some remarkable examples are given. In 1857, Mr.H[allett] planted an ear of the first quality of the red wheat, exactly $4^3/_8$ inches long, and containing 47 grains. From the produce of the small crops ensuing, he again selected, in 1858, the finest ear, $6^1/_2$ inches long, and with 79 grains; and this was repeated, in 1859, with the again best offspring, this time $7^3/_4$ inches long, and containing 91 grains. The next year, 1860, was a bad season for agricultural education, and the wheat refused to grow any bigger and better; but the year after, 1861, the best ear came to be $8^3/_4$ inches long, with no less than 123 grains on the single stalk. Thus the wheat had increased, in five years, to very nearly double its size, and to a threefold amount of productiveness in number of grains. These results were obtained by what Mr.H[allett] calls the '*natural* system' of cultivating wheat; that is, the planting of single grains at such a distance – about 9 inches from each other – every way – as to afford each sufficient space for full development ... He asserts that the corn produce of England may be doubled be adopting 'pedigree wheat' and the 'natural system' of cultivation. He states that from single grains, planted at the proper time, one only of each square foot of ground; he obtained plants consisting of 23 ears in the average, with about 36 grains in each ear. The produce of an acre at this rate was, accurately counted, 1001880 ears of wheat; while, when sown in the ordinary fashion, with an expenditure of more than 20 times the amount of seed, the crop amounted to only 934120 ears of corn, or 67760 ears less..." [Quelle nicht festgestellt.]

461 "With the progress of society the *natural price of labour* has always a *tendency to rise, because one of the principal commodities by which its natural price is regulated, has a tendency to become dearer, from the greater difficulty of producing it.* As, however, the improvements in agriculture, the discovery of new markets, whence provisions may be imported, may

for a time counteract the tendency to a rise in the price of necessaries, and may even occasion their natural price to fall, so will the same causes produce the correspondent effects on the natural price of labour.

The natural price of all commodities, excepting raw produce and labour, has a tendency to fall, in the progress of wealth and population; for though, on one hand, they are enhanced in real value, from the rise in the natural price of the raw material of which they are made, this is more than counterbalanced by the improvements in machinery, by the better division and distribution of labour, and by *the increasing skill,* both *in science and art,* of the *producers.*" ([Ricardo, "On the principles of political economy, and taxation", London 1821] p.86, 87.)

462 "As population increases, these necessaries will be constantly rising in price, because more labour will be necessary to produce them ... Instead, therefore, of the money wages of labour falling, they would rise; but they would not rise sufficiently to enable the labourer to purchase as many comforts and necessaries as he did before the rise in the price of those commodities ... Notwithstanding, then, that the labourer would be really worse paid, yet *this increase in his wages would necessarily diminish the profits of the manufacturer;* for his goods would sell at no higher price, and yet the expense of producing them would be increased...

It appears, then, that *the same cause which raises rent the increasing difficulty of providing an additional quantity of food with the same proportional quantity of labour, will also raise wages;* and therefore if money be of an unvarying value, both rent and wages will have a tendency to rise with the progress of wealth and population. (l.c.p.96, 97.)

But there is this essential difference between the rise of rent and the rise of wages. The rise in the money value of rent is accompanied by an ||690| increased share of the produce; not only is the landlord's money rent greater, but his corn rent also ... The fate of the labourer will be less happy; he will receive more money wages; it is true, but his corn wages will be reduced; and not only his command of corn, but his general condition will be deteriorated, by his finding it more difficult to maintain the market rate of wages above their natural rate." (l.c.p.97, 98.)

462 "Suppose corn and manufactured goods always to sell at the same price, profits would be high or low in proportion as wages were low or high. But suppose corn to rise in price because more labour is necessary to produce it; that cause will not raise the price of manufactured goods in the production of which no additional quantity of labour is required ... if, as is absolutely certain, wages should rise with the rise of corn, then their profits would necessarily fall." (l.c.p.108.)

463 ... "whether the *farmer at least* would not have the same rate of profits, although he should pay an additional sum for wages? Certainly not: for he will not only have to pay, in common with the manufacturer, an increase of wages to each labourer he employs, but he will be obliged *either to pay rent, or to employ an additional number of labourers to obtain the same produce;* and the rise in the price of the raw produce will be proportioned only to that rent, or that additional number, and will not compensate him for the rise of wages." (l.c.p.108.)

463 "We have shown that in *early stages of society,* both the landlord's and the labourer's share of the *value* of the produce of the earth, would be but small; and that it would increase in proportion to the progress of wealth, and the difficulty of procuring food." (l.c.p.109.)

463 "The natural tendency of profits then is to fall; for, in the progress of society and wealth, the additional quantity of food required is obtained by the sacrifice of more and more labour. This tendency, this gravitation as it were of profits, is happily checked at repeated intervals by the improvements of machinery, connected with the production of necessaries, as well as by discoveries in the science of a agriculture which enable us to relinquish a portion of labour before required, and therefore to lower the price of the prime necessary of the labourer." (l.c.p. 120, 121.)

463 "Although a greater *value* is produced, a *greater proportion of what remains of that value*, after paying rent, is consumed by the producers, and *it is this*, and *this alone*, *which regulates profits*." (l.c.p. 127.)

464 "In the form of money ... capital is productive of no profit; in the form of materials, machinery, and food, for which it might be exchanged, it *would be productive of revenue*" (l.c.p.267.) "The capital of the stockholder can ||692| never be made productive – *it is, in fact, no capital*. If he were to sell his stock, and employ the capital he obtained for it, productively, he could only do so by detaching the capital of the buyer of his stock from a productive employment." (l.c.p.289, note.)

464 "When poor lands are taken into cultivation, or when more capital and labour are expended on the old land, with a less return of produce, the effect must be permanent. A greater proportion of that part of the produce which remains to be divided, after paying rent, between the owners of stock and the labourers, will be apportioned to the latter." (l.c.p.127, 128.)

464 "Each man may, and probably will, have a less absolute quantity; but as more labourers are employed in proportion to the whole produce retained by the farmer, the value of a greater proportion of the whole produce will be absorbed by wages, and consequently the value of a smaller proportion will be devoted to profits." (l.c.p.128.)

465 "The remaining quantity of the produce of the land, after the landlord and labourer are paid, necessarily belongs to the farmer, and *constitutes the profits of his stock*." (l.c.p. 110.)

465 "In the Chapter on Wages, we have endeavoured to show that *the money price of commodities would not be raised by a rise of wages* ... But if it were otherwise, if the prices of commodities were permanently raised by high wages, the proposition would not be less true, which asserts that high wages invariably affect the employers of labour, by depriving them of a portion of their real profits. Supposing the hatter, the hosier, and the shoemaker each paid 10 *l.* more wages in the manufacture of a particular quantity of their commodities, and that the price of hats, stockings, and shoes, rose by a sum sufficient to repay the manufacturer the 10 *l.*; *their situation would be no better than if no such rise took place*. If the hosier sold his stockings for 110 *l.* instead of 100 *l.*, his profits would be precisely the same money amount as before; but as he would obtain in exchange for this equal sum, one tenth less of hats, shoes, and every other commodity; and as he could *with his former amount of savings*" (...) "*employ fewer labourers at the increased wages*, and purchase fewer raw materials at the increased prices, he would be in no better situation than if his money profits had been really diminished in amount, and every thing had remained at its former price." (l.c.p. 129.)

466 "In an improving state of society, the net produce of land is always diminishing in proportion to its gross produce." (l.c.p. 198.)

466 "In rich and powerful countries, where large capitals are invested in machinery, more distress will be experienced from a revulsion in trade, than in poorer countries *where*

there is proportionally a much smaller amount of fixed, and a much larger amount of circulating[1] *capital,* and where consequently *more work is done by the labour of men.* It is not so difficult to withdraw a circulating as a fixed capital, from any employment in which it may be engaged. It is often impossible to divert the machinery which may have been erected for one manufacture, to the purposes of another; but the clothing, the food, and the lodging of the labourer in one employment may be devoted to the support of the labourer in another" (...); "or the same labourer may receive the same food, clothing and lodging, whilst his employment is changed. This, however, is an evil to which a rich nation must submit; and it would not be more reasonable to complain of it, than it would be in a rich merchant to lament that his chip was exposed to the dangers of the sea, while his poor neighbour's cottage was safe from all such hazard." (l.c.p.311.)

466 "Whatever capital becomes fixed on the land, must necessarily be the *landlord's,* and not the tenants, at the expiration of the lease. Whatever compensation the landlord may receive for this capital, on re-letting his land, *will appear in the form of rent;* but no rent will be paid, if, with a given capital, more corn can be obtained from abroad, than can be grown on this land at home." (l.c.p.315, note.)

466 "In a former part of this work, I have noticed the difference between rent, properly so called, and the remuneration paid to the landlord under that name, for the advantages which the expenditure of his capital has procured to this tenant; but I did not perhaps sufficiently distinguish the difference which would arise from the different modes in which this capital might be applied. As a part of this capital, when once expended in the improvement of a farm, is inseparably amalgamated with the land, and tends to increase its productive powers, the *remuneration paid to the landlord for its use is strictly of the nature of rent,* and is subject to all the laws of rent. Whether the improvement be made at the expense of the landlord or the tenant, it will not be undertaken in the first instance, unless there is a strong probability that the return will at least be equal to the *profit* that can be made by the disposition of any other equal capital; but when once made, the return obtained will *ever after be wholly of the nature of rent,* and will be subject to all the variations of rent. Some of these expenses, however, only give advantages to the land for a limited period, and do not add permanently to its productive powers: being bestowed on buildings, and other perishable improvements, they require to be constantly renewed, and therefore do not obtain for the landlord any permanent addition to his real rent." (l.c.p.306, note.)

467 "In all countries, and at all times, *profits depend* on the quantity of labour requisite to provide necessaries for the labourers, on that land or with that capital which yields no rent." (l.c.p.128.)

468 "From the account which has been given of the profits of stock, it will appear, that *no accumulation of capital will permanently lower profits, unless there be some permanent cause for the rise of wages* ... If the necessaries of the workman could be constantly increased with the same facility, there could be no *permanent alteration in the rate of profit or wages*" (sollte heißen in the rate of surplus value and the value of labour), "to whatever amount capital might be accumulated. *Adam Smith, however,* uniformly *ascribes the fall of profits to the accumulation of capital, and to the competition which will result from it,* without ever adverting to the increasing difficulty of providing food for the additional number of labourers which the additional capital will employ." (l.c.p.338, 339.)

[1] In der Handschrift: circulated

469 "There is only one case, and that will be *temporary*, in which the accumulation of capital with a low price of food may be attended with a fall of profits; and that is, when the funds for the maintenance of labour increase much more rapidly than population; – wages will then be high, and profits low." (l.c.p.343.)

470 "M.Say allows, that the rate of interest depends on the rate of profits; but it does not therefore follow, that the rate of profits depends on the rate of interest. One is the cause, the other the effect, and it is impossible for any circumstances to make them change place." (l.c.p.353, note.)

470 "M.Say acknowledges that the *cost of production* is the foundation of price, and yet in various parts of his book he maintains that price is regulated by the proportion which demand bears to supply." (l.c.p.411.)

470 "The real and ultimate regulator of the relative value of any two commodities, is the cost of their production." (l.c.)

470 "And does not A.Smith agree in this opinion" {that prices are regulated neither by wages nor profits,} "when he says, that 'the *prices* of commodities, or the *value* of gold and silver as compared with commodities, depends upon the proportion between the *quantity of labourer* which is necessary in order to bring a certain quantity of gold and silver to market, and that which is necessary to bring thither a certain quantity of any other sort of goods?' That quantity will not be affected, whether profits be high or low, or wages low or high. *How then can prices be raised by high profits?*" (l.c.p.413, 414.)

Siebzehntes Kapitel

471 ... "all the productions of a country are consumed; but it maked the greatest difference imaginable whether they are consumed by *those who reproduce, or by those who do not reproduce another value.* When we say that *revenue* is *saved,* and *added to capital,* what we mean is, that the *portion of revenue,* so *said to be added to capital,* is *consumed by productive instead of unproductive labourers.*" (...) "There can be no greater error than in supposing that *capital is increased by nonconsumption.* If the price of labour should rise so high, that notwithstanding the increase of capital, no more could be employed, I should say that such *increase of capital would be still unproductively consumed.*" (p.163, note.)

474 "The labour of a million of men in manufactures, will always produce the same value, but will not always produce the same riches." (l.c.p.320.)

485 "There will, indeed, where production and consumption are comparatively great, naturally be, at any given moment, a *comparatively great surplus* in the intermediate state, in the market, on its way from having been produced to the hands of the consumer; unless indeed the quickness with which the things are sold off should have increased so as to counteract what would else have been the consequence of the increased production." (p.6,7 "*An Inquiry into those Principles, respecting the Nature of Demand and the Necessity of Consumption, lately advocated by Mr.Malthus etc.*", *Lond. 1821.*)

494 "M.Say" (...) "has ... most satisfactorily shown, that there is no amount of capital which may not be employed in a country, because *demand is only limited by production.* No man *produces, but with a view to consume* or *sell, and he never sells, but* with an *intention to purchase some other commodity,* which may be immediately useful to him, or which may

contribute to future production. By producing, then, he necessarily becomes either the consumer of his own goods, or the purchaser and consumer of the goods of some other person. It is not to be supposed that he should, for any length of time, be ill-informed of the commodities which he can most advantageously produce, to attain the object which he has in view, namely, the *possession of other goods;* and, therefore, it is not probable that he will *continually*" (...) "produce a commodity for which there is no demand." ([Ricardo, "On the principles...", London 1821,] p.339, 340.)

494 "Is the following quite consistent with M. Say's principle? 'The more disposable capitals are abundant in proportion to the extent of employment for them, the more will the rate of interest on loans of capital fall.' – (*Say*, vol. II, p. 108.) If capital to any extent can be employed by a country, how can it be said to be abundant, compared with the extent of employment for it?" (l.c.p.340, note.)

497 "There cannot, then, be accumulated in a country any amount of capital which cannot be employed productively, until wages rise so high in consequence of the rise of necessaries, and so little consequently remains for the profits of stock, that the motive for accumulation ceases." (l.c.p.340.) "It follows, then ... that there is no limit to demand – no limit to the employment of capital while it yields any profit, and that *however abundant capital may become*, there is no other adequate reason for a *fall of profit* but a rise of wages, and further it may be added, that the only adequate and permanent cause for the rise of wages is the increasing difficulty of providing food and necessaries ||707| for the increasing number of workmen." (l.c.p.347, 348.)

499 "One would be led to think ... that Adam Smith concluded we were *under some necessity*" (...) "*of producing a surplus* of corn, woollen goods, and hardware, and that the capital which produced them could not be otherwise employed. It is, however, always a matter of choice in what way a capital shall be employed, and therefore there can never, *for any length of time*, be a surplus of any commodity; for if there were, it would fall below its natural price, and capital would be removed to some more profitable employment." (p.341, 342, note.)

500 "*Productions are always bought by productions, or by services; money is only the medium by which the exchange is effected.*" (...) "Too much of a particular commodity may be produced, of which there may be such a glut in the market, as not to repay the capital expended upon it; *but this cannot be the case with all commodities.*" (l.c.p.341, 342.)

500 "Whether *these increased productions, and the consequent demand which they occasion*, shall or shall not lower profits, depends solely on the rise of wages; and the rise of wages, excepting, for a limited period, on the facility of producing the food and necessaries of the labourer." (l.c.p.343.)

500 "When merchants engage their capitals in foreign trade, or in the carrying trade, it is always from choice, and never from necessity: it is because in that trade their profits be somewhat greater than in the home trade." (p.344.)

504 "Too much of a *particular* commodity may be produced, of which there may be such a glut in the market, as not to repay the capital expended on it; but this cannot be the case with respect to *all* commodities." (p.341, 342.)

506 "Too much of a particular commodity may be produced, of which there may be such a glut in the market, as not to repay the capital expended on it; but this cannot be the case with respect to all commodities; the demand for corn is limited by the mouths which are

to eat it, for shoes and coats by the persons who are to wear them; but though a community, or a part of a community, may have as much corn, and as many hats and shoes, as it is able or may wish to consume, *the same cannot be said of every commodity produced by nature or by art.* Some would consume more wine, if they had the ability to procure it. Others having enough of wine, would wish to increase the quantity or improve the quality of their furniture. Others might wish to ornament their grounds, or to enlarge their houses. The wish to do all or some of these is implanted in every man's breast; *nothing is required but the means, and nothing can afford the means, but an increase of production.*" (l.c.p.341, 342.)

525 "When merchants engage their capitals in foreign trade, or in the carrying trade, it is always from choice, and never from necessity: it is because in that trade their profits be somewhat greater than in the home trade. Adam Smith has justly observed 'that the desire of food is limited in every man by the narrow capacity of the human stomach" {...}, "but the desire of the conveniences and ornaments of building, dress, equipage, and household furniture, seems to have no limit or certain boundary.' *Nature* then" (...) "has necessarily *limited the amount of capital which can* at any *time be profitably engaged in agriculture*" {...}, "*but she has placed no limits*" (...) "*to the amount of capital* that may be employed in procuring 'the conveniences and ornaments' of life. To procure these gratifications in *the greatest abundance* is *the object in view*, and it is only because foreign trade, or the carrying trade, will accomplish it better, that men engage in them in preference to manufacturing the commodities required, or a substitute for them, at home. If, however, from peculiar circumstances, we were precluded from engaging capital in foreign trade, or in the carrying trade, we should, though with less advantage, employ it at home; and *while there is no limit* to the desire of 'conveniences, ornaments of building, dress, equipage, and ||721| household furniture,' *there can be no limit to the capital that may be employed in procuring them,* except that which bounds our power to *maintain the workmen who are to produce them.*

Adam Smith, however, speaks of the carrying trade as one, not of choice, but of necessity; as if the capital engaged in it would be inert if not so employed, as *if the capital in the home trade could overflow,* if not confined to a limited amount. He says, 'when the capital stock of any country is increased to such a degree, *that it cannot be all employed in supplying the consumption,* and *supporting the productive labour of that particular country*" {diese Stelle des Zitats druckt Ric[ardo] selbst gesperrt}, "the *surplus part* of it naturally disgorges itself into the carrying trade, and is employed in performing the same offices to other countries' ... But could not this portion of the productive labour of Great Britain be employed in preparing some other sort of goods, with which something more in demand at home might be purchased? And if it could not, might we not employ this productive labour, though with less advantage, in making those goods in demand at home, or at least some substitute for them? If we wanted velvets, might we not attempt to make velvets; and if we could not succeed, might we not make more cloth, or some other object desirable to us?

We manufacture commodities, and with them buy goods abroad, because we can obtain a *greater quantity*" {...} "than we could make at home. Deprice us of this trade, and we immediately manufacture again for ourselves. But this opinion of Adam Smith is at variance with all his general doctrines on this subject. 'If" {...} "a foreign country can supply us with a commodity cheaper than we ourselves can make it, better buy it of them with some part of the produce of our own industry, employed in a way in which we have some advantage. *The general industry of the country being always in proportion to the capital which employs it*" {...} (Ric[ardo] sperrt den letztangeführten Satz wieder) "will not thereby be diminished, but only left to find out the way in which it can be employed with the greatest advantage."

Again. 'Those, therefore, who have the command of more food than they themselves can consume, are always willing to *exchange the surplus*, or, that is the same thing, the price of it, for gratifications of another kind. What is over and above satisfying the limited desire, is given for the amusement of *those desires which cannot be satisfied, but seem to be altogether endless*. The poor, in order to obtain food, exert themselves to gratify those fancies of the rich; and to obtain it more certainly, they vie with one another in the cheapness and perfection of their work. The number of workmen increases with the increasing quantity of food, or with the growing improvement and cultivation of the lands; and as the nature of their business admits of the utmost subdivisions of labours, the quantity of materials which they can work up increases in a much greater proportion than their numbers. Hence arises a demand for every sort of material which human invention can employ, either usefully or ornamentally, in building, dress, equipage, or household furniture; for the fossils and minerals contained in the bowels of the earth, the precious metals, and the precious stones.'

It follows then from these admissions, that *there is no limit to demand – no limit to the employment of capital while it yields any profit*, and that *however abundant capital may become*, there is no other adequate reason for a fall of profit but a rise of wages, and further it may be added, that the only adequate and permanent cause for the rise of wages is the increasing difficulty of providing food and necessaries for the increasing number of workmen." (l.c.p.344–348.)

535 "When the annual productions of a country more than replace its annual consumption, it is said to increase its capital; when its annual consumption is not at least replaced by its annual production, it is said to diminish its capital. Capital may therefore be increased by an increased production, or by a diminished unproductive consumption." (p.162, 163.)

536 "When we say" (...) "that revenue is saved, and added to capital, what we mean is, that the portion of revenue, so said to be added to capital, is consumed by productive instead of unproductive labourers." [l.c.p.163, note.]

536 "If the price of labour should rise so high, that notwithstanding the increase of capital, no more could be employed, I should say that such increase of capital would be still unproductively consumed." [l.c.p.163, note.]

536 "*There are two ways in which capital may be accumulated:* it may be saved either *in consequence of increased revenue*, or *of diminished consumption*. If my *profits are raised* from 1000 *l.* to 1200 *l. while my expenditure continues the same*, I accumulate annually 200 *l.* more than I did before. If *I save 200 l. out of my expenditure, while my profits continue the same*, the same effect will be produced; 200 *l.* per annum will be added to my capital." (p.135.)

536 "If, by the introduction of machinery, the *generality of the commodities on which revenue was expended* fell 20 per cent. in value, I should be enabled to save as effectually as if my revenue had been raised 20 per cent.; but in one case the *rate of profits* is stationary, in the other it is raised 20 per cent. – If, by the introduction of cheap foreign goods, I can save 20 per cent. from my expenditure, the effect will be precisely the same as if machinery had lowered the expense of their production, but profits would not be rised." (p.136.)

537 "The wealth" (...) "of a country may be increased in two ways: it may be increased by *employing a greater portion of revenue in the maintenance of productive labour,* – which will not only add to the *quantity,* but to the *value* of the mass of commodities; or it may be increased, *without employing any additional quantity of labour,* by *making the same quantity more productive,* – which will add to the abundance, but not to the value of commodities.

In the first case, a country would not only become rich, but the value of its riches would increase. It *would become rich by parsimony;* by diminishing its expenditure on objects of luxury and enjoyment; and *employing those savings in reproduction.*

||727| In the second case, there will not necessarily be either *any diminished expenditure on luxuries and enjoyments,* or any *increased quantity of productive labour employed,* but *with the same labour more would be produced;* wealth would increase, but not value. Of these two modes of increasing wealth, the last must be preferred, since it produces the same effect without the privation and diminution of enjoyments, which can never fail to accompany the first mode. *Capital is that part of the wealth of a country which is employed with a view to future production, and may be increased in the same manner as wealth.* An *additional capital* will be equally efficacious in the production of future wealth, whether it *be obtained from improvements in skill and machinery,* or from *using more revenue reproductively;* for wealth always depends on the quantity of commodities produced, without any regard to the facility with which the instruments employed in production may have been procured. A certain quantity of clothes and provisions will maintain and employ the same number of men, and will therefore procure the same quantity of work to be done, whether they be produced by the labour of 100 or 200 men; but they will be of twice the value if 200 have been employed on their production." (p.327, 328.)

539 "The labour of a million of men in manufactures, will always produce the same value, but will not always produce the same riches." (...) "By the invention of machinery, by improvements in skill, by a better division of labour, or by the discovery of new markets, where more advantageous exchanges may be made, a million of men may produce double, or treble the amount of riches, of 'necessaries, conveniences, and amusements,' in one state of society, that they could produce in another, but they will not on that account add any thing to value" (...); "for every thing rises or falls in value, in proportion to the facility or difficulty of producing it, or, in other words, in proportion to the quantity of labour employed on its production." (...) "Suppose with a given capital, the labour of a certain number of men produced 1000 pair of stockings, and that by inventions in machinery, the same number of men can produce 2000 pair, or that they can continue to produce 1000 pair, and can besides produce 500 hats; then the value of the 2000 pair of stockings, [or of the 1000 pair of stockings,] and 500 hats, will be neither more nor less than that of the 1000 pair of stockings before the introduction of machinery; for they will be the produce of the same quantity of labour." (...) "But the *value of the general mass of commodities will nevertheless be diminished;* for, although the value of the increased quantity produced, in consequence of the improvement, will be the same exactly as the value would have been of the less quantity that would have been produced, had no improvement taken place, *an effect is also produced on the portion of goods still unconsumed, which were manufactured previously to the improvement;* the value of those goods will be reduced, inasmuch as they must fall to the level, quantity for quantity, of the goods produced under all the advantages of the improvement: and the society will, notwithstanding the increased quantity of commodities, notwithstanding its augmented riches, and its aug-

mented means of enjoyment, *have a less amount of value*. By *constantly increasing the facility of production, we constantly diminish the value of some of the commodities before produced*, though by the same means we not only add to the national riches, but also to the power of future production." (p.320–322.)

540 "With respect to the third objection against taxes on raw produce, namely, that the raising wages, and lowering profits, is a discouragement to accumulation, and acts in the same way as a natural poverty of soil; I have endeavoured to shew in another part of this work that *savings may be as effectually made from expenditure as from production; from a reduction in the value of commodities, as from a rise in the rate of profits*. By increasing my profits from 1000 to 1200 *l.*, whilst *prices* continue the same, my power of increasing my capital by savings is increased, but it is not increased so much as it would be if *my profits continued as before*, whilst commodities were so lowered in price, that 800 *l.* would produce[1] me as much as 1000 *l.* purchased before." (p.183, 184.)

541 "The whole argument, however, of Mr. Malthus, is built on an infirm basis: it supposes, because the *gross income* of the country is diminished, that, therefore, the net income must also be diminished, in the same proportion. It has been one of the objects of his work to shew, that with every fall in the real value of necessaries, the wages of labour would fall, and that the profits of stock would rise – in other words, that of any given annual value a less portion would be paid to the labouring class, and a larger portion to those whose funds employed this class. Suppose the value of the commodities produced in a particular manufacture to be 1000 *l.*, and to be divided between the master and his labourers, in the proportion of 800 *l.* to labourers, and 200 *l.* to the master; ||729| if the value of these commodities should fall to 900 *l.*, and 100 *l.* be saved from the wages of labour, the net income of the masters would be in no degree impaired, and, therefore, [he] could with just as much facility pay the same amount of taxes, after, as before the reduction of price." (p.511, 512.)

541 "Notwithstanding the tendency of wages to conform to their natural rate, their market rate may, in an improving society, for an indefinite period, be constantly above it; for no sooner may the impulse, which an increased capital gives to a new demand for labour be obeyed, than another increase of capital may produce the same effect; and thus, if the increase of capital be gradual and constant, the demand for labour may give a continued stimulus to an increase of people." (p.88.)

541 "An accumulation of capital naturally produces an increased competition among the employers of labour, and a consequent rise in its price." (p.178.)

542 "In different stages of society, the accumulation of capital, or of the means of employing labour, is more or less rapid, and *must in all cases depend on the productive powers of labour*. The productive powers of labour are generally greatest when there is an abundance of fertile land: at such periods accumulation is often so rapid, that labourers cannot be supplied with the same rapidity as capital." (p.92.) "It has been calculated, that under favourable circumstances population may be doubled in twenty-five years; but under the same favourable circumstances, the whole capital of a country might possibly be doubled in a shorter period. In that case, wages during the whole period would have a tendency to rise, because the demand for labour would increase still faster than the supply. In new settlements, where the arts and knowledge of countries far advances in refinement are

[1] Bei Ricardo : procure

introduced, it is probable that capital has a tendency to increase faster than mankind: and if the deficiency of labourers were not supplied by more populous countries, this tendency would very much raise the price of labour. In proportion as these countries become populous, and land of a worse quality is taken into cultivation, the tendency to an increase of capital diminishes; *for the surplus produce remaining, after satisfying the wants of the existing population, must necessarily be in proportion to the facility of production, viz. to the smaller number of persons employed in production.* Although, then, it is probable, that under the most favourable circumstances, the power of production is still greater than that of population, it will not long continue so; for the land being limited in quantity, and differing in quality, with every increased portion of capital employed on it, there will be a decreased rate of production, whilst *the power of population continues always the same.*" (p.92, 93.)

545 "The *natural tendency of profits then is to fall;* for, in the progress of society and wealth, the additional quantity of food required is obtained by the sacrifice of more and more labour. This tendency, this *gravitation as it were of profits*, is *happily checked* at repeated intervals by the improvements in machinery, connected with the production of necessaries, as well as by discoveries in the science of agriculture which enable us to relinquish a portion of labour before required, and ||731| therefore to lower the price of the prime necessary of the labourer. The rise in the price of necessaries and in the wages of labour is however limited; for as soon as wages should be equal ... to 720 *l.*, the whole receipts of the farmer, there *must be an end of accumulation; for no capital can then yield any profit whatever*, and no *additional labour can be demanded*, and consequently *population will have reached its highest point*. Long indeed before this period, the *very low rate of profits will have arrested all accumulation*, and almost the whole produce of the country, after paying the labourers, will be the property of the owners of land and the receivers of tithes and taxes." (p.120, 121.)

545 "Long before this state of prices was become permanent, *there would be no motive for accumulation; for no one accumulates but with a view to make his accumulation productive*, and consequently such a state of prices never could take place. The *farmer and manufacturer can no more live without profit, than the labourer without wages. Their motive* for accumulation will *diminish with every diminution of profit*, and will *cease altogether when their profits are so low* as not to afford them *an adequate compensation* for their trouble, and the *risk which they must necessarily encounter in employing their capital* productively." (p.123.)

545 "I must again observe, that the rate of profits would fall much more rapidly ... for the value of the produce being what I have stated it under the circumstances supposed, the value of the farmer's stock would be greatly increased from its necessarily consisting of many of the commodities which had risen in value. Before corn could rise from 4 *l.* to 12 *l.*, *his capital would probably be doubled in exchangeable value*, and be worth 6000 *l.* instead of 3000 *l.* If then his profit were 180 *l.*, or 6 per cent. on his original capital, profits would not at that time be really at a higher *rate* than 3 per cent.; for 6000 *l.* at 3 per cent. gives 180 *l.*; and on *those terms* only could *a new farmer with* 6000 *l. money* in his pocket *enter into the farming business.*" (p.124.)

546 "We should also expect that, however, *the rate of the profits of stock* might diminish *in consequence of the accumulation of capital on the land*, and the rise of wages, yet that *the aggregate amount of profits would increase*. Thus supposing that, with repeated accumulations of 100 000 *l.*, the rate of profit should fall from 20 to 19, to 18, to 17 per cent., a

constantly diminishing rate, we should expect that the whole amount of profits received by those successive owners of capital would be always progressive; that it would be greater when the capital was 200 000 *l.*, than when 100 000 *l.*, still greater when 300 000 *l.*; and so on, *increasing though at a diminishing rate, with every increase of capital.* This *progression however is only true for a certain time:* thus 19 per cent. on 200 000 *l.* is more than 20 on 100 000 *l.*; again 18 per cent. on 300 000 *l.* is more than 19 per cent. on 200 000 *l.*; but after capital has accumulated to a large amount, and profits have fallen, the *further accumulation diminishes the aggregate of profits.* Thus suppose the accumulation should be 1 000 000 *l.*, and the profits 7 per cent. the whole amount of profits will be 70 000 *l.*; now if an addition of 100 000 *l.* capital be made to the million, and profits should fall to 6 per cent., 66 000 *l.* or a diminution of 4000 *l.* will be received by the owners of stock, although the whole amount of stock will be increased from 1 000 000 *l.* to 1 100 000 *l.*

There can, however, be no accumulation of capital, so long as stock yields any profit at all, without its yielding not only an increase of produce, but an increase of value. By employing 100 000 *l.* additional capital, no part of the former capital will be rendered less productive. The produce of the land and labour of the country must increase, and its value will be raised, not only by the value of the addition which is made to the former quantity of productions, but by the new value which is given to the whole produce of the land, by the increased difficulty of producing that last portion of it. When the accumulation of capital, however, becomes very great, notwithstanding this increased value, it will be so distributed that a less value than before will be appropriated to profits, while that which is devoted to rent and wages will be increased." (p. 124–126.)

546 "Although a greater value is produced, a greater proportion of what remains of that value, after paying rent, is consumed by the producers, and it is this, and this alone, which regulates profits. Whilst the land yields abundantly, wages may temporarily rise, and the producers may consume more than their accustomed proportion; but the stimulus which will thus be given to population, will *speedily reduce the labourers of their usual consumption.* But when poor lands are taken into cultivation, or when more capital and labour are expended on the old land, with a less return of produce, the effect must be permanent." (p. 127.)

547 "The effects then of accumulation will be different in different countries, and will depend chiefly on the fertility of the land. However extensive a country may be where the land is of a poor quality, and where the importation of food is prohibited, the most moderate accumulations of capital will be attended with great reductions in the rate of profit, and a rapid rise in rent; and on the contrary a small but fertile country, particularly if it freely permits the importation of food, may accumulate a large stock of capital without any great diminution in the rate of profits, or any great increase in the rent of land." (p. 128, 129.)

547 ... "*sufficient surplus produce* may not be left to stimulate the exertions of those who usually augment by their savings the capital of the State." (p. 206.)

547 "There is only one case" {ch. XXI "*Effects of accumulation on profits and interest*"} "and that will be temporary, in which the accumulation of capital with a low price of food may be attended with a fall of profits; and that is, when the *funds for the maintenance of labour increase much more rapidly than population;* – wages will then be high, and profits low. If every man were to forego the use of luxuries, and be intent only on accumulation, a quantity of necessaries might be produced, for which there could not be any immediate con-

sumption. *Of commodities so limited in number, there might undoubtedly be a universal glut,* and consequently there might neither be demand for an additional quantity of such commodities, nor profits on the employment of more capital. If men ceased to consume, they would cease to produce." (p.343.)

Achtzehntes Kapitel

549 "It is of importance to distinguish clearly between gross revenue and net revenue, for it is from the net revenue of a society that all taxes must be paid. Suppose that all the commodities in the country, all the corn, raw produce, manufactured goods, etc. which could be brought to market in the course of the year, were of the value of 20 millions, and that in order to obtain this value, the labour of a certain number of men was necessary, and that the absolute necessaries of these labourers required an expenditure of 10 millions. I should say that the gross revenue of such society was 20 millions, and its net revenue 10 millions. It does not follow from this supposition, that the labourers should receive only 10 millions for their labour; they might receive 12, 14, or 15 millions, and in that case they would have 2, 4, or 5 millions of the net income. The rest would be divided between landlords and capitalists; but the whole net income would not exceed 10 millions. Suppose such a society paid 2 millions in taxes, its net income would be reduced to 8 millions." (p.512, 513.)

550 "What would be the advantage resulting to a country from a great quantity of productive labour, if, whether it employed that quantity or a smaller, its net rent and profits together would be the same. The *whole produce of the land and labour of every country is divided into three portions: of these, one portion is devoted to wages, another to profits, and the other* to rent." (...) "It is from the two last portions only, that any deductions can be made for taxes, or for savings; *the former, if moderate, constituting always the necessary expenses of production.*" (... "Perhaps this is expressed too strongly, as more is generally allotted to the labourer under the name of wages, than the absolutely necessary expenses of production. In that case a part of the net produce of the country is received by the labourer, and may be saved or expended by him; or it may [be] enable him to contribute to the defence of the country.")

"To an individual with a capital of 20000 *l.*, whose profits were 2000 *l.* per annum, it would be a matter quite indifferent whether his capital would employ a hundred or a thousand men, whether the commodity produced, sold for 10000 *l.* or for 20000 *l.*, provided, in all cases, his profits were not diminished below 2000 *l. Is not the real interest of the nation similar? Provided its net real income, its rent and profits be the same, it is of no importance whether the nation consists of ten or of 12 millions of inhabitants.* Its power of supporting fleets and armies, and all species of unproductive labour, must be in proportion to its net, and not in proportion to its gross income. If five millions of men could produce as much food and clothing as was necessary for ten millions, food and clothing for five millions would be the net revenue. Would it be of any advantage to the country, that to produce this same net revenue, seven millions of men should be required, that is to say, that seven millions should be employed to produce food and clothing sufficient for 12 millions? The food and clothing of five millions would be still the net revenue. The employing a greater number of men would enable us neither to add a man to our army and navy, nor to contribute one guinea more in taxes." (p.416, 417.)

551 "There is this advantage always resulting from a relatively low price of corn, – that the division of the actual production is more likely to increase the *fund for the maintenance of labour*, inasmuch as more will be allotted, under the name of profit, to the productive class, and less under the name rent, to the *unproductive class.*" (p.317.)

551 "rent is a creation of value ... but not a creation of wealth. If the price of corn, from the difficulty of producing any portion of it, should rise from 4 *l.* to 5 *l.* per qr., a million of qrs. will be of the value of 5 000 000 *l.* instead of 4 000 000 *l.*, ... the society altogether will be possessed of greater value, and in that sense rent is a creation of value. But this value in so far nominal, that it adds nothing to the wealth, that is to say, the necessaries, conveniences, and enjoyments of the society. We should have precisely the same quantity, and no more of commodities, and the same million quarters of corn as before; but the effect of its being rated at 5 *l.* per quarter, instead of 4 *l.*, *would be to transfer a portion of the value of the corn and commodities from their* former possessors to the landlords. Rent then is a creation of value, but not a creation of wealth; *it adds nothing to the resources of a country.*" (p.485, 486.)

551 "But it may be said, that the capitalist's income will not be increased; that the million deducted from the landlord's rent, will be paid in additional wages to labourers! Be it so; ... the situation of the society will be improved, and they will be able to bear the same money burthens with greater facility than before; it will only prove what is still more desirable, that the situation of another class, *and by far the most important class in society,* is the one which is chiefly benefited by the new distribution. All that they receive more than 9 millions, *forms part of the net income of the country,* and it cannot be expended without adding to its revenue, its happiness, or its power. Distribute then the net income as you please. Give a little more to one class, and a little less to another, yet you do not thereby diminish it; a greater amount of commodities will be still produced with the same labour, although the amount of the gross money value of such commodities will be diminished; but the net money income of the country, that fund from which taxes are paid and enjoyments procured, would be much more adequate, than before, to maintain the actual population, to afford it enjoyments and luxuries, and to support any given amount of taxation." (p.515, 516.)

552 "Suppose ... a machine which could in any particular trade be employed to do the work of one hundred men for a year, and that it would last only for one year. Suppose too, the machine to cost 5000 *l.* and the wages annually paid to one hundred men to be 5000 *l.*, it is evident that it would be a matter of indifference to the manufacturer whether he bought the machine or employed the men. But suppose labour to rise, and consequently the wages of one hundred men for a year to amount to 5500 *l.*, it is obvious that the manufacturer would now no longer hesitate, it would be for his interest to buy the machine and get his work done for 5000 *l.* But will not the machine rise in price, will not that also be worth 5500 *l.* in consequence of the rise of labour? It would rise in price if *there were no stock employed on its construction, and no profits to be paid to the maker of it.* If for example, the machine were the produce of the labour of one hundred men, working one year upon it with wages of 50 *l.* each, and its price were consequently 5000 *l.*; should those wages rise to 55 *l.*, its price would be 5500 *l.*, but this cannot be the case; less than one hundred men are employed or it could not be sold for 5000 *l.*, for out of the 5000 *l.* must be paid the profits of stock which employed the men. Suppose then that only eightyfive men were employed at an expense of 50 *l.* each, or 4250 *l.* per annum, and that the 750 *l.*

which the sale of the machine would produce over and above the wages advances to the men, constituted the profits of the engineer's stock. When wages rose 10 per cent. he would be obliged to employ an *additional capital* of 425 *l.* and would therefore employ 4675 *l.* instead of 4250 *l.*, on which capital he would only get a profit of 325 *l.* if he continued to sell this machine for 5000 *l.*; but this is precisely the case of all manufacturers and capitalists; the rise of wages affects them all. If therefore the maker of the machine should raise the price of it in consequence of a rise of wages, an unusual quantity of capital would be employed in the construction of such machines, till their price afforded only the common rate of profits. We see then that machines would not rise in price, in consequence of a rise of wages.

The manufacturer, however, who in a general rise of wages, can have recourse to a machine which shall not increase the charge of production on his commodity, would enjoy peculiar advantages if he could continue to charge the same price for his goods; but he, as we have already seen, would be obliged to lower the price of his commodities, or capital would flow to his trade till his profits had sunk to the general level. Thus *then is the public benefited by machinery; these mute agents are always the produce of much less labour than that which they displace, even when they are of the same money value.*" (p.38–40.)

554 "In contradiction to the opinion of Adam Smith, M.Say, in the fourth chapter, speaks of the value which is given to commodities by *natural agents*, such as the sun, the air, the pressure of the atmosphere, etc., which are sometimes substituted for the labour of man, and sometimes concur with him in producing. But these natural agents, though they add greatly to *value in use*, never add exchangeable value, of which M.Say is speaking, to a *commodity:* as soon as by the *aid of machinery, or by the knowledge of natural philosophy*, you oblige natural agents to do the work which was before done by man, the exchangeable value of such work falls accordingly." (p.335, 336.)

554 "If ten men turned a corn mill, and it be discovered that by the assistance of wind, or of water, the labour of these ten men may be spared, the flour which is the produce partly of the work performed by the mill, would immediately fall in value, in proportion to the quantity of labour saved; and *the society would be richer by the commodities which the labour of the ten men could produce, the funds destined for their maintenance being in no degree impaired.*" (p.336.)

556 "though Adam Smith, who defined riches to consist in the abundance of necessaries, convenience and enjoyments of human life, would have allowed that *machines and natural agents* might very greatly add to the riches of a country, he would not have allowed that they *add any thing to the value of those riches.*" (ibidem p.335, note.)

557 "It is more incumbent on me to declare my opinions on this question" {viz. "the influence of machinery on the interest of the different classes of society"}, "because they have on further reflection, undergone a considerable change; and although I am not aware that I have ever published any thing respecting machinery which it is necessary for me to retract, yet I have in other ways" (...) "given my support to doctrines which I now think erroneous; it, therefore, becomes a duty in me to submit my present views to examination, with my reasons for entertaining them." (p.466.)

557 "Ever since I first turned my attention to questions of political economy, I have been of opinion, that such an application of machinery to any branch of production, as should have the effect of saving labour, was a general good, accompanied only with that portion of inconvenience which in most cases attends the removal of capital and labour from one

employment to another." (...) "It appeared to me, that provided the landlords had the same money rents, they would be benefited by the reduction in the prices of some of the commodities on which those rents were expended, and which reduction of price could not fail to be the consequence of the employment of machinery. The capitalist, I thought, was eventually benefited precisely in the same manner. He, indeed, who made the discovery of the machine, or who first applied it, would enjoy an additional advantage by making great profits for a time; but, in proportion as the machine came into general use, the price of the commodity produced, would, from the effects of competition, sink to its cost of production, when the capitalist would get the same money profits as before, and he would only participate in the general advantage, ||737| as a consumer, by being enabled, with the same money revenue, to command an additional quantity for comforts and enjoyments. *The class of labourers also,* I thought, *was equally benefited by the use of machinery* as they would have the means of buying more commodities with the same money wages, and I thought that *no reduction of wages would take place, because the capitalist would have the power of demanding and employing the same quantity of labour as before,* although he might be under the necessity of employing it in the production of a new, or at any rate of a different commodity. If, by improved machinery, with the employment of the same quantity of labour, the quantity of stockings could be quadrupled, and the demand for stockings were only doubled, some labourers would necessarily be discharged from the stocking trade; but *as the capital which employed them was still in being, and as it was the interest of those who had it to employ it productively,* it appeared to me that it would be employed on the production of some other commodities, useful to the society, for which there could not fail to be a demand ... As, then, it appeared to me that *there would be the same demand for labour as before,* and that wages would not be lower, I thought that the labouring class would, equally with the other classes, participate in the advantage, from the general cheapness of commodities arising from the use of machinery.

These were my opinions, and they continue unaltered, as far as regards the landlord and the capitalist; but I am convinced, that *the substitution of machinery for human labour, is often very injurious to the class of labourers.*" (p.466–468.)

567 "My mistake arose from the supposition, that whenever the *net income* of a society increased, its *gross income* would also increase; I now, however, see reason to be satisfied that *the one fund, from which landlords and capitalists derive their revenue, may increase,* while the other, *that upon which the labouring class mainly depend, may diminish,* and therefore it follows, if I am right, that the *same cause* which may increase the net revenue of the country, may at the same time *render the population redundant,* and deteriorate the condition of the labourer." (p.469.)

568 "A capitalist we will suppose employs a capital of the value of 20000 *l.* and that he carries on the joint business of a farmer, and a manufacturer of necessaries. We will further suppose, that 7000 *l.* of this capital is invested in fixed capital, viz. in buildings, implements, etc., and that the remaining 13000 *l.* is employed as circulating capital in the support of labour. Let us suppose, too, that profits are 10 p.c., and consequently that the capitalist's capital is every year put into its original state of efficiency, and yields a profit of 2000 *l.*

Each year the capitalist begins his operations, by having food and necessaries in his possession of the value of 13000 *l.*, all of which he sells in the course of the year to his own workmen for that sum of money, and, during the same period, he pays them the like amount of money for wages; *at the end of the year* they replace in his possession food and necessaries of the value of 15 000 *l.*, 2000 *l.* of which he consumes himself, or disposes of as may best suit his pleasure and gratification." {...} "As far as these products are concerned, the *gross produce* for that year is 15 000 *l.*, and the net produce 2000 *l.* Suppose now, that the following year the capitalist employs half his men in constructing a machine, and the other half in producing food and necessaries as usual. During that year he would pay the sum of 13 000 *l.* in wages as usual, and would sell food and necessaries to the same amount to his workmen; but what would be the case the following year?

While the machine was being made, only one-half of the usual quantity of food and necessaries would be obtained, and they would be only one-half the value of the quantity which was produced before. The machine would be worth 7500 *l.* and the food and necessaries 7500 *l.*, and, therefore, the capital of the capitalist would be as great as before; for he would have besided these two values, his fixed capital worth 7000 *l.*, making in the whole 20 000 *l.* capital, and 2000 *l.* profit. After deducting this latter sum for his own expenses, he would have a no greater circulating capital than 5500 *l.* with which to carry on his subsequent operations; and, therefore, his means of employing labour, would be reduced in the proportion of 13 000 *l.* to 5500 *l.*, and, consequently, *all the labour which was before employed by 7500 l., would become redundant.*" (p.469–471.)

570 "The reduced quantity of labour which the capitalist can employ, must, indeed, with the assistance of the machine, and after deductions for its repairs, produce a value equal to 7500 *l.*, it must replace the circulating capital with a profit of 2000 *l.* on the whole capital; but if this be done, ||743| if the net income be not diminished, of what importance is it to the capitalist, whether the gross income be of the value of 3000 *l.*, of 10 000 *l.*, or of 15 000 *l.*?" (...) "In this case, then, although the net produce will not be diminished in value, although its power of purchasing commodities may be greatly increased, the gross produce will have fallen from a value of 15 000 *l.* to a value of 7500 *l.*, and as *the power* of *supporting a population, and employing labour, depends always on the gross produce of a nation, and not on its net produce.*"

{... "Adam Smith constantly magnifies the advantages which a country derives from a large gross rather than a large net income." (p.415.)} "there will *necessarily be a diminution in the demand for labour, population will become redundant,* and the situation of the labouring classes will be that of distress and poverty." {... p.471.} "As, however, the *power of saving from revenue to add to capital, must depend on the efficiency of the net revenue,* to satisfy the wants of the capitalist, it *could not fail to follow from the reduction in the price of commodities consequent on the introduction of machinery,* that with the *same* wants" {but his wants enlarge} "he would *have increased means of saving, – increased facility of transfering revenue into capital.*" {...} "But with every increase of capital he would employ more labourers" {...}; "and, therefore, a *portion of the people thrown out of work in the first instance, would be subsequently employed; and if the increased production, in consequence of the employment of the machine, was so great as to afford, in the shape of net produce, as great a quantity of food and necessaries as existed before in the form of gross produce,* there would be *the same ability to employ the whole population,* and, therefore, there would not *necessarily* be *any redundancy of people.*" (p.469–472.)

572 "All I wish to prove, is, that the discovery and use of machinery may be attended with a diminution of gross produce; and whenever that is the case, it will be injurious to the labouring class, as some of their number will be thrown out of employment, and *population will become redundant, compared with the funds which are to employ it.*" (p.472.)

572 "If these views be correct, it follows, *1st.* That the discovery, and useful application of machinery, *always leads to the increase* of the *net produce of the country,* although it may not, and will not, after an inconsiderable interval, increase the *value of that net* produce." (p.474.)

572 "*2dly.* That the increase of the net produce of a country is compatible with a diminution of the gross produce, and that the motives for employing machinery are always sufficient to insure its employment, if it will increase the net produce, although it may, and frequently, must, diminish both the quantity of the gross produce, and its value." (p.474.)

"*3dly.* That the opinion entertained by the labouring class, that the employment of machinery is frequently detrimental to their interests, is not founded on prejudice and error, but is conformable to the correct principles of political economy." (p.474.)

"*4thly.* That if the improved means of production, in consequence of the use of machinery, should increase the net produce of a country in a degree so great as not to diminish the gross produce, (I mean always quantity of commodities and not value,) then the situation of all classes will be improved. The landlord and capitalist will benefit, not by an increase of rent and profit, but by the advantages resulting from the expenditure of the same rent, and profits, on commodities, very considerably reduced in value" (...), "while the situation of the labouring classes will also be considerably improved; 1st, *from the increased demand for menial servants*" (...); "2dly, from the stimulus to savings from revenue, which such an abundant net produce will afford; and 3dly, from the low price of all articles of consumption on which their wages will be expended" ... (p.474, 475.)

574 ... "that as much of the revenue as possible should be diverted from expenditure on luxuries, to be expended on menial servants." (p.476.)

575 ... "to the former demand for labourers, and this addition would take place only because I chose this mode of expending any revenue." (p.475, 476.)

575 "Whether it" (the revenue) "was expended in the one way or in the other, there would be *the same quantity of labour employed in production;* for the food and clothing of the soldier and sailor would require the same amount of industry to produce it as the more luxurious commodities; but in the case of the war, there would be the additional demand for men as soldiers and sailors; and, consequently, a war which is supported out of the revenue, and not from the capital of a country, is favourable to the increase of population." (p.477.)

575 "There is one other case that should be noticed of the possibility of an *increase in the amount of the net revenue of a country,* and *even of its gross revenue,* with a diminution of demand for labour, and that is, when the labour of horses is substituted for that of man. If I employed one hundred men of my farm, and if I found that the food bestowed on fifty of those men, could be diverted to the support of horses, and afford me a greater return for raw produce, after allowing for the interest of the capital which the purchase of the horses would absorb, it would be advantageous to me to substitute the horses for the men, and I should accordingly do so; but this would not be for the interest of the men, and unless the income I obtained, was so much increased as to enable me to employ the men as well as the horses, *it is evident that the population would become redundant,* and the labourer's condition would sink in the general scale. It is evident he could not, under any circumstances, be employed in agriculture" (why not? if the field of agriculture was

enlarged?); "but if the produce of the land were increased by the substitution of horses for men, he might be employed in manufactures, or as a menial servant." (p. 477, 478.)

576 "I have before observed, too, that *the increase of net incomes, estimated in commodities, which is always the consequence of improved machinery*, will lead to new savings and accumulations. *These savings*, it must be remembered, are *annual*, and must soon create a *fund, much greater than the gross revenue, originally lost by the discovery of the machinery*, when the demand for labour will be as great as before, and the situation of the people will be still further imprived by the increased savings which the increased net revenue will still enable them to make." (p. 480.)

576 "With every increase of capital and population, food will generally rise, on account of its being more difficult to produce." (p. 478, 479.)

576 "The consequence of a rise of food will be a rise of wages, and every rise of wages will have a tendency to determine *the saved capital in a greater proportion than before to the employment of machinery. Machinery and labour are in constant competition, and the former can frequently not be employed until labour rises.*" (p. 479.)

577 "To elucidate the principle, I have been supposing, that improved machinery is *suddenly* discovered, and extensively used; but the truth is, that these discoveries are gradual, and rather operate in *determining the employment of the capital which is saved and accumulated, than in diverting capital from its actual employment.*" (p. 478.)

577 "In America and many other countries, where the food of man is easily provided, there is not nearly so great temptation to employ machinery" (...) "as in England, where food is high, and costs much labour for its production." [p. 479.]

577 "'Man is a machine-making animal' ... if we consider the American as a representative man, the definition is ... perfect. It is one of the cardinal points of an American's system to do nothing with his hands that he can do by a machine. From rocking a cradle to making a coffin, from milking a cow to clearing a forest, from sewing on a button to voting for President, almost, he has a machine for everything. He has invented a machine for saving the trouble of masticating food ... *The exceeding scarcity of labour* and its consequent high value" {despite the low value of food}, "as well as a certain innate cutenes, have stimulated this inventive spirit ... The machines produced in America are, generally speaking, inferior in value to those made in England ... they are rather, as a wholes, *makeshifts to save labour* than inventions to accomplish former impossibilities." {...} ... "in the United States departement der Exhibition is *Emery's cottongin*. For many a year after the introduction of cotton to America the crop was very small; because not only was the demand rather limited, but the difficulty of cleaning the crop by manual labour rendered it anything but remunerative. When Eli Whitney, however, invented the saw ||747| cotton-gin there *was an immediate increase in the breadth planted*, and that increase has up to the present time gone on almost in an arithmetical[1] progression. In fact, it is not too much to say that Whitney made the cotton trade. With modifications more or less important and useful his gin has remained in use ever since; and until the invention of the present improvement and addition Whitney's original gin was quite as good as the most of its would-be supplanters. By the present machine, which bears the name of Messrs. Emery, of Albany, N.Y., we have no doubt that W[hitnes']s gin, on which it is based, will be quite supplanted. It is as simple and more efficacious; it delivers

[1] In der Handschrift: a geometrical

the cotton not only cleaner, but in sheets like wadding, and thus the layers as they leave the machine are at once fit for the cotton press and the bale. In American Court proper there is little else than machinery. *The cow-milker* ... a *belt-shifter* ... *a hemp carding and spinning machine*, which at one operation reels the cliver direct from the bale... A machine *for the manufacture of paper-bags*, which is cuts from the sheet, pastes, folds, and perfects at the rate of 300 a minute ... Hawes's *clothes-wringer*, which by two indiarubber rollers presses from clothes the water, leaving them almost dry, saves time, but does not injure the texture ... *bookbinder's machinery* ... *machines for making shoes*. It is well known that the uppers have been for a long time made up by machinery in this country, but here are machines for putting on the sole, others for cutting the sole to shape, and others again for trimming the heels ... A *stonebreaking machine* is very powerful und ingenious, and no doubt will come extensively into use for ballastring roads and crushing ores ... A *system of marine signals* by Mr. W. H. Ward of Auburn, New York ... *Reaping and mowing machines* are an American invention coming into very general favour in England. M'Cormick's the best ... Hansbrow's California Prize Medal *Force-Pump*, is in simplicity and efficiency the best in the Exhibition ... it will throw more water with the same power than any pump in the world ... *Sewing machines* ..." ["The Standard", 19. September 1862.]

578 "The same cause that raises labour, does not raise the value of machines, and, therefore, *with every augmentation of capital, a greater proportion of it is employed on machinery. The demand for labour will continue to increase with an increase of capital, but not in proportion to its increase; the ratio will necessarily be a diminishing ratio.*" ([Ricardo, "On the principles of political economy..." London 1821,] p. 479.)

579 "In both cases the net revenue would be the same, and so would be the gross revenue, but the *former would be realised in different commodities.*" (p. 476.)

579 "The demand for labour depends on *the increase of circulating, and not of fixed capital.* Were it true *that the proportion between these two sorts of capital is the same at all times, and in all countries, then,* indeed, it follows that the *number of labourers employed is in proportion to the wealth of the State.* But such a position has not the semblance of probability. As arts are cultivated, and civilization is extended, *fixed capital bears a larger and larger proportion to circulating capital.* The amount of fixed capital employed in the production of a piece of British muslin is at least a hundred, probably a thousand times greater than that employed in the production of a similar piece of Indian muslin. And the ||748| proportion of circulating capital employed is a hundred or a thousand times less. It is easy to conceive that, under certain circumstances, the whole of the annual savings of an industrious people might be added to fixed capital, in which case they would have no effect in increasing the demand for labour." ([Barton, "Observations on the circumstances which influence to condition of the labouring classes of society", London 1817] p. 16, 17.)

580 "It is not easy, I think, to conceive that under any circumstances, an increase of capital should not be followed by an increased demand for labour; the most that can be said is, that the *demand will be in a diminishing ratio.* Mr. Barton, in the above publication, has, I think, taken *a correct view* of some of the effects of an increasing amount of fixed capital on the condition of the labouring classes. His Essay contains much valuable information." [Ricardo "On the principles of political economy, ..." London 1821, p. 480, note.]

580 "Fixed capital when once formed, ceases to affect the demand for labour" (...), "but during its formation it gives employment to just as many hands as an equal amount would employ, either of circulating capital, or of revenue." ([Barton, l.c.] p.56.)

580 "The demand for labour absolutely depends on the joint amount of revenue and circulating capital." (p.34, 35.)

584 "Das *Verhältnis, welches die wages of labour at any given time bear to the whole produce of labour*, bestimmt die appropriation of capital in one" (fixed) "or the other" (circulating) "way." (p.17.)

584 „Fällt der Arbeitslohn, während der Preis der Waren stationär bleibt, oder steigt der Warenpreis, während der Arbeitslohn derselbe bleibt, so wächst der profit des employer und he is induced to hire more hands. Steigen dagegen wages im Verhältnis zu Waren, so hält der manufacturer so wenig hands als möglich und sucht alles durch Maschinerie zu machen." (p.17, 18.)

584 "We have good evidence that population advanced much more slowly under a gradual rise of wages während dem earlier part des letzten century, als während des latter part desselben century while the real price of labour fell rapidly." (p.25.)

584 "A rise of wages, of itself, then, never increases the labouring population; – a fall of wages kann sie sehr schnell wachsen machen. Zum Beispiel der Engländer sinke in seinen Forderungen zum Irländer. So wird der Fabrikant mehr anwenden in proportion to the diminished expense of maintenance." (l.c.p.26.)

584 "It is *the difficulty of finding employment*, much more *than the insufficiency of the rate of wages*, which discourages marriage." (p.27.)

584 "It is admitted that every increase of wealth has the tendency to create a fresh demand for labour; aber da labour, von allen Waren die größte Zeitlänge zu ihrer Produktion erheischt" ..., "so, of all commodities, it ||751| is the most raised by a given increase of demand; und da jedes rise of wages a ten-fold reduction of profits produces; so klar, daß die *Vermehrung des Kapitals nur langsam* wirken kann *in adding to the effectual demand* for labour, *unless preceded by such an increase of population as shall have the effect of keeping down the rate of wages*." (p.28.)

586 "Das folgende statement zeigt" (...) "what proportion the *wages of husbandry* have ben to the price of corn während der letzten 70 Jahre.

Periods	Weekly Pay		Wheat per qr.		Wages in pints of wheat
1742–1752	6 sh.	0 d.	30 sh.	0 d.	102
1761–1770	7	6	42	6	90
1780–1790	8	0	51	2	80
1795–1799	9	0	70	8	65
1800–1808	11	0	86	8	60"

(p.25, 26.)

587 „Aus einer Tafel der Bills Zahl for the inclosing of land passed in each session since the Revolution, gegeben in the Lords' Report on the Poor Laws" (1816?), „sieht man, daß in den 66 Jahren von 1688–1754 123 bills, in den 69 Jahren von 1754–1813 dagegen 3315. The progress of cultivation ungefähr 25 × rascher während der letztren Periode als

während der früheren. Aber in den ersten 66 Jahren more and more corn was grown continually for exportation; während in dem greater part der letzten 69 Jahre alles konsumiert, was früher exportiert, aber zugleich importiert an increasing und zuletzt a very large quantity, für unsre eigne Konsumtion ... Das Wachstum der Bevölkerung in der 1t Periode verglichen mit der letztren also noch langsamer, als der progress of cultivation might appear to indicate." (p. 11, 12.)

587 ..., „1750 die Zahl der Einwohner 5 946 000, making an increase seit der Revolution von 446 000, oder 7 200 per annum..." (p. 14.)

587 „Nach der lowest estimate, then dann der progress of population 10 × rascher of late years as a century ago. Aber unmöglich zu glauben, daß die Akkumulation des Kapitals zehnmal größer." (p. 14.)

Beilagen

591 "Corn is scarce or not scarce in proportion to the consumption of it. If there are *more mouths*, there will be *more corn*, because there will be *more hands* to till the earth; and if there is *more corn*, there will be more mouths, because *plenty* will bring *people*..." (p. 125 [*John Arbuthnot*] "An Inquiry into the Connection between the present Price of Provisions, and the Size of Farms etc. By a Farmer," Lond. 1773.)

591 ... "the culture of earth cannot be over-done." (p. 62.)

591 "If the *price of corn* is nearly what it ought to be, which can only be determined by the proportion that the *value of land* bears to the *value of money*." (l. c. p. 132.)

592 "The *old* method of calculating the *profits* of the farmer by the *three rents*" (Metairie-system). "*In the infancy of agriculture*, it was a conscientious and equal partition of property; such as is now practised in the less enlightened parts of the world ... the one finds land and capital, the other knowledge and labour; but on a well-cultivated and good soil, the rent is now the least object: it is the *sum which a man can sink in stock*, and *in the annual expense of his labour*, on which he is to reckon the interest of his money, or income." (p. 34.)

593 "The *landed* and *trading interests* are eternally jarring, and jealous of each other's advantages." (p. 22, note [Nathaniel Forster] "*An Enquiry into the Causes of the Present High Price of Provisions* etc.," *London 1767.*)

594 "When the ... producers were both agriculturists and manufacturers, the land-owner received, as *rent of land*, a value of 10 *l.* Suppose this rent to have been paid $^1/_2$ in raw produce, and the other $^1/_2$ in manufacturers; – on the *division* of the producers into the two classes of agriculturists and manufacturers" ... "In practive, however, it would be found more convenient for the cultivators of the land, *to pay the rent*, and to charge it on their produce, when exchanging it against the produce of the labour of the manufacturers; so as to divide the payment into two equitable proportions between the two classes, and to leave wages and profits equal in each department." (p. 26, *Th. Hopkins*, "*Enquiries relative to the Laws which regulate Rent, Profit* etc.", *London 1822.*)

595 "It will be observed that we consider the owner and farmer always as *one and the same person* ... Such it is in the United States." (p. 97, *H. C. Carey*, "*The Past, The Present and the Future*", *Philadelphia 1848.*)

595 "Man is always going from a poor soil to better, and then returning on his footsteps to the original poor one, and turning up the marl or the lime; and so on, in continued succession ... and at each step in this course, he is making a better machine." (p. 128, 129.) "Capital may be invested in agriculture with *more* advantage than in *engines*, because the last are *only of equal*, whereas the other is of *superior*, power." (l.c.) "Der gain von einer steam-engine is the wages of labour" (die wool in cloth verwandelt etc.), "*minus* the loss by deterioration of the machine. Labour applied to fashioning the earth produces wages + the gain by improvement of the machine." (l.c.) ... "a piece of land that yields l. 100 per annum..." (p. 130.) "The buyer of the first knows that it will pay him wages and interest + the increase of its value by use. The buyer of the other knows it will give him wages and interest, minus the diminution in its value by use. The one buys a machine that improves by use. The other, one that deteriorates with use ... The one is a machine upon which new capital and labour may be expended with constantly increasing return; while upon the other no such expenditure can be made." (p. 131.)

596 ... "to *increase rent ultimately. The increased capital*, which is employed in consequence of the opportunity of making great temporary profits *can seldom or ever be entirely removed from the land, at the expiration of the current leases;* and, *on the renewal of these leases*, the landlord feels the benefit of it in *the increase of his rents.*" (*Malthus*, "*Inquiry into the Nature and Progress of Rent* etc.", *London 1815*, [p. 26].)

596 "If, until the prevalence of the late high prices, arable land in general bore but *little rent*, chiefly by reason of the *acknowledged necessity of frequent fallows;* the rents must be again reduced, to admit of a return to the same system." (p. 72, *J.D.Hume*, "*Thoughts on the Corn-Laws* etc.", *London 1815*.)

597 "A diminishing surface suffices to supply man with food as population multiplies." (p. 69, "*The Natural and Artificial Right of Property contrasted* etc.", by *Hodgskin* (anonym), *Lond. 1832*.)

Anmerkungen

[1] Nach der Fertigstellung des umfangreichen Kapitels „Theorien über produktive und unproduktive Arbeit" und nach der Niederschrift weiterer drei Kapitel, die ihrem Charakter nach Ergänzungen zum Abschnitt über die Physiokraten darstellen (über Necker, über Quesnays „Tableau Économique" und über Linguet), hätte Marx seinem Plan entsprechend mit dem Abschnitt über Ricardo beginnen müssen. Marx begann jedoch zunächst mit der Niederschrift des Kapitels über Bray. Offensichtlich geschah dies im Zusammenhang damit, daß er im Kapitel über Linguet auf die „paar sozialistischen Schriftsteller" hingewiesen hatte, auf die er „in dieser Rundschau zu sprechen kommen werde". (Siehe 1. Teil dieses Bandes, S. 320.) Dementsprechend strich Marx in dem Entwurf des Inhaltsverzeichnisses auf dem Umschlag des Heftes X in der Überschrift des Kapitels „f)" den ursprünglich geschriebenen Namen „Ricardo" aus und setzte dafür „Bray" ein. (Siehe ebenda, S. 4.) Jedoch blieb das Kapitel über Bray unvollendet. In der Folge beschloß Marx, die Analyse der Ansichten Brays in das Kapitel „Gegensatz gegen die Ökonomen" zu verlegen (siehe ebenda, Vorwort, S. XXII).

Als Marx das Kapitel über Bray zu schreiben begann, beabsichtigte er, den Abschnitt über „Ricardo" mit dem nächsten Kapitel, dem Kapitel „g)" zu eröffnen. Aber auch diesmal strich Marx in der Überschrift den Namen „Ricardo" durch. Als Kapitel „g)" entstand „Herr Rodbertus. Abschweifung. Neue Theorie der Grundrente".

Das Kapitel über Rodbertus begann Marx im Juni 1862. Ferdinand Lassalle hatte Marx in einem Brief vom 9. Juni 1862 gemahnt: „Auch die Bücher, die ich Dir mitgab (Rodbertus, Roscher etc.), mußt Du mir ... *Anfang* Oktober zuschicken..." (Aus dem literarischen Nachlaß von Karl Marx, Friedrich Engels und Ferdinand Lassalle. Herausgegeben von Franz Mehring. Vierter Band, Stuttgart 1902, S. 355.) Das war für Marx offensichtlich der äußere Anlaß, sofort die Arbeit am Kapitel über Rodbertus aufzunehmen. Aber es gab auch ernste innere Beweggründe, aus denen sich die Notwendigkeit ergab, vor allen Dingen Rodbertus' Theorie von der Grundrente einer kritischen Analyse zu unterziehen.

Wie aus den Briefen von Marx (vgl. Band 30 unserer Ausgabe, S. 263–268, 274–275 und 626–628) ersichtlich ist, sah er bereits zu dieser Zeit in der Negierung der absoluten Rente einen der Hauptmängel der Rententheorie Ricardos. Mit dem Versuch, diesen Begriff zu entwickeln, war Rodbertus mit seinem dritten „Socialen Brief an von Kirchmann" aufgetreten. Bevor Marx an die umfassende Untersuchung der Ricardoschen Rententheorie heranging, unterzog er in der vorliegenden „Abschweifung" diesen Versuch Rodbertus' einer ausführlichen kritischen Analyse. 7

[2] Karl Marx, „Misère de la Philosophie..." (§ 4 des zweiten Kapitels „Das Grundeigentum oder die Rente"). (Siehe Band 4 unserer Ausgabe, S. 165–175.) 12

[3] Unter *Rohmaterial* versteht Marx an dieser Stelle einen solchen Arbeitsgegenstand, der keine durch Arbeit vermittelte Veränderung erfahren hat, sondern von der Natur gegeben ist. In allen anderen Fällen gebraucht Marx in seinem Manuskript von 1861–1863 den Terminus „Rohmaterial" in der Bedeutung, wie er ihn im ersten Band des „Kapitals", 5. Kapitel, formuliert hat, d.h. als einen Arbeitsgegenstand, der „selbst schon Arbeitsprodukt ist" (siehe Band 23 unserer Ausgabe, S. 196). „Rohmaterial ist der Arbeitsgegenstand nur, sobald er bereits eine durch Arbeit vermittelte Veränderung erfahren hat" (ebenda, S. 193). 15

[4] Im Heft IV seines Manuskripts von 1861–1863 (Seite 149ff.) bezeichnet Marx als *erste Teilung der Arbeit* die Teilung der Arbeit innerhalb der Gesellschaft zwischen den voneinander unabhängigen Warenproduzenten und als *zweite Teilung der Arbeit* die Teilung der Arbeit innerhalb einer Manufaktur". (Vgl. Band 23 unserer Ausgabe, S. 371–380.) 17

[5] Banfield, „The organization of industry...", 2. Auflage, London 1848, S. 40 und 42. Die erste Auflage erschien 1845 in London. 18

[6] Marx verwendet hier *Durchschnittspreis* im Sinne von „Produktionspreis", d.h. Produktionskosten (c+v) plus Durchschnittsprofit. Der Terminus „Durchschnittspreis" weist darauf hin, daß es sich hier „um den Durchschnittsmarktpreis während einer längeren Periode oder um das Zentrum, um welches der Marktpreis gravitiert", handelt (siehe vorl. Band, S. 310).

Bei Marx begegnen wir diesem Terminus zum ersten Male im Kapitel „A. Smith" (siehe 1. Teil dieses Bandes, S. 67). 19

[7] Die Begriffe *Produktionsperiode* (im Sinne der Periode, die außer der Arbeitszeit auch die Zeit umfaßt, in deren Verlauf der Arbeitsgegenstand der Einwirkung von bloß natürlichen Prozessen unterworfen ist) und *Arbeitsperiode* (Arbeitszeit) hat Marx im zweiten Band des „Kapitals", 13. Kapitel: „Die Produktionszeit" ausführlich entwickelt (siehe Band 24 unserer Ausgabe, S. 241–249). Über den Unterschied zwischen Produktions- und Arbeitszeit in der Landwirtschaft siehe auch „Grundrisse der Kritik der politischen Ökonomie", Berlin 1953, S. 560–562. 22

[8] Diese Charakteristik der Kapitalisten als befeindete Konkurrenten und zugleich auch als „Mitbrüder" begründete Marx im dritten Band des „Kapitals". Er schrieb in Verbindung mit der Untersuchung der Ausgleichung der Profitraten, bei der „jeder einzelne Kapitalist, wie die Gesamtheit aller Kapitalisten jeder besondern Produktionssphäre, in der Exploitation der Gesamtarbeiterklasse durch das Gesamtkapital und in dem Grad dieser Exploitation ... beteiligt ist": „Man hat also hier den mathematisch exakten Nachweis, warum die Kapitalisten, sosehr sie in ihrer Konkurrenz untereinander sich als falsche Brüder bewähren, doch einen wahren Freimaurerbund bilden gegenüber der Gesamtheit der Arbeiterklasse." (Siehe Band 25 unserer Ausgabe, S. 207 und 208.) 23

[9] Stirling, „The philosophy of trade; or, outlines of a theory of profits and prices...", Edinburgh 1846, S. 209–210. 27

[10] Opdyke, „A treatise on political economy", New York 1851, S. 60. 28

[11] Francis William Newman, „Lectures on political economy", London 1851. Newman schreibt auf S. 155 seines Buches: "...looking to the majority of those farmers who are not indigent and who must certainly be called capitalists, we must judge that the love

of a country life makes them (on a permanent average) satisfied with *less* gain than might have been expected in other businesses from the same capital." (...wenn man die Mehrheit jener Pächter betrachtet, die nicht arm sind und die man gewiß als Kapitalisten ansehen muß, müssen wir darauf schließen, daß die Liebe zum Landleben sie veranlaßt (im ständigen Durchschnitt), sich mit einem *geringeren* Gewinn zu begnügen, als sie in anderen Geschäften von dem gleichen Kapital erwarten könnten.) 32

[12] In der Handschrift folgt hier ein Beispiel mit einem Baumwollbauer, einem Spinner und einem Weber. Vom Profit, den jeder einzelne von ihnen erhält, geht Marx über zur Betrachtung der Größe des Profits unter der Voraussetzung, daß der Weber zugleich Spinner und Baumwollbauer ist. Marx unterbrach jedoch das begonnene Konzept, strich es durch und gab danach die im Text angeführte präzisierte Formulierung seines Gedankens. 42

[13] Mit „Kapitel III" bzw. „Abschnitt III" meint Marx den dritten Teil seiner Untersuchung über „Das Kapital im allgemeinen". Dieser Teil wuchs in der Folge zum dritten Band des „Kapitals" an. 43 166

[14] Marx bezieht sich auf Heft XII seiner Auszüge zur politischen Ökonomie. Auf den Umschlag des Heftes schrieb Marx: „London, 1851, Juli". Die Stelle aus Thomas Hopkins' Buch „Economical enquiries relative to the laws which regulate rent, profit, wages, and the value of money" (London 1822), auf die sich Marx hier bezieht, findet sich auf Seite 14 dieses Heftes XII. Später schrieb er das Zitat von Hopkins auf den Umschlag des Heftes XIII, S.669b seines Manuskripts von 1861–1863 (siehe vorl. Band, S.594). 49

[15] Diese Auffassung von Malthus (Malthus, „Principles of political economy", 2. Ausgabe, London 1836, S.268) zitiert und analysiert Marx in dem Kapitel „T.R.Malthus" (siehe 3.Teil dieses Bandes, S.31–33). 63

[16] In dieses Zitat von Rodbertus trug Marx die „nötigen Abänderungen" ein, die aus dem von Rodbertus nicht beachteten Umstand entspringen, daß der Wert der Maschinen und anderer Produktionsmittel ebenso notwendig in das Produkt der Landwirtschaft eingeht wie der Wert landwirtschaftlicher Rohstoffe in das Produkt der Industrie. (Vgl. dazu auch die Zitate aus Rodbertus auf den S.51 und 52 des vorl. Bandes.) Der Terminus „Maschinenwert" wird von Marx nicht ohne Ironie in Analogie mit dem Rodbertusschen Terminus „Materialwert" gebracht. Alle von Marx stammenden Worte werden im Text Antiqua gesperrt gebracht. 75

[17] Im Manuskript folgt hier eine kurze Einfügung über das Kapital als "the legalized reflexion to others people labour" (der legalisierte Reflex der Arbeit anderer Leute), die Marx in eckige Klammern einschloß und mit dem Hinweis versah, daß sie, da sie den unmittelbaren Zusammenhang der Darlegung stört, an einer anderen Stelle zu bringen ist. Diese Einfügung wird von uns auf S.28 des vorl. Bandes in Form einer Fußnote wiedergegeben. 90

[18] In diesem Absatz, mit dem Marx die Untersuchung der Abhängigkeit der Summe der Renten (der absoluten Rente und der Differentialrente) von der relativen Fruchtbarkeit des Bodens beginnt, geht er aus von der vorläufigen Annahme, daß die Summe der Rente direkt proportional der Fruchtbarkeit des Bodens ist (wenn irgendeine Bodenklasse um ein Fünftel fruchtbarer ist als die andere, sei auch die Summe der Rente dieser Klasse um ein Fünftel größer als die Rente, die man von der weniger fruchtbaren Bodenklasse erhält). In der weiteren Untersuchung benutzt Marx diese Annahme schon nicht mehr und gibt

eine präzisierte Formulierung der Abhängigkeit der Summe der Rente von der relativen Fruchtbarkeit des Bodens.

Wenn man entsprechend diesen folgenden Erklärungen von Marx die Summe der Renten für die Bodenklassen II, III und IV zusammenzählt und dabei von der Anzahl der Quarter ausgeht, die in diesen Klassen eingebracht und die für alle Klassen zum gleichen Preis von $^1/_3$ *l.* pro Quarter verkauft werden, so erhalten wir für die Klasse II 34 *l.*, für III $62^4/_5$ *l.* und für IV $97^9/_{25}$ *l.* Die Berechnung geschieht auf folgende Weise: Da Klasse II um $^1/_5$ fruchtbarer ist als I, so bringt sie 360 + 72, d.h. 432 qrs. hervor, die zu $43^2/_3$ *l.*, d.h. zu 144 *l.* verkauft werden. Von diesen 144 *l.* entfallen 110 *l.* auf die Produktionskosten plus den Durchschnittsprofit; für die Grundrente (absolute und Differentialrente) bleiben 34 *l.* Genauso erfolgt die Berechnung für die Klassen III und IV.

Die präzisierte Methode der Berechnung der Summe der Rente wendet Marx weitgehend im Kapitel XII („Tabellen nebst Beleuchtung über die Differentialrente") an, jedoch zeigt sich diese Methode schon im vorliegenden Kapitel VIII. So wird auf S. 98, wo Marx die auf S. 92 angeführten $17^7/_{25}$ *l.* für die Summe der Rente von der Klasse IV wiederholt und $7^7/_{25}$ *l.* für die Differentialrente dieser Klasse angibt, zusammen damit der richtige Weg für die Bestimmung der Differentialrente der Klasse IV gewiesen und zwar: $207^9/_{25}$ *l.* – 120 *l.* = $87^9/_{25}$ *l.* Wenn zu dieser Summe 10 *l.* absolute Rente hinzugefügt werden, so erhält man für die Gesamtrente der Klasse IV $97^9/_{25}$ *l.*, was völlig den nachfolgenden Schlußfolgerungen von Marx entspricht. 92

19 Storch schreibt in seiner Arbeit „Cours d'économie politique", zweiter Band, S. 78–79, St. Petersburg 1815: „Die Rente der fruchtbarsten Bodenarten bestimmt die Rentenhöhe aller anderen Bodenarten, die mit den fruchtbarsten Bodenarten konkurrieren. Bevor nicht die Erzeugnisse der fruchtbarsten Bodenarten zur Befriedigung der Nachfrage ausreichen, können die weniger fruchtbaren Bodenarten, die mit den fruchtbarsten konkurrieren, nicht bearbeitet werden oder mindestens keine Rente ergeben. Aber da erst die Nachfrage die Menge des Produkts zu übersteigen beginnt, die die fruchtbaren Bodenarten liefern können, erhöht sich der Preis des Produkts, und es wird möglich, die weniger fruchtbaren Bodenarten zu bearbeiten und von ihnen Rente zu erhalten." Über diese Ansicht Storchs spricht Marx auch im dritten Band des „Kapitals" (siehe Band 25 unserer Ausgabe, S. 193 und 671). 93

20 Marx schreibt in einer Fußnote zum dritten Band des „Kapitals", daß beide, sowohl Ricardo wie auch Storch, in der Frage des Marktwertes der landwirtschaftlichen Produkte „recht haben und beide unrecht, und daß ebenso beide den mittlern Fall ganz außer acht gelassen haben". (Siehe Band 25 unserer Ausgabe, S. 193.) 96

21 Die Steigerung in der Höhe der Rente ist nur scheinbar in dem Sinne, daß sie auf einem „falschen sozialen Wert" begründet ist. Darüber schreibt Marx ausführlich im dritten Band des „Kapitals" (siehe Band 25 unserer Ausgabe, S. 673). 101

22 Im Manuskript befindet sich dieser von Marx in Klammern gesetzte Passus zwei Absätze tiefer (auf derselben Seite 494) in einem kleinen historischen Exkurs über die Ansichten von Petty und D'Avenant über die Veränderlichkeit der Höhe der Grundrente. Seinem Inhalt nach schließt sich der in Klammern gesetzte Passus an die vorhergehende Betrachtung von Marx über das Verhältnis zwischen der Produktion der Agrikultur und der Produktion der Industrie an. 105

23 [Anderson,] „An enquiry into the nature of the corn laws, with a view to the new corn bill proposed for Scotland", Edinburgh 1777. 107

[24] *Britisches Museum* – das 1753 gegründete Nationalmuseum in London. Seinen wichtigsten Teil bildet die Bibliothek, die eine der größten in der Welt ist. In der Bibliothek des Britischen Museums arbeiteten Marx und Engels. W. I. Lenin besuchte diese Bibliothek im Mai/Juni 1908. 107

[25] Das 1786 in London anonym erschienene Buch von Joseph Townsend, „A dissertation on the poor laws...", zitierte Marx im Heft III seines Manuskripts (Seite 112, 113) im Abschnitt „Absoluter Mehrwert". Alle drei dort angeführten Zitate bringt Marx auch im ersten Band des „Kapitals" (siehe Band 23 unserer Ausgabe, S. 676). 108

[26] Hinweis auf das Korngesetz von 1815, das die Einfuhr von Getreide nach England verbot, solange der Getreidepreis in England unter 80 sh. pro Quarter blieb. 112

[27] Marx spielt hier auf den Leipziger Universitätsprofessor Roscher an. 113

[28] Im Manuskript folgt hier eine kurze Einfügung, die auf S. 113 als Fußnote wiedergegeben wird. 114

[29] Marx nennt Roscher ironisch Wilhelm Thukydides Roscher, weil dieser in der Vorrede zur ersten Auflage seines Buches „Die Grundlagen der Nationalökonomie", wie Marx sagt, „sich bescheidnerweise als Thukydides der politischen Ökonomie angekündigt hat". (Vgl. 3. Teil dieses Bandes, S. 492/493.) 115

[30] Marx bezieht sich auf die 1815 in London anonym erschienene Schrift Edward Wests, „Essay on the application of capital to land..." sowie auf die im gleichen Jahr in London herausgegebene Arbeit von David Ricardo „An essay on the influence of a low price of corn on the profits of stock...". 117

[31] Hopkins, „Economical enquiries relative to the laws which regulate rent, profit, wages, and the value of money", London 1822, S. 37, 38. Die entsprechende Stelle aus diesem Buch führt Marx weiter unten an (siehe vorl. Band, S. 135). 119

[32] Marx kehrt im weiteren Text der „Theorien über den Mehrwert" nicht mehr zur Analyse dieser Ansichten Roschers zurück. Doch kritisiert Marx im 3. Teil der „Theorien", im Kapitel „Auflösung der Ricardoschen Schule", ausführlich die analogen vulgären Ansichten McCullochs, die ebenso wie die Ansichten Roschers unter dem starken Einfluß der apologetischen Konzeption der „produktiven Dienste" standen, die Jean-Baptiste Say hervorgehoben hatte und über die Marx im nächsten Abschnitt spricht. Im ersten Band des „Kapitals" berührt Marx die Ansicht Roschers über die Natur als eine der Quellen des Werts in der Anmerkung 22 zum sechsten Kapitel (siehe Band 23 unserer Ausgabe, S. 220, 221). Siehe auch den dritten Band des „Kapitals" (Band 25 unserer Ausgabe, S. 834). 125

[33] Über die *enclosures* (Einhegungen) des Gemeindelands in England spricht Marx im ersten Band des „Kapitals" (siehe Band 23 unserer Ausgabe, S. 752–756). 139

[34] Gemeint ist die Malthussche Bevölkerungstheorie. 140

[35] James Anderson zitiert hier das Buch des Italieners Camillo Tarello da Lonato „Ricordo d'Agricoltura". Von diesem Buche sind 12 Auflagen nachgewiesen: Venedig 1567, 1609, 1704 und 1722; Mantua 1577, 1585, 1622, 1735; Treviso 1601, 1731; Bergamo 1736, Mailand 1816. Anderson bezieht sich auf die erste in Mantua erschienene Ausgabe und zitiert nach der französischen Übersetzung dieser Schrift, herausgegeben von der Société économique in Bern. 140

[36] J. Mill, „Elements of political economy", London 1821, S. 198. 148

[37] Im ersten Band des „Kapitals" schreibt Marx, daß zwischen 1801 und 1831 der englischen Landbevölkerung 3 511 770 Acres Gemeindeland geraubt „und parlamentarisch den Landlords von den Landlords geschenkt wurden". (Siehe Band 23 unserer Ausgabe, S.756.) 153

[38] Unter *landwirtschaftlichen Maschinen* versteht hier Rodbertus die ihrer Fruchtbarkeit nach verschiedenen Bodenklassen. Den Vergleich der Bodenklassen mit Maschinen von verschiedener Effektivität entlehnte Rodbertus bei Malthus. 155

[39] Der Terminus „Kostenpreis" wird hier im Sinne von „Produktionspreis" verwandt. Im 1. Teil der „Theorien über den Mehrwert" verwendet Marx den Terminus „Kostenpreis" im Sinne der „immanenten Produktionskosten" (siehe 1. Teil dieses Bandes, S.68). Im 3. Teil der „Theorien über den Mehrwert" gebraucht Marx den Terminus „Kostenpreis" sowohl im Sinne des Produktionspreises wie auch im Sinne der Produktionskosten für den Kapitalisten.

Den Terminus „Kostenpreis" gebraucht Marx in verschiedenem Sinne: 1. im Sinne der Produktionskosten für den Kapitalisten (c + v); 2. im Sinne der „immanenten Produktionskosten" der Ware (c + v + m), die mit dem Wert der Ware zusammenfallen (vgl. 1. Teil dieses Bandes, S.68); und 3. im Sinne des Produktionspreises (c + v + Durchschnittsprofit).

Dieser unterschiedliche Gebrauch des Terminus „Kostenpreis" erklärt sich dadurch, daß das Wort „Kosten" in der Ökonomie in drei verschiedenen Bedeutungen gebraucht wurde, wie Marx hervorhebt (siehe 3. Teil dieses Bandes, S.74–80 und 502/503): 1. im Sinne von Vorschuß, gezahlt vom Kapitalisten; 2. im Sinne des Preises des vorgeschossenen Kapitals plus Durchschnittsprofit und 3. im Sinne der realen (immanenten) Produktionskosten für die Ware selbst (= Wert).

Außer diesen drei Bedeutungen, die man bei den bürgerlichen Klassikern der politischen Ökonomie findet, gibt es noch eine vierte, vulgäre Bedeutung des Terminus „Kostenpreis". So sagt Say in seiner Schrift „Traité d'économie politique" (2. Aufl., Bd. III, Paris 1814, S.453), Kostenpreis sei das, was für die produktiven Dienste der Arbeit, des Kapitals und Bodens bezahlt wird. Diese vulgäre Auffassung vom „Kostenpreis" hat Marx entschieden zurückgewiesen (siehe vorl. Band, S.125/126, 213, 470). 158

[40] Adam Smith, „An inquiry into the nature and causes of the wealth of nations. With notes and an additional volumen, by David Buchanan." Band II, Edinburgh 1814, S.55. Die Fußnote Buchanans wird zitiert nach Ricardo „On the principles of political economy, and taxation", 3. Ausgabe, London 1821, S.66, Note. 159

[41] Say, „Traité d'économie politique...". 5. Ausgabe, Band I, Paris 1826, S. LXXXIII bis LXXXIV (oder auch: Sechste Ausgabe, Paris 1841, S.41). 163

[42] Marx rechnete zu den 12 Kapiteln (VIII–XVIII und XXIX) in Ricardos Buch, die sich mit der Steuer im eigentlichen Sinn des Wortes beschäftigen, noch die Kapitel XXII und XXIII („Exportprämien und Einfuhrverbote" und „Über Produktionsprämien") hinzu. 164

[43] Unter „in die *Konsumtion überhaupt* eingehenden Lebensmitteln" versteht Marx hier einerseits die individuellen Konsumtionsmittel der Arbeiter und andererseits die Hilfsstoffe, die industrielle Konsumtionsmittel für die Maschinen sind (wie Kohle, Schmieröl usw.). 170

[44] Der Durchschnittsprofit beträgt nur in dem Fall $20^5/_{26}\%$, wenn die vom Manufakturisten und vom Pächter verausgabten Kapitalien gleich sind. Zieht man aber den Unterschied in der Größe der verausgabten Kapitalien in Betracht: 800 *l.* bei dem Pächter und 1300 *l.* bei dem Manufakturisten (insgesamt 2100 *l.*), so ist bei dem Gesamtprofit beider (= 400) der Durchschnittsprofit $\frac{400 \times 100}{2100} = 19^1/_{21}\%$. 184

[45] Über die Ansichten von Malthus, Torrens, James Mill und McCulloch siehe die entsprechenden Abschnitte im 3. Teil dieses Bandes. 188

[46] Unter dem „numerischen Verhältnis oder dem proportionellen Größenverhältnis" der verschiedenen Gruppen von Unternehmern versteht Marx hier die Menge der Produkte, die von jeder dieser Gruppen auf den Markt gebracht werden. 202

[47] Corbet, „An inquiry into the causes and modes of the wealth of individuals...", London 1841. Corbet behauptet in diesem Buch, S. 42–44, daß in der Industrie die Preise durch die Waren reguliert werden, die man unter den besten Bedingungen produziert und die nach seiner Meinung gerade die überwiegende Masse aller Waren der gegebenen Art darstellen. 202

[48] Es wird vorausgesetzt, daß die Durchschnittsprofitrate 10% beträgt. 217

[49] Sir James Steuart, „An inquiry into the principles of political oeconomy...", Dublin 1770, Bd. I, S. 171. Vgl. auch Karl Marx, „Grundrisse der Kritik der politischen Ökonomie", Berlin 1953, S. 742. 230

[50] Die Feststellung, daß die ganze Masse der Rente (die absolute Rente und die Differentialrente zusammengenommen) gleich ist der Differenz zwischen dem Marktwert und dem Kostenpreis, wird von Marx weiter unten ausführlich betrachtet (vgl. vorl. Band, S. 290). 256

[51] Die $^{16}/_{65}$ *l.* ergeben sich aus der Subtraktion des individuellen Werts der Tonne Kohle $= 1^3/_5$ *l.* von ihrem neuen Marktwert $= 1^{11}/_{13}$ *l.* 257

[52] Die vorhergehenden Beispiele betrafen nicht die Landwirtschaft, sondern die Exploitation von Kohlengruben verschiedener Ergiebigkeit. Aber alles, was über diese Gruben gesagt wird, ist auch in der Landwirtschaft auf Böden von verschiedener Fruchtbarkeit anwendbar. 258

[53] Unter *Differentialwert* versteht Marx den Unterschied zwischen Marktwert und individuellem Wert (siehe vorl. Band, S. 261). Marx bestimmt den Differentialwert je Maßeinheit des Produkts, die Differentialrente dagegen für das ganze in der gegebenen Klasse produzierte Produkt. Wenn der Marktwert der Maßeinheit des Produkts größer ist als dessen individueller Wert, bildet die Differenz eine positive Größe, wenn dagegen der Marktwert geringer ist als der individuelle Wert, bildet diese Differenz eine negative Größe. Daher die Zeichen + und — in der von Marx gegebenen Aufstellung auf der Seite 574 seines Manuskripts (siehe die Einlage zwischen Seite 260 und 261 des vorl. Bandes).

In den Tabellen *C*, *D* und *E* auf der Seite 572 des Manuskripts (siehe vorl. Band, S. 260) stellt Marx die Zeichen + und — vor die Zahlen, die in Pfund Sterling die Größe der Differentialrente ausdrücken. Zum Beispiel steht in der Tabelle *C* in der Spalte „Differentialrente" die negative Größe „$- 9^3/_{13}$ *l.*". Das bedeutet, daß in dem gegebenen Fall die Fruchtbarkeit des Bodens der Klasse I so gering ist, daß auf ihm bei dem vorhandenen Marktwert nicht nur keine Differentialrente erzielt werden kann, sondern sogar die absolute Rente hier erheblich unter ihre normale Größe fällt. Im Falle I *C* beträgt die absolute Rente insgesamt nur $^{10}/_{13}$ *l.*, d. h., sie ist um $9^{3}/_{13}$ *l.* niedriger als ihre normale Größe, die im gegebenen Beispiel 10 *l.* ausmacht.

In der Aufstellung auf der Seite 574 des Manuskripts drückt Marx dieselbe Erscheinung der negativen Differentialrente mit Hilfe des negativen Differentialwerts aus und setzt in diesen Fällen in die Spalte „Differentialrente" einfach die Ziffer „0", die hier das Fehlen der *positiven* Differentialrente angibt (die *negative* Differentialrente äußert sich durch entsprechende Verkleinerung der absoluten Rente, die sich in der Spalte „Absolute Rente" widerspiegelt). Die Übertragung der negativen Größen in die Spalte „Differentialwert" beseitigt die Unbequemlichkeit, die in der Tabelle *C* entstand, als es notwendig war, die Differentialrente der verschiedenen Klassen zu addieren: In die Summe gingen nur die positiven Differentialrenten mit dem + Zeichen versehen ein, während die negative Größe „$-9^{3}/_{13}$ *l.*" bei der Summierung der Differentialrenten zur Vermeidung einer doppelten Rechnung einfach als Null betrachtet wurde. Darum legte Marx zur Berechnung der negativen Differentialrenten in seiner Aufstellung eine besondere Rubrik an: „Differentialwert per Tonne", in die er auch die negativen Differentialwerte aufnahm. 261

54 Unmittelbar nach diesen Worten folgt eine Zusammenstellung der Tabellen *A*, *B*, *C* und *D*, die alle hier aufgezählten Rubriken enthält. Auf der folgenden Seite 574 des Manuskripts werden noch einmal in einer geordneteren Form alle Daten der Tabellen *A*, *B*, *C* und *D* übertragen und die entsprechenden Daten der Tabelle *E* hinzugefügt. Die Wiedergabe der Zusammenstellung auf Seite 573 des Manuskripts erübrigt sich, da Marx die hier enthaltenen Daten vollständig in seine Aufstellung auf Seite 574 übernommen hat. (Siehe die Einlage zwischen Seite 260 und 261 des vorl. Bandes). 261

55 Marx, „Zur Kritik der Politischen Oekonomie". 1. Heft. Berlin 1859. (Siehe auch Band 13 unserer Ausgabe, S.51.) 263

56 In dem von Marx angeführten Beispiel geht das Produkt, dessen Produktion vom Grundeigentum abhängt, proportional gleichmäßig in beide Bestandteile des vorgeschossenen Kapitals ein. Marx nimmt an, daß ungeachtet der Vergrößerung des konstanten Kapitals (88c statt 80c, infolge der Verteurung des Rohstoffes) und des variablen Kapitals (22v statt 20v, infolge der Verteurung der Konsumtionsmittel der Arbeiter) der Wert des Produkts nach wie vor gleich 120 bleibt. Das konnte nur deshalb geschehen, weil sich der von den Kapitalisten angeeignete Mehrwert von 20 auf 10 verringert hat. Eine solche Verminderung des Mehrwerts ist dadurch bedingt, daß sich die Differentialrente, die auf einem produktiveren Bodenabschnitt in Verbindung mit dem Übergang zur Exploitation weniger produktiver Bodenabschnitte anstieg, um 10 Einheiten erhöhte. Auf diese Weise unterliegt hier der neugeschaffene Wert, der nach wie vor 40 ist (da die Produktionsweise dieselbe ist), folgender Neuverteilung: 10 Einheiten bilden jetzt den Mehrwert, die dem Kapitalisten zufallen, 20 Einheiten fallen auf das variable Kapital und 10 Einheiten dienen der Vergrößerung der Differentialrente, die durch die Vergrößerung des Werts des konstanten Kapitals um 8 Einheiten und die des Werts des variablen Kapitals um 2 Einheiten erfolgt.

Auf den Seiten 684–686 des Manuskripts (siehe vorl. Band, S.455–458) betrachtet Marx einen ähnlichen Fall. 276

57 Marx gebraucht hier, und zuweilen auch später, den Terminus *Produktionskosten* im Sinne der Kosten der Produktion plus dem Durchschnittsprofit. Eine analoge Anwendung des Terminus „Produktionskosten" findet sich auch an einzelnen Stellen des dritten Bandes des „Kapitals". Siehe Band 25 unserer Ausgabe, S.665, 686, 745, 747 und 748. 289

[58] Über die Kolonisationstheorie Wakefields schreibt Marx im „Kapital", erster Band, 25. Kapitel. (Siehe Band 23 unserer Ausgabe, S. 792–802.) 297

[59] Im vorhergehenden Kapitel zeigte Marx, daß Klasse I in Tabelle D „ganz passiv" ist (siehe vorl. Band, S. 289). Nicht I bestimmt den Markt, „sondern IV, III, II gegen es" (siehe vorl. Band, S. 291). 316

[60] Unter *the market cost-price* [dem Markt-Kostenpreis] versteht Marx den allgemeinen Kostenpreis, der die Marktpreise der Waren in einer bestimmten Produktionssphäre reguliert. (Siehe vorl. Band, S. 119/120.) 317

[61] Unter „absoluter Rente" versteht Marx in diesem Passus sowie in den Tabellen A–D (Einlage zwischen S. 324 und 325 des vorl. Bandes) die *Rate* der absoluten Rente. 324

[62] Ricardo bezeichnet die Rente als *„eine Schöpfung von Wert"* in dem Sinne, daß sie den Grundeigentümern die Möglichkeit gibt, über den Wertzuwachs des gesamten gesellschaftlichen Produkts zu verfügen, der nach Ricardo durch die wachsende Schwierigkeit bei der Produktion irgendeines Teils des Getreides entsteht. Im XXXII. Kapitel seines Buches kritisiert Ricardo die Ansicht Malthus' von der Rente als „einem eindeutigen Gewinn und einer Neubildung von Reichtum" und stellt die These auf, daß die Rente dem Reichtum der Gesellschaft nichts hinzufügt, sondern nur „einen Teil des Wertes des Getreides und der Waren von ihren früheren Besitzern auf die Grundeigentümer überträgt." (Siehe Ricardo, „On the principles...", London 1821, S. 484 und 485.) Vgl. auch vorl. Band, S. 551/552. 340

[63] Gemeint ist Rodbertus' These, der Wert des Rohmaterials gehe nicht in die Produktionskosten landwirtschaftlicher Produkte ein. (Siehe vorl. Band, S. 39–47.) 341

[64] Beide in diesem Abschnitt wiedergegebenen Zitate von Smith werden von Marx nicht in der französischen Übersetzung von Garnier gebracht, sondern sind den Seiten 227 und 229/230 der dritten Ausgabe von Ricardos „Principles of political economy", London 1821, entnommen. 367

[65] Weiter folgt im Manuskript ein Abschnitt, in dem das, was Ricardo über seine eigenen Auffassungen von der Rente sagt, analysiert wird. Dieser Teil, durch einen Strich von dem vorhergehenden Text getrennt, ist eine Ergänzung zu den Kapiteln, in denen Marx die Rententheorie Ricardos betrachtet. Seinem Inhalt nach gehört er zu dem dreizehnten Kapitel, wo er auch aufgenommen wurde (siehe vorl. Band, S. 313/314).

Diesem Abschnitt folgt im Manuskript eine in runde Klammern eingeschlossene Ergänzung zur Analyse der Ricardoschen Theorie der Kostenpreise, die von Marx im zehnten Kapitel gegeben wird. Diese Ergänzung wurde daher in das zehnte Kapitel aufgenommen (siehe vorl. Band, S. 214). 374

[66] Weiter folgt im Manuskript (Seite 641) ein Abschnitt, der die Ansichten Adam Smiths über die Wohnungsmiete betrifft. Dieser Abschnitt wurde in das vierzehnte Kapitel aufgenommen (siehe vorl. Band, S. 366/367). 386

[67] Im Manuskript (Seite 642/643) schließt sich hier ein Abschnitt an, der von den gegensätzlichen Veränderungen im Wert des konstanten und des variablen Kapitals handelt. Dieser Abschnitt, der eine Ergänzung zu den Manuskriptseiten 640/641 ist, wird auf den Seiten 384 bis 386 des vorl. Bandes wiedergegeben. 387

[68] Diese Definition des Monopolpreises gibt Ricardo im XVII. Kapitel seines Buches „On the principles of political economy, and taxation" (dritte Ausgabe, London 1821,

S.289/290). Eine von Adam Smith gegebene analoge Definition des Monopolpreises wird von Marx weiter oben angeführt (siehe vorl. Band, S.343). 390

[69] Marx weist auf die Abschnitte IV und V des ersten Kapitels von Ricardos Buch „On the principles of political economy, and taxation" hin, wo Ricardo die Frage untersucht, ob eine Erhöhung oder Senkung des Arbeitslohns die „relativen Werte der Waren" beeinflußt, die von Kapitalien verschiedener organischer Zusammensetzung produziert werden. Eine ausführliche kritische Untersuchung der beiden Beispiele Ricardos gab Marx auf S.171ff. des vorl. Bandes. 393

[70] Marx zeichnet hier als Beispiel eine der Richtungen auf, in der der Prozeß der Annäherung der organischen Zusammensetzung des landwirtschaftlichen Kapitals an die des industriellen Kapitals stattfinden kann. Als Ausgangspunkt nimmt Marx

$60c + 40v$ für das landwirtschaftliche Kapital und

$80c + 20v$ für das nicht-landwirtschaftliche Kapital.

Marx unterstellt, daß infolge der Erhöhung der Produktivität der landwirtschaftlichen Arbeit die Arbeiterzahl in der Landwirtschaft um ein Viertel vermindert wird. Es verändert sich also die organische Zusammensetzung des landwirtschaftlichen Kapitals: das Produkt, das früher die Verausgabung eines Kapitals von 100 Einheiten ($60c + 40v$) erforderte, verlangt jetzt die Ausgabe eines Kapitals von nur 90 Einheiten ($60c + 30v$), was bei einer Umrechnung auf 100 Einheiten $66^2/_3c + 33^1/_3v$ ergibt. Auf diese Weise nähert sich die organische Zusammensetzung des landwirtschaftlichen Kapitals der des industriellen Kapitals.

Marx nimmt weiter an, daß gleichzeitig mit der Verminderung der Zahl der landwirtschaftlichen Arbeiter auch noch der Lohn, bedingt durch eine Verbilligung des Getreides, um ein Viertel gesenkt wird. In diesem Falle ist unbedingt anzunehmen, daß auch in der Industrie der Arbeitslohn in dem gleichen Verhältnis gesenkt wird. Jedoch muß sich die Lohnsenkung auf das landwirtschaftliche Kapital, das eine niedrigere organische Zusammensetzung hat, in einem höheren Grad auswirken als auf das nicht-landwirtschaftliche Kapital. Das würde zu einer neuen Verringerung des Unterschieds zwischen der organischen Zusammensetzung des landwirtschaftlichen Kapitals und der des industriellen Kapitals führen.

Das landwirtschaftliche Kapital von $66^2/_3c + 33^1/_3v$ wird sich bei einer Lohnsenkung um ein Viertel in ein Kapital von $66^2/_3c + 25v$ verwandeln, was bei einer Umrechnung auf 100 Einheiten $72^8/_{11}c + 27^3/_{11}v$ ergibt.

Das nicht-landwirtschaftliche Kapital von $80c + 20v$ wird sich bei einer Lohnsenkung um ein Viertel in ein Kapital von $80c + 15v$ verwandeln, was bei einer Umrechnung auf 100 Einheiten $84^4/_{19}c + 15^{15}/_{19}v$ ergibt.

Bei einer weiteren Verminderung der Zahl der landwirtschaftlichen Arbeiter und bei einer weiteren Lohnsenkung wird sich die organische Zusammensetzung des landwirtschaftlichen Kapitals noch mehr der des nicht-landwirtschaftlichen Kapitals nähern.

Marx abstrahiert hier bei der Betrachtung dieses hypothetischen Falls zur Erklärung des Einflusses, den das Anwachsen der Produktivität der Arbeit in der Landwirtschaft auf die organische Zusammensetzung des landwirtschaftlichen Kapitals hat, von dem gleichzeitigen in der Mehrheit der Fälle noch schnelleren Anwachsen der Produktivität der Arbeit in der Industrie, das sich in einer weiteren Erhöhung der organischen Zusammensetzung des industriellen Kapitals im Vergleich zum landwirtschaftlichen ausdrückt. Über das Verhältnis zwischen der organischen Zusammensetzung des Kapitals in der Industrie und der in der Landwirtschaft siehe weiter vorl. Band, S. 12–14, 87, 102/103 und 242/243. 394

[71] Bei der Numerierung der Manuskriptseiten ließ Marx die 649 aus. 397

[72] Marx bezieht sich auf die Broschüre von Hume „Thoughts on the corn laws...", London 1815, S. 59. Hume, der sich mit der These von Adam Smith beschäftigt, „the price of labour is governed by the price of corn" [der Preis der Arbeit wird durch den Preis des Korns bestimmt], erklärt hier, daß Adam Smith „in speaking of corn must be understood to be speaking of food, because the value of all agricultural produce ... has a naturally tendency to equalize itself" [wenn er von Korn spricht, verstanden werden muß, daß er von Nahrung spricht, weil der Wert aller landwirtschaftlichen Produkte ... eine natürliche Tendenz hat, sich auszugleichen]. 404

[73] Marx verweist hier auf den Abschnitt, der im Heft III seines Manuskripts von 1861/1863 auf der Seite 95 b beginnt und betitelt ist „2. Absoluter Mehrwert". Die Stelle, auf die sich Marx bezieht, befindet sich im Unterabschnitt „Gleichzeitige Arbeitstage" auf den Seiten 102–104 dieses Manuskripts. 412

[74] Marx meint den durch die zwanzig Arbeiter neugeschaffenen Wert: in einer Arbeitsstunde wird von diesen zwanzig Arbeitern ein Wert von 2 *l.* und in einem Arbeitstag von 14 Stunden ein Wert von 28 *l.* geschaffen. Das Produkt der zwanzig Arbeiter von 28 *l.* setzt sich zusammen aus 10 Stunden notwendiger Arbeit gleich 20 *l.* plus 4 Stunden Surplusarbeit gleich 8 *l.* 413

[75] Der Wert des Gesamtprodukts enthält den auf das Produkt übertragenen Wert (c) und den neugeschaffenen Wert (v + m). Da Marx im gegebenen Fall von dem fixen Kapital abstrahiert, besteht der übertragene Wert hier aus dem Wert des Rohstoffs. In dem zu betrachtenden Beispiel ist der Wert des Rohstoffs gleich $93^1/_3$ *l.* (in einer Stunde werden $133^1/_3$ lbs. Baumwolle zu Twist verarbeitet, in 14 Stunden $1866^2/_3$ lbs.; 1 lb. Baumwolle kostet 1 sh.). Zusammen mit dem neugeschaffenen Wert (28 *l.*) ergibt dies $121^1/_3$ *l.* 413

[76] Marx hat hier solche Kritiker Ricardos im Auge wie Say, der z. B. in der Einleitung zur fünften Ausgabe seines Buches „Traité d'économie politique...", Paris 1826, Ricardo vorwirft, er „de raisonner quelquefois sur des principes abstraits auxquels il donne trop de généralité" [urteile zuweilen aus abstrakten Prinzipien, die allzusehr von ihm verallgemeinert werden], wobei solche Schlußfolgerungen zustande kommen, die nicht der realen Wirklichkeit entsprechen. (Siehe obengenannte Ausgabe, S. LXXXI oder die sechste Ausgabe, Paris 1841, S. 40/41.) 440

[77] Die Gesamttonnenzahl $51^{11}/_{39}$ erhält man durch folgende Berechnung: Produzieren $16^2/_3$ Arbeiter in der Klasse III der Tabelle *E* (siehe die Einlage zwischen den Seiten 452 und 453 des vorl. Bandes) $62^1/_2$ Tonnen, dann werden bei gleicher Produktivität der Arbeit $13^{79}/_{117}$ Arbeiter $\frac{13^{79}/_{117} \times 62^1/_2}{16^2/_3} = 51^{11}/_{39}$ Tonnen produzieren. 456

[78] W. Blake, „Observations on the effects produced by the expenditure of government during the restriction of cash payments", London 1823. Auszüge aus diesem Buch über die im Text berührte Frage mit Anmerkungen von Marx finden sich in seinem ökonomischen Manuskript 1857/58. (Siehe „Grundrisse der Kritik der politischen Ökonomie", Berlin 1953, S. 672–674.) 461

79 *Exhibitation (1862)* – die am 1. Mai 1862 in London eröffnete Weltausstellung, auf der Muster landwirtschaftlicher und industrieller Erzeugnisse, Kunstwerke und die neuesten Errungenschaften der Wissenschaft gezeigt wurden. 461

80 Die hier zitierte Bemerkung Ricardos zu den Ansichten Says über das Verhältnis von Profit und Zins wiederholte Marx auf der Seite 736 seines Manuskripts, setzte sie aber als nicht zugehörig zu dem, was auf der Seite 736 gesagt wird, in eckige Klammern und versah die Schlußworte Ricardos "...it is impossible for *any circumstances* to make them change places" [unter *keinen Umständen* ist es möglich, sie ihre Plätze wechseln zu lassen] mit der Entgegnung: „Letzteres positiv falsch ‚under certain circumstances'" [unter gewissen Umständen].

Im dritten Band des „Kapitals", 22. Kapitel, zeigt Marx die Möglichkeit einander entgegengesetzter Bewegungen der Profitrate und des Zinsfußes in den Phasen der kapitalistischen Zyklen. (Siehe Band 25 unserer Ausgabe, S. 370–382.) 470

81 Hier kehrt Marx zum Einfluß des Außenhandels, vor allem des Kolonialhandels, auf die Durchschnittsprofitrate zurück. Wie Marx darlegt, vertrat Smith in dieser Frage einen klareren Standpunkt als Ricardo. (Siehe vorl. Band, S. 377/378 und 438–440 sowie Band 25 unserer Ausgabe, S. 247–250.) 470

82 Dieses Beispiel basiert auf der Voraussetzung, daß man bei einer wachsenden Produktivität der Arbeit von 20 qrs. Weizen, der als Samen verausgabt wurde, eine um die Hälfte größere Ernte erhält als früher. Wenn, sagen wir, vorher die Ernte 100 qrs. betrug, so beträgt sie jetzt, bei Verausgabung der früheren Arbeitsmenge, 150 qrs. Aber diese 150 qrs. kosten ebensoviel wie früher die 100 qrs., das heißt 300 *l*. Vorher machte der Samen (sowohl der Menge der Quarter wie auch dem Werte nach) 20% aus, jetzt nur noch $13^1/_3$%. 475

83 Die in Klammern gesetzten Worte „Sieh McCulloch" trug Marx nachträglich mit dem Bleistift ein. In einem Brief an Engels vom 20. August 1862 sprach er zum erstenmal den Gedanken über die Ausnutzung des Amortisationsfonds zum Zwecke der Akkumulation aus. Auf diesen Brief bezog er sich am 24. August 1867 und teilte mit daß er *später* darüber bei McCulloch einige Andeutungen gefunden habe. (McCulloch, „The principles of political economy...", Edinburgh 1825, S. 181/182.) Marx kehrt zu dieser Frage auf den Seiten 777 und 781 seines Manuskripts zurück. (Siehe 3. Teil dieses Bandes, S. 54–63.) 481

84 Marx, „Zur Kritik der Politischen Oekonomie". 1. Heft. Berlin 1859. (Siehe auch Band 13 unserer Ausgabe, S. 77/78, 118 und 122/123). 493

85 Say, „Traité d'économie politique", Zweite Auflage, Band II, Paris 1814, S. 382: „Produkte werden nur gegen Produkte ausgetauscht." Diese Formulierung Says kehrt fast wörtlich bei Ricardo wieder. Marx kritisiert diese Auffassung im vorl. Band, S. 499–505 und im 3. Teil dieses Bandes, S. 116. 493

86 Marx meint die Betrachtungen James Mills über das konstante und notwendige Gleichgewicht zwischen Produktion und Konsumtion, zwischen Angebot und Nachfrage, zwischen der Summe der Verkäufe und der Summe der Käufe. (James Mill, „Elements of political economy", London 1821, S. 186–195.) Diese Ansicht James Mills (die dieser zuerst in seiner 1808 in London erschienenen Broschüre „Commerce defended..." ausgesprochen hat) untersucht Marx in seiner Schrift „Zur Kritik der Politischen Oekonomie". 1. Heft. Berlin 1859. (Siehe auch Band 13 unserer Ausgabe, S. 78.) 493 504

87 [Bailey,] „A critical dissertation on the nature, measures, and causes of value...", London 1825, S.71-93. 495

88 Roscher, „Die Grundlagen der Nationalökonomie...", 3. Aufl., Stuttgart und Augsburg 1858, S.368-370. 498

89 Marx verweist auf den Abschnitt „Die Metamorphose der Waren" in seiner Arbeit „Zur Kritik der Politischen Oekonomie". 1. Heft. Berlin 1859. (Siehe auch Band 13 unserer Ausgabe, S.69-79.) 508

90 Marx bezieht sich auf den Teil seiner Untersuchungen, der in der Folge zum dritten Band des „Kapitals" anwuchs. 514

91 Kurze Bemerkungen über die Formen der Krise skizzierte Marx bald danach auf den Umschlägen von Heft XIII (Seite 770a des Manuskripts) und Heft XIV (S.771a und 861a). Der Text dieser Seiten wurde entsprechend Marx' Vermerk: „Zu S.716" im vorhergehenden Abschnitt gebracht. (Siehe vorl. Band, S.514-518.) 518

92 Im Manuskript folgt hier eine kleine Einfügung über die Ansichten Ricardos vom Geld und vom Tauschwert. Diese Einfügung ist in Klammern gesetzt und mit dem Hinweis versehen, daß sie an einer anderen Stelle zu bringen sei, da sie den unmittelbaren Zusammenhang des Dargelegten störe. Demgemäß wird diese Einfügung als Fußnote auf der S.505 des vorl. Bandes wiedergegeben. 520

93 Marx verweist auf die Hefte I-V seines Manuskripts von 1861-1863, besonders auf die darin enthaltenen Abschnitte über die Produktion des absoluten Mehrwerts und die Produktion des relativen Mehrwerts. 522

94 Im Manuskript folgt hier eine in Klammern gesetzte kurze Einfügung, die das Beispiel einer partiellen Krise - die Überproduktion von Twist, hervorgerufen durch die Einführung der Spinnmaschine - zum Inhalt hat. Diese Einfügung wird als Fußnote auf der S.521 des vorl. Bandes gebracht. 524

95 Marx spielt auf die von Say in seiner Schrift „Lettres à M.Malthus", Paris-London 1820, S.15 angestellten Betrachtungen an, daß die Ursache z.B. für die Überfüllung des italienischen Marktes mit englischen Waren in der ungenügenden Produktion jener italienischen Waren zu suchen ist, die gegen englische Waren ausgetauscht werden könnten. Diese Betrachtungen werden in der anonymen Broschüre „An inquiry into those principles...", London 1821, S.15 zitiert und wurden von Marx in sein Exzerptheft XII aufgenommen (S.12). Vgl. dazu auch Says These: „Die Stockung im Absatz mancher Produkte rührt von der Seltenheit mancher anderen her", die Marx im 1. Teil dieses Bandes, S.239, kritisiert. 532

96 Th. Tooke, „A history of prices, and of the state of the circulation", Band I-VI, London 1838-1857. Über den Einfluß der Witterungsbedingungen auf die Preise spricht Tooke an mehreren Stellen seiner sechsbändigen Arbeit, insbesondere aber im ersten Teil des IV. Bandes, der im Jahre 1848 erschien. 533

97 Sismondi erklärte die Krise als „la disproportion croissante entre la production et la consommation" [die wachsende Disproportion zwischen der Produktion und der Konsumtion] („Nouveaux principes d'économie politique ou de la richesse dans ses rapports avec la population", Paris 1827, S.371). In seinem Buch „Das Elend der Philosophie..." sagt Marx, daß nach der Lehre Sismondis „das Einkommen abnimmt im Verhältnis, wie die Produktion gesteigert wird" (siehe Band 4 unserer Ausgabe, S.71). Zur Betrachtung der Ansichten Sismondis über die Krisen kehrt Marx im 3. Teil der „Theorien über den

Mehrwert" zurück, wo er sowohl die wertvollen Elemente in der Konzeption Sismondis als auch die ihr eigenen Grundmängel hervorhebt (vgl. 3. Teil dieses Bandes, S.48-51). 535

[98] Steuart, „An inquiry into the principles of political oeconomy", Band I, Dublin 1770, S.396. Diese Stelle wird von Marx in seinem ökonomischen Manuskript von 1857/1858 zitiert (siehe „Grundrisse der Kritik der politischen Ökonomie", Berlin 1953, S.666). Vgl. auch den 1. Teil dieses Bandes, S.18 und Band 25 unserer Ausgabe, S.794. 556

[99] Aller Wahrscheinlichkeit nach meint Ricardo seine am 16. Dezember 1819 im englischen Unterhaus gehaltene Rede zum Antrag William De Crespignys, eine besondere Kommission einzusetzen, um Robert Owens Plan zur Liquidierung der Arbeitslosigkeit und zur Verbesserung der Lage der unteren Klassen zu untersuchen.

In dieser Rede sagte Ricardo, man dürfe im allgemeinen nicht leugnen, daß „machinery did not lessen the demand for labour" [Maschinerie die Nachfrage nach Arbeit nicht verminderte]. (Siehe: The works and correspondence of David Ricardo. Hrsg. von Piero Sraffa, Band V, Cambridge 1952, S.30.) 557

[100] Über den Begriff „*real wages*" (Reallöhne) in der Auffassung Ricardos siehe vorl. Band, S.403/404, 406/407, 418/419, 426 und 440/441. 560

[101] Die als Beilagen zum 2. Teil der „Theorien über den Mehrwert" gebrachten kurzen Bemerkungen wurden von Marx auf den Umschlägen der Hefte XI, XII und XIII niedergeschrieben. Sie enthalten zusätzliches Material zu einigen im Haupttext dieses Bandes betrachteten Fragen. 589

Literaturverzeichnis

einschließlich der von Marx erwähnten Schriften

Bei den von Marx zitierten Schriften werden, soweit sie sich feststellen ließen, die vermutlich von ihm benutzten Ausgaben angegeben. In einigen Fällen, besonders bei allgemeinen Quellen- und Literaturhinweisen, wird keine bestimmte Ausgabe angeführt. Einige Quellen konnten nicht ermittelt werden.

Anderson, James: A calm investigation of the circumstances that have led to the present scarcity of grain in Britain: Suggesting the means of alleviating that evil, and of preventing the recurrence of such a calamity in future. 2nd ed. London 1801. 115 140 141

– (anonym) An enquiry into the nature of the corn laws, with a view to the new corn bill proposed for Scotland. Edinburgh 1777. 107 114/115 118 142 158

– Essays. Relating to agriculture and rural affairs. Vols. 1–3. Edinburgh 1775–1796. 107 143

– An inquiry into the causes that have hitherto retarded the advancement of agriculture in Europe: with hints for removing the circumstances that have chiefly obstructed its progress. Edinburgh 1779. 142

– Recreations in agriculture, natural-history, arts, and miscellaneous literature. Vols. 1–4. London 1799–1802. 107 142

[*Arbuthnot, John:*] An inquiry into the connection between the present price of provisions, and the size of farms. With remarks on population as affected thereby. To which are added, proposals for preventing future scarcity. By a farmer. London 1773. 591/592

[*Bailey, Samuel:*] A critical dissertation on the nature, measures, and causes of value; chiefly in reference to the writings of Mr. Ricardo and his followers. By the author of essays on the formation and publication of opinions. London 1825. 169 403

– (anonym) A letter to a political economist; occasioned by an article in the Westminster Review on the subject of value. By the author of the critical dissertation on value therein reviewed. London 1826. 169

Banfield, T[homas] C[harles]: The organization of industry, explained in a course of lectures, delivered in the University of Cambridge in easter term 1844. 2nd ed. London 1848. 17/18

Barton, John: Observations on the circumstances which influence the condition of the labouring classes of society. London 1817. 563 579/580 584/585 586/587

Bastian, Adolf: Der Mensch in der Geschichte. Zur Begründung einer psychologischen Weltanschauung. Bd. 1. Leipzig 1860. 117

Blake, W.: Observations on the effects produced by the expenditure of government during the restriction of cash payments. London 1823. 460 461

Carey, H[enry] C[harles]: The past, the present, and the future. Philadelphia 1848. 163 595

Corbet, Thomas: An inquiry into the causes and modes of the wealth of individuals; or the principles of trade and speculation explained. In 2 parts. London 1841. 202

Darwin, Charles: On the origin of species by means of natural selection, or the preservation of favoured races in the struggle for life. Fifth thousand. London 1860. 114

[*D'Avenant, Charles:*] Discourses on the publick revenues, and on the trade of England. Which more immediately treat of the foreign traffick of this kingdom. Viz. I. That foreign trade is beneficial to England. II. On the protection and care of trade. III. On the plantation trade. IV. On the East-India trade. By the author of the essay on ways and means. Part II. To which is added, the late essay on the East-India trade. By the same hand. London 1698. 106

Dombasle, C[hristophe]-J[oseph]-A[lexandre] Mathieu de: Annales agricoles de Roville, ou mélanges d'agriculture, d'économie rurale, et de législation agricole. 4e livraison. Paris 1828. 16

[*Forster, Nathaniel:*] An enquiry into the causes of the present high price of provisions. In two parts: I. Of the general causes of this evil. II. Of the causes of it in some particular instances. London 1767. 593

[*Hodgskin, Thomas:*] The natural and artificial right of property contrasted. A series of letters, addressed without permission, to H. Brougham ... London 1832. 597

Hopkins, Thomas: Economical enquiries relative to the laws which regulate rent, profit, wages, and the value of money. London 1822. 49 119 133–135 594

– On rent of land, and its influence on subsistence and population: with observations on the operating causes of the condition of labouring classes in various countries. London 1828. 129–133

Hüllmann, Karl Dietrich: Staedtewesen des Mittelalters. Th. 1–4. Bonn 1826–1829. 233

Hume, J[ames] D[eacon]: Thoughts on the corn-laws, as connected with agriculture, commerce, and finance. London 1815. 404 596

An inquiry into those principles, respecting the nature of demand and the necessity of consumption, lately advocated by Mr. Malthus, from which it is concluded, that taxation and the maintenance of unproductive consumers can be conducive to the progress of wealth. London 1821. 485

[*Malthus, Thomas Robert:*] An essay on the principle of population, as it affects the future improvement of society, with remarks on the speculations of Mr. Godwin, M. Condorcet, and other writers. London 1798. 108 112 113

[*Malthus, Thomas Robert:*] The grounds of an opinion on the policy of restricting the importation of foreign corn; intended as an appendix to "Observations on the corn laws". London 1815. 112

– An inquiry into the nature and progress of rent, and the principles by which it is regulated. London 1815. 108 112 596

– Principles of political economy considered with a view to their practical application. London 1820. 112

– Principles of political economy considered with a view to their practical application. 2nd ed. with considerable additions from the author's own manuscript and an original memoir. London 1836. 63

Marx, Karl: Misère de la philosophie. Réponse à la philosophie de la misère de M.Proudhon. Paris, Bruxelles 1847. 12 155

– Zur Kritik der Politischen Oekonomie. 1.Heft. Berlin 1859. 263 493

McCulloch, J[ohn] R[amsay]: The literature of political economy; a classified catalogue of select publications in the different departments of that science, with historical, critical, and biographical notices. London 1845. 115 141

– The principles of political economy; with a scetch of the rise and progress of the science. Edinburgh 1825. 190 481

Mill, James: Commerce defended: an answer to the arguments by which Mr. Spence, Mr. Cobbett, and others have attempted to prove that commerce is not a source of national wealth. London 1808. 493

– Elements of political economy. London 1821. 493

Mill, John Stuart: Essays on some unsettled questions of political economy. London 1844. 116

The Morning Star. [London,] vom 15. Juli 1862. 325

Newman, Francis William: Lectures on political economy. London 1851. 17 32 319

Opdyke, George: A treatise on political economy. New York 1851. 28

Petty, William: Political arithmetick. In *William Petty:* Several essays in political arithmetick: The titles of which follow in the ensuing pages. Political Arithmetick, or a discourse concerning the extent and value of lands, people, buildings; husbandry, manufactures, commerce, fishery, artizans, seamen, soldiers, publick revenues, interest, taxes, superlucration, registries, banks; valuation of men, increasing of seamen, of militia's, harbours, situation, shipping, power at sea, etc. As the same relates to every country in general, but more particularly to the territories of His Majesty of Great Britain, and his neighbours of Holland, Zealand, and France. London 1699. 105/106

Quesnay, François: Analyse du Tableau Économique (1766). In: Physiocrates. Quesnay, Dupont de Nemours, Mercier de la Rivière, Baudeau, Le Trosne, avec une introd. sur la doctrine des physiocrates, des commentaires et des notices historiques par Eugène Daire. 1e partie. Paris 1846. 39

[*Quincey, Thomas de:*] Dialogues of three templars on political economy, chiefly in relation to the principles of Mr. Ricardo. In: The London Magazine. Vol. IX. April, May 1824. 426/427

The logic of political economy. Edinburgh, London 1844. 427 459

Ricardo, David: An essay on the influence of a low price of corn on the profits of stock; shewing the inexpediency of restrictions on importation: with remarks on Mr. Malthus' two last publications: An inquiry into the nature and progress of rent; and the grounds of an opinion on the policy of restricting the importation of foreign corn. 2nd ed. London 1815. 118

– On protection to agriculture. 4th ed. London 1822. 118

– On the principles of political economy, and taxation. 3rd ed. London 1821. 108 118 119 150 159 164–209 243–248 296 304–340 367 376–440 461–470 474 494 497–507 525 bis 527 531 535–558 567–580 583

– Des principes de l'économie politique et de l'impôt. Trad. de l'anglais par F.S. Constancio, avec des notes explicatives et critiques, par Jean-Baptiste Say. T. 1–2. Paris 1819. 403

– Des principes de l'économie politique et de l'impôt. Trad. de l'anglais par F. S. Constancio, avec des notes explicatives et critiques par J.-B. Say. 2nde éd., revue, corrigée et augmentée d'une notice sur la vie et les écrits de Ricardo, publiée par sa famille. T. 1–2. Paris 1835. 403

Rodbertus[-Jagetzow, Karl]: Sociale Briefe an von Kirchmann. Dritter Brief: Widerlegung der Ricardo'schen Lehre von der Grundrente und Begründung einer neuen Rententheorie. Berlin 1851. 49–54 59 63–69 73 75 79–83 85 100 145/146 149–156 239

Roscher, Wilhelm: Die Grundlagen der Nationalökonomie. Ein Hand- und Lesebuch für Geschäftsmänner und Studierende. 3., verm. und verb. Aufl. Stuttgart, Augsburg 1858. 115

Say, J.-B.: Lettres à M. Malthus, sur différens sujets d'économie politique, notamment sur les causes de la stagnation générale du commerce. Paris, Londres 1820. 532

– Traité d'économie politique, ou simple exposition de la manière dont se forment, se distribuent, et se consomment les richesses. 2nde éd. T. 2. Paris 1814. 494

– Traité d'économie politique, ou simple exposition de la manière dont se forment, se distribuent, et se consomment les richesses. 5e éd. T. 1. Paris 1826. 163

– Traité d'économie politique, ou simple exposition de la manière dont se forment, se distribuent, et se consomment les richesses. 6e éd. T. 1. Paris 1841. 163

Sismondi, J[ean]-Ch[arles]-L[eonard] Simonde de: Nouveaux principes d'économie politique, ou de la richesse dans ses rapports avec la population. 2nde éd. T. 1–2. Paris 1827. 534 535

Smith, Adam: An inquiry into the nature and causes of the wealth of nations. In 2 vols. London 1776. 107 118 210

– An inquiry into the nature and causes of the wealth of nations. With notes, and an add. vol., by David Buchanan. In 3 vols. Edinburgh 1814. 159

– An inquiry into the nature and causes of the wealth of nations. With a commentary, by the author of „England and America" [d.i. Edward Gibbon Wakefield]. In 6 vols. London 1835–1839. 401

Smith, Adam: Recherches sur la nature et les causes de la richesse des nations. Trad. nouv., avec des notes et observations, par Germain Garnier. T. 1–5. Paris 1802. 214–233 341–374

The Standard. London, vom 19. September 1862. 577

Steuart, James: An inquiry into the principles of political oeconomy: being an essay on the science of domestic policy in free nations. In which are particularly considered population, agriculture, trade, industry, money, coin, interest, circulation, banks, exchange, public credit, and taxes. In 3 vols. Vol. 1. Dublin 1770. 230

Stirling, Patrick James: The philosophy of trade; or, outlines of a theorie of profits and prices, including an examination of the principles which determine the relative value of corn, labour, and currency. Edinburgh, London 1846. 460

Storch, Henri: Cours d'économie politique, ou exposition des principes qui déterminent la prospérité des nations. T. 1–6. St-Pétersbourg 1815. 92/93

Tooke, Thomas: A history of prices, and of the state of the circulation. Vols. 1–6. London 1838–1857. 533

[*Townsend, Joseph:*] A dissertation on the poor laws. By a wellwisher to mankind. London, 1786. 108

Wade, John: History of the middle and working classes; with a popular exposition of the economical and political principles which have influenced the past and present condition of the industrious orders. Also an appendix of prices, rates of wages, population, poor-rates, mortality, marriages, crimes, educations, occupations, and other statistical information, illustrative of the former and present state of the agricultural, commercial, and manufacturing classes. London 1833. 13

[*Wakefield, Edward Gibbon:*] A commentary to Smith's wealth of nations – s. *Smith, A.* An inquiry into the nature and causes of the wealth of nations. With a commentary, by the author of „England and America". 401

[*West, Edward:*] Essay on the application of capital to land, with observations shewing the impolicy of any great restriction of the importation of corn, and that the bounty of 1688 did not lower the price of it. By a fellow of University College, Oxford. London 1815. 108 117

– Price of corn and wages of labour, with observations upon Dr. Smith's, Mr. Ricardo's, and Mr. Malthus's doctrines upon those subjects; and an attempt at an exposition of the causes of the fluctuation of the price of corn during the last thirty years. London 1826. 129

Personenverzeichnis

Verzeichnis der Gewichte, Maße und Münzen

Gewichte

Tonne (ton)	= 20 hundredweights	1016,05 kg
libra – altrömisches Gewicht (etwa $^3/_4$ Pfund), ferner das spanische und portugiesische Pfund		460 resp. 459 g

Maße

Acre (acre)	= 4 roods	4046,7 m²
Elle		66,69 cm
Quarter (qr.) (englisches Hohlmaß)	= 8 bushels	ca. 291 l
Bushel (bushel)	= 8 gallons	36,349 l
Pinte (pint)	= $^1/_8$ gallon	0,568 l

*Münzen**

Pfund Sterling (pound sterling, *l.*)	= 20 Schilling	20,43 ℳ
Schilling (shilling, sh.)	= 12 Pence	1,02 ℳ
Penny (penny, pence, d.)	= 4 Farthing	8,51 Pf.
Farthing (f.)	= $^1/_4$ Penny	2,12 Pf.
Guinee (guinea) (englische Goldmünze)	= 21 Schilling	21,45 ℳ
Livre (im Englischen ein Münzpfund, Pfund Sterling)		20,43 ℳ
Franc (franc, fr., frs.)	= 100 Centimes	80 Pf.

* Die Umrechnung in Mark und Pfennig bezieht sich auf das Jahr 1871 (1 Mark = $^1/_{279}$ kg Feingold).

Erklärung der Abkürzungen

b. (book) = Buch
cf. (confer) = vergleiche
ch. (chapter, chapitre) = Kapitel
d. (denarius) = Penny
ed., éd. (edition, édition) = Ausgabe
edit. = herausgegeben
f. = Farthing
f.i. (for instance) = zum Beispiel
fr., frs. = Franc, Francs
ibid. (ibidem) = ebenda
i.e. (id est) = das ist, das heißt
l (liber) = Buch
l., liv. (livre) = Livre; im vorl. Band von Marx fast immer für Pfund Sterling gesetzt
lb., lbs. (libra, libras) = Pfund
l.c. (loco citato) = am angeführten Ort, ebenda
p. (page, pagina) = Seite, Buchseite
pass. (passim) = zerstreut, da und dort
p.c. (per cent, pro centum) = %, Prozent
qr., qrs. = Quarter, Quarters
sc. (scilicet) = nämlich
sh. (shilling) = Schilling
sq. (sequens) = folgende, die folgende Seite
sqq. (sequentes) = folgende, die folgenden Seiten
t. (tom, tome) = Band, Teil
v., vol. (volume) = Band
viz. (videlicet) = nämlich

Inhalt

Beilagen

Anhang und Register

Illustrationen